Hans-Joachim Musielak
Grundkurs BGB

GRUNDKURS BGB

Eine Darstellung zur Vermittlung von Grundlagenwissen
im bürgerlichen Recht mit Fällen und Fragen zur
Lern- und Verständniskontrolle sowie mit Übungsklausuren

von

Dr. iur. Hans-Joachim Musielak

Professor an der Universität Passau

12., neu bearbeitete Auflage

Verlag C. H. Beck München 2011

Verlag C. H. Beck im Internet:
beck.de

ISBN 978 3 406 62444 5

© 2011 Verlag C. H. Beck oHG
Wilhelmstraße 9, 80801 München
Satz und Druck: Druckerei C. H. Beck Nördlingen
(Adresse wie Verlag)

Gedruckt auf säurefreiem, alterungsbeständigem Papier
(hergestellt aus chlorfrei gebleichtem Zellstoff)

Vorwort zur 12. Auflage

Um den Grundkurs BGB wieder auf den neuesten Stand zu bringen, waren die seit Erscheinen der letzten Auflage vorgenommenen Gesetzesänderungen zu berücksichtigen sowie die zwischenzeitlich ergangenen Gerichtsentscheidungen und veröffentlichten Beiträge im juristischen Schrifttum auszuwerten und die daraus gewonnenen Erkenntnisse einzuarbeiten. Darüber hinaus habe ich alle Ausführungen daraufhin überprüft, ob Ergänzungen oder Streichungen erforderlich werden, um Verständnisschwierigkeiten zu beseitigen und den Stoff auf das wesentliche Grundlagenwissen zu beschränken. Bei dieser Arbeit haben mir Fragen und Hinweise aus dem Kreis der Benutzer dieses Buches geholfen. Dafür bin ich sehr dankbar und bitte darum, auch weiterhin solche Meinungsäußerungen an meine E-Mail-Adresse **musielak@uni-passau** zu richten. Frau Dipl.-Jur. Anke Droege, Frau Dipl.-Jur. Kathrin Franck und Frau Dipl.-Jur. Ruth Schönemann habe ich für wertvolle Hilfe bei den Korrekturarbeiten zu danken.

Passau, im Juli 2011 *Hans-Joachim Musielak*

Aus dem Vorwort zur 1. Auflage (1986)

Diese Schrift soll Grundlagenwissen im bürgerlichen Recht vermitteln. Dabei werden die didaktischen Vorteile genutzt, die viele juristische Fakultäten bewogen haben, für Studienanfänger einen Grundkurs BGB anzubieten, der meist noch mit einer Anfängerübung verbunden wird. Diese Vorteile bestehen vornehmlich darin, sachlich Zusammenhängendes über die äußeren Grenzen der einzelnen Bücher, in die das BGB gegliedert ist, darzustellen und die vermittelten Kenntnisse sogleich bei einer Fallbearbeitung anwenden und erproben zu können. Dementsprechend wird auch in der vorliegenden Schrift der Technik der Fallbearbeitung besondere Aufmerksamkeit geschenkt. Dies geschieht nicht nur in einer einführenden Darstellung dieser Technik und bei den Vorschlägen für die Lösung der Übungsklausuren, die bearbeitet werden sollen, sondern auch bei der Erörterung vieler Beispielsfälle im Text und bei den Lösungshinweisen für die Fälle und Fragen, die der Lern- und Verständniskontrolle, aber auch der Wiederholung dienen. Dass mit diesem Buch gearbeitet werden muss, damit es seinen Zweck erfüllen kann, sollte sich von selbst verstehen. Hinweise für diese Arbeit finden sich auf den folgenden Seiten.

Inhaltsverzeichnis

Abkürzungsverzeichnis XV
Einige Hinweise für die Arbeit mit diesem Buch XXI

§ 1. Einführung in die juristische Arbeitsmethode

	Rn.	Seite
I. Die juristische Aufgabe	1	1
a) In der Berufstätigkeit	1	1
b) Im Studium	3	2
II. Die Lösung eines Falles als Beispiel juristischer Arbeitsweise	8	5
a) Beschränkung auf eine bestimmte Fragestellung	8	5
b) Aufgabentext	9	5
c) Die einzelnen Arbeitsschritte	10	6
d) Muster einer Falllösung	28	14

§ 2. Zum Begriff des Rechtsgeschäfts

I. Einleitender Überblick	36	17
a) Eintritt von Rechtsfolgen	36	17
b) Einseitige und mehrseitige Rechtsgeschäfte	39	18
II. Willenserklärung	41	19
a) Der äußere Tatbestand	42	19
b) Die Form	47	22
c) Der innere Tatbestand	54	25
d) Die Abgabe	66	31
e) Der Zugang	73	33
Fälle und Fragen		41

§ 3. Das Zustandekommen von Verträgen

I. Allgemeines	86	43
a) Zum Begriff des Vertrages	86	43
b) Vertragsarten	92	45
c) Vertragsfreiheit	98	48
II. Der Vertragsschluss	101	49
a) Auslegung der Erklärungen	101	49
b) Antrag	111	53
c) Annahme	123	57
d) Willensübereinstimmung	131	61
e) Vertragsschluss aufgrund sozialtypischen Verhaltens	143	67
Fälle und Fragen		69

§ 4. Das Schuldverhältnis

I. Überblick über das Recht der Schuldverhältnisse	147	71
a) Zum Begriff	147	71
b) Gesetzliche Regelung	149	71

Inhaltsverzeichnis

	Rn.	Seite
c) Entstehungsgründe	151	72
d) Arten	155	73
II. Inhalt des Schuldverhältnisses	159	75
a) Forderungsrecht und Leistungspflicht	159	75
b) Die geschuldete Leistung	164	77
1. Stückschuld und Gattungsschuld	167	78
2. Wahlschuld und Ersetzungsbefugnis	179	81
III. Erlöschen des Schuldverhältnisses	182	81
a) Einleitende Bemerkungen	182	81
b) Erfüllung	189	85
c) Hinterlegung und Selbsthilfeverkauf	205	92
d) Aufrechnung	208	93
e) Weitere Erlöschensgründe	222	98
1. Erlassvertrag	222	98
Einschub: Verpflichtungs- und Verfügungsgeschäft	223	98
2. Aufhebungs- und Änderungsvertrag	232	103
3. Novation	233	103
4. Konfusion	235	104
5. Anfechtung	236	104
IV. Beendigung des Schuldverhältnisses	237	104
a) Rücktritt	237	104
b) Kündigung	250	113
c) Besonderheiten bei Verbraucherverträgen	254	115
1. Widerrufsrecht	254	115
2. Haustürgeschäfte	260	119
3. Fernabsatzverträge	264	121
4. Elektronischer Geschäftsverkehr	268	123
5. Gewinnzusage	270	124
Fälle und Fragen		125

§ 5. Unwirksame und mangelhafte Willenserklärungen

	Rn.	Seite
I. Überblick	271	129
a) Wirksamkeitsvoraussetzungen für Willenserklärungen	271	129
b) Unwirksamkeit und Anfechtbarkeit	272	129
1. Nichtigkeit	272	129
2. Bestätigung eines nichtigen Rechtsgeschäfts	273	130
3. Teilnichtigkeit	274	130
4. Umdeutung	276	131
5. Schwebende Unwirksamkeit	278	132
6. Relative Unwirksamkeit	279	132
7. Anfechtbare Rechtsgeschäfte	280	133
II. Rechtsfähigkeit	283	135
III. Geschäftsfähigkeit	285	136
a) Allgemeines	285	136
b) Geschäftsunfähigkeit	287	136
c) Beschränkte Geschäftsfähigkeit	295	140
IV. Nichtigkeit von Willenserklärungen	322	153
a) Geheimer Vorbehalt	322	153
b) Scheingeschäft	323	154
c) Fehlende Ernstlichkeit	325	154

	Rn.	Seite
V. Anfechtung wegen Irrtums	328	155
a) Die gesetzliche Regelung	328	155
b) Inhalts- und Erklärungsirrtum	332	159
c) Eigenschaftsirrtum	338	166
d) Übermittlungsirrtum	348	172
e) Die Anfechtungserklärung und ihre Rechtsfolgen	351	174
VI. Das Fehlen oder der Wegfall der Geschäftsgrundlage und die damit zusammenhängenden Fragen	357	177
a) Problembeschreibung	357	177
b) Ergänzende Vertragsauslegung	358	178
c) Die Lehre von der Geschäftsgrundlage	361	180
VII. Anfechtung wegen Täuschung und Drohung	373	188
a) Arglistige Täuschung	373	188
1. Tatbestand	373	188
2. Person des Täuschenden	380	192
b) Widerrechtliche Drohung	382	193
c) Die Anfechtungserklärung und ihre Rechtsfolgen	387	195
VIII. Anfechtung und Erfüllungsgeschäft	389	197
1. Übungsklausur		198
Fälle und Fragen		198

§ 6. Störungen im Schuldverhältnis

	Rn.	Seite
I. Überblick über die verschiedenen Störungsarten	392	203
II. Nichterfüllung	393	204
a) Vorbemerkung	393	204
b) Unmöglichkeit	395	205
1. Die verschiedenen Fälle	395	205
2. Objektive und subjektive Unmöglichkeit	397	206
3. Abgrenzung der faktischen von der wirtschaftlichen Unmöglichkeit	399	209
4. Unmöglichkeit bei höchstpersönlichen Leistungen	405	214
c) Rechtsfolgen	406	214
1. Schadensersatz	406	214
Einschub: Verschulden	417	221
2. Nichterfüllung von Verhaltenspflichten	425	224
3. Anspruch auf Ersatz vergeblicher Aufwendungen	426	225
4. Nichterfüllung wegen Teilunmöglichkeit	428	226
5. Anspruch auf das „stellvertretende commodum"	430	227
6. Nichterfüllung wegen anfänglicher Unmöglichkeit	434	230
III. Schuldnerverzug	439	233
a) Voraussetzungen	439	233
1. Möglichkeit der Leistung	440	234
2. Durchsetzbarkeit der Forderung	444	237
3. Fälligkeit der Forderung	446	237
4. Mahnung durch den Gläubiger	448	238
5. Vertretenmüssen der Verspätung	453	242
b) Rechtsfolgen	456	243
IV. Gläubigerverzug	461	246
a) Vorbemerkung	461	246
b) Voraussetzungen	462	246
1. Möglichkeit der Leistung	463	247

	Rn.	Seite

 2. Angebot der Leistung durch den leistungsberechtigten Schuldner .. 465 248
 3. Nichtannahme der Leistung durch den Gläubiger 471 250
 c) Rechtsfolgen 473 251
V. Schlechterfüllung 478 254
 a) Vorbemerkung 478 254
 b) Die einzelnen Pflichtverletzungen und ihre Rechtsfolgen 479 255
  1. Hauptleistungspflichten 479 255
   Einschub: Kausalität und Schadenszurechnung 481 256
  2. Verhaltenspflichten 488 260
 c) Haftung für culpa in contrahendo 494 264
  1. Vorbemerkung 494 264
  2. Haftungsvoraussetzungen 495 265
   aa) Gesetzliches Schuldverhältnis 496 265
   bb) Verhaltenspflichten 498 266
   cc) Sonstige Haftungsvoraussetzungen 503 271
  3. Eigenhaftung Dritter 504 271
  4. Rechtsfolgen 505 272
VI. Leistungsstörungen bei synallagmatischen Verträgen 506 273
 a) Überblick über die gesetzliche Regelung 506 273
 b) Der Anspruch des Schuldners auf Gegenleistung bei Unmöglichkeit seiner Leistung 507 274
 c) Rücktritt wegen nicht oder nicht vertragsgemäß erbrachter Leistung 519 282
 d) Die Abhängigkeit von Leistung und Gegenleistung 528 287
 e) Berechnung des Schadens durch den Gläubiger 533 289
VII. Leistungsstörungen bei Dauer- und Ratenlieferungsverträgen 536 291
2. Übungsklausur 293
Fälle und Fragen 294

§ 7. Einzelne Vertragsschuldverhältnisse

I. Vorbemerkung 541 299
II. Kauf 542 299
 a) Wesen und Inhalt des Kaufvertrages 542 299
 b) Pflichten der Vertragspartner 546 300
  Einschub: Übereignung 550 302
  1. Bewegliche Sachen 551 303
   aa) Grundtatbestand 551 303
   bb) Die übrigen Übertragungstatbestände 559 306
   cc) Gutgläubiger Erwerb 565 309
  2. Grundstücke 571 310
 c) Überblick über die Rechte des Käufers bei Mängeln der Kaufsache 575 311
  1. Sachmängelhaftung 576 313
  2. Rechtsmängelhaftung 588 320
 d) Die Rechte des Käufers wegen eines Mangels im Einzelnen 590 321
  1. Anspruch auf Nacherfüllung 590 321
  2. Rücktritt 597 327
  3. Minderung 599 329
  4. Schadensersatz 601 331
  5. Ersatz vergeblicher Aufwendungen 607 338
  6. Zusammenfassung 608 338
  7. Ausschluss der Rechte des Käufers und Verjährung 609 339

	Rn.	Seite

8. Verhältnis der Ansprüche wegen eines Mangels zu anderen Rechten des Käufers 619 343
    aa) Anfechtung 620 343
    bb) Ansprüche wegen Verletzung von Verhaltenspflichten des Verkäufers 622 344
    cc) Ansprüche wegen unerlaubter Handlung 624 346
  e) Garantie 627 349
  f) Kauf unter Eigentumsvorbehalt 631 352
    1. Rechtliche Ausgestaltung 631 352
    Einschub: Bedingung 633 353
    2. Die Rechtsstellung des Vorbehaltskäufers 636 355
  g) Sonderformen des Kaufes 639 357
    1. Arten 639 357
    2. Verbrauchsgüterkauf 640 357

III. Darlehensvertrag 650 365
  a) Zur gesetzlichen Regelung 650 365
  b) Pflichten beim Darlehensvertrag 651 366
  c) Sachdarlehensvertrag 655 367
  d) Darlehensvermittlungsvertrag 656 368

IV. Miete 657 368
  a) Mietvertrag 657 368
  b) Pflichten der Vertragsparteien 659 369
  c) Beendigung des Mietverhältnisses 666 373
  Einschub: Leasing 668 374

V. Dienstvertrag 669 375

VI. Werkvertrag 674 377
  a) Zum Inhalt 674 377
  b) Pflichten der Vertragsparteien 675 378
  c) Sach- und Rechtsmängel 682 381

VII. Auftrag 688 386

3. Übungsklausur 388
Fälle und Fragen 389

§ 8. Einzelne gesetzliche Schuldverhältnisse

I. Vorbemerkung 695 393

II. Geschäftsführung ohne Auftrag 696 393
  a) Einführender Überblick 696 393
  b) Voraussetzungen der berechtigten Geschäftsführung ohne Auftrag 699 395
  c) Rechtsfolgen einer berechtigten Geschäftsführung ohne Auftrag 711 399
  d) Unberechtigte Geschäftsführung ohne Auftrag 718 402
  e) Unechte Geschäftsführung 722 404

III. Ungerechtfertigte Bereicherung 725 406
  a) Die einzelnen Tatbestände 725 406
    1. Leistungskondiktion 726 406
    2. Nichtleistungskondiktion 737 416
  b) Umfang des Bereicherungsanspruchs 746 421

IV. Unerlaubte Handlungen 757 429
  a) Zur gesetzlichen Regelung 757 429
  b) Die Grundtatbestände 759 430

	Rn.	Seite
1. § 823 Abs. 1	759	430
aa) Handlung	760	430
bb) Geschützte Rechtsgüter und Rechte	762	431
cc) Vom Schutzbereich umfasster Schaden	770	435
Einschub: Der Begriff des Schadens	771	436
dd) Rechtswidrigkeit	787	444
ee) Verschulden und Billigkeitshaftung	794	449
2. § 823 Abs. 2	797	451
3. § 826	800	452
4. Hinweise für die klausurmäßige Bearbeitung	803	454
4. Übungsklausur		455
Fälle und Fragen		456

§ 9. Dritte in Schuldverhältnissen

	Rn.	Seite
I. Vorbemerkung	804	459
II. Stellvertretung	805	459
a) Begriff und Voraussetzungen	805	459
1. Abgabe oder Empfang einer Willenserklärung	808	460
2. Handeln im fremden Namen	811	462
3. Vertretungsmacht	816	464
aa) Rechtsgrundlagen	816	464
bb) Erteilung und Umfang einer Vollmacht	817	465
cc) Konkludent erteilte Vollmacht und Duldungsvollmacht	823	468
dd) Anscheinsvollmacht	827	471
ee) Erlöschen der Vollmacht	831	474
ff) Einschränkung der Vertretungsmacht durch § 181	834	475
4. Zulässigkeit der Vertretung	839	477
b) Wirkungen einer Vertretung	840	477
c) Vertretung ohne Vertretungsmacht	847	481
III. Erfüllungs- und Verrichtungsgehilfe	852	483
a) Vergleich der in § 278 und in § 831 getroffenen Regelungen	852	483
b) Die Voraussetzungen des § 278 im Einzelnen	857	485
1. Erfüllungsgehilfen	857	485
2. Handeln bei Erfüllung	861	486
3. Verschulden	864	488
c) Haftung für den gesetzlichen Vertreter	867	489
d) Haftung nach § 831	870	490
1. Grund und Voraussetzungen der Haftung	870	490
2. Verrichtungsgehilfe	871	491
3. Widerrechtliche Schädigung eines Dritten	872	491
4. Handeln in Ausführung der Verrichtung	873	492
5. Ausschluss einer Ersatzpflicht (§ 831 Abs. 1 S. 2)	874	492
IV. Vertrag zugunsten Dritter	876	494
a) Arten	876	494
b) Die Beteiligten und ihre Rechtsbeziehungen	878	495
c) Rechtsstellung des Dritten	883	497
V. Vertrag mit Schutzwirkungen für Dritte	888	499
a) Begriff und Voraussetzungen	888	499
b) Abgrenzung von der Drittschadensliquidation	895	503
VI. Übergang von Rechten und Pflichten auf Dritte	900	505
a) Überblick	900	505

	Rn.	Seite
b) Forderungsabtretung	901	506
1. Begriff und Voraussetzungen	901	506
2. Wirkungen	908	509
3. Schuldnerschutz	911	510
4. Sonderformen	919	515
c) Schuldübernahme	923	516
1. Begriff und Zustandekommen	923	516
2. Rechtsstellung der Beteiligten	924	518
3. Abgrenzung zu anderen Rechtsinstituten	928	519
aa) Schuldbeitritt	928	519
bb) Vertragsübernahme	930	520
Anhang: Bürgschaft	931	521
a) Bürgschaftsvertrag	932	521
b) Bürgenverpflichtung und Hauptverbindlichkeit	937	523
c) Rechte des Bürgen	939	524
1. Einreden	939	524
2. Rückgriff und Befreiungsanspruch	943	526
d) Abgrenzung zu anderen Rechtsinstituten	948	528
5. Übungsklausur		529
Fälle und Fragen		530
Lösungshinweise für die Fälle und Fragen		533
Lösungshinweise für die Übungsklausuren		576
Paragraphenregister		589
Stichwortverzeichnis		597

Abkürzungsverzeichnis

a. A. (A. A.)	andere Ansicht
aaO	am angegebenen Ort
abl.	ablehnend
ABl. EG	Amtsblatt der Europäischen Gemeinschaften
Abs.	Absatz
abw.	abweichend
AcP	Archiv für die civilistische Praxis (Zeitschrift)
aE	am Ende
aF	alte Fassung
AG	Amtsgericht, Aktiengesellschaft
AGG	Allgemeines Gleichbehandlungsgesetz
AktG	Aktiengesetz
allg. M.	allgemeine Meinung
Alt.	Alternative
a. M.	andere Meinung
Amtl. Begr.	Begründung des Entwurfs eines Gesetzes zur Modernisierung des Schuldrechts (Fraktionsentwurf vom 14. 5. 2001; BT-Drs. 14/6040)
AnfG	Anfechtungsgesetz
Anm.	Anmerkung
AnwKom-BGB/ *Bearbeiter*	Anwaltskommentar, BGB, hrsg. v. Dauner-Lieb, Barbara/ Heidel, Thomas /Ring, Gerhard, 2005
Art.	Artikel
BAG	Bundesarbeitsgericht
Bamberger/Roth/ *Bearbeiter*	Kommentar zum Bürgerlichen Gesetzbuch, hrsg. v. Bamberger, Heinz Georg/Roth, Herbert, 2. Aufl. 2007 f.
BayObLG	Bayerisches Oberstes Landesgericht
BB	Der Betriebs-Berater (Zeitschrift)
BeckRS	Beck-Rechtsprechung, Rechtsprechungssammlung in beck-online (Internet-Angebot des Beck-Verlages), Jahr und Nr.
bestr.	bestritten
BeurkG	Beurkundungsgesetz
BGB	Bürgerliches Gesetzbuch
BGH	Bundesgerichtshof
BGHZ	Amtliche Sammlung der Entscheidungen des Bundesgerichtshofs in Zivilsachen
BNotO	Bundesnotarordnung
Bork	Bork, Reinhard, Allgemeiner Teil des Bürgerlichen Gesetzbuchs, 2. Aufl. 2006
Brox/Walker, AT	Brox, Hans/Walker, Wolf-Dietrich: Allgemeiner Teil des Bürgerlichen Gesetzbuchs, 34. Aufl. 2010
Brox/Walker, AS	Brox, Hans/Walker, Wolf-Dietrich: Allgemeines Schuldrecht, 35. Aufl. 2011
Brox/Walker, BS	Brox, Hans/Walker, Wolf-Dietrich: Besonderes Schuldrecht, 35. Aufl. 2011
BT-Drs.	Bundestagsdrucksache

BVerfG	Bundesverfassungsgericht
BVerfGE	Amtliche Sammlung der Entscheidungen des Bundesverfassungsgerichts
BZRG	Bundeszentralregistergesetz
DB	Der Betrieb (Zeitschrift)
ders.	derselbe
Deutsch/Ahrens	Deutsch, Erwin/Ahrens, Hans-Jürgen: Deliktsrecht – Unerlaubte Handlungen, Schadensersatz, Schmerzensgeld, 5. Aufl. 2009
EGBGB	Einführungsgesetz zum Bürgerlichen Gesetzbuch
EheG	Ehegesetz
einschr.	einschränkend
EK BGB	Musielak, Hans-Joachim: Examenskurs BGB, 2. Aufl. 2010
Emmerich	Emmerich, Volker: Das Recht der Leistungsstörungen, 6. Aufl. 2005
Emmerich, SchuldR II	Emmerich, Volker: BGB Schuldrecht, Besonderer Teil (Schwerpunkte), 11. Aufl. 2006
EnWG	Gesetz zur Förderung der Energiewirtschaft (Energiewirtschaftsgesetz)
Erl.	Erläuterung(en)
Erman/*Bearbeiter*	Erman, Walter: Handkommentar zum Bürgerlichen Gesetzbuch mit Einführungsgesetz in zwei Bänden, 12. Aufl. 2008
Esser/Schmidt, SchuldR I	Esser, Josef/Schmidt, Eike: Schuldrecht. Erster Band: Allgemeiner Teil, Teilband 1: 8. Aufl. 1995, Teilband 2: 8. Aufl. 2000
Esser/Weyers, SchuldR II	Esser, Josef/Weyers, Hans-Leo: Schuldrecht. Zweiter Band: Besonderer Teil, Teilband 1: 8. Aufl. 1998, Teilband 2: 8. Aufl. 2000
EuGH	Europäischer Gerichtshof
f. (ff.)	folgende(r)
FamRZ	Zeitschrift für das gesamte Familienrecht
Fikentscher/Heinemann	Fikentscher, Wolfgang/Heinemann, Andreas: Schuldrecht, 10. Aufl. 2006
Flume	Flume, Werner: Allgemeiner Teil des Bürgerlichen Rechts. Zweiter Band: Das Rechtsgeschäft, 3. Aufl. 1979
Fn.	Fußnote
FS	Festschrift
FPR	Familie, Partnerschaft, Recht (Zeitschrift)
GBO	Grundbuchordnung
GG	Grundgesetz für die Bundesrepublik Deutschland
Giesen	Giesen, Dieter: BGB, Allgemeiner Teil: Rechtsgeschäftslehre, 2. Aufl. 1995
GK ZPO	Musielak, Hans-Joachim: Grundkurs ZPO, 10. Aufl. 2010
GmbH	Gesellschaft mit beschränkter Haftung
GmbHG	Gesetz betreffend die Gesellschaften mit beschränkter Haftung
Grigoleit/Herresthal	Grigoleit, Hans Christoph/Herresthal, Carsten, BGB Allgemeiner Teil, 2. Aufl. 2010
GVG	Gerichtsverfassungsgesetz
GWB	Gesetz gegen Wettbewerbsbeschränkungen
HaustürWG	Gesetz über den Widerruf von Haustürgeschäften und ähnlichen Geschäften

HGB	Handelsgesetzbuch
HinterlO	Hinterlegungsordnung
Hk-BGB/*Bearbeiter*	Bürgerliches Gesetzbuch, Handkommentar, 6. Aufl. 2009
h. M. (H. M.)	herrschende Meinung
hrsg.	herausgegeben
HS	Halbsatz
Huber/Faust	Huber, Peter/Faust, Florian: Schuldrechtsmodernisierung, 2002
Hübner	Hübner, Heinz: Allgemeiner Teil des Bürgerlichen Gesetzbuches, 2. Aufl. 1996
i. S. d., i. S. e., i. S. v.	im Sinne des, eines, von
i. V. m.	in Verbindung mit
JA	Juristische Arbeitsblätter (Zeitschrift)
JArbSchG	Gesetz zum Schutze der arbeitenden Jugend
Jauernig/*Bearbeiter*	Jauernig, Othmar: Bürgerliches Gesetzbuch 13. Aufl. 2009
JR	Juristische Rundschau (Zeitschrift)
Jura	Juristische Ausbildung (Zeitschrift)
jurisPK-BGB/*Bearbeiter*	juris PraxisKommentar, 3. Aufl. 2007
JuS	Juristische Schulung (Zeitschrift)
JW	Juristische Wochenschrift (Zeitschrift)
JZ	Juristenzeitung (Zeitschrift)
KG	Kommanditgesellschaft
Köhler, AT	Köhler, Helmut: BGB. Allgemeiner Teil, 34. Aufl. 2010
Köhler, PdW-AT	Köhler, Helmut: Prüfe dein Wissen: BGB. Allgemeiner Teil, 24. Aufl. 2006
Köhler/Lorenz, PdW-SchuldR I	Köhler, Helmut/Lorenz, Stephan: Prüfe dein Wissen: Recht der Schuldverhältnisse I. Allgemeiner Teil, 20. Aufl. 2006
Köhler/Lorenz, PdW-SchuldR II	Köhler, Helmut/Lorenz, Stephan: Prüfe dein Wissen: Recht der Schuldverhältnisse II. Einzelne Schuldverhältnisse, 19. Aufl. 2011
Kötz/Wagner	Kötz, Hein/Wagner, Gerhard: Deliktsrecht, 11. Aufl. 2010
KompaktKom-BGB/*Bearbeiter*	Das neue Schuldrecht, Kompaktkommentar, bearbeitet v. Kohte, Wolfhard/Micklitz, Hans-W./Rott, Peter/Tonner, Klaus/Willingmann, Arnim u. a., 2002
Kropholler	Kropholler, Jan: Studienkommentar BGB, 12. Aufl. 2010
LAG	Landesarbeitsgericht
Larenz, SchuldR I	Larenz, Karl: Lehrbuch des Schuldrechts. Band I: Allgemeiner Teil, 14. Aufl. 1987
Larenz, SchuldR II 1	Larenz, Karl: Lehrbuch des Schuldrechts II. Band: Besonderer Teil, 1. Halbband, 13. Aufl. 1986
Larenz/Canaris	Larenz, Karl/Canaris, Claus-Wilhelm: Lehrbuch des Schuldrechts, Band II: Besonderer Teil, 2. Halbband, 13. Aufl. 1994
Larenz/Wolf	Larenz, Karl/Wolf, Manfred: Allgemeiner Teil des Bürgerlichen Rechts, 8. Aufl. 1997
Leipold	Leipold, Dieter: BGB I: Einführung und Allgemeiner Teil, 6. Aufl. 2010
LG	Landgericht
LM	Lindenmaier-Möhring: Nachschlagewerk des BGH
Lorenz/Riehm	Lorenz, Stephan/Riehm, Thomas: Lehrbuch zum neuen Schuldrecht, 2002

Looschelders, AS	Looschelders, Dirk: Schuldrecht, Allgemeiner Teil, 7. Aufl. 2009
Looschelders, BS	Schuldrecht, Besonderer Teil, 4. Aufl. 2010
MDR	Monatsschrift für Deutsches Recht (Zeitschrift)
Medicus, AT	Medicus, Dieter: Allgemeiner Teil des BGB, 9. Aufl. 2006
Medicus/Petersen	Medicus, Dieter/Petersen, Jens: Bürgerliches Recht, 22. Aufl. 2009
Medicus/Lorenz, SchuldR II	Medicus, Dieter/Lorenz, Stephan: Schuldrecht. Band II: Besonderer Teil, 15. Aufl. 2010
Medicus/Lorenz	Medicus, Dieter/Lorenz, Stephan: Schuldrecht. Band I: Allgemeiner Teil, 18. Aufl. 2008
Mot.	Motive zum Entwurf eines BGB
MünchKomm/*Bearbeiter*	Münchner Kommentar zum Bürgerlichen Gesetzbuch, hrsg. v. Säcker, Franz Jürgen/Rixecker, Roland, 5. Aufl. 2006 ff.
m.(w.)N.	mit (weiteren) Nachweisen
Nachw.	Nachweis(e)
nF	neue Fassung
NJOZ	Neue Juristische Online-Zeitschrift
NJW	Neue Juristische Wochenschrift (Zeitschrift)
NJW-RR	NJW-Rechtsprechungsreport (Zeitschrift)
NZA	Neue Zeitschrift für Arbeitsrecht
NZM	Neue Zeitschrift für Miet- und Wohnungsrecht
o.	oben
OHG	offene Handelsgesellschaft
OLG	Oberlandesgericht
Palandt/*Bearbeiter*	Palandt, Otto: Bürgerliches Gesetzbuch, 70. Aufl. 2011
ProdHaftG	Produkthaftungsgesetz
Prot.	Protokolle der Reichstagsberatungen zum BGB
PWW/*Bearbeiter*	Prütting, Hanns/Wegen, Gerhard/Weinreich, Gerd: BGB Kommentar, 5. Aufl. 2010
Rn.	Randnummer
Reinicke/Tiedtke	Reinicke, Dietrich/Tiedtke, Klaus: Kaufrecht, 8. Aufl. 2009
RG	Reichsgericht
RGZ	Amtliche Sammlung der Entscheidungen des Reichsgerichts in Zivilsachen
Rspr.	Rechtsprechung
Rüthers/Stadler	Rüthers, Bernd/Stadler, Astrid: Allgemeiner Teil des BGB, 16. Aufl. 2009
RVO	Reichsversicherungsordnung
s.	siehe
S.	Seite, Satz (bei Rechtsnormen)
Schack	Schack, Haimo: BGB, Allgemeiner Teil (Schwerpunkte), 12. Aufl. 2008
SchuldRModG	Schuldrechtsmodernisierungsgesetz vom 26. 11. 2001 (BGBl. I S. 3138)
Schwab/Witt	Schwab, Martin/Witt, Carl-Heinz: Einführung in das neue Schuldrecht, 2002
Schwarz/Wandt	Schwarz, Günter Christian/Wandt, Manfred, Gesetzliche Schuldverhältnisse, 4. Aufl. 2011
SeuffA	Seufferts Archiv (Zeitschrift)
SGB	Sozialgesetzbuch
Soergel/*Bearbeiter*	Soergel, Hs. Th.: Bürgerliches Gesetzbuch mit Einführungsgesetz und Nebengesetzen, 13. Aufl. 1999 ff.

sog.	so genannte(r)
Sp (r./l.)	Spalte (rechts/links)
st.	ständig(e, er)
Staudinger/*Bearbeiter*	v. Staudinger, Julius: Kommentar zum Bürgerlichen Gesetzbuch mit Einführungsgesetz und Nebengesetzen, 13. Aufl. 1993 ff., danach in bandweiser Neubearbeitung
StGB	Strafgesetzbuch
str.	streitig
StVG	Straßenverkehrsgesetz
StVO	Straßenverkehrsordnung
teilw.	Teilweise
Tz.	Textziffer
u.	unten
umstr.	umstritten
unstr.	unstreitig
UWG	Gesetz gegen den unlauteren Wettbewerb
VerbrKrG	Verbraucherkreditgesetz
VersR	Zeitschrift für Versicherungsrecht
vgl.	vergleiche
Werner/Neureither	Werner, Olaf/Neureither, Georg: 22 Probleme aus dem BGB – Allgemeiner Teil (Examenswichtige Klausurprobleme – Band 1), 7. Aufl. 2005
Wilhelm	Wilhelm, Jan: Sachenrecht, 4. Aufl. 2010
WM	Wertpapier-Mitteilungen (Zeitschrift)
ZEV	Zeitschrift für Erbrecht und Vermögensnachfolge
ZGS	Zeitschrift für das gesamte Schuldrecht
ZIP	Zeitschrift für Wirtschaftsrecht
ZJS	Zeitschrift für das Juristische Studium (www.zjs-online.com)
ZPO	Zivilprozessordnung
z. T.	zum Teil
zust.	zustimmend
ZVG	Gesetz über die Zwangsversteigerung und die Zwangsverwaltung

Einige Hinweise für die Arbeit mit diesem Buch

1. Dieser Grundkurs ist in erster Linie für Studierende bestimmt, die das Studium der Rechtswissenschaft beginnen. Dementsprechend werden keine Rechtskenntnisse vorausgesetzt und die Ausführungen sollten aus sich heraus verständlich sein. Dennoch wird es vorkommen, dass der mit diesem Buch Arbeitende trotz intensiven Nachdenkens (das selbstverständlich stets unverzichtbar ist) **das eine oder andere nicht recht versteht.** In einem solchen Fall sollte die sich stellende Frage schriftlich festgehalten und die Arbeit fortgesetzt werden. Nach dem ersten Durcharbeiten der Schrift sind dann die offengebliebenen Fragen erneut aufzugreifen. Sie werden dann regelmäßig ohne Weiteres zu beantworten sein. Entsprechendes gilt für Begriffe, die im Text zunächst ohne nähere Erläuterung verwendet werden und die Verständigungsschwierigkeiten bereiten.

2. Die **Fälle und Fragen**, die (ab § 2) jedem Paragraphen angefügt sind, erfüllen eine wichtige Funktion im didaktischen Konzept dieser Schrift. Sie dienen der Wiederholung der wichtigsten Punkte sowie der Verständnis- und Lernkontrolle. Dieser Zweck kann selbstverständlich nur erreicht werden, wenn alle Fälle und Fragen schriftlich beantwortet werden, um erst dann das selbst Erarbeitete mit den Lösungshinweisen zu vergleichen, die sich am Schluss des Buches befinden. Es ist offensichtlich, dass für diese Arbeitsweise Energie und Selbstdisziplin aufgewendet werden müssen. Wer aber meint, er könnte den dafür erforderlichen Aufwand sparen, sich z. B. mit einer „gedanklichen Befassung" begnügen, der täuscht und schadet sich selbst.

3. Das Gleiche gilt für die **Übungsklausuren**. Sie sind nur mit Hilfe des Gesetzestextes in der jeweils angegebenen Zeit schriftlich zu bearbeiten. Erst dann darf die eigene Lösung mit dem Lösungsvorschlag verglichen werden, wobei es nicht darauf ankommt, dass eine möglichst weitgehende Übereinstimmung festgestellt werden kann. Entscheidend ist vielmehr, dass die Kernfragen des Falles richtig erkannt werden.

4. Der **Gesetzestext** ist das unverzichtbare Handwerkszeug des Juristen. Mit ihm muss er arbeiten. Deshalb ist es zwingend geboten, stets die bei Darstellung einzelner Fragen im Text angegebenen Rechtsvorschriften genau zu lesen. Auch hierfür ist Selbstdisziplin erforderlich. Es ist viel bequemer, sich darauf zu verlassen, dass man die zitierte Vorschrift kennt. Lesen Sie sie dennoch! Sie werden sehr oft feststellen, dass Sie dabei wichtige Erkenntnisse gewinnen, die sonst verloren gehen.

5. Mit diesem Buch muss gearbeitet werden. Das bloße „Durchlesen" bringt keinen Erfolg. Empfehlenswert ist, nach dem **Durcharbeiten** einzel-

ner Problembereiche zu versuchen, mit eigenen Worten schriftlich die wichtigsten Punkte darzustellen und dann diese Ausarbeitung mit den Ausführungen im Buch zu vergleichen. Die Diskussion mit anderen Studierenden über einzelne Fragen in selbst geschaffenen Arbeitsgruppen ist ein weiteres bewährtes Mittel, um die geistige Auseinandersetzung mit juristischen Problemen anzuregen, die mündliche Ausdrucksfähigkeit im Rechtsgespräch zu fördern und der eigenen (selbstständigen) Arbeit, die durch nichts zu ersetzen ist, neue Impulse zu geben.

6. Die Schrift muss mehrmals durchgearbeitet werden, wobei es sich empfiehlt, die einzelnen Wiederholungen nicht unmittelbar aufeinander folgen zu lassen. Nach einem zeitlichen Abstand von mehreren Monaten lässt sich am besten feststellen, ob ein bestimmter Stoff richtig erfasst und im Gedächtnis sicher gespeichert ist. Bei der **Wiederholung** kann auch der Einstieg über eine Bearbeitung der Fälle und Fragen gewählt werden, um auf diesem Weg Lücken in den Kenntnissen zu ermitteln und zu schließen. Dabei sollten solche Fälle und Fragen notiert werden, deren Lösung schwerfällt oder misslingt; eine weitere Wiederholung ist dann auf sie zu beschränken. Auf diese Weise wird ausgeschieden, was man bereits weiß, und es wird nur noch aufgegriffen, was man noch nicht beherrscht. Diese selektive Methode spart Zeit und ermöglicht einen konzentrierten Wissenserwerb.

7. Nehmen Sie sich die **erforderliche Zeit** für die Arbeit mit dieser Schrift! Denken Sie gründlich über die Ausführungen im Buch nach, insbesondere auch über mitgeteilte Lösungsvorschläge, und versuchen Sie, Querverbindungen zu parallelen Fragen und angrenzenden Problemen herzustellen. So empfehlenswert eine Leistungskontrolle auch hinsichtlich des jeweils bewältigten Quantums erscheint, so darf sie doch nicht dadurch pervertiert werden, dass man Bücher „frisst" und stolz verkündet, man habe wieder hundert Seiten am Tag geschafft. Zehn Seiten, richtig durchgearbeitet und inhaltlich erfasst, sind demgegenüber viel mehr.

8. Diese Schrift weicht aus didaktischen Gründen häufig von dem üblichen Aufbau entsprechender Lehrbücher ab. Um das **Auffinden bestimmter Punkte** zu erleichtern, sind ein ausführliches Stichwortverzeichnis und Paragraphenregister erstellt worden. Werden aber im Text bestimmte Fragen nur angesprochen, jedoch nicht behandelt, sondern ihre Erörterung mit dem Hinweis „dazu später" oder „Einzelheiten später" hinausgeschoben, dann sollte dies hingenommen und nicht die entsprechenden Ausführungen vorher gesucht und gelesen werden.

9. Betrachten Sie bitte den **engzeilig gedruckten Text** nicht als weniger wichtig als den anderen. Durch das unterschiedliche Schriftbild soll nicht eine Abstufung in der Wichtigkeit vorgenommen werden; vielmehr ist damit bezweckt, zum Ausdruck zu bringen, was dem Inhalt nach zusam-

mengehört und was als ergänzender, manchmal auch erläuternder Gedanke hinzutritt.

10. Da diese Schrift unverzichtbares Grundwissen im bürgerlichen Recht vermittelt, kann sie auch zur Wiederholung vor Beginn der Fortgeschrittenenübung im BGB oder vor dem Ersten Juristischen Staatsexamen benutzt werden, selbstverständlich dann zusammen mit anderen Werken, so z.B. mit dem von mir verfassten Examenskurs BGB, in denen Einzelfragen eingehender und umfassender dargestellt werden, als dies in einem Grundkurs zu geschehen hat. Dem **im Studium Fortgeschrittenen** kann ebenfalls empfohlen werden, mit den Fällen und Fragen zu beginnen, um festzustellen, wo sich Lücken in den Kenntnissen finden, um sie dann mit Hilfe der entsprechenden Ausführungen in diesem Grundkurs zu schließen.

§ 1. Einführung in die juristische Arbeitsmethode

I. Die juristische Aufgabe

Das juristische Studium soll für die spätere Berufsausübung ausbilden. Es muss also befähigen, die sich im Beruf des Juristen stellenden Aufgaben zu erfüllen. Welche Aufgaben stellen sich?

a) In der Berufstätigkeit

Die Aufgabe des Juristen besteht – ganz allgemein und vergröbert beschrieben – in der **rechtlichen Bewertung von Geschehnissen** im Leben der Menschen, kurz: **von Lebenssachverhalten.** Der zu beurteilende Lebenssachverhalt kann sich bereits in der Wirklichkeit ereignet haben; dann hat der Jurist die sich daraus ergebenden Rechtsfolgen festzustellen. 1

Beispiel: Zwei Kraftfahrer stoßen mit ihren Fahrzeugen an einer Straßenkreuzung zusammen. Die Fahrzeuge werden dabei beschädigt. Beide Beteiligten meinen, der andere sei verpflichtet, den am fremden Auto entstandenen Schaden zu ersetzen und den Schaden am eigenen Kraftfahrzeug selbst zu tragen.

Jeder von ihnen kann einen Rechtsanwalt aufsuchen, um sich juristischen Rat zu holen und um die Erfolgsaussichten eines möglichen Rechtsstreits einschätzen zu können. Der Rechtsanwalt[1] wird hierbei beratend tätig und muss dazu den Lebenssachverhalt – den Verkehrsunfall – rechtlich prüfen.

Gelingt eine außergerichtliche Einigung nicht und kommt es zu einem Zivilprozess, dann muss der Richter ebenfalls für die Streitentscheidung den Lebenssachverhalt rechtlich würdigen.

Der zu untersuchende Lebenssachverhalt kann aber auch erst in der Zukunft liegen. Beispielsweise wird der Jurist um eine Stellungnahme zu der Frage gebeten, welche rechtlichen Folgerungen sich aus einem vom **Ratsuchenden** beabsichtigten Verhalten, z. B. aus dem Abschluss eines bestimmten Vertrages, ergeben, wobei es der Ratsuchende vom Ergebnis der rechtlichen Prüfung abhängig machen will, wie er sich verhält, ob er also den Vertrag schließt oder nicht. Auch in diesem Fall hat der Jurist die bei Verwirklichung des Sachverhalts eintretenden **Rechtsfolgen zu ermitteln.** Die Arbeitsmethode ist dabei die gleiche wie bei der rechtlichen Beurtei- 2

---

[1] Wenn hier und im Folgenden von „Rechtsanwalt", „Richter" oder „Juristen" gesprochen wird, dann handelt es sich dabei stets um eine Berufsbezeichnung, die in gleicher Weise weibliche und männliche Angehörige dieses Berufes erfasst. Dies ist eine Selbstverständlichkeit, denn der Anteil von Frauen und Männern im rechtswissenschaftlichen Studium ist ungefähr gleich groß und wird es auch bald in den verschiedenen juristischen Berufen sein.

lung bereits eingetretener Ereignisse. Allerdings kann bei einer Prüfung nur geplanter Vorgänge die gestellte Aufgabe umfassender ausfallen und sich zugleich auf die Klärung der Frage beziehen, welches Verhalten dem Ratsuchenden aus rechtlicher Sicht zu empfehlen ist. Solche Empfehlungen werden beispielsweise vom Juristen erwartet, wenn er an der Abfassung von Texten, wie Verträgen, Allgemeinen Geschäftsbedingungen, Testamenten, mitwirkt, also Aufgaben zu erfüllen hat, wie sie sich insbesondere für Rechtsanwälte, für Notare und für die in Rechtsabteilungen von Behörden, Verbänden und Wirtschaftsunternehmen tätigen Juristen ergeben. Also lässt sich die juristische Aufgabe im Beruf schematisch wie folgt beschreiben:

Juristische Aufgabe:

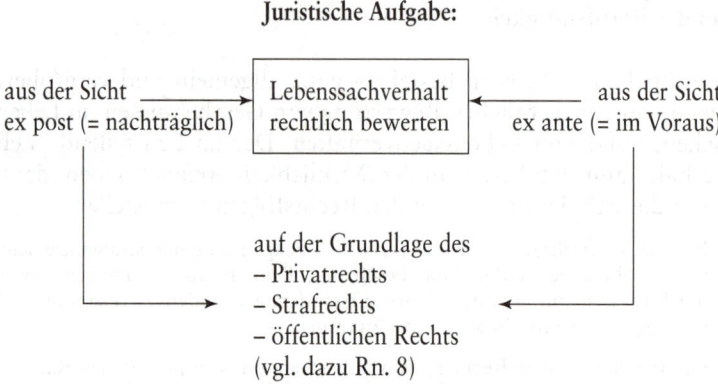

b) Im Studium

3   Entsprechend dieser im späteren Beruf zu leistenden Arbeit ist die Ausbildung in der Universität zu gestalten. Folglich muss im Studium die rechtliche Bewertung von Lebenssachverhalten geübt werden. Diese Lebenssachverhalte werden entweder frei erfunden oder tatsächlich geschehenen nachgebildet und als sog. „Fall" zur Bearbeitung gestellt. Während in der Berufstätigkeit der Jurist zunächst aus einer Vielzahl von Fakten die rechtlich erheblichen Tatsachen von den rechtlich unerheblichen zu scheiden hat und auf diese Weise zunächst den zu beurteilenden Sachverhalt erarbeiten muss, bekommt der Student einen Fall, der in aller Regel bereits auf den rechtlich erheblichen Tatsachenstoff reduziert ist. Hieraus ergibt sich die wichtige Erkenntnis, dass der Bearbeiter des Falles jeder Einzelheit in der Fallerzählung besondere Aufmerksamkeit zu widmen hat, weil er davon ausgehen muss, dass vom Aufgabensteller die Auswahl der mitgeteilten Tatsachen im Hinblick auf bestimmte vom Bearbeiter zu erkennende und zu behandelnde Rechtsfragen vorgenommen wurde. Das Außerachtlassen bestimmter im Sachverhalt zu findender Angaben ist also meist verfehlt, weil textliche Ausschmückungen ohne rechtliche Relevanz

in juristischen Fällen nicht oft vorkommen. Welche Folgerungen sich hieraus für die vom Studierenden anzuwendende Arbeitstechnik ergeben, wird noch später darzustellen sein.[2]

Für die rechtliche Bewertung von Fällen (= simulierten Lebenssachverhalten) sind selbstverständlich Rechtskenntnisse erforderlich. Diese Rechtskenntnisse werden in der Ausbildung erworben und müssen ständig im späteren Berufsleben ergänzt und erweitert werden. Häufig meint der Studienanfänger, es käme auf die genaue Kenntnis des Gesetzestextes an, auf die möglichst wörtliche „Speicherung" der einzelnen Rechtsvorschriften in seinem Gedächtnis. Aber eine solche Kenntnis ist einerseits zu viel, andererseits zu wenig. Wer sein Gedächtnis mit dem genauen Wortlaut des Gesetzes belastet, tut etwas Überflüssiges, weil er diesen Wortlaut dem Gesetz selbst entnehmen kann. Selbst wenn er meint, dass er die exakte Fassung der einzelnen Vorschriften kennt, sollte er in Fällen, in denen es auf den genauen Wortlaut ankommt, seinem Gedächtnis misstrauen und im Gesetz nachlesen. Häufig stellt er dabei fest, dass dort wichtige Details enthalten sind, die er nicht mehr in Erinnerung hatte.

Das anzuwendende Gesetz muss also der Jurist bei seiner Arbeit als zwingend notwendiges Handwerkszeug betrachten und es deshalb auch stets zur Hand haben.[3] Andererseits kann man jedoch in den meisten Fällen allein aufgrund des Gesetzeswortlautes keine rechtliche Entscheidung treffen. Es kommt vielmehr auf das richtige Verständnis der anzuwendenden Rechtsvorschriften an. Hierfür ist zunächst einmal wichtig, die im Gesetz verwendeten Begriffe richtig zu verstehen. Denn diese Begriffe können durchaus einen anderen Sinn als in der Umgangssprache haben.

Beispiel: Im juristischen Sprachgebrauch und somit auch in der Terminologie des BGB wird als Eigentümer derjenige bezeichnet, dem eine Sache[4] gehört. Besitzer ist dagegen derjenige, der die tatsächliche Gewalt über die Sache ausübt, der sie rein tatsächlich innehat. Im allgemeinen Sprachgebrauch wird aber von dem Hausbesitzer gesprochen, wenn man denjenigen meint, dem das Haus gehört. Der Jurist verwendet hierfür die Bezeichnung „Grundstückseigentümer",[5] während er von dem „Hausbesitzer" spricht,

---

[2] Es gibt zwar auch den „geschwätzigen" Sachverhalt, der die rechtlich relevanten Angaben in einem Wust von Nebensächlichkeiten verpackt; er ist aber seltene Ausnahme.

[3] Es empfiehlt sich, schon im ersten Semester eine alle wichtigen Gesetze umfassende Textsammlung zu beschaffen, wie z.B. Schönfelder, Deutsche Gesetze, Loseblattsammlung. Die häufig bei Anfängern zu beobachtende Neigung, sich zunächst mit dem Text einzelner Gesetze in Form einer Taschenbuchausgabe zu begnügen, kann allenfalls als eine Übergangslösung bis zur Anschaffung einer umfassenden Textsammlung betrachtet werden, um die man doch nicht herumkommt.

[4] Auch der Begriff „Sache" hat eine eigene juristische Bedeutung. Im BGB ist dieser Begriff in § 90 definiert (gesetzliche Definition = Legaldefinition). Diese Vorschrift lautet: „Sachen im Sinne des Gesetzes (= BGB) sind nur körperliche Gegenstände". Die Elektrizität ist folglich keine Sache, da sie keinen körperlichen Gegenstand darstellt.

[5] Näher liegender wäre es, von einem „Hauseigentümer" zu sprechen, Sie werden in Ihrem weiteren Studium die Gründe kennen lernen, warum diese Bezeichnung nicht korrekt wäre. Hier soll nur darauf hingewiesen werden, dass die Eigentümerstellung

wenn er denjenigen meint, der die tatsächliche Gewalt über das Haus hat, der in ihm wohnt, die Schlüssel besitzt und auf diese Weise andere, wenn er will, fern halten kann. Der Mieter eines Einfamilienhauses ist also der „Hausbesitzer", nicht der Grundstückseigentümer. Der Eigentümer eines Einfamilienhauses, der selbst in dem Haus wohnt, ist gleichzeitig Grundstückseigentümer und Hausbesitzer.[6]

6 Es kommt ferner für die Rechtsanwendung darauf an, **Zusammenhänge zwischen verschiedenen Vorschriften im Gesetz** zu kennen und zu berücksichtigen.

Beispiel: Max verkauft seinen gebrauchten Pkw Moritz und vereinbart, dass der Kaufpreis für den Pkw am 01. 04. vormittags von Moritz zu seiner Wohnung gebracht wird. Max wartet den ganzen Tag vergeblich auf Moritz. Er fragt, welche Rechtsfolgen sich aus dem „Wortbruch" des Moritz ergeben.

§ 286 Abs. 1 S. 1[7] bestimmt: „Leistet der Schuldner auf eine Mahnung des Gläubigers nicht, die nach dem Eintritt der Fälligkeit erfolgt, so kommt er durch die Mahnung in Verzug." Zu dieser Vorschrift tritt ergänzend Nr. 1 des § 286 Abs. 2 hinzu, die lautet: „Der Mahnung bedarf es nicht, wenn für die Leistung eine Zeit nach dem Kalender bestimmt ist." Hier ist eine Zeit nach dem Kalender bestimmt, nämlich der 01. 04. Man könnte also jetzt aus der in § 286 Abs. 1 und 2 getroffenen Regelung ableiten, dass sich Moritz in Verzug befindet. Diese Feststellung kann wichtig sein, weil sich an den Verzug bestimmte Rechtsfolgen knüpfen, so z. B. ein Anspruch auf Zahlung von Verzugszinsen (§ 288 Abs. 1 S. 1) oder auch ein Anspruch auf Ersatz des durch den Verzug entstehenden Schadens (vgl. § 280 Abs. 1 i. V. m. Abs. 2). Wollte man nun allein aufgrund der Absätze 1 und 2 des § 286 einen Verzug bejahen, dann würde man einen Fehler begehen. Denn diese Vorschriften dürfen nicht isoliert betrachtet werden, sondern es muss auch Abs. 4 des § 286 beachtet werden, der anordnet: „Der Schuldner kommt nicht in Verzug, solange die Leistung infolge eines Umstandes unterbleibt, den er nicht zu vertreten hat." Was der Schuldner „zu vertreten hat", ist wiederum den §§ 276 bis 278 zu entnehmen. Insbesondere hat der Schuldner im Regelfall eigenen Vorsatz und eigene Fahrlässigkeit zu vertreten (§ 276 Abs. 1 S. 1). Erschien Moritz am Morgen des 01. 04. nicht, weil er plötzlich erkrankte und deshalb ins Krankenhaus eingeliefert wurde, ohne einen anderen mit der Überbringung des Geldes beauftragen zu können, dann hat er nicht zu vertreten, dass die Leistung zum vereinbarten Termin unterblieb, und er kommt folglich nicht in Verzug.

Um den Zusammenhang zwischen den einzelnen bei Darstellung der Rechtslage zitierten Vorschriften zu erkennen, sind also Rechtskenntnisse erforderlich. Dies sollte das angeführte Beispiel zeigen.

7 Für die Anwendung eines Rechtssatzes ist also mehr notwendig als die bloße Kenntnis seines Wortlauts. Diese Feststellung soll hier genügen. Wie das Recht angewendet wird und welcher Methoden sich dabei der Jurist bedient, ist ein wesentlicher Gegenstand des juristischen Studiums; hierauf wird im Laufe der folgenden Ausführungen immer wieder einzugehen sein.

---

nicht auf das Haus, sondern auf das Grundstück zu beziehen ist, auf dem das Haus steht und als dessen Bestandteil es gilt.

[6] Auf die Begriffe „Eigentum" und „Besitz" wird später noch näher eingegangen werden. Hier genügen die getroffenen Feststellungen.

[7] Wenn hier oder im Folgenden Vorschriften ohne nähere Bezeichnung zitiert werden, dann handelt es sich stets um solche des BGB.

II. Die Lösung eines Falles als Beispiel juristischer Arbeitsweise

a) Beschränkung auf eine bestimmte Fragestellung

In den vorstehenden Ausführungen ist dargelegt worden, worauf es bei der juristischen Lösung eines Falles ankommt, nämlich auf seine rechtliche Bewertung. Allerdings kann man einen Fall aus der Sicht der verschiedenen Rechtsgebiete (Privatrecht, Strafrecht, öffentliches Recht)[8] unterschiedlich bewerten. Wenn es beispielsweise darum geht, juristisch zu einem Verkehrsunfall Stellung zu nehmen, kann dies auf der Grundlage des Strafrechts geschehen und die Frage erörtert werden, ob und wie sich die Beteiligten strafbar gemacht haben. Die privatrechtliche Erörterung ist darauf gerichtet, ob wegen des durch den Unfall verursachten Schadens die Beteiligten Ansprüche gegeneinander oder gegen Dritte geltend machen können. Auch öffentlich-rechtliche (verwaltungsrechtliche) Probleme können sich stellen, etwa wenn zu entscheiden ist, ob sich ein Beteiligter durch sein Verhalten beim Unfall als ungeeignet zur Führung eines Kraftfahrzeugs gezeigt hat und deshalb die Verwaltungsbehörde ihm die Fahrerlaubnis entziehen muss. Welche Antwort im Einzelfall interessiert, ist dem Juristen in seiner Berufstätigkeit selbstverständlich von vornherein klar. Im Universitätsstudium ergibt sich aus der Aufgabe und nicht zuletzt auch aus der Art der Lehrveranstaltung, in der die Aufgabe gestellt wird, aus welcher rechtlichen Sicht eine Erörterung des Falles vorzunehmen ist. In der vorliegenden Schrift, deren Thema die Grundlagen des bürgerlichen Rechts bilden, sind die Ausführungen ausschließlich diesem Rechtsgebiet gewidmet.

b) Aufgabentext

Folgender Fall soll behandelt werden:

Der 17-jährige Max (M) erhält von seinen Eltern ein monatliches Taschengeld von 100,- €. Die Eltern kontrollieren die Verwendung des Geldes nicht. M ist sehr sparsam und hat sich von diesem Taschengeld im Laufe der Zeit 300,- € gespart. Als sein 18-jähriger Freund Fritz (F) einen Motorroller zum Preise von 600,- € verkaufen will, erklärt ihm Max, er wolle dieses Fahrzeug haben; den Kaufpreis werde er zur Hälfte aus

---

[8] Während das öffentliche Recht die Beziehungen von Staat und Bürger betrifft und durch das Verhältnis der Über- und Unterordnung gekennzeichnet wird, umfasst das Privatrecht die Rechtsbeziehungen Gleichgeordneter. Bei dieser Unterscheidung ist das Strafrecht zum öffentlichen Recht zu rechnen, wenn es auch gewöhnlich als dritte Rechtsmaterie selbstständig neben die beiden anderen gestellt wird. Kernbereich des Privatrechts ist das bürgerliche Recht (= Zivilrecht), das im wesentlichen im BGB geregelt ist. Daneben gibt es Sonderprivatrechte, wie z.B. das Handelsrecht und das Wirtschaftsrecht. Zu Einzelheiten vgl. *Leipold*, § 1 Rn. 18 ff.; *Baumann*, Einführung in die Rechtswissenschaft, 8. Aufl. 1989, S. 29 ff.

seinen Ersparnissen sofort zahlen, den Rest werde er in 10 Monatsraten zu je 30,- € begleichen. Dieses Geld könne er ohne Schwierigkeiten von seinem Taschengeld abzweigen. Fritz stimmt zu und übergibt Max den Motorroller. Als Max nach Hause kommt, sagen ihm seine Eltern, sie seien keinesfalls mit der Anschaffung des Fahrzeuges einverstanden. Max solle den Motorroller sofort zurückbringen. Als dies Max tut, weigert sich Fritz, den Motorroller zurückzunehmen, und beruft sich darauf, er habe den Motorroller an Max verkauft und dieser müsse den vereinbarten Kaufpreis zahlen. Wie ist die Rechtslage?

c) Die einzelnen Arbeitsschritte

10   Häufig bereitet es dem Studienanfänger – und nicht nur ihm – erhebliche Schwierigkeiten, sein erlerntes Wissen richtig bei der rechtlichen Beurteilung von Sachverhalten umzusetzen. Was der Könner routinemäßig anwendet, das muss der Anfänger erst lernen: die richtige Methode zur Lösung juristischer Fälle. Hierbei kann ihm das folgende **Lösungsschema** behilflich sein, in dem einzelne Arbeitsschritte der Fallbearbeitung zusammengefasst sind:

> 1. Schritt: Genaue Erfassung des Sachverhalts
> 2. Schritt: Konkretisierung der Fallfrage
> 3. Schritt: Sammlung erster Gedanken zur Lösung
> 4. Schritt: Aufsuchen der entscheidungserheblichen Rechtsvorschriften
> 5. Schritt: Anwendung der Rechtsvorschriften auf den Sachverhalt und Feststellung der Rechtsfolgen (in Form einer Lösungsskizze)
> 6. Schritt: Ausformulierung der Falllösung.

11   Zu diesen Arbeitsschritten ist folgendes zu bemerken: Der erste Arbeitsschritt muss stets **die genaue Erfassung des rechtlich zu beurteilenden Sachverhalts sein.** Denn selbstverständlich kann nur dann eine richtige rechtliche Stellungnahme abgegeben werden, wenn der zu bewertende Tatsachenstoff zutreffend verstanden und in allen seinen wesentlichen Einzelheiten erfasst ist. Mit dem sorgfältigen, mehrmaligen Lesen des Sachverhalts beginnt jede Fallbearbeitung. Hierbei ist jedem Detail in der Fallerzählung Aufmerksamkeit zu widmen, weil der mitgeteilte Sachverhalt in aller Regel von dem Aufgabensteller auf die für die Bearbeitung erheblichen Tatsachen beschränkt ist. Erscheinen dem Bearbeiter bestimmte Angaben überflüssig, so sollte ihm das zur (erneuten) Prüfung Anlass geben, ob der von ihm gewählte Lösungsweg richtig ist.

12   **Die gedankliche Erfassung des Sachverhalts wird durch eine graphische Darstellung erleichtert,** in der die beteiligten Personen und die Beziehungen, in denen sie zueinander stehen, zeichnerisch festgehalten und mitge-

II. Die Lösung eines Falles als Beispiel juristischer Arbeitsweise

teilte Daten aufgeschrieben werden können. Bei umfangreichen, verwickelten Sachverhalten sollte stets eine solche graphische Darstellung angefertigt werden; aber auch bei einfachen Fallerzählungen können kleine Zeichnungen helfen, die Gedanken zu ordnen. Bei den dann folgenden, die Lösung des Falles vorbereitenden Arbeiten, insbesondere während des dritten und vierten Arbeitsschrittes, kann dann die graphische Darstellung durch die Angabe von Rechtsvorschriften, die für die Beziehungen der Beteiligten eine Rolle spielen, ergänzt werden.

Bestimmte Symbole können die rechtlichen Beziehungen der Beteiligten angeben. So lässt sich zeichnerisch ein Anspruch durch einen Pfeil zwischen dem Anspruchsteller und dem in Anspruch Genommenen wiedergeben. Andere rechtliche Beziehungen können durch eine Verbindungslinie beschrieben werden. Als Beispiel soll die folgende Skizze dienen, die sich auf den zu bearbeitenden Fall bezieht:[9]

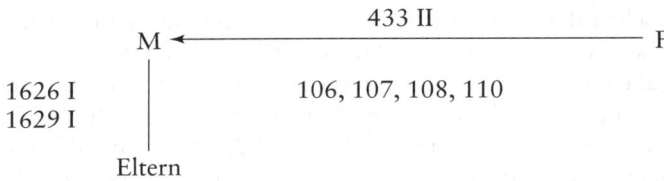

Als nächstes ist die Fallfrage zu konkretisieren. Die Bearbeitung des Falles kann selbstverständlich erst sinnvoll beginnen, wenn der Bearbeiter weiß, was die im Fall genannten Personen wollen. Die vom Aufgabensteller formulierte Fallfrage kann bereits so konkret gefasst sein, dass eine weitere Präzisierung nicht mehr nötig wird. Lautet beispielsweise in dem oben mitgeteilten Aufgabentext die Fallfrage „Kann Fritz von Max den Kaufpreis fordern?", dann ist klar, dass der Bearbeiter nur zu prüfen hat, ob ein Zahlungsanspruch des Fritz gegen Max besteht. Die Fallfrage kann aber auch ganz allgemein – wie in unserem Beispielsfall – dahin gehen, wie die Rechtslage beschaffen ist. Eine solche allgemein gefasste Fallfrage muss der Bearbeiter näher aufschlüsseln, damit er sinnvolle Antworten geben kann und nicht zu Punkten Stellung nimmt, die niemand interessieren.

Die Präzisierung der Fallfrage geschieht aufgrund des mitgeteilten Sachverhalts. So wäre es verfehlt, wegen der allgemeinen Fragestellung sämtliche Rechtsbeziehungen, die zwischen den im Fall handelnden Personen bestehen, zu untersuchen. Im Beispielsfall interessiert das Rechtsverhältnis zwischen Max und seinen Eltern nur insoweit, als es Einfluss auf die Rechtsbeziehungen zwischen Max und Fritz insbesondere auf das Recht des Fritz hat, von Max Zahlung des vereinbarten Kaufpreises zu fordern.

---

[9] Die Zahlen bezeichnen die einschlägigen Vorschriften des BGB, die beim 3. und 4. Arbeitsschritt in die Skizze eingefügt werden (römische Ziffern nennen die Absätze). Zur Bedeutung dieser Vorschriften für die Falllösung vgl. Rn. 29 ff. Hinzuweisen ist noch darauf, dass die Skizze lediglich den Zahlungsanspruch des F gegen M berücksichtigt (vgl. dazu Rn. 34); sie ist also unvollständig.

14 Geht es bei dem zu bearbeitenden Fall um Ansprüche, deren Berechtigung zu prüfen ist, dann hat sich der Bearbeiter auch bei einer allgemeinen Aufgabenstellung die Frage vorzulegen, wer was von wem verlangt. Aufgrund dieser konkreten Frage sind die beteiligten Personen einander in „Anspruchsverhältnisse" gegenüberzustellen (wer von wem?), wobei regelmäßig Zweipersonenverhältnisse zu bilden sind. Eine solche Ordnung ist insbesondere wichtig, wenn mehrere Personen Ansprüche geltend machen.

Beispiel: Der Fußgänger F betritt die Fahrbahn, ohne auf den Verkehr zu achten. Der Autofahrer A muss, um F nicht zu überfahren, eine Vollbremsung vornehmen. Es kommt deshalb zu einem Kettenauffahrunfall, in den A, B, C und D verwickelt werden. Will man sich in diesem Fall schlüssig darüber werden, wer von wem etwas zu verlangen hat, dann muss man in der gutachtlichen Stellungnahme nacheinander die Ansprüche des A gegen F, B, C und D, dann die Ansprüche des B gegen F, A, C und D und so fort prüfen.

15 Abgesehen davon, dass eine derartige Gliederung die Übersichtlichkeit der Darstellung erleichtert, erklärt sie sich auch daraus, dass der Jurist seine gutachtliche Stellungnahme auf den „Ernstfall", auf den möglichen Rechtsstreit, zu beziehen hat. Im Rechtsstreit stehen sich aber im Regelfall[10] zwei Personen gegenüber, Kläger und Beklagter, und der Richter hat in seinem Urteil darüber zu befinden, ob die vom Kläger behaupteten Rechte (z. B. der Anspruch des Fritz auf Zahlung des Kaufpreises für den Motorroller) bestehen und ob der Beklagte deshalb zu einem bestimmten Verhalten (z. B. zur Zahlung einer Geldsumme) zu verurteilen ist. Die sich im Prozess ergebende „Zweierbeziehung" Kläger-Beklagter entspricht dem „Anspruchsverhältnis" Gläubiger-Schuldner in dem Rechtsgutachten, das der Fallbearbeiter anfertigen muss.

16 **Der dritte Arbeitsschritt, die Sammlung erster Gedanken zur Lösung des Falles, wird sich häufig mit anderen Arbeitsschritten überschneiden.** Denn bereits bei der Lektüre des Sachverhalts und bei der Konkretisierung der Fallfrage, aber auch beim Aufsuchen der entscheidungserheblichen Rechtsvorschriften werden dem Bearbeiter häufig spontan erste Erwägungen in den Sinn kommen, die er auf einem Merkzettel festhalten sollte. Bei der weiteren Fallbearbeitung kann dann der Bearbeiter auf diese vorläufigen Reflexionen, die sich aus seiner Intuition und seinem Rechtsgefühl ergeben, eingehen und ihre Richtigkeit überprüfen. Auch wenn sich dabei erweisen sollte, dass die ersten Erwägungen nicht zutreffen, können sich doch aus der gedanklichen Auseinandersetzung mit ihnen wichtige Hinweise für die Fallbearbeitung ergeben. Deshalb liegt in der gedanklichen Vorbeurteilung nach dem Rechtsgefühl ein wichtiger Teil der Auseinandersetzung mit dem Fall. Die empfohlene Aufzeichnung der ersten Gedanken auf einem Merkzettel stellt sicher, dass der Bearbei-

---

[10] Zwar lässt die Zivilprozessordnung (ZPO) unter bestimmten Voraussetzungen zu, dass auf der Kläger- oder Beklagtenseite mehrere Personen stehen, jedoch handelt es sich dabei um eine Besonderheit, die hier vernachlässigt werden kann. Wer sich für Einzelheiten dazu interessiert, der sei auf GK ZPO Rn. 226 ff. verwiesen.

II. Die Lösung eines Falles als Beispiel juristischer Arbeitsweise

ter die spontan angestellten Erwägungen nicht später in der „Hitze des Gefechts" wieder vergisst.

Mit dem Aufsuchen der entscheidungserheblichen Rechtsvorschriften beginnt die rechtliche Bewertung des Falles. Hierbei muss sich der Bearbeiter an der (erforderlichenfalls von ihm konkretisierten) Fallfrage orientieren. Denn die Fallfrage begrenzt den Umfang der vorzunehmenden Untersuchung und sagt dem Bearbeiter, auf welche Antworten es ankommt. Die (konkretisierte) Fallfrage des hier zu bearbeitenden Sachverhalts geht zunächst dahin, ob Fritz von Max den vereinbarten Kaufpreis fordern kann. Es muss deshalb eine Rechtsvorschrift gesucht werden, die dieses Begehren stützt. Ist diese Vorschrift gefunden, dann hat der Bearbeiter zu prüfen, ob der Tatbestand, von dessen Verwirklichung die Rechtsfolge abhängig gemacht ist, durch den mitgeteilten Sachverhalt erfüllt wird.

Auch bei der Suche nach den entscheidungserheblichen Vorschriften hat der Bearbeiter schrittweise vorzugehen. An der Spitze steht die Anspruchsgrundlage; dies ist die Rechtsvorschrift, die den gestellten Anspruch[11] zu rechtfertigen vermag, wenn ihre Voraussetzungen im konkreten Fall erfüllt werden. Zu dieser Rechtsvorschrift können andere hinzutreten, die für die Bejahung der einzelnen Merkmale der Anspruchsgrundlage bedeutsam sind. Wie dieses Ineinandergreifen verschiedener Rechtsvorschriften im Einzelnen aussieht, wird bei der Erörterung von Fällen in den folgenden Ausführungen noch häufig gezeigt werden. Beispielhaft soll hier der Ansatz für die Lösung des zu bearbeitenden Falles (Rn. 9) beschrieben werden:

Die Anspruchsgrundlage für die Kaufpreisforderung des Verkäufers gegen den Käufer bildet § 433 Abs. 2. Hiernach ist der Käufer verpflichtet, dem Verkäufer den vereinbarten Kaufpreis zu zahlen. Die Begriffe „Käufer" und „Verkäufer" und der Hinweis auf den „vereinbarten Kaufpreis" sowie der enge Zusammenhang mit Absatz 1, in dem die korrespondierenden Pflichten des Verkäufers von einem Kaufvertrag abhängig gemacht werden, zeigen, dass diese Vorschrift den Abschluss eines gültigen Kaufvertrages voraussetzt. Für die Frage der Gültigkeit des zwischen Fritz und Max geschlossenen Kaufvertrages ist die Minderjährigkeit des Max von Bedeutung, denn § 106 bestimmt, dass ein Minderjähriger, der das siebente Lebensjahr vollendet hat, nach Maßgabe der folgenden Vorschriften in der Geschäftsfähigkeit, d.h. in seiner Fähigkeit, Rechtsgeschäfte wirksam vorzunehmen, beschränkt ist. Aus § 107 ergibt sich, dass ein Minderjähriger zu einer Willenserklärung, durch die er nicht lediglich einen rechtlichen Vorteil erlangt, der Einwilligung seines gesetzlichen Vertreters bedarf. Der Wortlaut des § 107 enthält eine Reihe von Begriffen, auf die der Bearbeiter bei der gutachtlichen Stellungnahme einzugehen hat. So ist die Feststellung, dass Max minderjährig ist, näher zu begründen.[12] Der Bearbeiter hat auch darauf einzugehen, in welchem Zusammenhang der Begriff „Willenserklärung", von dem in § 107 die Rede ist, zum Vertrag steht, auf dessen Gültigkeit es für den Anspruch aus § 433 Abs. 2 ankommt. Da es hier nur darum geht, beispielhaft die Methode zu beschreiben, die beim Aufsuchen der rechtserheblichen Vorschriften anzuwenden ist, braucht diesen Fragen hier nicht weiter nachgegangen zu werden.

---

[11] Eine gesetzliche Definition des Begriffs „Anspruch" findet sich in § 194 Abs. 1; danach ist ein Anspruch das Recht, von einem anderen ein Tun oder Unterlassen zu verlangen. Ein Kaufpreisanspruch ist folglich das Recht, von einem anderen, dem Käufer, Zahlung des Kaufpreises (= ein Tun) zu fordern.

[12] Der Bearbeiter hat dafür u. a. auf § 2 hinzuweisen, wonach die Volljährigkeit mit der Vollendung des 18. Lebensjahres eintritt (vgl. dazu Rn. 31).

18 Die vorstehenden Ausführungen beschreiben die **Methode der Rechtsanwendung**. Die dabei zu vollziehenden Schritte sind noch genauer zu betrachten:
- Es werden zunächst die einzelnen Voraussetzungen des Rechtssatzes festgestellt.
- Der zu behandelnde Rechtssatz ist hier § 433 Abs. 2. Zu seinen Voraussetzungen gehört – wie ausgeführt – u. a. ein gültiger Kaufvertrag zwischen M und F, aus dem sich der geforderte Kaufpreis ableitet. Über diese und auch alle anderen Voraussetzungen der Vorschrift muss sich der Rechtsanwender zunächst im Klaren sein.
- Es wird dann geprüft, ob nach dem mitgeteilten Sachverhalt diese Voraussetzungen erfüllt werden, so dass die vom Rechtssatz angeordnete Rechtsfolge eintritt. Der Rechtsanwender muss hier also aufgrund des ihm zur Bearbeitung gestellten Sachverhalts entscheiden, ob das Zustandekommen eines gültigen Kaufvertrages zu bejahen ist. Dazu ist es erforderlich, den Sinn der in der anzuwendenden Rechtsnorm (in ihren Voraussetzungen) enthaltenen Begriffe zu ermitteln und auszulegen. Der Rechtsanwender muss wissen, was ein Vertrag ist und wie er wirksam zustande gebracht wird. In diesem Zusammenhang ist – wie ebenfalls bereits ausgeführt – auf die Frage der Minderjährigkeit des M einzugehen und es sind die sich daraus ergebenden Rechtsfolgen zu berücksichtigen.
- Schließlich ist das Ergebnis der durchgeführten Prüfung festzuhalten, also zu entscheiden, ob die einzelnen Voraussetzungen des anzuwendenden Rechtssatzes nach dem zu bewertenden Sachverhalt erfüllt sind und deshalb die Rechtsfolge eintritt oder ob dies nicht der Fall ist.

Wird die oben abgebrochene Prüfung fortgesetzt, dann wird sich ergeben, dass die Wirksamkeit des Kaufvertrages an der Minderjährigkeit des M scheitert und dass deshalb diese Voraussetzung des § 433 Abs. 2 nicht erfüllt wird, dass also ein Kaufpreisanspruch des F verneint werden muss (dazu Einzelheiten im Muster der Falllösung, Rn. 28 ff.).

19 Bei der Rechtsanwendung muss also zwischen dem (Lebens-)Sachverhalt, dem Tatbestand (als Summe der Merkmale, von deren Verwirklichung eine bestimmte Rechtsfolge abhängig gemacht ist) und der Rechtsfolge selbst unterschieden werden. **Ein Rechtssatz besteht regelmäßig**[13]

---

[13] Ein Gesetz besteht aus vielen Sätzen, die nicht alle (vollständige) Rechtssätze in dem hier gemeinten Sinn sind. Manche sind auch unvollständig, treten ergänzend zu anderen und bilden erst zusammen mit diesen einen vollständigen Rechtssatz. So dienen manche dazu, einzelne Tatbestandsmerkmale einer anderen Rechtsvorschrift zu erläutern (= erläuternde Rechtssätze – Beispiel: § 90, dazu § 1 Fn. 4); manche schränken den zu weit gefassten Tatbestand eines anderen Rechtssatzes ein (einschränkende Rechtssätze – Beispiel: § 935, der die Vorschriften über den gutgläubigen Erwerb des Eigentums an beweglichen Sachen von Nichtberechtigten (§§ 932 bis 934) einschränkt, s. dazu Rn. 569), andere wiederum verweisen auf vollständige Rechtssätze (verweisende Rechtssätze – Beispiel: § 823 Abs. 2, der auf Absatz 1 dieser Vorschrift verweist, vgl. dazu Rn. 798). Hier können die dargestellten Besonderheiten vernachlässigt und nur vollständige Rechtssätze berücksichtigt werden.

II. Die Lösung eines Falles als Beispiel juristischer Arbeitsweise 11

aus **Tatbestand und Anordnung der Rechtsfolge.** Der Jurist prüft, ob der (konkrete) Lebenssachverhalt den Tatbestand der (von ihm aufgrund seiner Rechtskenntnisse ausgewählten, weil in Betracht zu ziehenden) Rechtsvorschrift verwirklicht, d.h., ob alle in der Rechtsvorschrift genannten Voraussetzungen für den Eintritt der Rechtsfolge erfüllt werden. Bei einem positiven Ergebnis dieser Prüfung kommt er dann zu dem Schluss, dass die in der Rechtsvorschrift genannte Rechtsfolge (im Beispielsfall die Verpflichtung zur Zahlung des Kaufpreises) eingetreten ist. Diese Unterordnung eines (bestimmten) Sachverhalts unter den Tatbestand einer Rechtsnorm (= Rechtsvorschrift, Rechtssatz) heißt „Subsumtion".

Nun kann es durchaus (anders als in dem hier zur Bearbeitung gestellten Fall) vorkommen, dass die Voraussetzungen einer Anspruchsgrundlage erfüllt sind und deshalb das Bestehen eines entsprechenden Anspruchs (zunächst) angenommen wird, dass aber **Gegenrechte des Inanspruchgenommenen eingreifen, die den Anspruch nachträglich wieder wegfallen lassen oder seine Durchsetzung hindern.** Auch bezüglich solcher Gegenrechte wickelt sich die Rechtsanwendung in gleicher Weise ab wie bei der Prüfung von Anspruchsgrundlagen. Es wird zunächst die Rechtsnorm gesucht, die zur Vernichtung des einmal entstandenen Anspruchs oder zur Verhinderung seiner Durchsetzung führen kann. Es ist dann zu klären, von welchen Voraussetzungen die Verwirklichung dieser Rechtsnorm abhängt und ob der zu prüfende Sachverhalt diese Voraussetzungen ausfüllt. Auch in diesem Zusammenhang ist der Sinn der verwendeten Rechtsbegriffe zu klären. Schließlich ist das Ergebnis der vorgenommenen Subsumtion festzustellen und das Endergebnis aus dem Zusammenwirken zwischen Anspruchsgrundlage und Gegenrecht festzuhalten. 20

Der Käufer weist beispielsweise darauf hin, dass er bereits den Kaufpreis gezahlt hat und dass deshalb der zunächst entstandene Kaufpreisanspruch (§ 433 Abs. 2) infolge Erfüllung (§ 362 Abs. 1) erloschen ist. Auch kann sich der Käufer darauf berufen, dass der Verkäufer seinen Pflichten aus dem Kaufvertrag, die Kaufsache zu übergeben und zu übereignen (§ 433 Abs. 1) noch nicht nachgekommen ist und er deshalb auch noch nicht verpflichtet ist, den Kaufpreis zu zahlen. Denn wird nichts anderes vereinbart, dann muss der Käufer den Kaufpreis erst dann zahlen, wenn er die Kaufsache erhalten hat (§ 320 Abs. 1 S. 1; Einzelheiten dazu später).

Die oben gemachten Ausführungen (Rn. 18 bis 20) lassen sich schematisch im folgenden Schaubild darstellen: 21

> **I. Anspruchsgrundlage**
>
> • Feststellen ihrer einzelnen Voraussetzungen
> • Klärung der verwendeten Begriffe
> • Subsumtion des gegebenen Sachverhalts unter die einzelnen Voraussetzungen
> • Feststellen des Ergebnisses der Subsumtion und damit der Frage nach dem Bestand des Anspruchs
>
> ↓
>
> **II. Gegenrecht**
>
> • Feststellen seiner einzelnen Voraussetzungen
> • Klärung der verwendeten Begriffe
> • Subsumtion des gegebenen Sachverhalts unter die einzelnen Voraussetzungen
> • Feststellen des Ergebnisses der Subsumtion und damit der Frage nach dem Bestand des Gegenrechtes
>
> ↓
>
> **III. Feststellung des Gesamtergebnisses**

22 Es liegt auf der Hand, dass für das Aufsuchen der entscheidungserheblichen Vorschriften Rechtskenntnisse erforderlich sind. Meist stellt es – nicht nur für den Studienanfänger – die schwierigste Aufgabe dar, den richtigen Einstieg in den Fall zu finden und die Rechtsvorschrift zu ermitteln, auf die es für die Entscheidung des Falles ankommt. **Zu berücksichtigen ist auch, dass es nicht genügt, lediglich eine Anspruchsgrundlage zu erörtern, wenn das in der Fallfrage beschriebene Begehren auch auf weitere Anspruchsgrundlagen gestützt werden kann.** Der Bearbeiter hat dann vielmehr die verschiedenen in Betracht kommenden Rechtsnormen, die den erhobenen Anspruch möglicherweise rechtfertigen, nacheinander zu prüfen, weil er ein umfassendes Rechtsgutachten anzufertigen hat, in dem alle rechtlich bedeutsamen Fragen behandelt werden müssen. Das Gleiche gilt für die in Betracht kommenden Gegenrechte. Für die Reihenfolge dieser Prüfung gibt es bestimmte Kunstregeln, auf die hier nicht eingegangen werden kann; Hinweise finden sich in Schriften zur Klausurtechnik (vgl. Rn. 27).

23 Die vorstehenden Ausführungen haben bereits ergeben, dass der fünfte Arbeitsschritt, die **Anwendung der Rechtsvorschriften** auf den Sachverhalt und die Feststellung der Rechtsfolgen, eng mit den vorhergehenden Arbeitsschritten verbunden ist. Das Aufsuchen der entscheidungserheblichen Rechtsvorschriften und ihre Anwendung auf den Sachverhalt lassen sich

nur in der theoretischen Betrachtung voneinander abgrenzen; praktisch werden sie zu einer einheitlichen Arbeitsphase miteinander verwoben. Das Ergebnis der bisher durchgeführten Untersuchung ist dann in Stichworten zu skizzieren, wobei es von dem persönlichen Arbeitsstil des einzelnen abhängt, wie detailliert eine solche Skizze der Lösung ausgeführt wird. Durch ständiges Üben muss jeder das richtige Maß finden.

Den letzten Arbeitsschritt bildet die Ausformulierung der Falllösung. 24
Aufgrund der zuvor vollzogenen Arbeitsschritte steht das Gerippe der Lösung schon fest. Aufbaufragen sind also bereits vorher zu beantworten gewesen. Im letzten Arbeitsschritt kommt es darauf an, dass der Bearbeiter seine Gedanken zur Lösung präzise formuliert und ihnen so viel Raum gibt, wie dies zu einer überzeugenden Darstellung der entscheidungserheblichen Punkte erforderlich ist. Nebensächlichkeiten sind hierbei – wenn überhaupt – nur zu streifen und die eigentlichen Probleme des Falles in den Mittelpunkt der Erörterung zu stellen. Eine angemessene Schwerpunktbildung beweist, dass der Verfasser in der Lage ist, die sich stellenden Rechtsprobleme richtig zu beurteilen, und ist somit ein Ausweis für eine gelungene Fallbearbeitung. Bei der Darstellung der Lösung ist der sog. „Gutachtenstil" anzuwenden. Dieser Gutachtenstil zeichnet sich dadurch aus, dass an die Spitze der Ausführungen die zu erörternde Frage gestellt wird, und die Antwort auf diese Frage den Schluss bildet, nachdem alle für die Beantwortung der Frage rechtserheblichen Punkte erörtert worden sind.[14]

Die Sprache ist für den Juristen das Mittel, um seine Gedanken zu 25
äußern. Es ist offensichtlich, dass die Qualität des Gedankenträgers „Sprache" einen wesentlichen Anteil daran hat, ob es dem Bearbeiter gelingt, den Leser von der Richtigkeit seiner Lösung zu überzeugen.[15] Bildhaft lässt sich sagen, dass die Sprache die Verpackung der Gedanken darstellt und dass der Wert des Inhalts auch nach der Gediegenheit der sprachlichen Hülle beurteilt wird.

Immer wieder ist die Erfahrung zu machen, dass Arbeiten, die sich durch einen flüssigen Stil und gute Formulierungen auszeichnen, auch in der rechtlichen Bewertung überzeugen, während umgekehrt sprachlich mangelhafte Ausführungen fast nie die richtige Lösung des Falles enthalten. Wer stilistisch schlampt, der tut dies auch in der rechtlichen Beurteilung. Insbesondere ist der häufig zu beobachtenden Neigung, nicht übliche Abkürzungen zu verwenden, eine nachdrückliche Absage zu erteilen. Es ist Aufgabe des Verfassers eines juristischen Gutachtens, gut ausformulierte Gedanken lesbar zu Papier zu bringen. Selbstverständlich dürfen dabei die gängigen Abkürzungen (vgl. als Beispiel dazu das Abkürzungsverzeichnis) verwendet werden, nicht jedoch selbst erfundene, die lediglich dazu dienen sollen, Zeit zu sparen. So sollte stets vermieden werden, anstelle des Wortes „Voraussetzungen" das Kürzel „Vs" zu verwenden. Erst recht ist es unzulässig, an die Stelle ausformulierter Sätze Zeichen zu setzen, beispielsweise durch „A → B" zum Ausdruck bringen zu wollen, dass ein Anspruch A gegen B erörtert werden soll. Solche Zeichnungen gehören nicht in den ausformulierten

---

[14] Vgl. dazu das Muster einer Falllösung (Rn. 28 ff.).
[15] Vgl. *Walter*, Jura 2006, 344; *Müller*, JuS 1996 (Lernbogen 7), L 49; *Knödler*, JuS 2000 (Lernbogen 10), L 73; *Wieduwilt*, JuS 2010, 288.

Text, sondern nur auf den Merkzettel (vgl. Rn. 10, 16). Die wenigen Minuten, die man auf diese Weise sparen kann, wiegen sicher nicht den Ärger auf, den der Leser – bei einer Klausur der Korrektor – über derartige Nachlässigkeiten empfindet.

26 Eine Selbstverständlichkeit sollte für jeden Studierenden die Beachtung der Regeln der Rechtschreibung, der Grammatik und der Zeichensetzung sein. Schließlich sollte sich der Bearbeiter auch darüber im Klaren sein, dass die äußere Gestaltung der Arbeit, ihr Aussehen, eine nicht zu unterschätzende Bedeutung für die Beurteilung hat. Zu Recht meinen *Diederichsen* und *Wagner* in ihrer Schrift „Die BGB-Klausur" (vgl. Rn. 27), S. 120: „Wer mag schon unter eine saubere Arbeit, bei deren Abfassung sich der Bearbeiter offensichtlich Mühe gemacht hat, eine schlechte Note setzen? Bei der unordentlichen tut es einem nicht leid."

27 Die vorstehenden Ausführungen zu den einzelnen von dem Bearbeiter eines juristischen Falles zu vollziehenden Arbeitsschritten dienen lediglich dem Zweck, dem Studienanfänger erste Hinweise für die vom Juristen zu praktizierende Arbeitstechnik zu geben. Eine vertiefende Befassung mit diesem Fragenbereich ist jedem dringend zu empfehlen. Hierzu gibt es sehr brauchbare Anleitungen, z.B. *Diederichsen/Wagner*, Die BGB-Klausur, 9. Aufl. 1998; *Braun*, Der Zivilrechtsfall, 4. Aufl. 2008; *Körber*, JuS 2008, 289.

d) Muster einer Falllösung

28 Die folgende Darstellung ist als Beispiel für den Aufbau und die Sprache eines juristischen Gutachtens gedacht, wie es z.B. von den Studenten bei einer Aufsichtsarbeit (Klausur) anzufertigen ist. Die zu erörternden Rechtsfragen werden nur in der Breite behandelt, wie dies für die Lösung des Falles geboten ist. Dies kann zu Verständnisschwierigkeiten bei dem Leser führen, die ihn jedoch nicht beunruhigen sollten, weil es hier im Wesentlichen um technische Fragen geht; auf die angesprochenen Rechtsfragen wird später noch näher einzugehen sein. Die engzeiligen Einfügungen stellen lediglich Erläuterungen dar und gehören nicht zur Lösung.

29 F kann von M nach § 433 Abs. 2 Zahlung des Kaufpreises in der vereinbarten Höhe und zu dem vereinbarten Zeitpunkt verlangen, wenn zwischen beiden ein wirksamer Kaufvertrag zustande gekommen ist.

Die allgemeine Fallfrage nach der Rechtslage ist also hier dahingehend konkretisiert worden, ob ein Zahlungsanspruch des F besteht; das ist die Frage, die bei dem gegebenen Fall in erster Linie interessiert. Nur wenn diese Frage verneint werden sollte, kann es noch auf den Anspruch des M auf Rückzahlung der 300,– € und auf dessen Verpflichtung ankommen, den Motorroller an F zurückzugeben.

Ausgangspunkt der Prüfung ist die Vorschrift, die das Begehren des F rechtfertigen könnte (Anspruchsgrundlage). Die konkrete Fallfrage (wer hat von wem was zu beanspruchen) wird auf diese Weise um ein viertes Element ergänzt, so dass zu Beginn der

II. Die Lösung eines Falles als Beispiel juristischer Arbeitsweise

rechtlichen Bearbeitung einer Anspruchsklausur[16] stets die Frage zu stehen hat: Wer hat von wem aufgrund welcher Rechtsvorschrift was zu beanspruchen? oder kürzer: Wer von wem was woraus (**4 W-Frage**).

Warum es nach § 433 Abs. 2 auf den Abschluss eines wirksamen Kaufvertrages ankommt, war bereits ausgeführt worden (vgl. Rn. 17).

M und F haben sich über den wesentlichen Inhalt des Kaufvertrages, über den Kaufgegenstand und den Kaufpreis, geeinigt. 30

Durch diese Feststellung wird darauf hingewiesen, dass ein Vertrag nur zustande kommt, wenn zwischen den Vertragsparteien Übereinstimmung über den Inhalt des Vertrages besteht. Warum dies so ist, wird später erklärt werden.

Der Vertrag kann aber nach §§ 106, 108 Abs. 1 i.V.m. § 107 unwirksam sein, weil M als Minderjähriger (vgl. § 2) ohne Einwilligung der Eltern, die seine gesetzlichen Vertreter sind (vgl. § 1626 Abs. 1, § 1629 Abs. 1), den Vertrag geschlossen hat und weil die Eltern die Genehmigung des Vertrages ablehnen. 31

Ein Minderjähriger (eine Person, die noch nicht das 18. Lebensjahr vollendet hat; vgl. § 2) über 7 Jahre ist nach § 106 in seiner Geschäftsfähigkeit beschränkt. Dies bedeutet, dass er grundsätzlich (zu den Ausnahmen später) allein keine wirksamen Verträge abschließen kann. Vielmehr hängt die Wirksamkeit eines von ihm geschlossenen Vertrages von der Zustimmung[17] des gesetzlichen Vertreters ab.

Für die Frage, ob die von § 107 für lediglich rechtlich vorteilhafte Willenserklärungen gemachte Ausnahme von der Zustimmungsbedürftigkeit hier zutrifft, kommt es darauf an, ob sich aus dem vom Minderjährigen geschlossenen Vertrag (auch) rechtliche Verpflichtungen ergeben. Ist dies zu bejahen, dann bleibt es bei der Zustimmungsbedürftigkeit. Der wirtschaftliche Nutzen, den der Minderjährige aus dem Geschäft ziehen könnte, ist hierfür – wie bereits der Wortlaut der Vorschrift („rechtlicher Vorteil") verdeutlicht – unerheblich. M wird durch den Vertrag u.a. zur Zahlung des Kaufpreises verpflichtet, und deshalb ist die Zustimmung der Eltern für die Gültigkeit des Vertrages erforderlich. 32

Etwas anderes würde jedoch gelten, wenn die als „Taschengeldparagraph" bezeichnete Ausnahmeregelung des § 110 eingreift, nach der ein Vertrag auch ohne Zustimmung des gesetzlichen Vertreters wirksam ist, wenn der Minderjährige die vertragsmäßige Leistung mit Mitteln bewirkt, die ihm zu diesem Zweck oder zur freien Verfügung von seinen Eltern überlassen worden sind. Bewirkt ist eine Leistung im Sinne dieser Vorschrift aber nur, wenn der Minderjährige den Anspruch des Vertragspartners vollständig erfüllt. Dies ist hier nicht der Fall, da M nur die Hälfte des Kaufpreises zahlt, und somit die vollständige Leistung nicht von ihm „bewirkt" worden ist.

---

[16] Es gibt verschiedene Klausurtypen; die häufigste ist die Anspruchsklausur, bei der zu prüfen ist, ob die Beteiligten Ansprüche gegeneinander geltend machen können.

[17] Der Begriff „Zustimmung" ist ein Oberbegriff; die vorherige Zustimmung wird Einwilligung (vgl. § 183 S. 1) und die nachträgliche Zustimmung Genehmigung (vgl. § 184 Abs. 1) genannt.

33   Die Wirksamkeit des Kaufvertrages hängt somit von der Genehmigung der Eltern des M ab (§ 108 Abs. 1). Nach § 182 Abs. 1 kann die Genehmigung[18] sowohl gegenüber dem Minderjährigen als auch gegenüber dem Vertragspartner erklärt werden. Da die Eltern ihrem Sohn die Genehmigung verweigerten, ist der Vertrag endgültig unwirksam.

Auf die Frage, ob sich an dieser Unwirksamkeit noch etwas dadurch ändern könnte, dass F die Eltern seinerseits auffordert, ihm mitzuteilen, ob sie den Vertrag genehmigten und dann nach § 108 Abs. 2 die entsprechende Erklärung nur ihm gegenüber vorgenommen werden kann, ist hier nicht einzugehen, weil sich aus dem Sachverhalt ergibt, dass F eine solche Aufforderung nicht an die Eltern des M gerichtet hat.

34   Somit steht fest, dass F keine Ansprüche aus dem Kaufvertrag mit M herleiten kann und insbesondere nicht von ihm Zahlung des Kaufpreises zu fordern hat.

Für den beabsichtigten Zweck, ein Beispiel für die schriftliche Abfassung einer Fallbearbeitung zu geben, genügen die vorstehenden Ausführungen. Es wird deshalb davon abgesehen, die Prüfung – wie dies bei einer vollständigen Falllösung erforderlich wäre – auch auf die Ansprüche des F auf Rückgabe des Motorrollers und des M auf Rückzahlung der 300,- € zu erstrecken, zumal in diesem Zusammenhang einige zum Teil nicht ganz einfach zu verstehende Rechtsfragen angesprochen werden müssten. Es wird Gelegenheit sein, auf diese Fragen später noch einzugehen.

35   Nur ein erster Einblick in die Technik juristischer Falllösung konnte und sollte bisher gegeben werden. Das für die Beherrschung dieser Technik notwendige Wissen muss noch erheblich vervollständigt und vertieft werden. Die beste Methode hierfür ist das ständige Üben. Es sollte jede Gelegenheit genutzt werden, um Fälle zu lösen, weil nur auf diese Weise die Sicherheit erworben wird, die den Könner auszeichnet. Eine Möglichkeit dazu bieten auch die Übungsklausuren, die in dieser Schrift enthalten sind; sie sollten in der angegebenen Zeit nur mithilfe des Gesetzestextes bearbeitet werden. Dabei können nicht nur die Rechtskenntnisse, sondern auch die Beherrschung der Falllösungstechnik überprüft werden.

---

[18] Vgl. Fn. 17.

§ 2. Zum Begriff des Rechtsgeschäfts

I. Einleitender Überblick

a) Eintritt von Rechtsfolgen

In der einleitenden Beschreibung der juristischen Aufgabe ist davon gesprochen worden, dass der Jurist die Rechtsfolgen festzustellen hat, die sich ergeben, wenn die Tatsachen, die aus dem rechtlich zu bewertenden Lebenssachverhalt abzuleiten sind, unter die Voraussetzungen der in Betracht zu ziehenden Rechtsnorm subsumiert werden. Rechtsfolgen treten also ein, wenn durch den Lebenssachverhalt der Tatbestand des anzuwendenden Rechtssatzes verwirklicht wird (vgl. Rn. 19).

Beispiel: Schussel ist beim Einparken unachtsam und beschädigt deshalb das Auto des Eich. Durch dieses tatsächliche Geschehen (= Lebenssachverhalt) wird der Tatbestand des § 823 Abs. 1 verwirklicht. Denn Schussel hat fahrlässig (vgl. § 276 Abs. 2!) das Eigentum eines anderen (= das Auto des Eich) widerrechtlich (= rechtswidrig = im Widerspruch zur Rechtsordnung stehend) verletzt. Aus dieser Tatbestandsverwirklichung ergibt sich als Rechtsfolge die Verpflichtung, dem anderen den durch die Beschädigung des Autos entstehenden Schaden zu ersetzen.

Rechtsfolgen können also unabhängig von dem Willen der beteiligten Personen entstehen.

Im Beispielsfall wollte Schussel sicher nicht die Rechtsfolge (= Verpflichtung zum Schadensersatz) auslösen.

Rechtsfolgen können aber auch willentlich herbeigeführt werden.

Wenn Max dem Fritz erklärt, er wolle dessen Mofa kaufen, dann will er die sich aus einem Kaufvertrag ergebenden Rechtsfolgen (vgl. § 433!).

Der Rechtsakt, der eine gewollte Rechtsfolge hervorbringt, wird „Rechtsgeschäft" genannt. In den Motiven zum BGB, der Begründung des ersten Entwurfs eines Bürgerlichen Gesetzbuches für das Deutsche Reich,[1] findet sich in Band 1, S. 126 folgende Begriffsbeschreibung: „Rechtsgeschäft i. S. d. Entwurfs ist eine Privat-Willenserklärung, gerichtet auf die Hervorbringung eines rechtlichen Erfolges, der nach der Rechtsordnung deswe-

---

[1] Sie sind veröffentlicht und in jeder Universitätsbibliothek erhältlich. Für den Studienanfänger ist zunächst nur wichtig zu wissen, dass es sie gibt. Als Fortgeschrittener wird er sie heranziehen, um sich Aufschluss über die Absichten des Gesetzgebers zu verschaffen. Das gleiche gilt für die Protokolle der Kommission für die zweite Lesung des Entwurfs des BGB. Eine kurze (lesenswerte) Übersicht über die Entstehungsgeschichte des BGB (mit weiteren Nachweisen) gibt *Säcker* im Münchener Kommentar (einem Großkommentar zum BGB), Bd. 1, Allgemeiner Teil, 5. Aufl. 2006, Einleitung Rn. 8 ff.

gen eintritt, weil er gewollt ist." Diese Begriffsbeschreibung führt einen weiteren Begriff ein, nämlich den der „Willenserklärung".[2] Hier soll zunächst noch eine vorläufige, ergänzungsbedürftige Definition genügen, die später vervollständigt wird: Willenserklärung bedeutet die Kundgabe (= Erklärung) des (rechtlich bedeutsamen) Willens.

38 **Der Begriff des Rechtsgeschäfts ist weiter als der der Willenserklärung**, weil es für ihn auch auf den rechtlichen Erfolg ankommt. Hängt dieser rechtliche Erfolg einseitig vom Willen des Erklärenden ab, dann decken sich Rechtsgeschäft und Willenserklärung.[3] Vermag dieser allein nicht zu erreichen, dass die gewollte Rechtsfolge eintritt, sondern ist hierfür auch der Wille anderer Personen erforderlich, dann ist die Willenserklärung zwar ein wichtiges, aber nicht das einzige Element des Rechtsgeschäfts. Zur Erläuterung dieser Feststellung folgende Beispiele.

Beispiele: Der Student S findet ein besseres Zimmer; er mietet es zum nächsten Ersten und kündigt daraufhin zum selben Termin sein bisheriges Zimmer. Als Mitglied eines Schwimmvereins stimmt S in der Mitgliederversammlung einer Satzungsänderung zu.

Die von S gewünschte Beendigung des bisherigen Mietverhältnisses, der gewollte rechtliche Erfolg, tritt ein, wenn S einseitig dem Vermieter gegenüber schriftlich (§ 568 Abs. 1) die Kündigung rechtzeitig erklärt (vgl. § 542 Abs. 1 i. V. m. § 573 c Abs. 3, § 549 Abs. 2 Nr. 2). Dagegen kann allein durch die Willenserklärung des S das neue Mietverhältnis nicht begründet werden; hierfür bedarf es des einverständlichen Zusammenwirkens von Mieter und Vermieter im Rahmen eines Vertrages (§ 535). Für das Wirksamwerden der Satzungsänderung ist die Übereinstimmung mehrerer Personen, nämlich der Mehrheit von drei Viertel der in der Mitgliederversammlung erschienenen Mitglieder erforderlich (§ 33 Abs. 1 S. 1).

b) Einseitige und mehrseitige Rechtsgeschäfte

39 Je nachdem, ob für die Herbeiführung des rechtlichen Erfolges die Willenserklärung eines Einzelnen ausreicht oder ob mehrere Willenserklärungen dafür erforderlich sind, kann man **bei den Rechtsgeschäften zwischen einseitigen und mehrseitigen unterscheiden**. Die Kündigung ist ein einseitiges Rechtsgeschäft, und zwar – da der entsprechende Wille dem anderen mitgeteilt werden muss, es also erst wirksam wird, wenn die Erklärung dem anderen zugeht – ein empfangsbedürftiges (= empfangsbedürftige Willenserklärung). Auch das Testament ist ein einseitiges Rechtsgeschäft; um den dadurch bezweckten rechtlichen Erfolg, die Regelung des Nachlasses, herbeizuführen, genügt eine eigenhändig geschriebene und unterschriebene Erklärung (vgl. § 2247 Abs. 1). Das Testament ist folglich ein

---

[2] Es geht im Bereich des Zivilrechts durchweg um private Willenserklärungen im Unterschied zur Willensäußerung auf dem Gebiet des öffentlichen Rechts; deshalb braucht dies hier nicht durch den Zusatz „Privat-Willenserklärung", wie dies in den Motiven geschehen ist, betont zu werden.

[3] Wer sich als Fortgeschrittener mit dem Verhältnis näher befassen will, das zwischen Rechtsgeschäft und Willenserklärung besteht, der sei auf die Ausführungen von *Leenen* in Jura 2007, 721 und in FS Canaris, 2007, S. 699, verwiesen.

einseitiges, nicht empfangsbedürftiges Rechtsgeschäft (= **nicht empfangsbedürftige Willenserklärung**). Das wichtigste mehrseitige (meist zweiseitige) Rechtsgeschäft ist der **Vertrag**.

Danach lässt sich folgende Einteilung der Rechtsgeschäfte vornehmen: 40

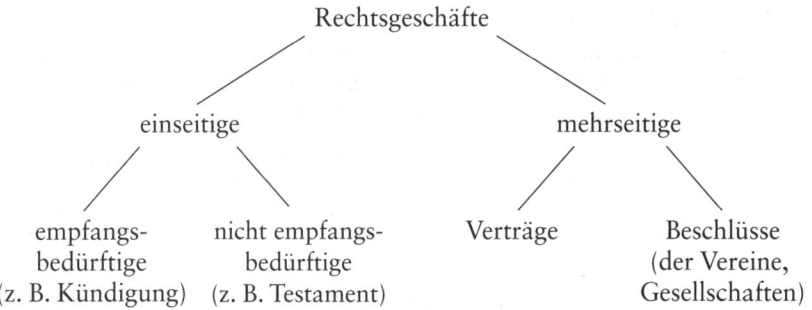

Die Rechtsgeschäfte lassen sich auch noch nach anderen Gesichtspunkten ordnen und einteilen; dazu später.

II. Willenserklärung

Wir haben mit dem Begriff „Willenserklärung" ein **Grundelement,** 41 einen Baustein, kennen gelernt, aus dem das Rechtsgeschäft geschaffen wird, und zwar in dem Sinn, dass ein einseitiges Rechtsgeschäft aus einem solchen Element besteht, während mehrseitige Rechtsgeschäfte sich aus mehreren dieser Elemente zusammensetzen. Auf der Grundlage der bisher gegebenen Begriffsbeschreibung – Willenserklärung als Kundgabe des rechtlich bedeutsamen Willens – sollen noch einige notwendige Präzisierungen und Ergänzungen zum Inhalt dieses Begriffs vorgenommen werden.

a) Der äußere Tatbestand

Bereits das Wort „Willens-Erklärung" lässt deutlich sein, dass zwischen 42 dem äußeren (objektiven) Tatbestand, der Erklärung, der Kundgabe, und dem inneren (subjektiven) Tatbestand, dem Willen, zu unterscheiden ist. **Der äußere Tatbestand der Willenserklärung besteht in einem Verhalten, das sich aus der Sicht eines objektiven Betrachters als Äußerung eines auf die Herbeiführung einer bestimmten Rechtsfolge gerichteten Willens darstellt** (Erklärungstatbestand). Der „objektive Betrachter"[4] orientiert sich

---

[4] Mit der Bezugnahme auf die Figur des „objektiven Betrachters" wird die nicht nur in der Rechtswissenschaft verwendete Denkform des „Typus" praktiziert. Durch diese Denkform lassen sich in manchen Fällen Lebenserscheinungen und Sinnzusammen-

bei seiner Bewertung an der üblichen Bedeutung des Verhaltens (z. B. des gesprochenen Wortes), an Sitten und Gebräuchen, aber auch an den Besonderheiten des Einzelfalles, z. B. an Absprachen der Beteiligten. Es kommt also darauf an, ob ein bestimmtes Verhalten nach den äußeren Umständen, unter denen es vorgenommen wird, als Kundgabe eines rechtlich relevanten Willens aufzufassen ist. Die Entscheidung dieser Frage ist bei Zweifeln im Wege der Auslegung des jeweiligen Verhaltens zu treffen (vgl. Rn. 102 f.). Danach kann sogar dem Schweigen die Bedeutung einer bestimmten Erklärung zukommen (vgl. Rn. 106 ff.).

Beispiele: A ist Eigentümer eines Ringes. Er fragt B, ob dieser den Ring für 200,- € kaufen wolle. B nickt. Der Auktionator A bietet in einer Versteigerung ein Bild für 1.000,- € an. B hebt die Hand. An allen Auktionen des A nimmt C teil, von dem A weiß, dass er solange mitbieten will, wie er den Versteigerungskatalog für A sichtbar senkrecht in der rechten Hand hält.

In allen drei Fällen ist der Erklärungstatbestand einer Willenserklärung zu bejahen, und zwar aufgrund des vom Erklärenden gezeigten Verhaltens (Erklärung durch schlüssiges = konkludentes Verhalten). Im ersten Fall ist dies ganz offenkundig, denn nach allgemeinem Brauch bedeutet ein Nicken Zustimmung. Nach der bei Versteigerungen geltenden Übung ist in dem Aufheben der Hand die Abgabe eines Gebots zu sehen. Wir haben es hier mit einer Verkehrssitte, d. h. mit einer sozialtypischen Verhaltensweise zu tun, die von allen oder doch von bestimmten Kreisen im Geschäftsverkehr gewöhnlich geübt wird.[5] Schließlich ist aufgrund der (möglicherweise stillschweigend) getroffenen Absprache zwischen A und C das Halten des Katalogs als Abgabe eines Gebots aufzufassen.

43 Es muss sich um die Äußerung eines auf eine Rechtsfolge gerichteten Willens handeln. Im natürlichen Sinn des Begriffs ist jede Kundgabe eines Willens eine Willenserklärung. Wenn ich meinem Freund mitteile, dass ich mich entschlossen habe, morgen nicht zum Schwimmen zu gehen, sondern zu Hause zu bleiben, erkläre ich meinen entsprechenden Willen. Dennoch handelt es sich im rechtlichen Sinn nicht um eine Willenserklärung, da mein Entschluss, schwimmen zu gehen oder zu Hause zu bleiben, keine rechtlichen Konsequenzen hat und mich nicht bindet, also rechtlich irrelevant ist. Der juristische Begriff der Willenserklärung ist enger und betrifft nur rechtlich erhebliche Willensäußerungen.

44 Auch für die Entscheidung der Frage, ob eine Willensbekundung im rechtlich unverbindlichen Bereich bleibt oder rechtliche Bedeutung erlangt, entscheiden objektive Gesichtspunkte mit und nicht allein die Auffassung des Erklärenden oder des Erklärungsempfängers.

---

hänge anschaulicher und konkreter beschreiben als durch abstrakte Begriffe. Auf Einzelheiten kann und muss hier nicht eingegangen werden. Wer sich dafür interessiert, der sei auf *Larenz*, Methodenlehre der Rechtswissenschaft, 6. Aufl. 1991, S. 461 ff. verwiesen. Hier genügt der Hinweis, dass der objektive Betrachter als Leitbild benutzt wird, um zum Ausdruck zu bringen, dass es für die Bewertung auf regelmäßige (normale) Denk- und Verhaltensweisen ankommt und nicht auf die subjektive Einschätzung eines Beteiligten.

[5] Die Verkehrssitte spielt bei der Auslegung von Rechtsgeschäften eine besondere Rolle, vgl. § 157 und Rn. 103.

II. Willenserklärung

Beispiel: Verabrede ich mich mit einem Bekannten zum Skilaufen und sage ihm zu, ihn mit meinem Auto mitzunehmen, dann schließe ich damit nicht etwa einen (rechtlich verbindlichen) Beförderungsvertrag, sondern spreche nur eine (mich rechtlich nicht bindende) gesellschaftliche Einladung aus. Diese Bewertung entspricht der allgemeinen Verkehrsanschauung, d. h. der üblichen und regelmäßigen Auffassung der beteiligten Kreise. Eine ähnliche „Gefälligkeit" kann aber aufgrund besonderer Umstände nach allgemeiner Verkehrsanschauung rechtliche Verbindlichkeit erlangen. Ich weiß, dass ein Bekannter zu einem bestimmten Zeitpunkt in München sein muss, um sich dort als Bewerber um eine Stelle vorzustellen. Verspreche ich bei dieser Sachlage, ihn in meinem Auto mitzunehmen, dann gehe ich auch die rechtliche Verpflichtung ein, ihn in meinem Auto nach München zu befördern, wenn ich – wie geplant – die Fahrt durchführe und keine zwingenden Gründe eintreten, die eine Mitnahme ausschließen. Außerdem bin ich verpflichtet, ihn rechtzeitig zu benachrichtigen, wenn ich ihn nicht absprachegemäß nach München bringen kann. Die besondere Bedeutung, die für meinen Bekannten die Anwesenheit in München und demgemäß die Mitnahme in meinem Auto hat, hebt meine Zusage aus dem Bereich des Unverbindlichen heraus und verleiht ihr rechtliche Verbindlichkeit.

Das angeführte Beispiel zeigt, dass die Abgrenzung unverbindlicher Gefälligkeiten des gesellschaftlichen Bereichs von Willenserklärungen, durch die rechtliche Bindungen geschaffen werden, Schwierigkeiten bereiten kann. Wesentliches Merkmal einer unverbindlichen Gefälligkeit ist ihre Unentgeltlichkeit. Deshalb ist es niemals als rechtlich unverbindlich zu werten, wenn für eine „Gefälligkeit" ein Entgelt gezahlt wird. In den somit allein relevanten (unentgeltlichen) Fällen kann die Abgrenzung nicht allein nach subjektiven Merkmalen vorgenommen werden. Denn die Frage, ob rechtliche Bindungen gewollt sind, wird sich sehr oft nachträglich nicht mehr klären lassen, zumal sich die Beteiligten häufig zunächst keine Gedanken über die rechtliche Relevanz ihres Verhaltens machen und zu einem späteren Zeitpunkt geneigt sein werden, es jeweils in einer Weise zu interpretieren, die ihnen günstig ist. Deshalb müssen objektive Kriterien gefunden werden, um entscheiden zu können, ob eine Rechtsbindung und dementsprechend ein darauf gerichteter Wille der Beteiligten anzunehmen ist. Der BGH[6] hat in einer Grundsatzentscheidung[7] dargelegt, welche objektiven Merkmale insoweit maßgebend sein können; er nennt die Art der Gefälligkeit, ihren Grund und Zweck, ihre wirtschaftliche und rechtliche Bedeutung insbesondere für den Empfänger, die Umstände, unter denen sie erwiesen wird, und die dabei bestehenden Interessenlagen der Beteilig-

---

[6] BGHZ 21, 102 = NJW 1956, 1313 – dieses Zitat bedeutet, dass die Entscheidung in der amtlichen Sammlung der Bundesgerichtshof-Entscheidungen in Band 21 auf Seite 102 ff. wiedergegeben wird und auch in der Neuen Juristischen Wochenschrift, Jahrgang 1956, S. 1313 ff. abgedruckt ist. Besorgen Sie sich bitte diese Entscheidung in der Universitätsbibliothek, damit Sie auf diese Weise lernen, die zitierten Schriften zu benutzen, auf die Sie im weiteren Studium ständig zurückgreifen müssen.

[7] Die „Grundsatzentscheidung" unterscheidet sich von anderen dadurch, dass der in ihr geäußerten Rechtsauffassung über den entschiedenen Fall hinaus allgemeine, richtungsweisende Bedeutung zukommt. Das Gericht legt damit seine auch in Zukunft maßgebende Rechtsansicht in einem bedeutsamen Punkt fest. Dass es sich um eine Grundsatzentscheidung handelt, ergibt sich nach den genannten Kriterien aus den Entscheidungsgründen und wird nicht etwa vom Gericht ausdrücklich festgestellt.

ten, den Wert einer anvertrauten Sache, die dem Leistenden erkennbare Gefahr, in die der Empfänger durch eine fehlerhafte Leistung geraten kann. Im Rahmen der vorzunehmenden Interessenbewertung muss aber auch berücksichtigt werden, welches Risiko der Erklärende eingeht, wenn er sich rechtlich bindet und deshalb für eine nicht gehaltene Zusage haften muss.

Alle diese Kriterien können allerdings nur Anhaltspunkte abgeben, um eine Entscheidung im Einzelfall zu treffen. Gelangt man auf dieser Grundlage zu dem Ergebnis, dass ein Verhalten nicht mehr dem Bereich der Gefälligkeit des täglichen Lebens und des gesellschaftlichen Verkehrs zuzurechnen ist, sondern ihm rechtliche Verbindlichkeit zuerkannt werden muss, dann kann sich niemand darauf berufen, dass er lediglich eine Gefälligkeit ohne rechtliche Bindung erbringen wollte. „Ob ein Rechtsbindungswille vorhanden ist, ist nicht nach dem nicht in Erscheinung getretenen inneren Willen des Leistenden zu beurteilen, sondern danach, ob der Leistungsempfänger aus dem Handeln des Leistenden unter den gegebenen Umständen nach Treu und Glauben mit Rücksicht auf die Verkehrssitte auf einen solchen Willen schließen muss. Es kommt also darauf an, wie sich dem objektiven Beobachter das Handeln des Leistenden darstellt".[8]

46   In den oben (Rn. 44) genannten Beispielen der Einladung zur Mitfahrt im Auto macht es den entscheidenden Unterschied, welche Folgen sich aus der Nichteinhaltung der Zusage ergeben. Im Fall der geplanten Fahrt zum Skilaufen geht es lediglich um ein Freizeitvergnügen; dagegen kommt der Einhaltung des verabredeten Vorstellungstermins erhebliche Bedeutung zu. Hier stehen erkennbar wirtschaftliche und rechtliche Interessen des Versprechensempfängers auf dem Spiel; dies nimmt der Angelegenheit den Charakter einer unverbindlichen Gefälligkeit und verleiht dem Versprechen der Mitnahme rechtliche Verbindlichkeit, zumal das Versprechen unter regelmäßigen Umständen einfach einzuhalten ist und deshalb vom Versprechenden kein unzumutbares Risiko eingegangen wird, wenn er sich rechtlich bindet.

b) Die Form

47   Im Regelfall ist es gleichgültig, auf welche Weise eine Willenserklärung abgegeben wird, ob mündlich, schriftlich oder in digitaler Form (z.B. durch E-Mail), ob ausdrücklich oder durch schlüssiges Verhalten (vgl. Rn. 42). **Es gilt im BGB der Grundsatz der Formfreiheit. Es gibt aber eine Reihe von Fällen, in denen das Gesetz die Beachtung einer bestimmten Form vorschreibt.**

Beispiele: Der Kaufvertrag über ein Grundstück bedarf nach § 311b Abs. 1 S. 1 der Beurkundung durch einen Notar. Nach § 518 Abs. 1 ist das Versprechen, jemand anderem etwas zu schenken, ebenfalls in notarieller Form abzugeben. Ein Testament muss im Regelfall entweder zur Niederschrift eines Notars errichtet oder eigenhändig vom Erblasser geschrieben und unterschrieben werden (§ 2231).

---

[8] BGHZ 21, 102, 106 = NJW 1956, 1313; vgl. auch *BGH* NJW 1974, 1705, 1706; 1992, 498; 1996, 1889.

Neben den beiden genannten Formen der notariellen Beurkundung (§ 128, vgl. aber auch § 127a) und der Schriftform (§ 126) gibt es noch die elektronische Form (§ 126a; dazu Einzelheiten später), die Form der öffentlichen Beglaubigung (vgl. § 129) und die Textform (§ 126b; dazu Einzelheiten ebenfalls später).

Der durch Gesetz angeordnete **Formzwang** erfüllt verschiedene Zwecke: 48
- So soll in manchen Fällen die vorgeschriebene Form sicherstellen, dass der Inhalt des Geschäfts genau festgehalten und beweisbar wird (**Beweisfunktion**).
- Der Formzwang kann auch dazu dienen, den Erklärenden auf die rechtliche Bedeutung seines Verhaltens hinzuweisen und vor Übereilung zu warnen (**Warnfunktion**).
- Die vorgeschriebene Beurkundung durch einen Notar gewährleistet, dass ein sachkundiger und neutraler Dritter mitwirkt, der die Beteiligten beraten und rechtlich belehren kann (**Beratungsfunktion**).
- Schließlich kann auch der Formzwang geschaffen sein, um eine Kontrolle des Rechtsgeschäfts zum Schutz übergeordneter öffentlicher Interessen zu ermöglichen (**Kontrollfunktion**).[9]

Die einzelne Formvorschrift kann gleichzeitig verschiedene dieser Zwecke erfüllen. So wird durch § 311b Abs. 1 S. 1, der die notarielle Beurkundung für Verträge über die Verpflichtung zum Erwerb oder zur Übertragung von Grundstückseigentum anordnet, sowohl der Beweisfunktion als auch der Warnfunktion und der Beratungsfunktion genügt.

Die Ermittlung des Zwecks einer Formvorschrift geschieht keineswegs 49 (nur) aus rechtstheoretischen Gründen, sondern hilft dabei, eine Lösung in Zweifelsfällen zu finden.

Beispiel: A und B schließen einen Vorvertrag über die Vermietung eines Hauses für die Dauer von fünf Jahren. Gleichzeitig vereinbaren sie, dass beide nach Ablauf dieser Zeit einen Kaufvertrag über dieses Grundstück schließen werden. Beide wollen jetzt wissen, ob ihre mündlich getroffenen Vereinbarungen gültig und verbindlich sind.

Der Vorvertrag ist ein Vertrag, durch den die Verpflichtung begründet wird, einen weiteren Vertrag, den sog. Hauptvertrag, zu schließen. Sinnvoll ist dieses Vorgehen, wenn die Parteien aus rechtlichen oder tatsächlichen Gründen noch am Abschluss des Hauptvertrages gehindert sind, aber bereits eine Bindung schaffen wollen. Der Vorvertrag ist gesetzlich nicht ausdrücklich geregelt. Seine Zulässigkeit ergibt sich aus dem Grundsatz der Vertragsfreiheit (Freiheit zur inhaltlichen Gestaltung von Verträgen, vgl. Rn. 98). Ob im Einzelfall bereits ein Vorvertrag zustande gekommen ist oder lediglich Vertragsverhandlungen geführt worden sind, muss durch Auslegung der abgegebenen Erklärungen (vgl. Rn. 102) ermittelt werden. Ein gültiger Vorvertrag setzt regelmäßig voraus, dass der wesentliche In-

---

[9] Als Beispiel sei § 15 Abs. 2 des Gesetzes gegen Wettbewerbsbeschränkungen (GWB) genannt, nach dem Vereinbarungen über Preise schriftlich abzufassen sind, damit Behörden und Gerichte sie überprüfen können.

halt des Hauptvertrages zumindest im Wege der Auslegung aus dem Vorvertrag abgeleitet werden kann, weil nur dann der Inhalt der durch den Vorvertrag eingegangenen Verpflichtung genügend konkretisiert ist. Allerdings können die Vertragsparteien durch den Abschluss eines Vorvertrages zunächst nur einzelne Punkte verbindlich regeln und die Klärung offen gebliebener Fragen späteren Verhandlungen vorbehalten, wobei sich dann aus dem Vorvertrag die Pflicht der Parteien ergibt, an dem Aushandeln der noch offenen Punkte des zu schließenden Vertrages mitzuwirken.[10]

§ 311b Abs. 1 S. 1 soll – wie bemerkt – die Vertragschließenden auch vor einem übereilten Eingehen vertraglicher Bindungen schützen; diese Warnfunktion lässt es erforderlich sein, bereits den eine solche Bindung schaffenden Vorvertrag dem Formzwang zu unterstellen. Die (nicht formgerecht) getroffene Verabredung über den Abschluss eines entsprechenden Kaufvertrages ist folglich nichtig (§ 125 S. 1). Wird dagegen mit der Formvorschrift nur bezweckt, den Inhalt des (endgültigen) Vertrages festzuhalten, dann genügt es, dass dieser formgemäß abgeschlossen wird. Demgemäß bedarf ein Mietvorvertrag, durch den die schuldrechtliche Verpflichtung zum Abschluss eines (formgültigen) Mietvertrages geschaffen wird, nicht der Schriftform, die für längerfristige Mietverträge über Wohnraummietverhältnisse (vgl. § 549 Abs. 1) durch § 550 vorgeschrieben ist.

Die Feststellung, dass ein Teil des von A und B Vereinbarten nichtig ist, lässt die Frage stellen, welche Wirkungen sich daraus für den restlichen (für sich betrachtet wirksamen) Teil ergeben. Dieser Frage, die aufgrund des § 139 zu entscheiden ist (vgl. Rn. 274 f.), soll jedoch hier nicht weiter nachgegangen werden.

In diesem Zusammenhang sei darauf hingewiesen, dass in Fällen, in denen für einen Vertrag die Schriftform gesetzlich vorgeschrieben ist (Beispiel: § 550), der Vertrag entweder von allen Beteiligten auf derselben Urkunde oder bei mehreren gleichlautenden Urkunden jeweils auf der für den Vertragspartner bestimmten Urkunde unterzeichnet werden muss (§ 126 Abs. 2).[11] Deshalb erfüllt eine Telefaxübermittlung, bei der die jeweilige Erklärung des einzelnen Vertragschließenden nur von diesem unterzeichnet wird, nicht das Schriftformerfordernis.[12]

50 Wird die gesetzlich angeordnete Form nicht eingehalten, dann ist das Rechtsgeschäft endgültig nichtig (§ 125 S. 1). Von diesem Grundsatz kennt das Gesetz aber Ausnahmen; in manchen Fällen wird die Heilung des formnichtigen Geschäfts durch Erfüllung zugelassen (vgl. § 311b Abs. 1 S. 2, § 518 Abs. 2, § 766 S. 3). Daneben werden von der Rechtsprechung noch Ausnahmen in Fällen gemacht, in denen eine aus der Nichtbeachtung der Formvorschrift resultierende Nichtigkeit des Geschäfts zu schlechthin untragbaren Ergebnissen führen würde.

Die Berechtigung zu diesem Vorgehen wird aus dem das gesamte Recht beherrschenden Grundsatz von Treu und Glauben (§ 242) abgeleitet. Die Schwierigkeiten, die sich hierbei ergeben, sind nicht zu übersehen. Einerseits ordnet § 125 S. 1 die Nichtigkeit an, andererseits kann eine starre Anwendung dieser Regel zu grob ungerechten Ergebnissen führen, etwa wenn ein Rechtskundiger die Unkenntnis eines Unerfahrenen zum eigenen Vorteil ausnutzt und ihm vorspiegelt, es gebe keine Formvorschrift. Die sich in diesem Zusammenhang stellenden Probleme überfordern einen Studienanfän-

---

[10] *BGH* NJW 2006, 2843.
[11] *BGH* NJW 1997, 3169, 3170.
[12] *OLG Düsseldorf* NJW-RR 2004, 373.

ger; für ihn genügt das Problembewusstsein, die Lösung muss einem Fortgeschrittenen vorbehalten werden (weiterführend für den Fortgeschrittenen EK BGB Rn. 22 f.).

Schließlich ist noch darauf hinzuweisen, dass auch durch Vereinbarung der Beteiligten ein Formzwang geschaffen werden kann (sog. gewillkürte Form; vgl. dazu § 125 S. 2 und § 127). 51

Gemäß § 126 Abs. 3 kann die schriftliche Form auch durch die elektronische Form ersetzt werden, wenn sich nicht aus dem Gesetz ein anderes ergibt. Dafür ist nach § 126a Abs. 1 erforderlich, dass der Aussteller der Erklärung dieser seinen Namen hinzufügt und das elektronische Dokument mit einer qualifizierten elektronischen Signatur nach § 2 Nr. 2 und 3 des Signaturgesetzes[13] versieht. Handelt es sich um einen Vertrag, dann müssen die Parteien jeweils ein gleich lautendes Dokument in dieser Weise elektronisch signieren (§ 126a Abs. 2).[14] 52

Die Anforderungen, die an die Textform gestellt werden, sind in § 126b beschrieben. Danach muss die in dieser Form abgegebene Erklärung in einer Urkunde enthalten sein oder auf andere zur dauerhaften Wiedergabe in Schriftzeichen geeignete Weise vorgenommen werden. Zudem müssen die Person des Erklärenden genannt und der Abschluss der Erklärung durch Nachbildung der Namensunterschrift oder auf andere Weise erkennbar gemacht werden, z.B. durch den Zusatz „Diese Erklärung ist nicht unterschrieben" oder „ohne Unterschrift gültig" oder durch den Zusatz „gez. + Name des Erklärenden" oder sogar nur durch den Hinweis „Ende der Erklärung". Die Textform, die geringere Anforderungen an die Sicherheit vor Verfälschungen stellt als die Schriftform oder die elektronische Form wird gesetzlich zugelassen, wenn der Beweis- und Warnfunktion der Formvorschrift (vgl. Rn. 48) keine vorrangige Bedeutung beizumessen ist.[15] Soweit für eine Erklärung die Textform vorgeschrieben wird, kann die Erklärung auch in Schriftform (§ 126) oder der Form der notariellen Beurkundung (vgl. § 126 Abs. 4) abgegeben werden, weil diese Formen strengere Anforderungen aufstellen und damit auch den Zwecken der Textform entsprechen.[16] 53

Höherrangigen kann immer gewählt werden

c) Der innere Tatbestand

Regelmäßig ist der äußere Tatbestand einer Willenserklärung von einem entsprechenden Willen des Erklärenden getragen. Dieser Wille, der innere (subjektive) Tatbestand einer Willenserklärung, soll im Folgenden näher betrachtet werden. Zur Erleichterung des Verständnisses dienen die folgenden 54

---

[13] Gesetz über Rahmenbedingungen für die elektronische Signaturen (Signatur-Gesetz – SigG) (BGBl. I 2001, 876). Vgl. dazu *Roßnagel*, NJW 2001, 1817; *Hähnchen*, NJW 2001, 2831.
[14] Einzelheiten sind dem Fortgeschrittenen vorzubehalten; dazu EK BGB Rn. 18.
[15] *Kropholler*, § 126b Rn. 1; *Leipold*, § 16 Rn. 6.
[16] Palandt/*Ellenberger*, § 126b Rn. 2.

Beispielsfälle: Wander unternimmt eine mehrtägige Wanderung und übernachtet in einer Jugendherberge. Am Abend unterhält er sich mit seinem Bettnachbarn Vogel. Über dem Gespräch schläft er ein, ohne dass dies Vogel bemerkt. Als ihn Vogel fragt, ob er bereit sei, dessen Armbanduhr für 50,– € zu kaufen, antwortet Wander im Schlaf mit „Ja".

Lustig mietet eine Hochseejacht, um mit einigen Freunden mehrere Tage vor der Küste zu kreuzen. Am letzten Tag wird ein Abschiedsfest gefeiert. In feuchtfröhlicher Stimmung schießt Lustig eine Rakete in den Himmel, die er an Bord gefunden hat. Er weiß nicht, dass das Raketensignal bedeutet, man wolle in den Hafen geschleppt werden. Aufgrund dieses Signals läuft Stark mit seinem Schlepper aus, um die Jacht in den Hafen zu bringen.

Zornig will seinem Angestellten Anton kündigen und diktiert seiner Sekretärin Berta einen Kündigungsbrief. Berta, die mit Anton eng befreundet ist, legt Zornig ein Schreiben zur Unterschrift vor, in dem Anton wegen angeblicher guter Leistungen eine Gehaltserhöhung mitgeteilt wird. Zornig unterschreibt in der Annahme, es handle sich um die Kündigung, ohne das Schreiben zu lesen.

55 In allen drei Fällen stellt sich die Frage, ob der Erklärende eine wirksame Willenserklärung abgegeben hat. Die Zweifel, die insoweit bestehen können, ergeben sich nicht, weil es an dem äußeren Tatbestand, der Kundgabe einer Erklärung, fehlt, sondern weil die Erklärenden eine Erklärung überhaupt nicht oder nicht mit diesem Inhalt abgeben wollten. Um eine Antwort auf die gestellten Fragen zu finden, muss erörtert werden, wie der innere Tatbestand einer Willenserklärung beschaffen sein muss. Im Normalfall wird der Erklärende wissen, dass er handelt, dass er spricht, schreibt oder sich durch Gesten äußert; er hat deshalb das Bewusstsein und den Willen zu handeln (**Handlungsbewusstsein, Handlungswille**). Regelmäßig weiß er auch, dass seiner Bekundung rechtliche Erheblichkeit zukommt, dass er also am Rechtsverkehr teilnimmt; er hat also das Bewusstsein und den Willen, eine rechtlich relevante Erklärung abzugeben (**Erklärungsbewusstsein, Erklärungswille**). Schließlich wird sein Wille auch darauf gerichtet sein, eine bestimmte Rechtsfolge herbeizuführen, z.B. einen bestimmten Vertrag zu schließen, zu kündigen oder einen Wechsel zu unterschreiben, also ein Geschäft mit einem bestimmten Inhalt zu tätigen (**Geschäftswille**).

Die Terminologie ist nicht immer einheitlich. So wird der Geschäftswille auch als *Rechtsfolgewille* bezeichnet, um damit zum Ausdruck zu bringen, dass der Wille des Erklärenden auf eine bestimmte Rechtsfolge gerichtet ist, und der Wille, sich durch dieses bestimmte Rechtsgeschäft zu binden, als *Rechtsbindungswille*. Versteht man den Begriff des Rechtsbindungswillens in diesem Sinn, dann handelt es sich dabei um ein Element des Geschäftswillens (Rechtsfolgewillens). Wird jedoch unter den Begriff des Rechtsbindungswillens nur der Wille des Erklärenden gefasst, irgendeine rechtliche Bindung einzugehen, dann muss er als Teil des Erklärungswillens angesehen werden. Angesichts dieser Unklarheiten sollte auf den Begriff des Rechtsbindungswillens überhaupt verzichtet werden.[17]

56 Der **Tatbestand einer (wirksamen) Willenserklärung** lässt sich danach in folgender Weise darstellen:

---

[17] Vgl. *Neuner*, JuS 2007, 881, 885.

II. Willenserklärung

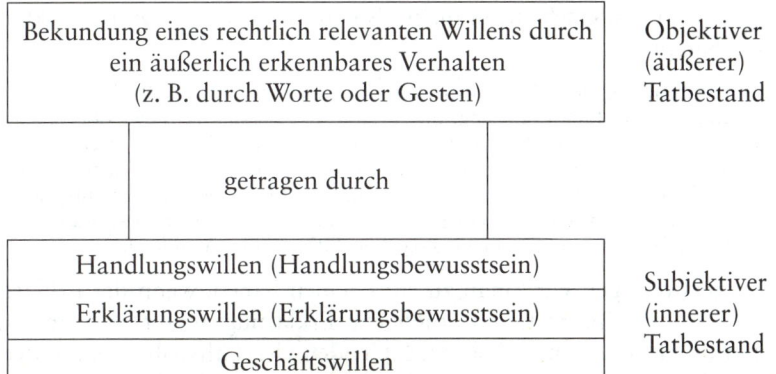

Im ersten Beispielsfall fehlen dem schlafenden Wander sowohl der Handlungswille als auch der Erklärungswille und erst recht der Geschäftswille. Im zweiten Fall weiß zwar Lustig, dass er handelt, als er die Rakete abschießt, aber er erkennt nicht, dass er damit eine rechtlich erhebliche Erklärung abgibt, also sich am Rechtsverkehr beteiligt; ihm fehlen folglich der Erklärungswille und somit auch der Geschäftswille. Im dritten Fall ist Zornig bekannt, dass er eine Erklärung abgibt (Handlungswille) und dass er mit dieser Erklärung auch am Rechtsverkehr teilnimmt, weil ihr rechtliche Bedeutung zukommt (Erklärungswille); er täuscht sich aber über den Inhalt seiner Erklärung, er will kündigen und nicht sein Einverständnis mit einer Gehaltserhöhung erklären; ihm fehlt folglich der Geschäftswille. 57

In allen drei Beispielsfällen vertraut der Erklärungsempfänger auf die Wirksamkeit der Erklärung; dies geschieht auch im dritten Fall, wenn man davon ausgeht, dass Anton von der Kündigungsabsicht seines Chefs und von der Täuschungshandlung der Berta keine Kenntnis hat und er deshalb hoch erfreut das an ihn gerichtete Schreiben liest. Es ergibt sich deshalb in solchen Fällen ein Konflikt zwischen den Interessen des Erklärenden, der sich darauf berufen wird, dass er eine Erklärung zumindest dieses Inhalts nicht abgeben wollte, und den Interessen des Empfängers, der darauf verweisen kann, dass man dem äußeren Tatbestand der Erklärung den fehlenden Willen des Erklärenden nicht anzusehen vermag. Um zu einer gerechten Lösung dieses Interessenkonfliktes zu gelangen, muss man die Frage entscheiden, wer von beiden schutzwürdiger ist, ob es gerechter ist, den Erklärenden an seiner (nicht gewollten) Erklärung festzuhalten oder das Vertrauen des Erklärungsempfängers zu enttäuschen. Bei dieser Entscheidung wird man zu differenzieren haben: 58

Fehlt dem Erklärenden der Handlungswille, spricht er im Schlaf – wie im ersten Beispielsfall Wander – oder in Hypnose oder wird er in einer Weise zum Handeln gebracht, dass er aufgrund der gegen ihn geübten absoluten Gewalt (= vis absoluta) nur noch als willenloses Werkzeug tätig wird (z. B. durch gewaltsames Führen der Hand zur Unterschrift eines 59

Wechsels), **dann erscheint es nicht als gerechtfertigt, ihn an der Erklärung festzuhalten.**

Zur Begründung dieses Ergebnisses kann man sich auf die in § 105 Abs. 2 getroffene Regelung berufen. Eine Erklärung, die jemand im Zustand der Bewusstlosigkeit oder vorübergehenden Störung der Geistestätigkeit abgibt, ist nichtig; das Interesse des gutgläubigen Erklärungsempfängers wird nicht geschützt. Dieser Fall ist dem eines fehlenden Handlungswillens so ähnlich, dass es dem Gebot der Gerechtigkeit entspricht, beide Fälle gleich zu entscheiden (entsprechende Anwendung der im Gesetz ausdrücklich getroffenen Regelung auf den nicht geregelten Tatbestand = Analogie).[18]

60 Anders dagegen wird man zu entscheiden haben, wenn der Erklärende weiß, dass er eine rechtlich erhebliche Erklärung abgibt, sich aber über deren Inhalt irrt. **In dem Fall des fehlenden Geschäftswillens kann der Erklärende eher die Folgen tragen, die sich aus seiner Erklärung ergeben, als der Erklärungsempfänger.** Man kann ihm entgegenhalten, er müsse eben besser aufpassen.

Auch diese Entscheidung lässt sich mit einer im BGB getroffenen Regelung begründen. Nach § 119 Abs. 1 kann derjenige, der bei Abgabe einer Willenserklärung über deren Inhalt im Irrtum war oder eine Erklärung dieses Inhalts überhaupt nicht abgeben wollte, die Erklärung anfechten, wenn anzunehmen ist, dass er bei Kenntnis der wahren Sachlage und verständiger Würdigung des Falles die Erklärung nicht abgegeben haben würde. Die Anfechtung setzt aber voraus, dass die Willenserklärung wirksam ist. Hieraus lässt sich entnehmen, dass ein Irrtum über den Erklärungsinhalt der Wirksamkeit der Willenserklärung nicht entgegensteht. Zu beachten ist auch, dass bei einer Anfechtung der Anfechtende dem Erklärungsempfänger den Schaden ersetzen muss, den dieser dadurch erleidet, dass er auf die Gültigkeit der Erklärung vertraut (§ 122 Abs. 1). Es wird auf diese Weise ein gerechter Ausgleich zwischen dem Interesse des Erklärenden und dem Interesse des Erklärungsempfängers erreicht.

61 Bleibt als problematischster und schon lange diskutierter Fall[19] das **Fehlen des Erklärungsbewusstseins,** am problematischsten deshalb, weil gute Gründe sowohl für als auch gegen die Wirksamkeit einer Willenserklärung sprechen, wenn nur ihr äußerer Tatbestand willentlich geschaffen wird, dem Erklärenden aber dabei das Bewusstsein fehlt, rechtlich relevant zu handeln, wie dies der Beispielsfall der abgefeuerten Rakete zeigt. Für das Erklärungsbewusstsein als unverzichtbarer Bestandteil der Willenserklärung und damit für eine Unwirksamkeit einer ohne Erklärungsbewusstsein abgegebenen Willenserklärung spricht folgende Erwägung: Die Rechtsordnung gibt mit der Willenserklärung der Selbstbestimmung des Einzelnen Raum bei der Gestaltung von Rechtsverhältnissen. Diese Anerkennung der Selbstbestimmung und die mit dem Selbstbestimmungsrecht verbundene Verantwortung für den Inhalt der Erklärung verlangen dann aber auch das Bewusstsein, durch das eigene Verhalten Rechtsfolgen herbeizuführen. Ob derjenige, dem dieses Bewusstsein fehlt, einem auf die Wirksamkeit einer Erklärung Vertrauenden den Schaden zu ersetzen hat,

---

[18] Zur Analogie Einzelheiten später (Rn. 826).
[19] Es handelt sich dabei um eine Frage, die bereits vor Inkrafttreten des BGB kontrovers erörtert wurde; vgl. *Eisenhardt,* JZ 1986, 875, 877 f.

der entsteht, weil dieses Vertrauen enttäuscht wird, ist eine völlig andere Frage und darf nicht mit dem Problem der Wirksamkeit der Erklärung vermengt werden.

62 Andererseits lässt sich durchaus die Auffassung vertreten, dass das Selbstbestimmungsrecht dort seine Grenzen finden muss, wo die anzuerkennenden Interessen anderer berührt werden. Weil dem Einzelnen die Möglichkeit eingeräumt wird, durch sein Verhalten gestaltend am Rechtsleben teilzunehmen, muss er sich auch an einer Erklärung festhalten lassen, die entgegen dem äußeren Schein von seinem inneren Willen nicht getragen wird. Die empfangsbedürftige Willenserklärung ist an einen anderen gerichtet, der sie so verstehen darf, wie es der Verkehrssitte und den äußeren Umständen des Einzelfalles entspricht. Der Einwand, man habe das nicht erklären wollen, was man objektiv erklärt habe, ändert nichts an der Wirksamkeit der Willenserklärung, sondern kann nur zur Anfechtung mit der damit verbundenen Verpflichtung führen, dem anderen den Schaden zu ersetzen, den er dadurch erlitten hat, dass er auf die Gültigkeit der Erklärung vertraute (vgl. § 122).

> Die (offene) Erörterung dieses Rechtsproblems – und dies ist auch der Grund für die recht ausführliche Darstellung – soll zeigen, dass es hier (wie bei vielen anderen Rechtsfragen auch) nicht die „einzige richtige Lösung" gibt, die es zu finden gilt, sondern dass vielmehr die Aufgabe darin besteht, verschiedene einander widersprechende Gründe gegeneinander abzuwägen und sich mit ihnen auseinander zu setzen. In gleicher Weise, wie in diesem Fall die Interessen des Erklärenden, sein Recht auf Selbstbestimmung, und die Interessen des Erklärungsempfängers, sein zu schützendes Vertrauen, unterschiedlich bewertet werden können, lassen sich auch bei vielen anderen Rechtsfragen gegensätzliche Standpunkte einnehmen. Deshalb stehen sich häufig in der Rechtswissenschaft unterschiedliche Auffassungen und Theorien gegenüber, von denen der Studierende zumindest die wichtigsten kennen muss, um sich in seiner gutachtlichen Stellungnahme mit ihnen auseinander zu setzen.

63 In der Frage nach der Bedeutung des Erklärungsbewusstseins für die Wirksamkeit einer Willenserklärung lassen sich insgesamt drei Ansichten unterscheiden, die man als subjektive, objektive und vermittelnde Theorie bezeichnen kann.

➢ Die **subjektive Theorie,** die früher ganz herrschend war und auch heute noch viele Anhänger hat, besteht darauf, dass das (subjektive) Bewusstsein des Erklärenden, mit seinem Verhalten Rechtsfolgen auszulösen, eine Gültigkeitsvoraussetzung bildet.

➢ Demgegenüber sieht die **objektive Theorie** allein auf den Erklärungstatbestand und bejaht eine wirksame Willenserklärung auch dann, wenn dem Erklärenden das Bewusstsein, rechtlich relevant zu handeln, gefehlt hat. Der Erklärende kann sich nach der objektiven Theorie nur durch Anfechtung nach § 119 Abs. 1 von seiner Erklärung lösen, muss dann aber nach § 122 den Schaden ersetzen, den ein anderer dadurch erleidet, dass er auf die Gültigkeit der Erklärung vertraut (auf die Anfechtung und ihre Rechtsfolgen wird später eingegangen werden).

> Die **vermittelnde Ansicht,** die insbesondere im neueren Schrifttum überwiegend vertreten wird, will die Willenserklärung dem Erklärenden nur dann „zurechnen", wenn er zumindest hätte erkennen können, dass sein Verhalten von einem anderen als Willenserklärung aufzufassen ist. Es wird also danach gefragt, ob der Erklärende bei seinem Verhalten die im Verkehr gebotene Sorgfalt außer Acht gelassen hat; nur wenn dies nicht der Fall ist, wird beim fehlenden Erklärungswillen die Wirksamkeit der Willenserklärung ausgeschlossen.[20]

64 In dem Beispielsfall der abgefeuerten Rakete würde also die subjektive Theorie eine gültige Willenserklärung verneinen, die objektive Theorie sie bejahen, während die vermittelnde Theorie dazu Stellung nehmen müsste, ob Lustig hätte erkennen müssen, dass das Abfeuern einer Rakete ein rechtlich relevantes Signal darstellte. Bei dem Führer einer Hochseejacht kann man eine entsprechende Kenntnis erwarten, während eine **„Erklärungsfahrlässigkeit"** zu verneinen wäre, wenn nicht Lustig, sondern einer mit den Gebräuchen der Seefahrt wenig vertrauter Gast die Rakete abgeschossen hätte. Der *BGH* hat zu Recht darauf hingewiesen, dass der Interessenkonflikt bei fehlendem Erklärungsbewusstsein nur dann zugunsten des Vertrauensschutzes entschieden werden könne, wenn auf Seiten des Handelnden ein Grund vorhanden sei, der eine Zurechnung seines Verhaltens als wirksame Willenserklärung rechtfertige. Als ein solcher Zurechnungsgrund sei es anzusehen, dass der sich in missverständlicher Weise Verhaltende bei Anwendung der im Verkehr erforderlichen Sorgfalt hätte erkennen und vermeiden können, dass die in seinem Verhalten liegende Äußerung nach Treu und Glauben und Verkehrssitte (vgl. Rn. 103) als Willenserklärung aufgefasst werde. Hinzukommen muss noch, dass der Erklärungsempfänger sie auch so verstanden hat, weil er nur dann schutzwürdig ist.[21]

65 Allerdings werden **im praktischen Ergebnis diese** zunächst sehr krass wirkenden **Unterschiede weitgehend aufgehoben.** Denn die vermittelnde Theorie (wie auch die objektive) bejaht die Möglichkeit der Anfechtung nach § 119 Abs. 1 mit der Folge des § 122 Abs. 1, wenn trotz fehlenden Erklärungsbewusstseins aufgrund einer Erklärungsfahrlässigkeit eine Willenserklärung angenommen wird. Die subjektive Theorie hält ebenfalls den Erklärenden in analoger Anwendung des § 122 für verpflichtet, den Schaden zu ersetzen, den der auf die Gültigkeit der Erklärung Vertrauende erleidet. Eine Schadensersatzpflicht entfällt nach § 122 Abs. 2, wenn der Geschädigte das Fehlen des Erklärungsbewusstseins bei Beachtung der gebotenen Sorgfalt hätte erkennen können oder sogar erkannt hat. Diese Möglichkeit muss im Raketenfall jedoch ausgeschlossen werden.

---

[20] Dieser Auffassung hat sich auch der *BGH* angeschlossen; vgl. BGHZ 91, 324 ff. = NJW 1984, 2279; BGHZ 109, 171, 177 = NJW 1990, 454; *BGH* NJW 2002, 2325, 2327.
[21] *BGH* NJW 1995, 953. Weiterführend für den Fortgeschrittenen: *Habersack,* JuS 1996, 585 m.w.N.

d) Die Abgabe

Der Wille des Einzelnen muss erkennbar für andere geäußert werden, um Rechtsfolgen herbeizuführen. Man spricht von der „Abgabe" der Willenserklärung. In aller Regel wird die Frage, ob eine Willenserklärung wirksam abgegeben worden ist, keine Schwierigkeiten bereiten. Wie ist aber der folgende Fall zu entscheiden? 66

> A sammelt alte Bücher. Er erhält von einem anderen Sammler das schriftliche Angebot einer seltenen Erstausgabe. Da A das offerierte Buch schon lange sucht, schreibt er sofort auf einer Postkarte, dass er das Angebot annehme. Wegen des nicht unerheblichen Preises kommen A dann jedoch Bedenken. Er beschließt, sich die Sache noch einmal zu überlegen und auch mit seiner Frau zu sprechen, und lässt die Karte auf seinem Schreibtisch liegen. Als er abends nach Hause kommt, findet er die Karte nicht mehr. Es stellt sich heraus, dass sein Sohn die Karte auf dem Schreibtisch entdeckt und in der Annahme, sie sollte zur Post gegeben werden, in den Briefkasten geworfen hatte. Hat A eine Willenserklärung „abgegeben"?

Für die Beantwortung dieser Frage ist es bedeutsam, dass es sich hier um eine Willenserklärung handelt, die einer anderen Person gegenüber abzugeben ist (sog. **empfangsbedürftige Willenserklärung**, vgl. o. Rn. 39). Bei derartigen Willenserklärungen kommt es darauf an, dass ein anderer von dem Inhalt der Willenserklärung Kenntnis erhält.

Beispiele: Kündigung, Vertragsangebot.

Im Gegensatz dazu ist der rechtliche Erfolg einer **nicht empfangsbedürftigen Willenserklärung** nicht davon abhängig, dass ein anderer von ihr erfährt und sich auf die dadurch geschaffene Rechtslage einstellt. In manchen Fällen ist es dem Erklärenden sogar unerwünscht, dass (zunächst) jemand von seiner Willensäußerung Kenntnis erlangt. 67

Beispiel: Testament. Bei ihm ist ein schutzwürdiges Interesse des Erblassers anzuerkennen, den Inhalt seines Testaments zu seinen Lebzeiten geheim zu halten; dementsprechend ist es keine Wirksamkeitsvoraussetzung, dass es anderen Personen bekanntgegeben wird.

Es ist also zu unterscheiden: 68
- Eine nicht empfangsbedürftige Willenserklärung ist abgegeben und wird damit wirksam, wenn sie formuliert ist, eine schriftliche also, wenn sie zu Papier gebracht ist.
- Eine empfangsbedürftige Willenserklärung ist dagegen erst abgegeben, wenn der Erklärende das seinerseits Erforderliche getan hat, damit die Erklärung den Adressaten erreichen kann. Die Willenserklärung muss mit Wissen und Willen des Erklärenden in einer Weise „auf den Weg gebracht werden", dass sie ohne sein weiteres Zutun unter normalen Umständen zum Empfänger gelangt.

Dies bedeutet konkret, dass ein Brief frankiert in den Briefkasten eingeworfen oder einem Boten übergeben werden muss, damit dieser ihn zur Post befördert oder dem

Adressaten überbringt. Eine elektronische Willenserklärung ist abgegeben, wenn der Erklärende die technischen Voraussetzungen bewusst schafft, damit sie den Adressaten erreichen kann, wenn er also z.B. bei einer E-Mail die Erklärung formuliert und den Sendebefehl erteilt hat.[22] Nicht mit Wissen und Willen des Erklärenden wird die elektronische Willenserklärung „auf den Weg gebracht", wenn die Absendung nur versehentlich per Mausklick vorgenommen wird.[23]

69   In dem Beispielsfall hat A noch nicht alles getan, damit die Postkarte den Sammlerkollegen erreichen kann. Solange diese Karte noch auf seinem Schreibtisch lag und von ihm nicht zur Post gegeben wurde, hatte er die darin verkörperte Willenserklärung noch nicht abgegeben. Dass sein Sohn die Karte in der irrigen Annahme, sie solle abgeschickt werden, in den Briefkasten steckte, ändert nichts daran, dass die Erklärung nicht von A abgegeben wurde und es sich folglich nicht um dessen Willenserklärung handelte (sog. **abhanden gekommene Willenserklärung**). Ein Kaufvertrag ist somit nicht zwischen A und B geschlossen worden.[24]

Die hier vertretene Auffassung, dass eine abhanden gekommene Willenserklärung nicht als wirksam angesehen werden kann, ist jedoch keinesfalls unstreitig. Im Schrifttum findet die Meinung zunehmend Befürworter, dass eine Willenserklärung als wirksam abgegeben zu gelten habe, wenn der Erklärende das Inverkehrbringen zwar nicht zielgerichtet veranlasste, es jedoch zu vertreten habe, es also bei Anwendung der im Verkehr erforderlichen Sorgfalt hätte verhindern können.[25] Dieser Fall müsse gleich behandelt werden wie die Abgabe einer Willenserklärung ohne Erklärungsbewusstsein. Die angebliche Rechtsähnlichkeit mit dem Fall eines fehlenden Erklärungsbewusstseins besteht indes nicht. Es macht durchaus einen Unterschied, ob jemand eine Erklärung abgibt und nur sorgfaltswidrig nicht erkennt, dass er damit am Rechtsverkehr teilnimmt, oder ob eine verkörperte Willenserklärung ohne sein Zutun in den Rechtsverkehr gelangt. Es muss daran festgehalten werden, dass es eine Wirksamkeitsvoraussetzung für eine empfangsbedürftige Willenserklärung bildet, dass sie von dem Erklärenden mit dessen Willen und Wissen in einer Weise auf den Weg gebracht wird, dass sie ohne sein weiteres Zutun unter normalen Umständen den Empfänger erreicht. Ob derjenige, der schuldhaft einen Rechtsscheinstatbestand schafft, einem darauf gutgläubig Vertrauenden dessen Schaden zu ersetzen hat, ist eine völlig andere Frage (dazu später).

70   Eine weitere Frage, die ebenfalls die Abgabe einer Willenserklärung betrifft, soll aufgrund der folgenden Variante des Beispielsfalls erörtert werden:

---

[22] *Taupitz/Kritter*, JuS 1999, 839, 840.
[23] *Taupitz/Kritter*, JuS 1999, 839, 840; *Köhler*, AT, § 6 Rn. 12; a.A. *Czeguhn*, JA 2001, 708, 709 (gültige Abgabe bei Fahrlässigkeit).
[24] BGHZ 65, 13, 14f. = NJW 1975, 2101; *BGH* NJW 1979, 2032, 2033; *Brox/Walker*, AT, Rn. 147; *Bork*, Rn. 615; *Köhler*, PdW-AT Nr. 44; *Leipold*, § 12 Rn. 8; *Grigoleit/Herresthal*, Rn. 10; *Kropholler*, § 130 Rn. 2.
[25] *Klein-Blenkers*, Jura 1993, 640, 642 f.; *Larenz/Wolf*, § 26 Rn. 7; *Rüthers/Stadler*, § 17 Rn. 38; Palandt/*Ellenberger*, § 130 Rn. 4; Bamberger/Roth/*Wendtland*, § 130 Rn. 6.

II. Willenserklärung

A bittet seinen Sohn S, die Postkarte mit der Annahme des Angebots seines Sammlerkollegen in den Briefkasten einzuwerfen. Nachdem S mit der Karte weggegangen ist, kommen A plötzlich Bedenken. Er stürzt zum Fenster und ruft dem auf der Straße befindlichen S nach, er solle die Karte nicht zur Post geben. S versteht aber seinen Vater falsch und glaubt, dieser wolle ihn nur noch einmal an die Karte erinnern. Erst am Abend klärt sich dieses Missverständnis auf.

Im Gegensatz zum Ausgangsfall hat A mit der Beauftragung seines Sohnes, die Karte in den Briefkasten zu werfen, das seinerseits Erforderliche getan, damit der Adressat der Erklärung sie erhalten kann, denn er brauchte dafür nichts mehr zu unternehmen. In dem Zeitpunkt, in dem S die Karte an sich nahm, um sie zur Post zu geben, ist folglich die Willenserklärung des A abgegeben. Es bleibt aber die Frage, welchen Einfluss es auf die Wirksamkeit der Willenserklärung hat, dass es sich A anders überlegte und den Sohn anwies, die Karte nicht abzusenden.

Der Fall, dass der Erklärende **nach Abgabe** der Erklärung, aber vor Zugang beim Erklärungsempfänger seinen **Willen ändert** und nun nicht mehr möchte, dass seine Erklärung rechtliche Gültigkeit haben soll, ist im BGB nicht ausdrücklich geregelt; geregelt ist aber die Frage, welche Folgen es hat, wenn der Erklärende nach Abgabe der Willenserklärung stirbt. Nach § 130 Abs. 2 bleibt dies ohne Einfluss auf die Wirksamkeit der Willenserklärung. Hieraus ist zu schließen, dass es für die Wirksamkeit der Willenserklärung nicht darauf ankommt, dass der Erklärende an dem einmal gefassten Willen festhält. Eine bloße Willensänderung des Erklärenden nach Abgabe der Willenserklärung berührt also ihre Gültigkeit nicht.

Nach § 130 Abs. 1 S. 2 wird eine empfangsbedürftige Willenserklärung nicht wirksam, wenn dem anderen, dem gegenüber sie abzugeben ist, vor ihrem Zugang oder gleichzeitig ein Widerruf zugeht. A kann deshalb die Wirksamkeit seiner Erklärung und damit das Zustandekommen eines Kaufvertrages dadurch verhindern, dass er telefonisch oder per E-Mail (vgl. dazu aber Rn. 76) die Bestellung dem Adressaten gegenüber widerruft, wobei er darauf achten muss, dass der Widerruf B spätestens in dem Zeitpunkt erreicht, in dem die Post bei diesem eintrifft (vgl. dazu Rn. 85). Die Frage, ob A in dem Fall, dass der rechtzeitige Widerruf misslingt, wegen des Missverständnisses zwischen ihm und seinem Sohn seine Erklärung anfechten kann, soll hier offengelassen werden, weil die damit zusammenhängenden Fragen später behandelt werden.

e) **Der Zugang**

Eine empfangsbedürftige Willenserklärung – sowohl eine schriftliche als auch eine mündliche – wird in dem Zeitpunkt wirksam, in dem sie demjenigen „zugeht", dem gegenüber sie abzugeben ist. Dies wird ausdrücklich in § 130 Abs. 1 S. 1 bestimmt, jedoch nur für den Fall, dass die Willenserklärung in Abwesenheit des Empfängers abgegeben wird. Für das Wirksamwerden der Erklärung an einen Anwesenden fehlt eine ausdrückliche gesetzliche Regelung. Grundsätzlich sind aber die Vorschriften über Erklärungen, die einem Abwesenden gegenüber abgegeben werden, entsprechend anzuwenden. In beiden Fällen kommt es auf den Zugang der Erklärung an.

An Stelle der hier verwendeten Begriffe „schriftliche" und „mündliche" Erklärung kann auch von einer **verkörperten** oder **nicht verkörperten Willenserklärung** gesprochen werden. Unter verkörperten Willenserklärungen versteht man solche, die in einem Material fixiert sind, das vornehmlich auf optische Wahrnehmung abzielt;[26] sie sind abrufbar gespeichert.[27] Dies sind neben schriftlichen auch alle anderen, die in dauerhaften Zeichen niedergelegt werden. Bei elektronischen Willenserklärungen, die über das Internet und per E-Mail versandt werden, ist das Kriterium der Verkörperung erfüllt, wenn sie auf einen Datenträger gespeichert übermittelt oder beim Empfänger als Datei gespeichert werden.[28] Willenserklärungen, die mündlich oder konkludent abgegeben werden, sind folglich nicht verkörperte. Wenn im Interesse sprachlicher Kürze im Folgenden nur von schriftlichen und mündlichen Erklärungen gesprochen wird, so gelten die darauf bezogenen Ausführungen stets für alle verkörperten bzw. nicht verkörperten Willenserklärungen.

74 Die schriftliche Erklärung geht zu, wenn sie so in den Machtbereich des Empfängers gelangt ist, dass er unter normalen Umständen von ihr Kenntnis nehmen kann, wenn z.B. ein Brief zu einer normalen Tageszeit (nicht mitten in der Nacht) in den Hausbriefkasten eingeworfen oder – bei Erklärungen an Anwesende – dem Adressaten ausgehändigt wird; ob er sie dann auch liest, ist seine Sache. Es ist nicht die Kenntnisnahme selbst, sondern die Möglichkeit dazu entscheidend. Auf die Möglichkeit zur Kenntnisnahme abzustellen, rechtfertigt sich dadurch, dass der Erklärende in vielen Fällen keinen Einfluss auf die tatsächliche Kenntnisnahme nehmen kann; er kann nur dafür sorgen, dass die Willenserklärung in den Machtbereich des Empfängers gelangt.

Beispiel: Schussel will Geschäftsräume kündigen, die er von Eich gemietet hat. Nach dem Mietvertrag muss die Kündigung bis zum 31. 3. ausgesprochen werden. An diesem Tage diktiert Schussel das Kündigungsschreiben, lässt es aber versehentlich liegen und erinnert sich erst wieder am späten Abend daran. Er bringt deshalb das Kündigungsschreiben persönlich zum Büro des Eich und steckt den Brief um 23.00 Uhr in den Geschäftsbriefkasten. Ist die Kündigung rechtzeitig vorgenommen worden?

Diese Frage ist zu verneinen. Unter normalen Verhältnissen, von denen hier auszugehen ist, werden nach Büroschluss eingegangene Briefe erst am nächsten Morgen gelesen.[29] Die Möglichkeit, Kenntnis zu nehmen, ist also dem Eich nicht schon mit dem Einwurf des Briefes in seinen Briefkasten verschafft, sondern erst mit Beginn des Geschäftsbetriebs im Büro. Etwas anderes gilt nur, wenn Eich doch noch vor 24.00 Uhr sein Büro aufsucht und den Brief dort vorfindet. Dann ist (ausnahmsweise) für ihn die Möglichkeit der Kenntnisnahme schon vorher – also rechtzeitig – gegeben.

75 Aufgrund gleicher Erwägungen ist der Fall zu entscheiden, dass der Empfänger eines **Einschreibbriefes** nicht angetroffen wird und er deshalb

---

[26] *Hübner*, Rn. 728.
[27] *Weiler*, JuS 2005, 788, 790.
[28] MünchKomm/*Einsele*, § 130 Rn. 2.
[29] Vgl. BGH NJW 2008, 843 = JuS 2008, 651; kritisch dazu *Leipold*, FS Medicus, 2009, S. 251.

II. Willenserklärung

vom Postboten einen **Benachrichtigungsschein** erhält.[30] Nicht schon im Zeitpunkt des Einwurfs des Benachrichtigungsscheins in den Hausbriefkasten, sondern regelmäßig erst in dem Zeitpunkt, in dem der Adressat den Brief abholt, gilt er als zugegangen.[31] Dies ist allerdings streitig. Nach anderer Ansicht soll der Brief bereits dann als zugegangen gelten, sobald er vom Adressaten unter normalen Umständen aufgrund der Benachrichtigung von der Post abgeholt werden konnte.[32] Holt der Adressat den Brief bei der Post nicht ab, dann kommt es darauf an, ob in diesem Verhalten eine arglistige Zugangsvereitelung zu sehen ist. Ist dies zu bejahen, dann muss sich der Adressat nach Treu und Glauben (§ 242) so behandeln lassen, als sei die an ihn gerichtete Erklärung zugegangen.[33] Hierbei ist allerdings zu berücksichtigen, dass sich aus dem Benachrichtigungsschein nicht ergibt, wer Absender des Einschreibebriefes ist und welche Bedeutung dem Brief beizumessen ist.[34]

Elektronische Willenserklärungen[35] gelten als zugegangen, wenn sie in einer Weise in den Machtbereich des Empfängers gelangt sind, dass dieser unter normalen Umständen von ihnen Kenntnis erlangen kann (vgl. § 312e Abs. 1 S. 2 für den elektronischen Geschäftsverkehr; dazu Rn. 268 f.). Soll eine Willenserklärung per **E-Mail** wirksam zugehen, dann bildet dafür die Eröffnung des E-Mail-Weges durch den Adressaten eine Voraussetzung. Dafür reicht noch nicht aus, dass der Empfänger eine E-Mail-Adresse unterhält; er muss vielmehr durch ihre Bekanntgabe z.B. auf Briefbögen, Visitenkarten oder ähnlichen Schriftstücken zu erkennen geben, dass er bereit ist, auf diesem Wege Willenserklärungen anderer entgegenzunehmen.[36] Der Zugang ist bei E-Mails zu bejahen, wenn sie zu einer Zeit abrufbereit in den elektronischen Briefkasten (Mailbox) des Empfängers gelangen, in der im Regelfall mit einer Kenntnisnahme zu rechnen ist. Dies ist bei E-Mails im Geschäftsverkehr die übliche Bürozeit. Es gilt eine Ausnahme dann, wenn der Empfänger außerhalb dieser Zeit

76

---

[30] Dies geschieht nur bei dem sog. Übergabe-Einschreiben. Das Einwurf-Einschreiben, das mit der Tagespost in den Briefkasten des Empfängers geworfen wird, ist hinsichtlich seines Zugangs wie jeder andere Brief zu behandeln; vgl. *Dübbers*, NJW 1997, 2503, 2504; *Reichert*, NJW 2001, 2523.
[31] *BGH* NJW 1998, 976, 977; 2007, 1346, 1350 Tz. 34; *OLG Brandenburg* NJW 2005, 1585, 1586; *Franzen*, JuS 1999, 429, 433; *Höland*, Jura 1998, 352, 355.
[32] *Larenz/Wolf*, § 26 Rn. 28.
[33] *BGH* NJW 1998, 976, 977; 2007, 1346, 1350 Tz. 34.
[34] Hierauf verweist der *BGH* NJW 1998, 976, 977, der grundsätzlich den Absender für verpflichtet hält, alles Erforderliche und Zumutbare zu tun, um zu erreichen, dass der Adressat die Erklärung erhält. Dazu gehöre im Regelfall, dass er nach Kenntnis von dem gescheiterten Zugang einen erneuten Versuch unternimmt, die Erklärung in den Machtbereich des Adressaten zu bringen.
[35] Eingehend dazu MünchKomm/*Säcker*, Bd. 1, Einl. Rn. 174 ff.
[36] *Taupitz/Kritter*, JuS 1999, 839, 842; *Brox/Walker*, AT, Rn. 150; *Köhler*, AT, § 6 Rn. 18; a.A. *Grigoleit/Herresthal*, Rn. 14 f. (ausreichend die Schaffung von Vorrichtungen für den Empfang elektronischer Erklärungen, jedoch mit Einschränkungen für den Zugang bei privaten Empfängern).

tatsächlich Kenntnis nimmt. Die Übertragung der für schriftliche Willenserklärungen geltenden Zugangsregeln auf elektronische Willenserklärungen begegnet allerdings Bedenken, wenn es sich bei dem Empfänger um eine Privatperson handelt. Dies würde nämlich bedeuten, dass bereits mit dem Eintreffen in der Mailbox analog zum Einwurf des Briefes in den Hausbriefkasten vom Zugang auszugehen wäre (Rn. 74). Man wird jedoch eine Privatperson nicht für verpflichtet halten können, ständig die Mailbox daraufhin zu kontrollieren, ob E-Mails eingegangen sind. Da man andererseits erwarten kann, dass eine solche Kontrolle jeweils innerhalb von 24 Stunden vorgenommen wird, lässt sich als eine Art Faustregel aufstellen, dass eine E-Mail spätestens 24 Stunden nach Eingang in der Mailbox als zugegangen gilt, wenn nicht der Empfänger schon vorher Kenntnis genommen hat.[37] Ähnliche Erwägungen treffen auch auf den Zugang eines Telefax zu. Auch bei ihm ist zwischen Geschäftsleuten und Privatpersonen zu unterscheiden. Während ein Fax bei einem Geschäftsmann in dem Zeitpunkt zugeht, in dem das Empfangsgerät während der üblichen Geschäftszeit den Text der Willenserklärung ausdruckt und der Empfänger somit von ihr Kenntnis nehmen kann,[38] wird man mit der Kenntnisnahme bei Privatpersonen erst am Abend des Tages rechnen können, in dem der Text ausgedruckt worden ist. Eine Ausnahme gilt allerdings für Faxe, die am späten Abend eintreffen; sie gehen erst am nächsten Tag zu.[39] Zur Frage nach den Rechtsfolgen von Zugangshindernissen, die auf Grund von Funktionsstörungen auftreten, vgl. Rn. 83.

77 **Ist für eine (empfangsbedürftige) Willenserklärung die Einhaltung einer Form vorgeschrieben** (vgl. Rn. 47, 51), **dann muss sie dem Empfänger in dieser Form zugehen.**[40] Ist also beispielsweise die Willenserklärung in notarieller Form abzugeben, dann wird sie erst wirksam, wenn der Erklärungsempfänger eine Ausfertigung der notariellen Urkunde erhält.[41] Die Forderung, dass die Willenserklärung dem Empfänger in der Form zuzugehen hat, die für ihre Abgabe gesetzlich vorgeschrieben ist, wird durch die Überlegung gerechtfertigt, dass ihm nur dadurch die sichere Kenntnis von der Einhaltung der vorgeschriebenen Form und damit von der Wirksamkeit der Willenserklärung vermittelt wird.

---

[37] Ähnlich *Taupitz/Kritter*, JuS 1999, 839, 842: im Zweifel am nächsten Tag; ebenso *Thalmair*, NJW 2011, 14, 16; einschr. *Bork*, Rn. 628 (nur wenn Empfänger diesen Kommunikationsweg angeboten hat, sonst erst mit tatsächlicher Kenntnisnahme). Für einen Zugang noch am selben Tag, wenn die E-Mail spätestens bis zum Feierabend eintrifft, *Leipold*, § 12 Rn. 23; ebenso wohl auch *Nowack*, MDR 2001, 841, 842.
[38] BGH NJW 2004, 1320 = JA 2004, 585 *(Löhnig)*; vgl. dazu auch BGH NJW 1994, 2097 (zum Zugang eines Telefax beim Gericht).
[39] *Taupitz/Kritter*, JuS 1999, 839, 842.
[40] MünchKomm/*Einsele*, § 130 Rn. 33 m. N.
[41] BGH NJW 1995, 2217. Dass eine Ausfertigung (= die mit einem Ausfertigungsvermerk versehene amtliche Abschrift der Urkunde, vgl. § 49 Abs. 1 BeurkG) und nicht die Urkunde selbst dem Empfänger zuzugehen hat, erklärt sich dadurch, dass die Urkunde im Regelfall beim Notar bleiben muss (§ 45 i.V.m. § 47 BeurkG).

II. Willenserklärung

Eine schriftliche Willenserklärung geht dem Adressaten auch zu, wenn sie einem Empfangsboten ausgehändigt wird. **Empfangsbote** ist derjenige, der vom Adressaten der Willenserklärung ermächtigt worden ist, für ihn Erklärungen entsprechenden Inhalts entgegenzunehmen. Fehlt eine (ausdrücklich oder konkludent erteilte) Ermächtigung, dann ist im Interesse der Erleichterung des Rechtsverkehrs auch derjenige als Empfangsbote anzusehen, der nach der Verkehrsanschauung die Stellung eines Empfangsboten einnimmt.[42] Dies sind z. B. erwachsene Familienmitglieder und Mitarbeiter des Adressaten, die nach ihrer Funktion solche Erklärungen entgegenzunehmen haben (Anwaltsgehilfen, kaufmännische Angestellte, Sekretärinnen u. a.). Ist nach diesen Kriterien eine Person nicht als Empfangsbote des Adressaten anzusehen, dann gilt sie als Bote des Erklärenden, den dieser zum „Transport" seiner Erklärung einsetzt (sog. **Erklärungsbote**), so dass Fehler bei der Übermittlung zu Lasten des Erklärenden gehen.

Beispiel: Schussel gibt am 31. 3. mittags die Kündigung dem vierjährigen Sohn des Eich. Das Kind wirft den Brief weg. In diesem Fall ist die Erklärung nicht zugegangen, weil ein Vierjähriger weder ausdrücklich von seinem Vater zum Empfang von Erklärungen ermächtigt sein dürfte noch nach der Verkehrsanschauung als ermächtigt gilt. Das Kind ist deshalb Erklärungsbote des Schussel und der Verlust des Kündigungsschreibens geht folglich zu seinen Lasten.

Bei einem Zugang mittels Empfangsboten muss zudem beachtet werden, dass nicht in jedem Fall die Willenserklärung bereits in dem Zeitpunkt zugeht, in dem der Empfangsbote sie erhält. Denn für den Zugang kommt es darauf an, dass der Empfänger von der Erklärung unter normalen Umständen Kenntnis nehmen und der Erklärende mit dieser Kenntnisnahme rechnen kann (vgl. Rn. 74 ff.). Befindet sich der Empfangsbote z. B. außerhalb der Wohnung oder der Geschäftsräume des Adressaten der Erklärung, dann kann mit der Kenntnisnahme durch den Adressaten erst nach Ablauf der Zeit gerechnet werden, die der Empfangsbote benötigt, um die Erklärung dem Adressaten mitzuteilen.[43] Hält sich jedoch der Empfangsbote in dem räumlichen Machtbereich des Adressaten auf (Beispiel: Der Sekretärin des Adressaten wird in den Geschäftsräumen während der Geschäftszeit ein Brief übergeben), dann ist der Zugang der Erklärung schon mit deren Entgegennahme durch den Empfangsboten bewirkt, weil dann die Möglichkeit der Kenntnisnahme durch den Adressaten bereits in diesem Zeitpunkt gegeben ist (vgl. auch Rn. 84).[44]

Die **mündliche Willenserklärung unter Anwesenden**, wozu nach § 147 Abs. 1 S. 2 auch die telefonische Übermittlung gehört, geht regelmäßig zu, wenn sie der Empfänger vernehmen kann. Allerdings muss er in der Lage sein, die Erklärung richtig zu erfassen. Versteht der Erklärungsempfänger

---

[42] BGH NJW 2002, 1565, 1566; BAG NJW 1993, 1093, 1094; *Larenz/Wolf*, § 26 Rn. 41; einschr. *Köhler*, AT, § 6 Rn. 16: Verkehrsanschauung nur widerlegbares Indiz für Empfangsermächtigung.
[43] Vgl. BGH NJW 1994, 2613, 2614.
[44] BGH NJW-RR 1989, 758, 759 f.

wegen Taubheit oder Unkenntnis der Sprache die Erklärung nicht oder nicht richtig, so ist sie nicht zugegangen; das Risiko trägt insoweit der Erklärende (sog. **Vernehmungstheorie**). Die h.M. will jedoch im Interesse der Verkehrssicherheit von diesem Grundsatz eine **Ausnahme** zulassen, wenn für den Erklärenden kein begründeter Anlass besteht, daran zu zweifeln, dass der Empfänger seine Worte richtig vernommen hat.[45] Nach dieser Auffassung, die Zustimmung verdient, weil sie das Risiko des Zugangs angemessen verteilt, ist eine mündliche Erklärung auch dann zugegangen, wenn sie der Empfänger aufgrund besonderer für den Erklärenden nicht erkennbarer Wahrnehmungshindernisse nicht oder nicht richtig und vollständig zur Kenntnis genommen hat.

Beispiele: B kündigt seinem ausländischen Arbeitnehmer A. A, der sehr schlecht deutsch spricht, versteht B nicht, nickt aber. B bestellt bei C telefonisch 200 t Weizen. C ist schwerhörig, was jedoch B nicht weiß, und versteht 100 t. Er sagt Lieferung zu.

Im ersten Fall musste B damit rechnen, dass A ihn nicht versteht. Er hätte sich also durch Rückfrage versichern müssen, dass seine Kündigung von A zur Kenntnis genommen wurde. Die Kündigung ist also nicht zugegangen. Anders im zweiten Fall; für B war die Schwerhörigkeit nicht erkennbar. Es wäre hier Sache des C gewesen, die bestellte Menge noch einmal zu wiederholen, um ein Missverständnis infolge seiner Schwerhörigkeit auszuschließen. Die Vertragsofferte des B ist somit wirksam zugegangen und auch durch die Lieferungszusage angenommen worden (Einzelheiten zum Zustandekommen eines Vertrages später).

81 Auch **bei mündlichen** Erklärungen, die gegenüber Abwesenden abgegeben werden, können Boten tätig werden. Wird der Bote durch den Erklärenden, also als **Erklärungsbote** eingesetzt – Groß trägt seinem 10-jährigen Sohn auf, Klein zu sagen, dass er drei Kasten Bier geliefert haben möchte –, dann geht die Erklärung zu, wenn der Bote sie dem Adressaten übermittelt. Eine verspätete oder unterlassene Übermittlung durch den Boten geht folglich zu Lasten des Erklärenden. Wird die Erklärung einer Person im Machtbereich des Empfängers zugesprochen – Groß ruft bei Klein an, um das Bier zu bestellen, das Gespräch nimmt die Sekretärin des Klein entgegen –, dann bedeutet die Entgegennahme der Erklärung durch den (Empfangs-)Boten bereits den Zugang, wenn sich der Empfangsbote im räumlichen Machtbereich des Adressaten aufhält, sonst nach Ablauf der Zeit, die der Empfangsbote für die Mitteilung an den Adressaten benötigt (vgl. Rn. 79).

82 **Das Risiko der rechtzeitigen und richtigen Weitergabe durch den Empfangsboten an den Adressaten trägt in jedem Fall der Adressat.** Wegen dieses Risikos muss der Erklärende besondere Rücksicht auf die **Eignung eines** (nach der Verkehrsanschauung als ermächtigt geltenden) **Empfangsboten zur Übermittlung nehmen** (vgl. Rn. 78). Je komplizierter der Inhalt der weiterzugebenden Erklärung ist, desto größer werden die Anforderungen, die an die Eignung des Boten gestellt werden müssen. Im Beispiel

---

[45] *BGH* WM 1989, 650, 652f.; *Weiler,* JuS 2005, 788, 791; *Larenz/Wolf,* § 26 Rn. 36; *Leipold,* § 12 Rn. 28; *Bork,* Rn. 631, jeweils m.w.N.

(Rn. 81) ist für die Weitergabe der (einfachen) Bestellung die Sekretärin des Klein durchaus kompetent und nach ihrer Stellung im Betrieb auch zur Annahme ermächtigt; dagegen wären dies der Nachtwächter oder die Reinemachefrau nicht, weil es offensichtlich nicht zu ihren Aufgabenbereichen gehört, Bestellungen anzunehmen, und sie deshalb nicht als dazu ermächtigt angesehen werden können. Sie würden als Erklärungsboten des Groß anzusehen sein, so dass die Bestellung erst mit der Übermittlung an Klein oder an einen geeigneten Empfangsboten (Sekretärin) zuginge. Würden sie die Übermittlung vergessen, wirkte sich dies allein zu Lasten des Erklärenden aus.

Bei empfangsbedürftigen Willenserklärungen ist also das Risiko, dass sie den Empfänger auch tatsächlich erreichen, aufgeteilt. Bis zum Zugang trägt das Risiko der Erklärende. Geht also die Erklärung auf dem Weg zum Empfänger verloren, wird der Zugang verzögert oder kommt die per E-Mail versandte Mitteilung nur verstümmelt und deshalb unverständlich an, dann treffen die Nachteile ihn. Unterbrechungen und Störungen im öffentlichen Netz, an denen eine Datenübermittlung scheitert, gehen zu Lasten des Absenders.[46]

Störungen im eigenen Machtbereich, die eine Kenntnisnahme der Willenserklärung verhindern, gehen dagegen zu Lasten des Empfängers. Dies gilt auch für elektronische Willenserklärungen. Ist ein Fax im Speicher des Empfangsgerätes angekommen und damit der Zugang erfolgt, dann fällt es in den Risikobereich des Adressaten, wenn der Ausdruck durch eine Störung des eigenen Faxgeräts z.B. infolge eines Papierstaus oder Papiermangels verhindert wird.[47] Stets wird man jedoch den Absender für verpflichtet halten, erneut eine Übermittlung seiner Nachricht vorzunehmen, wenn er erkannt hat, dass Störungen im Bereich des Empfängers eine Kenntnisnahme vereitelten.[48]

Streitig ist die Frage, ob elektronische Willenserklärungen bereits dann zugegangen sind, wenn die in elektrische Signale umgewandelten Daten den Übertragungsweg verlassen und über eine Schnittstelle hinweg vollständig in die elektronische Empfangsvorrichtung gelangt sind, so dass die Möglichkeit der Speicherung besteht. Gegenüber anderen Auffassungen wird man jedoch daran festzuhalten haben, dass nicht allein die Speichermöglichkeit im Empfangsgerät genügt, sondern von einem Zugang erst auszugehen ist, wenn für den Adressaten die Möglichkeit der Kenntnisnahme besteht.[49] Scheitert bereits die Speicherung an einem Defekt des Empfangsgerätes, ist ein Zugang zu verneinen.[50] Ist streitig, ob eine E-

---

[46] *BGH* NJW 1995, 665, 667.
[47] *Taupitz/Kritter*, JuS 1999, 839, 842; *Leipold*, § 12 Rn. 25.
[48] Vgl. Fn. 34.
[49] MünchKomm/*Säcker*, Bd. 1, Einl. Rn. 179 m. N. auch zur Gegenauffassung.
[50] Den Empfängern kann es allerdings verwehrt sein, sich auf die Verspätung eines Zugangs zu berufen, wenn dafür Gründe in seinem Machtbereich ursächlich sind; vgl. *Taupitz/Kritter*, JuS 1999, 839, 842 m. N.

§ 2. Zum Begriff des Rechtsgeschäfts

Mail zugegangen ist, dann soll nach Auffassung des *OLG München*[51] der Beweis dafür dem Absender obliegen. Das Gericht verweist zur Begründung auf die Möglichkeit, dass E-Mails durch Spam-Filter aufgrund eines technischen Versehens aussortiert und gelöscht werden und deshalb den Adressaten nicht erreichen.

84 Der **Weg einer empfangsbedürftigen Willenserklärung** lässt sich grafisch in folgender Weise darstellen:

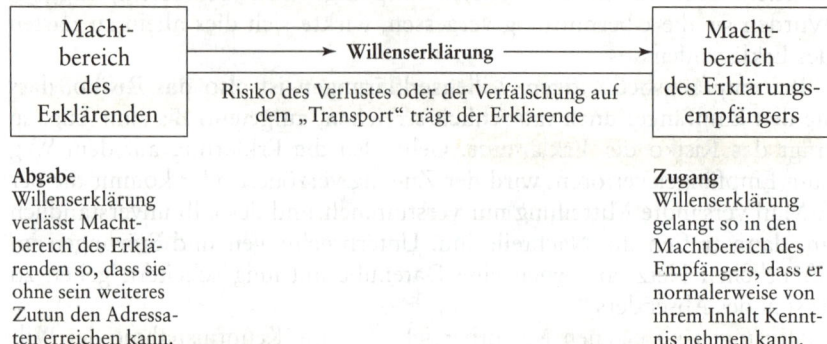

85 Geht dem Adressaten einer Willenserklärung vor oder gleichzeitig mit ihrem Zugang ein **Widerruf** zu, dann wird die Willenserklärung nicht wirksam (§ 130 Abs. 1 S. 2). Ob ein Widerruf rechtzeitig erklärt wird, hängt ausschließlich vom Zeitpunkt seines Zugangs und des Zugangs der zu widerrufenden Willenserklärung ab. Erlangt der Adressat der Willenserklärung zunächst Kenntnis vom Widerruf und danach erst von der Willenserklärung, dann ist der Widerruf dennoch wirkungslos, da verspätet, wenn er erst nach der Willenserklärung zugegangen war.

Beispiel: Klein kauft bei Großhändler Groß 500 Doppelzentner Weizen. Daraufhin bestellt Groß den Weizen per Fax am 05. 05. bei Handel. Am nächsten Tag erfährt Groß, dass über das Vermögen des Klein das Insolvenzverfahren eröffnet worden ist; sofort faxt er an Handel, dass er vom Kauf des Weizens Abstand nehme.[52] Handel, der am 05. 05. verreist war, findet am 06. 05. beide Fernschreiben ungeöffnet auf seinem Schreibtisch vor. Er liest zunächst den Widerruf, dann die Bestellung. Das Fax ist am 05. 05. in den Machtbereich des Handel gelangt, und er hätte unter normalen Umständen (wenn er nicht abwesend gewesen wäre) zu diesem Zeitpunkt Kenntnis von der Bestellung nehmen können. Damit ist ihm also die auf den Abschluss eines Kaufvertrages an ihn gerichtete Willenserklärung des Groß zugegangen (vgl. Rn. 73). Dagegen ging das zweite Fax erst am 06. 05. zu; der Widerruf war somit verspätet und ändert nichts mehr an der Wirksamkeit der Bestellung.

Gegenüber diesem Ergebnis wird von einer im Schrifttum vertretenen Auffassung eingewandt, dass es unbillig sei, allein aufgrund des Wortlauts

---

[51] MDR 2009, 974.
[52] Ein Widerrufsrecht nach § 312 d Abs. 1 kommt nicht in Betracht, da Groß kein Verbraucher (vgl. § 13) ist und es sich deshalb nicht um einen Fernabsatzvertrag (vgl. § 312 b) handelt (Einzelheiten dazu später).

des Gesetzes einen Widerruf als verspätet anzusehen, der zwar später als die Willenserklärung zugegangen sei, von dem aber der Adressat gleichzeitig mit ihr Kenntnis erhalten hätte.[53] Dieser Auffassung ist jedoch nicht zu folgen. Die h.M.,[54] die einen solchen Widerruf als verspätet ansieht, ist nicht nur auf Grund des Gesetzeswortlautes zutreffend. Vielmehr muss in erster Linie die von der Gegenansicht behauptete Unbilligkeit dieses Ergebnisses in Abrede gestellt werden. Nach der in § 130 Abs. 1 getroffenen Regelung trägt der Erklärungsempfänger das Risiko rechtzeitiger Kenntnisnahme, weil es nur darauf ankommt, dass er unter normalen Umständen Kenntnis nehmen konnte, nicht dass er dies auch tat. Dann ist es aber auch nur folgerichtig, dem Adressaten den mit dem Zugang verbundenen Vorteil, die Unwiderruflichkeit der Erklärung (vgl. § 145), zu sichern. Andernfalls wäre die Zugangsregelung durchweg zu seinem Nachteil gestaltet; trotz fehlender Kenntnis ist eine in seinen Machtbereich gelangte Willenserklärung zugegangen, zugunsten des Erklärenden soll sie aber nach der Gegenansicht bis zur Kenntniserlangung widerruflich bleiben. Mit der h.M. ist dies abzulehnen.

Fälle und Fragen*

1. Was ist ein Rechtsgeschäft und welche Arten von Rechtsgeschäften kennen Sie?
2. Welcher Unterschied besteht zwischen Willenserklärung und Rechtsgeschäft?
3. Woraus setzt sich der Tatbestand einer (fehlerfreien) Willenserklärung zusammen?
4. Nach welchen Gesichtspunkten ist zu beurteilen, ob eine Erklärung eine rechtliche Bindung erzeugt?
5. In welcher Form ist eine Willenserklärung abzugeben?
6. Was bedeutet „empfangsbedürftige", was „nicht empfangsbedürftige Willenserklärung"? Nennen Sie Beispiele für beide!
7. In welchem Zeitpunkt wird eine nicht empfangsbedürftige Willenserklärung wirksam, wann eine empfangsbedürftige?
8. A verbringt seinen Urlaub an der Mosel. Bei einem Besuch Triers betritt er eine Weinstube, in der eine Weinversteigerung stattfindet, was aber A nicht weiß. Als sich A gerade an den Tisch gesetzt hat, betritt seine Frau das Lokal, A winkt ihr zu. Der Auktionator deutet entsprechend der bei Weinversteigerungen gepflegten Übung, Gebote durch ein Handaufheben abzugeben, das Verhalten des A als Abgabe eines Gebotes und schlägt ihm, als niemand mehr höher bietet, ein Fuder Wein zu. A fällt aus allen Wolken, als ihm erklärt wird, er habe gerade ein Fuder Wein erstanden. Ist diese Feststellung richtig?
9. Generaldirektor A unterschreibt Geschäftspost, die ihm in einer Unterschriftenmappe vorgelegt worden ist. Da er es sehr eilig hat, beschränkt er sich jeweils auf einen kurzen Blick auf das Schreiben, bevor er es unterschreibt. Versehentlich ist ein Bestellschreiben an die Firma B in die Mappe geraten, das zwar A diktiert, dann aber durch eine Absage ersetzt hatte. In der Meinung, es handle sich um die

---

[53] *Hübner*, Rn. 737; vgl. auch *Leipold*, § 13 Rn. 4.
[54] BGH NJW 1975, 382, 384 aE; MünchKomm/*Eisele*, § 130 Rn. 40 m. w. N.
* Vgl. dazu Nr. 2 der Hinweise für die Arbeit mit diesem Buch (S. XXI).

Absage, unterschreibt A die Bestellung. Die Firma B liefert. A fragt, ob seine Bestellung wirksam gewesen ist.

10. Einzelhändler A schreibt auf einer an den Großhändler B gerichteten Karte eine Bestellung über 20 Oberhemden verschiedener Größe und Farbe. Dann überlegt er sich die Sache anders und will die Karte in den Papierkorb werfen. Sie fällt aber daneben und wird dann von der Tochter des A gefunden, die glaubt, die Karte sei versehentlich vom Schreibtisch gefallen. Sie bringt die Karte zur Post. Als die Hemden geliefert werden, fragt A, ob seine Bestellung wirksam geworden ist.

11. K ruft bei V an, um drei Fernsehgeräte verschiedener Marken zu bestellen. Zur Zeit des Anrufs ist bei V bereits Büroschluss. Das Gespräch wird von einem Pförtner entgegengenommen, der die Bestellung sorgfältig aufnimmt, obwohl er dazu von V keinen Auftrag erhalten hat. Er legt den von ihm geschriebenen Zettel mit der Bestellung des K auf den Schreibtisch der Sekretärin des V. Dort findet die Sekretärin den Zettel, als sie am nächsten Tag um 8.00 Uhr ihren Dienst beginnt. Als V um 9.00 Uhr in das Büro kommt, übergibt ihm die Sekretärin die Bestellung des K. In welchem Zeitpunkt ist die Bestellung wirksam geworden?

12. A ruft den Weinhändler B an und bestellt bei diesem für eine Feier 30 Flaschen Wein. Kommt eine wirksame Bestellung zustande, wenn der schwerhörige B anstatt Wein Sekt versteht und daraufhin erklärt, er werde „die bestellte Ware" terminerecht liefern? Kommt es für die Entscheidung darauf an, ob A von der Schwerhörigkeit des B weiß?

13. A schreibt B einen Brief, in dem er seine Briefmarkensammlung zum Preis von 10.000,- € anbietet. Als der Brief abgesandt worden ist, erfährt A, dass er den Wert einiger Marken viel zu niedrig eingeschätzt hat; ihn reut deshalb das Angebot. Er ruft daraufhin B an, noch bevor dieser den Brief erhalten hat, und sagt ihm, dass das Angebot nicht gelten solle. B, der großen Wert auf den Erwerb der Sammlung legt, möchte wissen, ob er A nicht doch an dessen Angebot festhalten könnte.

14. Wie wäre Frage 13 bei folgender Sachverhaltsänderung zu beantworten?
Im Zeitpunkt des Anrufs ist der Brief bereits bei B eingetroffen; er konnte ihn aber noch nicht lesen und hat deshalb noch keine Kenntnis von dem Angebot, als A mit ihm telefoniert.

§ 3. Das Zustandekommen von Verträgen

I. Allgemeines

a) Zum Begriff des Vertrages

Sie wissen bereits, dass Verträge mehrseitige Rechtsgeschäfte sind (vgl. Rn. 39 f.); an ihrem Zustandekommen müssen also notwendigerweise mehrere Personen, meist zwei, beteiligt sein. Der rechtliche Erfolg, der durch den Vertrag bewirkt wird, tritt ein, weil ihn die Beteiligten, die Vertragspartner, wollen. Hängt aber der Rechtserfolg vom gemeinsamen Willen der Vertragsparteien ab, dann kann es nicht zweifelhaft sein, dass ihr Wille übereinstimmen muss; die von ihnen abgegebenen Willenserklärungen müssen also korrespondieren. 86

Beispiel: Max sagt zu Fritz: „Ich möchte dein Fahrrad für 100,- € kaufen." Fritz antwortet: „Einverstanden!" Die Willenserklärung des Max und die Willenserklärung des Fritz stimmen überein, und es kommt zwischen ihnen ein wirksamer Vertrag zustande (wenn die Wirksamkeit nicht aus anderen Gründen – beispielsweise wegen der Minderjährigkeit eines Beteiligten – verneint werden muss).

Anders im folgenden Fall: Max erklärt: „Ich möchte dein Fahrrad für 100,- € kaufen." Fritz antwortet: „Für 150,- € verkaufe ich es dir." Hier besteht in einem wesentlichen Punkt, nämlich hinsichtlich der Höhe des Kaufpreises, keine Übereinstimmung. Ein Vertrag wird somit bei diesem Stand der Dinge nicht geschlossen.

Der Vertrag lässt sich folglich als die von den Vertragspartnern einverständlich getroffene Regelung eines Rechtsverhältnisses beschreiben; die Vertragschließenden stimmen in der Herbeiführung eines von ihnen gemeinsam gewollten rechtlichen Erfolgs überein. Auch bei einem Beschluss, durch den Personenvereinigungen (Verein, Gesellschaft) ihren Willen bilden, handelt es sich um ein mehrseitiges Rechtsgeschäft (vgl. Rn. 40). Im Unterschied zum Vertrag können durch ihn aber auch Personen gebunden werden, die ihm nicht zustimmten. Denn für Beschlüsse gilt im Allgemeinen nicht der Grundsatz der Willensübereinstimmung, sondern das Mehrheitsprinzip. 87

Beispiel: Die Mitgliederversammlung eines Vereins bestellt mit der erforderlichen Mehrheit (vgl. § 32 Abs. 1 S. 3, § 40) einen Vorstand (vgl. § 27 Abs. 1). Dieser Beschluss bindet alle Vereinsmitglieder, auch diejenigen, die sich dagegen ausgesprochen haben.

Die gegebene Beschreibung des Vertragsbegriffs findet sich nicht im BGB, sondern wird von ihm, insbesondere in den §§ 145 bis 157, vorausgesetzt. Diesen Vorschriften ist zu entnehmen, dass für das Zustande- 88 kommen des Vertrages die **Unterscheidung zwischen Antrag** (Offerte) **und Annahme** des Antrags wichtig ist. Bei beiden handelt es sich um empfangsbedürftige Willenserklärungen, deren Wirksamkeit also davon abhängt, dass sie dem Adressaten zugehen (§ 130 Abs. 1 S. 1).

In dem oben gebrachten Beispiel stellt die Erklärung des Max, er wolle das Fahrrad des Fritz kaufen, den Antrag und dessen Antwort, er sei damit einverstanden, die Annahme dieses Antrages dar. Betrachtet man den Inhalt beider Erklärungen rein formal, dann lässt er sich wie folgt beschreiben: Max erklärt: „Ich, Max, richte an dich, Fritz, den Antrag zum Abschluss eines Kaufvertrages über dein Fahrrad Marke X zum Preise von 100,– €." Fritz erwidert: „Ich, Fritz, nehme deinen Antrag zum Abschluss des von dir gewollten Kaufvertrages an." Wir wissen, dass niemand so gekünstelt spricht. Mit den wesentlich schlichteren Worten der beiden Vertragspartner werden aber Erklärungen dieses rechtlichen Inhalts ausgetauscht.

89 Da die abgegebenen Willenserklärungen miteinander korrespondieren müssen, ist es völlig klar, dass der Antrag nur so angenommen werden kann, wie er von dem anderen gemacht wurde. Erklärt der Empfänger des Antrages, er sei zwar grundsätzlich mit dem Zustandekommen des Vertrages einverstanden, wolle aber in einem Punkt eine Änderung, dann ist der Vertrag (noch) nicht geschlossen. Vielmehr muss erst der andere sein Einverständnis mit der gewollten Änderung erklären.

Antwortet Fritz auf das Kaufangebot des Max, er wolle nicht zu 100,– €, sondern zu 150,– € verkaufen, dann handelt es sich rechtlich um die Ablehnung des von Max gemachten Antrages, verbunden mit einem neuen Antrag des Fritz an Max (vgl. § 150 Abs. 2). Es hängt jetzt von der Erwiderung des Max ab, ob ein Kaufvertrag zu 150,– € zustande kommt.

90 Wie den bisherigen Ausführungen zu entnehmen ist, setzt ein wirksamer Vertrag die **Einigung** der Vertragspartner **über alle regelungsbedürftigen Punkte** des betreffenden Rechtsgeschäfts voraus. Welche Punkte in diesem Sinn regelungsbedürftig sind, ergibt sich aus dem jeweiligen Vertragstyp und den dafür im Gesetz getroffenen Bestimmungen (dazu Einzelheiten später). Insbesondere über solche Punkte, die der individuellen Vereinbarung vorbehalten sind, beim Kaufvertrag ist dies auf jeden Fall der Kaufgegenstand, müssen sich die Vertragschließenden verständigen.

91 Das Zustandekommen eines Vertrages bei zwei Beteiligten lässt sich im folgenden Schaubild darstellen:

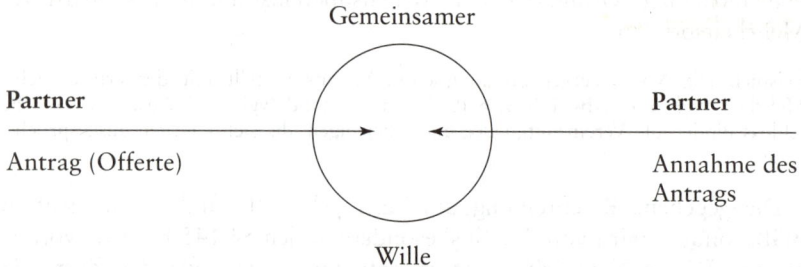

I. Allgemeines

Bei Beteiligung mehrerer Partner verändert sich diese Grundstruktur kaum:

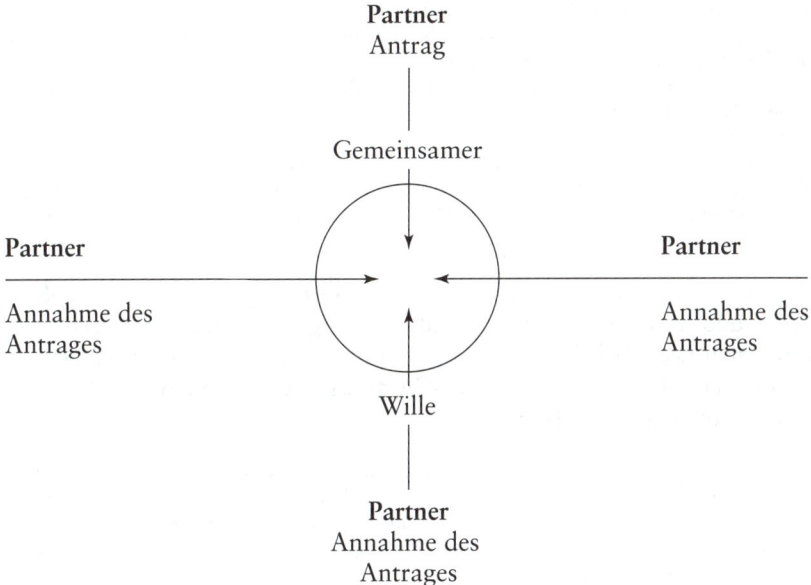

Selbstverständlich gehen meistens noch Vertragsverhandlungen voraus, in denen die Partner zunächst den Inhalt des zu schließenden Vertrages besprechen und damit den Antrag gemeinsam festlegen (vgl. dazu Rn. 101). Schließlich mündet aber rechtlich dieses Aushandeln in die dargestellte Konstruktion des Vertragsschlusses.

b) Vertragsarten

Die bisher gebrachten Beispiele betreffen durchweg schuldrechtliche Verträge. Schuldrechtliche Verträge zeichnen sich dadurch aus, dass durch sie Forderungsbeziehungen zwischen den Vertragspartnern geschaffen werden (vgl. § 241 Abs. 1, der allerdings nicht nur für vertragliche Schuldverhältnisse gilt).[1] **Inhalt dieser Forderungsbeziehung ist es, dass eine Person, der Gläubiger, gegen eine andere Person, den Schuldner, einen Anspruch erhält, d.h. das Recht, von ihm ein Tun oder ein Unterlassen zu verlangen** (vgl. § 194 Abs. 1). Es können durch einen Schuldver- 92

---

[1] Schuldverhältnisse (i.S.v. Forderungsbeziehungen) können auch nicht willentlich (d.h. nicht durch Rechtsgeschäft), sondern durch ein tatsächliches Verhalten begründet werden, das einen bestimmten, ein Forderungsrecht begründenden Tatbestand einer Rechtsnorm verwirklicht. Ein Beispiel haben wir bereits in der deliktischen Schädigung eines anderen kennen gelernt (vgl. Rn. 36). Auf diese Frage wird später noch zurückzukommen sein.

trag aber nicht nur ein Vertragspartner, sondern auch beide einen Anspruch erwerben.

Beispiele: Wenn Max und Fritz einen Kaufvertrag über das Fahrrad des Fritz schließen, dann bekommt Max als Käufer das Recht, die Übergabe, d. h. die Einräumung der tatsächlichen Sachherrschaft, und die Übereignung des Fahrrads von Fritz zu verlangen; Fritz als der Verkäufer erwirbt das Recht, die Zahlung des Kaufpreises von Max zu fordern (vgl. § 433 Abs. 1 S. 1 und Abs. 2). Verspricht dagegen der reiche Onkel O seinem Neffen N die Schenkung eines Autos zum nächsten Geburtstag (wofür zur Wirksamkeit die notarielle Beurkundung dieses Versprechens erforderlich ist, vgl. § 518 Abs. 1 S. 1), dann wird durch den (nach Annahme des Versprechens) zustande gekommenen Schenkungsvertrag (vgl. § 516 Abs. 1) nur eine einseitige Verpflichtung, nämlich die des Onkels zu schenken, begründet.

93   Diesen Unterschieden wird durch die **Einteilung in einseitig verpflichtende und zweiseitig verpflichtende Verträge** Rechnung getragen. Nun kann man noch bei den zweiseitig verpflichtenden Verträgen danach differenzieren, ob die Pflichten beider Vertragspartner gleichwertig sind oder ob einer die Hauptlast trägt.

Beispiel: Max benötigt für die Anfertigung seiner Examensarbeit einen Computer. Er fragt seinen Freund Fritz, ob dieser ihm seinen Laptop zur Verfügung stellen würde. Fritz sagt dies zu. Zwischen den beiden Freunden kommt ein Leihvertrag zustande. Bei diesem Vertrag gibt es zwar für beide Vertragspartner Pflichten, aber diese Pflichten treffen in der Hauptsache den Verleiher, hier also Fritz. Er ist verpflichtet, dem Entleiher den Gebrauch der Sache unentgeltlich zu gestatten (§ 598); er haftet – wenn auch nur bei Vorsatz und grober Fahrlässigkeit (§ 599) – für den Schaden, der dadurch verursacht wird, dass er sein Versprechen nicht hält; nach § 600 hat er bei arglistig verschwiegenen Mängeln den daraus entstehenden Schaden zu ersetzen. Dagegen sind die Pflichten des Entleihers recht eingeschränkt; er hat die Erhaltungskosten zu tragen, er darf nur den vertragsmäßig vereinbarten Gebrauch von der Sache machen, und er ist zur Rückgabe nach Ablauf der für die Leihe bestimmten Zeit verpflichtet (vgl. §§ 601, 603, 604).

94   Zweiseitig verpflichtende Verträge, die wie die Leihe nur einer Partei die den eigentlichen Inhalt des Vertrages bestimmenden Pflichten (sog. Haupt(Leistungs)pflichten) auferlegen, werden **unvollkommen zweiseitige Verträge** genannt; andere Verträge, bei denen sich für beide Seiten in der rechtlichen Bedeutung gleichwertige und in Abhängigkeit zueinander stehende Pflichten ergeben, werden als **vollkommen zweiseitige oder gegenseitige Verträge (= synallagmatische Verträge)** bezeichnet.

Synallagma ist die Bezeichnung für ein Rechtsverhältnis, in dessen Rahmen gegenseitige Leistungen ausgetauscht werden. Die Leistung eines jeden Vertragspartners steht dabei in Abhängigkeit zur Gegenleistung. Das „do ut des" (= ich gebe, damit du gibst) stellt die Grundidee des gegenseitigen (synallagmatischen) Vertrages dar. Hätten in dem obigen Beispielsfall Max und Fritz vereinbart, dass Max ein Entgelt für die Überlassung des Laptops zahlen soll, dann handelte es sich um eine Miete (vgl. § 535; Unterschied: Entgeltlichkeit der Miete, Unentgeltlichkeit der Leihe). Bei der Miete trifft den Mieter mit der Verpflichtung zur Zahlung des vereinbarten Mietzinses auch eine Hauptpflicht. Deshalb ist die Miete im Gegensatz zur Leihe ein synallagmatischer Vertrag.

I. Allgemeines

Diese Unterscheidung zwischen unvollkommen zweiseitigen und gegenseitigen (synallagmatischen) Verträgen dient keinesfalls einem Selbstzweck, sondern hat erhebliche praktische Bedeutung. Vor Anwendung von Vorschriften des BGB über Verträge muss nämlich die Frage beantwortet werden, ob sie nur für gegenseitige Verträge oder auch für andere gelten. Die §§ 320 bis 326 sind gerade im Hinblick auf die Abhängigkeit der Leistungen beider Vertragspartner voneinander formuliert und können deshalb nur für gegenseitige Verträge Anwendung finden. Dagegen gelten die §§ 145 bis 157 für alle Verträge. 95

Rechtsgeschäfte in Form von Verträgen gibt es aber nicht nur im schuldrechtlichen Bereich zur Begründung von Forderungsbeziehungen, sondern auch auf anderen Gebieten des Bürgerlichen Rechts, im Sachenrecht, im Familienrecht und im Erbrecht. Welchem Bereich ein Vertrag angehört, richtet sich nach seinem Gegenstand. 96

Die im Bereich des Sachenrechts vorkommenden dinglichen Verträge betreffen die Begründung oder Änderung dinglicher Rechte, d.h. Rechte an Sachen (wie z.B. des Eigentums). So ist die zur Übertragung des Eigentums an einem Grundstück erforderliche Einigung (vgl. § 873 Abs. 1) ein dinglicher Vertrag. Das Gleiche gilt für die Einigung zwischen Eigentümer und Erwerber über die Übertragung des Eigentums an einer beweglichen Sache (vgl. § 929 S. 1). Als Beispiel für einen familienrechtlichen Vertrag sei das Verlöbnis (vgl. § 1297) angeführt.[2] Ein erbrechtlicher Vertrag ist der Erbverzicht (vgl. § 2346). 97

Die folgende Skizze soll den Überblick über die verschiedenen Verträge erleichtern:

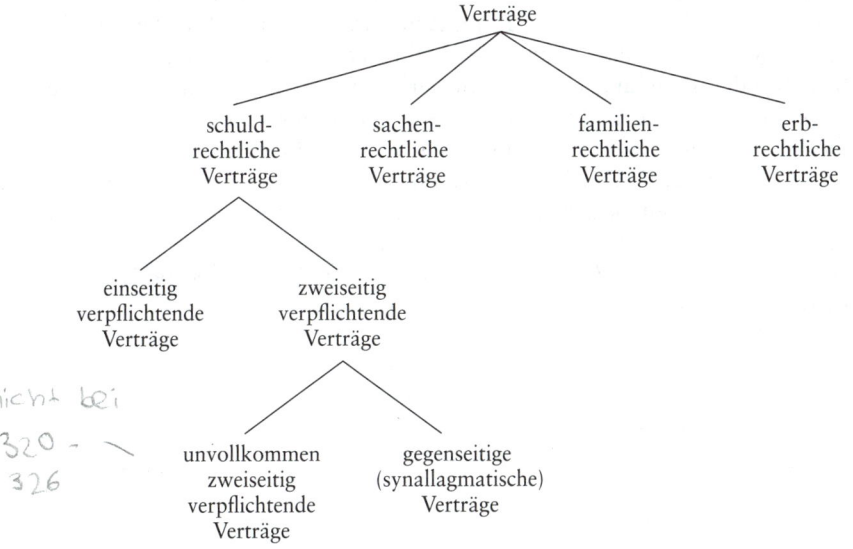

---

[2] Die Auffassung des Verlöbnisses als Vertrag entspricht der h.M., ist aber nicht unstreitig. Einzelheiten dazu bei MünchKomm/*Roth,* § 1297 Rn. 4ff.; *Strätz,* Jura 1984, 449, 450 ff.

Die folgenden Ausführungen über das Zustandekommen von Verträgen gelten für alle diese Arten.

c) Vertragsfreiheit

98 Der das BGB beherrschende Grundsatz der Vertragsfreiheit umfasst einmal das Recht, frei zu bestimmen, ob und mit wem ein Vertrag geschlossen werden soll (**Abschlussfreiheit**), zum anderen das Recht, den Inhalt eines Vertrages frei zu gestalten (**Gestaltungsfreiheit**). Um den Grundsatz der Vertragsfreiheit vor Missbrauch zu bewahren und höherrangige Interessen (z.B. solche, die sich aus den Prinzipien des Sozialstaates ergeben) zu schützen, müssen Einschränkungen vorgenommen werden:

- Die Abschlussfreiheit gilt nicht, wenn ein **Abschlusszwang** (Kontrahierungszwang) besteht. Ist zur Erfüllung lebensnotwendiger Bedürfnisse der Abschluss von Verträgen erforderlich, wie dies z.B. für die Versorgung mit Strom, Wasser und Gas zutrifft, dann ist derjenige, der solche Leistungen anbietet, zum Vertragsschluss verpflichtet.
- Außerdem werden der Vertragsfreiheit Grenzen durch **Abschlussverbote** gesetzt. So dürfen z.B. Jugendliche nicht mit bestimmten gefährlichen oder gesundheitsschädlichen Arbeiten betraut werden (vgl. §§ 22 ff. Jugendarbeitsschutzgesetz), und Verträge, die entgegen diesem gesetzlichen Verbot geschlossen werden, sind nach § 134 nichtig.
- Die Gestaltungsfreiheit wird durch **zwingendes Recht** und **gesetzliche Verbote** eingeschränkt. Während gesetzliche Verbote ein bestimmtes Verhalten hindern wollten (z.B. im Arbeitsrecht das Verbot der Kündigung), wird durch das zwingende Recht den Vertragsparteien aufgegeben, bei der Regelung eines Rechtsverhältnisses bestimmte gesetzliche Vorgaben zu beachten (z.B. bei der Ausschreibung eines Arbeitsplatzes die Bewerbung sowohl für Männer als auch für Frauen zuzulassen, vgl. § 11 i.V.m. §§ 1, 7 Abs. 1 AGG). Auch durch die guten Sitten wird die Gestaltungsfreiheit begrenzt, denn ein sittenwidriges Rechtsgeschäft ist nach § 138 nichtig (Einzelheiten dazu später).

99 Somit lassen sich der Grundsatz der Vertragsfreiheit und seine Grenzen wie folgt darstellen:

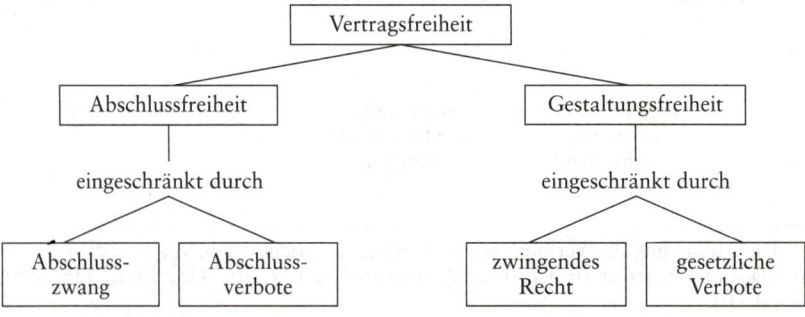

Auf Einzelheiten soll hier nicht eingegangen werden; sie sind dem Fortgeschrittenen vorbehalten (vgl. dazu EK BGB Rn. 2 ff.).

Keine Einschränkung der Vertragsfreiheit bedeutet es, dass das BGB bestimmte Vertragstypen ausgestaltet hat, derer sich die Parteien beim Abschluss ihrer Rechtsgeschäfte bedienen können. Das Gesetz gibt damit Hilfestellungen zu einer interessengemäßen Durchführung von Rechtsverhältnissen. Solche Vertragstypen sind im Bereich des Schuldrechts z.B. der Kauf (§§ 433 ff.), der Darlehensvertrag (§§ 488 ff.), die Miete (§§ 535 ff.), die Pacht (§§ 581 ff.), die Leihe (§§ 598 ff.), der Dienstvertrag (§§ 611 ff.) und der Werkvertrag (§§ 631 ff.).

Im Unterschied zu einem Rechtsbegriff, der einen streng abgegrenzten Inhalt aufweist, sind die **Konturen eines Typus unscharf und sein Inhalt flexibel.** Die im Gesetz geregelten Schuldverträge enthalten eine Reihe von Elementen, die nicht notwendigerweise alle oder mit dem vom Gesetz geregelten Inhalt von den Vertragsparteien aufgegriffen und ihren Rechtsbeziehungen zugrunde gelegt werden müssen. Es handelt sich folglich um Vertragstypen, bei denen es den Vertragspartnern im Allgemeinen frei steht, ob sie von der im Gesetz getroffenen Regelung des einzelnen Vertragstyps abweichen und ihren Verträgen einen eigenständigen Inhalt geben wollen. Die Vertragsparteien können deshalb auch Mischformen der im Gesetz geregelten Vertragstypen schaffen, so z.B. eine Verbindung von Kaufvertrag und Dienstvertrag herstellen, indem der Kaufpreis nicht in bar entrichtet wird, sondern durch Dienstleistungen des Käufers abzugelten ist. Solche Mischtypen von Verträgen sind in den heute herrschenden differenzierten Verhältnissen des Wirtschaftslebens immer häufiger anzutreffen (zu Einzelheiten vgl. EK BGB Rn. 104 f.). Später wird noch gezeigt werden, dass sich im Wirtschaftsleben auch Vertragstypen herausgebildet haben, die im Gesetz überhaupt nicht geregelt sind.

Wir treffen hier auf **dispositives (nachgiebiges) Recht,** das im Gegensatz zu zwingendem Recht steht. Welche Rechtsvorschriften verbindlich sind und nicht durch die Vertragsparteien abgeändert und durch eigene Regelungen ersetzt werden können, lässt sich nicht allgemein, sondern immer nur im Hinblick auf den einzelnen Rechtssatz sagen. Im Vertragsrecht überwiegt bei weitem das dispositive Recht.

II. Der Vertragsschluss

a) Auslegung der Erklärungen

Eine vertragliche Vereinbarung kommt – wie bereits bei Beschreibung des Begriffs „Vertrag" ausgeführt wurde – dadurch zustande, dass ein Partner dem anderen den Abschluss eines bestimmten Vertrages anträgt und der andere diesen Antrag annimmt. In der theoretischen Betrachtung ist also eine sorgfältige Trennung zwischen Angebot und dessen Annahme geboten (vgl. schon Rn. 88). **Das Angebot muss den gesamten Vertragsinhalt umfassen und so formuliert sein, dass es mit einem bloßen „Ja" akzeptiert werden kann.** Im täglichen Leben sieht aber ein Vertragsschluss meist ganz anders aus.

Beispiel: K sagt zu V: „Dein Auto wäre mir schon 2.000,- € wert." V antwortet: „Das gebe ich auf keinen Fall unter 3.000,- € ab." Darauf K: „2.800,- €, wenn du mir das Radio drin lässt." V erwidert: „2.900,- €." Darauf entgegnet K: „Also gut, aber ich muss den Wagen von dir bereits morgen bekommen." Die Antwort des V lautet: „In Ordnung, aber nur gegen Barzahlung." K verabschiedet sich mit den Worten: „Also ich erwarte dich morgen um vier Uhr."

Wer hat nun hier eine Vertragsofferte abgegeben und wer die Annahme erklärt? Ist hier überhaupt ein Vertrag zustande gekommen und wenn ja mit welchem Inhalt?

102 In dem Beispielsfall geht es offenbar um den Abschluss eines Kaufvertrages über den Pkw des V. Dies ergibt sich aus den Erklärungen der Parteien, ohne dass es dafür erforderlich ist, dass sie den Begriff „Kauf" benutzen. Der Sinn und die Bedeutung einer Willenserklärung, um die es sich sowohl bei der Offerte als auch bei ihrer Annahme handelt, sind nicht nur aufgrund ihres Wortlautes, sondern auch nach den äußeren Umständen und nach dem Sachzusammenhang, in denen sie abgegeben werden, zu verstehen (vgl. Rn. 42). Ist der Sinn einer Willenserklärung nicht eindeutig, dann muss durch Auslegung ermittelt werden, wie sie zu verstehen ist. **Ziel der Auslegung ist die Ermittlung des objektiven Erklärungswertes,** d.h. die Feststellung der objektiven Bedeutung einer mehrdeutigen und deshalb nach ihrem bloßen Wortlaut unklaren Willenserklärung. Allerdings darf nicht übersehen werden, dass es die nicht auslegungsbedürftige Willenserklärung selbst in der theoretischen Vorstellung nicht geben kann. Denn die Feststellung, eine Willenserklärung ist eindeutig in ihrem Sinn und eine (weitere) Auslegung deshalb überflüssig, stellt bereits das Ergebnis einer (häufig unbewusst vorgenommenen) Auslegung dar.

103 Maßgeblich kann **bei empfangsbedürftigen Willenserklärungen** (vgl. Rn. 39, 66) weder allein sein, was der Erklärende mitteilen wollte, noch wie der Empfänger der Erklärung sie tatsächlich verstanden hat, sondern welcher Sinn der Erklärung nach den Verständnismöglichkeiten des Empfängers – nach den konkreten Umständen des Einzelfalles (den bisher geführten Verhandlungen, dem Ort der Erklärung und der Zeit, in der sie abgegeben wird) – aufgrund der **Verkehrssitte,** d.h. aufgrund der den Verkehr tatsächlich beherrschenden Übung, und den Grundsätzen von Treu und Glauben zukommt. Entscheidend ist somit, wie der Empfänger die Erklärung verstehen muss, wenn er alle diese Kriterien sorgfältig berücksichtigt (**Auslegung nach dem Empfängerhorizont,** allerdings **auf objektiver Grundlage**).[3] Für die Auslegung sind allerdings nur solche Umstände heranzuziehen, die dem Erklärungsempfänger bekannt oder für ihn erkennbar waren.[4]

---

[3] Zur Auslegung eingehend *Sosnitza,* JA 2000, 708, 714 ff.; *Larenz/Wolf,* § 28 Rn. 1 ff.; *Bork,* Rn. 541 ff.; *Brox/Walker,* AT, Rn. 124 ff.; vgl. auch BGH NJW 2002, 1038, 1039.
[4] BGH NJW 2006, 3777, 3778 Tz. 18 = JA 2007, 454 (*Stadler*); BGH NJW 2007, 2912 Tz. 10; NJW-RR 2007, 529 f. Tz. 18.

II. Der Vertragsschluss

Die **Rechtsgrundlagen** für diese an objektiven Merkmalen orientierte Auslegung von Willenserklärungen bilden die §§ 133 und 157. Nach dem Wortlaut dieser Vorschriften bezieht sich § 133 auf die Willenserklärung und § 157 auf den Vertrag. Danach müsste ein Vertrag zunächst wirksam zustande gekommen sein, ehe § 157 herangezogen werden dürfte. Über den zu engen Wortlaut hinaus ist jedoch der Anwendungsbereich des § 157 auch auf die einzelne Willenserklärung und auf die Frage nach einem wirksamen Vertragsschluss zu erstrecken. 104

Bei Beachtung dieser Grundsätze der Auslegung und bei Berücksichtigung der Vorschrift des § 150 Abs. 2, nach der eine Annahme unter Erweiterungen, Einschränkungen oder sonstigen Änderungen als Ablehnung verbunden mit einem neuen Antrag gilt, ist es nunmehr nicht schwer, die im Beispielsfall (Rn. 101) von K und V abgegebenen Erklärungen rechtlich zu werten. 105

Die Worte „In Ordnung, aber nur gegen Barzahlung" stellen die (endgültige) Offerte zum Abschluss eines Kaufvertrages dar, weil erst in diesem Stadium des Gesprächs mit der Forderung nach Barzahlung ein letzter (neuer) wesentlicher Punkt festgelegt wird. Vorher hatte jeder Partner in seiner Erwiderung jeweils zusätzliche Konditionen genannt, also das Angebot des anderen abgelehnt und einen neuen Antrag formuliert (§ 150 Abs. 2). Die Erklärung des V umfasst nunmehr alle bereits ausgehandelten Punkte, so dass ihr objektiver Erklärungswert folgenden Inhalt hat: „Ich, V, biete dir, K, den Abschluss eines Kaufvertrages über meinen Pkw einschließlich Radio zum Preise von 2.900,– €, zahlbar bar morgen bei Ablieferung des Wagens an." Die Antwort des K ist dann in ihrem objektiven Erklärungswert als Annahme dieser Offerte aufzufassen. Die Zeitangabe des K für die Übergabe des Wagens (vier Uhr) drückt lediglich eine nicht verbindliche Erwartung aus, die selbst nicht Gegenstand des Vertrages wird. Denn es kann nicht angenommen werden, dass dem K dieser Zeitpunkt so wichtig ist, dass damit das Geschäft stehen und fallen soll. Verbindlich ist als Liefertermin nur der morgige Tag, so dass V auch noch um fünf Uhr oder sechs Uhr rechtzeitig erfüllt. Ergibt jedoch die Auslegung (wofür hier nichts spricht), dass es dem K entscheidend gerade auf die Lieferung des Wagens um vier Uhr ankommt und dass er diesen Zeitpunkt der Lieferung zu einer verbindlichen Vereinbarung im Vertrag machen will, dann handelt es sich bei der Erwiderung des K nicht um die Annahme der Offerte des V, sondern wegen der dann als neue Erweiterung des Vertragsinhalts aufzufassenden Zeitangabe um die Ablehnung der Offerte und um einen neuen Antrag (§ 150 Abs. 2!). Es stellt sich dann die Frage, wie das Schweigen des V auf diesen Antrag zu werten ist.

Schweigen eines Menschen hat für sich allein betrachtet keinen Erklärungswert; jedoch kann es – wie jedes andere Verhalten auch – aufgrund von Besonderheiten des Einzelfalles einen Erklärungswert erhalten. Insbesondere können die Beteiligten vereinbaren, dass das Schweigen einer Person einen bestimmten Sinn haben soll. Man spricht dann von einem **beredten Schweigen**. 106

Beispiel: A sammelt alte Landkarten. Er vereinbart mit dem Händler B, dass dieser ihm von interessanten Angeboten Mitteilung machen und stets die Karten erwerben soll, wenn A nicht innerhalb einer Woche eine gegenteilige Weisung erteilt. In diesem Fall haben die Beteiligten einen Erklärungswert des Schweigens vereinbart; A muss ablehnen, wenn nicht sein Schweigen von B als Einverständnis gedeutet werden soll. Zu beachten ist aber, dass niemand einen anderen einseitig in der Deutung dessen Schweigens festlegen kann. So kann B nicht ohne eine entsprechende Abrede C, einen anderen Kunden, dadurch zu einer Antwort zwingen, dass er ihm schreibt, er könne eine bestimmte (näher beschriebene) Karte zum Preis von 1.000,- € erwerben. Sollte ihm C nicht innerhalb von einer Woche mitteilen, dass er die Karte nicht haben wolle, werde er sie für ihn kaufen. Antwortet in diesem Fall C nicht, dann bedeutet dieses Schweigen nicht etwa Zustimmung, wie dies B einseitig festlegen möchte. Zu einer derartigen Festlegung fehlt B die Rechtsmacht. Andererseits kommt dem Schweigen des C auch nicht die Bedeutung einer Ablehnung zu. Auch für eine derartige Interpretation fehlt die Grundlage. Vielmehr ist hier das Schweigen ohne jeden Erklärungswert.

107 **In manchen Fällen bestimmt das Gesetz ausdrücklich, dass dem Schweigen ein bestimmter Erklärungswert zukommt (sog. normiertes Schweigen).** Eine wichtige Regelung enthält § 362 Abs. 1 HGB. Nach dieser Vorschrift ist ein Kaufmann, dessen Gewerbebetrieb die Besorgung von Geschäften für einen anderen mit sich bringt, unter den in dieser Vorschrift noch zusätzlich genannten Voraussetzungen verpflichtet, auf einen Antrag über die Besorgung solcher Geschäfte zu antworten; sein Schweigen gilt als Annahme des Antrags.

Der Ausnahmecharakter dieser Vorschrift darf nicht verkannt und es darf nicht versucht werden, die hier vorgenommene Wertung des Schweigens über den Wortlaut der Vorschrift hinaus auch auf andere Fälle auszudehnen. Dies wäre verfehlt. Vielmehr ist gerade umgekehrt aus der ausdrücklichen Regelung zu entnehmen, dass sonst – auch im Geschäftsverkehr zwischen Kaufleuten – das Schweigen nicht ohne Weiteres einen Erklärungswert besitzt.

108 Einen weiteren Fall der gesetzlichen Deutung eines Schweigens enthält § 516 Abs. 2 S. 2. Eine Schenkung gilt auch ohne Erklärung des Beschenkten als angenommen, wenn der Beschenkte nicht innerhalb einer vom Zuwendenden bestimmten angemessenen Frist die Schenkung ablehnt. Durch § 108 Abs. 2 S. 2 HS 2, § 177 Abs. 2 S. 2 HS 2 und durch § 415 Abs. 2 S. 2 HS 2 wird dagegen dem Schweigen ein negativer Inhalt gegeben; in diesen Fällen gilt eine erforderliche Genehmigung als verweigert.

In dem oben (Rn. 101) angeführten Beispielsfall muss versucht werden, den objektiven Erklärungswert des Schweigens des V (wenn man aufgrund besonderer Umstände erst in der abschließenden Antwort des K die Vertragsofferte zu sehen hat) zu ermitteln. Danach gelangt man aufgrund der konkreten Umstände nach Treu und Glauben sowie nach der Verkehrssitte zu dem Ergebnis, dass dieses Schweigen als Zustimmung zur Offerte zu werten ist. Dieser Erklärungswert ergibt sich aufgrund der vorangegangenen Erörterungen des Vertragsinhalts zwischen den beiden Vertragschließenden. K konnte bei dieser Sachlage das Schweigen des V nur als Einverständnis mit der Vereinbarung eines genauen Lieferzeitpunkts verstehen, nach dem über alle anderen wichtigen Punkte, insbesondere über den Preis, Einigkeit bestand. Diese Wertung entspricht der Rechtsprechung des *BGH*.

109 Der *BGH* hat in verschiedenen Entscheidungen[5] den Grundsatz aufgestellt, dass ein Schweigen dann als Zustimmung zu werten ist, wenn nach Treu und Glauben ein Widerspruch des Angebotsempfängers erforderlich gewesen wäre. Insbesondere wird ein Schweigen auf ein endgültiges An-

---

[5] *BGH* NJW 1995, 1281; 1996, 919, 920, m.w.N.; vgl. auch *OLG Koblenz* NJW 2001, 1948, 1949.

gebot, das aufgrund einverständlicher und alle wichtigen Punkte betreffender Vorverhandlungen ergeht, in der Regel als eine stillschweigende Annahme aufzufassen sein, sofern nicht nach den Umständen des Einzelfalles etwas anderes gilt.

Die Bedeutung des Schweigens im Rechtsverkehr lässt sich im folgenden Schaubild darstellen: 110

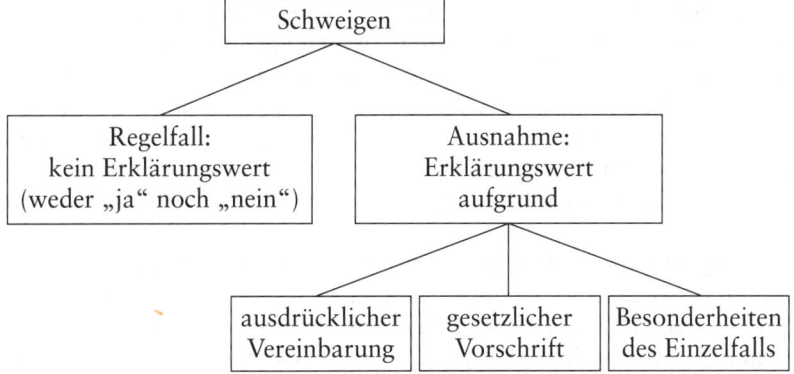

b) Antrag

Mittel der Auslegung,[6] insbesondere auch die Verkehrssitte, entscheiden im Zweifelsfall darüber, ob in einem Verhalten bereits die Offerte zum Abschluss eines Vertrages oder lediglich die Einladung an andere zu erblicken ist, solche Offerten abzugeben, sog. **invitatio ad offerendum**. So ist die Ausstellung von Waren in einem Schaufenster auch unter Angabe des Preises nicht bereits als bindender Antrag zum Abschluss eines Kaufvertrages aufzufassen, den ein Kunde lediglich annehmen müsste. Nicht selten werden Schaufenster in einer Weise dekoriert, dass ein erheblicher Aufwand erforderlich wäre, Waren aus dem Schaufenster zu entfernen und durch andere zu ersetzen. Dazu sind Ladeninhaber häufig nicht bereit. Demgemäß entspricht es der Verkehrssitte, Schaufensterauslagen lediglich als Einladung zur Abgabe von Offerten seitens potenzieller Kunden aufzufassen. Berücksichtigt man dies, dann gibt es keine Schwierigkeiten mit der Entscheidung folgenden 111

Beispielsfalls: Bei der Dekoration werden irrtümlich Preisschilder vertauscht, so dass ein wertvoller Brillantring mit einem Preis von 45,– € ausgezeichnet ist. A entdeckt dies, betritt den Laden des L und erklärt diesem: „Ich kaufe den Ring für 45,– €."

Die Frage, ob tatsächlich ein Kaufvertrag über den Brillantring zum Preis von 45,– € zustande kommt, ist nach den vorstehenden Ausführungen offensichtlich zu verneinen. A gibt lediglich eine Offerte zum Abschluss des Kaufvertrages ab, die L bei dem genannten Preis keinesfalls annehmen wird.

---

[6] Vgl. dazu *Biehl*, JuS 2010, 195.

112 Eine bloße Einladung zur Abgabe von Offerten, eine invitatio ad offerendum, liegt auch in der Übersendung von Katalogen und Preislisten, in Zeitungsinseraten und in der Ankündigung von Theatervorstellungen oder ähnlichen Veranstaltungen. In allen diesen Fällen ist schon deshalb eine Vertragsofferte auszuschließen, weil sonst die erhebliche Gefahr für den Anbieter bestünde, größere vertragliche Pflichten einzugehen, als er zu erfüllen in der Lage ist. Denn wäre z. B. der Katalog eines Versandhauses als Antrag zum Abschluss eines Kaufvertrages aufzufassen, könnten mehr Kunden dieses Angebot annehmen als Waren vorrätig sind. Das Versandhaus würde sich dann schadensersatzpflichtig machen, wenn es seine vertraglichen Pflichten nicht erfüllen könnte. Zu solchen unkontrollierbaren Risiken ist kein Kaufmann bereit. Entsprechendes gilt auch für Angebote im Internet, weil regelmäßig vor einem Vertragsschluss der Anbieter zunächst seine eigene Leistungsfähigkeit und die Bonität des Kunden prüfen will.[7]

113 Das Angebot zum Abschluss eines Vertrages muss nicht an eine bestimmte Person, sondern kann auch an einen unbestimmten Personenkreis gerichtet werden (sog. Offerte ad incertas personas). So wird beispielsweise nach h. M.[8] durch das Aufstellen eines Warenautomaten ein solches Vertragsangebot abgegeben, das auf den vorhandenen Warenvorrat beschränkt wird. Allerdings kann man auch in dem Aufstellen eines Warenautomaten lediglich eine Einladung zur Abgabe von Offerten sehen, so dass der Einwurf der Geldmünze durch den Kunden die Offerte darstellte und das Zustandekommen des Vertrages vom Funktionieren des Automaten abhinge.[9]

114 **Das Vertragsangebot ist für den Erklärenden verbindlich, wenn er nicht die Gebundenheit ausschließt (vgl. § 145).** Dies kann durch Klauseln wie „freibleibend", „unverbindlich", „ohne Obligo" geschehen. Solche Zusätze können allerdings auch dahingehend verstanden werden, dass der Erklärende überhaupt noch keine Offerte abgeben will, sondern nur den anderen zur Abgabe eines Angebots auffordert.[10] Schließlich kann eine solche Klausel auch den Sinn haben, dass sich der Erklärende den Widerruf seiner Offerte bis zum Zugang der Annahmeerklärung oder auch noch unmittelbar danach vorbehalten will. Welche Deutung im Einzelfall zutrifft, muss durch Auslegung ermittelt werden.

115 **Der Antrag erlischt, wenn er dem Antragenden gegenüber abgelehnt wird (§ 146, 1. Alt.).** Überlegt sich der Adressat des Antrages die Sache

---

[7] BGH NJW 2002, 363; *Taupitz/Kritter*, JuS 1999, 839, 840; *Köhler*, NJW 1998, 185, 187. Besonderheiten können sich allerdings bei einer Versteigerung im Internet ergeben; vgl. dazu *BGH* aaO; *OLG Hamm* JZ 2001, 764 m. Anm. v. *Rüfner*; *Hager*, JZ 2001, 786; *Czeguhn*, JA 2001, 708.
[8] *Fritzsche*, JA 2006, 674, 675; *Larenz/Wolf*, § 29 Rn. 22; *Brox/Walker*, AT, Rn. 167.
[9] So *Köhler*, AT, § 8 Rn. 10.
[10] BGH NJW 1996, 919 f.

II. Der Vertragsschluss

anders und erklärt er nach zunächst ausgesprochener Ablehnung die Annahme, dann handelt es sich bei der zweiten Erklärung um ein neues Angebot zum Abschluss des Vertrages (mit dem im abgelehnten Antrag genannten Inhalt), so dass es nunmehr von demjenigen, der die erste (abgelehnte) Offerte gemacht hat, abhängt, ob er den neuen Antrag annimmt und damit den Vertrag zustande kommen lässt.

116 Der Antrag erlischt auch, wenn er nicht rechtzeitig angenommen wird (§ 146, 2. Alt.). Innerhalb welcher Frist der Antrag angenommen werden muss, bestimmen die §§ 147 bis 149. In erster Linie ist darauf zu sehen, ob der Antragende für die Annahme des Antrages eine Frist bestimmt hat; in diesem Fall kann die Annahme nur innerhalb dieser Frist erklärt werden (§ 148).

Die Annahme ist in gleicher Weise wie der Antrag (grundsätzlich) eine empfangsbedürftige Willenserklärung. Dies bedeutet, dass die Annahme dadurch vorgenommen wird, dass sie dem Antragenden gegenüber erklärt wird. Es ist also im Regelfall (zu den Ausnahmen vgl. Rn. 124 ff.) erforderlich, dass die Annahmeerklärung dem Antragenden rechtzeitig zugeht.

117 Welche Frist der Antragende für die Annahmeerklärung setzen will, ist seinem Belieben überlassen. Denn es steht auch in seiner Entscheidung, ob er überhaupt eine Offerte abgeben will. Auf keinen Fall darf etwa eine von anderen (z. B. vom Richter) als zu kurz empfundene Frist verlängert werden, um das Zustandekommen eines Vertrages zu bejahen. Wie ist aber folgender Fall zu entscheiden?

Der Antiquitätenhändler A bietet durch Schreiben vom 01. 03. dem B ein bestimmtes Bild zum Preis von 10.000,- € zum Kauf an. Er fügt hinzu, dass er spätestens bis zum 15. 03. von B Nachricht erhalten müsste, ob dieser das Bild kaufe. Nach diesem Termin würde er das Bild zu einer Versteigerung geben. Das Schreiben des A trifft bei B am 03. 03. ein. B antwortet durch Schreiben vom 05. 03., er kaufe das Bild. Der am selben Tag zur Post gegebene Brief geht erst am 17. 03. A zu. Da dem A inzwischen ein anderer Interessent C für das Bild 12.000,- € geboten hat, ist dem A diese Verzögerung sehr lieb. Er verkauft das Bild dem C und teilt nach einigen Tagen dem B mit, das Bild sei leider inzwischen schon verkauft. B, der von C den wahren Sachverhalt erfahren hat, fragt, ob nicht ein Vertrag zwischen ihm und A über das Bild zustande gekommen sei.

118 A hatte für die Annahme seines Antrages eine Frist bestimmt. Als die Annahme ihm gegenüber erklärt wurde (ihm zugegangen ist), war diese Frist bereits verstrichen. Folglich war die Annahme verspätet. Nach § 150 Abs. 1 gilt die verspätete Annahme eines Antrages als neuer Antrag. Auf der Grundlage dieser Vorschrift käme man somit zu dem Ergebnis, dass A frei entscheiden könnte, ob er das Bild B oder C verkauft. Der in § 150 Abs. 1 genannte Grundsatz wird aber durch die Vorschrift des § 149 eingeschränkt und modifiziert. Eine verspätet zugegangene Annahmeerklärung, die so früh abgeschickt worden ist, dass sie bei regelmäßiger Beförderung noch rechtzeitig hätte zugehen müssen, ist zwar auch eine „verspätete Annahme eines Antrags" i. S. v. § 150 Abs. 1. Kann aber der

Antragende erkennen, dass es sich um eine irreguläre Verzögerung der Beförderung handelt, dann hat er die Verspätung dem Annehmenden unverzüglich, d. h. ohne schuldhaftes Zögern (vgl. die Legaldefinition des § 121 Abs. 1 S. 1), nach dem Empfang der Erklärung anzuzeigen. Tut er dies nicht, dann gilt nach § 149 S. 2 die Annahme als nicht verspätet. Folglich kommt dann ein Vertrag zustande.[11]

In dem Beispielsfall hat A ohne Grund mehrere Tage verstreichen lassen, bis er den B benachrichtigte. Folglich ist hier ein Kaufvertrag über das Bild zwischen A und B zustande gekommen. A hat somit zwei Kaufverträge über dasselbe Bild abgeschlossen. Welche Rechtswirkungen sich aus einem solchen Doppelverkauf ergeben, soll später erörtert werden.

119 Hat der Antragende für die Annahme des Antrages keine Frist gesetzt, dann bestimmt § 147, welche zeitlichen Bedingungen für den Antragenden bestehen. Der einem Anwesenden gemachte Antrag kann nur sofort angenommen werden (§ 147 Abs. 1).

Hat also A dem B in einem persönlichen Gespräch das Vertragsangebot gemacht, dann muss sich B sofort entscheiden, wenn nicht A ihm eine Überlegungsfrist einräumt (dann wiederum § 148).

120 Gleiches gilt auch bei einem **fernmündlich gemachten Antrag** „von Person zu Person", d. h. vom Antragenden zum Annehmenden (oder deren Vertreter). Ist am Telefon der Gesprächspartner des Antragenden eine andere Person, die nicht zum Abschluss des Vertrages mit Wirkung für denjenigen ermächtigt ist, für den der Antrag bestimmt ist, dann handelt es sich – je nach Eignung und Ermächtigung – um einen Empfangs- oder Erklärungsboten, so dass die Regelung des § 147 Abs. 2 (Antrag unter Abwesenden) zutrifft (vgl. Rn. 81).

Die dem Fernsprecher in § 147 Abs. 1 gleichgestellte „sonstige technische Einrichtung" muss in gleicher Weise wie ein Telefon die unmittelbare Kommunikation von Person zu Person ermöglichen, wie dies beispielsweise bei einer Videokonferenz und bei sog. Chats der Fall ist.[12] Dagegen ist ein Angebot im Internet nicht als eine unter Anwesenden abgegebene Willenserklärung zu behandeln, weil dabei die Möglichkeit zu einem unmittelbaren Dialog fehlt.[13]

121 Der **einem Abwesenden gemachte Antrag** kann nur bis zu dem Zeitpunkt angenommen werden, in dem der Antragende den Eingang der Antwort unter regelmäßigen Umständen erwarten darf (§ 147 Abs. 2). Für die Dauer dieser Frist ist zu berücksichtigen, wie lange es bei normalen Verhältnissen dauert, bis das Angebot den anderen Teil erreicht und dessen Antwort beim Antragenden eingehen kann; außerdem muss dem Adressaten der Offerte auch eine angemessene Überlegungsfrist zugebilligt werden. Kennt der Antragende besondere Umstände in der Sphäre des Adressaten, die eine An-

---

[11] Vgl. *Volp/Schimmel*, JuS 2007, 899, 900.
[12] Palandt/*Ellenberger*, § 147 Rn. 5.
[13] *Larenz/Wolf*, § 29 Rn. 35; Bamberger/Roth/*Eckert*, § 147 Rn. 6.

II. Der Vertragsschluss

nahme verzögern, so z.B. dass sich der Adressat der Offerte im Urlaub befindet oder nur zu bestimmten Zeiten in das Büro oder nach Hause kommt, dann hat er auch dies zu beachten. Erst wenn er unter Berücksichtigung aller dieser Gesichtspunkte mit Recht davon ausgehen kann, dass eine Antwort nicht mehr zu erwarten ist, erlischt seine Bindung an den Antrag.

Die verschiedenen Alternativen zur Rechtzeitigkeit der Annahme des Angebots zum Abschluss eines Vertrags sind im folgenden Schaubild zusammengefasst. **122**

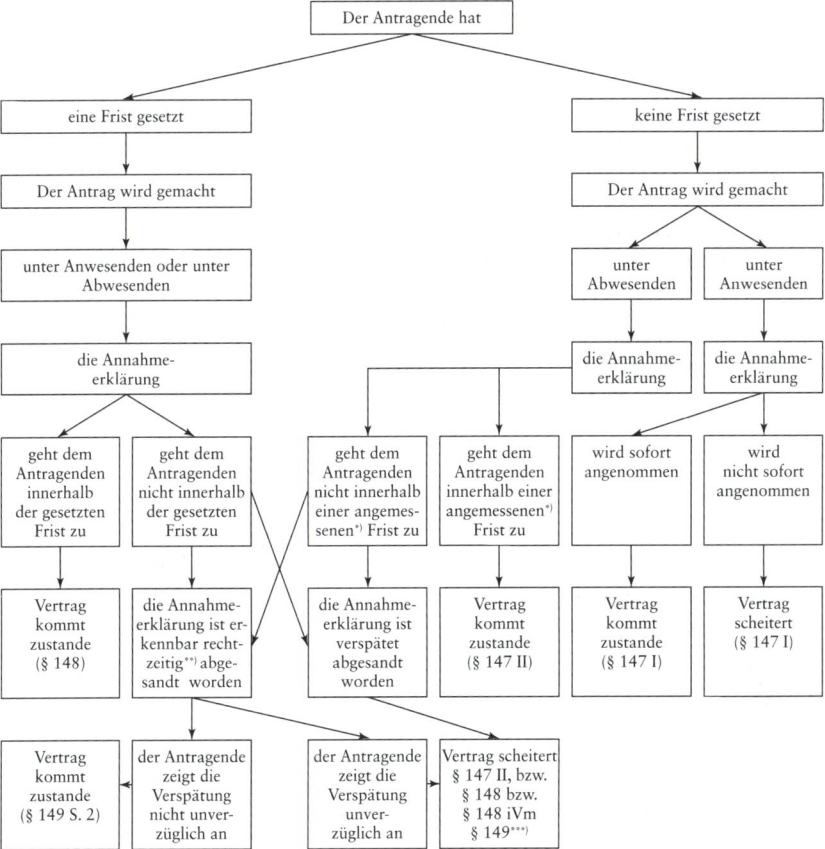

*) Vgl. Rn. 121.
**) Vgl. Rn. 118.
***) § 147 II, wenn keine Frist gesetzt wurde; § 148, wenn die Annahmeerklärung verspätet abgesandt wurde; §§ 148 iVm. § 149, wenn der Antragende den verspäteten Zugang der rechtzeitig abgesandten Annahmeerklärung rechtzeitig angezeigt hat. Zu beachten ist, dass die verspätet zugegangene Annahmeerklärung als neue Offerte anzusehen ist (§ 150 Abs. 1); wird sie vom Adressaten angenommen, kommt auf diese Weise ein Vertrag doch noch zustande.

c) Annahme

Wie bereits oben bemerkt, stellt die **Annahme des Antrags** regelmäßig eine **empfangsbedürftige Willenserklärung** dar, die mit dem Zugang beim **123**

Adressaten (= Antragenden) wirksam wird (§ 130 Abs. 1). In gleicher Weise wie jede andere Willenserklärung auch ist sie auslegungsfähig (vgl. dazu Rn. 101 ff.). Das Verhalten des die Annahme Erklärenden (seine mündlich oder schriftlich geäußerte Erklärung, seine Gesten oder sein sonstiges Handeln) muss ergeben, dass er den an ihn gerichteten Antrag zum Abschluss eines Vertrages so annehmen will, wie er ihm unterbreitet worden ist, d. h. ohne Erweiterung, Einschränkung oder sonstige Änderung (vgl. § 150 Abs. 2).

Beispiel: Einzelhändler Handel bestellt bei Großhändler Groß Textilien zum Preise von 5.000,– € und fügt hinzu: „Ich gehe davon aus, dass mir Kosten für Fracht und Verpackung nicht entstehen." Groß übersendet die Waren zusammen mit einer Rechnung, in der neben dem Rechnungsbetrag von 5.000,– € ausdrücklich 250,– € für Fracht und Verpackung ausgewiesen sind. Handel nimmt die Waren in Empfang und lässt sie auspacken, um sie in seinem Geschäft zu verwenden. Später weigert er sich die 250,– € für Verpackung und Transport zu zahlen. Mit Recht?

Die von Handel dem Groß unterbreitete Offerte zum Abschluss eines Kaufvertrages über die bestellten Textilien hat Groß nicht angenommen, da er sich mit Übernahme der Kosten für Transport und Verpackung nicht einverstanden erklärt hat. Die Übersendung der Waren mit dem in der Rechnung enthaltenen Hinweis auf die Transport- und Verpackungskosten stellt dementsprechend eine neue Offerte dar, die er an Handel richtete (§ 150 Abs. 2). Damit hat er deutlich zum Ausdruck gebracht, dass er zu einer Leistung nur unter Berechnung der Transport- und Verpackungskosten bereit ist. Wenn bei dieser Sachlage Handel widerspruchslos die Waren entgegennimmt, dann liegt darin eine stillschweigende Annahme des geänderten Antrages.[14] Folglich ist Handel zur Zahlung der Transport- und Verpackungskosten verpflichtet.

124 In Fällen, in denen nach der Verkehrssitte nicht zu erwarten ist, dass die Annahme der Vertragsofferte dem Antragenden gegenüber erklärt wird, oder der Antragende auf diese Erklärung verzichtet hat, kommt ein Vertrag auch ohne diese Erklärung (nicht ohne Annahme des Angebots!) zustande (§ 151). Ein typischer von dieser Regelung erfasster Fall ist die Bestellung von Hotelzimmern für einen kurzen Zeitraum.

Beispiel: A bestellt durch Telefax im Hotel des B für die Zeit vom 12. bis 14. 05. ein Doppelzimmer mit Bad. Die Bestellung wird von B in seinem Computer registriert. Als A termingerecht im Hotel des B eintrifft, stellt sich heraus, dass das bestellte Zimmer irrtümlich anderweitig vergeben worden ist. A muss daraufhin in einem anderen Hotel ein Zimmer mieten, das insgesamt 50,– € mehr kostet. Er fragt, ob er Ersatz dieser Mehrkosten von B verlangen kann.

Die Entscheidung dieser Frage hängt davon ab, ob ein wirksamer Vertrag zwischen A und B zustande gekommen ist, weil sich dann B schadensersatzpflichtig macht, wenn er seine vertraglichen Verpflichtungen nicht erfüllt (Einzelheiten dazu später). In dem Bestellschreiben des A liegt eine Offerte zum Abschluss eines entsprechenden Vertrages. Durch die Registrierung der Bestellung im Computer hat B (schlüssig) erklärt, dass er

---

[14] *BGH* NJW 1995, 1671, 1672; vgl. auch *BGH* NJW 1998, 3196, mit dem Hinweis, dass es für das Zustandekommen eines Vertrages nicht erforderlich sei, sich den Willen des Erklärenden zu eigen zu machen, sondern dass es genüge, in Kenntnis dieses Willens den Vertrag zu schließen, ohne sich von dem Willen des anderen erkennbar zu distanzieren.

II. Der Vertragsschluss

diese Offerte annimmt. Dass er die Annahme dem A gegenüber nicht mitgeteilt hat, ändert nach § 151 nichts an dem Zustandekommen des Vertrages. Nach der Verkehrssitte muss die Bestellung eines Hotelzimmers für einen kürzeren Zeitraum nicht ausdrücklich bestätigt werden, insbesondere wenn es sich um eine kurzfristige Bestellung handelt. In solchen Fällen ist eine Mitteilung an den Gast nur üblich, wenn die Bestellung nicht in Ordnung geht.

125 Bei Rechtsgeschäften, die dem Erklärungsempfänger lediglich vorteilhaft sind, kann nach der Verkehrssitte davon ausgegangen werden, dass die Annahme einer entsprechenden Offerte nicht ausdrücklich dem Antragenden gegenüber erklärt werden muss.[15] Eine weitere Gruppe von Fällen, in denen nach § 151 die Vertragsofferte auch ohne Erklärung an den Antragenden angenommen und damit der Vertragsschluss vollzogen wird, bilden Bestellungen nach Katalogen oder Preisverzeichnissen. Wird z.B. bei einem Buchhändler nach einem von diesem übersandten Verzeichnis ein Buch bestellt, dann erwartet der Besteller nicht zunächst eine schriftliche Bestätigung, sondern geht davon aus, dass ihm das Buch mit Rechnung zugeschickt wird, wenn es noch erhältlich ist. Das gleiche gilt für eilige Bestellungen, bei denen in der Regel der Besteller auf eine nur Zeit kostende Mitteilung über das Zustandekommen des Vertrages verzichtet. Werden also Waren kurzfristig bestellt, kommt der entsprechende Vertrag bereits in dem Zeitpunkt zustande, in dem der Annehmende seinem Annahmewillen durch Verpackung der Ware oder Absendung Ausdruck gibt. Von einem stillschweigenden Verzicht des Antragenden auf die Übermittlung einer Annahmeerklärung kann regelmäßig ausgegangen werden, wenn der angebotene Kaufgegenstand gleichzeitig mit der Offerte zum Abschluss des Kaufvertrages mitgeschickt wird oder in der Übersendung des Gegenstandes eine entsprechende Offerte zu erblicken ist.

126 Zur Vermeidung eines Missverständnisses soll noch einmal betont werden, was sich bereits aus den vorstehenden Ausführungen ergibt: Durch § 151 wird nicht etwa auf die Annahme des Antrages verzichtet, weil durch eine (einseitige) Offerte, die nicht angenommen wird, niemals ein Vertrag zustande kommen kann; durch § 151 wird auch nicht etwa einem Schweigen der Erklärungswert beigelegt, dass der Antrag angenommen werde. Vielmehr geschieht in diesen Fällen die Annahme des Antrages durch ein Verhalten, das nach außen in Erscheinung tritt und den Annahmewillen erkennen lässt.[16] In Betracht kommen Erfüllungshandlungen (Beispiele: Eintragung der Zimmerreservierung in das Bestellbuch des Hotels,[17] Verpackung und Versendung bestellter Ware) und Aneignungs- und Gebrauchshandlungen (Beispiel: Eintragung des Namens in unbestellt zugesandte Bücher, sofern nicht die Voraussetzungen des § 241a erfüllt sind). Die Bedeutung des § 151 liegt also darin, dass die Annahme der Of-

---

[15] BGH NJW 2004, 287, 288.
[16] H.M., vgl. BGH NJW 1999, 2179; 2004, 287, 288; MünchKomm/Kramer, § 151 Rn. 50 m.N.
[17] OLG Düsseldorf MDR 1993, 26.

ferte dem Antragenden gegenüber nicht erklärt zu werden braucht, dass sie also ausnahmsweise eine nicht empfangsbedürftige Willenserklärung darstellt; kurzum: § 151 S. 1 macht den Zugang, nicht die Abgabe der Annahmeerklärung entbehrlich.

127 Von der Regel, dass der Adressat durch die Ingebrauchnahme eines ihm übersandten Kaufgegenstandes die darin liegende Offerte konkludent annimmt und auf diese Weise einen Vertrag schließt, ist jedoch eine wichtige Ausnahme zu beachten. Werden von einem Unternehmer (§ 14) einem Verbraucher (§ 13) unbestellt Waren übersandt, dann kommt durch Aneignungs- oder Gebrauchshandlung des Kunden kein Kaufvertrag zustande. Denn durch die Vorschrift des § 241a werden in diesem Fall Ansprüche des Unternehmers gegen den Verbraucher[18] ausgeschlossen. Der Verbraucher kann also die unbestellt zugesandte Ware nach seinem Belieben gebrauchen und verbrauchen, ohne dass dadurch ein Anspruch (auch nicht auf Herausgabe der Ware[19]) gegen ihn entsteht, es sei denn die Waren wurden irrtümlich geliefert und der Verbraucher konnte dies erkennen (vgl. § 241a Abs. 2). Deshalb können Zueignungs- und Gebrauchshandlungen abweichend von § 151 nicht als konkludente Annahme einer in der Übersendung der Waren liegenden Offerte gedeutet werden, und folglich ist ein Vertragsschluss zu verneinen.[20] Allerdings bleibt es dem Verbraucher überlassen, die Offerte anzunehmen und einen Vertrag zu schließen. Davon ist auszugehen, wenn der Verbraucher Ansprüche geltend macht, die sich aus einem zustande gekommenen Vertrag ergeben.[21]

128 Die Dauer der Gebundenheit an den Antrag in den Fällen des § 151 bestimmt Satz 2 dieser Vorschrift. Danach kann – wie sonst auch – der Antragende eine Annahmefrist setzen, bei deren Nichtbeachtung der Antrag nach § 146 erlischt. Sonst bestimmt sich die Frist nach dem aus den „Umständen" zu entnehmenden Willen des Antragenden. Dieser Wille ist dann allein maßgebend, so dass es nicht darauf ankommt, wann eine Antwort unter regelmäßigen Umständen zu erwarten ist. Die Vorschrift des § 147 Abs. 2 findet im Rahmen des § 151 keine Anwendung.[22] Zu berücksichtigen ist allerdings, dass regelmäßig nur eine relativ kurzfristige Bindung gewollt sein wird, weil niemand gern eine längere Ungewissheit darüber hinnehmen möchte, ob der Vertrag mit dem anderen zustande kommt oder nicht.

129 Nach der Vorschrift des § 130 Abs. 2 bleibt es für die Wirksamkeit einer Vertragsofferte ohne Bedeutung, wenn der Antragende nach Abgabe,

---

[18] Vertiefend zum Begriff des Verbrauchers K. *Schmidt*, JuS 2006, 1.
[19] MünchKomm/*Kramer*, § 241a Rn. 13 m.N.; *Schwarz/Pohlmann*, Jura 2001, 361; a.A. *Berger*, JuS 2001, 649, 653 f. Zu der Frage, ob Ansprüche des Unternehmers gegen Dritte bestehen, die unbestellte Ware vom Verbraucher erhalten haben oder die solche Waren beschädigten oder zerstörten, vgl. *Link*, NJW 2003, 2811.
[20] *Schwarz*, NJW 2001, 1449, 1451; *Löhnig*, JA 2001, 33, 34; Palandt/*Grüneberg*, § 241a Rn. 6.
[21] A. A. *Wrase/Müller-Helle*, NJW 2002, 2537.
[22] *BGH* NJW 1999, 2179, 2180.

aber vor Zugang seiner Willenserklärung stirbt oder geschäftsunfähig wird. An diese Regelung knüpft § 153 an und bestimmt, dass in diesem Fall der Antrag auch wirksam angenommen werden kann. Die Annahme muss dann gegenüber dem Erben des Verstorbenen oder dem gesetzlichen Vertreter des Geschäftsunfähigen erklärt werden, es sei denn, es handelt sich um einen Fall des § 151. § 153 macht ausdrücklich eine Ausnahme von der Möglichkeit, auch noch nach dem Tod oder der Geschäftsunfähigkeit des Antragenden den Vertrag zustande zu bringen, nämlich dann, wenn ein anderer Wille des Antragenden anzunehmen ist. Diese Annahme trifft insbesondere bei der Bestellung von Waren zum persönlichen Gebrauch des verstorbenen Bestellers zu.

Nicht ausdrücklich im BGB ist der Fall geregelt, dass der **Antragsempfänger** nach Zugang, aber vor Annahme der Offerte **stirbt oder geschäftsunfähig wird**. Die Frage, ob dann der Erbe oder der Betreuer des Geschäftsunfähigen (§§ 1896, 1902, 1903) die Offerte annehmen kann, muss aufgrund der Auslegung des Antrags beantwortet werden. Kommt es erkennbar für den Antragenden darauf an, gerade mit dem (eigentlichen) Adressaten der Erklärung einen Vertrag zu schließen, etwa wenn es sich um ein Kreditgeschäft handelt, dann erlischt mit dem Tod oder der Geschäftsunfähigkeit des Adressaten die Offerte. Gleiche Erwägungen gelten, wenn Tod oder Geschäftsunfähigkeit des Adressaten bereits vor Zugang des Vertragsangebots eintreten.

130

d) Willensübereinstimmung

Aus der bisher gegebenen Beschreibung des Zustandekommens eines Vertrages durch Antrag und Annahme ergibt sich, dass mit dem Vertragsschluss die Einigung der Vertragspartner über den Inhalt des Vertrages herbeigeführt wird. Denn dieser Inhalt wird durch den Antrag festgelegt, der alle regelungsbedürftigen Punkte so umfassen muss, dass er mit einem bloßen Ja angenommen werden kann. Mit der Annahme wird das uneingeschränkte, vorbehaltslose Einverständnis des anderen Vertragschließenden mit diesem Inhalt erklärt. Die Parteien müssen durch ihre Absprache alle wesentlichen Punkte des Vertrages (essentialia negotii) geregelt haben, weil nur dann die gewollte vertragliche Gestaltung erreicht wird (vgl. Rn. 90). Wird ein solcher Punkt offen gelassen, z. B. im Kaufvertrag der Kaufgegenstand, dann kann kein Vertrag zustande kommen, weil eine nicht zu schließende Lücke bleibt, die die gewünschte vertragliche Gestaltung unvollkommen und undurchführbar macht. Welche Punkte zu den essentialia negotii gehören, richtet sich nach dem jeweiligen Vertragstyp.

131

Hiervon ist der Fall zu unterscheiden, dass die Parteien vereinbaren, der offen gelassene Punkt solle durch einen Vertragspartner oder durch einen Dritten ausgefüllt werden. Im Gegensatz zu dem zuerst genannten Sachverhalt gibt es hier eine vertragliche Regelung für den betreffenden Punkt.

132

Beispiel: Frau Alt begibt sich in ein Seniorenheim und löst ihre Wohnung auf. Einen wertvollen Barockschrank verkauft sie an Jung. Da sie den Marktwert des Schrankes nicht kennt, vereinbart sie mit Jung, dass der Preis des Schrankes durch den ihr bekannten Antiquitätenhändler Kundig bestimmt werden soll. In diesem Fall wird bereits vor der Bestimmung des Preises durch Kundig der Vertrag zwischen Jung und Alt geschlossen.

Zu der Bestimmung der Leistung durch eine Partei oder durch Dritte vgl. §§ 315 bis 319.

133 Die durch Antrag und Annahme herbeigeführte Einigung der Parteien wird **Konsens** genannt; decken sich beide nicht, wird von **Dissens** gesprochen.[23] Je nachdem, ob die Parteien wissen oder nicht wissen, dass zwischen ihnen keine Einigkeit besteht, kann man zwischen dem offenen und dem versteckten Dissens unterscheiden. Zunächst zum offenen Dissens ein

Beispielsfall: Pfiffig will Kunz seinen gebrauchten Pkw verkaufen. Über den Kaufpreis ist man sich rasch einig. Als Pfiffig erklärt, er wolle eine Haftung für Sachmängel ausschließen (vgl. § 444), meint Kunz, dies sei ihm zu riskant, dann wolle er den Wagen nicht kaufen. Daraufhin antwortet Pfiffig, Kunz solle den Wagen ruhig mitnehmen, über die Frage der Sachmängelhaftung werde man sich sicher noch einigen können.

134 Bei der Frage, ob die fehlende Einigung über den Haftungsausschluss das Zustandekommen des Vertrages verhindert, ist die Auslegungsregel des § 154 Abs. 1 zu beachten. Danach ist der Vertrag „im Zweifel" nicht geschlossen, „solange nicht die Parteien sich über alle Punkte eines Vertrags geeinigt haben, über die nach der Erklärung auch nur einer Partei eine Vereinbarung getroffen werden soll". Die Wendung „im Zweifel" besagt, dass die Parteien durchaus etwas anderes vereinbaren können; ein entsprechender Wille kann sich auch schlüssig aus dem sonstigen Verhalten der Parteien ergeben. Beginnen die Parteien mit der Durchführung des Vertrages, dann spricht dies dafür, dass sie den Vertrag trotz ihres Einigungsmangels als bestehend ansehen,[24] sie also auf eine Regelung des zwischen ihnen offengebliebenen Punktes verzichten. Bleiben aber Zweifel daran bestehen, was die Parteien wirklich gewollt haben, dann greift die Auslegungsregel des § 154 Abs. 1 ein.

135 **Bei den Auslegungsregeln ist zwischen formellen und materiellen zu unterscheiden.**
> Die **formellen Auslegungsregeln** betreffen Methode und Verfahren der Auslegung, die Frage also, wie auszulegen ist. Formelle Auslegungsregeln sind die §§ 133 und 157, die bestimmen, welche Gesichtspunkte bei der Auslegung beachtet werden müssen (vgl. Rn. 103 f.).

---

[23] Konsens kommt vom lat. consentire = übereinstimmen, Dissens vom lat. dissentire = verschiedener Meinung sein, widersprechen.

[24] Vgl. *KG* MDR 2005, 1276 (zur Anwendung des § 154 Abs. 2; nach Auffassung des Gerichts greift diese Regelung nicht, wenn sich die Parteien über die wesentlichen Punkte des Vertrages geeinigt haben und sich entsprechend dieser vertraglichen Vereinbarung über Monate hin verhalten).

➤ Dagegen beziehen sich die **materiellen Auslegungsregeln** auf das Ergebnis der Auslegung; sie schreiben – wie § 154 Abs. 1 – dem Rechtsanwender (Richter) vor, in welchem Sinn er ein unklares Verhalten (§ 154 Abs. 1: „im Zweifel") zu deuten hat. Es ist also Voraussetzung für die Anwendung der Auslegungsregel des § 154 Abs. 1, dass Zweifel an dem wirklich Gewollten bestehen. Deshalb ist die Frage vorrangig, ob die Vertragsparteien trotz eines offen gelassenen Punktes die vertragliche Bindung wollten. Gelangt man bei dieser Frage – gegebenenfalls im Wege der Auslegung des sonstigen Verhaltens der Parteien – zu einem eindeutigen Ergebnis, ist kein Raum für eine Auslegung nach § 154 Abs. 1.

Im **Beispielsfall** hat Kunz zwar den Wagen bereits mitgenommen, aber er hat vorher klar zu erkennen gegeben, dass er sich auf einen Haftungsausschluss nicht einlassen wolle. Da auch nicht anzunehmen ist, dass Pfiffig auf diesen Ausschluss verzichtet, geht also der Wille beider Parteien in diesem von ihnen als wichtig und regelungsbedürftig angesehenen Punkt auseinander; dies spricht gegen die Annahme eines Vertragsschlusses. Auf jeden Fall sind Zweifel an dem Willen beider Parteien angebracht, sich unabhängig von der Frage des Haftungsausschlusses vertraglich zu binden, so dass nach der Regel des § 154 Abs. 1 ein Vertrag hier zu verneinen ist.

Die Frage, ob trotz eines (offenen) Dissenses entgegen der Auslegungsregel des § 154 Abs. 1 ein Vertrag geschlossen worden ist, wird sich regelmäßig auf vertragliche **Nebenpunkte** beziehen, also Vertragsbestandteile, deren Vereinbarung zum Abschluss eines wirksamen Vertrags des betreffenden Typs nicht unverzichtbar sind (**accidentalia negotii**). Betrifft der Dissens dagegen **essentialia negotii**, dann weist der Vertrag eine ausfüllungsbedürftige Lücke auf, ohne deren Schließung eine vertragliche Vereinbarung auch dann nicht zustande kommen kann, wenn dies die Parteien wünschen. § 154 Abs. 1 unterscheidet zwar nicht zwischen essentialia und accidentalia negotii, so dass – wie ausgeführt – auch die Nichteinigung über einen Nebenpunkt das Zustandekommen eines Vertrages hindern kann, jedoch ergibt sich dadurch ein bedeutsamer Unterschied, dass durch das Offenlassen von essentialia in jedem Fall eine notwendigerweise zu schließende Lücke bleibt (vgl. Rn. 131), während bei accidentalia die Möglichkeit besteht, auf eine Regelung zu verzichten, weil der Vertrag auch ohne den offengebliebenen Punkt durchführbar ist. 136

Ein Vertrag kann allerdings auch zustande kommen, wenn ein wesentlicher (regelungsbedürftiger) Punkt offenbleibt. Voraussetzung ist dafür, dass die Parteien trotz der vertraglichen Lücke eine Bindung wünschen und dass nachträglich die Lücke ausgefüllt werden kann. Dazu ein Fall aus der Rechtsprechung:[25] 137

Beispiel: V verkauft K sein mit einem neu errichteten Einfamilienhaus bebautes Grundstück. V hat für das Haus, das er ursprünglich selbst bewohnen wollte, Möbel und Einbaugeräte erworben, die auf die Raumverhältnisse des Hauses zugeschnitten sind. V will das Grundstück nicht ohne diese Einrichtungsgegenstände verkaufen. K ist zur Über-

---

[25] *OLG Hamm* NJW 1976, 1212.

nahme bereit. Während der Kaufpreis für das Grundstück vereinbart wird, bleibt die Höhe des Entgeltes für die Einrichtungsgegenstände offen. Nachdem K das Haus bezogen und die Einrichtungsgegenstände auch benutzt hat, verlangt V von ihm 9.000,- €, 90 Prozent des von ihm selbst gezahlten Preises. K will nur 1.000,- € zahlen.

In diesem Fall ist ein Kaufvertrag über die Einrichtungsgegenstände geschlossen worden, obwohl der Kaufpreis nicht festgelegt worden ist (Offerte durch Überlassung der Möbel seitens des V, Annahme der Offerte durch Ingebrauchnahme seitens des K). Zu denken ist daran, dass in diesem Fall der Kaufpreis gem. § 316 durch V bestimmt werden soll (vgl. Rn. 132). Das Gericht, das den Fall zu entscheiden hatte, stellte jedoch fest, dass sich die Vertragsparteien darauf nicht verständigt hätten, was für das Bestimmungsrecht einer Partei erforderlich ist. Deshalb muss die fehlende Vereinbarung des Kaufpreises auf andere Weise ersetzt werden, denn die von den Parteien insoweit gelassene Lücke muss geschlossen werden, damit der Vertrag durchführbar wird. Das Gericht ist den Weg der sog. **ergänzenden Vertragsauslegung** gegangen, bei der es darauf ankommt zu ermitteln, was die Parteien gewollt hätten, wenn sie als vernünftige und redlich handelnde Vertragspartner entschieden hätten (zur ergänzenden Vertragsauslegung Einzelheiten später). Dies führt dazu, dass vom marktüblichen Preis für entsprechende Möbel auszugehen ist, weil Gründe für eine abweichende Preisgestaltung nicht erkennbar sind.

Zur Ausfüllung von Vertragslücken können auch Vorschriften eingreifen, die im Gesetz für den entsprechenden Vertragstyp enthalten sind (vgl. Rn. 100) und die Anwendung finden, sofern die Parteien nichts anderes bestimmen. Solche Vorschriften können auch wesentliche Vertragspunkte betreffen (vgl. z. B. § 612).

138 Eine **Auslegungsregel** für den Fall, dass sich die Parteien über den Einigungsmangel nicht im Klaren sind, also **für den versteckten Dissens, enthält § 155**. Nach dieser Regelung soll das zwischen den Parteien Vereinbarte gelten, sofern anzunehmen ist, dass der Vertrag auch ohne eine Vereinbarung des offen gelassenen Punktes geschlossen worden wäre.

Beispiele: Bei den Verkaufsgesprächen hinsichtlich des Wagens des Pfiffig (Rn. 133) wird zwar auch die Frage eines Haftungsausschlusses für Sachmängel ohne Ergebnis erörtert, aber da sehr eingehend über die ratenweise Entrichtung des Kaufpreises verhandelt wird, vergessen die Parteien, dass sie eine Vereinbarung über den Haftungsausschluss, den Pfiffig will und Kunz ablehnt, nicht getroffen haben, und sind der Meinung, ein Einverständnis in allen Punkten erzielt zu haben.

Der US-Amerikaner Smith und der Australier Dundee verhandeln auf der Hannover-Messe über die Lieferung von zehn Werkzeugbänken durch Smith nach Australien. Der Preis wird in „Dollar" angegeben, wobei Smith amerikanische Dollar und Dundee australische Dollar meint. Das Missverständnis wird erst entdeckt, als die Ware geliefert wird und der Kaufpreis gezahlt werden soll.

Kunz fragt Volz, ob dieser Walfischfleisch vorrätig hätte. Als dies Volz bejaht, bestellt Kunz bei ihm schriftlich eine bestimmte Menge „Haakjöringsköd". Beide Parteien gehen davon aus, dass dieses norwegische Wort Walfischfleisch bedeutet. Als die bestellte Menge ausgeliefert werden soll, weist ein norwegisch sprechender Angestellter des Volz diesen darauf hin, dass Haakjöringsköd „Haifischfleisch" heiße. Was muss Volz dem Kunz liefern?[26]

---

[26] Nachgebildet dem Fall von RGZ 99, 147 – dieses Zitat bedeutet, dass sich das betreffende Urteil in der amtlichen Sammlung der Reichsgerichts-Entscheidungen, Band 99, Seite 147 findet. Diese Entscheidungssammlung erhalten Sie in jeder Universitätsbibliothek.

Im ersten Beispielsfall haben die Beteiligten geglaubt, sie hätten sich **139** über alle Punkte, über die sie eine Vereinbarung treffen wollten, geeinigt, und dabei vergessen, dass die Frage des Haftungsausschlusses offengeblieben war. Es handelt sich hier um einen Fall, für den die Auslegungsregel des § 155 gilt. Danach ist die Frage, ob ein Vertrag ohne den offengebliebenen Punkt zustande gekommen ist, nach dem hypothetischen Parteiwillen zu beantworten (hätten die Parteien die vertragliche Bindung auch gewollt, wenn sie die Lückenhaftigkeit ihrer Vereinbarungen im Zeitpunkt der Beendigung der Verhandlungen erkannt hätten?). Um eine Antwort darauf zu finden, sind alle Umstände des Einzelfalles zu beachten. Gelangt man hierbei zu dem Ergebnis, dass die Parteien auch ohne eine Bestimmung über den offen gelassenen Punkt das Zustandekommen des Vertrages gewollt hätten, ist davon auszugehen, dass der Vertrag gilt.

Dies würde im **ersten Beispielsfall** – wenn man diese Voraussetzung hier bejahen könnte – bedeuten, dass ein Ausschluss der Haftung nicht vorgenommen wäre und es also bei der gesetzlichen Regelung bliebe. Lässt sich aber nicht klären, ob beide Parteien die Verbindlichkeit der Vereinbarung auch ohne Regelung des offen gelassenen Punktes wünschten, dann ist die Unwirksamkeit der getroffenen Absprache zu bejahen; erst recht gilt dies, wenn sogar der Wille einer Partei festgestellt werden kann, dass nur eine vollständige Regelung Gültigkeit haben soll. Im Beispielsfall kann nicht angenommen werden, dass sich Pfiffig auch ohne Haftungsausschluss gebunden hätte; vielmehr spricht vieles dafür, dass er dann einen Vertrag abgelehnt hätte. Das Zustandekommen eines Kaufvertrages muss folglich verneint werden.

Aus den vorstehenden Ausführungen ergibt sich, dass es sich auch bei **140** § 155 regelmäßig um einen Dissens in einem Nebenpunkt handeln wird. Denn betrifft die Einigungslücke essentialia negotii, dann führt die fehlende Einigung dazu, dass der Vertrag lückenhaft und ohne Ergänzung nicht durchführbar ist. Die Parteien werden jedoch in aller Regel nicht den Willen haben, sich vor einer Einigung über alle wesentlichen Punkte vertraglich zu binden, wobei ein anderer Wille der Parteien auch nur dann zu beachten ist, wenn die ausfüllungsbedürftige Lücke noch nachträglich geschlossen werden kann. Insoweit besteht also kein Unterschied zu § 154 Abs. 1 (vgl. dazu Rn. 136f.).

Diese Erkenntnis ist für die **Lösung des zweiten Beispielsfalles** bedeutsam. Hier **betrifft** der **Einigungsmangel** die Frage des Preises, bei einem Kaufvertrag also **einen Hauptpunkt**. Die Bezeichnung „Dollar" ist objektiv mehrdeutig. Bei mehrdeutigen Begriffen muss aufgrund aller Umstände des Einzelfalles versucht werden, einen objektiven Erklärungswert zu ermitteln. Hätten die Verkaufsgespräche nicht in Deutschland, sondern in den USA stattgefunden, und wäre der Käufer nicht ein Australier, sondern ein Deutscher, dann wäre es völlig eindeutig (aufgrund der Umstände des Falles), dass unter „Dollar" nur amerikanische Dollar zu verstehen sind. Schwieriger ist es, ein eindeutiges Ergebnis durch Auslegung zu ermitteln, wenn Käufer und Verkäufer wie im Beispielsfall aus Ländern stammen, in denen gleich bezeichnete Währungen mit unterschiedlichen Werten gelten. Denn dann ist nicht auszuschließen, dass jeder den Preis in der Währung seines Heimatlandes angibt. Es müssen also noch zusätzliche Hinweise gesucht und gefunden werden, um einen eindeutigen objektiven Erklärungswert feststellen zu können.

Die Bezeichnung „Dollar" kann sich sowohl auf die US-amerikanische als auch auf die australische Währung beziehen. Durch Auslegung lässt sich hier diese Mehrdeutigkeit nicht ausräumen. Der Dissens zwischen Smith und Dundee verhindert, dass ein Kaufvertrag über die Werkzeugbänke zu Stande kommt. Der Unterschied zu dem Möbelkauffall (Rn. 137) besteht darin, dass dort ein Vertrag von den Parteien gewollt war und deshalb die vertragliche Lücke geschlossen werden musste, während hier ein solcher Wille der Parteien nicht angenommen werden kann, weil der Abschluss des Vertrages gerade davon abhängt, dass ein von beiden Parteien akzeptierter Preis vereinbart wird.

Smith würde sicher in diesem Fall wissen wollen, ob er den ihm durch den Dissens entstandenen Schaden (z. B. Transportkosten) alleine tragen müsste oder ob er zumindest für einen Teil Ersatz von Dundee fordern könnte. Die Antwort auf diese Frage ist umstritten. Die dafür wesentlichen Gesichtspunkte werden später erörtert.

141 Der dritte Beispielsfall unterscheidet sich von den beiden anderen dadurch, dass hierbei keine Einigungslücke besteht, denn beide Parteien haben vertraglich alles das geregelt, was sie regeln wollten und mussten. Die Besonderheit dieses Falles besteht darin, dass nach dem objektiven Erklärungswert der Vertragsofferte und ihrer Annahme Haifischfleisch den Vertragsgegenstand bildet, beide Parteien aber Walfischfleisch meinten. In diesem Fall würde es auf eine Schulmeisterei hinauslaufen, wenn man sich über den Willen der Parteien hinwegsetzt und auf den objektiven Erklärungswert verweist. Die falsche Bezeichnung (**falsa demonstratio**) ändert nichts daran, dass die Parteien nicht Haifischfleisch, sondern Walfischfleisch verkaufen und kaufen wollen. Es gibt deshalb keinen triftigen Grund, das gültige Zustandekommen eines Kaufvertrages über Walfischfleisch zu verneinen. **In Fällen der falsa demonstratio ist die vom Erklärenden gemeinte Bedeutung maßgebend, wenn der Erklärungsempfänger sie im gleichen Sinn versteht.** Es gilt dann die Rechtsregel: falsa demonstratio non nocet (= die falsche Bezeichnung schadet nicht).

142 **Anders ist es dagegen, wenn nur ein Beteiligter der objektiv eindeutigen Erklärung einen falschen Sinn beilegt.** Hätte also in dem Beispielsfall nur Kunz geglaubt, Haakjöringsköd heiße Walfischfleisch, während Volz die Bezeichnung richtig aufgefasst und auch nicht erkannt hätte, dass Kunz Walfischfleisch bestellen wollte, dann wäre ein Kaufvertrag über Haifischfleisch zustande gekommen. Diese Rechtsfolge ergibt sich dann aufgrund des objektiven Erklärungswerts der Vertragsofferte, die Volz entsprechend verstanden und angenommen hätte. In diesem Fall könnte Kunz seine Willenserklärung nur wegen Irrtums anfechten (vgl. § 119 Abs. 1 – Einzelheiten dazu später). Der Unterschied in den Entscheidungen beider Fälle erklärt sich dadurch, dass niemand in seinem Vertrauen auf die richtige Verwendung von Begriffen und Bezeichnungen geschützt werden muss, wenn sie übereinstimmend in einem abweichenden Sinn gebraucht und verstanden werden, dass aber der Erklärende an dem objektiven Erklärungswert festzuhalten ist, wenn sich der Erklärungsempfänger auf den richtigen Gebrauch (d.h. entsprechend dem objektiven Erklärungswert) verlässt.

e) Vertragsschluss aufgrund sozialtypischen Verhaltens

Im modernen Massenverkehr werden vielfach Leistungen zu allgemein 143
geltenden, häufig in behördlich genehmigten Regelungen enthaltenen Bedingungen angeboten, wie etwa die Beförderung in öffentlichen Verkehrsmitteln, die Vermietung von Parkplätzen, die Lieferung von Elektrizität, Gas und Wasser. Es fragt sich, ob allein durch die Inanspruchnahme solcher Leistungen ein Vertrag zwischen Anbieter und Konsumenten zustande kommt. Auf den ersten Blick scheint die Lösung kaum Schwierigkeiten zu bereiten: In der Zurverfügungstellung der Leistung ist nach dem objektiven Erklärungswert ein Antrag auf Abschluss eines entsprechenden Vertrages zu erblicken, und in der Inanspruchnahme der Leistung liegt die schlüssige Annahme dieser Offerte, wobei vom Antragenden auf die Erklärung der Annahme ihm gegenüber verzichtet wird (§ 151). Wie ist aber zu entscheiden, wenn der Konsument trotz Entgegennahme der Leistung keinen Vertrag schließen will und dies auch ausdrücklich erklärt? Diese Frage hat sich in dem vom Bundesgerichtshof entschiedenen berühmten **Hamburger Parkplatzfall**[27] gestellt, dessen Sachverhalt im Folgenden (verkürzt) wiedergegeben werden soll:

A war mit seinem Kraftfahrzeug auf den als gebührenpflichtig bezeichneten Parkplatz gefahren, der dem B von der Stadtgemeinde zur Bewachung gegen Entgelt zugewiesen worden war. A stellte sein Kfz ab und erklärte einem Parkwächter, er wünsche keine Bewachung und lehne eine Bezahlung ab, da er berechtigt sei, auf einem öffentlichen Platz zu parken. B verlangte von A das übliche Entgelt für die Bewachung; A verweigerte die Zahlung. Daraufhin verklagte B den A. Der Rechtsstreit musste schließlich vom *BGH* entschieden werden.

Der *BGH* hat die Verpflichtung des A zur Zahlung eines Entgelts für 144
die Bewachung bejaht und seine Entscheidung wie folgt begründet: In manchen Erscheinungen unserer modernen Gesellschaft könne nicht mehr allein mit den Rechtsgrundsätzen über das Zustandekommen von Verträgen gearbeitet werden. Im Rahmen der Massenversorgung, insbesondere bei der Lieferung von Strom, Wasser und Gas sowie bei der Benutzung von öffentlichen Nahverkehrsmitteln, könne die Verpflichtung des Benutzers zur Leistung des üblichen Entgelts nicht allein mit Hilfe des Vertragsrechts begründet werden. An Stelle von Antrag und Annahme müssten das Zurverfügungstellen und das tatsächliche Inanspruchnehmen der Leistung treten, um eine Zahlungspflicht des Benutzers zu begründen. Wer während der Bewachungszeiten die besonders kenntlich gemachten Parkflächen zum Parken benutze, führe schon dadurch ein vertragliches Rechtsverhältnis herbei, das ihn zur Zahlung eines Entgelts entsprechend dem Parkgeldtarif verpflichte. Auf seine etwaige abweichende innere Einstellung – mag sie auch von dem parklustigen Kraftfahrer bei Beginn des

---
[27] BGHZ 21, 319 = NJW 1956, 1475.

Parkens dem Ordner gegenüber zum Ausdruck gebracht werden – könne es nicht ankommen.

> Diese Auffassung, nach der ein Vertrag aufgrund sozialtypischen Verhaltens zustande kommt, ist aus der Lehre von den „faktischen Vertragsverhältnissen" entwickelt worden, die von *Haupt* im Jahr 1941 begründet worden ist.[28] *Haupt* unterscheidet drei Gruppen faktischer Vertragsverhältnisse, aus sozialem Kontakt, aus tatsächlicher Einordnung in ein Gemeinschaftsverhältnis (faktische Gesellschaft, faktisches Arbeitsverhältnis) und kraft sozialer Leistungsverpflichtung. Aus der letzten Gruppe wurde dann der Gedanke der Vertragsannahme durch sozialtypisches Verhalten abgeleitet. Wegen dieser gedanklichen Beziehungen werden im Schrifttum auch Vertragsverhältnisse, die mit einem sozialtypischen Verhalten begründet werden, als „faktischer Vertrag" bezeichnet.

145 Der *BGH* bejaht also (zumindest in dieser aus dem Jahre 1956 stammenden Entscheidung) das Zustandekommen eines Vertrages aufgrund eines „sozialtypischen Verhaltens" auch in Fällen, in denen ein Vertragspartner erklärt, er wolle einen Vertrag nicht schließen. Das Bedenkliche an dieser Entscheidung ist nicht das Ergebnis, sondern die Begründung. Ist es wirklich erforderlich – wie der *BGH* meint – die allgemeinen Regeln des Vertragsrechts zu ignorieren? Darüber wird im juristischen Schrifttum gestritten. Dabei besteht allerdings weitgehend Einigkeit, dass der Lehre vom Vertragsschluss kraft sozialtypischen Verhaltens nicht zu folgen ist, sondern andere Lösungen gesucht werden müssen.[29] Meinungsverschiedenheiten bestehen hinsichtlich der Frage, ob diese Lösungen auf vertraglicher Grundlage gefunden werden können.

- Die überwiegende Auffassung bejaht dies und wertet die Inanspruchnahme der Leistung nach ihrem objektiven Erklärungswert als Vertragsannahme. Gegenüber diesem Verhalten sei die im Widerspruch dazu stehende ausdrückliche Erklärung unbeachtlich – protestatio facto contraria non valet (= eine Verwahrung gegen das entgegengesetzte Verhalten gilt nicht).[30]
- Im Gegensatz dazu steht die Meinung, es sei mit dem Grundsatz der Vertragsfreiheit (vgl. Rn. 98) unvereinbar, die Erklärung, man wolle keinen Vertrag schließen, für unbeachtlich zu halten. Das Interesse desjenigen, der die Leistung zur Verfügung stelle, könnte auch mit Mitteln des Bereicherungsrechts und des Deliktsrechts angemessen geschützt werden, ohne dass deshalb der Weg vertraglicher Konstruktionen gegangen werden müsste.[31]

---

[28] Vgl. MünchKomm/*Kramer*, Einleitung (vor § 241), Rn. 63 f., zur Lehre von faktischen Vertragsverhältnissen insgesamt Rn. 65 ff.

[29] Vgl. die Nachweise bei *Larenz*, Allgemeiner Teil des deutschen Bürgerlichen Rechts, 7. Aufl. 1989, § 28 II (S. 534 ff.), der ganz wesentlich die Entwicklung der Lehre vom Vertragsschluss kraft sozialtypischen Verhaltens förderte, jedoch seit der 7. Aufl. seines Lehrbuchs diese Auffassung aufgegeben hat.

[30] *Rüthers/Stadler*, § 19 Rn. 34; Soergel/*Hefermehl*, vor § 116 Rn. 39; *Weth*, JuS 1998, 795, 796 f.

[31] *Köhler*, AT, § 8 Rn. 29; MünchKomm/*Kramer* Einleitung (vor § 241) Rn. 66.

II. Der Vertragsschluss

Auf diesen Meinungsstreit im Einzelnen einzugehen und sich mit den verschiedenen Argumenten auseinander zu setzen, ist im Rahmen eines Grundkurses nicht erforderlich. Es genügen die Kenntnis des Problems und einige Hinweise zu seiner Lösung. Mit der h. M. ist davon auszugehen, dass derjenige, der eine Leistung in Anspruch nimmt, die der Anbieter nur – wie allgemein und damit auch ihm bekannt ist – im Rahmen eines gültigen Vertragsverhältnisses erbringen will, durch konkludentes Verhalten einen Vertrag schließt. Dieser Wertung kann auch nicht die entgegengesetzte Erklärung des Konsumenten widersprechen, weil tatsächliches Verhalten (Inanspruchnahme der Leistung) und Erklärung (keinen Vertrag schließen zu wollen) als Gesamtverhalten gewertet werden müssen und hierbei „unter dem Strich" als Ergebnis herauskommt, dass er durch die Inanspruchnahme der Leistung trotz seiner anders lautenden Erklärung die Vertragsofferte annimmt.[32]

146

Fälle und Fragen

15. Geben Sie bitte eine Beschreibung des Begriffs „Vertrag"!
16. A bietet B schriftlich eine bestimmte Münze zum Preis von 250,- € an. B antwortet, er sei mit dem Angebot einverstanden, wolle aber nur 200,- € zahlen. Auf das Schreiben des B reagiert A nicht mehr. Ist ein Vertrag zustande gekommen?
17. Worin besteht der Unterschied zwischen einseitig verpflichtenden und zweiseitig verpflichtenden Verträgen und wie lassen sich zweiseitig verpflichtende Verträge noch weiter unterteilen? Aus welchem Grund ist die Unterscheidung zwischen verschiedenen Arten von Verträgen bedeutsam?
18. Was bedeutet der Grundsatz der Vertragsfreiheit?
19. Nach welchen Gesichtspunkten sind empfangsbedürftige Willenserklärungen auszulegen?
20. Welchen Erklärungswert hat das Schweigen?
21. A annonciert in der Zeitung, dass er eine bestimmte Stereoanlage zum Preise von 200,- € verkaufen wolle. Daraufhin schreibt ihm B: „Ich nehme hiermit ihr Vertragsangebot an und bitte um umgehende Übersendung der Anlage. Einen Verrechnungsscheck über 200,- € füge ich bei." Ist ein Vertrag zwischen A und B zustande gekommen?
22. Muss sich das Angebot zum Abschluss eines Vertrages stets an eine bestimmte Person richten?
23. In welchem Zeitpunkt erlischt die Bindung an die Vertragsofferte?
24. Wie lässt sich der Inhalt der Annahme des Antrages zum Abschluss eines Vertrages beschreiben?
25. A nimmt aus der Buchhandlung des B ein Buch zur Ansicht mit. A beginnt das Buch zu lesen, schreibt Bemerkungen an den Rand und legt es nach einer Weile verärgert weg, weil es ihm überhaupt nicht gefällt. B verlangt von A den Kaufpreis für das Buch. Mit Recht?

---

[32] Ganz in diesem Sinne hat der *BGH* (BGHZ 95, 393, 399 = NJW 1986, 177) erklärt, dass in der neueren Rechtsprechung eine derartige Verwahrung für unbeachtlich angesehen werde; ebenso *BGH* NJW 2003, 3131; NJW-RR 2005, 639, 640.

26. Kann der Antrag zum Abschluss eines Vertrages auch noch angenommen werden, wenn der Antragende nach Absendung und vor Zugang der Offerte stirbt? Wie ist zu entscheiden, wenn der Antragsadressat vor Zugang der Offerte stirbt?
27. Volz bietet Kunz einen gebrauchten Pkw zum Kauf an. Über den Kaufpreis kann man sich nicht einigen. Daraufhin erklärt Volz: „Nehmen Sie ruhig einmal den Wagen mit nach Hause und fahren Sie ihn eine Weile. Wir werden uns über den Preis dann schon einig werden." Kommt ein Vertrag zustande, wenn Kunz den Wagen daraufhin mitnimmt?
28. Welche Vertragspunkte betreffen die Regelungen der §§ 154 und 155?
29. Durstig, ein Stammkunde des Einzelhändlers Handel, verwendet stets für deutschen Kornbranntwein die Bezeichnung „Wodka". Als er Handel anruft und ihn bittet, zwei Flaschen Wodka zu liefern, packt dieser zwei Flaschen deutschen Kornbranntwein ein und lässt sie dem Durstig bringen. Ist hier ein Vertrag (worüber?) zustande gekommen?
30. A parkt seinen Pkw, ohne die Schilder zu bemerken, die darauf hinweisen, dass es sich um einen bewachten, gebührenpflichtigen Parkplatz handelt. Als er zu seinem Fahrzeug zurückkehrt, wird von ihm die Zahlung von 2,– € verlangt. Mit Recht? Ändert sich etwas an der Entscheidung, wenn A zwar die Schilder bemerkt, aber dem Parkwächter ausdrücklich erklärt hätte, er wollte keine Bewachung und würde auch nichts bezahlen?

§ 4. Das Schuldverhältnis

I. Überblick über das Recht der Schuldverhältnisse

a) Zum Begriff

Bei der Darstellung der verschiedenen Arten von Verträgen ist bereits darüber gesprochen worden, dass schuldrechtliche Verträge zwischen den Vertragspartnern Forderungsbeziehungen entstehen lassen, die einen Anspruch des einen, des Gläubigers, gegen den anderen, den Schuldner, zum Inhalt haben (vgl. Rn. 92). Sie wissen auch, dass als Anspruch das Recht bezeichnet wird, von einem anderen, dem Schuldner, ein Tun oder ein Unterlassen zu fordern (vgl. ebenfalls Rn. 92).

Die Forderungsbeziehung zwischen Gläubiger und Schuldner wird im BGB als „Schuldverhältnis" bezeichnet (vgl. § 241 Abs. 1). Aber nicht nur in einem engeren Sinn als Recht auf Leistung[1] wird der Begriff des Schuldverhältnisses im BGB verwendet, sondern **auch noch in einem weiteren Sinn, der das gesamte Rechtsverhältnis umfasst,** aus dem sich die einzelnen Forderungsbeziehungen zwischen den Beteiligten ergeben.

In diesem weiteren Sinn ist der Begriff z.B. in § 241 Abs. 2, in der Überschrift des zweiten Buches des BGB („Recht der Schuldverhältnisse") und auch in der Überschrift des zweiten Abschnitts dieses zweiten Buches („Gestaltung rechtsgeschäftlicher Schuldverhältnisse durch Allgemeine Geschäftsbedingungen") verwendet worden.

b) Gesetzliche Regelung

Im zweiten Buch des BGB, das die §§ 241 bis 853 umfasst, ist das „Recht der Schuldverhältnisse" enthalten. Das Verhältnis zwischen dem ersten Buch („Allgemeiner Teil") und dem zweiten Buch besteht darin, dass sich im ersten Buch allgemeine Regeln finden, die gleichsam „vor die Klammer gezogen" sind und grundsätzlich für alle anderen Bücher des BGB, also auch für das Schuldrecht gelten, während das zweite Buch spezielle Bestimmungen für Schuldverhältnisse zum Inhalt hat. Innerhalb des zweiten Buches ist wiederum ein „Allgemeiner Teil" des Schuldrechts vorangestellt, und zwar die §§ 241 bis 432, die in sieben Abschnitte gegliedert sind. Auf sie folgt der achte Abschnitt über „Einzelne Schuldverhältnisse" (§§ 433 bis 853). Dementsprechend wird in der Rechtswissen-

---

[1] Die vom Schuldner zu erbringende Leistung kann in einem positiven Tun (z.B. Überlassen der gemieteten Sache) oder – wie § 241 Abs. 1 S. 2 ausdrücklich klarstellt – auch in einem Unterlassen (z.B. Unterlassen der Errichtung eines Gewerbebetriebes, der in Konkurrenz zu dem des Gläubigers tritt) bestehen.

schaft zwischen dem „Allgemeinen Teil" und dem „Besonderen Teil" des Schuldrechts unterschieden.²

150 Auch außerhalb des zweiten Buches des BGB gibt es Schuldverhältnisse; als Beispiel lassen sich die im Allgemeinen Teil bestimmte Haftung des Vertreters ohne Vertretungsmacht (vgl. § 179) und das im Sachenrecht vorkommende Schuldverhältnis zwischen dem Verlierer und Finder einer Sache (vgl. §§ 965 ff.) anführen. Auch für diese Schuldverhältnisse außerhalb des zweiten Buches gilt der Allgemeine Teil des Schuldrechts.

c) Entstehungsgründe

151 **Ein Schuldverhältnis wird entweder durch Rechtsgeschäft oder kraft Gesetzes begründet.** Der regelmäßige Entstehungsgrund für ein rechtsgeschäftliches Schuldverhältnis ist der Abschluss eines Vertrages; ausnahmsweise lässt das Gesetz auch die Begründung durch einseitiges Rechtsgeschäft zu (vgl. § 311 Abs. 1). Schuldrechtliche Beziehungen können darüber hinaus schon vor einem Vertragsschluss entstehen (§ 311 Abs. 2; dazu Einzelheiten später).

Als Beispiel für die Begründung eines Schuldverhältnisses durch einseitiges Rechtsgeschäft sei die Auslobung (vgl. § 657) genannt. Wer durch öffentliche Bekanntmachung eine Belohnung für die Vornahme einer Handlung aussetzt (z. B. Zeitungsinserat folgenden Inhalts: 100,– € Belohnung für denjenigen, der meinen entflogenen Wellensittich zurückbringt), der ist verpflichtet, die Belohnung demjenigen zu gewähren, der die Handlung vorgenommen hat, auch wenn dieser nicht mit Rücksicht auf die Auslobung gehandelt hat. Die rechtliche Verpflichtung des Auslobenden zu einer Leistung, zur Entrichtung der Belohnung, wird also durch ein einseitiges Rechtsgeschäft begründet, das nicht empfangsbedürftig ist: Denn nur aufgrund der rein tatsächlichen Vornahme der in der Auslobung genannten Handlung und nicht etwa aufgrund einer rechtsgeschäftlichen Mitwirkung eines anderen (mittels Willenserklärung) entsteht der Belohnungsanspruch gegen den Auslobenden.

152 **Schuldverhältnisse** werden auch **kraft Gesetzes**, und zwar durch Verwirklichung des gesetzlichen Tatbestandes begründet, der die Verpflichtung des Schuldners zu einer bestimmten Leistung ausspricht.

Zur Erläuterung kann auf das oben (Rn. 36) angeführte Beispiel der Beschädigung des Autos des Eich durch Schussel beim Einparken verwiesen werden. Durch das Verhalten des Schussel wird der Tatbestand des § 823 Abs. 1 verwirklicht, und es entsteht dadurch seine Verpflichtung, den von ihm verursachten Schaden zu ersetzen. Auf diese Weise wird also Eich Gläubiger einer gegen Schussel als Schuldner gerichteten Schadensersatzforderung.

153 Die praktisch wichtigsten gesetzlichen Schuldverhältnisse sind im zweiten Buch des BGB geregelt. Es handelt sich dabei um Tatbestände der unerlaubten Handlung (§§ 823 ff.), der Geschäftsführung ohne Auftrag (§§ 677 ff.) und der ungerechtfertigten Bereicherung (§§ 812 ff.); Einzelheiten zu diesen gesetzlichen Schuldverhältnissen später.

---

² Verschaffen Sie sich dadurch einen Überblick über den Aufbau und die Gliederung des BGB, dass Sie eingehend die diesem Gesetz vorangestellte Übersicht betrachten!

I. Überblick über das Recht der Schuldverhältnisse 73

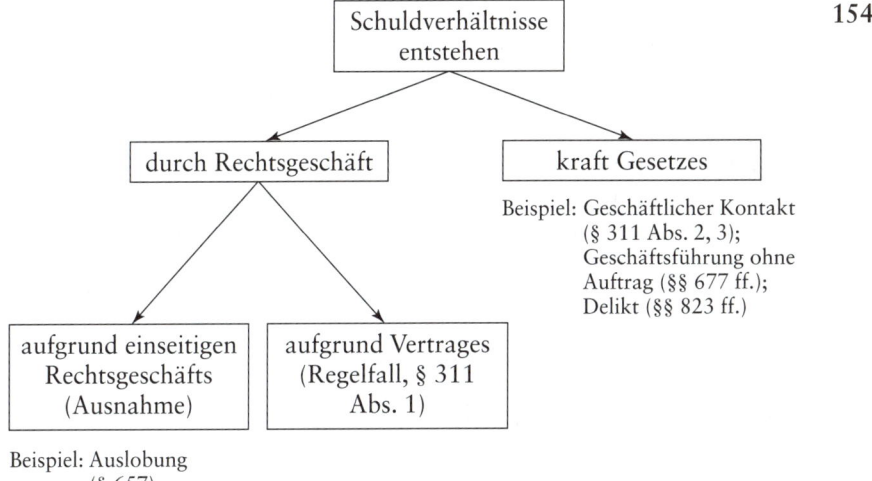

154

d) Arten

Innerhalb der Schuldverhältnisse lassen sich Unterscheidungen nach verschiedenen Gesichtspunkten treffen: **155**
- Die bereits oben (Rn. 151) vorgenommene Trennung zwischen rechtsgeschäftlichen und gesetzlichen Schuldverhältnissen berücksichtigt den Entstehungsgrund.
- Nach der Dauer der Leistungspflichten kann man zwischen Dauerschuldverhältnissen und sonstigen („einfachen") Schuldverhältnissen unterscheiden. Im Gegensatz zu anderen („einfachen") Schuldverhältnissen ist das Dauerschuldverhältnis auf einen längeren (befristeten oder unbefristeten) Zeitraum angelegt, während dessen die Vertragspartner einander Leistungen laufend zu gewähren haben.

Bei der Miete bleibt der Vermieter während der gesamten Dauer der Mietzeit zur Überlassung der vermieteten Sache verpflichtet; der Mieter hat in aller Regel einen in der Höhe von der Dauer der Mietzeit abhängigen Mietzins zu entrichten; ist der Mietzins durch laufende Geldleistungen zu erbringen, wie beispielsweise bei der Miete von Räumen, dann entsteht die Verpflichtung zur Zahlung im Zeitablauf ständig neu. Im Gegensatz dazu erfüllen die Vertragsparteien eines Kaufvertrages ihre vertraglichen Leistungspflichten regelmäßig auf einmal. Verkauft z. B. Volz dem Kunz eine Stereoanlage, dann erfüllt er als Verkäufer seine Vertragspflichten durch Übergabe und Übereignung der mangelfreien Kaufsache (vgl. § 433 Abs. 1) sowie der Käufer Kunz durch Zahlung des vereinbarten Kaufpreises und durch Abnahme des Apparats (§ 433 Abs. 2). Im Gegensatz zur Miete ist also der Kaufvertrag regelmäßig kein auf Dauer ausgerichtetes Schuldverhältnis.

Eine besondere Art der Dauerschuldverhältnisse bildet der Dauerlieferungs- oder Bezugsvertrag, der auf unbestimmte oder zumindest auf längere Zeit abgeschlossen wird und bei dem die Leistungsmenge bei Ver- **156** tragsschluss nicht feststeht, sondern sich nach dem Bedarf des Abnehmers richtet.

Beispiel: Lieferung von Bier durch eine Brauerei an einen Gastwirt entsprechend dem Bedarf in der Gastwirtschaft (Bierlieferungsvertrag).

Der Ratenlieferungsvertrag im engeren Sinn bezieht sich dagegen vor allem auf eine von vornherein fest bestimmte Menge gleichartiger Güter, die in Teilmengen (Raten) geliefert werden soll.[3] Der Ratenlieferungsvertrag im engeren Sinn wird regelmäßig nicht als ein Dauerschuldverhältnis angesehen, weil bei ihm das Zeitmoment meistens keine Rolle spielt.[4]

Beispiel: Verkauf von 30.000 l Heizöl, lieferbar in drei Raten von je 10.000 l zu bestimmten Zeitpunkten oder nach Abruf.

157 In § 510 wird der Begriff „Ratenlieferungsvertrag" in einem weiteren Sinn verwendet, der auch den Bezugsvertrag mit umfasst.

- § 510 Abs. 1 Nr. 1 betrifft einen Kaufvertrag oder einen Vertrag i.S.v. § 651 über eine Gesamtmenge, die in Teilleistungen zu erbringen und in Teilzahlungen zu vergüten ist (Beispiel: Erwerb eines mehrbändigen juristischen Kommentars, bei dem jeder Band nach Erscheinen geliefert und bezahlt wird.).
- § 510 Abs. 1 Nr. 2 erfasst Kaufverträge und Verträge gem. § 651 über regelmäßig zu liefernde Sachen in einer fest bestimmten Menge (Beispiel: Zeitschriftenabonnement).
- § 510 Abs. 1 Nr. 3 ergänzt die in Nr. 1 und 2 getroffenen Regelungen und bezieht sich auf wiederkehrende Erwerbs- und Bezugsverpflichtungen, die regelmäßig innerhalb von Rahmenverträgen eingegangen werden, nach denen der Schuldner verpflichtet ist, zu bestimmten Konditionen Einzelverträge zu schließen. (Beispiel: Verpflichtung zum Bezug von Büchern im Rahmen einer Mitgliedschaft in einer Buchgemeinschaft). Es handelt sich also um einen Bezugsvertrag, während § 510 Abs. 1 Nr. 1 und 2 Ratenlieferungsverträge zum Gegenstand haben.

Werden die in § 510 geregelten Verträge zwischen einem Verbraucher (§ 13) und einem Unternehmer (§ 14) geschlossen, dann wird dem Verbraucher ein Widerrufsrecht gem. § 355 eingeräumt, sofern nicht die in § 510 Abs. 1 S. 2 genannten Ausnahmen zutreffen. Nach § 510 Abs. 2 S. 1 muss ein solcher Vertrag schriftlich geschlossen werden (Ausnahme in Abs. 2 S. 2), und der Vertragsinhalt muss dem Verbraucher in Textform (vgl. Rn. 53) mitgeteilt werden.

158 Die Unterscheidung zwischen Dauerschuldverhältnissen und anderen ist insbesondere bedeutsam für die Rechtsfolgen, die sich beim vertragswidrigen Verhalten eines Partners ergeben. Bei Dauerschuldverhältnissen können sich hieraus nur Wirkungen für die Zukunft und nicht auch für

---

[3] Im Schrifttum wird von manchen als Oberbegriff für Dauer- und Ratenlieferungsverträge die Bezeichnung Sukzessivlieferungsverträge verwendet. Da jedoch die Terminologie nicht einheitlich ist und bald vom Sukzessivlieferungsvertrag nur in Bezug auf den Dauerlieferungsvertrag gesprochen wird, bald diese Bezeichnung als Synonym für den Ratenlieferungsvertrag verwendet wird, sollte dieser Begriff gänzlich vermieden werden.

[4] Dass dies auch anders sein kann, sei lediglich angemerkt; vgl. MünchKomm/*Kramer*, Einl. vor § 241 Rn. 98 Fn. 422.

die bereits in der Vergangenheit vertragsgerecht abgewickelten Teile ergeben; auf diese Fragen wird später zurückzukommen sein.

II. Inhalt des Schuldverhältnisses

a) Forderungsrecht und Leistungspflicht

Je nach der Betrachtungsweise kann man entweder von dem Recht des Gläubigers, eine Leistung (Tun oder Unterlassen) zu fordern, oder von der Pflicht des Schuldners, eine Leistung zu erbringen, sprechen; **Forderungsrecht des Gläubigers** und **Leistungspflicht des Schuldners** bezeichnen also die gleiche Erscheinung. Was der Gläubiger zu fordern und der Schuldner zu leisten hat, das richtet sich nach dem einzelnen Schuldverhältnis. 159

Beispiel: In dem bereits oben (Rn. 155) gebrachten Beispielsfall des Kaufs einer Stereoanlage ist – wie bereits bemerkt – Volz als Verkäufer verpflichtet, Kunz die Anlage frei von Sach- und Rechtsmängeln (dazu Einzelheiten später) zu übergeben und das Eigentum daran zu verschaffen (§ 433 Abs. 1). Kunz als Käufer hat somit eine entsprechende Forderung. Er ist seinerseits verpflichtet, dem Volz den vereinbarten Kaufpreis zu zahlen und die gekaufte Sache abzunehmen (§ 433 Abs. 2), und Volz ist dann Gläubiger entsprechender Forderungen.

Kommt der Schuldner seiner sich aus dem Schuldverhältnis ergebenden Leistungspflicht nicht nach, dann können sich aus diesem Verhalten weitere Ansprüche des Gläubigers gegen ihn ergeben. 160

Beispiel: Volz hat dem Kunz verbindlich die Lieferung der Stereoanlage zum 01.03. zugesagt, weil an diesem Tag Kunz eine Diskothek eröffnen will und die Stereoanlage dort verwendet werden soll. Als Volz nicht rechtzeitig liefert, muss die Eröffnung der Diskothek um einige Tage hinausgeschoben werden. Dadurch entsteht Kunz ein Schaden. Diesen Verzugsschaden muss Volz dem Kunz nach § 280 Abs. 1, 2 i.V.m. § 286 ersetzen; Einzelheiten dazu später.

Die Verpflichtung zur Lieferung der Stereoanlage ergibt sich unmittelbar aus dem Kaufvertrag, also aus der rechtsgeschäftlichen Vereinbarung selbst; diese Pflicht ist also eine **primäre Leistungspflicht**. Dagegen stellt sich die Pflicht zur Leistung von Schadensersatz als Folge der Verletzung der primären Leistungspflicht dar; man kann sie deshalb auch als **sekundäre Leistungspflicht** bezeichnen. Die sekundäre Leistungspflicht kann – wie im Beispielsfall – neben der primären bestehen, so dass der Schuldner beide (Pflicht zur Lieferung und Pflicht zur Leistung von Schadensersatz) zu erfüllen hat. Die sekundäre Pflicht kann aber auch an die Stelle der primären treten. 161

Beispiel: Volz liefert trotz Fristsetzung nicht, obwohl ihm Kunz androht, die Anlage später nicht mehr abzunehmen. Um die Diskothek eröffnen zu können und nicht noch einen größeren Schaden durch die Verzögerung zu erleiden, kauft Kunz eine andere Stereoanlage und installiert sie in seinem Lokal. Daraufhin lehnt er die Lieferung durch Volz ab und verlangt von ihm Schadensersatz u.a. auch dafür, dass er einen höheren Preis für die zweite Stereoanlage zahlen musste (vgl. § 280 Abs. 1, 3 i.V.m. § 281).

Die Unterscheidung zwischen primären und sekundären Leistungspflichten ist schon deshalb wichtig, weil ihre Voraussetzungen unterschiedlich sind. **Nur wenn man festgestellt hat, dass sich aus dem Schuldverhältnis eine bestimmte primäre Leistungspflicht ergibt, kann die Frage ihrer Verletzung und damit die Entstehung einer sekundären Leistungspflicht geprüft werden.**

162 Kommt der Schuldner seiner Leistungspflicht nicht freiwillig nach, dann kann ihn in aller Regel der Gläubiger dazu zwingen. Allerdings ist grundsätzlich die Selbsthilfe verboten (Ausnahme: § 229) und der Gläubiger zur Durchsetzung seines Anspruchs auf den Rechtsweg verwiesen. Der Staat stellt seinen Bürgern mit den Gerichten Institutionen zur Verfügung, die dem Einzelnen bei der Durchsetzung seiner Rechtsansprüche helfen. Der Gläubiger muss den Schuldner verklagen und kann aus dem Urteil, das die Leistungspflicht des Schuldners ausspricht, gegen diesen vollstrecken. Da das gesamte Vermögen des Schuldners (von Ausnahmen abgesehen, die hier nicht interessieren) dem Zugriff in der Zwangsvollstreckung unterliegt, kann davon gesprochen werden, dass der Schuldner mit seinem Vermögen für seine Schuld „haftet".

Die Bezeichnung „Haftung" wird in der Rechtssprache jedoch nicht nur in dieser Bedeutung des Unterworfenseins des Schuldners mit seinem Vermögen unter den Vollstreckungszugriff des Gläubigers verstanden, sondern auch noch in einem anderen Sinn verwendet. Wenn üblicherweise (wenn auch nicht vom Gesetz selbst) von der Haftung des Aufsichtspflichtigen (vgl. § 832) oder von der Haftung des Tierhalters (vgl. § 833) die Rede ist, dann wird dieser Begriff i. S. e. Einstehenmüssens für verursachte Schäden gebraucht.

163 Regelmäßig ist also mit der **Schuld die Haftung** verbunden. Es gibt jedoch auch Fälle, in denen von einer **Schuld ohne Haftung** gesprochen werden kann, weil zwar der Schuldner erfüllen kann, aber nicht muss.[5] So kann bei einer verjährten Forderung (vgl. §§ 194 ff.) der Schuldner zwar leisten und das Geleistete dann nicht zurückfordern (vgl. § 214 Abs. 2 S. 1), aber er kann jederzeit die Leistung verweigern (vgl. § 214 Abs. 1). Beruft er sich also auf die Verjährung, dann ist eine gegen ihn erhobene Klage wegen der verjährten Forderung abzuweisen. Spiel- und Wettschulden begründen überhaupt keine Verbindlichkeiten; aber auch hier kann das Geleistete nicht zurückgefordert werden (vgl. § 762 Abs. 1). Die häufig gehörte Bemerkung, dass Spiel- und Wettschulden Ehrenschulden seien, ist somit vollkommen zutreffend; sie sind es, weil es allein vom Ehrgefühl des Schuldners abhängt, ob er sie begleicht. In solchen Fällen, in denen das Gesetz eine (rechtliche) Verbindlichkeit ausschließt, spricht man von einer „**natürlichen**" **Verbindlichkeit (Naturalobligation)**, um der Tatsache Rechnung zu tragen, dass die Forderung zwar nicht vom Gläubiger durchgesetzt, wohl aber vom Schuldner erfüllt werden kann, und mit der Erfüllung ein Rechtszustand eintritt, als habe der Schuldner einer ihm obliegenden (rechtlichen) Pflicht genügt.

---

[5] Vgl. *Schulze*, JuS 2011, 193.

b) Die geschuldete Leistung

Was die Parteien bei einem vertraglichen Schuldverhältnis[6] zum Gegenstand einer geschuldeten Leistung machen, ist ihnen überlassen. Sie müssen sich allerdings dabei an den Gesetzen und den guten Sitten orientieren und dürfen nicht verbotene oder sittenwidrige Leistungen vereinbaren (vgl. Rn. 98). 164

Welche Rechtsfolgen eintreten, wenn ein Rechtsgeschäft gegen ein gesetzliches Verbot verstößt, muss von Fall zu Fall aufgrund der Verbotsnorm entschieden werden. Soweit nicht das Verbotsgesetz selbst die Rechtsfolge anordnet, muss durch Auslegung des Verbotsgesetzes ermittelt werden, ob sich eine Nichtigkeit des verbotswidrigen Rechtsgeschäfts ergibt. § 134 stellt dies ausdrücklich klar, indem er die Nichtigkeitsfolge nur anordnet, „wenn sich nicht aus dem Gesetz ein anderes ergibt" (dazu EK BGB Rn. 9 f.).[7] 165

Nach § 138 Abs. 1 ist ein Rechtsgeschäft, das gegen die guten Sitten verstößt, nichtig. Mit dieser Vorschrift lernen wir eine Generalklausel kennen, die für ihre Anwendung konkretisiert und ausgefüllt werden muss. Was den „guten Sitten" entspricht und was gegen sie verstößt, darüber gehen die Meinungen im Laufe der Zeit, aber auch heute in unserer Gesellschaft auseinander. In vielen Fällen wird allerdings die Antwort auf die Frage, ob ein Rechtsgeschäft nach § 138 nichtig ist, keine Schwierigkeiten bereiten, etwa wenn die vom Vermieter erzwungene Vereinbarung zu beurteilen ist, dass Kinder in der Mietwohnung nicht wohnen dürfen und dass die Geburt eines Kindes ihn zur Auflösung des Mietverhältnisses berechtigen soll. In anderen Fällen fällt die Entscheidung häufig nicht so leicht. Die in Rechtsprechung und Schrifttum zur Erläuterung des Tatbestandes der Sittenwidrigkeit verwendeten Formeln helfen hierbei gerade in Zweifelsfällen nicht sehr viel weiter. Dies gilt auch für die häufig gebrauchte, bereits in den Motiven zum BGB[8] zu findende Verweisung auf das „Anstandsgefühl aller billig und gerecht Denkenden". Die beste Orientierungshilfe bieten Fallgruppen, in denen insbesondere von der höchstrichterlichen Rechtsprechung entschiedene Fälle zusammengefasst werden, für deren Entscheidung gleiche Kriterien maßgebend sind (vgl. Rn. 800). Aus diesen einzelnen Fallgruppen lassen sich verallgemeinerungsfähige Merkmale ableiten und bei Erörterung des konkreten Falles verwenden.[9] 166

---

[6] Die folgende Betrachtung ist zunächst auf das vertragliche Schuldverhältnis beschränkt. Soweit sich für gesetzliche Schuldverhältnisse Besonderheiten ergeben, werden sie bei Darstellung dieser Schuldverhältnisse behandelt.
[7] Vgl. *Larenz/Wolf,* § 40 Rn. 1 ff.
[8] Motive Bd. II S. 727 (vgl. Rn. 37 Fn. 1).
[9] Die Bildung von Fallgruppen wird häufig dazu benutzt, um durch einleuchtende Beispiele den Inhalt unbestimmter und konkretisierungsbedürftiger Rechtsbegriffe zu erläutern und zu verdeutlichen. Durch Herausarbeitung der für die einzelne Gruppe

Auf diese Fallgruppen kann hier im Einzelnen nicht eingegangen werden. Beispielhaft seien hier genannt: sittenwidrige Einschränkungen der wirtschaftlichen Bewegungsfreiheit des Schuldners (Verbot, mit anderen Lieferanten oder Banken Geschäfte abzuschließen), Zuwendungen von Schmiergeldern, missbräuchliche Ausnutzung einer Macht- oder Monopolstellung, Wucher (vgl. § 138 Abs. 2)[10] und die Einschränkung der Entscheidungsfreiheit im sexuellen Bereich, insbesondere die rechtsgeschäftliche Verpflichtung zu einem bestimmten geschlechtlichen Verhalten.[11]

1. Stückschuld und Gattungsschuld

167 Der Gegenstand einer Leistung kann individuell oder aber auch nur der Gattung nach bestimmt sein.

Beispiele: Volz verkauft seinen gebrauchten Pkw an Kunz. Es handelt sich hierbei um eine bestimmte Sache, um eine sog. Spezies- oder Stückschuld.

Der Einzelhändler Klein bestellt beim Großhändler Groß 10 Zentner Zucker. Hier ist die geschuldete Leistung nur nach Gattungsmerkmalen bestimmt; es wird eine bestimmte Menge „Zucker" schlechthin geschuldet. Deshalb geht es hier um eine Genus- oder Gattungsschuld.

168 Der Schuldner einer nur der Gattung nach bestimmten Sache ist nicht verpflichtet, einen bestimmten Gegenstand aus der Gattung zu liefern. Er hat vielmehr das Recht, aus der Gattung dasjenige auszuwählen, das er liefern will, und muss hierbei nur eine Sache mittlerer Art und Güte aussuchen (§ 243 Abs. 1), soweit die Vertragsparteien nicht eine andere Qualität vereinbart haben. Lässt also die von den Vertragsparteien vorgenommene Umschreibung der Gattung die Auswahl zwischen verschiedenen Qualitäten zu, dann wird Durchschnittsware geschuldet.

169 Die **Abgrenzung zwischen Stückschuld und Gattungsschuld** ist im Zweifelsfall aufgrund der von den Vertragsparteien getroffenen Absprachen vorzunehmen. Hierbei ist zu berücksichtigen, dass die Parteien durch zusätzliche Merkmale die Gattung immer stärker einschränken können.

Beispiel: Wein – Moselwein – Moselwein aus Braunberg – Brauneberger Juffer.

170 Einschränkende Merkmale lassen eine Schuld erst dann nicht mehr Gattungsschuld sein, sondern machen sie zur Stückschuld, wenn durch die Einschränkung erreicht wird, dass alle Stücke der Gattung geschuldet sind und der Schuldner folglich auch keine Auswahl aus einer Gattung treffen kann.

Beispiel: Verkauf der Jahresproduktion eines Unternehmens. Hier handelt es sich um eine Stückschuld, da sämtliche produzierten Sachen geschuldet sind. Anders dagegen ist zu entscheiden, wenn 80 Prozent der Jahresproduktion geliefert werden sollen (sog. beschränkte Gattungsschuld; dazu Einzelheiten später).

---

maßgebenden Kriterien können auf diese Weise allgemeingültige Maßstäbe gewonnen werden (vgl. dazu auch *Larenz*, Methodenlehre der Rechtswissenschaft, 6. Aufl. 1991, S. 288 ff.).

[10] Vgl. dazu *BGH* NJW 2003, 1860.

[11] Zu diesen und anderen Fallgruppen eingehend MünchKomm/*Armbrüster*, § 138 Rn. 33 ff., m.w.N.; vgl. auch EK BGB Rn. 12 ff.

Auch bei der Gattungsschuld können Gegenstand der vom Schuldner 171
(konkret) zu erbringenden Leistung letztlich nur individuell bestimmte
Stücke sein, die der Schuldner auswählt, um sie dann dem Gläubiger zu
leisten. Mit der Auswahl aus der Gattung wird ein Vorgang eingeleitet,
der dazu führt, dass sich die Gattungsschuld in eine Stückschuld wandelt,
dass also die zunächst nach ihrem Gegenstand noch unbestimmte Gattungsschuld zu einer (bestimmten) Stückschuld wird. Diesen Vorgang
nennt man „Konkretisierung" oder „Konzentration" der Gattungsschuld.

Nicht mehr irgendwelche nur mit Gattungsmerkmalen bezeichnete 10 Zentner Zucker, sondern konkrete, ganz bestimmte 10 Zentner machen nunmehr die geschuldete Lieferung aus.

Hierfür ist erforderlich, dass „der Schuldner das zur Leistung einer sol- 172
chen Sache seinerseits Erforderliche getan" hat (§ 243 Abs. 2). Zum einen
muss der Schuldner aus der Gattung eine Sache der geschuldeten Qualität, also vorbehaltlich einer anderen Vereinbarung eine solche von mittlerer Art und Güte, auswählen, um sie zum Gegenstand seiner Leistung zu
machen (§ 243 Abs. 1). Was auf Seiten des Schuldners noch erforderlich
ist, damit eine Konkretisierung der Gattungsschuld eintritt, richtet sich
nach der Art der Schuld.

Ist die geschuldete Sache vom Gläubiger beim Schuldner abzuholen, 173
dann handelt es sich um eine sog. Holschuld. Bei ihr liegen der Leistungs- und Erfolgsort beim Schuldner.

Der Leistungsort ist derjenige Ort, an dem der Schuldner die Leistungshandlungen
vorzunehmen hat. Leistungshandlungen sind diejenigen Handlungen, die auf Seiten des
Schuldners erforderlich sind, damit der mit dem Schuldverhältnis bezweckte Erfolg eintreten kann. Beim Kaufvertrag besteht der Erfolg der vom Verkäufer zu erbringenden
Leistung in dem Erwerb des Besitzes und des Eigentums der Kaufsache durch den Käufer. Der Ort, an dem dieser Erfolg eintritt, ist der **Erfolgsort**.

Nach dem Gesetz (vgl. § 269 Abs. 1) ist die Holschuld der Regelfall; 174
soweit nicht die Vertragspartner etwas anderes bestimmen oder sich aus
den Umständen, insbesondere aus der Natur des Schuldverhältnisses etwas anderes ergibt (Beispiel: Gegenstand der Leistung ist die Reparatur
einer defekten Heizungsanlage, die selbstverständlich an Ort und Stelle
vorzunehmen ist), muss die Leistung am Ort des Wohnsitzes oder der gewerblichen Niederlassung des Schuldners (vgl. § 269 Abs. 2) erbracht
werden. Besonderheiten gelten für Geldschulden (vgl. § 270); dazu später.

Hat der Schuldner es übernommen, die geschuldete Sache dem Gläubi- 175
ger zu bringen, dann handelt es sich um eine Bringschuld. Bei ihr fallen
der Leistungs- und der Erfolgsort mit dem Wohnsitz oder – wenn die Forderung im Gewerbebetrieb des Gläubigers entstanden ist – mit dem Ort
der gewerblichen Niederlassung des Gläubigers zusammen.

Geht schließlich die vertragliche Abrede zwischen den Vertragsparteien 176
dahin, dass der Schuldner die geschuldete Sache an den Gläubiger (z. B.
mit der Bahn oder Post) versenden soll, dann handelt es sich um eine sog.

Schickschuld. Bei ihr liegt der Leistungsort beim Schuldner, der Erfolgsort beim Gläubiger.

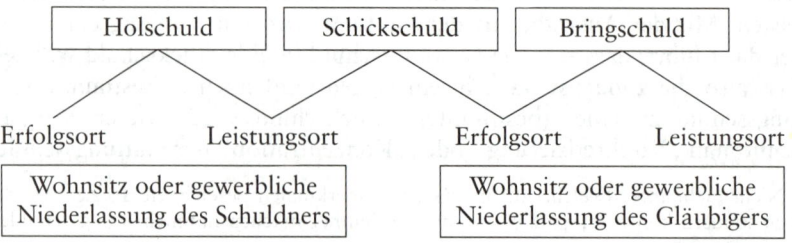

177 Entsprechend diesen verschiedenen Schuldtypen treffen den Schuldner unterschiedliche **Pflichten**:
- Bei der **Holschuld** hat der Schuldner das seinerseits Erforderliche getan, wenn er den zu leistenden Gegenstand aussondert, d.h. eine Sache der geschuldeten Qualität aus der Gattung auswählt (vgl. Rn. 189), und für den Gläubiger bereitstellt (man kann deshalb auch die Holschuld, wenn man auf die Verpflichtung des Schuldners sieht, als **Bereitstellungsschuld** bezeichnen[12]). Allerdings ist noch erforderlich, dass der Gläubiger über das Bereitstehen des geschuldeten Gegenstandes informiert wird, damit er ihn abholen kann. Deshalb ist der Schuldner zu einer entsprechenden Unterrichtung des Gläubigers verpflichtet, es sei denn, dass sich dies aufgrund der getroffenen Vereinbarungen (z.B. aufgrund eines genau festgelegten Termins für das Abholen) als überflüssig erweist. Ob darüber hinaus dem Gläubiger noch eine ausreichende Möglichkeit zur Abholung der Sache eingeräumt werden muss, bevor die Konkretisierung eintritt,[13] erscheint zweifelhaft, denn die Regelung des § 243 Abs. 2 macht die Konkretisierung ausschließlich von Leistungshandlungen des Schuldners abhängig.

  Im einleitenden Beispielsfall des Zuckerkaufs (Rn. 167) hat also Groß den Zucker in Säcke oder andere in Betracht kommende Verpackungen abzufüllen und sie für Klein bereitzuhalten, nachdem er ihn über die Bereitstellung der Ware unterrichtet hat.

- Bei der **Bringschuld** muss der Schuldner die Ware nicht nur aussondern, sondern sie dem Gläubiger an dessen Wohnort oder gewerblicher Niederlassung termingerecht (dazu Rn. 466 f.) anbieten.
- Bei der **Schickschuld** muss der Schuldner die ausgesonderten Stücke ordnungsgemäß versenden.

178 Hat der Schuldner die beschriebenen Pflichten erfüllt und damit das zur Leistung der geschuldeten Sache seinerseits Erforderliche getan, dann tritt – wie bereits ausgeführt (Rn. 171) – die Konkretisierung ein. Das Schuldverhältnis beschränkt sich dann auf die ausgewählten Gegenstände (§ 243

---

[12] So *Teichmann*, Leistungsstörungen und Gewährleistung, 3. Aufl. 1988 (Juristischer Studienkurs), Rn. 9 Fn. 16.
[13] So *Canaris*, JuS 2007, 793, 795.

Abs. 2). Folglich wandelt sich die Gattungsschuld zu einer Stückschuld. Nur noch die ausgewählten Stücke werden geschuldet.

2. Wahlschuld und Ersetzungsbefugnis[14]

Bei rechtsgeschäftlichen Schuldverhältnissen legen die Parteien regelmäßig durch ihre vertragliche Absprache den Gegenstand der Leistung fest. Die Parteien können jedoch auch vereinbaren, dass von verschiedenen Einzelleistungen nach Wahl des Schuldners oder des Gläubigers nur eine zu erbringen ist (**Wahlschuld**). 179

Beispiel: Vereinbarung einer Vollpension im Hotel mit der Absprache, dass der Gast mittags und abends das Menü nach der Karte unter verschiedenen Menüs wählen darf. Der Hotelier ist also nur verpflichtet, ein Menü zu servieren. Es bleibt aber zunächst offen, welches von den auf der Karte aufgeführten den Gegenstand der Leistung bilden soll. Durch die Wahl des Gastes wird dies bestimmt.

Bei der Wahlschuld besteht also eine Forderung mit einem alternativen Inhalt. Die zunächst bestehende Ungewissheit, welchen Inhalt die Forderung des Gläubigers aufweist, wird durch die vom Wahlberechtigten vorzunehmende Entscheidung unter den verschiedenen in Betracht kommenden Einzelleistungen beendet. Die §§ 262 bis 265 enthalten einige Regeln über die Wahlschuld, die aber zum Teil wenig praxisgerecht gestaltet sind und deshalb meist durch abweichende Parteivereinbarungen ersetzt werden. 180

Dagegen gibt die **Ersetzungsbefugnis** (facultas alternativa), die sowohl dem Schuldner als auch dem Gläubiger zustehen kann, das Recht, an die Stelle der (allein) geschuldeten Leistung eine andere treten zu lassen. 181

Beispiel: Die Vertragsparteien eines Grundstückskaufs vereinbaren, dass der Käufer berechtigt ist, den Kaufpreis in Höhe von 100.000,– € durch bestimmte, genau bezeichnete Wertpapiere zu begleichen. Geschuldet wird ein Geldbetrag in Höhe von 100.000,– €. Der Schuldner hat jedoch das Recht, anstelle dieses Betrages dem Gläubiger die Wertpapiere zu geben.

Die Ersetzungsbefugnis ist im BGB nicht allgemein geregelt; es gibt jedoch im Gesetz eine Reihe von Fällen, in denen einem Berechtigten eine Ersetzungsbefugnis eingeräumt ist. So wird beispielsweise in § 251 Abs. 2 dem Schuldner gestattet, den Gläubiger in Geld zu entschädigen, wenn die Herstellung des ursprünglichen Zustandes (vgl. § 249 Abs. 1) nur mit unverhältnismäßigen Aufwendungen möglich ist. Einen Fall der Ersetzungsbefugnis des Gläubigers enthält § 249 Abs. 2, der dem Geschädigten das Recht einräumt, statt der Herstellung den dafür erforderlichen Geldbetrag zu verlangen.

III. Erlöschen des Schuldverhältnisses

a) Einleitende Bemerkungen

In § 362 Abs. 1 heißt es: „Das Schuldverhältnis erlischt, wenn die geschuldete Leistung an den Gläubiger bewirkt wird." Der hier verwendete Begriff des Schuldverhältnisses ist im engeren Sinn zu verstehen (vgl. 182

---

[14] Vgl. *Coester-Waltjen*, Jura 2011, 100.

Rn. 148); die zwischen Gläubiger und Schuldner bestehende Forderungsbeziehung wird also dadurch zum Erlöschen gebracht, dass der Schuldner die geschuldete Leistung bewirkt, d. h. die gegen ihn gerichtete Forderung erfüllt. Was aber wird in diesem Fall mit dem Rechtsverhältnis, aus dem sich die einzelne Forderungsbeziehung ableitet, aus dem Schuldverhältnis im weiteren Sinn? Es erlischt ebenfalls, wenn nach Erfüllung der sich aus ihm ergebenden Forderung keine Beziehungen mehr zwischen Gläubiger und Schuldner bestehen bleiben, aus denen sich Rechte und Pflichten ableiten. Dass dies so sein kann, aber nicht sein muss, zeigen die folgenden

Beispiele: Reich „leiht"[15] seinem Freund Freundlich bis zum nächsten Ersten 500,- €; Freundlich zahlt den Betrag termingerecht zurück.

Amsel ist in einer Kleinstadt der einzige Orthopäde. Er veräußert seine Praxis an Drossel. Einen Monat später eröffnet er in derselben Stadt eine neue Praxis.

Handel, der Inhaber eines Elektromarktes, kauft 20 Staubsauger des Typs S 1 vom Hersteller Fertig. Nach sechs Monaten stellt Fertig die Produktion auf Staubsauger des Typs S 2 um. Die Herstellung der für S 1 bestimmten Staubsaugerbeutel wird nicht mehr fortgeführt. Da die für S 2 angebotenen Staubsaugerbeutel für S 1 nicht verwendbar sind und andere auf dem Markt befindliche Beutel darin nicht passen, werden die Staubsauger des Typs S 1 unbrauchbar.

Mit der Rückzahlung des Darlehens enden die sich aus dem Darlehensvertrag ergebenden Rechtsbeziehungen zwischen Reich und Freundlich. In diesem Fall wird durch die Rückzahlung der 500,- € nicht nur der Rückerstattungsanspruch des Reich (vgl. § 488 Abs. 1 S. 2), sondern das Schuldverhältnis im weiteren Sinne zum Erlöschen gebracht, weil der Vertragszweck erreicht ist und Rechte und Pflichten zwischen den Beteiligten nicht mehr bestehen bleiben.

Anders ist dagegen im 2. und 3. Beispielsfall zu entscheiden. Mit der Erfüllung der Leistungspflichten, der Übertragung der Arztpraxis, der Übereignung und Übergabe der Staubsauger und der Zahlung der Kaufpreise, sind nicht alle zwischen den Vertragspartnern bestehenden Rechte und Pflichten zum Erlöschen gebracht. Vielmehr bleibt im Fall des Praxisverkaufs Amsel verpflichtet, die Eröffnung einer neuen Praxis in derselben Stadt und den sich daraus ergebenden Wettbewerb zu unterlassen. Denn nicht nur die technische Einrichtung der Praxis bildet den Gegenstand des Vertrages, sondern auch die berechtigte Aussicht, die bisherigen Patienten zu behalten und sie weiterhin ärztlich betreuen zu können. Diese Aussicht darf Amsel nicht durch Eröffnung einer konkurrierenden Praxis gefährden. Ein Konkurrenzverbot ergibt sich deshalb auch ohne ausdrückliche Absprache aus einer nachwirkenden Treuepflicht. Im 3. Beispielsfall hat Handel ein berechtigtes Interesse daran, mit den zum Betrieb der Staub-

---

[15] Auch hier treffen wir wieder auf einen Fall, in dem sich die Umgangssprache von der Rechtssprache unterscheidet. Die „Leihe" von Geld ist ein Darlehen, das im Rahmen eines Darlehensvertrages (vgl. §§ 488 ff.) gewährt wird. Um eine „Leihe" handelt es sich schon deshalb nicht, weil bei ihr die empfangene Sache zurückgegeben werden müsste (vgl. § 604 Abs. 1).

sauger erforderlichen Beutel versorgt zu werden, damit die von Fertig gekauften Staubsauger weiterhin verwendbar sind; auch insoweit ist eine entsprechende nachwirkende Pflicht zu bejahen.

Die beiden letzten Beispielsfälle zeigen also, dass es **neben den eigentlichen Leistungspflichten** noch **weitere Pflichten** gibt, die in den speziellen Fällen darauf gerichtet sind, dass der mit dem Vertrag bezweckte Erfolg nicht nachträglich durch das Verhalten des Schuldners vereitelt wird. **Aus dem Prinzip von Treu und Glauben (§ 242) ist nämlich die Verpflichtung jedes Vertragspartners abzuleiten, sich so zu verhalten, dass der Vertragszweck erreicht werden kann und nicht nachträglich gefährdet oder beeinträchtigt wird.** 183

So hat der Schuldner den Gegenstand der von ihm zu erbringenden Leistung vor der Übergabe sorgfältig aufzubewahren, ihn vor Schäden zu schützen und bei Versendung sorgfältig zu verpacken. Bei Verträgen, bei denen es wie bei Arbeits- und Gesellschaftsverträgen im besonderen Maße auf eine vertrauensvolle und gedeihliche Zusammenarbeit ankommt, sind die Vertragsparteien zu einer besonderen Rücksicht in ihren gegenseitigen Beziehungen verpflichtet, die dem persönlichen Einschlag solcher Verträge Rechnung trägt. Ähnliches gilt auch bei Miet- und Pachtverträgen.

Aber nicht nur solche die Hauptleistung vorbereitende, unterstützende und sichernde (Neben-)Pflichten obliegen dem Schuldner, sondern darüber hinaus auch die **Verpflichtung, den Gläubiger bei der Durchführung des Schuldverhältnisses vor Schäden an dessen Rechtsgütern zu schützen und zu bewahren.** 184

Der Verkäufer muss z. B. dafür Sorge tragen, dass der Käufer nicht durch Mängel in den Verkaufsräumen zu Schaden kommt; gleiche Verpflichtungen treffen den Vermieter von Räumen sowie den Hotelier und den Gastwirt. Auch derartige Schutzpflichten können nach Erfüllung der geschuldeten Leistung bestehen bleiben; als Beispiel für eine derartige Nachwirkung sei die Pflicht des Arbeitnehmers genannt, nach Kündigung des Arbeitsverhältnisses hinsichtlich der Betriebs- und Geschäftsgeheimnisse Verschwiegenheit zu wahren.

Durch die Vorschrift des § 241 Abs. 2 wird auf diese neben den eigentlichen Leistungspflichten bestehenden Nebenpflichten hingewiesen. Der Wortlaut dieser Regelung, der nicht von „Gläubiger" und „Schuldner" spricht, sondern die Bezeichnungen „jeder Teil" und „der andere Teil" verwendet, lässt deutlich werden, dass die durch die Leistungspflichten vorgenommene Rollenverteilung zwischen Gläubiger und Schuldner nicht in gleicher Weise für die Nebenpflichten gilt. Denn **auch der Gläubiger einer Leistungspflicht muss Rücksicht auf die Rechte, Rechtsgüter und Interessen seines Vertragspartners nehmen.** 185

Ist der Verkäufer nach dem Vertrag verpflichtet, die Kaufsache zur Wohnung des Käufers zu bringen, dann muss dieser dafür sorgen, dass der Verkäufer bei Erfüllung seiner Bringschuld nicht infolge eines unsicheren Zustandes der von ihm zu betretenden Räume oder auf andere vermeidbare Weise einen Schaden erleidet.

Die Bezeichnung der beschriebenen neben die eigentlichen Leistungspflichten tretenden Pflichten der Vertragsparteien ist nicht einheitlich. So 186 wird von „Verhaltenspflichten", „Sorgfaltspflichten" oder „Nebenpflichten" gesprochen. Sie können wiederum danach unterteilt werden, ob es bei ihnen um die Sicherung des Vertragszwecks – „leistungssichernde (oder leistungsbezogene) Nebenpflichten" – oder um den Schutz der Rechtsgüter des Gläubigers – „Schutzpflichten" – geht. Nach dem Inhalt der einzelnen Pflicht lässt sich auch von Aufklärungs-, Obhuts- und Mitwirkungspflichten sprechen, je nachdem, zu welchem Verhalten der Schuldner im Einzelnen verpflichtet ist. Im Interesse einer einheitlichen Terminologie wird im Folgenden der Begriff der **Verhaltenspflicht** stets verwendet, wenn die neben den Leistungspflichten den Vertragspartnern obliegenden (Neben-)Pflichten gemeint sind, wobei wiederum innerhalb dieser Pflichten zwischen den „**leistungssichernden (Neben-)Pflichten**" und den „**Schutzpflichten**" unterschieden wird.[16] Die schuldhafte Verletzung der Verhaltenspflichten macht schadensersatzpflichtig. Auf die damit zusammenhängenden Fragen wird später eingegangen werden.

Es wird später noch deutlich werden, dass die Unterscheidung zwischen leistungssichernden Nebenpflichten und Schutzpflichten für die Rechtsanwendung bedeutsam ist, weil unterschiedliche Regelungen gelten, wenn über die Rechtsfolgen einer Verletzung dieser Pflichten zu entscheiden ist. Hier sei zunächst nur darauf hingewiesen, dass sich aus der Amtl. Begr. des SchuldRModG[17] die Absicht des Gesetzgebers ergibt, durch § 241 Abs. 2 eine gesetzliche Regelung der „Schutzpflichten" zu treffen, deren Zweck dahingehend beschrieben wird, die gegenwärtige Güterlage der am Schuldverhältnis Beteiligten vor Beeinträchtigungen zu bewahren. Dies stimmt mit der oben gegebenen Begriffsbeschreibung überein.

187 Die verschiedenen Pflichtenkategorien lassen sich im folgenden Schaubild darstellen:

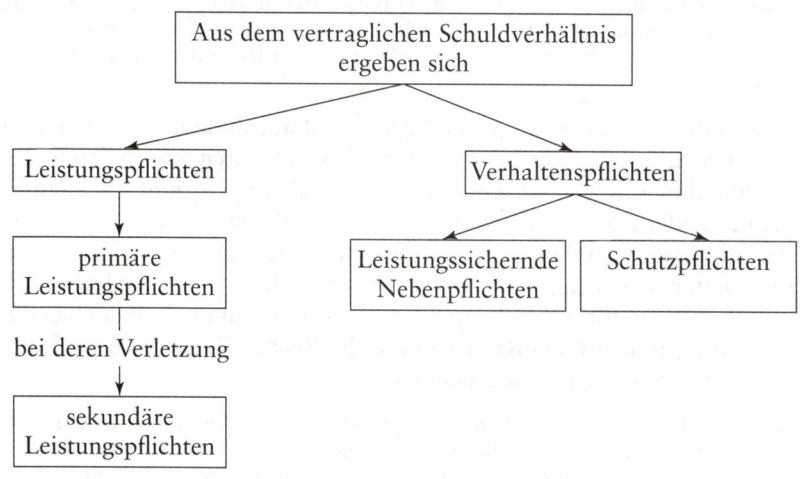

---

[16] Einzelheiten zu diesen Pflichtkategorien bei *Larenz*, SchuldR I, § 2 I (S. 6 ff.); *Fikentscher/Heinemann*, Rn. 35 ff.
[17] BT-Drs. 14/6040, S. 125.

Aus den vorstehenden Ausführungen ergibt sich also, dass auch nach **188** Erfüllung der Hauptpflichten und damit nach Erlöschen des Schuldverhältnisses im engeren Sinn Verhaltenspflichten bestehen bleiben können; solange dies der Fall ist, existiert das Schuldverhältnis im weiteren Sinn und erlischt erst, wenn diese Verhaltenspflichten – meist durch Zeitablauf – gegenstandslos geworden sind.

b) Erfüllung

Wie bemerkt, erlischt das Schuldverhältnis, d. h. die Forderungsbeziehung zwischen Gläubiger und Schuldner, wenn die geschuldete Leistung **189** an den Gläubiger „bewirkt" wird (§ 362 Abs. 1). Besteht die geschuldete Leistung nur in der Vornahme bestimmter Handlungen, dann kann es nicht zweifelhaft sein, dass mit der Vornahme dieser Handlungen die geschuldete Leistung „bewirkt" ist.

Beispiele: A übernimmt es, während einer vierwöchigen Abwesenheit des B in dessen Garten „nach dem Rechten zu sehen" und insbesondere die Blumen zu gießen und den Rasen zu schneiden. Dafür zahlt ihm B 100,– €. Es handelt sich dann um einen Dienstvertrag, den A durch die Ausführung der vereinbarten Tätigkeit erfüllt. Ein bestimmter Erfolg, etwa dass bei der Rückkehr des B der Garten besonders schön grünt und blüht, wird nicht geschuldet.

Dagegen schuldet der Gärtner, der es vertraglich übernimmt, einen Garten anzulegen und für das Anwachsen der gepflanzten Bäume, Sträucher und Blumen zu sorgen, nicht nur die Vornahme der dafür erforderlichen Verrichtungen, sondern auch den Eintritt eines entsprechenden Erfolges. Deshalb ist die geschuldete Leistung in diesem zweiten Fall auch erst bewirkt, wenn dieser Erfolg eingetreten ist. Im zweiten Fall handelt es sich um einen Werkvertrag, bei dem es um die Herstellung des versprochenen Werkes geht, die Unternehmerverpflichtung also erfolgsbezogen ist (vgl. § 631 Abs. 1). In dieser Erfolgsbezogenheit der zu erbringenden Leistung besteht der Unterschied zwischen Werk- und Dienstvertrag.

Diese Beispiele lassen deutlich sein, dass zwischen den Leistungshand- **190** lungen und dem Leistungserfolg unterschieden werden muss und dass immer dann, wenn der Eintritt eines bestimmten Erfolges geschuldet wird, die Leistung erst dann „bewirkt" ist, wenn dieser Leistungserfolg sich eingestellt hat. Zur Erläuterung dieser Unterscheidung dient folgendes

Beispiel: Durch den Kaufvertrag wird der Verkäufer einer Sache verpflichtet, dem Käufer die Sache in einem mangelfreien Zustand zu übergeben und das Eigentum an der Sache zu verschaffen (§ 433 Abs. 1). Erst wenn der Käufer Eigentümer der mangelfreien Kaufsache geworden ist, tritt also der Leistungserfolg ein und hat der Verkäufer seine entsprechende Vertragspflicht erfüllt.

Im juristischen Schrifttum wird seit langem heftig darüber gestritten, ob **191** für die Erfüllung tatsächliche Handlungen genügen oder ob hierfür noch ein Rechtsgeschäft, ein Erfüllungsvertrag, zwischen Gläubiger und Schuldner geschlossen werden muss. Insbesondere in Fällen, in denen der Gläubiger minderjährig ist und deshalb allein keinen wirksamen Vertrag zu schließen vermag (dazu Rn. 295 ff.), wird diese Frage diskutiert. Dazu folgendes

Beispiel: Der 17jährige Jung verkauft mit Einwilligung seiner Eltern seine Briefmarkensammlung zum Preise von 500,- € an Alt. Als sich zufällig beide auf der Straße treffen, zahlt Alt dem Jung den Kaufpreis. Jung begibt sich sodann in ein Lokal, gerät dort in schlechte Gesellschaft und gibt das ganze Geld bei einem anschließenden „Zug durch die Gemeinde" aus. Die Eltern des Jung fordern von Alt nochmalige Bezahlung der 500,- €. Mit Recht?

Die aus dem Kaufvertrag zwischen Jung und Alt entstandene Kaufpreisforderung erlischt, wenn die geschuldete Leistung an den Gläubiger bewirkt wird (§ 362 Abs. 1). Es ist deshalb auf die bereits oben gestellte Frage einzugehen, ob das Bewirken der Leistung i. S. v. § 362 Abs. 1 neben der Übertragung des Eigentums an den Geldscheinen, die – da lediglich für Jung rechtlich vorteilhaft – ohne Einwilligung seiner Eltern vollzogen werden kann (§ 107), noch den Abschluss eines Erfüllungsvertrages erforderlich macht.

192 Im Schrifttum werden zu dieser Frage folgende Theorien vertreten:[18]

➢ Die **Vertragstheorie** meint, dass neben dem tatsächlichen Bewirken der Leistung eine vertragliche Einigung zwischen Gläubiger und Schuldner erforderlich sei, die eine Absprache darüber zum Inhalt hätte, dass Zweck der Leistung die Erfüllung der darauf gerichteten Forderung sei. Diese selbstverständlich auch konkludent zu treffende Zweckvereinbarung sei ein Rechtsgeschäft, für dessen Gültigkeit alle dafür erforderlichen Voraussetzungen erfüllt werden müssten, also auch die der Geschäftsfähigkeit. Ein Minderjähriger kann nach dieser Theorie ohne Zustimmung seines gesetzlichen Vertreters nicht wirksam die Erfüllung einer Forderung herbeiführen, weil er durch das dafür erforderliche Rechtsgeschäft nicht lediglich einen rechtlichen Vorteil erlangt (§ 107), denn er verliert durch eine wirksame Erfüllung seine Forderung.

➢ Die **modifizierte (eingeschränkte) Vertragstheorie** verlangt nur in Fällen, in denen für die Herbeiführung des Leistungserfolges ein Rechtsgeschäft erforderlich ist, einen (zusätzlichen) Erfüllungsvertrag.

Bei einem Kaufvertrag tritt der vom Käufer herbeizuführende Leistungserfolg im Falle der Barzahlung erst durch Übereignung des Geldes ein. Da die Übereignung ein Rechtsgeschäft darstellt, ist nach der modifizierten Vertragstheorie ein zusätzlicher Vertrag erforderlich. Auch nach dieser Theorie wäre im Beispielsfall die Forderung des Jung nicht erloschen.

Dagegen würde nach der modifizierten Vertragstheorie die tatsächliche Bewirkung der Leistung durch den zu einer Dienst- oder Werkleistung Verpflichteten ausreichen, weil hierfür nur reale, keine rechtsgeschäftlichen Leistungshandlungen notwendig sind, um die geschuldete Leistung zu erbringen.

➢ Die **Theorie der finalen Leistungsbewirkung** verlangt neben dem rein tatsächlichen Akt der Leistungserbringung eine Leistungszweckbestimmung durch den Leistenden, durch die er seine Leistung auf eine bestimmte Schuld bezieht. Die (einseitige) Leistungszweckbestimmung wird als geschäftsähnliche Handlung aufgefasst.
Geschäftsähnliche (genauer: rechtsgeschäftsähnliche) Handlungen sind Willensäußerungen, an die das Gesetz Rechtsfolgen knüpft. Sie unter-

---

[18] Vgl. *Fikentscher/Heinemann*, Rn. 313 ff.; MünchKomm/*Wenzel*, § 362 Rn. 5 ff.

scheiden sich von Willenserklärungen dadurch, dass die Rechtsfolgen nicht gewollt sein müssen. Auf geschäftsähnliche Handlungen sind die Vorschriften über Willenserklärungen entsprechend anzuwenden.[19]

➢ Nach der herrschenden, auch vom *BGH*[20] vertretenen, **Theorie der realen Leistungsbewirkung** genügt für die Erfüllung, dass die Leistung real bewirkt wird. Es werden also von dieser Auffassung keine zusätzlichen (rechtsgeschäftlichen) Erklärungen oder Handlungen verlangt.

Allerdings schaffen die beiden Theorien einseitiger Leistungsbewirkung zum Schutz von geschäftsunfähigen oder beschränkt geschäftsfähigen Personen eine zusätzliche Voraussetzung: Die Person, an die die Leistung bewirkt wird, muss zur Annahme der Leistung befugt sein. Diese Befugnis, „**Empfangszuständigkeit**" genannt, steht zwar grundsätzlich jedem Gläubiger zu, aber ausnahmsweise ist der minderjährige Gläubiger nicht zur Annahme der Leistung befugt, und es fehlt ihm deshalb auch die Empfangszuständigkeit, weil er nicht ohne seinen gesetzlichen Vertreter die Forderung durch Annahme der geschuldeten Leistung zum Erlöschen bringen darf. 193

Also auch aus nach den Theorien der realen und der finalen Leistungsbewirkung bleibt die Forderung des Jung trotz Zahlung der 500,– € bestehen, und die Eltern können den Betrag noch einmal verlangen.

Alle Theorien gelangen somit im Falle der Minderjährigkeit zu dem gleichen Ergebnis, nur die rechtlichen Begründungen unterscheiden sich. In einer Klausur, in der diese Frage eine Rolle spielt, genügt also eine kurze Darstellung des Meinungsstreites und die Feststellung, dass eine Entscheidung dieses Streits in Fällen der Leistung an nichtgeschäftsfähige Personen nicht geboten sei, weil das Ergebnis nach allen Auffassungen das gleiche ist.[21]

Die geschuldete Leistung ist „**an den Gläubiger**" zu bewirken. Dies bedeutet, dass der Gläubiger das bekommen muss, was er nach der ihm zustehenden Forderung zu beanspruchen hat; das heißt dagegen nicht, dass auch stets an den Gläubiger in Person zu leisten ist. Es gibt geschuldete Leistungen, bei deren Erfüllung der Gläubiger der Natur der Sache nach überhaupt nicht unmittelbar beteiligt sein kann, so z.B. wenn Unterlassungen geschuldet sind. Sowohl auf Seiten des Gläubigers als auch auf Seiten des Schuldners können Gehilfen und Boten eingesetzt werden, um den Leistungserfolg herbeizuführen. Nehmen solche Personen die Leistung für den Gläubiger entgegen, dann ist Adressat der Leistung der Gläubiger. Dies unterscheidet solche Helfer von „Dritten", die nicht für den Gläubiger, sondern für sich selbst die Leistung empfangen. Da diese Personen nicht empfangszuständig sind, kann die Leistung an sie grundsätzlich nicht zum Erlöschen der Forderung des Gläubigers führen. Dies ist nach der in § 362 Abs. 2 getroffenen Regelung nur dann der Fall, 194

---

[19] Vgl. dazu *Ulrici*, NJW 2003, 2053.
[20] NJW 1991, 1294, 1295; 1992, 2698, 2699; 2007, 3488, 3489 Tz. 17.
[21] Weiterführend zu dieser Frage *Wacke*, JuS 1978, 80 (vom Standpunkt der h.M.), und *Harder*, JuS 1977, 149; 1978, 84 (die h.M. ablehnend).

wenn der Gläubiger vorher seine Zustimmung erteilt hat (§ 185 Abs. 1) oder wenn später der Gläubiger die Leistung genehmigt oder wenn ein anderer der in § 185 Abs. 2 genannten Tatbestände verwirklicht wird.

195 In diesem Zusammenhang ist auf die Vorschrift des § 370 hinzuweisen. Danach gilt der Überbringer einer Quittung (d.h. eines schriftlichen Empfangsbekenntnisses des Gläubigers, vgl. § 368) als ermächtigt, die Leistung zu empfangen. Diese Regelung hat Bedeutung, wenn der Überbringer in Wirklichkeit nicht vom Gläubiger zum Inkasso ermächtigt worden ist. Durch die Vorlage der Quittung wird jedoch der Überbringer als empfangszuständig legitimiert, und der Schuldner wird frei, wenn er an den Überbringer der Quittung zahlt, es sei denn, dass er Umstände kennt, die der Annahme einer Ermächtigung durch den Gläubiger entgegenstehen. Wie der Überbringer die Quittung erlangt hat, ist gleichgültig. Auch wenn er sie dem Gläubiger entwendet hat, gilt nach h.M. § 370.

196 **Nur wenn der Schuldner verpflichtet ist, „in Person" zu leisten, kann der Gläubiger darauf bestehen, dass der Schuldner selbst die gegen ihn gerichtete Forderung erfüllt.** In anderen Fällen darf er die Leistung nur ablehnen, wenn der Schuldner der Erfüllung durch einen Dritten widerspricht (vgl. § 267).

Zahlt der reiche Onkel die rückständige Miete seines auswärts studierenden Neffen, um diesem eine Freude zu machen, dann erlischt in gleicher Weise die Mietforderung wie bei Zahlung durch den Neffen selbst.

Die Verpflichtung zur persönlichen Leistung kann sich aus dem Gesetz ergeben (vgl. z.B. für den Dienstvertrag § 613 S. 1) oder auf einer entsprechenden vertraglichen Vereinbarung beruhen (Beispiel: Der berühmte Porträtist P übernimmt es, die Tochter des Reich zu malen. Hier ist Inhalt des Vertrages, dass das Porträt von P selbst gefertigt wird).

197 Fraglich ist, ob die Erfüllungswirkung auch dann eintritt, wenn der Schuldner seine **Leistung nur unter Vorbehalt** erbringt. Die h.M.[22] unterscheidet bei Beantwortung dieser Frage danach, was durch den Vorbehalt bezweckt wird. Soll durch den Vorbehalt lediglich zum Ausdruck gebracht werden, dass durch die Leistung nicht der vom Gläubiger geltend gemachte Anspruch i.S.d. § 212 Abs. 1 Nr. 1 anerkannt wird und dass die Möglichkeit offen bleiben soll, das Geleistete nach § 812 Abs. 1 S. 1 Alt. 1 zurückzufordern, ohne dass der Rückforderung der Ausschlusstatbestand des § 814 entgegensteht (Einzelheiten dazu später), dann verhindert ein solcher Vorbehalt nicht die Ordnungsmäßigkeit der Erfüllung. Dagegen bleibt die Schuldtilgung in der Schwebe und schließt deshalb die Erfüllung aus, wenn die Leistung mit der Bedingung verbunden wird, dass die Forderung besteht, und deshalb der Gläubiger verpflichtet sein soll, in einem späteren Rückforderungsstreit die Berechtigung seiner Forderung zu beweisen. Welche Alternative zutrifft, ist im Zweifelsfall durch Auslegung zu ermitteln. Nicht zu klärende Zweifel gehen zu Lasten des Leistenden.

---

[22] Vgl. *BGH* NJW 2007, 1269, 1270; MünchKomm/*Wenzel*, § 362 Rn. 4, jeweils m. Nachw.

III. Erlöschen des Schuldverhältnisses

Beispiel: K klagt gegen B auf Zahlung eines Betrages, den er als Schadensersatz fordert. B bestreitet die Berechtigung der Forderung. In erster Instanz wird B zur Zahlung verurteilt. Gegen dieses Urteil legt B Berufung ein. Um jedoch die Zwangsvollstreckung aus dem gegen ihn ergangenen Urteil zu vermeiden (Einzelheiten dazu im GK ZPO Rn. 621 ff.), zahlt er die Klageforderung an K unter Vorbehalt und setzt den Rechtsstreit fort. In diesem Fall kann es nicht zweifelhaft sein, dass der Bestand der Forderung im Laufe des Rechtsstreits geklärt werden soll und dass B durch seine Leistung keinesfalls dem K den Beweis abnehmen will, dass diesem die streitige Forderung zusteht. Deshalb muss davon ausgegangen werden, dass B seine Leistung mit der stillschweigenden Bedingung verbindet, dass seine Zahlungsverpflichtung durch den Rechtsstreit endgültig geklärt wird. Erst wenn dies der Fall ist, treten die Bedingung und damit die Erfüllungswirkung ein.[23]

Hat ein Gläubiger gegen denselben Schuldner mehrere Forderungen, dann kann sich die Frage stellen, welche von ihnen getilgt wird, wenn der Schuldner eine Leistung erbringt, die nicht zur Erfüllung aller Forderungen ausreicht. **198**

Beispiel: Glaub hat gegen Schuld eine Forderung aus Darlehen in Höhe von 1.000,- €, für die sich Gütig verbürgt hat (vgl. § 765 Abs. 1; Einzelheiten zur Bürgschaft später). Außerdem schuldet Schuld dem Glaub aus Kaufvertrag 2.000,- €. Schuld überweist 500,- € auf das Konto des Glaub und schreibt auf den Überweisungsträger: „a conto Zahlung für Darlehen". Glaub möchte dagegen lieber die Zahlung auf die Kaufpreisforderung verrechnen, weil die Darlehensforderung durch die Bürgschaft gesichert ist.

Nach § 366 Abs. 1 ist der Schuldner berechtigt, bei der Leistung zu bestimmen, welche von mehreren Schulden getilgt werden soll. Diese Bestimmung ist durch eine empfangsbedürftige Willenserklärung vorzunehmen, die auch – wie sonst – konkludent abgegeben werden kann. Nur wenn der Schuldner eine derartige Erklärung unterlässt, regelt das Gesetz in § 366 Abs. 2, wie die Anrechnung vorgenommen werden muss. § 366 schafft eine Vergünstigung für einen freiwillig leistenden Schuldner. Fehlt das Moment der Freiwilligkeit z. B. bei einer durch Zwangsvollstreckung erzwungenen Leistung, gilt diese Vorschrift nicht.[24] § 366 wird durch die Vorschrift des § 367 Abs. 1 ergänzt, die das Bestimmungsrecht des Schuldners einschränkt (vgl. § 367 Abs. 2).

Die in § 366 getroffene Regelung lässt sich gegen die von den Vertragstheorien (Rn. 192) vertretene Auffassung anführen, dass ein Erfüllungsvertrag zur Herbeiführung der Erfüllungswirkung erforderlich ist; in den Fällen des § 366 Abs. 1 genügt eine einseitige Leistungsbestimmung des Schuldners, die sogar in den Fällen des Absatzes 2 entbehrlich ist. Dies ist unvereinbar mit der Annahme eines Erfüllungsvertrages.

In dem oben gebrachten Beispielsfall (Rn. 198) wurde davon gesprochen, dass der Schuldner seine Geldschuld durch **Überweisung auf das Bankkonto** des Gläubigers erfüllt. Diese Feststellung scheint völlig unproblematisch zu sein, ist doch heute nach allgemeiner Gepflogenheit die Erfüllung einer Geldschuld durch Barzahlung weitgehend auf Geschäfte des täglichen Lebens beschränkt, während sonst der bargeldlose Zahlungsverkehr üblich ist. Dennoch muss der Frage nachgegangen werden, **199**

---

[23] MünchKomm/*Wenzel*, § 362 Rn. 29.
[24] *BGH* NJW 2008, 2842, 2843 Tz. 22.

ob und wie der Schuldner durch Überweisung des Forderungsbetrages auf das Konto des Gläubigers die Forderung erfüllt:

Wird eine Geldforderung bar berichtigt, dann tritt der für die Bewirkung der Leistung erforderliche Leistungserfolg mit Übertragung des Eigentums an den Geldscheinen und Münzen auf den Gläubiger ein. Bei Überweisung des entsprechenden Betrages auf das Konto des Gläubigers erwirbt dieser naturgemäß nicht das Eigentum an den Banknoten, sondern eine Forderung gegen das Kreditinstitut in Höhe des überwiesenen Betrages. Man könnte deshalb daran denken, dass die Forderung deshalb erlischt, weil der Gläubiger damit einverstanden ist, anstelle der an sich geschuldeten Leistung (= Bargeld) eine andere Leistung (= Erwerb der Forderung gegen die Bank) anzunehmen. Es handelte sich dann um einen Fall der Annahme an Erfüllungs statt (vgl. § 364 Abs. 1; dazu Rn. 220).[25]

200 Das „Buchgeld" oder „Giralgeld" ist dem Bargeld völlig gleichwertig. Der bargeldlose Zahlungsverkehr hat heute im Wirtschaftsleben die Barzahlung in einer Weise ersetzt, dass es lebensfremd wäre, der „Zahlung" durch Überweisung auf das Konto des Gläubigers nicht die gleiche rechtliche Wirkung zuzuerkennen, wie der Erfüllung durch Barzahlung. Allerdings tritt diese Wirkung erst ein, wenn die Bank den Betrag auf das Konto des Gläubigers gutschreibt.[26] Im praktischen Ergebnis besteht auch zur Gegenauffassung dann kein Unterschied, wenn man mit dem *BGH* zwar eine zwischen Gläubiger und Schuldner zumindest stillschweigend getroffene Vereinbarung darüber verlangt, dass die Forderung durch Zahlung von „Buchgeld" erfüllt werden kann, jedoch das Einverständnis des Gläubigers bereits in der Bekanntgabe seines Girokontos auf Briefen oder Rechnungen sieht.[27] Überzeugender erscheint es dennoch, die Einzahlung auf ein Konto des Gläubigers nur dann nicht als Bewirkung der geschuldeten Leistung anzusehen, wenn eine andere Art der Zahlung vereinbart wurde oder wenn für den Schuldner erkennbar ist, dass die Interessen des Gläubigers einer Überweisung entgegenstehen.[28]

Um Buchgeld handelt es sich auch bei dem sog. „elektronischen Geld".[29] Darunter versteht man Zahlungseinheiten, die in Form digitaler Daten gespeichert und übertragen werden können.[30] Auf Einzelheiten kann hier nicht eingegangen werden. Wer sich dafür interessiert, der sei auf die Ausführungen von *Kümpel*, NJW 1999, 313 m.w.N. verwiesen. Als Beispiel sei die Geldkarte genannt.[31]

---

[25] So *Fabienke*, JR 1999, 47, 49; *Fikentscher/Heinemann*, Rn. 261 (S. 139); Jauernig/*Stürner*, §§ 364, 365 Rn. 4.
[26] So *v. Dücker*, WM 1999, 1257; Palandt/*Grüneberg*, § 362 Rn. 10. Zur Technik und zum Verfahrensablauf bargeldloser Zahlungen vgl. *Köndgen*, JuS 2011, 481.
[27] BGH NJW 1986, 2428, 2429; 1999, 210 f. Folgerichtig lässt das Gericht deshalb auch die Frage offen, welche der beiden oben dargestellten Meinungen zutrifft.
[28] *v. Dücker*, WM 1999, 1257, 1261.
[29] MünchKomm/*Grundmann*, § 245 Rn. 9.
[30] Auf Einzelheiten kann hier nicht eingegangen werden. Wer sich dafür interessiert, der sei auf die Ausführungen von *Kümpel*, NJW 1999, 313 m.w.N. verwiesen.
[31] Vgl. dazu *Pfeiffer*, NJW 1997, 1036.

Ist für den Gläubiger nicht erkennbar, welcher von mehreren seiner 201
Schuldner geleistet hat, dann tritt die Erfüllung nicht ein; dies geschieht
erst in dem Zeitpunkt, in dem er darüber informiert wird, welche Schuld
getilgt werden soll. Eine derartige Ungewissheit kann beispielsweise entstehen, wenn dem Gläubiger gegen eine Vielzahl von Schuldnern Forderungen zustehen und bei der Überweisung ein Schuldner den Überweisungsträger unzulänglich ausfüllt, so dass eine Verbuchung der Zahlung
dem Gläubiger nicht möglich ist.

Beispiel: Der Mobilfunkdienst D hat Forderungen gegen Mutter M und Tochter T. Der Ehemann E der M überweist einen Geldbetrag, ohne anzugeben, ob die Zahlung auf die Schuld der M oder T geleistet wird. D verbucht den Betrag auf das Konto der T und verlangt von M Zahlung. Daraufhin erklärt E, die Zahlung sei zur Tilgung der Schuld der M erfolgt. D fordert aber weiterhin Zahlung von M. Mit Recht?

D ist nicht berechtigt zu bestimmen, wessen Schuld getilgt werden soll. Dieses Recht ergibt sich insbesondere nicht aus § 366, weil diese Vorschrift nur anwendbar ist, wenn ein Schuldner auf Grund mehrerer Schuldverhältnisse zur Leistung verpflichtet ist, und nicht in diesem Fall, in dem verschiedene Schuldner Leistungen zu erbringen haben. Der Leistende muss deshalb die fehlende Angabe des Leistungsgrundes nachholen und der Gläubiger muss eine solche Bestimmung abwarten. Als E die erforderliche Information über die zu tilgende Schuld der D gab, trat die Erfüllung ein, und zwar zu Gunsten der M.[32]

Der Schuldner kann die Forderung unter bestimmten Voraussetzungen 202
auch durch eine andere als die geschuldete Leistung erfüllen. Dies ist einmal der Fall, wenn er von einer ihm zustehenden Ersetzungsbefugnis Gebrauch macht (vgl. Rn. 181). Der Schuldner kann aber auch ohne eine
solche Ersetzungsbefugnis in der Absicht, seine Schuld zu tilgen, dem
Gläubiger einen anderen als den geschuldeten Gegenstand anbieten; es
hängt dann von dem Gläubiger ab, ob er sich auf dieses Angebot einlässt
und ob er den angebotenen Gegenstand „an Erfüllungs statt" annimmt.

Beispiel: Schuld, der dem Glaub aus Darlehen 1.000,- € schuldet, befindet sich in wirtschaftlichen Schwierigkeiten und bietet deshalb Glaub zur Tilgung seiner Schuld ein Ölgemälde an. Glaub erklärt sich mit dieser „Zahlung" einverstanden.

Nimmt der Gläubiger eine andere als die geschuldete Leistung an Erfül- 203
lungs statt an, dann erlischt das Schuldverhältnis in gleicher Weise, wie
wenn die geschuldete Leistung bewirkt worden wäre (§ 364 Abs. 1). Was
geschieht aber, wenn ein an Erfüllungs statt angenommener Gegenstand
einem Dritten gehört oder wenn er mangelhaft ist? Kann dann der Gläubiger auf seinen ursprünglichen Anspruch gegen den Schuldner wieder
zurückgreifen? Eine Antwort auf diese Fragen gibt § 365, der auf die Haftung des Verkäufers verweist, die diesen bei Mängeln des Kaufgegenstandes trifft.

Gehörte also das von Glaub an Erfüllungs statt angenommene Ölgemälde nicht dem Schuld, sondern war es Dritt gestohlen worden (Rechtsmangel, vgl. § 435) oder weist

---

[32] *LG Karlsruhe* MDR 2002, 570 (m. zust. Anm. v. *J. Braun*), dessen Entscheidung der Beispielsfall nachgebildet ist.

es einen Sachmangel auf (vgl. § 434), dann lebt die ursprüngliche Schuld nicht ohne Weiteres wieder auf, sondern Glaub wird so gestellt, als habe er das Bild von Schuld gekauft. Auf die sich dann für den Käufer ergebenden Rechte soll hier nicht weiter eingegangen werden, weil dies im Zusammenhang mit dem Kaufrecht eingehend darzustellen sein wird.

204 Nicht immer wird der Gläubiger damit einverstanden sein, eine andere als die geschuldete Leistung an Erfüllungs statt anzunehmen; er kann aber bereit sein, wegen seiner Forderung aus dem angebotenen Gegenstand die Befriedigung zu suchen.

In dem oben angeführten Beispielsfall erklärt Glaub, er wolle zwar das Ölgemälde selbst nicht behalten, kenne aber mehrere Leute, die Bilder der angebotenen Art sammelten. Er wolle deshalb versuchen, durch einen Verkauf des Bildes den zur Abdeckung seiner Forderung gegen Schuld erforderlichen Geldbetrag zu beschaffen.

Die Hingabe des anderen Gegenstandes geschieht dann „erfüllungshalber". Die ursprüngliche Forderung bleibt bestehen, der Gläubiger verpflichtet sich aber, zunächst den Versuch zu unternehmen, sich aus dem ihm erfüllungshalber überlassenen Gegenstand zu befriedigen. Gelingt dies nicht, kann er wieder auf die (bestehen gebliebene) Forderung zurückgreifen, zu deren Tilgung ihm der andere Gegenstand erfüllungshalber überlassen worden ist. Ob eine andere als die geschuldete Leistung an Erfüllungs statt oder nur erfüllungshalber vom Gläubiger angenommen wird, muss aufgrund der zwischen den Parteien getroffenen Vereinbarungen ermittelt werden. § 364 Abs. 2 enthält für den Fall, dass der Schuldner zum Zwecke der Befriedigung des Gläubigers diesem gegenüber eine neue Verbindlichkeit übernimmt, eine Auslegungsregel, die für eine Leistung erfüllungshalber spricht. Unter diese Auslegungsregel fallen vor allem die Hingabe von Wechseln und Schecks, durch die neue Forderungen gegen den Schuldner begründet werden. Wie dies im Einzelnen geschieht, muss dem Wechsel- und dem Scheckrecht entnommen werden, auf das hier nicht einzugehen ist.

Wenn also Schuld die Darlehensforderung mit einem Wechsel oder Scheck „zahlt", dann geschieht das (im Zweifel) erfüllungshalber, so dass die Darlehensforderung bestehen bleibt, Glaub aber zunächst verpflichtet ist, die Einlösung des Wechsels oder Schecks zu versuchen.

c) Hinterlegung und Selbsthilfeverkauf

205 Es gibt Fälle, in denen der Schuldner daran interessiert ist, die gegen ihn gerichtete Forderung zu erfüllen, daran aber gehindert wird, weil der Gläubiger die angebotene Leistung nicht annimmt oder der Schuldner nicht genau weiß, wer sein Gläubiger ist. Richtet sich die Forderung auf einen hinterlegungsfähigen Gegenstand, auf Geld, Wertpapiere, sonstige Urkunden (z.B. einen Hypothekenbrief) oder Kostbarkeiten (vgl. § 372), dann kann der Schuldner den Gegenstand bei einer dazu bestimmten öffentlichen Stelle hinterlegen.

III. Erlöschen des Schuldverhältnisses

Welche Stelle zuständig ist und welches Verfahren dabei beobachtet werden muss, ist in der Hinterlegungsordnung geregelt (abgedruckt im Schönfelder Nr. 121).

206 Erklärt der Schuldner der Hinterlegungsstelle, dass er auf das Recht zur Rücknahme verzichte (§ 376 Abs. 2 Nr. 1), dann hat die Hinterlegung die gleiche Wirkung wie die Leistung an den Gläubiger; der Erfüllungsanspruch erlischt (§ 378). Die Hinterlegung ist in diesem Fall ein Ersatz (= Surrogat) für die Erfüllung, kurz ein **„Erfüllungssurrogat"**.

Hat der Schuldner auf die Rücknahme nicht verzichtet und ist er deshalb zur Rücknahme berechtigt (§ 376 Abs. 1), dann gilt hinsichtlich der Wirkungen der Hinterlegung § 379. Nach Abs. 2 dieser Vorschrift geht die Preis- oder Vergütungsgefahr (zu diesen Begriffen vgl. Rn. 474, 507) auf den Gläubiger über. Dies bedeutet, dass der Schuldner nicht nur von seiner Leistungspflicht frei wird, wenn der hinterlegte Gegenstand durch Zufall untergeht, sondern er behält auch in diesem Fall seinen Anspruch auf Gegenleistung (im Falle des Verkaufs des hinterlegten Gegenstandes also den Kaufpreisanspruch).

207 Von welchen Voraussetzungen das Recht zur Hinterlegung abhängig ist, wird in § 372 im Einzelnen geregelt. Handelt es sich nicht um eine hinterlegungsfähige Sache, dann kann der Schuldner in den in § 383 Abs. 1 genannten Fällen einen „Selbsthilfeverkauf" vornehmen und den Erlös (da Geld und deshalb hinterlegungsfähig) hinterlegen. Der Selbsthilfeverkauf wird entweder durch öffentliche Versteigerung nach §§ 383, 384 oder – wenn die Sache einen Börsen- oder Marktpreis hat – durch freihändigen Verkauf nach § 385 vollzogen.

d) Aufrechnung

208 Wenn Blau dem Rot aus Kaufvertrag 500,– € schuldet, selbst aber von Rot 400,– € aus einem diesem gewährten Darlehen zu bekommen hat, dann wäre es recht umständlich, Rot erst die 500,– € zu zahlen, um dann anschließend 400,– € von diesem zu erhalten. Einfacher ist es, die Hin- und Herzahlerei zu vermeiden und lediglich den überschießenden Betrag von 100,– € auszugleichen. Den Weg dazu eröffnet die Aufrechnung (§§ 387ff.). Über die Erleichterung der Tilgung von Schulden hinaus bietet die Aufrechnung auch den Vorteil, dass auf diesem Wege der Gläubiger die Befriedigung gegenüber zahlungsunfähigen und zahlungsunwilligen Schuldnern ohne Weiteres erreichen kann. Muss also Blau befürchten, dass er von Rot den Darlehensbetrag nicht erhält, wird er erst recht nicht bereit sein, an diesen 500,– € zu zahlen, sondern den Weg der Aufrechnung gehen. Die Aufrechnung ist ein **Erfüllungssurrogat** (vgl. Rn. 206).

209 **Die Voraussetzungen der Aufrechnung** sind im § 387 im Einzelnen aufgeführt.
- Zwei Personen müssen einander etwas schulden, jeder muss gleichzeitig Gläubiger und Schuldner des anderen sein (sog. **Gegenseitigkeit** oder Wechselseitigkeit der Forderungen).

§ 4. Das Schuldverhältnis

Die gegen den Aufrechnenden gerichtete Forderung wird **Haupt- oder Passivforderung** genannt, seine eigene **Gegen- oder Aktivforderung**.

	Gegenforderung →	
Blau (Aufrechnender)	400,– (§ 488 I 2) 500,– (§ 433 II)	Rot
	← *Hauptforderung*	

- Die einander geschuldeten Leistungen müssen gleichartig sein, also beide entweder auf Geld (Hauptanwendungsfall) oder auf die gleiche Gattungsschuld (z. B. Gemüse derselben Sorte und Handelsklasse) gerichtet sein (**Gleichartigkeit**).
- Der Aufrechnende muss die ihm gebührende Leistung fordern können (**Fälligkeit und Durchsetzbarkeit der Gegenforderung**).
- Der Aufrechnende muss die ihm obliegende Leistung bewirken können (**Erfüllbarkeit der Hauptforderung**).
- Außerdem darf **kein Aufrechnungsverbot** eingreifen.

210 Zu diesen Voraussetzungen ist im Einzelnen zu bemerken: Von dem Erfordernis der **Gegenseitigkeit** von Haupt- und Gegenforderung gibt es **zwei Ausnahmen**:

- Im Fall einer **Abtretung** der Forderung (vgl. § 398) kann nach § 406 – vorbehaltlich der in dieser Vorschrift genannten Einschränkungen – der Schuldner mit einer ihm gegenüber dem bisherigen Gläubiger (der die Forderung an einen anderen abgetreten hat) zustehenden Forderung auch dem neuen Gläubiger gegenüber aufrechnen (Einzelheiten später).
- Nach § 268 Abs. 2 kann ein ablösungsberechtigter **Dritter** mit einer ihm gegen den die Zwangsvollstreckung betreibenden Gläubiger zustehenden Forderung gegen die Forderung, wegen der die Zwangsvollstreckung betrieben wird, aufrechnen. § 268 betrifft den Fall, dass einem Dritten infolge einer gegen einen anderen durchgeführten Zwangsvollstreckung ein Rechts- oder Besitzverlust droht.

Beispiel: S schuldet dem G aus Darlehen 10.000,– €. Da S nicht zahlt, erwirkt G ein Urteil gegen ihn und betreibt daraus die Zwangsvollstreckung (Einzelheiten dazu können und müssen hier nicht dargestellt werden). S ist Eigentümer eines Grundstücks, das er an D verpachtet hat. Wenn jetzt G dieses Grundstück zur Zwangsversteigerung bringt, dann besteht die Gefahr, dass der Ersteher das Pachtverhältnis mit D kündigt, wozu er nach dem Zwangsversteigerungsgesetz (§ 57a ZVG) berechtigt ist. Es besteht also die Gefahr, dass D infolge der Zwangsvollstreckung des G den Besitz an dem von ihm gepachteten Grundstück des S verliert. In diesem Fall gibt ihm § 268 Abs. 1 ein Ablösungsrecht, das er nach § 268 Abs. 2 auch durch Aufrechnung einer eigenen Forderung, deren Schuldner G ist, gegen die Hauptforderung des G gegen S wahrnehmen kann. Rechnet D gegenüber G auf, dann geht nach § 268 Abs. 3 S. 1 die Forderung des G gegen S auf ihn über und er muss dann versuchen, Erfüllung dieser Forderung von S zu erhalten.

III. Erlöschen des Schuldverhältnisses

Die erforderliche **Gleichartigkeit** der zur Aufrechnung zu stellenden 211
Forderungen (Geld gegen Geld; gleiche Gattung gegen gleiche Gattung) verlangt selbstverständlich nicht, dass die zur Aufrechnung gestellten Forderungen gleich hoch sind (vgl. auch den einleitenden Beispielsfall der Aufrechnung Blau/Rot).

Die zur Aufrechnung gestellte Gegenforderung muss **fällig sowie durch-** 212
setzbar, d. h. erzwingbar und einredefrei, sein. Fällig wird eine Forderung von dem Zeitpunkt an, von dem der Gläubiger die Leistung vom Schuldner verlangen kann. Nach § 271 Abs. 1 kann der Gläubiger die Leistung sofort verlangen, wenn sich nicht aus einer Parteivereinbarung oder aus den Umständen des Einzelfalles etwas anderes ergibt. Nicht erzwingbar sind Naturalobligationen (vgl. Rn. 180), so dass mit ihnen nicht aufgerechnet werden kann. Schließlich kann eine Forderung, der eine Einrede entgegensteht, nicht zur Aufrechnung gestellt werden (§ 390).

In der Terminologie des BGB bedeutet „Einrede" ein gegen den An- 213
spruch des Gläubigers gerichtetes Gegenrecht des Schuldners, aufgrund dessen er die Durchsetzung des Anspruchs gegen ihn zu verhindern vermag.

Kann G von S die Zahlung einer bestimmten Geldsumme fordern, dann ist seine Forderung einredebehaftet, wenn S ein Gegenrecht zusteht, kraft dessen er die Erfüllung der Forderung verweigern kann, wie dies z. B. im Fall der Verjährung zutrifft (§ 214 Abs. 1).

Die Einrede muss vom Schuldner grundsätzlich geltend gemacht werden, damit sie im Streitfall vom Gericht beachtet wird. **Für § 390 genügt aber die Existenz der Einrede**; der Schuldner muss sich nicht auf sie berufen.

Je nachdem, ob die Durchsetzung des Anspruchs auf Dauer oder nur 214
zeitweilig durch das Gegenrecht ausgeschlossen wird, unterscheidet man
zwischen dauernden oder peremptorischen und aufschiebenden oder dila-
torischen Einreden. Die wichtigsten peremptorischen Einreden sind die Einrede der Verjährung (§ 214 Abs. 1), die Einrede der Bereicherung (§ 821) und die Einrede der unerlaubten Handlung (§ 853). Dilatorische Einreden sind insbesondere die Einrede der Stundung (vgl. dazu Rn. 447), die Einrede des nichterfüllten Vertrages (§ 320), die Einrede des Notbedarfs des Schenkers (§ 519), die dem Bürgen zustehenden Einreden der Anfechtbarkeit (§ 770 Abs. 1), der Aufrechenbarkeit (§ 770 Abs. 2) und der Vorausklage (§ 771).

Ist die Darlehensforderung des Blau gegen Rot verjährt (vgl. § 195), dann kann er damit nicht gegen die Kaufpreisforderung des Rot aufrechnen. Eine Ausnahme gilt aufgrund der Vorschrift des § 215, wenn die verjährte Gegenforderung beim Eintritt der Aufrechnungslage – d. h. in dem Zeitpunkt, in dem sich beide Forderungen erstmals aufrechenbar gegenüberstanden (vgl. § 389) – noch nicht verjährt gewesen ist.

Die Vorschrift des § 390 schließt nur eine Aufrechnung aus, wenn die 215
Gegenforderung einredebehaftet ist. Dagegen kann der Gläubiger einer einredefreien Forderung ohne weiteres gegen eine einredebehaftete Hauptforderung die Aufrechnung erklären, weil es ihm unbenommen ist,

die Einrede nicht geltend zu machen und sich so zu verhalten, als gebe es den Tatbestand der Einrede nicht.

Rot kann also mit seiner Kaufpreisforderung gegen die verjährte Darlehensforderung des Blau aufrechnen.

216 Die **Hauptforderung muss erfüllbar sein**, weil ja die Aufrechnung die gleiche Wirkung wie die Erfüllung hat. Ist z. B. für eine verzinsliche Darlehensforderung ein Rückzahlungstermin vereinbart worden, dann darf der Schuldner vor diesem Termin die Darlehensschuld wegen des Interesses des Gläubigers an den Zinsen nicht tilgen; diese Forderung (vgl. § 488 Abs. 1 S. 2) ist also vorher nicht erfüllbar und somit auch nicht aufrechenbar.

217 Auch wenn alle Voraussetzungen für eine Aufrechnung (Gegenseitigkeit und Gleichartigkeit beider Forderungen, Fälligkeit und Durchsetzbarkeit der Gegenforderung, Erfüllbarkeit der Hauptforderung) gegeben sind, **kann die Aufrechnung durch Gesetz oder durch vertragliche Vereinbarung ausgeschlossen sein**. Sofern ein Aufrechnungsverbot in AGB ausgesprochen wird, ist § 309 Nr. 3 zu beachten (vgl. aber auch § 310). Ein gesetzliches **Aufrechnungsverbot** enthält § 393; danach kann **gegen eine Forderung aus einer** vorsätzlich begangenen unerlaubten Handlung nicht **aufgerechnet** werden.

Beispiel: Grob gibt dem Leicht auf dessen Bitten ein Darlehen in Höhe von 1.000,- €. Als Leicht trotz mehrfacher Mahnungen das Darlehen nicht zurückzahlt, prügelt ihn Grob windelweich. Leicht kann daraufhin mehrere Tage nicht arbeiten und hat deshalb einen Verdienstausfall; außerdem entstehen ihm Kosten für ärztliche Behandlung. Als Leicht seine Forderung auf Schadensersatz in Höhe von 950,- € gegen Grob geltend macht (vgl. § 823 Abs. 1), erklärt Grob, er rechne mit seiner Darlehensforderung gegen Leicht auf. Diese Aufrechnung ist nicht zulässig, weil ihr das Verbot des § 393 entgegensteht.

218 Der hinter dieser Regelung stehende Rechtsgedanke geht dahin, dass derjenige, der einen anderen vorsätzlich deliktisch schädigt, nicht dadurch bevorzugt werden soll, dass er auf dem leichten Wege der Aufrechnung – möglicherweise auch noch mit einer sonst nicht einbringlichen Forderung – seine Schuld tilgen kann. Dem Gläubiger, der vorsätzlich geschädigt worden ist, steht es dagegen frei, seinerseits aufzurechnen. In dem Beispielsfall ist also Leicht nicht gehindert, mit seiner aus unerlaubter Handlung stammenden Forderung gegen die Darlehensforderung des Grob aufzurechnen. Ob das Aufrechnungsverbot des § 393 auch dann gilt, wenn beide Forderungen aus vorsätzlichen unerlaubten Handlungen hervorgegangen sind (z. B. durch einen Raufhandel, bei dem beide Kontrahenten verletzt werden), ist streitig, aber angesichts des klaren Wortlauts und des Rechtsgedankens der Vorschrift zu bejahen.[33]

219 Nach § 394 S. 1 darf gegen eine unpfändbare Forderung nicht aufgerechnet werden. Die Unpfändbarkeit (geregelt in den §§ 850 ff. ZPO) ist vom Gesetzgeber angeordnet worden, um dem Vollstreckungsschuldner

---

[33] *BGH* NJW 2009, 2508.

III. Erlöschen des Schuldverhältnisses

das zum Leben Notwendige zu belassen. Auch durch Aufrechnung soll dem Schuldner dieses Minimum nicht genommen werden.

Beispiel: Der Handwerksmeister Fleißig leiht seinem Gesellen Emsig für einen privaten Transport nach Feierabend einen Pritschenwagen. Der Wagen wird bei der Fahrt infolge eines fahrlässigen Verhaltens des Emsig beschädigt. Daraufhin erklärt Fleißig, er werde im kommenden Monat Emsig keinen Lohn zahlen, weil er mit seiner Schadensersatzforderung gegen den Lohnanspruch des Emsig aufrechne. Dies erbost Emsig so sehr, dass er ein gerade von ihm fertig gestelltes Werkstück auf die Erde schleudert und dadurch zerstört. Daraufhin erklärt Fleißig, dass nunmehr Emsig eine weitere Woche keinen Lohn erhalten werde, weil er – Fleißig – auch noch mit seinem Schadensersatzanspruch wegen des zerstörten Werkstückes aufrechne.

Eine Aufrechnung des Fleißig mit seiner Forderung auf Schadensersatz wegen der Beschädigung des Pritschenwagens (u. a. nach § 823 Abs. 1 i. V. m. § 249 Abs. 2) kommt nur insoweit in Betracht, als der zu zahlende Lohn die Pfändungsgrenzen übersteigt (§ 394 S. 1 BGB i. V. m. §§ 850, 850 c ZPO). Nach dem Wortlaut des § 394 würde dies auch für die Schadensersatzforderung wegen der vorsätzlich vorgenommenen Zerstörung des Werkstückes gelten, doch wird demjenigen, der vorsätzlich eine unerlaubte Handlung begeht, die Berufung auf diese Vorschrift verwehrt, wenn unpfändbare Forderung und Schadensersatzforderung im Rahmen desselben Lebensverhältnisses entstanden sind. Diese unter dem Gesichtspunkt von Treu und Glauben (§ 242) vorzunehmende Einschränkung trifft hier zu, so dass Fleißig insoweit ohne Rücksicht auf § 394 S. 1 aufrechnen kann. Aus sozialen Erwägungen wird man jedoch dem Schuldner so viel belassen müssen, wie er für seinen notwendigen Unterhalt und den seiner Familie benötigt.[34] Zur Orientierung kann die Vorschrift des § 850 d ZPO dienen (dazu GK ZPO Rn. 673).

220 Die Aufrechnung wird durch empfangsbedürftige Willenserklärung des Aufrechnenden vorgenommen (§ 388 S. 1). Die Aufrechnung bewirkt – soweit sich Haupt- und Gegenforderung decken –, dass beide erlöschen, und zwar zurückbezogen auf den Zeitpunkt, in dem sie sich „zur Aufrechnung geeignet einander gegenübergetreten sind" (§ 389). Selbstverständlich bleibt der Teil der Forderung, der nicht von der Gegenforderung abgedeckt wird, bestehen.

Hat Blau von Rot 400,– € zu bekommen, der seinerseits eine Forderung von 500,– € gegen Blau hat, und erklärt Blau die Aufrechnung, dann erlöschen seine Forderung und die Forderung des Rot in Höhe von 400,– €; dagegen bleibt die Restforderung des Rot in Höhe von 100,– € bestehen.

221 Nicht nur durch eine einseitige Erklärung, sondern auch durch eine vertragliche Vereinbarung, einen sog. **Aufrechnungsvertrag,** kann eine Aufrechnung vorgenommen werden. Der Vorteil eines solchen Vertrages liegt darin, dass bei ihm die verzichtbaren Voraussetzungen der (einseitigen) Aufrechnung nicht erfüllt zu sein brauchen. So müssen die Forderungen nicht gleichartig (vgl. Rn. 209, 211) und nicht fällig (vgl. Rn. 209, 212) sein. Auch können beliebig viele Personen einen Aufrechnungsvertrag schließen und eine Verrechnung von Forderungen vornehmen, ohne dass es dabei auf eine Gegenseitigkeit ankommt.

---

[34] *BGH* NJW 1993, 2105, 2106.

Beispiel: A schuldet B 500,- €, B schuldet C den gleichen Betrag, der wiederum A 600,- € zu zahlen hat. In diesem Fall können A, B und C einen Aufrechnungsvertrag schließen, der bewirkt, dass die Forderungen bis auf den Restbetrag von 100,- € getilgt werden, der noch zwischen A und C ausgeglichen werden muss.

e) Weitere Erlöschensgründe

1. Erlassvertrag

222 § 397 Abs. 1 bestimmt, dass das Schuldverhältnis erlischt, wenn der Gläubiger dem Schuldner durch Vertrag die Schuld erlässt. Der Begriff des Schuldverhältnisses ist bei dieser Vorschrift im engeren Sinn zu verstehen; es erlischt also die Forderungsbeziehung zwischen Gläubiger und Schuldner. Voraussetzung dafür ist – wie ausdrücklich in der gesetzlichen Regelung klargestellt wird („durch Vertrag") – ein Vertrag zwischen Gläubiger und Schuldner. Ein einseitiger Verzicht des Gläubigers auf seine Forderung ist also ohne Einfluss auf deren Bestand und kann allenfalls als Offerte zum Abschluss eines Erlassvertrages gedeutet werden, die dann vom Schuldner angenommen werden muss, damit der Vertrag zustande kommt (vgl. Rn. 101).

Beispiel: Reich erklärt Dürftig: „Du bist ja ein armer Schlucker, deshalb brauchst du die 100,- €, die du mir noch schuldest, nicht zu zahlen". Dürftig, der sich über die herablassende Art des Reich ärgert, erklärt spontan: „Meine Schulden bezahle ich." Später überlegt er sich die Sache anders und schreibt Reich einen Brief, in dem er ihm für den Erlass der Schuld dankt. Reich antwortet, nachdem Dürftig zunächst abgelehnt habe, müsse dieser jetzt auch seine Schulden begleichen.

Da ein einseitiger Verzicht auf eine Forderung im Schuldrecht nicht möglich ist, könnten sich Rechtswirkungen aus der Erklärung des Reich nur ergeben, wenn sie als Antrag zum Abschluss eines Erlassvertrages aufzufassen ist. Zu dieser Auslegung kann man auch dann gelangen, wenn Reich sich nicht über die rechtliche Notwendigkeit des Abschlusses eines Erlassvertrages im Klaren gewesen sein sollte, weil sein Wille eindeutig darauf gerichtet war, die Schuld des Dürftig zu erlassen. Die Erklärung des Dürftig stellt aber nach ihrem eindeutigen objektiven Erklärungswert die Ablehnung dieses Antrages dar (§ 146). Das anschließende Dankschreiben ist deshalb als Offerte des Dürftig zum Abschluss eines Erlassvertrages aufzufassen, die von Reich abgelehnt wird. Es ist deshalb kein Erlassvertrag zustande gekommen, und Dürftig muss seine Schuld bezahlen.

Einschub: Verpflichtungs- und Verfügungsgeschäft

223 Der Erlassvertrag unterscheidet sich in seinem Inhalt und in seinen Rechtswirkungen erheblich von den Verträgen, die bisher behandelt worden sind. Durch Kauf-, Miet-, Darlehens- oder Dienstverträge begründen die Parteien Forderungsbeziehungen, nach denen eine Partei, der Gläubiger, von der anderen Partei, dem Schuldner, eine bestimmte Leistung fordern kann und der Schuldner zur Erbringung dieser Leistung verpflichtet ist (vgl. Rn. 164, 176). Man nennt derartige Rechtsgeschäfte dementsprechend auch „Verpflichtungsgeschäfte". Dagegen wird durch den Erlass-

III. Erlöschen des Schuldverhältnisses

vertrag unmittelbar eine Rechtsänderung vorgenommen und nicht nur eine Verpflichtung dazu geschaffen. Denn durch den Erlassvertrag wird die Forderung zum Erlöschen gebracht. **Rechtsgeschäfte, die ein Recht unmittelbar übertragen, ändern, belasten oder aufheben, werden „Verfügungsgeschäfte" oder kurz „Verfügungen" genannt.**

In gleicher Weise, wie auch Verpflichtungen durch einseitiges Rechtsgeschäft begründet werden können (vgl. Rn. 151), gibt es auch einseitige Verfügungen.
Beispiel: Aufgabe des Eigentums an einer beweglichen Sache, vgl. § 959.

Die meisten Verfügungsgeschäfte gehören dem Sachenrecht an; sie beziehen sich auf eine Rechtsänderung an einer Sache, und man nennt sie daher auch „dingliche Rechtsgeschäfte". Wichtige Beispiele sind die Übertragung des Eigentums an beweglichen Sachen (§§ 929 ff.) und an Grundstücken (§ 873 Abs. 1, § 925), die Bestellung eines Grundpfandrechts (Hypothek, Grundschuld, Rentenschuld; vgl. § 873 Abs. 1, §§ 1113 ff., §§ 1191 ff., §§ 1199 ff.) und die Pfandrechtsbestellung (vgl. §§ 1204 ff.). Dass es aber auch im Schuldrecht Verfügungsgeschäfte gibt, zeigt das Beispiel des Erlassvertrages; ebenso sind z. B. die Erfüllung (§ 362 Abs. 1) und die Abtretung (§§ 398 ff.) Verfügungen. 224

Eine Verfügung kann nur derjenige wirksam treffen, der dazu befugt ist. Dies ist in aller Regel der Inhaber des Rechts, über das verfügt wird. Ihm steht die **Verfügungsbefugnis (oder Verfügungsmacht)** zu. Da die von dem Verfügungsbefugten vorgenommene Verfügung unmittelbar die darauf gerichtete Rechtsänderung bewirkt, kann eine zweite gleiche Verfügung keine Wirksamkeit erlangen. Es gilt also der **Prioritätsgrundsatz**, der dazu führt, dass von den mehrfachen gleichen Verfügungen nur die erste wirksam ist. 225

Wenn der Verkäufer dem Käufer die Kaufsache übereignet, dann kann er zwar dieselbe Kaufsache zum zweiten Mal verkaufen, nicht aber zum zweiten Mal wirksam übereignen, weil er sein Eigentum verloren hat und ihm deshalb die Verfügungsmacht nicht mehr zusteht.

Es gilt also: **Durch eine Verfügung wird das rechtliche Können beschränkt, durch eine Verpflichtung lediglich das rechtliche Dürfen.**[35]

Ausnahmsweise kann jedoch auch die **Verfügung eines Nichtberechtigten** wirksam sein. Unter welchen Voraussetzungen dies geschieht, regelt § 185. 226
- Nach Abs. 1 dieser Vorschrift ist die **Verfügung** eines Nichtberechtigten wirksam, wenn sie **mit Einwilligung,** d.h. mit vorheriger Zustimmung (vgl. § 183 S. 1), **des Berechtigten** vorgenommen wird.
- Nach Abs. 2 S. 1 Var. 1 dieser Vorschrift wird eine zunächst unwirksame Verfügung des Nichtberechtigten mit rückwirkender Kraft wirksam, wenn der **Berechtigte die Verfügung genehmigt,** d.h. nachträglich seine Zustimmung erteilt (vgl. § 184 Abs. 1).

---

[35] *Brox/Walker,* AT, Rn. 109.

- **Erwirbt der nichtberechtigt Verfügende** später **den Gegenstand, über den er verfügt hat,** so wird nach § 185 Abs. 2 S. 1 Var. 2 die Verfügung des Nichtberechtigten wirksam, und zwar von dem Zeitpunkt an, in dem er den Gegenstand erworben hat. Das Gesetz hält also den (früheren) Nichtberechtigten an seiner Verfügung fest, obwohl er zur Zeit der Verfügung keine Verfügungsbefugnis besaß.
- Das Gleiche gilt nach § 185 Abs. 2 S. 1 Var. 3, wenn der **Nichtberechtigte von dem Berechtigten beerbt wird** und dieser für die Nachlassverbindlichkeiten unbeschränkt haftet (Einzelheiten zur Haftung des Erben sind hier nicht zu erörtern; wer sich dafür interessiert, der sei auf EK BGB Rn. 658 ff. verwiesen). Zusätzliche Voraussetzung bildet allerdings in diesem Fall noch, dass die aus dem zugrundeliegenden Kausalverhältnis entstandene Pflicht zur Vornahme der Verfügung weiterhin existent ist. Dieses (ungeschriebene) Erfordernis folgt aus einer dem Sinn der Vorschrift entsprechenden Auslegung.[36]

Beispiel: Eich gibt seinen Barockschrank dem Holz zur Restaurierung. Als der Schrank fertig in der Werkstatt des Holz steht, sieht ihn dort Wurm und bietet für den Schrank einen hohen Preis. Holz weist darauf hin, dass der Schrank dem Eich gehöre, meint dann aber, er werde schon mit Eich einig werden und könne deshalb den Schrank Wurm verkaufen und übereignen. Wurm stimmt begeistert zu und lässt den Schrank sofort nach Hause bringen. Wie ist die Rechtslage?

Der Kauf als Verpflichtungsgeschäft ist voll wirksam zwischen Holz und Wurm zustande gekommen. Dass der Kaufgegenstand Holz nicht gehört, ist ohne Einfluss auf die Wirksamkeit des Kaufvertrages. Wer eine fremde Sache verkauft, muss zusehen, wie er die sich aus dem Kaufvertrag ergebenden Pflichten insbesondere zur Übereignung des Kaufgegenstandes erfüllen kann. Misslingt ihm dies, dann macht er sich schadensersatzpflichtig (Einzelheiten hierzu später). Dies ist das Risiko, das jemand eingeht, der eine fremde Sache verkauft. Dagegen fehlt Holz die Befugnis, über das Eigentum an dem Schrank zu verfügen. Er handelt insoweit als Nichtberechtigter und seine Verfügung, die Übertragung des Eigentums, ist unwirksam. Sie kann nur wirksam werden, wenn einer der Tatbestände des § 185 Abs. 2 erfüllt wird. Genehmigt Eich die Übereignung oder übereignet er den Schrank Holz, dann wird Wurm Eigentümer des Schrankes, und zwar im Falle der Genehmigung rückwirkend in dem Zeitpunkt, in dem Holz (zunächst unwirksam) verfügte, im zweiten Fall im Zeitpunkt des Eigentumserwerbs durch Holz. Ist dagegen Eich nicht bereit, die Verfügung des Holz durch Genehmigung oder Übertragung des Eigentums auf diesen wirksam werden zu lassen, dann muss Wurm den Schrank an Eich wieder herausgeben (vgl. § 985) und hat (nur) Ansprüche wegen Nichterfüllung des Kaufvertrages gegen Holz.

Beiläufig soll hier noch erwähnt werden, dass Wurm auch Eigentum an dem Schrank erworben hätte, wenn er ohne grobe Fahrlässigkeit davon ausgegangen wäre, dass Holz Eigentümer des Schrankes sei. Der gutgläubige Erwerb vom Nichtberechtigten nach § 932 Abs. 1 (auf den später einzugehen sein wird) kommt hier jedoch nicht in Betracht, weil Holz den Wurm über die wahren Eigentumsverhältnisse informierte (vgl. § 932 Abs. 2).

---

[36] Vgl. *BGH NJW* 1994, 1470, 1471; *OLG Saarbrücken* MDR 1997, 1107; str. a. A. Bamberger/Roth/*Bub*, § 185 Rn. 15. Ebenso ist streitig, ob die Heilung durch Erwerb des Verfügungsgegenstandes nach § 185 Abs. 2 S. 1 Var. 2 einen schuldrechtlichen Anspruch des Begünstigten gegen den Nichtberechtigten voraussetzt; abl. Bamberger/Roth/*Bub*, § 185 Rn. 13 m. N. zu beiden Auffassungen.

III. Erlöschen des Schuldverhältnisses

Verfügungen werden regelmäßig vorgenommen, weil es dafür einen Grund gibt. Eine Sache wird übereignet, um damit z.B. der Verpflichtung aus einem Kaufvertrag nachzukommen. Eine Forderung wird erlassen, um den Schuldner zu beschenken. Im natürlichen Sinn gehören das Verfügungsgeschäft und das ihm zugrundeliegende Verpflichtungsgeschäft zusammen, nicht so im Rechtssinn. Verpflichtungsgeschäft und Verfügungsgeschäft sind rechtlich voneinander getrennt (**Trennungsprinzip**). Das Verfügungsgeschäft ist wirksam, ohne dass es dafür auf die Wirksamkeit des zugrundeliegenden Verpflichtungsgeschäfts ankommt; es ist also in seinem Bestand von der Wirksamkeit des Verpflichtungsgeschäfts „abstrahiert" (**Abstraktionsprinzip**).[37]

227

In dem oben (Rn. 138) gebrachten Beispielsfall des wegen Dissenses über den Kaufpreis nicht zustande gekommenen Kaufvertrages über 10 Werkzeugbänke zwischen dem US-Amerikaner Smith und dem Australier Dundee ist die von Smith vorgenommene Übereignung der Werkzeugbänke (bei Anwendung deutschen Rechts) wirksam. Dass Smith mit der Übereignung einen Kaufvertrag erfüllen wollte, der entgegen seiner Erwartung nicht wirksam zustande kam, ist hierfür unerheblich.

Der Gesetzgeber hat das Abstraktionsprinzip in das BGB aufgenommen, um im Interesse des Rechtsverkehrs die durch die Verfügung vorgenommene Einwirkung auf das Recht nicht von der Wirksamkeit des Verpflichtungsgeschäftes abhängig zu machen. Wäre es anders, so wäre beispielsweise jede Übereignung mit der Unsicherheit belastet, dass sich ihre Unwirksamkeit aus dem zugrundeliegenden Verpflichtungsgeschäft ergeben könnte. Dies sollte vermieden werden. Es ist nicht zu verkennen, dass das Trennungsprinzip und das Abstraktionsprinzip zu einer Aufteilung und Verselbstständigung von Vorgängen führen, die im täglichen Leben häufig als Einheit angesehen werden (z.B. Barkauf im Einzelhandelsgeschäft). Diese Prinzipien und die sich hieraus ergebenden Rechtsfolgen sind dem juristischen Laien nur schwer zu erklären und bereiten dem Studienanfänger Schwierigkeiten. Hier soll zunächst einmal die Darstellung dieser Prinzipien genügen; auf die sich hieraus ergebenden Folgen wird noch häufiger einzugehen sein.

228

Zu bemerken ist noch, dass es nicht ohne Rechtsfolgen bleibt, wenn das einer Verfügung zugrundeliegende Verpflichtungsgeschäft unwirksam ist. Denn besteht keine wirksame Verpflichtung zu der Verfügung, dann ist die Verfügung ohne rechtlichen Grund vorgenommen worden und kann aufgrund des § 812 Abs. 1 S. 1 wegen ungerechtfertigter Bereicherung in ihren Folgen rückgängig gemacht werden; Einzelheiten hierzu später.

Die hier vorgenommene Unterscheidung zwischen Verpflichtungs- und Verfügungsgeschäft ergänzt die oben (Rn. 40) vorgenommene Einteilung der Rechtsgeschäfte. Üblich ist es auch, zwischen **kausalen** und **abstrakten Geschäften** zu unterscheiden, wobei unter kausalen Geschäften solche verstanden werden, die den Rechtsgrund (die causa) für eine (durch sie

229

---

[37] Vgl. *Jauernig*, JuS 1992, 721; *Bayerle*, JuS 2009, 1079.

selbst nicht vorgenommene) Veränderung der Rechtslage enthalten, während abstrakte Geschäfte vom Rechtsgrund losgelöst sind. Verpflichtungsgeschäfte sind meist kausale, Verfügungsgeschäfte stets abstrakte Rechtsgeschäfte. Das Verhältnis vom Verpflichtungs- und Verfügungsgeschäft wird im folgenden Schaubild dargestellt.

Verpflichtungsgeschäft 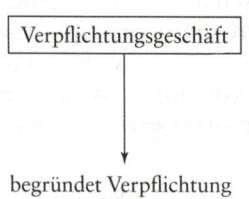	Trennungsprinzip (Verpflichtungs- und Verfügungsgeschäft sind selbstständige Rechtsgeschäfte)	Verfügungsgeschäft 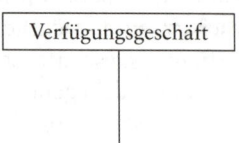
begründet Verpflichtung und schafft Rechtsgrund für Erfüllung der Verpflichtung	**Abstraktionsprinzip** (Wirksamkeit des Verfügungsgeschäfts ist unabhängig von der des Verpflichtungsgeschäfts)	bewirkt unmittelbare Veränderung des betroffenen Rechts (durch Übertragung, Aufhebung, Belastung oder Inhaltsänderung)
Beispiel: V verpflichtet sich in einem mit K geschlossenen Kaufvertrag, ihm einen bestimmten Ring zu übergeben und zu übereignen (vgl. § 433 Abs. 1 S. 1)		**Beispiel:** V überträgt Eigentum an dem verkauften Ring auf K (vgl. § 929 S. 1) Ist der Kaufvertrag unwirksam, ändert dies nichts an dem Eigentumserwerb des K. Es fehlt dann aber der Rechtsgrund für die Übereignung, und V kann Rückübereignung fordern (§ 812 Abs. 1 S. 1 Alt. 1).

230 Ein Erlassvertrag bedarf als Verfügungsgeschäft und als abstraktes Rechtsgeschäft eines Rechtsgrundes. Fehlt dieser Rechtsgrund, dann ist zwar wegen des Abstraktionsprinzips der Erlass wirksam, kann aber aufgrund des Bereicherungsrechts rückgängig gemacht werden. Häufig wird dem Erlass einer Forderung als Kausalgeschäft eine Schenkung zugrunde liegen.

In dem oben gebrachten Beispiel (Rn. 222) wäre also nicht nur ein Erlassvertrag, sondern zugleich auch eine Schenkung zustande gekommen, wenn Dürftig „zugestimmt" hätte.

231 Erkennt der Gläubiger durch Vertrag mit dem Schuldner an, dass eine Schuld nicht bestehe, dann muss danach unterschieden werden, ob die Vertragsparteien mit ihrer Vereinbarung eine dennoch bestehende Schuld zum Erlöschen bringen wollen. Ist dies der Fall, dann ist die Gleichstellung dieses sog. negativen Schuldanerkenntnisses mit einem Erlassvertrag gerechtfertigt, wie dies durch § 397 Abs. 2 bestimmt wird. Folglich handelt es sich um einen **abstrakten** Vertrag, für den es einen Rechtsgrund geben muss. Fehlt dieser Rechtsgrund, dann kann der Gläubiger einen bereicherungsrechtlichen Ausgleich (vgl. § 812 Abs. 2) verlangen. Gehen dagegen die Parteien davon aus, dass eine Schuld zwischen ihnen nicht existiert und wollen sie lediglich diese Rechtslage feststellen, dann ist ihr Wille nicht darauf gerichtet, eine entgegen ihren Erwartungen bestehende Schuld zum Erlöschen zu bringen. Dennoch bejaht die h.M.[38] auch in diesem Fall das Erlöschen einer annahmewidrigen Forderung und will dem Gläubiger nur einen bereicherungsrechtlichen Anspruch einräumen. Näher liegt es, die Nichtexistenz der Forderung als Geschäftsgrundlage anzusehen und die aus deren Fehlen nach § 313 zu ziehenden Rechtsfolgen zu beachten (zum Fehlen der Geschäftsgrundlage Einzelheiten später).

2. Aufhebungs- und Änderungsvertrag

In dem Grundsatz der Vertragsfreiheit (vgl. Rn. 98) ist es eingeschlossen, dass die Parteien durch einen **Aufhebungsvertrag** das von ihnen begründete Schuldverhältnis beseitigen; hierbei können die Vertragsparteien Wirkungen nur für die Zukunft schaffen oder aber der Aufhebung auch Rückwirkung geben und sich gegenseitig so stellen, als wäre der aufgehobene Vertrag niemals geschlossen worden. Selbstverständlich können die Vertragspartner auch einzelne Teile des von ihnen geschlossenen Vertrages durch einen Änderungsvertrag modifizieren und die sich daraus ergebenden Pflichten herabsetzen oder erhöhen (z.B. Erhöhung des Mietzinses). 232

3. Novation

Ebenfalls ist es den Vertragspartnern unbenommen, einen einmal von ihnen geschlossenen Vertrag aufzuheben und durch einen neuen zu ersetzen; ein solcher Vorgang wird Schuldersetzung, Schuldumwandlung oder Novation genannt. 233

Beispiel: A bittet B, ihm unentgeltlich für zwei Tage ein Kfz zur Verfügung zu stellen. Dies sagt B zu (Leihe, § 598). Kurze Zeit danach erklärt A dem B, er brauche den Wagen mindestens eine Woche. Hierfür will B aber ein Entgelt in Höhe von 200,- € haben. Damit ist A einverstanden. An die Stelle der ursprünglich gewollten Leihe setzen also hier die Vertragsparteien die Miete des Kfz (vgl. Rn. 94).

Bei einer Schuldersetzung erlischt das alte Schuldverhältnis im Ganzen und wird durch das neue ersetzt. Hieraus ergibt sich, dass Sicherheiten, die für Forderungen aus dem alten Schuldverhältnis bestellt worden sind, mit der Schuldersetzung erlöschen. Wollen die Parteien diese Rechtsfolge vermeiden, dann müssen sie einen Änderungsvertrag schließen.[39] 234

---

[38] *Brox/Walker*, AS, § 17 Rn. 2; *Erman/Wagner*, § 397 Rn. 11.
[39] Vgl. *Fikentscher/Heinemann*, Rn. 346.

4. Konfusion

235 Fallen Forderung und Schuld in einer Person zusammen (Konfusion), dann erlischt die Forderung ebenfalls, da niemand sein eigener Schuldner sein kann.

Beispiel: Onkel O gibt seinem Neffen N ein Darlehen von 5.000,- €. Vor Rückzahlung des Darlehens stirbt O und wird von N beerbt. Mit dem Erbfall geht das gesamte Vermögen des Erblassers auf den Erben über (§ 1922 Abs. 1). Somit erwirbt N als Erbe des O auch dessen Forderung gegen sich selbst. Dies bewirkt das Erlöschen der Forderung.

5. Anfechtung

236 Wird eine Willenserklärung angefochten, die zur Begründung eines (rechtsgeschäftlichen) Schuldverhältnisses abgegeben worden ist, dann fällt mit Beseitigung der Willenserklärung auch der Schuldvertrag mit rückwirkender Kraft weg (vgl. § 142 Abs. 1). So gesehen, stellt auch die Anfechtung einer Willenserklärung einen Erlöschensgrund für das Schuldverhältnis dar (Einzelheiten dazu später).

IV. Beendigung des Schuldverhältnisses

a) Rücktritt

237 Durch den Rücktritt wird ein Vertrag rückgängig gemacht, und zwar in der Weise, dass die noch bestehenden Erfüllungsansprüche erlöschen und dass die bereits erbrachten Leistungen zurückzugewähren sind (vgl. § 346 Abs. 1).[40] Es soll also die vor dem Vertragsschluss bestehende Rechtslage wiederhergestellt werden. Der Rücktritt, der durch Erklärung gegenüber dem anderen Teil zu erfolgen hat (§ 349), beseitigt nicht etwa den Vertrag, sondern gestaltet das Vertragsverhältnis in ein Rückgewährschuldverhältnis um; er erweist sich somit als ein Gestaltungsrecht.

Ein **Gestaltungsrecht** ist ein dem Einzelnen zustehendes (deshalb subjektives) Recht, das unmittelbar auf ein bestehendes Rechtsverhältnis einwirkt und dieses ändert. Das Gestaltungsrecht wird grundsätzlich durch eine Willenserklärung geltend gemacht.
Es gibt jedoch auch Fälle, in denen wegen der Wichtigkeit des Gestaltungsrechts eine gerichtliche Entscheidung erforderlich ist (z. B. Ehescheidung). Ist das Gestaltungsrecht untrennbar mit dem Hauptanspruch verbunden (wie der Rücktritt), dann kann dieses Recht nicht einem anderen allein übertragen werden (unselbstständiges Gestaltungsrecht). Dagegen gibt es Fälle selbstständiger Gestaltungsrechte (z. B. Wiederkaufsrecht, vgl. § 456), die auch allein auf andere übertragen werden können.

238 Ein Vertragspartner kann vom Vertrag zurücktreten, wenn er sich vertraglich den Rücktritt vorbehalten hat oder wenn ihm das Gesetz ein Rücktrittsrecht gewährt.

---

[40] Vgl. *BGH* NJW 1998, 3268 f.

Ein gesetzliches Rücktrittsrecht steht zu:
- dem Gläubiger gem. §§ 323, 324 bei einer Pflichtverletzung des Schuldners;
- dem Gläubiger gem. § 326 Abs. 5 bei einem Ausschluss der Leistungspflicht des Schuldners nach § 275 Abs. 1 bis 3;
- dem Käufer gem. § 437 Nr. 2 wegen eines Mangels der Kaufsache;
- dem Besteller gem. § 634 Nr. 2 wegen eines Mangels des Werkes (Einzelheiten zu diesen Rücktrittsrechten später);
- dem Unternehmer gem. § 503 Abs. 1 bei Teilzahlungsgeschäften wegen Zahlungsverzuges des Verbrauchers;
- einem Vertragspartner bei Störung der Geschäftsgrundlage, sofern die Anpassung des Vertrages nicht möglich oder zumutbar ist und es sich nicht um ein Dauerschuldverhältnis (dann Kündigung) handelt (§ 313 Abs. 3).

Nach § 357 Abs. 1 sind die **§§ 346 ff. entsprechend auf** das Widerrufs- und Rückgaberecht bei Verbraucherverträgen anwendbar (vgl. Rn. 254 ff.).[41]

Die **Rechtsfolgen,** die sich für die Vertragsparteien bei Ausübung des Rücktrittsrechts ergeben, werden in den §§ 346 ff. geregelt. Wie bereits bemerkt, wird durch den Rücktritt das Schuldverhältnis in ein Rückgewährschuldverhältnis umgestaltet; dementsprechend entsteht die in § 346 Abs. 1 beschriebene Pflicht der Vertragsparteien, die empfangenen Leistungen zurückzugewähren und die gezogenen Nutzungen herauszugeben. **239**

Zu den **Nutzungen** zählen auch die Gebrauchsvorteile (vgl. § 100 und Rn. 246). Dies bedeutet, dass der Käufer, der wegen eines Mangels des gekauften Pkw vom Kaufvertrag nach § 437 Nr. 2 i. V. m. § 323 zurücktritt, dem Verkäufer Wertersatz für die Vorteile zu leisten hat, die er durch die Benutzung des Pkw zog.[42] Die Rechtsgrundlage dafür bildet jedoch nicht allein § 346 Abs. 1, sondern zu dieser Vorschrift, die eine Herausgabepflicht bei Nutzungen der herauszugebenden Sache schafft, tritt ergänzend § 346 Abs. 2 S. 1 Nr. 1, weil die Vermögensvorteile, die mit der Nutzung des Pkw verbunden sind, in Natur nicht herausgegeben werden können. Nur wenn Nutzungen noch in Natur vorhanden sind (z. B. das Kalb, dass die zurückzugebende Kuh geboren hat; vgl. §§ 99 Abs. 1, 100; dazu Rn. 246) ergibt sich die Herausgabepflicht allein aus § 346 Abs. 1.[43] Wertminderungen, die nicht infolge einer Benutzung des Pkw, sondern aufgrund anderer Faktoren z. B. durch Zeitablauf oder Fallen der Marktpreise eintreten, muss dagegen der Käufer nicht ersetzen. Denn der Umstand, dass Nutzungen auch tatsächlich gezogen worden sind, bildet grundsätzlich die Voraussetzung für eine Ausgleichspflicht (Ausnahme § 347 Abs. 1; dazu Rn. 246).

Das **Recht zum Rücktritt bleibt** auch dann bestehen, wenn der Rücktrittsberechtigte eine **wesentliche Verschlechterung,** den Untergang oder die **anderweitige Unmöglichkeit der Herausgabe** des empfangenen Gegenstandes **verschuldet** hat. In einem solchen Fall hat der Rücktrittsberechtig- **240**

---

[41] Auf weitere Anwendungsfälle wird noch später eingegangen werden.
[42] *BGH* NJW 2010, 148, 149 Tz. 14 f.; zust. *Höpfner,* NJW 2010, 127.
[43] *Schwab,* JuS 2002, 630, 631; *Reischl,* JuS 2003, 667; KompaktKom-BGB/*Willingman/Hirse,* § 346 Rn. 17.

te Wertersatz nach Maßgabe des § 346 Abs. 2 und 3 zu leisten. Für die **Verpflichtung zur Leistung von Wertersatz** gilt Folgendes:[44]

- Ist eine **Rückgewähr oder die Herausgabe nach der Natur des Erlangten ausgeschlossen,** wie dies beispielsweise bei der Inanspruchnahme von Diensten der Fall ist, dann ist nach § 346 Abs. 2 S. 1 Nr. 1 der Wert zu ersetzen. Hierbei ist zu berücksichtigen, dass bei Dauerschuldverhältnissen (Rn. 155) regelmäßig an die Stelle des Rücktritts die Kündigung tritt (Rn. 250), bei der es keine Rückgewähransprüche nach §§ 346, 347 gibt. Dies schränkt den Anwendungsbereich des § 346 Abs. 2 S. 1 Nr. 1 ein.[45]

- Wurde der **empfangene Gegenstand verbraucht, veräußert, belastet, verarbeitet oder umgestaltet,** dann tritt an die Stelle der sonst geschuldeten Rückgewähr die **Pflicht zum Wertersatz** (§ 346 Abs. 2 S. 1 Nr. 2). In Fällen der Verarbeitung und Umgestaltung ist jedoch die Einschränkung zu beachten, die sich aus § 346 Abs. 3 S. 1 Nr. 1 ergibt. Die Wertersatzpflicht des § 346 Abs. 2 S. 1 Nr. 2 bezieht sich auf Fälle, in denen der empfangene Gegenstand seiner Bestimmung gemäß verwendet worden ist. Einbußen, die bei einer nicht bestimmungsgemäßen Verwendung verursacht worden sind, werden dagegen von § 346 Abs. 2 S. 1 Nr. 3 erfasst.[46]

Streitig ist die Frage, ob **die Wertersatzpflicht** bei Veräußerung oder Belastung der zurückzugewährenden Sache **voraussetzt, dass der Rückgabeverpflichtete nicht in der Lage ist, die Veräußerung oder die Belastung rückgängig zu machen.** Dies wird mit der Begründung bejaht, den Grund für die Wertersatzpflicht bilde der Umstand, dass die Sache nicht mehr im ursprünglichen Zustand zurückgegeben werden könne. Deshalb trete an die Stelle der primär geschuldeten Rückgabe erst dann die Wertersatzpflicht, wenn die Rückgabe unmöglich ist (§ 275 Abs. 1) oder der Schuldner sich auf sein Leistungsverweigerungsrecht nach § 275 Abs. 2 erfolgreich beruft (Einzelheiten dazu später). Solange dies nicht der Fall sei, könne der Rückgabeberechtigte die Rückgewähr der Sache – gegebenenfalls nach Beseitigung der Belastung durch den Schuldner – fordern.[47] Eine Gegenauffassung will die Veräußerung oder Belastung unabhängig von der Möglichkeit ihrer Beseitigung als Voraussetzung für eine Wertersatzpflicht ausreichen lassen und dem Schuldner lediglich das Recht einräumen, sich durch die Wiederbeschaffung oder Beseitigung der Belastung von der Ersatzpflicht durch Rückgabe der Sache zu befreien.[48]

---

[44] Vgl. dazu *Faust*, JuS 2009, 481, 484 ff.
[45] *Kaiser*, JZ 2001, 1057, 1058 f.
[46] *Faust*, JuS 2009, 481, 484.
[47] BGH NJW 2009, 63, 64 Tz. 16 ff.; *Schwab*, JuS 2002, 630, 631 f.; AnwKomBGB/*Hager*, § 346 Rn. 34, jeweils m. w. N.
[48] S. *Lorenz*, NJW 2005, 1889, 1892 f.; *Fest*, ZGS 2009, 78; jurisPK-BGB/*Faust*, § 346 Rn. 34, jeweils m. w. N.

IV. Beendigung des Schuldverhältnisses

- Wie bereits bemerkt, muss Wertersatz geleistet werden, wenn die **zurückzugewährende Sache untergegangen** ist (§ 346 Abs. 2 S. 1 Nr. 3). Der Begriff des Untergangs ist nach dem Zweck der Regelung weit auszulegen und darunter jede Art der Unmöglichkeit zu verstehen, die empfangene Leistung zurückzugeben.[49] Diese in § 346 Abs. 2 S. 1 Nr. 3 getroffene Anordnung unterscheidet nicht danach, ob der Untergang von dem Rückgabeverpflichteten verschuldet wurde. Jedoch entfällt die Pflicht zum Wertersatz, wenn die in § 346 Abs. 3 S. 1 Nr. 2 und 3 genannten Voraussetzungen erfüllt werden (vgl. dazu Rn. 242).
- Wertersatz ist auch nach § 346 Abs. 2 S. 1 Nr. 3 bei **Verschlechterung** der zurückzugewährenden Sache zu leisten. Dieser Wertersatz hat die Verschlechterung auszugleichen („soweit") und ändert nichts an der Herausgabepflicht. Diese Pflicht entfällt erst bei völliger Zerstörung, also beim Untergang der Sache.[50] Eine **Verschlechterung, die durch den bestimmungsgemäßen Ingebrauchnahme** der Sache eintritt, bleibt außer Betracht (§ 346 Abs. 2 S. 1 Nr. 3 HS 2), d.h. verpflichtet nicht zum Wertersatz. Es handelt sich dabei ausschließlich um eine Verschlechterung, die allein durch den Akt der bestimmungsgemäßen Ingebrauchnahme entsteht. Erwirbt z.B. der Käufer einen fabrikneuen Pkw und tritt er vom Kaufvertrag zurück, dann handelt es sich bei der Werteinbuße auf Grund der Zulassung um eine Verschlechterung durch die bestimmungsgemäße Ingebrauchnahme des Autos, für die der Käufer nicht einzustehen hat. Gleich zu behandeln ist der Fall der Werteinbuße, der durch den bestimmungsgemäßen Gebrauch eintritt. Denn der Rückgewährschuldner ist zur Herausgabe gezogener Nutzungen verpflichtet und ersetzt dadurch die Werteinbuße. die durch die Benutzung des zurückzugebenden Gegenstandes verursacht wird. Begründen lässt sich dieses Ergebnis dadurch, dass man eine Wertminderung in Folge des Gebrauchs nicht als Verschlechterung i.S.d. § 346 Abs. 2 S. 1 Nr. 3 HS 2 auffasst.[51] Führt jedoch der bestimmungsgemäße Gebrauch zum Untergang der Sache (das Kfz erleidet bei seiner Benutzung einen Totalschaden) oder tritt als Folge des Gebrauchs der Verbrauch der Sache ein (Lebensmittel werden verzehrt), dann hat der Rückgewährverpflichtete – vorbehaltlich der Ausnahme des § 346 Abs. 3 S. 1 Nr. 3 – dafür Wertersatz zu leisten. Nur eine Wertminderung im Rahmen eines bestimmungsgemäßen Gebrauchs der Sache geht nach der gesetzlichen Regelung zu Lasten des Gläubigers, nicht dagegen der vollständige Verlust.[52]

---

[49] MünchKomm/*Gaier*, § 346 Rn. 43; AnwKom-BGB/*Hager*, § 346 Rn. 37 (für entsprechende Anwendung des § 346 Abs. 2 S. 1 Nr. 3).
[50] *Faust*, in: Huber/Faust, Kap. 10 Rn. 45; *Lorenz/Riehm*, Rn. 425; MünchKomm/*Gaier*, § 346 Rn. 46.
[51] MünchKomm/*Gaier*, § 346 Rn. 41 m. Nachw.
[52] *Schwab*, JuS 2002, 630, 633 f.; *Reischl* JuS 2003, 667, 670; *Perkams*, Jura 2003, 150 f.; a.A. *Kaiser* JZ 2001, 1057, 1061 f.

Hier soll bereits darauf hin gewiesen werden, dass beim Widerruf im Rahmen von Verbraucherverträgen, auf den nach § 357 Abs. 1 die §§ 346 ff. entsprechend anzuwenden sind (Rn. 238 aE), abweichend von § 346 Abs. 2 S. 1 Nr. 3 der Verbraucher für eine durch die bestimmungsgemäße Ingebrauchnahme der Sache entstandene Verschlechterung Wertersatz zu leisten hat (§ 357 Abs. 3). Voraussetzung dafür ist jedoch, dass der Verbraucher auf diese Rechtsfolge und auf die Möglichkeit, sie zu vermeiden, in der in § 357 Abs. 3 genannten Form hingewiesen worden ist.

241 Bei der Berechnung des vom Rückgewährschuldner zu leistenden Wertersatzes ist die im Vertrag bestimmte Gegenleistung „zugrunde zu legen" (§ 346 Abs. 2 S. 2). Nach Auffassung des *BGH*[53] muss dies auch für den Fall gelten, dass der Wert der Leistung, für die Wertersatz geschuldet wird, höher ist als der Wert der Gegenleistung und es sich z.B. um ein sog. Schnäppchen-Preis handelt. Allerdings muss berücksichtigt werden, dass die zurückzugewährende Sache Mängel aufweist, die bei der Bemessung der Gegenleistung nicht beachtet wurden.

Beispiel: Der Kaufpreis der zurückzugewährenden Sache beträgt 1.000,- € und entspricht dem Wert der Sache im mangelfreien Zustand. Der Mangel, den die Sache aufweist, mindert ihren Wert um 400,- €. Muss der Rückgewährschuldner für den Untergang der Sache Wertersatz leisten, dann hat er 600,- € zu zahlen, wie sich auf Grund der nach § 441 Abs. 3 vorzunehmenden Berechnung ergibt (Rn. 600).[54] Muss Wertersatz für eine Verschlechterung der Sache geleistet werden, dann kommt es nicht darauf an, welchen Wert die zurückzugebende Sache aufweist, sondern nur um welchen Betrag die Verschlechterung den ursprünglichen (durch die Gegenleistung bestimmten) Wert senkt.

242 **Die sich aus § 346 Abs. 2 ergebende Pflicht zum Wertersatz entfällt, wenn die Voraussetzungen des Abs. 3 S. 1 dieser Vorschrift erfüllt werden.** Im Einzelnen handelt es sich um folgende Fälle:
- Nr. 1 bezieht sich auf die in § 346 Abs. 2 S. 1 Nr. 2 getroffene Regelung, wonach der Schuldner Wertersatz zu leisten hat, wenn er den empfangenen Gegenstand verarbeitet oder umgestaltet hat. Zeigt sich bei diesem Vorgang ein vorher verborgener Mangel, dann soll der Käufer der verarbeiteten oder umgestalteten Sache sein Rücktrittsrecht, das ihm nach dem Kaufrecht zusteht (Einzelheiten dazu später), in gleicher Weise geltend machen können wie vor der Verarbeitung oder Umgestaltung und nicht durch die Pflicht zum Wertersatz belastet sein.
- Nr. 2 stellt den Rückgabeverpflichteten von einem Wertersatz frei, wenn die Verschlechterung oder der Untergang der empfangenen Sache durch einen Umstand verursacht worden ist, den der Gläubiger zu vertreten hat. Das Gleiche gilt, wenn der Schaden, der durch die Verschlechterung

---

[53] NJW 2009, 1068, 1070 Tz. 16 m. Anm. v. *Witt* = JuS 2009, 271 (*Faust*); vgl. auch *Fest*, ZGS 2009, 126.
[54] Vgl. *Faust*, JuS 2009, 481, 487; MünchKomm/*Gaier*, § 346 Rn. 45 auch zu anderen Vorschlägen einer Berechnung.

IV. Beendigung des Schuldverhältnisses

oder den Untergang des empfangenen Gegenstandes entstanden ist, beim Gläubiger ebenfalls entstanden wäre.

Beispiele: V verkauft K einen Fernsehapparat. K behält sich den Rücktritt vom Vertrag innerhalb einer Frist von 14 Tagen vor. Da der Empfang des Gerätes nicht einwandfrei ist, versucht V den Defekt selbst zu beheben. Dabei beschädigt er das Gerät erheblich. Wenn K in diesem Fall den Rücktritt erklärt, hat er lediglich das Gerät in dem beschädigten Zustand V zurückzugeben und ist nicht zum Wertersatz verpflichtet, weil die Verschlechterung V selbst zu vertreten hat (vgl. § 276). Das Gleiche gilt, wenn der Defekt des Gerätes zu seiner Beschädigung oder Zerstörung führt, weil der Defekt als Mangel der Kaufsache vom Verkäufer zu vertreten ist (Einzelheiten dazu später).[55]

V und K sind Nachbarn in demselben Mietshaus. Bei einem Brand des Hauses werden ihre Wohnungen zerstört. Auch der in der Wohnung des K befindliche (einwandfrei funktionierende) Fernsehapparat verbrennt. Ohne den Verkauf hätte sich das Gerät in der Wohnung des V befunden und wäre dort ebenfalls verbrannt. Hätte V den Fernseher nicht K übergeben, wäre somit der gleiche Schaden eingetreten. Deshalb braucht K keinen Wertersatz zu leisten, wenn er auf Grund eines entsprechenden Vorbehalts zurücktritt.[56]

- **Nr. 3 betrifft das gesetzliche Rücktrittsrecht.** Derjenige, dem ein gesetzliches Rücktrittsrecht zusteht, z.B. dem Käufer wegen eines Mangels der Kaufsache oder dem Besteller beim Werkvertrag wegen eines Mangels des Werkes, rechnet anders als bei vertraglichen Rücktrittsrechten nicht damit, die Sache wieder zurückgeben zu müssen. Behandelt er die Sache mit derselben Sorgfalt, die er in seinen eigenen Angelegenheiten anzuwenden pflegt, dann erscheint es gerechtfertigt, ihn nicht zum Wertersatz zu verpflichten, wenn er die Sache beschädigt oder zerstört. Diese Regelung bedeutet im Grundsatz eine Beschränkung der Wertersatzpflicht auf Fälle grober Fahrlässigkeit (vgl. § 277; Einzelheiten zu den verschiedenen Fahrlässigkeitsmaßstäben später).[57]

Im Schrifttum wird überwiegend die Auffassung vertreten, dass die **Haftungsprivilegierung des § 346 Abs. 3 S. 1 Nr. 3 nicht mehr gerechtfertigt sei,** sobald **der Rücktrittsberechtigte Kenntnis von dem Mangel erlangt** und deshalb weiß, dass er die Sache an seinen Vertragspartner wieder herauszugeben hat, wenn er wegen des Mangels vom Vertrag zurücktritt. In diesem Fall habe er die zurückzugewährende Sache mit der gleichen Sorgfalt zu behandeln wie eine fremde.[58] Dem wird entgegen-

243

---

[55] Erman/*Röthel,* § 346 Rn. 22.
[56] MünchKomm/*Gaier,* § 346 Rn. 52, mit dem Hinweis, dass Wertersatz vom Rückgewährschuldner zu leisten ist, wenn der Gläubiger ohne den Leistungsaustausch Versicherungs- oder Schadensersatzansprüche erworben hätte.
[57] Nach Auffassung des *OLG Karlsruhe* NJW 2008, 925, 927, soll die Haftungsprivilegierung nicht für Beschädigungen der zurückzugebenden Sache gelten, die im Rahmen einer Teilnahme am Straßenverkehr verursacht wurden, weil die insoweit zu beachtenden Regeln die Zulassung eines individuellen Sorgfaltsmaßstabs ausschlössen.
[58] *Kaiser,* JZ 2001, 1057, 1064; *Schwab,* JuS 2002, 630, 635 f.; *Rheinländer,* ZGS 2004, 178, 179 f.; *Perkams,* Jura 2003, 150, 151; *Forst,* ZGS 2011, 107, 109; *Looschelders,* AS, Rn. 849; AnwKom-BGB/*Hager,* § 346 Rn. 59; MünchKomm/*Gaier,* § 346 Rn. 59; Hk-BGB/*Schulze* § 346 Rn. 16; Jauernig/*Stadler,* § 346 Rn. 8; *Kropholler,* § 346 Rn. 10.

gehalten, der Rücktrittsberechtigte sei häufig darauf angewiesen, nach Entdeckung des Mangels und vor Ausübung seines Rücktrittsrechts die Sache weiterhin zu benutzen und es müsste dann auch weiterhin der im Gesetz genannte mildere Haftungsmaßstab gelten, zumal der Rücktrittsgegner die Ursache für den Rücktritt gesetzt habe.[59] Der Gesetzgeber habe insoweit bewusst die Privilegierung des Rücktrittsberechtigten nicht bis zur Kenntniserlangung vom Rücktrittsgrund begrenzt. Diese Entscheidung des Gesetzgebers müsse beachtet werden.[60] Die besseren Argumente sprechen für die Auffassung, die sich für eine Begrenzung der Haftungsprivilegierung auf den Zeitpunkt der Kenntniserlangung vom Rücktrittsgrund ausspricht. Den Gesetzesmaterialien kann keinesfalls eine eindeutige Meinungsäußerung des Gesetzgebers entnommen werden. Entscheidend muss deshalb die Interessenlage der Beteiligten sein. Kennt der Rücktrittsberechtigte den sein gesetzliches Rücktrittsrecht begründenden Mangel, dann befindet er sich in einer gleichen Lage wie derjenige, der sich den Rücktritt vertraglich vorbehalten hat. Wie dieser hat er mit der verkehrsüblichen Sorgfalt die Sache zu behandeln, weil er dann nicht davon ausgehen kann, dass er die Sache auf Dauer behalten wird. Diese Sorgfaltspflicht ergibt sich sowohl bei dem vertraglichen als auch bei dem gesetzlichen Rücktrittsrecht aus dem Schuldverhältnis als leistungssichernde Nebenpflicht (Rn. 186 f.). Verletzt der Schuldner diese Pflicht schuldhaft, wobei jeder Grad von Fahrlässigkeit für einen Verschuldensvorwurf ausreicht, weil die Haftungsprivilegierung des § 346 Abs. 3 S. 1 Nr. 3 insoweit nicht eingreift, dann wird er dem Gläubiger gegenüber schadensersatzpflichtig nach § 280 Abs. 1 i. V. m. § 346 Abs. 4 (vgl. auch Rn. 245). Allerdings wird man bei einem gesetzlichen Rücktrittsrecht verlangen müssen, dass der Rücktrittsberechtigte positive Kenntnis vom Rücktrittsgrund erlangt hat, wobei die Kenntnis aller Tatsachen genügt, aus denen sich das Rücktrittsrecht ableitet. Die Schlussfolgerung, dass ihm deshalb das Gesetz ein Rücktrittsrecht gewährt, muss er jedoch nicht ziehen.[61] Ob dieses Ergebnis auf Grund einer teleologischen Reduktion (vgl. dazu Rn. 818) des § 346 Abs. 3 S. 1 Nr. 3 zu gewinnen ist[62] oder ob die Haftungsprivilegierung dieser Vorschrift auf Fälle einer Verletzung leistungssichernder Nebenpflichten überhaupt nicht anzuwenden ist,[63] soll hier unentschieden bleiben.

---

[59] *Reischl,* JuS 2003, 667, 672; Bamberger/Roth/*Grothe,* § 346 Rn. 53; Palandt/*Grüneberg,* § 346 Rn. 13 b.
[60] *Brox/Walker,* AS, § 18 Rn. 27; *Schneider,* ZGS 2007, 57.
[61] Zu weit würde es gehen, das Kennenmüssen der das Rücktrittsrecht begründenden Tatsachen, also ihre fahrlässige Unkenntnis, genügen zu lassen, so aber *Derleder,* NJW 2005, 2481, 2484; MünchKomm/*Gaier,* § 346 Rn. 59; wie hier dagegen *Hager,* FS Musielak, 2004, S. 195, 203.
[62] So *Schwab,* JuS 2002, 630, 635 f.; *Rheinländer,* ZGS 2004, 178, 180; *Looschelders,* AS, Rn. 849.
[63] MünchKomm/*Gaier,* § 346 Rn. 59; *Gaier,* WM 2002, 1, 11; Bamberger/Roth/*Grothe,* § 346 Rn. 53.

IV. Beendigung des Schuldverhältnisses

Entfällt die Wertersatzpflicht nach § 346 Abs. 3 S. 1, dann ist der Schuldner verpflichtet, alles dem Gläubiger herauszugeben, was sich noch in seinem Vermögen aufgrund der von ihm empfangenen Leistung befindet. Bei der diese Rechtsfolge anordnenden Vorschrift des § 346 Abs. 3 S. 2 handelt es sich um eine sog. Rechtsfolgenverweisung auf die §§ 812 ff. 244

Bei einer **Rechtsfolgenverweisung** wird auf die Rechtsfolgen anderer Vorschriften (hier auf das Bereicherungsrecht) Bezug genommen, ohne dass es darauf ankommt, ob der Tatbestand der in Bezug genommenen Vorschriften verwirklicht ist. Nur die in den §§ 812 ff. bestimmte Herausgabepflicht, die durch § 818 ergänzt und modifiziert wird (dazu Einzelheiten später), trifft den Schuldner. Im Gegensatz dazu steht die **Rechtsgrundverweisung**, bei der die Rechtsfolge der Vorschrift, auf die verwiesen wird, nur dann eintritt, wenn ihr Tatbestand in allen Merkmalen verwirklicht wird. Es muss also nicht nur der Tatbestand der verweisenden Norm, sondern auch noch der Tatbestand der Bezugsnorm erfüllt sein.

Kommt der Schuldner seiner Rückgewährpflicht nicht nach, dann kann der Gläubiger unter den Voraussetzungen der §§ 280, 281 statt der Rückgabe der empfangenen Leistung **Schadensersatz** fordern (§ 346 Abs. 4). Gerät der Schuldner mit der zurückzugewährenden Leistung in Verzug (§ 286), dann hat er den **Verspätungsschaden** des Gläubigers nach § 280 Abs. 1, 2 zu ersetzen. Eine Schadensersatzpflicht nach § 280 Abs. 1 kann sich auch ergeben, wenn bei einem vertraglich vereinbarten Rücktrittsrecht eine Partei gegen die dann bestehende Pflicht verstößt, mit dem Leistungsgegenstand sorgfältig umzugehen, weil sie mit der Rückgewähr dieses Gegenstandes zu rechnen hat. Eine entsprechende Verpflichtung ergibt sich bei einem **gesetzlichen Rücktrittsrecht** erst von dem Zeitpunkt an, in dem der Rücktrittsberechtigte weiß, dass die Voraussetzungen für einen Rücktritt erfüllt sind. Bis zu diesem Zeitpunkt kann der Rückgabeschuldner davon ausgehen, dass er die Sache endgültig behalten wird. Es gibt deshalb keinen Grund für ihn, Sorgfaltspflichten zu beachten, deren Verletzung ihn schadensersatzpflichtig werden lassen. Fraglich kann jedoch sein, ob solche Sorgfaltspflichten bereits vor der Rücktrittserklärung oder erst mit ihr entstehen. Aus den gleichen Gründen, aus denen befürwortet worden ist, bei Erlangung positiver Kenntnis der einen Mangel und damit ein Rücktrittsrecht begründenden Tatsachen von der in § 346 Abs. 3 S. 1 Nr. 3 vorgesehenen Sorgfalt in eigenen Angelegenheiten zur Verantwortlichkeit für jeden Grad der Fahrlässigkeit zu wechseln (Rn. 243), muss im Rahmen des § 346 Abs. 4 eine solche Kenntnis ebenfalls maßgebend sein.[64] Aber auch hier muss daran festgehalten werden, dass erst die positive Kenntnis und nicht schon die fahrlässige Unkenntnis[65] dieser Tatsachen 245

---

[64] Wie hier *Schwab*, JuS 2002, 630, 636; *Looschelders*, AS, Rn. 862. Für Schadensersatzansprüche erst nach dem Zeitpunkt der Rücktrittserklärung *Reischl*, JuS 2003, 667, 673; *Perkams*, Jura 2003, 152; *Rheinländer*, ZGS 2004, 178, 181; *Brox/Walker*, AS § 18 Rn. 19, 27.
[65] So *Meyer*, Jura 2011, 244, 249; MünchKomm/*Gaier*, § 346 Rn. 61 ff.; Jauernig/*Stadler*, § 346 Rn. 9. Für grobe Fahrlässigkeit *Kamanabrou*, NJW 2003, 30, 31 f.; Palandt/*Grüneberg*, § 346 Rn. 18 will zwar ein Kennenmüssen des Rücktrittsgrundes ge-

dem Rücktrittsberechtigten die Sorgfaltspflicht auferlegt, deren Verletzung ihn schadensersatzpflichtig werden lässt.

246 Der Schuldner ist nicht nur zur Herausgabe gezogener **Nutzungen** nach § 346 Abs. 1 verpflichtet, sondern nach § 347 Abs. 1 zur Vergütung von ihm entgegen den Regeln einer ordnungsgemäßen Wirtschaft nicht gezogener Nutzungen, die er hätte ziehen können. Handelt es sich um einen Fall des gesetzlichen Rücktritts, dann beurteilt sich die Frage, ob Nutzungen hätten gezogen werden können, nicht nach den Regeln einer ordnungsgemäßen Wirtschaft, sondern danach, ob solche Nutzungen angefallen wären, wenn der Schuldner diejenige Sorgfalt angewendet hätte, die er in eigenen Angelegenheiten zu beachten pflegt (vgl. auch Rn. 244). Der Begriff der Nutzungen wird in § 100 erläutert. Danach sind Nutzungen Früchte und Gebrauchsvorteile. Der Begriff der Früchte wird in § 99 definiert, wobei zwischen Sachfrüchten (z. B. Tier- und Bodenprodukte wie Milch, Wolle, Getreide) und Rechtsfrüchten (Erträge eines Rechts wie z. B. die Jagdbeute bei einem Jagdrecht, die Dividende bei einer Aktie und die Zinsen bei einer verzinslichen Forderung) und den Erträgen zu unterscheiden ist, die eine Sache oder ein Recht vermöge eines Rechtsverhältnisses gewährt (z. B. der Mietzins oder der Pachtzins bei Vermietung oder Verpachtung eines Grundstücks oder die Lizenzgebühr für die Überlassung eines Patentrechts).[66]

247 In den Fällen, in denen der Schuldner einen empfangenen Gegenstand nach § 346 Abs. 1 zurückgewährt oder Wertersatz nach § 346 Abs. 2 leistet oder die Wertersatzpflicht nach § 346 Abs. 3 S. 1 Nr. 1 oder 2 ausgeschlossen ist, hat er nach § 347 Abs. 2 einen Anspruch auf Ersatz der notwendigen Verwendungen. Notwendige Verwendungen sind Ausgaben, die erforderlich sind, um den Untergang oder die Verschlechterung der Sache zu verhindern und die der gewöhnlichen Nutzungsfähigkeit der Sache dienen.[67] Dazu gehören die Kosten für die Reparatur eines Kraftfahrzeuges, um es fahrtüchtig zu machen, sowie Kosten für die Fütterung und die ärztliche Betreuung eines Tieres. **Andere Aufwendungen** geben dem Schuldner nur dann einen Anspruch auf Ersatz seiner Kosten, soweit der Gläubiger dadurch bereichert wird (§ 347 Abs. 2 S. 2).

> Der Begriff der „Aufwendung" wird im Gesetz nicht definiert, wohl aber auch in anderen Vorschriften des BGB verwendet (z. B. in § 670 – vgl. dazu Rn. 691). Als **Aufwendungen** begreift die h. M. **freiwillige Vermögensopfer**. Das Kriterium der Freiwilligkeit unterscheidet die Aufwendung vom Schaden, der unfreiwillig erlitten wird. Nach § 347 Abs. 2 S. 2 muss also der Gläubiger alle freiwilligen Vermögensopfer des Schuldners ersetzen, soweit sie zu seiner Bereicherung führen. Eine solche Bereicherung ist allerdings nur vorstellbar, wenn die Aufwendungen auf die Sache gemacht werden, die der Gläubiger zurückerhält. In der Terminologie des BGB sind aber Aufwendungen auf die Sache „Verwendungen".[68] Dies bedeutet also, dass der Gläubiger notwendige

---

nügen lassen, jedoch bis zur Rücktrittserklärung den Rückgabeschuldner nur für die Sorgfalt in eigenen Angelegenheiten haften lassen.

[66] Vgl. Palandt/*Ellenberger*, § 99 Rn. 2 ff.; Bamberger/Roth/*Fritzsche*, § 99 Rn. 2 ff.
[67] *Wilhelm*, Rn. 1316.
[68] Vgl. MünchKomm/*Krüger*, § 256 Rn. 4 m. N.

Verwendungen stets, andere Verwendungen dagegen nur ersetzen muss, wenn der Wert der an ihn zurückgegebenen Sache dadurch erhöht worden ist.

Müsste jedoch der Gläubiger jede Werterhöhung ausgleichen, dann könnte dies zu grob unbilligen Ergebnissen führen. Nimmt beispielsweise der Schuldner an dem zurückzugewährenden Pkw kostspielige Veränderungen vor, die zu einer Werterhöhung führen, dann muss sie der Gläubiger nach dem Wortlaut des Gesetzes ersetzen, ohne dass es darauf ankommt, ob für ihn diese Werterhöhungen Vorteile bringen. Es erscheint deshalb angemessen, bei der Frage nach der Bereicherung des Gläubigers nicht allein einen objektiven Wertmaßstab anzulegen, sondern auch zu berücksichtigen, ob der Gläubiger dadurch einen realen Vermögensvorteil erwirbt.[69]

Die sich aus einem Rücktritt ergebenden Verpflichtungen der Parteien sind Zug um Zug zu erfüllen (§ 348 S. 1). Der Rückgewährschuldner kann folglich die Rückgabe der vom Gläubiger erhaltenen Sache oder den von ihm zu leistenden Wertersatz oder Schadensersatz davon abhängig machen, dass der andere die ihm obliegenden Pflichten erfüllt, also die seinerseits erhaltene und von ihm zurückzugewährende Leistung erbringt oder die dem Rückgewährschuldner gebührenden Aufwendungen ersetzt (§ 320 Abs. 1 i. V. m. § 348 S. 2). 248

Die vertragliche Vereinbarung eines Rücktrittsrechts schafft für den Vertragspartner des Berechtigten einen Zustand der Unsicherheit, der in der Praxis meist durch eine **Fristbestimmung** zeitlich begrenzt wird. Ist dies nicht geschehen, dann kann der andere dem Berechtigten für die Ausübung des Rücktrittsrechts eine angemessene Frist setzen, nach deren Ablauf das Rücktrittsrecht erlischt (§ 350). 249

b) Kündigung

Dauerschuldverhältnisse (vgl. Rn. 155) können auf bestimmte Zeit eingegangen werden und enden dann, wenn der vereinbarte Endtermin erreicht wird. 250

Beispiel: Der Student S mietet für das Sommersemester (bis 31. Juli) ein Zimmer.

Wird jedoch die Vertragsdauer nicht zeitlich begrenzt, muss eine Beendigung möglich sein; dies geschieht durch Kündigung, die regelmäßig nicht durch einen Grund gerechtfertigt werden muss, sondern dem Kündigenden überlassen ist. **Die Kündigung ist ein Gestaltungsrecht** (vgl. Rn. 237), das durch eine empfangsbedürftige Willenserklärung ausgeübt wird. Die Kündigung wirkt lediglich für die Zukunft und beendet das Dauerschuldverhältnis; sie verlangt keine Rückabwicklung für die in der Vergangenheit vorgenommenen Leistungen. Hierin besteht ein wichtiger Unterschied zum Rücktritt. Allerdings können (in der Vergangenheit noch nicht erfüllte) Leistungspflichten (z. B. zur Zahlung rückständiger Mieten) und Rückgabeverpflichtungen (vgl. § 546 Abs. 1) sowie Verhaltenspflichten (z. B. die unter bestimmten Voraussetzungen fortwirkende Pflicht zur Verschwiegenheit nach beendetem Arbeitsverhältnis) weiterhin bestehen bleiben.

---

[69] *Reischl*, JuS 2003, 667, 668; *Lorenz/Riehm*, Rn. 437; *MünchKomm/Gaier*, § 347 Rn. 22; vgl. dazu auch EK BGB Rn. 158 ff.

Im BGB finden sich eine Reihe von Kündigungsregelungen für Dauerschuldverhältnisse, so für den Darlehensvertrag (vgl. §§ 489 f.), die Miete (vgl. §§ 542–544, §§ 561, 563 a Abs. 2, §§ 568, 569, 573–574 b, §§ 575 a–576 b, §§ 577 a, 580, 580 a), für die Pacht (vgl. § 581 Abs. 2, §§ 584, 584 a), für die Landpacht (vgl. §§ 594 a ff.), für die Leihe (vgl. § 605), für den Sachdarlehensvertrag (vgl. § 608), für den Dienstvertrag (vgl. § 620 Abs. 2, §§ 621–624, §§ 626–629) und für die Gesellschaft (vgl. §§ 723–725). Daneben sieht das BGB die Kündigung auch bei einzelnen Schuldverhältnissen vor, die keine Dauerschuldverhältnisse sind. So steht beim Werkvertrag dem Besteller nach §§ 649, 650 und dem Unternehmer nach § 643 ein Kündigungsrecht in den in diesen Vorschriften aufgeführten Fällen zu. Der Reisevertrag kann wegen eines Mangels, der die Reise beeinträchtigt, unter den in § 651 e genannten Voraussetzungen gekündigt werden. Schließlich hat der Beauftragte das Recht, den Auftrag zu kündigen (vgl. § 671).

251 Im Interesse des Vertragspartners des Kündigenden muss bei der (ordentlichen) Kündigung eine **Zeit zwischen dem Ausspruch der Kündigung und der Beendigung des Schuldverhältnisses liegen**, die es dem Kündigungsgegner ermöglicht, sich auf die Beendigung einzustellen. Solche **Kündigungsfristen** können im Gesetz (vgl. §§ 489, 490 Abs. 2, § 584) oder im Vertrag bestimmt sein. Aus sozialen Erwägungen gibt es Einschränkungen des Kündigungsrechts, z. B. für die Miete von Wohnraum und für Arbeitsverhältnisse.

252 Neben dem **ordentlichen Kündigungsrecht** steht ein **außerordentliches**, das eine **Beendigung des Schuldverhältnisses aus wichtigem Grund** ermöglicht. In den meisten Fällen ist die außerordentliche Kündigung fristlos.

Beispiele: Vermögensverschlechterung beim Darlehensnehmer (§ 490 Abs. 2), Nichtgewährung des Gebrauchs der gemieteten Sache (§ 543 Abs. 1, Abs. 2 S. 1 Nr. 1), gesundheitsgefährdender Zustand von Wohnräumen (§ 569 Abs. 1), vertragswidriger Gebrauch einer gemieteten (§ 543 Abs. 1, Abs. 2 S. 1 Nr. 2) oder geliehenen Sache (§ 605 Nr. 2), vorsätzliche oder grob fahrlässige Verletzung einer dem Gesellschafter nach dem Gesellschaftsvertrag obliegenden wesentlichen Verpflichtung (§ 723 Abs. 1 S. 2, 3).

253 Ein außerordentliches Kündigungsrecht aus wichtigem Grund wird den Vertragsparteien bei einem **Dauerschuldverhältnis** (vgl. Rn. 155) durch § 314 eingeräumt. Das Gesetz geht von einem „**wichtigen Grund**" für die Kündigung aus, „wenn dem kündigenden Teil unter **Berücksichtigung aller Umstände des Einzelfalles** und unter Abwägung der beiderseitigen Interessen die Fortsetzung des Vertragsverhältnisses bis zur vereinbarten Beendigung oder bis zum Ablauf einer Kündigungsfrist nicht zugemutet werden kann" (§ 314 Abs. 1 S. 2). Besteht der **wichtige Grund in der Verletzung einer Vertragspflicht,** dann soll vor einer Kündigung der die Vertragspflicht verletzenden Partei **durch Setzung einer Frist zur Abhilfe oder durch Abmahnung die Möglichkeit eingeräumt** werden, den **Vertrag ordnungsgemäß zu erfüllen.** Erst wenn dies erfolglos geblieben ist, wird die Kündigung zulässig (§ 314 Abs. 2). Nur ausnahmsweise kann von einer Fristsetzung oder Abmahnung abgesehen werden, wenn das die Kündigung rechtfertigende Verhalten die Vertrauensgrundlage der Rechtsbeziehung so nachhaltig erschüttert hat, dass ihre Fortsetzung unzumutbar ist und deshalb eine sofortige Beendigung als angemessene Reaktion erscheint.[70]

In diesem Zusammenhang ist die in § 314 Abs. 2 ausgesprochene Verweisung auf die Vorschrift des § 323 Abs. 2 zu beachten. Durch sie wird zum einen verdeutlicht, dass die in dieser Vorschrift genannten Fälle als wichtiger Grund für eine Kündigung anzusehen sind;[71] zum anderen wird dadurch klargestellt, dass in diesen Fällen eine Fristsetzung oder Abmahnung entbehrlich ist, weil es dann von vornherein zwecklos oder zumindest für den Gläubiger unzumutbar erscheint, vor einer Kündigung noch länger auf ein vertragsgemäßes Verhalten des Schuldners zu warten (vgl. dazu Rn. 523).

Der Kündigungsberechtigte soll sich nicht die Kündigungsmöglichkeit nach § 314 aufsparen können, sondern innerhalb einer angemessenen Frist über die Auflösung des Vertrages entscheiden, wenn dafür ein wichtiger Grund besteht. Die eine entsprechende Anordnung treffende Vorschrift des § 314 Abs. 3 wird noch zusätzlich durch die Erwägung gerechtfertigt, dass die Fortsetzung des Vertragsverhältnisses trotz eines angeblichen Kündigungsgrundes gegen die Unzumutbarkeit spricht, an dem Vertrag festzuhalten. Durch § 314 Abs. 4 wird klargestellt, dass die Kündigung nichts daran ändert, dass neben ihr noch ein Anspruch auf Schadensersatz geltend gemacht wird.

Soweit bei Dauerschuldverhältnissen **spezielle Regeln eine Kündigung aus wichtigem Grund abschließend regeln**, gehen sie der Vorschrift des § 314 vor. Aber auch dann ist grundsätzlich vor einer Kündigung zunächst durch Setzung einer Frist zur Abhilfe oder durch Abmahnung der Versuch zu unternehmen, einen vertragsgerechten Zustand herzustellen.[72] Insoweit kommt in § 314 Abs. 2 ein allgemeiner Grundsatz für Fälle einer fristlosen Kündigung aus wichtigem Grund zum Ausdruck. Ist bei einem Dauerschuldverhältnis die Geschäftsgrundlage gestört (dazu Einzelheiten später), dann ist § 313 Abs. 3 zu beachten.

c) Besonderheiten bei Verbraucherverträgen

1. Widerrufsrecht

Ist ein Vertrag wirksam geschlossen worden, dann sind die Vertragsparteien regelmäßig an ihn gebunden und müssen die von ihnen getroffenen Vereinbarungen einhalten. Es gilt die Rechtsregel: pacta sunt servanda (Verträge müssen eingehalten werden). Bei sog. Verbraucherverträgen wird jedoch dem Verbraucher (§ 13) durch Gesetz ein **Widerrufsrecht eingeräumt**, das ihm gestattet, durch eine einseitige Erklärung die Bindung an den von ihm geschlossenen Vertrag zu beseitigen (§ 355 Abs. 1 S. 1).

254

---

[70] *BGH* MDR 2004, 737, 738.
[71] Palandt/*Grüneberg*, § 314 Rn. 8.
[72] *BGH* MDR 2004, 737, 738.

Ein solches Widerrufsrecht besteht nach § 312 bei Haustürgeschäften (vgl. dazu Rn. 260 ff.), nach § 312 d bei Fernabsatzverträgen (vgl. dazu Rn. 264 ff.), nach § 485 bei Teilzeit-Wohnrechteverträgen (zum Begriff vgl. § 481), nach § 495 bei Verbraucherdarlehensverträgen (vgl. dazu EK BGB, Rn. 93 ff.) und nach § 510 bei Ratenlieferungsverträgen (vgl. dazu Rn. 157). Ein Widerrufsrecht steht dem Verbraucher auch nach § 4 des Fernunterrichtsschutzgesetzes zu. Diese Aufzählung ist abschließend; weitere Fälle eines Widerrufsrechts für Verbraucher gibt es nicht. Das Widerrufsrecht besteht auch bei einem nichtigen Vertrag. Denn dem Verbraucher ist in diesem Fall ebenfalls zu ermöglichen, sich von dem geschlossenen Vertrag auf einfache Weise durch Ausübung des Widerrufsrechts zu lösen, ohne mit dem Unternehmer in eine rechtliche Auseinandersetzung über die Nichtigkeit des Vertrages eintreten zu müssen.[73]

255 Das Gesetz sieht für den Widerruf verschiedene Formen vor, und zwar muss er entweder in Textform oder durch Rücksendung der dem Verbraucher zur Erfüllung des Vertrages überlassenen Sache vollzogen werden (§ 355 Abs. 1 S. 2). Der Begriff der Textform ist in § 126 b erläutert (vgl. dazu Rn. 53). Wie ausdrücklich in § 355 Abs. 1 S. 2 bestimmt wird, bedarf der Widerruf keiner Begründung. Es muss sich aus ihm nur ergeben, dass sich der Verbraucher von dem Vertrag lösen will, ohne dass es dafür erforderlich ist, den Begriff „widerrufen" zu gebrauchen.[74]

256 Der Verbraucher muss den Widerruf innerhalb von 14 Tagen (Ausnahme: ein Monat im Fall des § 355 Abs. 2 S. 3) gegenüber dem Unternehmer erklären, wobei zur Fristwahrung die rechtzeitige Absendung des Widerrufs genügt (§ 355 Abs. 1 S. 2 HS 2). Die Frist beginnt mit dem Zeitpunkt, zu dem der Verbraucher eine den Anforderungen des § 360 Abs. 1 entsprechende Belehrung über sein Widerrufsrecht in Textform erhalten hat. Ist der Vertrag schriftlich zu schließen, so beginnt die Frist nicht, bevor dem Verbraucher auch eine Vertragsurkunde, der schriftlicher Antrag des Verbrauchers oder eine Abschrift der Vertragsurkunde oder des Antrags zur Verfügung gestellt wird (§ 355 Abs. 3 S. 2). Die Belehrung über das Widerrufsrecht ist dem Verbraucher grundsätzlich spätestens bei Vertragsschluss zu erteilen (§ 355 Abs. 2 S. 1). Bei Fernabsatzverträgen (vgl. Rn. 264) muss allerdings im Hinblick auf die über eine Internetplattform abgewickelten Verträge eine Ausnahme dahin gehend gemacht werden, dass diese Belehrung unverzüglich nach Vertragsschluss vorzunehmen ist (§ 355 Abs. 2 S. 2). Denn bei einer Internetauktion steht vor einem Vertragsschluss, der durch Annahme des Angebots zustande kommt, der Erwerber des angebotenen Gegenstandes nicht fest und kann folglich auch nicht zu einem früheren Zeitpunkt informiert werden.[75] Das Widerrufs-

---

[73] *BGH* NJW 2010, 610, 611 Tz. 15 ff. m. Anm. v. *Möller*; *Skamel*, ZGS 2010, 106; a. A. *Ludwig*, ZGS 2010, 490.
[74] Vgl. *BGH* NJW 1993, 128, 129; 1996, 1964, 1965.
[75] Vgl. *Schröder*, NJW 2010, 1933, 1936.

recht endet spätestens sechs Monate nach Vertragsschluss; bei Lieferung von Waren beginnt die Frist nicht vor dem Tag ihres Eingangs beim Empfänger (§ 355 Abs. 4). **Das Widerrufsrecht erlischt nicht, wenn der Verbraucher nicht gem. § 360 über sein Widerrufsrecht belehrt worden ist** (§ 355 Abs. 4 S. 3). Die Vorschriften über die einzelnen Verbraucherverträge enthalten zusätzliche Regelungen über den Beginn und das Ende der Frist für den Widerruf, die zum Teil von § 355 Abs. 2 abweichen. Auf diese Regelungen wird bei Darstellung der einzelnen Verbraucherverträge noch eingegangen werden.

Bei Haustürgeschäften (§ 312 Abs. 1 S. 2), bei Fernabsatzverträgen über die Lieferung von Waren (§ 312 d Abs. 1 S. 2) und bei Teilzahlungsgeschäften (§ 508) kann der Unternehmer das Widerrufsrecht durch ein Rückgaberecht des Verbrauchers ersetzen. Die dafür zu erfüllenden Voraussetzungen sind in § 356 und für Haustürgeschäfte ergänzend in § 312 Abs. 1 S. 2 im Einzelnen geregelt. Daraus ergibt sich, dass ein ausschließliches Rückgaberecht nur bei Verwendung von Verkaufsprospekten in Betracht kommt. Das Rückgaberecht muss innerhalb der Widerrufsfrist, die nicht vor Erhalt der Sache beginnt, durch Rücksendung der Sache ausgeübt werden. In Fällen, in denen die Sache nicht als Paket versandt werden kann, tritt an die Stelle der Rücksendung das Rücknahmeverlangen des Verbrauchers (§ 356 Abs. 2 S. 1). Eine Begründung für die Rückgabe ist nicht erforderlich (§ 356 Abs. 2 S. 2 i.V.m. § 355 Abs. 1 S. 2). 257

Da in diesen Fällen das **Rückgaberecht an die Stelle des Widerrufsrechts tritt, scheint dem Verbraucher eine Lösung vom Vertrag verwehrt zu sein, wenn die Rückgabe der Ware dem Verbraucher unmöglich ist,** etwa weil sie zerstört oder gestohlen wurde. § 357 Abs. 1 erklärt jedoch die Vorschriften über den gesetzlichen Rücktritt auf das Rückgaberecht für entsprechend anwendbar, soweit nicht ein anderes bestimmt ist. Dies bedeutet, dass das Rücktrittsrecht und dementsprechend auch das Rückgaberecht des Verbrauchers nicht durch den Untergang der zurückzugewährenden Sache ausgeschlossen wird, wie sich aus § 346 Abs. 2 S. 1 Nr. 3 ergibt. Allerdings bleibt der Verbraucher auch dann zum Wertersatz verpflichtet, wenn er den Untergang oder die Unmöglichkeit der Rückgabe nicht verschuldet hat,[76] es sei denn, der Verbraucher ist nicht ordnungsgemäß über sein Widerrufsrecht belehrt worden und hat auch keine anderweitige Kenntnis davon erlangt (§ 357 Abs. 3 S. 1, 2). In diesem Fall haftet der Verbraucher für die Sorgfalt, die er in eigenen Angelegenheiten anzuwenden pflegt (§ 357 Abs. 3 S. 4 i.V.m. § 346 Abs. 3 S. 1 Nr. 3). Die Pflicht zum Wertersatz entfällt, wenn die Verschlechterung ausschließlich auf die Prüfung der Sache zurückzuführen ist (§ 357 Abs. 3 S. 3).[77] Für 258

---

[76] MünchKomm/*Masuch*, § 357 Rn. 36; KompaktKomm/*Rott*, § 357 Rn. 17; im Ergebnis ebenso, jedoch mit abweichender Begründung *Otte/Kapitza*, ZGS 2004, 54.
[77] Vgl. BGH NJW 2011, 56 = JuS 2011, 259 (*Faust*): Aufbau eines Wasserbetts, Befüllung der Matratze mit Wasser und Benutzung des Bettes während der Dauer von drei Tagen als Prüfung der Sache.

die Gebrauchsvorteile, die sich für den Verbraucher aus der Nutzung der Ware bis zum Widerruf ergeben, schuldet er keinen Ersatz.[78]

259 Der **Widerruf verwandelt den Vertrag**, der sich bis zum Ablauf der Widerrufsfrist in einem Zustand schwebender Wirksamkeit befindet, **in ein Rückgewährschuldverhältnis;** folglich sind die Parteien verpflichtet, einander das zurückzugewähren, was sie zur Erfüllung des Vertrages von dem anderen erhalten haben. Die **Rückabwicklung** geschieht nach den Regeln über den Rücktritt (vgl. dazu Rn. 237 ff.), wie durch § 357 Abs. 1 S. 1 bestimmt wird. Diese Regeln werden durch die Vorschriften des § 357 Abs. 2 bis 4 ergänzt. Danach ergibt sich folgende Rechtslage:

- Die **Pflicht zur Rücksendung** für den Verbraucher folgt aus § 346 Abs. 1 i.V.m. § 357 Abs. 1 S. 1, Abs. 2 S. 1. Kann die zurückzugebende Sache nicht als Paket versandt werden, genügt der Verbraucher seiner Rückgabepflicht dadurch, dass die Sache zur Abholung durch den Unternehmer bereitsteht.
- Die **Gefahr und die Kosten der Rücksendung** sind gem. § 357 Abs. 2 S. 2 vom Unternehmer zu tragen. Als „Gefahr" wird im Zivilrecht das Risiko des zufälligen (d.h. von keinem Vertragspartner zu vertretenden) Untergangs oder der zufälligen Verschlechterung bezeichnet. Der Nachteil, der sich aus dem Verlust oder der Beschädigung bei der Rücksendung der Sache ergibt, trifft also den Unternehmer, wenn die Gründe dafür vom Verbraucher nicht verschuldet worden sind.
- Die dem Unternehmer nach § 357 Abs. 2 S. 2 zufallenden Kosten für die Rücksendung dürfen durch eine vertragliche Vereinbarung nur dann auf den Verbraucher abgewälzt werden, wenn der Betrag der Bestellung unter 40 € liegt oder wenn bei einem höheren Preis der Sache der Verbraucher die Gegenleistung oder eine Teilzahlung im Zeitpunkt des Widerrufs noch nicht erbracht hat und die vom Unternehmer gelieferten Sachen der Bestellung des Verbrauchers entsprechen (§ 357 Abs. 2 S. 3).
- Die in § 357 nicht ausdrücklich geregelte Frage, ob der Käufer die von ihm getragenen Kosten **der Zusendung der Ware** vom Verkäufer nach § 346 Abs. 1 i.V.m. § 357 Abs. 1 S. 1 zurückfordern kann oder ob dem Verkäufer seinerseits für die von ihm erbrachte Transportleistung ein Wertersatzanspruch nach § 346 Abs. 2 S. 1 Nr. 1 zusteht, ist nunmehr auf Vorlage des BGH vom EuGH entschieden worden.[79] Der EuGH vertritt die Auffassung, die Fernabsatzrichtlinie[80] sei dahin auszulegen, dass sie einer nationalen Regelung entgegenstehe, nach der der Lieferer in einem im Fernabsatz geschlossenen Vertrag dem Verbraucher die Kosten der Zusendung der Ware auferlegen darf, wenn dieser sein Widerrufs-

---

[78] EuGH NJW 2009, 3015 Tz. 23 = JuS 2009, 1049 (*Faust*); vgl. dazu *Bauerschmidt/Harnos*, ZGS 2010, 202.

[79] EuGH NJW 2010, 1941; vgl. dazu *Grohmann/Gruschinske*, ZGS 2010, 250.

[80] Richtlinie 97/7/EG des Europäischen Parlaments und des Rates vom 20. Mai 1997 über den Verbraucherschutz bei Vertragsabschlüssen im Fernabsatz, abgedruckt im MünchKommBGB, 4. Aufl. 2003, Bd. 2 a, vor § 312 b Rn. 40.

recht ausübt. Der *BGH*[81] hat sich dieser Meinung angeschlossen und festgestellt, dass im Falle des Widerrufs eines Fernabsatzvertrages die Kosten der Hinsendung der Ware vom Unternehmer zu tragen sind.
- Ist die vom Verbraucher zurückzugebende Sache durch ihren Gebrauch und nicht lediglich bei Prüfung der Sache verschlechtert worden, dann muss – wie bereits ausgeführt (Rn. 258) – der Verbraucher diesen Wertverlust ausgleichen.
- Die durch § 346 Abs. 3 S. 1 Nr. 3 angeordnete Haftungserleichterung gilt nach § 357 Abs. 3 S. 3 nicht, wenn der Verbraucher über sein Widerrufsrecht ordnungsgemäß belehrt worden ist oder hiervon anderweitig Kenntnis erlangt hat. Diese auf anderem Weg erlangte Kenntnis muss die Fakten umfassen, die durch eine ordnungsgemäße Belehrung dem Verbraucher zu vermitteln sind (vgl. § 360).
- Ist die Rückgewähr oder die Herausgabe der vom Unternehmer erbrachten Leistung ihrer Natur nach ausgeschlossen, dann hat der Verbraucher im Falle des Widerrufs Wertersatz in Höhe der im Vertrag bestimmten Gegenleistung zu erbringen (§ 357 Abs. 1 S. 1 i.V.m. § 346 Abs. 2). Dies bedeutet, dass ein Verbraucher bei Dienstleistungen des Unternehmers, bei denen naturgemäß eine Rückgewähr nicht in Betracht kommen kann, bei Ausübung des ihm zustehenden Widerrufsrechts dem Unternehmer dennoch die vereinbarte Vergütung, und zwar dann als Wertersatz zu zahlen hat.[82]

2. Haustürgeschäfte

Die das Widerrufsrecht bei Haustürgeschäften regelnden Vorschriften der §§ 312 und 312a **bezwecken, den Kunden (Verbraucher) vor einer Überrumpelung und sachwidrigen Beeinflussung beim Abschluss eines Vertrages über eine entgeltliche Leistung zu bewahren.** Diese Gefahr besteht in besonderem Maße in dem in § 312 Abs. 1 S. 1 Nr. 1 bis 3 beschriebenen räumlichen Bereich. Denn in diesem Bereich befindet sich der Verbraucher in einer Situation, in der er erfahrungsgemäß auf den Abschluss eines Vertrages nicht vorbereitet ist und in der er deshalb einem Angebot nicht kritisch genug gegenübersteht. Nach der enumerativen (abschließenden) Aufzählung in § 312 Abs. 1 sind dies der eigene Arbeitsplatz des Verbrauchers und der Bereich einer Privatwohnung (Nr. 1),[83] die Freizeitveranstaltung (Nr. 2) und Verkehrsmittel sowie Straßen und öffentliche Plätze (Nr. 3).

260

---

[81] NJW 2010, 2651.
[82] Über die Berechnung des Wertersatzes besteht allerdings Streit. Dieser Streit betrifft die Frage, ob das Entgelt um die Gewinnspanne des Unternehmers zu kürzen ist; so Palandt/*Grüneberg*, § 357 Rn. 15; a.A. MünchKomm/*Masuch*, § 357 Rn. 25, jeweils m.w.N.
[83] Während es sich auch um die Privatwohnung eines Dritten handeln kann, wird nur der Arbeitsplatz des Verbrauchers selbst, nicht der eines Dritten erfasst; BGH NJW 2007, 2106, 2108 Tz. 38 f. = JuS 2007, 682 (*Faust*) = JA 2007, 896 (*Stadler*).

Nach dem Gesetzeszweck kommt es darauf an, dass die Haustürsituation für den Abschluss des Vertrages zumindest mitursächlich gewesen ist. Dies ist nicht der Fall, wenn andere Gründe den Verbraucher zu seiner Vertragserklärung bestimmt haben[84] oder wenn lediglich die Unterschrift unter den Vertrag in der Privatwohnung des Kunden geleistet wurde, die Vertragsverhandlungen jedoch an einem anderen Ort stattgefunden haben.[85] In diesen Fällen ist der Überrumpelungseffekt, dem durch § 312 entgegengewirkt werden soll, nicht ursächlich für den Vertragsschluss.

261 Nach dem Gesetzeszweck ist von einer **Freizeitveranstaltung** i.S.v. § 312 Abs. 1 S. 1 Nr. 2 nur dann auszugehen, wenn Freizeitangebot und Verkaufsveranstaltung derart organisatorisch miteinander verbunden werden, dass der Kunde mit Blick auf die Ankündigung und Durchführung der Veranstaltung in eine freizeitlich unbeschwerte Stimmung versetzt wird, die ihn darüber hinwegsehen lässt, dass Hauptzweck der Veranstaltung der Abschluss von Verträgen bildet, wobei noch hinzu kommt, dass die Durchführung der Veranstaltung es dem Kunden erschwert, sich den Verkaufsbemühungen zu entziehen.[86] Als typisches Beispiel gilt die sog. „Kaffeefahrt".

262 Der in § 312 Abs. 1 S. 1 Nr. 3 genannte Bereich **öffentlich zugänglicher Verkehrsflächen** wird in einem weiten Sinn interpretiert. Es werden darunter nicht nur öffentliche Straßen und Wege, allgemein zugängliche Privatwege und die den öffentlichen Verkehrsmitteln dienenden Flächen wie Bahnhöfe verstanden, sondern auch alle sonstigen öffentlich zugänglichen Flächen wie z.B. Theater- und Konzertsäle, Sportplätze und Schwimmbäder sowie Gaststätten und Hotelhallen. In diesem Zusammenhang ist auf § 312g S. 2 zu verweisen. Diese Vorschrift enthält ein Umgehungsverbot und führt dazu, dass ein Widerrufsrecht nach § 312 Abs. 1 auch dann zu bejahen ist, wenn zwar die Beschreibung des Haustürgeschäfts in dieser Vorschrift nicht zutrifft, aber ein Überraschungseffekt für den Verbraucher besteht und der Schutzzweck des § 312 zutrifft. Als Beispiel lässt sich die Bestellung von Baumaterialien an einer privaten Baustelle[87] anführen.

263 Das **Widerrufsrecht** des Kunden ist **ausgeschlossen,** wenn der Kunde den Anbieter zu den Verhandlungen in seine Wohnung oder an den Arbeitsplatz bestellt hat oder wenn die Erklärung des Kunden von einem Notar beurkundet wurde (§ 312 Abs. 3 Nr. 1 und 3), da dann der Überrumpelungseffekt, den die die Haustürgeschäfte regelnden Normen ausschließen wollen, nicht eintreten kann. Lädt der Kunde den Anbieter in seine Wohnung ein, dann kann er sich auf die Verhandlungen vorbereiten, insbesondere Vergleichsangebote einholen und prüfen, so dass er nicht schutzbedürftig ist.[88] Der Notar als unabhängiger Träger eines öffentlichen Amtes (§ 1 BNotO) ist verpflichtet, die Beteiligten über die rechtli-

---

[84] *BGH* NJW 2007, 3272.
[85] *OLG Frankfurt a. M.* MDR 2008, 495.
[86] Vgl. BGH NJW 2004, 362, 363; *OLG Düsseldorf* MDR 1998, 206 (beide Entscheidungen noch zur inhaltlich gleichen Regelung im HaustürWG).
[87] *OLG Zweibrücken* NJW 1995, 140; *AG Ettenheim* NJW-RR 2004, 1429.
[88] *OLG Stuttgart* MDR 1998, 956.

che Tragweite des von ihm beurkundeten Geschäfts zu belehren (§ 17 Abs. 1 BeurkG). Als weitere Einschränkung enthält § 312 Abs. 3 Nr. 2 eine Bagatellgrenze: Wenn das Entgelt 40 € nicht übersteigt und die Leistung sofort erbracht und bezahlt wurde, dann wird das Geschäft sofort endgültig wirksam und ein Widerrufsrecht des Kunden besteht nicht. Dagegen schließt die sog. **provozierte Bestellung** das Widerrufsrecht entgegen dem Wortlaut des § 312 Abs. 3 Nr. 1 nicht aus.[89] Von einer provozierten Bestellung spricht man, wenn der Anbieter z.B. telefonisch an den Kunden herantritt, um einen Termin für einen Hausbesuch zu erreichen und um so ein Widerrufsrecht des Verbrauchers auszuschließen. Wird bei einem so provozierten Hausbesuch ein Vertrag geschlossen, so entfällt das Widerrufsrecht des Verbrauchers nicht, da die Bestellung des Hausbesuchs nicht auf seine freie Entscheidung, sondern auf die Initiative des Anbietenden zurückgeht.[90]

Beispiel: Händler H ruft den ihm flüchtig bekannten K an und erklärt, er habe günstig einen Posten hochwertiger Strickwaren bekommen und könne die Ware zu sehr günstigen Preisen anbieten. K, der auf ein wichtiges Telefongespräch wartet, erwidert, H solle zu ihm kommen und ihm die Ware in seiner Wohnung zeigen. So geschieht es. K kauft einen Pullover zum Preis von 80,– €. Es handelt sich bei diesem Kauf um ein Haustürgeschäft, weil die vom Verbraucher ausgesprochene Einladung durch das zuvor geführte Telefongespräch des Händlers veranlasst worden ist.

3. Fernabsatzverträge

Die in den §§ 312b bis 312d getroffene Regelung über Fernabsatzverträge verfolgt das Ziel, den Verbraucher vor den spezifischen Gefahren zu schützen, die sich für ihn ergeben können, wenn er einen Vertrag schließt, ohne zuvor die erworbene Ware oder Dienstleistung und regelmäßig auch seinen Vertragspartner in Natur zu sehen. Es geht also um sog. **Distanzvertriebsformen,** wie sie durch den klassischen Versandhandel und Katalogkauf und die modernen Formen des Teleshopping mittels Fernsehen oder Internet[91] z.B. im Rahmen einer Internet-Auktion üblich sind. § 312b Abs. 1 beschreibt den Begriff des Fernabsatzvertrages. Danach handelt es sich um einen solchen Vertrag, wenn ein Unternehmer (§ 14) und ein Verbraucher (§ 13) unter ausschließlicher Verwendung von „Fernkommunikationsmitteln" (zum Begriff vgl. § 312b Abs. 2) einen Vertrag über die Lieferung von Waren oder über die Erbringung von Dienstleistungen im Rahmen eines für den Fernabsatz organisierten Vertriebs- oder Dienstleistungssystems schließen.

Ein **Fernabsatzvertrag** weist somit folgende **Kriterien** auf:
- Als **Vertragspartner** müssen sich ein **Unternehmer** und ein **Verbraucher** gegenüberstehen.

---
[89] Vgl. BGHZ 109, 127, 131 ff. = NJW 1990, 181, m.w.N.
[90] BGHZ 109, 127, 131 ff. = NJW 1990, 181, m.w.N.; MünchKomm/*Masuch*, § 357 Rn. 103 f.
[91] Vgl. *Köhler*, NJW 1998, 185.

- **Gegenstand des Vertrages** muss die Lieferung von **Waren** oder die Erbringung von **Dienstleistungen** sein. Als Waren sind alle beweglichen körperlichen Sachen des Handelsverkehrs anzusehen, darüber hinaus aber auch elektrischer Strom, Gas, Wasser und Fernwärme. Der Begriff der Dienstleistung ist weit auszulegen. Im Kern geht es um Dienstverträge, die keine Arbeitsverträge sind, um Werkverträge und Geschäftsbesorgungsverhältnisse. Gemeinsames Merkmal ist eine tätigkeitsbezogene Leistung.[92] Die verschiedenen hier genannten Vertragstypen werden später erläutert werden.
- Der Vertrag muss unter **ausschließlicher Verwendung von Fernkommunikationsmitteln** geschlossen worden sein. Da als Fernkommunikationsmittel auch Briefe gelten (§ 312b Abs. 2), wird **auch der briefliche Vertragsschluss** erfasst. Das Erfordernis einer ausschließlichen Verwendung solcher Kommunikationsmittel verlangt, dass beide zum Vertragsschluss abzugebende Willenserklärungen auf dem Weg der Fernkommunikation an den Vertragspartner gerichtet werden, wobei es nicht darauf ankommt, dass sich die Vertragspartner jeweils des gleichen Fernkommunikationsmittels bedienen.[93] Die briefliche Offerte kann also telefonisch angenommen werden.
- Der **Vertragsschluss muss im Rahmen eines für den Fernabsatz organisierten Vertriebs- oder Dienstleistungssystems vollzogen werden.** Ein solches System ist zu bejahen, wenn der Unternehmer in seinem Betrieb die personellen, sachlichen und organisatorischen Voraussetzungen geschaffen hat, die notwendig sind, um regelmäßig Geschäfte im Fernabsatz zu bewältigen. Dagegen reicht es nicht aus, wenn nur gelegentlich eine Bestellung am Telefon entgegengenommen oder eine Ware per Post versandt wird.[94]

Durch § 312b Abs. 3 sind bestimmte Bereiche von der Anwendung der Vorschriften über Fernabsatzverträge ausgenommen. Es muss also stets noch geprüft werden, ob eine dieser Ausnahmen im Einzelfall zutrifft.

266 Durch § 312c i.V.m. Art. 246 §§ 1 und 2 EGBGB werden dem Unternehmer Informationspflichten auferlegt. Die Informationen sind dem Verbraucher rechtzeitig vor Abgabe dessen Vertragserklärung in einer dem eingesetzten Fernkommunikationsmittel entsprechenden Weise klar und verständlich und unter Angabe des geschäftlichen Zwecks zur Verfügung zu stellen (Art. 246 § 1 EGBGB; vgl. aber auch § 312c Abs. 3). Verletzt der Unternehmer diese Informationspflichten, so läuft grundsätzlich nicht die Widerrufsfrist (vgl. im Einzelnen § 312d Abs. 2).

267 Das Recht des Verbrauchers zum Widerruf bei einem Fernabsatzvertrag wird durch Vorschriften ergänzt, die sich in § 312d Abs. 2 und 3 finden und welche die Regeln des § 355 über das Widerrufsrecht modifizieren

---

[92] BGHZ 123, 380, 385 = NJW 1994, 262.
[93] BGHZ 123, 380, 385 = NJW 1994, 262.
[94] MünchKomm/*Wendehorst*, § 312b Rn. 56.

IV. Beendigung des Schuldverhältnisses   123

und ergänzen. Zu beachten ist, dass **durch § 312d Abs. 4 ein Widerrufsrecht in den dort genannten Fällen ausgeschlossen wird.**

4. *Elektronischer Geschäftsverkehr*

§ 312e betrifft einen speziellen Bereich des elektronischen Geschäftsverkehrs, der durch die Vorgaben bestimmt wird, die sich aus der E-Commerce-Richtlinie der EU vom 8. 6. 2000[95] ergeben. Diese Vorschrift regelt nicht das Zustandekommen von Verträgen, die mit Hilfe der elektronischen Medien vereinbart werden. Insoweit gelten die Regeln über den Abschluss von Verträgen, wie sie bereits dargestellt worden sind (Rn. 131 ff.) und die nicht dadurch verändert werden, weil das Angebot oder die Annahme oder auch beide als elektronische Willenserklärungen (vgl. Rn. 68, 76) abgegeben werden. Vielmehr formuliert § 312e zusätzliche Pflichten, soweit die in Abs. 1 dieser Vorschrift genannten Voraussetzungen erfüllt werden und die den Anwendungsbereich dieser Vorschrift wie folgt definieren: **Ein Unternehmer muss sich zum Zwecke des Abschlusses eines Vertrages über die Lieferung von Waren oder über die Erbringung von Dienstleistungen eines Tele- oder Mediendienstes bedienen.**

268

Bei einem solchen Vertrag kann es sich allerdings um einen Fernabsatzvertrag (§ 312b Abs. 1) handeln; zwingend ist dies jedoch keinesfalls. Denn es gibt wichtige Unterschiede zwischen einem Fernabsatzvertrag und einem Vertrag, der in den Anwendungsbereich des § 312e fällt. **Die Anwendung des § 312e setzt – anders, als § 312b – nicht voraus, dass der (künftige) Vertragspartner ein Verbraucher ist; bei dieser Vorschrift handelt es sich folglich nicht um eine Verbraucherschutzregelung.** Auch die weiteren Voraussetzungen des § 312b Abs. 1, nämlich die ausschließliche Verwendung von Fernkommunikationsmitteln und ein im Fernabsatz organisiertes Vertriebs- und Dienstleistungssystem, müssen bei § 312e nicht erfüllt werden. Allerdings dürfte diesen Merkmalen eines Fernabsatzvertrages in den Fällen des § 312e regelmäßig entsprochen werden. Denn bei einem Online-Vertrieb werden sich der Unternehmer und der Kunde im Regelfall ausschließlich im Wege des Fernabsatzes miteinander in Verbindung setzen, und ein Unternehmer, der seine Produkte über das Internet anbietet, wird auch im Regelfall sein Betriebssystem bereits so organisiert haben, dass Verträge im Fernabsatz geschlossen und abgewickelt werden können. **Handelt es sich im elektronischen Geschäftsverkehr um einen Verbrauchervertrag, dann steht dem Verbraucher auch ein Widerrufsrecht nach § 312d i. V. m. § 355 zu.** Dies berücksichtigt § 312e Abs. 3 S. 2 und bestimmt, dass die Widerrufsfrist erst nach Erfüllung der in § 312e Abs. 1 S. 1 geregelten Pflichten beginnt. Diese Regelung entspricht der parallelen Bestimmung des § 312d Abs. 2 für Fernabsatzverträge. Zum Anwendungsbereich des § 312e ist noch auf Folgendes hinzuweisen:

---

[95] ABl. EG 2000 Nr. L 178, 1.

Da mit § 312e Vorschriften der E-Commerce-Richtlinie der EU umgesetzt werden, ist bei der Abgrenzung des Anwendungsbereichs des § 312e folglich eine Orientierung an dieser Richtlinie geboten. Hieraus folgt, dass unter § 312e nur solche Tele- und Mediendienste fallen, die der Nutzer individuell elektronisch und zum Zwecke einer Bestellung abrufen kann. Bloße „Verteildienste", d.h. Tele- und Mediendienste, die im Wege einer Übertragung von Daten ohne individuelle Anforderungen gleichzeitig für eine unbegrenzte Zahl von Nutzern erbracht werden, fallen nicht in den Anwendungsbereich. Dies wird mit der Formulierung in § 312e Abs. 1 S. 1 „zum Zwecke des Abschlusses eines Vertrages" deutlich gemacht. Die Vorschrift knüpft also an eine Vertragsanbahnungs- oder Vertragsabschluss-Situation zwischen dem Unternehmer als Anbieter und dem Kunden als Empfänger an und bestimmt für diese Fälle bestimmte Unterrichtungspflichten des Unternehmers. Der Vorschrift ist mithin immanent, dass der Kunde und zukünftige Vertragspartner den Tele- oder Mediendienst, dessen sich der Unternehmer zum Absatz seiner Waren oder Dienstleistungen bedient, elektronisch individuell abrufen kann und dies auch tut.[96] Weil also der Vertragsabschluss unter Einsatz elektronischer Kommunikationsmittel vollzogen werden muss, werden durch § 312e insbesondere der Brief- und der Telefonverkehr nicht erfasst.[97]

269 Die **Pflichten, die dem Unternehmer im elektronischen Geschäftsverkehr auferlegt werden,** beschreibt § 312e Abs. 1 in Verbindung mit § 3 der Verordnung über Informations- und Nachweispflichten nach bürgerlichem Recht. Weitere Pflichten können sich aus § 312d in dem Fall ergeben, dass es sich um einen Fernabsatzvertrag handelt (vgl. Rn. 264f.). Verletzt der Unternehmer die ihm obliegenden Pflichten, kann er für einen dem Kunden dadurch entstehenden Schaden nach den Grundsätzen der c.i.c. haften (dazu Einzelheiten später). In Betracht kommt auch eine Irrtumsanfechtung, wenn die Verletzung von Informationspflichten zu einem Irrtum des Kunden führt (zur Irrtumsanfechtung ebenfalls Einzelheiten später). In extremen Fällen kann sogar die Unterlassung von Informationen dazu führen, dass sich der Kunde nicht bewusst ist, rechtsgeschäftliche Erklärungen abzugeben. In einem solchen Fall fehlt ihm dann das Erklärungsbewusstsein (vgl. dazu Rn. 63ff.).

5. Gewinnzusage

270 Sendet ein Unternehmer (§ 14) einem Verbraucher (§ 13) eine Gewinnzusage oder eine vergleichbare Mitteilung zu und wird durch die Gestaltung dieser Zusendung der Eindruck erweckt, dass der Verbraucher einen Preis gewonnen hat, wird der Unternehmer dadurch verpflichtet, dem Verbraucher diesen Preis zu leisten (§ 661a). Durch diese Regelung soll im Interesse des Verbraucherschutzes einer Praxis entgegengewirkt wer-

---

[96] Hierauf verweist ausdrücklich die Amtl. Begr., S. 171.
[97] Bamberger/Roth/*Masuch*, § 312e Rn. 11.

den, den Verbraucher durch Mitteilung angeblicher Gewinne zur Bestellung von Waren oder Leistungen zu bewegen.[98] Entsprechend diesem Normzweck fällt jede dem Verbraucher übersandte Erklärung unter diese Vorschrift, die bei objektiver Betrachtung den Eindruck erweckt, der Verbraucher habe etwas gewonnen.[99] Bei diesem Gewinn kann es sich um jede Art von Leistung handeln wie die Lieferung eines Gegenstandes, die Erbringung einer Dienstleistung, die Einräumung einer Nutzungsmöglichkeit oder die Kombination davon.[100] Sender und damit Schuldner des Anspruchs aus § 661a ist derjenige Unternehmer, den ein durchschnittlicher Verbraucher in der Lage des Empfängers einer Gewinnzusage als Versprechenden ansieht. In Anspruch kann auch ein solcher Unternehmer genommen werden, der einem Verbraucher unter nicht existierenden oder falschen Namen oder Anschrift eine Gewinnmitteilung zukommen lässt.[101] Das Gleiche gilt, wenn sich der Unternehmer eines fremden Namens bedient, also unter dem Namen einer anderen tatsächlich existierenden natürlichen oder juristischen Person auftritt.[102]

Fälle und Fragen

31. Erläutern Sie bitte den Begriff „Schuldverhältnis"!
32. Wie entstehen Schuldverhältnisse?
33. Was ist ein Dauerlieferungsvertrag?
34. Erläutern Sie bitte die Begriffe „primäre Leistungspflicht" und „sekundäre Leistungspflicht"!
35. Auf welche Weise lässt sich der Inhalt des Begriffs „gute Sitten" bestimmen?
36. Was ist eine Stückschuld, was eine Gattungsschuld?
37. Was bedeutet Konzentration bei der Gattungsschuld und welche Rechtsfolgen ergeben sich daraus?
38. Welche Pflichten treffen den Schuldner bei der Holschuld, bei der Bringschuld und bei der Schickschuld?
39. Wodurch unterscheidet sich die Wahlschuld von der Ersetzungsbefugnis?
40. In einem Schuldverhältnis bestehen regelmäßig neben den Leistungspflichten noch weitere Pflichten. Welche sind dies?
41. Dem 17-jährigen Leicht gehört ein großes Mietshaus. Als er Geld braucht, begibt er sich zu dem im Haus wohnenden Mieter Miet und erklärt diesem, er sei gekommen, um die fällige Miete zu kassieren. Miet gibt ihm daraufhin die Monatsmiete für seine Wohnung in Höhe von 250,- €. Leicht bringt das Geld mit Freunden durch. Muss Miet noch einmal zahlen?
42. Handwerksmeister Emsig hat im Hause des Reich Arbeiten vorgenommen, für die er 1.200,- € fordern kann. Da Emsig den Betrag persönlich bei Reich kassieren

---

[98] *BGH* NJW 2004, 3555, 3556; MünchKomm/*Seiler*, § 661a Rn. 1.
[99] *OLG Bremen* ZGS 2004, 317; krit. dazu *Baldus*, ZGS 2004, 297.
[100] Palandt/*Sprau*, § 661a Rn. 2. Streitig ist, ob die Gewinnzusage einen Anspruch auf rechtsgeschäftlicher oder deliktischer Grundlage begründet; vgl. dazu *Meller-Hannich*, NJW 2006, 2516, 2517, sowie die Nachweise in *BGH* NJW 2003, 3620, 3621.
[101] *BGH* NJW 2005, 827; 2003, 3620, 3621; NJW-RR 2005, 1365.
[102] *BGH* NJW-RR 2005, 1365.

§ 4. Das Schuldverhältnis

will, schreibt er in seinem Büro eine Rechnung aus und quittiert sie bereits. Als er für kurze Zeit sein Büro verlässt, nimmt der zufällig den Raum betretende Klau die Rechnung an sich und begibt sich sofort zu Reich. Dort stellt er sich als Geselle des Emsig vor und kassiert den Rechnungsbetrag. Muss Reich an Emsig nochmals zahlen?

43. Ärmlich muss Reich ein Darlehen in Höhe von 1.000,- € zurückzahlen. Da er kein Geld hat, bietet er Reich eine goldene Sprungdeckeluhr an, die er von seinem Vater geerbt hat. Reich ist damit einverstanden. Erlischt die Forderung? Macht es einen Unterschied, wenn Reich erklärt, er selbst habe zwar kein Interesse an der Uhr, werde aber versuchen, sie zu Geld zu machen?

44. Würde die Schuld des Ärmlich erlöschen, wenn er mit einem Wechsel zahlte?

45. Welchen Zwecken dienen Hinterlegung und Selbsthilfeverkauf und welche Rechtswirkungen ergeben sich daraus?

46. Von welchen Voraussetzungen hängt die Aufrechnung ab?

47. Arnold hat beim Kartenspiel mit Bertold 500,- € verloren. Als ihn Bertold zur Zahlung drängt, rechnet er mit einer fälligen Darlehensforderung in gleicher Höhe auf, die er gegen Bertold hat. Zulässig? Könnte umgekehrt Bertold aufrechnen?

48 Was verstehen Sie unter einer dilatorischen, was unter einer peremptorischen Einrede?

49. Adler ist bei Bär als Buchhalter beschäftigt. Er unterschlägt 5.000,- €. Als dies Bär feststellt, erklärt er, dass er den unterschlagenen Betrag mit Gehaltsansprüchen in gleicher Höhe, die Adler gegen ihn habe, abdecke. Adler meint, dies sei nicht zulässig, weil er dann nichts für sich und seine Familie zum Leben habe. Ist diese Auffassung des Adler richtig?

50. Was ist ein „Aufrechnungsvertrag" und welche Vorteile hat er gegenüber der (einseitigen) Aufrechnung?

51. Erläutern Sie bitte den Unterschied zwischen einem Verpflichtungs- und einem Verfügungsgeschäft!

52. Unter welchen Voraussetzungen wird die Verfügung eines Nichtberechtigten wirksam?

53. Volz verkauft Kunz sein Kraftfahrzeug und übereignet es ihm. Der Kaufvertrag ist wegen Dissenses nichtig. Hat diese Nichtigkeit Einfluss auf die Wirksamkeit der Übereignung?

54. Was ist ein „negatives Schuldanerkenntnis"?

55. Was verstehen Sie unter Novation, was unter Konfusion?

56. a) A kauft von B einen Fernsehapparat und behält sich den Rücktritt vor. Als der Apparat von einem Unbekannten bei einer kurzen Abwesenheit des A aus dessen verschlossener Wohnung gestohlen wird, erklärt dieser den Rücktritt. Kann er dies und welche Rechtsfolgen ergeben sich?
b) Wie ist die Rechtslage, wenn A den Rücktritt erklärt, weil der Fernsehapparat einen nichtbehebbaren Mangels aufweist?

57. Was verstehen Sie unter Nutzungen, was unter Aufwendungen, was unter Verwendungen?

58. Erläutern Sie bitte den Unterschied zwischen einer Rechtsgrundverweisung und einer Rechtsfolgenverweisung!

59. Gastwirt Hopfen hat sich gegenüber der Brauerei Malz vertraglich verpflichtet, für die Dauer von fünf Jahren sein Bier nur von ihr zu beziehen. Bereits nach wenigen Monaten ergeben sich Lieferungsschwierigkeiten, die dazu führen, dass Hopfen mehrfach kein Bier vom Fass ausschenken kann. Da er befürchtet, dass er deshalb Stammkunden verlieren wird, fragt er, ob er sich von dem Vertrag lösen kann.

IV. Beendigung des Schuldverhältnisses

60. Anna handelt mit Elektrogeräten. Sie ruft die ihr flüchtig bekannte Berta zu Hause an und erzählt ihr, sie habe einen Posten preislich besonders günstiger Bräunungsgeräte aus einem Insolvenzverfahren erwerben können und wolle Berta an der günstigen Gelegenheit teilhaben lassen. Berta müsse aber schnell zugreifen, wenn sie noch ein Gerät haben wolle. Daraufhin bittet Berta, die wegen ihres Kleinkindes die Wohnung nicht verlassen kann, um einen Besuch der Anna, um das Bräunungsgerät besichtigen zu können. Anna kommt daraufhin noch am selben Tage zu Berta, und man wird sich über den Kauf eines Gerätes einig. Als am Abend Berta ihrem Ehemann das von ihr erworbene Gerät zeigt, kommen beiden Bedenken, ob das Angebot wirklich günstig sei. Kurzentschlossen ruft Berta Anna an, und teilt ihr mit, dass sie vom Kauf Abstand nehmen wolle und Rückzahlung des von ihr gezahlten Kaufpreises verlange. Wie ist die Rechtslage, wenn
    a) das Gerät 35,- € kostet?
    b) Berta erst sieben Monate nach Vertragsschluss erklärt, sie wolle den Kauf rückgängig machen und fordere deshalb den Kaufpreis in Höhe von € 60,- zurück?

61. Was ist ein „Fernabsatzvertrag" und welche rechtlichen Besonderheiten ergeben sich bei diesem Vertragstyp?

§ 5. Unwirksame und mangelhafte Willenserklärungen

I. Überblick

a) Wirksamkeitsvoraussetzungen für Willenserklärungen

Notwendige Voraussetzung, um am Rechtsverkehr teilzunehmen, ist die **Rechtsfähigkeit**, d.h. die Eigenschaft, Träger von Rechten und Pflichten sein zu können. Um aber eine wirksame Willenserklärung abzugeben, muss noch die **Geschäftsfähigkeit** hinzutreten, d.h. die Fähigkeit, selbstständig Rechtsgeschäfte wirksam vornehmen zu können. Doch auch die von einem Geschäftsfähigen abgegebene Willenserklärung ist **nichtig**, wenn der Erklärende sich insgeheim vorbehält, das Erklärte nicht zu wollen und der Erklärungsgegner diesen Vorbehalt kennt (§ 116 S. 2), wenn die Erklärung mit Einverständnis des Erklärungsempfängers nur zum Schein abgegeben wird (§ 117 Abs. 1) oder wenn ihr die Ernstlichkeit fehlt (§ 118). Schließlich ist eine Willenserklärung zwar wirksam, aber mangelhaft, wenn sich der Erklärende bei ihrer Abgabe irrte (§ 119), wenn sie falsch übermittelt wurde (§ 120) oder wenn der Erklärende zur Abgabe seiner Willenserklärung durch arglistige Täuschung oder widerrechtlich durch Drohung bestimmt worden ist (§ 123 Abs. 1); ein solcher Mangel berechtigt zur **Anfechtung** und damit zur rückwirkenden Vernichtung der Willenserklärung (§ 142 Abs. 1). Besonderheiten können sich dadurch ergeben, dass beim Abschluss eines Vertrages dafür wesentliche Umstände von beiden Parteien falsch eingeschätzt worden sind, sie sich also in einem beiderseitigen Irrtum über die Grundlage des von ihnen geschlossenen Rechtsgeschäfts, also über die „Geschäftsgrundlage", befunden haben (vgl. § 313). Die genannten Gründe für eine Unwirksamkeit oder Anfechtbarkeit von Willenserklärungen sind im Folgenden näher zu behandeln. Zuvor soll aber noch kurz erläutert werden, was die hier verwendeten Begriffe der Unwirksamkeit und Anfechtbarkeit bedeuten.

271

b) Unwirksamkeit und Anfechtbarkeit

1. Nichtigkeit

Der Begriff der Unwirksamkeit bezeichnet nach dem allgemeinen Sprachgebrauch das Fehlen von Wirkungen. Im Rechtssinn kann aber ein unwirksames Rechtsgeschäft durchaus Rechtswirkungen entfalten, z.B. zum Ersatz des Schadens verpflichten, den jemand erleidet, weil er auf die Wirksamkeit vertraute (vgl. § 122 Abs. 1), nur treten nicht die Wirkungen

272

ein, auf die das (unwirksame) Rechtsgeschäft gerichtet ist. **Es gibt im Zivilrecht verschiedene Arten der Unwirksamkeit. Der stärkste Grad ist die Nichtigkeit.** Sie ergibt sich unabhängig vom Willen der Beteiligten und wirkt gegen jeden.[1]

Die Gründe, die zur Nichtigkeit führen, sind im Gesetz geregelt; sie beruhen auf unterschiedlichen Erwägungen. So ist beispielsweise die Nichtigkeit eines gesetzes- oder sittenwidrigen Geschäftes (vgl. §§ 134, 138) Folge seines Inhalts (vgl. Rn. 164 ff.). Die Nichtigkeit der Willenserklärung eines Geschäftsunfähigen wird zu seinem Schutz angeordnet, weil ihm die notwendige Einsichtsfähigkeit in die Bedeutung des Rechtsgeschäfts fehlt (§ 105 Abs. 1; dazu Rn. 285 ff.).

2. Bestätigung eines nichtigen Rechtsgeschäfts

273 Bestätigt derjenige ein nichtiges Rechtsgeschäft, der es vornahm, d. h. gibt er unmissverständlich zu erkennen, dass er das nichtige Rechtsgeschäft als gültig anerkennt, dann gilt dies als eine erneute Vornahme des Rechtsgeschäfts (§ 141 Abs. 1). Dies hat zur Folge, dass das bestätigte Rechtsgeschäft – vorausgesetzt, dass der Nichtigkeitsgrund nicht auch für die Bestätigung zutrifft – vom Zeitpunkt der Bestätigung an wirksam wird. Allerdings können sich die Parteien eines nichtigen Vertrages durch die Bestätigung so stellen, als wäre der Vertrag von Anfang an wirksam gewesen (vgl. § 141 Abs. 2).

3. Teilnichtigkeit

274 Nun kann es durchaus vorkommen, dass nur Teile eines Rechtsgeschäfts nichtig sind (z. B. in einem umfangreichen Vertrag ist eine Regelung wegen Verstoßes gegen ein gesetzliches Verbot nichtig). Es ergibt sich dann die Frage, ob die Nichtigkeit eines Teiles die Nichtigkeit des gesamten Rechtsgeschäfts bewirkt. Für die Beantwortung dieser Frage, die sich allerdings nur stellt, wenn der von der Nichtigkeit nicht erfasste Rest für sich genommen als selbstständiges Rechtsgeschäft Bestand haben kann, ist in erster Linie der Parteiwille entscheidend. **Haben die Parteien – hat bei einem einseitigen Rechtsgeschäft der es Vornehmende – für den Fall der Teilnichtigkeit ausdrücklich oder konkludent keine Regelung getroffen, dann ist** nach der Auslegungsregel des § 139 **von der Nichtigkeit des ganzen Rechtsgeschäfts auszugehen, „wenn nicht anzunehmen ist, dass es auch ohne den nichtigen Teil vorgenommen sein würde".** Ob dies gewollt ist, richtet sich dann nach dem **mutmaßlichen** (hypothetischen) **Parteiwillen.** Es ist danach zu fragen, was die Beteiligten für den Fall der Teilnichtigkeit vereinbart hätten, wenn sie diese Möglichkeit bedacht hätten. Fehlen Anhaltspunkte für eine andere Entscheidung, dann ist anzunehmen, dass die Parteien das objektiv Vernünftige gewollt hätten, dass sie also ihre Entscheidung in vernünftiger Abwägung der in Betracht zu ziehenden Umstände getroffen hätten.

---

[1] *Köhler*, JuS 2010, 665.

Die Auslegungsregel des § 139 findet aber nur auf „ein" (d. h. einheitliches) Rechtsgeschäft Anwendung. Um ein **einheitliches Rechtsgeschäft** handelt es sich dann, wenn die Parteien verschiedene Teile, die auch aus mehreren Verträgen unterschiedlichen Typs (z. B. Grundstückskaufvertrag und Baubetreuungsvertrag) bestehen können, so zu einer Einheit zusammengefasst haben, dass sie gemeinsam eine sinnvolle Regelung bilden. Der Wille der Parteien kann – für sich betrachtet selbstständige – Geschäfte zu einer Einheit zusammenfassen (sog. **Einheitlichkeitswille**). Dies kann auch der Fall sein, wenn nur einer der Vertragspartner einen Einheitlichkeitswillen erkennen lässt und der andere ihn hinnimmt.[2]

4. Umdeutung

Ein nichtiges Rechtsgeschäft kann den Anforderungen eines anderen (gültigen) Rechtsgeschäfts genügen. Es fragt sich dann, ob der gewollte Erfolg durch Umdeutung (Konversion) des nichtigen Rechtsgeschäfts in das andere erreicht werden kann (vgl. § 140).

Beispiel: A ist als Filialleiter im Unternehmen des U angestellt. Vertraglich ist vereinbart, dass das Arbeitsverhältnis jeweils nur zum Ende eines Jahres mit einer Kündigungsfrist von sechs Monaten gekündigt werden kann. Mitte Juni kommt es zwischen U und A zu Differenzen, die dazu führen, dass U dem A fristlos kündigt. Die Voraussetzungen für eine fristlose Kündigung (vgl. § 626 Abs. 1) sind jedoch nicht erfüllt, wohl aber die der ordentlichen Kündigung. Wenn U nichts mehr weiter unternommen hat, hängt die Entscheidung der Frage, ob er A auch im nächsten Jahr noch beschäftigen muss, davon ab, ob die fristlose Kündigung in eine ordentliche umgedeutet werden kann.

Die Umdeutung eines nichtigen Rechtsgeschäfts **hängt von folgenden Voraussetzungen ab:**
(1) Nichtigkeit eines Rechtsgeschäfts
(2) Kongruenz des Ersatzgeschäfts
(3) Entsprechender Parteiwille
Zu diesen Voraussetzungen ist folgendes zu bemerken:
- Das umzudeutende Rechtsgeschäft muss nichtig sein; ein gültiges oder auch nur heilbares Rechtsgeschäft kann nicht umgedeutet werden. Sind Teile eines Rechtsgeschäfts nichtig, dann kommt eine Umdeutung nur in Betracht, wenn aufgrund des § 139 eine Gesamtnichtigkeit anzunehmen ist.
- Kongruenz (Deckungsgleichheit) des nichtigen und des „anderen" Rechtsgeschäfts bedeutet, dass das Ersatzgeschäft in seinen rechtlichen Wirkungen nicht weiter reichen darf als das nichtige.[3] Dementsprechend kann zwar eine Anfechtung in eine Kündigung, nicht aber eine Kündigung in eine Anfechtung umgedeutet werden, weil die Anfechtung – anders als die Kündigung (vgl. Rn. 252) – nicht nur für die Zukunft

---
[2] *BGH* NJW 1991, 917, m. Nachw.
[3] MünchKomm/*Busche*, § 140 Rn. 16, m. w. N. auch zu abweichenden Auffassungen.

wirkt, sondern nach § 142 Abs. 1 die Nichtigkeit des angefochtenen Rechtsgeschäfts auf den Zeitpunkt seiner Vornahme zurückbezieht.
- Schließlich kommt es für die Umdeutung darauf an, dass sie dem mutmaßlichen Parteiwillen entspricht. Für die Umdeutung ist also in gleicher Weise wie bei § 139 entscheidend, was objektiv als das Vernünftigste anzusehen ist, wenn Anhaltspunkte für eine abweichende Beurteilung fehlen (vgl. auch Rn. 274).

Ergibt die Bewertung aller bedeutsamen Punkte im Beispielsfall (Rn. 276), dass U zumindest die ordentliche Kündigung gewollt hätte, wenn er die Nichtigkeit der fristlosen gekannt hätte, und ist dieser Wille auch dem A erkennbar geworden, dann ist eine Umdeutung nach § 140 vorzunehmen, da eine Kongruenz zwischen fristloser und ordentlicher Kündigung (von dem zeitlichen Unterschied abgesehen) zu bejahen ist.[4]

5. Schwebende Unwirksamkeit

278 In manchen Fällen macht das Gesetz die Wirksamkeit eines Rechtsgeschäfts von der Zustimmung eines anderen abhängig. Fehlt die Zustimmung, muss dem Geschäft folglich die Wirksamkeit versagt werden; andererseits würde es jedoch zu weit führen, das Geschäft für nichtig zu erklären. Das BGB hat einen Mittelweg gewählt, indem es die Wirksamkeit oder Unwirksamkeit des Geschäfts noch in der Schwebe lässt (sog. schwebende Unwirksamkeit), bis der andere sich erklärt hat und das Geschäft entweder genehmigt oder die Genehmigung ablehnt und es damit endgültig unwirksam werden lässt.

Schwebend unwirksam sind z.B. die ohne Zustimmung des gesetzlichen Vertreters vorgenommenen (belastenden) Verträge beschränkt Geschäftsfähiger (§§ 107, 108) und die Verträge, die ein Vertreter ohne Vertretungsmacht schließt (§ 177).

Verbraucherverträge (vgl. Rn. 254 ff.) sind während der Dauer des Widerrufsrechts wirksam. Man kann wegen der durch das Widerrufsrecht des Verbrauchers bis zum Ablauf der Widerrufsfrist bestehenden Ungewissheit über den Bestand des Vertrags in Anlehnung an den Begriff der schwebenden Unwirksamkeit von einer „schwebenden Wirksamkeit" des Vertrages sprechen.

6. Relative Unwirksamkeit

279 Im Zivilrecht gibt es auch eine relative Unwirksamkeit. Hierunter versteht man, dass ein Rechtsgeschäft nur in Bezug auf bestimmte Personen unwirksam ist, im Verhältnis zu anderen dagegen wirksam. Die relative Unwirksamkeit kommt insbesondere in Fällen vor, in denen dem Inhaber eines Rechts die Verfügung über dieses Recht im Interesse bestimmter Personen verboten wird. Verfügt er dennoch, dann ist diese Verfügung gegenüber diesen Personen unwirksam, sonst wirksam (vgl. §§ 135, 136).

---

[4] *BAG* NJW 2002, 2972.

7. Anfechtbare Rechtsgeschäfte

Anfechtbare Rechtsgeschäfte sind gültig, aber durch (einseitige) Erklärung des Anfechtungsberechtigten vernichtbar. Das Gesetz überlässt es auf diese Weise dem Anfechtungsberechtigten, ob er den Mangel geltend machen und das Rechtsgeschäft nichtig werden lassen will. 280

Ist eine Willenserklärung durch Irrtum, durch arglistige Täuschung oder widerrechtliche Drohung beeinflusst worden, dann kann sie derjenige, der sie abgegeben hat, unter bestimmten Voraussetzungen anfechten und damit nichtig werden lassen (vgl. §§ 119, 120, 123). Es gibt auch noch andere Fälle der Anfechtung im Familienrecht, im Erbrecht und auch außerhalb des BGB, die teilweise abweichend geregelt sind und die hier und im Folgenden unberücksichtigt bleiben.

Die Anfechtung ist durch empfangsbedürftige Willenserklärung gegenüber einer bestimmten Person, dem sog. „Anfechtungsgegner" abzugeben (vgl. § 143). Mit der Anfechtung wird das anfechtbare Rechtsgeschäft von Anfang an nichtig (§ 142 Abs. 1); die Anfechtung wirkt also auf den Zeitpunkt der Vornahme des anfechtbaren Rechtsgeschäfts zurück (ex-tunc-Wirkung[5]). Von diesem Grundsatz muss im Interesse bestimmter bereits durchgeführter Rechtsverhältnisse eine Ausnahme gemacht und die Anfechtungswirkungen auf die Zukunft beschränkt werden (ex-nunc-Wirkung[5]). Hierzu zählen bereits in Vollzug gesetzte Arbeitsverträge und Gesellschaftsverträge, deren in der Vergangenheit liegende Rechtswirkungen im Interesse der Beteiligten nicht mehr rückgängig gemacht werden sollen. In welchen Fällen aus Billigkeits- oder auch Zweckmäßigkeitserwägungen eine Ausnahme von dem gesetzlich fundierten Grundsatz der rückwirkenden Beseitigung des Rechtsgeschäfts aufgrund einer Anfechtung zugelassen werden darf, muss sorgfältig geprüft werden; stets ist bei dieser Prüfung größte Zurückhaltung geboten, weil nur aus zwingenden Gründen von der gesetzlich vorgeschriebenen Wirkung einer Anfechtung abgewichen werden darf.[6] 281

Eine Anfechtung ist nach § 144 Abs. 1 ausgeschlossen, wenn das anfechtbare Rechtsgeschäft von dem Anfechtungsberechtigten bestätigt wird. Die **Bestätigung** ist eine einseitige, nicht empfangsbedürftige und formfreie (§ 144 Abs. 2) Willenserklärung, die in Kenntnis und dem Bewusstsein der Möglichkeit eines Anfechtungsrechts abgegeben wird. Wie jede (formlos gültige) Willenserklärung kann die Bestätigung auch durch schlüssiges Verhalten erklärt werden (vgl. Rn. 47). Jedoch sind an die Annahme einer Bestätigung durch schlüssiges Verhalten strenge Anforderungen zu stellen, da erfahrungsgemäß nicht ohne Weiteres auf bestehende Befugnisse oder Gestaltungsrechte verzichtet wird.[7] Wenn auch die Bestätigung keine empfangsbedürftige Willenserklärung darstellt, so muss doch dem Anfechtungsgegner das als Bestätigung wirken-

---

[5] Ex tunc = von damals an, d.h. rückwirkend; ex nunc = von jetzt an, d.h. mit Wirkung für die Zukunft.
[6] Zu Recht hat sich in der BGH (NZM 2008, 886, 887 [32 ff.] = JuS 2009, 178 (*Faust*) = JA 2009, 303 (*Stadler*), für die ex-tunc-Wirkung der Anfechtung eines Mietvertrages wegen arglistiger Täuschung ausgesprochen. Zur Anfechtungswirkung vgl. auch MünchKomm/*Busche*, § 142 Rn. 14 ff.
[7] BGH NJW-RR 1992, 779, m. Nachw.

de Verhalten erkennbar sein, damit er in der Lage ist, einen Schluss auf den Bestätigungswillen zu ziehen.[8]

282 Die wesentlichen Punkte, auf die es bei der Frage nach der Wirksamkeit einer Willenserklärung ankommt, sind im folgenden Schaubild dargestellt.

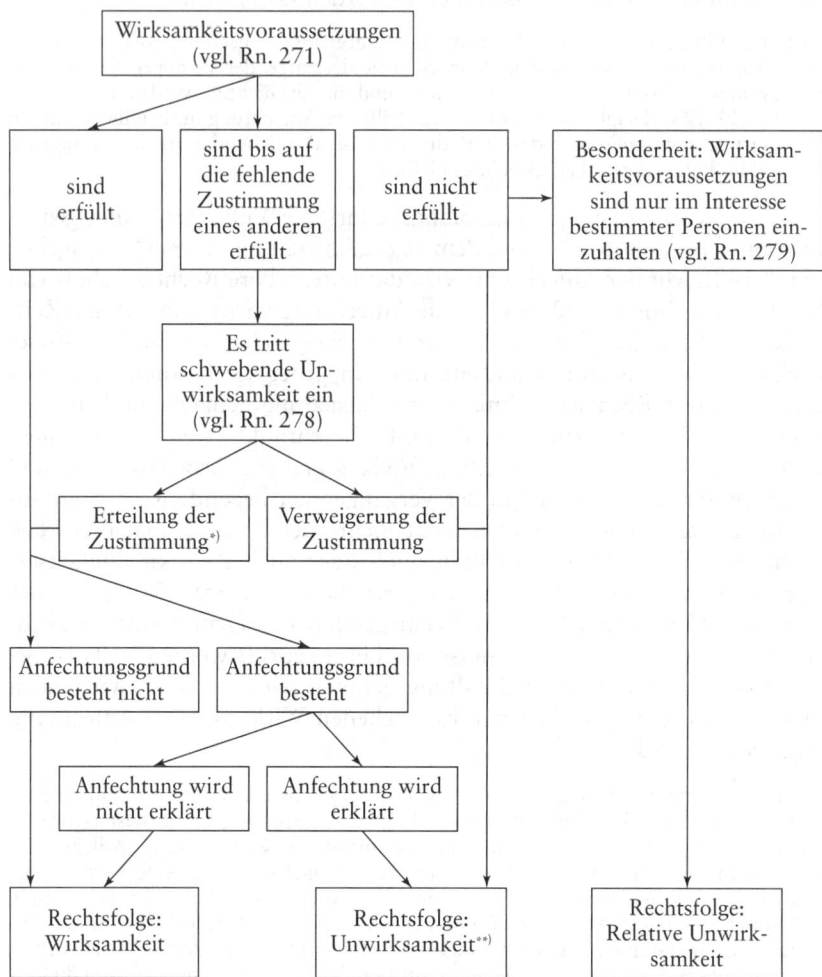

*) Es kann allerdings eine zustimmungsbedürftige Willenserklärung zugleich auch anfechtbar sein; dann hängt die Wirksamkeit davon ab, ob die Anfechtung erklärt wird.
**) Es ist zu klären, ob eine Umdeutung der nichtigen Willenserklärung in Betracht kommt (vgl. Rn. 277). Bei Teilnichtigkeit ist die Frage zu entscheiden, welche Auswirkungen dies auf den anderen Teil des Rechtsgeschäfts hat (vgl. Rn. 274).

---

[8] MünchKomm/*Busche*, § 144 Rn. 7.

II. Rechtsfähigkeit

Die Fähigkeit, Träger von Rechten und Pflichten zu sein (= Rechtsfähigkeit), besitzt jeder Mensch von seiner Geburt an (vgl. § 1). Das Kind im Mutterleib ist folglich nicht rechtsfähig. Es gibt jedoch im BGB Regelungen zugunsten des ungeborenen Kindes. Nach § 844 Abs. 2 S. 2 haben auch Kinder, die zur Zeit einer deliktischen Schädigung „gezeugt, aber noch nicht geboren" sind, einen Anspruch nach dieser Vorschrift. Nach § 1923 Abs. 2 gilt als vor dem Erbfall geboren und ist damit erbfähig, wer zur Zeit des Erbfalls noch nicht lebte, aber bereits gezeugt war. 283

In § 1923 Abs. 2 hat der Gesetzgeber einen gesetzestechnischen Kunstgriff angewendet. Er hat sich über die Tatsache, dass der nasciturus noch nicht geboren ist, hinweggesetzt und behandelt ihn so, als sei er bereits geboren. Die Geburt des nasciturus wird also „fingiert".

Die **Fiktion** stellt eine rechtliche Gleichbewertung verschiedener Tatbestände dar, die der Gesetzgeber in voller Kenntnis ihrer fehlenden Gleichheit vornimmt. Mit der Fiktion wird erreicht, dass eine gesetzliche Regelung, die für einen bestimmten Tatbestand gilt (im Beispiel für alle bereits geborenen Menschen) auf einen weiteren Tatbestand (im Beispiel für die zur Zeit des Erbfalls bereits Gezeugten, aber noch nicht Geborenen) übertragen wird. Die Fiktion stellt also letztlich eine Verweisung dar: Die Vorschriften, die im Fall 1 gelten, sind auch im Fall 2 anzuwenden.

Das BGB enthält eine Reihe von Fiktionen; so wird in § 108 Abs. 2 S. 2 das Schweigen wie eine Verweigerung gewertet; eine gleiche Regelung findet sich in § 177 Abs. 2 S. 2; § 263 Abs. 2 ordnet für die Wahlschuld (vgl. Rn. 179) an, dass nach vorgenommener Wahl die gewählte Leistung als die von Anfang an allein geschuldete gilt.

Rechtsfähigkeit besitzen nicht nur alle natürlichen Personen, also alle Menschen, sondern auch bestimmte von der Rechtsordnung als Träger von Rechten und Pflichten anerkannte Personenvereinigungen und Zweckvermögen, sog. **juristische Personen**. Juristische Personen gibt es sowohl im Bereich des öffentlichen Rechts als auch des Privatrechts. Allerdings können die juristischen Personen des öffentlichen Rechts (z.B. Bund, Länder, Gemeinden, Universitäten, Handwerkskammern, Industrie- und Handelskammern) auch auf dem Gebiet des Privatrechts tätig werden und dort Rechte erwerben und Pflichten übernehmen (Beispiel: Die Universitätsverwaltung kauft Büromaterial in einem Einzelhandelsgeschäft). Die wichtigsten juristischen Personen des Privatrechts sind der eingetragene Verein (§§ 21 ff.), die Stiftung (§§ 80 ff.), die Aktiengesellschaft (geregelt im Aktiengesetz) und die Gesellschaft mit beschränkter Haftung (geregelt im GmbH-Gesetz). 284

Auf die Darstellung von Einzelheiten aus dem Recht der juristischen Personen muss hier verzichtet werden.[9] Es genügt, darauf hinzuweisen, dass die juristischen Personen des Privatrechts ihre Rechtsfähigkeit durch einen staatlichen Hoheitsakt erhalten, und zwar der nichtwirtschaftliche Verein durch Eintragung in das Vereinsregister (vgl.

---

[9] Vgl. dazu *Larenz/Wolf*, §§ 9 ff.; *Schack*, Rn. 71 ff., jeweils m.w.N. Eingehend zum Recht der AG und der GmbH *Wilhelm*, Kapitalgesellschaftsrecht, 1998.

§ 21), der wirtschaftliche Verein durch staatliche Verleihung (vgl. § 22), die Stiftung, bei der es sich nicht – wie bei dem Verein – um eine Personenvereinigung, sondern um eine Organisation, ein rechtlich verselbständigtes Zweckvermögen handelt, durch staatliche Genehmigung (vgl. § 80) sowie die Aktiengesellschaft und die GmbH, die Sonderformen des (wirtschaftlichen) Vereins darstellen, durch Eintragung in das Handelsregister (vgl. §§ 36 ff. AktG, §§ 7 ff. GmbHG).

III. Geschäftsfähigkeit

a) Allgemeines

285 Die Fähigkeit, Rechtsgeschäfte wirksam vorzunehmen, die Geschäftsfähigkeit, kann nur solchen Personen zugebilligt werden, von denen anzunehmen ist, dass sie das dafür erforderliche Einsichts- und Urteilsvermögen besitzen. Deshalb hat das BGB die Geschäftsfähigkeit einmal von einer bestimmten Altersgrenze, zum anderen von der geistigen Gesundheit des Einzelnen abhängig gemacht. Keine Geschäftsfähigkeit besitzen Kinder, die noch nicht das 7. Lebensjahr vollendet haben (§ 104 Nr. 1). Personen, die zwar das 7., aber noch nicht das 18. Lebensjahr vollendet haben (§ 2), sind in ihrer Geschäftsfähigkeit nach Maßgabe der §§ 107 bis 113 beschränkt (§ 106). Geschäftsfähig sind Personen, die das 18. Lebensjahr vollendet und damit ihre Volljährigkeit erreicht haben (§ 2), wenn sie nicht geisteskrank sind. Geisteskranke sind geschäftsunfähig (§ 104 Nr. 2).

286 Das BGB regelt nicht positiv, wer die Geschäftsfähigkeit besitzt, sondern negativ, wer sie nicht besitzt (vgl. §§ 104, 106). Diese negative Fassung des Gesetzes bewirkt, dass solange von der (vollen) Geschäftsfähigkeit einer Person auszugehen ist, bis die Verwirklichung eines Tatbestandes feststeht, aus dem sich etwas anderes ergibt. Hieraus folgt, dass nicht etwa die Feststellung der wirksamen Vornahme eines Rechtsgeschäfts die Prüfung der Frage verlangt, ob die Beteiligten (unbeschränkt) geschäftsfähig sind, sondern dass umgekehrt auf die Geschäftsfähigkeit nur einzugehen ist, wenn Gründe für Zweifel bestehen. Dementsprechend hat auch der Studierende bei einer gutachtlichen Stellungnahme zur Wirksamkeit eines Rechtsgeschäfts zu verfahren.

b) Geschäftsunfähigkeit

287 Die Willenserklärung eines Geschäftsunfähigen ist nichtig (§ 105 Abs. 1). Dem Geschäftsunfähigen gegenüber können auch keine (empfangsbedürftigen) Willenserklärungen wirksam abgegeben werden (§ 131 Abs. 1). Der Geschäftsunfähige kann also grundsätzlich (zu der sich auf Grund des § 105a ergebenden Ausnahme später) nicht am Rechtsverkehr teilnehmen; für ihn muss vielmehr sein gesetzlicher Vertreter handeln.

Gesetzliche Vertreter eines Kindes sind seine Eltern (§ 1629 Abs. 1). Ist eine Willenserklärung gegenüber dem Kinde abzugeben, genügt allerdings die Abgabe gegenüber einem Elternteil (§ 1629 Abs. 1 S. 2 HS 2). Ist für einen Minderjährigen die Vormundschaft angeordnet (§§ 1773, 1774), dann ist der Vormund sein gesetzlicher Vertreter (§ 1793 S. 1).

Gesetzlicher Vertreter ist auch der Betreuer eines Volljährigen. Der Betreuer wird vom Betreuungsgericht bestellt, wenn ein Volljähriger aufgrund einer psychischen Krankheit oder einer körperlichen, geistigen oder seelischen Behinderung seine Angelegenheiten ganz oder teilweise nicht besorgen kann (§ 1896 Abs. 1). Grundsätzlich bleibt ein Betreuter voll geschäftsfähig, sofern er nicht geisteskrank und deshalb nach § 104 Nr. 2 geschäftsunfähig ist. Allerdings kann im Interesse des Betreuten vom Betreuungsgericht angeordnet werden, dass der Betreute zu einer Willenserklärung, die einen bestimmten Kreis von Rechtsgeschäften betrifft, der Einwilligung seines Betreuers bedarf, soweit dies zur Abwendung einer erheblichen Gefahr für die Person oder das Vermögen des Betreuten erforderlich ist (§ 1903 Abs. 1 S. 1). 288

Ein solcher **Einwilligungsvorbehalt** bewirkt, dass die vom Betreuten vorgenommenen Rechtsgeschäfte rechtlich den Rechtsgeschäften eines Minderjährigen gleich gestellt sind, die dieser ohne Einwilligung seines gesetzlichen Vertreters vorgenommen hat (§ 1903 Abs. 1 S. 2 i. V. m. §§ 108 ff.; dazu Einzelheiten sogleich). Der Betreuer vertritt den Betreuten in dem Aufgabenkreis, für den er bestellt worden ist, gerichtlich und außergerichtlich (§ 1902). Da aber – wie ausgeführt – der Betreute selbst geschäftsfähig bleibt, sofern nicht ein Einwilligungsvorbehalt vom Betreuungsgericht angeordnet worden ist, ergibt sich insoweit eine Überschneidung von Befugnissen, die zueinander widersprechenden Geschäften führen können (vgl. dazu EK BGB Rn. 542). 289

Unerheblich für die Rechtsfolge der Nichtigkeit einer vom Geschäftsunfähigen abgegebenen Willenserklärung ist es, ob der Erklärungsgegner die Geschäftsunfähigkeit kennt oder erkennen konnte. Der gute Glaube wird insoweit nicht geschützt. Zugunsten der Geschäftsunfähigen (und das gleiche gilt für die beschränkt Geschäftsfähigen) wird also der Schutz des Rechtsverkehrs und des in die Gültigkeit einer Willenserklärung gesetzten Vertrauens eingeschränkt. 290

Beispiel: Der geisteskranke A macht auf andere einen durchaus gesunden Eindruck. Er begibt sich zum Autovermieter B und mietet dort unter Vorlage seines Führerscheins einen teuren Sportwagen, den er 14 Tage fährt. B kann in diesem Fall nicht etwa deshalb Ansprüche wegen der Überlassung des Fahrzeuges stellen, weil für ihn die Geisteskrankheit des A nicht erkennbar gewesen ist. Dass allerdings eine Billigkeitshaftung Unzurechnungsfähiger in Betracht kommt, wenn sie andere deliktisch (d. h. durch eine unerlaubte Handlung i. S. v. §§ 823 ff.) schädigen, soll hier unberücksichtigt bleiben; darauf wird bei Darstellung des Deliktrechts eingegangen werden.

Die sich aus § 104 Nr. 2 ergebende Geschäftsunfähigkeit[10] ist auf Fälle beschränkt, in denen die krankhafte Störung der Geistestätigkeit nicht 291

---

[10] Vgl. dazu *BGH* NJW 1996, 918, 919.

nur einen vorübergehenden Zustand bildet. Allerdings schließt ein solcher Dauerzustand nicht aus, dass zwischendurch Phasen geistiger Gesundheit eintreten. Wird eine Willenserklärung in einem solchen **lichten Augenblick** (lucidum intervallum) abgegeben, dann ist sie wirksam, es sei denn, dass für den Erklärenden ein Einwilligungsvorbehalt gilt, der das betreffende Rechtsgeschäft erfasst (vgl. Rn. 288 f.). Eine vorübergehende Geistesstörung führt nicht zur Geschäftsunfähigkeit, jedoch ist eine in diesem Zustand abgegebene Willenserklärung nach § 105 Abs. 2 nichtig. Diese Vorschrift trifft insbesondere auf Fälle der Trunkenheit und des Drogenrausches zu.

Beispiel: Durstig begibt sich nach einer ausgedehnten Kneipentour im Zustande großer Trunkenheit zu einer Versteigerung und bietet durch Handaufheben mit. Ihm wird eine Barockkommode zum Preise von 45.000,- € zugeschlagen. Muss Durstig diesen Preis zahlen?

Ein Anspruch nach § 433 Abs. 2 auf Zahlung des Kaufpreises besteht gegen Durstig nur, wenn er sich durch einen gültigen Kaufvertrag zu dieser Zahlung verpflichtet hat. Ein Vertrag wäre zustande gekommen, wenn das Gebot des Durstig als wirksame Offerte zu werten wäre. Die Trunkenheit führt zu einer vorübergehenden Störung der Geistestätigkeit und damit zur Nichtigkeit der in diesem Zustand abgegebenen Willenserklärungen nach § 105 Abs. 2, wenn ein Maß erreicht wird, das die freie Willensbestimmung ausschließt. Zwar ergibt sich diese Voraussetzung nicht aus dem Wortlaut des § 105 Abs. 2, aber diese Vorschrift ist im Zusammenhang mit § 104 Nr. 2 zu sehen. Beide ergänzen sich dahingehend, dass § 104 Nr. 2 bei Dauerzuständen, § 105 Abs. 2 bei vorübergehenden Erscheinungen anzuwenden ist, wenn Störungen der Geistestätigkeit die freie Willensbestimmung ausschließen. Trunkenheit, Einnahme von Rauschgift oder Fieberdelirium können zur Bewusstlosigkeit i. S. v. § 105 Abs. 2 führen. Denn darunter ist nicht etwa ein völliges Fehlen des Bewusstseins zu verstehen, weil dann der Handlungswille und somit eine Willenserklärung tatbestandlich ausgeschlossen werden muss (vgl. Rn. 55, 59), sondern als Bewusstlosigkeit in diesem Sinne ist ein Zustand anzusehen, in dem der Inhalt einer Erklärung und ihre Bedeutung nicht mehr erkannt werden können. Treffender ist es deshalb, von „Bewusstseinslosigkeit" zu sprechen. In einer derartigen „Bewusstseinslosigkeit" kann sich derjenige befinden, der infolge hochgradiger Trunkenheit nicht mehr in der Lage ist, Sinn und Bedeutung seiner Handlungen richtig einzuschätzen. Ob Durstig bereits diesen Zustand erreicht hatte, als er bei der Versteigerung mitbot, kann dahingestellt bleiben, weil er sich – wenn „Bewusstseinslosigkeit" zu verneinen ist – zumindest in einem Zustand vorübergehender Störung der Geistestätigkeit befand, der eine freie Willensbestimmung ausschloss.

292 Im Allgemeinen wird die krankhafte Störung der Geistestätigkeit i. S. v. § 104 Nr. 2 die freie Willensbestimmung auf sämtlichen Gebieten aufheben; ausnahmsweise kann sie jedoch auch auf bestimmte Angelegenheiten beschränkt sein und nur dort wirksame Willenserklärungen ausschließen. Als Beispiel einer derartigen **partiellen Geschäftsunfähigkeit** sei der Querulantenwahn genannt, der eine Unfähigkeit zur Rechtsverfolgung und zur Prozessführung verursacht. Dagegen gibt es keine abgestufte (relative) Geschäftsunfähigkeit in dem Sinn, dass eine Person für einfache Geschäfte die Geschäftsfähigkeit besitzt, dagegen nicht bei schwierigen Entscheidungen.[11]

---

[11] *BayObLG* NJW 1989, 1678, 1679.

Eine Besonderheit gilt für Geschäfte des täglichen Lebens, die ein volljähriger Geschäftsunfähiger schließt. Nach dem erst im Jahre 2002 eingefügten § 105a gilt ein im Rahmen eines solchen Geschäfts geschlossener Vertrag in Ansehung von Leistung und Gegenleistung als wirksam, soweit beide Leistungen bewirkt sind und das Geschäft keine erhebliche Gefahr für die Person und das Vermögen des Geschäftsunfähigen bedeutet. Der Gesetzgeber will mit dieser Regelung die soziale Integration erwachsener geistig behinderter Menschen fördern.[12] Durch diese Vorschrift werden eine Reihe schwieriger dogmatischer Probleme aufgeworfen, deren Behandlung im Rahmen eines Grundkurses nicht möglich ist.[13] Hier können nur einige Fragen behandelt werden, die sich bei Anwendung dieser Vorschrift stellen.

293

- Der **sachliche Anwendungsbereich** der Vorschrift wird auf solche Verträge bezogen, deren Gegenstand ein Geschäft des täglichen Lebens bildet. Eine derartige Qualifikation weist ein Geschäft auf, das immer wiederkehrt und derart häufig abgeschlossen wird, dass man es nach der Verkehrsauffassung zu den „Allerweltsgeschäften" zählt, auch wenn es nicht notwendigerweise jeden Tag vorkommen muss. Hierzu sind vor allem Geschäfte zu zählen, die dem Erwerb von Gegenständen des täglichen Bedarfs dienen, so z.B. der Kauf einfacher und zum alsbaldigen Verbrauch bestimmter Nahrungs- und Genussmittel, oder welche die Inanspruchnahme einfacher Leistungen von Handwerkern (z.B. von Friseuren, Schuhmachern), die Benutzung öffentlicher Verkehrsmittel, Kinobesuche und Ähnliches zum Gegenstand haben.[14] Dagegen kann eine gewerbliche Tätigkeit eines Geschäftsunfähigen nicht in Betracht kommen.[15]
- Nach dem Normzweck des § 105a können auch auf beiden Seiten des Vertrages Geschäftsunfähige stehen. Ist jedoch ein beschränkt Geschäftsfähiger beteiligt, dann kann § 105a zu Gunsten des Geschäftsunfähigen nur angewandt werden, wenn das Geschäft nach den §§ 106ff. für den beschränkt Geschäftsfähigen wirksam ist.
- **Das Geschäft muss mit geringwertigen Mitteln bewirkt werden können.** Dabei soll nach Auffassung des Gesetzgebers nicht auf die Vermögensverhältnisse des Geschäftsunfähigen, sondern auf das durchschnittliche Preis- und Einkommensniveau abgestellt werden.[16]
- Das Geschäft darf keine erhebliche Gefahr für die Person oder das Vermögen des Geschäftsunfähigen begründen. Eine solche Gefahr kann

---

[12] Vgl. BT-Drs. 14/9266, S. 43; MünchKomm/*Schmitt*, § 105a Rn. 1 f.
[13] Vgl. dazu *Caspers*, NJW 2002, 3425; *Heim*, JuS 2003, 141; *Franzen*, MDR 2004, 221; *Ludyga*, FPR 2007, 3. Die praktische Bedeutung der Vorschrift ist allerdings als recht gering anzusehen, vgl. die zutreffende Kritik von *Kohler*, JZ 2004, 348; krit. auch Jauernig/*Jauernig*, § 105a Rn. 3 ff.
[14] Palandt/*Ellenberger*, § 105a Rn. 3; MünchKomm/*Schmitt*, § 105a Rn. 6.
[15] *Caspers* NJW 2002, 3425, 3426.
[16] BT-Drs. 14/9266, S. 43.

sich für das Vermögen ergeben, wenn eine Vielzahl geringwertiger Geschäfte gleichzeitig geschlossen wird, die in der Summe zu einer erheblichen finanziellen Belastung führen. Eine Gefahr für die Person bedeutet es z. B., wenn ein Alkoholkranker Spirituosen erwirbt.[17]

294 § 105a ordnet als **Rechtsfolge eine partielle Wirksamkeit** an, die sich auf Leistung und Gegenleistung bezieht. Soweit diese Leistungen bewirkt worden sind, d. h. ihr Austausch vollzogen wurde (vgl. auch Rn. 317), „gilt der ... geschlossene Vertrag in Ansehung von Leistung und, soweit vereinbart, Gegenleistung als wirksam". Es kommt also nicht zur Heilung des nach § 105 Abs. 1 nichtigen Vertrages als ganzen, sondern es wird lediglich die Wirksamkeit der Leistungserbringung fingiert (zur Fiktion vgl. Rn. 283).[18] Dadurch wird eine Rückforderung der erbrachten Leistungen auf Grund des Bereicherungsrechts ausgeschlossen. Da der Vertrag als solcher nichtig ist, können sich aus ihm auch keine weiteren Rechtsfolgen ableiten, etwa Schadensersatzansprüche gegen den Geschäftsunfähigen. Dagegen wird man Folgeansprüche, die sich als sekundäre Leistungspflichten aus der vom Vertragspartner des Geschäftsunfähigen erbrachten Leistung ableiten (Rn. 160), dem Geschäftsunfähigen zubilligen müssen, weil sonst seine Rechtsposition unangemessen eingeschränkt wäre. Der Geschäftsunfähige kann also auch alle einem Käufer zustehenden Rechte wegen eines Mangels der Kaufsache (§ 437) gegen den Verkäufer geltend machen.[19] Des Weiteren erfasst die Wirksamkeitsfiktion auch die zur Erbringung von Leistungen und Gegenleistung vorgenommenen Verfügungsgeschäfte (Rn. 260).[20]

c) Beschränkte Geschäftsfähigkeit

295 Beschränkte Geschäftsfähigkeit bedeutet, dass Minderjährige, die das siebente Lebensjahr vollendet haben (vgl. Rn. 287), nur solche Geschäfte wirksam tätigen können, durch die sie lediglich einen rechtlichen Vorteil erlangen, während rechtlich nachteilige Geschäfte von ihnen alleine nicht wirksam geschlossen werden können, sondern der Zustimmung des gesetzlichen Vertreters bedürfen (vgl. § 107). Es kommt folglich darauf an, den Begriff des rechtlichen Vorteils näher zu erläutern und zu klären, welche Rechtsgeschäfte rechtlich vorteilhaft und deshalb zustimmungsfrei sind und welche nicht. Dazu folgende

Beispielsfälle: Der 19-jährige Flott ist in arger Geldverlegenheit und bietet seinem 17-jährigen Freund Klever eine Briefmarke, deren Wert 2.000,- € beträgt, für 500,- € an.

---

[17] Palandt/*Ellenberger,* § 105a Rn. 5.
[18] *Caspers,* NJW 2002, 3425, 3427.
[19] Sehr str., für solche Ansprüche *Caspers,* NJW 2002, 3425, 3427; *Ludyga,* FPR 2007, 3, 5; *Larenz/Wolf,* § 25 Rn. 8; Palandt/*Ellenberger,* § 105a Rn. 6; a.A. *Kohler,* JZ 2004, 348, 349; Jauernig/*Jauernig,* § 105a Rn. 6; Bamberger/Roth/*Wendtland,* § 105a Rn. 7.
[20] *Caspers,* NJW 2002, 3425, 3427f.; a.A. MünchKomm/*Schmitt,* § 105a Rn. 19.

III. Geschäftsfähigkeit

Onkel Alois will seinem 15-jährigen Neffen Bertold ein mit einem Einfamilienhaus bebautes Grundstück schenken, ohne dass dies die Eltern des Bertold erfahren sollen. Das Grundstück ist mit einer Hypothek belastet; außerdem sind Steuern und Abgaben für das Grundstück zu entrichten.

Der 12-jährige Alf leiht seinem gleichaltrigen Freund Bert seine goldene Uhr, die ihm seine Eltern zur Kommunion schenkten. Bert tauscht mit dem 13-jährigen Christoph die Uhr gegen Briefmarken. Als Alf zufällig die Uhr bei Christoph entdeckt, verlangt er sie heraus. Christoph weigert sich und erklärt, die Uhr gehöre jetzt ihm.

Lediglich einen rechtlichen Vorteil erlangt der Minderjährige durch ein **Rechtsgeschäft, das seine Rechtsstellung ausschließlich verbessert.** Werden durch das Rechtsgeschäft dem Minderjährigen irgendwelche rechtlichen Verpflichtungen auferlegt, wie dies z.B. auch bei unvollkommen zweiseitigen Verträgen für die Partei der Fall ist, die nicht die Hauptpflichten treffen (bei der Leihe also für den Entleiher; vgl. Rn. 93), dann handelt es sich nicht mehr um ein lediglich rechtlich vorteilhaftes Geschäft, so dass eine Zustimmungsfreiheit dieses Rechtsgeschäfts verneint werden muss. Hieraus folgt für den ersten Beispielsfall, dass Klever ohne Zustimmung seiner Eltern die ihm angebotene Briefmarke nicht kaufen kann. Dass dieses Geschäft wirtschaftlich sehr vorteilhaft ist, muss dabei unberücksichtigt bleiben. Denn im Gesetz wird ausdrücklich auf den rechtlichen, nicht auf den wirtschaftlichen Vorteil abgestellt. 296

Deshalb scheint auch im zweiten Beispielsfall die Zustimmung des gesetzlichen Vertreters erforderlich zu sein, weil Bertold als Eigentümer des ihm von Onkel Alois geschenkten Grundstücks zur Zahlung von Steuern und Abgaben verpflichtet ist. Andererseits darf nicht unberücksichtigt bleiben, dass durch den Schenkungsvertrag nur die einseitige Verpflichtung des Schuldners, also hier Onkel Alois, festgelegt wird, das Vermögen des Beschenkten unentgeltlich zu bereichern (vgl. § 516 Abs. 1). Der Schenkungsvertrag ist somit geradezu das Schulbeispiel eines rechtlich vorteilhaften Geschäfts. 297

Daran ändert auch nichts, dass unter bestimmten Voraussetzungen der Beschenkte zur Rückgewähr des Geschenks z.B. bei Verarmung des Schenkers (vgl. § 528) oder bei Widerruf der Schenkung wegen groben Undanks (vgl. § 530) verpflichtet sein kann. Denn diese Regeln gestalten die Schenkung selbst nur aus, sind also gleichsam ihr immanente Bestandteile und schaffen keine selbstständigen Verpflichtungen für den Beschenkten, die sein sonstiges Vermögen beeinträchtigen. Etwas anderes gilt, wenn sich der Schenker den Rücktritt von der Schenkung vorbehält. Ein solches Rechtsgeschäft ist rechtlich nachteilig, weil der Minderjährige im Falle der Ausübung des Rücktrittsrechts zum Wertersatz oder Schadensersatz insbesondere wegen einer zwischenzeitlich eingetretenen Verschlechterung des zurückzugewährenden Gegenstands verpflichtet sein kann.[21]

Die Frage, ob die **Übereignung eines Grundstücks** an einen Minderjährigen wegen der damit verbundenen Pflicht zur Tragung öffentlicher Las- 298

---
[21] *BGH* NJW 2005, 1430, 1431 m. Nachw.

ten als rechtlich nachteilig angesehen werden muss, ist mit der h. M. zu verneinen.[22] Wollte man anders entscheiden, dann müsste man folgerichtig auch jede Zuwendung von Vermögenswerten, die eine Verpflichtung zur Zahlung von Schenkungssteuer begründet, als zustimmungsbedürftig ansehen. Solche sinnwidrigen Ergebnisse lassen sich dadurch vermeiden, dass man die öffentlich-rechtlichen Belastungen nicht als Rechtsfolgen des Erwerbsaktes und damit als Inhalt des Verfügungsgeschäfts, sondern als eine inhaltliche Begrenzung des Eigentums ansieht. Mit den **öffentlichen Lasten** werden Pflichten auferlegt, die mit der Eigentümerstellung verbunden sind und notwendigerweise jeden treffen, der die Eigentümerposition übernimmt. Hierin zeigt sich eine gewisse Parallele zu der sich unter bestimmten Voraussetzungen ergebenden Rückgewährpflicht des Beschenkten, die ebenfalls nicht als selbstständige Pflicht aufgefasst werden kann. Nach anderer Auffassung ist im Rahmen des § 107 danach zu fragen, ob ein Rechtsnachteil lediglich eine Schmälerung des Erwerbs darstellt und dann unschädlich ist oder ob er die Gefahr einer Beeinträchtigung des sonstigen Vermögens des Minderjährigen in sich trägt.[23] Auch von diesem Standpunkt aus lassen die mit dem Eigentum verbundenen öffentlich-rechtlichen Verpflichtungen die Schenkung eines Grundstücks nicht zu einem rechtlich nachteiligen Geschäft werden, weil die das Vermögen des Minderjährigen treffenden Belastungen regelmäßig im Vergleich zu dem Vermögenszuwachs, der mit dem Erwerb des Grundstücks verbunden ist, nicht wesentlich ins Gewicht fallen. In diese Richtung geht auch die Argumentation des *BGH*,[24] der in Bezug auf die öffentlichen Lasten eines Grundstücks von einem typischerweise ganz unerheblichen Gefährdungspotential spricht, der nach dem Schutzzweck der Norm von § 107 nicht erfasst werde.

299 Mit der Übereignung eines Grundstücks können allerdings **zusätzliche Verpflichtungen** verbunden sein, die selbst keine zwingende Folge des Eigentums darstellen. So wird die schenkweise Übereignung einer Eigentumswohnung deshalb nicht als lediglich rechtlich vorteilhaft angesehen, weil mit dem Erwerb nicht nur ein Vermögensgegenstand dem Minderjährigen zufällt, sondern er Mitglied der Wohnungseigentümergemeinschaft wird, aus der sich kraft Gesetzes persönliche Verpflichtungen für

---

[22] *BGH* NJW 2005, 415, 418 = JuS 2005, 457 *(Emmerich)*; *BGH* NJW 2005, 1430, 1431; *Rüthers/Stadler*, § 23 Rn. 13; *Larenz/Wolf*, § 25 Rn. 23; *Grigoleit/Herresthal*, Rn. 432 f.

[23] Vgl. *BayObLG* NJW 1998, 3574, 3576; *OLG Köln* NJW-RR 1998, 363, sowie die Darstellung der verschiedenen zu dieser Frage vertretenen Auffassungen bei *Köhler*, PdW-AT, Nr. 29, der selbst die Zustimmungsbedürftigkeit eines Grundstückserwerbs durch Minderjährige deshalb bejaht, weil die vermögensmäßigen Auswirkungen, die mit einem solchen Erwerb verbunden sind, nach dem Schutzzweck des § 107 eine Kontrolle durch den gesetzlichen Vertreter erforderlich machten. In die gleiche Richtung gehen die Erwägungen von *Wilhelm*, NJW 2006, 2353.

[24] *BGH* NJW 2005, 415, 418. Kritisch dagegen *Schmitt*, NJW 2005, 1190; *Röthel/Krackhardt*, Jura 2006, 161, 165 f.

ihn ergeben.²⁵ Nach anderer Auffassung soll die Entscheidung, ob ein Rechtsgeschäft lediglich vorteilhaft sei, aufgrund einer Gesamtbetrachtung sowohl des schuldrechtlichen als auch des dinglichen Vertrages getroffen werden.²⁶ Ergebe sich dann, dass ein Rechtserwerb mit der Begründung persönlicher Verpflichtungen für den Minderjährigen verbunden sei, dann könne er nicht als lediglich rechtlich vorteilhaft gewertet werden.

Ob der These von der Gesamtbetrachtung der Übereignung als dingliches Rechtgeschäft und der damit verbundenen schuldrechtlichen Verpflichtungen mit dem Abstraktions- und Trennungsprinzip (vgl. Rn. 229) vereinbar ist,²⁷ mag hier dahinstehen. Vorzuziehen ist eine Orientierung an dem Schutzzweck des § 107.²⁸ Sind mit dem Erwerb des Grundstücks zugleich Verpflichtungen verbunden, bei denen sich nicht ohne weiteres feststellen lässt, ob die Belastung in ihrer wirtschaftlichen Bedeutung und in ihrem Umfang durch die Vorteile aufgewogen werden, die sich durch den Grundstückserwerb ergeben, dann müssen Abwägungen vorgenommen werden, die nach § 107 dem gesetzlichen Vertreter des Minderjährigen vorbehalten sind. Deshalb muss in einem solchen Fall nach dem Normzweck dieser Vorschrift die Zustimmungsbedürftigkeit des Rechtsgeschäfts bejaht werden. Die Schenkung eines Grundstücks kann dann folglich nicht als rechtlich vorteilhaft aufgefasst werden. Aufgrund dieser Erwägungen bedarf die Übereignung eines **vermieteten oder verpachteten Grundstücks** wegen der sich aus dem Miet- oder Pachtverhältnis ergebenden **weit reichenden Pflichten** für den **Vermieter stets der Zustimmung des gesetzlichen Vertreters**.²⁹ Denn erwirbt der Minderjährige das Eigentum an dem Grundstück, dann tritt er in die Rechte und Pflichten ein, die sich aus bestehenden Miet- und Pachtverhältnissen ergeben (vgl. §§ 566, 578, 581 Abs. 2).

Andererseits wird der rechtliche Vorteil, der in dem Erwerb des Eigentums an einem Grundstück liegt, nicht dadurch aufgehoben, dass das Grundstück mit einer Hypothek belastet ist. Eine Hypothek gibt dem Hypothekengläubiger gegenüber dem Eigentümer des Grundstücks nur das Recht, wegen der ihm zustehenden Forderung (zu deren Sicherung die Hypothek bestellt worden ist) Befriedigung aus dem Grundstück zu suchen (vgl. § 1113 Abs. 1). Dies bedeutet, dass der Eigentümer nur die Zwangsvollstreckung in das Grundstück dulden muss (vgl. § 1147),

---

²⁵ *BGH* NJW 2010, 3643, 3644 Tz. 13 = JZ 2011, 157 m. zust. Anm. v. *Medicus*; ebenso zust. *Kölmel*, FamRZ 2011, 206.
²⁶ *OLG Hamm* NJW-RR 2000, 1611; *BayObLG* ZEV 2004, 249, 250.
²⁷ Abl. *Röthel/Krackhardt*, Jura 2006, 161, 163; *Müßig*, JZ 2006, 150; vgl. auch *Kölmel*, FamRZ 2011, 206.
²⁸ Vgl. dazu *Preuß*, JuS 2006, 305, 306 f.
²⁹ *BGH* NJW 2005, 1430 f.; *BayObLG* NJW 2003, 1129; *OLG Oldenburg* NJW-RR 1988, 839; *KG* NJOZ 2011, 539, 540; Palandt/*Ellenberger*, § 107 Rn. 4; Jauernig/ *Jauernig*, § 107 Rn. 4.

nicht aber persönlich zur Zahlung verpflichtet wird, es sei denn, dass er aus einem anderen Rechtsgrund zugleich auch Schuldner der hypothekarisch gesicherten Forderung ist. Äußerstenfalls kann ein Minderjähriger bei einer Zwangsvollstreckung des Hypothekengläubigers gegen ihn das geschenkte Grundstück verlieren; sein persönliches Vermögen kann aber nicht angetastet werden, weil Haftungsobjekt allein das Grundstück ist. Deshalb betrachtet die h.M. bei der Schenkung eines durch Hypothek oder Grundschuld belasteten Grundstücks diese Belastung zu Recht lediglich als Minderung des Werts des unentgeltlich Zugewendeten und nicht als eine selbstständige Verpflichtung des Eigentümers.[30] In dem Beispielsfall erhält also Bertold durch die Schenkung des Grundstücks trotz darauf ruhenden öffentlichen Lasten und der Hypothek allein einen rechtlichen Vorteil, so dass das Geschäft nicht zustimmungsbedürftig ist.

301 Im dritten Beispielsfall ist die Leihe der Uhr nicht nur für Alf als den Verleiher, sondern auch für Bert als den Entleiher mit rechtlichen Pflichten verbunden (vgl. Rn. 93) und deshalb für beide zustimmungsbedürftig. Das gleiche gilt für den Tauschvertrag (vgl. § 480), bei dem es sich um einen gegenseitig verpflichtenden (synallagmatischen) Vertrag handelt, der beiden Vertragspartnern rechtliche Pflichten auferlegt, so dass es insoweit keine Zweifel an der Zustimmungsbedürftigkeit dieses Rechtsgeschäfts geben kann. Könnte man noch erwägen, ob nicht die Eltern zu Rechtsgeschäften, die sich auf geringwertige Sachen beziehen, die Kindern zur persönlichen Verfügung überlassen werden, eine generelle Einwilligung erteilt haben (vgl. Rn. 316), so ist dies für wertvolle Gegenstände auszuschließen. Beide Verträge sind folglich nicht wirksam (vgl. § 108 Abs. 1 und Rn. 305).

302 Zu prüfen ist aber weiter, ob auch das Verfügungsgeschäft, die Übertragung des Eigentums an der Uhr, der Zustimmung der Eltern des Bert bedarf. Diese Frage wäre zu bejahen, wenn Bert Eigentümer der Uhr gewesen wäre, weil er dann durch Verlust seines Eigentums einen rechtlichen Nachteil erlitten hätte. Die Uhr gehörte aber Alf, der sie Bert nur geliehen hatte. Eigentum kann auch von einem Nichteigentümer übertragen werden, wenn der Erwerber ohne grobe Fahrlässigkeit den Nichtberechtigten für den Eigentümer hält (vgl. §§ 929, 932; Einzelheiten dazu später). Die Voraussetzungen des gutgläubigen Erwerbs vom Nichtberechtigten sind hier erfüllt, wenn man davon ausgeht, dass Christoph glaubte, die Uhr gehöre Bert. Durch die Verfügung als solche hat Bert keinen Vermögensnachteil erlitten, weil ja nicht er, sondern ein anderer Eigentümer der Uhr war und er somit durch die Übereignung auch kein Eigentum verlieren konnte. Es handelt sich bei dieser Übereignung deshalb um ein **rechtlich neutrales Geschäft,** weil es für ihn weder rechtlich vorteilhaft noch rechtlich nachteilig ist. Hierbei ist wie auch sonst nur auf die **un-**

---

[30] *BGH* NJW 2005, 415, 417; *Preuß,* JuS 2006, 305, 307, jeweils m.w.N.

mittelbaren Wirkungen des Rechtsgeschäfts – hier also auf die der Übereignung – zu sehen. Dass sich aus dem Verhalten des Minderjährigen weitere (nicht rechtsgeschäftliche) Folgen ergeben können, die für ihn nachteilig sind, etwa Schadensersatzansprüche gegen ihn, bleibt für die Frage nach dem Vor- oder Nachteil des betreffenden Geschäfts ohne Beachtung.

Nach dem Wortlaut des § 107, der auf einen „rechtlichen Vorteil" abstellt, müssten die neutralen Geschäfte zustimmungsbedürftig sein. § 107 ist aber entsprechend dem von ihm verfolgten Zweck, den Minderjährigen vor nachteiligen Folgen eines rechtsgeschäftlichen Handelns zu schützen, dahingehend auszulegen, dass rechtlich neutrale Geschäfte zustimmungsfrei bleiben.[31] Christoph hat also auch ohne Zustimmung der Eltern des Bert Eigentum erworben. Er kann sich daher gegenüber dem Herausgabeverlangen des Alf auf sein Eigentum berufen. Dieses Ergebnis ist frappierend. Wäre die Rechtslage so, wie Christoph glaubte, wäre also Bert Eigentümer der Uhr gewesen, hätte Christoph kein Eigentum erwerben können, weil dann die Übereignung ein zustimmungsbedürftiges Rechtsgeschäft gewesen wäre. Hier hat also gerade deshalb die Übereignung für Christoph Erfolg, weil Bert Nichtberechtigter war. Die h. M.[32] akzeptiert dieses Ergebnis mit der Erwägung, der Rechtsverkehr müsse (hier also in seinem guten Glauben) so weit geschützt werden, wie dies mit dem gebotenen Schutz der Minderjährigen vereinbar sei, während andere den Eigentumserwerb in solchen Fällen mit der Begründung verneinen, dass die Vorschriften über den gutgläubigen Erwerb vom Nichtberechtigten den Erwerber nur so stellen sollen, wie er stünde, wenn seine Vorstellungen richtig wären; dann hätte er aber kein Eigentum erworben.[33] Folgt man der h. M., dann kann Alf zumindest keinen Herausgabeanspruch als Eigentümer (§ 985) geltend machen. Ob er aus einem anderen Rechtsgrund die Uhr herausverlangen kann, soll hier unerörtert bleiben.

In der folgenden grafischen Darstellung sind die **wichtigsten Ergebnisse** zu der Frage zusammengefasst, welche Rechtsgeschäfte vom Minderjährigen ohne Zustimmung seines gesetzlichen Vertreters geschlossen werden können.

---

[31] Vgl. *Bellardita/Gregorio*, JuS 2007, 444, 445.
[32] MünchKomm/*Schmitt*, § 107 Rn. 34; *Paefgen*, JuS 1992, 192, 193; *Leipold*, § 11 Rn. 42, jeweils m. w. N.
[33] *Medicus*, AT, Rn. 568; *Medicus/Petersen*, Rn. 540, 542; *Braun*, Jura 1993, 459; MünchKomm/*Oechsler*, § 932 Rn. 11, verneint den Charakter eines neutralen Rechtsgeschäfts.

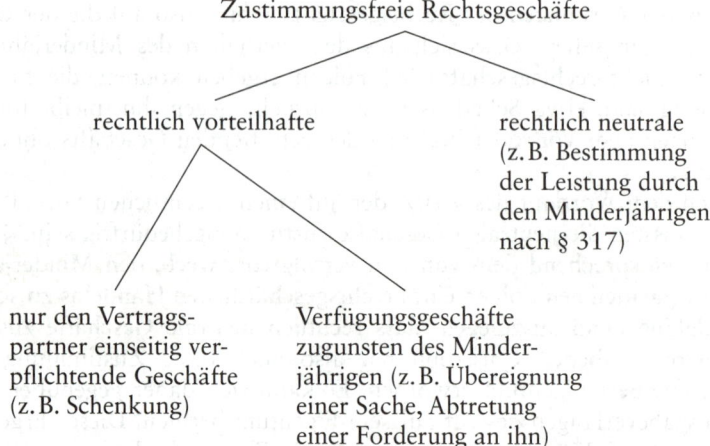

305　Andere Geschäfte, die nicht ausschließlich rechtlich vorteilhaft oder zumindest rechtlich neutral für den Minderjährigen sind, bedürfen zu ihrer Wirksamkeit grundsätzlich der **Einwilligung** (d. h. vorherigen Zustimmung – vgl. § 183 S. 1) **des gesetzlichen Vertreters.** Die Einwilligung kann sowohl dem Minderjährigen als auch seinem Vertragspartner gegenüber erklärt werden (vgl. § 182 Abs. 1) und ist bis zur Vornahme des Rechtsgeschäfts widerruflich (§ 183). Sie bedarf nach § 182 Abs. 2 keiner Form, auch wenn das vom Minderjährigen vorgenommene Geschäft formbedürftig ist (Beispiel: formlose Einwilligung in den Abschluss eines Kaufvertrages über ein Grundstück, der notariell beurkundet werden muss – vgl. § 311b Abs. 1 S. 1). **Wird die Einwilligung nicht erteilt, dann ist hinsichtlich der Rechtsfolgen zu unterscheiden:**
- **Einseitige Rechtsgeschäfte** (vgl. Rn. 39) **sind unwirksam** (vgl. § 111 S. 1). Allerdings wird von der h. M. die Auffassung vertreten, dass ein einseitiges Rechtsgeschäft, mit dem der Geschäftspartner in Kenntnis der Minderjährigkeit einverstanden ist, der Vorschrift des § 108 unterfällt.[34]
- **Verträge sind schwebend unwirksam** (vgl. Rn. 278) und können durch **Genehmigung** (d. h. nachträgliche Zustimmung – vgl. § 184 Abs. 1) wirksam werden (vgl. § 108 Abs. 1). **Wird die Genehmigung verweigert, wird das Geschäft endgültig unwirksam.**

306　Wer die gesetzlichen Vorschriften genau liest – und dies sollten Sie stets tun –, dem wird auffallen, dass § 107 das Erfordernis der Einwilligung auf die von Minderjährigen abgegebene Willenserklärung bezieht, während in § 108 von der Genehmigung die Wirksamkeit des Vertrages abhängig gemacht wird. Diese Unterscheidung erklärt sich dadurch, dass es nach der gesetzlichen Regelung darauf ankommt, ob die Willenserklärung den Bestandteil eines Vertrages oder eines einseitigen Rechtsgeschäfts bil-

---

[34] *Flume*, S. 200; Jauernig/*Jauernig*, § 111 Rn. 4; Staudinger/*Dilcher*, § 111 Rn. 9; PWW/*Völzmann-Stickelbrock*, § 111 Rn. 2.

III. Geschäftsfähigkeit

det. Weil bei der Antwort nach der Wirksamkeit des vom Minderjährigen ohne Einwilligung vorgenommenen Rechtsgeschäfts zwischen Vertrag (§ 108) und einseitigem Rechtsgeschäft (§ 111) differenziert wird, muss als Bezugspunkt bei dieser Antwort auch das jeweilige Rechtsgeschäft gewählt werden.

Ebenso wie die Einwilligung kann auch die **Genehmigung grundsätzlich gegenüber dem Minderjährigen oder gegenüber seinem Vertragspartner erklärt werden**. Dieser sich aus § 182 Abs. 1 ergebende Grundsatz wird jedoch für das Minderjährigenrecht in § 108 Abs. 2 modifiziert. Fordert der Vertragspartner des Minderjährigen dessen gesetzlichen Vertreter zur Erklärung über die Genehmigung auf, so kann sie nur ihm gegenüber abgegeben werden. 307

Die Zweiwochenfrist des § 108 Abs. 2 S. 2 kann zwar einseitig vom Auffordernden verlängert, nicht jedoch verkürzt werden, weil diese Frist dem gesetzlichen Vertreter des Minderjährigen ausreichend Zeit zur Überlegung geben soll. Für eine Fristverkürzung ist dementsprechend das Einverständnis des gesetzlichen Vertreters erforderlich. **Während des Schwebezustandes, der bis zur Genehmigung oder ihrer Verweigerung besteht, kann der Vertragspartner des Minderjährigen seine Erklärung widerrufen (§ 109 Abs. 1)**. Dieses Widerrufsrecht trägt dem Gedanken Rechnung, dass es unbillig wäre, den Vertragspartner des Minderjährigen an dem schwebend unwirksamen Geschäft so lange festzuhalten, bis der gesetzliche Vertreter über die Genehmigung entschieden hat. Dieses Recht kann allerdings nur demjenigen zugebilligt werden, der nicht wusste, dass er ein Geschäft mit einem Minderjährigen ohne Einwilligung dessen gesetzlichen Vertreters schloss (vgl. § 109 Abs. 2). Zu dem Widerrufsrecht nach § 109 Abs. 1 folgender 308

Beispielsfall: Der 17-jährige A kauft ohne Wissen seiner Eltern eine Stereoanlage von B. Am nächsten Tag gesteht A dem B, dass er minderjährig sei und noch nicht mit seinen Eltern gesprochen habe. Daraufhin schreibt B an die Eltern einen Brief, in dem er sie um Mitteilung bittet, ob sie mit dem Kauf einverstanden seien. Als A seinen Eltern noch am selben Tag von dem Kauf berichtet, erwidern diese, A solle sich die Stereoanlage von B geben lassen, denn der Kauf sei günstig. Noch bevor der Brief des B bei den Eltern eintrifft, ruft dieser an und eröffnet ihnen, dass er sich die Sache anders überlegt habe und dass er sich nicht mehr an den Vertrag mit A gebunden halte. Können die Eltern auf die Einhaltung des Kaufvertrages bestehen?

Der zwischen A und B geschlossene Kaufvertrag ist wegen der Minderjährigkeit des A zunächst schwebend unwirksam gewesen. Ob B von der Minderjährigkeit des A wusste, ist insoweit unerheblich, weil zum Schutze des Minderjährigen der gute Glaube seines Vertragspartners an die Volljährigkeit keine Rolle spielt. Die Erklärungen der Eltern gegenüber dem A sind als Genehmigung anzusehen; dass sie den Begriff „Genehmigung" nicht gebrauchten, ist insoweit unerheblich, weil sich aus ihren Erklärungen zweifelsfrei ergeben hat, dass sie dem Kaufvertrag zustimmten. Im Übrigen kann auch die Genehmigung konkludent erteilt werden, etwa da- 309 durch, dass der gesetzliche Vertreter dem Minderjährigen das Geld gibt, um den Kaufpreis zu bezahlen. Der schwebend unwirksame Vertrag wäre also durch Genehmigung gegenüber dem Minderjährigen endgültig wirksam geworden (vgl. § 108 Abs. 1 i. V. m. § 182 Abs. 1), wenn nicht die Vorschrift des **§ 108 Abs. 2 S. 1** eingreifen würde. **Durch die Aufforderung nach dieser Vorschrift wird eine vorher dem Minderjährigen gegenüber erklärte Genehmigung unwirksam, und es kann der Vertrag nur noch gegenüber dem Vertragspartner genehmigt werden.** Die Aufforderung an den gesetzlichen Vertreter, sich über die Genehmigung zu erklären, bewirkt also, dass der alte Schwebezustand wieder hergestellt wird, der vor Genehmigung gegenüber dem Minderjährigen bestanden hat.

310 Die Aufforderung nach § 108 Abs. 2 stellt eine geschäftsähnliche Handlung (vgl. Rn. 192) dar, da ihre Rechtsfolgen unabhängig vom Willen des Erklärenden kraft Gesetzes eintreten; auf sie ist § 130 Abs. 1 S. 1 entsprechend anzuwenden, so dass sie erst mit dem Zugang der Erklärung wirksam wird. Das Telefongespräch zwischen B und den Eltern des A wurde in einem Zeitpunkt geführt, in dem der Brief des B die Eltern noch nicht erreicht hatte, sich also der Vertrag noch in dem Zustand der Wirksamkeit aufgrund der gegenüber A erklärten Genehmigung befand. In diesem Zeitpunkt konnte B nicht nach § 109 Abs. 1 widerrufen, weil hierfür der Schwebezustand vorläufiger Unwirksamkeit erforderlich ist, wie sich aus der Fassung des Gesetzes deutlich ergibt („bis zur Genehmigung des Vertrags"). Andererseits hätte B aber widerrufen können, wenn dieser Schwebezustand nach Zugang seines Briefes wieder eingetreten wäre.

311 Es ist deshalb zu fragen, ob der erklärte Widerruf in dem Zeitpunkt Wirksamkeit erlangte, in dem durch Zugang der Aufforderung nach § 108 Abs. 2 der Vertrag wieder schwebend unwirksam wurde. Diese Frage muss verneint werden. Das Widerrufsrecht soll dem Vertragspartner des Minderjährigen die Lösung von einem schwebend unwirksamen und deshalb unsicheren Vertrag ermöglichen. Die Aufforderung nach § 108 Abs. 2 dient dazu, dem Vertragspartner Klarheit über die Einstellung des gesetzlichen Vertreters zu verschaffen; deshalb wird eine vorher dem Minderjährigen gegenüber erklärte Genehmigung unwirksam, weil es sich hierbei um einen Vorgang handelt, der sich aus der Sicht des Vertragspartners in einem für ihn nicht überschaubaren Bereich abspielt. Die Kombination beider Rechte – die Aufforderung nach § 108 Abs. 2 und die daran geknüpften Rechtswirkungen sowie das Widerrufsrecht nach § 109 Abs. 1 – kann aber nicht dazu benutzt werden, um sich von einem geschlossenen Vertrag wieder zu befreien. Deshalb wird man verlangen müssen, dass der Vertragspartner nach einer Aufforderung an den gesetzlichen Vertreter zur Erklärung über die Genehmigung zumindest eine gewisse Zeit abwarten muss, ehe er den Vertrag nach § 109 Abs. 1 widerruft, weil er sich sonst in einen treuwidrigen Widerspruch zu seinem vorherigen Verhalten setzt (Verbot des venire contra factum proprium; dazu

sogleich).³⁵ Erst recht ist es unzulässig, gleichzeitig mit der Aufforderung nach § 108 Abs. 2 den Widerruf zu verbinden.³⁶ Deshalb kann B nicht verhindern, dass die Eltern des A nach Eingang des Briefes sofort, z. B. mündlich oder durch eine postwendende schriftliche Antwort, die Genehmigung erklären, um auf diese Weise den Vertrag endgültig wirksam werden zu lassen.

Das **Verbot des venire contra factum proprium** (= Verbot sich zum früheren Verhalten in Widerspruch zu setzen), auf das soeben hingewiesen wurde, leitet sich aus dem Grundsatz von Treu und Glauben ab (§ 242). Anknüpfungspunkt für dieses Verbot ist die sachliche Unvereinbarkeit eines früheren Verhaltens mit dem späteren. Jedoch genügt dies allein noch nicht, weil grundsätzlich der Einzelne das Recht in Anspruch nehmen kann, seine Meinung zu ändern und sein Verhalten zu korrigieren. Widersprüchliches Verhalten ist erst dann als rechtsmissbräuchlich zu werten, wenn entweder durch das frühere Verhalten für den anderen ein Vertrauenstatbestand geschaffen worden ist, auf den sich dieser mit Recht verlassen durfte, oder wenn andere besondere Umstände die Rechtsausübung als treuwidrig erscheinen lassen.³⁷ Als Beispiel für die erste Alternative sei der Fall genannt, dass sich jemand auf die Unwirksamkeit eines Vertrages beruft, den er vorher längere Zeit zu seinem Vorteil als rechtswirksam behandelt hat. In der zweiten Fallalternative, in der kein besonderer Vertrauenstatbestand begründet werden muss, ist die Treuwidrigkeit insbesondere dann zu bejahen, wenn sich zwischen den verschiedenen Verhaltensweisen ein unlösbarer Widerspruch ergibt. Zu dieser zweiten Alternative ist der hier erörterte Fall zu rechnen. Durch die Aufforderung nach § 108 Abs. 2 wird zum Ausdruck gebracht, dass dem Adressaten das Recht eingeräumt werde, sich innerhalb einer angemessenen Frist frei entscheiden zu können, ob der Vertrag zustande kommen soll. Dazu steht in einem unlösbaren Widerspruch ein nach § 109 Abs. 1 erklärter Widerruf, der dem gesetzlichen Vertreter jede Möglichkeit nimmt, die Genehmigung des Vertrages zu erklären.

312

Einen Sonderfall des Verbots widersprüchlichen Verhaltens stellt der Tatbestand der **Verwirkung** dar. Ein Recht wird verwirkt, wenn der Berechtigte es längere Zeit hindurch nicht geltend macht, obwohl er dazu in der Lage wäre, und der Verpflichtete sich mit Rücksicht auf das gesamte Verhalten des Berechtigten darauf einrichten durfte und eingerichtet hat, dass dieser sein Recht auch in Zukunft nicht geltend machen werde.³⁸ Die Verwirkung stellt damit den typischen Fall der unzulässigen Rechtsausübung wegen widersprüchlichen Verhaltens dar.³⁹ Der Verstoß gegen Treu und Glau-

---

³⁵ MünchKomm/*Schmitt*, § 109 Rn. 9; Bamberger/Roth/*Wendtland*, § 109 Rn. 2; PWW/*Völzmann-Stickelbrock*, § 108 Rn. 5.
³⁶ Dies ist allerdings streitig, wie hier MünchKomm/*Schmitt*, § 108 Rn. 28; a. A. *Wilhelm*, NJW 1992, 1666, jeweils m. w. N.
³⁷ BGH NJW 1997, 3377, 3380 m. N.
³⁸ BGH NJW 1982, 1999; 2002, 669, 670; 2003, 824; 2007, 1273, 1275 Tz. 21, jeweils m. N.
³⁹ MünchKomm/*Roth*, § 242 Rn. 296.

ben liegt in der illoyalen Verspätung der Rechtsausübung.[40] Es genügt also nicht allein der Zeitablauf, sondern hinzukommen müssen noch weitere Umstände, die eine spätere Ausübung des Rechts treuwidrig erscheinen lassen. Aufgrund einer Interessenabwägung ist festzustellen, ob derjenige, der sich darauf verlassen hat, dass der Gläubiger sein Recht nicht mehr geltend machen werde, als schutzwürdig erscheint.

313 Die Vorschrift des § 108 Abs. 2 bezieht sich nur – wie sich eindeutig aus ihrem Wortlaut ergibt – auf einen ohne Einwilligung des gesetzlichen Vertreters geschlossenen Vertrag. Hat der gesetzliche Vertreter gegenüber dem Minderjährigen seine Einwilligung erteilt, dann ändert nach zutreffender h. M.[41] die Aufforderung des Vertragspartners an den gesetzlichen Vertreter, sich zu dem Vertrag zu erklären, nichts an der Gültigkeit.

314 Für eine Reihe wichtiger Rechtsgeschäfte genügt nicht allein die Zustimmung der Eltern oder des Vormundes, vielmehr muss noch das **Familiengericht** seine Genehmigung erteilen (vgl. §§ 112, 1643, 1821, 1822). Durch das Erfordernis einer gerichtlichen Genehmigung wird zum Schutz und im Interesse des Minderjährigen eine Kontrolle der den Eltern oder dem Vormund übertragenen Vermögenssorge geschaffen. Dennoch können Eltern durch Rechtsgeschäfte, die sie im Rahmen ihrer gesetzlichen Vertretung für das minderjährige Kind schließen, für dieses Verbindlichkeiten begründen, die eine erhebliche Belastung auch nach Eintritt der Volljährigkeit bedeuten können. Um der Gefahr einer solchen Überschuldung des Kindes vorzubeugen, ist durch § 1629a eine Beschränkung der Haftung des Minderjährigen in das Gesetz aufgenommen worden (vgl. EK BGB Rn. 527).

315 Die dem Minderjährigen erteilte Einwilligung braucht sich nicht auf einzelne Rechtsgeschäfte bestimmten Inhalts zu beziehen, also keine spezielle Einwilligung zu sein, sondern kann auch für einen bestimmten abgrenzbaren Kreis von Geschäften erklärt werden (sog. generelle Einwilligung oder **Generaleinwilligung**). Es ist eine Frage der Auslegung, wie weit die Einwilligung reicht und welche Rechtsgeschäfte sie umfasst. Beispielsweise wird die Zustimmung des gesetzlichen Vertreters zum Kauf eines Kraftfahrzeuges regelmäßig auch den Abschluss der gesetzlich vorgeschriebenen Haftpflichtversicherung umfassen. Andererseits kann in der Einwilligung zum Erwerb eines Führerscheins nicht etwa gleichzeitig auch die Erlaubnis zum Anmieten oder Kauf von Kraftfahrzeugen gesehen werden. Die h. M. sieht in der Vorschrift des § 110 einen besonderen Fall einer Generaleinwilligung.[42]

316 **Bei den von § 110 erfassten Sachverhalten liegt die nach § 107 erforderliche Einwilligung zum Abschluss von Verträgen, die den Minderjähri-**

---

[40] BGH NJW 1984, 1684; 2007, 2183 (auch zu den Einschränkungen die sich für eine Verwirkung des Anspruchs des Eigentümers auf Herausgabe eines im Grundbuch eingetragenen Grundstücks ergeben).
[41] MünchKomm/*Schmitt*, § 108 Rn. 23 f., m.w.N. auch zur Gegenauffassung, die § 108 Abs. 2 auf den Fall einer dem Minderjährigen erteilten Einwilligung analog anwenden will.
[42] So u. a. *Rüthers/Stadler*, § 23 Rn. 24 f.; *Schack*, Rn. 193; *Larenz/Wolf*, § 25 Rn. 34; *Flume*, S. 199; a. A. *Leenen*, FamRZ 2000, 863, 866 ff.

gen belasten, in der Überlassung von Geldern zu diesem Zweck. Der Hauptanwendungsfall ist die Zahlung von Taschengeld, mit dem der Minderjährige durch Abschluss von meist kleineren Bargeschäften seine Bedürfnisse befriedigen kann. Deshalb wird der § 110 auch als „**Taschengeldparagraph**" bezeichnet, obwohl andere Sachverhalte ebenfalls unter diese Regelung fallen, so z. B. wenn ein Minderjähriger für eine Reise einen bestimmten Geldbetrag erhält und darin die Einwilligung zum Abschluss aller der Verträge zu sehen ist, die zur Durchführung der Reise erforderlich sind.

Die von § 110 angeordnete Rechtsfolge, nämlich die Wirksamkeit des Vertrages, bezieht sich auf das Verpflichtungsgeschäft. Als Voraussetzung dafür wird aber in der Vorschrift genannt, dass die vertragsmäßige Leistung bewirkt werden muss. Das „Bewirken der Leistung" bedeutet, dass die darin liegende Verfügung, z. B. die Übereignung von Geld als Kaufpreis an den Verkäufer in Erfüllung eines vom Minderjährigen geschlossenen Kaufvertrages, wirksam zustande gekommen sein muss. Die dafür erforderliche Einwilligung des gesetzlichen Vertreters ergibt sich nicht unmittelbar aus § 110, sondern wird entsprechend § 107 konkludent durch Überlassen der Mittel erteilt.[43]

317

Wie weit die Einwilligung im Rahmen des § 110 reicht, ist – wie bereits bemerkt – durch Auslegung aufgrund aller bedeutsamen Umstände zu entscheiden.

318

Beispiel: Der 16-jährige Alf erhält ein wöchentliches Taschengeld von 30,– €. Er kauft davon in einer Lotterie ein Los und gewinnt 3.000,– €. Ohne seinen Eltern etwas von diesem Gewinn zu sagen, kauft er sich davon eine Stereoanlage im Fachgeschäft des Handel. Als die Eltern des Alf die Rückzahlung des Kaufpreises gegen Rückgabe der Stereoanlage von Handel verlangen, beruft sich dieser auf die Vorschrift des § 110. Mit Recht?

Diese Frage ist zu verneinen. Der Gewinn steht in seinem Wert in keinem Verhältnis zu dem Taschengeld, das Alf von seinen Eltern erhält. Es ist auszuschließen, dass die Eltern die Gewinnsumme ihrem Sohn zur freien Verfügung überlassen wollen. Der Kauf der Stereoanlage ist deshalb nicht von der § 110 zugrundeliegenden Generaleinwilligung umfasst, so dass der Vertrag zunächst schwebend unwirksam und nach konkludenter Ablehnung der Genehmigung durch die Eltern endgültig unwirksam ist. Man kann auch erwägen, die Anwendung des § 110 auf den von Alf geschlossenen Kaufvertrag deshalb zu verneinen, weil Alf den Lottogewinn nicht von seinen Eltern oder mit deren Zustimmung von einem Dritten zur freien Verfügung erhielt.[44] Diese am Wortlaut der Vorschrift orientierte Begründung schließt aus, dass die im Rahmen des § 110 erteilte Einwilligung der Eltern auch auf solche Gegenstände erstreckt werden kann, die der Minderjährige mit dem ihm überlassenen Mittel erwirbt (sog. Surro-

---

[43] *Leenen*, FamRZ 2000, 863, 863; *Nierwetberg*, Jura 1984, 121, 131.
[44] So *Leenen*, FamRZ 2000, 863, 864.

gate = Ersatzgegenstände). Mit der h. M.[45] ist jedoch nach dem Sinn des § 110 die in der Überlassung der Geldmittel liegende Einwilligung auch auf Surrogate anzuwenden und jeweils zu prüfen, ob der Wert des Surrogats in dem durch die Höhe des Taschengeldes gezogenen Rahmen bleibt und deshalb von dem Einverständnis des gesetzlichen Vertreters ausgegangen werden kann, dass der Minderjährige frei über das Surrogat verfügt. Bei einem Gewinn von 3.000,- € ist dies – wie dargelegt – auszuschließen, dagegen wird dies z.B. bei einem vom Taschengeld gekauften Buch im Regelfall zu bejahen sein, so dass der Minderjährige das Buch wirksam gegen ein anderes eintauschen kann.

319 **Die durch Überlassung der Geldmittel konkludent ausgesprochene Einwilligung des gesetzlichen Vertreters bezieht sich** – wie ausdrücklich in § 110 präzisiert wird („wenn der Minderjährige die vertragsmäßige Leistung mit Mitteln bewirkt") – **nur auf solche Geschäfte, die der Minderjährige vollständig mit diesen Geldmitteln erfüllt.** Es sollen also keine (unerfüllten) Verpflichtungen bestehen bleiben. Ratengeschäfte werden folglich erst dann nach § 110 wirksam, wenn auch die letzte Rate mit den überlassenen Mitteln beglichen worden ist; vorher ist das Geschäft schwebend unwirksam (vgl. Rn. 278).

320 **Die in §§ 112 und 113 getroffenen Regelungen gehen über die Generaleinwilligung des § 110 hinaus, da der Minderjährige für den jeweiligen Bereich die volle Geschäftsfähigkeit erlangt.** Anders als in den Fällen des § 110 kann also der gesetzliche Vertreter in diesem Bereich für den Minderjährigen keine Rechtsgeschäfte mehr tätigen. § 112 verlangt den **selbstständigen Betrieb eines Erwerbsgeschäfts**, d.h. einer erlaubten, auf Gewinnerzielung gerichteten Tätigkeit von gewisser Dauer. Unselbstständige Tätigkeiten werden von § 113 erfasst. Im Rahmen des § 113 kann der Minderjährige alle Rechtsgeschäfte selbstständig schließen, die die **Eingehung oder Aufhebung eines Dienst- oder Arbeitsverhältnisses** „der gestatteten Art" oder die Erfüllung der sich aus einem solchen Verhältnis ergebenden Verpflichtungen betreffen. Durch die Wendung der „gestatteten Art" wird eine wichtige Einschränkung vorgenommen. So kann der Minderjährige, dem der gesetzliche Vertreter eine Bürotätigkeit gestattet hat, zwar diese Stellung wirksam kündigen und eine neue gleicher Art antreten, aber nicht eine völlig andere Beschäftigung beginnen und z.B. im Zirkus arbeiten (vgl. auch § 113 Abs. 4). Die Ermächtigung nach § 113 umfasst auch den Beitritt zu einer Gewerkschaft oder die Einrichtung eines Gehaltskontos.

321 Die Prüfung der Frage, ob ein Minderjähriger ein Geschäft wirksam geschlossen hat, vollzieht sich in folgenden Schritten:
(1) Ist das geschlossene Rechtsgeschäft zustimmungsbedürftig?

Dies ist zu verneinen, wenn es sich um ein Rechtsgeschäft handelt, das
• lediglich rechtlich vorteilhaft oder zumindest rechtlich neutral ist (Rn. 303 f.),

---

[45] MünchKomm/*Schmitt*, § 110 Rn. 31; Palandt/*Ellenberger*, § 110 Rn. 2; jeweils m.w.N.

- im Rahmen des Erwerbsgeschäfts getätigt wird, zu dessen selbstständigen Betrieb der Minderjährige ermächtigt worden ist (§ 112; Rn. 320),
- die Eingehung oder Aufhebung eines Dienst- oder Arbeitsverhältnisses oder die Erfüllung der sich aus einem solchen Verhältnis ergebenden Verpflichtungen betrifft, zu dessen Eingehung der Minderjährige ermächtigt worden ist (§ 113; Rn. 320),
- aus Mitteln erfüllt wird, die ihm dazu oder zur freien Verfügung vom gesetzlichen Vertreter oder mit dessen Zustimmung von einem Dritten überlassen worden sind (§ 110; Rn. 315 ff.).

(2) Ist die erforderliche Zustimmung vor Abschluss des Rechtsgeschäfts (= Einwilligung) gegenüber dem Minderjährigen oder seinem Geschäftspartner (§ 182 Abs. 1) erteilt worden?

Ist dies zu bejahen, dann ist das Rechtsgeschäft wirksam zu Stande gekommen.

(3) Wurde die (erforderliche) Einwilligung nicht erteilt, dann ist zu fragen:
a) Handelt es sich um ein einseitiges Rechtsgeschäft?

Ist dies zu bejahen, dann ist das Rechtsgeschäft nichtig (§ 111 S. 1), es sei denn, der Geschäftspartner kannte das Erfordernis der Einwilligung. In diesem Fall ist das einseitige Rechtsgeschäft wie ein Vertrag zu behandeln (Rn. 305).

b) Ist der Vertrag genehmigt worden?

Die Genehmigung kann sowohl gegenüber dem Minderjährigen als auch gegenüber seinem Geschäftspartner erklärt werden, es sei denn, der Geschäftspartner hat den gesetzlichen Vertreter zur Erklärung über die Genehmigung aufgefordert (§ 108 Abs. 2 S. 1).

c) Kann die Genehmigung noch erteilt werden?

Dies ist zu verneinen,
- wenn die Zwei-Wochen-Frist des § 108 Abs. 2 S. 2 abgelaufen ist.
- der Geschäftspartner seine Erklärung wirksam widerrufen hat (§ 109; Rn. 308, 311).

IV. Nichtigkeit von Willenserklärungen

a) Geheimer Vorbehalt

Der geheime Vorbehalt (Mentalreservation), das Erklärte nicht zu wollen, ist ohne Einfluss auf die Wirksamkeit der Willenserklärung. Diese in § 116 S. 1 getroffene Bestimmung kann als Bestätigung der Ansicht aufgefasst werden, dass es für die Gültigkeit einer Willenserklärung nicht (allein) auf die subjektive Einstellung des Erklärenden ankommt, sondern dass hierbei Rücksicht auf das Vertrauen zu nehmen ist, das der rechtsgeschäftliche Verkehr in die Erklärung setzt (vgl. Rn. 62). Kennt dagegen der Erklärungsgegner den Vorbehalt, dann verdient er keinen Schutz. Dementsprechend wird in § 116 S. 2 für diesen Fall dem Vorbehalt Wirkung zuerkannt und angeordnet, dass die Willenserklärung nichtig ist.

322

b) Scheingeschäft

323 Dass eine empfangsbedürftige Willenserklärung, die mit Einverständnis des Erklärungsempfängers nur zum Schein abgegeben wird, nichtig ist, kann nicht zweifelhaft sein. In einem Fall, in dem die Beteiligten einverständlich die Geltung der Erklärung nicht wollen, gibt es keinen Grund, diesen Willen zu korrigieren. Der Gesetzgeber hat in § 117 Abs. 1 ausdrücklich die Rechtsfolge der Nichtigkeit festgestellt. Die Vorschrift des § 117 Abs. 1 betrifft Sachverhalte, die große Ähnlichkeit mit den Fällen des § 116 S. 2 haben. Der Unterschied zwischen beiden Vorschriften besteht darin, dass bei § 116 S. 2 Kenntnis von der Mentalreservation genügt, während bei § 117 Abs. 1 die Beteiligten in der Bewertung des Geschäfts einig sein müssen.

324 Wird durch das Scheingeschäft lediglich ein anderes Geschäft verborgen, das die Parteien ernstlich wollen, dann erfasst die Nichtigkeit des Scheingeschäfts nicht auch das verdeckte (vgl. § 117 Abs. 2).

Beispiel: A will B sein Grundstück verkaufen. Beide sind sich darüber einig, dass der Kaufpreis 200.000,- € betragen soll. Um jedoch Steuern und Gebühren zu sparen, lassen sie im notariellen Vertrag (vgl. § 311 b Abs. 1 S. 1) lediglich einen Kaufpreis von 100.000,- € beurkunden (Schwarzkauf).

Der beurkundete Kaufpreis ist von den Parteien nicht gewollt, so dass ihre Vereinbarung nach § 117 Abs. 1 nichtig ist. Sie wollten damit die Vereinbarung eines Kaufpreises von 200.000,- € verdecken. Diese Preisabsprache ist nicht nach § 117 nichtig. Zu berücksichtigen ist aber die Formvorschrift des § 311 b Abs. 1 S. 1. Weil der wirklich gewollte Kaufpreis nicht beurkundet worden ist, ergibt sich eine Nichtigkeit wegen Formmangels aus § 125 S. 1. Der Formmangel kann aber durch Auflassung (vgl. § 925 Abs. 1) und Eintragung in das Grundbuch geheilt werden (§ 311 b Abs. 1 S. 2), so dass dann die Vereinbarung des Kaufpreises von 200.000,- € gilt.

c) Fehlende Ernstlichkeit

325 § 118 regelt den Fall, dass der Erklärende seine Willenserklärung nicht ernstlich will und bei der Erklärung davon ausgeht, dass der Mangel der Ernstlichkeit vom Erklärungsempfänger nicht verkannt werde. In diesem Fall ist die Willenserklärung nichtig. § 118 unterscheidet sich von § 116 dadurch, dass der Erklärende seinen Vorbehalt nicht verheimlichen will, von § 117 dadurch, dass über die Nichtgeltung kein Einverständnis mit dem Erklärungsempfänger hergestellt wird. Für die Rechtsfolge des § 118 ist die (subjektive) Auffassung des Erklärenden maßgebend, seine Erwartung, dass der Erklärungsempfänger die fehlende Ernstlichkeit erkennen werde; ob dies tatsächlich zutrifft, ist unerheblich.[46] Das Interesse des Empfängers wird dadurch berücksichtigt, dass ihm ein Anspruch auf Ersatz des Schadens zugebilligt wird, den er erleidet, weil er auf die Gültig-

---

[46] *BGH* NJW 2000, 3127, 3128.

keit der Willenserklärung vertraut hat (§ 122 Abs. 1). Dieser Anspruch setzt jedoch nach § 122 Abs. 2 voraus, dass der Mangel der Ernstlichkeit nicht infolge von Fahrlässigkeit verkannt wurde (zu der Vorschrift des § 122 vgl. auch Rn. 353 ff.).

Erkennt der Erklärende, dass entgegen seiner (ursprünglichen) Erwartung der **Empfänger** seine **Erklärung ernst nimmt,** so ist er nach Treu und Glauben verpflichtet, auf die fehlende Ernstlichkeit zu verweisen. Unterlässt er dies, dann handelt es sich um einen „bösen Scherz", auf den die Vorschrift des § 116 S. 1 mit der Folge anzuwenden ist, dass die Willenserklärung als gültig angesehen werden muss. Nur wenn der „böse Scherz" vom Gefoppten durchschaut wird, gilt § 116 S. 2. 326

Die verschiedenen Anwendungsfälle der §§ 116 bis 118 lassen sich in der folgenden Darstellung veranschaulichen: 327

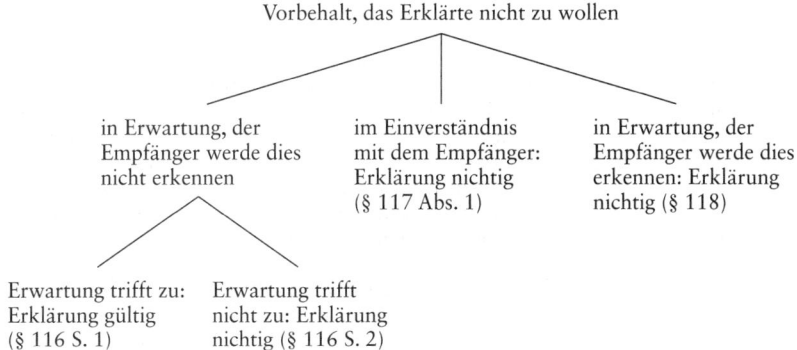

V. Anfechtung wegen Irrtums

a) Die gesetzliche Regelung

Fälle, in denen die Vorstellungen des Handelnden und die Wirklichkeit unbewusst divergieren, sind bereits bei Erörterung der Rechtsfolgen, die sich beim Fehlen des Erklärungsbewusstseins und des Geschäftswillens ergeben (vgl. Rn. 54 ff.), dargestellt worden. Hierbei hat sich gezeigt, dass eine solche Divergenz nicht zur Unwirksamkeit der Erklärung führen muss. Andererseits ist damit noch nicht gesagt, dass der Erklärende, auch wenn die Wirksamkeit seiner durch Irrtum beeinflussten Erklärung zu bejahen ist, an seiner Erklärung festgehalten wird. Die Frage, ob sich der Erklärende unter Hinweis auf seinen Irrtum von seiner Erklärung lösen kann, ist in den §§ 119 und 120 beantwortet worden. Hierbei musste der Gesetzgeber sowohl die Interessen des Erklärenden als auch die des Erklärungsempfängers berücksichtigen; er tat dies dadurch, dass er die Anfech- 328 tung auf bestimmte Irrtumsfälle beschränkte und den Anfechtenden zum Ersatz des Schadens verpflichtet, den der Erklärungsgegner dadurch erleidet, dass er auf die Gültigkeit der Erklärung vertraut (§ 122).

Eine Besonderheit ergibt sich, wenn der Irrtum durch eine arglistige Täuschung hervorgerufen worden ist. Auf die dann nach § 123 mögliche Anfechtung und die damit zusammenhängenden Probleme wird gesondert eingegangen werden (Rn. 373 ff.). Auch im Erbrecht gibt es eine Irrtumsanfechtung, die jedoch im Rahmen dieses Grundkurses nicht zu behandeln ist (Einzelheiten dazu im EK BGB).

329 Nicht jeder Irrtum gibt also das Recht zur Anfechtung. Hat sich jemand bei der Willensbildung oder Willenserklärung geirrt, dann ist zunächst zu klären, ob das Gesetz diesen Irrtum als Grund für eine Anfechtung anerkennt. Ein Irrtum bei der Willensbildung, also die falsche Beurteilung von Fakten, die für die Bildung eines zu erklärenden Willens maßgebend sind, der **Irrtum im Beweggrund (Motivirrtum)**, berechtigt grundsätzlich nicht zur Anfechtung.

Beispiel: Ich werde von einem Freund zum Abendessen eingeladen. Ich entschließe mich deshalb, für die Hausfrau einen Blumenstrauß zu kaufen. Motiv für die dafür erforderlichen Rechtsgeschäfte ist also die Einladung und der damit zusammenhängende Wunsch, Blumen mitzunehmen und zu schenken. Stelle ich nach dem Kauf der Blumen fest, dass ich mich im Datum geirrt habe und erst eine Woche später eingeladen bin, oder erkrankt plötzlich die Hausfrau und wird deshalb in letzter Minute das Abendessen abgesagt, dann habe ich zwar beim Blumenkauf dafür wesentliche Umstände falsch eingeschätzt, aber dieser meine Beweggründe betreffende Irrtum rechtfertigt nicht eine Anfechtung.

330 Die Irrtumsfälle im Allgemeinen Teil regeln abschließend die §§ 119, 120. Im Einzelnen gilt Folgendes:
- **In § 119 Abs. 1 werden zwei Irrtumsfälle unterschieden: der Inhaltsirrtum** („Wer bei der Abgabe einer Willenserklärung über deren Inhalt im Irrtum war ...") und der **Erklärungsirrtum** („Wer ... eine Erklärung dieses Inhalts überhaupt nicht abgeben wollte ..."). Beide Fälle unterscheiden sich dadurch, dass beim Erklärungsirrtum, auch „Irrung" genannt, der Erklärende etwas erklärte, was er nicht erklären wollte, weil er sich verspricht oder verschreibt,

Beispiel: Schussel bietet schriftlich sein Kfz Kunz zum Kauf an. Als Kaufpreis will er 7.000,– € verlangen, lässt aber versehentlich beim Schreiben eine Null weg, so dass als Kaufpreis 700,– € genannt werden. Kunz erklärt postwendend, dass er das Angebot annehme. Es handelt sich hier um einen Erklärungsirrtum, der Schussel zur Anfechtung nach § 119 Abs. 1 Alt. 2 berechtigt.

und dass beim Inhaltsirrtum der Erklärende zwar das erklärt, was er erklären will, sich aber über die Bedeutung seiner Erklärung irrt, er also subjektiv seiner Erklärung einen anderen Sinn beimisst, als sie objektiv (vgl. Rn. 42) aufweist.

Beispiel: Raffke drückt sich gern gewählt aus und benutzt Fremdwörter, deren Sinn ihm nicht immer bekannt ist. Als er telefonisch im Restaurant eines Hotels für ein Abendessen einen Tisch bestellen will, erklärt er: „Ich komme morgen mit meiner Frau um 7.00 Uhr abends zu Ihnen und möchte bei Ihnen logieren" (er meint aber:

V. Anfechtung wegen Irrtums

„soupieren"). Ihm wird zugesagt, dass alles vorbereitet werde. Der Irrtum klärt sich auf, als Raffkes abends erscheinen. Raffke kann dann wegen Inhaltsirrtums (§ 119 Abs. 1 Alt. 1) anfechten.

Der Begriff „Erklärungsirrtum" wird hier zur besseren Unterscheidung nur auf den in § 119 Abs. 1 Alt. 2 geregelten Fall bezogen. Im Schrifttum wird dagegen auch von dem Erklärungsirrtum i. S. e. Oberbegriffs gesprochen, der beide Irrtumsfälle des § 119 Abs. 1 umfasst. Dies muss beim Studium des einschlägigen Schrifttums berücksichtigt werden, wenn dort auch Fälle eines Inhaltsirrtums (§ 119 Abs. 1 Alt. 1) als „Erklärungsirrtum" bezeichnet werden.

- Der in § 119 Abs. 2 geregelte **Eigenschaftsirrtum** betrifft die falsche Einschätzung von Eigenschaften einer Person oder einer Sache durch den Erklärenden, wobei diese Eigenschaften im Verkehr als wesentlich angesehen werden müssen.

Beispiel: Reich will sich eine Sammlung von Gemälden alter Meister anschaffen. Da er selbst die dafür erforderliche Sachkunde nicht besitzt, bittet er Arnold, den er für einen ausgewiesenen Kunstkenner hält, die dafür erforderlichen Käufe zu tätigen. Als sich jedoch herausstellt, dass Arnold nicht über den notwendigen Sachverstand verfügt, will Reich die Zusammenarbeit beenden. Da Reich über eine wesentliche Eigenschaft des Arnold irrte, ist er zur Anfechtung seiner zum Abschluss eines entsprechenden Vertrages abgegebenen Willenserklärung nach § 119 Abs. 2 berechtigt.

- Der **Übermittlungsirrtum** (§ 120) hat der Sache nach große Ähnlichkeit mit dem Erklärungsirrtum. Wird die Erklärung vom Erklärungsboten falsch übermittelt, dann stimmt die Erklärung wie beim Verschreiben oder Versprechen aufgrund einer „Panne" bei der Äußerung des Willens nicht mit dem Gewollten überein.

Beispiel: Der Chef beauftragt seine Sekretärin, für ein Essen im Restaurant des R einen Tisch für sechs Personen zu bestellen, und zwar für den 18. 08. um 20:00 Uhr. Die Sekretärin versteht jedoch 10. 08. und gibt die Bestellung zu diesem Datum auf. In diesem Fall ist eine Anfechtung wegen eines Übermittlungsirrtums möglich.

Nach der gesetzlichen Regelung müssen also **bei einem Irrtumsfall folgende Fragen** positiv beantwortet werden, wenn eine Anfechtung zulässig sein soll:
(1) **Irrte der Erklärende?**
Irrtum ist das unbewusste Auseinanderfallen von Vorstellungen des Handelnden und der Wirklichkeit. Es muss geprüft werden, was der Erklärende in Wirklichkeit erklärte und was er erklären wollte. Es ist also zunächst einmal mit Mitteln der **Auslegung** (vgl. Rn. 102 ff.) festzustellen, wie der Adressat der Willenserklärung sie verstehen konnte. Erkennt der Erklärungsempfänger, dass sich der Erklärende geirrt hat, dann gilt zumindest das Erklärte nicht. Weiß der Erklärungsempfänger, was der Erklärende gewollt hat, dann gilt das Gewollte.

Ergibt sich in dem obigen Beispielsfall des Kfz-Verkaufs aus den Umständen, dass ein Kaufpreis von 700,- € nicht in Betracht kommen kann, dann hat die Verkaufsofferte des Schussel keine Geltung. Weiß Kunz z. B. aus der Vorkorrespondenz, dass Schussel 7.000,- € für den Wagen haben möchte, dann kann er trotz des Schreibfehlers die Verkaufsofferte nur so auffassen, wie sie gewollt ist. Das gleiche gilt in dem Beispielsfall der Bestellung durch Raffke, wenn der Hotelier darüber informiert ist, dass Raffke nicht logieren, sondern soupieren will und nur beide Begriffe verwechselt. Falsa demonstratio non nocet! (vgl. Rn. 141).

(2) Berechtigt der Irrtum zur Anfechtung?
Handelt es sich um einen Fall eines Erklärungsirrtums, eines Inhaltsirrtums, eines Eigenschaftsirrtums oder eines Übermittlungsirrtums?

(3) Ist der Irrtum für die Erklärung ursächlich?
Die Anfechtung setzt voraus, dass anzunehmen ist, der Erklärende hätte „bei Kenntnis der Sachlage und bei verständiger Würdigung des Falles" seine Erklärung nicht abgegeben (§ 119 Abs. 1). Diese Voraussetzung gilt für alle Anfechtungsfälle. Der Irrtum muss also einmal aus der Sicht des Erklärenden erheblich sein (**subjektive Erheblichkeit**).

Bestellt Schussel nach Katalog ein Holzimprägnierungsmittel und verschreibt er sich bei der Artikelnummer, so dass er nicht das gewollte Fabrikat der Firma X, sondern das in Preis und Qualität völlig gleichwertige der Firma Y erhält, dann kann er nicht anfechten. Denn es ergeben sich für Schussel aus dem Irrtum keinerlei nachteilige Wirkungen; etwas anderes würde nur gelten, wenn ihm aus triftigen Gründen gerade an dem Fabrikat der Firma X gelegen wäre.

Die Frage der Erheblichkeit ist nicht allein nach den rein subjektiven Erwägungen des Anfechtenden zu entscheiden, sondern es kommt – wie im Gesetz ausdrücklich festgestellt wird – auf eine „**verständige Würdigung des Falles**" an. Schussel kann also nicht aus Eigensinn auf das Fabrikat der Firma X beharren. Maßgebend ist vielmehr, wie jemand „frei von Eigensinn, subjektiven Launen und törichten Anschauungen" als verständiger Mensch die Sachlage würdigt,[47] wobei insbesondere auch die persönlichen Verhältnisse des Irrenden zu berücksichtigen sind.

Zur Erläuterung dieser Korrektur des Subjektiven durch ein objektives Kriterium wird häufig folgender Fall gebracht: Jemand will ein bestimmtes Zimmer in einem ihm bekannten Hotel bestellen und verschreibt sich bei der Angabe der Zimmernummer, so dass nicht das Zimmer Nr. 31, sondern das Nr. 13 in seinem Bestellschreiben angegeben wird. Zwischen beiden Zimmern gibt es (außer der Zimmernummer) keine Unterschiede. Der Besteller weigert sich aus Aberglauben, das Zimmer Nr. 13 zu beziehen. Zwar ist ein Erklärungsirrtum hier zu bejahen, aber er ist nicht objektiv erheblich, weil einen vernünftigen Menschen die Nummer 13 nicht stört.

Führt der **Irrtum** dazu, dass der **Erklärende im Vergleich zum Gewollten nicht schlechter gestellt** wird, dann fehlt ein ausreichender Grund für eine Anfechtung. Hat Schussel in seiner Verkaufsofferte irrtümlich nicht 7.000,– €, sondern 8.000,– € geschrieben und nimmt Kunz dieses Angebot an, dann steht Schussel kein Anfechtungsrecht zu, eine Frage, die erheblich werden könnte, wenn nachträglich ein Dritter Schussel 9.000,– € für den Wagen bieten würde.

Ebenfalls ist ein Anfechtungsrecht ausgeschlossen, wenn der Erklärungsempfänger den Erklärenden so stellt, wie er stehen würde, wenn er

---
[47] RGZ 62, 201, 206. Zu der hier verwendeten Denkform des Typus („verständiger Mensch") vgl. Rn. 42 Fn. 4.

das wirklich Gewollte erklärt hätte. War für Kunz nicht erkennbar, dass der angegebene Verkaufspreis von 700,- € auf einem Irrtum beruhte, und will deshalb Schussel seine Erklärung anfechten, dann kann Kunz Schussel das Anfechtungsrecht dadurch nehmen, dass er sich bereit erklärt, die wirklich gewollten 7.000,- € für den Wagen zu zahlen. Denn die Irrtumsanfechtung soll den Erklärenden nicht besser stellen, als er stehen würde, wenn er sich nicht geirrt hätte; in diesem Fall könnte sich Schussel nicht einseitig von dem Vertrag lösen.[48]

b) Inhalts- und Erklärungsirrtum

Bei einem **Erklärungsirrtum** misslingt aufgrund einer „technischen Panne" die Äußerung des Gewollten. Der Erklärende verspricht, verschreibt oder vergreift sich, und deshalb erhält die Erklärung einen anderen als den gewollten Inhalt. Geschieht die Verfälschung des Gewollten auf Grund eines Fehlers in der Software eines Computers, dann ist dies ebenfalls als ein Irrtum in der Erklärungshandlung anzusehen.[49] Als **Inhaltsirrtum** wird der Fall bezeichnet, dass sich der Erklärende über den Sinn und die Bedeutung seiner Erklärung irrt. Es deckt sich also beim Inhaltsirrtum die vom Erklärenden gemeinte Bedeutung seiner Willensäußerung nicht mit ihrem objektiven Inhalt, wobei der objektive Inhalt durch Auslegung zu ermitteln ist und darauf gesehen werden muss, wie die Erklärung aufgrund aller bedeutsamen Umstände vom Empfänger zu verstehen ist (vgl. Rn. 331). Als Beispiel eines Inhaltsirrtums ist oben (Rn. 330) der falsche Gebrauch von Fremdwörtern genannt worden; gleiches gilt für die unrichtige Verwendung von Fachausdrücken oder Begriffen einer fremden Sprache. Solche Fälle werden als „**Verlautbarungsirrtum**" bezeichnet. 332

Beim Inhaltsirrtum werden zur besseren Unterscheidung verschiedene Fallgruppen gebildet, von denen der Verlautbarungsirrtum gerade die typischen Fälle des Inhaltsirrtums betrifft. Denn der Erklärende irrt hierbei über den Sinn, der dem Erklärungsmittel (dem Wort, dem Zeichen, der Geste) objektiv zukommt. Er erklärt objektiv, dass er ein Hotelzimmer mieten will, möchte aber erklären, dass er zu Abend essen wolle (vgl. das Beispiel Rn. 330); er bedient sich des juristischen Begriffs der Leihe in der falschen Vorstellung, dass damit die entgeltliche Gebrauchsüberlassung, also die Miete, gemeint sei („Ich leihe Dir mein Auto").

Um einen Inhaltsirrtum handelt es sich auch beim sog. **Identitätsirrtum**. Sachverhalte dieser Fallgruppe zeichnen sich dadurch aus, dass die Erklärung Angaben enthält, die sich auf eine bestimmte Person oder einen bestimmten Gegenstand beziehen, dieser Bezug aber (nach dem objektiven Erklärungswert) vom Erklärungsempfänger anders zu verstehen ist, als der Erklärende meint. 333

---

[48] *LG Berlin* NJW-RR 2009, 132, 133; *Müller*, JuS 2005, 18; *Larenz/Wolf*, § 36 Rn. 113 m.N.
[49] Vgl. *BGH* NJW 2005, 976, 977 = JuS 2005, 560 *(Emmerich)*; *AG Lahr* NJW 2005, 991; *Cziupka*, JuS 2009, 887, 888.

Beispiele: Arnold will seine Wohnung tapezieren lassen und damit den ihm bekannten Malermeister Müller beauftragen. Als er dessen Telefonnummer heraussuchen will, übersieht er, dass im Telefonbuch zwei Malermeister Müller aufgeführt sind. Er notiert sich die Telefonnummer des falschen Müller und gibt ihm telefonisch den Auftrag durch. Seine Erklärung kann objektiv (vom Empfängerhorizont her) nur dahingehend verstanden werden, dass er den Malermeister Müller, mit dem er telefoniert, die Arbeiten übertragen will; Arnold will aber den anderen (ihm bekannten) Müller beauftragen. Es handelt sich um einen Identitätsirrtum in der Form des **error in persona**.[50]

Der Antiquitätenhändler Alt hat in einer Vitrine verschiedene Gläser und Becher ausgestellt. Vor jedem Ausstellungsstück ist mit Nadeln ein kleiner Zettel angebracht, auf dem sich eine Nummer befindet. Wenn sich ein Interessent nach Preis und Herkunft einer der ausgestellten Gegenstände erkundigt, sehen Alt oder seine Angestellten in einer Liste nach, in der die Angaben nach den Nummern der Gegenstände geordnet sind. Kunz, ein Sammler alter Gläser, fragt Alt, was ein Becher mit der Nr. 4 kostet. Alt schaut in der Liste nach und antwortet: „650,– €". Kunz, der diesen Preis für äußerst günstig hält, erklärt sofort: „Ich nehme das Glas." Alt antwortet: „Gut, ich packe es Ihnen ein." Danach stellt sich heraus, dass ein Angestellter verschiedene Gläser falsch eingeordnet hat und auf dem Platz der Nr. 4 ein Glas steht, das ein Vielfaches mehr kostet. Die Erklärung des Alt bezog sich objektiv auf das Glas, das sich irrtümlicherweise auf dem Platz der Nr. 4 befand, Alt meinte aber das Glas, das in seiner Liste als Nr. 4 geführt wird. Es handelt sich um einen Identitätsirrtum in Form eines **error in obiecto**.

334 Wenn man als **Rechtsfolgeirrtum** den Fall auffasst, dass sich der Erklärende hinsichtlich der Rechtsfolgen irrt, die sich aus seiner Erklärung ergeben, dann ist jeder Inhalts- und Erklärungsirrtum auch ein Rechtsfolgeirrtum, weil sich der Irrtum des Erklärenden auf die Rechtsfolgen erstreckt, die durch die anfechtbare Willenserklärung herbeigeführt werden. Andererseits kann sich jemand über Rechtsfolgen irren, die sich aus seiner Willenserklärung ergeben, ohne dass diese Erklärung selbst auf einem Irrtum beruht.

Beispiel: Volz verkauft Kunz seinen gebrauchten Pkw in der irrigen Meinung, bei Gebrauchtwagen gebe es keine Pflicht des Verkäufers, die verkaufte Sache frei von Mängeln zu verschaffen (vgl. § 433 Abs. 1 S. 2), und dieser müsse deshalb nicht für Mängel des Fahrzeugs einstehen.

In diesem Fall erklärt Volz das, was er erklären will, und irrt auch nicht über Sinn und Bedeutung seiner Erklärung (er will verkaufen und erklärt dies auch), sondern er befindet sich in einem Irrtum über die Rechtsfolgen, die das Gesetz mit der Erklärung verbindet, die also nicht selbst Gegenstand der Erklärung sind; denn über die Frage der Mängelhaftung hatte Volz überhaupt nicht gesprochen.

335 Weil die falsch eingeschätzten Rechtsfolgen kraft Gesetzes eintreten, also nicht vom Willen des Erklärenden abhängen, kann eine entsprechende Fehleinschätzung eine Anfechtung nicht rechtfertigen. Denn ein solcher Irrtum betrifft Umstände, die im Vorfeld der Willensäußerung liegen und die nur für die Motivation des Erklärenden bedeutsam sein können. Deshalb handelt es sich um einen unbeachtlichen Motivirrtum (h.M.;[51] vgl. aber auch EK BGB Rn. 648).

---

[50] Dieses Beispiel stammt von *Larenz/Wolf*, § 36 Rn. 23.
[51] Vgl. nur *BGH* NJW 2008, 2442 = JuS 2008, 1036 (*K. Schmidt*).

Bildet dagegen die Rechtsfolge, über die sich der Erklärende irrt, unmittelbar den Inhalt der Erklärung selbst, dann ist dies ein Inhaltsirrtum in der Form des Verlautbarungsirrtums, der sich nicht von einem anderen Verlautbarungsirrtum unterscheidet; es empfiehlt sich deshalb, diese Art des Irrtums nicht als Rechtsfolgeirrtum zu bezeichnen.

A erklärt, er wolle B sein Auto verleihen und meint irrtümlich, die Leihe sei die entgeltliche Gebrauchsüberlassung. A verwendet also einen juristischen Begriff falsch (vgl. Rn. 332).

Gleiches gilt in dem Fall, dass jemand eine Gaststätte nebst Zubehör veräußert und dabei fälschlicherweise davon ausgeht, der Begriff Zubehör beziehe sich nur auf die fest eingebauten Gegenstände und nicht auf das sonstige Mobiliar (vgl. § 97).[52] Auch in diesem Fall verwendet der Erklärende einen rechtlichen Begriff falsch und gibt damit seiner Erklärung objektiv einen anderen Inhalt als er subjektiv will.

Der BGH will dagegen die Zulässigkeit einer Anfechtung davon abhängig machen, ob das vom Erklärenden gewollte Rechtsgeschäft wesentlich andere Rechtswirkungen erzeugt, als dies vom Erklärenden beabsichtigt ist.[53] Während im ersten Beispielsfall davon ausgegangen werden kann, dass diese Voraussetzung zutrifft, erscheint dies im zweiten Beispielsfall durchaus als zweifelhaft. Dies zeigt, dass das Kriterium der Wesentlichkeit kaum als sicheres Abgrenzungsmerkmal dienen kann.

Eine besondere Fallgruppe bilden **Irrtümer bei der Unterschrift einer** 336 **Urkunde,** deren Inhalt von den Vorstellungen des Unterzeichnenden abweicht. Hier muss zwischen verschiedenen Fallkonstellationen unterschieden werden:
- Die Vertragsparteien haben den Inhalt eines schriftlich zu schließenden Vertrages vorher mündlich ausgehandelt. Bei dem Aufsetzen der Vertragsurkunde werden Fehler gemacht (z.B. der vereinbarte Kaufpreis wird falsch angegeben; es werden bestimmte Absprachen über die Gewährleistung irrtümlich nicht in die Urkunde aufgenommen), die nicht bemerkt werden. In diesem Fall gilt das mündlich Vereinbarte, nicht das schriftlich Erklärte. Dieser Sachverhalt ähnelt stark den „falsa demonstratio-Fällen"; hier wie dort hat der übereinstimmende Wille der Parteien Vorrang (vgl. Rn. 141).

Dies gilt auch, wenn ausdrücklich in die schriftliche Urkunde die Vereinbarung aufgenommen worden ist, dass mündliche Absprachen, die von dem Inhalt der Urkunde abweichen, unbeachtlich sein sollen. Denn die Parteien wollen hiermit gerade den ausgehandelten Vereinbarungen, von denen sie annehmen, dass sie in der Urkunde richtig wiedergegeben werden, Bestand und Geltung sichern. Es gilt auch dann das mündlich Vereinbarte und eine Anfechtung wegen Irrtums ist überflüssig, wenn vor der Unterschriftsleistung eine der Vertragsparteien den Irrtum bemerkt, ihn aber nicht offenbart, weil sie sich insgeheim vorbehält, später daraus Vorteile für sich zu ziehen. Dieser geheime Vorbehalt ist angesichts der mündlich getroffenen Abreden unbeachtlich (§ 116 S. 1).

---

[52] Beispiel von *Larenz/Wolf*, § 36 Rn. 76; vgl. dazu auch *Cziupka*, JuS 2009, 887, 890.
[53] *BGH* NJW 2006, 3353, 3355 Tz. 19; 2008, 2442, 2443 Tz. 19.

§ 5. Unwirksame und mangelhafte Willenserklärungen

- **Es unterschreibt jemand (ungelesen) eine Urkunde,** von deren Inhalt er sich unrichtige Vorstellungen macht. Hierbei können sich unterschiedlich zu bewertende Fallkonstellationen ergeben:
  - Der Unterschreibende hat die Urkunde selbst verfasst, jedoch dabei Fehler gemacht, die den Inhalt der Urkunde verfälschen; dann handelte es sich um einen Erklärungsirrtum. Das Gleiche gilt, wenn verschiedene Urkunden miteinander verwechselt werden; denn dann wird wie im Fall eines Versprechens oder Verschreibens infolge einer technischen Panne die gewollte Erklärung verfälscht.
  - Geht der Unterschreibende davon aus, dass er mit seiner Unterzeichnung eine Erklärung bestimmten Inhalts abgibt, in Wirklichkeit aber die Urkunde einen anderen Inhalt aufweist (er glaubt, einen Mietvertrag zu unterschreiben, und unterschreibt einen Kaufvertrag; er will kündigen und unterschreibt die Mitteilung über eine Gehaltserhöhung, vgl. Rn. 54 ff.), dann weichen das objektiv Erklärte und das subjektiv Gewollte voneinander ab, so dass er wegen Inhaltsirrtums anfechten kann. Allerdings ist eine Einschränkung zu machen: Erkennt der Erklärungsempfänger, welche Erklärung der Erklärende abgeben will (dass er also mieten, nicht kaufen will), dann gilt die Erklärung in dem gemeinten Sinn (vgl. Rn. 331).
  - Ist sich der Erklärende überhaupt nicht bewusst, dass er eine rechtsgeschäftlich relevante Erklärung abgibt, dann hängt es von der Entscheidung des oben (Rn. 61 ff.) dargestellten Meinungsstreits ab, ob überhaupt eine gültige Willenserklärung anzunehmen ist. Nur wenn man dies bejaht, stellt sich die Frage der Anfechtung, die dann konsequenterweise in gleicher Weise zugelassen werden muss wie beim Fehlen des Geschäftswillens.
- **Es unterschreibt jemand ein Blankettformular,** das von einem anderen ausgefüllt werden soll. Bei der Ausfüllung wird die hinsichtlich des zu ergänzenden Textes getroffene Abrede missachtet.

Beispiel: Kunz kauft bei Volz Waren im Wert von 10.000,- €. Zur Finanzierung des Kaufpreises soll ein Darlehensvertrag geschlossen werden. Deshalb unterzeichnet Kunz ein Darlehensvertragsformular, das von Volz entsprechend der getroffenen Abrede ausgefüllt werden soll. Anstelle von 10.000,- € (= Kaufpreis) schreibt Volz aber 15.000,- €.

Soweit es um das Verhältnis zwischen Kunz und Volz geht, gilt selbstverständlich die mündliche Absprache; auf die abredewidrig ausgefüllte Urkunde kann sich Volz gegenüber Kunz nicht berufen. Anders dagegen ist zu entscheiden, soweit es um das Verhältnis zu einem Dritten geht. Handelt es sich bei der Erklärung des Kunz, die Volz abredewidrig ergänzte, um einen Antrag auf Abschluss eines Darlehensvertrages mit einer Bank und nimmt die Bank diesen Antrag an, dann kommt ein Darlehensvertrag über 15.000,- € zustande. Kunz kann in diesem Fall nicht seine Erklärung wegen Erklärungsirrtums anfechten, da im Verhältnis zwischen ihm und der Bank die Erklärung mit ihrem abredewidrig ausgefüllten Inhalt gilt. Zur Begründung dieses Ergebnisses kann auf den Rechtsgedanken verwiesen werden, der den Vorschriften der §§ 172 Abs. 2, 173 zugrunde liegt. In gleicher Weise wie nach dieser Regelung der gute Glaube an die durch die Vollmachtsurkunde belegte (in Wirklichkeit nicht bestehende) Vollmacht geschützt wird, kann ein Dritter darauf vertrauen, dass die ihm vorgelegte Urkunde richtig ist und nicht abredewidrig ausgefüllt wurde. Derjenige, der durch Unterzeichnung einer Blanketturkunde die Möglichkeit eines Missbrauchs schafft, muss sich an dem von ihm gesetzten Rechtsschein festhalten lassen und kann nicht durch Anfechtung wegen Irrtums dem Vertrauen eines Dritten gleichsam die Grundlage entziehen.[54]

- Dass derjenige nicht anfechten kann, der eine **Urkunde unterschreibt, über deren Inhalt er sich keinerlei Vorstellung macht,** ist selbstverständlich. In einem solchen Fall kann es kein Auseinanderfallen von Vorstellungen des Erklärenden und der Wirklichkeit geben, was das Wesen eines Irrtums ausmacht (vgl. Rn. 331). Allerdings werden solche Fälle in der Praxis höchst selten vorkommen.

Wird eine Erklärung aufgrund der Berechnung z.B. einer Menge oder eines Preises vorgenommen, dann beeinflussen Fehler in den Berechnungsunterlagen den Inhalt der Erklärung. Jedoch berechtigt ein solcher „Kalkulationsirrtum" nicht zur Anfechtung. Vielmehr muss hierbei Folgendes berücksichtigt werden: 337

- Ist die Kalkulationsgrundlage für den Erklärungsgegner nicht erkennbar – auch als **verdeckter Kalkulationsirrtum** bezeichnet –, dann handelt es sich um einen unbeachtlichen Motivirrtum.[55]

Beispiel: Handel, Inhaber eines Textileinzelhandelsgeschäfts, pflegt seine Verkaufspreise in der Weise festzusetzen, dass er auf seine Einkaufspreise 100% aufschlägt. Bei der Ermittlung der Verkaufspreise eines größeren Postens neu eingetroffener Waren wird Handel wiederholt durch Rückfragen von Angestellten und Telefonate gestört. Deshalb berechnet er den Verkaufspreis von Damenpullovern, die im Einkauf 60,- € kosten, falsch und zeichnet sie mit einem Verkaufspreis von 45,- € aus. Der Irrtum wird entdeckt, als eine Kundin einen Pullover gekauft hat und mit ihm gerade den Laden verlassen will. Handel verlangt von ihr die Zahlung von weiteren 75,- €. Als die Kundin sich weigert, diesen Betrag zu zahlen, fordert Handel sie auf, den Pullover zurückzugeben.

Hierzu ist die Kundin nicht verpflichtet. Handel hat den Pullover zum Preis von 45,- € angeboten, und dieses Angebot wurde von der Kundin angenommen. Somit ist ein wirksamer Kaufvertrag zustande gekommen (anders als in dem in Rn. 111 behandelten Fall der vertauschten Preisschilder). Handel hat keine rechtliche Möglichkeit, seine Erklärung zum Abschluss des Kaufvertrages wegen Irrtums anzufechten. Weder handelt es sich um einen Erklärungs- noch um einen Inhaltsirrtum. Denn Handel hat das Preisschild mit 45,- € auszeichnen wollen und tat dies auch. Der Fehler entstand bereits bei der Willensbildung.

---

[54] H.M., vgl. BGHZ 40, 65, 67 ff. = NJW 1963, 1971.
[55] H.M., vgl. *BGH* ZIP 1998, 1640, 1641; *Waas*, JuS 2001, 14; *Larenz/Wolf*, § 36 Rn. 71.

Gleich ist der Fall zu entscheiden, dass der Verkäufer den Preis aus einer veralteten Preisliste abliest, die er irrtümlich für aktuell hält. Zwar berechnet er in diesem Fall den Preis nicht selbst und entnimmt ihn als fertiges Ergebnis der Preisliste, aber der Irrtum betrifft auch dann einen der Preisermittlung zugrundeliegenden Umstand und lässt ihn damit zu einem Kalkulationsirrtum werden. Gibt es für den Erklärungsempfänger keinen Grund, an der Richtigkeit der Kalkulation zu zweifeln, dann kann er davon ausgehen, dass die genannte Gesamtsumme richtig ist. Eine Pflicht, die Berechnungsgrundlage zu überprüfen, besteht grundsätzlich nicht.[56] Dieser Fall ist wie ein verdeckter Kalkulationsirrtum zu behandeln, so dass die (fehlerhaft berechnete) Gesamtsumme gilt, ohne dass eine Anfechtung wegen Irrtums zuzulassen ist.[57]

Das zunächst so überzeugend wirkende Argument gegen die Unbeachtlichkeit eines internen Kalkulationsirrtums, es sei nicht einzusehen, dass ein Vertippen auf der Schreibmaschine (= Erklärungsirrtum) und ein Vertippen auf der Rechenmaschine (= unbeachtlicher Kalkulationsirrtum) unterschiedlich zu behandeln seien, hält einer genauen Überprüfung nicht stand. Das Vertippen auf der Schreibmaschine bewirkt einen Fehler in der Willensäußerung, das Vertippen auf der Rechenmaschine verfälscht dagegen die Willensbildung. Fehler bei der Willensbildung berechtigen nicht zur Anfechtung.

- Ist die Kalkulation Inhalt der Erklärung selbst (sog. **offener Kalkulationsirrtum**), so dass das fehlerfrei Gewollte erkennbar ist, dann ist im Wege der Auslegung der Fehler zu korrigieren; eine Anfechtung wegen Irrtums kommt deshalb nicht in Betracht.[58]

    Beispiel: Volz bietet Kunz schriftlich sein Kfz zum Preis von 5.000,- € und zusätzlich vier Winterreifen auf Felgen zum Preis von 200,- € an; als Gesamtpreis wird (irrtümlich) ein Betrag von 5.100,- € genannt. Hier ist für Kunz klar erkennbar, dass die Gesamtsumme falsch berechnet ist und dass der angebotene Preis 5.200,- € betragen soll. Nimmt Kunz dieses Angebot an, dann kommt ein Kaufvertrag zu diesem Preise zustande.

    Das Gleiche gilt in dem vom Reichsgericht entschiedenen Rubelfall.[59] Im Jahre 1920 lieh der Kläger dem Beklagten, einem ehemaligen deutschen Kriegsgefangenen, der sich auf der Heimreise befand, in Moskau 30.000 Rubel. Die Parteien vereinbarten, dass der Beklagte 7.500,- Mark zurückzahlen solle, wobei sie als allgemein gültigen Umrechnungskurs 25 Pfennig pro Rubel zugrunde legten. In Wirklichkeit betrug der Umrechnungskurs nur einen Pfennig pro Rubel. Da die Parteien vereinbart hatten, die zurückzuzahlende Summe nach dem gültigen Umrechnungskurs zu berechnen, ergibt eine Auslegung ihrer Vereinbarungen, dass 300,- Mark vom Beklagten geschuldet werden.[60]

- Eine Besonderheit ergibt sich in Fällen, in denen bei einem **offenen Kalkulationsfehler** feststeht, dass der andere Vertragspartner den korrigierten Preis nicht akzeptiert hätte.

---

[56] *Kindl*, WM 1999, 2198, 2204; *Singer*, JZ 1999, 342, 344.

[57] Ebenso *LG Bremen* NJW 1992, 915; dem Ergebnis (kein Anfechtungsrecht) ebenfalls zustimmend *Habersack*, JuS 1992, 548, 550 f., jedoch mit z. T. abw. Begründung.

[58] H.M., vgl. Palandt/*Ellenberger*, § 119 Rn. 19 f., m. w. N.; a. A. *OLG München* NJW-RR 1990, 1406: Analogie zu § 119 Abs. 1 Alt. 1, Abs. 2; differenzierend *Pawlowski*, JZ 1997, 741, 746 f.

[59] Vgl. RGZ 105, 406 ff. Das *RG* vertritt allerdings die abzulehnende Auffassung, dass eine Anfechtung wegen Erklärungsirrtums zulässig sei.

[60] Ebenso *Kindl*, WM 1999, 2198, 2204; *Köhler*, AT, § 7 Rn. 25; a. A. *Larenz/Wolf*, § 36 Rn. 64: Störung der Geschäftsgrundlage. Zunächst müsste dann aber versucht werden, eine Lösung auf Grund der vertraglichen Absprachen zu finden (vgl. Rn. 358).

V. Anfechtung wegen Irrtums

Beispiel: Die Vertragsparteien verhandeln über den Preis einer Sache, wobei zunächst keine Einigung erzielt werden kann. Der Käufer akzeptiert schließlich einen Betrag als für ihn äußersten Preis, der vom Verkäufer erkennbar falsch berechnet worden ist.[61]

Geht man in einem solchen Fall davon aus, dass ein Vertrag zustande gekommen ist – was voraussetzt, dass ein Einigungsmangel hinsichtlich des Kaufpreises zu verneinen ist –, dann kann es nur darum gehen, ob der Verkäufer an den irrtümlich falsch berechneten Preis festzuhalten ist oder ob er sich von dem Vertrag wieder lösen kann. Eine nachträgliche Korrektur des genannten Preises auf der Grundlage seiner richtigen Berechnung kann nicht in Betracht kommen, weil feststeht, dass ein Vertrag zu einem solchen Preis nicht zu Stande gekommen wäre. Eine Anfechtung nach § 119 Abs. 1 wegen Inhalts- oder Erklärungsirrtums muss ausgeschlossen werden, weil der Verkäufer als Preis den Betrag nannte, den er wollte. Der Fehler ist vielmehr in gleicher Weise wie bei einem verdeckten Kalkulationsirrtum bei der Willensbildung geschehen. Eine Lösung kann deshalb nur über einen Schadensersatzanspruch zu suchen sein, der sich daraus ableiten lässt, dass der Käufer eine ihn treffende Aufklärungspflicht verletzt hat, weil er seinen Vertragspartner auf den von ihm erkannten oder zumindest erkennbaren Fehler nicht hinwies. Die sich insoweit stellenden Fragen sollen hier nicht weiter erörtert werden; auf sie wird bei Darstellung des Rechtsinstituts der culpa in contrahendo zurückzukommen sein.

- Lässt die Erklärung erkennen, dass sie auf einem Irrtum beruht, kann jedoch nicht festgestellt werden, wo dieser Irrtum liegt, dann ist die Erklärung wegen ihrer inneren Widersprüchlichkeit (Perplexität) nichtig.

Beispiel: Gärtner Blümlein schreibt Eich: „Um die in ihrem Garten erforderlichen Arbeiten auszuführen, werden zwei Gartenhelfer zwei Tage tätig sein, also insgesamt 32 Stunden. Auf der Grundlage eines Stundenlohnes von 24,- € biete ich Ihnen die Arbeiten für einen Pauschalpreis von 460,- € an."

Die in diesem Schreiben genannten Kalkulationsgrundlagen (Arbeitslohn und Arbeitszeit) stehen in einem Widerspruch zu dem genannten Pauschalpreis, und dieser Widerspruch lässt sich auch nicht durch Auslegung überwinden. Ein Abschlag von mehreren hundert € bei der Pauschalierung ist auszuschließen. Deshalb ist dieses Vertragsangebot wegen seiner Widersprüchlichkeit nichtig.

Der BGH[62] vertritt offenbar in dieser Frage eine andere Auffassung. Das Gericht meint, das Risiko einer falschen Berechnung müsse grundsätzlich der Erklärende tragen. Im Regelfall könne der Erklärungsempfänger das Angebot auch dann annehmen, wenn er erkannt habe, dass der Erklärende einem Kalkulationsirrtum unterliege. Nur in Ausnahmefällen, wenn die Vertragsdurchführung für den Erklärenden schlechthin unzumutbar sei, könne es eine unzulässige Rechtsausübung bedeuten, wenn der Erklärungsempfänger ohne Hinweis auf den Kalkulationsirrtum das Vertragsangebot annehme und auf Durchführung des Vertrages bestehe, obwohl er wisse oder sich

---

[61] Vgl. dazu den vom *BGH* NJW 2006, 3139 = JuS 2006, 1021 (*Emmerich*) entschiedenen Fall.
[62] *BGH* NJW 1998, 3192, 3194 = JuS 1999, 79 (*Emmerich*).

treuwidrig der Kenntnis entziehe, dass das Vertragsangebot auf einem Kalkulationsirrtum beruht. Das Unterlassen eines Hinweises auf den Kalkulationsirrtum kann nach Ansicht des *BGH* auch als c. i. c. (Einzelheiten dazu später) zu werten sein.[63]

- Beurteilen beide Vertragspartner bei der Kalkulation einen bestimmten Sachverhalt falsch, der die Grundlage ihrer Berechnung bildet, und lässt sich dies nicht wie in dem oben dargestellten Rubelfall durch Auslegung der Erklärungen korrigieren, dann muss versucht werden, eine Lösung mit Hilfe der Lehre von der Geschäftsgrundlage zu finden[64] (dazu Rn. 361 ff.).

c) Eigenschaftsirrtum

338 Ein **Irrtum über die Eigenschaft** einer Person oder einer Sache kann im Rahmen des § 119 Abs. 1 Alt. 1 erheblich sein, wenn die Eigenschaft, über die der Erklärende irrt, zur genauen Kennzeichnung der Person oder der Sache in die Willenserklärung aufgenommen wird und er deshalb objektiv etwas anderes bezeichnet, als er sich vorstellt.

Beispiel:[65] Frau Kunz möchte ein Kilo Rindfleisch kaufen, um davon eine Suppe zu kochen. Sie betritt eine Fleischerei, übersieht dabei aber, dass es sich um den Laden eines Pferdefleischers handelt. Als sie ein Kilo Suppenfleisch verlangt, erhält sie Pferdefleisch. Da in aller Regel Fleisch einer bestimmten Tiergattung gekauft wird, ist die Eigenschaft des Fleisches, vom Pferd oder vom Rind zu stammen, Teil der auf den Abschluss eines entsprechenden Kaufvertrages gerichteten Willenserklärung. Nach dem objektiven Erklärungswert ihrer Bestellung erklärt Frau Kunz: „Ich möchte ein Kilo Suppenfleisch vom Pferd." Denn ihre Erklärung kann in einer Pferdefleischerei nur in diesem Sinn verstanden werden. Da sie aber glaubte, in einer normalen Fleischerei zu sein, gibt sie nach ihrer Meinung die Erklärung ab: „Ich möchte ein Kilo Suppenfleisch vom Rind." Frau Kunz befindet sich also in einem Inhaltsirrtum, der sie zu einer Anfechtung nach § 119 Abs. 1 Alt. 1 berechtigt.

Andere Fälle eines auf Eigenschaften bezogenen Inhaltsirrtums ergeben sich z. B., wenn Fremdwörter, Fachausdrücke oder sonstige Bezeichnungen, die bestimmte Eigenschaften betreffen, falsch verstanden und verwendet werden. Hierzu gehört auch der häufig angeführte Schulfall, dass jemand in der Meinung, Martini sei ein Weinbrand, in einer Gastwirtschaft einen Martini bestellt.

339 Nun könnte man daran denken, den Inhaltsirrtum auch auf solche Fälle auszudehnen, in denen der Erklärende (subjektiv) mit der von ihm bezeichneten Person oder Sache eine bestimmte Eigenschaft verbindet, ohne dass dies in seiner Erklärung zum Ausdruck kommt, und diese Eigenschaft in Wirklichkeit fehlt.

Beispiel: In einem Einrichtungshaus, das sowohl antike Möbel als auch Stilmöbel führt, die zum Teil künstlich ein altes Aussehen erhalten haben, weist Kunz, der glaubt, alle ausgestellten Möbel seien antik, auf einen neuen im Barockstil gebauten Schrank

---

[63] Vgl. zu diesem Urteil *Singer,* JZ 1999, 342; *Kindl,* WM 1999, 2198; *Waas,* JuS 2001, 14.
[64] Vgl. *BGH* NJW-RR 1995, 1360.
[65] Nachgebildet einem Beispiel von *Brox/Walker,* AT, Rn. 426.

V. Anfechtung wegen Irrtums

und erklärt: „Den kaufe ich!" Geht man davon aus, dass Kunz (objektiv) erklärt habe, er kaufe den von ihm bezeichneten „neuen" Schrank, dann unterscheiden sich das Erklärte und das Gewollte voneinander, da Kunz einen alten Schrank kaufen wollte. Es handelt sich dann um einen Identitätsirrtum. Gegen eine solche Auslegung der Erklärung des Kunz spricht jedoch, dass er den Schrank ausdrücklich bezeichnet hat, den er kaufen wollte („den" Schrank und nicht den „neuen" Schrank). Das Alter des Schrankes wurde nicht in die Erklärung aufgenommen und zu einer Eigenschaft gemacht, die den gewünschten Gegenstand individualisierte. Hierin besteht ein entscheidender Unterschied zu dem Beispielsfall des Suppenfleischkaufs. In diesem Fall erklärt die Kundin, sie wolle Suppenfleisch kaufen, und da sie diesen Wunsch in einer Pferdefleischerei äußert, kann diese Erklärung objektiv nur bedeuten, dass sie Suppenfleisch vom Pferd will. Hätte sie dagegen auf ein bestimmtes Stück gedeutet, das im Laden lag, und dazu erklärt, „davon wünsche ich ein Kilo", dann hätte es sich ebenso wenig wie bei dem Schrankkauf um einen Identitätsirrtum gehandelt, weil der Erklärung dann nur der Sinn beizulegen wäre, dieses (konkrete) Stück Fleisch (gleichgültig woher es stammt) will ich kaufen, und nicht: dieses Stück Fleisch vom Pferd möchte ich haben.[66]

Wem diese Unterscheidung zu spitzfindig erscheint, muss berücksichtigen, dass es deshalb auf eine präzise Erfassung des Inhalts der abgegebenen Erklärung ankommt, weil jede ausdehnende Interpretation einer Erklärung mit dem Ziel, eine **Anfechtung nach § 119 Abs. 1** zu ermöglichen, auch unausgesprochene Vorstellungen des Erklärenden zur Grundlage einer Anfechtung werden lässt. Damit werden aber die Grenzen zum unbeachtlichen Motivirrtum verwischt. Dies ist mit der h.M. abzulehnen. Es kann deshalb in Fällen, in denen sich der Erklärende über Eigenschaften einer Person oder einer Sache irrt, ohne dass (nach dem objektiven Erklärungswert) seine Erwartung über das Vorhandensein dieser Eigenschaft in der Erklärung selbst zum Ausdruck kommt, nur eine Anfechtung nach § 119 Abs. 2 in Betracht gezogen werden. Über das Verständnis und den Anwendungsbereich des § 119 Abs. 2 wird heftig gestritten. Der Grund für diese Meinungsverschiedenheiten besteht in erster Linie darin, dass der Wortlaut dieser Vorschrift – zumindest nach Meinung vieler – zu weit gefasst ist und eine Abgrenzung der relevanten Irrtumsfälle vom unbeachtlichen Motivirrtum sehr erschwert.[67]

Beispiel: Die reiche Tante Elvira will ihrem Lieblingsneffen Max, der ein begeisterter Rallyefahrer ist, eine Freude machen und kauft beim Autohändler Handel einen neuen Mittelklassewagen, von dem sie meint, Max könne damit seinem Hobby nachgehen. Es handelt sich dabei um ein Fahrzeug, das zwar sportlich aussieht, aber wegen seiner nicht erheblichen Motorleistung, seiner Straßenlage und seiner geringen Belastbarkeit für Rallyes völlig ungeeignet ist. Als ihr das Max mitteilt, will sie den Kaufvertrag mit Handel anfechten. Ist sie dazu berechtigt?

Zunächst ist zu klären, wie der Begriff „**Eigenschaft**" i.S.v. § 119 340 Abs. 2 zu verstehen ist. Als Eigenschaft im Sinne dieser Vorschrift sind einmal alle **Merkmale** anzusehen, **aus denen sich die natürliche Beschaf-**

---

[66] So auch *Brox/Walker*, AT, Rn. 427.
[67] Eine eingehende Befassung mit diesem Meinungsstreit muss dem Fortgeschrittenen vorbehalten bleiben. Ihm seien zur Lektüre empfohlen: *Flume*, S. 472 ff.; *Larenz/Wolf*, § 36 Rn. 45 ff.; MünchKomm/*Kramer*, § 119 Rn. 105 ff.

fenheit ergibt, bei einer Person z. B. das Alter, der Gesundheitszustand, das Geschlecht, ihre Fähigkeiten, bei einer Sache Form, Farbe, Geruch, Geschmack, Zusammensetzung u. ä.; darunter fallen aber auch alle tatsächlichen und rechtlichen Verhältnisse zur Umwelt, die Bedeutung für den Wert und die Verwendbarkeit haben, wie die sich aus einem Bebauungsplan ergebende Zulässigkeit der Bebauung eines Grundstücks, das dadurch die Eigenschaft eines Baugrundstückes erhält.

Als **Beispiele** von **Eigenschaften einer Person** seien genannt: Kreditwürdigkeit, Zahlungsfähigkeit, Zuverlässigkeit, Verschwiegenheit. Beispiele für **Eigenschaften einer Sache** sind Alter, Echtheit (z. B. eines Kunstwerks), Ertragsfähigkeit eines Grundstücks, Farbbeständigkeit eines Stoffes.

341   Eigenschaften einer Sache sind also alle wertbildenden Faktoren. Dagegen ist die aus diesen wertbildenden Faktoren gezogene Schlussfolgerung, der Wert der Sache selbst, ihr Preis, keine Eigenschaft.

Kauft beispielsweise Kunz im Ladengeschäft des Volz ein Oberhemd der Marke X zum Preise von 60,– € und findet er das gleiche Hemd anschließend in einem Kaufhaus für 30,– €, dann kann er nicht mit dem Hinweis darauf, dass er den am Markt zu zahlenden Preis für ein entsprechendes Hemd falsch eingeschätzt habe, anfechten.

342   Für diese Auffassung ist letztlich eine praktische Erwägung maßgebend. Der Preis wird in aller Regel aufgrund aller wertbildenden Faktoren und unter Berücksichtigung der Marktlage von den Parteien ausgehandelt oder festgesetzt und akzeptiert. Das Risiko, dass hierbei eine falsche Bewertung vorgenommen wird, muss jeder Beteiligte selbst tragen. Es würde zu einer unerträglichen Unsicherheit im Geschäftsleben führen, wenn jemand aufgrund einer Fehleinschätzung des Preises ein Rechtsgeschäft anfechten könnte.

Nach Auffassung des *BGH*[68] ist auch das **Eigentum einer Sache nicht als Eigenschaft anzusehen**, da es auf den Wert und die Brauchbarkeit der Sache keinen Einfluss habe. Diese Auffassung ist bedenklich, dennoch werden akzeptable Lösungen in vielen Fällen dadurch erreicht, dass der Verkäufer einer Sache, der dem Käufer kein Eigentum daran verschafft, nach § 433 Abs. 1 S. 2, § 435, §§ 437 ff. haftet (Einzelheiten dazu später).

Da also Motorleistung, Straßenlage und Belastbarkeit eines Kfz als Eigenschaften aufzufassen sind, kommt es für die Entscheidung des Beispielsfalls (Rn. 339) darauf an, ob es sich dabei um solche Eigenschaften handelt, „die im Verkehr als wesentlich angesehen werden". Ist dies zu bejahen, dann könnte Tante Elvira den Kauf des Autos wirksam anfechten.

343   Wenn auch durch § 119 Abs. 2 deutlich gemacht wird, dass Vorstellungen des Erklärenden über bestimmte Eigenschaften einer Person oder einer Sache für eine Anfechtung nicht ausreichen, wenn diese Eigenschaften nicht als verkehrswesentlich anzusehen sind, so ist doch mit dieser Präzisierung noch nicht viel gewonnen. Es kommt vielmehr darauf an,

---

[68] BGHZ 34, 32, 41 f. = NJW 1961, 772 = JuS 1961, 201 Nr. 3; kritisch dazu MünchKomm/*Kramer*, § 119 Rn. 134.

V. Anfechtung wegen Irrtums

wie der Begriff der **Verkehrswesentlichkeit** in § 119 Abs. 2 aufzufassen ist. Wenn man lediglich auf die objektiv bestehende Verkehrsanschauung abstellt[69] und danach fragt, was im Allgemeinen als wesentliche Eigenschaft gilt, dann schafft eine solche Interpretation des Begriffs der Verkehrswesentlichkeit dieser Vorschrift einen weiten Anwendungsbereich und führt zur Berücksichtigung auch unausgesprochener Motive des Erklärenden.

Die dem von Tante Elvira gekauften Auto fehlenden Eigenschaften sind sicher auch nach allgemeiner Verkehrsanschauung, „verkehrswesentlich", wenn man als Maßstab ein rallyetaugliches Kfz nimmt, sie sind es nicht, wenn man Anforderungen stellt, denen ein für den allgemeinen Straßenverkehr geeignetes Fahrzeug zu genügen hat. Es kommt also entscheidend darauf an, welche Art von Fahrzeug für die Beantwortung der Frage nach der Verkehrswesentlichkeit der Eigenschaften maßgebend ist. Orientiert man sich dabei an den unausgesprochenen Wünschen und Vorstellungen des Erklärenden, dann kann Tante Elvira ihre auf den Abschluss des Vertrages mit Handel gerichtete Willenserklärung anfechten, da sie ein rallyetaugliches Kfz zu erwerben wünschte. Das gleiche würde auch im Beispielsfall des gekauften Schranks im Barockstil gelten (Rn. 339), wenn feststünde, dass der Käufer nur eine echte Antiquität kaufen wollte.

Die **Rechtsprechung** versucht, den Begriff der verkehrswesentlichen **344** Eigenschaft i.S.v. § 119 Abs. 2 dadurch zu präzisieren, dass zwischen **Eigenschaften** unterschieden wird, **die eine unmittelbare Bedeutung** für die Beurteilung der Person oder der Sache **haben**, und solchen, die nur mittelbar darauf Einfluss ausüben.

Von diesem Ansatz her hat bereits das *RG* ausgeführt: „Will man den Begriff der verkehrswesentlichen Sacheigenschaft in § 119 Abs. 2 nicht ins Ungewisse zerfließen lassen und damit die Anfechtbarkeit eines an sich gültig abgeschlossenen Rechtsgeschäfts unangemessen ausdehnen, so muss man daran festhalten, dass unter diesen Begriff nur solche tatsächlichen und rechtlichen Verhältnisse fallen, die den Gegenstand selbst kennzeichnen, nicht Umstände, die nur mittelbar einen Einfluss auf seine Bewertung auszuüben vermögen".[70]

Die Rechtsprechung ist jedoch nicht einheitlich; **es finden sich in den höchstrichterlichen Entscheidungen auch andere Kriterien.** Der *BGH* hatte den Fall zu entscheiden gehabt, dass der Käufer eines Baugrundstücks den Kaufvertrag anfechten wollte, weil die Höhenlage des Grundstücks von ihm gesundheitlich nicht vertragen wurde und er deshalb nicht in einem dort zu errichtenden Haus wohnen konnte. Das Gericht verneint die Verkehrswesentlichkeit dieser Eigenschaft, weil es sich dabei nicht um einen Faktor handle, der typischerweise mit einem Grundstück verbunden sei und seinen Wert bestimme. Untypische Eigenschaften würden nur dann verkehrswesentlich sein, wenn sie durch eine entsprechende Abrede der Parteien dazu gemacht wären.[71] In einer anderen Entschei-

---

[69] So *Larenz*, AT, 7. Aufl. 1989, § 20 IIb (S. 379 ff.), anders die von *Wolf* bearbeitete 9. Aufl. (§ 36 Rn. 45); *Köhler*, AT, § 7 Rn. 21; *Giesen*, Rn. 229, 232; *Westermann*, JuS 1964, 169, 172.
[70] *RGZ* 149, 235, 238; ebenso oder doch ähnlich *BGHZ* 16, 54, 57 = NJW 1955, 340; *BGH* BB 1963, 285.
[71] *BGH* DB 1972, 479, 481 (insoweit in *BGHZ* 57, 394 ff. = NJW 1972, 715 nicht abgedruckt).

dung⁷² hat sich der *BGH* dafür ausgesprochen, als verkehrswesentlich nur solche Eigenschaften zu berücksichtigen, die vom Erklärenden erkennbar dem Vertrag zugrunde gelegt worden sind, ohne dass er sie geradezu zum Inhalt seiner Erklärung gemacht haben müsste.

Das Kriterium der Unmittelbarkeit mag in manchen Fällen eine Abgrenzung ermöglichen. Häufig hilft es jedoch nicht weiter. So lässt sich auf seiner Grundlage der Fall des von Tante Elvira getätigten Autokaufs nicht entscheiden. Auch der eigenständige Wert des Merkmals der Typizität für eine Abgrenzung verkehrswesentlicher Eigenschaften muss bezweifelt werden. Für einen „normalen" Mittelklassewagen sind Eigenschaften, die ihn für eine Rallye geeignet sein lassen, nicht typisch, wohl aber für einen Sportwagen, der auch für solche Zwecke gebaut wird. Es kommt letztlich darauf an, was den Gegenstand des Vertrages ausmacht, ein einfacher Mittelklassewagen oder ein sportliches Fahrzeug. Entscheidend ist dann aber die vertragliche Absprache.

345 Hält man es nicht für akzeptabel, durch eine weite Interpretation des Begriffs der Verkehrswesentlichkeit den Anwendungsbereich des § 119 Abs. 2 stark auszudehnen und damit auch einseitige Vorstellungen einer Vertragspartei in weitem Umfang für die Anfechtung wegen Eigenschaftsirrtums erheblich sein zu lassen, dann bietet bei Verträgen nur die von den Vertragsparteien getroffene Vereinbarung – bei einseitigen Erklärungen ihr wesentlicher Inhalt – eine sichere Grundlage für die Beantwortung der Frage, was im Einzelfall als verkehrswesentliche Eigenschaft anzusehen ist. Diesen Weg geht die **Lehre vom geschäftlichen Eigenschaftsirrtum**.⁷³ Sie sieht den Grund für die Beachtlichkeit des Eigenschaftsirrtums in der Tatsache, dass der Gegenstand oder die Person nicht der durch das Rechtsgeschäft bestimmten Sollbeschaffenheit entspricht, und **gibt dem Begriff der „Verkehrswesentlichkeit" den Sinn einer „Geschäftswesentlichkeit"**. Bei Entscheidung der Frage, was nach dem Rechtsgeschäft als wesentlich anzusehen ist, sind allerdings nicht nur die ausdrücklich getroffenen Vereinbarungen und die zu ihrer Auslegung bedeutsamen Umstände zu berücksichtigen, sondern es ist auch auf den Geschäftstyp zu

---

⁷² BGHZ 88, 240, 246 = NJW 1984, 230, 231; im gleichen Sinn auch *BAG* NJW 1992, 2173, 2174.

⁷³ Sie ist von *Flume*, S. 476 ff. begründet worden. Ihr haben sich u. a. angeschlossen: *Medicus*, AT, Rn. 770; *Medicus/Petersen*, Rn. 139 ff.; *Staudinger/Dilcher*, § 119 Rn. 46 f. *Larenz/Wolf*, § 36 Rn. 45 verlangt die Einbeziehung der verkehrswesentlichen Eigenschaft in die anzufechtende Willenserklärung, will es aber genügen lassen, dass die Eigenschaft erkennbar in sachlicher Beziehung zum individuellen Geschäft getreten ist und irgendeiner Weise erkennbar dem Vertrag zu Grunde gelegt wurde. Im praktischen Ergebnis dürfte diese Abgrenzung mit der Lehre vom geschäftlichen Eigenschaftsirrtum übereinstimmen. *Bork*, Rn. 846, stellt grundsätzlich auf konkret-objektive Kriterien ab und erklärt die Eigenschaften für maßgebend, auf die „im Rechtsverkehr bei Geschäften dieser Art unter den konkreten Umständen typischerweise entscheidender Wert gelegt wird", will aber daneben auch Eigenschaften berücksichtigen, die von den Parteien als für sie verkehrswesentlich festgelegt werden.

V. Anfechtung wegen Irrtums

sehen, dem zu entnehmen ist, auf welche Eigenschaft des Vertragsgegenstandes sich das Rechtsgeschäft bezieht. Auf diese Weise kommt auch dem vom *BGH* genannten Merkmal der Typizität einer Eigenschaft Bedeutung zu; das, was typischerweise an Eigenschaften nach dem Zweck des Geschäfts vorhanden ist, wird regelmäßig von den Vertragsparteien (stillschweigend) in ihre vertragliche Absprache mit einbezogen.[74]

Die Eignung des von Tante Elvira gekauften Autos für Rallyes ist nach den von ihr getroffenen vertraglichen Vereinbarungen nicht als wesentlich aufzufassen; sie kann folglich nach der Lehre vom geschäftlichen Eigenschaftsirrtum nicht anfechten. Ihr unausgesprochener Wunsch, ein solches Fahrzeug zu erwerben, bleibt unbeachtliche Motivation ihres Verhaltens. Ebenso wäre im Schrankkauffall (Rn. 339) eine Anfechtung ausgeschlossen. Anders wäre nur zu entscheiden, wenn Kunz den Barockschrank in einem Antiquitätengeschäft erworben hätte. Dann wäre zumindest aufgrund der Tatsache, dass in einem Antiquitätengeschäft in aller Regel nur antike Stücke verkauft werden, anzunehmen, dass die Parteien stillschweigend davon ausgegangen wären, der Schrank sei antik, also zumindest 100 Jahre alt. Diese Eigenschaft wäre dann verkehrswesentlich i. S. v. § 119 Abs. 2.

Auf die Frage, ob eine Anfechtung nach § 119 Abs. 2 in diesem Fall dennoch ausscheiden müsste, weil die Vorschriften über die Haftung wegen Sachmängeln Vorrang haben und eine Anfechtung nach § 119 Abs. 2 ausschließen, ist hier nicht einzugehen. Auf diese Konkurrenzfrage wird im Zusammenhang mit der Darstellung der Sachmängelhaftung zurückzukommen sein.

Die **wesentlichen Gesichtspunkte,** die in der Diskussion über den Begriff der verkehrswesentlichen Eigenschaft bedeutsam sind, lassen sich wie folgt **zusammenfassen:** Dass nicht allein die subjektive Sicht des Erklärenden für die Frage nach der Verkehrswesentlichkeit maßgebend sein kann, ist offensichtlich und deshalb unstreitig. Es kommt entscheidend darauf an, welche Bedeutung man objektiven Kriterien insoweit einräumen will. Beurteilt man die Verkehrswesentlichkeit unabhängig von den Vorstellungen und Vereinbarungen der Parteien des konkreten Geschäfts aus der Sicht der Verkehrskreise, denen Erklärender und Erklärungsempfänger angehören, dann wird § 119 Abs. 2 ein recht weiter Anwendungsbereich eröffnet. Umgekehrt werden die Möglichkeiten einer Anfechtung nach dieser Vorschrift desto mehr begrenzt, je strenger man darauf sieht, ob Parteivereinbarungen oder zumindest erkennbar geäußerte Erwartungen eines Vertragspartners bestimmte Eigenschaften des Vertragsgegenstandes für wesentlich erklären. Ein Kompromiss zwischen beiden Standpunkten lässt sich zumindest im praktischen Ergebnis dadurch erzielen, dass man zwar die Verkehrswesentlichkeit im Sinne einer Geschäftswesentlichkeit auffasst und danach fragt, was als „verkehrswesentliche" Sollbeschaffenheit durch die Vertragsparteien festgelegt worden ist, dabei aber das als stillschweigend vereinbart ansieht, was bei Verträgen entsprechender Art

346

---

[74] Wenn eine Vertragspartei erkennbar für die anderen eine bestimmte Eigenschaft zum Inhalt ihrer Erklärung macht (dies wollen *Brox/Walker,* AT, Rn. 419 für eine Anfechtung wegen Eigenschaftsirrtums ausreichen lassen), dann dürfte regelmäßig diese Eigenschaft von der vertraglichen Vereinbarung umfasst werden, wenn der Vertragspartner nicht widerspricht.

§ 5. *Unwirksame und mangelhafte Willenserklärungen*

von den Vertragsparteien üblicherweise an Eigenschaften vorausgesetzt zu werden pflegt.

347 Abschließend sei noch darauf hingewiesen, dass der **Begriff „Sache"** in § 119 Abs. 2 nicht in dem engen Sinn des § 90, also als „körperlicher Gegenstand", zu verstehen ist, sondern dass darunter auch Rechte und Vermögensgesamtheiten (z. B. eine Erbschaft) zu fassen sind.

d) Übermittlungsirrtum

348 Bereits oben (Rn. 330) war darauf hingewiesen worden, dass der in § 120 geregelte Fall der falschen Übermittlung einer Erklärung durch einen Boten große Ähnlichkeit mit dem Erklärungsirrtum (§ 119 Abs. 1 Alt. 2) hat: In beiden Fällen wird irrtümlich dem Erklärungsempfänger etwas mitgeteilt, was der Erklärende nicht erklären will. In beiden Fällen ist zwar die Erklärung dennoch wirksam, weil der Fehler im Verantwortungsbereich des Erklärenden entstanden ist und er insoweit dafür einzustehen hat; er kann sich aber durch Anfechtung von der Erklärung lösen. Aus dieser Beschreibung der rechtlichen Regelungen ergeben sich für die Anwendung des § 120 wichtige Erkenntnisse:

- Es muss die **Willenserklärung des Anfechtenden** übermittelt werden. Für die Übermittlungsperson muss es sich also um eine fremde Willenserklärung handeln, die sie weitergibt. Deshalb kann § 120 keine Anwendung finden, wenn jemand in Vertretung eines anderen in dessen Namen eine Erklärung abgibt (vgl. § 164 Abs. 1). Denn der Vertreter übermittelt nicht eine fremde Willenserklärung, sondern erklärt seinen Willen als Stellvertreter eines anderen. Irrt er sich hierbei, dann muss der Vertretene nach § 119 anfechten; umfasst die Vollmacht die Ausübung des Anfechtungsrechts, dann kann allerdings auch der Vertreter im Namen des Vertretenen die Anfechtung erklären (zur Vertretung Einzelheiten später).
- Die Übermittlungsperson, die die Willenserklärung unrichtig übermittelt hat, muss **Erklärungsbote des Anfechtenden** sein, wenn eine Anfechtung nach § 120 in Betracht kommen soll. Hat ein Empfangsbote des Erklärungsempfängers (vgl. Rn. 81) die Willenserklärung dem Erklärungsempfänger falsch mitgeteilt, dann kommt eine Anfechtung durch den Erklärenden schon deshalb nicht in Betracht, weil seine Willenserklärung richtig zugegangen ist.

Beispiel: Handwerksmeister Fleißig schickt seinen Gesellen Emsig zu dem Großhändler Groß, um ein Ersatzteil mit der Typennummer 0.1 zu bestellen. Bei Groß nimmt dessen Sekretärin die Bestellung (richtig) entgegen. Sie notiert sich aber irrtümlich als Typennummer 1.0. Als Groß das Ersatzteil mit der Typennummer 1.0 liefert, lehnt Fleißig die Annahme ab, weil er es nicht bestellt habe.

In diesem Fall war der Antrag auf Abschluss eines Kaufvertrages über ein Ersatzteil mit der Typennummer 0.1 Groß richtig zugegangen. Infolge des Fehlers der Sekretärin ist aber dieser Antrag nicht angenommen worden, weil Groß der Meinung war,

V. Anfechtung wegen Irrtums

der Antrag bezöge sich auf ein anderes Ersatzteil. Ein Vertrag ist deshalb nicht zustande gekommen. Ob Groß nach Aufklärung des Irrtums den Antrag des Fleißig noch annehmen kann, hängt davon ab, ob die Annahmefrist bereits verstrichen ist (vgl. dazu Rn. 116 ff.).

Die Entscheidung würde allerdings anders ausfallen, wenn Groß noch einmal die Bestellung des Fleißig diesem gegenüber bestätigte, ohne dass sich dabei der Irrtum aufklärte (etwa mit den Worten: Ich nehme Ihre Bestellung an und werde sie umgehend ausführen). In diesem Fall wäre die auf ein Ersatzteil 0.1 bezogene Offerte des Fleißig durch Groß angenommen worden und ein entsprechender Vertrag damit zustande gekommen. Groß könnte dann aber seine Annahmeerklärung wegen Inhaltsirrtums anfechten (objektiv erklärte er, einen Vertrag über ein Ersatzteil 0.1 schließen zu wollen, subjektiv bezog er jedoch seine Erklärung auf ein Ersatzteil 1.0; vgl. Rn. 333).

- Die falsche Übermittlung durch den Erklärungsboten muss **irrtümlich** und darf **nicht bewusst** geschehen sein. Die bewusste Falschübermittlung

  – in dem obigen Beispielsfall bestellt Emsig, um seinem Chef „eins auszuwischen", bewusst das falsche Ersatzteil –

  ist kein Irrtumsfall, um den es bei § 120 geht. Die dem Boten aufgetragene Erklärung wird dann von ihm an den Adressaten nicht weitergegeben und kann folglich auch nicht zugehen. Ein Ausgleich eines durch die bewusste Falschübermittlung verursachten Schadens muss auf anderem Wege gesucht werden.[75]

Nach den bisherigen Ausführungen sollte es nunmehr nicht mehr schwer fallen, die oben (Rn. 70) offen gelassene Frage nach der Anfechtung zu entscheiden. Es ging hierbei um folgenden

Fall: A bittet seinen Sohn, eine Postkarte, mit der er das Angebot seines Sammlerkollegen annimmt, in den Briefkasten zu werfen. Nachdem der Sohn mit der Karte weggegangen ist, kommen A plötzlich Bedenken. Er stürzt zum Fenster und ruft dem auf der Straße befindlichen Sohn nach, er solle die Karte nicht zur Post bringen. Der Sohn versteht aber seinen Vater falsch und glaubt, dieser wolle ihn nur noch einmal an die Karte erinnern. Das Missverständnis klärt sich erst später auf. Kann in diesem Fall A nach § 120 i. V. m. § 119 Abs. 1 anfechten?

Der Irrtum des Sohnes betrifft nicht den Inhalt der Erklärung, sondern den Auftrag, die Karte zu befördern. Es könnte deshalb allenfalls eine analoge Anwendung des § 120 erwogen werden. Dies ist aber abzulehnen, weil der hier behandelte Fall sich in wesentlichen Punkten von Sachverhalten unterscheidet, die unter die Vorschrift des § 120 zu fassen sind. In den Fällen des § 120 geht es darum, dass eine vom Erklärenden richtig abgegebene Willenserklärung von der „Transportperson" infolge eines Irrtums falsch überbracht wird. Bei dem hier zu entscheidenden Fall hat A seine Willenserklärung richtig abgegeben und die „Transportperson" sie auch richtig übermittelt. A hat sich nach Abgabe seiner Erklärung die Sache anders überlegt und darum bemüht, ihren Zugang zu verhindern.

---

[75] So die h. M.: *Schwung*, JA 1983, 12, 15 ff.; *Brox/Walker*, AT, Rn. 415; *Rüthers/Stadler*, § 25 Rn. 55; a. A. *Medicus*, AT, Rn. 748.

§ 5. Unwirksame und mangelhafte Willenserklärungen

Wenn ihm dies misslingt, berechtigt ihn dies nicht zur Anfechtung, weil keiner der in §§ 119 und 120 abschließend genannten Irrtumsfälle gegeben ist. Insoweit muss also A das Risiko tragen. Die Sachlage ist nicht anders wie auch sonst, wenn ein Erklärender nach Abgabe seiner Willenserklärung deren Wirksamkeit verhindern will, der deshalb von ihm abgegebene Widerruf (vgl. § 130 Abs. 1 S. 2) aber verspätet dem Erklärungsempfänger zugeht.

350 **Die Irrtumsfälle der §§ 119, 120**
(1) **Inhaltsirrtum** (§ 119 Abs. 1 Alt. 1)
Der Erklärende gibt eine Erklärung ab, die er zwar abgeben will, deren Inhalt er aber einen anderen Sinn beimisst, als ihr objektiv zukommt, weil er Begriffe verwendet, die eine andere Bedeutung haben, als er glaubt (Verlautbarungsirrtum), oder weil er seine Erklärung auf eine Person oder Sache objektiv bezieht, die er subjektiv nicht bezeichnen will (Identitätsirrtum).
(2) **Erklärungsirrtum** (§ 119 Abs. 1 Alt. 2)
Der Erklärende erklärt objektiv etwas, was er subjektiv nicht erklären will, weil er seine Erklärung infolge einer „technischen Panne" (z. B. infolge eines Verschreibens oder Versprechens) „verfälscht".
(3) **Irrtum über eine verkehrswesentliche Eigenschaft** (§ 119 Abs. 2)
Der Erklärende setzt bei einer Person oder Sache, auf die sich seine Erklärung bezieht, eine verkehrswesentliche Eigenschaft voraus, die sie nicht aufweist, wobei sich die Verkehrswesentlichkeit aufgrund der Parteivereinbarungen oder zumindest aufgrund erkennbar geäußerter Erwartungen ergibt.
(4) **Übermittlungsirrtum** (§ 120)
Die Erklärung wird dem Erklärungsempfänger durch den Erklärungsboten versehentlich falsch übermittelt.

e) Die Anfechtungserklärung und ihre Rechtsfolgen

351 Die Anfechtungserklärung ist eine empfangsbedürftige Willenserklärung (§ 143 Abs. 1), die also dem Anfechtungsgegner (vgl. dazu § 143 Abs. 2 bis 4) zugehen muss (vgl. dazu auch Rn. 281). **Dem Inhalt der Anfechtungserklärung muss der Anfechtungsgegner entnehmen können, dass der Erklärende anfechten will.** Hierfür ist nicht erforderlich, dass ausdrücklich und unter Verwendung des Begriffs „anfechten" eine Erklärung abgegeben wird.[76] Auch konkludente Erklärungen, etwa die Rückforderung des Geleisteten, können den zu stellenden Anforderungen genügen, wenn sich zweifelsfrei ergibt, dass der Erklärende das Rechtsgeschäft wegen eines Wil-

---
[76] OLG Oldenburg NJW-RR 2007, 268.

lensmangels nicht gelten lassen will.⁷⁷ **Erforderlich ist aber, dass der Anfechtungsgegner zu erkennen vermag, auf welche tatsächliche Grundlage die Anfechtung gestützt werden soll** (z.B. Anfechtung wegen eines Tippfehlers in der Offerte).⁷⁸ **Die Anfechtung wegen Irrtums muss unverzüglich, d.h. ohne schuldhaftes Zögern (§ 121 Abs. 1 S. 1), ausgesprochen werden, sobald der Erklärende von dem Irrtum Kenntnis erlangt.** Eine angemessene Zeit zur Überlegung und gegebenenfalls auch zur Einholung eines Rats ist ihm jedoch zuzubilligen. Die Anfechtung bewirkt im Grundsatz, dass das angefochtene Rechtsgeschäft als von Anfang an nichtig anzusehen ist (vgl. § 142 Abs. 1; dazu Rn. 281). Leistungen, die aufgrund des angefochtenen Rechtsgeschäfts erbracht sind, kann der Leistende nach den Vorschriften des Bereicherungsrechts zurückfordern (dazu Einzelheiten später).

Bei der Irrtumsanfechtung muss also zwischen ihrer formellen Seite, d.h. ihrer ordnungsgemäßen Erklärung, und der materiellen, ihrer Begründetheit, unterschieden werden. Folgende Fragen sind im Einzelnen zu prüfen: 352

(1) **Anfechtungserklärung**
- Hat der Anfechtende eine Erklärung abgegeben, der (gegebenenfalls im Wege der Auslegung) zweifelsfrei zu entnehmen ist, dass er das angefochtene Rechtsgeschäft nicht gelten lassen will?
- Ist der Grund der Anfechtung zumindest für den Anfechtungsgegner erkennbar?
- Ist die Erklärung fristgerecht (vgl. § 121) dem (richtigen) Anfechtungsgegner (vgl. § 143) zugegangen?

(2) **Grund der Anfechtung**
- Auf welche Rechtsgrundlage ist die Anfechtung zu stützen?
  – Kommt eine Anfechtung wegen Inhaltsirrtums, Erklärungsirrtums, Eigenschaftsirrtums oder Übermittlungsirrtums in Betracht?
  – Sind die Voraussetzungen dafür erfüllt?

Durch seine Erklärung hat der Anfechtende veranlasst, dass der Erklärungsgegner auf die Gültigkeit dieser Erklärung vertrauen durfte, ohne sich des Vorwurfs der Fahrlässigkeit auszusetzen (vgl. § 122 Abs. 2). Es ist deshalb nur gerecht, **den wegen Irrtums Anfechtenden zu verpflichten, den Vertrauensschaden (auch „negatives Interesse" genannt) zu ersetzen,** zumal der Mangel, der zur Anfechtung führt, allein in der Person des Anfechtenden, in seinem Irrtum, begründet ist. Der Anfechtende hat also den anderen so zu stellen, wie dieser wirtschaftlich stehen würde, wenn er nicht auf die Gültigkeit der Erklärung vertraut hätte (§ 249 Abs. 1), oder anders ausgedrückt: wie er stehen würde, wenn er niemals von dem angefochtenen Rechtsgeschäft gehört hätte. 353

---

⁷⁷ Dies ist z.B. nicht der Fall, wenn eine Forderung geltend gemacht wird, die gerade die Gültigkeit des Rechtsgeschäfts voraussetzt; vgl. *BGH NJW* 1991, 1673, 1674.
⁷⁸ Str.; vgl. die Darstellung der verschiedenen Ansichten bei MünchKomm/*Busche*, § 143 Rn. 7 ff.

Beispiele: Der Vertragspartner des Anfechtenden hat die nach dem Vertrag zu liefernden Waren auf seine Kosten zum Anfechtenden transportiert; diese Transportkosten sind ihm nach § 122 Abs. 1 zu ersetzen. Der Vertragspartner des Anfechtenden hat, um die ihm nach dem Vertrag zu liefernden Waren unterbringen zu können, Lagerräume angemietet; die von ihm zu zahlende Miete ist sein Vertrauensschaden.

Hatte der Vertragspartner des Anfechtenden aufgrund des Vertrages, der durch die Anfechtung nichtig geworden ist, bereits Leistungen erbracht, so stellen auch sie einen „Vertrauensschaden" dar, der nach § 122 Abs. 1 dadurch wieder gutzumachen ist, dass ihm diese Leistungen oder – wenn sie nicht mehr vorhanden sind – ihr Wert zurückgewährt werden. **Neben dem Rückforderungsanspruch nach § 812** (vgl. Rn. 351) **steht also auch ein solcher nach § 122 Abs. 1.** Dies ist in Fällen wichtig, in denen die Leistungen ersatzlos beim Anfechtenden weggefallen sind (z. B. die gelieferten Waren sind bei einem Brand vernichtet worden) und er deshalb nicht mehr bereichert ist; nach dem Bereicherungsrecht kann in diesem Fall der Leistende nichts mehr fordern (vgl. § 818 Abs. 3), wohl aber nach § 122 Abs. 1 Wertersatz.

354   In § 122 Abs. 1 ist der Umfang des zu ersetzenden Schadens begrenzt und bestimmt, dass die Ersatzpflicht „nicht über den Betrag des Interesses" hinausgeht, das der andere „an der Gültigkeit der Erklärung hat". Diese Begrenzung auf das **Erfüllungsinteresse** (auch „positives Interesse" genannt) hat z. B. Bedeutung in Fällen, in denen der Anfechtungsgegner im Vertrauen auf die Gültigkeit der angefochtenen Erklärung den Abschluss eines anderen Geschäfts unterlässt, das ihm einen höheren Gewinn einträge als das infolge der Anfechtung unwirksame.

Beispiel: Der Großhändler Groß kauft von dem Landwirt Grün 100 Doppelzentner Kartoffeln, den Doppelzentner für 10,- €. Nach Abschluss dieses Vertrages bietet ihm ein anderer Erzeuger, Blau, gleiche Kartoffeln zum Preise von 8,- € pro Doppelzentner an. Dieses Angebot lehnt Groß im Hinblick auf den Vertrag mit Grün ab. Danach ficht Grün wirksam sein Verkaufsangebot wegen Irrtums an. Den Unterschiedsbetrag zwischen dem mit Grün vereinbarten Kaufpreis und dem von Blau angebotenen kann Groß nicht geltend machen; zwar handelt es sich insoweit um einen Vertrauensschaden, dieser übersteigt aber das Erfüllungsinteresse, weil bei Gültigkeit des Vertrages mit Grün ein Kaufpreis von 10,- € pro Doppelzentner zu zahlen gewesen wäre.

355   Beim Ersatz des Erfüllungsinteresses ist also der Ersatzberechtigte so zu stellen, als wäre das betreffende Rechtsgeschäft ordnungsgemäß erfüllt worden. Dies kann – wie das obige Beispiel gezeigt hat – weniger sein als der Vertrauensschaden, aber auch mehr, wenn das Geschäft, auf dessen Gültigkeit der Ersatzberechtigte vertraute, ihm einen Gewinn brachte. In einem solchen Fall kann jedoch der nach § 122 Abs. 1 Ersatzberechtigte den Gewinn nicht ersetzt verlangen, weil er so zu stellen ist, wie er stehen würde, wenn er von dem ungültigen Rechtsgeschäft nichts gehört hätte; dann hätte er auch keinen Gewinn gemacht. Dies bedeutet aber andererseits nicht, dass der Ersatzberechtigte niemals im Rahmen des § 122 Abs. 1 den Ersatz eines Gewinns fordern kann. Ist der Gewinn als eine Position im Rahmen eines Vertrauensschadens anzuerkennen und ergibt sich keine Begrenzung durch die Beschränkung auf das Erfüllungsinteresse, dann ist ihm der entsprechende Betrag zu ersetzen.

Beispiel: Nachdem Groß einen Vertrag mit Rot über die Lieferung von 100 Doppelzentner Kartoffeln geschlossen hat (Preis 8,- € pro Doppelzentner), bietet ihm Gelb gleiche Kartoffeln zum Preise von 9,- € pro Doppelzentner an. Groß lehnt dieses Angebot im Hinblick auf den mit Rot zustande gekommenen Vertrag ab. Als Rot wirksam sein Vertragsangebot wegen Irrtums angefochten hat, muss Groß, um seiner Verpflichtung aus einem Weiterverkauf an Klein (zum Preise von 12,- € pro Doppelzentner) erfüllen zu können, anderweitig Kartoffeln kaufen, die er nur zu einem Preis von 10,- € pro Doppelzentner erhalten kann. Deshalb beträgt sein Gewinn nur 200,- € und nicht 400,- € wie bei Erfüllung des Vertrages mit Rot und 300,- € bei Annahme des Angebots von Gelb. Der Vertrauensschaden beträgt hinsichtlich des entgangenen Gewinns (vgl. § 252) 100,- €. Denn hätte er nicht auf die Gültigkeit des Vertrages mit Rot vertraut, dann hätte er das Geschäft mit Gelb abgeschlossen und einen um 100,- € höheren Gewinn erzielt als aufgrund des erforderlich gewordenen Deckungskaufes.

Hat der **Anfechtungsgegner** den **Irrtum** selbst **veranlasst**, dann soll ihm kein Anspruch auf Ersatz seines Vertrauensschadens zustehen. Der *BGH*[79] will bei einer schuldlosen Mitverursachung des Ersatzberechtigten dessen Anspruch in entsprechender Anwendung des § 254 Abs. 1 mindern. Das Gericht meint, da die in § 122 Abs. 1 geregelte Schadensersatzpflicht des Anfechtenden unabhängig von dessen Verschulden eintrete und auf dem reinen Veranlassungsprinzip beruhe, erscheine es nicht gerechtfertigt, auf der anderen Seite die nicht mit einem Verschulden verbundene Verursachung des Irrtums durch den Geschädigten als für dessen Schadensersatzanspruch unerheblich anzusehen. Ob dieser Auffassung des *BGH* zu folgen ist, darüber gehen im Schrifttum die Meinungen auseinander.[80]

356

VI. Das Fehlen oder der Wegfall der Geschäftsgrundlage und die damit zusammenhängenden Fragen

a) Problembeschreibung

Nicht selten lassen sich Vertragschließende bei ihrem Entschluss, eine vertragliche Bindung einzugehen, und bei der inhaltlichen Gestaltung ihrer Vereinbarungen von einer Einschätzung bestimmter Umstände oder künftiger Entwicklungen leiten, die sich später als falsch erweist. Hat die Fehleinschätzung ihren Grund in einem Irrtum über eine verkehrswesentliche Eigenschaft i.S.v. § 119 Abs. 2, dann kann sich der Irrende einseitig durch Anfechtung vom Vertrag lösen, bleibt allerdings zum Ersatz des Vertrauensschadens nach § 122 Abs. 1 verpflichtet. Soweit eine Anfechtung nicht in Betracht kommt, kann man sich auf den Standpunkt stellen, jeder müsse eben für den Fall Vorsorge treffen, dass seine Erwartungen nicht zutreffen, etwa durch die Aufnahme einer Bedingung, d.h. den Bestand des Vertrages vom Eintritt oder Nichteintritt eines künftigen Ereignisses abhängig machen, das man für wichtig hält (vgl. § 158; dazu Rn. 632 ff.); sonst müsse

357

---

[79] *BGH* NJW 1969, 1380.
[80] Vgl. MünchKomm/*Kramer*, § 122 Rn. 12.

die Regel pacta sunt servanda (= Verträge müssen eingehalten werden) unverändert gelten. Andererseits kann nicht unberücksichtigt bleiben, dass die Parteien vielleicht gerade deshalb keine vertragliche Regelung bestimmter Fragen treffen, weil sie nicht den geringsten Anlass haben, an der Richtigkeit ihrer Annahme zu zweifeln. Hätten sie entsprechende Zweifel gehabt, dann hätten sie den Vertrag nicht oder doch mit einem anderen Inhalt geschlossen. Die hier zu erörternden Fälle unterscheiden sich von dem unbeachtlichen einseitigen Motivirrtum (vgl. Rn. 329) dadurch, dass die sich als falsch erweisenden Vorstellungen beiden Vertragspartnern gemeinsam sind oder dass doch zumindest eine Vertragspartei die Bedeutung der (sich später als falsch erweisenden) Beweggründe der anderen erkannt und nicht beanstandet hat. Erwägungen des Vertrauensschutzes, die für die Unbeachtlichkeit des einseitigen Motivirrtums maßgebend sind, können deshalb hierbei nicht den Ausschlag geben. Zur näheren Erläuterung der in diesem Zusammenhang auftretenden Fragen die folgenden

Beispiele: Volz verkauft Kunz Altmetall, das ungeordnet auf einem Lagerplatz aufgehäuft ist. Die Parteien schätzen die Menge auf 40 Eisenbahnwaggons und setzen danach den Gesamtpreis fest. Beim Abtransport stellt sich heraus, dass es sich um eine doppelt so große Menge, also um 80 Waggons, handelt. Volz verlangt den doppelten Preis, Kunz will nur den vereinbarten zahlen.

Jupp wohnt in Köln in einer Straße, durch die der Karnevalszug geleitet werden soll. Er vermietet ein Fenster seiner Wohnung für den Nachmittag des Rosenmontags an Tünnes, damit dieser den Zug betrachten kann. Infolge eines Wasserrohrbruchs muss eine Straße gesperrt und deshalb der Zug umgeleitet werden, so dass er nicht am Haus des Jupp vorbeikommt. Jupp verlangt dennoch den vereinbarten Mietpreis; Tünnes weigert sich, weil er den Zug aus dem gemieteten Fenster nicht sehen konnte.

Emsig verpflichtet sich gegenüber Häusler, auf dessen Grundstück ein Eigenheim zum Festpreis zu bauen. Als die Baugrube ausgehoben wird, stellt man fest, dass sich auf dem Baugrundstück unterirdische Wasserläufe befinden, die vorher nicht erkennbar waren. Deshalb müssen zusätzliche Arbeiten größeren Umfangs ausgeführt werden, so dass sich die Baukosten auf das Doppelte des Festpreises belaufen. Häusler verlangt die Erstellung des Bauwerks zum vereinbarten Festpreis.

Viktor vermietet langfristig Kühlräume an Max und verpflichtet sich, die Energiekosten zu tragen. Nach einiger Zeit steigen die Energiekosten so erheblich an, dass sie mehr ausmachen als der vereinbarte Mietpreis. Viktor verlangt eine höhere Miete, die Max nicht zahlen will.

Über die Lösung derartiger Fälle wird im rechtswissenschaftlichen Schrifttum eingehend und kontrovers diskutiert. Die wesentlichen Gesichtspunkte sollen im Folgenden dargestellt werden.[81]

b) Ergänzende Vertragsauslegung

358 Zunächst ist stets zu versuchen, den zwischen den Parteien streitigen Punkt auf der Grundlage ihrer vertraglichen Vereinbarungen zu entschei-

---

[81] Wer sich vertieft mit diesem (für den Fortgeschrittenen) wichtigen Fragenkomplex befassen will, der sei auf folgende Literatur verwiesen: *Larenz/Wolf*, § 38; *Looschelders*, AS, Rn. 768 ff.; MünchKomm/*Roth*, § 313 Rn. 1 ff., jeweils m. w. N.

VI. Das Fehlen oder der Wegfall der Geschäftsgrundlage

den. Hierbei ist selbstverständlich nicht bei dem bloßen Wortlaut des Vertrages stehen zu bleiben, sondern das von den Parteien Gewollte durch Auslegung zu ermitteln. Auch ein angeblich eindeutiger Wortlaut schafft für die Auslegung keine Grenze, zumal die Feststellung, etwas sei eindeutig erklärt worden, selbst stets das Ergebnis einer Auslegung bildet (Rn. 102).[82] Im Wege der Auslegung ist oben (Rn. 337) der Rubelfall des Reichsgerichts entschieden worden. Die Auslegung des Vertrages kann aber auch über die von den Parteien ausdrücklich getroffene Regelung hinausführen und von ihr gelassene Lücken ausfüllen. Die sog. „ergänzende Vertragsauslegung" dient dem Ziel, eine lückenhafte Vertragsregelung durchführbar zu machen. Hierbei ist allerdings zu berücksichtigen, dass bestimmte von den Vertragsparteien nicht geregelte Punkte durch Anwendung des dispositiven Rechts zu entscheiden sind. Nur dort, wo es **dispositives Recht** nicht gibt oder wo es auf die spezielle Regelung der Parteien nicht passt, insbesondere weil ihr zu entnehmen ist, dass die Parteien die dispositiven Vorschriften nicht wollen, ergibt sich die Notwendigkeit einer ergänzenden Vertragsauslegung.

Dispositives Recht bedeutet, dass dieses Recht zur Disposition der Beteiligten gestellt ist, dass es also nachgiebig ist und hinter abweichende Regelungen der Beteiligten zurücktritt (vgl. Rn. 100). Dem gegenüber steht das **zwingende Recht**, das nicht von den Beteiligten abgeändert werden kann. Soweit nicht ausdrücklich der Geltungsanspruch des geschriebenen Rechts festgelegt ist, muss durch Auslegung insbesondere nach dem Zweck einer Vorschrift ermittelt werden, ob sie zum zwingenden Recht gehört oder nicht. Als Folge des Prinzips der Vertragsfreiheit enthält das Vertragsrecht des BGB überwiegend nachgiebiges Recht.

Eine ausfüllungsbedürftige Lücke, die also die **Voraussetzung für eine ergänzende Auslegung** bildet,[83] besteht, „wenn die Parteien einen Punkt übersehen oder wenn sie ihn bewusst offen gelassen haben, weil sie ihn im Zeitpunkt des Vertragsschlusses für nicht regelungsbedürftig gehalten haben, und wenn sich diese Annahme nachträglich als unzutreffend herausstellt".[84] Dabei ist es gleichgültig, ob die Frage, die unbeantwortet geblieben ist, sich bereits zum Zeitpunkt des Vertragsschlusses stellte oder ob sie sich erst später ergibt.[85]

Die Rechtsgrundlage bildet auch für die ergänzende Vertragsauslegung die Vorschrift des § 157. Es sind also insbesondere die Grundsätze von Treu und Glauben zu berücksichtigen, und es ist zu fragen, welche Regelung einer loyalen Vertragsdurchführung am besten gerecht wird. Bei der Konkretisierung des Gebots von Treu und Glauben spielt die Verkehrssitte (vgl. Rn. 103) eine besondere Rolle. Der Richter, der im Streitfall die

359

360

---
[82] *BGH* NJW 2002, 1260, 1261.
[83] *BGH* NJW 2002, 2310; NJW-RR 2006, 699.
[84] *BGH* NJW 2002, 2310. Der Begriff der Vertragslücke wird allerdings nicht einheitlich verstanden; zu den unterschiedlichen Auffassungen vgl. MünchKomm/*Busche*, § 157 Rn. 37 ff.; *Larenz*, VersR (Sonderbeilage) 1983, 156, 160 f.
[85] *BGH* NJW-RR 1995, 1360.

ergänzende Vertragsauslegung vorzunehmen hat, darf aber nicht seine Auffassung von einer interessengerechten Vertragsregelung den Parteien aufdrängen, sondern hat lediglich die von den Parteien zugrunde gelegten Wertungen folgerichtig zu Ende zu denken,[86] wobei er allerdings davon ausgehen muss, dass die Parteien als redliche, das Gebot von Treu und Glauben beachtende Vertragspartner handeln. Keinesfalls darf aber im Wege ergänzender Vertragsauslegung ein Ergebnis gefunden werden, das dem erkennbaren Willen der Vertragsparteien widerspricht.[87] Es ist vielmehr darauf abzustellen, was die Parteien bei einer angemessenen Abwägung ihrer Interessen nach Treu und Glauben als redliche Vertragspartner vereinbart hätten, wenn sie den von Ihnen nicht geregelten Fall bedacht hätten.[88]

In den oben (Rn. 357) gebrachten Beispielsfällen weisen die Verträge Lücken auf. Im Schrottfall fehlt eine Regelung für den Fall, dass die geschätzte Menge erheblich von der wirklichen abweicht. Im Karnevalsfall haben die Parteien keine Bestimmung für den Fall getroffen, dass der Zug nicht an dem Haus vorbeikommt. Im Baufall ist nicht bedacht worden, dass unvorhersehbare Umstände kostenintensive Arbeiten in wesentlichem Umfange nötig sein lassen könnten. Im Kühlraumfall schließlich ist eine erhebliche Veränderung der Energiepreise nicht berücksichtigt worden. Den Karnevalsfall könnte man mit Hilfe des Rechtsgedankens lösen, der § 536 Abs. 1 zugrunde liegt, und danach die Pflicht zur Mietzinszahlung verneinen;[89] in den anderen Fällen müsste versucht werden, auf der Grundlage des geschlossenen Vertrages den angemessenen Preis zu ermitteln oder – im Kühlraumfall – ein (außerordentliches) Kündigungsrecht des Vermieters gem. § 314 Abs. 1 festzustellen. Würde die ergänzende Vertragsauslegung zu keinem Ergebnis führen, könnte man eine Anfechtung nach § 119 Abs. 2 erwägen; dies hätte aber den Nachteil, dass der Anfechtende zum Ersatz des Vertrauensschadens verpflichtet wäre, abgesehen davon, dass nicht in allen Fällen der Irrtum eine verkehrswesentliche Eigenschaft betrifft.

c) Die Lehre von der Geschäftsgrundlage

361 In Fällen, in denen eine ergänzende Vertragsauslegung zu keinem tragfähigen Ergebnis führt, insbesondere weil sich ein hypothetischer Parteiwille nicht ermitteln lässt, ist zu prüfen, ob mit Hilfe der Lehre von der Geschäftsgrundlage eine Lösung gefunden werden kann (zum Verhältnis dieser verschiedenen Lösungsansätze zueinander Rn. 369). Diese Lehre ist wesentlich durch die Rechtsprechung des Reichsgerichts gefördert worden, die sich mit den Folgen des ersten Weltkrieges, insbesondere mit der Inflation, auseinander setzen musste. Durch die rapide Geldentwertung wurden Renten- und Preisvereinbarungen (man denke nur an langfristige Festpreise) hinfällig, so dass eine Anpassung an die veränderten Umstände erforderlich wurde. Da der Gesetzgeber zunächst untätig blieb, mussten die Gerichte nach Lösungen suchen, die sie schließlich auf der Grundlage

---
[86] *Larenz/Wolf,* § 33 Rn. 10.
[87] *BGH* NJW 1995, 1212, 1213; 2009, 1482, 1484 [24]; *Lettl,* JuS 2000, 248 f.
[88] *BGH* NJW 2002, 2310, 2311.
[89] *Medicus/Petersen,* Rn. 160; dagegen *Larenz,* SchuldR I, § 21 II (S. 327 f.).

VI. Das Fehlen oder der Wegfall der Geschäftsgrundlage

des § 242 mit dem Rechtsinstitut der Geschäftsgrundlage fanden. Seit dieser Zeit hat die Lehre von der Geschäftsgrundlage einen festen Platz in unserem Rechtssystem und ist nunmehr auch in der durch das SchuldR-ModG eingefügten Vorschrift des § 313 gesetzlich verankert.

In § 313 Abs. 1 wird die **Anpassung eines Vertrages an veränderte Umstände von folgenden Voraussetzungen abhängig gemacht:** 362
- Es müssen sich nach Vertragsschluss Umstände schwerwiegend verändert haben.
- Diese Umstände dürfen nicht Inhalt des Vertrages geworden sein, wohl aber müssen sie seine Grundlage bilden.
- Die Parteien müssten, wenn sie die Änderung vorausgesehen hätten, den Vertrag nicht oder mit einem anderen Inhalt geschlossen haben.
- Schließlich muss das Festhalten am unveränderten Vertrag für den einen Teil unter Berücksichtigung aller Umstände des Einzelfalles, insbesondere der vertraglichen oder gesetzlichen Risikoverteilung, unzumutbar sein.

Aufgrund dieser Regelung müssen verschiedene Fragen entschieden werden:
(1) **Bilden die veränderten Umstände die Grundlage des Vertrages?**

Insoweit ist eine Abgrenzung gegenüber einseitig gebliebenen Motiven und dem Vertragsinhalt vorzunehmen. Einseitige Erwartungen einer Partei, die für ihre Willensbildung maßgebend gewesen sind, können grundsätzlich nicht zur Grundlage des Vertrages gerechnet werden, weil dafür erforderlich ist, dass sie vom gemeinschaftlichen Willen beider Parteien umfasst werden.[90] Die einseitig gebliebene Vorstellung einer Partei kann jedoch dann die Geschäftsgrundlage bilden, wenn es für die andere erkennbar gewesen ist, welche Bedeutung die subjektive Einstellung des Vertragspartners für das Zustandekommen und die Durchführung des Vertrages hat und diese Vorstellung der einen Vertragspartei von der anderen unwidersprochen hingenommen worden ist.[91] Zur Geschäftsgrundlage gehört nicht der eigentliche Vertragsinhalt. Enthält der Vertrag bereits Regeln für das Fehlen, den Wegfall oder die Veränderung bestimmter Umstände, dann sind diese Regeln anzuwenden und nicht eine Anpassung des Vertrages nach § 313 Abs. 1 vorzunehmen.[92]

(2) **Welche Folgerungen hätten die Parteien für das Zustandekommen und den Inhalt ihres Vertrages gezogen, wenn sie die Veränderung der Geschäftsgrundlage berücksichtigt hätten?**

Bei Beantwortung dieser Frage muss die Interessenlage jedes Vertragspartners gesondert betrachtet werden. Denn regelmäßig werden die

---
[90] *BGH* NJW-RR 1989, 753; WM 2001, 523, 524.
[91] Vgl. *BGH* NJW 2010, 1663 Tz. 17.
[92] *BGH* NJW 1983, 2034, 2036; *Riesenhuber/Domröse*, JuS 2006, 208, 210; *Hirsch*, Jura 2007, 81, 86.

Auswirkungen der Veränderung für die Vertragsparteien unterschiedlich ausfallen und eine von ihnen durchaus an der unveränderten Durchführung des Vertrages interessiert sein. So wird in dem oben (Rn. 357) genannten Baufall nur Emsig einen neuen Preis wünschen, während Häusler an dem vereinbarten Preis gerne festhalten würde. Lässt sich feststellen, dass die benachteiligte Partei so sehr an dem Abschluss des Vertrages interessiert war, dass sie auch bei Kenntnis der Veränderungen den Vertrag mit demselben Inhalt geschlossen hätte, dann kommt eine Anpassung nach § 313 Abs. 1 nicht in Betracht.

(3) Sind die Nachteile aufgrund der veränderten Umstände für eine Partei so gewichtig, dass für sie die unveränderte Durchführung des Vertrages unzumutbar erscheint?

Grundsätzlich müssen geschlossene Verträge eingehalten werden. Nur wenn dies aufgrund der veränderten Umstände zu untragbaren, mit Recht und Gerechtigkeit schlechthin nicht zu vereinbarenden und damit der betroffenen Vertragspartei unzumutbaren Folgen führte, kann von einem Festhalten an der vertraglichen Vereinbarung abgesehen werden.[93] Hierbei ist darauf zu sehen, ob sich durch die Veränderung der Geschäftsgrundlage gerade ein Risiko verwirklicht, das nach dem Inhalt des Vertrages derjenige zu tragen hat, der sich auf den Wegfall der Geschäftsgrundlage beruft. In diesem Fall kann nicht mit der Lehre von der Geschäftsgrundlage die im Vertrag geregelte Risikoverteilung nachträglich verändert werden.[94] Wer beispielsweise als Verkäufer einer Gattungssache das Beschaffungsrisiko und damit auch das Risiko einer Steigerung der Marktpreise übernimmt, kann regelmäßig dieses Risiko später nicht auf den Vertragspartner abwälzen, wenn sich die Marktpreise nach Vertragsschluss erheblich erhöhen und ihm dadurch bei unveränderter Durchführung des Vertrages ein Verlust entsteht. Nur ausnahmsweise kann etwas anderes gelten, wenn auf Grund außergewöhnlicher Umstände die Gattungssache lediglich zu Konditionen zu erhalten ist, die ein unverhältnismäßig großes, dem Schuldner nicht zumutbares Opfer verlangt.

363 Haben die Vertragsparteien bei Abschluss ihres Vertrages Veränderungen der Geschäftsgrundlage für möglich gehalten, dann kommt es darauf an, ob sie das darin liegende Risiko bewusst in Kauf genommen haben. Ist dies zu bejahen, dann kommt eine Anpassung des Vertrages nicht in Betracht.[95] Anders kann jedoch zu entscheiden sein, wenn die Vertragsparteien davon ausgegangen sind, dass die vorhersehbare Entwicklung nicht

---

[93] *BGH* NJW-RR 1993, 880, 881, m.w.N.; *Hirsch*, Jura 2007, 81; 86 (nur in Extremfällen). Der *BGH* (NJW 2011, 986, 991 Tz. 27) weist zu Recht darauf hin, dass sich eine Partei nicht auf den Wegfall der Geschäftsgrundlage berufen kann, wenn ihr die eingetretene Veränderung oder Fehlerhaftigkeit der Vorstellungen allein oder in stärkerem Maße als der Gegenpartei zuzurechnen ist.
[94] *BGH* MDR 1992, 1029, 1030; *Adolphsen/Mutz*, JuS 2011, 431, 434.
[95] BGHZ 112, 259, 261 = NJW 1991, 830; *Hirsch*, Jura 2007, 81, 86.

eintreten werde. Die Frage, ob in dieser mangelnden Vorsorge ein fahrlässiges Handeln liegt, dessen Folgen hingenommen werden müssen, erlangt Bedeutung bei Beurteilung der Zumutbarkeit, an dem Vertrag unverändert festzuhalten.

Die Vorschrift des **Abs. 2 ergänzt** die in **Abs. 1** des § 313 getroffene Regelung. Während Abs. 1 nur den späteren Wegfall der Geschäftsgrundlage betrifft, geht es bei Abs. 2 um den Fall, dass die Vertragspartner die Geschäftsgrundlage bei Vertragsschluss falsch beurteilen, also einem gemeinsamen Motivirrtum unterlegen sind.[96] Gleichzustellen ist der Fall, dass zwar nur ein Vertragspartner von falschen Vorstellungen ausgeht, der andere jedoch dies erkennt und unwidersprochen lässt, so dass dieses Schweigen als sein Einverständnis mit der Aufnahme dieser Vorstellungen in die gemeinsame Vertragsgrundlage zu verstehen ist.[97] Allerdings hängt es nicht selten von der Betrachtungsweise ab, ob man von einer nachträglichen Veränderung ausgeht oder meint, es handele sich um eine falsche Einschätzung der Geschäftsgrundlage durch die Parteien. Im Kühlraumfall (Rn. 357) haben sich die Energiepreise nachträglich geändert und damit auch Umstände, die zur Grundlage des Vertrages geworden sind; andererseits sind die Vertragsparteien beim Vertragsschluss von der falschen Vorstellung ausgegangen, dass eine wesentliche Änderung der Energiepreise nicht eintreten werde. Da jedoch die falsche Bewertung der Vertragsgrundlage nach § 313 Abs. 2 gleiche Rechtsfolgen auslöst, wie ihre nachträgliche Veränderung, entfällt die Notwendigkeit einer genauen Abgrenzung.

364

Stets muss bei Beantwortung der Frage, ob falsche Vorstellungen einer Partei oder beider als Geschäftsgrundlage aufzufassen sind, Zurückhaltung geübt werden, weil grundsätzlich enttäuschte Erwartungen nicht dazu führen können, Bindungen an den Vertrag aufzuheben. Das in Abs. 1 genannte Merkmal, dass beide Parteien den Vertrag nicht oder mit einem anderen Inhalt geschlossen hätten, wenn sie die Veränderungen vorausgesehen hätten, muss sinngemäß auch auf die Fälle des Abs. 2 übertragen werden. Dies bedeutet, dass danach zu fragen ist, ob sich der eine Vertragspartner billigerweise hätte darauf einlassen müssen, durch eine vertragliche Regelung den Erwartungen des anderen Rechnung zu tragen. Regelmäßig wird man dies verneinen müssen, wenn es um Erwartungen hinsichtlich der Verwertbarkeit des Leistungsgegenstandes für die vom Erwerber gewünschten Zwecke geht. Kauft also jemand ein Hochzeitsgeschenk, dann kann er nicht wegen Wegfalls der Geschäftsgrundlage vom Vertrag zurücktreten, wenn sich später überraschend herausstellt, dass die Eheschließung scheitert.

Eine **Orientierungshilfe** bei der Frage, ob eine Störung der Geschäftsgrundlage besteht, bietet die **Bildung von Fallgruppen.** So kann zwischen folgenden typischen Sachverhalten unterschieden werden:

365

---

[96] *BGH* NJW 2002, 292, 294; 2005, 2069, 2071.
[97] Palandt/*Grüneberg*, § 313 Rn. 9, 38; Erman/*Hohloch*, § 313 Rn. 30.

- **Fälle einer Äquivalenzstörung,** in denen bei synallagmatischen Verträgen wie im Kühlraumfall das Verhältnis von Leistung und Gegenleistung in einem erheblichen Umfang gestört worden ist;
- **Fälle einer übermäßigen Leistungserschwerung,** in denen wie im Baufall aufgrund des Fehlens oder des Wegfalls der Geschäftsgrundlage die geschuldete Leistung so erschwert wurde, dass ihre Erbringung (zumindest zu den im Vertrag vereinbarten Konditionen) unzumutbar erscheint;
- **Fälle einer Zweckvereitelung,** in denen wie im Karnevalsfall der mit dem Vertrag verfolgte Zweck durch das Fehlen und den Wegfall der Geschäftsgrundlage vereitelt wird;
- **Fälle eines beiderseitigen Motivirrtums,** in denen die Parteien wie im Schrottfall gemeinsam bei der Festlegung des Vertragsinhalts wesentliche Faktoren unrichtig beurteilen und z. B. den für die Preiskalkulation maßgebenden Sachverhalt falsch werten.

366 Wird festgestellt, dass die in § 313 Abs. 1 oder 2 genannten Voraussetzungen erfüllt sind und dass deshalb eine Korrektur der vertraglichen Pflichten wegen der veränderten Geschäftsgrundlage geboten ist, dann muss entschieden werden, welche **Rechtsfolgen** aus dem Fehlen oder dem Wegfall der Geschäftsgrundlage zu ziehen sind. **In erster Linie ist nach § 313 Abs. 1 zu versuchen, die vertraglichen Vereinbarungen der veränderten Geschäftsgrundlage anzupassen.** Welchen Inhalt der auf Anpassung des Vertrages gerichtete Anspruch aufweist, erscheint jedoch keinesfalls eindeutig. Der Wortlaut des Gesetzes spricht dafür, dass dieser Anspruch auf den Abschluss eines neuen Vertrages mit dem anzupassenden Inhalt, genauer: auf die Abgabe einer entsprechenden Willenserklärung des Vertragspartners gerichtet ist.[98] In der Amtlichen Begründung des SchuldRModG wird darauf hingewiesen, dass die Parteien zunächst über die Anpassung des Vertrages verhandeln sollten. Im Falle eines Prozesses wäre dann wie nach der Herstellungstheorie, die zum Wandlungsanspruch im früheren Kaufrecht vertreten worden ist (vgl. dazu 6. Aufl. Rn. 588 ff.), eine Klage unmittelbar auf die angepasste Leistung zu erheben.[99] Auf diese Ausführungen stützen diejenigen Stimmen im Schrifttum ihre Auffassung, die sich dafür aussprechen, aus Gründen der Prozessökonomie eine Klage unmittelbar auf die angepasste Leistung zuzulassen und nicht erst den Umweg über die Klage auf Abgabe einer Willenserklärung des Vertragspartners zum Abschluss eines geänderten Vertrages zu gehen.[100] Eine Auseinandersetzung mit den sich insoweit stellenden pro-

---

[98] So *Schmidt-Kessel/Baldus,* NJW 2002, 2076; *Dauner-Lieb/Dötsch,* NJW 2003, 921, 922; *Larenz/Wolf,* § 38 Rn. 44 f.; MünchKomm/*Roth,* § 313 Rn. 89 (für formbedürftige Verträge).

[99] Amtl. Begr. S. 176 (l. Sp.).

[100] Palandt/*Grüneberg,* § 313 Rn. 41; Bamberger/Roth/*Unberath,* § 313 Rn. 86; *Hirsch,* Jura 2007, 81; 87 f.; *Massing/Rösler,* ZGS 2008, 374, 378 f.; *Looschelders,* AS, Rn. 785; *Wieser,* JZ 2004, 654 (mit abw. Begr.); krit. zur Vorbildfunktion der Herstellungstheorie *Dauner-Lieb/Dötsch* NJW 2003, 921, 924.

VI. Das Fehlen oder der Wegfall der Geschäftsgrundlage

zessrechtlichen Fragen ist im Rahmen dieses Grundkurses ebenso wenig möglich wie eine vertiefte Erörterung der sich auf der Rechtsfolgenseite des § 313 ergebenden Problematik.[101] Hier genügt der Hinweis, dass sich aus § 313 ein schuldrechtlicher Anspruch ableitet, der die inhaltliche Änderung des geschlossenen Vertrages bezweckt. Daraus folgt, dass die Anpassung des Vertrages an die veränderten Umstände nicht automatisch geschieht, sondern dass jeder der Vertragschließenden[102] bei Erfüllung der in § 313 genannten Voraussetzungen von seinem Vertragspartner die Anpassung des Vertrages fordern kann und muss, wenn er die unveränderte Durchführung des Vertrages verhindern will.

Können sich die Parteien nicht über den Inhalt des zu ändernden Vertrages einigen und muss deshalb eine richterliche Entscheidung herbeigeführt werden, dann sind die zu wertenden Gesichtspunkte nach Möglichkeit der vertraglichen Absprache zu entnehmen und ähnliche Erwägungen anzustellen wie bei der ergänzenden Vertragsauslegung (vgl. Rn. 360). Es ist danach zu fragen, was die Parteien bei Kenntnis der wahren Sachlage als redlich handelnde Vertragspartner vereinbart hätten. **Nur wenn die Anpassung des Vertrages aus tatsächlichen oder rechtlichen Gründen (z.B. wegen eines gesetzlichen Verbotes) nicht möglich ist oder nicht zu interessengerechten Lösungen führt, tritt an Stelle eines Anspruchs auf Vertragsanpassung das Recht zum Rücktritt vom Vertrag,**[103] das bei Dauerschuldverhältnissen (vgl. Rn. 155) durch das Recht zur Kündigung aus wichtigem Grund (§ 314; vgl. dazu Rn. 253) ersetzt wird (§ 313 Abs. 3).

367

Kann eine Vertragspartei im Falle des Rücktritts die empfangene Leistung nicht zurückgewähren und muss sie deshalb nach § 346 Abs. 2 Wertersatz leisten, dann entfällt die Pflicht zum Wertersatz nicht nach § 346 Abs. 3 S. 1 Nr. 3, weil diese Vorschrift ihre Rechtfertigung in der Überlegung findet, dass der Grund für den Rücktritt in einem dem Rücktrittsgegner zuzurechnenden Verhalten liegt.[104] Im Rahmen des § 313 handelt es sich aber bei den Gründen, die zum Rücktritt führen, nicht um Pflichtverletzungen eines Vertragspartners. Folglich muss entsprechend dem Normzweck die Vorschrift entgegen ihrem Wortlaut eingeschränkt und darf auf einen Rücktritt nach § 313 Abs. 3 S. 1 nicht angewendet werden (Fall einer teleologischen Reduktion; vgl. Rn. 818).[105]

Nach § 275 Abs. 2 S. 1 kann der Schuldner die Leistung verweigern, soweit diese einen Aufwand erfordert, der unter Beachtung des Inhalts des Schuldverhältnisses und der Gebote von Treu und Glauben in einem groben Missverhältnis zu dem Leistungsinteresse des Gläubigers steht. Diese für die Leistungspflicht des Schuldners genannte Grenze kann auch

368

---

[101] Vgl. dazu die in Fn. 98 Zitierten.
[102] Vgl. *Schmidt-Kessel/Baldus*, NJW 2002, 2076, die darlegen, dass ein Anpassungsbegehren der nicht benachteiligten Partei durchaus sinnvoll sein kann.
[103] *Riesenhuber/Domröse*, JuS 2006, 208, 212.
[104] Amtl. Begr. S. 196 (r. Sp.): „Der Rücktritt erfolgt hier (d.h.: bei einem Rücktritt auf Grund eines gesetzlichen Rücktrittsrechts) deshalb, weil der Verkäufer (Werkunternehmer) seine Pflichten nicht vollständig erfüllt hat."
[105] *Looschelders*, AS Rn. 848; AnwKom-BGB/*Hager*, § 346 Rn. 58.

§ 5. *Unwirksame und mangelhafte Willenserklärungen*

in Fällen einer Störung der Geschäftsgrundlage überschritten werden, so dass eine **Abgrenzung des Anwendungsbereichs des § 275 Abs. 2 gegenüber der Regelung des § 313** erforderlich wird. Dabei ist davon auszugehen, dass eine Anpassung des Vertrages auf der Grundlage des § 313 nicht in Betracht zu ziehen ist, wenn der Schuldner berechtigt ist, die Leistung nach § 275 Abs. 2 S. 1 zu verweigern. **Soweit also § 275 reicht, ist § 313 nicht anzuwenden.**[106] Damit scheint eine einfache Lösung der Abgrenzungsfrage zwischen § 275 und § 313 gefunden zu sein. In Fällen sog. wirtschaftlicher Unmöglichkeit, von der man spricht, wenn der Schuldner die Leistung nur unter unverhältnismäßig hohen Opfern zu erbringen vermag, die nicht zugemutet werden können, soll jedoch § 275 Abs. 2 S. 1 nicht angewendet werden, sondern dann eine Lösung mit Hilfe der Regeln gesucht werden, die bei einer Störung der Geschäftsgrundlage gelten.[107] Da indes die Abgrenzung der wirtschaftlichen Unmöglichkeit, auf die nach Meinung des Gesetzgebers § 275 Abs. 2 S. 1 nicht anzuwenden ist, von den Fällen, die von dieser Vorschrift erfasst werden, erhebliche Schwierigkeiten bereitet, erweist sich bei genauer Betrachtung die zunächst gelöste Abgrenzungsfrage keinesfalls als beantwortet. Auf dieses Abgrenzungsproblem wird zurückzukommen sein, wenn die Vorschrift des § 275 Abs. 2 und ihr Anwendungsbereich dargestellt werden.

369 Weil sich die für die Anpassung der Geschäftsgrundlage eignenden Fälle zugleich auch für eine ergänzende Vertragsauslegung anbieten, muss ein Lösungsschema entwickelt werden, das beide Rechtsinstitute in eine Ordnung zueinander bringt. Dabei ist von dem **Grundsatz** auszugehen, dass **die ergänzende Vertragsauslegung Vorrang** hat.[108] Eine ergänzende Vertragsauslegung kommt nur in Betracht, wenn eine Lücke in der vertraglichen Vereinbarung festzustellen ist (vgl. Rn. 358 ff.). Nun lässt nicht jede ungeregelt gebliebene Frage eine Lücke im Vertrag entstehen. Vielmehr muss das Fehlen einer Regelung im Widerspruch zu dem von den Parteien mit dem Vertrag verfolgten Zweck stehen, es sich also dabei um eine „planwidrige Unvollständigkeit" handeln.[109] Weist der Vertrag eine solche Lücke nicht auf oder kann eine Lücke nicht mit Mitteln der ergänzenden Vertragsauslegung geschlossen werden, weil dem Vertrag keine konkreten Anhaltspunkte für eine den Interessen der Vertragsparteien gerecht werdende Lösung entnommen werden kann (vgl. Rn. 360), dann ist die Entscheidung mit Hilfe des § 313 zu suchen.[110]

---

[106] Amtl. Begr. S. 176 (r. Sp.); *Schulze/Ebers*, JuS 2004, 265, 266; AnwKom-BGB/ *Krebs*, § 313 Rn. 13. Dies ist allerdings str.; nach a. A. sollen sich beide Vorschriften in ihrem Anwendungsbereich überschneiden können und es dann dem Schuldner gestattet sein, zwischen § 275 Abs. 2 und § 313 zu wählen, so *Schwarze*, Jura 2002, 73, 78: Münch-Komm/*Ernst*, § 275 Rn. 23; *Huber/Faust*, Kap. 2 Rn. 79. Vgl. dazu auch Rn. 400 ff.
[107] Amtl. Begr. S. 130 (l. Sp.).
[108] BGHZ 81, 135, 143 = NJW 1981, 2241; *BGH* WM 2000, 915 f.; NJW-RR 2004, 229, 231; 2006, 699.
[109] Vgl. *Larenz*, VersR (Sonderbeilage) 1983, 156, 160.
[110] Vgl. *Lettl*, JuS 2001, 248, 249.

VI. Das Fehlen oder der Wegfall der Geschäftsgrundlage   187

Für die Abgrenzung beider Rechtsinstitute ist also bedeutsam, wie weit 370
man sich von den vertraglichen Absprachen und den ihnen zugrundeliegenden Absichten entfernt; je mehr dies geschieht, um so weniger kommt eine ergänzende Vertragsauslegung in Betracht. Wie bereits bemerkt (vgl. Rn. 331), hat auch die Auslegung Vorrang vor der Anfechtung. In Fällen, in denen sich beide Parteien in einem Irrtum über eine verkehrswesentliche Eigenschaft befinden, gehen die Meinungen in der Frage auseinander, ob die Lösung aufgrund der bei einer Störung der Geschäftsgrundlage anzuwendenden Regeln zu finden ist oder ob die Anfechtung nach § 119 Abs. 2 Vorrang hat. Die Anwendung der Lehre von der Geschäftsgrundlage wird wohl überwiegend mit der Begründung bejaht, die sich bei einer Anfechtung aus § 122 Abs. 1 ergebenden Rechtsfolgen führten zu dem unbilligen Ergebnis, dass der benachteiligt sei, der zuerst anfechte. Die Gegenmeinung widerspricht mit dem erwägenswerten Hinweis, dass stets nur der anfechten werde, für den die Lösung vom Vertrag vorteilhaft sei; dieser möge dann auch den Vertrauensschaden des anderen ersetzen.[111]

Die in § 593 für **Landpachtverträge** getroffene Regelung, die unter den 371
in dieser Vorschrift genannten Voraussetzungen einen Anspruch auf Vertragsänderung gewährt, beruht auf Erwägungen der Lehre von der Geschäftsgrundlage. Ein weiterer gesetzlich geregelter Sonderfall einer fehlenden Geschäftsgrundlage findet sich in § 779, der den **Vergleich** betrifft. Als Vergleich wird in dieser Vorschrift ein Vertrag bezeichnet, „durch den der Streit oder die Ungewissheit der Parteien über ein Rechtsverhältnis im Wege gegenseitigen Nachgebens beseitigt wird". Der Vergleich ist unwirksam, „wenn der nach dem Inhalte des Vertrags als feststehend zugrunde gelegte Sachverhalt" (= Geschäftsgrundlage) „der Wirklichkeit nicht entspricht und der Streit oder die Ungewissheit bei Kenntnis der Sachlage nicht entstanden sein würde". § 779 greift nur einen besonderen Unwirksamkeitsgrund heraus; andere (z. B. §§ 134, 138) kommen selbstverständlich ebenfalls in Betracht. Ebenso ist die Anwendung der Lehre von der Geschäftsgrundlage[112] oder eine Anfechtung nach § 119 möglich, soweit es nicht um einen Punkt geht, der den Gegenstand des durch den Vergleich zu beendigenden Streites oder der durch ihn auszuräumenden Ungewissheit bildet.

Die vorstehenden Ausführungen über Möglichkeiten und Wege, ver- 372
tragliche Lücken zu schließen, lassen sich wie folgt zusammenfassen:
Wird festgestellt, dass von den Parteien (bewusst oder unbewusst) ein zu regelnder Punkt im Vertrag offen gelassen wurde, so dass eine Lücke (= planwidrige Unvollständigkeit) entstanden ist, dann stellt sich die
1. Frage: Ist die Lücke durch Anwendung dispositiven Rechts zu schließen (Rn. 358)? Muss diese Frage verneint werden, dann ergibt sich die

---
[111] *Medicus/Petersen*, Rn. 162.
[112] *BGH* NJW-RR 1994, 434, 435.

2. Frage: Kann im Wege der ergänzenden Vertragsauslegung die Lücke geschlossen werden?

Dies ist der Fall, wenn sich auf der Grundlage der vertraglichen Vereinbarung entscheiden lässt, wie die Parteien als redliche und faire Vertragspartner den offen gelassenen Punkt geregelt hätten, wenn sie dies bei Vertragsschluss gewollt hätten.

Lässt sich dies nicht entscheiden, dann muss Stellung genommen werden zur

3. Frage: Ist eine Lösung mit Hilfe der in § 313 getroffenen Regelung zu erreichen?

- Hierfür kommt es darauf an, ob die zur Grundlage des Vertrags gewordenen Umstände sich schwerwiegend veränderten oder ob sich wesentliche Vorstellungen der Parteien, die eine Grundlage des Vertrages bilden, als falsch herausgestellt haben.
- Ist dies zu bejahen, dann ist zu prüfen, ob ein unverändertes Festhalten an den vertraglichen Absprachen für die betroffene Partei unzumutbar ist.
- Muss diese Frage bejaht werden, dann kommt es darauf an, ob eine Anpassung des Vertrages möglich ist. Kommt eine im Verhandlungswege zu suchende Einigung der Vertragsparteien nicht zu Stande, muss eine Entscheidung des Gerichts herbeigeführt werden.
- Nur wenn eine Vertragsanpassung nicht zu einer interessengerechten Lösung führt oder sie aus tatsächlichen oder rechtlichen Gründen ausgeschlossen werden muss, kann die betroffene Partei vom Vertrag zurücktreten oder bei Dauerschuldverhältnissen kündigen (§ 313 Abs. 3).

VII. Anfechtung wegen Täuschung und Drohung

a) Arglistige Täuschung

1. Tatbestand

373 Nach § 123 Abs. 1 kann eine Willenserklärung angefochten werden, zu deren Abgabe der Erklärende durch arglistige Täuschung bestimmt worden ist. **Es müssen also folgende Tatbestandsmerkmale verwirklicht werden:**
- Täuschung,
- dadurch Veranlassung zu einer Willenserklärung (Kausalität zwischen Täuschung und Willenserklärung),
- Arglist.

374 Zu diesen Tatbestandsmerkmalen ist im Einzelnen Folgendes zu bemerken:

Als **Täuschung** ist ein Verhalten anzusehen, das bei einem anderen einen Irrtum erregt oder aufrecht erhält. Hierbei ist es völlig gleichgültig, um welche Art von Irrtum es sich handelt; auch ein reiner Motivirrtum ist insoweit relevant (Beispiel: Es wird jemand zum Abschluss eines Kaufvertrages dadurch bestimmt, dass ihm vorgespiegelt wird, er könne mit der gekauften Ware einen hohen Gewinn erzielen). Die Täuschungshandlung

VII. Anfechtung wegen Täuschung und Drohung 189

kann in einem positiven Tun, aber auch in einem Unterlassen, im Verschweigen von Tatsachen, bestehen, wenn den Täuschenden eine **Aufklärungspflicht** trifft.

Ob eine Aufklärungspflicht zu bejahen ist, richtet sich – soweit gesetzliche Vorschriften nicht bestehen (vgl. z. B. §§ 312 c, 312 e, 675 a) – nach allen bedeutsamen Umständen des Einzelfalles, wobei insbesondere auch die Verkehrsauffassung zu berücksichtigen ist (welche Mitteilungen werden bei entsprechenden Geschäften üblicherweise erwartet und gegeben?).[113] Der umfangreichen Rechtsprechung zu der Frage nach einer Rechtspflicht zur Aufklärung lässt sich entnehmen, dass ein Vertragspartner bei Umsatzgeschäften, insbesondere Kaufverträgen, nicht schon verpflichtet ist, ungefragt den Kontrahenten über alle Umstände zu informieren, die für dessen Entschluss wesentlich sind, den Vertrag zu schließen.[114] Muss sich aber ein Vertragspartner auf die besondere Fachkunde des anderen verlassen oder ist er auf dessen Angaben angewiesen, weil er selbst nicht die Möglichkeit oder Fähigkeit besitzt, wesentliche Punkte auf anderem Wege zu klären, dann folgt aus dem Grundsatz von Treu und Glauben die Pflicht für den anderen, die nur ihm bekannten Tatsachen zu offenbaren, sofern sie für die Entscheidung, den Vertrag zu schließen, ersichtlich von Bedeutung sind.

Beispiel: Der Kfz-Händler Handel bietet einen Pkw an, der – wie er weiß – einen Auffahrunfall hatte; dabei waren ein Kotflügel und die vordere Stoßstange beschädigt worden. Nach Auswechslung dieser Teile sind Schäden am Fahrzeug nicht zurückgeblieben. Kunz interessiert sich für das Fahrzeug. Bei den Kaufverhandlungen fragt er zwar nach Motorleistung und Fahreigenschaften, nicht aber, ob das Fahrzeug bei einem Unfall beschädigt worden ist. Handel spricht darüber ebenfalls nicht. Nachdem Kunz das Fahrzeug gekauft hat, erfährt er von dem Unfall. Kann er wegen arglistiger Täuschung anfechten?

Nach der Rechtsprechung des *BGH* ist der Verkäufer eines gebrauchten Pkw verpflichtet, dem Käufer grundsätzlich ungefragt mitzuteilen, dass ihm Mängel des Fahrzeuges oder ein früherer Unfall bekannt sind. Diese Offenbarungspflicht gilt allerdings nicht uneingeschränkt. Auf „Bagatellschäden", die nur ganz geringfügige äußere (Lack)Schäden verursacht haben, so dass bei vernünftiger Betrachtungsweise der Kaufentschluss davon nicht beeinflusst werden kann, braucht nicht aufmerksam gemacht zu werden. Dies gilt aber nicht für Blechschäden, auch wenn nach ihrer Reparatur keine Folgen zurückgeblieben sind und sich der Reparaturaufwand nur auf einen relativ geringen Geldbetrag beläuft.[115] Da ein Kfz, das einen Unfall erlitten hatte, allein wegen dieser Tatsache am Markt stets einen niedrigeren Preis als ein unfallfreies Fahrzeug erzielt, ist eine Offenbarungspflicht geboten. Danach ist Handel verpflichtet gewesen, auf den Unfall hinzuweisen. Er hat also durch Verschweigen dieser Tatsachen Kunz getäuscht, so dass eine Anfechtung nach § 123 Abs. 1 möglich ist, wenn auch die übrigen Voraussetzungen erfüllt sind.

Eine Pflicht zur Offenbarung von Tatsachen besteht erst recht, wenn 375 danach gefragt wird. Allerdings muss diese Frage zulässig sein. Auf **unzu-**

---

[113] *BGH* NJW-RR 1990, 78, 79, m. w. N.
[114] *Büchler*, JuS 2009, 976.
[115] *BGH* NJW 1982, 1386; 2008, 53, 54 Tz. 20; *OLG Karlsruhe* NJW-RR 1992, 1144, m. w. N.

§ 5. *Unwirksame und mangelhafte Willenserklärungen*

lässige Fragen können auch wahrheitswidrige Antworten gegeben werden, ohne dass sich der Antwortende dadurch dem Vorwurf der Täuschung aussetzt.

Beispiel: Stellt der Arbeitgeber bei Einstellungsgesprächen die Frage nach der politischen Überzeugung des Bewerbers, nach seiner Parteizugehörigkeit oder nach seinem Wahlverhalten, erkundigt er sich, ob die Ehe des Bewerbers harmonisch verläuft oder ob er in einer nichtehelichen Gemeinschaft lebt, dann braucht der Gefragte darauf regelmäßig nicht wahrheitsgemäß zu antworten. (Anders ist dies nur, wenn es ausnahmsweise für die Einstellung gerade auf eine dieser Tatsachen entscheidend ankommt; z.B. bei Einstellung als Redakteur einer parteipolitisch gebundenen Zeitschrift auf die Parteizugehörigkeit.) Das gleiche gilt für Fragen nach Vorstrafen, die nach dem Bundeszentralregistergesetz (vgl. Schönfelder Nr. 92) nicht zu offenbaren sind. Die Abwehr unzulässiger Fragen durch wahrheitswidrige Antworten ist rechtmäßig und kann nicht als eine (widerrechtliche) Täuschung aufgefasst werden. Zwar ging der Gesetzgeber davon aus, dass jede arglistige Täuschung widerrechtlich ist, so dass er – anders als bei der Drohung – das Merkmal der Widerrechtlichkeit nicht zu einer ausdrücklichen Voraussetzung erhoben hat, aber die vorstehenden Beispiele zeigen, dass es auch vorsätzliche Irreführungen geben kann, die zur Abwehr rechtswidriger Fragen durch Notwehr gerechtfertigt werden (§ 227).[116]

376   Der durch die Täuschungshandlung hervorgerufene oder aufrecht erhaltene Irrtum muss **ursächlich** für die (anzufechtende) Willenserklärung sein. Die Ursächlichkeit (= Kausalität) ist zu bejahen, wenn die Täuschung nicht weggedacht werden kann, ohne dass dann auch die Willenserklärung entfiele. Die Täuschung muss also eine condicio sine qua non (wörtlich: Bedingung, ohne die nicht) für die Abgabe der Willenserklärung darstellen. Ist der Erklärende auch ohne Rücksicht auf die Täuschungshandlung zur Abgabe der Willenserklärung entschlossen gewesen oder kennt er sogar den wahren Sachverhalt, dann ist die Ursächlichkeit zu verneinen. Eine Kausalität ist aber gegeben, wenn der Entschluss zum Abschluss des Vertrages neben anderen Beweggründen durch die Täuschung mit bestimmt wird.[117] Gleiches gilt, wenn die Täuschung auf die Beschleunigung des Vertragsschlusses maßgebenden Einfluss gehabt hat, wenn also beispielsweise aufgrund der wahrheitswidrigen Angabe, das Geschäft sei für den Getäuschten besonders vorteilhaft, dieser nicht mehr weiterverhandelt, sondern abschließt.

377   **Arglist** bedeutet bei § 123 Abs. 1 nicht, dass es sich bei der Täuschung um ein besonders zu missbilligendes Verhalten handeln muss, sondern lediglich, dass eine Täuschung vorsätzlich begangen wird. **Vorsatz bedeutet Wissen und Wollen des (rechtswidrigen) Erfolges.** Der Handelnde muss also die Folgen seines Verhaltens voraussehen und ihren Eintritt zumindest billigen, wenn ihm „Vorsatz" vorgeworfen werden soll. Es genügt aber, dass der Handelnde nur mit der Möglichkeit des Eintritts der Folgen rechnet, es aber dennoch darauf ankommen lässt; er handelt dann mit bedingtem Vorsatz

---

[116] Str.; vgl. MünchKomm/*Kramer*, § 123 Rn. 10; Bamberger/Roth/*Wendtland*, § 123 Rn. 15, jeweils m.w.N.
[117] *BGH* NJW 1991, 1673, 1674.

(= „dolus eventualis"; vgl. Rn. 422). Der *BGH* hat festgestellt, dass ein arglistiges Verhalten zu bejahen sei, wenn der Verkäufer einen Fehler der Kaufsache kennt oder ihn zumindest für möglich hält und gleichzeitig weiß oder doch damit rechnet und billigend in Kauf nimmt, dass der Vertragspartner den Fehler nicht kennt und bei Offenbarung den Vertrag nicht oder nicht mit dem vereinbarten Inhalt geschlossen hätte.[118] Behauptet also ein Kfz-Händler ohne entsprechende Untersuchungen, also gleichsam „ins Blaue hinein", ein Fahrzeug sei mangelfrei, obwohl er mit Mängeln rechnet, dann handelt er bedingt vorsätzlich; dies genügt für die Anwendung des § 123 Abs. 1.[119]

Bei einem Unternehmen mit einer arbeitsteiligen Organisation kann es durchaus vorkommen, dass der mit den Vertragsverhandlungen befasste Mitarbeiter keine Kenntnis von der zu offenbarenden Tatsache hat, während ein anderer Mitarbeiter über diese Kenntnis verfügt.

Beispiel: K kauft in der Niederlassung X des Unternehmens U einen gebrauchten Pkw. Die Verkaufsverhandlungen werden vom Angestellten A geführt, der davon ausgeht, dass der Pkw unfallfrei sei. Das Fahrzeug war von der Niederlassung Y desselben Unternehmens überführt worden. Dort ist bekannt, dass es sich um einen Unfallwagen handelt. Kann K wegen arglistiger Täuschung anfechten, wenn er den wahren Sachverhalt erfährt?

Bei Sachverhalten wie dem des Beispielsfalls stellt sich die Frage, ob das Wissen, das auf Grund der arbeitsteiligen Organisationsform nur einzelne Personen haben, anderen in demselben Unternehmen ebenfalls tätigen zuzurechnen ist, so dass sich der mit den Vertragsverhandlungen befasste Mitarbeiter nicht auf sein Nichtwissen mit Erfolg berufen kann. Würde man diese Frage verneinen, dann würde sich durch eine starke Arbeitsteilung und die damit verbundene Wissensaufspaltung eine Bevorzugung größerer Unternehmen gegenüber kleineren und Privatpersonen ergeben. Die h. M. verlangt zu Recht insoweit eine Gleichstellung, um eine Privilegierung von Unternehmen mit einer arbeitsteiligen Organisation zu verhindern. Dies bedeutet, dass die **Pflicht zur Weiterleitung von solchen Informationen** zu bejahen ist, **die „speicherwürdig" sind.**[120] Unternehmen mit einer arbeitsteiligen Organisationsform sind also verpflichtet, dafür zu sorgen, dass bei den Mitarbeitern, die mit Dritten in einen rechtsgeschäftlichen Kontakt treten, die dafür wesentlichen Informationen verfügbar sind. Aus dem Gesichtspunkt einer Gleichstellung mit Privatpersonen und kleinen Unternehmen ohne Arbeitsteilung folgt jedoch, dass in gleicher Weise wie dem Einzelnen auch größeren Unternehmen zuzubilligen ist, dass Informationen in Folge eines Zeitablaufs oder aus anderen Gründen verloren gehen können.

---

[118] *BGH* JZ 2004, 40, 41 m. Anm. v. *Martinek;* ebenso *OLG Karlsruhe* NJW 2004, 2456, 2457; vgl. auch *Rösler,* AcP 207 (2007), 564, 573.
[119] *BGH* NJW 2006, 2839, 2840 = JZ 2007, 98 m. Anm. v. *Faust.*
[120] *BGH* NJW 1990, 975, 976; 1996, 1339, 1340 f.; *OLG Schleswig* ZGS 2006, 75; MünchKomm/*Schramm,* § 166 Rn. 23 ff. m. w. N.

In dem Beispielsfall ist also das Wissen, dass es sich um einen Unfallwagen handelt, dem Angestellten A in gleicher Weise zuzurechnen, als wären die Verhandlungen in der Niederlassung Y geführt worden, in der diese Tatsache bekannt ist. Folglich ist Arglist zu bejahen und eine Anfechtung wegen arglistiger Täuschung erfolgreich.

379 Unerheblich ist, aus welchen Motiven der Täuschende handelt. Er muss dies nicht in der Absicht tun, sich zu bereichern oder den Getäuschten zu schädigen.[121] Es ist auch als „arglistige Täuschung" anzusehen, wenn jemand seinen Kontrahenten irreführt, um ihm zu nützen, und nicht, um ihm zu schaden. Die h. M. weist mit Recht darauf hin, dass die Willensfreiheit des Getäuschten geschützt werden soll und ihm die Entscheidung überlassen bleiben muss, was für ihn das Beste ist (str.).

Beispiel: Der Kfz-Händler Gütig bietet mehrere gebrauchte Kfz an, darunter auch einen Luxuswagen zum Preise von 85.000,– €. Der arbeitslose Leicht, der 90.000,– € im Lotto gewonnen hat, interessiert sich für dieses Fahrzeug. Da Gütig der Meinung ist, Leicht solle sein Geld besser anlegen, empfiehlt er (mit wahrheitsgemäßen Angaben) den Kauf eines Mittelklassewagens und rät vom Kauf des Luxusfahrzeugs mit der wahrheitswidrigen Behauptung ab, es gäbe verschiedene Anzeichen, die auf einen Motorschaden hindeuteten. Daraufhin entschließt sich Leicht zum Kauf des Mittelklassewagens. Ihm steht in diesem Fall ein Anfechtungsrecht nach § 123 Abs. 1 zu.

2. Person des Täuschenden

380 **Bei einer nicht empfangsbedürftigen Willenserklärung ist es für ihre Anfechtung gleichgültig, wer die Täuschung verübt hat.** Wird also jemand z. B. zu einer Auslobung (vgl. dazu Rn. 151) durch wahrheitswidrige Angaben veranlasst, dann kann er seine Willenserklärung stets anfechten. **Anders dagegen stellt sich die Rechtslage bei empfangsbedürftigen Willenserklärungen dar. Nur wenn der Erklärungsempfänger die Täuschung vorgenommen hat, kann der Getäuschte in jedem Fall anfechten;** hat dagegen eine andere Person getäuscht, dann kommt es darauf an, ob diese andere Person im Verhältnis zum Erklärungsempfänger als „Dritter" anzusehen ist. Ist dies zu verneinen, dann kann angefochten werden, als habe der Erklärungsempfänger selbst getäuscht. Sonst steht dem Erklärenden nach § 123 Abs. 2 S. 1 nur dann ein Anfechtungsrecht zu, wenn der Erklärungsempfänger die Täuschung des Dritten kannte oder kennen musste, d. h. fahrlässig nicht kannte.

Bei der Auslegung des Begriffs „**Dritter**" i. S. v. § 123 Abs. 2 wird eine restriktive Tendenz verfolgt und eine solche Person nicht als Dritter angesehen, die auf Seiten des Erklärungsempfängers steht und deren Verhalten sich der Erklärungsempfänger zurechnen lassen muss. Hierzu gehören neben dem Vertreter des Erklärungsempfängers (vgl. § 164; Einzelheiten dazu später) Verhandlungsführer und Verhandlungsgehilfen sowie für ihn tätig werdende Personen seines Vertrauens.[122]

---

[121] *Rösler*, AcP 207 (2007), 564, 572 f.
[122] *BGH* NJW 1978, 2144 f.; NJW-RR 1992, 1005, 1006; *OLG Schleswig*, NJOZ 2008, 3269, 3272; *Löhnig*, JA 2001, 353, 354 f.; *Martens*, JuS 2005, 887, 888.

Erwirbt aus der Erklärung ein anderer als der Erklärungsempfänger 381
unmittelbar ein Recht, dann ist die Erklärung ihm gegenüber anfechtbar,
wenn er die Täuschung kannte oder kennen musste (§ 123 Abs. 2 S. 2).
Hauptanwendungsfall ist der Vertrag zugunsten Dritter (vgl. § 328 Abs. 1;
Einzelheiten dazu später).

Beispiel: Bei einer ärztlichen Untersuchung des M stellt sich heraus, dass dieser einen lebensbedrohenden Herzfehler hat. Als M und seine Ehefrau diese Diagnose erfahren, kommen sie überein, dass M zu Gunsten der F eine hohe Lebensversicherung abschließt, um sie finanziell abzusichern. Bei den Verhandlungen mit der Versicherung gibt M an, er sei völlig gesund. Dabei legt er zum Nachweis seines Gesundheitszustandes ein Attest des Arztes A vor, in dem dieser auf Bitten der Eheleute aus Mitleid mit ihnen die Krankheit verschwiegen hat.

Die Täuschung des M ist ursächlich für den Abschluss des Vertrages durch die Versicherungsgesellschaft. Diese Täuschung kannte F, die durch den Versicherungsvertrag das Recht erworben hat, im Versicherungsfall Auszahlung der Versicherungssumme an sich zu fordern (vgl. auch § 330 S. 1). Wird von der Versicherungsgesellschaft der wahre Sachverhalt entdeckt, dann kann sie ihre auf den Abschluss des Vertrages gerichtete Willenserklärung nach § 123 Abs. 2 S. 2 gegenüber F anfechten.

b) Widerrechtliche Drohung

Zur Anfechtung nach § 123 Abs. 1 ist auch berechtigt, wer zur Abgabe 382
einer Willenserklärung widerrechtlich durch Drohung bestimmt worden
ist. **Dieser Tatbestand besteht also aus folgenden Merkmalen:**
- Drohung
  - dadurch Veranlassung zur Abgabe einer Willenserklärung (Kausalität)
  - Widerrechtlichkeit der Willensbeeinflussung
  - Wille des Drohenden, den Bedrohten zur Abgabe einer Willenserklärung zu bestimmen.

Die **Drohung** wird üblicherweise als das Inaussichtstellen eines künfti- 383
gen Übels beschrieben, auf dessen Verwirklichung der Drohende Einfluss
zu haben vorgibt. Die durch die Drohung herbeigeführte Zwangslage
muss aber Raum für den Handlungswillen des Erklärenden lassen, weil
anderenfalls überhaupt keine wirksame Willenserklärung abgegeben wird
(vgl. Rn. 59), die angefochten werden muss. § 123 Abs. 1 betrifft also
nicht den Fall eines unwiderstehlichen körperlichen Zwangs durch absolute Gewalt (= vis absoluta), bei dem der Wille völlig ausgeschaltet ist,
sondern nur den Fall der „vis compulsiva", durch die eine Zwangslage
entsteht, bei der der Erklärende die Alternative hat, die von ihm verlangte
Handlung vorzunehmen oder sie zu unterlassen.

Zwischen der Drohung und der (anzufechtenden) Willenserklärung 384
muss – in gleicher Weise wie bei der Anfechtung wegen arglistiger Täuschung (vgl. dazu Rn. 376) – ein **Ursachenzusammenhang** bestehen. Ist
dies zu bejahen, dann ist es unerheblich, ob die Drohung nur wegen der
besonderen Ängstlichkeit oder Leichtgläubigkeit des Bedrohten geeignet
war, diesen Zweck zu erreichen.

385 Die **Widerrechtlichkeit** der durch Drohung erreichten Willensbeeinflussung kann sich aus
- dem angewendeten Mittel oder
- dem verfolgten Zweck oder
- dem Verhältnis von Mitteln und Zweck ergeben.

Keine Zweifel an der Widerrechtlichkeit können bestehen, wenn das angedrohte Verhalten selbst rechtswidrig ist.

<small>Es wird z. B. eine Körperverletzung oder eine Sachbeschädigung angedroht.</small>

Dies gilt auch dann, wenn der Drohende einen Anspruch auf Vornahme der gewollten Handlung hat.

<small>Der Gläubiger droht seinem Schuldner Schläge an, wenn er nicht in Erfüllung eines mit ihm geschlossenen Vertrages eine Sache übereignet.</small>

Widerrechtlich ist eine Drohung auch dann, wenn zwar das angedrohte Mittel rechtmäßig ist, aber der damit verfolgte Zweck rechtswidrig.

<small>Der Gläubiger droht seinem Schuldner mit Vollstreckungsmaßnahmen wegen einer fälligen Schuld, wenn er nicht einem seiner Angestellten, dem Gläubiger missliebig ist, unter Angabe falscher Gründe fristlos kündigt. In derartigen Fällen wird allerdings häufig eine Nichtigkeit des erzwungenen Rechtsgeschäfts wegen Verstoßes gegen ein gesetzliches Verbot (§ 134) oder gegen die guten Sitten (§ 138 Abs. 1) zu bejahen sein.</small>

Schließlich ist auch dann die Widerrechtlichkeit zu bejahen, wenn zwar sowohl das angedrohte Mittel als auch der damit verfolgte Zweck rechtmäßig sind, aber die Zweck-Mittel-Relation, die Verknüpfung zwischen beiden, nach den Grundsätzen von Treu und Glauben als unangemessen anzusehen ist und deshalb widerrechtlich erscheint.

<small>Der Gläubiger droht seinem Schuldner mit Strafanzeige wegen Unfallflucht, von der er zufälligerweise erfahren hat, wenn der Schuldner nicht fällige Schulden begleicht. Zwar ist die Strafanzeige als solche nicht zu beanstanden und auch das Verlangen des Gläubigers nach Bezahlung fälliger Schulden zulässig, aber die Verknüpfung zwischen beiden ist unangemessen und deshalb rechtswidrig.
Etwas anderes gilt, wenn die Tat, wegen der die Strafanzeige angedroht wird, mit der geltend gemachten Forderung in einem engeren Zusammenhang steht. Wenn also der Arbeitgeber einem Angestellten mit Strafanzeige wegen Diebstahls droht, wenn dieser nicht den durch den Diebstahl angerichteten Schaden wieder gutmacht, dann ist dies nicht zu beanstanden.
Zu berücksichtigen ist, dass die Verfolgung von Rechten selbst dann einen erlaubten Zweck darstellt, wenn das verfolgte Recht in Wirklichkeit nicht besteht. Für die Rechtmäßigkeit des Zwecks kommt es nur darauf an, dass der Drohende im guten Glauben an den Bestand des Rechts handelt. Wer sich bei zweifelhafter Rechtslage auf einen objektiv vertretbaren Rechtsstandpunkt stellt, handelt nicht rechtswidrig, wenn er damit den Gegner zum Einlenken und zur Abgabe einer entsprechenden Willenserklärung veranlassen will.[123]</small>

386 Der Täter muss sich bewusst sein, dass sein Verhalten geeignet ist, den Bedrohten zur Abgabe der gewünschten Willenserklärung zu bestimmen, und dies auch wollen. Dagegen ist nicht erforderlich, dass er sich der

---

[123] *BGH* NJW 2005, 2766, 2768.

Rechtswidrigkeit seines Verhaltens bewusst ist (str.), denn die Anfechtung dient dem Schutz des Bedrohten, und es geht nicht darum, dem Drohenden einen Vorwurf zu machen, zumal andernfalls der mit einem weiten Gewissen Ausgestattete begünstigt würde.

c) Die Anfechtungserklärung und ihre Rechtsfolgen

Auf Inhalt und Rechtsfolgen einer Anfechtungserklärung ist bereits in Bezug auf die Irrtumsanfechtung hingewiesen worden (Rn. 351 ff.). Entsprechendes gilt auch für die Anfechtung nach § 123. Dies betrifft auch die durch die Anfechtung herbeigeführte rückwirkende Nichtigkeit des angefochtenen Rechtsgeschäfts. Allerdings ist die aus Billigkeits- und Zweckmäßigkeitserwägungen zugelassene Ausnahme von der Ex-tunc-Wirkung (Rn. 281) für in Vollzug gesetzte Dauerschuldverhältnisse wie Arbeitsverträge und Mietverträge im Rahmen der Anfechtungstatbestände des § 123 nicht zu rechtfertigen.[124] So hat der *BGH* sich dafür ausgesprochen, dass eine auf Abschluss eines Mietvertrages gerichtete Willenserklärung auch nach Überlassung der Mietsache wegen arglistiger Täuschung mit Ex-tunc-Wirkung angefochten werden kann.[125] Für die Anfechtung nach § 123 gilt eine Anfechtungsfrist von einem Jahr (§ 124 Abs. 1), deren Beginn § 124 Abs. 2 regelt. Ein weiterer Unterschied zur Irrtumsanfechtung besteht darin, dass bei einer Anfechtung nach § 123 der Anfechtende nicht zum Ersatz eines Vertrauensschadens des Erklärungsempfängers verpflichtet ist.

387

Im Schrifttum wird allerdings die Auffassung vertreten, dass in Fällen, in denen die Drohung durch einen Dritten ausgesprochen wurde, dem gutgläubigen Erklärungsempfänger in analoger Anwendung des § 122 Abs. 1 der Vertrauensschaden zu ersetzen sei (die Einschränkung des § 123 Abs. 2 gilt nicht für die widerrechtliche Drohung!). Dieser Auffassung kann nicht gefolgt werden, weil sich die Tatbestände des § 119 und des § 123 dadurch unterscheiden, dass bei der arglistigen Täuschung und widerrechtlichen Drohung die Willensfreiheit des Erklärenden eingeschränkt ist und er deshalb – anders als bei einem (ihm letztlich doch zuzurechnenden) Irrtum – nicht zum Ersatz des Vertrauensschadens verpflichtet werden kann.

Ist eine **Willenserklärung unwirksam,** dann fragt sich, ob sie dennoch **angefochten** werden kann. Die Bedeutung dieser Frage zeigt der folgende

388

Beispielsfall: K täuscht den siebzehnjährigen J über den Wert eines diesem gehörenden Ölgemäldes und veranlasst ihn, das Bild zu einem unangemessen niedrigen Preis zu verkaufen und zu übergeben. K veräußert das Gemälde weiter an D, der von der Täuschung des K Kenntnis hat, aber ebenso wie dieser von der Volljährigkeit des J ausgeht. Als die Eltern des J von dem Geschäft erfahren, erklären sie gegenüber K, dass sie mit der Veräußerung des Bildes nicht einverstanden seien und verlangen von D Herausgabe des Bildes.

---

[124] Dies wird allerdings von der h.M. für Gesellschaftsverträge anders gesehen und auf Grund der Lehre von der fehlerhaften Gesellschaft eine rückwirkende Anfechtung nicht zulassen; vgl. *Faust,* JuS 2009, 178 m.N.
[125] *BGH* NJW 2009, 1266, 1267 f. = JuS 2009, 178.

Die von E im Rahmen des Verkaufs und der Übereignung des Bildes abgegebenen Willenserklärungen waren zunächst nach §§ 107, 108 schwebend unwirksam, und wurden durch die Verweigerung der Genehmigung durch die Eltern endgültig unwirksam. D kann jedoch die Herausgabe des Bildes verweigern, wenn er Eigentum daran erworben hat. Es kommt ein gutgläubiger Erwerb des Eigentums gem. §§ 929 S. 1, 932 Abs. 1 durch D in Betracht (Einzelheiten dazu später). D hielt K für den Eigentümer des Gemäldes, da er von der Minderjährigkeit des J nichts wusste und deshalb von einer wirksamen Übereignung an K ausging. Lässt man dies für einen gutgläubigen Erwerb gem. § 932 genügen, ist D Eigentümer des Bildes geworden. Könnte die zur Übereignung abgegebene Willenserklärung trotz ihrer Unwirksamkeit wegen arglistiger Täuschung angefochten werden, dann würde D nach § 142 Abs. 2 so gestellt werden, als habe er die Unwirksamkeit der Übereignung gekannt, weil er von der arglistigen Täuschung des K und damit von der Anfechtbarkeit Kenntnis hatte.

Nun kann man sich auf den Standpunkt stellen, dass derjenige, der einen möglichen Unwirksamkeitsgrund kennt, nicht als gutgläubig i. S. d. § 932 angesehen werden kann. Bei einem solchen weiten Verständnis des Begriffs der Gutgläubigkeit, der sämtliche in Betracht zu ziehende Gründe der Nichtberechtigung des Veräußerers umfasst (dazu Einzelheiten im EK BGB Rn. 256),[126] käme es nicht darauf an, ob die Nichtigkeit einer Willenserklärung ihrer Anfechtung entgegensteht. Wenn man jedoch die Frage nach der Gutgläubigkeit des Erwerbers ausschließlich auf die Eigentümerstellung des Veräußerers bezieht, wie dies der Wortlaut des § 932 Abs. 2 nahe legt und wohl auch der ganz überwiegenden Meinung entspricht,[127] dann muss entschieden werden, ob die Anfechtung nichtiger Willenserklärungen zuzulassen ist. Die h. M.[128] bejaht dies und folgt damit der von *Kipp* begründeten Lehre von der **Doppelwirkung im Recht**.[129] Dieser Auffassung ist zuzustimmen, denn dem Einwand, dass ein Rechtsgeschäft, das nichtig ist, nicht noch einmal durch Anfechtung „nichtiger" gemacht werden kann, ist die Erwägung entgegenzusetzen, dass es um unterschiedliche Rechtswirkungen geht, die – wie der Beispielsfall zeigt – ein solches Vorgehen rechtfertigen. Außerdem kann sich auch ein Grund für die Anfechtung einer nichtigen Willenserklärung dadurch ergeben, dass z. B. in einem Rechtsstreit der Beweis der Nichtigkeit wegen Sittenwidrigkeit gem. § 138 Abs. 1 nur schwer zu führen ist, während der einer erfolgreichen Anfechtung wegen Irrtums leichter erbracht werden kann.

Im Schrifttum wird die Anfechtung nichtiger Willenserklärungen noch mit einer weiteren Sachverhaltskonstellation gerechtfertigt. Es soll demjenigen, der zunächst wirksam seine Willenserklärung wegen Irrtums angefochten hat und danach erst von der arglistigen Täuschung durch den Erklärungsempfänger erfährt, die Möglichkeit einge-

---

[126] *Hasse*, JuS 1997, Lernbogen L 1, 2; *Medicus*, AT, Rn. 729.
[127] Vgl. *Brox/Walker*, AT, Rn. 443; AnwK-BGB/*Feuerborn*, § 142 Rn. 5.
[128] BGH NJW 2010, 610, 611 Tz. 18; *Schreiber*, AcP 211 (2011), 35, 41 ff.; *Herbert*, JZ 2011, 503; MünchKomm/*Busche*, § 142 Rn. 12; Erman/*Palm*, § 142 Rn. 11; Hk-BGB/*Dörner*, § 142 Rn. 2; Bamberger/Roth/*Wendtland*, § 142 Rn. 4; Palandt/*Ellenberger*, Überblick vor § 104 Rn. 35; AnwK-BGB/*Feuerborn*, § 142 Rn. 5; *Brox/Walker*, AT, Rn. 443.
[129] *Kipp*, FS Martitz, 1911, S. 211.

räumt werden, sich durch Anfechtung wegen arglistiger Täuschung einen Schadensersatzanspruch nach § 122 zu entziehen.[130] Jedoch dürfte regelmäßig in solchen Fällen eine Schadensersatzpflicht durch § 122 Abs. 2 ausgeschlossen sein.[131]

VIII. Anfechtung und Erfüllungsgeschäft

Es ist bereits oben (Rn. 227) darauf hingewiesen worden, dass das Erfüllungsgeschäft und das ihm zugrundeliegende Verpflichtungsgeschäft voneinander zu trennen sind (Trennungsprinzip) und dass die Wirksamkeit des Erfüllungsgeschäfts von der Gültigkeit des Verpflichtungsgeschäfts unabhängig ist (Abstraktionsprinzip). Hieraus folgt, dass die Anfechtung und die dadurch bewirkte Nichtigkeit des Verpflichtungsgeschäfts nicht zugleich auch die Nichtigkeit des Erfüllungsgeschäfts herbeiführt. 389

Beispiel: Volz verkauft ein Kfz an Kunz und übereignet es in Erfüllung des Kaufvertrages. Danach ficht Kunz wirksam den Kaufvertrag wegen Irrtums an. Die Gültigkeit der Übereignung wird durch die Anfechtung nicht berührt. Vielmehr bleibt Kunz Eigentümer des Kfz, ist aber schuldrechtlich verpflichtet, das Auto zurückzugeben, weil für die Übereignung der Rechtsgrund (der im Kaufvertrag bestand) durch die Anfechtung weggefallen ist. Volz hat also dann einen Anspruch auf Rückübereignung wegen ungerechtfertigter Bereicherung (dazu Einzelheiten später) und aufgrund des § 122 Abs. 1 (vgl. Rn. 353).

Jedoch ist jeweils zu prüfen, ob der gleiche Grund, der zur Anfechtung des Verpflichtungsgeschäfts berechtigt, sich auch bei dem Erfüllungsgeschäft ausgewirkt hat, so dass es ebenfalls angefochten werden kann. Eine derartige „**Fehleridentität**" wird in den Fällen des § 123 Abs. 1 häufig zu bejahen sein. 390

Hat beispielsweise A den B durch Täuschung oder Drohung zum Abschluss eines Kaufvertrages und zur Übereignung der Kaufsache bestimmt, dann kann B auch das Erfüllungsgeschäft anfechten mit der Folge, dass er rückwirkend wieder Eigentümer des Gegenstandes wird.

Bei einer Anfechtung nach § 119 wird jeweils sorgfältig darauf zu achten sein, ob der Irrtum auch die Willenserklärung beeinflusste, die der Irrende zur Erfüllung des Verpflichtungsgeschäfts abgegeben hat. Zwar wird stets der Irrtum auch bei der Erfüllung eine Rolle spielen, weil dabei (irrtümlich) davon ausgegangen wird, das Verpflichtungsgeschäft sei unanfechtbar zustande gekommen, und weil der Irrende bei Kenntnis seines Irrtums regelmäßig von einer Erfüllung Abstand nehmen wird; dies aber kann allein nicht schon zu einer Anfechtung des Erfüllungsgeschäfts berechtigen, denn insoweit handelt es sich um einen (unbeachtlichen) Motivirrtum. Zwar wird im Schrifttum insbesondere im Hinblick auf die 391

---

[130] AnwK-BGB/*Feuerborn*, § 142 Rn. 5; Bamberger/Roth/*Wendtland*, § 142 Rn. 4.
[131] *Klinck*, ZJS 2008, 102, 109.

Irrtumsfälle des § 119 Abs. 2 häufiger auch die Anfechtung des Erfüllungsgeschäfts für zulässig gehalten, insbesondere wenn das Verpflichtungs- und Erfüllungsgeschäft zeitlich zusammenfallen; jedoch verlangt das Trennungsprinzip eine zurückhaltende Behandlung auch dieser Fälle. Stets muss die Frage der Anfechtung getrennt für jedes Rechtsgeschäft erörtert und entschieden werden.

1. Übungsklausur*

Rechtsanwalt R benötigt einen besonders konstruierten Aktenordner, der von der Büromaterial herstellenden Firma Leitz unter der Bezeichnung Typ 1080 angeboten wird. R pflegt seinen Bürobedarf durch Bestellung bei dem Schreibwarenhändler A. Huber zu decken. Deshalb diktiert er einen Brief folgenden Inhalts:

„Lieber Herr Huber, ich benötige einen Leitz Typ 1080 und bitte um rasche Lieferung. Mit freundlichen Grüßen. Rechtsanwalt R".

Den Brief schreibt die Sekretärin S, die noch nicht lange bei R beschäftigt ist und deshalb die Anschrift des Schreibwarenhändlers Huber nicht auswendig kennt. Sie sucht diese Adresse aus dem Telefonbuch heraus und gerät dabei versehentlich in eine falsche Zeile, so dass sie die Anschrift des Fotohändlers A. Huber in den Brief einfügt. Bei der Unterzeichnung des Schreibens bemerkt R diesen Fehler nicht.

Der Zufall will es, dass es einen Dia-Projektor eines Herstellers ebenfalls mit dem Namen Leitz gibt, der die Typenbezeichnung 1080 trägt. Fotohändler Huber nimmt deshalb an, R wolle diesen Projektor bei ihm bestellen. Er besorgt sich sofort bei einem Großhändler ein solches Gerät und bringt es persönlich zu R. Dort klärt sich das Missverständnis auf. R weigert sich, den Projektor abzunehmen. Huber besteht auf Zahlung des Ladenpreises für den Projektor.

1. Mit Recht?
2. Wie wäre die Rechtslage, wenn R diktiert hätte: „Lieber Herr Huber, ich benötige wieder einmal von Ihnen etwas, nämlich einen Leitz Typ 1080. Für rasche Lieferung wäre ich dankbar. Mit freundlichem Gruß. Rechtsanwalt R."

Bearbeitungszeit: Nicht mehr als 120 Minuten

Fälle und Fragen

62. Erläutern Sie bitte den Begriff der Nichtigkeit!
63. Kann ein nichtiges Rechtsgeschäft von den Beteiligten wirksam gemacht werden?
64. Grün verpachtet sein Grundstück für die Dauer von fünf Jahren in einem schriftlich abgeschlossenen Vertrag an Blau. Gleichzeitig verpflichtet sich Grün in diesem Vertrag, nach Ablauf der Pachtzeit Blau das Grundstück zu einem Preis zu verkau-

---

* Vgl. dazu Nr. 3 der „Hinweise für die Arbeit mit diesem Buch" (S. XXI).

VIII. Anfechtung und Erfüllungsgeschäft

fen, der von einem Sachverständigen festgesetzt werden soll. Ist die vertragliche Vereinbarung gültig?
65. Was verstehen Sie unter der „Umdeutung" eines (nichtigen) Rechtsgeschäfts?
66. Erläutern Sie bitte die Begriffe der schwebenden und der relativen Unwirksamkeit!
67. Was ist unter „Rechtsfähigkeit" zu verstehen?
68. Was ist eine Fiktion? Nennen Sie bitte ein Beispiel!
69. Was ist eine juristische Person?
70. a) A leidet an einer Geisteskrankheit, bei der sich Störungen der Geistestätigkeit mit normalen Phasen abwechseln. In einem lichten Augenblick mietet A von C eine Wohnung. Als die Geisteskrankheit des A entdeckt wird, bestellt das Betreuungsgericht einen Betreuer und ordnet außerdem einen Einwilligungsvorbehalt an. Der Betreuer B will den Mietvertrag mit C nicht anerkennen. Mit Recht?
b) Ändert sich die Entscheidung, wenn A im Zustand der Geisteskrankheit handelte?
71. Nachdem Fix erhebliche Mengen Rauschgift zu sich genommen hat und er dadurch nachhaltig in seiner Wahrnehmungs- und Kritikfähigkeit gestört ist, bestellt er telefonisch beim Blumenhändler Blümlein einige teure Blumengestecke, die am nächsten Tag geliefert werden sollen. Als Blümlein die Gestecke anliefert, kann sich Fix an nichts mehr erinnern. Blümlein verlangt Bezahlung der Gestecke. Mit Recht?
72. Was bedeutet „beschränkte Geschäftsfähigkeit" und wodurch unterscheidet sie sich von der Geschäftsunfähigkeit?
73. Der exzentrische Reich bietet auf der Straße Passanten Goldmünzen, deren Wert 200,- € beträgt, zum Preise von 10,- € an, um die Reaktion auf derartige Angebote zu testen. Der 16jährige Jung erwirbt eine Goldmünze mit Geld, das er nicht zur freien Verfügung erhalten hat. Wie ist die Rechtslage?
74. Tante Elvira will ihrer minderjährigen Nichte Frieda ein Grundstück schenken, ohne dass dies die Eltern der Frieda erfahren sollen. Das 200.000,- € werte Grundstück ist mit einer Hypothek in Höhe von 20.000,- € belastet. Bestehen rechtliche Bedenken gegen das Vorhaben von Tante Elvira?
75. Kann ein Minderjähriger ohne Zustimmung seines gesetzlichen Vertreters ein für ihn rechtlich neutrales Geschäft wirksam vornehmen?
76. Jung erhält zu seinem 17. Geburtstag von seinen Eltern 150,- €, damit er sich davon einen DVD-Player kaufen kann. Er erwirbt ein solches Gerät von Handel zum Preis von 149,- € und bezahlt sofort. Einige Tage danach erfährt Handel, dass Jung minderjährig ist. Er bittet daraufhin schriftlich die Eltern, ihm mitzuteilen, ob sie mit dem Kauf einverstanden wären. Die Eltern antworten nicht. Wie ist die Rechtslage?
77. Der minderjährige Jung kauft sich von seinem Taschengeld ein Los der Dombau-Lotterie und gewinnt den Hauptpreis, ein Auto. Er verkauft das Auto an seinen 19-jährigen Freund für 5.000,- € und erwirbt für dieses Geld eine Briefmarkensammlung. Sind die von Jung geschlossenen Verträge wirksam?
78. Am 1. April erzählt Leicht dem Dümmlich, beim Bäcker Lustig gäbe es aus Anlass eines Geschäftsjubiläums Kuchen und Torten zu den Preisen von 1910. Daraufhin begibt sich Dümmlich zum Geschäft des Lustig und erklärt, er wolle eine große Buttercremetorte zu dem Preis haben, der dafür im Jahre 1910 verlangt wurde. Lustig, der erkennt, dass Dümmlich in den April geschickt worden ist, macht den Scherz mit und sagt zu Dümmlich, er solle sich schon einmal für heute Nachmittag Freunde einladen, er – Lustig – werde ihm die Buttercremetorte ins Haus zum Preis von 1,- € liefern. Als die Torte nicht gebracht wird, ruft Dümmlich bei Lustig an.

Dieser erklärt, alles sei ein Aprilscherz gewesen. Dümmlich besteht aber dennoch auf Lieferung der Torte, für die er nur 1,- € zahlen möchte. Mit Recht?

79. Volz bietet schriftlich seinen Pkw dem Kunz an. Als Kaufpreis will er 8.000,- € angeben, vertippt sich aber und schreibt 7.000,- €. Da er in Eile ist, liest er das Schreiben nur flüchtig durch und gibt es zur Post. Kunz nimmt das Angebot an. Der Schreibfehler stellt sich heraus, als der Kaufpreis bezahlt werden soll. Kunz, der besonderen Wert auf das Fahrzeug legt, erklärt sich bereit, 8.000,- € zu zahlen. Dennoch will Volz, der inzwischen ein günstigeres Angebot für sein Kfz erhalten hat, seine Erklärung anfechten. Ist dies zulässig?

80. Handel veräußert Computer nebst Zubehör über eine Website im Internet. Er legt für das Notebook der Firma F, Typ X, einen Verkaufspreis von 1.200,- € fest. Mittels einer von Handel verwendeten Software wird dieser Preis anschließend automatisch in die Produktdatenbank seiner Internetseite übertragen. Als Ergebnis dieses Vorgangs enthält die Datenbank jedoch nicht den als Kaufpreis eingegebenen Betrag von 1.200,- €, sondern in Folge eines Softwarefehlers einen Preis von 200,- €. Kunz bestellt ein Notebook des genannten Typs zu dem auf der Internetseite des Handel angegebenen Verkaufspreis von 200,- €. Handel bestätigt Kunz mittels einer automatisch verfassten E-Mail den Eingang seiner Bestellung zu diesem Preis. Das Notebook wird mit Rechnung und Lieferschein des Handel zum Verkaufspreis von 200,- € Kunz geliefert. Erst danach entdeckt Handel den Fehler und schreibt an Kunz, dass er den Kaufvertrag anfechte, weil in Folge eines Systemfehlers ein falscher Kaufpreis angegeben worden sei. Er verlangt Herausgabe des Notebooks. Kunz weigert sich. Mit Recht?

81. Was ist ein Identitätsirrtum und welche Rechtsfolgen ergeben sich aus ihm?

82. Schussel verkauft Pfiffig einen gebrauchten Lkw unter Ausschluss der Haftung für Sachmängel. Die zwischen den Parteien getroffenen Vereinbarungen werden in einem von Schussel aufgesetzten Schriftstück festgehalten, in dem ausdrücklich erklärt wird, dass nur die schriftlich niedergelegten Vereinbarungen Geltung haben sollen. Schussel vergisst, die Vereinbarung über den Haftungsausschluss in die Urkunde aufzunehmen. Das Versehen wird zwar beim Durchlesen von Pfiffig bemerkt, er weist aber Schussel darauf nicht hin, weil es ihm nur recht ist, wenn die entsprechende Absprache im schriftlichen Text fehlt. Als nach einiger Zeit Mängel am Fahrzeug auftreten, will Pfiffig daraus Rechte für sich herleiten. Gegenüber dem Hinweis von Schussel, man habe doch die Gewährleistung ausgeschlossen, beruft sich Pfiffig auf den von beiden unterschriebenen Vertragstext. Schussel erwägt eine Anfechtung wegen Irrtums. Ist dies möglich?

83. Volz und Kunz verhandeln über den Verkauf von Aktien. Um den Kurs festzustellen, schauen sie in den Wirtschaftsteil einer Tageszeitung und legen den dort genannten Kurs der Berechnung des Kaufpreises zugrunde. Einige Tage nach Abschluss des Vertrages stellt Volz fest, dass sie irrtümlich in eine 14 Tage alte Zeitung gesehen hatten und dass im Zeitpunkt des Kaufs der Kurs der Aktien um 20% gestiegen war. Daraufhin verlangt Volz von Kunz eine entsprechende Nachzahlung. Kunz beruft sich darauf, dass er die Aktien zu dem höheren Preis nicht gekauft hätte. Wie ist die Rechtslage?

84. Herr Arnold aus München hält sich einige Tage in Köln auf. Um die Kölner Sitten und Gebräuche kennen zu lernen, begibt er sich in ein typisch kölnisches Lokal. Dort findet er auf der Speisekarte einen „halven Hahn" zum Preise von 3,50 €. Erfreut über das – wie er meint – äußerst preiswerte Angebot, bestellt er „halben Hahn" beim Kellner. Dieser antwortet: „Ich bringe ihnen sofort 'nen halven Hahn" und serviert ihm ein Käsebrötchen. Als Arnold darauf aufmerksam macht, dass er doch keine „Käsesemmel" bestellt habe, sondern einen „halben Hahn", erklärt ihm der Kellner, ein „halver Hahn" sei in Köln ein Brötchen mit Holländer Käse. Wie ist die Rechtslage?

VIII. Anfechtung und Erfüllungsgeschäft

85. Handel stellt Anton als Lagerverwalter ein, ohne zu wissen, dass dieser wiederholt wegen Diebstahls und Unterschlagung vorbestraft ist. Da es sich um eine Vertrauensstellung handelt, will Handel Anton nicht mehr weiter beschäftigen, als er von dessen Vorstrafen erfährt. Kann sich Handel von dem Vertrag lösen?
86. Erb ist Alleinerbe des Reich. Er findet im Nachlass einen Becher aus Kristall, der mit einem Glasschnitt verziert ist. Er bietet den Becher dem Antiquitätenhändler Alt zum Kauf an. Dieser untersucht den Becher und ist davon überzeugt, dass es sich dabei um eine im 19. Jahrhundert hergestellte Kopie eines alten Glases handelt. Nachdem er Erb das Ergebnis seiner Feststellung mitgeteilt hat, bietet er ihm 200,– €. Erb ist einverstanden. Nach einigen Tagen erfährt Erb von einem Freund des Reich, dass der Becher etwa um 1670 in Südböhmen hergestellt worden ist und dass sein Wert mindestens 3.000,– € beträgt. Daraufhin verlangt Erb von Alt Rückgabe des Bechers. Mit Recht?
87. Einzelhändler Arnold bestellt auf einer Postkarte bei der Firma Müller in X-Stadt Waren für sein Geschäft. Bei Löscharbeiten, die wegen eines Brandes im Bahnpostamt erforderlich werden, wird die Karte des Arnold durchnässt, so dass die Anschrift nicht mehr genau gelesen werden kann. Bei der Sortierung der Postsendungen glaubt man, die Karte sei an die Firma Müller in Y-Stadt gerichtet. Der Zufall will es, dass auch die Firma Müller in Y-Stadt mit gleichen Waren handelt und die Bestellung des Arnold ausführt. Der von der Firma Müller in Y-Stadt verlangte Preis liegt jedoch erheblich über dem der Firma Müller in X-Stadt. Deshalb will Arnold die Bestellung nicht gelten lassen. Welche rechtlichen Möglichkeiten hat er?
88. Erläutern Sie bitte die Begriffe des Vertrauensschadens und des Erfüllungsinteresses! Welcher Unterschied besteht zwischen beiden? Kann der Vertrauensschaden auch in einem entgangenen Gewinn bestehen?
89. Welchem Ziel dient die ergänzende Vertragsauslegung und auf welche Weise wird dieses Ziel erreicht?
90. Was ist unter „dispositivem Recht" zu verstehen?
91. Welche Rechtsfolgen ergeben sich bei einer Störung der Geschäftsgrundlage?
92. Groß errichtet in Kleindorf 100 Einfamilienhäuser. Die Häuser werden mit Fernwärme und Warmwasser durch ein von Groß errichtetes und betriebenes Fernheizwerk versorgt. Gegenüber Erwerbern der Häuser verpflichtet sich Groß, die Fernwärme und das Warmwasser zu gleichen Preisen zu liefern wie die Stadtwerke von Kleindorf. Nach zwei Jahren verlangt Groß von Kunz, der ein Haus erworben hat, einen höheren Preis für die Fernwärme, als die Stadtwerke von ihren Kunden fordern. Er begründet dieses Verlangen damit, dass sein Fernheizwerk mit Erdöl, nicht mit Gas (wie das der Stadtwerke) betrieben werde. Die Erdölpreise seien aber in letzter Zeit wesentlich stärker gestiegen als die Gaspreise. Müsste er die Preise der Stadtwerke einhalten, würde er jährlich bei den 100 Häusern einen Verlust von 30.000,– € hinnehmen. Dazu sei er nicht verpflichtet. Kunz beruft sich auf die vertragliche Vereinbarung. Wie ist die Rechtslage?
93. Der Gebrauchtwagenhändler Klever bietet einen Pkw zum Kauf an, der – wie er weiß – in einen Auffahrunfall verwickelt worden ist. Allerdings ist dabei nur ein geringfügiger Schaden (Reparaturkosten 200,– €) entstanden, der ohne bleibende Folgen repariert werden konnte. Schussel interessiert sich für das Fahrzeug und fragt bei den Verkaufsverhandlungen danach, ob der Wagen einen Unfall gehabt hat. Auch Klever spricht darüber nicht. Nachdem Schussel das Fahrzeug einige Wochen gefahren hat, erfährt er zufällig von dem Unfallschaden und ficht daraufhin den Kaufvertrag an. Mit Recht? Wie wäre zu entscheiden, wenn zwar Klever von dem Unfall nichts wusste, aber ohne jede Erkundigung beim früheren Eigentümer und Untersuchung des Fahrzeugs auf eine entsprechende Frage des Schussel behauptet hätte, das Kfz sei unfallfrei?

§ 5. Unwirksame und mangelhafte Willenserklärungen

94. Wie ist zu entscheiden, wenn in dem vorstehenden Fall (Nr. 93) die Verkaufsverhandlungen von einem Angestellten des Klever geführt worden sind, der ausdrücklich angewiesen ist, stets auf Unfälle der zum Verkauf stehenden Fahrzeuge hinzuweisen und Interessenten umfassend und richtig zu informieren?
95. K interessiert sich für einen gebrauchten Pkw, der in der Filiale Kleinstadt des Handel angeboten wird. Die Verhandlungen führt der Angestellte A. K fragt, ob das Fahrzeug unfallfrei sei. Da A auf Grund der ihm zur Verfügung stehenden Unterlagen davon ausgeht, dass dies der Fall sei, bejaht er die Frage. Daraufhin kauft K das Fahrzeug. Kurze Zeit danach wird festgestellt, dass der Pkw einen Unfall gehabt hatte. Dies war in der Filiale Großstadt des Handel, von der das Fahrzeug angekauft worden war, bekannt, jedoch war versäumt worden, eine entsprechende Notiz in die Verkaufsunterlagen aufzunehmen. Kann K wegen arglistiger Täuschung anfechten?
96. Groß und Klein streiten über die Erfüllung eines Vertrages. Der jähzornige Groß zieht plötzlich ein Messer, setzt es an die Kehle des Klein und verlangt von diesem, er solle schriftlich alle Ansprüche aus einem Vertrag mit Dritt an Groß abtreten. Der völlig verängstigte Klein tut dies. Kann er seine Erklärung anfechten?
97. Wann ist eine Drohung widerrechtlich i. S. v. § 123 Abs. 1?
98. Welche Rechtsfolgen ergeben sich für das Erfüllungsgeschäft, wenn eine Partei des zugrundeliegenden Verpflichtungsgeschäfts durch Irrtum oder Täuschung zu ihrer Willenserklärung bestimmt worden ist und sie deshalb anficht?

§ 6. Störungen im Schuldverhältnis

I. Überblick über die verschiedenen Störungsarten

Inhalt eines jeden Schuldverhältnisses – gleichgültig, ob es auf rechtsgeschäftlicher oder gesetzlicher Grundlage entstanden ist – bildet die Pflicht des Schuldners, die geschuldete Leistung zu erbringen und damit den darauf gerichteten Anspruch des Gläubigers zu erfüllen (vgl. Rn. 159 ff.). Wird diese Pflicht nicht oder nicht rechtzeitig oder nicht in gehöriger Weise erfüllt, dann ist das Schuldverhältnis, die Forderungsbeziehung zwischen Gläubiger und Schuldner (vgl. Rn. 148), gestört. Das gleiche gilt, wenn ein am Schuldverhältnis Beteiligter ihm obliegende Verhaltenspflichten verletzt (vgl. Rn. 183 ff.). Die Regeln, die bei einer Pflichtverletzung eingreifen und die dann die sich ergebenden Rechtsfolgen bestimmen, bilden das sog. Leistungsstörungsrecht. **Gemeinsamer Anknüpfungspunkt ist der objektive Verstoß gegen eine sich aus dem Schuldverhältnis ergebende Pflicht.** Die konkreten Rechtsfolgen einer Pflichtverletzung richten sich nach der Art des Pflichtverstoßes. Insoweit ist zu unterscheiden:

- Eine geschuldete Leistung wird vom Schuldner nicht erbracht (**Fall der Nichterfüllung**).

392

Für die sich dann ergebenden Rechtsfolgen ist es von Bedeutung, weshalb der Schuldner nicht leistet (vgl. Rn. 393).

- Der Schuldner erbringt die Leistung nicht rechtzeitig (**Fall des Schuldnerverzuges**).
- Der Schuldner leistet rechtzeitig, jedoch nicht in gehöriger Weise (**Fall der Schlechterfüllung**).

Die Schlechterfüllung (man kann auch von Schlechtleistung sprechen) kann zum einen darin bestehen, dass der Schuldner die von ihm geschuldete Leistung in einer minderen Qualität erbringt. Von der Art des vertraglichen Schuldverhältnisses kann es dann abhängen, welche Rechtsfolgen in diesem Fall eintreten. So gelten z. B. für den Kaufvertrag und für den Werkvertrag besondere Regelungen, die zu beachten sind (Einzelheiten dazu später). Zum anderen kann sich die Schlechterfüllung auf Verhaltenspflichten beziehen (dazu Einzelheiten ebenfalls später).

- Der Schuldner bietet die geschuldete Leistung vertragsgerecht an, der Gläubiger nimmt jedoch die Leistung nicht an (**Fall des Gläubigerverzuges**).

Auf diese verschiedenen Störungsarten soll im Folgenden eingegangen werden.

II. Nichterfüllung

a) Vorbemerkung

393 Das Schuldverhältnis schafft eine Forderungsbeziehung zwischen Gläubiger und Schuldner, die das Recht des Gläubigers zum Inhalt hat, von dem Schuldner eine Leistung zu fordern (vgl. Rn. 147). Erbringt der Schuldner die Leistung nicht, dann handelt er seiner schuldrechtlichen Verpflichtung zuwider. Nach der gesetzlichen Regelung ist es allerdings nicht gleichgültig, aus welchem Grund der Schuldner die Leistung nicht erbringt. Geschieht dies, weil
- die **Leistungserbringung unmöglich** ist, dann ist der Anspruch auf Leistung ausgeschlossen, und zwar soweit diese Unmöglichkeit besteht (§ 275 Abs. 1).
- Ist die **Leistung** zwar **möglich**, aber ist dafür ein **Aufwand** erforderlich, „der unter Beachtung des Inhalts des Schuldverhältnisses und der Gebote von Treu und Glauben in einem groben Missverhältnis zu dem Leistungsinteresse des Gläubigers steht", dann kann der Schuldner die Leistung verweigern § 275 Abs. 2).
- Bei **persönlich vom Schuldner zu erbringenden Leistungen** (z. B. bei Arbeits-, Dienst- und Geschäftsbesorgungsverträgen) ist ihm unter den in § 275 Abs. 3 genannten Voraussetzungen ebenfalls ein Leistungsverweigerungsrecht eingeräumt (vgl. auch Rn. 405), weil **dem Schuldner die Leistungserbringung nicht zuzumuten ist.**

Die **Befreiung des Schuldners von der primären Leistungspflicht** in diesen Fällen **lässt** jedoch **offen, ob ihn** dann nicht eine **sekundäre Leistungspflicht trifft** und er den Schaden zu ersetzen hat, der dem Gläubiger in Folge der Nichtleistung entsteht. Diese Frage wird in § 275 Abs. 4 durch Verweisung auf §§ 280, 283 und 311a Abs. 2, also auf Vorschriften, die Schadensersatzansprüche regeln, beantwortet. Daneben können dem Gläubiger noch andere Rechte zustehen, die sich aus §§ 284, 285 und 326 ergeben und auf die ebenfalls in § 275 Abs. 4 verwiesen wird. Auf diese verschiedenen Rechte des Gläubigers wird im Folgenden eingegangen werden.

394 In Fällen, in denen der Anspruch auf Leistung weder ausgeschlossen noch die Erfüllung verweigert werden darf, **muss der Gläubiger regelmäßig dem Schuldner Gelegenheit geben, die geschuldete und noch ausstehende Leistung zu erbringen**, bevor er auf die Leistung verzichtet und Schadensersatz fordert (vgl. § 281 Abs. 1 S. 1); das gleiche gilt, wenn der Schuldner anstelle des Schadensersatzes Ersatz vergeblicher Aufwendungen nach § 284 verlangt (vgl. Rn. 426 f.). Durch dieses **Erfordernis einer Fristsetzung** kommt der Vorrang des Erfüllungsanspruchs zum Ausdruck. Der Gesetzgeber sieht hierin ein grundlegendes Strukturelement des durch

das SchuldRModG geschaffenen neuen Leistungsstörungsrechts.[1] Ergibt sich die Leistungspflicht des Schuldners aus einem **synallagmatischen Vertrag**, nach dem der Gläubiger ebenfalls eine (Gegen-)Leistung zu erbringen hat, dann kann er sich nach dem erfolglosen Ablauf der dem Schuldner zur Erbringung der Leistung gesetzten Nachfrist (auch) von dem Vertrag durch Rücktritt lösen (§ 323 Abs. 1) und damit seine Gegenleistungspflicht entfallen lassen. Die dem Schuldner durch Setzung einer angemessenen Frist einzuräumende Möglichkeit, das Versäumte nachzuholen und seine Leistung zu erbringen, wird jedoch überflüssig, wenn eine solche Fristsetzung von vornherein aussichtslos erscheint oder dem Gläubiger nicht zugemutet werden kann (vgl. § 281 Abs. 2, § 323 Abs. 2).

b) Unmöglichkeit

1. Die verschiedenen Fälle

Nach § 275 Abs. 1 ist der Anspruch auf Leistung bei Unmöglichkeit ausgeschlossen, wobei es nicht darauf ankommt, ob nur dem Schuldner oder jedermann die Erbringung der Leistung unmöglich ist. Der Fall der subjektiven Unmöglichkeit wird folglich dem der objektiven gleichgestellt. Darüber hinaus wird auch nicht zwischen der anfänglichen und der nachträglichen Unmöglichkeit unterschieden. Diese verschiedenen **Arten der Unmöglichkeit** sollen im Folgenden kurz erläutert werden: 395

- Von der **objektiven Unmöglichkeit** spricht man, wenn niemand die Leistung erbringen kann.

  Beispiel: Der verkaufte Pkw verbrennt vor der Übergabe.

- Bei der **subjektiven Unmöglichkeit** ist nur der Schuldner außerstande, die geschuldete Leistung zu erbringen; ein anderer wäre jedoch dazu in der Lage.

  Beispiel: Der verkaufte Wagen wird vor Übergabe von einem Unbekannten gestohlen. Dies ist als subjektive Unmöglichkeit zu werten, weil die Erfüllung der sich aus dem Kaufvertrag für den Verkäufer ergebenden Pflichten (vgl. § 433 Abs. 1) objektiv durchaus möglich bleibt. Der Verkäufer kann, da er durch den Diebstahl Eigentum nicht verliert, dem Käufer das Eigentum auch an der entwendeten Sache übertragen (Einzelheiten dazu später), und der Dieb könnte – wenn er wollte – die Sache dem Käufer übergeben.

- Die **anfängliche** (ursprüngliche) **Unmöglichkeit** besteht bereits im Zeitpunkt der Begründung des Schuldverhältnisses.

  Beispiel: Volz verkauft seinen Pkw an Kunz, ohne zu wissen, dass der Wagen in der vorigen Nacht verbrannt oder gestohlen worden ist.

- Die **nachträgliche Unmöglichkeit** ergibt sich erst nach Begründung des Schuldverhältnisses.

---

[1] Amtl. Begr. S. 92 f.

Beispiel: Der verkaufte Pkw verbrennt erst nach Abschluss des Kaufvertrages oder wird zu dieser Zeit gestohlen.

396 Nun kann man innerhalb der Unmöglichkeit noch nach dem Grund unterscheiden und weitere **Untergruppen** bilden:
- **Naturgesetzliche** (physische) **Unmöglichkeit,** die dazu führt, dass die Leistung aus natürlichen Gründen nicht erbracht werden kann.

  Beispiel: Der verkaufte Pkw ist ausgebrannt. Ein weiteres Beispiel naturgesetzlicher Unmöglichkeit bildet der Fall, dass jemand verspricht, mithilfe eines Horoskops oder des Kartenlegens die Zukunft zu deuten.[2]

- **Juristische Unmöglichkeit,** die besteht, wenn aus rechtlichen Gründen nicht geleistet werden kann.

  Beispiel: Die Veräußerung des verkauften Gegenstandes wird gesetzlich verboten. Häufig wird jedoch der entsprechende Vertrag bereits nach § 134 nichtig sein (vgl. Rn. 165).

- **Faktische Unmöglichkeit** (auch praktische Unmöglichkeit genannt), die gegeben ist, wenn zwar die Erbringung der Leistung nicht schlechthin ausgeschlossen ist, aber Maßnahmen erfordert, die außerhalb jeder Vernunft liegen.

  Beispiel: V verkauft K eine Maschine, die mit dem Schiff über das Meer transportiert wird. Das Schiff geht unter. Es ist zwar technisch möglich, das Schiff zu heben, aber die dabei entstehenden Kosten sind so hoch, dass kein vernünftiger Mensch auf diesen Gedanken verfällt. Der Übergang dieser Fallgruppe zur nächsten ist fließend.

- **Wirtschaftliche Unmöglichkeit,** die zu bejahen ist, wenn der Schuldner die Leistung nur unter unverhältnismäßig hohen Opfern zu erbringen vermag, die ihm nicht zugemutet werden können.

- **Sittliche** (psychische) **Unmöglichkeit,** von der man bei Sachverhalten spricht, bei denen dem Schuldner aus anderen als wirtschaftlichen Gründen die Erbringung der Leistung nicht zugemutet werden kann.

  Beispiel: Das Kind der Schauspielerin ist lebensbedrohend erkrankt. Sie ist zwar in der Lage, entsprechend einem von ihr geschlossenen Vertrag aufzutreten, jedoch kann dies nicht von ihr verlangt werden.

Eine weitere Unterscheidung kann danach getroffen werden, ob die Unmöglichkeit eine endgültige oder nur vorübergehende ist und ob sie die gesamte Leistung oder nur Teile davon betrifft. Auf die sich hieraus ergebenden Rechtsfolgen wird noch später einzugehen sein.

2. Objektive und subjektive Unmöglichkeit

397 In Fällen einer naturgesetzlichen und juristischen Unmöglichkeit ist die Erbringung der Leistung für jedermann unmöglich; es handelt sich folglich um eine von § 275 Abs. 1 erfasste (objektive) Unmöglichkeit. In solchen Fällen kann es nicht zweifelhaft sein, dass die geschuldete Leistung

---

[2] *BGH* NJW 2011, 756, 757 Tz. 10.

weder vom Schuldner noch von einem anderen erbracht werden kann. Dagegen ist die Frage, ob eine subjektive Unmöglichkeit des Schuldners zu bejahen ist, nicht immer so einfach zu beantworten. Denn die subjektive Unmöglichkeit muss grundsätzlich verneint werden, wenn der Schuldner durch Beschaffung des geschuldeten Gegenstandes seine Leistungsfähigkeit herstellen kann. Vom Schuldner kann erwartet werden, dass er zumutbare Anstrengungen unternimmt, um ein bestehendes Leistungshindernis zu beheben; solange noch eine berechtigte Aussicht besteht, dass dies dem Schuldner gelingt, muss folglich ein Fall von (subjektiver) Unmöglichkeit i.S.v. § 275 Abs. 1 ausgeschlossen werden.[3] Allerdings kann die Entscheidung, welche Anstrengungen der Schuldner zu unternehmen hat und wann er sich auf eine subjektive Unmöglichkeit berufen darf, Schwierigkeiten bereiten. Dies zeigt der folgende

Beispielsfall: Der Fabrikant F stellt in einer limitierten Auflage 100 Uhren mit der Bezeichnung „Edel" her. Der Uhrenhändler H erhält ein Exemplar. Er bietet es seinem Kunden K an. Dieser nimmt das Angebot an. Als die Uhr dem K übergeben werden soll, ist sie im Geschäft des H nicht mehr auffindbar. Sie wurde offensichtlich gestohlen. Wie es dazu kam, lässt sich nicht mehr aufklären.

Es handelt sich offensichtlich nicht um einen Fall objektiver Unmöglichkeit, da es die verkaufte Uhr noch gibt und H im Falle des Auffindens der Uhr seine Vertragspflichten aus dem Kaufvertrag mit K erfüllen könnte. Zu entscheiden ist, ob von einer subjektiven Unmöglichkeit auszugehen ist, so dass der Anspruch des K auf Leistung nach § 275 Abs. 1 ausgeschlossen werden muss. Dies hängt davon ab, ob ein Stückkauf (nur die einzelne Uhr, die H dem K angeboten hat, bildet den Gegenstand des Kaufvertrages) oder ein Gattungskauf (eine beliebige Uhr aus der limitierten Auflage wird geschuldet) geschlossen wurde.[4] Bei einem Stückkauf ist die Lösung recht einfach. Da die geschuldete der Kaufsache, die dem K von H angebotene Uhr, nicht mehr aufgefunden werden kann, ist H die Leistung subjektiv unmöglich. Bei einem Gattungskauf kann dagegen keine subjektive Unmöglichkeit angenommen werden, wenn sich H ein weiteres Exemplar vom Fabrikanten F oder ggf. von einem anderen Uhrenhändler beschaffen kann, um seiner Vertragspflicht gegenüber K zu genügen. Wenn allerdings auf diese recht einfache Weise kein Exemplar der verkauften Uhr zu bekommen ist, dann hängt die Lösung davon ab, welche Anstrengungen H zu unternehmen hat, um leistungsfähig so werden. Zu denken ist daran, dass dann H an die Erwerber der Uhr herantreten muss, um ein Exemplar zu erwerben, wobei er auch einen erheblich höheren Preis bieten muss, als er selbst auf Grund des Kaufvertrages mit K erhält. Denn bei einer Gattungsschuld ist der Schuldner zur Beschaffung der Sache verpflichtet und hat deshalb nach § 276 Abs. 1 S. 1 seine Leistungsunfähigkeit zu vertreten (Einzelheiten dazu später). Kann K nicht von einem Kollegen die Adresse des Käufers einer Uhr erfahren, dann stellt sich die Frage, ob er nicht zu zusätzlichen Nachforschungen verpflichtet ist. Verneint man dies, dann kommt es weiter darauf an, ob für diese (negative) Entscheidung der Aufwand für solche Nachforschungen entscheidend ist, und deshalb von einem Fall faktischer Unmöglichkeit ausgegangen werden muss, der nach § 275 Abs. 2 zu einem Leistungsverweigerungsrecht des H führt, oder ob man sich auf den Standpunkt stellen

---

[3] *Zimmer*, NJW 2002, 1, 3; *Looschelders*, JuS 2010, 849, 850; *Medicus/Lorenz*, Rn. 417; AnwKom-BGB/*Dauner-Lieb*, § 275 Rn. 34.

[4] In einer Klausur müsste eine Entscheidung getroffen werden, wobei vieles dafür spricht, dass es sich um einen Stückkauf handelt. Hier soll jedoch die Entscheidung offen bleiben, weil es darum geht, verschiedene Fallkonstellationen im Hinblick auf die Unmöglichkeitsregeln zu erörtern.

kann, H sei die Beschaffung einer Uhr der Marke „Edel" unmöglich und deshalb sei der Anspruch des K auf Leistung nach § 275 Abs. 1 ausgeschlossen. Die dargestellte Abgrenzungsfrage lässt sich noch dadurch erweitern, dass man annimmt, ein Erwerber der Uhr Marke „Edel" sei bereit, die Uhr zu verkaufen, verlange aber das Dreifache des von ihm gezahlten Preises. Durch diese weitere Alternative wird dann noch erforderlich, die faktische von der wirtschaftlichen Unmöglichkeit abzugrenzen und zu entscheiden, ob in diesem Fall § 275 Abs. 2 S. 1 oder § 313 zur Lösung heranzuziehen ist (dazu sogleich).

398 Bei der Darstellung der verschiedenen Fälle der Unmöglichkeit (Rn. 395) war als Beispiel für die faktische Unmöglichkeit der Fall genannt, dass eine verkaufte Maschine beim Transport zum Gläubiger mit dem Transportschiff untergeht und auf dem Meeresgrund liegt. Nun lässt sich durchaus fragen, warum in einem solchen Fall nicht von einer (subjektiven) Unmöglichkeit i. S. d. § 275 Abs. 1 ausgegangen werden kann. Dieser Frage kommt durchaus praktische Bedeutung zu, weil der Schuldner bei der faktischen Unmöglichkeit des § 275 Abs. 2 anders als bei der Unmöglichkeit nach Abs. 1 sein Leistungsverweigerungsrecht einredeweise geltend machen muss. **Nach der von der h. M.[5] vorgenommenen Abgrenzung besteht bei der subjektiven Unmöglichkeit ein Leistungshindernis, das der Schuldner selbst bei größten Anstrengungen nicht zu überwinden vermag,** während von einem anderen die Leistung erbracht werden kann.

Beispiel: Arnold verpflichtet sich vertraglich, während einer längeren Reise des Häusler dessen Haus zu hüten und den Garten zu pflegen. Infolge einer plötzlich auftretenden Erkrankung ist er jedoch außer Stande, den Auftrag auszuführen.

Volz verkauft Kunz seinen Pkw. Nach Vertragsschluss wird das Fahrzeug von einem Unbekannten gestohlen. Die von Volz nach dem Kaufvertrag geschuldete Übergabe (vgl. § 433 Abs. 1 S. 1) ist ihm unmöglich.

In beiden Fällen kann die geschuldete Leistung jedoch von einem anderen vertragsgerecht erbracht werden. Dies gilt auch für den unbekannten Dieb, der – wie bereits festgestellt (Rn. 395) – durchaus in der Lage ist, den Pkw Kunz zu übergeben.

Handelt es sich dagegen um ein für den Schuldner behebbares Leistungshindernis, wie in dem Fall der Maschine auf dem Meeresgrund, deren Hebung technisch durchaus möglich ist, dann kommt nur die Anwendung des § 275 Abs. 2 in Betracht, in dessen Rahmen dann entschieden werden muss, ob der erforderliche Aufwand zur Behebung des Leistungshindernisses ein solches Ausmaß erreicht hat, dass unter Berücksichtigung des Leistungsinteresses des Gläubigers vom Schuldner die Leistung billigerweise nicht erwartet werden kann. Ist dies der Fall, dann ist die Leistung dem Schuldner faktisch unmöglich.

Somit ist zur Vorschrift des § 275 Abs. 1 zusammenfassend festzuhalten: Die Vorschrift ist eng auszulegen und darunter nur die Fälle zu fassen, in denen die Leistung objektiv unmöglich ist oder in denen feststeht,

---

[5] *Schulze/Ebers*, JuS 2004, 265; *Looschelders*, AS, Rn. 466; *Brox/Walker*, AS, § 22 Rn. 3; *Faust*, in: Huber/Faust, Kap. 2 Rn. 14; AnwKom-BGB/*Dauner-Lieb*, § 275 Rn. 34; KompaktKom-BGB/*Willingmann/Hirse*, § 275 Rn. 10.

II. Nichterfüllung

dass der Schuldner auch nicht unter größtmöglichen Anstrengungen und Opfern zur Leistung im Stande ist. Zweifel insoweit gehen zu Lasten des Schuldners, von dem man erwarten kann, dass er überzeugend darlegt, warum er seine Leistungsversprechen nicht hält.

3. Abgrenzung der faktischen von der wirtschaftlichen Unmöglichkeit

Die Entscheidung über die faktische Unmöglichkeit ist nach der Vorschrift des § 275 Abs. 2 S. 1 vorzunehmen, die dem Schuldner ein Recht zur Leistungsverweigerung, also – wie bereits ausgeführt – eine Einrede (vgl. Rn. 213 f.) einräumt. Bei dieser Regelung wird auf das Leistungsinteresse des Gläubigers gesehen und danach gefragt, ob der Aufwand, der zur Erbringung der Leistung erforderlich wird, in einem groben Missverhältnis zu diesem Interesse steht. In der Amtlichen Begründung[6] wird darauf hingewiesen, dass dieses Missverhältnis ein besonders krasses, nach Treu und Glauben untragbares Ausmaß erreichen muss. Das oben genannte Beispiel der auf dem Meeresgrund liegenden Maschine veranschaulicht dieses Missverhältnis. Zwar ist die Behebung des Leistungshindernisses theoretisch möglich, aber kein vernünftiger Gläubiger kann ernsthaft erwarten, dass dieser Aufwand betrieben wird, nur damit sein Anspruch erfüllt wird.

In § 275 Abs. 2 S. 1 hat der Gesetzgeber bewusst darauf verzichtet, ausdrücklich auch das Interesse des Schuldners an einer Leistungsbefreiung als maßgebliches Kriterium zu nennen. Dadurch soll zum Ausdruck gebracht werden, dass durch diese Vorschrift die Fälle einer wirtschaftlichen Unmöglichkeit nicht geregelt werden sollen; vielmehr sollen diese Fälle nach den Grundsätzen des Wegfalls der Geschäftsgrundlage gem. § 313 (vgl. Rn. 361 ff.) gelöst werden. Nach den Vorstellungen des Gesetzgebers soll der vom Schuldner zu fordernde Aufwand zur Vermeidung einer faktischen Unmöglichkeit allein an dem Leistungsinteresse des Gläubigers gemessen werden, während bei der wirtschaftlichen Unmöglichkeit auf das Verhältnis abgestellt werden soll, das zwischen diesem Aufwand und den Interessen des Schuldners, vor allem zu der von ihm zu beanspruchenden Gegenleistung besteht.[7] Auf diese Weise lässt sich jedoch das Abgrenzungsproblem nicht lösen. Denn wählt man als Bezugspunkt den Aufwand, der zur Erbringung der Leistung erforderlich wird (vgl. Rn. 399), dann müssen notwendigerweise stets auch die finanziellen und sonstigen Interessen des Schuldners berücksichtigt werden; sie können deshalb nicht bei der Entscheidung über eine faktische Unmöglichkeit übergangen werden.[8]

Die Abgrenzung zwischen der faktischen und der wirtschaftlichen Unmöglichkeit gelingt allerdings verhältnismäßig sicher, wenn man in § 275 Abs. 2 eine eng auszulegende, nur in extremen Fällen anwendbare Sondernorm sieht und nur dann von einer Unverhältnismäßigkeit des Auf-

---

[6] Amtl. Begr. S. 130 (r. Sp.).
[7] Amtl. Begr. S. 130 (li. Sp.).
[8] *BGH* NJW 2005, 3284: beiderseitige Parteiinteressen sind zu berücksichtigen.

wands zum Leistungsinteresse des Gläubigers ausgeht, ==wenn schlechthin nicht mehr tragbare Größenordnungen erreicht werden==. So wird die Vorschrift von der h. M.[9] verstanden, die sich auf entsprechende Ausführungen in der amtlichen Begründung[10] berufen kann. Unterhalb dieser Grenze soll § 313 angewendet werden. Dadurch wird für die Vorschrift des § 313 ein weiter Anwendungsbereich geschaffen. Im Streitfall muss der Richter entscheiden, welche Opfer der Schuldner erbringen muss. Dass die dabei anzuwendenden Kriterien (vgl. dazu Rn. 362 ff.) keinesfalls eine sichere Beurteilungsgrundlage schaffen können, liegt auf der Hand. Abgesehen von dieser durchaus kritisch zu sehenden Konsequenz, spricht der Rechtsgedanke, der § 275 Abs. 2 zu Grunde liegt, gegen die Beschränkung dieser Vorschrift auf extreme Ausnahmefälle. Dem Schuldner ein Einrederecht einzuräumen, macht nur dann einen Sinn, wenn es um Fälle geht, in denen sich ein vernünftiger Mensch vor die Alternative gestellt sieht, sich auf das Leistungshindernis zu berufen oder überobligationsmäßige Anstrengungen zur Erbringung der vereinbarten Leistung zu unternehmen, weil er z. B. einen besonderen Wert auf gute Geschäftsverbindungen zum Gläubiger legt oder weil sich dies im Hinblick auf die vom Gläubiger zu erbringende Gegenleistung lohnt. In Extremfällen besteht diese Alternative nicht. Auch die in § 275 Abs. 2 S. 2 getroffene Regelung, nach der die Gründe für das Leistungshindernis berücksichtigt werden sollen, um die Anstrengungen zu bestimmen, die dem Schuldner zugemutet werden können, erscheint nur dann nachvollziehbar, wenn der Anwendungsbereich des § 275 Abs. 2 über die Extremfälle hinaus reicht.[11]

402 Diese Erwägungen sprechen dafür, nach einem anderen von der h. M. abweichenden Lösungsansatz zu suchen. Dafür empfiehlt sich eine Orientierung am Wortlaut des Gesetzes. **Das Gesetz verlangt ausdrücklich bei Bestimmung der Opfergrenze, die für den Aufwand des Schuldners gelten soll, den Inhalt des Schuldverhältnisses und die ==Gebote von Treu und Glauben zu beachten==. Zusätzlich wird noch darauf abgestellt, ==ob der Schuldner das Leistungshindernis zu vertreten hat.==** Es muss also geklärt werden, welche Bedeutung diesen drei Kriterien zukommt.

Wenn das Gesetz ausdrücklich den vom Schuldner zu leistenden Aufwand in Beziehung zum **Inhalt des Schuldverhältnisses** setzt, dann wird dadurch verdeutlicht, dass auch der **Leistungspflicht des Schuldners** neben dem **Leistungsinteresse des Gläubigers** Gewicht beizumessen ist. Denn bei einem Schuldverhältnis lassen sich die Interessen des Schuldners nicht einfach ausblenden, und es wäre deshalb zu kurz gegriffen, wenn man das Gläubigerinteresse zum einzigen Bezugspunkt wählen wollte. Das Maß

---

[9] So *Looschelders*, JuS 2010, 849, 850; *Brox/Walker*, AS, § 22 Rn. 19; *Lorenz/Riehm*, Rn. 310; Bamberger/Roth/*Unberath*, § 275 Rn. 52; *Medicus/Lorenz*, Rn. 425; Palandt/*Grüneberg*, § 275 Rn. 27; Hk-BGB/*Schulze*, § 275 Rn. 18

[10] Amtl. Begr. S. 129 f.

[11] *Schwarze*, Jura 2002, 73, 76 f.; *Maier-Reimer*, Das neue Schuldrecht in der Praxis, hrgs. v. Dauner-Lieb/Konzen/Schmidt, 2003, S. 293.

der vom Schuldner zu fordernden Anstrengungen wird wesentlich von der geschuldeten Leistung bestimmt. Hat sich beispielsweise der Schuldner vertraglich verpflichtet, das Tafelsilber der Titanic aus dem Meer zu bergen,[12] dann sind selbstverständlich von ihm wesentlich weiter gehende Anstrengungen zu fordern als von einem Schuldner, der eine Maschine verkauft, die auf dem Transport im Meer versinkt. Dies ist schon deshalb gerechtfertigt, weil bei Bemessung der Gegenleistung solche Unterschiede berücksichtigt werden. Ebenso macht es einen Unterschied, ob der Schuldner lediglich die Bereitstellung einer individuell bestimmten Sache schuldet oder auch ihren Transport, weil im zweiten Fall das Transportrisiko vom Schuldner zu tragen ist. Verspricht der Schuldner von ihm am Markt zu beschaffende Waren zu liefern, dann übernimmt er damit das Risiko einer Preissteigerung und kann deshalb nicht mit Erfolg die Leistung verweigern, wenn ihm durch Anstieg der Preise ein erheblicher Verlust entsteht. Auf diese Weise kommt man im Rahmen des § 275 Abs. 2 dazu, die sich aus dem jeweiligen Schuldverhältnis für die an ihm Beteiligten ergebenden Pflichten und Risiken gegeneinander abzuwägen und die Frage nach dem Aufwand, der billigerweise vom Schuldner zur Beseitigung des Leistungshindernisses erwartet werden kann, unter Beachtung dieser Gesichtspunkte zu entscheiden.[13]

Der im Gesetz enthaltene Hinweis auf das **Gebot von Treu und Glauben** ist keinesfalls als überflüssig aufzufassen,[14] sondern dadurch wird eine wichtige Grenze für das Leistungsinteresse des Gläubigers gesetzt. Es ist danach zu fragen, was ein redlich denkender und handelnder Gläubiger auf Grund der Rechtsposition, die ihm durch das Schuldverhältnis zugestanden wird, vom Schuldner fordern kann, um das Hindernis zu beseitigen, das der Leistungserbringung entgegensteht. Dabei ist von dem Grundsatz auszugehen, dass auch bei erheblichen Leistungserschwerungen der Schuldner die ihm obliegende Leistung zu erbringen hat und dass der Gläubiger nicht verpflichtet ist, mit Rücksicht auf Leistungserschwe-

---

[12] Beispiel von AnwKom-BGB/*Dauner-Lieb*, § 275 Rn. 41.
[13] Im gleichen Sinn *Wilhelm*, DB 2004, 1599, 1603 f.; auch *Canaris*, JZ 2004, 214, 218, betont die Bedeutung der vertragstypischen Risikostruktur im Rahmen des § 275 Abs. 2; ebenso *U. Huber*, FS Schlechtriem, 2003, S. 521, 546, 561 f.; Staudinger/*Löwisch*, § 275 Rn. 72, misst ebenfalls dem Parteiwillen maßgebende Bedeutung zu und will gegebenenfalls im Wege einer ergänzenden Vertragsauslegung den Umfang der zu tragenden Risiken ermitteln. *Löhnig*, ZGS 2005, 459, 461, verweist auf die Parteiabrede, der Anhaltspunkte für das Ausmaß der Leistungsbemühungen des Schuldners zu entnehmen sind. *Looschelders*, JuS 2010, 849, 852, verweist als Bezugsgröße auf den Aufwand des Schuldners, den er ohne das Leistungshindernis zu erbringen hätte. Dagegen meint *Maier-Reimer* (Fn. 11), S. 294, dass wegen des erforderlichen Missverhältnisses zu dem Leistungsinteresse des Gläubigers aus dem Schuldverhältnis kaum eine Ermäßigung, sondern nur eine Erhöhung der vom Schuldner zu erwartenden Aufwendungen abgeleitet werden könnte. Diese Sicht entspricht der hier abgelehnten, aber von vielen unterstützten einseitigen Betonung des Gläubigerinteresses als maßgebenden Bezugspunktes.
[14] So aber MünchKomm/*Ernst*, § 275 Rn. 88.

rungen auf eine Erfüllung seines Anspruchs zu verzichten. Nur wenn die Leistungserschwerung einen Grad erreicht, der die Durchsetzung des Leistungsinteresses zu einer nicht mehr zumutbaren Belastung des Schuldners werden lässt, kann von dem Gläubiger redlicher Weise erwartet werden, dass er nicht auf die Durchsetzung seiner Interessen besteht.

Die Vorschrift des § 275 Abs. 2 S. 2 zeigt einmal, dass die Berufung auf eine faktische Unmöglichkeit dem **Schuldner** auch dann zusteht, wenn er **das Leistungshindernis zu vertreten hat**, d. h. wenn ihm die Umstände zuzurechnen sind, die dieses Hindernis verursacht haben. Nur wird man in diesem Fall größere Anstrengungen von ihm verlangen können als bei einer „Schuldlosigkeit". Dementsprechend wird hinsichtlich des zu leistenden Aufwandes eine Abstufung vorgenommen, die dazu führt, dass der „Schuldlose" zumindest nicht verpflichtet ist, in seinen Anstrengungen bis zur Grenze des Machbaren zu gehen. Denn mehr als das Machbare kann auch von dem Schuldner nicht gefordert werden, der das Leistungshindernis zu vertreten hat. Damit soll allerdings nicht gesagt sein, dass bei einem Vertretenmüssen des Hindernisses stets das Machbare geschuldet wird; vielmehr hängt auch dann die Entscheidung vom Einzelfall ab.

403   Die vorstehenden Erläuterungen können nur recht allgemein knapp gehaltene Hinweise geben. Es handelt sich stets um eine Wertungsfrage, die unter Berücksichtigung aller Umstände des Einzelfalles vor allem unter Beachtung der aus dem Schuldverhältnis abzuleitenden Parteiinteressen zu beantworten ist, wenn entschieden werden soll, ob einem Schuldner die Einrede des § 275 Abs. 2 zusteht. Die Entscheidung wird vor allem in Grenzfällen erhebliche Schwierigkeiten bereiten. Dies muss als eine Folge der gesetzlichen Regelung hingenommen werden.[15]

Wie die Abgrenzung zwischen der faktischen und der wirtschaftlichen Unmöglichkeit auf der Grundlage der hier vertreten Auffassung vorzunehmen ist, soll an dem folgenden **Beispielsfall** erläutert werden:

V will den Segelsport aufgeben und verkauft deshalb sein Segelboot für 10.000,– € dem K. Es handelt sich dabei um einen sehr günstigen Preis. Deshalb kann K das Boot sofort zum Preis von 20.000,– € weiterverkaufen. In der Nacht vor der vereinbarten Übergabe des Bootes von V an K wird das ordnungsgemäß befestigte Boot durch einen plötzlich auftretenden Orkan aus der Verankerung gerissen, auf die Mitte des Sees getrieben und dort versenkt. Für die Bergung des Bootes wird von einem Bergungsunternehmen 15.000,– € verlangt. Kann in diesem Fall V die Leistung nach § 275 Abs. 2 verweigern?

Die h.M., die diese Vorschrift nur in Extremfällen anwenden will, wird die gestellte Frage verneinen. Nach der hier vertretenen Auffassung muss zunächst auf das den Anspruch des K begründende Schuldverhältnis gesehen und die sich daraus ergebenden Pflichten berücksichtigt werden. Nach § 433 Abs. 1 ist V als Verkäufer verpflichtet, das Segelboot dem K frei von Sach- und Rechtsmängeln zu übergeben und zu übereignen. Als Äquivalent schuldet K den Kaufpreis (§ 433 Abs. 2). Deshalb könnte man erwägen, zumindest in Fällen, in denen bei einem Stückkauf die Leistungserschwerung vom Ver-

---

[15] Wer sich vertiefend mit den durch § 275 Abs. 2 geschaffenen Problemen und der dazu vorgetragenen Kritik beschäftigen will, der sei auf *Picker*, JZ 2003, 1035; *Canaris*, JZ 2004, S. 214, und *Wilhelm*, DB 2004, 1599, 1603 f., verwiesen.

II. Nichterfüllung

käufer nicht zu vertreten ist, den Aufwand des Verkäufers für die Beseitigung des Leistungshindernisses durch die Höhe des Kaufpreises zu begrenzen.[16] Da hier der erforderliche Aufwand zur Hebung des Segelbootes und damit zur Beseitigung des Leistungshindernisses 15.000,- € beträgt, also den Kaufpreis um 50% übersteigt, würde nach diesem Vorschlag V die Einrede nach § 275 Abs. 2 mit Erfolg geltend machen können. Gegen eine solche Lösung spricht aber, dass bei ihr das Leistungsinteresse des Gläubigers überhaupt nicht beachtet wird. Denn das Leistungsinteresse des Gläubigers fällt stets höher aus, wenn der Wert der Kaufsache für den Gläubiger den Kaufpreis übersteigt.

Andererseits vermag auch der Vorschlag nicht zu überzeugen, allein auf das Leistungsinteresse des Gläubigers abzustellen und einen bestimmten Prozentsatz zu Grunde zu legen, der bei nicht zu vertretenden Leistungshindernissen 110% dieses Interesses betragen soll.[17] Auf diese Weise würde man nämlich mögliche Spekulationsgewinne dem Verkäufer in Rechnung stellen können. Außerdem spricht gegen feste Prozentsätze zur Bemessung des zu fordernden Aufwandes, dass es sich dabei um „gegriffene" Schätzgrößen handelt.[18] Eine Orientierung am Marktwert der Kaufsache wäre schließlich nur in Betracht zu ziehen, wenn der Verkäufer das Leistungshindernis zu vertreten hätte, weil dieser Wert regelmäßig auch der Berechnung eines Schadensersatzanspruchs des Käufers zu Grunde zu legen wäre, den dieser in einem solchen Fall geltend machen könnte.

Aus den vorstehenden Erwägungen folgt, dass die **Vermögensinteressen** **404** **der am Schuldverhältnis Beteiligten nur zusätzliche Orientierungshilfen** bieten können, jedoch nicht geeignet sind, als allein maßgebende Entscheidungskriterien zu dienen. Vorzuziehen ist es vielmehr, auf das **Leistungsversprechen des Schuldners** und die dadurch begründete Leistungserwartung des Gläubigers zu blicken und von daher die nach dem Schuldverhältnis angelegte **Risikoverteilung** zu ermitteln. Wenn V als Verkäufer die Pflicht zur Übergabe und Übereignung der Kaufsache übernommen hat, dann hat er damit versprochen, einen entsprechenden Leistungserfolg unter normalen und vorhersehbaren Bedingungen herbeizuführen und die dafür erforderlichen Anstrengungen zu unternehmen. Dies schließt durchaus Vermögensopfer ein, die den von ihm zu erwartenden Kaufpreis übersteigen wie beispielsweise immer einzukalkulierende Erhöhungen der Marktpreise. Jedoch würde es zu weit gehen, sein Leistungsversprechen auch auf die Behebung solcher Leistungshindernisse zu erstrecken, die als Folge einer nicht vorhersehbaren Naturkatastrophe oder anderer nicht zu erwartender Ereignisse eintreten, wenn hierfür erhebliche und kostspielige Anstrengungen erforderlich sind. Die Leistungserwartung eines redlichen Gläubigers kann nicht weiter reichen. Dass K im Beispielsfall einen Gewinn von 10.000,- € durch den Weiterverkauf des Bootes erzielen kann, bleibt deshalb ohne Einfluss auf die von V nach dem Kaufvertrag geschuldeten Anstrengungen zur Leistungserbringung. Folglich gelangt man in dem Beispielsfall zu dem Ergebnis, dass bei Beachtung des Inhalts des Schuldverhältnisses und der

---

[16] So *U. Huber,* FS Schlechtriem, 2003, S. 521, 545 f., 548; *Ackermann,* JZ 2002, 378, 383 f.; abl. *Canaris,* JZ 2004, 214, 218 f., 222.
[17] *Faust,* in: Huber/Faust, Kap. 2 Rn. 67 f., allerdings nur als Vorschlag für die höchstrichterliche Rechtsprechung gemeint.
[18] Abl. auch MünchKomm/*Ernst,* § 275 Rn. 89; Staudinger/*Löwisch,* § 275 Rn. 84.

Gebote von Treu und Glauben der zur Behebung des Leistungshindernisses erforderliche Aufwand in einem groben Missverhältnis zum Leistungsinteresse des Gläubigers steht und deshalb V die Einrede nach § 275 Abs. 2 geltend machen kann.

> Auch die h. M. dürfte bei Annahme einer wirtschaftlichen Unmöglichkeit und damit bei Anwendung des § 313 zu einem Ergebnis gelangen, das in seinen praktischen Folgen einer faktischen Unmöglichkeit nach § 275 Abs. 2 gleichkommt. Der Untergang des Bootes in Folge eines nicht vorhersehbaren Naturereignisses führte zu Umständen, die eine unveränderte Durchführung des Vertrages für den Schuldner unzumutbar erscheinen lassen (vgl. Rn. 362). Da eine Vertragsanpassung hier nicht möglich ist, müsste auf der Grundlage des § 313 Abs. 3 V das Recht zum Rücktritt vom Vertrag zugebilligt werden. Nach erfolgtem Rücktritt wäre V von seiner Leistungspflicht frei und stünde damit ebenso wie bei einer Leistungsverweigerung nach § 275 Abs. 2.

4. Unmöglichkeit bei höchstpersönlichen Leistungen

405 § 275 Abs. 3 bezieht sich auf eine Leistung, die der Schuldner persönlich zu erbringen hat. Es geht hier also um eine höchstpersönliche Leistungspflicht des Schuldners, die nur er und nicht ein Dritter wirksam erfüllen kann. Eine solche Pflicht kann sich aus dem Gesetz (z. B. § 613 S. 1), aus einer entsprechenden vertraglichen Absprache oder aus dem Inhalt eines Schuldverhältnisses (z. B. Behandlung durch den Chefarzt, Anfertigung eines Porträts durch einen bestimmten Künstler) ergeben. In solchen Fällen sollen nach der gesetzlichen Regelung Erwägungen der Zumutbarkeit für den Schuldner eine entscheidende Rolle spielen. In dem Beispielsfall des schwer erkrankten Kindes der Schauspielerin (Rn. 396) führt die Regelung des § 275 Abs. 3 dazu, dass die primäre Leistungspflicht der Schauspielerin aufgrund einer von ihr zu erhebenden Einrede entfällt. Auch durch Gewissensgründe, die sich aufgrund religiöser oder weltanschaulicher Motive ergeben, kann ein Leistungsverweigerungsrecht nach § 275 Abs. 3 gerechtfertigt werden, wobei allerdings vom Schuldner zu verlangen ist, dass er bei Eingehen der Verpflichtung vorhersehbare Konflikte vermeidet.[19] Im Hinblick auf den systematischen Zusammenhang mit der in Abs. 2 getroffenen Regelung ist die Vorschrift des Abs. 3 eng auszulegen und zu verlangen, dass die Erbringung der Leistung für den Schuldner im hohen Maße belastend wäre.[20]

c) Rechtsfolgen

1. Schadensersatz

406 Erbringt der Schuldner die ihm obliegende Leistung nicht und verstößt er damit gegen die sich aus dem Schuldverhältnis für ihn ergebende Pflicht (Rn. 392), dann können sich aus diesem Verhalten unterschiedliche

---

[19] *Looschelders*, AS, Rn. 482; a. A. *Canaris*, JZ 2001, 499, 501 (Anwendung des § 313).
[20] MünchKomm/*Ernst*, § 275 Rn. 116; zu weitgehend *Brox/Walker*, AS, § 22 Rn. 22 (Beschränkung auf Extremfälle); krit. dazu auch *Looschelders*, JuS 2010, 849, 854.

II. Nichterfüllung

Rechtsfolgen ergeben. In Fällen, in denen dem Gläubiger durch die Nichterfüllung ein Schaden entsteht, wird der Gläubiger den Ersatz dieses Schadens von dem nichtleistenden Schuldner fordern. Die Rechtsgrundlage für einen solchen Anspruch findet sich in § 280 Abs. 1, es sei denn, dass den Grund für die Nichterfüllung ein Leistungshindernis bildete, das bereits bei Vertragsschluss bestanden hat und das den Schuldner nach § 275 Abs. 1 bis 3 von seiner Leistungspflicht befreite. In diesem Fall ergibt sich der Schadensersatzanspruch des Gläubigers aus § 311a Abs. 2 (dazu Einzelheiten später). Der Schadensersatzanspruch des Gläubigers ist in Fällen der Nichterfüllung darauf gerichtet, den Gläubiger vermögensmäßig so zu stellen, als hätte der Schuldner die ihm obliegende Leistung in gehöriger Weise erbracht. Das Gesetz bezeichnet eine entsprechende Forderung als Anspruch auf **Schadensersatz statt der Leistung**. Wie bereits durch diese Bezeichnung zum Ausdruck kommt und durch die Vorschrift des § 281 Abs. 4 verdeutlicht wird, tritt der auf Geld gerichtete Schadensersatzanspruch an die Stelle der geschuldeten Leistung. Gemäß § 280 Abs. 3 ist ein solcher Anspruch nur unter den **zusätzlichen Voraussetzungen** begründet, die sich aus § 281 oder § 283 ergeben.

Die Verweisung in § 280 Abs. 3 auf § 282 betrifft Fälle, in denen die Verletzung von Schutzpflichten (Rn. 185 f.) durch den Schuldner dazu führt, dass dem Gläubiger das Festhalten an dem Schuldverhältnis nicht mehr zugemutet werden kann. Auf diese Leistungsstörung wird später eingegangen.

In Fällen, in denen der Schuldner wegen einer **nachträglich eintretenden Unmöglichkeit** gem. § 275 Abs. 1 bis 3 von seiner Leistungspflicht frei wird, ist § 283 zu beachten und als Anspruchsgrundlage neben § 280 Abs. 1, 3 zu nennen. Die sich aus § 283 ergebende Besonderheit besteht darin, dass danach ein Anspruch auf Schadensersatz statt der Leistung nicht von dem erfolglosen Ablauf einer Frist abhängig ist, die in anderen Fällen regelmäßig dem Schuldner zur Erbringung seiner Leistung zu setzen ist (§ 280 Abs. 3 i.V.m. § 281 Abs. 1), die aber bei Unmöglichkeit der Leistung sinnlos wäre. 407

Der Anspruch des Gläubigers auf Schadensersatz statt der Leistung hängt im Fall der Nichterfüllung von folgenden Voraussetzungen ab: 408
- **Erfolgloser Ablauf einer** vom Gläubiger dem Schuldner zur Erbringung der Leistung **gesetzten angemessenen Frist** (§ 281 Abs. 1 S. 1), sofern nicht die Fristsetzung entbehrlich ist (§ 281 Abs. 2, § 283) und
- **Vertretenmüssen** der Pflichtverletzung (= Nichterfüllung) durch den Schuldner (§ 280 Abs. 1 S. 2).

Es sei noch darauf hingewiesen, dass ein Anspruch auf Schadensersatz statt der Leistung bei einer nicht wie geschuldet erbrachten Leistung durch § 281 Abs. 1 S. 3 ausgeschlossen wird, wenn die **Pflichtverletzung unerheblich** ist. Diese Voraussetzung wird ausführlich bei Behandlung der parallelen Regelung in § 323 Abs. 5 S. 2 erörtert (vgl. Rn. 521).

Durch das Setzen einer angemessenen Frist soll dem Schuldner noch einmal Gelegenheit gegeben werden, die ausstehende Leistung zu erbrin- 409 gen. Entsprechend dieser Zweckrichtung muss die Frist so bemessen werden, dass der Schuldner in der Lage ist, in ihr zu leisten. Allerdings können von ihm auch große Anstrengungen und ein schnelles Handeln erwartet werden, da er seine Leistungspflicht kannte und ihr bisher nicht entsprochen hat. Etwas anderes gilt allerdings für den Fall, dass sich der Gläubiger seinerseits in Verzug befindet (zum Gläubigerverzug vgl. Rn. 461 ff.). In diesem Fall wird sich regelmäßig die dem Schuldner zu setzende Frist verlängern, weil nicht zu erwarten ist, dass sich der Schuldner während eines Gläubigerverzugs ständig leistungsbereit hält.[21] Wird eine zu kurze Frist genannt, dann ist diese nicht unwirksam, sondern durch sie wird eine angemessene Frist in Lauf gesetzt.[22] Der Gläubiger muss nicht einen bestimmten Zeitraum angeben, innerhalb dessen der Schuldner seine Leistung zu erbringen hat. Vielmehr genügt es und ist erforderlich, dem Schuldner durch die Aufforderung zu erkennen zu geben, dass der Gläubiger die Leistung innerhalb eines angemessenen Zeitraums erwartet und dass er danach die Leistung ablehnt.[23] Durch Formulierungen „in angemessener Zeit", „umgehend" oder „so schnell wie möglich", wird diese Voraussetzung erfüllt.[24] Nur in Fällen, in denen eine Fristsetzung sinnlos erscheint oder aufgrund der Interessenlage nicht angemessen ist, braucht nach § 281 Abs. 2 oder § 283 eine Frist vom Gläubiger zur Leistungserbringung nicht gesetzt zu werden. Bereits mit der Fristsetzung kann der Gläubiger die Erklärung verbinden, dass er nach fruchtlosem Ablauf der Nachfrist Schadensersatz statt der Leistung fordern wird.[25]

Der Fristablauf hat auf den Fortbestand des Erfüllungsanspruchs gegen den Schuldner keinen Einfluss, sondern begründet für den Gläubiger die Option, Schadensersatz zu verlangen und gegebenenfalls auch zurückzutreten.[26] Denn dieses Recht entfällt erst, wenn der Gläubiger seine Wahl zwischen dem Schadensersatz statt der Leistung

---

[21] *BGH* NJW 2007, 2761, 2762 Tz. 9.
[22] Amtl. Begr. S. 138 (r. Sp.); *Koch* NJW 2010, 1636, 1637.
[23] *BGH* NJW 2010, 2200, 2201 Tz. 16.
[24] *BGH* NJW 2009, 3153, 3154 Tz. 7 ff. m. zust. Anm. v. *Klein*; *Ludes/Lube*, MDR 2009, 1317.
[25] MünchKomm/*Ernst*, § 281 Rn. 96; *Wieser*, NJW 2003, 2432, 2433; *Derleder/ Zänker*, NJW 2004, 2777, 2782 f., die jedoch einschränkend annehmen, dass die mit der Fristsetzung verbundene Schadensersatzforderung nur wirksam bleibt, wenn der Schuldner während des Laufs der Frist keinerlei Erfüllungsanstrengungen unternimmt; ebenso Jauernig/*Stadler*, § 281 Rn. 15; a. A. Bamberger/Roth/*Unberath*, § 281 Rn. 49: erst in dem Zeitpunkt, in dem der Schadensersatzanspruch entstanden ist. Ein bereits mit der Fristsetzung nach Abs. 1 verbundenes Schadensersatzverlangen soll jedoch ausnahmsweise für den Fall wirksam sein, dass der Schuldner während des Fristverlaufs keinerlei Erfüllungsanstrengungen unternimmt.
[26] Die Ausübung eines Rücktrittsrechts macht für den Gläubiger nur dann einen Sinn, wenn er selbst aus dem Schuldverhältnis verpflichtet ist und sich durch den Rücktritt dieser Pflicht entledigen will. Diese Rechtslage gibt es insbesondere bei synallagmatischen Verträgen. Deshalb wird auf das Rücktrittsrecht im Rahmen der Darstellung der Leistungsstörungen bei synallagmatischen Verträgen eingegangen (Rn. 519 ff.).

II. Nichterfüllung

(vgl. § 281 Abs. 4) oder dem Rücktritt (Rn. 237) getroffen hat. Hat der Gläubiger von seinem Wahlrecht Gebrauch gemacht und z. B. Schadensersatz verlangt, dann verliert er das von ihm geltend gemachte Recht nicht dadurch, dass er den Schuldner erneut zur Leistung auffordert. Vielmehr kann er an seinem Schadensersatzanspruch festhalten, wenn der Schuldner weiterhin nicht leistet, ohne dass er zuvor erneut eine Frist für die Leistungserbringung setzen muss.[27]

In der Zeit nach Ablauf der vom Gläubiger dem Schuldner gesetzten Nachfrist und vor Ausübung des Wahlrechts durch den Gläubiger tritt ein Schwebezustand ein, der für beide Beteiligte Unsicherheiten erzeugt. Der Schuldner weiß nicht, welchen Anspruch der Gläubiger geltend machen wird und ob er noch irgendwelche möglicherweise für ihn kostspieligen Leistungsanstrengungen unternehmen soll. Der Gläubiger weiß nicht, ob er die Leistung des Schuldners erwarten kann oder ob er anderweitig disponieren und sich z. B. die ausstehende Leistung von einem anderen Lieferanten beschaffen muss. Während jedoch der Gläubiger über die Möglichkeit verfügt, sich dadurch Gewissheit zu verschaffen, dass er entweder den Schuldner auffordert, verbindlich zu erklären, ob er leisten werde, oder dass er seinen sekundären Leistungsanspruch geltend macht und z. B. Schadensersatz fordert, ist die Lage für den Schuldner wesentlich prekärer. Er geht ein hohes Frustrationsrisiko ein, wenn er weiterhin Erfüllungsanstrengungen unternimmt, obwohl er damit rechnen muss, dass der Gläubiger die ihm angebotene Leistung ablehnt. Um nach Möglichkeit die ordnungsgemäße Abwicklung des Schuldverhältnisses zu sichern, muss nach einer Regelung gesucht werden, die in angemessener Weise den Interessen der Beteiligten gerecht wird. Dies lässt sich am besten dadurch erreichen, dass der Schuldner dem Gläubiger die geschuldete Leistung anbietet und der Gläubiger daraufhin verbindlich erklärt, ob er die vom Schuldner angebotene Leistung annehmen werde. Allein ein Leistungsangebot des Schuldners nimmt jedoch dem Gläubiger nicht das Recht, die angebotene Leistung zurückzuweisen und sekundäre Leistungsansprüche zu verfolgen.[28] Das Gebot von Treu und Glauben gibt dem Gläubiger allerdings auf, innerhalb einer angemessenen Frist dem Schuldner mitzuteilen, ob er die Leistung annehmen werde.[29] Antwortet der Gläubiger dem Schuldner nicht, dann verliert er das Recht, die Leistung des Schuldners abzulehnen und Rechte wegen der Nichtleistung geltend zu machen.[30] Lehnt der Gläubiger die Annahme der Leistung ab, dann ist er verpflich-

410

---

[27] BGH NJW 2006, 1198 f. (zur gleichen Frage in Bezug auf § 323); zust. *Althammer*, NJW 2006, 1179.

[28] *Finn*, ZGS 2004, 32, 35 ff.; *Hanau*, NJW 2007, 2806, 2809; PWW/*Schmidt-Kessel*, § 281 Rn. 20.

[29] *Derleder/Hoolmans*, NJW 2004, 2787, 2789. Zu weit dürfte es gehen, vom Gläubiger zu verlangen, dass er seine Erklärung unverzüglich abgibt, weil ihm Zeit für Überlegungen und Dispositionen gelassen werden muss; a. A. MünchKomm/*Ernst*, § 281 Rn. 85 f. der dem Gläubiger nur dann eine kurze Überlegungsfrist einräumen will, wenn das Angebot der Schuldners kurzfristig nach Ablauf der Nachfrist erfolgt.

[30] *Finn*, ZGS 2004, 32, 37; *Hanau*, NJW 2007, 2806, 2809.

tet, den Schuldner innerhalb einer angemessenen Zeit zu informieren, welche Rechte er wegen der Nichtleistung verfolgen will.

411 Geht es nicht um die Erbringung einer Leistung durch eine aktive Tätigkeit des Schuldners, sondern um ein anderes pflichtgemäßes Verhalten, z.B. um die Beachtung vertraglicher Pflichten, die auf ein Unterlassen gerichtet sind, wie z.B. die Befolgung eines Wettbewerbsverbotes, dann kommt eine Fristsetzung durch den Gläubiger nicht in Betracht. Andererseits ist auch in diesem Fall der Grundsatz, dass dem Schuldner zunächst Gelegenheit gegeben werden muss, sich pflichtgemäß zu verhalten, bevor Schadensersatz von ihm verlangt werden kann, zu beachten. Deshalb tritt in solchen Fällen an die Stelle einer Fristsetzung eine Abmahnung (§ 281 Abs. 3). Regelmäßig wird erst nach einer unbeachtet gebliebenen Abmahnung dem Gläubiger nicht mehr zugemutet werden können, weiterhin auf ein pflichtgemäßes Verhalten zu warten. Er kann dann Schadensersatz statt der Leistung fordern.

412 In folgenden Fällen ist eine Fristsetzung bzw. Abmahnung entbehrlich:
- Der Schuldner verweigert ernsthaft und endgültig die Leistung (§ 281 Abs. 2 Alt. 1).

Beispiel: Volz verkauft Kunz seinen Pkw. Nach Vertragsschluss kommt es zu einem Streit über die Frage, ob vier Winterreifen mit verkauft seien. Daraufhin schreibt Volz dem Kunz, dass er sich nicht mehr an den Vertrag gebunden halte und das Kraftfahrzeug dem Kunz auf keinen Fall überlassen werde. Dabei bleibt er, obwohl Kunz mehrfach versucht, ihn umzustimmen. Bei dieser Sachlage wäre eine Leistungsaufforderung eine leere Formalie, da bereits der Schuldner klargestellt hat, dass er nicht leisten werde. Durch dieses Verhalten hat er eine Leistungsaufforderung durch den Gläubiger überflüssig werden lassen und kann sie nach Treu und Glauben auch nicht verlangen.[31]

Wegen der rechtlichen Folgen, die sich dann für den Schuldner ergeben, wird man jedoch den Gläubiger für verpflichtet halten müssen, den ernsthaften Versuch zu unternehmen, den Schuldner umzustimmen, wenn eine solche Möglichkeit besteht. Es ist stets erforderlich, dass der Schuldner eindeutig zum Ausdruck bringt, er werde seine Vertragspflichten nicht erfüllen. Allein im Bestreiten einer entsprechenden Verpflichtung, z.B. des Mangels einer Kaufsache als Voraussetzung für den Anspruch des Gläubigers, kann regelmäßig noch nicht eine endgültige Leistungsverweigerung gesehen werden, wenn die Möglichkeit nicht auszuschließen ist, dass sich der Schuldner dies noch anders überlegen werde.[32]

- Es bestehen besondere Umstände, die unter Abwägung der beiderseitigen Interessen die sofortige Geltendmachung des Schadensersatzanspruches rechtfertigen (§ 281 Abs. 2 Alt. 2).

Es handelt sich hier vor allem um Fälle, in denen der Gläubiger zur Abwehr größerer Schäden sofortige Maßnahmen insbesondere eine Ersatzbeschaffung für den nicht gelieferten Gegenstand vornehmen muss und deshalb dem Schuldner billigerweise keine weitere Frist zur Leistungserbringung eingeräumt werden kann.

---

[31] *BGH* NJW 2008, 1658, 1660, Tz. 21.
[32] *BGH* ZGS 2006, 152, 154; *OLG Celle* NJW-RR 2007, 352.

Als Beispiel wird in der Amtlichen Begründung[33] auf die „Just-in-time"-Verträge hingewiesen, bei denen der eine Teil dem anderen Teil zu einem bestimmten Zeitpunkt liefern muss, wenn dessen Produktion ordnungsgemäß betrieben werden soll. Ebenfalls entfällt die Pflicht des Gläubigers zur Setzung einer Frist, wenn der Schuldner den Gläubiger arglistig täuscht und ihm z.B. einen Mangel der Kaufsache in Täuschungsabsicht verschweigt, weil dann in der Regel davon auszugehen ist, dass die für eine Nacherfüllung erforderliche Vertrauensgrundlage nicht mehr vorhanden ist (vgl. auch Rn. 597).[34] Das Gleiche gilt, wenn der Schuldner durch sein Verhalten zu begründeten Zweifeln Anlass gibt, dass er in der Lage ist, die Leistung vertragsgerecht zu erbringen.[35]

- Der Anspruch auf Leistung des Gläubigers ist nach § 275 Abs. 1 ausgeschlossen oder der Schuldner hat die Leistung nach § 275 Abs. 2 oder 3 zu Recht verweigert.

Wegen des Ausschlusses der Leistungspflicht entfallen selbstverständlich dann auch eine Aufforderung zur Erbringung der Leistung und eine entsprechende Fristsetzung. Deshalb wird in § 283 wegen eines Anspruchs auf Schadensersatz nicht auf § 281 Abs. 1 S. 1 verwiesen (vgl. Rn. 416).

Ein Schadensersatzanspruch wegen der Pflichtverletzung, die der Schuldner durch die Nichterfüllung begeht, ist davon abhängig, dass der **Schuldner die Pflichtverletzung zu vertreten hat.** Die negative Formulierung des § 280 Abs. 1 S. 2 („... die Pflichtverletzung nicht zu vertreten hat") hat nur prozessrechtliche Konsequenzen für den Beweis, den der Schuldner im Streitfall dahingehend zu erbringen hat, dass er die Pflichtverletzung nicht zu vertreten hat, ändert jedoch nichts an der materiell-rechtlichen Bedeutung eines Vertretenmüssens der Pflichtverletzung durch den Schuldner als Voraussetzung für einen Schadensersatzanspruch gegen ihn. **Das Merkmal des Vertretenmüssens wird durch die §§ 276 bis 278 konkretisiert.** Diese Vorschriften beantworten die Frage, was der Schuldner zu vertreten hat, d.h. für was er einstehen muss. Grundsätzlich hat der Schuldner Vorsatz und Fahrlässigkeit zu vertreten, wenn eine strengere oder mildere Haftung weder bestimmt noch aus dem sonstigen Inhalt des Schuldverhältnisses oder der Natur der Schuld zu entnehmen ist (§ 276 Abs. 1 S. 1). So wird z.B. eine strengere Haftung durch § 701 dem Gastwirt auferlegt, der unabhängig von einem Verschulden für die eingebrachten Sachen des Gastes haftet.[36] Eine mildere Haftung bestimmt bei-

413

---

[33] Amtl. Begr. S. 140 (r. Sp.); dazu *Huber*, in: Zivilrechtswissenschaft und Schuldrechtsreform, hrsg. v. *Ernst u. Zimmermann*, 2001, S. 31, 151 ff.
[34] BGH NJW 2007, 835, 836 f. Tz. 12 ff. = JA 2007, 646 (*Looschelders*); BGH NJW 2007, 1534, 1535 Tz. 14 ff.; BGH NJW 2008, 1371, 1372 f. Tz. 19 ff. = JA 2008, 301 (*Looschelders*); BGH NJW 2010, 1805 (zur parallelen Frage beim Rücktritt, der allerdings auszuschließen ist, wenn dem arglistigen Schuldner eine Frist gesetzt wird und er innerhalb der Frist dem Verlangen des Gläubigers nachkommt).
[35] BGH NJW-RR 2008, 1052. In dem vom *BGH* entschiedenen Fall hatte der Schuldner in einer ungewöhnlichen Häufigkeit gegen anerkannte Regeln der Technik verstoßen und dadurch erhebliche Mängel verursacht.
[36] Zu weiteren Fällen einer Haftungsverschärfung durch Gesetz vgl. Bamberger/Roth/*Unberath*, § 276 Rn. 35.

spielsweise § 346 Abs. 3 S. 1 Nr. 3 für den Rückgewährschuldner im Fall eines gesetzlichen Rücktrittsrechts (vgl. Rn. 242 aE), § 690 für den unentgeltlichen Verwahrer und § 708 für den Gesellschafter, die nur für die Sorgfalt einzustehen haben, welche sie in eigenen Angelegenheiten anzuwenden pflegen und somit regelmäßig für einfache Fahrlässigkeit nicht zu haften haben (vgl. § 277).

414 Ein strengerer oder milderer Haftungsmaßstab als in § 276 Abs. 1 S. 1 für den Regelfall vorgesehen kann sich insbesondere auch aus dem Inhalt des jeweiligen Schuldverhältnisses ergeben. Beispielhaft wird in dieser Vorschrift die **Übernahme einer Garantie** oder eines **Beschaffungsrisikos** genannt. Die **Übernahme einer Garantie** bedeutet, dass der Schuldner verspricht, verschuldensunabhängig für den Eintritt oder den Nichteintritt eines bestimmten Erfolges einstehen zu wollen. Die Garantie erlangt insbesondere im Kaufrecht Bedeutung, und zwar in Fällen, in denen der Verkäufer das Vorhandensein einer bestimmten Eigenschaft der Kaufsache garantiert (vgl. Rn. 627). Die **Übernahme eines Beschaffungsrisikos** geschieht regelmäßig bei einem **marktbezogen Gattungskauf,** bei dem der Schuldner verspricht, eine am Markt erhältliche Gattungssache zu liefern. Bei einer derartigen Übernahme des Beschaffungsrisikos sichert der Schuldner stillschweigend zu, für seine Leistungsfähigkeit so lange einzustehen, wie eine Beschaffung der den Vertragsgegenstand bildenden Gattungssachen am Markt noch möglich ist.[37]

Das vom Schuldner übernommene **Beschaffungsrisiko** gibt ihm allerdings nur auf, typische Leistungshindernisse zu überwinden. Handelt es sich um Leistungshindernisse, die weder durch Einsatz finanzieller Mittel noch durch geeignete geschäftliche Maßnahmen beseitigt werden können, sondern wird die Unfähigkeit zur Leistung durch Gründe verursacht, die ein Gattungsschuldner nicht zu beeinflussen vermag, wie z.B. Krankheit oder unverschuldete Freiheitsentziehung, dann muss er nicht für seine Leistungsfähigkeit einstehen.[38] Das gleiche gilt, wenn die Beschaffung der Gattungssache nur zu Konditionen möglich ist, die für den Schuldner unzumutbar erscheinen, weil er ein Opfer bringen müsste, das unverhältnismäßig hoch ausfällt und deshalb nicht von ihm erwartet werden kann. Es handelt sich dann um einen Fall der wirtschaftlichen Unmöglichkeit, der nach den Regeln des § 313 wegen Störung der Geschäftsgrundlage zu lösen ist (vgl. Rn. 400ff.). Dies bedeutet indes nicht, dass der Schuldner nicht auch erhebliche finanzielle Opfer zur Überwindung von Leistungshindernissen erbringen muss (vgl. Rn. 362).

Beispiel: Nachdem Groß 100 Doppelzentner Zucker dem Klein zugesagt hat (und damit ein gültiger Kaufvertrag zwischen beiden zustande gekommen ist), brennt das Lagerhaus des Groß mit allen Warenbeständen ab. Groß kann sich nicht darauf berufen, dass er bei Abschluss des Vertrages davon ausgegangen sei, den Zucker aus seinen Beständen zu entnehmen. Er muss sich vielmehr anderweitig mit Zucker eindecken, um

---

[37] U. *Huber,* AcP 210 (2010), 319, 331 ff.
[38] Palandt/*Grüneberg,* § 276 Rn. 32; AnwKom-BGB/*Dauner-Lieb,* § 276 Rn. 31.

seiner Verpflichtung aus dem Kaufvertrag mit Klein nachzukommen. Dies gilt auch, wenn der Zuckerpreis zwischenzeitlich so gestiegen ist, dass Groß bei dem Geschäft mit Klein einen Verlust erleidet. Nur wenn der Zuckerpreis aufgrund unvorhersehbarer Entwicklungen eine Höhe erreichen sollte, die in keinem Verhältnis mehr zu den Marktpreisen steht, die im Zeitpunkt des Vertragsschlusses gegolten haben, ist zu prüfen, ob dem Groß ein Rücktrittsrecht wegen Wegfalls der Geschäftsgrundlage einzuräumen ist.

Anders stellt sich die Rechtslage bei einem **produktionsbezogenen Gattungskauf** dar, bei dem der Schuldner Produzent der Gattungssache und nicht Händler ist. Ein Landwirt, der beispielsweise Kartoffeln an einen Großhändler verkauft, wird nach § 275 Abs. 1 von seiner Leistungspflicht frei, wenn seine gesamte Ernte vernichtet wird. Das Versprechen, Kartoffeln zu liefern, bezieht sich dann nur auf seine eigene Ernte und umfasst nicht die Pflicht, sich am Markt mit Ware eindecken zu müssen, wenn er aus seiner eigenen Produktion nicht leisten kann.[39] Im Beispielsfall hätte durchaus auch Groß die Lieferung des verkauften Zuckers auf seine im Lagerhaus vorhandenen Bestände beschränken können; es würde sich dann um einen sog. **Vorratskauf (Vorratsschuld)** handeln. Dies hätte allerdings eine entsprechende Vereinbarung vorausgesetzt, die auch stillschweigend wie im Beispielsfall des Kartoffelkaufs getroffen werden kann. Im Übrigen ist mit Mitteln der Vertragsauslegung stets festzustellen, welche Grenzen für das Leistungsversprechen des Schuldners gelten.[40] Produktionsbezogene Gattungskäufe und Vorratskäufe begründen somit eine **beschränkte Gattungsschuld**. 415

Der Schuldner hat stets für seine finanzielle Leistungsfähigkeit einzustehen.[41] Wer Geld schuldet, trägt dafür das entsprechende Beschaffungsrisiko. Im Zivilrecht gilt folglich der Grundsatz: Geld hat man zu haben. Der Schuldner kann sich nicht damit entlasten, dass er sich auf unvorhersehbare Ereignisse beruft, die seine finanzielle Leistungsfähigkeit ausschließen. 416

Einschub: Verschulden

Wenn § 276 Abs. 1 bestimmt, dass der Schuldner Vorsatz und Fahrlässigkeit zu vertreten hat, sofern nicht ein anderer Haftungsmaßstab gilt, so begründet dies seine **Verantwortlichkeit für eigenes Verschulden**. Mit dem Begriff des Verschuldens wird ein wichtiges Element des Zivilrechts angesprochen. Hierzu sollen einige erläuternde Hinweise gegeben werden: 417

Der Vorwurf des Verschuldens beruht auf der Feststellung, dass der Schuldner hätte anders handeln müssen und können. Der Schuldner muss anders handeln, weil ihn eine entsprechende Pflicht trifft. Diese Pflicht kann eine allgemeine sein, die jedem oder doch einer unbestimmten Zahl

---
[39] U. Huber, AcP 210 (2010), 319, 332.
[40] v. Westphalen, ZGS 2002, 154, 154 f.; Reischl, JuS 2003, 453, 454 f.
[41] BGH NJW 1982, 1585, 1587; Looschelders, AS, Rn. 311; einschr. MünchKomm/Ernst, § 275 Rn. 13 m.w.N.

von Menschen auferlegt ist (z. B. das Leben, die Gesundheit und das Eigentum anderer nicht zu verletzen), die Pflicht kann jedoch auch individuell gestaltet sein und für den Schuldner aus einer Sonderbindung, die er eingegangen ist, erwachsen (z. B. die vertraglich übernommene Pflicht, eine bestimmte Leistung rechtzeitig zu erbringen). **Ein Schuldvorwurf kann dem Schuldner jedoch nur gemacht werden, wenn er auch anders, nämlich entsprechend der ihm obliegenden Pflicht, handeln konnte,** dies jedoch wissentlich und willentlich (= vorsätzlich) oder doch entgegen der im Verkehr gebotenen Sorgfalt (= fahrlässig; vgl. § 276 Abs. 2) nicht tat. **Vorsatz und Fahrlässigkeit sind also die beiden Formen der Schuld.**

418 Was unter **Vorsatz** zu verstehen ist, wird im BGB nicht näher erläutert. Nach h. M. ist darunter das Wissen und Wollen der nach dem gesetzlichen Tatbestand maßgeblichen Umstände zu verstehen. Wenn also der Verkäufer einer Speziessache in Kenntnis der sich aus dem Kaufvertrag ergebenden Pflicht den Kaufgegenstand einem anderen übergibt und übereignet, macht er sich damit vorsätzlich die Erfüllung seiner Vertragspflicht unmöglich. Die Kenntnis der anderweitigen Vertragspflicht ist erforderlich, weil nach der herrschenden **Vorsatztheorie** zum Vorsatz auch das **Bewusstsein der Pflichtwidrigkeit** des Verhaltens gehört. Der Schuldner muss also wissen, dass er entgegen einer ihn treffenden gesetzlichen oder vertraglichen Pflicht handelt.

419 Der Begriff der **Fahrlässigkeit** ist im Gesetz definiert und wird in § 276 Abs. 2 als das Außerachtlassen der im Verkehr erforderlichen Sorgfalt bezeichnet. Mit der Bezugnahme auf die „erforderliche" Sorgfalt wird einmal jedem „üblichen" Schlendrian eine Absage erteilt. Es kommt nicht darauf an, was üblich, sondern was erforderlich ist. Zugleich wird damit verdeutlicht, dass nicht auf die individuellen Fähigkeiten des einzelnen abzustellen ist. **Der Fahrlässigkeitsmaßstab des Zivilrechts ist vielmehr objektiviert und typisiert.** Es ist entscheidend, welche Fähigkeiten ein gewissenhafter Vertreter der Gruppe besitzt, zu der derjenige gehört, dessen Verhalten beurteilt werden soll. **Die zu fordernde Sorgfalt wird an dem Verhalten gemessen, das von einem gedachten, über normale Eigenschaften verfügenden Gruppenvertreter erwartet werden kann.** Es wird also danach gefragt, wie sich ein „normaler" Kaufmann, Kraftfahrer, Arzt oder Handwerker in einer Situation der zu entscheidenden Art verhalten hätte.

Bei der Entscheidung, welche Sorgfaltsanforderungen zu stellen sind, kann man sich auch an Regelwerken orientieren und z. B. auf Unfallverhütungsvorschriften, DIN-Normen oder Sportregeln zurückgreifen. Im Einzelfall kann jedoch einem Verantwortlichen eine über die technischen Regeln hinausgehende Sorgfaltspflicht auferlegt werden. So hat der *BGH* von dem Veranstalter eines Eishockey-Bundesligaspiels Sicherungsmaßnahmen für die Zuschauer verlangt, die weiter gehen, als dies von den einschlägigen Normen vorgegeben wird.[42] Andererseits kann jedoch die Verletzung einer Verkehrssicherungspflicht ausnahmsweise dann keinen Schuldvorwurf begründen, wenn der Verantwortliche außer Stande ist, den Pflichtverstoß zu erkennen. Dement-

---

[42] *BGH* NJW 1984, 801, 802.

sprechend hat der *BGH* das Verschulden eines Skiliftbetreibers verneint, der scharfkantige Liftstützen entgegen einer ihn treffenden Verkehrssicherungspflicht nicht ausreichend gegen Verletzungen von Skiläufern sicherte, weil er diese Pflicht nicht erkennen konnte.[43]

Ob zur besseren Erfassung solcher Unterschiede innerhalb der Sorgfaltsanforderungen zwischen einer **äußeren Sorgfalt**, die ein sachgemäßes Verhalten beschreibt, und einer **inneren Sorgfalt**, die auf das subjektive Erkennen der Sorgfaltsanforderungen und die subjektive Vermeidbarkeit ihrer Verletzung abstellt, unterschieden werden muss, ist umstritten.[44]

Bei der gruppenbezogenen Festlegung des objektiven Fahrlässigkeitsmaßstabs kann auch das Lebensalter betrachtet werden, indem man die zu stellenden Anforderungen an den Standards misst, die für jugendliche oder im hohen Alter stehende Personen gelten. Allerdings können sich solche Personen dem Vorwurf aussetzen, dass sie eine Tätigkeit übernommen haben, der sie nicht gewachsen sind (sog. **Übernahmeverschulden**). So gelten für Kraftfahrer aller Altersgruppen die gleichen Maßstäbe. Gelangt man bei dieser an dem Gruppenstandard orientierten Prüfung zu dem Ergebnis, dass der Schuldner nicht die erforderliche Sorgfalt beobachtet hat, dann ist seine Fahrlässigkeit zu bejahen. **420**

Rechtfertigen lässt sich diese die individuelle Fähigkeit des einzelnen weitgehend vernachlässigende Auffassung mit der Erwägung, dass sich jeder darauf verlassen können muss, dass andere werde dem üblichen Standard genügen. Es gilt also der Grundsatz: **Wer sich im Rechtsverkehr als Kaufmann, Arzt, Handwerker beteiligt, muss auch den „gewöhnlichen" Anforderungen genügen.** Wollte man anders entscheiden, würde dies zu unhaltbaren Ergebnissen führen; man müsste dann z. B. hinnehmen, dass ein Kraftfahrer sein Verschulden an einem von ihm verursachten Unfall mit seiner geringen Fahrpraxis ausschließen könnte. Andererseits wird jedoch (gleichsam zu Lasten des Verantwortlichen) eine Korrektur hinsichtlich subjektiver Qualifikation dergestalt vorgenommen, dass erhöhte Fähigkeiten (z. B. Spezialkenntnisse) des Betreffenden beachtet werden, an denen er sich messen lassen muss. **421**

In manchen Fällen (vgl. z. B. §§ 300 Abs. 1, 521, 599, 680) hat der Schuldner neben Vorsatz nur **grobe Fahrlässigkeit** zu vertreten. Als grobe Fahrlässigkeit (culpa lata) wird ein objektiv schwerer und subjektiv nicht entschuldbarer Verstoß gegen die Anforderungen der im Verkehr erforderlichen Sorgfalt angesehen; diese Sorgfalt muss in ungewöhnlich hohem Maße verletzt und es muss dasjenige unbeachtet geblieben sein, was jedem unter den gegebenen Umständen hätte einleuchten müssen.[45] Von einer „**bewussten Fahrlässigkeit**" spricht man, wenn der Täter mit der Möglichkeit einer Pflichtverletzung rechnet, aber in sorgfaltswidriger Weise **422**

---

[43] *BGH* NJW 1985, 620, 621; vgl. auch *BGH* NJW 1995, 2631, 2632.
[44] Vgl. *Raab*, JuS 2002, 1041, 1047f.; *Kötz/Wagner*, Rn. 119f.; *Fuchs*, Deliktsrecht, 6. Aufl. 2006, S. 87ff., jeweils m. N.
[45] *BGH* NJW 1988, 1265, 1266; 1994, 2022, 2023.

darauf vertraut, dass sie sich vermeiden lässt (Formel: Es wird schon gut gehen). Dagegen handelt der Täter mit **bedingtem Vorsatz** (dolus eventualis), wenn er die Pflichtverletzung billigend in Kauf nimmt (Formel: Na wenn schon). „Vorsatz" i. S. d. Gesetzes ist auch der bedingte Vorsatz.

423 **Die Haftung für Fahrlässigkeit**, nicht jedoch für Vorsatz (§ 276 Abs. 3) **kann vertraglich ausgeschlossen werden.** Einschränkungen ergeben sich jedoch für Vereinbarungen in AGB hinsichtlich eines Ausschlusses der Haftung für grobe Fahrlässigkeit (vgl. § 309 Nr. 7). Ein vertraglicher Haftungsausschluss kann auch stillschweigend getroffen werden. Insbesondere bei der unentgeltlichen und uneigennützigen Beförderung von Personen können die Beteiligten stillschweigend eine Haftungsbeschränkung vereinbaren. Die Rechtsprechung geht dabei von der Regel aus, dass eine solche Haftungsbeschränkung auf Vorsatz und grobe Fahrlässigkeit anzunehmen ist, wenn das Verhalten der Beteiligten den Schluss zulässt, dass sie bei einer Erörterung der Haftungsprobleme vor Beginn der Fahrt einer solchen Haftungsbeschränkung redlicherweise zugestimmt hätten. Allerdings setzt dies voraus, dass sich der Verletzte der Möglichkeit einer Gefährdung durch den für den Unfall ursächlichen Umstand bewusst war.[46] Auch ist es anerkannt, dass der Teilnehmer an sportlichen Wettbewerben mit erheblichem Gefährdungspotential Verletzungen in Kauf nimmt, die auch bei einem sportgerechten Verhalten auftreten können; insoweit ergibt sich eine Haftungsfreistellung.[47]

424 Der Vorwurf eines Verschuldens hängt davon ab, ob die betreffende Person **verschuldensfähig** ist. § 276 Abs. 1 S. 2 verweist insoweit auf die §§ 827 und 828. Diese Vorschriften, die sich in erster Linie auf das Deliktsrecht beziehen, werden durch diese Verweisung für rechtsgeschäftliche Schuldverhältnisse anwendbar. Danach sind verschuldensunfähig alle Personen vor Vollendung des 7. Lebensjahres (§ 828 Abs. 1) und diejenigen, die sich im Zustand der Bewusstlosigkeit oder in einem die freie Willensbestimmung ausschließenden Zustand krankhafter Störung der Geistestätigkeit befinden (§ 827 S. 1, vgl. aber auch S. 2). Bei Personen zwischen dem 7. und 18. Lebensjahr kommt es auf ihre Einsichtsfähigkeit an (vgl. § 828 Abs. 3), wobei für Kinder zwischen 7 und 10 Jahren die Besonderheit gilt, dass sie für den Schaden, der bei einem Unfall mit einem Kraftfahrzeug, einer Schienenbahn oder einer Schwebebahn herbeigeführt wird, nur bei Vorsatz einstehen müssen (§ 828 Abs. 2). Schließlich kann durch einen **Entschuldigungsgrund** das Verschulden ausgeschlossen sein (dazu Rn. 794).

2. Nichterfüllung von Verhaltenspflichten

425 Bisher war die Betrachtung der Rechtsfolgen der Nichterfüllung auf die dem Schuldner obliegenden Hauptpflichten beschränkt und dabei

---

[46] *OLG Frankfurt a. M.* NJW 2006, 1004, 1005; *OLG Hamm* NJW-RR 2007, 1517, 1518, jeweils m. N.
[47] *BGH* NJW 2003, 2018, 2019.

der Anspruch auf Schadensersatz statt der Leistung behandelt worden. Der Schuldner ist jedoch darüber hinaus verpflichtet, für jeden Schaden einzutreten, den er durch Verletzung einer sich aus dem Schuldverhältnis ergebenden Pflicht verursacht. Der Anspruch des Gläubigers auf Schadensersatz besteht dann neben seinem Leistungsanspruch. So kann sich insbesondere eine Schadensersatzpflicht nach § 280 Abs. 1 auch bei Nichterfüllung von Nebenpflichten (Verhaltenspflichten; vgl. Rn. 187) ergeben. Beschädigt der mit Reparaturarbeiten beauftragte Handwerker bei seiner Arbeit im Haus des Bestellers dessen Möbel, dann verletzt er die Pflicht, die von ihm geschuldete (Haupt-)Leistung in einer Weise zu erbringen, dass vermeidbare Schäden an den Rechtsgütern des Vertragspartners nicht verursacht werden (Schutzpflicht, vgl. § 241 Abs. 2) und macht sich deshalb schadensersatzpflichtig, wenn ihn insoweit ein Verschulden trifft. Es ist häufig eine Frage der Betrachtungsweise, ob man bei Verletzung von Verhaltenspflichten eine Nichterfüllung (der Schuldner ignoriert seine Pflicht und erfüllt sie somit nicht) oder eine Schlechterfüllung (der Schuldner verhält sich nicht entsprechend der ihn treffenden Pflichten) annimmt. Eine Abgrenzung ist insoweit auch nicht erforderlich, weil die Rechtsfolgen von Nicht-und Schlechterfüllung gleich ausfallen. Die Verletzung von Verhaltenspflichten und die sich daraus ergebenden Rechtsfolgen werden bei Darstellung der Rechtslage behandelt, die sich bei einer Schlechterfüllung ergibt (vgl. Rn. 488 ff.).

3. Anspruch auf Ersatz vergeblicher Aufwendungen

426 Anstelle des Schadensersatzes statt der Leistung kann der Gläubiger unter den in § 284 genannten Voraussetzungen Ersatz für vergebliche Aufwendungen fordern. Es handelt sich um Kosten, die dem Gläubiger infolge von Maßnahmen entstanden sind, die er in Erwartung der Leistung getroffen hat,[48] die er schließlich nicht erhielt. Beispielsweise mietet der Gläubiger einen Lagerraum, um die vom Schuldner zu liefernden Waren dort unterzubringen, oder er nimmt ein zu verzinsendes Darlehen auf, um den Kaufpreis zahlen zu können. Wenn der Schuldner die ihm obliegende Leistung nicht erbringt, so dass ein Lagerraum nicht gebraucht und ein Kaufpreis nicht fällig wird, dann hat er nach § 284 die vom Gläubiger zu zahlende Miete oder Darlehenszinsen zu ersetzen. Aufwendungen, die vor einer wirksamen Begründung des Schuldverhältnisses erbracht wurden, sind nach § 284 nicht erstattungsfähig, weil erst dann auf den Erhalt der Leistung vertraut werden kann, wenn das Schuldverhältnis zustande gekommen ist.[49] § 284 stellt eine selbstständige Anspruchsgrundlage dar.[50]

---

[48] Vgl. *Reim*, NJW 2003, 3662, 3664 auch zu der Frage, ob ein Gläubiger die von ihm in Erwartung der Leistung erbrachte eigene Arbeitsleistung nach § 284 ersetzt verlangen kann; dazu auch *Tröger*, ZGS 2005, 462, 465 f.; *Schenk*, ZGS 2008, 54, 57.
[49] Bamberger/Roth/*Unberath*, § 284 Rn. 15.
[50] *Reim*, NJW 2003, 3662, 3663; *Faust*, in: Huber/Faust, Kap. 4 Rn. 2; *Kropholler*, § 284 Rn. 1; a. A. KompaktKom-BGB/*Willingmann/Hirse*, § 284 Rn. 2.

Der sich aus dieser Vorschrift ergebende Anspruch ist davon abhängig, dass alle Voraussetzungen für einen Anspruch auf Schadensersatz statt der Leistung (vgl. Rn. 408) erfüllt werden,[51] da der Anspruch auf Ersatz vergeblicher Aufwendungen nur „anstelle" des Anspruchs auf Schadensersatz statt der Leistung gegeben ist.

427 Als Aufwendungen werden freiwillige Vermögensopfer bezeichnet (Rn. 691). In den Fällen des § 284 werden sie vom Gläubiger im Hinblick auf das Schuldverhältnis erbracht und dienen regelmäßig dessen Interessen.[52] Für den Anspruch nach § 284 kommt es zudem darauf an, ob der Gläubiger diese Aufwendungen „billigerweise" machen durfte. Mit dieser Einschränkung ist bezweckt, den Schuldner vom Ersatz solcher Aufwendungen freizustellen, die ein vernünftig denkender und handelnder Vertragspartner unterlassen hätte, wie z. B. Aufwendungen, die in keinem Verhältnis zum Wert des Vertragsgegenstandes stehen oder die in einem Zeitpunkt getätigt werden, in dem es bereits konkrete Hinweise dafür gibt, dass die geschuldete Leistung nicht erbracht werden wird.[53] Schließlich ist ein Anspruch nach § 284 auch ausgeschlossen, wenn der Zweck der Aufwendungen auch ohne Pflichtverletzung des Schuldners nicht erreicht worden wäre. Als Beispiel wird in der Gesetzesbegründung der Fall genannt, dass jemand für unverkäufliche Kunstwerke ein Ladenlokal anmietet.[54] Streitig ist, ob durch § 284 auch ein dem Gläubiger entgangener Vorteil erfasst wird, den er durch ein Alternativgeschäft erworben hätte, auf das er im Vertrauen auf den Erhalt der Leistung des Schuldners verzichtete. Die h. M.[55] lehnt dies unter Hinweis auf die Gesetzesbegründung[56] ab.

4. Nichterfüllung wegen Teilunmöglichkeit

428 Wird die geschuldete Leistung nur zum Teil unmöglich, dann wird der Anspruch auf Leistung auch nur bezüglich des unmöglichen Teils ausgeschlossen und bleibt im Übrigen existent. Eine Teilunmöglichkeit setzt voraus, dass die geschuldete Leistung teilbar ist und der verbleibende Rest nach dem Inhalt und Zweck des Vertrages noch eine „Teil-Leistung" ergibt, d. h. dass die noch mögliche Leistung nach ihrem Gegenstand nicht etwas völlig anderes darstellt als die geschuldete.[57] Kauft beispielsweise jemand ein bestimmtes Kaffeeservice komplett für sechs Personen und werden die Kaffeekanne und drei Tassen zerstört, dann ist volle Unmöglichkeit anzunehmen, weil die zerstörten Gegenstände und die übrigge-

---

[51] *Tröger*, ZGS 2005, 462, 463.
[52] *Reim*, NJW 2003, 3662, 3663; Bamberger/Roth/*Unberath*, § 284 Rn. 11.
[53] *Kropholler*, § 284 Rn. 3; AnwKom-BGB/*Arnold*, § 284 Rn. 30; a.A. *Reim*, NJW 2003, 3662, 3665.
[54] Amtl. Begr., S. 144 (r. Sp.).
[55] Vgl. *Schenk*, ZGS 2008, 54. 57 f. m. w. N.
[56] Amtl. Begr., S. 144, l. Sp.
[57] *Heiderhoff/Skamel*, JZ 2006, 383, 385 f.

bliebenen zusammengehören und nur gemeinsam den Leistungsgegenstand bilden. Anders dagegen ist es, wenn jemand fünf Maschinen eines bestimmten Typs zum Zwecke der Weiterveräußerung kauft und zwei davon zerstört werden. Hier ergibt der verbleibende Rest durchaus eine sinnvolle Teilleistung.

Bei einer Teilunmöglichkeit der Leistung kann der Gläubiger Schadensersatz nach § 280 Abs. 1, 3 i.V.m. § 283 fordern, wenn der Schuldner die Gründe zu vertreten hat, die zur Teilunmöglichkeit führten. Dieser Schadensersatzanspruch beschränkt sich grundsätzlich auf den unmöglichen Teil, weil – wie ausgeführt – hinsichtlich des Restes der primäre Leistungsanspruch bestehen bleibt (sog. **kleiner Schadensersatz**). Allerdings gibt § 281 Abs. 1 S. 2 i.V.m. § 283 S. 2 dem Gläubiger das Recht, unter Ablehnung des noch möglichen Teils Schadensersatz statt der ganzen Leistung zu verlangen, wenn er an der Teilleistung kein Interesse hat (sog. **großer Schadensersatz**). Der Interessenwegfall ist zu bejahen, wenn das Leistungsinteresse des Gläubigers durch die mögliche Teilleistung und durch den Schadensersatz, den er für den unmöglichen Rest erhält, nicht abgedeckt werden kann (vgl. das Beispiel in Rn. 509). Eine solche Konstellation wird jedoch wohl nur höchst selten vorkommen können, weil regelmäßig eine Teilunmöglichkeit auszuschließen sein wird, wenn das Interesse des Gläubigers die Erbringung der gesamten Leistung erforderlich macht, wie dies in § 281 Abs. 1 S. 2 vorausgesetzt wird (vgl. Rn. 428).

429

5. Anspruch auf das „stellvertretende commodum"

Erhält der Schuldner infolge des Umstandes, der ihn nach § 275 Abs. 1 bis 3 von seiner Leistungspflicht befreit, für den geschuldeten Gegenstand einen Ersatz oder Ersatzanspruch, dann kann der Gläubiger als Ausgleich für den Verlust seines Anspruchs Herausgabe des als Ersatz vom Schuldner Empfangenen oder Abtretung des Ersatzanspruchs verlangen. Dieser Ersatz oder Ersatzanspruch, der dem Gläubiger nach § 285 Abs. 1 zusteht, wird als „**stellvertretendes commodum**"[58] bezeichnet.

430

Beispiel: Volz verkauft dem Kunz ein Ölgemälde und vereinbart, dass das Gemälde, das sich in der Wohnung des Volz befindet, in einigen Tagen übergeben werden soll. Durch eine Gasexplosion wird das Bild zerstört. Volz unterhält eine Hausratsversicherung.

Durch den Kaufvertrag hat Kunz einen Anspruch gegen Volz auf Übergabe und Übereignung des Gemäldes erworben (§ 433 Abs. 1 S. 1). Da das Bild durch die Gasexplosion vernichtet worden ist, erlischt der Leistungsanspruch des Kunz nach § 275 Abs. 1 endgültig. Nach § 285 Abs. 1 kann Kunz verlangen, dass ihm Volz den Anspruch gegen seinen Hausratsversicherer wegen des zerstörten Bildes abtritt. Steht Volz gegen den Verursacher der Gasexplosion ein Schadensersatzanspruch zu, so gilt das gleiche für diesen Anspruch. Hat Volz bereits die Versicherungsleistung oder den Schadensersatz erhalten, dann hat er diesen Betrag an Kunz herauszugeben.

---

[58] Commodum lat. = Vorteil.

Folgt die Pflicht des Schuldners zur Erbringung der Leistung – wie im Beispielsfall – aus einem synallagmatischen Vertrag (zum Begriff vgl. Rn. 94), dann ergeben sich Besonderheiten, auf die im Zusammenhang mit anderen Leistungsstörungen bei diesen Verträgen eingegangen werden soll (vgl. dazu Rn. 505 ff.). Hier sei nur darauf hingewiesen, dass der Gläubiger zur Gegenleistung nach Maßgabe des § 326 Abs. 3 verpflichtet bleibt, wenn er den Anspruch auf das stellvertretende commodum geltend macht.

431 Bei § 285 Abs. 1 handelt es sich um eine selbstständige Anspruchsgrundlage, deren Verwirklichung von folgenden Voraussetzungen abhängt:
➢ Bestehen eines Schuldverhältnisses, das die Verpflichtung des Schuldners zur Leistung eines Gegenstandes begründet
➢ Freiwerden des Schuldners von seiner Leistungspflicht gem. § 275 Abs. 1 bis 3
➢ Erlangung eines Ersatzes oder Ersatzanspruchs durch den Schuldner
➢ Kausalzusammenhang zwischen dem Umstand, der zur Unmöglichkeit der Leistung führt, und der Erlangung des stellvertretenden commodum
➢ Identität von geschuldetem und ersetztem Gegenstand.

432 Zu diesen Voraussetzungen ist erläuternd auf Folgendes hinzuweisen:
- § 285 ist auf alle vertraglichen und gesetzlichen Schuldverhältnisse einschließlich des Rückgewährschuldverhältnisses nach § 346 (Rn. 237) anzuwenden.[59]
- Ob der Begriff „Gegenstand", auf den sich die Verpflichtung des Schuldners zur Leistung bezieht, nur Sachen und Rechte umfasst oder ob er auch auf Handlungen und Unterlassungen auszudehnen ist, bildet den Gegenstand eines Meinungsstreits, der vornehmlich in Bezug auf die geschuldete Leistung aus Dienst- und Werkverträgen geführt wird. Versteht man als Gegenstand jedes Objekt, auf das die Forderung des Gläubigers gerichtet ist,[60] dann erscheint es folgerichtig, § 285 auch auf Dienst- und Werkverträgen anzuwenden,[61] zumal in dieser Vorschrift ausdrücklich auf § 275 Abs. 3 verwiesen wird, der eine persönliche Leistungspflicht betrifft. Die h. M., die dies ablehnt, will allenfalls eine Ausnahme auf Grund einer ergänzenden Vertragsauslegung zulassen.[62]
- Es muss sich stets um einen individuell bestimmten Gegenstand handeln. Deshalb ist § 285 auf Gattungssachen vor der Konkretisierung nicht anwendbar.[63]

---

[59] AnwKom/*Dauner-Lieb*, § 285 Rn. 2.
[60] So *Löwisch*, NJW 2003, 2049, 2050.
[61] *Löwisch*, NJW 2003, 2049, 2050; PWW/*Schmidt-Kessel*, § 285 Rn. 2; Erman/*Westermann*, § 285 Rn. 2.
[62] *Looschelders*, AS, Rn. 685; MünchKomm/*Emmerich*, § 285 Rn. 5 f.; Bamberger/Roth/*Unberath*, § 285 Rn. 6; Palandt/*Grüneberg*, § 285 Rn. 5.
[63] *Fikentscher/Heinemann*, Rn. 444 mit dem zutreffenden Hinweis, dass etwas anderes bei einer beschränkten Gattungsschuld (Vorratskauf) gilt, wenn der gesamte Vorrat untergegangen ist.

II. Nichterfüllung

- Da in den Fällen des § 275 Abs. 2 und 3 der Ausschluss der Leistungspflicht von einer entsprechenden Einrede des Schuldners abhängt (vgl. Rn. 398), setzt der Anspruch nach § 285 Abs. 1 diese Einrede voraus.[64]
- Von § 285 werden die **Fälle anfänglicher Unmöglichkeit** ebenfalls erfasst. Auch wenn der Schuldner bereits bei Entstehung des Schuldverhältnisses von seiner Leistungspflicht befreit ist und somit auch kein Gegenstand geschuldet wird, ist nach dem Normzweck der Vorschrift das als Ersatz Erlangte an den Gläubiger herauszugeben.[65]
- Das Erfordernis der Kausalität bejaht die h. M. auch dann, wenn nur ein wirtschaftlicher Zusammenhang besteht, wie dies im Fall eines Doppelverkaufs zutrifft. **Die Herausgabepflicht nach § 285 Abs. 1 gilt also nicht nur für das commodum ex re**, d.h. für den Ersatz, den der Schuldner anstelle der zerstörten oder ihm abhanden gekommenen Sache erlangt, sondern auch für das **commodum ex negotiatione, d.h. für das Entgelt, das der Schuldner durch Rechtsgeschäft erzielt hat, also für den Veräußerungserlös.**

Beispiel: Nachdem Volz dem Kunz das Ölgemälde verkauft hat, bietet ihm Dritt die doppelte Summe des mit Kunz vereinbarten Kaufpreises. Volz kann nicht widerstehen und übergibt Dritt das Bild. Wird in diesem Fall der Anspruch auf Leistung des Kunz nach § 275 Abs. 1 ausgeschlossen, weil etwa der Aufenthaltsort des Dritt unbekannt ist und von einem Fall (subjektiver) Unmöglichkeit ausgegangen werden muss (vgl. dazu Rn. 398), dann kann Kunz den von Dritt gezahlten Kaufpreis nach § 285 Abs. 1 von Volz beanspruchen. Dieser Anspruch ist wesentlich günstiger für ihn, als wenn er einen Schadensersatzanspruch nach § 280 Abs. 1 gegen Volz wegen der vorsätzlichen Verletzung seiner Leistungspflicht geltend machte, weil als Schadensersatz nur der Marktwert des Bildes gefordert werden kann und nicht der höhere Preis, den Dritt wegen seines besonderen Interesses an dem Gemälde zahlte.

Bei strikter Beachtung des Kausalitätserfordernisses wäre allerdings ein Anspruch nach § 285 Abs. 1 ausgeschlossen, weil der Umstand, der zur Unmöglichkeit führte, in der Übereignung des Gemäldes an Dritt zu sehen ist, während der Kaufpreis in Erfüllung des Kaufvertrages gezahlt wird. Die wirtschaftliche Kausalität als ausreichende Voraussetzung und damit die Erstreckung der Herausgabepflicht nach § 285 Abs. 1 auch auf das commodum ex negotiatione lassen sich damit begründen, dass dem Schuldner nicht ein Gewinn belassen werden soll, den er mit der dem Gläubiger gebührenden Sache erzielte. Nach dem Normzweck des § 285 Abs. 1 ist der Schuldner verpflichtet, auch alles das an den Gläubiger abzuführen, was er infolge des Umstandes erhält, auf dem (gegebenenfalls in wirtschaftlicher Sicht) die Unmöglichkeit der Leistung beruht; dabei muss es unerheblich sein, ob dieser Ersatz mehr wert ist als die Sache selbst.[66]

---

[64] Amtl. Begr. S. 144 f.
[65] *Medicus/Lorenz*, Rn. 433 gehen von einem Redaktionsversehen des Gesetzgebers aus und wollen die Vorschrift lesen: „... für den geschuldeten oder versprochenen Gegenstand ...".
[66] MünchKomm/*Emmerich*, § 285 Rn. 23.

Allerdings hat es der Schuldner in den Fällen des § 275 Abs. 2 und 3, in denen der Ausschluss seiner Leistungspflicht von seiner Einrede abhängt, in der Hand, dem Gläubiger den Anspruch aus § 285 Abs. 1 dadurch zu nehmen, dass er die Einrede unterlässt. Ist in dem Beispielsfall der Aufenthaltsort des Dritt bekannt und wäre dieser nur bereit, zu Konditionen, die außerhalb jeder Vernunft liegen, das Ölgemälde an Volz zurückzugeben (Fall der faktischen Unmöglichkeit, für die § 275 Abs. 2 gilt; vgl. Rn. 399 ff.), dann kann zwar Volz die Leistung verweigern, muss dies jedoch nicht tun. Wenn er sich darauf beschränkt, auf Mahnungen und Fristsetzungen des Kunz nicht zu reagieren, kann dieser Schadensersatz nach § 280 Abs. 1, 3 i.V.m. § 281 Abs. 1 S. 1 fordern. Die Höhe des Schadensersatzes richtet sich aber – wie bereits ausgeführt – nach dem Marktwert des Bildes. Ein darüber liegender Betrag, den Dritt zahlte, kann deshalb Kunz von Volz nicht verlangen. Erst recht könnte Kunz im Falle einer wirtschaftlichen Unmöglichkeit (Dritt verlangte als Preis für den Rückkauf einen unzumutbar hohen Preis) nicht den von Volz erlösten Kaufpreis beanspruchen, weil die wirtschaftliche Unmöglichkeit nicht unter § 275 Abs. 2 fällt (vgl. Rn. 400) und deshalb § 285 Abs. 1 nicht anwendbar ist.

Nach dem Zweck des § 285 ist die erforderliche **Identität von geschuldetem und ersetztem Gegenstand im Sinne einer Wechselbeziehung zwischen beiden** nur dann zu bejahen, wenn der Ersatz gerade für den Gegenstand erlangt wurde, der nach dem Schuldverhältnis dem Gläubiger gebührte.[67] Wird die vermietete Sache zerstört, dann kann der Mieter nicht die vom Vermieter erlangte Versicherungssumme fordern, denn ihm gebührt nach dem Mietverhältnis nur der Gebrauch der Mietsache während der Mietzeit (§ 635 Abs. 1 S. 1) und nicht das Eigentum daran, für das die Versicherungssumme gezahlt wird.[68]

433 Ein Anspruch auf Herausgabe des Ersatzes nach § 285 Abs. 1 kann mit einem Anspruch auf Schadensersatz statt der Leistung konkurrieren. In diesem Fall mindert sich der Anspruch auf Schadensersatz um den Wert des nach § 285 Abs. 1 erlangten Ersatzes oder Ersatzanspruchs (§ 285 Abs. 2).

Beispiel: Volz verkauft Kunz seinen Pkw und vereinbart, ihm das Fahrzeug am folgenden Tage zu dessen Wohnung zu bringen. Auf der Fahrt zu Kunz verursacht Volz schuldhaft einen Verkehrsunfall, bei dem das Fahrzeug zerstört wird. Kunz kann dann nach § 280 Abs. 1 i.V.m. § 283 S. 1 Schadensersatz von Kunz fordern und sich außerdem den Anspruch des Volz aus einer Vollkaskoversicherung des Pkw an sich abtreten lassen, muss sich dann aber auf seinen Schadensersatzanspruch das anrechnen lassen, was er vom Versicherer erhält.

6. Nichterfüllung wegen anfänglicher Unmöglichkeit

434 Entgegen dem früheren Recht, nach dem ein auf objektiv unmögliche Leistung gerichteter Vertrag nach § 306 aF nichtig war, wird nunmehr durch § 311a Abs. 1 klargestellt, dass es der Wirksamkeit eines Vertrages nicht entgegensteht, dass der Schuldner nach § 275 Abs. 1 bis 3 nicht zu leisten braucht und das **Leistungshindernis schon bei Vertragsschluss** bestand. Die Verweisung auf § 275 Abs. 2 und 3, die ein Leistungsverweige-

---

[67] Vgl. *BGH* NJW 2006, 2323, 2324 f. (zu § 281 aF, der Vorgängernorm des § 285).
[68] *Looschelders,* AS, Rn. 689.

II. Nichterfüllung

rungsrecht des Schuldners begründen (Rn. 398), darf nicht dahingehend verstanden werden, dass bereits im Zeitpunkt des Vertragsschlusses eine solche Einrede erhoben werden muss, weil dann § 311a für die Fälle des § 275 Abs. 2 und 3 keine praktische Bedeutung erlangen kann (Wer schließt einen Vertrag und beruft sich vorher auf ein Leistungsverweigerungsrecht?). Vielmehr genügt es für die Anwendung des § 311a, dass im Zeitpunkt des Vertragsschlusses das Leistungshindernis besteht und sich der Schuldner danach darauf beruft.[69]

Aus dieser Regelung ergibt sich, dass in den Fällen, in denen nach § 275 Abs. 1 die (primäre) Leistungspflicht des Schuldners ausgeschlossen ist, ein Schuldverhältnis zustande kommt, das nur sekundäre Leistungspflichten enthält wie z. B. nach § 285 oder nach § 311a Abs. 2.

Die Regelung des § 311a Abs. 1 bezieht sich nur auf die anfängliche Unmöglichkeit und das anfängliche Unvermögen und regelt lediglich die Frage nach der Wirksamkeit eines Vertrages trotz dieser Unmöglichkeit der nach dem Vertrag zu erbringenden Leistung. Selbstverständlich kann ein solcher Vertrag aus anderen Gründen nichtig sein, etwa wegen eines Verstoßes gegen ein gesetzliches Verbot oder die guten Sitten (vgl. Rn. 165 f.). In den Fällen des § 311a kann sich auch die Frage ergeben, ob nicht die Unwirksamkeit des Vertrages dadurch herbeigeführt werden kann, dass die Anfechtung nach § 119 Abs. 2 mit der Begründung erklärt wird, das die anfängliche Unmöglichkeit ergebende Leistungshindernis sei unbekannt gewesen und stelle eine verkehrswesentliche Eigenschaft i. S. v. § 119 Abs. 2 dar. Von einer solchen Anfechtungsmöglichkeit wird jedoch nur derjenige Gebrauch machen wollen, für den die Wirksamkeit des Vertrages deshalb rechtlich nachteilig ist, weil sich daraus Ansprüche gegen ihn ergeben, die er zu vermeiden sucht. Ob in einem solchen Fall dem Anfechtenden stets deshalb ein rechtsmissbräuchliches Verhalten vorzuwerfen wäre, weil er sich den gegen ihn gerichteten Ansprüchen durch Anfechtung entziehen würde, wie dies in der Begründung des SchuldRModG angenommen wird,[70] erscheint indes fraglich. Auf jeden Fall ist jedoch der Anfechtende durch die Pflicht zum Ersatz des Vertrauensschadens nach § 122 Abs. 1 belastet. Dies kann allerdings für den Schuldner günstiger sein, weil der Anspruch nach § 311a Abs. 2 auf das Erfüllungsinteresse gerichtet ist (vgl. Rn. 354 f.).[71]

Der Gläubiger kann in den Fällen des § 311a Abs. 1 nach seiner Wahl vom Schuldner entweder Schadensersatz statt der Leistung oder Ersatz seiner vergeblichen Aufwendungen gem. § 284 fordern (§ 311a Abs. 2

---

[69] AnwKom-BGB/*Dauner-Lieb*, § 311a Rn. 15.
[70] Amtl. Begr., S. 165 (l. Sp.); ebenso *Canaris*, JZ 2001, 499, 506; AnwKom-BGB/ *Dauner-Lieb*, § 311a Rn. 28; vgl. dazu auch MünchKomm/*Kramer*, § 119 Rn. 34 m. N. *Kohler*, Jura 2006, 241, 247, ist der Auffassung, dass eine Anfechtung nach § 119 Abs. 2 in den von § 311a erfassten Fällen überhaupt nicht in Betracht kommen kann, insbesondere deshalb, weil es sich um einen beiderseitigen Motivirrtum handele, der nicht gemäß § 119 Abs. 2, sondern gemäß § 313 zu lösen sei.
[71] *Reischl*, JuS 2003, 250, 256.

S. 1). Nur wenn der Schuldner das Leistungshindernis nicht kannte und er seine Unkenntnis auch nicht zu vertreten hat, entfällt die Ersatzpflicht (§ 311a Abs. 2 S. 2). Wann der Schuldner seine Unkenntnis zu vertreten hat, ergibt sich aus den §§ 276 bis 278. Regelmäßig wird es darauf ankommen, ob er bei Beachtung der im Verkehr gebotenen Sorgfalt das Leistungshindernis hätte kennen können. Die Vorschrift des § 311a Abs. 2, bei der es sich um eine selbstständige Anspruchsgrundlage handelt, wird folglich durch die Erwägung gerechtfertigt, dass der Schuldner ein Leistungsversprechen gegeben hat, obwohl er wusste oder wissen konnte, dass er es wegen des Leistungshindernisses nicht zu erfüllen vermochte.[72] Da sich auch die anfängliche Unmöglichkeit auf einen Teil der Leistung beschränken kann, wird in § 311a Abs. 2 S. 3 die Vorschrift des § 281 Abs. 1 S. 2 und 3 und Abs. 5 für entsprechend anwendbar erklärt.

437 **Kannte der Schuldner das Leistungshindernis nicht, dann kommt es nach der gesetzlichen Regelung für seine Haftung darauf an, ob er seine Unkenntnis zu vertreten hat.** Zu vertreten hat er jedenfalls – wie bereits ausgeführt – jeden Grad von Fahrlässigkeit. Ebenso hat er ein Verschulden eines Erfüllungsgehilfen gem. § 278 zu vertreten. Die Weite des Haftungsrahmens wird ganz wesentlich durch die Anforderungen bestimmt, die man an den Schuldner hinsichtlich seiner Erkundigungs- und Nachforschungspflichten stellt. Beruht seine Unkenntnis vom Leistungshindernis auf einem Verstoß gegen ihm obliegende Informationspflichten, dann haftet er. Selbstverständlich kann der Schuldner auch versprechen, stets für seine Leistungsfähigkeit einzustehen, und damit eine Garantiehaftung übernehmen, die ihn auch für nicht erkennbare Leistungshindernisse haften lässt (Rn. 414). Eine solche Garantiehaftung kann stillschweigend ausbedungen werden; allerdings müssen sich dafür entsprechende Hinweise in den vertraglichen Absprachen finden lassen.[73] Nicht zu vereinbaren mit der in § 311a Abs. 2 S. 2 getroffenen Regelung ist die Auffassung, dass der Schuldner für eine anfängliche subjektive Unmöglichkeit stets einzustehen habe, weil er seine eigene Leistungsfähigkeit kennen müsse.[74] Zwar kann ihn ein Schuldvorwurf treffen, wenn er begründete Zweifel an seiner Leistungsfähigkeit hat und sich nicht vergewissert, ob er die von ihm zu übernehmende Verpflichtung auch zu erfüllen vermag, jedoch geht es zu weit, stets die stillschweigend übernommene Garantie eigener Leistungsfähigkeit anzunehmen.[75] Die dem früheren Recht entsprechende Garantiehaftung in Fällen der anfänglichen Unmöglichkeit hat der Gesetzgeber bei Schaffung des § 311a aufgegeben.[76]

---

[72] Amtl. Begr., S. 165 (r. Sp.).
[73] *BGH* NJW 2007, 3777, 3780 Tz. 39; *Kohler,* Jura 2006, 241, 246; Palandt/*Grüneberg,* § 311a Rn. 9.
[74] So *Sutschet,* NJW 2005, 1404, 1405 f.
[75] *BGH* NJW 2007, 3777, 3780 Tz. 36 f.; *Wieser,* MDR 2002, 858, 860; *Emmerich,* § 5 Rn. 15.
[76] *OLG Karlsruhe* NJW 2005, 989, 990; Palandt/*Grüneberg,* § 311a Rn. 9.

438 Nicht gefolgt werden kann der im Schrifttum vertretenen Meinung, die Rechtsfolgen für den Fall, dass der Schuldner seine **Unkenntnis vom Leistungshindernis nicht zu vertreten habe**, seien ungeregelt geblieben und die deshalb bestehende Lücke sei durch **eine entsprechende Anwendung des § 122 zu schließen**.[77] Zwar wird in der Amtlichen Begründung[78] unter Hinweis auf *Canaris*[79] als „gangbarer Lösungsansatz" bezeichnet, dass der Gläubiger im Falle einer nicht vom Schuldner zu vertretenden Unkenntnis in entsprechender Anwendung des § 122 Ersatz seines Vertrauensschadens (vgl. Rn. 354 ff.) fordern kann, jedoch handelt es sich insoweit lediglich um eine unverbindlich gebliebene Meinung der Gesetzesverfasser, die im Gesetz selbst keinen Niederschlag gefunden hat. Die Verpflichtung zum Ersatz eines Vertrauensschadens bei unverschuldeter Unkenntnis eines Leistungshindernisses läuft auf eine Garantiehaftung für die Leistungsfähigkeit des Schuldners hinaus, für die – wie ausgeführt – eine vertragliche Vereinbarung erforderlich ist. Die h. M.[80] lehnt deshalb zu Recht die analoge Anwendung des § 122 in diesen Fällen ab.

III. Schuldnerverzug

a) Voraussetzungen

439 Der Schuldner gerät mit der von ihm geschuldeten Leistung in Verzug, wenn er nicht rechtzeitig leistet, obwohl die Leistung möglich ist und er nicht durch einen Umstand, den er nicht zu vertreten hat, an der Leistung gehindert wird (vgl. § 286).

Der **Eintritt des Schuldnerverzuges** hängt von folgenden Voraussetzungen ab:
(1) Möglichkeit der Leistung
(2) Durchsetzbarkeit der Forderung
(3) Fälligkeit der Forderung
(4) Mahnung durch den Gläubiger, soweit sie nicht entbehrlich ist
(5) Vertretenmüssen der Verspätung

Zu diesen Voraussetzungen ist im Einzelnen zu sagen:

---

[77] So Hk-BGB/*Schulze*, § 311a Rn. 9.
[78] S. 166.
[79] *Canaris*, in: Die Schuldrechtsreform vor dem Hintergrund des Gemeinschaftsrechts, 2001, hrsg. v. *Schulze/Schulte-Nölke*, S. 64 ff.; *ders.*, JZ 2001, 499, 507 f.
[80] *Reischl*, JuS 2003, 250, 256 f.; *Kohler*, Jura 2006, 241, 247 f.; *Faust*, in: Huber/Faust, Kap. 7 Rn. 38; *Schwab/Witt/Matheus*, S. 92; AnwKom-BGB/*Dauner/Lieb*, § 311a Rn. 30; Bamberger/Roth/*Gehrlein*, § 311a Rn. 12; jurisPK-BGB/*Alpmann*, § 311a Rn. 27.

1. Möglichkeit der Leistung

440 Verzug und Unmöglichkeit schließen einander begrifflich aus. Denn der Anspruch auf Leistung ist nach § 275 Abs. 1 ausgeschlossen, soweit diese für den Schuldner (subjektive Unmöglichkeit) oder für jedermann (objektive Unmöglichkeit) unmöglich ist (vgl. Rn. 395). Der Schuldner kann folglich nur dann in Verzug mit einer Leistung kommen, wenn sie von ihm (noch) erbracht werden kann. Ist der Anspruch auf Leistung wegen dauernder objektiver oder subjektiver Unmöglichkeit ausgeschlossen, dann bestimmen sich die Rechtsfolgen nach den die Unmöglichkeit regelnden Vorschriften (§§ 275, 280, 283 bis 285, 311a und 326). Gleiches gilt, wenn sich der Schuldner mit Erfolg auf ein Leistungsverweigerungsrecht nach § 275 Abs. 2 oder 3 beruft. Ist die geschuldete Leistung nur vorübergehend unmöglich und kann sie später erbracht werden, dann ist die **Frage, ob die vorübergehende der dauernden Unmöglichkeit gleichzustellen oder ob Verzug anzunehmen ist,** danach zu entscheiden, ob durch Erbringung der Leistung nach Behebung des vorübergehenden Hindernisses noch der Vertragszweck erreicht werden kann und ob dem Gläubiger ein Warten auf die Leistung zuzumuten ist.[81] Bedeutsam für die Frage der Zumutbarkeit ist auch, ob sich absehen lässt, wie rasch das Leistungshindernis behoben werden kann. Ist ein Interesse des Gläubiger an der Leistung nach Wegfall des Leistungshindernisses zu bejahen und ist ihm auch zuzumuten, den Wegfall des Leistungshindernisses abzuwarten, dann sind nur die Vorschriften über den Verzug anzuwenden. Zur Erläuterung des sich bei einer vorübergehenden Unmöglichkeit ergebenden Abgrenzungsproblems dient das folgende

Beispiel: Textilgroßhändler Groß vereinbart mit dem Fabrikanten Fertig, dass dieser ihm Anfang November 500 Damen-Sommerkleider verschiedener Modelle liefert. Ende Oktober teilt Fertig dem Groß mit, dass er leider den vereinbarten Liefertermin nicht einhalten könne, weil infolge einer Unvorsichtigkeit seines Lagerarbeiters die für die Herstellung benötigten Stoffe verdorben seien und er erst neue ordern müsse. Er hoffe aber, die Lieferung bis Ende Januar nachholen zu können. Darauf erwidert Groß, Ende Januar sei zu spät, zumal noch nicht einmal feststehe, ob dieser Termin auch eingehalten werden könne. Bekanntlich würde im Textilgroßhandel das Sommergeschäft bis etwa Mitte Januar im Wesentlichen abgewickelt sein und – Groß – müsse jetzt wissen, ob und wann er an seine Kunden liefern könne. Aus diesen Gründen lehne er die Lieferung zu einem späteren Zeitpunkt ab und verlange Schadensersatz.

Das Recht zum Rücktritt kann sich aus § 326 Abs. 5 i.V.m. § 323 ergeben. Den Schadensersatz kann Groß nach § 280 Abs. 1, 3 i.V.m. §§ 283, 325 fordern, wenn die dafür zu erfüllenden Voraussetzungen gegeben sind (vgl. dazu Rn. 406 ff., 519 ff.).

Es handelt sich hier um einen Fall der vorübergehenden Unmöglichkeit, weil feststeht, dass Fertig in einiger Zeit in der Lage sein wird, die bestellten Kleider herzustellen und

---

[81] *BGH* NJW 2007, 3777, 3778 Tz. 24; *Schwab/Witt/Matheus*, S. 113 f.; Bamberger/Roth/*Unberath*, § 275 Rn. 39; Staudinger/*Löwisch*, § 275 Rn. 43; Palandt/*Grüneberg*, § 275 Rn. 11; ähnlich auch MünchKomm/*Ernst*, § 275 Rn. 139 ff. Zu anderen Lösungsvorschlägen für die Behandlung der vorübergehenden Unmöglichkeit vgl. *Schulze/Ebers*, JuS 2004, 265, 267 f.; *Arnold*, JZ 2002, 866, 868 ff.

zu liefern. Ob dies Ende Januar möglich sein wird, lässt sich nicht mit Gewissheit voraussehen; Fertig „hofft" dies. Die sich in einem solchen Fall ergebende Rechtslage ist im Gesetz nicht ausdrücklich geregelt. Wie bereits ausgeführt, ist die vorübergehende Unmöglichkeit der dauernden dann gleichzustellen, wenn der Schwebezustand dazu führt, dass der Vertragszweck gefährdet wird, und wenn deshalb dem Gläubiger ein weiteres Abwarten nicht zugemutet werden kann. Da im Handel mit saisonalen Artikeln nur eine relativ kurze Zeit für den Warenumschlag zur Verfügung steht und ein Großhändler seinen Kunden genaue Liefertermine nennen können muss, führt die Verzögerung der Lieferung und die Ungewissheit des genauen Liefertermins dazu, dass der Zweck des Vertrages, der erkennbar darin liegt, Waren zur Weiterveräußerung zu erwerben, nicht mehr erreicht werden kann, wenn später die Kleider von Fertig geliefert werden. Die vertragliche Leistung ist folglich nicht mehr im Zeitpunkt des Wegfalls des Leistungshindernisses nachholbar, weil dann Groß die Ware nicht mehr, zumindest nicht zu gleichen Vertragsbedingungen, insbesondere zum gleichen Preis, abzusetzen vermag. Ein Festhalten am Vertrag ist ihm deshalb nicht zuzumuten. Für die Frage der Zumutbarkeit ist hier insbesondere auch bedeutsam, dass sich nicht mit Sicherheit angeben lässt, wann das Leistungshindernis behoben sein wird. Es ist deshalb in diesem Fall die vorübergehende Unmöglichkeit wie eine dauernde zu werten. Im Falle einer Unmöglichkeit braucht der Schuldner nach § 275 Abs. 1 nicht zu leisten, weil dann der Anspruch auf Leistung ausgeschlossen ist. Deshalb kann Groß nach § 326 Abs. 5 i. V. m. § 323 vom Vertrag mit Fertig zurücktreten. Der Rücktritt schließt nicht sein Recht aus, von Fertig Ersatz seines wegen der Nichtlieferung entstandenen Schadens zu fordern (§ 325). Da Fertig die ihm aus dem Vertrag mit Groß obliegende Pflicht zur Lieferung nicht erfüllt, begeht er damit eine Pflichtverletzung (vgl. Rn. 406), die er auch zu vertreten hat, weil er sich das Verschulden seines Lagerarbeiters zurechnen lassen muss (§ 278 S. 1). Groß kann deshalb auf der Grundlage des § 280 Abs. 1, 3 i. V. m. § 283 S. 1 Schadensersatz statt der Leistung verlangen.[82] Fertig muss also den Schaden ausgleichen, der durch seine Pflichtverletzung dem Groß entstand, ihn also vermögensmäßig so stellen, wie er bei einer ordnungsgemäßen Vertragserfüllung stehen würde.

Würde es sich abweichend vom Ausgangsfall nicht um saisonale Waren handeln und müsste man deshalb sowohl von einem Leistungsinteresse des Käufers nach Wegfall des Leistungshindernisses als auch von der Zumutbarkeit ausgehen, auf die Leistung zu warten, dann könnte sich nach den dann anzuwendenden Verzugsregeln allerdings auch ein Anspruch des Käufers auf Schadensersatz (vgl. § 280 Abs. 1, 2 i. V. m. § 286) und ein Recht auf Rücktritt vom Vertrag (vgl. § 323 Abs. 1) ergeben. Zu den Rechtsfolgen des Verzugs Einzelheiten später.

In dem Beispielsfall handelt es sich um eine erst nachträglich eintretende vorübergehende Unmöglichkeit. **Besteht der Zustand vorübergehender Unmöglichkeit bereits im Zeitpunkt des Vertragsschlusses**, dann tritt an die Stelle des § 283 die Vorschrift des **§ 311 a Abs. 2**. Stets kommt es aber darauf an, ob der Schuldner das Leistungshindernis zu vertreten hat. 441

Dass mit einer Leistung, die im Zeitpunkt der Fälligkeit nicht erbracht wurde, später der Vertragszweck nicht mehr zu erfüllen ist, dass also die Leistung nicht nachgeholt werden kann und sie deshalb unmöglich wird, ist beim sog. absoluten **Fixgeschäft** offensichtlich. Das **absolute (uneigentliche) Fixgeschäft** ist dadurch gekennzeichnet, dass bei ihm nach dem Inhalt und Zweck des Vertrages nur zu einem genau bestimmten Zeitpunkt geleistet werden kann, dagegen später nicht mehr.[83] 442

---
[82] Vgl. *Faust*, in: Huber/Faust, Kap. 8 Rn. 14, 16.
[83] *BGH* NJW 2009, 2743 f. Tz. 12.

§ 6. Störungen im Schuldverhältnis

Soll ein Fotograf Bilder von einer Trauung aufnehmen, ein Musiker bei einer Veranstaltung zum Tanz aufspielen, ein Taxi einen Reisenden zu einem bestimmten Zug bringen, dann kann die Leistung nur zu dem genau bestimmten Zeitpunkt bewirkt werden, später ist dies unmöglich.

443 Vom so genannten absoluten Fixgeschäft ist das **relative (einfache) Fixgeschäft** zu unterscheiden. Beim relativen Fixgeschäft wird zwar von den Vertragsparteien der Zeitpunkt für die Leistung fest bestimmt (z.B. „am 1. 6. genau") und aus einer solchen Zeitbestimmung sowie aus den sonstigen Umständen ergibt sich, dass die zeitliche Festlegung für den Gläubiger einen so wesentlichen Teil der vertraglichen Absprache darstellt, dass damit das Geschäft „stehen und fallen" soll, aber die Leistung ist – anders als beim absoluten Fixgeschäft – doch noch zu einem späteren Zeitpunkt nachholbar. Im Unterschied zum absoluten Fixgeschäft, bei dem die Unpünktlichkeit wegen des damit stets verbundenen Wegfalls des Interesses des Gläubigers an der Leistung zum Erlöschen der Leistungspflicht des Schuldners führt, kann der Gläubiger bei einem relativen Fixgeschäft die Interessenlage prüfen und darüber entscheiden, ob die Leistungspflicht der Schuldners bestehen bleiben soll. Dementsprechend gibt das Gesetz dem Gläubiger bei einem relativen Fixgeschäft das Recht, ohne vorherige Fristsetzung von einem synallagmatischen Vertrag zurückzutreten (§ 323 Abs. 1, 2 Nr. 2). Als charakteristisches Merkmal des relativen Fixgeschäfts wird in § 323 Abs. 2 Nr. 2 genannt, dass „der Gläubiger im Vertrag den Fortbestand seines Leistungsinteresses an die Rechtzeitigkeit der Leistung gebunden hat". Es ist also erforderlich, dass sich aus der vertraglichen Vereinbarung auch für den Schuldner die Bedeutung der Leistungszeit mit hinreichender Deutlichkeit ergibt.

Beispiel: Rasch, der am 20. 7. eine aus zwingenden Gründen terminlich nicht zu verschiebende Urlaubsreise nach Italien antreten möchte, will für diesen Zweck ein neues Auto erwerben. Er begibt sich deshalb zum Autohändler Handel und erklärt diesem, dass er einen bestimmten Wagentyp als Neuwagen kaufen möchte, dass aber in jedem Fall wegen seiner Urlaubspläne das Fahrzeug spätestens am 19. 7. geliefert werden müsste. Dies verspricht Handel. Anfang Juli kommt es zu einem Brand im Herstellerwerk, der dazu führt, dass sich alle Liefertermine um drei Wochen verschieben. Dies teilt Handel Rasch mit und sagt ihm Lieferung des Wagens zum 10. 8. verbindlich zu. Rasch fragt, ob er sich vom Vertrag mit Handel lösen könnte.

Zwar ist die Leistung nicht unmöglich, wenn sie nicht zum vereinbarten Termin erbracht wird, aber der 19. 7. war für Rasch als Liefertermin so wichtig, dass er erkennbar den Fortbestand seines Leistungsinteresses an die Einhaltung dieses Termins gebunden hat. Es handelt sich somit um ein relatives Fixgeschäft, so dass Rasch bei Nichteinhaltung des Termins zum Rücktritt berechtigt ist (§ 323 Abs. 1 i.V.m. Abs. 2 Nr. 2). Dass Handel die Verzögerung nicht verschuldet hat, ist hier unerheblich. Denn das Rücktrittsrecht ergibt sich auf Grund der entsprechenden vertraglichen Vereinbarung ohne weiteres, wenn die Leistung nicht zum vereinbarten Termin erbracht wird. Da bereits Anfang Juli feststeht, dass zum vereinbarten Termin nicht geliefert werden wird, kann Rasch auch schon zu diesem Zeitpunkt den Rücktritt erklären (§ 323 Abs. 4).

Auch in dem obigen Beispielsfall des Kaufvertrages zwischen Groß und Fertig über die Sommerkleider (Rn. 440) könnte erwogen werden, ein relatives Fixgeschäft anzunehmen. Jedoch reicht allein die Tatsache, dass es sich um einen saisonalen Artikel handelt, für diese Annahme nicht aus. Es müssten noch weitere Anhaltspunkte dafür zu finden sein, die sich jedoch hier nicht aus dem Sachverhalt ergeben. Deshalb ist oben auch von einem gewöhnlichen Geschäft ausgegangen worden.

2. Durchsetzbarkeit der Forderung

Der Schuldner kann nur mit einer durchsetzbaren Forderung in Verzug geraten. Eine Naturalobligation (vgl. Rn. 163) ist gegen den Willen des Schuldners nicht durchsetzbar, und er kann folglich damit auch nicht in Verzug geraten. **444**

Nach anderer Auffassung soll der Verzug bei einer Naturalobligation an der fehlenden Fälligkeit scheitern; diese Unterscheidung hat jedoch nur theoretische Bedeutung.

Durchsetzbar ist eine Forderung auch nicht, wenn ihr eine Einrede entgegensteht (vgl. Rn. 213 f.). Solange also der Schuldner sich auf eine Einrede berufen kann, kommt er nicht in Verzug. Denn die Einrede gibt ihm das Recht, die Leistung zu verweigern, und er macht von diesem Recht nur Gebrauch, wenn er trotz der Mahnung des Gläubigers die Leistung nicht erbringt. **445**

Über die Wirkung von Einreden auf den Verzug wird allerdings gestritten. Es wird auch die Auffassung vertreten, dass nicht schon das Bestehen einer Einrede – so die h. M.[84] –, sondern erst die Berufung des Schuldners darauf den Verzugseintritt ausschlösse. Diese Auffassung berücksichtigt nicht, dass bereits das Bestehen der Einrede ohne Rücksicht auf ihre Ausübung Rechtsfolgen eintreten lässt, wie dies z. B. ausdrücklich in § 390 S. 1 durch den Ausschluss der Aufrechnung mit einer einredebehafteten Forderung, also ohne dass sich der Schuldner auf die Einrede beruft, bestätigt wird (vgl. Rn. 213). Auf Einzelheiten dieses Meinungsstreits ist hier nicht einzugehen. Besonderheiten, die z. T. für die Einrede des nichterfüllten Vertrags, insbesondere aber für das Zurückbehaltungsrecht nach § 273 gelten, werden später (Rn. 530 ff.) behandelt werden.

3. Fälligkeit der Forderung

Fällig wird eine Leistung in dem Zeitpunkt, in dem der Schuldner verpflichtet ist, sie zu erbringen, der Gläubiger folglich das Recht hat, sie zu fordern. Die Fälligkeit unterscheidet sich von der Erfüllbarkeit dadurch, dass eine nur erfüllbare, aber nicht fällige Leistung vom Schuldner erbracht werden kann, aber nicht muss (vgl. Rn. 216). Eine fällige Leistung ist dagegen stets auch erfüllbar. In erster Linie bestimmt sich der Zeitpunkt der Fälligkeit nach der Parteivereinbarung. Haben die Parteien eine entsprechende Vereinbarung nicht getroffen und ergibt sich die Leistungszeit auch nicht aus den Umständen des Einzelfalls, dann kann der Gläubiger, sofern Sonderregeln nicht eingreifen, die Leistung sofort verlangen, der Schuldner sie sofort bewirken (§ 271 Abs. 1). Dabei bedeutet „sofort" **446**

---

[84] *BGH* NJW 1991, 1048, 1049; NJW-RR 2003, 1318 f.; zu dem insoweit geführten Meinungsstreit ausführlich *Larenz*, SchuldR I, § 23 I c (S. 349 ff.); vgl. auch *Emmerich*, § 16 Rn. 5; *Brehm*, JuS 1989, 113 f.

allerdings nicht „auf der Stelle", sondern innerhalb einer angemessenen Zeitspanne, deren Umfang sich nach objektiven, an der Verkehrsanschauung orientierenden Kriterien bemisst.[85] Insoweit besteht also ein Unterschied zu dem nach subjektiven Kriterien zu beurteilenden Begriff der Unverzüglichkeit (vgl. § 121 Abs. 1 S. 1).

Gesetzliche Sonderregeln über die Leistungszeit finden sich z. B. für die Miete in §§ 556 b Abs. 1, 579, für die Landpacht in § 587, für die Leihe in § 604, für den Darlehensvertrag in § 488 Abs. 2 und 3, für das Sachdarlehen in § 609, für den Dienstvertrag in § 614 und für den Werkvertrag in § 641.

447   Das Hinausschieben der Fälligkeit wird als Stundung bezeichnet. Meist beruht die Stundung auf einer (nachträglichen) Vereinbarung der Parteien; es gibt jedoch auch gesetzliche Regelungen einer Stundung (vgl. z. B. §§ 1382, 2331 a).

Haben die Parteien vertraglich nur vereinbart, dass trotz der Fälligkeit der Forderung der Gläubiger seine Forderung gegenüber dem Schuldner nicht geltend machen werde (sog. **pactum de non petendo**), dann erhält hierdurch der Schuldner lediglich eine Einrede, auf die er sich berufen muss, wenn er sich gegen den Gläubiger, der entgegen der von ihm eingegangenen Verpflichtung doch die Leistung fordert, zur Wehr setzen will. Die Einrede verhindert aber, dass der Schuldner in Verzug kommt (vgl. Rn. 445).

4. Mahnung durch den Gläubiger

448   Mahnung ist die an den Schuldner gerichtete (empfangsbedürftige) Aufforderung des Gläubigers, die geschuldete Leistung zu erbringen. Sie ist an keine Form gebunden und braucht auch nicht die Begriffe „Mahnung" oder „mahnen" zu enthalten. Vielmehr muss sich nur aus ihr für den Schuldner klar und eindeutig ergeben, dass der Gläubiger die geschuldete Leistung verlangt und dass die Nichtbeachtung dieser Aufforderung für den Schuldner rechtliche Folgen haben kann; auf die Folgen selbst, die sich aus dem Verzug ergeben, braucht allerdings nicht ausdrücklich hingewiesen zu werden (vgl. aber Rn. 450).[86] Setzt der Gläubiger für die Leistungserbringung eine Frist, wie dies nach § 281 Abs. 1 S. 1 für den Anspruch auf Schadensersatz statt der Leistung vorgeschrieben ist, dann kann darin zugleich eine verzugsbegründende Mahnung liegen. Erforderlich dafür ist jedoch eine Formulierung der Leistungsaufforderung, die erkennen lässt, dass der Gläubiger eine sofortige Leistungserbringung fordert und die Frist nur Bedeutung für die nach ihrem Ablauf entstehenden sekundären Leistungspflichten des Schuldners haben soll.[87] Stets muss jedoch die in der **Mahnung** enthaltene Aufforderung zur Leistung **bestimmt und eindeutig** sein. Formulierungen wie „ich wäre dankbar, wenn ich bald mit der Leistung rechnen dürfte" oder „ich sehe Ihrer baldigen Leistung

---

[85] *OLG München* NJW-RR 1992, 818, 820.
[86] *BGH* NJW 1998, 2132, 2133.
[87] *Wilhelm*, JZ 2004, 1055, 1058; *Derleder/Hoolmans*, NJW 2004, 2787, 2788; Bamberger/Roth/*Unberath*, § 286 Rn. 25.

entgegen" genügen diesen Anforderungen nicht. Eine zu weiche oder zu höfliche Fassung schadet also dem Gläubiger. Nennt der Gläubiger bei seiner Mahnung einen höheren Betrag, als er vom Schuldner beanspruchen kann, dann hat dies keinen Einfluss auf die Wirksamkeit der Mahnung, wenn sich aus der Aufforderung durch Auslegung ergibt, dass die Erfüllung der geschuldeten Leistung verlangt wird. Macht jedoch der Gläubiger deutlich, dass er auf der Bezahlung des von ihm geforderten höheren Betrages besteht und eine geringere Leistung nicht akzeptieren will, dann ist die Mahnung unwirksam.[88]

Ihrer Rechtsnatur nach stellt die Mahnung eine (rechts)geschäftsähnliche Handlung (vgl. Rn. 192) dar. Da auf (rechts)geschäftsähnliche Handlungen die Vorschriften über Willenserklärungen entsprechend anzuwenden sind, kann ein Geschäftsunfähiger nicht mahnen (§ 105 Abs. 1 analog). Eine Ausnahme wird man jedoch zu Gunsten des Geschäftsunfähigen im Rahmen des § 105a zulassen müssen, um seine Rechtsposition entsprechend dem Normzweck nicht unangemessen einzuschränken (vgl. auch Rn. 294). Ein beschränkt Geschäftsfähiger kann wirksam mahnen, da ihm die Mahnung nur rechtliche Vorteile bringt (§ 107 analog). Die Mahnung wird mit dem Zugang beim Schuldner wirksam (§ 130 analog). Mahnungen, die gegenüber Geschäftsunfähigen oder beschränkt Geschäftsfähigen abgegeben werden sollen, müssen deren gesetzlichen Vertretern zugehen (§ 131 analog). 449

Der Mahnung steht die Erhebung der Leistungsklage und die Zustellung eines Mahnbescheides im Mahnverfahren (vgl. §§ 688ff. ZPO; GK ZPO Rn. 612ff.) gleich (§ 286 Abs. 1 S. 2).

Die Mahnung kann nicht vor Fälligkeit der Leistung vorgenommen werden; dies macht bereits der Wortlaut des § 286 Abs. 1 S. 1 deutlich. Eine vor Fälligkeit dem Schuldner zugegangene Mahnung ist unwirksam und muss nach Eintritt der Fälligkeit wiederholt werden. Allerdings kann die Mahnung mit der die Fälligkeit begründenden Handlung verbunden werden. So kann in dem Übersenden einer Rechnung der die Fälligkeit begründende Vorgang liegen und die Mahnung durch eine in der Rechnung enthaltene Zahlungsaufforderung ausgesprochen werden.[89] Der BGH hat jedoch einschränkend darauf hingewiesen, dass im Rechtsverkehr üblicherweise die erstmalige Zusendung einer Rechnung mit Angabe eines Zahlungszieles nicht als Mahnung verstanden werde. Dies gelte umso mehr im Hinblick auf die Vorschrift des § 286 Abs. 3, die gegenüber Verbrauchern eine zusätzliche Belehrung verlange.[90] Regelmäßig wird man deshalb in der an einen Verbraucher (§ 13) gerichteten Rechnung, die zugleich eine Zahlungsaufforderung enthält, nur dann eine Mahnung 450

---

[88] *B. Lorenz*, ZGS 2011, 111, 113.
[89] BGH NJW 2006, 3271 Tz. 10 = JuS 2007, 79 *(Emmerich)*.
[90] BGH NJW 2008, 51, 52 Tz. 11 m. krit. Anm. v. *Gsell* = JuS 2008, 273 *(Faust)* = JA 2008, 228 *(Looschelders)*.

sehen können, wenn eine Belehrung über die rechtlichen Folgen der Nichteinhaltung des Zahlungszieles hinzugefügt wird.

451 In Ausnahme von dem Grundsatz, dass der Verzug nur durch eine Mahnung ausgelöst wird, kommt der Schuldner einer Entgeltforderung nach § 286 Abs. 3 spätestens in **Verzug, wenn er nicht innerhalb von 30 Tagen nach Fälligkeit und Zugang einer Rechnung oder einer gleichwertigen Zahlungsaufstellung** leistet. Bei dieser Regelung ist Folgendes zu beachten:

- Durch den Begriff „**Entgeltforderung**" soll zum Ausdruck gebracht werden, dass durch diese Vorschrift nur Geldforderungen erfasst werden sollen, die als Gegenleistung für eine Leistung geschuldet werden, wie dies für die Vergütung von Dienstleistungen oder für Kaufpreisforderungen zutrifft.[91] Für andere Forderungen, so z. B. auf Schadensersatz, gilt diese Regelung folglich nicht.[92]
- **Die 30-Tage-Frist beginnt erst mit der Fälligkeit zu laufen.** Geht die Rechnung oder Zahlungsaufstellung dem Schuldner bereits vor Fälligkeit zu, ist dies anders als eine Mahnung vor Fälligkeit nicht ohne Wirkung, ändert aber nichts daran, dass die 30-Tage-Frist erst ab dem Zeitpunkt der Fälligkeit beginnt.[93] Will der Gläubiger diese Frist nicht abwarten, dann muss er vorher mahnen, was ihm unbenommen bleibt.
- Auf einer Rechnung wird dem Schuldner mitgeteilt, was der Gläubiger von ihm verlangt. Die „**gleichwertige Zahlungsaufstellung**" muss in gleicher Weise wie eine Rechnung deutlich machen, welche Forderung der Gläubiger gegen den Schuldner erhebt. Ergibt sich aus der Zahlungsaufstellung bereits eindeutig, dass der Gläubiger die geschuldete Leistung verlangt und dass die Nichtbeachtung dieser Forderung für den Schuldner rechtliche Folgen haben kann, dann ist diese „Zahlungsaufstellung" als Mahnung anzusehen (vgl. Rn. 448) und § 286 Abs. 3 hat dann keine Bedeutung für den Eintritt des Verzuges (vgl. aber Rn. 450). Im Unterschied zur Mahnung enthält also eine „Zahlungsaufstellung" lediglich die Mitteilung, was der Gläubiger vom Schuldner als Leistung beansprucht, hat also die Funktion einer Rechnung.[94] Sowohl die Rechnung als auch die Zahlungsaufstellung sind wie die Mahnung (Rn. 449) als geschäftsähnliche Handlungen (Rn. 192) anzusehen.
- Ist der Schuldner Verbraucher (§ 13), dann treten die Verzugsfolgen nur ein, wenn auf sie in der Rechnung oder Zahlungsaufstellung besonders hingewiesen worden ist.

---

[91] *BGH* ZGS 2010, 326, 328 Tz. 22 (zu § 288 Abs. 2, in dem derselbe Begriff verwendet wird); *OLG Karlsruhe* ZGS 2005, 279, 280; AnwKom-BGB/*Schulte-Nölke*, § 286 Rn. 45 ff.; MünchKomm/*Ernst*, § 286 Rn. 75 f.; *Schermaier*, NJW 2004, 2501.
[92] Vgl. *Schimmel/Buhlmannn*, MDR 2002, 609, 812; Jauernig/*Stadler*, § 286 Rn. 32.
[93] Palandt/*Grüneberg*, § 286 Rn. 30 m. w. Nachw.
[94] Amtl. Begr., S. 147 (l. Sp.) allerdings zu dem im Gesetzentwurf zunächst verwendeten Begriff der Forderungsaufstellung.

In den in § 286 Abs. 2 genannten Fällen ist der Eintritt des Verzuges 452
nicht von einer Mahnung abhängig. Im Einzelnen handelt es sich um folgende Sachverhalte:
- Es ist **für die Leistung eine Zeit nach dem Kalender bestimmt** (§ 286 Abs. 2 Nr. 1).

  Es ist z. B. eine vertragliche Absprache getroffen worden, dass die Leistung am 1. 10. oder Ende Juli oder 10 Tage nach Vertragsschluss zu erbringen ist. In diesen Fällen kommt der Schuldner ohne Mahnung mit Ablauf des genannten Termins (also am 2. 10. oder am 1. 8. oder am 11. Tag nach Vertragsschluss) in Verzug. Der Gläubiger kann jedoch nicht einseitig einen solchen Termin festlegen, vielmehr bedarf es hierfür regelmäßig einer vertraglichen Vereinbarung, wenn nicht die Leistungszeit durch Gesetz oder durch Urteil bestimmt wird.[95]

  Dagegen handelt es sich nicht um eine Bestimmung nach dem Kalender, wenn die Vertragsparteien vereinbaren, dass die Leistung eine Woche nach Abruf oder 10 Tage nach Rechnungserhalt zu erbringen sei. Diese Fälle werden jedoch durch § 286 Abs. 2 Nr. 2 erfasst.

- Der **Leistung muss ein Ereignis vorausgehen** und es muss eine angemessene Zeit für die Leistung in der Weise bestimmt werden, dass sie sich von dem Ereignis an nach dem Kalender berechnen lässt (§ 286 Abs. 2 Nr. 2).

  Ein solches Ereignis, das zum Ausgangspunkt einer kalendermäßigen Berechnung gewählt wird, kann z. B. eine Kündigung, die Lieferung oder die Rechnungserteilung sein. Allerdings kann der Gläubiger auch in diesem Fall nicht einseitig eine solche Berechnung, die zum Verzug ohne Mahnung führt, festlegen, sondern es ist hierfür eine vertragliche Vereinbarung oder eine Bestimmung durch Gesetz oder Urteil erforderlich.

- Der Schuldner **verweigert grundlos ernsthaft und endgültig seine Leistung** (§ 286 Abs. 2 Nr. 3; vgl. dazu Rn. 412).

  Auch in diesem Fall bildet die Fälligkeit der Leistung eine Voraussetzung für den Eintritt des Verzuges. Zwar ist eine grundlose endgültige Weigerung des Schuldners, eine noch nicht fällige Verpflichtung aus einem Vertragsverhältnis zu erfüllen, eine Vertragsverletzung, die einen Gläubiger berechtigen kann, schon vor Fälligkeit der Leistung vom Vertrag zurückzutreten oder Schadenssatz wegen Nichterfüllung zu verlangen, jedoch führt die Weigerung nicht dazu, dass die Leistung des Schuldners unabhängig von anderen Faktoren fällig wird.[96]

- Der **sofortige Eintritt des Verzuges (also ohne Mahnung) ist aus besonderen Gründen unter Abwägung der beiderseitigen Interessen gerechtfertigt** (§ 286 Abs. 2 Nr. 4). Unter diese Regelung fallen folgende Sachverhalte:
  - Der Schuldner verpflichtet sich, die Leistung bis zu einem bestimmten Zeitpunkt oder besonders rasch zu erbringen, weil dies für den Gläubiger zur Abwendung erheblicher Nachteile besonders wichtig ist.

    Beispiel: Im Hotel des Nobel fällt gegen Ende Februar die Zentralheizung einschließlich der Warmwasserbereitung wegen eines Defekts aus. Dem herbeigerufe-

---

[95] *BGH* NJW 2008, 51 Tz. 7 m. N.
[96] *BGH* NJW-RR 2008, 210, 211 Tz. 11 m. N.

nen Heizungsbauer Hurtig erklärt Nobel, dass die Heizung sofort repariert werden müsste, weil sonst seine Gäste bei der zurzeit herrschenden großen Kälte im Hotel nicht bleiben könnten und abreisen würden. Hurtig erwidert, die Reparatur werde nur einige Stunden in Anspruch nehmen. Dennoch lässt er sich mit der Reparatur viel Zeit. Erst am Nachmittag des folgenden Tages wird der Defekt behoben. In der Zwischenzeit sind die meisten Gäste abgereist.

Die Mahnung hat den Zweck, dem Schuldner klarzumachen, dass das Ausbleiben seiner Leistung rechtliche Konsequenzen haben werde, und ihn deshalb zur sofortigen Leistung zu veranlassen. Wenn aber bereits beim Vertragsschluss feststeht, dass nur eine rasche Erbringung der Leistung Schäden abwenden kann und der Schuldner gerade im Hinblick darauf verspricht, innerhalb einer bestimmten Frist zu erfüllen, dann ist der mit der Mahnung verfolgte Zweck bereits durch den Vertragsschluss selbst erreicht.[97]

– Der Schuldner hält den Gläubiger von einer Mahnung dadurch ab, dass er die Leistung innerhalb eines bestimmten Zeitraums fest verspricht (sog. Selbstmahnung).

Beispiel: Der Schuldner teilt dem Gläubiger mit, es habe sich zwar eine Verzögerung bei der Herstellung der bestellten Waren ergeben, innerhalb der nächsten 14 Tage werde er aber bestimmt liefern. In einem solchen Fall ist davon auszugehen, dass der Schuldner (stillschweigend) auf eine Mahnung verzichtet (was zulässig ist); zumindest muss er sich so behandeln lassen, als habe er einen solchen Verzicht erklärt, weil er treuwidrig handeln würde, wenn er trotz seiner definitiven Leistungszusage noch eine Mahnung vom Gläubiger verlangte.

5. Vertretenmüssen der Verspätung

453 Der Eintritt des Verzuges ist nach § 286 Abs. 4 davon abhängig, dass die Verspätung der Leistung auf einen Umstand zurückzuführen ist, den der Schuldner zu vertreten hat. Das Vertretenmüssen bezieht sich auf den Zeitpunkt, in dem die übrigen Voraussetzungen für den Verzug erfüllt werden. Treten also zwischen Fälligkeit der Leistung und dem Eintritt des Verzuges Umstände ein, die es ausschließen, dass der Schuldner die verspätete Leistung zu vertreten hat, dann gerät er nicht in Verzug.[98]

Die negative Fassung des § 286 Abs. 4 („der Schuldner kommt nicht in Verzug …"), ist vom Gesetzgeber gewählt worden, um klarzustellen, dass im Streitfall der Schuldner beweisen muss, dass er die Leistungsverzögerung nicht zu vertreten hat.

454 Der Schuldner hat es zu vertreten, wenn er die Verzögerung selbst vorsätzlich oder fahrlässig (vgl. Rn. 418 ff.) herbeiführt (§ 276) oder dies vorsätzlich oder fahrlässig sein gesetzlicher Vertreter oder Erfüllungsgehilfe tut (§ 278). Ferner hat der Schuldner auch eine unverschuldete Verzögerung bei Übernahme einer Garantie oder eines Beschaffungsrisikos zu vertreten (vgl. Rn. 414).

Allerdings ist hier die Einschränkung zu machen, dass der Schuldner nicht in Verzug gerät, wenn die Verzögerung der Leistung nichts mit dem Beschaffungsrisiko zu tun hat (vgl. Rn. 414).

---

[97] Vgl. *BGH* NJW 1963, 1823, 1824.
[98] S. *Lorenz*, NJW 2005, 1889, 1891.

In jedem Fall hat der Schuldner für seine finanzielle Leistungsfähigkeit einzustehen. Ist der Schuldner zahlungsunfähig, hat er dies zu vertreten, einerlei welcher Grund hierfür maßgebend ist (vgl. Rn. 415).
Wie ist folgender **Fall** zu entscheiden? 455

Opa Gütig bestellt beim Versandhandel Zügig für 500,- € Bett- und Tischwäsche, die er seiner Enkelin zu deren bevorstehender Hochzeit schenken will. Nachdem die Wäsche Gütig geliefert worden ist, zerschlagen sich die Heiratspläne der Enkelin. Die Frist für den Widerruf (vgl. Rn. 254, 256) ist bereits abgelaufen. Opa Gütig erkundigt sich bei seinem Enkel Leicht, der sich schon einige Semester an der Universität befindet, um Rechtswissenschaft zu studieren, dazu aber wegen mannigfaltiger Ablenkungen noch nicht recht gekommen ist, ob er – Gütig – die Wäsche behalten müsse. Leicht erklärt daraufhin, Gütig solle wegen des Irrtums anfechten und die Wäsche zur Verfügung stellen, dann brauche er nicht den Kaufpreis zu entrichten. Dies schreibt dann auch Gütig der Firma Zügig. Zügig besteht auf Durchführung des Vertrages und fordert Gütig zur sofortigen Zahlung des Kaufpreises auf. Befindet sich Gütig im Verzug?

Wir wissen, dass der Rechtsrat des Leicht falsch ist. Die unrichtige Beurteilung der Ehepläne seiner Enkelin stellt einen unbeachtlichen Motivirrtum dar, der nicht zur Anfechtung berechtigt (vgl. Rn. 329). Da die übrigen Voraussetzungen des Verzuges offensichtlich hier erfüllt sind, ergibt sich die Frage, ob die verfehlte Einschätzung der Rechtslage durch Gütig dazu führt, dass er die Verspätung der Zahlung nicht zu vertreten hat. Dies wäre zu bejahen, wenn der Rechtsirrtum des Gütig unverschuldet wäre. Denn für einen unverschuldeten Rechtsirrtum hat der Schuldner nicht einzustehen, ihn also i. S. v. § 286 Abs. 4 nicht zu vertreten.

Die Entscheidung des Beispielsfalles hängt folglich davon ab, ob Gütig die im Verkehr erforderliche Sorgfalt außer Acht gelassen hat (§ 276 Abs. 2), als er dem Rechtsrat seines Enkels vertraute. Dies ist zu bejahen. Denn vom Schuldner ist zu verlangen, dass er sich in Rechtsfragen einen sachverständigen Rat einholt; auf die Auskunft seines Enkels, dessen Rechtskenntnisse Gütig nicht genau beurteilen kann, darf er sich nicht ohne weiteres verlassen. **Stets sind strenge Anforderungen zu stellen, wenn es um die Frage geht, ob ein Rechtsirrtum als entschuldigt angesehen werden kann.**[99]

b) Rechtsfolgen

Der Verzug hat keinen Einfluss auf die Verpflichtung des Schuldners zur 456 Erbringung der weiterhin möglichen (vgl. Rn. 440) Leistung. Der Schuldner wird jedoch zusätzlich verpflichtet, dem Gläubiger den durch den Verzug entstehenden Schaden zu ersetzen (§ 280 Abs. 1, 2). Neben die primäre Leistungspflicht tritt also die sekundäre Pflicht zur Leistung von Schadensersatz (vgl. Rn. 161). **Der Gläubiger ist so zu stellen, wie er vermögensmäßig stehen würde, wenn der Schuldner rechtzeitig seine Leistung erbracht hätte.** Da die Herstellung dieses Zustands in Natur (§ 249 Abs. 1) in aller Regel nicht möglich sein wird, ist der Gläubiger in Geld zu entschädigen (§ 251 Abs. 1).

---

[99] Vgl. *BAG* MDR 1993, 629; *BGH* NJW 1994, 2754, 2755.

Der Gläubiger kann insbesondere die Kosten der Anmietung eines Ersatzgegenstandes, den er anstelle des nicht gelieferten benutzen musste, verlangen.

Beispiel: Das gekaufte Kfz wird nicht termingerecht geliefert; der Gläubiger muss deshalb ein Ersatzfahrzeug mieten.

Ferner kann der Gläubiger nach § 252 Ersatz seines entgangenen Gewinns verlangen.

Beispiel: Wegen der verspäteten Lieferung kann der Gläubiger das gekaufte Kfz nicht gewinnbringend weiterveräußern oder nicht vermieten.

Einen Verzögerungsschaden des Gläubigers stellen auch die **Kosten** dar, die er **zur Verfolgung seiner Rechte** gegen den in Verzug geratenen Schuldner aufwendet, z. B. Kosten einer weiteren Mahnung, Kosten eines Rechtsanwalts, den der Gläubiger mit der Rechtsverfolgung gegen den Schuldner beauftragt. Hierbei ist jedoch darauf zu achten, dass der Verzug bei Entstehung der Kosten bereits eingetreten sein muss. Deshalb kann der Gläubiger nicht Ersatz der Kosten der Mahnung verlangen, durch die der Verzug erst herbeigeführt wird; beauftragt der Gläubiger damit einen Rechtsanwalt, dann muss er die Kosten insoweit selbst tragen.

457 Wird Geld geschuldet, dann kann der Gläubiger nach § 288 Abs. 1 in jedem Fall (ohne Nachweis eines Schadens) die Verzinsung der Geldschuld in Höhe von 5 Prozentpunkten[100] und nach § 288 Abs. 2[101] in Höhe von 8 Prozentpunkten jeweils über dem Basiszinssatz (vgl. § 247) für das Jahr fordern. Hat jedoch der Gläubiger durch den Verzug des Schuldners einen höheren Schaden, etwa weil er deshalb einen Bankkredit in Anspruch nehmen musste, für den er 12% Zinsen zu zahlen hat, dann hat der Schuldner diese höheren Zinsen nach § 280 Abs. 1, 2 i. V. m. § 286 zu ersetzen (§ 288 Abs. 4).

458 **Nach § 280 Abs. 1 i. V. m. § 281 Abs. 1 S. 1 kann der Gläubiger statt der Leistung Schadensersatz verlangen, wenn** er dem Schuldner eine angemessene Frist zur Leistung gesetzt hat und die Frist erfolglos abgelaufen ist (vgl. dazu auch zur Entbehrlichkeit der Fristsetzung Rn. 409 ff.). Liegt in dieser Fristsetzung eine Mahnung i. S. d. § 286 (vgl. Rn. 448), dann kann der Gläubiger den Ersatz eines Verzögerungsschadens auch dann fordern, wenn der Schuldner innerhalb der gesetzten Frist leistet.

459 **Während des Verzuges des Schuldners tritt für ihn eine Haftungsverschärfung ein,** und zwar
- haftet er in Fällen, in denen er sonst nur für grobe Fahrlässigkeit oder für die in eigenen Angelegenheiten geübte Sorgfalt einzustehen hat, für jede Fahrlässigkeit, also auch bereits für leichte (§ 287 S. 1).

So haben der Schenker (§ 521), der Verleiher (§ 599), der Geschäftsführer bei der Geschäftsführung ohne Auftrag zur Abwehr einer dem Geschäftsherrn drohenden dringenden Gefahr (§ 680) und der Finder (§ 968) neben Vorsatz lediglich grobe

---

[100] Zum Unterschied zwischen Prozentpunkten und Prozenten vgl. *B. J. Hartmann,* NJW 2004, 1358; *Führ,* JuS 2005, 1095.
[101] Vgl. dazu *BGH* NJW 2010, 1872.

III. Schuldnerverzug

Fahrlässigkeit zu vertreten; nur für die auch in eigenen Angelegenheiten geübte Sorgfalt haben u.a. der aufgrund eines gesetzlichen Rücktrittsrechts Berechtigte wegen der Verschlechterung oder dem Untergang der von ihm zurückzugewährenden Sache (§ 346 Abs. 3 S. 1 Nr. 3) (vgl. Rn. 242), der unentgeltliche Verwahrer (§ 690) und der Gesellschafter einer BGB-Gesellschaft (§ 708) einzustehen. In allen diesen Fällen verschärft sich also beim Schuldnerverzug diese Haftung.

- haftet er wegen der Leistung auch für Zufall, es sei denn, dass der Schaden auch bei rechtzeitiger Leistung eingetreten sein würde (§ 287 S. 2).

Die Zufallshaftung bezieht sich nur auf den geschuldeten Leistungsgegenstand, für dessen Verschlechterung oder Untergang der Schuldner verschuldensunabhängig einzustehen hat. Bei Verletzung von Verhaltenspflichten (vgl. Rn. 183 ff.) durch den Schuldner bleibt es dagegen bei einer verschuldensabhängigen Haftung.[102]

Beispiel: Max und Moritz sind Nachbarn und wohnen in aneinandergrenzenden Reihenhäusern. Da sich Max eine neue Stereoanlage zugelegt hat, verkauft er seine alte an Moritz zu einem sehr günstigen Preis. Beide vereinbaren, dass Max am folgenden Sonntag die Stereoanlage bringt und dem Moritz beim Aufbau hilft. Da jedoch Max am Samstagabend den Geburtstag eines Freundes sehr ausgiebig feiert, hält er den vereinbarten Termin nicht ein. In der Nacht zum Montag wird die Stereoanlage durch ein Feuer zerstört, das ein in das Haus des Max einschlagender Blitz ausgelöst hat.

Die Voraussetzungen eines Schadensersatzanspruchs nach § 280 Abs. 1, nämlich eine Pflichtverletzung des Schuldners, durch die ein Schaden des Gläubigers entstanden ist, sind hier erfüllt. Die Pflichtverletzung besteht darin, dass Max die von ihm vertraglich übernommene Pflicht, die Stereoanlage Moritz zu übergeben und zu übereignen (§ 433 Abs. 1 S. 1), nicht erfüllen kann. Max wird zwar von seiner Leistungspflicht gem. § 275 Abs. 1 frei, muss aber den Schaden ersetzen, der Moritz entsteht, weil er die Stereoanlage zu dem sehr günstigen Preis, den er mit Max vereinbarte, nicht erhält (§ 280 Abs. 1, 3 i. V. m. § 283 S. 1). Insbesondere muss Max wegen § 287 S. 2 die Pflichtverletzung vertreten, denn er befand sich im Zeitpunkt des Schadensfalles im Verzug (Entbehrlichkeit der Mahnung nach § 286 Abs. 2 Nr. 1) und der in § 287 S. 2 verwendete Begriff „Zufall" umfasst auch die sog. höhere Gewalt,[103] also ein Ereignis, das selbst durch äußerste, billigerweise zu erwartende Sorgfalt nicht verhindert werden kann.[104] Nur wenn feststünde, dass der Schaden auch bei rechtzeitiger Leistung aufgetreten wäre, etwa weil der durch den Blitzschlag verursachte Brand das angrenzende Haus des Moritz ebenfalls erfasst und die dort befindliche Stereoanlage vernichtet hätte, entfällt nach § 287 S. 2 HS. 2 die Verpflichtung des Max zur Leistung von Schadensersatz.

Bei **synallagmatischen Verträgen** steht dem Gläubiger unter den Voraussetzungen des § 323 das Recht zum Rücktritt zu, wenn eine fällige Leistung nicht rechtzeitig erbracht wird (vgl. Rn. 519 ff.). Zwar ist dafür nicht erforderlich, dass sich der Schuldner im Verzug befindet,[105] jedoch wird dies regelmäßig der Fall sein.

460

---

[102] Bamberger/Roth/*Unberath*, § 287 Rn. 4; MünchKomm/*Ernst*, § 287 Rn. 3.
[103] *Knütel*, NJW 1993, 900; *Meder*, JZ 1994, 485.
[104] *BVerfG* NJW 2008, 429; BGHZ 81, 353, 355 = NJW 1982, 96; *BAG* NJW 2003, 2849, 2850.
[105] MünchKomm/*Ernst*, § 323 Rn. 2, 46.

IV. Gläubigerverzug

a) Vorbemerkung

461 Kann der Schuldner seine Leistung deshalb nicht erbringen, weil es der Gläubiger an der dafür erforderlichen Mitwirkung fehlen lässt, insbesondere weil er die ihm ordnungsgemäß angebotene Leistung nicht annimmt, dann schließt ein solches Verhalten den Schuldnerverzug aus, denn der Schuldner hat dann die Verzögerung der Leistung nicht zu vertreten.[106] Da aber andererseits der Schuldner zur Leistung solange verpflichtet bleibt, wie sie möglich ist, erscheint es nur gerecht, zugunsten des Schuldners an ein derartiges Verhalten des Gläubigers – Gläubigerverzug oder Annahmeverzug genannt – weitere Rechtsfolgen zu knüpfen. Auf die Rechtsfolgen des Gläubigerverzuges wird später eingegangen werden; zunächst sollen die Voraussetzungen des Gläubigerverzuges im Einzelnen dargestellt werden.

b) Voraussetzungen

462 Nach § 293 kommt der Gläubiger in Verzug, „wenn er die ihm angebotene Leistung nicht annimmt". Aus dieser Vorschrift ergibt sich, dass der Gläubigerverzug einmal voraussetzt, dass die Leistung möglich ist; denn nur eine mögliche Leistung kann auch angeboten werden. Aber es genügt nicht, dass der Schuldner die (mögliche) Leistung dem Gläubiger anbietet, hinzu kommen muss noch, dass er dazu berechtigt ist. Zwar kann der Schuldner „im Zweifel" die geschuldete Leistung sofort bewirken (§ 271 Abs. 2), aber es gibt Sonderregeln (vgl. Rn. 446), die Abweichendes bestimmen.

Beispiel: Das Interesse des Gläubigers, ein vom Schuldner zu verzinsendes Darlehen nicht sofort zurückzuerhalten, ist offensichtlich. Dementsprechend kann der Schuldner nicht ohne weiteres das empfangene Darlehen zurückzahlen (vgl. § 488 Abs. 3). Bietet es dennoch der Schuldner an, dann kommt selbstverständlich der Gläubiger nicht in Verzug, wenn er die Annahme ablehnt.

> Somit tritt der Gläubigerverzug bei Erfüllung folgender Voraussetzungen ein:
> (1) Möglichkeit der Leistung
> (2) Leistungsberechtigung des Schuldners
> (3) Angebot der Leistung
> (4) Nichtannahme der Leistung durch den Gläubiger

Im Einzelnen ist zu diesen Voraussetzungen Folgendes zu bemerken:

---

[106] *BGH* NJW 2008, 2761, 2762 Tz. 7.

1. Möglichkeit der Leistung

Die Feststellung, dass sich Verzug und Unmöglichkeit begrifflich ausschließen (vgl. Rn. 440), gilt also auch für den Gläubigerverzug. Bei dauernder (objektiver oder subjektiver) Unmöglichkeit der Leistung sind die Vorschriften anzuwenden, die den Fall der Nichterfüllung bei unmöglicher Leistungserbringung regeln. Auch wenn der Schuldner nur vorübergehend zur Leistung außerstande ist und die Leistung später nachholbar ist, kommt der Gläubiger nicht in Verzug, solange die Unmöglichkeit besteht (vgl. § 297). Die Abgrenzung des Annahmeverzugs von der Unmöglichkeit kann Schwierigkeiten in Fällen bereiten, in denen der Schuldner seine Leistung ohne die Mitwirkung des Gläubigers nicht zu erbringen vermag und der Gläubiger nicht mitwirken will oder kann. 463

Beispiele: Albert meldet sich in der Fahrschule des Bertold zum Fahrunterricht an. Zum verabredeten Zeitpunkt erscheint Albert aber nicht zum Unterricht.

Leicht bittet den Abschleppunternehmer Stark telefonisch, ihn von A-Dorf nach B-Stadt abzuschleppen, weil er mit seinem Kfz liegen geblieben wäre. Als Stark in A-Dorf erscheint, findet er weder Leicht noch dessen Fahrzeug dort vor.

Unmöglichkeit ist nicht schon deshalb anzunehmen, weil es das Verhalten des Gläubigers verhindert, dass der Schuldner seine Leistung erbringen kann. Denn bei einer solchen Abgrenzung der Unmöglichkeit müssten die Fälle des Gläubigerverzugs nach den Unmöglichkeitsregeln entschieden werden und die Vorschriften über den Gläubigerverzug wären überflüssig. **Die Abgrenzung zwischen Gläubigerverzug und Unmöglichkeit** ist vielmehr danach vorzunehmen, ob die Leistung trotz der z. Z. fehlenden Mitwirkung des Gläubigers nachholbar bleibt, dann handelt es sich um einen Fall des Verzuges, oder ob sie später nicht mehr erbracht werden kann, dann ist Unmöglichkeit gegeben.[107] Deshalb ist es als Unmöglichkeit anzusehen, wenn der Gläubiger dauernd zur Mitwirkung außerstande ist und deshalb der Schuldner auch dauernd nicht leisten kann. 464

Ist Albert z. B. bei einem Unfall so schwer verletzt worden, dass er dauernd außerstande ist, ein Kraftfahrzeug zu führen, dann kann der Fahrunterricht nicht mehr nachgeholt werden, sondern die Leistung des Schuldners ist unmöglich geworden; Albert kann das Autofahren nie mehr beigebracht werden. Der Schuldner wird dann nach § 275 Abs. 1 von seiner Leistungspflicht frei. Anders ist dagegen zu entscheiden, wenn Albert nur deshalb nicht zur Fahrstunde erschien, weil er erkrankte, und er durchaus nach seiner Genesung in der Lage ist, den Fahrunterricht zu nehmen. Dann ist die Leistung nachholbar und somit der Fall des Gläubigerverzugs (bei dem es nicht auf ein Verschulden ankommt) gegeben.

Hat im zweiten Beispielsfall Stark den Leicht nur deshalb nicht in A-Dorf angetroffen, weil in der Zwischenzeit der Defekt am Fahrzeug des Leicht behoben worden ist und dieser danach selbst nach B-Stadt fuhr, dann wird man auch in diesem Fall die Unmöglichkeit der Leistung des Schuldners zu bejahen haben (vgl. auch EK BGB Rn. 74). Denn Vertragszweck war das Abschleppen eines defekten Fahrzeugs und die-

---

[107] Vgl. – auch zu anderen Auffassungen – MünchKomm/*Ernst,* § 293 Rn. 7ff.; MünchKomm/*Emmerich* Bd. 2, 4. Aufl. 2001, vor § 275 aF Rn. 31ff.

ser Zweck kann später nicht mehr erreicht werden. Die Möglichkeit, dass sich Leicht mit seinem (fahrbereiten) Fahrzeug nach A-Dorf begeben könnte, um sich von Stark abschleppen zu lassen, ändert daran nichts. Der Vertragszweck kann auf diese Weise ebenso wenig erreicht werden wie beim absoluten Fixgeschäft die spätere Erbringung der Leistung; insoweit besteht zwischen diesem Fall und dem absoluten Fixgeschäft, bei dem die Leistungsverzögerung bekanntlich zur Unmöglichkeit führt (vgl. Rn. 442), durchaus eine Parallele.

2. Angebot der Leistung durch den leistungsberechtigten Schuldner

465 Der Gläubiger kann nur in Verzug geraten, wenn er eine Leistung nicht annimmt, die ihm so angeboten wird, „wie sie zu bewirken ist" (§ 294), d.h. die Leistung muss
(1) zur rechten Zeit,
(2) am rechten Ort,
(3) in der richtigen Menge und Beschaffenheit angeboten werden.

466 **Angebot zur rechten Zeit.** Dass die Leistung zur rechten Zeit angeboten werden muss, heißt einmal, dass der Schuldner berechtigt sein muss, die Leistung (bereits) in dem Zeitpunkt zu erbringen, in dem er sie anbietet. Ist eine Leistungszeit nicht bestimmt, dann kann der Schuldner grundsätzlich nach § 271 Abs. 1 die Leistung sofort bewirken. Auch wenn eine Leistungszeit bestimmt wurde, kann der Schuldner nach der Auslegungsregel des § 271 Abs. 2 „im Zweifel" schon vorher leisten; dies gilt nicht, wenn sich aus dem Gesetz, aus dem Rechtsgeschäft oder aus den Umständen des Einzelfalles etwas anderes ergibt (vgl. auch Rn. 462). Der Schuldner kann also in vielen Fällen den genauen Zeitpunkt für das Angebot der Leistung frei wählen. Da andererseits nicht dem Gläubiger eine dauernde Annahmebereitschaft zugemutet werden kann, kommt der Gläubiger nach § 299 unter den in dieser Vorschrift genannten Voraussetzungen, d.h. wenn die Leistungszeit nicht bestimmt ist oder wenn der Schuldner vor der bestimmten Zeit leisten darf, durch eine vorübergehende Annahmeverhinderung nicht in Verzug, wenn ihm nicht die Leistung eine angemessene Zeit vorher angekündigt worden ist.

Beispiel: Der Handwerksmeister Emsig soll die defekte Heizung im Haus des Häusler reparieren. Emsig hat zugesagt, „im Laufe der Woche" zu kommen. Erscheint Emsig oder ein Mitarbeiter von ihm unangemeldet bei Häusler und trifft dort niemanden an, dann kommt dadurch Häusler nicht in Verzug. Vielmehr muss Emsig vorher den Beginn der Arbeiten so rechtzeitig ankündigen, dass sich Häusler in seinen Dispositionen darauf einstellen kann.

Die in § 299 getroffene Regelung ist Ausdruck des Grundsatzes, dass beim Angebot der Leistung der Grundsatz von Treu und Glauben besondere Beachtung verdient. Dieser Grundsatz führt dazu, dass ein Annahmeverzug auch nach vorheriger Ankündigung der Leistung nicht eintritt, wenn der Schuldner die Leistung zu einem unzumutbaren Zeitpunkt anbietet, etwa im geschäftlichen Bereich außerhalb der üblichen Geschäftszeiten, also am späten Abend oder am Wochenende.

IV. Gläubigerverzug

Angebot am rechten Ort. Die Leistung muss dort angeboten werden, 467 wo sie zu erbringen ist, also am Leistungsort (vgl. o. Rn. 173). Die Bestimmung des Leistungsortes geschieht entweder durch spezielle gesetzliche Vorschriften (z.B. §§ 697, 811 Abs. 1, 1194) oder durch Parteivereinbarung; fehlen beide und ergibt sich nicht aus den Umständen des Einzelfalles, insbesondere aus der Natur des Schuldverhältnisses, wo der Leistungsort liegt, dann greifen die Bestimmungen der §§ 269, 270 ein.

Bei der **Bringschuld** (vgl. Rn. 175) hat der Schuldner den Leistungsgegenstand zum Gläubiger zu transportieren und an dessen Wohnsitz oder gewerblichen Niederlassung anzubieten. Bei der **Schickschuld** (vgl. Rn. 176), bei der es der Schuldner übernommen hat, den Leistungsgegenstand an den Gläubiger abzusenden, muss dieser Gegenstand beim Gläubiger eintreffen, wenn er durch Ablehnung der Annahme in Verzug kommen soll. Treten Verzögerungen auf dem Transport ein, dann können sie keinen Annahmeverzug begründen. Bei der **Holschuld** (Regelfall, vgl. § 269; Rn. 174) genügt ein wörtliches Angebot der Leistung durch den Schuldner, um den Gläubiger in Verzug zu setzen (vgl. § 295 S. 1 Alt. 2).

Angebot in der richtigen Menge und Beschaffenheit. Die Leistung muss 468 vollständig angeboten sein. Bietet der Schuldner nur einen Teil der geschuldeten Leistung an (z.B. von fünf gekauften Maschinen drei, von hundert zu liefernden Zentnern Kartoffeln fünfzig), dann kann der Gläubiger dieses Angebot zurückweisen (vgl. § 266). Dieses Recht steht ihm nur dann nicht zu, wenn der ausstehende Rest im Verhältnis zur geschuldeten Gesamtmenge so geringfügig ist, dass der Gläubiger treuwidrig handeln würde, wenn er die Leistung ablehnte (z.B. von hundert Zentnern Kartoffeln werden neunundneunzig angeboten). Bietet der Schuldner eine mangelhafte Leistung an, dann kann sie der Gläubiger zurückweisen. Insbesondere ist bei einer Gattungsschuld vorbehaltlich abweichender Vereinbarungen eine Sache von mittlerer Art und Güte zu leisten (§ 243 Abs. 1).

Beispiel: Einzelhändler Handel hat beim Großhändler Groß zwei Zentner Äpfel der Sorte Boskop, Handelsklasse A, bestellt. Als die Äpfel geliefert werden, stellt Handel fest, dass ein erheblicher Teil angefault ist. Da die Ware nicht von (mittlerer) Art und Güte der Handelsklasse A ist, kommt Handel durch die Ablehnung der Annahme nicht in Verzug.

Handelt es sich nicht um eine Holschuld (hierbei genügt gem. § 295 – 469 wie ausgeführt – ein wörtliches Angebot), dann muss der Schuldner die Leistung dem Gläubiger „tatsächlich" anbieten (§ 294). Dies hat in einer Weise zu geschehen, dass der Gläubiger nur noch zuzugreifen braucht. Hält der Schuldner den geschuldeten Gegenstand lediglich bereit, ohne ihn dem Gläubiger tatsächlich anzubieten, dann wird dadurch kein Verzug ausgelöst.

Allerdings ist nicht in allen Fällen, in denen der Schuldner dem Gläubiger die Leistung (tatsächlich) anzubieten hat, erforderlich, dass der Gläubiger von dem tatsächlichen Angebot der Leistung auch Kenntnis erhält. Erscheint beispielsweise der Schuldner zur vereinbarten Zeit beim Gläubiger, um in dessen Haus Reparaturarbeiten auszuführen, und ist im Haus niemand anwesend, dann wird der Gläubiger durch den vergeblichen Versuch des Schuldners, seine Leistung zu erbringen, in Verzug gesetzt.

470 § 295 nennt zwei **Fälle, in denen ein wörtliches Angebot ausreicht:**
- bei Erklärung des Gläubigers, die Leistung nicht annehmen zu wollen, und
- bei der Notwendigkeit von Mitwirkungshandlungen des Gläubigers.

Im ersten Fall hat der Gläubiger durch sein Verhalten das tatsächliche Angebot der Leistung überflüssig gemacht. Es genügt, dass der Gläubiger durch das wörtliche Angebot noch einmal auf die Leistungsbereitschaft des Schuldners hingewiesen wird. Dem gleichen Zweck dient das wörtliche Angebot im zweiten Fall. Da der Leistungserfolg nur im Zusammenwirken mit dem Gläubiger herbeigeführt werden kann, genügt es, dass dieser durch das wörtliche Angebot von der Leistungsbereitschaft des Schuldners erfährt, um die Mitwirkungshandlung vornehmen zu können. Liegt der Zeitpunkt für diese Mitwirkungshandlung fest, dann braucht der Gläubiger auch nicht entsprechend unterrichtet zu werden; folgerichtig erklärt deshalb § 296 in Fällen, in denen der Gläubiger die rechtzeitige Vornahme der terminlich feststehenden Mitwirkungshandlung unterlässt, das **Angebot** überhaupt für **überflüssig.**

Das wörtliche Angebot ist eine (rechts)geschäftsähnliche Handlung (vgl. Rn. 192). Da es dazu dient, den Gläubiger von der Leistungsbereitschaft des Schuldners in Kenntnis zu setzen, muss es in entsprechender Anwendung des § 130 zugehen (vgl. Rn. 73 ff.).

3. Nichtannahme der Leistung durch den Gläubiger

471 Der Verzug des Gläubigers wird dadurch ausgelöst, dass er die ihm ordnungsgemäß angebotene Leistung nicht entgegennimmt oder die von ihm vorzunehmende Mitwirkungshandlung nicht ausführt (z.B. bei einer Holschuld den Leistungsgegenstand nicht beim Schuldner abholt). Auf den Grund, weshalb er dies unterlässt, kommt es nicht an. **Im Gegensatz zum Schuldnerverzug setzt der Gläubigerverzug kein Verschulden voraus;** als Ausgleich dafür sieht das Gesetz auch nicht vor, den Gläubiger wegen seines Verzuges schadensersatzpflichtig zu machen.

472 In Fällen, in denen der Schuldner nur gegen eine **Leistung des Gläubigers** zu leisten verpflichtet ist, kommt der Gläubiger auch in Verzug, wenn er zwar die angebotene Leistung annehmen will, die von ihm geschuldete Gegenleistung aber nicht anbietet (§ 298). Dabei kann ein wörtliches Angebot der Schuldners ausreichen, wenn der Gläubiger klar und eindeutig erklärt, er werde die ihm obliegende Leistung nicht Zug um Zug erbringen (vgl. Rn. 470).[108]

Beispiel: Leicht bestellt beim Weinhändler Bacchus 20 Flaschen eines bestimmten Weines und bittet, den Wein zu ihm zu bringen. Als Bacchus zur vereinbarten Zeit mit dem

---

[108] *BGH* NJW 1997, 581.

IV. Gläubigerverzug

Wein bei Leicht erscheint, erklärt dieser, er wolle den Kaufpreis überweisen. Bacchus will jedoch den Wein nur gegen sofortige Barzahlung übergeben. Als sich dazu Leicht außerstande erklärt, nimmt Bacchus den Wein wieder mit.

Da der Schuldner eines gegenseitigen Vertrages nur Zug um Zug zur Leistung verpflichtet ist, wenn eine Vorleistungspflicht nicht vereinbart wird (§ 320), kommt Leicht nach § 298 in Gläubigerverzug, weil er seine Gegenleistung, den geschuldeten Kaufpreis, Bacchus nicht angeboten hat.

c) Rechtsfolgen

Da der Gläubiger grundsätzlich nicht die Annahme der Leistung des Schuldners und die darauf gerichtete Mitwirkungshandlungen „schuldet", kann er sich nicht durch den Gläubigerverzug nach § 280 Abs. 1 schadensersatzpflichtig machen. Allerdings kann der Gläubiger gleichzeitig aufgrund spezieller Regelungen zur Abnahme der Leistung verpflichtet sein. 473

Beispiel: Der Käufer schuldet nach § 433 Abs. 2 die Abnahme der gekauften Sache.

In einem solchen Fall richten sich jedoch die Rechtsfolgen nach den Vorschriften über den Schuldnerverzug. Der Verzug des Gläubigers ändert nichts an der Pflicht des Schuldners, die **geschuldete Leistung** zu erbringen. Nur im Sonderfall des Annahmeverzuges des Dienstberechtigten wird aufgrund der (dispositiven) Regelung des § 615 der Dienstverpflichtete von der Nachleistung der Dienste freigestellt, obwohl er seinen Anspruch auf Vergütung behält. Für die Erfüllung der in allen anderen Fällen bestehenbleibenden Leistungspflicht des Schuldners ergeben sich aber infolge des Gläubigerverzuges gewisse Erleichterungen. **Während des Verzugs des Gläubigers wird der Schuldner von der Haftung für leichte Fahrlässigkeit freigestellt (§ 300 Abs. 1).** Geht also der Leistungsgegenstand aufgrund leichter Fahrlässigkeit des Schuldners unter, dann wird er nach § 275 Abs. 1 von seiner Leistungspflicht frei und braucht auch keinen Schadensersatz zu leisten, da er dann leichte Fahrlässigkeit nicht zu vertreten hat (§ 280 Abs. 1 S. 2). Ebenso wenig kann der Gläubiger Schadensersatz für eine vom Schuldner leicht fahrlässig herbeigeführte Beschädigung des Leistungsgegenstandes fordern. Andererseits behält der Schuldner trotz der Unmöglichkeit seiner Leistung bei einem gegenseitigen (synallagmatischen) Vertrag nach § 326 Abs. 2 S. 1 Alt. 2 seinen Anspruch auf die Gegenleistung.

Beispiel: Viktor hat Martin für 14 Tage einen Pkw vermietet. Es wird vereinbart, dass der Pkw zur Wohnung des Martin gebracht wird. Als Viktor zum vereinbarten Zeitpunkt zur Wohnung des Martin kommt, trifft er dort niemand an. Deshalb kann er den vermieteten Pkw dem Mieter nicht übergeben. Auf der Rückfahrt kommt es infolge leichter Fahrlässigkeit des Viktor zu einem Verkehrsunfall, bei dem das Fahrzeug einen Totalschaden erleidet. In diesem Fall wird Viktor nach § 275 Abs. 1 von seiner Pflicht zur Leistung frei und behält nach § 326 Abs. 2 S. 1 Alt. 2 seinen Anspruch auf Zahlung des Mietzinses.

474 Nach der Vorschrift des § 300 Abs. 2 geht bei **Gattungsschulden** die Gefahr mit dem Zeitpunkt auf den Gläubiger über, in dem er dadurch in Verzug kommt, dass er die angebotene Sache nicht annimmt. Um diese Vorschrift richtig verstehen zu können, muss zunächst geklärt werden, was unter dem **Begriff „Gefahr"** zu verstehen ist. Mit „Gefahr" wird im Zivilrecht das Risiko eines zufälligen, d.h. weder vom Schuldner noch vom Gläubiger zu vertretenden Untergang eines Gegenstandes bezeichnet. Wer bei einem Schuldverhältnis die „Gefahr" trägt, muss also die Folgen hinnehmen, die entstehen, wenn die geschuldete Leistung nicht erbracht wird. Bei gegenseitigen (synallagmatischen) Verträgen schulden beide Vertragspartner eine Leistung, so dass zwischen der Gefahr für die Leistung und der Gefahr für die Gegenleistung unterschieden werden muss. Die gesetzliche Regelung über die Unmöglichkeit und ihre Folgen führt dazu, dass die Gefahr für die Leistung, also die **„Leistungsgefahr"**, vom Gläubiger getragen werden muss. Denn geht der geschuldete Leistungsgegenstand zufällig unter, dann wird der Schuldner nach § 275 Abs. 1 von seiner Leistungspflicht frei und schuldet auch keinen Schadensersatz nach § 280 Abs. 1, weil er die in der Nichtleistung liegende Pflichtverletzung nicht zu vertreten hat (§ 280 Abs. 1 S. 2), es sei denn, dass er sich im Schuldnerverzug befindet, bei dem er nach § 287 S. 2 auch für Zufall haften muss (vgl. Rn. 459). Dass bei einem zufälligen Untergang des Leistungsgegenstandes regelmäßig auch der Gläubiger die Gegenleistung nicht zu erbringen braucht, also die **Gegenleistungsgefahr** (auch Preis- oder Vergütungsgefahr genannt) dem Schuldner zufällt, soll hier nur angedeutet werden; darauf wird später noch zurückzukommen sein.

475 § 300 Abs. 2 betrifft die Leistungsgefahr. Bei dieser Regelung ist zu berücksichtigen, dass bei der Gattungsschuld anders als bei der Stückschuld der Schuldner regelmäßig das Beschaffungsrisiko übernimmt (vgl. Rn. 414) und sich deshalb nicht auf eine Leistungsbefreiung nach § 275 Abs. 1 oder 2 berufen kann, solange er sich die Gattungssache am Markt beschaffen kann. Weil sich aber mit der Konkretisierung die Gattungsschuld zu einer Stückschuld umwandelt (vgl. Rn. 171f.), geht die Leistungsgefahr in diesem Zeitpunkt bereits nach § 275 Abs. 1 – wie ausgeführt – auf den Gläubiger über. **Die Vorschrift des § 300 Abs. 2 kann deshalb nur Bedeutung für die Zeit vor der Konkretisierung haben.** Da jedoch der Schuldner einer solchen Sache regelmäßig das seinerseits Erforderliche getan hat, wenn er sie dem Gläubiger tatsächlich anbietet, und damit die Konkretisierung der Schuld bewirkt wird (vgl. § 243 Abs. 2; dazu Rn. 171f., 177), **beschränkt sich der Anwendungsbereich des § 300 Abs. 2 auf die Fälle, in denen der Schuldner seine Leistung anbietet, ohne dass dadurch die Konkretisierung eintritt.**

> Dies ist z.B. der Fall, wenn der Gläubiger die Annahme bereits im Voraus verweigert und deshalb nach § 295 durch ein wörtliches Angebot in Verzug gesetzt werden kann. Handelt es sich um eine Bring- oder Schickschuld, dann hat der Schuldner durch die Auswahl der zu leistenden Gegenstände noch nicht das seinerseits Erforderliche getan

IV. Gläubigerverzug

(vgl. Rn. 177), so dass nach § 243 Abs. 2 i. V. m. § 275 Abs. 1 die Gefahr noch nicht auf den Gläubiger übergegangen ist; dies bewirkt § 300 Abs. 2, wenn der Gläubiger die ihm angebotene Leistung verweigert, so dass der Schuldner nach § 275 Abs. 1 frei wird, wenn der Leistungsgegenstand infolge eines von ihm nicht zu vertretenden Umstandes untergeht. Nach h. M. geht jedoch die Leistungsgefahr nach § 300 Abs. 2 nur dann auf den Gläubiger über, wenn der Leistungsgegenstand genügend eingegrenzt ist. Dies bedeutet, dass in Fällen, in denen der Gläubiger aufgrund eines wörtlichen Angebots der Leistung in Verzug kommt, der Schuldner den zu leistenden Gegenstand ausgesondert haben muss. Die Aussonderung kann jedoch dem Angebot der Leistung nachfolgen.

Eine Geldschuld hat der Schuldner im Zweifel auf seine Gefahr dem Gläubiger an dessen Wohnsitz zu übermitteln (§ 270 Abs. 1). **Geldschulden sind** also vorbehaltlich abweichender Vereinbarungen **Schickschulden, wobei die Besonderheit gilt, dass der Schuldner die Gefahr des Verlustes während der Übermittlung zu tragen hat (sog. „qualifizierte Schickschuld").** Auch wenn man die Geldschuld nicht als Gattungsschuld, sondern als eine Wertbeschaffungsschuld anzusehen hat, bei der dem Gläubiger vom Schuldner ein bestimmtes Wertquantum beschafft werden muss,[109] ist auf sie § 300 Abs. 2 zumindest entsprechend anzuwenden. Hieraus folgt, dass der Gläubiger während des Annahmeverzuges die Gefahr zu tragen hat, d. h. der Schuldner braucht nicht mehr zu zahlen, wenn das Geld durch Zufall oder leichte Fahrlässigkeit (§ 300 Abs. 1) des Schuldners oder seiner Hilfspersonen (§ 278) verloren geht.

476

Beispiel: Grün hat sich von Blau 1.000,– € als Darlehen geben lassen. Es wird vereinbart, dass Grün das Geld am 1. 6. vormittags dem Blau in dessen Wohnung bar zurückgibt. Als Grün zum verabredeten Zeitpunkt zur Wohnung des Blau kommt, öffnet dort niemand. Als sich Grün daraufhin mit dem Geld auf den Heimweg macht, wird er auf dem Fußgängerüberweg von einem Motorradfahrer angefahren. Wegen seiner Verletzungen wird er ins Krankenhaus gebracht. Dort muss er feststellen, dass das Geld verschwunden ist. Es lässt sich nicht mehr klären, ob es beim Unfall verloren ging oder gestohlen wurde. In diesem Fall wird Grün wegen des Annahmeverzugs des Blau (§ 293) von seiner Pflicht zur Rückzahlung (§ 488 Abs. 1 S. 2) nach § 300 Abs. 2 frei.

§ 270 betrifft nur die Transportgefahr, also das Risiko des Verlustes im Überweisungsverkehr, die Nicht- oder Fehlausführung der Überweisung, dagegen nicht die **Verzögerungsgefahr,** also das Risiko, dass eine rechtzeitig abgesandte Geldsendung verspätet beim Gläubiger eintrifft; diese Gefahr hat der Gläubiger zu tragen. Ein Verschulden der Transportperson, das zu einer Verzögerung führt, ist nicht dem Schuldner zuzurechnen; § 278 gilt nicht (Ausnahme bei Transport durch eigene Leute).

Besonderheiten gelten aufgrund der **Zahlungsverzugs-Richtlinie der EU**[110] für Zahlungen im Geschäftsverkehr, d. h. für Geschäftsvorgänge zwischen Unternehmen oder zwischen Unternehmen und öffentlichen Stellen, die zu einer Lieferung von Gütern oder Erbringung von Dienst-

---

[109] Vgl. MünchKomm/*Grundmann,* § 245 Rn. 82 ff.
[110] Richtlinie 2000/35/EG des Europäischen Parlaments und des Rates vom 29. Juni 2000 zur Bekämpfung von Zahlungsverzug im Geschäftsverkehr (ABl. EG L200/35 v. 8. 8. 2000).

leistungen gegen Entgelt führen (Art. 1, 2 Nr. 1 der Richtlinie). Werden solche Zahlungen durch Banküberweisung vorgenommen, dann muss der geschuldete Betrag dem Konto des Gläubigers rechtzeitig gutgeschrieben sein, wenn das Entstehen von Verzugszinsen vermieden oder beendet werden soll.[111] Dies bedeutet, dass der Schuldner die Verlust- und Verzögerungsgefahr bis zum Eingang der Zahlung beim Gläubiger, d.h. der Gutschrift auf dessen Konto, trägt. Wie ausdrücklich im 13. Erwägungsgrund der Richtlinie festgestellt wird, ist die Richtlinie nicht auf Geschäfte mit Verbrauchern anzuwenden. Dennoch wird empfohlen, gleiche Grundsätze auch bei einer Beteiligung von Verbrauchern anzuwenden, um eine divergierende Beurteilung rechtzeitiger Zahlungen im Rechtsverkehr zu vermeiden.[112]

477 Nach der Vorschrift des § 304 kann der Schuldner beim Gläubigerverzug Ersatz der Mehraufwendungen verlangen, die er für das erfolglose Angebot sowie für die Aufbewahrung und Erhaltung des geschuldeten Gegenstandes machen musste. Als derartige Mehraufwendungen kommen Fahrtkosten, Portokosten, Kosten für Lagerung des geschuldeten Gegenstandes u.ä. in Betracht. Dagegen kann der Schuldner nicht einen ihm wegen des Gläubigerverzuges entgangenen Gewinn (z.B. Miete, die er für den Raum erhalten hätte, in dem er den geschuldeten Gegenstand aufbewahrt) fordern.

Ist jedoch der Gläubiger gleichzeitig Schuldner, weil er zur Abnahme des Gegenstandes verpflichtet ist (vgl. Rn. 473), dann kann der entgangene Gewinn unter dem Gesichtspunkt des Verzögerungsschadens (§ 280 Abs. 1, 2 i.V.m. §§ 286, 252) geltend gemacht werden.

Weitere Rechtsfolgen des Gläubigerverzuges sind in den §§ 301 bis 303 geregelt.

V. Schlechterfüllung

a) Vorbemerkung

478 Neben dem Ausbleiben der Leistung, der Nichterfüllung, und der verschuldeten Verzögerung der Leistungserbringung, dem Schuldnerverzug, bildet die Schlechterfüllung die dritte Kategorie einer auf Seiten des Schuldners auftretenden Leistungsstörung. Sie erfasst folglich jede Verletzung einer den Schuldner treffenden Pflicht aus dem Schuldverhältnis, sofern es sich dabei nicht um einen Fall der Nichterfüllung oder des Verzuges handelt. Der Begriff „Schlechterfüllung" bezeichnet somit nicht nur Leistungsstörungen, die darin bestehen, dass der Schuldner bei seiner Leistungserbringung als solcher hinter dem geschuldeten Soll zurück-

---

[111] *EuGH* NJW 2008, 1935, 1936 Tz. 22 ff.
[112] *Jauernig/Stadler*, § 270 Rn. 7 m.w.Nachw.

bleibt, also seine Leistung eine mindere Qualität aufweist – als Schlechtleistung bezeichnet –, sondern auch alle Fälle, in denen er den ihn treffenden Verhaltenspflichten zuwiderhandelt. Dennoch muss innerhalb der Schlechterfüllung zwischen einzelnen Pflichtkategorien differenziert werden, weil die gesetzliche Regelung insoweit Unterscheidungen trifft (dazu sogleich).

Wenn hier vom Schuldner gesprochen wird, dann wird dieser Begriff auf die geschuldete Leistung bezogen. In diesem Sinn ist auch jeder Gläubiger im Rahmen eines einseitig verpflichtenden Vertrages Schuldner, soweit es um die ihn treffenden vertraglichen Verhaltenspflichten geht.

b) Die einzelnen Pflichtverletzungen und ihre Rechtsfolgen

1. Hauptleistungspflichten

Erbringt der Schuldner die ihm obliegende Leistung nicht in der geschuldeten Qualität, dann verletzt er die (Haupt-)Leistungspflicht (zum Begriff vgl. Rn. 200 ff.). 479

Beispiel: Der verkaufte Fernsehapparat weist einen technischen Defekt auf, der zu Bildstörungen führt. Die vermieteten Lagerräume sind feucht und können deshalb zur Einlagerung von Waren nicht benutzt werden. Die Reparatur einer Uhr wird mangelhaft ausgeführt, so dass sie ständig nachgeht. A übernimmt es, eine wertvolle Briefmarkensammlung des B während dessen Urlaub bei sich zu verwahren, ermöglicht aber durch leichtfertiges Verhalten, dass Teile der Sammlung gestohlen werden.

Die Rechtsfolgen der in diesen Fällen durch die Schlechterfüllung begangenen Pflichtverletzung des Schuldners sind die gleichen, wie sie bei einer Pflichtverletzung durch Nichterfüllung eintreten, so dass auf ihre Darstellung verwiesen werden kann (vgl. Rn. 406 ff.). Allerdings ist zu **berücksichtigen**, dass sowohl ein Anspruch auf Schadensersatz statt der Leistung als auch das Recht zum Rücktritt ausgeschlossen ist, wenn die vom Schuldner begangene Pflichtverletzung unerheblich ist (§ 281 Abs. 1 S. 3, § 323 Abs. 5 S. 2). Auch muss beachtet werden, **dass bei einzelnen vertraglichen Schuldverhältnissen für die Schlechterfüllung zusätzliche Regeln gelten**, so z. B. beim Kauf (vgl. § 437), bei der Miete (vgl. §§ 536 ff.) und beim Werkvertrag (vgl. § 634); auf diese Besonderheiten wird bei Darstellung der einzelnen vertraglichen Schuldverhältnisse eingegangen werden.

Durch eine Schlechtleistung, d. h. die schlechte Erfüllung einer Hauptleistungspflicht, kann der Schuldner dem Gläubiger einen Schaden an dessen Rechtsgütern zufügen, der über das Interesse des Gläubigers an einer ordnungsgemäßen Leistung hinausgeht (sog. **Mangelfolgeschaden oder Begleitschaden**). 480

Beispiele: Es wird eine undichte Gasflasche geliefert, die beim Käufer explodiert und einen Schaden in der Werkstatt anrichtet. Das vom Verkäufer gelieferte Tier ist krank und infiziert andere Tiere des Käufers. Durch einen Behandlungsfehler des Arztes wird die Gesundheit des Patienten geschädigt.

Als **Mangelschaden** wird dagegen derjenige Schaden aufgefasst, der unmittelbar durch die mangelhafte Leistung verursacht wird,[113] der im Minderwert des Leistungsgegenstandes besteht. Der Unterscheidung zwischen einem Mangelschaden und einem Mangelfolgeschaden, der regelmäßig an anderen Rechtsgütern des Gläubigers verursacht wird, kommt insoweit Bedeutung zu, als der Ersatz dieser Schäden auf unterschiedliche Rechtsgrundlagen zu stützen sein kann (vgl. Rn. 626). Anders als bei Mangelschäden kann bei Mangelfolgeschäden die Frage Schwierigkeiten bereiten, ob der dem Gläubiger entstandene Schaden auf die Pflichtverletzung des Schuldners zurückzuführen ist, ob also die Pflichtverletzung für den Schaden ursächlich ist. Dies ist eine Voraussetzung für einen Schadensersatzanspruch nach § 280 Abs. 1 („... Ersatz des hierdurch entstehenden Schadens ..."). Dass der Schuldner nur einen Schaden zu ersetzen hat, der sich auf die von ihm zu vertretende Pflichtverletzung zurückführen lässt, erscheint an sich selbstverständlich, denn besteht kein Ursachenzusammenhang zwischen dem Pflichtverstoß des Schuldners und dem Schaden des Gläubigers, dann kann es auch keine Pflicht zum Ersatz dieses Schadens für den Schuldner geben. Dies ist ein Grundsatz, der über die Vorschrift des § 280 Abs. 1 hinausreicht und allgemein im Schadensersatzrecht gilt.

Vgl. nur § 823 Abs. 1: „... zum Ersatz des daraus entstehenden Schadens verpflichtet".

Die Frage, welche Anforderungen an die Ursächlichkeit (Kausalität) zu stellen sind, weist somit allgemeine Bedeutung auf. Dieser Frage soll im Folgenden nachgegangen werden, wobei auch geklärt werden soll, durch welche zusätzlichen Einschränkungen die Schadensersatzpflicht des Schuldners begrenzt wird.

Einschub: Kausalität und Schadenszurechnung

481   Im streng naturwissenschaftlichen Sinn ist jedes Verhalten kausal für ein Ereignis (d.h. für den Eintritt einer Veränderung), das nicht hinweg gedacht werden kann, ohne dass das Ereignis entfällt. **Nach dieser Theorie der condicio sine qua non**[114] beruht jedes Ereignis auf unzähligen Ursachen: Rutscht jemand auf der Straße auf einer Bananenschale aus, dann ist nicht nur das Wegwerfen dieser Bananenschale kausal für den Unfall, sondern bereits die Geburt des Unfallopfers und des die Bananenschale wegwerfenden Passanten, der Import und der Verkauf von Bananen, die Planung und der Bau der Straße, auf der sich der Unfall ereignet hat, und vieles andere mehr. Dass eine solche Betrachtung, die von der Gleichwertigkeit der verschiedenen Ursachen ausgeht – deswegen „**Äquivalenztheorie**" genannt – nur zu groben Ausfilterungen der für eine Scha-

---
[113] Vgl. *BGH* NJW 1980, 1950, 1951.
[114] Wörtlich übersetzt: Bedingung, ohne die nicht (ergänze: das Ereignis eintritt).

densersatzverpflichtung nicht in Betracht kommenden Verhaltensweisen geeignet ist, liegt auf der Hand. Für eine Abgrenzung des Verantwortungsbereichs des Haftpflichtigen und für eine Zurechnung von Schäden müssen andere Kriterien gefunden werden, die eine feinere Differenzierung zulassen.

Die sog. **Adäquanztheorie** versucht eine Einschränkung und Präzisierung der dem Ersatzpflichtigen zuzurechnenden Schadensfolgen dadurch zu erreichen, dass sie **nur dann einen Ursachenzusammenhang zwischen einem Verhalten und einem Ereignis bejaht, wenn die Herbeiführung dieses Ereignisses durch das Verhalten nicht außerhalb jeder Wahrscheinlichkeit liegt.** Unwahrscheinliche Kausalverläufe sollen also nicht zu einer Haftung führen. Auf der Grundlage der Adäquanztheorie haben Rechtsprechung und Rechtslehre verschiedene Standardformulierungen entwickelt, mit denen sie einen adäquaten Ursachenzusammenhang beschreiben. So wird davon gesprochen, dass die Möglichkeit des Eintritts eines Schadens nicht so weit entfernt sein dürfe, dass sie nach der Auffassung des Lebens vernünftigerweise nicht in Betracht gezogen werden könne,[115] oder es wird verlangt, dass das Ereignis allgemein geeignet sein müsse, einen Erfolg wie den eingetretenen herbeizuführen.[116] Adäquat kausal ist danach ein Verhalten, das im Allgemeinen und nicht nur unter besonders eigenartigen, unwahrscheinlichen und nach dem gewöhnlichen Verlauf der Dinge außer Betracht zu lassenden Umständen geeignet ist, einen Erfolg der eingetretenen Art herbeizuführen.[117] Für die von der Adäquanztheorie vorzunehmende Folgenzurechnung ist eine wertende Beurteilung des Einzelfalles entscheidend, die jedoch vorausschauend aus der Sicht vor Eintritt des Erfolges zu vollziehen ist und nicht etwa danach, wie sich der Geschehensverlauf in Wirklichkeit gestaltet hat. Die Beurteilung ist also vom Standpunkt des Verursachers, allerdings nicht aus seiner subjektiven Anschauung heraus, sondern auf einer objektiven Grundlage durchzuführen. **Maßgebend soll ein „objektiver Beobachter" sein,** wobei die Meinungen in der Frage auseinander gehen, welches Wissen diesem Beobachter unterstellt werden darf. Die Rechtsprechung geht hierbei sehr weit und stellt auf einen „optimalen Beobachter" ab, der über das gesamte Wissen der Menschheit verfügt und insbesondere alle Eigenheiten des Einzelfalls kennt,[118] während eine Auffassung im Schrifttum die Grenzen der Adäquanz enger zieht und nur das Wissen eines „erfahrenen Beobachters" für entscheidend erklärt, der die dem Ersatzpflichtigen bekannten und einem solchen Beobachter erkennbaren Umstände, nicht auch ganz

---

[115] So das Reichsgericht in verschiedenen Entscheidungen; vgl. z.B. *RG* SeuffA (= Seufferts Archiv für Entscheidungen der obersten Gerichte in den deutschen Staaten, zitiert nach Band und Seite) 63, 261, 263; 64, 16, 18.
[116] So RGZ 104, 141, 142f.; 158, 34, 38; ähnlich auch BGHZ 57, 137, 141 = NJW 1972, 36 = JuS 1972, 215 m. Bespr. v. *Huber*, JuS 1972, 439 ff.
[117] *BGH* NJW 2002, 2232, 2233 m.w.N. (st. Rspr.).
[118] BGHZ 3, 261, 266f.

entfernte Möglichkeiten berücksichtigen soll.[119] Zu welchen unterschiedlichen Ergebnissen beide Auffassungen gelangen, zeigt der folgende

Beispielsfall: Bertold lässt sich wegen einer Allergie vom Arzt Arnold behandeln. Arnold wendet das gebräuchliche Medikament X an, das jedoch Bertold wegen einer sehr selten auftretenden, ihm selbst nicht bekannten körperlichen Veranlagung nicht verträgt. Bertold trägt bleibende Schäden von der Behandlung mit dem Medikament X davon, die ohne seine besondere Veranlagung nicht eingetreten wären.

Stellt man auf das Wissen des optimalen Beobachters ab, dann muss auch die besondere körperliche Veranlagung des Bertold berücksichtigt werden, so dass der Eintritt von Schäden der festgestellten Art nicht außerhalb jeder Wahrscheinlichkeit liegt. Bei dieser Betrachtungsweise wäre also die adäquate Kausalität zu bejahen.[120] Anders wäre zu entscheiden, wenn die Beurteilung lediglich vom Standpunkt eines „erfahrenen Beobachters" vorgenommen würde. Dieser konnte die entfernte Möglichkeit eines Schadenseintritts infolge der selten auftretenden körperlichen Disposition des Bertold nicht voraussehen. Ein adäquater Ursachenzusammenhang wäre dann zu verneinen.

483 Dieser Meinungsstreit wirkt sich auch aus, wenn es um die Frage geht, ob die Adäquanztheorie nur hinsichtlich der haftungsausfüllenden oder auch hinsichtlich der haftungsbegründenden Kausalität anzuwenden ist. **Als haftungsbegründende Kausalität bezeichnet man den Ursachenzusammenhang zwischen einem menschlichen Verhalten und dem dadurch bewirkten Verletzungserfolg** (Verletzung eines Rechtsgutes des Geschädigten, Verstoß gegen eine den Schädiger treffende Pflicht), **während die haftungsausfüllende Kausalität die Ursächlichkeit dieser Verletzung für den eingetretenen Schaden betrifft.**

Beispiel: Wenn Anton mit seinem Auto Bertold anfährt, dann ist sein Verhalten ursächlich für die Verletzung von Rechtsgütern (Körper, Gesundheit) des Bertold (= haftungsbegründende Kausalität). Versäumt Bertold wegen seines Unfalls einen wichtigen Termin und entgeht ihm deshalb ein gewinnbringendes Geschäft, dann ist dieser Verdienstausfall wie auch der übrige Schaden (z. B. Arztkosten) auf die Körperverletzung zurückzuführen (= haftungsausfüllende Kausalität).

484 Es wird die Auffassung vertreten, für die haftungsbegründende Kausalität genüge die Anwendung der Äquivalenztheorie, weil sich Haftungsbeschränkungen aus den übrigen Voraussetzungen für die Haftung, insbesondere aus dem Erfordernis der Rechtswidrigkeit und des Verschuldens eines haftungsbegründenden Verhaltens, ergäben. Dagegen solle bei der haftungsausfüllenden Kausalität, da insoweit derartige Korrektive, insbesondere das Verschuldenserfordernis, nicht bestünden, die Adäquanztheorie Anwendung finden.[121] Eine solche Differenzierung dürfte allerdings

---

[119] *Larenz,* SchuldR I, § 27 III b 1 (S. 439 f.); *Medicus/Lorenz,* Rn. 638.

[120] Allerdings wird diese Betrachtungsweise nicht immer konsequent angewendet. So hat der *BGH* (NJW 1976, 1143, 1144) verneint, dass eine Adäquanz aus der Sicht des „optimalen Beobachters" bestehe, wenn wörtliche und tätliche Beleidigungen eine Gehirnblutung bei dem Gekränkten auslösten. Ähnlich auch *OLG Karlsruhe* NJW-RR 1992, 1120: keine adäquate Kausalität einer Hundebeißerei für den Herzinfarkt des Eigentümers eines der beteiligten Tiere.

[121] Vgl. *BGH* NJW 1993, 2234, m. w. N.; aus dem Urteil ergibt sich eine deutliche Tendenz zu dieser Auffassung, wenn auch letztlich die Entscheidung offen gelassen wird.

V. Schlechterfüllung

nur dann sinnvoll sein, wenn man die Adäquanztheorie einschränkt und nicht in dem weiten Umfang vertritt, bei dem mit Hilfe der Figur des „optimalen Beobachters" fast gleiche Ergebnisse erzielt werden wie auf der Grundlage der Äquivalenztheorie.

Aber selbst mit Hilfe einer eingeschränkten Adäquanz gelingt es nicht, die dem Schädiger zuzurechnenden und von ihm zu ersetzenden Schadensfolgen angemessen zu begrenzen. **Deshalb wird als (weiterer) Zurechnungsgesichtspunkt der Schutzzweck der haftungsbegründenden Norm – auch kurz Normzweck genannt – herangezogen.** Hierbei wird von der Erwägung ausgegangen, dass jede vertragliche oder gesetzliche Pflicht bestimmte Interessen schützen soll und dass der Schuldner nur für solche Schäden einzustehen hat, die den geschützten Interessen zugefügt werden. Diese Einschränkung der Verpflichtung zum Ersatz eines Schadens durch den Normzweck gilt sowohl für das Vertragsrecht als auch für das Deliktsrecht.[122]

485

Beispielsfälle: Arnold verkauft Bertold Holz. Das Holz wird mit der Eisenbahn transportiert. Der Güterwagen, auf dem das Holz verladen ist, wird zur Feststellung des Gewichts der Ladung von der Bahn gewogen. Da die Waage falsch eingestellt ist, wird in dem Frachtbrief ein zu niedriges Gewicht vermerkt. Arnold berechnet den Kaufpreis nach diesem niedrigen Gewicht. Als der Fehler entdeckt wird, verlangt Arnold von der Bahn Schadensersatz.[123]

Leicht lässt den Anhalter Max auf der Ladefläche seines Lkw mitfahren, obwohl nach § 21 Abs. 2 StVO die Beförderung von Personen auf der Ladefläche – von Ausnahmen abgesehen, die hier nicht zutreffen – verboten ist. Infolge des Fahrtwindes erkältet sich Max stark und muss ärztliche Hilfe in Anspruch nehmen. Für die dadurch entstehenden Kosten verlangt er von Leicht Ersatz.[124]

In beiden Fällen ist eine Schadensersatzpflicht abzulehnen, weil die verletzte Pflicht nicht dazu dienen soll, Schäden der entstandenen Art zu verhindern, also diese Schäden nicht in den Schutzbereich der verletzten Norm fallen. Im ersten Beispielsfall ist die Bahn verpflichtet, das genaue Gewicht der Ladung zu ermitteln, damit angemessene Frachtkosten dem Vertragspartner berechnet werden. Die Ermittlung des Gewichts soll aber nicht dem Vertragspartner die Grundlage für andere Vermögensdispositionen, insbesondere nicht für die Berechnung des Kaufpreises, liefern. Verlässt sich der Versender darauf, dass die im Frachtbrief vermerkte Gewichtsangabe richtig ist, so ist dies seine Sache; erleidet er dadurch einen Schaden, so fällt dieser Schaden aus dem durch die Vertragspflicht geschützten Bereich heraus. Gleiches gilt für den zweiten Beispielsfall. Durch die in § 21 Abs. 2 StVO getroffene Regelung soll verhindert werden, dass Personen bei der Beförderung von der Ladefläche eines Lkw stürzen. Ein Schaden, der durch einen solchen Sturz entsteht, liegt im Schutzbereich dieser Vorschrift, dagegen nicht ein Schaden infolge einer Erkältung, weil die Vorschrift nicht vor Erkältungskrankheiten schützen soll.

Es muss jeweils durch Auslegung ermittelt werden, wie weit der Schutzbereich der anspruchsbegründenden Norm reicht und ob die ent-

---

[122] BGHZ 116, 209, 212 = NJW 1992, 555, m. w. N.
[123] Es handelt sich um einen in Österreich gerichtlich entschiedenen Fall, der von *Hermann Lange*, in: Verhandlungen des 43. Deutschen Juristentages, Bd. 1: Gutachten (1960), S. 5, 46 f.; ders., JZ 1976, 198, 202 Fn. 65, und *Larenz*, SchuldR I, § 27 III b 1 (S. 442) erwähnt wird.
[124] Beispiel von *Medicus/Lorenz*, Rn. 640.

standenen Schäden von dem Schutzzweck umfasst werden. Diese Prüfung ist stets sowohl bei der Verletzung von Vertragspflichten als auch im Deliktsrecht (dazu später) vorzunehmen.

486 Die Frage, ob es noch sinnvoll ist, neben der Schutzzwecklehre die Adäquanztheorie anzuwenden, wird unterschiedlich beantwortet. Im Schrifttum findet sich die Auffassung, dass die von der Adäquanztheorie versuchte Begrenzung der Haftung mit Hilfe von Wahrscheinlichkeitserwägungen ungeeignet sei, das von ihr verfolgte Ziel zu erreichen, und dass es für eine angemessene Haftungsbeschränkung ausreiche, allein auf den Schutzzweck der anspruchsbegründenden Norm abzustellen. Überwiegend werden jedoch Adäquanztheorie und Schutzzwecklehre nebeneinander gestellt.[125]

Häufig wird anstelle vom „Schutzzweck" vom „Rechtswidrigkeitszusammenhang" gesprochen, der darin besteht, dass es sich um Schäden handelt, die von der verletzten Norm verhindert werden sollen, und deshalb eine entsprechende Gefährdung von ihr verboten, d. h. für rechtswidrig erklärt wird. Fasst man den Rechtswidrigkeitszusammenhang in diesem Sinn auf, dann deckt sich dieser Zusammenhang mit dem Normzweck und zwischen beiden Betrachtungsweisen besteht dann kein Unterschied.

Damit soll die Betrachtung der Kausalität und der Schadenzurechnung abgeschlossen werden. Im Bereich der Kausalität gibt es noch eine Reihe von Problemen, deren Erörterung jedoch dem Fortgeschrittenen vorbehalten werden soll (vgl. EK BGB Rn. 197 ff.).

2. Verhaltenspflichten

487 Wie bereits einleitend ausgeführt worden ist (Rn. 478), kann sich der Schuldner auch dadurch nach § 280 Abs. 1 schadensersatzpflichtig machen, dass er eine ihm nach dem Vertrag obliegende Verhaltenspflicht verletzt. Je nach dem **Inhalt der Verhaltenspflichten** kann es sich dabei um leistungssichernde Nebenpflichten oder um Schutzpflichten handeln (zu diesen Begriffen vgl. Rn. 183 f.), wobei zu berücksichtigen ist, dass Schutzpflichten auch dem Gläubiger obliegen können und er deshalb ebenfalls bei Nichterfüllung einer solchen Pflicht als deren Schuldner nach § 280 Abs. 1 ersatzpflichtig werden kann.

- Die **leistungssichernden Nebenpflichten**[126] sind darauf gerichtet, eine vertragsgerechte Durchführung des Schuldverhältnisses und das Erreichen des mit dem Vertrag verfolgten Zwecks zu sichern. Um welche Pflicht es sich im Einzelfall handelt, ist aufgrund des einzelnen Schuldverhältnisses zu entscheiden. So ist der fachkundige Verkäufer verpflichtet, den Käufer über die richtige Behandlung des gelieferten Gegenstandes und die sich daraus ergebenden Gefahren zu unterrichten, soweit dies zur Abwendung von Schäden erforderlich ist (z. B. Informationen

---

[125] Vgl. MünchKomm/*Oetker*, § 249 Rn. 113 f. m. w. N.
[126] Vgl. dazu MünchKomm/*Emmerich*, 4. Aufl. Bd. 2, vor § 275 aF Rn. 253 ff.; MünchKomm/*Roth*, § 241 Rn. 38 ff.

V. Schlechterfüllung

über die Verwendungsmöglichkeiten von Lacken oder Klebemitteln oder über die Bedienung einer technisch komplizierten und gefährlichen Maschine). Aus Verträgen können sich Verschwiegenheitspflichten (z. B. Verpflichtung einer Bank, die ihr von einem Kunden bei Kreditverhandlungen mitgeteilten Tatsachen geheim zu halten) und Konkurrenzverbote ergeben (z. B. Verbot, bei Veräußerung eines Gewerbebetriebes oder einer Praxis dem Erwerber nicht durch Eröffnung eines gleichen Unternehmens Konkurrenz zu machen; vgl. auch Rn. 182).

- Die **Schutzpflichten**[127] geben den am Schuldverhältnis Beteiligten, also Schuldner und Gläubiger der Hauptleistungspflicht gleichermaßen, auf, bei Durchführung des Schuldverhältnisses sich so zu verhalten, dass die Rechtsgüter der anderen Beteiligten nicht verletzt werden. Der genaue Inhalt dieser Pflichten muss ebenfalls aufgrund der Besonderheiten des einzelnen Schuldverhältnisses konkretisiert werden.

Beispiele: Der Handwerksmeister, der bei Erbringung seiner vertraglich vereinbarten Leistung die Wohnung des Vertragspartners betritt, hat darauf zu achten, dass er bei seiner Arbeit nicht die dort befindlichen Möbel beschädigt. Der Käufer, der sich den Kaufgegenstand nach Hause liefern lässt, muss dafür Sorge tragen, dass der Verkäufer nicht infolge eines verkehrswidrigen Zustands der von ihm zu betretenden Räume oder auf andere vermeidbare Weise zu Schaden kommt.

Als Schutzpflicht ist auch das Gebot aufzufassen, von der anderen **488** Vertragspartei nicht etwas zu verlangen, was nach dem Vertrag nicht geschuldet wird, oder nicht ein Gestaltungsrecht auszuüben, das nicht besteht.[128] Hinsichtlich dieses Gebotes wird jedoch ein entscheidender Unterschied gemacht, wenn es um die Anrufung eines Gerichtes geht. Die gerichtliche Geltendmachung nicht bestehender Rechte kann keine Schadensersatzansprüche auslösen.[129] Diese Einschränkung wird zum einen dadurch gerechtfertigt, dass derjenige, der zu Unrecht in Anspruch genommen wird, einen solchen Angriff in einem förmlichen Verfahren abwehren kann. Die gerichtliche Entscheidung bietet einen ausreichenden Schutz vor nicht gerechtfertigten Ansprüchen. Zum anderen soll der freie Zugang zu einem staatlichen Rechtspflegeverfahren nicht durch die Gefahr beschränkt werden, sich dadurch Sanktionen auszusetzen.

Ein Vertragspartner, der schuldhaft eine leistungssichernde Neben- **489** pflicht oder eine Schutzpflicht verletzt, muss also nach § 280 Abs. 1 den dadurch verursachten Schaden ersetzen.

Diese Pflicht zum Ersatz des Schadens besteht unabhängig von dem Anspruch des Gläubigers auf die vom Schuldner zu erbringende Leistung. Man kann deshalb auch von einem **Schadensersatz neben der Leistung** sprechen, um so die Unterscheidung zum Schadensersatz statt der Leistung zu betonen.[130]

---

[127] Vgl. MünchKomm/*Emmerich*, 4. Aufl. Bd. 2, vor § 275 aF Rn. 261 ff.; MünchKomm/*Kramer*, Einl. (vor § 241) Rn. 80 ff.; *Reischl*, JuS 2003, 40, 45 ff.
[128] BGH NJW 2009, 1262, 1263 f. Tz. 17 = JuS 2009, 1146 *(Faust)*.
[129] BGH NJW 2008, 1147 Tz. 8 m. w. N.; krit. *Kaiser* NJW 2008, 1709, 1710.
[130] Vgl. *Hirsch*, Jura 2003, 289, 290, 292.

Die Verletzung von Verhaltenspflichten kann jedoch auch die Frage aufwerfen, welche Auswirkungen sich hieraus auf die Pflicht des Schuldners zur Erbringung der Leistung ergeben. Führt die Verletzung der Verhaltenspflicht dazu, dass der Schuldner die ihm obliegende Leistung nicht vertragsgerecht erbringt, eine Möglichkeit, die insbesondere bei leistungssichernden Nebenpflichten vorkommt, dann kann der Gläubiger unter den Voraussetzungen des § 281 Schadensersatz statt der Leistung fordern.

Beispiel: K erwirbt von V einen Videorecorder. Die mitgelieferte Betriebsanleitung ist selbst für einen Fachmann völlig unverständlich. Auch V ist nicht in der Lage, die Bedienung des Recorders in ausreichender Weise zu erläutern. In diesem Fall ist die von V geschuldete Leistung nicht als vertragsgerecht anzusehen, weil dazu nicht nur ein an sich einwandfrei funktionierender Videorecorder gehört, sondern auch ausreichende Informationen über seinen Gebrauch. V erbringt also die ihm obliegende Leistung nicht „wie geschuldet" i. S. v. § 281 Abs. 1. Zu beachten ist jedoch, dass bei einem Schadensersatzanspruch, der statt der Leistung geltend gemacht wird, regelmäßig zuvor dem Schuldner durch Setzung einer Nachfrist die Gelegenheit zu geben ist, die geschuldete Leistung ordnungsgemäß zu erbringen. Man wird deshalb auch in dem Beispielsfall K für verpflichtet zu halten haben, zunächst V eine Frist zur Leistung zu setzen, d. h. eine verständliche Betriebsanleitung zu übergeben oder in anderer Weise für die erforderlichen Informationen zu sorgen.

490 Auch wenn durch die **Verletzung einer Schutzpflicht** die Erfüllung der Hauptleistungspflicht im Regelfall nicht in Frage gestellt wird, kann es dennoch vorkommen, dass dem **Gläubiger** aufgrund der vom Schuldner begangenen Pflichtverletzung die **Abwicklung des Vertrages** und die Entgegennahme der Leistung **nicht zuzumuten ist**. In einem solchen Fall kann der Gläubiger gem. § 282 Schadensersatz statt der Leistung vom Schuldner verlangen.

Beispiel: Maler Klecksel übernimmt es vertraglich, mehrere Räume im Haus des Häusler zu tapezieren. Klecksel und sein Geselle Schussel verhalten sich bei diesen Arbeiten äußerst unvorsichtig und beschädigen trotz wiederholter Ermahnungen des Häuslers fortlaufend dessen Einrichtungsgegenstände.[131] Ersatz der Sachschäden kann Häusler nach § 280 Abs. 1 von Klecksel fordern. Die sich hier ebenfalls stellende Frage, ob Häusler verpflichtet ist, Klecksel weiter zu beschäftigen oder ob er einen anderen Maler mit den Arbeiten beauftragen und Ersatz des ihm dadurch entstandenen Schadens von Klecksel fordern kann (etwa weil er einen höheren Werklohn zahlen muss), regelt § 282.

491 Die Vorschrift des § 282 gibt dem Gläubiger das Recht, unter den Voraussetzungen des § 280 Abs. 1 Schadensersatz statt der Leistung zu verlangen. Die Rechtsgrundlage für diesen Anspruch bildet § 280 Abs. 1, 3 i. V. m. § 282. Beide Vorschriften sind als **Anspruchsgrundlage** zu nennen; insoweit gilt das Gleiche wie bei § 283 (vgl. Rn. 407). Aus § 280 Abs. 1 ergibt sich, dass der Schuldner die Pflichtverletzung zu vertreten haben muss. § 282 ist zu entnehmen, dass die Verletzung einer **Pflicht nach § 241 Abs. 2, d. h. einer Schutzpflicht** (vgl. dazu Rn. 184 ff.), wesentlich und erheblich sein muss, weil sie nur dann die Unzumutbarkeit für den

---

[131] Beispiel aus Amtl. Begr., S. 141.

V. Schlechterfüllung

Gläubiger ergibt, den Vertrag durchzuführen und den Schuldner die Leistung erbringen zu lassen. Bei der Frage nach der Zumutbarkeit ist eine Abwägung der Interessen beider Vertragspartner erforderlich. Im Regelfall wird eine einzelne Pflichtverletzung den Gläubiger noch nicht berechtigen, von der Durchführung des Vertrages abzusehen. Nur wenn der Schuldner trotz einer entsprechenden Abmahnung weiterhin die ihm obliegenden Schutzpflichten nicht beachtet, wird man den Gläubiger für berechtigt halten können, Schadensersatz statt der Leistung zu beanspruchen. Insoweit ergibt sich eine Parallele zu dem Erfordernis der erfolglosen Fristsetzung nach § 281 Abs. 1. Nur wenn die Pflichtverletzung so gravierend ist, dass dem Gläubiger ein Festhalten an dem Vertrag allein deshalb nicht zugemutet werden kann, entfällt die Notwendigkeit einer Abmahnung.

Diese Rechtslage würde sich ergeben, wenn es in dem oben (Rn. 490) angeführten Beispielsfall zu einem Streit zwischen Häusler und Klecksel wegen der Beschädigung der Einrichtungsgegenstände des Häusler käme, in dessen Folge Klecksel den Häusler beschimpfte und körperlich misshandelte.

Die Vorschrift des § 282 betrifft nur – wie ausgeführt – die Verletzung 492 von Schutzpflichten, während die Verletzung von leistungssichernden Nebenpflichten unter § 281 fällt. Die in dieser Vorschrift vorgesehene Fristsetzung zur Leistung oder Nacherfüllung macht nur dann einen Sinn, wenn der Schuldner durch sein Verhalten den Leistungserfolg noch nachträglich herzustellen vermag. Es gibt indes Fälle, in denen eine Abgrenzung Schwierigkeiten bereitet, weil die verletzte Pflicht sowohl die Erreichung des Vertragszwecks als auch die Integrität der Rechtsgüter des Gläubigers sichern soll.

Beispiel: V verkauft K einen Elektrogrill und übergibt ihm bei Lieferung eine unrichtige Betriebsanleitung. Die Betriebsanleitung dient einmal dem Zweck, das Gerät sachgemäß zu nutzen und sichert somit die Erreichung des Vertragszwecks. Zugleich schützt eine sachgemäße Benutzung des Grills vor Schäden beim Gebrauch, die an den Rechtsgütern des K eintreten können, wenn zum Beispiel auf Grund einer falschen Bedienung ein Brand ausbricht. Deshalb kommt hier der richtigen Betriebsanleitung auch Bedeutung für die Unversehrtheit der Rechtsgüter des Vertragspartners zu.

Entsprechend dem Grundgedanken des neuen Leistungsstörungsrechts, dem Schuldner zunächst noch einmal Gelegenheit zu geben, einen vertragsmäßigen Zustand herzustellen, bevor Schadensersatz gefordert werden kann (vgl. Rn. 394), wird man stets in Fällen, in denen eine Beseitigung der Pflichtverletzung durch den Schuldner erfolgversprechend erscheint, von dem Gläubiger verlangen, dem Schuldner eine Frist zu setzen, damit er die ihm obliegende Pflicht erfüllt. Dies spricht dafür, dass bei Verstößen gegen Nebenpflichten, die zugleich die Rechtsgüter des Vertragspartners schützen und die Erreichung des Vertragszwecks sichern, nach § 281 vorzugehen und nur dann auf eine Fristsetzung zu verzichten, wenn dies aussichtslos ist.[132] Zu einem gleichen Ergebnis gelangte man auch bei Anwendung des § 282, wenn die Unzumutbarkeit der Entgegennahme der Leistung erst bejaht wird, wenn der Schuldner zuvor abgemahnt wurde (vgl. Rn. 491).

In dem Beispielsfall des gekauften Elektrogrills wird folglich K dem V eine Frist setzen, damit dieser seiner Informationspflicht nachkommen und eine ordnungsgemäße Betriebsanleitung übergeben kann.

493 Nun gibt es allerdings auch Fälle, in denen die Verletzung einer leistungssichernden Nebenpflicht den Leistungserfolg endgültig vereitelt und daran zusätzliche Leistungsversuche des Schuldners nichts mehr ändern können.

Beispiel: Ein bekannter Fernsehmoderator lässt von einem Ghostwriter eine Autobiografie anfertigen. Da er größten Wert darauf legt, selbst als Autor in Erscheinung zu treten, verpflichtet sich der Ghostwriter zur Verschwiegenheit über seine Mitwirkung. Dennoch plaudert dieser in einer Talk-Show aus, dass er die Biografie verfasst hat.[133]

In diesem Fall besteht der Leistungserfolg nicht nur in der Anfertigung der Autobiografie, sondern auch in der Geheimhaltung der wahren Autorenschaft. Es erscheint deshalb durchaus erwägenswert, die Verschwiegenheitspflicht als eine Hauptleistungspflicht anzusehen. An der Entscheidung ändert sich jedoch auch dann nichts, wenn man die Verschwiegenheit als Inhalt einer leistungssichernden Nebenpflicht wertet. Der Leistungserfolg kann nicht mehr erzielt werden und eine Fristsetzung zur Nacherfüllung erscheint sinnlos. Deshalb wird hier eine Fristsetzung auf Grund der besonderen Umstände entbehrlich (§ 281 Abs. 2 Alt. 2).[134]

c) Haftung für culpa in contrahendo

1. Vorbemerkung

494 Die culpa in contrahendo (c.i.c.) stellt ein wichtiges Rechtsinstitut des deutschen Zivilrechts dar. Die von *Rudolf von Jhering* begründete Lehre von der c.i.c. ist im Laufe der Zeit von der Rechtslehre und Rechtsprechung weiterentwickelt worden.[135] Die c.i.c. beruht auf dem Gedanken, dass bereits die tatsächliche Anbahnung von Vertragsbeziehungen und der sie vorbereitende geschäftliche Kontakt zwischen den Beteiligten Sorgfalts- und Rücksichtspflichten schaffen, die gegenüber dem Normalfall erhöht sind und deren schuldhafte Verletzung schadensersatzpflichtig machen kann. Die Rechtfertigung für derartige Verhaltenspflichten, die einem zwi-

---

[132] Ähnlich AnwKom-BGB/*Dauner-Lieb*, § 281 Rn. 4 (für Anwendung des § 281, wenn eine Nacherfüllung auch nur theoretisch in Betracht kommt).
[133] Beispiel von *Knoche/Höller*, ZGS 2003, 26, 28.
[134] Eine analoge Anwendung des § 282 in diesem Fall, die von *Knoche/Höller*, ZGS 2003, 26, 29 ff. empfohlen wird, ist deshalb nicht geboten.
[135] Zur Rechtsentwicklung: MünchKomm/*Emmerich*, § 311 Rn. 55 ff.

schen den Beteiligten **bestehenden Schuldverhältnis** zuzuordnen sind (§ 311 Abs. 2), lässt sich auf den allgemeinen Grundsatz zurückführen, dass der Geschädigte dem Schädiger berechtigtes Vertrauen entgegenbrachte, das dieser enttäuscht hat. Als Grund für die Haftung ist also die Schaffung eines Vertrauenstatbestandes im rechtsgeschäftlichen Bereich anzusehen.

Die Haftung nach den Grundsätzen der c. i. c. muss jedoch entsprechend der Rechtsgedanken, die in §§ 104 ff. zum Ausdruck kommen, zum Schutz nicht voll Geschäftsfähiger eingeschränkt werden. Danach haften Geschäftsunfähige wegen c. i. c. überhaupt nicht, in der Geschäftsfähigkeit beschränkte Personen haften nur, wenn der Vertrag, auf den die Vertragsverhandlungen und der diese vorbereitende geschäftliche Kontakt gerichtet sind, für sie bindend wäre oder wenn der gesetzliche Vertreter mit der Aufnahme des geschäftlichen Kontakts einverstanden gewesen ist. Dagegen können Geschäftsunfähige und beschränkt Geschäftsfähige Ansprüche aus c. i. c. erwerben.[136]

2. Haftungsvoraussetzungen

Die Haftung für c. i. c. ist gem. § 280 Abs. 1 i. V. m. § 311 Abs. 2 von der Erfüllung folgender Voraussetzungen abhängig:
- Entstehung eines gesetzlichen Schuldverhältnisses
  - durch Aufnahme von Vertragsverhandlungen oder
  - durch Anbahnung eines Vertrages und die dabei dem anderen eingeräumte Möglichkeit zur Einwirkung auf eigene Rechte, Rechtsgüter und Interessen oder
  - durch ähnliche geschäftliche Kontakte
- Verletzung einer sich daraus ergebenden Schutzpflicht i. S. v. § 241 Abs. 2 durch den Haftpflichtigen
- dadurch Verursachung eines Schadens, der durch die verletzte Pflicht (auch) abgewendet werden soll
- Verschulden des Haftpflichtigen oder Dritter, deren sich der Haftpflichtige im Rahmen des geschäftlichen Kontakts bedient

495

Im Einzelnen ist zu diesen Haftungsvoraussetzungen Folgendes zu bemerken:

aa) Gesetzliches Schuldverhältnis

Die Voraussetzungen für das **Entstehen eines vorvertraglichen Schuldverhältnisses** der c. i. c. werden in § 311 Abs. 2 beschrieben. In Nr. 1 dieser Vorschrift wird mit der „Aufnahme von Vertragsverhandlungen" als Entstehungsgrund das klassische Beispiel eines Vertrauenstatbestandes im rechtsgeschäftlichen Bereich genannt, der diesem Rechtsinstitut auch seinen Namen gegeben hat. Nr. 2 und 3 machen deutlich, dass nicht erst durch den Beginn von Vertragsverhandlungen, sondern bereits durch jeden sie vorbereitenden Kontakt zwischen den Beteiligten ein gesetzliches Schuldverhältnis entstehen kann, wobei die generalklauselartige Wendung

496

---

[136] *BGH* NJW 1973, 1790, 1791.

„ähnliche geschäftliche Kontakte" (Nr. 3) einen relativ weiten Rahmen schafft, zugleich aber auch zum Ausdruck bringt, dass lediglich **soziale Kontakte nicht genügen.**

Betritt jemand ein Kaufhaus, dann wird dadurch auch dann ein geschäftlicher Kontakt hergestellt, wenn dies ohne einen festen Kaufentschluss geschieht. Nur in Fällen, in denen von vornherein feststeht, dass es zu keinem Vertragsschluss kommen wird, etwa weil sich ein Passant wegen des schlechten Wetters im Eingangsbereich eines Kaufhauses aufhält, ist der erforderliche geschäftliche Kontakt zu verneinen. Insbesondere führen Begegnungen auf gesellschaftlicher Ebene mangels eines geschäftlichen Kontakts nicht zu einem gesetzlichen Schuldverhältnis.

Beispiel: Landwirt Landler lädt die ihm bekannte Familie Städtler, die in der Stadt lebt, ein, um ihr seinen landwirtschaftlichen Betrieb zu zeigen. Dabei kommt es infolge der Unvorsichtigkeit eines bei Landler Beschäftigten zu einem Unfall, bei dem Herr Städtler verletzt wird. In diesem Fall ist eine Haftung wegen c. i. c. auszuschließen. Ein Schadensersatzanspruch kann sich nur aus dem Deliktsrecht ergeben.

Dagegen stellt ein Unternehmer (§ 14), der einem Verbraucher (§ 13) ohne vorherige Bestellung Sachen liefert oder sonstige Leistungen erbringt (vgl. § 241a) einen geschäftlichen Kontakt her, der ihm Verhaltenspflichten auferlegt und ihn haften lassen kann, wenn der Verbraucher z. B. durch die zugesandte Sache geschädigt wird. Auch in dem Fall der abhanden gekommenen Willenserklärung (Rn. 68) entsteht ein geschäftlicher Kontakt zwischen dem Erklärenden und dem Empfänger, so dass eine Haftung des Erklärenden in Betracht kommt, wenn er fahrlässig das Abhandenkommen seiner Willenserklärung ermöglicht hat.[137]

497 Das Schuldverhältnis der c. i. c. endet entweder mit dem Zustandekommen des Vertrages oder mit dem Abbruch des geschäftlichen Kontaktes. Der geschäftliche Kontakt kann jedoch auch noch fortdauern, wenn feststeht, dass es nicht zu einem Vertragsschluss kommen wird.

Beispiel: Kunz will im Kaufhaus des Reichlich ein Oberhemd kaufen. Da er in der Hemdenabteilung nichts Passendes findet, gibt er seinen Kaufentschluss auf. Auf dem Rückweg zum Ausgang rutscht er über einen auf dem Boden liegenden Obstrest aus und verletzt sich erheblich.

Es handelt sich hierbei um einen Fall der Anbahnung eines Vertrages i. S. v. § 311 Abs. 2 Nr. 2. Reichlich hat sein Kaufhaus allen potenziellen Kunden geöffnet, damit sie mit ihm in einen geschäftlichen Kontakt mit dem Ziel eines Vertragsschlusses treten können. Betreten potenzielle Kunden das Kaufhaus, dann räumen sie damit Reichlich die Möglichkeit ein, auf ihre Rechte, Rechtsgüter und Interessen einzuwirken. Dies lässt Schutz- und Obhutspflichten des Reichlich gegenüber seinen potenziellen Kunden entstehen (Einzelheiten dazu sogleich), die solange fortdauern, wie die Einwirkungsmöglichkeiten bestehen bleiben. Dies geschieht bis zum Verlassen des Kaufhauses.

bb) Verhaltenspflichten

498 **Das gesetzliche Schuldverhältnis der c. i. c. begründet** keine primären Leistungspflichten, sondern nur Verhaltenspflichten, und zwar **Schutz-**

---

[137] *BGH* NJW-RR 2006, 847, 849 Tz. 29; Jauernig/*Jauernig*, § 130 Rn. 1.

pflichten (vgl. Rn. 184 ff.), die jeden an ihm Beteiligten aufgeben, besondere Rücksicht auf die Rechte, Rechtsgüter und Interessen des anderen zu nehmen (§ 241 Abs. 2). Die ausdrückliche Erwähnung der „Interessen" neben Rechten und Rechtsgütern sowohl in § 311 Abs. 2 Nr. 2 als auch in § 241 Abs. 2 bezweckt, deutlich zu machen, dass auch Vermögensinteressen sowie andere Interessen wie z. B. die Entscheidungsfreiheit geschützt werden sollen.[138] Die den Beteiligten am gesetzlichen Schuldverhältnis der c. i. c. obliegenden Schutzpflichten werden inhaltlich durch die Besonderheiten des Einzelfalls bestimmt. Dies wird in § 241 Abs. 2 durch die Wendung „nach seinem Inhalt" zum Ausdruck gebracht. Eine Beschreibung der in Betracht kommenden Verhaltenspflichten muss sich auf die beispielhafte Aufzählung einzelner Fallgruppen beschränken,[139] um einen allgemeinen Überblick über den Anwendungsbereich der c. i. c. zu geben.

1. Fallgruppe: Schutz- und Fürsorgepflichten für Leben, Gesundheit und Eigentum des anderen

499

Diese Pflichten sind dahingehend zu konkretisieren, dass es jedem an einem geschäftlichen Kontakt Beteiligten obliegt, sich im Rahmen des Zumutbaren so zu verhalten, dass andere Beteiligte keine Personen- oder Sachschäden erleiden; so besteht beispielsweise die Pflicht, Räume, die der potentielle Vertragspartner betritt, in einem verkehrssicheren Zustand zu halten, damit dieser nicht zu Schaden kommt.

Aus der reichhaltigen Rechtsprechung sind beispielhaft zu nennen: die Verletzung einer Kundin durch eine umfallende Linoleumrolle,[140] der in einem Kaufhaus verursachte Unfall durch eine auf dem Boden liegende Bananenschale,[141] der Sturz eines Kindes in einem Supermarkt über ein auf dem Boden liegendes Gemüseblatt[142] sowie die Beschädigung eines Kraftfahrzeuges bei einer Probefahrt durch den Kaufinteressenten.[143]

2. Fallgruppe: Informations-, Hinweis- und Aufklärungspflichten

500

Grundsätzlich besteht bei Vertragsverhandlungen die Pflicht, den anderen über solche Umstände aufzuklären, die den von ihm verfolgten Vertragszweck vereiteln und für seinen Entschluss, den Vertrag zu schließen, von wesentlicher Bedeutung sind, wenn eine solche Unterrichtung nach der Verkehrsauffassung erwartet werden durfte.[144] Die Grenzen derartiger Aufklärungspflichten, die zu den Schutzpflichten des § 241 Abs. 2 zählen,[145] müssen auf Grund der besonderen Umstände des Einzelfalles unter Berücksichtigung des Grundsatzes von Treu und Glauben ermittelt wer-

---

[138] Amtl. Begr., S. 126 (l. Sp.), 163.
[139] Vgl. *Gottwald*, JuS 1982, 877, 878 ff.; Soergel/*Wiedemann*, vor § 275 Rn. 128 ff.
[140] Bekannte Entscheidung des *RG* (RGZ 78, 239 ff.).
[141] Bekannter Bananenschalenfall des *BGH* (NJW 1962, 31 ff. = JuS 1962, 116).
[142] BGHZ 66, 51 ff. = NJW 1976, 712 = JuS 1976, 465.
[143] *BGH* NJW 1968, 1472 ff.
[144] *BGH* NJW 2006, 3139, 3141 Tz. 18; MDR 2009, 15, 16.
[145] AnwKom-BGB/*Krebs*, § 311 Rn. 69; Palandt/*Grüneberg*, § 241 Rn. 6; Lorenz/*Riehm*, Rn. 381; a. A. *Zimmer*, NJW 2002, 1, 7.

den.¹⁴⁶ Dabei ist davon auszugehen, dass jeder, der einen Vertrag schließt, sich selbst ausreichend informieren muss und sich beispielsweise über die Marktverhältnisse, über die zu beachtenden rechtlichen Bestimmungen und die finanziellen Belastungen, die sich für ihn aus dem Vertrag ergeben, zu unterrichten hat. Deshalb kann eine solche Pflicht nicht so weit gehen, den anderen über alle Risiken und Konsequenzen, die mit dem Vertragsschluss verbunden sind, aufzuklären. Bedeutsam ist allerdings, ob eine Vertragspartei gegenüber der anderen über einen nicht auszugleichenden Wissensvorsprung verfügt. Insbesondere der technisch, wirtschaftlich oder geschäftlich Unerfahrene wird darauf vertrauen dürfen, dass der andere, der die erforderlichen Sachkenntnisse besitzt, ihm insoweit über bedeutsame Umstände Mitteilung macht. Intensität einer Gefährdung des Vertragszwecks sowie Art und Umfang eines möglichen Schadens sind bedeutsame Anhaltspunkte bei Entscheidung der sich hier stellenden Fragen.¹⁴⁷

Beispielhaft seien folgende Pflichten genannt: Pflicht zum Hinweis auf Umstände, die der Gültigkeit des Vertrages entgegenstehen und die dem anderen offenbar nicht bekannt sind, z.B. die Form- oder Genehmigungsbedürftigkeit des Vertrages; Pflicht zum Hinweis auf Umstände, die geeignet sind, den Vertragszweck zu vereiteln, oder der Erfüllung der geschuldeten Leistung entgegenstehen; so ist z.B. der Inhaber eines Betriebes bei Verhandlungen über den Verkauf dieses Betriebes verpflichtet, den Interessenten darauf hinzuweisen, dass er bestimmte für die Produktion unerlässliche Rohstoffe aufgrund bevorstehender Exportbeschränkungen nicht erhalten wird oder dass unersetzbare Zulieferer die Vertragsbeziehungen mit dem Unternehmen nicht fortsetzen werden.

501 Da jedoch unrichtige oder unterlassene Informationen auch Ansprüche wegen Sachmängel begründen oder das Recht geben können, den Vertrag nach § 123 wegen Täuschung anzufechten (vgl. dazu Rn. 373 ff.), ergeben sich hinsichtlich der Haftung aus c.i.c. **Abgrenzungsfragen:**
- Hat der Verkäufer **unrichtige Angaben über Eigenschaften der Kaufsache** gemacht, so dass die (Ist-)Beschaffenheit der Kaufsache negativ von der vertraglich bestimmten (Soll-)Beschaffenheit abweicht, dann ist ein Ausgleich für den dadurch dem Käufer entstandenen Schaden aufgrund der Vorschriften über die Mängelhaftung beim Kauf (§§ 434, 437 ff.) zu suchen. Ansprüche aus c.i.c. kommen insoweit nicht in Betracht.¹⁴⁸ Gehören die falschen Informationen dagegen nicht zu der Beschaffenheitsvereinbarung i.S.d. § 434 Abs. 1, dann ist über eine Haftung (nur) nach den Regeln der c.i.c. zu entscheiden (vgl. auch Rn. 622).
- Eine **Anfechtung wegen arglistiger Täuschung** setzt voraus, dass der Täuschende vorsätzlich gehandelt hat (vgl. Rn. 377), und kann nur innerhalb der Jahresfrist des § 124 vorgenommen werden. Über einen An-

---

¹⁴⁶ So nimmt der *BGH* (NJW 2001, 1065, 1067) z.B. eine Pflicht zur Offenbarung von Schmiergeldzahlungen an, die ein Vertragspartner dem Angestellten des anderen zahlte, der für diesen die Vertragsverhandlungen führte.
¹⁴⁷ Vgl. *Teichmann,* JA 1984, 545, 546 ff.
¹⁴⁸ *Brox/Walker,* AS, § 25 Rn. 18; AnwKom-BGB/*Krebs,* § 311 Rn. 75 ff.

V. Schlechterfüllung

spruch aus c.i.c. kann jedoch bereits wegen fahrlässiger Irreführung Wiederherstellung des Zustands, der ohne Täuschung bestehen würde (§ 249 Abs. 1), also in erster Linie Befreiung von der Vertragspflicht, verlangt werden und dies während eines Zeitraums von drei Jahren (vgl. § 195). Da der Anspruch auf Befreiung von der Vertragspflicht praktisch zum gleichen Ergebnis wie eine Anfechtung nach § 123 führt, ist streitig, ob beide Rechte nebeneinander geltend gemacht werden können oder ob die Anfechtung nach § 123 als spezialgesetzliche Regelung vorgeht. Der *BGH*[149] lässt grundsätzlich eine Konkurrenz zu. Zur Begründung hat das Gericht auf die Unterschiede verwiesen, die zwischen beiden Rechtsinstituten bestehen und die darin zu sehen seien, dass die Anfechtung die freie Selbstbestimmung auf rechtsgeschäftlichem Gebiet gegen unerlaubte Mittel der Willensbeeinflussung, und zwar unabhängig vom Eintritt eines Schadens, schütze, während das Rückgängigmachen nach c.i.c.-Grundsätzen auf der Tatbestandsseite den Eintritt eines Schadens verlange.[150] Hieraus folgert das Gericht, dass ein Rückgängigmachen eines Vertrages nach den Regeln der c.i.c. einen durch die schuldhafte Sorgfaltspflichtverletzung verursachten Vermögensschaden voraussetze. An dieser Begründung kann jedoch nach der Regelung der c.i.c. durch das SchuldRModG nicht mehr festgehalten werden, weil durch § 311 Abs. 2 Nr. 2 auch die Entscheidungsfreiheit geschützt wird (Rn. 498). Wird durch die Täuschung der Getäuschte veranlasst, einen Vertrag zu schließen, den er ohne die Täuschung nicht oder zumindest nicht mit dem vereinbarten Inhalt geschlossen hätte, dann ist seine Entscheidungsfreiheit verletzt und die vom Täuschenden auf der Grundlage des § 280 Abs. i.V.m. § 249 Abs. 1 geschuldete Naturalrestitution muss zur Wiederherstellung der Entscheidungsfreiheit führen, was regelmäßig die Aufhebung des Vertrages bedeutet.[151] Die Entstehung eines Vermögensschadens bildet hierfür keine Voraussetzung.[152] Dennoch ist es abzulehnen, Ansprüche wegen c.i.c. bei vorsätzlicher Täuschung durch § 123 Abs. 1 Alt. 1 auszuschließen. Zum einen sprechen die Unterschiede zwischen einer Anfechtung und den Ansprüchen aus c.i.c. dagegen und zum anderen würde dies den vorsätzlich Täuschenden begünstigen, was wohl kaum als angemessen angesehen werden kann.[153]

---

[149] NJW 2002, 2774, 2775 m.w.N.
[150] *BGH* NJW 1998, 302, 304.
[151] *Weiler*, ZGS 2002, 249, 250; KompaktKom-BGB/*Hirse*, § 311 Rn. 3.
[152] *Weiler*, ZGS 2002, 249, 250; *Larenz/Wolf*, § 37 Rn. 24.
[153] Deshalb spricht sich zu Recht die h.M. für eine Konkurrenz beider Regelungen aus; vgl. *Schwab*, JuS 2002, 773, 774f.; *Larenz/Wolf*, § 37 Rn. 19; *Ehmann/Sutschet*, S. 155; MünchKomm/*Kramer*, § 123 Rn. 30; Palandt/*Ellenberger*, § 123 Rn. 27. Zeitliche Einschränkungen (bei fahrlässiger Irreführung soll ein Ersatzanspruch aus c.i.c. lediglich in den zeitlichen Grenzen des § 121, bei vorsätzlicher Irreführung in den Grenzen des § 124 zugelassen werden) befürwortet *Gottwald*, JuS 1982, 877, 881; für Vorrang der Anfechtung *Grigoleit*, NJW 1999, 900, 906.

502 3. **Fallgruppe:** Pflicht zur Vermeidung von Schäden infolge des Abbruchs von Vertragsverhandlungen

Die h.M. hält denjenigen, der zunächst beim anderen zurechenbar die feste Erwartung weckt, ein Vertrag werde zustande kommen, und dann grundlos die Vertragsverhandlungen abbricht, für verpflichtet, die Schäden zu ersetzen, die der andere dadurch erleidet, dass er im Vertrauen auf das Zustandekommen des Vertrages bestimmte Maßnahmen trifft (z. B. Verträge kündigt) oder Aufwendungen tätigt.[154] Indes ist ein solches Vertrauen auf das Zustandekommen des Vertrages nur dann gerechtfertigt, wenn alle wesentlichen Punkte des zu schließenden Vertrages bereits feststehen und nicht mehr verhandelt werden müssen, weil sonst stets eine Nichteinigung und damit das Scheitern der Vertragsverhandlungen einkalkuliert werden muss.[155]

Beispiele: Ein Arbeitgeber vermittelt einem Bewerber den Eindruck, er werde ihn mit Sicherheit anstellen und veranlasst ihn dadurch, seinen bisherigen Arbeitsplatz aufzugeben.[156] Der Inhaber einer Lizenz begründet durch die Art seiner Verhandlung bei seinem Verhandlungspartner die berechtigte Erwartung, es werde zum Abschluss eines Lizenzvertrages kommen, und veranlasst diesen dadurch zu erheblichen Aufwendungen.[157]

Im Schrifttum finden sich auch andere Lösungsvorschläge, um in derartigen Fällen zu vertretbaren Ergebnissen zu gelangen. So wird vorgeschlagen, das Verhalten der Beteiligten daraufhin zu überprüfen, ob nicht schon vertragliche Bindungen durch einen **Vorvertrag** (vgl. Rn. 49) entstanden sind, der möglicherweise aufschiebend bedingt durch die Beseitigung der bestehenden Hindernisse geschlossen worden ist. Wenn aber aufgrund der konkreten Umstände festzustellen sei, dass sich ein Partner noch nicht (vorvertraglich) binden wollte, sollte eine Schadensersatzpflicht (auch aufgrund c. i. c.) abgelehnt werden.[158] Eine andere Ansicht will in Fällen dieser Art die Vorschrift des § 122 analog anwenden und auf dieser Grundlage eine **verschuldensunabhängige Vertrauenshaftung** bejahen.[159] Eine Auseinandersetzung mit diesen Vorschlägen ist hier nicht möglich.[160]

Eine wichtige Einschränkung bei der Haftung für Schäden, die infolge des Abbruchs von Vertragsverhandlungen entstanden sind, ergibt sich aufgrund von **Formvorschriften**, die einer Warnfunktion dienen (vgl. Rn. 48).

---

[154] *BGH* NJW-RR 2001, 381, 382 m. w. N.; vgl. auch *BGH* JZ 1991, 199, 201 m. Anm. v. *Gunst.* Nach Meinung des Gerichts (aaO, S. 202) soll es nicht darauf ankommen, ob die sichere Erwartung eines Vertragsschlusses schuldhaft herbeigeführt wurde; kritisch dazu *Gunst,* aaO, S. 204. Auch *Kaiser,* JZ 1997, 448, 449, verlangt, dass das Vertrauen auf das Zustandekommen des Vertrags pflichtwidrig geweckt werde, weil anderenfalls die Abschlussfreiheit (vgl. Rn. 98) jedem gestatte, auch grundlos vom Vertragsschluss Abstand zu nehmen; a. A. *Gehrlein,* MDR 1998, 445, 448 f.; differenzierend innerhalb verschiedener Fallgruppen *Bodewig,* Jura 2001, 1.
[155] *OLG Düsseldorf* NJW-RR 1988, 988; *OLG Brandenburg* NJOZ 2010, 825, 826.
[156] *BAG* DB 1974, 2060.
[157] *BGH* NJW 1975, 1774.
[158] *Medicus/Lorenz* Rn. 107.
[159] *Larenz,* SchuldR I, § 9 I (S. 107 f.).
[160] Vgl. dazu *Schwab,* JuS 2002, 773, 776 f.

Denn die sich aus c.i.c. ergebende Schadensersatzpflicht darf nicht dazu führen, dass entgegen dem Zweck der Formvorschrift ein indirekter Zwang zum Vertragsschluss auf den Vertragspartner ausgeübt wird. Der *BGH*[161] verlangt deshalb für einen Schadensersatz in diesen Fällen, dass der Abbruch der Vertragsverhandlungen einen besonders schwerwiegenden Verstoß gegen die Verpflichtung zu redlichem Verhalten bei den Vertragsverhandlungen bedeuten muss, der regelmäßig Vorsatz erfordere.[162]

cc) Sonstige Haftungsvoraussetzungen

Zwischen dem Verhalten des Haftpflichtigen und der Verletzung der Verhaltenspflicht muss ebenso wie zwischen der Pflichtverletzung und dem eingetretenen Schaden ein **Ursachenzusammenhang im Sinne der Adäquanztheorie** bestehen (vgl. Rn. 482). Auch die Haftung für c.i.c. wird durch die **Schutzzwecklehre** begrenzt.[163] Es ist danach nur ein Schaden zu ersetzen, der durch die Beachtung der verletzten Verhaltenspflicht abgewendet werden soll (vgl. dazu Rn. 485f.). Schließlich ist Voraussetzung für eine Haftung, dass der **Haftpflichtige schuldhaft gehandelt hat**, d.h. die Verhaltenspflicht vorsätzlich oder fahrlässig verletzt hat (vgl. Rn. 417ff.), oder dass sich eine Person schuldhaft verhielt, deren sich der Haftpflichtige bei den Vertragsverhandlungen oder bei dem sie vorbereitenden geschäftlichen Kontakt bediente (§ 278). 503

3. Eigenhaftung Dritter

Ausnahmsweise kann sich auch eine **Eigenhaftung des Vertreters oder sonstiger Verhandlungsgehilfen** ergeben, die an die Stelle oder neben die Haftung desjenigen tritt, der Vertragspartner des Geschädigten geworden ist oder werden sollte (§ 311 Abs. 3). Eine solche Eigenhaftung ist zu bejahen, wenn der Vertreter oder der Verhandlungsgehilfe in besonderem Maße Vertrauen für sich in Anspruch nimmt und dadurch die Vertragsverhandlungen oder den Vertragsschluss erheblich beeinflusst (§ 311 Abs. 3 S. 2). Eine Person, auf die diese Beschreibung zutrifft, wird als „Sachwalter" bezeichnet und deshalb spricht man auch bei der Haftung Dritter im Rahmen der c.i.c. von der „**Sachwalterhaftung**".[164] Es handelt sich dabei um Fälle, in denen Sachverständige oder andere „Auskunftspersonen",[165] d.h. Personen, die angeblich oder tatsächlich über Informationen verfü- 504

---

[161] *BGH* NJW 1996, 1884, 1885; vgl. auch *OLG Saarbrücken* MDR 1998, 589.
[162] So auch *Emmerich,* § 7 Rn. 71; gegen eine unterschiedliche Behandlung von formfreien und formgebundenen Verträgen – allerdings von unterschiedlichen Standpunkten aus – *Gehrlein,* MDR 1998, 445, 448 f.; *Kaiser,* JZ 1997, 448, 449; *Schwab,* JuS 2002, 773, 777.
[163] *BGH* NJW 1992, 555, 556.
[164] Vgl. *BGH* NJW 1997, 1233; MDR 2011, 222; *Schautes/Mallmann,* JuS 1999, 537; *Radke/Mand,* Jura 2000, 243.
[165] Amtl. Begr., S. 163.

gen, denen eine erhebliche Bedeutung für die geschäftliche Entscheidung des Geschädigten zukommt, durch ihre Äußerungen zum Vertragsabschluss deshalb besonders beitragen, weil sich der Geschädigte auf ihre Objektivität und Neutralität verlässt. Ein solches dem Sachwalter persönlich geschenktes Vertrauen kann z. B. in dessen besonderer Sachkunde für den Vertragsgegenstand begründet sein oder durch den Eindruck besonderer persönlicher Zuverlässigkeit erweckt werden.[166] Auch in Fällen, in denen **ein am Vertragsschluss beteiligter Dritter ein eigenes unmittelbares wirtschaftliches Interesse verfolgt**, bejaht die h. M. eine Eigenhaftung des Dritten nach § 311 Abs. 3.[167] Insoweit ist allerdings – wie auch sonst bei anderen Fällen einer Eigenhaftung Dritter – erhebliche Zurückhaltung geboten. Es ist stets der Ausnahmecharakter einer Eigenhaftung eines Dritten zu berücksichtigen.[168] Daran ändert auch nichts die gesetzliche Regelung in § 311 Abs. 3, die im Wesentlichen nur eine gesetzliche Grundlage für die bisherige Rechtsprechung zur Sachwalterhaftung schafft.[169] Deshalb kann ein lediglich mittelbares wirtschaftliches Interesse nicht genügen, das sich für den Dritten deshalb ergibt, weil der Vertrag für ihn wirtschaftliche Vorteile bringt; vielmehr ist zu verlangen, dass der Dritte eine enge Beziehung zum Vertragsgegenstand hat, die ihn gleichsam in eigener Sache tätig werden lässt.[170]

In der bisherigen Rechtsprechung, die auch weiterhin zu beachten ist, wird z. B. die Eigenhaftung eines Kfz-Händlers angenommen, der den Kauf eines Gebrauchtwagens vermittelt.[171] Ebenso hat der *BGH* entschieden, dass eine lediglich als Handelsvertreter tätig gewordene Anlagenvermittlungsgesellschaft bei mangelnder Aufklärung eines durch Prospekt geworbenen Käufers von Anteilen eines ausländischen Immobilien-Fonds selbst aus Verschulden bei Vertragsverhandlungen zur Verantwortung gezogen werden könne, wenn sie besonderes Vertrauen des Erwerbers in Anspruch genommen habe.[172]

4. Rechtsfolgen

505   Der Geschädigte kann auf der Grundlage des § 280 Abs. 1 Ersatz seines Schadens verlangen. Der Haftpflichtige ist verpflichtet, den Zustand herzustellen, der bestehen würde, wenn er nicht schuldhaft die ihm obliegende Verhaltenspflicht verletzt hätte (§ 249 Abs. 1). Der Anspruch kann ins-

---

[166] *BGH* NJW 1990, 506; NJW-RR 2006, 993, 994 Tz. 15; *Radke/Mand*, Jura 2000, 243, 245.
[167] *BGH* NJW-RR 2002, 1309, 1310; 2006, 993, 994 Tz. 15; NJW 2007, 1362, 1363 Tz. 9; *Emmerich*, JuS 2003, 402; *Schwab*, JuS 2002, 872 f.; a. A. *Lorenz/Riehm*, Rn. 376.
[168] *BGH* MDR 1992, 939.
[169] *Canaris*, JZ 2001, 499, 519 ff.; *Lorenz/Riehm*, Rn. 376.
[170] *BGH* NJW-RR 2006, 109, 110 Tz. 25; 2006, 993, 994 Tz. 15; *Emmerich*, JuS 2003, 402; *Brox/Walker*, AS, § 5 Rn. 12.
[171] Vgl. BGHZ 63, 382, 384 ff. = NJW 1975, 642 = JuS 1975, 462; BGHZ 79, 281, 283 ff. = NJW 1981, 922.
[172] Vgl. *BGH* WM 1978, 611.

VI. Leistungsstörungen bei synallagmatischen Verträgen

besondere – wie bereits oben (Rn. 501) dargelegt – auf Befreiung von der vertraglichen Bindung gehen, wenn der Haftpflichtige durch sein Verhalten den Geschädigten zum Abschluss des Vertrages veranlasst hat. Dieser Freistellungsanspruch kann auch einredeweise dem Erfüllungsbegehren des Haftpflichtigen entgegengesetzt werden; insoweit wird der Geschädigte im praktischen Ergebnis – worauf ebenfalls bereits hingewiesen wurde – so gestellt wie bei einer Anfechtung seiner Willenserklärung. Der Geschädigte kann aber auch am Vertrag festhalten und Ersatz der Vermögenseinbuße fordern, die durch die Pflichtverletzung des anderen verursacht wurde.

Beispiel: Aufgrund der falschen Angaben des Verkäufers ist ein zu hoher Kaufpreis ausgehandelt worden; der Käufer kann dann eine dem wirklichen Wert des Kaufgegenstandes angemessene Herabsetzung des Kaufpreises fordern.[173]

Ist infolge der Pflichtverletzung des anderen Teils ein bestimmter Vertrag nicht wirksam zustande gekommen, dann kann der Geschädigte Ersatz seines Erfüllungsinteresses fordern, d.h. verlangen, so gestellt zu werden, als wäre der Vertrag wirksam geworden, wenn feststeht, dass der Geschädigte diesen Vertrag geschlossen hätte.[174] Ergibt sich die Unwirksamkeit des Vertrages, weil Formvorschriften nicht eingehalten worden sind, auf die der Haftpflichtige schuldhaft den Geschädigten nicht hingewiesen hat, dann kann allerdings nicht Erfüllung des unwirksamen Vertrages verlangt werden, weil dies dem Zweck der Formvorschriften widersprechen würde (vgl. auch Rn. 501 aE). Der *BGH*[175] hat in einem derartigen Fall den Geschädigten für berechtigt erklärt, eine Entschädigung in Geld zu verlangen, damit er sich einen gleichwertigen anderen Gegenstand, im konkreten Fall ein anderes Grundstück, beschaffen könne.

VI. Leistungsstörungen bei synallagmatischen Verträgen

a) Überblick über die gesetzliche Regelung

Die §§ 320 bis 326 enthalten Vorschriften, die nur für gegenseitige (synallagmatische) Verträge (vgl. Rn. 94) gelten. Eine besondere Regelung dieser Verträge ist deshalb erforderlich, weil sich bei ihnen Leistung und 506

---

[173] *BGH* NJW 2006, 3139, 3141 Tz. 21 f.; *Mertens*, ZGS 2004, 67, 69 ff.; *Theisen*, NJW 2006, 3102.
[174] *BGH* NJW 1998, 2900; 2001, 2875; 2006, 3139, 3141 Tz. 23, mit dem Hinweis, dass der Geschädigte im Streitfall zu beweisen habe, dass bei erfolgter Aufklärung ein für ihn günstiger Vertrag zu Stande gekommen wäre; vgl. auch *S. Lorenz*, NJW 1999, 1001; *Stoll*, JZ 1999, 95.
[175] NJW 1965, 812, 814 m. Anm. v. *Frhr. Marschall v. Bieberstein*, NJW 1965, 1014 ff., und Bespr. v. *S. Lorenz*, JuS 1966, 429 ff. Für eine Beschränkung des Schadensersatzanspruchs in diesen Fällen auf den Ersatz des Vertrauensschadens (zum Begriff vgl. Rn. 353) *Kaiser*, JZ 1997, 448, 453.

Gegenleistung gegenüberstehen und deshalb nicht nur die Rechtsfolgen für die gestörte Leistung, sondern auch für die Gegenleistung berücksichtigt werden müssen. **Im Gesetz ist folgende Regelung getroffen worden:**

- Durch § 320 wird der enge Zusammenhang zwischen Leistung und Gegenleistung dadurch zum Ausdruck gebracht, dass vorbehaltlich einer ausnahmsweise bestehenden Vorleistungspflicht der Austausch der Leistungen nur Zug um Zug zu erfolgen hat und dass deshalb jeder Vertragspartner die ihm **obliegende Leistung bis zur Bewirkung der Gegenleistung verweigern** kann.
- Besteht für einen der Vertragspartner eine **Vorleistungspflicht,** dann wird ihm ein **Leistungsverweigerungsrecht** durch § 321 eingeräumt, **wenn** nach dem Abschluss des Vertrages erkennbar wird, dass sein **Anspruch auf die Gegenleistung durch mangelnde Leistungsfähigkeit des anderen Teils gefährdet wird.** Dadurch wird ebenfalls die gegenseitige Abhängigkeit von Leistung und Gegenleistung betont.[176]
- Erbringt der Schuldner die ihm nach dem Vertrage obliegende Leistung nicht rechtzeitig oder entspricht die erbrachte Leistung nicht den nach dem Vertrag zu stellenden Anforderungen, dann steht dem Gläubiger unter den Voraussetzungen des § 323 ein **Rücktrittsrecht** zu.
- **Verletzt der Schuldner** nicht die Leistungspflicht, sondern eine **Schutzpflicht,** dann gewährt § 324 dem Gläubiger in dem Fall, dass ihm ein Festhalten am Vertrag nicht zugemutet werden kann, ebenfalls ein **Rücktrittsrecht.**
- **Entfällt die Leistungspflicht des Schuldners nach § 275,** dann lässt § 326 Abs. 1 auch die **Pflicht zur Erbringung der Gegenleistung erlöschen,** sofern nicht die Ausnahmen der Absätze 2 und 3 eingreifen. Nach Absatz 5 ist der Gläubiger auch zum Rücktritt berechtigt.
- **§ 325 bestimmt, dass** bei einem gegenseitigen Vertrag der **Rücktritt** das Recht, **Schadensersatz** zu verlangen, **nicht ausschließt.**

b) Der Anspruch des Schuldners auf Gegenleistung bei Unmöglichkeit seiner Leistung

507   Ist dem Schuldner die Erbringung der Leistung (objektiv oder subjektiv) unmöglich und wird deshalb der Anspruch des Gläubigers auf die Leistung durch § 275 Abs. 1 ausgeschlossen, dann entspricht es der synallagmatischen Verknüpfung von Leistung und Gegenleistung, dass auch der Gläubiger von seiner Pflicht zur Erbringung der Gegenleistung freigestellt wird. Gleiches muss gelten, wenn der Schuldner das ihm durch § 275 Abs. 2 S. 1 für den Fall faktischer Unmöglichkeit oder das ihm durch § 275 Abs. 3 bei Unzumutbarkeit der persönlich zu erbringenden Leistung eingeräumte Recht zur Leistungsverweigerung ausübt.[177] Für diese Fälle

---
[176] MünchKomm/*Emmerich,* § 321 Rn. 3.
[177] *Zimmer,* NJW 2002, 1, 4.

VI. Leistungsstörungen bei synallagmatischen Verträgen

bestimmt § 326 Abs. 1 S. 1 die dann für die Gegenleistung eintretende Rechtsfolge. Für das Freiwerden des Schuldners von seiner (primären) Leistungspflicht kommt es grundsätzlich nicht darauf an, ob der Schuldner das Leistungshindernis zu vertreten hat. Eine Ausnahme gilt nur nach § 275 Abs. 2 S. 2 für die Bestimmung des Maßes zumutbarer Anstrengungen zur Behebung des Leistungshindernisses. Dagegen ist es für den Anspruch auf Gegenleistung **nach § 326 Abs. 2** bedeutsam, ob der **Gläubiger für den Umstand, der zur Freistellung des Schuldners** von seiner Leistungspflicht nach § 275 Abs. 1 bis 3 **führte, allein oder überwiegend verantwortlich ist** (vgl. dazu Rn. 513 f.).

In Fällen, in denen das Leistungshindernis, das die Unmöglichkeit bewirkte, weder vom Schuldner noch vom Gläubiger zu vertreten ist, erlöschen also alle Leistungspflichten aus dem gegenseitigen Vertrag. Diese Rechtsfolge weist somit die Leistungsgefahr dem Gläubiger und die Gegenleistungsgefahr dem Schuldner zu. Es war bereits darauf hingewiesen worden (vgl. Rn. 474) und soll wegen der Wichtigkeit dieser Feststellung noch einmal wiederholt werden, dass mit dem Begriff der „Gefahr" im Zivilrecht das Risiko des Eintritts eines zufälligen (d.h. weder vom Schuldner noch vom Gläubiger zu vertretenden) Nachteils bezeichnet wird, so dass also die „Leistungsgefahr" das Risiko des zufälligen Untergangs des geschuldeten Leistungsgegenstandes meint. Dieses Risiko fällt dem Gläubiger zu, weil er bei einem zufälligen Untergang des Leistungsgegenstandes regelmäßig (zur Ausnahme beim Schuldnerverzug vgl. Rn. 459) leer ausgeht. Da nach § 326 Abs. 1 bei einem Freiwerden des Schuldners von seiner Leistungspflicht sein Anspruch auf die Gegenleistung entfällt, trägt er die Gegenleistungsgefahr (Preis- oder Vergütungsgefahr).[178]

508

Beispiel: Der von Volz dem Kunz verkaufte Pkw brennt vor Übergabe ohne Verschulden des Volz aus. Nach § 275 Abs. 1 erlischt der Erfüllungsanspruch des Kunz (vgl. Rn. 395), nach § 326 Abs. 1 der Kaufpreisanspruch des Volz. Die Leistungsgefahr trägt also der Gläubiger (Kunz), die Preisgefahr der Schuldner (Volz).

Verlangt der Gläubiger das **stellvertretende commodum** nach § 285, dann bleibt er zur Gegenleistung verpflichtet; diese mindert sich jedoch nach Maßgabe des § 441 Abs. 3 insoweit, als der Wert des Ersatzes oder des Ersatzanspruchs hinter dem Wert der geschuldeten Leistung zurückbleibt (§ 326 Abs. 3).

§ 326 Abs. 3 darf nicht zu dem Missverständnis führen, dass erst eine in dieser Vorschrift ausgesprochene Verweisung den Weg zu § 285 bei einer im Gegenseitigkeitsverhältnis stehenden Leistung eröffnet. Vielmehr gilt § 285 für solche Leistung unmittelbar. Nur die Frage, wie sich das stellvertretende commodum zur Gegenleistung verhält, wird durch § 326 Abs. 3 entschieden.

Wird die **Leistung** nur **teilweise unmöglich** (vgl. Rn. 428), dann wird der Schuldner auch nur hinsichtlich des unmöglich gewordenen Teils frei (§ 275 Abs. 1: „soweit"), im Übrigen bleibt er zur Leistung verpflichtet.

509

---

[178] Vgl. *Coester-Waltjen*, Jura 2007, 110.

Dementsprechend wird auch der Gläubiger nur teilweise von der Gegenleistung frei. Zur Berechnung des in diesem Fall als Gegenleistung Geschuldeten verweist § 326 Abs. 1 S. 1 HS 2 auf die Berechnung, die nach § 441 Abs. 3 bei der Minderung des Kaufpreises wegen Mängeln der Kaufsache vorzunehmen ist (vgl. dazu Rn. 599). Hat der Gläubiger an der Teilerfüllung des Vertrages kein Interesse, dann kann er vom ganzen Vertrag zurücktreten (§ 323 Abs. 5 S. 1 i. V. m. § 326 Abs. 5). Bei Entscheidung der Frage, ob von einem Interessenwegfall auszugehen ist, muss auf die individuellen Verhältnisse des Gläubigers abgestellt werden. Auf ihrer Grundlage ist nach objektiven Kriterien zu entscheiden, ob man den Gläubiger für verpflichtet halten kann, die geminderte Leistung durch eine entsprechend geminderte Gegenleistung zu erkaufen. Bei dieser Frage ist darauf zu sehen, ob der mit dem Vertrag verfolgte Zweck auf diese Weise erreicht werden kann. Muss dies verneint werden, dann ist ein Interessenwegfall zu bejahen.

Beispiel: Nobel, der ein Feinschmecker-Restaurant betreibt, will die Galerieräume neu möblieren. Der Antiquitätenhändler Alt bietet ihm 12 sehr gut erhaltene Stühle zum Kauf an, die aus England stammen und in der Regency-Periode gefertigt wurden. Nobel kauft die Stühle. Auf dem Transport werden fünf von ihnen infolge eines von Alt nicht verschuldeten Unfalls zerstört. Nobel lehnte es ab, die restlichen Stühle abzunehmen, und erklärt, er könne damit nichts anfangen, weil er für die Bestuhlung eines kleinen separaten Raumes seines Restaurants mindestens 12 Stühle benötige. Die Hinzufügung Stühle anderer Art würde den Gesamteindruck erheblich stören und sei mit der übrigen eleganten Ausstattung seines Restaurants nicht vereinbar.

In diesem Fall ist der Zweck des Vertrages, nämlich Möbel zu erwerben, die für die Einrichtung des Lokals des Nobel verwendbar sind, nicht zu erreichen. Deshalb ist es bereits fraglich, ob es sich in diesem Fall überhaupt um eine Teilunmöglichkeit handelt und nicht bereits um die Unmöglichkeit der gesamten Leistung (vgl. dazu Rn. 428). Da dies jedoch zweifelhaft sein könnte, ist Nobel zu raten, vorsorglich den Rücktritt vom Vertrag zu erklären, weil auf jeden Fall sein Interesse an der Lieferung der sieben restlichen Stühle weggefallen ist. Dabei ist es unerheblich, ob Alt diesen Zweck kannte oder auch nur kennen konnte. Entscheidend ist allein, ob die Teilleistung für sich betrachtet nach dem mit dem Vertrag vom Gläubiger verfolgten Zweck noch einen Wert für ihn besitzt.[179] Mit der Rücktrittserklärung des Nobel erlöschen die noch nicht erfüllten Leistungspflichten der Parteien (vgl. Rn. 239), und folglich ist Nobel weder zur Abnahme der restlichen Stühle noch zu ihrer Bezahlung verpflichtet.

Nicht einschlägig ist hier die Vorschrift des § 266, nach der ein Schuldner nicht berechtigt ist, Teilleistungen zu erbringen und folglich der Gläubiger auch die Annahme solcher Teilleistungen ablehnen darf, sofern die Vertragsparteien nichts Abweichendes vereinbart haben. Es wäre verfehlt, etwa argumentieren zu wollen, es komme überhaupt nicht darauf an, ob eine Leistung teilbar ist und ob der Gläubiger an der Teilleistung ein Interesse habe, denn weise der Gläubiger eine Teilleistung gem. § 266 zurück, dann handele es sich um eine vollständige Nichtleistung.[180] Der Denkfehler in dieser Argumentation liegt darin, unberücksichtigt zu lassen, dass der Schuldner von seiner Pflicht zur Leistung insoweit frei wird, wie ihm die Leistung unmöglich ist (§ 275 Abs. 1), und dass deshalb bei einer teilbaren Leistung der noch mögliche Teil dann die geschuldete Leistung darstellt und es sich bei ihrem Angebot keinesfalls um eine Teilleistung i. S. d. § 266 handelt.[181]

---

[179] MünchKomm/*Ernst*, § 323 Rn. 203.
[180] So aber *LG Rottweil* NJW 2003, 3139.
[181] S. *Lorenz*, NJW 2003, 3097.

Hat der Schuldner die Leistung nicht vertragsgerecht erbracht und steht 510
deshalb dem Gläubiger ein **Anspruch auf Nacherfüllung** zu, dann stellt
sich die Frage, welchen **Einfluss** die **Unmöglichkeit der Nacherfüllung auf
die Gegenleistung** hat. Man könnte erwägen, in diesem Fall von einer
Teilleistung auszugehen und eine Lösung auf der Grundlage des § 326
Abs. 1 S. 1 HS 2 zu suchen. Indes wird durch § 326 Abs. 1 S. 2 klargestellt, dass es sich nicht um einen Fall der Teilunmöglichkeit handelt.
Vielmehr gibt § 326 Abs. 5 i.V.m. § 323 dem Gläubiger das Recht, bei einer irreparablen Schlechtleistung vom Vertrag zurückzutreten.

Hat der Gläubiger **bereits** die nach § 326 nicht geschuldete **Gegenleis-** 511
tung erbracht, dann kann er das Geleistete nach §§ 346 bis 348 zurückfordern (§ 326 Abs. 4).

Beispiel: Hinz und Kunz haben einen Vertrag geschlossen, nach dem sie das Ölgemälde
„Morgenröte" des Hinz gegen das Ölgemälde „Sonnenuntergang" des Kunz tauschen.
Kunz hat bereits sein Bild Hinz übergeben. Bei einer Abwesenheit des Hinz wird in
dessen gut gesichertes Haus eingebrochen und das Bild „Morgenröte" gestohlen.

In diesem Fall ist Hinz die ihm nach dem Vertrag mit Kunz obliegende Leistung unmöglich geworden, so dass er von seiner Leistungspflicht nach § 275 Abs. 1 frei wird.
Er kann dann allerdings auch nicht die Gegenleistung des Kunz behalten (§ 326 Abs. 1
S. 1 HS 1), sondern muss sie nach § 326 Abs. 4 i.V.m. § 346 Abs. 1 zurückgeben.

Von der in § 326 Abs. 1 getroffenen Regelung gibt es wichtige Aus- 512
nahmen, in denen die Gegenleistungsgefahr nicht der Schuldner, sondern
der Gläubiger trägt, er also weiterhin zur Erbringung der Gegenleistung
verpflichtet bleibt, obwohl er die von ihm zu beanspruchende Leistung
nicht erhält:
- Befindet sich der Gläubiger in Verzug (**Annahmeverzug**), d.h. hat er die
  ihm ordnungsgemäß durch den Schuldner angebotene Leistung nicht
  angenommen (vgl. dazu Rn. 461 ff.), dann behält der Schuldner gem.
  § 326 Abs. 2 S. 1 Alt. 2 nach einer (von ihm nicht zu vertretenden) Unmöglichkeit seiner Leistung den Anspruch auf die Gegenleistung. Dabei
  ist zu beachten, dass eine gleiche Rechtsfolge für einzelne Schuldverhältnisse durch spezielle Regelungen angeordnet wird, so für den Annahmeverzug des Käufers durch § 446 S. 3 (dazu sogleich), für den
  Annahmeverzug des Dienstberechtigten durch § 615 und für den
  Annahmeverzug des Bestellers beim Werkvertrag durch § 644 Abs. 1 S. 2
  (vgl. auch Rn. 206: zu § 379 Abs. 2).
- Ist eine verkaufte **Sache dem Käufer übergeben** worden, dann geht nach
  § 446 S. 1 die Gefahr des zufälligen Untergangs auf ihn über. Dies hat
  zur Folge, dass der Schuldner, auch wenn er infolge des Untergangs der
  Sache nicht mehr zur Erfüllung der ihm nach § 433 Abs. 1 S. 1 obliegenden Pflicht zur Übereignung der Kaufsache im Stande ist, den Anspruch auf die Gegenleistung behält.

Beispiel: Volz hat Kunz einen Pkw verkauft und übergeben, wobei vereinbart worden ist, dass das Eigentum an dem Fahrzeug erst nach Zahlung des Kaufpreises übergehen soll (Eigentumsvorbehalt; dazu Einzelheiten später). Das Fahrzeug brennt danach ohne Verschulden des Kunz aus.

Dass § 446 S. 1 nur die Fälle der Übergabe der verkauften Sache vor Übereignung betrifft, ergibt die Überlegung, dass nach der Übereignung der Schuldner die ihn nach § 433 Abs. 1 S. 1 treffenden Pflichten erfüllt hat, so dass sich die Frage der Unmöglichkeit nicht mehr stellen kann. Im Übrigen gilt der Grundsatz, dass jeder Eigentümer die Gefahr des zufälligen Untergangs oder eines sonstigen Schadens an der ihm gehörenden Sache zu tragen hat (casum sentit dominus, d. h. frei übersetzt: den Zufall hat der Eigentümer zu tragen). § 446 S. 1 umfasst auch den Fall des unwiederbringlichen Verlustes durch Diebstahl, so dass sich an der Lösung des Beispielsfalles nichts ändert, wenn der Pkw nicht ausbrennt, sondern von einem Unbekannten gestohlen wird.

Nach der Vorschrift des § 446 S. 3 muss sich der **im Verzug befindliche Käufer** hinsichtlich der Gefahrtragung so behandeln lassen, als sei ihm die Kaufsache bereits übergeben worden. Dies bedeutet, dass in diesem Fall der Käufer zur Zahlung des Kaufpreises verpflichtet bleibt, wenn die Kaufsache durch Zufall untergeht oder verschlechtert wird, und dass dann der Verkäufer von seiner Leistungspflicht frei wird.

Beispiel: Volz und Kunz haben vereinbart, dass Volz den von ihm verkauften Pkw am 1. 3. in der Zeit von 10.00–11.00 Uhr zur Wohnung des Kunz bringt. Volz erscheint mit dem Wagen pünktlich, jedoch ist bei Kunz niemand zu Hause. Volz wartet bis 12.00 Uhr und tritt dann den Heimweg an. Unterwegs kommt es zu einem von Volz nicht verschuldeten Unfall, bei dem das Fahrzeug erheblich beschädigt wird. Nach § 446 S. 3 trägt Kunz während des Annahmeverzuges sowohl die Leistungs- als auch die Gegenleistungsgefahr. Folglich ist er zur Zahlung des vollen Kaufpreises verpflichtet, während Volz das Fahrzeug nur im beschädigten Zustand zu übergeben und zu übereignen hat, ohne dass deshalb Kunz Ansprüche geltend machen kann.

- Beim **Versendungskauf,** bei dem der Verkäufer auf Verlangen des Käufers, d. h. auf Grund einer entsprechenden vertraglichen Vereinbarung,[182] die verkaufte Sache an einen anderen Ort als den Erfüllungsort versendet, geht die Gegenleistungsgefahr auf den Käufer über, „sobald der Verkäufer die Sache dem Spediteur, dem Frachtführer oder der sonst zur Ausführung der Versendung bestimmten Person oder Anstalt ausgeliefert hat" (§ 447 Abs. 1). Diese Regelung findet allerdings auf den Verbrauchsgüterkauf nach § 474 Abs. 2 (vgl. Rn. 640) keine Anwendung.

Der **Begriff des Erfüllungsortes** in § 447 Abs. 1 ist identisch mit dem „Leistungsort", also dem Ort, an dem der Schuldner die Leistungshandlung vorzunehmen hat (vgl. dazu Rn. 173). Da bei der Bringschuld der Leistungsort der Wohnsitz oder der Gewerbebetrieb des Käufers ist (vgl. Rn. 175), findet § 447 Abs. 1 keine Anwendung, wenn in diesem Fall die Kaufsache auf dem Transport zum Käufer beschädigt oder zerstört wird. Handelt es sich dagegen um einen Versendungskauf, bei dem der Leistungsort der Wohnsitz oder der Gewerbebetrieb des Verkäufers ist

---

[182] Vgl. *Wertenbruch,* JuS 2003, 625, 626 f.

VI. Leistungsstörungen bei synallagmatischen Verträgen

– wie bei der Schickschuld, deren Hauptanwendungsfall der Versendungskauf bildet (vgl. dazu auch Rn. 176) –, dann behält der Verkäufer seinen Anspruch auf Zahlung des Kaufpreises, wenn bei dem vom Käufer verlangten Transport die Kaufsache durch Zufall untergeht oder verschlechtert wird. Nach h. M. soll § 447 nicht eingreifen, wenn der Verkäufer die Kaufsache von einem anderen Ort als dem Erfüllungsort (z. B. von einem auswärtigen Auslieferungslager) versendet, es sei denn, dass der Käufer damit einverstanden ist,[183] wofür dann auch eine stillschweigende Erklärung ausreichend sein soll.[184]

Die Gegenleistungs-(Preis-)Gefahr geht nach § 447 Abs. 1 auch dann auf den Käufer über, wenn sich der Verkäufer für den vom Käufer verlangten Transport eigener Leute bedient (h. M., aber str.).[185] In einem solchen Fall ist allerdings zu prüfen, ob nicht eine Bringschuld anzunehmen ist. Ist dies zu verneinen und haben die den Transport durchführenden Leute des Verkäufers die Zerstörung oder Beschädigung der Kaufsache nicht verschuldet (sonst wird dem Verkäufer das Verschulden seiner Leute nach § 278 zugerechnet[186]), dann hat der Käufer den Kaufpreis zu zahlen, da ihn nach § 447 Abs. 1 die Preisgefahr (Gegenleistungsgefahr) trifft.

Beispiel: Der Kfz-Händler Handel verkauft Kunz einen Pkw. Das Fahrzeug soll nach Einbau eines Radios am 1. 5. von Kunz bei Handel abgeholt werden. Da Kunz verhindert ist, bittet er telefonisch Handel, das Kfz zu seiner Wohnung zu bringen. Handel beauftragt den Angestellten Arnold, mit dem Kfz zu Kunz zu fahren. Auf dieser Fahrt kommt es infolge des Verschuldens eines nicht identifizierten Verkehrsteilnehmers zu einem Unfall, bei dem das an Kunz verkaufte Fahrzeug einen Totalschaden erleidet. Nach § 433 Abs. 2 bleibt Kunz zur Zahlung des Kaufpreises verpflichtet, weil die Voraussetzungen des § 447 Abs. 1 erfüllt sind und die Gefahr des zufälligen Untergangs im Augenblick des Antritts der Fahrt auf ihn – Kunz – übergegangen ist. Dem steht auch nicht entgegen, dass der Transport in derselben Stadt durchgeführt wurde. Denn der Begriff „Ort" i. S. v. § 447 Abs. 1 ist nicht im politischen Sinn zu verstehen; vielmehr wird immer dann „nach einem anderen Orte" versendet, wenn der Transport von dem Leistungsort (Erfüllungsort) zu einer anderen Adresse vorgenommen wird. Das **„Platzgeschäft"** (auch „Platzkauf" genannt), bei dem in ein und derselben Ortschaft im geographischen oder politischen Sinn die Ware versendet wird, fällt also unter § 447 Abs. 1.[187]

§ 326 Abs. 2 S. 1 Alt. 1 bestimmt, dass der Schuldner seinen Anspruch auf die Gegenleistung behält, wenn der Gläubiger allein oder weit über-

---

[183] *Brox/Walker*, BS, § 3 Rn. 24; Palandt/*Weidenkaff*, § 447 Rn. 13; a. A. *Wertenbruch*, JuS 2003, 625, 627, der § 447 auch in diesem Fall anwenden will.
[184] Vgl. BGH NJW 1991, 915.
[185] *Coester-Waltjen*, Jura 2007, 110, 113; *Larenz*, SchuldR II 1, S. 103; Bamberger/Roth/*Faust*, § 447 Rn. 9; MünchKomm/*Westermann*, § 447 Rn. 14; a. A. *Wertenbruch*, JuS 2003, 625, 628 f.; Jauernig/*Berger*, § 447 Rn. 12.
[186] Den Verkäufer trifft die vertragliche Nebenpflicht, die Kaufsache vor Schäden zu schützen (vgl. Rn. 183). Eine Verletzung dieser Pflicht auf dem Transport durch eigene Leute hat der Verkäufer nach § 278 zu vertreten und deshalb nach § 280 Abs. 1 Schadensersatz zu leisten.
[187] *Wertenbruch*, JuS 2003, 625, 628.

wiegend für den Umstand verantwortlich ist, auf Grund dessen der Schuldner nach § 275 Abs. 1 bis 3 nicht zu leisten braucht. Für diese Regelung kommt es also auf die Klärung der Frage an, für was der Gläubiger die „Verantwortung" trägt. Nach früherem Recht (vgl. § 324 Abs. 1 aF) wurde darauf abgestellt, ob der Gläubiger den Umstand, der zur Unmöglichkeit der vom Schuldner zu erbringenden Leistung führte „zu vertreten" habe. Was der Gläubiger zu vertreten hat, war im früheren Recht ebenso wenig bestimmt, wie jetzt der Verantwortungsbereich des Gläubigers definiert wird. Aus den Gesetzesmaterialien ergibt sich nicht, dass durch die Änderung der Begriffe (statt „vertreten müssen" nunmehr „verantwortlich") eine inhaltliche Korrektur des früheren Rechts bezweckt wird. Vielmehr wird ausdrücklich festgestellt, dass durch § 326 Abs. 2 lediglich mit „leichten Umformulierungen" der bisherige § 324 übernommen werden soll.[188] Durch die Betonung der alleinigen oder weit überwiegenden Verantwortlichkeit des Gläubigers soll zum Ausdruck gebracht werden, dass dadurch nicht zugleich auch das Problem einer von beiden Vertragspartnern zu vertretenden Unmöglichkeit geregelt werden soll.[189]

514 Ist folglich davon auszugehen, dass inhaltliche Änderungen durch § 326 Abs. 2 S. 1 gegenüber dem früheren Recht nicht vorgenommen werden sollten, dann sind bei Abgrenzung der dem Gläubiger anzulastenden Umstände weiterhin gleiche Grundsätze anzuwenden, wie sie für den Schuldner durch die §§ 276 und 278 festgelegt werden. **Dies bedeutet, dass dem Gläubiger (nur) eine schuldhafte Verletzung der ihm nach dem Vertrag zufallenden Pflichten und Obliegenheiten zuzurechnen ist,** wobei entsprechend der Vorschrift des § 278 auch das Verhalten der Personen, die der Gläubiger bei Erfüllung seiner Pflichten und Obliegenheiten handeln lässt, seinem eigenen Verhalten gleichsteht.

515 Als **Obliegenheit** wird ein Gebot bezeichnet, dessen Befolgung nicht erzwungen werden kann, sondern im eigenen Interesse des dadurch Belasteten liegt, weil ihm sonst Rechtsnachteile (z. B. der Verlust einer vorteilhaften Rechtsposition) drohen.

So wird z. B. durch § 254 Abs. 2 S. 1 einem Geschädigten aufgegeben, den Schädiger auf die Gefahr eines ungewöhnlich hohen Schadens aufmerksam zu machen, den Schaden abzuwenden und ihn zu mindern. Verstößt der Geschädigte gegen diese Gebote, dann mindert sich sein Schadensersatzanspruch im Umfang seines Mitverschuldens. Der Geschädigte ist also nicht verpflichtet, vor dem Schaden zu warnen, ihn abzuwenden oder zu mindern, es liegt aber in seinem eigenen Interesse, dies zu tun, weil er sonst die sich daraus ergebenden Nachteile zu tragen hat; es handelt sich also dabei um Obliegenheiten. Wer beispielsweise körperlich verletzt ist, muss sich in ärztliche Behandlung begeben, den Anordnungen des Arztes folgen und solche ärztlichen Maßnahmen dulden, die zur Heilung oder Besserung seines Gesundheitszustandes erforderlich sind.

---

[188] Amtl. Begr., S. 189. Zur Frage nach den Rechtsfolgen, die im Falle der vom Schuldner und vom Gläubiger gemeinsam zu vertretenden Unmöglichkeit eintreten, vgl. *Rauscher*, ZGS 2002, 333; *Gruber*, JuS 2002, 1066; *Emmerich*, § 14 Rn. 1.
[189] *Canaris*, JZ 2001, 499, 511.

VI. Leistungsstörungen bei synallagmatischen Verträgen

Handelt der Geschädigte diesen Obliegenheiten zuwider, dann ist dies bei Berechnung des zu ersetzenden Schadens zu berücksichtigen.

Im Rahmen des § 326 Abs. 2 S. 1 Alt. 1 kommt es auf solche Obliegenheiten des Gläubigers an, deren Beachtung für die vertragsgerechte Erbringung der Leistung durch den Schuldner wesentlich ist. Welche dies sind, ist aufgrund der besonderen Umstände des Einzelfalls, insbesondere nach den vertraglichen Absprachen, zu entscheiden. Allgemein wird man feststellen können, dass den Gläubiger die Obliegenheit trifft, nicht durch sein Verhalten die Leistung des Schuldners unmöglich zu machen. 516

Beispiele: Häusler beauftragt den Handwerksmeister Emsig, das Dach seines Hauses zu reparieren. Danach entschließt sich Häusler, das Haus abzureißen und durch einen Neubau ersetzen zu lassen. Kündigt deshalb Häusler den Werkvertrag mit Emsig, wozu er nach § 649 S. 1 bis zur Vollendung des Werks jederzeit berechtigt ist, dann ist er verpflichtet, Emsig die vereinbarte Vergütung zu bezahlen, die sich allerdings um dasjenige mindert, was Emsig infolge der Aufhebung des Vertrages erspart oder anderweitig erwirbt oder zu erwerben böswillig unterlässt (vgl. § 649 S. 2). Kündigt Häusler in diesem Fall nicht, dann hat er die Unmöglichkeit der Emsig obliegenden Leistung zu vertreten, so dass sich ein gleiches Ergebnis aus § 326 Abs. 2 S. 1 Alt. 1 ergibt.

Die Konzertagentur Sang & Klang schließt mit dem Popsänger Alf Amsel einen Vertrag, nach dem Amsel für mehrere Konzerte in verschiedenen Städten eine Gage von insgesamt 30.000,- € erhalten soll. Nach zwei Veranstaltungen bricht die Konzertagentur die Tournee ab, weil das Publikumsinteresse geringer als erwartet ist und wesentlich weniger Eintrittskarten verkauft werden konnten, als vorher kalkuliert wurde. Auch in diesem Fall verletzt die Konzertagentur schuldhaft die Obliegenheit, die vorgesehenen Konzerte zu veranstalten und dadurch die Erbringung der von Amsel geschuldeten Leistung zu ermöglichen, und ist deshalb nach § 326 Abs. 2 S. 1 Alt. 1 zur Zahlung der vereinbarten Gage verpflichtet.[190]

Die Vorschrift des § 326 Abs. 2 S. 1 Alt. 1 ist insbesondere auch anzuwenden, wenn der Käufer einer Sache vor Übergabe den Kaufgegenstand zerstört oder wenn eine Mietsache infolge eines Verschuldens des Mieters unbrauchbar gemacht wird. 517

Beispiel: Das gemietete Kfz brennt bei einem vom Mieter verschuldeten Unfall aus; der Mieter ist – unabhängig von der Frage eines Schadensersatzes für den Pkw – zur Entrichtung des vereinbarten Mietzinses verpflichtet.

Nach § 326 Abs. 2 S. 2 muss sich der Schuldner **auf** die vom Gläubiger zu erbringende **Gegenleistung** das **anrechnen** lassen, was er infolge der Befreiung von der Leistung erspart oder durch anderweitige Verwendung seiner Arbeitskraft erwirbt oder zu erwerben böswillig unterlässt. Denn der Schuldner soll durch die Regelung des § 326 Abs. 2 nicht besser gestellt werden als bei ordnungsgemäßer Durchführung des Vertrages. Deshalb hat sich der Schuldner solche Kosten anrechnen zu lassen, die er bei Durchführung des Vertrages hätte aufwenden müssen – wie Transportkosten, Reisekosten, Verpackungskosten, Arbeitslöhne u.ä. – und die er infolge der Unmöglichkeit seiner Leistung erspart hat. Über den Wortlaut der Vorschrift hinaus werden auch alle sonstigen Vorteile in Anrechnung 518

---

[190] Vgl. *Köhler/Lorenz*, PdW-SchuldR I, Nr. 25.

gebracht, die der Schuldner aus dem ursprünglich geschuldeten Gegenstand zieht und sonst nicht gezogen hätte (Beispiel: Anrechnung des Kaufpreises bei Veräußerung des zerstörten Kfz als Schrott durch den Schuldner).

c) Rücktritt wegen nicht oder nicht vertragsgemäß erbrachter Leistung

519 Das dem Gläubiger durch § 323 Abs. 1 eingeräumte Rücktrittsrecht wegen nicht oder nicht vertragsgemäß erbrachter Leistung **betrifft nur die Fälle, in denen eine dem Schuldner mögliche und fällige Leistung nicht oder nicht in einer Weise erbracht wird, die den vertraglichen Anforderungen entspricht.** Die Vorschrift des § 323 korrespondiert mit der in § 281 getroffenen Regelung, die ebenfalls nicht bei Unmöglichkeit der Leistungserbringung eingreift, weil insoweit § 283 anzuwenden ist. Allerdings bestimmt § 326 Abs. 5 für die Fälle des § 275 Abs. 1 bis 3 eine entsprechende Anwendung des § 323. Weiterhin ist zu **berücksichtigen, dass die Nicht- oder Schlechterfüllung von Schutzpflichten nicht durch § 323, sondern durch § 324 geregelt wird.**

520 Als Voraussetzungen für ein Rücktrittsrecht des Gläubigers nach § 323 sind zu nennen:
- nicht rechtzeitige Erbringung einer nach einem gegenseitigen Vertrag geschuldeten (möglichen) Leistung oder Schlechterfüllung einer solchen Leistung
- erfolgloser Ablauf einer vom Gläubiger zur Leistung oder Nacherfüllung gesetzten angemessenen Frist, sofern nicht die Fristsetzung nach § 323 Abs. 2 entbehrlich ist.

Zu diesen Voraussetzungen ist Folgendes zu bemerken:
Leistet der Schuldner bei Fälligkeit nicht oder nicht vertragsgemäß, dann muss ihm der Gläubiger eine angemessene Frist zur Leistung setzen. Ist diese Frist erfolglos abgelaufen, dann kann der Gläubiger nach § 323 Abs. 1 vom Vertrag zurücktreten, ohne dass es grundsätzlich darauf ankommt, aus welchem Grunde der Schuldner die ihm mögliche Leistung nicht erbringt (zu der in § 323 Abs. 6 gemachten Ausnahme Einzelheiten später). **Insbesondere müssen nicht die Voraussetzungen des Verzuges erfüllt sein.** Der Grund für die Nichtleistung ist – wenn man von dem Ausschluss des Rücktritts nach Abs. 6 Alt. 1 absieht – lediglich für den Anspruch auf Schadensersatz nach § 281 Abs. 1 i.V.m. § 280 Abs. 1 bedeutsam, weil dieser Anspruch davon abhängt, dass der Schuldner die in der Nichterfüllung liegende Pflichtverletzung zu vertreten hat (§ 280 Abs. 1 S. 2; vgl. dazu Rn. 413 ff.). Ein solcher Schadensersatzanspruch kann auch nach erfolgtem Rücktritt geltend gemacht werden (§ 325).

521 Grundsätzlich kann der Gläubiger nach erfolglosem Ablauf einer Frist zur Nacherfüllung vom Vertrag zurücktreten, ohne dass es auf die Schwere der in der Schlechterfüllung liegenden Vertragsverletzung ankommt.

VI. Leistungsstörungen bei synallagmatischen Verträgen

Eine Ausnahme wird nur durch § 323 Abs. 5 S. 2 gemacht, wenn die **Pflichtverletzung unerheblich** ist.

Beispiel: Anton kauft von dem Vertragshändler Handel einen fabrikneuen Pkw der Marke „Blech". In der Werbung für dieses Fahrzeug wird als durchschnittlicher Kraftstoffverbrauch 9 Liter auf 100 km angegeben. Anton musste jedoch feststellen, dass der Verbrauch 9,5 Liter beträgt.

Es handelt sich bei dieser negativen Abweichung der Soll-Beschaffenheit des Fahrzeugs von seiner Ist-Beschaffenheit um einen Sachmangel, da nach § 434 Abs. 1 S. 3 die Soll-Beschaffenheit auch durch Werbeaussagen bestimmt wird (vgl. Rn. 583). Für diesen Fall verweist § 437 Nr. 2 auf § 323. Grundsätzlich steht somit Anton ein Rücktrittsrecht nach § 323 unter den in dieser Vorschrift genannten Voraussetzungen zu. Jedoch ist die Abweichung so gering, dass deshalb ein Rücktritt vom Vertrag ausgeschlossen werden muss.[191]

Der Regelung des § 323 Abs. 5 S. 2 – das Gleiche gilt für die parallele Regelung des Ausschlusses eines Schadensersatzanspruchs durch § 281 Abs. 1 S. 3 – liegt eine Interessenbewertung zu Grunde. Während grundsätzlich dem Gläubiger bei einer nicht oder nicht vertragsgemäß erbrachten Leistung ein Rücktrittsrecht eingeräumt wird und damit dem Interesse des Gläubigers an der Rückabwicklung des Vertrages entsprochen wird, soll dies bei einer geringfügigen Pflichtverletzung nicht gelten. In einem solchen Fall wird dem Interesse des Schuldners am Bestand des Vertrages der Vorrang eingeräumt, um ihm die Belastungen einer Vertragsaufhebung zu ersparen. Für die Beurteilung, ob ein Mangel als geringfügig eingestuft werden muss, ist der Zeitpunkt der Rücktrittserklärung maßgebend.[192]

Zu fragen ist, ob bei der vorzunehmenden Interessenabwägung allein auf das Defizit der vom Schuldner erbrachten Leistung, also auf das objektive Ausmaß der Leistungsstörung, abzustellen ist, oder ob auch andere Gesichtspunkte maßgebend sein können. Die h. M. im Schrifttum spricht sich für die erste Alternative aus und entscheidet über die Erheblichkeit der Pflichtverletzung nach dem Aufwand, der erforderlich ist, um einen Mangel zu beseitigen, und nach der Beeinträchtigung, die sich für den Gläubiger aus einem nicht behebbaren Mangel ergibt.[193] Der BGH will dagegen das Merkmal der Pflichtwidrigkeit auch am Verhalten des Schuldners messen und deshalb ein arglistiges Handeln berücksichtigen, das regelmäßig dazu führen soll, dem Interesse des Gläubigers an der Rückabwicklung des Vertrages selbst bei einer unerheblichen Pflichtverletzung den Vorrang einzuräumen.[194] Das Schrifttum lehnt diese Auffassung des BGH überwiegend ab, wobei insbesondere darauf hingewiesen

---

[191] Vgl. *BGH NJW* 1996, 1337, 1338 (zur vergleichbaren Regelung in § 459 Abs. 1 S. 2 i. V. m. § 462 aF); zum neuen Recht vgl. *BGH NJW* 2007, 2111; *LG Ravensberg NJW* 2007, 2127.
[192] *BGH NJW* 2009, 508 Tz. 17 m. Anm v. *Bruns* = JuS 2009, 373 (*Faust*).
[193] Bamberger/Roth/*Unberath*, § 281 Rn. 61; Jauernig/*Stadler*, § 323 Rn. 20.
[194] *BGH NJW* 2006, 1960, 1961 Tz. 11 ff.; WM 2006, 1076, 1079 Tz. 12 ff.; ebenso Hk-BGB/*Schulze*, § 323 Rn. 14.

wird, dass ein Vertragspartner, der arglistig den Abschluss eines Vertrages herbeiführt, eine vorvertragliche Pflicht verletzt hat, die von § 323 nicht erfasst werde.[195] Auch wird darauf verwiesen, dass ausreichende Sanktionsmöglichkeiten außerhalb des § 323 bestehen, um die Interessen des Gläubigers gegenüber einem arglistigen Verhalten des Schuldners zu schützen (Anfechtung nach § 123 Abs. 1 Alt. 1; Ansprüche wegen c. i. c.).[196]

Der *BGH* setzt sich über diese Bedenken hinweg und will offensichtlich ein arglistiges Verhalten sanktionieren. Dies zeigt sich auch in anderen Entscheidungen des Gerichts. So wird dem arglistig getäuschten Gläubiger gestattet, gem. § 281 Schadensersatz statt der Leistung zu fordern oder gem. § 323 Abs. 2 Nr. 3 vom Vertrag zurückzutreten, ohne dass zuvor dem Schuldner eine Nachfrist gesetzt werden muss (vgl. Rn. 412, 523). Zudem ist der Käufer berechtigt, den Kaufpreis ohne die sonst erforderliche Fristsetzung zur Beseitigung des Mangels zu mindern, wenn der Verkäufer den Mangel arglistig bei Abschluss des Kaufvertrages verschwiegen hat (dazu Einzelheiten später).[197]

522 Ist die vom Gläubiger gesetzte **Frist erfolglos abgelaufen**, dann **kann der Gläubiger vom Vertrag zurücktreten, hat aber auch das Recht, weiterhin Erfüllung zu fordern**, denn solange der Rücktritt nicht erklärt und damit das Vertragsverhältnis in ein Rückgewährschuldverhältnis umgewandelt worden ist (vgl. Rn. 239), bleibt der Anspruch des Gläubigers auf die Leistung unverändert bestehen und ist auch der Schuldner zur Leistung berechtigt (vgl. auch Rn. 409). Der in diesem Zeitraum entstehende Schwebezustand kann für beide Vertragsparteien zu Risiken führen, die sich aus der Ungewissheit über die weitere Abwicklung des Vertragsverhältnisses ergeben (vgl. dazu Rn. 410).

523 Die Fristsetzung bezweckt, dem Schuldner Gelegenheit zu geben, die ausstehende Leistung zu erbringen oder ihre Vertragswidrigkeit zu beheben. Steht jedoch bereits im Zeitpunkt der Schlechtleistung fest, dass eine Nacherfüllung unmöglich ist oder zeigt sich dies danach, dann handelt es sich um einen Fall der Unmöglichkeit einer vertragsgerechten Leistungserbringung. Dies greift § 326 auf und bestimmt in seinem **Abs. 5**, dass dann der Rücktritt ohne Fristsetzung zulässig ist. Ebenso ist in den Fällen, die § 323 Abs. 2 aufzählt, davon auszugehen, dass trotz der Fristsetzung der Gläubiger eine vertragsgerechte Leistung nicht erhalten wird oder für ihn der Leistungszweck nicht mehr erreicht werden kann. Deshalb **entfällt die Notwendigkeit einer Fristsetzung**. Zu § 323 Abs. 2 ist Folgendes zu bemerken:
- Die in **Nr. 1 und 3** getroffene Regelung über die Entbehrlichkeit einer Fristsetzung stimmt mit § 281 Abs. 2 überein, in dem eine vergleichbare Bestimmung für den Anspruch auf Schadensersatz getroffen worden

---

[195] S. *Lorenz*, NJW 2006, 1925; *Kulke*, ZGS 2006, 412; *Tiedtke*, JZ 2008, 395, 403; Bamberger/Roth/*Unberath*, § 281 Rn. 61; MünchKomm/*Ernst*, § 281 Rn. 60.

[196] Nach anderer Auffassung soll § 324 in einer erweiternden Auslegung dieser Vorschrift eingewendet werden; vgl. dazu S. *Lorenz*, NJW 2006, 1925, 1927.

[197] BGH NJW 2008, 1371 = JuS 2008, 557 *(Faust)* = JA 2008, 301 *(Looschelders)*.

VI. Leistungsstörungen bei synallagmatischen Verträgen

ist. Verweigert der Schuldner ernsthaft und endgültig seine Leistung, kann er nicht erwarten, dass ihm dann noch eine Frist zur Leistungserbringung eingeräumt wird (vgl. auch. Rn. 412). Nr. 3 ist als eine Art Auffangtatbestand konzipiert. Regelmäßig wird es sich um Fälle handeln, in denen auch bei Berücksichtigung des Leistungsinteresses des Schuldners dem Gläubiger kein weiteres Warten auf die Leistung zugemutet werden kann, weil der Leistungszweck durch eine spätere Erfüllung nicht mehr erreicht werden kann[198] oder weil – wie bei einer arglistigen Täuschung durch den Schuldner – die für eine Nacherfüllung erforderliche Vertrauensgrundlage entfallen ist (vgl. dazu ebenfalls Rn. 412).

- Der Fall der **Nr. 2**, der in § 281 Abs. 2 keine ausdrückliche Entsprechung findet, betrifft das sog. **relative Fixgeschäft** (vgl. dazu Rn. 443). Streitig ist, ob der Gläubiger bei einem relativen Fixgeschäft abweichend von seinem Recht, **ohne Setzung einer Nachfrist** zurückzutreten, wenn der Schuldner nicht rechtzeitig leistet, zunächst dem Schuldner eine Frist zur Nacherfüllung setzen muss, wenn er einen **Anspruch auf Schadensersatz statt der Leistung** geltend machen will. Der Gleichlauf von Rücktritt und Schadensersatz spricht dafür, auf das relative Fixgeschäft § 281 Abs. 2 Alt. 2 anzuwenden und eine Nachfristsetzung für entbehrlich zu halten.[199]

Kommt nach der Art der Pflichtverletzung eine Fristsetzung nicht in Betracht, dann soll nach § 323 Abs. 3 in gleicher Weise wie nach § 281 Abs. 3 (vgl. dazu Rn. 411) an deren Stelle eine Abmahnung treten.

Steht bereits vor Fälligkeit fest, dass der Schuldner seine Leistung nicht oder nicht vertragsgemäß erbringen wird, dann kann dem Gläubiger nicht zugemutet werden, erst den Fälligkeitszeitpunkt abzuwarten, bevor er vom Vertrag zurücktritt. Bei diesen **Fällen des sog. „vorweggenommenen Vertragsbruchs"** gibt § 323 Abs. 4 dem Gläubiger das Recht zum Rücktritt bereits vor Eintritt der Fälligkeit. Regelmäßig wird es sich hierbei um die ernsthafte Erfüllungsverweigerung des Schuldners handeln, bei der davon auszugehen ist, dass er an seiner Weigerung festhalten und sich nicht umstimmen lassen wird.

Allerdings ergibt sich in diesen Fällen eine rechtliche Schwierigkeit dadurch, dass der Schadensersatzanspruch statt der Leistung, den der Gläubiger auch im Falle des Rücktritts grundsätzlich geltend machen kann (§ 325), nach § 281 Abs. 1 S. 1 von der Fälligkeit der Leistung abhängig ist. Es wäre unbillig, dem Gläubiger deshalb einen Schadensersatzanspruch zu verweigern oder ihn für verpflichtet zu halten, die Fälligkeit der Leistung trotz Erfüllungsverweigerung abzuwarten. Eine Lösung besteht darin, dass man aus dem Rechtsgedanken, der § 281 Abs. 2 und § 323 Abs. 4 zu Grunde liegt, die Befugnis

---

[198] In der Amtlichen Begründung, S. 186 (l. Sp.) werden Beispiele aus der Rechtsprechung genannt: Der verspätet gelieferte Dünger ist für die Feldbestellung nicht mehr verwendbar. Saisonware wird unverkäuflich, ein Exportgeschäft undurchführbar, weil der ausländische Käufer wegen des Lieferverzugs keine Importlizenz mehr bekommen kann.
[199] So *Jaensch*, NJW 2003, 3613, 3614f.; a. A. MünchKomm/*Ernst*, § 281 Rn. 59.

des Gläubigers in Fällen ableitet, in denen der Gläubiger vor Fälligkeit der Leistung nach § 323 Abs. 4 zurücktreten kann, auch vor Fälligkeit Schadensersatz statt der Leistung zu fordern.[200] Dass insoweit eine ausdrückliche Regelung im Gesetz fehlt, dürfte auf ein Redaktionsversehen des Gesetzgebers zurückzuführen sein.[201]

525 Hat der Schuldner einer teilbaren Leistung (vgl. Rn. 428) nur einen Teil vertragsgerecht erbracht, während die vertragsgerechte Erfüllung des Restes noch aussteht, dann stellt sich die Frage, ob das Recht des Gläubigers zum Rücktritt auf diesen Rest beschränkt ist. § 323 Abs. 5 S. 1 verneint dies und gibt dem Gläubiger das Recht zum Rücktritt vom gesamten Vertrag, wenn er an der **Teilleistung** kein Interesse hat. Für die Frage, wann von einem solchen Interessenwegfall ausgegangen werden kann, gelten die gleichen Erwägungen wie bei der parallelen Frage bei der Unmöglichkeit von Teilleistungen aufgrund des § 326 Abs. 1 S. 2 HS 2 (vgl. dazu Rn. 509). Wird eine teilbare Leistung geschuldet, der eine vom Gläubiger zu erbringende nicht teilbare Leistung gegenüber steht, dann kommt ein Teilrücktritt nicht in Betracht, weil der Gläubiger seine unteilbare Leistung nicht auf einen Teil beschränken kann, dem die Teilleistung des Schuldners entspricht.[202]

526 Wie bereits oben (Rn. 521) ausgeführt, kommt es grundsätzlich nicht darauf an, aus welchem Grund der Schuldner die ihm obliegende (mögliche) **Leistung nicht vertragsgemäß** erbringt. Nur wenn der **Gläubiger den Grund dafür allein oder überwiegend zu verantworten hat,** kann ihm ein Rücktrittsrecht nicht zugebilligt werden. Diese an sich selbstverständliche Rechtsfolge wird ausdrücklich in **§ 323 Abs. 6 Alt. 1** ausgesprochen. Erweitert wird der Ausschluss eines Rücktrittsrechts auch auf den Fall, dass der vom Schuldner nicht zu vertretende Umstand, aus dem sich das Rücktrittsrecht ableiten würde, zu einem Zeitpunkt eintritt, zu welchem der Gläubiger im Verzug der Annahme ist (**§ 323 Abs. 6 Alt. 2**). Eine Parallele zu beiden Alternativen findet sich für den Fall der Unmöglichkeit in § 326 Abs. 2 S. 1. Die insoweit geltenden Voraussetzungen sind identisch, so dass auf die entsprechenden Erläuterungen zu § 326 Abs. 2 verwiesen werden kann (vgl. Rn. 512 ff.).

527 **Verletzt der Schuldner** nicht seine Leistungspflicht, sondern eine **Schutzpflicht** (§ 241 Abs. 2), **dann ist** nicht § 323, sondern **§ 324 anzuwenden.** Diese Regelung entspricht § 282 für den Anspruch auf Schadensersatz statt der Leistung, so dass insbesondere für die Frage, wann dem Gläubiger ein Festhalten am Vertrag wegen der Pflichtverletzung nicht mehr zuzumuten ist, für beide Vorschriften gleiche Erwägungen gelten (vgl. dazu Rn. 488 ff.). Bei einem Verstoß gegen leistungssichernde Nebenpflichten (vgl. Rn. 183 f.) ist dagegen § 323 einschlägig.[203]

---

[200] Staudinger/*Otto*, § 281 Rn. B 103; *Jaensch*, NJW 2003, 3613, 3613 f. (für analoge Anwendung des § 323 Abs. 4); MünchKomm/*Ernst*, § 281 Rn. 62 (für analoge Anwendung des § 281 Abs. 1, 2).
[201] Vgl. dazu *Jaensch*, NJW 2003, 3613, 3614.
[202] *BGH* NJW 2010, 146, 147 Tz. 17.
[203] *Zimmer*, NJW 2002, 1, 6; Jauernig/*Stadler*, § 324 Rn. 3.

d) Die Abhängigkeit von Leistung und Gegenleistung

Das Charakteristikum synallagmatischer Vertragsbeziehungen besteht im Gegenseitigkeitsverhältnis der (Haupt-)Leistungspflichten beider Vertragsparteien. Jeder Vertragspartner kann erwarten, dass die Leistungen Zug um Zug ausgetauscht werden, sofern nicht einer von ihnen vorleistungspflichtig ist. § 320 gibt folglich jeder Partei eines gegenseitigen Vertrages das Recht die eigene Leistung bis zur Bewirkung der Gegenleistung zu verweigern. Es handelt sich dabei um eine **Einrede** (vgl. Rn. 213 f.). 528

Es gibt allerdings nicht wenige synallagmatische Verträge, bei denen eine Vorleistungspflicht einer Partei besteht. Eine solche Vorleistungspflicht kann sich einmal aus dem Gesetz ergeben (Beispiele: §§ 556b Abs. 1, 579 Vorleistungspflichten bei Mietverträgen; § 614 Vorleistungspflicht für den Dienstverpflichteten; § 641 Vorleistungspflicht des Werkunternehmers) oder aufgrund vertraglicher Absprachen.

Der Vorleistungsverpflichtete wird regelmäßig nur bereit sein, seine Leistung zu erbringen, wenn er erwarten kann, dass er auch die dafür geschuldete Gegenleistung erhält. Wird nach Abschluss des Vertrages erkennbar, dass der Anspruch auf Gegenleistung durch mangelnde Leistungsfähigkeit des Vertragspartners gefährdet wird, dann entspricht es der Billigkeit, den Vorleistungsverpflichteten nicht an dieser Pflicht festzuhalten. § 321 gibt ihm deshalb das Recht zur Leistungsverweigerung (sog. **Unsicherheitseinrede**). Nach Auffassung des *BGH*[204] besteht ein solches Leistungsverweigerungsrecht auch bei einem vorübergehenden Leistungshindernis, das bereits im Zeitpunkt des Vertragsschlusses bestanden hat, jedoch dem Vorleistungsverpflichteten nicht bekannt war.[205]

Steht dem Schuldner das Recht der Leistungsverweigerung aufgrund der Einrede des nicht erfüllten Vertrages gem. § 320 zu, dann kann er nicht in Verzug geraten; nach h. M. ist allein das Bestehen des Einrederechts dafür ausreichend (str. vgl. Rn. 445). Das Gleiche gilt für die Unsicherheitseinrede des § 321.[206] 529

Streitig ist die Frage, ob der Gläubiger das Gegenrecht aus § 320 bereits dadurch ausräumt und den Schuldner in Verzug setzt, dass er zu der von ihm geschuldeten Gegenleistung im Stande und bereit ist, oder ob noch hinzukommen muss, dass der Gläubiger seine Gegenleistung tatsächlich anbietet. Der zweiten Auffassung[207] ist der Vorzug zu geben, weil die Leistungsbereitschaft als innere Einstellung für den Schuldner nicht erkennbar ist und deshalb vom Gläubiger ein Angebot der Leistung zu verlangen ist. Allerdings wird diesem Meinungsstreit keine erhebliche praktische Bedeutung zukommen, weil auf der Grundlage der einschränkenden Auffassung der Gläubiger im Streitfall seine Leistungsbereitschaft zu beweisen hat und dies am besten durch ein Angebot der Leistung tun kann.

Ähnlichkeit mit der Einrede des nichterfüllten Vertrages hat auch das dem Schuldner nach § 273 zustehende **Zurückbehaltungsrecht**. Nach dieser Regelung hat der Schuldner, der „aus demselben rechtlichen Verhältnis, auf 530

---

[204] NJW 2010, 1272, 1274 Tz. 18.
[205] Krit. *Kaiser*, NJW 2010, 1254.
[206] *BGH* NJW 2010, 1272, 1274 Tz. 22 f.
[207] BGHZ 116, 244, 249 = NJW 1992, 556; MünchKomm/*Ernst*, § 286 Rn. 23; jeweils m. w. N. auch zur Gegenauffassung.

dem seine Verpflichtung beruht, einen fälligen Anspruch gegen den Gläubiger" hat, das Recht, die geschuldete Leistung zu verweigern, bis die ihm gebührende Leistung bewirkt wird. Die Ähnlichkeit beider Rechte besteht darin, dass der Schuldner durch die Einrede den Gläubiger veranlassen kann, die von ihm geschuldete Leistung ebenfalls zu erbringen, wenn er die Forderung gegen den Schuldner durchsetzen will. Allerdings kann die Ausübung des Zurückbehaltungsrechts auch durch Sicherheitsleistung (vgl. §§ 232 ff.) abgewendet werden (§ 273 Abs. 3). Denn § 273 bezweckt nur, den Schuldner wegen des ihm gegen den Gläubiger zustehenden Anspruchs zu sichern, während der Zweck des § 320 darin besteht, einen Druck auf den Gläubiger auszuüben, seine Leistung ebenfalls zu erbringen; dementsprechend ist bei § 320 eine Sicherheitsleistung ausgeschlossen (vgl. § 320 Abs. 1 S. 3). Darüber hinaus bestehen weitere bedeutsame Unterschiede zwischen den Rechten aus § 273 und § 320. Die Formulierung „aus demselben rechtlichen Verhältnis" in § 273 Abs. 1 bedeutet keinesfalls, dass sich beide Ansprüche aus einem einheitlichen Rechtsverhältnis oder sogar aus einem gegenseitigen Vertrag ergeben müssen. Vielmehr findet das Zurückbehaltungsrecht des § 273 auf die im Gegenseitigkeitsverhältnis stehenden Ansprüche eines synallagmatischen Vertrages keine Anwendung, weil insoweit § 320 vorgeht. Der Begriff desselben rechtlichen Verhältnisses i. S. v. § 273 Abs. 1 wird weit ausgelegt und darunter ein innerlich zusammengehörendes einheitliches Lebensverhältnis verstanden. Die von § 273 Abs. 1 verlangte **Konnexität** (Verknüpfung) beider Ansprüche ist zu bejahen, wenn zwischen ihnen ein derartiger natürlicher wirtschaftlicher Zusammenhang besteht, dass es treuwidrig erscheint, wenn der eine Anspruch ohne Rücksicht auf den anderen geltend gemacht und durchgesetzt werden könnte.

531 Das Zurückbehaltungsrecht des § 273 Abs. 1 hängt von folgenden **Voraussetzungen** ab:
- **Gegenseitigkeit der Ansprüche**, d. h. jede der beiden beteiligten Personen muss einen Anspruch gegen den anderen haben, also zugleich Schuldner und Gläubiger sein.
- Der **Anspruch des Schuldners muss durchsetzbar** (vgl. Rn. 444 f.) **und fällig** (vgl. Rn. 446) **sein;** ist er bereits verjährt, so wird dadurch ein Zurückbehaltungsrecht nicht ausgeschlossen, wenn der Anspruch des Gläubigers in einem Zeitpunkt entstand, als die Verjährung noch nicht eingetreten war (§ 198).
- Die **Konnexität beider Ansprüche** muss zu bejahen sein. Hierbei handelt es sich zweifellos um die Voraussetzung, deren Verwirklichung am schwersten zu beurteilen ist. Trotz der oben gegebenen Beschreibung dieses Merkmals fällt die Entscheidung des Einzelfalls häufig nicht leicht.[208]

532 Der entscheidende **Unterschied zwischen dem Zurückbehaltungsrecht und der Einrede des nichterfüllten Vertrages** besteht darin, dass es sich bei

---

[208] Vgl. die Übersicht von MünchKomm/*Krüger*, § 273 Rn. 14 ff.

§ 273 um selbstständige Ansprüche handelt, die erst durch die Berufung auf das Zurückbehaltungsrecht voneinander abhängig gemacht werden. Deshalb kann – anders als bei § 320 (vgl. Rn. 529) – die dem Schuldner zustehende rechtliche Möglichkeit, auf das Zurückbehaltungsrecht des § 273 zurückzugreifen, allein noch nicht verhindern, dass er in Verzug mit der von ihm geschuldeten Leistung gerät. Erst wenn er sich auf das Zurückbehaltungsrecht beruft, ist ein gleiches Verhältnis zwischen den konnexen Ansprüchen hergestellt, wie es aufgrund der Abhängigkeit der Ansprüche beim gegenseitigen Vertrag bereits von vornherein besteht.

Der bereits in Verzug geratene Schuldner kann nach h. M. den Verzug nicht dadurch beenden, dass er das Zurückbehaltungsrecht geltend macht, sondern er muss noch die von ihm geschuldete Leistung (Zug um Zug gegen die Leistung des Gläubigers) anbieten. Hier besteht also ein Unterschied zu dem Schuldner, der sich vor Eintritt des Verzuges auf sein Zurückbehaltungsrecht beruft und dadurch verhindert, dass er in Verzug gerät. Ob die Ausübung eines bereits vorher bestehenden Zurückbehaltungsrechts nach Verzugseintritt (verbunden mit dem Angebot der eigenen Leistung) die Verzugsfolgen rückwirkend oder nur für die Zukunft entfallen lässt, ist streitig.[209]

e) Berechnung des Schadens durch den Gläubiger

Kann der Gläubiger Schadensersatz statt der Leistung nach § 280 Abs. 1, 3 beanspruchen, dann muss bei Berechnung seines Schadens berücksichtigt werden, dass auch er bei einem synallagmatischen Vertrag zur Erbringung seiner Leistung verpflichtet ist. Besteht die **Gegenleistung in Geld**, dann mindert sich der Schadensersatzanspruch des Gläubigers um den Betrag, den er selbst schuldet.

533

Beispiel: Kunz kauft von Volz dessen Pkw (Wert 7.000,- €) für 5.000,- €. Infolge eines von Volz nach Vertragsschluss schuldhaft verursachten Unfalls wird das Fahrzeug zerstört. Fordert in diesem Fall Kunz nach § 280 Abs. 1, 3 i. V. m. § 283 Schadensersatz statt der Leistung, dann ist der (noch nicht gezahlte) Kaufpreis in Abzug zu bringen, so dass Kunz 2.000,- € verlangen kann, sofern nicht noch ein weiterer Schaden (z. B. wenn Kunz das Fahrzeug bereits mit einem den Wert übersteigenden Gewinn weiterverkauft hat) hinzukommt.

Hat dagegen der Gläubiger eine **andere Leistung als Geld** zu erbringen, dann bieten sich für die Berechnung seines Schadens zwei Wege an:
➤ Er behält die nach dem Vertrag von ihm geschuldete Leistung und berechnet seinen Schaden nach der Wertdifferenz zwischen Leistung und Gegenleistung.

Beispiel: Peter und Paul vereinbaren, dass ein Satz deutscher Briefmarken, die Peter gehören, gegen einen Satz französischer Briefmarken, deren Eigentümer Paul ist, getauscht wird. Die deutschen Marken werden infolge eines Umstandes, den Peter zu vertreten hat, zerstört. Haben die vernichteten Marken des Peter einen Marktwert von 1.000,- € und die Marken des Paul einen von 950,- €, dann kann Paul von Peter die Zahlung von 50,- € als Schadensersatz fordern.

---

[209] Für eine Beschränkung auf die Zukunft *Medicus/Lorenz*, Rn. 459; für Rückwirkungen, wenn Zurückbehaltungsrecht bereits bei Eintritt des Verzuges bestand MünchKomm/*Krüger*, § 273 Rn. 93.

Dies ist die Lösung der sog. **Differenztheorie**.

> Der Gläubiger kann aber auch die von ihm geschuldete Leistung erbringen und seinen Schaden nach dem Wert der Leistung berechnen, zu der nach dem Vertrag der Schuldner verpflichtet ist.

Beispiel: Paul sammelt nur deutsche Briefmarken und ist an den französischen nicht interessiert. Er übergibt deshalb in Erfüllung seiner vertraglichen Pflicht die französischen Marken Peter und verlangt als Schadensersatz 1.000,– €.

Dies ist die Lösung der sog. **Surrogations- oder Austauschtheorie.**

534 Es muss dem Gläubiger überlassen bleiben, die Wahl zwischen der Surrogations- und der Differenztheorie zu treffen, also entweder seine Leistung zu erbringen und Schadensersatz nach dem Wert der Gegenleistung zu berechnen oder lediglich die Differenz der Werte beider Leistungen als Schadensersatz geltend zu machen. Dieses Recht steht ihm auch zu, wenn er selbst bereits seine Leistung erbracht hat. Dies erreicht der Gläubiger dadurch, dass er nach § 326 Abs. 5 i.V.m. § 323 Abs. 1 vom Vertrag zurücktritt. In diesem Fall wandelt sich das Schuldverhältnis in ein Rückgewährschuldverhältnis mit der Folge, dass die noch bestehenden Erfüllungsansprüche erlöschen und bereits erbrachte Leistungen zurückzugewähren sind (Rn. 237). Der Gläubiger erhält also die von ihm erbrachte Leistung zurück und berechnet seinen Schaden auf der Grundlage der Differenztheorie; die Anwendung der Surrogationstheorie ist dann ausgeschlossen.[210]

Streitig ist, ob der Gläubiger an den von ihm erklärten Rücktritt gebunden ist oder ob er sich von seiner Rücktrittserklärung lösen kann, um nach der Surrogationstheorie vorgehen zu können. Mit der h.M. ist eine Bindung an die Rücktrittserklärung zu bejahen, weil mit ihr ein Gestaltungsrecht ausgeübt wird und die sich daraus ergebende Rechtsfolge nicht mehr einseitig rückgängig gemacht werden kann.[211]

535 Hat der Schuldner die rücktrittsbegründende Pflichtverletzung zu vertreten, dann kann der Gläubiger gem. §§ 280 ff., 311a Abs. 2 Schadensersatz statt der Leistung verlangen (§ 325). Der Gläubiger ist dann so zu stellen, wie er stünde, wenn der Vertrag ordnungsgemäß erfüllt worden wäre. Dies bedeutet, dass er bei Lieferung einer mangelhaften Sache auch den Ersatz eines Nutzungsausfallschadens fordern kann, der dadurch entstanden ist, dass er die mangelhafte Sache nicht nutzen konnte.[212] Ebenso kann der Gläubiger trotz des Rücktritts die Mehrkosten eines von ihm getätigten Deckungsgeschäfts oder den entgangenen Gewinn ersetzt verlangen, den er aus der geschuldeten Sache gezogen hätte.[213] Das Gleiche gilt

---

[210] *BGH* NJW 2008, 911 m. Anm. v. *Gsell* = JZ 2008, 469 m. Anm. v. *Faust*; *Gsell*, JZ 2004, 643, 644 f.; *Füssenich*, JA 2004, 403, 404; *Herresthal* JuS 2007, 798, 799.

[211] Bamberger/Roth/*Grothe*, § 325 Rn. 14; MünchKomm/*Ernst*, § 323 Rn. 187, § 325 Rn. 23; MünchKomm/*Gaier*, § 349 Rn. 3; Jauernig/*Stadler*, § 349 Rn. 1; Erman/*Röthel*, § 349 Rn. 2; a.A. *Gsell* JZ 2004, 643, 648 f.; *Derleder*, NJW 2003, 998, 1000 f.

[212] *BGH* NJW 2008, 911; *Gsell* NJW 2008, 913.

[213] Amtl. Begr., S. 93 (r. Sp.).

VII. Leistungsstörungen bei Dauer- u. Ratenlieferungsverträgen

für Schadensersatzansprüche, die Dritte gegen den Gläubiger geltend machen, weil dieser übernommene Verpflichtungen in Folge der Rückabwicklung des mit dem Schuldner geschlossenen Vertrages nicht zu erfüllen vermag. Eine Ersatzpflicht des Schuldners besteht auch nach §§ 280 Abs. 2, 286 hinsichtlich eines vor dem Rücktritt entstandenen Verzögerungsschadens.[214] Schadensersatzforderungen des Gläubigers mindern sich um Gegenansprüche des Schuldners aus §§ 346 f.[215]

VII. Leistungsstörungen bei Dauer- und Ratenlieferungsverträgen

Die Besonderheiten bei Dauer- und Ratenlieferungsverträgen (zum Begriff vgl. Rn. 156) beeinflussen auch die Rechte des Gläubigers, die ihm bei Leistungsstörungen zustehen. Da beim **Dauerlieferungsvertrag** (Bezugsvertrag), der auf unbestimmte oder zumindest auf längere Zeit abgeschlossen wird und bei dem die Leistungsmenge bei Vertragsschluss nicht feststeht, sondern sich nach dem Bedarf des Abnehmers richtet, der einzelnen Lieferung eine weitgehende Unabhängigkeit von den bereits bewirkten und noch nachfolgenden Lieferungen zukommt, kann eine Leistungsstörung, die eine einzelne Lieferung betrifft, regelmäßig dem Gläubiger nur Rechte hinsichtlich dieser Lieferung geben. Dies gilt für die Haftung wegen Mängeln der Kaufsache (dazu Einzelheiten später) in gleicher Weise wie für die Rechte wegen Unmöglichkeit oder Verzugs.

536

Beispiel: Anton, der ein Ausflugslokal betreibt, hat mit dem Konditor Süß vereinbart, dass dieser jeweils Samstagvormittag Kuchen und Torten in einer bestimmten Menge liefert, die an die am Wochenende zahlreich erscheinenden Kaffeegäste verkauft werden sollen. An einem Samstag unterbleibt die Lieferung, weil infolge eines Betriebsausflugs verschiedene Mitarbeiter der Konditorei nicht rechtzeitig am Samstagmorgen zur Arbeit erscheinen und die hergestellten Backwaren von Süß im eigenen Café verkauft werden.

Die nach dem Dauerlieferungsvertrag von Süß geschuldete Lieferung muss rechtzeitig erbracht werden, um den Vertragszweck zu erfüllen. Am Sonntagmorgen hätte Anton zumindest noch Teile der Lieferung brauchen können, um den Bedarf am Sonntagnachmittag in seinem Lokal zu decken; spätestens ab Sonntag nach der Kaffeezeit wurde die Leistung insgesamt unmöglich, weil Anton die Backwaren für die Kaffeegäste des Wochenendes benötigte (vgl. Rn. 440). Anton kann folglich Rechte hinsichtlich der ausgebliebenen Lieferung aus § 280 Abs. 1, 3 i.V.m. § 283 geltend machen, also Schadensersatz statt der Leistung fordern.[216] Weitergehende Rechte, die die in Zukunft zu erbringenden Lieferungen betreffen, stehen grundsätzlich Anton nicht zu. Nur wenn aufgrund des Verhaltens des Süß die Vertrauensgrundlage für die Fortsetzung des Vertrages beseitigt sein sollte (dies ist allerdings nicht anzunehmen, wenn es sich bei der

---

[214] Vgl. *Herresthal* JuS 2007, 798; MünchKomm/*Ernst*, § 325 Rn. 2; PWW/*Medicus*, § 325 Rn. 6.
[215] Jauernig/*Stadler*, § 325 Rn. 3.
[216] Wollte man in diesem Fall nicht – wie hier – Unmöglichkeit, sondern Verzug annehmen, dann könnte Anton über § 280 Abs. 1, 3 i.V.m. § 281 Abs. 1 gleiche Rechte geltend machen, wobei eine Fristsetzung wegen der hier bestehenden „besonderen Umstände" nach § 281 Abs. 2 Alt. 2 entbehrlich wäre.

Nichtlieferung um eine einmalige Panne gehandelt hat), dann könnte Anton den Vertrag mit Süß unter den Voraussetzungen des § 314 kündigen (vgl. Rn. 253).

537 Beim **Dauerlieferungsvertrag** – zumindest dann, wenn bereits durch die Erbringung einzelner Lieferungen mit seiner Durchführung begonnen worden ist – können Rechte aus §§ 280 ff. hinsichtlich des gesamten Vertrages nicht geltend gemacht werden. Denn einer Rückabwicklung des Vertragsverhältnisses hinsichtlich der bereits in der Vergangenheit erfüllten Leistungspflichten steht die Selbstständigkeit der einzelnen Teillieferungen entgegen. Wird durch das Verhalten eines Vertragspartners jedoch die Vertrauensgrundlage zerstört, so dass dem anderen eine Fortsetzung der Vertragsbeziehungen nicht zugemutet werden kann, dann kann er neben dem ihm dann gem. § 314 zustehenden Kündigungsrecht auch Schadensersatz nach § 280 Abs. 1, 3 i.V.m. § 281 fordern (§ 314 Abs. 4).[217] Verletzt wird hierbei die Vertragspflicht zu einer loyalen, Vertrauen schaffenden Durchführung des Vertrages, die bei Dauerschuldverhältnissen besonders ausgeprägt ist. Eine Kündigung ist jedoch regelmäßig erst nach erfolglosem Ablauf einer zur Abhilfe bestimmten Frist oder nach erfolgloser Abmahnung (vgl. dazu Rn. 410) zulässig (§ 314 Abs. 2).

538 Bei einem **Ratenlieferungsvertrag** muss bei Leistungsstörungen ebenfalls berücksichtigt werden, ob und in welchem Umfang der Vertrag bereits ordnungsgemäß abgewickelt worden ist. Im Regelfall werden Rechte aus §§ 280 ff. (das Gleiche gilt für Ansprüche wegen Mängeln) nicht auch die bereits geleisteten Teilmengen und die auf sie entfallenden Gegenleistungen erfassen. Etwas anderes gilt nur, wenn sich aus dem Vertragszweck und dem Vertragsinhalt eine derartige Abhängigkeit der einzelnen Raten voneinander ergibt, dass die Teillieferung ohne die noch ausstehenden Raten vom Käufer nicht oder nur mit einem Nachteil zu verwerten ist; in diesem Fall kann der Gläubiger Rechte bezüglich des gesamten Vertrages geltend machen.

539 Auch bei einem Ratenlieferungsvertrag kann durch das Verhalten eines Vertragspartners die Fortsetzung des Vertrages für den anderen unzumutbar werden. Die Lösung von dem Vertrag wird allerdings dann anders als beim Dauerlieferungsvertrag nicht durch Kündigung, sondern durch Rücktritt vollzogen. Grundsätzlich ist hierfür nach § 323 Abs. 1 eine vorherige Fristsetzung mit Ablehnungsandrohung erforderlich. Eine solche Fristsetzung wird jedoch nach § 323 Abs. 2 Nr. 3 entbehrlich, wenn die Vertragsverletzung der einen Partei das für die Vertragsabwicklung notwendige gegenseitige Vertrauen nachhaltig zerstört hat, so dass eine Fortsetzung des Vertragsverhältnisses für den anderen Teil selbst dann unzumutbar wäre, wenn die Vertragsverletzung innerhalb einer angemessenen Nachfrist behoben würde.[218]

---

[217] Palandt/*Grüneberg*, § 314 Rn. 11.
[218] *BGH* NJW 1981, 679, 680 = JuS 1981, 374; vgl. auch *Musielak*, JuS 1979, 96 ff. (die dem früheren Recht geltenden Ausführungen behalten insoweit ihre Gültigkeit).

VII. *Leistungsstörungen bei Dauer- u. Ratenlieferungsverträgen* 293

Überblick über die verschiedenen Leistungsstörungen, die sich auf die geschuldete Leistung beziehen*   540

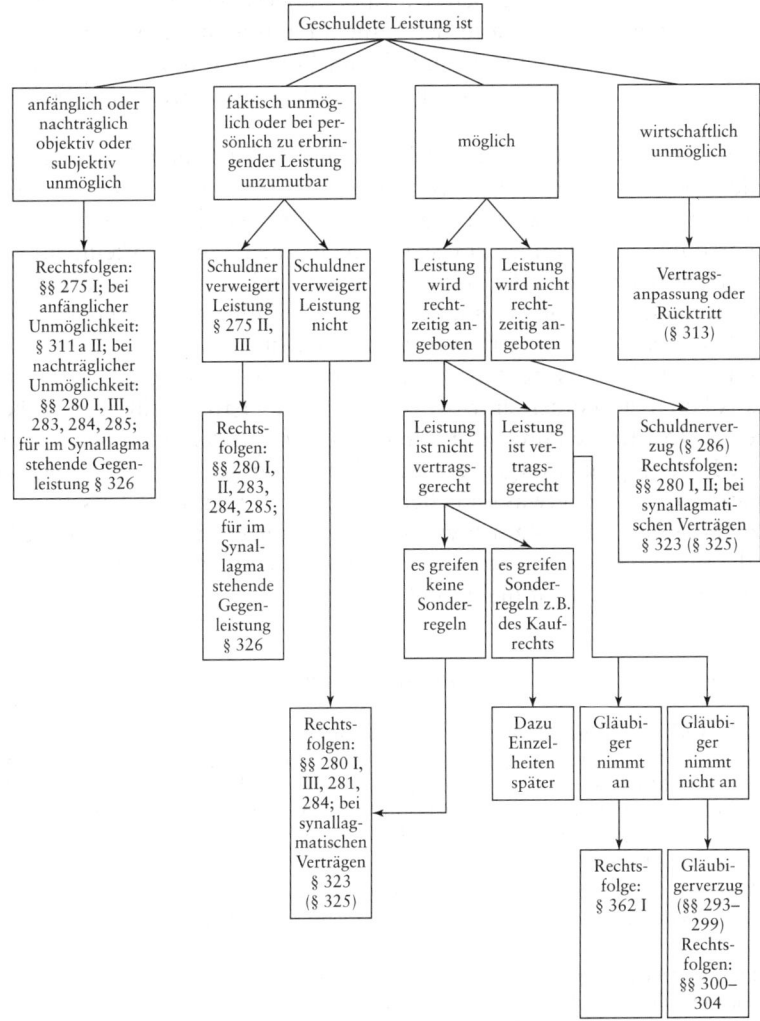

*) Wird eine Schutzpflicht verletzt, ergeben sich Rechtsfolgen aus §§ 280 I, 282, 324.

2. Übungsklausur

Der Einzelhändler Handel (H), der ein Elektrogeschäft betreibt, bestellt bei dem Großhändler Groß (G) drei Fernsehgeräte der Marke Lux. Es wird vereinbart, dass Handel die Geräte zu einem bestimmten Termin vom Lager des Groß abholt. Da jedoch Handel wegen Erkrankung eines Angestellten in seinem Geschäft unabkömmlich ist, fragt er telefonisch bei

Groß an, ob nicht die Möglichkeit bestände, die dringend benötigten Fernsehgeräte anliefern zu lassen. Groß erklärt, er könne kein Unternehmen finden, das kurzfristig den Transport übernehme. Da er jedoch am nächsten Tag eine Lieferung in der Nähe auszuführen habe, werde er die drei Fernsehgeräte mitnehmen und sie am Vormittag des nächsten Tages Handel bringen. Dieser ist über den Vorschlag sehr erfreut und bedankt sich.

Am nächsten Tag werden die drei für Handel bestimmten Fernsehgeräte von dem bei Groß angestellten Albert (A) auf einen Lkw des Groß geladen, um sie zu Handel zu transportieren. Unterwegs kommt es zu einem Verkehrsunfall, der von einem später nicht mehr zu ermittelnden Verkehrsteilnehmer verschuldet wird. Bei dem Unfall werden alle drei Fernsehgeräte zerstört. Groß verlangt von Handel Zahlung des Preises für die Fernsehgeräte. Dieser weigert sich zu zahlen. Mit Recht?

Ändert sich die Entscheidung bei folgender Fallabwandlung?

Als Albert bei Handel eintrifft, ist dessen Geschäft geschlossen. Albert wartet ca. 15 Minuten und setzt dann die Fahrt mit dem Lkw fort, um die weitere Lieferung zu besorgen. Da sich Albert durch das Warten auf Handel verspätet hat, fährt er etwas schneller als erlaubt. Infolge des Überschreitens der zugelassenen Höchstgeschwindigkeit kommt es zu einem Unfall, bei dem die für Handel bestimmten Fernsehgeräte zerstört werden.

Bearbeitungszeit: nicht mehr als 150 Minuten

Fälle und Fragen

99. Volz verkauft Kunz seinen Pkw. Beide kommen überein, dass das Fahrzeug am nächsten Tag von Kunz abgeholt werden soll. In der Nacht wird das Fahrzeug aus der verschlossenen Garage des Volz von einem Unbekannten entwendet. Das Fahrzeug ist von Volz gegen Diebstahl versichert. Wie ist die Rechtslage? Wie wäre zu entscheiden, wenn der Diebstahl durch ein fahrlässiges Verhalten des Volz ermöglicht worden wäre?
100. Muss stets dem Schuldner zur Erbringung der (möglichen) Leistung eine Frist gesetzt werden, bevor der Gläubiger Schadensersatz statt der Leistung fordern kann?
101. Landwirt Grün verkauft an Handel 100 Zentner Kartoffeln. Es wird vereinbart, dass Handel die Kartoffeln am nächsten Tag mit einem Lastwagen vom Hof des Grün abholen soll. In der Nacht bricht auf dem Hof des Grün ein Feuer aus und die gesamte Kartoffelernte wird vernichtet. Grün erklärt Handel, er könne nun nicht liefern. Handel meint, die vertragliche Vereinbarung müsse eingehalten werden, Grün solle sich die Kartoffeln anderweitig besorgen, um seine Vertragspflicht zu erfüllen. Ist dies richtig?
102. Fabrikant Fleißig stellt Baumwollstoffe her. Er verkauft 10 Ballen an den Großhändler Groß. Die Stoffe sollen am 10. 3. von Groß vom Auslieferungslager des Fleißig abgeholt werden. Am Abend des 9. 3. bereitet der Lagerverwalter des Fleißig die Lieferung vor, indem er 10 Ballen aus der bestellten Ware vom Lager nimmt, sie einpackt, einen Lieferschein ausstellt und zu der Ware legt, die in einem für die Auslieferung von Waren vorgesehenen Raum gelagert wird. In der Nacht wird in das Lager von Unbekannten eingebrochen, die unter anderem auch die für Groß

VII. Leistungsstörungen bei Dauer- u. Ratenlieferungsverträgen

bestimmten Stoffballen stehlen. Als Groß am nächsten Morgen die Waren abholen will, wird ihm erklärt, dass eine Lieferung leider nicht mehr möglich sei, weil über die gesamten Vorräte der bestellten Art bereits anderweitig disponiert und aus zwingenden technischen Gründen die Produktion dieses Stoffes eingestellt worden sei. Groß müsse sich eben bei einem anderen Lieferanten eindecken. Wie ist die Rechtslage?

103. Was ist ein „schuldhaftes" Verhalten?
104. Was ist unter „Vorsatz", was unter „Fahrlässigkeit" zu verstehen, und wodurch unterscheidet sich bedingter Vorsatz von bewusster Fahrlässigkeit?
105. Kommt es bei Beurteilung eines Verhaltens als fahrlässig auf die individuellen Fähigkeiten des Verantwortlichen an?
106. Volz verkauft Kunz einen gebrauchten Pkw. Einen Tag vor der Übergabe des Fahrzeuges kommt es zu einem von Volz verschuldeten Brand, bei dem der Kunz verkaufte Pkw zerstört wird. Kunz verlangt von Volz Zahlung von 500,- €, die er mehr aufwenden muss, als er als Kaufpreis mit Volz vereinbart hat, um sich einen gleichwertigen Pkw am Markt zu besorgen. Außerdem fordert er 50,- € als Monatsmiete für eine Garage, die er für die Unterbringung des gekauften Pkw angemietet hat und die nunmehr mindestens einen Monat leer stehen wird, bis er ein passendes Fahrzeug gefunden hat. Bestehen diese Forderungen zu Recht?
107. Konrad kauft von dem Antiquitätenhändler Alt ein altes Ölgemälde. Es wird vereinbart, dass Konrad das Gemälde am folgenden Tag abholt. Kurze Zeit nach dem Verkauf des Bildes an Konrad bietet ein anderer Interessent für das Bild einen Betrag, der doppelt so hoch ist wie der mit Konrad vereinbarte Kaufpreis. Alt kann nicht widerstehen und verkauft dieses Bild zum zweiten Mal. Der zweite Käufer, der Alt unbekannt ist und dessen Adresse er auch nicht erfragt, nimmt das Bild sofort mit. Als Konrad am nächsten Tag das von ihm gekaufte Gemälde haben will, erklärt ihm Alt, dass er es ihm leider nicht geben könne. Ein Schaden sei ihm nicht entstanden, weil er nicht den Kaufpreis zahlen müsse, der dem Wert des Bildes entspräche. Durch einen Zufall erfährt Konrad, dass Alt zum doppelten Preis verkauft hat und verlangt die Differenz zwischen dem mit ihm vereinbarten Kaufpreis, und dem vom zweiten Käufer gezahlten Betrag. Mit Recht?
108. Anton ist Eigentümer eines Segelbootes, das im Hafen eines 50 Kilometer von seinem Wohnort entfernten Sees liegt. Er bietet das Boot Bertold zum Kauf an. Beide fahren zum Liegeplatz des Bootes und besichtigen es dort. Berthold erklärt, er wolle sich den Kauf überlegen und werde am nächsten Tag Bescheid sagen. Am folgenden Tag teilt Berthold dem Anton mit, dass er das Boot kaufen wolle. Daraufhin begibt sich Anton zu Berthold und schließt mit diesem einen Kaufvertrag über das Segelboot. Das Boot wurde jedoch in der vergangenen Nacht durch ein Unwetter zerstört, was beide nicht wissen. Als die Zerstörung des Bootes festgestellt wird, verlangt Berthold von Arnold Schadensersatz in Höhe von € 5.000,- mit der Begründung, der Kaufpreis liege um diesen Betrag unter dem Marktwert des Segelbootes. Ist die Forderung des Berthold begründet?
109. Alf will am 1. 10. eine Diskothek eröffnen und trifft dafür alle erforderlichen Vorbereitungen. Insbesondere bestellt er beim Händler Handel eine Stereoanlage bestimmten Typs, die von Handel in der Woche vor der Eröffnung der Diskothek geliefert und installiert werden soll. Auf dem Transport vom Herstellerwerk zu Handel wird die für Alf bestimmte Stereoanlage beschädigt und unbrauchbar. Handel ist deshalb außerstande, vor Mitte Oktober eine Anlage zu liefern. Alf fragt, ob er sich bei einem anderen Händler eine Anlage besorgen könnte oder ob er an den Vertrag mit Handel gebunden sei. Geben Sie bitte Auskunft!
110. Was ist ein absolutes, was ein relatives Fixgeschäft und welche Rechtsfolgen treten bei ihnen ein, wenn der für die Leistung vereinbarte Zeitpunkt nicht eingehalten wird?

§ 6. Störungen im Schuldverhältnis

111. Was ist eine „Mahnung" i. S. v. § 286 und welchen Anforderungen muss sie genügen?
112. Kann ein beschränkt Geschäftsfähiger gemahnt werden, kann er selbst mahnen?
113. Welche Rechte hat der Gläubiger beim Verzug des Schuldners?
114. Wann kommt der Gläubiger in Verzug?
115. Händler Handel vereinbart mit Landwirt Ländler, dass dieser ihm 5 Zentner Salatgurken liefert, und zwar sollen die Gurken von Ländler zum Geschäft des Handel gebracht werden. Als Ländler telefonisch die Lieferung ankündigt, kommt es wegen einer anderen Lieferung zu einem Streit, in dessen Verlauf Handel erklärt, Ländler brauche überhaupt nicht mehr mit seinen Gurken zu kommen. Er wolle mit ihm nichts mehr zu tun haben und werde die Gurken nicht annehmen. Die von Ländler in einem verschlossenen Raum bereitgestellten Gurken werden nachts von Unbekannten gestohlen. Ländler verlangt von Handel den vereinbarten Kaufpreis. Mit Recht?
116. Da Glaub die ihm auf Grund eines Kaufvertrages von Schuld vertragsgerecht angebotenen Waren nicht annimmt, muss Schuld zur Lagerung der Waren Räume mieten. Die deshalb von ihm zu zahlende Miete verlangt er als Schadensersatz von Glaub. Mit Recht?
117. Was bedeutet Kausalität nach der Äquivalenztheorie, was nach der Adäquanztheorie?
118. Welches Ziel wird mit der Adäquanztheorie verfolgt und welchen anderen Lösungsvorschlag gibt es, um dieses Ziel besser zu erreichen?
119. Handwerksmeister Emsig erhält von Häusler den Auftrag, eine Fernsehantenne auf dem Dach zu montieren. Die Gehilfen des Emsig beschädigen bei den Montagearbeiten das Dach so, dass es in der folgenden Nacht durchregnet und auf dem Dachboden befindliche Möbelstücke Schäden davontragen. Welche Ansprüche stehen Häusler gegen Emsig?
120. Grimm ist ein fanatischer Nichtraucher. Er beauftragt den Handwerker Leicht, in seinem Hause Arbeiten auszuführen. Leicht ist Kettenraucher und raucht bei der Arbeit ständig, obwohl sich dies Grimm wiederholt verbittet. Als er zusätzlich feststellen muss, dass Leicht durch achtlos abgelegte Zigaretten Brandflecke auf verschiedenen Möbeln verursacht hat, kündigt er ihm fristlos und verlangt Schadensersatz für höhere Kosten, die ihm durch die Beauftragung eines anderen Handwerkers entstehen. Mit Recht?
121. Frau Kunz begibt sich in das Kaufhaus des Reichlich, um sich die Auslagen anzusehen, weil sie ein Geschenk für eine Freundin sucht. Bestimmte Vorstellungen, was sie schenken will, hat sie nicht. Frau Kunz stürzt über einen am Boden liegenden Obstrest, den offenbar ein Kunde weggeworfen hat. Bei dem Sturz verletzt sich Frau Kunz erheblich und muss ärztliche Hilfe in Anspruch nehmen. Kann Frau Kunz von Reichlich Ersatz der ihr dadurch entstandenen Kosten fordern? Ändert sich an der Entscheidung etwas, wenn feststeht, dass sich Frau Kunz ohne jede Kaufabsicht im Kaufhaus nur aufgehalten hatte, um die Zeit bis zur Abfahrt eines Zuges dort zu verbringen?
122. Rechtsanwalt Kundig, der Eigentümer eines Baugrundstücks ist, parzelliert dieses und errichtet darauf Einfamilienhäuser. Er schließt mit Interessenten privatschriftliche Kaufanwärterverträge, in denen sich diese zu einer ratenweisen Bezahlung des Kaufpreises nach dem Baufortschritt verpflichten. Auch der Facharbeiter Fleißig schließt einen solchen Vertrag und verpflichtet sich darin, ein Haus zum Preis von 200.000,- € zu erwerben. Als das Haus fertig gestellt ist, verlangt Kundig von Fleißig unter Hinweis auf erhebliche Preissteigerungen 280.000,- €. Als sich Fleißig weigert, mehr als 200.000,- € zu zahlen, beruft sich Kundig auf die Unwirksamkeit des Vertrages wegen Formnichtigkeit und erklärt, er wolle nunmehr

VII. Leistungsstörungen bei Dauer- u. Ratenlieferungsverträgen   297

nichts mehr mit Fleißig zu tun haben. Die bisher von Fleißig geleisteten Zahlungen will Kundig zurückgeben. Fleißig verlangt dagegen Abschluss eines notariellen Vertrages entsprechend dem Kaufanwärtervertrag. Wie ist die Rechtslage?

123. Häusler bietet in einer Zeitungsanzeige sein Haus in München zum Verkauf an. Kunz aus Köln tritt daraufhin mit Häusler in Verbindung und vereinbart mit diesem einen Besichtigungstermin. Nach der Besichtigung des Hauses erklärt Kunz, er wolle das Haus kaufen, müsse aber zunächst einmal mit seiner Bank in Köln über die Finanzierung des Kaufpreises sprechen. Häusler und Kunz vereinbaren, dass Kunz eine Woche später nach München kommen solle, um den Kaufvertrag zu schließen, über dessen Inhalt Einvernehmen besteht. Als Kunz vereinbarungsgemäß in München eintrifft, empfängt ihn Häusler dort mit der überraschenden Mitteilung, er habe sich die Sache anders überlegt und werde das Haus nicht verkaufen. Daraufhin verlangt Kunz Ersatz der durch die Fahrt von Köln nach München entstandenen Kosten. Mit Recht?

124. Wer trägt beim Kaufvertrag die Leistungsgefahr, wer die Preisgefahr?

125. In welchen Fällen trifft abweichend von § 326 Abs. 1 bei einem zufälligen Untergang einer verkauften Sache vor ihrer Übergabe an den Käufer diesen die Gegenleistungsgefahr?

126. Volz verkauft Kunz zwei Lkw zum Gesamtpreis von 50.000,- €. Beide Lkw haben einen gleichen Wert. Eines der beiden Fahrzeuge brennt vor Übergabe ohne Verschulden des Volz aus. Wie ist die Rechtslage? Wie ist zu entscheiden, wenn Kunz bereits den Kaufpreis in voller Höhe an Volz gezahlt hat?

127. Volz hat Kunz seinen Pkw verkauft und sich das Eigentum bis zur vollständigen Zahlung des Kaufpreises vorbehalten. Kunz nimmt das Fahrzeug mit. Danach wird es ohne Verschulden des Kunz zerstört. Hat Volz dennoch Anspruch auf Zahlung des Kaufpreises?

128. Findet § 447 Abs. 1 auch dann Anwendung, wenn die Kaufsache in derselben Stadt transportiert und der Transport vom Verkäufer mit einem eigenen Fahrzeug und eigenen Leuten durchgeführt wird?

129. Was ist eine Obliegenheit?

130. Wann ist der Gläubiger für den Umstand, aufgrund dessen der Schuldner nach § 275 Abs. 1 bis 3 nicht zu leisten braucht „verantwortlich" i. S. d. § 326 Abs. 2?

131. Arnold, der ein Hotel Garni betreibt, bestellt bei Handel 40 Kaffeegedecke, bestehend aus Kaffeekännchen, Teller, Tasse und Untertasse, um sie in seinem Betrieb zu verwenden. Handel liefert zunächst 10 Gedecke und sagt umgehende Lieferung des Restes zu. Nach zwei Wochen setzt Arnold Handel eine Frist von 10 Tagen für die Restlieferung und weist darauf hin, dass er nach fruchtlosem Ablauf der Frist die Leistung insgesamt, also auch hinsichtlich der bereits gelieferten Gedecke, ablehnen werde, weil er nur einheitliches Geschirr in seinem Hotel verwenden wolle und 10 Gedecke nicht gebrauchen könne. Vor Ablauf der Frist wird bei Arnold von Unbekannten eingebrochen. Aus einem gut gesicherten Lagerraum werden unter anderem die in einer Kiste verpackten 10 Gedecke, die Handel geliefert hatte, gestohlen. Nachdem die von Arnold gesetzte Frist ergebnislos verstrichen ist, tritt er vom Vertrag zurück. Wie ist die Rechtslage?

132. Kommt der Schuldner in Verzug, wenn ihm die Einrede des nichterfüllten Vertrages (§ 320) zusteht oder er sich auf ein Zurückbehaltungsrecht nach § 273 berufen kann?

133. Raser und Hetzer vereinbaren den Tausch ihrer Motorräder. Das Motorrad von Raser wird bei einem von ihm verschuldeten Unfall zerstört. Daraufhin verlangt Hetzer von Raser die Zahlung von 500,- €, weil dessen Motorrad diesen Betrag mehr wert gewesen war als seines. Mit Recht?

§ 7. Einzelne Vertragsschuldverhältnisse

I. Vorbemerkung

Schuldverhältnisse können – wie bereits ausgeführt (vgl. Rn. 151 f.) – durch Rechtsgeschäft oder aufgrund der Verwirklichung eines gesetzlichen Tatbestandes begründet werden; im Allgemeinen ist für die Schaffung eines Schuldverhältnisses durch Rechtsgeschäft ein Vertrag erforderlich (vgl. ebenfalls Rn. 151). Im Gesetz sind die wichtigsten Vertragsschuldverhältnisse geregelt. Das Gesetz bietet jedoch nur ein „Regelungsmuster" an,[1] das die Vertragspartner nicht bindet.[2] Vielmehr können sie bei der Gestaltung ihres Vertrages von den im Gesetz getroffenen Bestimmungen abweichen sowie andere (ungeregelte) Verträge schließen (Grundsatz der Vertragsfreiheit; vgl. dazu Rn. 98, 100). Nur ausnahmsweise enthält das Gesetz für Verträge zwingende Vorschriften, die meist dem Schutz des schwächeren Partners dienen sollen. Von den gesetzlich geregelten Verträgen können in der folgenden Darstellung nur einige – gleichsam beispielhaft – näher erläutert werden, wobei dies nach Umfang und Tiefe unterschiedlich ausfallen muss. Recht eingehend wird der für das praktische Leben und das Studium gleichermaßen wichtige Kauf behandelt, dagegen beschränkt sich die Erläuterung des Darlehens, der Miete, des Dienstvertrages, des Werkvertrages und des Auftrags auf die wichtigsten Grundzüge.

541

II. Kauf

a) Wesen und Inhalt des Kaufvertrages

Durch den Kaufvertrag werden schuldrechtliche Pflichten begründet (vgl. § 433); es handelt sich dabei also um ein schuldrechtliches Verpflichtungsgeschäft (vgl. Rn. 92, 223) und – da die aufgrund dieses Vertrages zu erbringenden Leistungen in einem Gegenseitigkeitsverhältnis stehen – um einen synallagmatischen Vertrag (vgl. Rn. 94). Für das Zustandekommen eines Kaufvertrages gelten die allgemeinen Regeln (vgl. Rn. 86 ff.). Die

542

---

[1] *Larenz*, SchuldR II, § 38 (S. 4).
[2] Allerdings darf nicht unberücksichtigt bleiben, dass die im Gesetz getroffene Regelung einen angemessenen Ausgleich der unterschiedlichen Interessen der Vertragspartner enthält und deshalb eine Leitbildfunktion beanspruchen kann. Entfernt sich die vertragliche Vereinbarung zu weit von der gesetzlichen Regelung, kann darin eine unangemessene Benachteiligung eines Vertragspartners liegen, die als unzulässig zu werten ist; vgl. *Hübner*, Rn. 88.

Vertragsparteien müssen sich zumindest über den Kaufgegenstand und regelmäßig auch über den Kaufpreis einig sein, damit ein wirksamer Vertrag zustande kommt (vgl. Rn. 131 f., 137 f.).[3]

543 Gegenstand eines Kaufvertrages können Sachen (§ 433), Rechte und „sonstige Gegenstände" (§ 453 Abs. 1) sein. Als „sonstige Gegenstände" i.S.v. § 453 Abs. 1 sind alle verkehrsfähigen Güter anzusehen, die weder ein Recht noch eine Sache darstellen, wie dies beispielsweise bei der Elektrizität der Fall ist (vgl. Rn. 5 Fn. 4). Ebenso gehören dazu gewerbliche Unternehmen, freiberufliche Praxen und Software. Ein Kaufvertrag kann auch über ein (gegenwärtiges) Vermögen in der Form des § 311b Abs. 3 geschlossen werden. § 453 Abs. 1 bestimmt, dass auf einen Kauf von Rechten und sonstigen Gegenständen die Vorschriften über den Kauf von Sachen entsprechend anzuwenden sind. Dies bedeutet, dass diese Vorschriften den Besonderheiten anzupassen sind, die sich im Einzelfall ergeben. Außerdem werden die Vertragsparteien häufig von der gesetzlichen Regelung abweichende Vereinbarungen treffen, um für diese Fälle eine sachgerechte Vertragsgestaltung zu erreichen.

544 Wird der Kaufgegenstand von den Vertragsparteien durch individuelle Merkmale konkret bestimmt (z.B. das Ölgemälde „Waldfrieden" des Malers Farbenreich), dann handelt es sich um einen Stückkauf (auch Spezieskauf genannt). Dagegen ist bei einem Gattungskauf (= Genuskauf) der Kaufgegenstand nur der Gattung nach bezeichnet (z.B. 10 Zentner Kartoffeln; vgl. dazu Rn. 167 ff.).

545 Wie bereits bemerkt, müssen sich die Vertragsparteien über den Kaufpreis einig sein. Dabei genügt es, dass die Regeln vereinbart werden, nach denen der Kaufpreis bestimmt wird. So können die Parteien die Bestimmung des Kaufpreises einem Vertragsschließenden oder einem Dritten überlassen (vgl. Rn. 132 und §§ 315 ff.). Neben dem in Geld festgesetzten Kaufpreis können auch Leistungen bedungen werden, die nicht vertretbare Sachen (vgl. § 91) zum Gegenstand haben. Bildet jedoch den „Kaufpreis" nur eine Sache oder ein Recht, dann handelt es sich nicht um einen Kauf, sondern um einen Tausch, auf den aber die Vorschriften über den Kauf entsprechende Anwendung finden (§ 480). In Fällen, in denen der „Kaufpreis" in einer Dienstleistung besteht (Beispiel: Alt verkauft Jung einen Kassettenrecorder. Als Entgelt verpflichtet sich Jung, für Alt einen Monat lang Einkäufe zu erledigen), handelt es sich um einen sog. typengemischten Vertrag (dazu EK BGB Rn. 104 f.).[4]

b) Pflichten der Vertragspartner

546 Den Verkäufer trifft bei einem Sachkauf die Pflicht, die Sache dem Käufer zu übergeben und ihm das Eigentum an ihr zu verschaffen (§ 433

---

[3] *BGH* WM 2006, 1348, 1351 Tz. 21.
[4] Vgl. dazu Palandt/*Grüneberg*, vor § 311 Rn. 19 ff.; *Larenz/Canaris*, § 63 (S. 41 ff.).

Abs. 1 S. 1). Die Pflicht des Verkäufers erstreckt sich darauf, wie ausdrücklich in § 433 Abs. 1 S. 2 bestimmt wird, dem Käufer die Sache frei von Sachmängeln (§ 434) und Rechtsmängeln (§ 435) zu verschaffen.

- Die **Pflicht zur Eigentumsverschaffung** erfüllt der Verkäufer dadurch, dass er den Käufer zum Eigentümer der gekauften Sache macht. Es werden also nicht nur die zur Erreichung dieses Erfolges erforderlichen Handlungen, sondern der Erfolg des Rechtsübergangs selbst geschuldet (vgl. Rn. 190). Wie dieser Erfolg herbeigeführt wird, richtet sich nach den sachenrechtlichen Vorschriften über den Eigentumsübergang (dazu Rn. 551 ff.).
- Die **Pflicht zur Übergabe** der Kaufsache wird durch Einräumung des unmittelbaren Besitzes erfüllt. Der unmittelbare Besitz wird regelmäßig durch die Erlangung der tatsächlichen Gewalt über die Sache erworben (vgl. § 854 Abs. 1). Die Pflicht zur Übergabe kann beim Kauf vertraglich modifiziert werden, so beispielsweise wenn an die Stelle der Übergabe an den Käufer die Abtretung des Anspruches auf Herausgabe gegenüber einem Dritten, der sich im Besitz der Sache befindet, gesetzt wird (dazu Rn. 561) oder wenn der Verkäufer auf Geheiß des Käufers die Sache einem Dritten liefert.

Beispiel: Adam lässt seiner Freundin Eva durch das Blumengeschäft Flora zum Geburtstag einen Blumenstrauß schicken, den er telefonisch bestellt hat.

Beim **Rechtskauf** ist der Verkäufer verpflichtet, dem Käufer das Recht zu verschaffen und, wenn das Recht zum Besitz einer Sache berechtigt, die Sache frei von Sach- und Rechtsmängeln zu übergeben (§ 453 Abs. 3). Auch hierbei kommt es darauf an, den **Käufer zum Inhaber des Rechts zu machen.** Wie dies geschieht, richtet sich nach der Art des zu übertragenden Rechts. Wird z.B. eine Forderung verkauft, dann ist die durch den Rechtskauf begründete Verpflichtung durch Abtretung der Forderung zu erfüllen (vgl. § 398). Es ist also beim **Forderungskauf** – wie bei jedem anderen Kauf auch – rechtlich zwischen dem Kaufvertrag, dem Verpflichtungsgeschäft, und dem Abtretungsvertrag, dem Verfügungsgeschäft, zu unterscheiden, auch wenn beide Verträge äußerlich in einer einzigen Vereinbarung zusammengefasst werden (vgl. Rn. 227 ff.). Der Forderungskauf spielt insbesondere im Rahmen eines Factoringvertrages (dazu EK BGB Rn. 414) eine besondere Rolle. 547

Die Rechtsverschaffungspflicht des Verkäufers wird ergänzt durch die sich aus § 433 Abs. 1 S. 2 i.V.m. § 435 S. 1 ergebende Verpflichtung, dem Käufer den verkauften Gegenstand frei von Rechtsmängeln, d.h. frei von Rechten zu verschaffen, die von Dritten gegen den Käufer geltend gemacht werden können (vgl. auch Rn. 588). Der Verkäufer einer Sache ist also verpflichtet, dem Käufer **lastenfreies Eigentum** zu übertragen. Diese Pflicht des Verkäufers bezieht sich nicht nur auf dingliche Rechte, wie Pfandrechte, Hypotheken, Grundschulden und Nießbrauch, sondern auch 548 auf obligatorische Rechte, die Dritten gegen den Käufer zustehen, wie dies bei Miet- und Pachtverhältnissen nach §§ 566 Abs. 1, 578 Abs. 1, 578a Abs. 1, 581 Abs. 2, 593b möglich ist. Auch im Grundbuch eingetragene, in Wirklichkeit aber nicht bestehende Rechte hat der Verkäufer eines Grundstücks auf seine Kosten löschen zu lassen (§ 435 S. 2).

549 Nach § 433 Abs. 2 ist der Käufer verpflichtet, dem Verkäufer den vereinbarten Kaufpreis zu zahlen und die gekaufte Sache abzunehmen. Das Äquivalent für die Übergabe und Übereignung der Kaufsache durch den Verkäufer bildet regelmäßig die Zahlung des Kaufpreises und nicht die Pflicht des Käufers, die Kaufsache abzunehmen. Deshalb handelt es sich nur bei der Zahlungspflicht um eine im Synallagma stehende Hauptleistungspflicht, während die Abnahmepflicht regelmäßig nur eine Nebenpflicht darstellt. Diese Feststellung hat jedoch kaum praktische Bedeutung, da es für die Folgen einer Pflichtverletzung nicht darauf ankommt, ob (synallagmatische) Hauptleistungs- oder Nebenleistungspflichten betroffen sind (vgl. Rn. 392, 478 ff.). Erfüllt der Käufer seine Abnahmepflicht nicht vertragsgerecht, dann kann er in seiner Eigenschaft als Gläubiger der Forderung auf Übereignung und Übergabe in Annahmeverzug und als Schuldner der Abnahme in Schuldnerverzug geraten. Ebenso kann der Verkäufer wegen Verletzung der Abnahmepflicht durch den Käufer von diesem Schadensersatz nach § 280 Abs. 1 oder nach §§ 280 Abs. 1, 3, 281 fordern, wenn die Voraussetzungen dieser Vorschriften erfüllt werden. Schließlich kann der Verkäufer in diesem Fall auch nach § 323 Abs. 1 vom Vertrag zurücktreten.[5]

Einschub: Übereignung

550 Wie ausgeführt, ist der Verkäufer beim Sachkauf verpflichtet, dem Käufer das Eigentum an der Sache zu verschaffen (§ 433 Abs. 1 S. 1). Wie diese Eigentumsverschaffung, die Übereignung, vollzogen wird, soll im Folgenden dargelegt werden. Dabei ist zu berücksichtigen, dass Übereignung die rechtsgeschäftliche Übertragung des Eigentums bedeutet. Diese Feststellung ist wichtig, weil Eigentum nicht nur auf rechtsgeschäftlichem Wege, sondern auch auf andere Weise erworben werden kann.

Beim Tode einer Person geht deren Vermögen mit allen Rechten und Pflichten auf den Erben über (§§ 1922 Abs. 1, 1942 Abs. 1), also auch das dem Erblasser zustehende Eigentum. Weitere Fälle eines nicht rechtsgeschäftlichen Eigentumserwerbs bilden die Verbindung einer beweglichen Sache mit einem Grundstück in der Weise, dass die bewegliche Sache wesentlicher Bestandteil des Grundstücks (vgl. §§ 93, 94) wird (§ 946), ferner die Verbindung beweglicher Sachen miteinander (§ 947), die Vermischung und Vermengung beweglicher Sachen (§ 948) und die Herstellung einer neuen beweglichen Sache durch Verarbeitung (§ 950). Daneben gibt es noch weitere nicht rechtsgeschäftliche Erwerbstatbestände wie die Ersitzung (§§ 937 ff.), den Eigentumserwerb an Erzeugnissen und Bestandteilen (§§ 953 ff.), die Aneignung herrenloser beweglicher Sachen (§§ 958 f.) und den Eigentumserwerb des Finders (§§ 973, 974).

---

[5] *Reinicke/Tiedtke*, Rn. 174; Bamberger/Roth/*Faust*, § 433 Rn. 59, 61.

II. Kauf

Auf die nicht rechtsgeschäftlichen Erwerbstatbestände kann im Rahmen dieses Grundkurses nicht eingegangen werden (dazu EK BGB Rn. 290 ff.). Die folgenden Ausführungen sind ausschließlich den Regelungen gewidmet, die für den rechtsgeschäftlichen Eigentumserwerb gelten. Da diese Regelungen unterschiedlich gestaltet sind, je nachdem ob das Eigentum an beweglichen Sachen oder an Grundstücken übertragen werden soll, muss auch im Folgenden hiernach unterschieden werden.

1. Bewegliche Sachen

aa) Grundtatbestand

Den Grundtatbestand der rechtsgeschäftlichen Übertragung des Eigentums an beweglichen Sachen bildet die Vorschrift des § 929 S. 1. Hieraus ergibt sich, dass sich die Übereignung aus zwei Elementen zusammensetzt, aus einem rechtsgeschäftlichen in Form der Einigung und aus einem tatsächlichen in Form der Übergabe, d.h. der Übertragung des Besitzes (dazu Rn. 552, 555 ff.). Die Einigung ist unverzichtbares Element jeder rechtsgeschäftlichen Eigentumsübertragung, während die Übergabe durch andere Tatbestände, sog. Übergabesurrogate, ersetzt werden kann (dazu sogleich). Die Einigung ist nach h. M. ein Vertrag; für sie gelten alle Vorschriften des Allgemeinen Teils über Willenserklärungen und Verträge. Mit der Einigung erklärt der Veräußerer, das Eigentum an einer bestimmten beweglichen Sache solle auf den Erwerber übergehen, und der Erwerber erklärt, er wolle das Eigentum an dieser Sache erwerben. 551

Im Rechtsverkehr pflegt man die Einigung meist überhaupt nicht in Worte zu kleiden, sondern stillschweigend vorzunehmen. Insbesondere bei den Geschäften des täglichen Lebens werden die Übereignung und das ihr zugrundeliegende schuldrechtliche Verpflichtungsgeschäft so miteinander verbunden, dass eine Trennung nur in der theoretischen Betrachtung möglich ist. Aber dennoch besteht nach unserer Rechtsordnung diese Trennung zwischen Verpflichtungs- und Verfügungsgeschäft (Trennungsprinzip; vgl. dazu Rn. 227 f.) und die Gültigkeit des Verpflichtungsgeschäfts ist grundsätzlich ohne Einfluss auf die Gültigkeit des Erfüllungsgeschäfts (Abstraktionsprinzip; vgl. dazu auch Rn. 227 f.).

Die Übergabe dient dem Zweck, den Übereignungsvorgang offen zu legen und auch Dritten erkennbar zu machen (Publizitätsprinzip). Wenn oben (Rn. 551) ausgeführt wurde, dass Übergabe die Übertragung des Besitzes bedeutet, dann bedarf diese Feststellung noch zusätzlicher Präzisierungen. Dazu ist zunächst einmal erforderlich, den Begriff des Besitzes und seiner verschiedenen Erscheinungsformen näher zu erläutern: **Der Besitz ist die tatsächliche Herrschaft über die Sache.** Der Besitz stellt also einen tatsächlichen Zustand dar und ist kein Recht. Dementsprechend wird der unmittelbare Besitz einer Sache durch die Erlangung der tatsächlichen Gewalt über sie erworben (§ 854 Abs. 1). Jedoch kann der unmittelbare Besitz auch auf rechtsgeschäftlichem Wege übertragen werden, wenn nämlich der Erwerber in der Lage ist, die Gewalt über die Sache ohne weiteres auszuüben; in diesem Fall genügt dann die Einigung des bisherigen Besitzers und des Erwerbers über den Besitzerwerb (§ 854 Abs. 2). 552

Beispiel: A einigt sich mit B darüber, dass ein Holzstapel im Wald in den unmittelbaren Besitz des B übergehen soll. Gäbe es die Regelung des § 854 Abs. 2 nicht, müssten beide in den Wald gehen, um die Besitzübertragung dort vorzunehmen.

553 Die tatsächliche Gewalt kann auch für den Besitzer von anderen Personen ausgeübt werden; man spricht dann von einer **Besitzdienerschaft** (vgl. § 855). Eine Besitzdienerschaft ist dadurch gekennzeichnet, dass eine Person, die in einem sozialen Abhängigkeitsverhältnis zum Besitzer steht, das in § 855 mit den Worten „in dessen Haushalt oder Erwerbsgeschäft oder in einem ähnlichen Verhältnis" umschrieben wird, entsprechend diesem Abhängigkeitsverhältnis weisungsgebunden die tatsächliche Gewalt über die Sache für den Besitzer ausübt. **Die sich aus der sozialen Abhängigkeit ergebende Weisungsunterworfenheit des Besitzdieners stellt das charakteristische Merkmal der Besitzdienerschaft dar,** die bereits in dem Begriff Besitz-„Diener" zum Ausdruck kommt. Ergreift ein Besitzdiener die tatsächliche Gewalt über einen Gegenstand, dann erwirbt allein der Besitzherr, nicht der Besitzdiener, den Besitz. Wird also der Geselle vom Handwerksmeister zum Einkauf von Ersatzteilen zu einem Händler geschickt, dann erwirbt nicht der Geselle, sondern der Meister mit der Übergabe der Ersatzteile die tatsächliche Gewalt. Da eine Vertretung bei der Einigung nach § 929 S. 1 zulässig ist, kann also auf diesem Wege durch Einschaltung Dritter Eigentum erworben werden.

554 Neben dem unmittelbaren Besitz als einer direkten tatsächlichen Beziehung zur Sache gibt es auch den mittelbaren Besitz. **Beim mittelbaren Besitz ist der unmittelbare Besitzer mit dem mittelbaren durch ein Besitzmittlungsverhältnis verbunden.** Besitzt jemand als Mieter eine bewegliche oder unbewegliche Sache (die dargestellten Vorschriften über den Besitz gelten gleichermaßen für bewegliche wie für unbewegliche Sachen), dann ist der Mieter unmittelbarer Besitzer und der Vermieter mittelbarer (vgl. § 868). Das **Besitzmittlungsverhältnis** (Besitzkonstitut) wird durch **folgende Merkmale** charakterisiert:

- Unmittelbarer Fremdbesitz einer Person

  Fremdbesitz bedeutet, dass eine Person eine Sache als ihr nicht gehörend besitzt (= Besitzmittlungswille des unmittelbaren Besitzers), während der Eigenbesitzer sie gerade umgekehrt als ihm gehörend besitzt; vgl. § 872

- Ableitung des Besitzrechts vom mittelbaren Besitzer, d.h., dass kraft Gestattung oder im Interesse des mittelbaren Besitzers besessen wird
- zeitliche Begrenzung der Stellung des unmittelbaren Besitzers und Rückgabeanspruch des mittelbaren Besitzers gegen den unmittelbaren.

Sind zwei Personen durch ein Rechtsverhältnis verbunden, das diese Merkmale aufweist, dann ist die Person, die die tatsächliche Gewalt über die Sache innehat, der unmittelbare Besitzer (Besitzmittler), die andere Person der mittelbare Besitzer. Die tatsächliche Sachherrschaft wird im Fall des mittelbaren Besitzes durch die dem mittelbaren Besitzer aufgrund des Besitzmittlungsverhältnisses zustehenden Einflussmöglichkeiten ausgeübt; er besitzt durch den Besitzmittler („geistige Sachherrschaft"). Der Besitzmittler unterscheidet sich vom Besitzdiener, der – wie ausgeführt – selbst keinen Besitz innehat, durch seine selbstständige Stellung; er ist nicht ein sozial abhängiger Weisungsempfänger (Unterschied zwischen Mieter und Angestelltem).

Die Übergabe i. S. v. § 929 S. 1 wird dadurch vollzogen, dass der Eigentümer seinen Besitz restlos aufgibt und der Erwerber auf Veranlassung des Eigentümers Besitz erhält. Besitz bedeutet hier sowohl unmittelbarer als auch mittelbarer. Der Eigentümer muss also den Besitz in jeder Form verlieren; behält er den mittelbaren Besitz, ist die Übergabe noch nicht vorgenommen. Eine Übereignung ist dann nur nach §§ 929 S. 1, 930 möglich (dazu sogleich). Für die Übergabe genügt es jedoch, dass der Erwerber mittelbaren Besitz bekommt. 555

Beispiel: Albert hat seinen Traktor Bertold vermietet. Er veräußert den Traktor an Carl und vereinbart mit diesem, dass alles weitere von Carl mit Bertold verabredet wird. Außerdem setzt er Bertold von der Veräußerung und der mit Carl getroffenen Vereinbarung in Kenntnis. Daraufhin schließen Bertold und Carl einen neuen Mietvertrag über den Traktor. Da nunmehr Bertold Carl und nicht mehr Albert den Besitz mittelt, sind alle Anforderungen, die an eine Übergabe zu stellen sind, erfüllt: Auf Veranlassung des Albert hat Carl (mittelbaren) Besitz erworben und Albert hat seinen Besitz restlos aufgegeben.

Ein anderer Weg wäre die Abtretung des Herausgabeanspruchs aus dem Mietvertrag zwischen Albert und Bertold (§§ 929 S. 1, 931; dazu sogleich).

Stets können sowohl auf Seiten des (veräußernden) Eigentümers als auch des Erwerbers Besitzdiener oder Besitzmittler tätig werden.[6] 556

Beispiele: Volz übergibt den von Kunz gekauften Pkw dadurch, dass er seinen Angestellten Anton beauftragt, das Fahrzeug Kunz zu bringen. Am Wohnort des Kunz nimmt es dessen Fahrer Fritz in Empfang (Anton und Fritz sind Besitzdiener, so dass der unmittelbare Besitz jeweils ihren Arbeitgebern zukommt).

Nachdem Verz einen Mietvertrag über einen Pkw bestimmten Typs mit Miez abgeschlossen hat, erwirbt er von Volz ein solches Fahrzeug und weist ihn an, das Kfz an Miez auszuliefern. Kommt Volz dieser Weisung nach, ist die Übergabe zwischen Volz und Verz vollzogen (Miez mittelt dann Verz den Besitz).

Eine Übergabe i. S. v. § 929 S. 1 kann allerdings auch vollzogen werden, wenn der Veräußerer keinen Besitz an der Sache hat. Denn die tatsächliche Gewalt über die Sache kann auch dadurch ausgeübt werden, dass sich der unmittelbare Besitzer den Weisungen des Veräußerers unterwirft. 557

Beispiel: Der Sohn (S) will seiner Mutter (M) zum Geburtstag einen Fernsehapparat schenken. Er begibt sich deshalb in das Geschäft des Handel (H), sucht einen Apparat aus, bezahlt ihn und bittet Handel, den Apparat am nächsten Tag der Mutter zu liefern. So geschieht es. Am Tage des Geburtstages ruft der Sohn seine Mutter an, gratuliert ihr zum Geburtstag und erklärt, dass er ihr den Fernsehapparat schenke. Diese bedankt sich.

In diesem Fall geht das Eigentum von H auf S und von S auf M über, und zwar jeweils nach § 929 S. 1. H und S sowie S und M einigen sich (konkludent) über den Eigen-

---

[6] Vgl. dazu *Wilhelm*, Rn. 896 f.

tumsübergang. Dass H das Eigentum auf S und nicht auf M übertragen will, ergibt sich schon daraus, dass S der Vertragspartner des H ist und demzufolge aufgrund des zwischen beiden geschlossenen Kaufvertrages S einen Anspruch auf Übergabe und Übereignung der Kaufsache hat. Diesen Anspruch will H durch Lieferung des Apparates gemäß der Weisung des S erfüllen. Die nach § 929 S. 1 erforderliche Übergabe geschieht dadurch, dass sich H der Weisung des S hinsichtlich der Lieferung an M unterwirft und auf diese Weise S die tatsächliche Gewalt über den Fernsehapparat verschafft. Damit sind die Voraussetzungen des § 929 S. 1 erfüllt und S wird Eigentümer. Er einigt sich seinerseits mit M über den Eigentumsübergang an sie, nachdem er ihr den unmittelbaren Besitz an dem Apparat verschafft hat (vgl. § 929 S. 2; vgl. auch dazu Rn. 559).

Nun ist es für den Eigentumserwerb des S und der M noch nicht einmal erforderlich, dass Handel unmittelbaren Besitz an dem Fernsehapparat hat, um das Eigentum daran dem Sohn zu verschaffen. Wenn beispielsweise H nur in seinem Geschäft ein Vorführgerät aufgestellt hat und deshalb den Großhändler Groß (G) telefonisch um Lieferung des Geräts an M bittet, vollzieht sich der Eigentumsübergang in gleicher Weise wie zuvor, nur mit der Variante, dass G dem H Eigentum verschafft, dieser S und S schließlich der M. H übt die tatsächliche Gewalt über die Sache dadurch aus, dass er eine Weisung hinsichtlich der Sache an G richtet und dieser die Weisung befolgt. Das gleiche gilt im Verhältnis zwischen H und S. Jeder erwirbt den Besitz und damit das Eigentum nach § 929 S. 1 dadurch, dass die danach erforderliche Übergabe entsprechend dem „Geheiß" des Erwerbers vollzogen wird; deshalb wird dieser Erwerb auch als „Geheißerwerb" bezeichnet.[7]

558 Bildlich lässt sich der Vollzug des Eigentumsübergangs in dem Beispielsfall durch folgendes Schaubild darstellen:

Übertragung des unmittelbaren Besitzes

G ←—§ 929 S. 1—→ H ←—§ 929 S. 1—→ S ←—§ 929 S. 1—→ M
　　§ 433　　　　　　§ 433　　　　　§ 516 Abs. 1

bb) Die übrigen Übertragungstatbestände

559 Ist der Erwerber bereits im Besitz der zu übereignenden Sache, dann genügt nach § 929 S. 2 die bloße Einigung über den Eigentumsübergang (sog. **Übergabe „kurzer Hand"** = lat. brevi manu traditio).

Beispiel: Eich hat Betz ein Buch geliehen. Das Buch gefällt Betz so gut, dass er Eich bittet, ihm das Buch zu verkaufen. Eich ist einverstanden. Die zur Erfüllung des Kaufvertrages vorzunehmende Übereignung wird dann durch bloße Einigung über den Eigentumsübergang zwischen den beiden vollzogen.

560 Nach § 930 kann die Übergabe der Sache dadurch ersetzt werden, dass Eigentümer und Erwerber ein Besitzmittlungsverhältnis, auch Besitzkonstitut genannt (Rn. 554), vereinbaren, aufgrund dessen der Erwerber den mittelbaren Besitz erlangt. Von dieser Möglichkeit ist insbesondere

---
[7] Vgl. *Wilhelm*, Rn. 893 ff.

Gebrauch zu machen, wenn der Veräußerer nach Übertragung des Eigentums die Sache noch weiter besitzen will.

Beispiel: Eich, der ein Bauunternehmen betreibt, verkauft einen gebrauchten Baukran an Betz. Da beide Wert darauf legen, das Geschäft sofort abzuwickeln, Eich aber den Kran noch einige Tage auf einer Baustelle benötigt, wird vereinbart, dass das Eigentum am Kran sofort auf Betz übergeht, da dieser bereits den Kaufpreis bezahlt hat, dass aber der Kran noch eine Woche lang von Eich ausgeliehen wird. Die Leihe (§§ 598 ff.) als ein Besitzmittlungsverhältnis i. S. v. § 868 ersetzt also die Übergabe nach § 929 S. 1.

Die durch § 930 geschaffene Möglichkeit dient einer Vereinfachung der Übereignung; gäbe es sie nicht, müsste der Eigentümer zunächst den unmittelbaren Besitz dem Erwerber übertragen, um dann anschließend ihn von diesem zurückzuerhalten. **Auch § 931**, der es gestattet, dass anstelle der Übergabe der zu übereignenden Sache die Abtretung des Herausgabeanspruchs tritt, der dem Eigentümer der Sache zusteht, **vereinfacht die Übereignung in Fällen, in denen der Eigentümer nicht unmittelbarer Besitzer ist.**   561

Beispiel: Der von Eich zu veräußernde Baukran ist Dritt vermietet worden. Will jetzt Eich dem Betz in Erfüllung des mit diesem geschlossenen Kaufvertrages den Kran übereignen, dann kann dies dadurch geschehen, dass er sich von Dritt den Baukran zurückgeben lässt, um ihn dann Betz unmittelbar zu übergeben, oder dass er Dritt anweist, den Kran an Betz herauszugeben, und dieser der Weisung nachkommt oder dass nach entsprechender Mitteilung seitens Eich Dritt mit Betz einen neuen Mietvertrag schließt; dies sind alles Fälle einer Übergabe i. S. v. § 929 S. 1 (vgl. Rn. 555). Eich kann aber auch seinen Herausgabeanspruch, der ihm aufgrund des Mietvertrages gegenüber Dritt zusteht (vgl. § 546 Abs. 1), Betz abtreten. Aufgrund der Einigung und der Abtretung des Herausgabeanspruchs wird dann Betz nach § 929 S. 1 i. V. m. § 931 Eigentümer des Kranes.

Es ist in diesem Zusammenhang darauf hinzuweisen, dass das **korrekte Zitat** der Vorschriften, nach denen die Übereignung beweglicher Sachen vorgenommen wird, **stets § 929 S. 1 nennen muss**, weil die dort geregelte Einigung auch in allen Fällen, in denen die Übergabe durch Surrogate ersetzt wird, Voraussetzung für den Eigentumsübergang ist.

Einigung und Übergabe oder die sie ersetzenden Tatbestände müssen   562
nicht notwendigerweise zeitlich zusammenfallen. Da jedoch für die Übereignung beide Akte vollzogen sein müssen, ergibt sich die Frage, welche Rechtsfolgen es hat, wenn nach erklärter Einigung einer der Partner an der Einigung nicht mehr festhalten will. Die h. M.[8] verneint eine **Bindung an die Einigung** (Rückschluss aus § 873 Abs. 2, wonach bei Grundstücksübereignungen unter bestimmten Voraussetzungen eine Bindung eintritt), lässt also einen **Widerruf** zu, der jedoch erklärt werden und dem anderen zugehen muss. Ein (inneres) Festhalten an der Einigung bis zur Übergabe ist also nicht erforderlich.

Beispiel: Der Kfz-Händler Volz verkauft Kunz ein gebrauchtes Kraftfahrzeug. Nachdem Kunz den Kaufpreis entrichtet hat, wird vereinbart, dass das Fahrzeug in zwei Ta-

---
[8] BGH NJW 1978, 696, 697 = JuS 1978, 565 f.; *Wilhelm*, Rn. 873.

gen von Kunz bei Volz abgeholt wird. Am nächsten Tag telefonieren beide miteinander und bekommen wegen einer anderen Angelegenheit Streit. Daraufhin erklärt Volz: „Nun bekommen Sie den Wagen nicht mehr". Da Volz vergisst, eine bereits zuvor erteilte Weisung zurückzunehmen, übergibt am nächsten Tag ein Angestellter das Fahrzeug an Kunz, als dieser kommt, um das Fahrzeug zu holen. In diesem Fall ist Kunz nicht Eigentümer des Wagens geworden, da in der Erklärung des Volz, Kunz solle nunmehr den Wagen nicht mehr bekommen, ein Widerruf der Einigung liegt. Etwas anderes würde gelten, wenn Volz verärgert das Telefongespräch abgebrochen und die Erklärung nur für sich selbst abgegeben hätte. Es mag überraschen, dass sich ein Partner einseitig von der Einigung, die einen Vertrag darstellt (vgl. Rn. 551), lossagen kann. Dies erklärt sich dadurch, dass ihr jedes schuldrechtliche Moment fehlt. Darin unterscheidet sie sich von dem (schuldrechtlichen) Kaufvertrag, der selbstverständlich von dem Sinneswandel des Volz unberührt bleibt. Die Pflicht zur Übereignung besteht folglich weiterhin, und es treten die Rechtsfolgen einer Pflichtverletzung ein, z. B. das Recht des Kunz, vom Vertrag zurückzutreten (§ 323) und Schadensersatz zu fordern (§§ 280, 281, 325), wenn Volz den Pkw nicht übereignet.

563 Die verschiedenen Tatbestände eines rechtsgeschäftlichen Erwerbs des Eigentums an einer beweglichen Sache sind im folgenden Schaubild zusammengefasst.

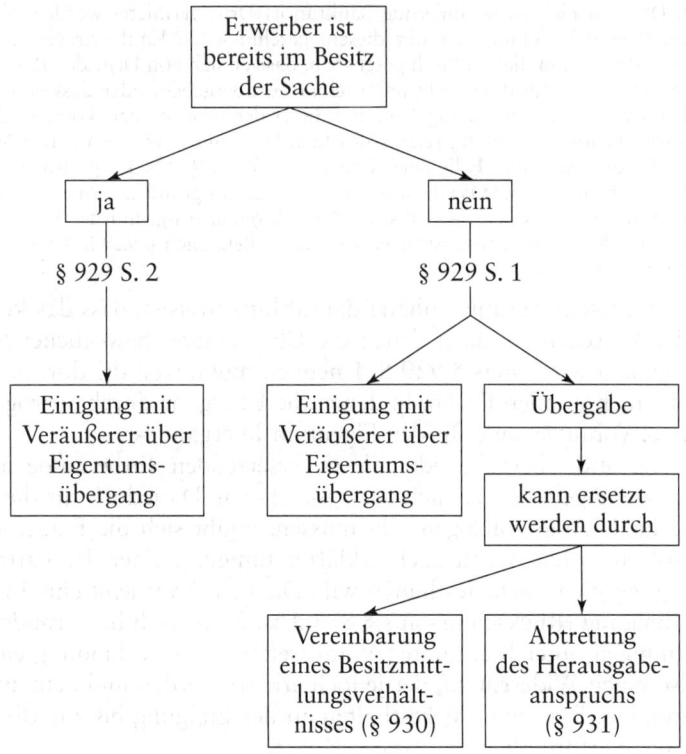

564 Stirbt einer der Beteiligten nach Einigung, aber vor Übergabe oder wird er geschäftsunfähig, dann hat das auf die Wirksamkeit der Einigung keinen Einfluss (§§ 130 Abs. 2, 153). Allerdings können beim Tod die Erben,

bei Verlust der Geschäftsfähigkeit der gesetzliche Vertreter (Betreuer, vgl. Rn. 288), bis zur Übergabe die Einigung widerrufen und dadurch den Eigentumsübergang verhindern.

cc) Gutgläubiger Erwerb[9]

Ist derjenige, der die Übereignung vornimmt, nicht der Eigentümer (oder dessen Vertreter), dann kann vom Erwerber Eigentum erworben werden, wenn die Verfügung des Nichtberechtigten, als die sich dann die Übereignung darstellt, aus einem der **in § 185 genannten Gründe wirksam** ist oder wird (vgl. Rn. 226). Treffen diese Gründe nicht zu, dann kommt **ein gutgläubiger Erwerb aufgrund der §§ 932 ff. in Betracht.** Diese Vorschriften betreffen nur die rechtsgeschäftliche Übertragung des Eigentums und setzen einen Erwerbstatbestand nach §§ 929 bis 931 voraus. Dies bedeutet also, dass der Erbe nicht gutgläubig Eigentum erwerben kann, wenn er im Nachlass eine Sache findet, von der er glaubt, dass sie im Eigentum des Erblassers stand, die aber in Wirklichkeit einem Dritten gehört. 565

Die Gutglaubensvorschriften der §§ 932 ff. beziehen sich jeweils auf einen bestimmten Erwerbstatbestand i. S. v. §§ 929 bis 931, und zwar § 932 Abs. 1 S. 1 auf die Übereignung nach § 929 S. 1, § 932 Abs. 1 S. 2 auf die Übereignung nach § 929 S. 2, § 933 auf die Übereignung nach §§ 929 S. 1, 930 und 934 auf die Übereignung nach §§ 929 S. 1, 931. **Die in §§ 932 ff. getroffene Regelung ersetzt also nur das fehlende Eigentum des Veräußerers; sonst müssen alle übrigen Voraussetzungen des Erwerbstatbestandes erfüllt sein,** also insbesondere auch die Einigung i. S. v. § 929 S. 1 mit dem Nichtberechtigten. 566

Voraussetzung für den gutgläubigen Erwerb ist in allen Fällen der **gute Glaube** des Erwerbers. Was unter diesem Begriff zu verstehen ist, wird in § 932 Abs. 2 bestimmt. Danach ist ein Erwerber gutgläubig, wenn er nicht weiß, dass der Veräußerer nicht Eigentümer der Sache ist, und diese Unkenntnis nicht auf grober Fahrlässigkeit (vgl. Rn. 422) beruht. Hinzu kommt eine bestimmte in den §§ 932 ff. genauer beschriebene Besitzlage des Nichtberechtigten, die einen Rechtsschein für seine Berechtigung schafft. 567

Zu beachten ist, dass die §§ 932 ff. demjenigen nicht helfen können, der ohne Fahrlässigkeit an die Verfügungsbefugnis glaubt. 568

Beispiel: Der Erwerber weiß, dass der Veräußerer nicht Eigentümer ist, hält ihn aber aufgrund einer (in Wirklichkeit nicht erteilten) Einwilligung des Eigentümers für verfügungsbefugt, § 185 Abs. 1).

Ebenso wenig erwirbt derjenige Eigentum, der den Veräußerer fälschlich für geschäftsfähig ansieht. Der gute Glaube an die Geschäftsfähigkeit wird überhaupt nicht geschützt, der gute Glaube an die Verfügungsbefugnis nur ausnahmsweise (vgl. § 366 HGB).

---

[9] Vgl. dazu *Musielak*, JuS 1992, 713, und EK BGB Rn. 254 ff.

569 Ein gutgläubiger Erwerb aufgrund der §§ 932 bis 934 **ist ausgeschlossen, wenn die Sache dem Eigentümer** gestohlen worden, verloren gegangen oder sonst **abhanden gekommen war (§ 935 Abs. 1 S. 1).** Nur wenn es sich bei der übereigneten Sache um Geld oder Inhaberpapiere (z. B. Inhaberschuldverschreibungen, vgl. §§ 793 ff., oder Inhaberaktien, vgl. § 10 Abs. 1 AktG) handelt oder wenn die Sache im Wege einer öffentlichen Versteigerung (vgl. § 383 Abs. 3) veräußert worden ist, gilt diese Einschränkung nicht (§ 935 Abs. 2).

570 Der Begriff des Abhandenkommens ist ein Oberbegriff, der die Begriffe „gestohlen worden" und „verloren gegangen" mit umfasst. Für diesen Begriff sind zwei Merkmale wesentlich:
- Der unmittelbare Besitz muss verloren gegangen und
- der Verlust muss unfreiwillig (d. h. ohne Willen des Eigentümers) geschehen sein.

Hat der Eigentümer den unmittelbaren Besitz freiwillig auf einen anderen übertragen, z. B. seine Sache verliehen oder vermietet, und veräußert der unmittelbare Besitzer die Sache an einen gutgläubigen Dritten, dann verliert der Eigentümer sein Eigentum, denn der unfreiwillige Verlust des mittelbaren Besitzes macht die Sache nicht zu einer abhanden gekommenen i. S. d. § 935 Abs. 1, wie sich dies auch aus S. 2 dieser Vorschrift ergibt (vgl. auch EKBGB Rn. 264 ff.).

2. Grundstücke

571 Auch die Übereignung von Grundstücken ist nach § 873 Abs. 1 von der Erfüllung zweier Voraussetzungen abhängig, von der Einigung – Auflassung genannt (§ 925 Abs. 1 S. 1) – als dem Willensmoment und von der Eintragung im Grundbuch, die an die Stelle der Übergabe zu übereignender beweglicher Sachen tritt und in gleicher Weise wie diese der Kundbarmachung der Eigentumsänderung dient.

> Die Vorschrift des § 873 gilt nicht nur für die Übertragung des Eigentums an einem Grundstück, sondern auch für andere Verfügungen über Liegenschaftsrechte, z. B. für die Bestellung einer Hypothek (vgl. §§ 1113 ff.), einer Grundschuld (vgl. §§ 1191 ff.), eines Nießbrauchs (vgl. §§ 1030 ff.).

572 Die Einigung über die Bestellung und Übertragung dinglicher Rechte nach § 873 Abs. 1 ist grundsätzlich formfrei; **für die Einigung über den Übergang des Eigentums an einem Grundstück (Auflassung) schafft § 925 eine Sonderregelung.** Die Auflassung muss bei gleichzeitiger Anwesenheit beider Parteien (wobei allerdings nicht eine persönliche Anwesenheit erforderlich ist, sondern eine Stellvertretung genügt) „vor einer zuständigen Stelle" erklärt werden. Zuständig für die Entgegennahme der Auflassung ist jeder Notar (§ 925 Abs. 1 S. 2). Eine Auflassung kann auch in einem gerichtlichen Vergleich erklärt werden (§ 925 Abs. 1 S. 3; vgl. auch § 127a). Die §§ 873, 925 gelten ebenfalls nur für die rechtsgeschäftliche Übertragung des Eigentums.

II. Kauf 311

Auch das **Eigentum an einem Grundstück** kann von einem Nichtbe- 573
rechtigten **kraft guten Glaubens des Erwerbers** erworben werden. Nach
§ 892 gilt zugunsten desjenigen, der ein Recht an einem Grundstück
durch Rechtsgeschäft erwirbt, der Inhalt des Grundbuchs als richtig, es sei
denn, dass der Erwerber die Unrichtigkeit kennt oder dass ein Widerspruch gegen die Richtigkeit im Grundbuch eingetragen ist (vgl. § 899
i. V. m. § 894).

Anders als beim gutgläubigen Erwerb beweglicher Sachen schließt also grobe Fahrlässigkeit den redlichen Erwerb von Grundstückseigentum nicht aus. Diese unterschiedliche Regelung wird dadurch gerechtfertigt, dass das Grundbuch eine stärkere Vertrauensbasis schafft als der Besitz, der bei beweglichen Sachen die Grundlage für einen gutgläubigen Erwerb bildet. Ebenfalls abweichend von dem gutgläubigen Erwerb beweglicher Sachen muss die Gutgläubigkeit nicht bis zum Zeitpunkt des Eigentumserwerbs fortbestehen (vgl. § 932 Abs. 1 S. 1). Es reicht bei Grundstücken vielmehr aus, dass der Erwerber im Zeitpunkt der Stellung des Antrags auf Eintragung gutgläubig ist, wenn in diesem Zeitpunkt die Einigung bereits vorgenommen worden ist (vgl. § 892 Abs. 2). Für diese Regelung spricht, dass Veräußerer und Erwerber alle von ihnen zu beeinflussenden Voraussetzungen für den Eigentumserwerb erfüllt haben und dass das Verfahren der Eintragung, insbesondere seine Dauer, nicht von ihnen abhängt.

Hinzuweisen ist noch darauf, dass die Redlichkeit des Erwerbers beim gutgläubigen Erwerb eines Grundstücks nicht voraussetzt, dass er auch tatsächlich das Grundbuch eingesehen hat. Es genügt vielmehr, dass das Grundbuch den Nichtberechtigten als Eigentümer ausweist. Aus praktischen Gründen (weil kaum nachprüfbar, ob der Erwerber das Grundbuch selbst eingesehen hat oder hat einsehen lassen) wird es für ausreichend erklärt, dass das Grundbuch eine entsprechende Vertrauensgrundlage schafft.

Auf das Verfahren der Beurkundung (im Beurkundungsgesetz geregelt) 574
und der Eintragung im Grundbuch (in der Grundbuchordnung bestimmt)
kann hier ebenso wenig eingegangen werden wie auf andere Fragen, die
sich im Zusammenhang mit dem Erwerb des Eigentums an beweglichen
und unbeweglichen Sachen stellen. Die gegebene Darstellung beschränkt
sich vielmehr auf einen kursorischen Überblick, mit dem lediglich bezweckt ist, einen ersten Eindruck von der Rechtslage zu vermitteln, die
sich beim Eigentumserwerb ergibt. Selbstverständlich bleibt es erforderlich, sich mit diesem Bereich vertieft zu befassen (vgl. dazu auch EK BGB
Rn. 253 ff.).

c) Überblick über die Rechte des Käufers bei Mängeln der Kaufsache

Der Verkäufer ist nicht nur verpflichtet, dem Käufer die Kaufsache zu 575
übergeben und zu übereignen, sondern auch frei von Sach- und Rechtsmängeln zu verschaffen. Dies wird ausdrücklich in § 433 Abs. 1 S. 2 bestimmt. Liefert der Verkäufer eine mangelhafte Sache, dann verletzt er
eine ihm obliegende Vertragspflicht. Es liegt deshalb nahe, die sich dann
ergebenden rechtlichen Folgen dem allgemeinen Leistungsstörungsrecht
zu entnehmen. Dies ist auch die Konzeption des Gesetzes, denn in § 437,

in dem die Rechte des Käufers bei Mängeln der Kaufsache zusammengefasst sind, wird auf die einschlägigen Vorschriften des Leistungsstörungsrechts verwiesen. Nur im Hinblick auf die Besonderheiten des Kaufrechts werden die einzelnen Regelungen geringfügig modifiziert. Abweichend vom allgemeinen Leistungsstörungsrecht wird dem Käufer das Recht zugestanden, unter den im Gesetz genannten Voraussetzungen einseitig den Kaufpreis zu mindern, d. h. ihn herabzusetzen (§§ 437 Nr. 2, 441). Kein Unterschied zum allgemeinen Leistungsstörungsrecht besteht in dem auch im Kaufrecht verfolgten Bestreben des Gesetzgebers, nach Möglichkeit den Bestand und die ordnungsmäßige Durchführung des Schuldverhältnisses zu sichern und deshalb dem Schuldner bei einer Pflichtverletzung eine zweite Chance zur Pflichterfüllung einzuräumen. Deshalb **muss der Käufer regelmäßig Nacherfüllung gem. § 439 verlangen,** und erst bei einem Fehlschlag oder der Unmöglichkeit der Nacherfüllung stehen ihm die weiteren in § 437 genannten Rechte zu. Dieses Verhältnis des Nacherfüllungsanspruchs zu den übrigen Rechten des Käufers bei Mängeln der Kaufsache erschließt sich nicht ohne weiteres aus der Regelung des § 437, zeigt sich aber, wenn man die einzelnen Voraussetzungen dieser Rechte genauer betrachtet. Im Einzelnen ergibt sich:

- Ein **Rücktritt vom Vertrag** setzt nach § 323 Abs. 1 i. V. m. § 437 Nr. 2 im Regelfall voraus, dass der Gläubiger dem Schuldner zuvor eine angemessene Frist zur Leistung oder Nacherfüllung gesetzt hat. Ausnahmen ergeben sich nur in den in § 323 Abs. 2 genannten Fällen (vgl. dazu Rn. 523), und zwar bei Verweigerung der Nacherfüllung durch den Schuldner, bei ihrem Fehlschlag oder einer für den Gläubiger bestehenden Unzumutbarkeit (§ 440), schließlich naturgemäß bei einer Unmöglichkeit der Nacherfüllung (§ 326 Abs. 5).
- Das Gleiche gilt für die **Minderung,** die von Gesetzes wegen nur bei Erfüllung der Voraussetzungen des Rücktritts zugelassen wird (§ 441 Abs. 1 S. 1: „Statt zurückzutreten, kann der Käufer ... mindern").
- Ein **Anspruch auf Schadensersatz statt der Leistung**[10] setzt ebenfalls regelmäßig voraus, dass der Gläubiger zuvor dem Schuldner eine angemessene Frist zur Leistung oder Nacherfüllung gesetzt hat (§ 281 Abs. 1 i. V. m. § 437 Nr. 3). Auch insoweit gelten die gleichen Ausnahmen wie für den Rücktritt, und zwar nach § 281 Abs. 2 (vgl. dazu Rn. 412), nach § 440 und bei Unmöglichkeit der Nacherfüllung, wie z. B. im Fall des § 311a Abs. 2.
- Ein **Anspruch auf Ersatz vergeblicher Aufwendungen** nach § 284 i. V. m. § 437 Nr. 3 kann nur an Stelle des Anspruchs auf Schadensersatz statt der Leistung gefordert werden, also bei Erfüllung der gleichen Voraussetzungen.

---

[10] Es geht hierbei um den Fall, dass der Verkäufer keine mangelfreie Sache liefert. Gelingt ihm dagegen die Nacherfüllung, dann können sich andere Schäden ergeben, die der Käufer neben der Leistung geltend machen kann (vgl. dazu Rn. 601).

1. Sachmängelhaftung

Das Gesetz beschreibt in § 434 den Begriff des Sachmangels und in § 435 den des Rechtsmangels. Zunächst soll auf den Begriff des Sachmangels eingegangen werden:
Nach der **in § 434 gegebenen Beschreibung ist ein Sachmangel** zu bejahen,

- wenn im Zeitpunkt des Gefahrübergangs die Kaufsache nicht die vertraglich vereinbarte Beschaffenheit aufweist (Abs. 1 S. 1) oder
- sich nicht für die nach dem Vertrag vorausgesetzte Verwendung eignet (Abs. 1 S. 2 Nr. 1) oder
- sich nicht für die gewöhnliche Verwendung eignet und keine Beschaffenheit aufweist, die bei Sachen der gleichen Art üblich ist und die der Käufer nach der Art der Sache erwarten kann (Abs. 1 S. 2 Nr. 2, S. 3).

576

Insbesondere darf der Käufer eine Beschaffenheit erwarten, die in Werbeaussagen[11] oder anderen öffentlichen Äußerungen angegeben worden ist, wobei diese Äußerungen auch vom Hersteller oder seinen Gehilfen stammen können (§ 434 Abs. 1 S. 3, vgl. auch die in dieser Vorschrift enthaltenen Einschränkungen). Der Begriff des Herstellers ist identisch mit dem des Produkthaftungsgesetzes, der in § 4 dieses Gesetzes definiert wird.

Ein Sachmangel ist ferner gegeben, wenn

- die vereinbarte Montage der Kaufsache unsachgemäß durch den Verkäufer oder dessen Erfüllungsgehilfen (§ 278) durchgeführt worden ist (Abs. 2 S. 1) oder
- die Montage unsachgemäß aufgrund einer mangelhaften Montageanleitung vorgenommen worden ist (Abs. 2 S. 2) oder
- der Verkäufer eine andere Sache als nach dem Vertrag geschuldet liefert (Abs. 3 Alt. 1) oder
- der Verkäufer eine zu geringe Menge als geschuldet liefert (Abs. 3 Alt. 2).

Wie sich aus der in § 434 gegebenen Begriffsbeschreibung ergibt, legt Abs. 1 dieser Vorschrift **eine dreistufige Rangordnung** fest:
(1) In erster Linie kommt es auf die Übereinstimmung der Kaufsache mit der von den Parteien vereinbarten Beschaffenheit an. Weicht die Beschaffenheit der Kaufsache negativ von der vereinbarten Soll-Beschaffenheit ab, dann weist die Kaufsache einen Mangel auf. Auf eine Kurzformel gebracht heißt dies: **Ein Sachmangel ist die negative Abweichung der Ist-Beschaffenheit von der vertraglich vereinbarten Soll-Beschaffenheit.** Zu beachten ist, dass die Erheblichkeit einer Abweichung keine Rolle spielt und dass also selbst geringfügige Abweichungen zu einem Sachmangel führen.[12]
(2) Haben die Vertragsparteien keine Vereinbarung über die Beschaffenheit der Kaufsache getroffen, dann bildet auf der **nächsten Stufe** das

577

---

[11] Vgl. *Kasper*, ZGS 2007, 172.
[12] *BGH* NJW-RR 2009, 777, 778.

maßgebende Kriterium die Eignung der Sache für die nach dem Vertrag vorausgesetzte Verwendung. Insoweit ergibt sich eine erhebliche inhaltliche Nähe zu der Bestimmung in S. 1. Die ausdrückliche Bezugnahme auf den Vertrag lässt deutlich sein, dass einseitige Vorstellungen des Käufers über die Verwendungsmöglichkeiten der Kaufsache für die Soll-Beschaffenheit nicht bedeutsam sein können. Vielmehr kommt es darauf an, dass sich die Vorstellungen beider Parteien treffen. Ob man eine vertragliche Vereinbarung fordert[13] und damit weitgehend den Unterschied zwischen S. 1 und S. 2 Nr. 1 aufhebt, oder ob man Vorstellungen der Vertragsparteien im Vorfeld des Vertrages nach Art einer Geschäftsgrundlage (vgl. Rn. 362) genügen lässt,[14] ist letztlich nur bei formbedürftigen Verträgen entscheidend, weil vertraglich getroffene Absprachen vom Formzwang erfasst werden.[15] Auf keinen Fall darf aus der in S. 2 Nr. 1 getroffenen Regelung abgeleitet werden, dass es nicht auch möglich ist, stillschweigend die Verwendungsmöglichkeit der Kaufsache zum Bestandteil ihrer vertraglich festgelegten Soll-Beschaffenheit i. S. d. Satzes 1 werden zu lassen (vgl. auch Rn. 579).[16]

(3) Ist eine vertragliche Verwendung von den Parteien nicht vorausgesetzt, dann entscheidet sich in der dritten Stufe die Mangelfreiheit der Sache danach, ob sich die Sache für die **gewöhnliche Verwendung eignet und eine Beschaffenheit aufweist, die bei Sachen der gleichen Art üblich sind und die der Käufer nach der Art der Sache erwarten kann.** Welche Beschaffenheit der Käufer regelmäßig erwarten darf, wird zusätzlich in S. 3 genannt. Da häufig vor allem bei Geschäften des täglichen Lebens Vereinbarungen über die Beschaffenheit und den Verwendungszweck der Kaufsache nicht getroffen werden, kommt der 3. Alternative als Auffangtatbestand eine besondere Bedeutung zu.

Umstritten ist das Verhältnis, in dem die Merkmale der üblichen Beschaffenheit und der vom Käufer nach Art der Sache zu erwartenden Beschaffenheit zu einander stehen. Es kommt darauf an, ob beide Merkmale kumulativ oder alternativ anzuwenden sind. Verlangt man für eine Mangelfreiheit der Sache, dass sie sowohl die übliche als auch die zu erwartende Beschaffenheit aufweist,[17] dann kann die vom Verkäufer geschuldete Qualität über dem üblichen Standard liegen, wenn entsprechende Erwartungen des Käufers gerechtfertigt sind. Bei einem alternativen Verhältnis beider Merkmale ist dagegen die Mangelfreiheit zu bejahen, wenn die übliche Qualität erreicht ist;[18] die Erwartung des Käufers ist nur insoweit von Bedeutung, wie sie sich auf eine

---

[13] *Reinicke/Tiedtke*, Rn. 323.
[14] PWW/*Schmidt*, § 434 Rn. 40. Der Gesetzgeber hat diese Frage offen gelassen (Amtl. Begr., S. 213, r. Sp.).
[15] Bamberger/Roth/*Faust*, § 434 Rn. 50.
[16] Vgl. *BGH* NJW 2008, 511, 512 Tz. 15 ff. zur parallelen Frage § 633 Abs. 2.
[17] Erman/*Grunewald*, § 434 Rn. 21.
[18] *Reinicke/Tiedtke*, Rn. 329.

Qualität bezieht, die hinter der üblichen zurückbleibt.[19] Im Normalfall werden sich aber in der Qualitätsbeschreibung durch beide Merkmale kaum Unterschiede ergeben. Denn was der Käufer erwarten darf, richtet sich regelmäßig nach der üblichen Beschaffenheit gleichartiger Sachen.[20] Als Maßstab gilt der Erwartungshorizont eines Durchschnittskäufers.[21] Bedeutung kommt insbesondere der Erwartung des Käufers bei gebrauchten Sachen zu, weil sich für diese Qualitätsstandards durch den Vergleich mit anderen Sachen nur schwer finden lassen. Deshalb bilden die Verkehrsanschauung und die Besonderheiten des Einzelfalles die bestimmenden Faktoren. So kann der Käufer eines Gebrauchtwagens mangels einer Beschaffenheitsvereinbarung einen Zustand des Fahrzeugs erwarten, der sich nach dem Alter, dem Kaufpreis und dem für ihn erkennbaren Pflegezustand des Fahrzeuges richtet.[22]
Zusätzlich zu den in Abs. 1 enthaltenen Beschreibungen treten **die in Abs. 2 und 3 genannten Kriterien** hinzu, nach denen über die Mangelhaftigkeit der Kaufsache zu entscheiden ist. Mängel nach Abs. 1, nach Abs. 2 und nach Abs. 3 können sich addieren und auch unterschiedliche Rechtsfolgen auslösen.

Für die Frage, ob ein Sachmangel anzunehmen ist, ist also ein Vergleich 578 zwischen der vom Verkäufer übergebenen Sache und der Beschaffenheit vorzunehmen, wie sie nach § 434 sein soll. Dabei wird die Soll-Beschaffenheit in erster Linie – wie ausgeführt – durch die von den Parteien getroffenen Vereinbarungen bestimmt. Durch die Feststellung, dass den entscheidenden Maßstab für die Bewertung der Sache die Beschaffenheitsvereinbarung der Parteien bildet, werden zwei Fragen aufgeworfen:
- Wann ist von einer „Vereinbarung" auszugehen?
- Was ist die „Beschaffenheit" einer Sache?

Vereinbart von den Parteien wird alles das, was sie ausdrücklich oder 579 konkludent vertraglich festgelegt haben.[23] Beschreibt der Verkäufer bei Vertragsschluss die verkaufte Sache in einer bestimmten Weise, so werden regelmäßig diese Erklärungen Inhalt des Vertrages und damit zur Beschaffenheitsvereinbarung. Gleiches gilt, wenn der Verkäufer Muster oder Proben vor oder bei Vertragsschluss vorlegt, um dadurch die Beschaffenheit der Kaufsache aufzuzeigen. Ebenso können durch Werbeaussagen beim Käufer erkennbar für den Verkäufer geweckte Erwartungen in Bezug auf bestimmte Eigenschaften der Sache dann zu einer Beschaffenheitsvereinbarung werden, wenn sie der Verkäufer unwidersprochen hinnimmt. Erwirbt der Käufer eine Sache für einen bestimmten Zweck, den der Verkäufer kennt, kann durchaus eine stillschweigend getroffene Vereinbarung anzunehmen sein, dass die Sache sich auch für den gewollten Zweck eig-

---

[19] *Faust,* JuS 2007, 684, 685.
[20] *BGH* NJW 2007, 1351, 1353 Tz. 21 = JuS 2007, 684 *(Faust).*
[21] Amtl. Begr., S. 214 (l. Sp.).
[22] *BGH* NJW 2008, 53, 54 Tz. 19.
[23] *Tröger,* JuS 2005, 503, 504 f.

§ 7. Einzelne Vertragsschuldverhältnisse

net.²⁴ Soweit es sich allerdings um Fälle handelt, in denen nach § 434 auch ohne eine entsprechende Beschaffenheitsvereinbarung von einem Sachmangel auszugehen ist, wie dies bei einer fehlenden Eignung zur vorausgesetzten oder gewöhnlichen Verwendung der Sache der Fall ist, können Zweifel, ob die Parteien darüber hinaus vertraglich die Beschaffenheit der Kaufsache bestimmten, offen bleiben.

Wichtig kann jedoch die Frage nach einer vertraglichen Vereinbarung und ihrem Inhalt werden, wenn zu entscheiden ist, ob der Verkäufer für bestimmte Eigenschaften der Kaufsache garantiert, also verspricht, verschuldensunabhängig für das Vorhandensein der Eigenschaften einstehen zu wollen (vgl. Rn. 414, 627 ff.). Denn dann hat er das Fehlen der Eigenschaft zu vertreten und regelmäßig einen dadurch verursachten Schaden des Käufers zu ersetzen. Wegen dieser Rechtsfolge ist allerdings Zurückhaltung bei der Annahme einer Verkäufergarantie geboten. Für eine stillschweigend übernommene Garantie müssen sich eindeutige Hinweise in den vertraglichen Vereinbarungen der Parteien finden lassen.

580 Dass als **Beschaffenheit einer Sache zunächst einmal die Summe ihrer natürlichen Eigenschaften** anzusehen ist, wie das Material, aus dem sie hergestellt ist (Metall, Holz), der Zustand, in dem sie sich befindet (neu, gebraucht, stark abgenutzt), ihre Widerstandsfähigkeit gegen Umwelteinflüsse (nicht rostend, farbbeständig bei Sonneneinstrahlung), elastisch, wasserabweisend u. ä. kann nicht zweifelhaft sein. Auch die Farbe ist eine Eigenschaft, deren Fehlen einen Sachmangel begründen kann.²⁵ Zur Beschaffenheit einer Sache sind auch ihre Beziehungen zur Umwelt zu rechnen, die nach der Verkehrsanschauung für ihre Brauchbarkeit oder ihren Wert bedeutsam sind. Deshalb kann das Ansehen, das eine Sache in der Öffentlichkeit genießt, ein Beschaffenheitsmerkmal darstellen. Dies gilt z. B. für Waren, die zum Wiederverkauf bestimmt sind, wenn auf Grund konkreter Tatsachen der begründete Verdacht eines Mangels besteht, der ihre Wiederverkäuflichkeit einschränkt oder sogar ausschließt (Beispiel: Verdacht, dass zum Wiederverkauf bestimmtes Fleisch gesundheitsschädigend sein könne).²⁶ Aus dem Begriff „Beschaffenheit" folgt allerdings, dass nur solche Umweltbeziehungen als Beschaffenheitsmerkmale angesehen werden können, die in der Sache selbst ihren Grund haben und von ihr ausgehen. Sie müssen in irgendeiner Weise mit den physischen Eigenschaften der Kaufsache zusammenhängen,²⁷ wie dies z. B. für die Lage eines Grundstücks oder seine Unbebaubarkeit auf Grund öffentlich-rechtlicher Baubeschränkungen (vgl. dazu Rn. 588 aE) zutrifft.

---

²⁴ Vgl. *Reischl*, JuS 2003, 865, 866.
²⁵ *BGH* NJW-RR 2009, 777 (geringfügige, kaum erkennbare Farbabweichung bei Dachziegeln als Sachmangel); *OLG Köln* NJW 2006, 781 (Farbabweichung als Sachmangel eines Neufahrzeugs).
²⁶ *BGH* NJW-RR 2005, 1218, 1220; *OLG Karlsruhe* NJW-RR 2009, 134 m. w. N.
²⁷ *Grigoleit/Herresthal*, JZ 2003, 118, 122 ff.; *Reischl*, JuS 2003, 1076, 1079; Bamberger/Roth/*Faust*, § 434 Rn. 22 f.; MünchKomm/*Westermann*, § 434 Rn. 9; Staudinger/*Matusche-Beckmann*, § 434 Rn. 45; Erman/*Grunewald*, § 434 Rn. 3 f.

Die hier vorgenommene Einschränkung des Beschaffenheitsbegriffs ist allerdings umstritten. Es wird auch die Auffassung vertreten, dass es den Parteien freisteht, durch ihre Vereinbarung tatsächliche, wirtschaftliche, soziale und rechtliche Umstände außerhalb der Sache zur Beschaffenheit einer Sache zu machen.[28] Zu dem insoweit geführten Meinungsstreit vgl. EK BGB Rn. 55 ff.

Sind also die wertbildenden Faktoren als Beschaffenheitsmerkmale aufzufassen, so gilt dies nicht für die daraus zu ziehende Schlussfolgerung, den Wert der Sache selbst. Die Ansicht, dass der Wert nicht als Eigenschaft zur Beschaffenheit der Sache zu zählen ist, wird dadurch gerechtfertigt, dass sonst der Käufer das Risiko einer falschen Bewertung mit Hilfe der Gewährleistungsvorschriften auf den Vertragspartner abwälzen könnte (vgl. zur parallelen Frage bei § 119 Abs. 2 Rn. 341). 581

§ 434 Abs. 1 S. 1 nennt als maßgebenden Zeitpunkt, in dem die vereinbarte Beschaffenheit vorhanden sein muss, den **Gefahrübergang**. Die Gefahr (vgl. zum Begriff Rn. 474) geht beim Kauf nach § 446 S. 1 mit der Übergabe der verkauften Sache auf den Käufer über. Beim Versendungskauf geschieht der Gefahrübergang bereits bei Auslieferung der Sache an die Transportperson (§ 447 Abs. 1; vgl. Rn. 512). Tritt die Abweichung von der Beschaffenheitsvereinbarung erst nach Kaufabschluss, jedoch vor Gefahrübergang ein, dann hat der Verkäufer dafür einzustehen. Fällt ein im Zeitpunkt des Gefahrüberganges vorhandener Mangel später weg, bleibt dennoch die Haftung des Verkäufers weiterhin bestehen.[29] Wird die Kaufsache in einem Zeitpunkt mangelhaft, in dem sich der Käufer im Annahmeverzug befindet, dann haftet der Verkäufer für diesen Mangel nicht mehr, weil es nach § 446 S. 3 der Übergabe und damit dem Gefahrübergang gleichsteht, wenn der Käufer in Verzug der Annahme gerät. Für Mängel, die der Verkäufer der Kaufsache nach Gefahrübergang zufügt, haftet er nach den Vorschriften des allgemeinen Leistungsstörungsrechts oder des Deliktsrechts und nicht nach den speziellen Vorschriften des Kaufrechts.[30] 582

Beispiel: Nachdem das gekaufte Kraftfahrzeug dem Käufer übergeben worden ist, wünscht der Käufer, dass vom Verkäufer auf der Grundlage des Kaufvertrages ein anderes Autoradio eingebaut wird. Der Verkäufer holt deshalb das Kraftfahrzeug beim Käufer ab, um den Austausch des Radios vorzunehmen. Als der Verkäufer den Pkw dem Käufer wieder zurückbringen will, kommt es auf dieser Fahrt zu einem vom Verkäufer verschuldeten Unfall, bei dem ein Kotflügel beschädigt wird. In diesem Fall verletzt der Verkäufer schuldhaft die ihm aus dem Kaufvertrag obliegende (nachwirkende) Pflicht, sorgsam mit der Kaufsache umzugehen und sie dem Käufer unversehrt zurückzugeben, und haftet deshalb nach § 280 Abs. 1 für den von ihm verursachten Schaden.[31]

---

[28] So *Reinicke/Tiedtke*, Rn. 305 ff.; PWW/*Schmidt*, § 434 Rn. 18 ff.
[29] BGH NJW 2001, 66; vgl. dazu *Schöpflin*, JA 2001, 267.
[30] Dagegen will *Klinck*, ZGS 2008, 217, §§ 434 ff. analog auf solche Mängel anwenden, die vom Verkäufer in einer von ihm zu vertretenden Weise zwischen dem Gefahrübergang und der Übergabe der Sache an den Käufer eintreten.
[31] Vgl. auch *OLG Saarbrücken* NJW 2007, 3503 = JuS 2008, 179 (*Faust*): Anwendung des allgemeinen Leistungsstörungsrechts bei Beschädigung der Kaufsache durch den Verkäufer im Rahmen der Nacherfüllung.

583 In vielen Fällen insbesondere bei Geschäften des täglichen Lebens werden zumindest ausdrücklich Beschaffenheitsvereinbarungen beim Kauf nicht getroffen. Erwirbt beispielsweise jemand in einem Fachgeschäft einen Elektrobohrer, dann wird er mit Selbstverständlichkeit davon ausgehen, dass dieser Bohrer sich für die üblichen Arbeiten eignet, die mit einem derartigen Werkzeug vorgenommen werden. Ob dann der „nach dem Vertrag vorausgesetzten Verwendung" i.S. v. § 434 Abs. 1 S. 2 Nr. 1 Bedeutung zukommt oder ob es um die Eignung „für die gewöhnliche Verwendung" und um die „übliche Beschaffenheit von Sachen der gleichen Art" i.S. v. § 434 Abs. 1 S. 2 Nr. 2 geht oder ob eine Beschaffenheitsvereinbarung nach § 434 Abs. 1 S. 1 anzunehmen ist, hängt von den jeweiligen Modalitäten des Kaufs ab. Lässt sich der Käufer vom Fachhändler beraten und erklärt er diesem, wofür er den Bohrer benötigt, dann wird es sich regelmäßig um einen Fall handeln, in dem es auf die Eignung für die nach dem Vertrag vorausgesetzte Verwendung ankommt, wenn nicht sogar stillschweigend eine entsprechende Beschaffenheit vereinbart (vgl. Rn. 579) und möglicherweise sogar garantiert worden ist. Wurde dagegen über die geplante Verwendung nicht gesprochen, dann kann der Käufer erwarten, dass der Bohrer die Eigenschaften aufweist, die ihn zu einer gewöhnlichen Verwendung geeignet machen. Darüber hinaus darf der Käufer davon ausgehen, dass der Bohrer auch alle die Eigenschaften besitzt, die in der Werbung für den Bohrer oder in der Etikettierung auf seiner Verpackung genannt werden (§ 434 Abs. 1 S. 3). Werbeaussagen und andere öffentliche Äußerungen des Verkäufers, des Herstellers oder seines Gehilfen sind dann unerheblich, wenn sie die Kaufentscheidung nicht beeinflussen können, wie zum Beispiel in dem Fall, dass es sich um Eigenschaften handelt, auf die der Käufer keinen Wert legt. Die Formulierung des Gesetzes („es sei denn") legt einen entsprechenden Beweis dem Verkäufer auf. Er muss im Streitfall beweisen, dass die Ausnahme zutrifft. Dies gilt auch, wenn sich der Verkäufer darauf beruft, dass er Werbeaussagen und andere öffentliche Äußerungen des Herstellers oder seines Gehilfen weder kannte noch kennen musste, d. h. dass seine Unkenntnis nicht auf Fahrlässigkeit beruht oder dass sie im Zeitpunkt des Vertragsschlusses in gleichwertiger Weise, wie sie veröffentlicht wurden, berichtigt worden sind. Selbstverständlich kann ein Verkäufer Werbeaussagen korrigieren und durch eigene Angaben ersetzen. In einem solchen Fall gilt dann nicht die Werbeaussage, sondern die Erklärung des Verkäufers.[32]

584 Übernimmt es der Verkäufer vertraglich, die verkaufte Sache zu montieren,[33] dann bedeutet es einen Sachmangel, wenn diese **Montage unsachgemäß** durchgeführt wird (§ 434 Abs. 2 S. 1). Für diese Bewertung ist

---

[32] *Tröger*, JuS 2005, 503, 508.
[33] Eine lediglich aus Kulanz, also nicht vertraglich vereinbarte Montage kann nicht zu einem Sachmangel führen, da § 434 Abs. 2 S. 1 eine Vereinbarung voraussetzt, *Tröger*, JuS 2005, 503, 510.

es nicht entscheidend, ob die fehlerhafte Montage auch zu einer Qualitätsminderung an der Sache selbst führt.

Baut beispielsweise der Verkäufer eine von ihm verkaufte Küche unsachgemäß ein, so dass einzelne Schränke schief an der Wand angebracht sind, dann liegt darin auch dann ein Sachmangel, wenn die Schränke als solche ohne weiteres benutzt werden können und die unsachgemäße Montage nicht zu irgendwelchen Schäden an ihnen geführt hat.

Ist vorgesehen, dass der gekaufte Gegenstand vom Käufer oder einem Dritten montiert wird, dann hängt der Erfolg einer solchen Montage häufig von der richtigen Montageanleitung ab. Enthält die Montageanleitung Fehler und wird deshalb die Montage fehlerhaft durchgeführt, dann führt dies nach § 434 Abs. 2 S. 2 ebenfalls zu einem Sachmangel. Dass die Sache trotz der Fehler in der Montageanleitung richtig montiert worden ist, hat im Streitfall der Verkäufer zu beweisen.

Die nach früherem Recht bestandenen Abgrenzungsschwierigkeiten **585** zwischen einer mangelhaften Leistung und einer Falschlieferung werden durch § 434 Abs. 3 dadurch behoben, dass die **Falschlieferung als Schlechtlieferung** gilt und deshalb von einem Sachmangel ausgegangen werden muss. Allerdings schafft diese Regelung beim **Stückkauf** neue Probleme. Nach altem Recht wurde es als ein untauglicher Erfüllungsversuch angesehen, wenn der Verkäufer anstelle der gekauften Sache dem Käufer eine andere lieferte. Dies scheint nach der neuen Regelung anders zu sein. Führt die Falschlieferung zu einem Sachmangel, dann ist es dem Käufer überlassen, ob er deshalb Ansprüche erhebt.

Beispiel: Der Gebrauchtwagenhändler liefert in Folge eines Fehlers in seiner Organisation statt des verkauften VW Golf einen BMW 318i. Der Käufer freut sich über das gelieferte Fahrzeug und denkt nicht daran, Gewährleistungsrechte geltend zu machen.

Hier soll lediglich auf diese sehr umstrittene Frage hingewiesen werden.[34] Eine Beschäftigung damit ist dem Fortgeschrittenen vorzubehalten (dazu EK BGB Rn. 64 f.).

Liefert der Verkäufer zu wenig, dann liegt in der zu geringen Menge **586** **nach § 434 Abs. 3 ebenfalls ein Sachmangel.** Da regelmäßig vor weiteren Ansprüchen des Käufers wegen des Mangels zunächst von ihm Nacherfüllung verlangt werden muss (vgl. Rn. 590), unterscheidet sich der aufgrund des § 434 Abs. 3 ergebende Gewährleistungsanspruch seinem Inhalt nach nicht von dem primären Erfüllungsanspruch, so dass es regelmäßig nur darum gehen kann, dem Käufer die noch ausstehende Teilmenge zu übergeben und zu übereignen. Nur wenn durch eine solche Nachlieferung ein vertragsmäßiger Zustand nicht zu erreichen ist, kann der Käufer eine erneute Gesamtlieferung als mangelfreie Sache fordern.

---

[34] Zu dem insoweit geführten Meinungsstreit vgl. *Dauner-Lieb/Arnold*, JuS 2002, 1175; *Musielak*, NJW 2003, 89; *Reinicke/Tiedtke*, Rn. 368 ff.; *Wiese*, AcP 206 (2006), 902, jeweils m. w. N. zu den verschiedenen Auffassungen.

Beispiel: K kauft von dem Fabrikanten F zehn Ballen eines bestimmten Stoffes. Es werden ihm zunächst nur acht Ballen geliefert. Bei den daraufhin gelieferten zwei restlichen Ballen ergeben sich Farbabweichungen gegenüber den bereits erhaltenen acht Ballen. Diese Farbabweichung hat ihren Grund darin, dass bei verschiedenen Färbevorgängen stets unterschiedliche Farbnuancen unvermeidbar sind. Deshalb kann K die Lieferung von zehn Stoffballen aus einem einheitlichen Färbevorgang von F beanspruchen, wenn es ihm auf eine einheitliche Einfärbung ankommt und eine entsprechende Beschaffenheit des Stoffes vereinbart worden ist, weil nur auf diese Weise der Verkäufer seine Pflicht erfüllt, eine mangelfreie Sache dem Käufer zu übergeben.

587 Ein Anspruch des Käufers wegen eines Mangels wird nicht deshalb ausgeschlossen, weil dadurch nur eine **unerhebliche Minderung des Wertes oder der Tauglichkeit der Kaufsache** verursacht wird (Rn. 577).[35] Allerdings sind die Rechte des Käufers bei einem unerheblichen Mangel im Wesentlichen auf das Recht, den Kaufpreis zu mindern, begrenzt (vgl. § 441 Abs. 1 S. 2), dagegen sind ein Anspruch auf Schadensersatz statt der Leistung gem. § 281 Abs. 1 S. 3 i.V.m. § 437 Nr. 3 (vgl. Rn. 408) und der Rücktritt vom Vertrag gem. § 323 Abs. 5 S. 2 i.V.m. § 437 Nr. 2 (vgl. Rn. 521) ausgeschlossen.[36] Bevor der Käufer den Kaufpreis mindern darf, muss er zunächst den Verkäufer auffordern, den (unerheblichen) Mangel innerhalb einer angemessenen Frist zu beseitigen, sofern nicht eine Fristsetzung entbehrlich ist (vgl. Rn. 275).

2. Rechtsmängelhaftung

588 Nach § 433 Abs. 1 S. 2 ist der Verkäufer verpflichtet, dem Käufer die Kaufsache frei von Rechtsmängeln zu verschaffen. Der Inhalt dieser Pflicht wird durch § 435 präzisiert. Danach ist die Sache frei von Rechtsmängeln, wenn Dritte in Bezug auf die Sache keine oder nur die im Kaufvertrag übernommenen Rechte gegen den Käufer geltend machen können. In erster Linie kommen dingliche Rechte Dritter in Betracht, die an der Kaufsache bestehen, wie z.B. Pfandrechte an beweglichen Sachen und an Rechten (§§ 1204 ff.), Grundpfandrechte (§§ 1113 ff.), Anwartschaftsrechte (vgl. Rn. 637 f.) und Nießbrauch (§§ 1030 ff.). Um einen Rechtsmangel handelt es sich auch, wenn im Grundbuch ein Recht eingetragen ist, das nicht besteht (§ 435 S. 2). Obligatorische Rechte, also Ansprüche, die sich aus einem Schuldverhältnis ergeben, können dann einen Rechtsmangel darstellen, wenn sie einem Dritten berechtigten Besitz verschaffen, der dem Käufer entgegengehalten werden kann und ihn in der Nutzung des Kaufgegenstandes beeinträchtigt. Dies gilt beispielsweise für Miet- und Pachtverhältnisse an der Kaufsache, weil die Rechte des Mieters oder Pächters gegenüber dem Käufer geltend gemacht werden können (vgl. Rn. 548). Streitig ist, ob die Nichterfüllung der Pflicht des Verkäufers,

---

[35] Vgl. *BGH* NJW-RR 2009, 777: geringfügige, kaum erkennbare Farbabweichung bei Dachziegeln.
[36] *BGH* NJW 2007, 2111, 2112; *OLG Frankfurt a.M.* NJW 2005, 2235, 2236; *LG Ravensburg* NJW 2007, 2127, 2128.

dem Käufer das Eigentum an der Kaufsache zu verschaffen, zu einem Rechtsmangel führt. Die h. M. verneint dies mit der Begründung, die Eigentumsverschaffungspflicht werde ausdrücklich in § 433 Abs. 1 S. 1 genannt und werde deshalb nicht von § 433 Abs. 1 S. 2 und § 435 erfasst. Von diesem Standpunkt aus müssen die Rechtsfolgen der Nichterfüllung unmittelbar dem allgemeinen Leistungsstörungsrecht entnommen werden (zu diesem Meinungsstreit vgl. EK BGB Rn. 78 f.).

Rechte Dritter in Bezug auf die Sache können sich auch aus dem öffentlichen Recht ergeben, wenn sie dazu führen, die rechtlichen Befugnisse des Käufers als Eigentümer der Kaufsache einzuschränken. Dies gilt beispielsweise für die Sozialbindung von Wohnungen, die die rechtlichen Befugnisse des Eigentümers erheblich einschränkt.[37] Dagegen sind solche öffentlich-rechtlichen Beschränkungen, die aus Gründen des Gemeinwohls bestehen und vom Verkäufer nicht beseitigt werden können, wie die sich aus dem öffentlichen Baurecht ergebenden Baubeschränkungen, keine Rechtsmängel, sondern Sachmängel, weil Dritte hieraus keine Rechte gegen den Käufer geltend machen können.[38] Für öffentliche Lasten von Grundstücken trifft § 436 eine spezielle Regelung.

Rechts- und Sachmängel werden hinsichtlich der sich ergebenden Rechtsfolgen gleich behandelt. Der Käufer kann folglich Nacherfüllung, Minderung des Kaufpreises und Schadensersatz verlangen sowie vom Kaufvertrag zurücktreten, wenn ein Rechtsmangel besteht und die sonstigen Voraussetzungen für die genannten Rechte erfüllt werden. Auf Einzelheiten wird im Folgenden eingegangen werden. 589

d) Die Rechte des Käufers wegen eines Mangels im Einzelnen

1. Anspruch auf Nacherfüllung

Liefert der Verkäufer eine mangelhafte Sache, dann erfüllt er nicht die ihm nach § 433 Abs. 1 S. 2 obliegende Pflicht, die Kaufsache dem Käufer frei von Sach- und Rechtsmängeln zu verschaffen. Der Käufer kann folglich weiterhin vom Verkäufer fordern, dass dieser seiner vertraglichen Pflicht nachkommt. Entdeckt der Käufer den Mangel bereits vor der Übergabe, dann ist er berechtigt, die Abnahme der Sache zu verweigern und Lieferung einer mangelfreien Sache zu fordern (str., vgl. EK BGB Rn. 63). Dieses Recht ergibt sich aus dem vertraglichen Anspruch des Käufers nach § 433 Abs. 1. Die kaufrechtliche Regelung insbesondere auch die sich daraus ergebenden Einschränkungen (vgl. Rn. 607 ff.) gelten erst ab dem Zeitpunkt, in dem die Gegenleistungsgefahr auf den Käufer übergeht (vgl. Rn. 582).[39] Ist dies gesche- 590

---

[37] *BGH* NJW 2000, 1256.
[38] *BGH* NJW 1992, 1384, 1985; Palandt/*Weidenkaff*, § 434 Rn. 61, § 435 Rn. 13; PWW/*Schmidt*, § 435 Rn. 17.
[39] Vgl. *P. Huber*, NJW 2002, 1004, 1005; Bamberger/Roth/*Faust*, § 434 Rn. 34 ff.; a. A. *Reinicke/Tiedtke*, Rn. 401 (kaufrechtliche Regelungen gelten erst, wenn der Käufer die angebotene Sache als Erfüllung angenommen hat).

hen, dann hat der Käufer regelmäßig Nacherfüllung zu verlangen (vgl. Rn. 575). Das Erfordernis eines Nacherfüllungsverlangens stellt sich als eine Obliegenheit des Käufers dar, die nicht nur eine mündliche oder schriftliche Aufforderung zum Inhalt hat, sondern auch die Bereitschaft des Käufers umfasst, dem Verkäufer die Kaufsache zur Prüfung der gerügten Mängel für eine entsprechende Untersuchung zur Verfügung zu stellen.[40] Der **Anspruch auf Nacherfüllung wird durch § 439 näher ausgestaltet** (zu Einzelheiten EK BGB Rn. 67 ff.). Nach Abs. 1 dieser Vorschrift kann der Käufer grundsätzlich zwischen der Nachbesserung und einer Ersatzlieferung wählen. Dieses Wahlrecht wird jedoch wesentlich durch die Art des Kaufgegenstandes eingeschränkt. Bei einem Gattungskauf wird in erster Linie die Lieferung einer anderen mangelfreien Sache statt der Beseitigung des Mangels in Betracht kommen. Allerdings kann im Einzelfall auch bei Gattungssachen die Beseitigung von Mängeln durchaus Sinn machen und deshalb vom Käufer verlangt werden. Hat der Käufer seine Wahl getroffen, dann muss er dem Verkäufer eine angemessene Frist zur Erbringung der geforderten Leistung einräumen und darf nicht vor Ablauf dieser Frist eine andere Art der Nacherfüllung verlangen.[41] Wie ausgeführt (Rn. 575) ergibt sich das Erfordernis der Fristsetzung aus den in § 437 im Einzelnen aufgeführten Vorschriften, durch die die Rechte des Käufers geregelt werden. Diesen Vorschriften ist auch zu entnehmen, in welchen Fällen eine Fristsetzung als entbehrlich entfällt (vgl. Rn. 412, 523, 597).[42]

Ist die Beseitigung des Mangels oder die Lieferung einer mangelfreien Sache zwar möglich, aber unverhältnismäßig teuer, dann kann der Verkäufer die geforderte Leistung verweigern. § 439 Abs. 3 S. 2 gibt Hinweise für die Entscheidung der Frage, wann ein Leistungsverweigerungsrecht des Verkäufers begründet ist. Dabei spielt auch eine Rolle, ob die dem Verkäufer günstigere Art der Nacherfüllung zu einem vertragsgemäßen Zustand führt. In der Gesetzesbegründung[43] wird als Beispiel der Fall angeführt, dass der Mangel bei einer Waschmaschine durch einfaches Auswechseln einer Schraube behoben werden kann. In diesem Fall kann der Verkäufer die Forderung nach Lieferung einer neuen Waschmaschine wegen der damit verbundenen unverhältnismäßigen Aufwendungen verweigern. Treffen die Voraussetzungen für ein Leistungsverweigerungsrecht des Verkäufers auf beide Arten der Nacherfüllung zu, dann kommt nur eine Minderung des Kaufpreises, ein Rücktritt vom Vertrag und ein Anspruch auf Schadensersatz oder auf Ersatz vergeblicher Aufwendungen in Betracht.

591 Weist bei einem **Stückkauf,** bei dem der Kaufgegenstand durch individuelle Merkmale konkret bestimmt wird, die Sache einen Mangel auf,

---

[40] *BGH* NJW 2010, 1448 Tz. 12 = JuS 2011, 67 *(Faust)*.
[41] Das *OLG Saarbrücken* NJW 2008, 369, 371 weist zu Recht darauf hin, dass ein Käufer, der sich nicht an die von ihm getroffene Wahl halten will, dem Verbot des widersprüchlichen Verhaltens zuwiderhandelt und sich rechtsmissbräuchlich verhält.
[42] *Skamel,* JuS 2010, 671, 672 f.; *Martis,* MDR 2010, 1293.
[43] Amtl. Begr. S. 232 (r. Sp.).

dann ist die **Lieferung einer anderen mangelfreien Sache grundsätzlich ausgeschlossen,** so dass nur die Beseitigung des Mangels bleibt.

Beispiel: Verkauft V dem K das Bild Sonnenuntergang des Malers Farbenreich und wird bei der Übergabe des Bildes eine Beschädigung festgestellt, dann kann K selbstverständlich nicht von V ein anderes Bild des Malers verlangen, weil Gegenstand des Vertrages das Bild Sonnenuntergang ist und deshalb nicht etwa ein beliebiges anderes des Malers Farbenreich an seine Stelle treten kann. K kann deshalb von V nur fordern, dass die Beschädigung des gekauften Bildes behoben wird.

Ob dies durchweg für jeden Stückkauf gilt oder ob bei ihm der Austausch der mangelhaften Sache gegen eine andere mangelfreie in Fällen möglich ist, in denen an die Stelle der verkauften Sache eine andere treten kann, die ihr wirtschaftlich entspricht und die deshalb auch dem Leistungsinteresse des Käufers genügt, ist sehr streitig.[44] Zur Erläuterung des sich stellenden Problems folgender

Beispielsfall: Der Gebrauchtwagenhändler G verkauft einen bestimmten Gebrauchtwagen nach Besichtigung. Der Käufer stellt fest, dass das Fahrzeug die vertraglich zugesicherte Sonderausstattung nicht aufweist. Da also die Ist-Beschaffenheit des Fahrzeugs von der vereinbarten Beschaffenheit nachteilig abweicht, ist es mangelhaft (§ 434 Abs. 1 S. 1). Am Markt sind durchaus Fahrzeuge mit der vertraglich geschuldeten Beschaffenheit erhältlich. Es stellt sich deshalb die Frage, ob G verpflichtet ist, auf Verlangen des Käufers sich ein entsprechendes Fahrzeug zu beschaffen und es dem Käufer zu liefern.

Bildet den Gegenstand eines Kaufvertrages eine bestimmte von den Parteien ausgewählte Sache, dann ist nur sie erfüllungstauglich. Ist sie mangelhaft, dann kommt im Rahmen der Nacherfüllung deshalb nur die Beseitigung des Mangels in Betracht. Ist dies nicht möglich, wie dies z. B. bei einem Unfallwagen der Fall ist, der als unfallfreies Fahrzeug verkauft wird, dann entfällt der Anspruch auf Nacherfüllung und der Käufer kann ohne weiteres die ihm wegen des Mangels zustehenden Rechte geltend machen.[45] Der Verkäufer ist in einem solchen Fall weder berechtigt noch verpflichtet, sich am Markt ein vergleichbares Fahrzeug zu beschaffen und es dem Käufer als geschuldete Leistung anzubieten. Es ist jedoch stets sorgfältig zu prüfen, ob es sich bei der Sache, auf die sich die Verkaufsverhandlungen der Vertragsparteien beziehen, auch tatsächlich um den geschuldeten Gegenstand handelt oder ob sie nicht lediglich die Funktion eines Musters aufweist, so dass sie durch eine andere gleichwertige ersetzt werden kann.

Der BGH hat die Möglichkeit einer Ersatzlieferung bei einem mangelhaften Gebrauchtwagen mit der Erwägung ausgeschlossen, dass bei einem solchen Kauf erst der bei einer persönlichen Besichtigung gewonnene Gesamteindruck von den technischen Eigenschaften, der Funktionsfähigkeit und dem äußeren Erscheinungsbild des individuellen Fahrzeugs ausschlaggebend für den Entschluss des Käufers sei, das konkrete

---

[44] Vgl. die Nachw. bei PWW/*Schmidt*, § 439 Rn. 25, und *Musielak*, NJW 2008, 2801.
[45] *OLG Nürnberg* NJW 2005, 2019, 2020 (zum Verkauf eines Gebrauchtwagens, der nicht aus dem vertraglich vereinbarten Modelljahr stammt).

Fahrzeug zu kaufen, das in der Gesamtheit seiner Eigenschaften dann nicht gegen ein anderes austauschbar sein könne.[46]

Anders ist allerdings zu entscheiden, wenn beim Kauf eines Pkw das besichtigte und ausgewählte Fahrzeug lediglich als Musters dient, es also dem Käufer nur darauf ankommt, ein Auto zu erwerben, das nach Alter, äußerer Erscheinung und technischer Ausstattung dem besichtigten Fahrzeug entspricht. Dies ist z.B. der Fall, wenn im Kraftfahrzeughandel Pkw mit einer sog. Tageszulassung angeboten werden, die ohne weiteres gegen ein gleiches Fahrzeug ausgetauscht werden können.[47] Der Unterschied zu einem Kauf, bei dem der zu erwerbende Pkw nach der Liste ausgewählt wird und bei dem es sich zweifelsfrei um einen Gattungskauf handelt, besteht dann lediglich darin, dass der Kunde in der Wahl der Ausstattung des Fahrzeugs auf die vom Händler angebotenen Autos beschränkt ist. Wenn sich also der Käufer für ein solches Fahrzeug entscheidet, dann ist sein Anspruch auf einen Pkw gerichtet, der in seinen Merkmalen dem entspricht, den er besichtigt und ausgewählt hat. Hier ergibt sich also ohne weiteres eine Austauschbarkeit, wenn das gelieferte Fahrzeug mangelhaft sein sollte. Regelmäßig dürfte es sich deshalb um eine Gattungsschuld handeln, die auf den Bestand an Fahrzeugen des jeweiligen Händlers beschränkt ist (Vorratsschuld).

592 Entgegen abweichender Auffassungen muss daran festgehalten werden, dass im Rahmen eines Stückkaufs der Austausch der von den Vertragsparteien ausgewählten Sache durch eine andere zur Erfüllung des Nacherfüllungsanspruchs ausgeschlossen ist. Ein solcher Austausch ist unvereinbar mit dem Leistungsversprechen des Schuldners, das sich beim Stückkauf auf eine individuell bestimmte Sache bezieht, die allein nur den Leistungsgegenstand bildet.[48] Ist jedoch den Parteivereinbarungen zu entnehmen, dass ein Austausch der vom Verkäufer gelieferten Sache gegen eine wirtschaftlich gleichwertige möglich ist, dann dürfte es sich regelmäßig nicht um einen Stückkauf, sondern um einen Gattungskauf handeln.[49] Von einer sorgfältigen Abgrenzung des Gattungskaufs vom Stückkauf hängt also die Beantwortung der Frage ab, ob der Käufer im Rahmen seines Anspruchs auf Nacherfüllung eine Ersatzlieferung fordern kann. Die eingehende Beschäftigung mit diesem Problem ist dem Fortgeschrittenen vorzubehalten; vgl. dazu EK BGB Rn. 70ff.

593 Verlangt der Käufer die **Mängelbeseitigung** oder ist sie wie beim Stückkauf die einzige Möglichkeit der Nacherfüllung, dann kann sie – wie bereits bemerkt – der **Verkäufer unter den in § 439 Abs. 3 genannten Voraussetzungen verweigern**. Dieses Recht steht ihm zu, wenn mit der von ihm verlangten Nachbesserung unverhältnismäßige Kosten verbunden sind. Bei der Frage nach der Verhältnismäßigkeit der Mängelbeseitigungskosten bieten der Wert der Sache im mangelfreien Zustand,[50] die Bedeutung des Mangels und beim Gattungskauf die Möglichkeit einer Ersatzlieferung die maßge-

---

[46] *BGH* NJW 2006, 2838, 2841 Tz. 24.
[47] So in dem vom *OLG Braunschweig* NJW 2003, 1053 entschiedenen Fall.
[48] Vgl. *OLG Hamm* NJW-RR 2005, 1220, 1221.
[49] Vgl. dazu *Dieckmann*, ZGS 2009, 9; *Musielak*, NJW 2008, 2801.
[50] *OLG Braunschweig* NJW 2003, 1053, 1054. Das Gericht weist zu Recht darauf hin, das Bezugspunkt nicht der Kaufpreis sein könne, weil sich dies in Fällen, in denen der Kaufpreis weit unter dem Wert der Sache liegt (sog. Schnäppchen), zu einem ungerechtfertigten Nachteil für den Käufer auswirken würde.

benden Kriterien (§ 439 Abs. 3 S. 2).[51] Bei einem unbedeutenden Mangel, der ohne erhebliche Nachteile für den Käufer durch Nachbesserung behoben werden kann, ist der Verkäufer berechtigt, die vom Käufer geforderte Ersatzlieferung zu verweigern (Rn. 590). Schließlich kann der Verkäufer die Beseitigung des Mangels verweigern, wenn es sich insoweit um einen Fall faktischer Unmöglichkeit handelt (§ 275 Abs. 2, vgl. dazu Rn. 399 ff.) oder wenn ihm bei einer persönlich zu erbringenden Leistung die Überwindung eines entgegenstehenden Leistungshindernisses nicht zugemutet werden kann (§ 275 Abs. 3, vgl. dazu Rn. 405).

An welchem **Ort der** Verkäufer die von ihm zu leistende **Nacherfüllung** 594 zu erbringen hat, richtet sich in erster Linie nach den entsprechenden Vereinbarungen der Vertragsparteien. Fehlt eine solche Vereinbarung, dann kommt als Nacherfüllungsort entweder der ursprüngliche Erfüllungsort oder der sog. Belegenheitsort, d.h. der Ort, an dem sich die Sache gemäß ihrer Zweckbestimmung befindet, in Betracht. Für beide Varianten finden sich Befürworter.[52] Überwiegend wird der Standpunkt vertreten, dass die Nacherfüllung vorbehaltlich einer abweichenden Vereinbarung regelmäßig am Belegenheitsort der Sache zu erbringen ist.[53] Begreift man jedoch mit der h. M. den Nacherfüllungsanspruch als Fortsetzung des ursprünglichen Erfüllungsanspruchs, der darauf gerichtet ist, in gleicher Weise wie der Erfüllungsanspruch einen vertragsmäßigen Zustand herbeizuführen,[54] dann spricht dies dafür, die Nacherfüllung am ursprünglichen Erfüllungsort vorzunehmen,[55] sofern nicht Besonderheiten des Einzelfalls z. B. eine abweichende Branchenüblichkeit eine gegenteilige Entscheidung fordern. Muss deshalb die Kaufsache vom Käufer zum Zwecke der Nacherfüllung vom Belegenheitsort zum ursprünglichen Erfüllungsort transportiert werden, dann hat der Verkäufer die dadurch entstehenden **Kosten** zu tragen (§ 439 Abs. 2), wobei er die Übernahme unverhältnismäßig hoher Kosten nach § 439 Abs. 3 verweigern kann.

Erhält der Käufer vom Verkäufer zum Zwecke der Nacherfüllung anstel- 595 le der mangelhaften Sache eine mangelfreie, dann ist die mangelhafte Sache

---

[51] *BGH* NJW-RR 2009, 777, 779.
[52] Vgl. zu dem insoweit geführten Meinungsstreit *Reinking*, NJW 2008, 3608; *Pils*, JuS 2008, 767.
[53] *OLG München* NJW 2006, 449, 450; *OLG Celle* NJOZ 2010, 612, 613 (Wohnsitz des Käufers bei Kauf für private Zwecke); *P. Huber*, NJW 2002, 1004, 1006; *Tiedtke/Schmitt*, DStR 2004, 2016, 2017 f.; *Schneider/Katerndahl*, MDR 2009, 9, 10; *Reinicke/Tiedtke*, Rn. 417; MünchKomm/*Westermann*, § 439 Rn. 7; Erman/*Grunewald*, § 439 Rn. 5; Palandt/*Grüneberg*, § 269 Rn. 15; PWW/*Schmidt*, § 439 Rn. 18; Bamberger/Roth/*Faust*, § 439 Rn. 13; ebenso zur parallelen Frage beim Werkvertrag *BGH* NJW-RR 2008, 724.
[54] Vgl. *BGH* NJW 2008, 2837, 2838 Tz. 18 ff.; *Musielak*, NJW 2008, 2801, 2802 m. w. N.
[55] So auch *BGH* NJW 2011, 2278; *OLG München* NJW 2007, 3214 = JuS 2008, 84 (*Faust*); *OLG Koblenz* ZGS 2010, 570, 571; *Muthorst*, ZGS 2007, 370; *Reinking*, NJW 2008, 3608, 3510 ff.; *Skamel*, ZGS 2006, 227; *Unberath/Cziupka*, JZ 2008, 867, 872 ff.; *Katzenstein*, ZGS 2008, 450, 452 f.

selbstverständlich dem Verkäufer zurückzugeben. Die bei dieser Rückgewähr zu beachtenden Regeln sind den §§ 346 bis 348 zu entnehmen (vgl. dazu Rn. 241 ff.), wie dies ausdrücklich durch § 439 Abs. 4 klargestellt wird. Die Frage, ob der Käufer verpflichtet ist, **Ersatz für die Nutzung der mangelhaften Sache zu leisten**, ist für den Verbrauchsgüterkauf nach §§ 474 ff. (dazu Rn. 640 ff.) gesetzlich entschieden.[56] Nach § 474 Abs. 2 S. 1 wird eine solche Verpflichtung ausgeschlossen.[57] Außerhalb des Verbrauchsgüterkaufs ist dagegen der Käufer zu einem solchen Wertersatz verpflichtet. Dies folgt aus § 346 Abs. 1, Abs. 2 S. 1 Nr. 1. Nicht allein der Wortlaut dieser Vorschriften, sondern auch die dafür gegebene amtliche Begründung[58] belegen einen entsprechenden Willen des Gesetzgebers.[59]

596 Bereits die vom Verkäufer vorzunehmende Prüfung, ob der Anspruch des Käufers auf Nacherfüllung wegen eines Mangels der Kaufsache berechtigt ist, kann erhebliche Kosten verursachen. Stellt sich heraus, dass die Kaufsache keinen Mangel aufweist und deshalb eine Nacherfüllung nicht geschuldet wird, fragt sich, ob der Verkäufer Ersatz dieser Kosten vom Käufer fordern kann. Nach Auffassung des BGH[60] stellt ein unberechtigtes Mangelbeseitigungsverlangen eine zum Schadensersatz verpflichtende schuldhafte Vertragsverletzung dar, wenn der Käufer erkannt oder fahrlässig nicht erkannt hat, dass ein Mangel nicht besteht, sondern die Ursache für die von ihm beanstandete Erscheinung in seinem eigenen Verantwortungsbereich liegt (vgl. auch Rn. 488). Als Anspruchsgrundlage kommt § 280 Abs. 1 in Betracht.[61] Dabei darf jedoch nicht unberücksichtigt bleiben, dass dem Käufer aufgegeben ist, vom Verkäufer die Mangelbeseitigung zu verlangen und ihm Gelegenheit zu geben, die Kaufsache zu untersuchen, bevor er weitere Rechte geltend machen darf (vgl. Rn. 590). Muss der Käufer befürchten, dass er sich bei einer Fehleinschätzung in Bezug auf die Ursachen eines Defektes der Kaufsache schadensersatzpflichtig macht, dann könnte ihn dies in der Ausübung seiner Rechte erheblich einschränken. Der BGH hat dies durchaus beachtet und darauf hingewiesen, dass der Käufer keineswegs verpflichtet sei, vorab zu klären und festzustellen,

---

[56] Diese erst im Jahre 2008 getroffene gesetzliche Regelung geht auf eine Entscheidung des EuGH (NJW 2008, 1433) zurück.

[57] Dadurch kann sich eine beträchtliche Belastung für den Verkäufer ergeben. Man denke nur an Fälle, in denen der Käufer die mangelhafte Sache längere Zeit nutzt und dadurch erheblich in ihrem Wert mindert. Erwägenswert erscheint, solche vermögensmäßigen Nachteile bei der Frage zu berücksichtigen, ob der Verkäufer wegen Unverhältnismäßigkeit der ihn treffenden Kosten die Nacherfüllung gemäß § 439 Abs. 3 S. 1 verweigern kann; so *Kaeding*, NJW 2010, 1031, 1033 f.

[58] BT-Drs. 14/6040 S. 232. So auch *BGH* NJW 2006, 3200, 3201 Tz. 12 ff.

[59] So auch *BGH* NJW 2006, 3200, 3201 Tz. 12 ff.; 2009, 427, 428 Tz. 20 = JuS 2009, 274 *(Faust)*; *Kropholler*, § 439 Rn. 9; a.A. *Gsell*, JZ 2009, 522, 526.

[60] NJW 2008, 1147, 1148 Tz. 12 = JuS 2008, 746 *(Faust)*; vgl. dazu *Haertlein*, MDR 2009, 1.

[61] Zur Anspruchsgrundlage und ihren Voraussetzungen im Einzelnen vgl. *Lange/Widmann*, ZGS 2008, 329.

ob die von ihm beanstandete Erscheinung Symptom eines Sachmangels ist. Vielmehr müsse er lediglich im Rahmen seiner Möglichkeiten sorgfältig prüfen, ob sie auf eine Ursache zurückzuführen ist, die nicht dem Verantwortungsbereich des Verkäufers zugeordnet werden kann.[62] Die dabei zu stellenden Anforderungen an die Überprüfungsspflicht des Käufers dürfen nicht überspannt werden. Zeigen sich Symptome, die einen Sachmangel nahelegen, dann muss nicht der Käufer die Ursache dafür ermitteln. Er kann dies dem Verkäufer überlassen.[63] Nur wenn für den Käufer erkennbar ist, dass ein aufgetretener Defekt nicht durch einen Mangel der Kaufsache verursacht worden ist, muss er ein Mangelbeseitigungsverlangen unterlassen.

2. Rücktritt

Der Rücktritt ist grundsätzlich davon abhängig, dass der Käufer dem Verkäufer zuvor eine **angemessene Frist zur Nacherfüllung** gesetzt hat und diese Frist erfolglos abgelaufen ist (vgl. Rn. 575). Der Verkäufer muss also zunächst die Chance erhalten, den vertragswidrigen Zustand zu korrigieren und eine vertragsgemäße Leistung zu erbringen, bevor der Käufer vom Vertrag zurücktreten und gegebenenfalls Schadensersatz fordern oder den Kaufpreis mindern kann. **Nur in Ausnahmefällen bedarf es keiner Fristsetzung.** Die Aufzählung dieser Fälle in § 323 Abs. 2 (vgl. Rn. 523)[64] wird durch § 440 ergänzt. Danach ist eine Fristsetzung nicht erforderlich, wenn beide Arten der Nacherfüllung unverhältnismäßig sind und sie deshalb vom Verkäufer nach § 439 Abs. 3 oder nach § 275 Abs. 2 oder 3 verweigert werden oder wenn die dem Käufer zustehende Art der Nacherfüllung fehlgeschlagen ist oder ihm nicht zugemutet werden kann. Für die Regelung in § 440 sprechen folgende Erwägungen:

597

- Verweigert der Verkäufer aufgrund des § 439 Abs. 3 die Nacherfüllung, dann ließe sich bereits aus § 323 Abs. 2 Nr. 1 ableiten, dass eine Fristsetzung entfällt. Zweifel, die sich insoweit ergeben könnten, weil der Verkäufer – wenn auch mangelhaft – geleistet hat, werden durch die ausdrückliche Regelung in § 440 beseitigt.
- Ist die dem Käufer zustehende Art der **Nacherfüllung fehlgeschlagen,** dann kann dem Käufer ein weiteres Warten auf die Erbringung einer vertragsmäßigen Leistung nicht mehr zugemutet werden. Ihm ist deshalb das Recht des Rücktritts ohne weitere Frist einzuräumen. Von einem „Fehlschlagen" ist auszugehen, wenn der Mangel nach Ablauf einer angemessenen Frist nicht beseitigt ist oder wenn erfolglose Versu-

---

[62] *BGH* NJW 2008, 1147, 1148 Tz. 13; vgl auch *BGH* NJW 2009. 1262, 1264 Tz. 20.
[63] *Kaiser,* NJW 2008, 1709, 1712.
[64] Es handelt sich auch dann um einen Fall des § 323 Abs. 2 Nr. 1, wenn der Verkäufer zwar die Kaufsache übergeben will, sich jedoch weigert, zuvor die Mängel der Sache zu beseitigen; vgl. *OLG Naumburg* NJW 2004, 2022; Amtl. Begr., S. 223 (r. Sp)

che des Verkäufers eine Beseitigung nicht erwarten lassen.[65] Dabei sind dem Verkäufer nach der gesetzlichen Regelung regelmäßig zwei Versuche einzuräumen. Dies schließt jedoch nicht aus, dass auf Grund der Umstände des Einzelfalls bereits ein einmaliger erfolgloser Versuch als endgültiger Fehlschlag anzusehen ist.[66] Andererseits kann der Verkäufer mehr als zwei Nachbesserungsversuche verlangen, wenn es sich bei besonderer technischer Komplexität der Sache um einen schwer behebbaren Mangel handelt oder ungewöhnlich widrige Umstände bei den vorangegangenen Nachbesserungsversuchen bestanden haben.[67] Erscheint zwar eine Nachbesserung technisch durchführbar, erfordert sie jedoch eine Zeit, die abzuwarten, dem Kunden nach den Umständen des Falles nicht zugemutet werden kann, dann kann der Käufer ohne Setzung einer Nachfrist seine Rechte geltend machen.[68] Die Nacherfüllung in Form der Ersatzlieferung ist fehlgeschlagen, wenn erneut eine mangelhafte Sache geliefert wird und deshalb weitere Erfüllungsversuche des Verkäufers für den Käufer unzumutbar erscheinen.[69]

- Einen besonderer Umstand, der gem. § 323 Abs. 2 Nr. 3 unter Abwägung der beiderseitigen Interessen den sofortigen Rücktritt oder die Minderung des Kaufpreises ohne ein vorheriges Nacherfüllungsverlangen rechtfertigt, schafft der Fall, dass der Verkäufer beim Abschluss des Kaufvertrages einen ihm bekannten Mangel der Kaufsache verschweigt. Eine solche Täuschungshandlung lässt für den Käufer die Vertrauensgrundlage für eine weitere Zusammenarbeit mit dem Verkäufer und damit auch für die Nacherfüllung entfallen.[70] Hat allerdings der Käufer dem Verkäufer dennoch eine Frist zur Mängelbeseitigung gesetzt und wird innerhalb der Frist dem Verlangen des Käufers entsprochen und der Mangel behoben, dann scheidet der Rücktritt des Käufers vom Vertrag aus, weil die verkaufte Sache nunmehr vertragsgerecht ist.[71]

598 Die Rücktrittserklärung ist ein Gestaltungsrecht (Rn. 237) und kann nach ihrer Abgabe nicht mehr vom Käufer zurückgenommen werden. Die Bindung des Käufers an den Rücktritt schließt es aus, dass er nach der Rücktrittserklärung den Kaufvertrag als gültig behandelt, die Kaufsache behält und die Minderung des Kaufpreises erklärt.[72] Verlangt der Käufer

---

[65] PWW/*Schmidt*, § 440 Rn. 10.
[66] MünchKomm/*Westermann*, § 440 Rn. 10.
[67] *BGH* NJW 2007, 504, 505 Tz. 15.
[68] Bamberger/Roth/*Faust*, § 440 Rn. 32.
[69] Erman/*Grunewald*, § 440 Rn. 6.
[70] *BGH* NJW 2007, 835, 836 f. Tz. 12 ff. = JA 2007, 646 *(Looschelders)*; *BGH* NJW 2007, 1534, 1535 Tz. 19 ff. m. w. N.; *BGH* NJW 2008, 1371, 1372 f. Tz. 19 ff. = JuS 2008, 557 *(Faust)* = JA 2008, 301 *(Looschelders)*; *BGH* NJW 2010, 1805 Tz. 8; *OLG Schleswig* BeckRS 2008, 25343; *Kulke*, ZGS 2008, 169; krit. *Gutzeit*, NJW 2008, 1359.
[71] *BGH* NJW 2010, 1805 Tz. 10.
[72] *Reinicke/Tiedtke*, Rn. 591; Bamberger/Roth/*Faust*, § 437 Rn. 171; *Kropholler*, § 437 Rn. 4; Palandt/*Weidenkaff*, § 437 Rn. 27; KompaktKom-BGB/*Tonner/Echtermeyer*, § 437 Rn. 7.

Schadensersatz, dann hat er die mangelhafte Sache dem Verkäufer zurückzugeben und seinen Schaden auf Grund der vom Verkäufer dann nicht erbrachten Leistung zu berechnen (sog. großer Schadensersatz; vgl. Rn. 605), wobei als Rechnungsposten der dann von ihm nicht zu zahlende Kaufpreis berücksichtigt werden muss: dies entspricht der Differenztheorie (vgl. Rn. 533).[73] Der Auffassung,[74] der Verkäufer, der nach einem vom Käufer erklärten Rücktritt die Rückabwicklung verweigert, verliere das Recht, den Käufer an den von ihm erklärten Rücktritt festzuhalten, und müsse es hinnehmen, dass der Käufer den Kaufpreis mindere, ist nicht zu folgen. Regelmäßig wird die Weigerung, den Vertrag rückabzuwickeln, ihren Grund darin finden, dass der Verkäufer die Erfüllung der Voraussetzungen des Rücktrittsrechts, insbesondere den Mangel der Kaufsache, bestreitet. Erweist sich diese Meinung möglicherweise erst auf Grund eines Zivilrechtsstreits als falsch, dann ändert dies nichts an der vom Käufer abgegebenen Rücktrittserklärung. Dem Verkäufer kann nicht ein widersprüchliches Verhalten vorgeworfen werden, das gegen das Gebot von Treu und Glauben verstößt, wenn er zuvor einen anderen Rechtsstandpunkt vertritt.

3. Minderung

Das Recht des Käufers, den vereinbarten Kaufpreis zu mindern, hängt **599** von der Erfüllung derselben Voraussetzungen ab, wie sie für sein Rücktrittsrecht wegen eines Mangels der Kaufsache gelten; dies ergibt sich aus der Formulierung des Gesetzes: „Statt zurückzutreten, kann der Käufer … mindern" (§ 441 Abs. 1 S. 1). Folglich muss der Käufer, soweit nicht eine Fristsetzung nach § 323 Abs. 2, § 326 Abs. 5 und § 440 entbehrlich ist, vom Verkäufer innerhalb einer angemessenen Frist Nacherfüllung verlangen und darf erst nach erfolglosem Ablauf dieser Frist mindern. Nur der Ausschluss des Rücktrittsrechts nach § 323 Abs. 5 S. 2 in Fällen einer unerheblichen Pflichtverletzung gilt nicht für die Minderung. Dies bedeutet, dass auch bei einem Mangel, der den Wert und die Tauglichkeit der Kaufsache nur unerheblich herabsetzt, der Käufer mindern darf, wenn der Verkäufer den unerheblichen Mangel nicht innerhalb angemessener Frist behebt oder die Beseitigung wegen unverhältnismäßiger Aufwendungen berechtigt ablehnt. Die Minderung ist in gleicher Weise wie der Rücktritt ein Gestaltungsrecht (vgl. Rn. 598). Entscheidet sich der Käufer für die Minderung, besteht der Kaufvertrag mit dem geminderten Kaufpreis fort. Diese Rechtslage schließt es aus, dass der Käufer zusätzlich noch Schadensersatz statt der Leistung fordert.[75] Dagegen kann durchaus ein Anspruch auf Schadensersatz neben der Leistung in Betracht kommen, um Schäden auszugleichen, die infolge des Mangels an anderen Rechtsgütern des Käufers verursacht worden sind (sog. Mangelfolgeschaden oder Be-

---

[73] Bamberger/Roth/*Faust*, § 437 Rn. 172.
[74] *Wertenbruch*, JZ 2002, 862, 864 ff.
[75] *Lögering*, MDR 2009, 664, 665 ff.; Bamberger/Roth/*Faust*, § 437 Rn. 173.

gleitschaden).[76] Zu fragen ist, ob der Käufer an der einmal von ihm getroffenen Wahl gebunden ist oder ob er sich von der zunächst erklärten Minderung wieder lösen und ein anderes ihm wegen des Mangels zustehendes Recht geltend machen kann. Einen Übergang von der Minderung zum Schadensersatz statt der Leistung lässt die h. M. zu,[77] während dies im Verhältnis zu einem Rücktritt vom Vertrag ausgeschlossen wird.[78] Dieser Unterschied wird damit erklärt, dass im Gesetz Minderung und Rücktritt als Alternative ausgewiesen werden (vgl. § 437 Nr. 2: „ ... zurücktreten oder ... mindern."), während in Analogie zu § 325 die Wahl des Schadensersatzes statt der Leistung nach erklärter Minderung zugelassen werden könnte. Diese Begründung erscheint recht formal und hinsichtlich der für eine Analogie erforderlichen Lücke in der gesetzlichen Regelung (vgl. dazu Rn. 826) zweifelhaft.[79] Die Rechtsnatur der Minderung als Gestaltungsrecht spricht dafür, den Käufer an der von ihm getroffenen Wahl festzuhalten. Zumindest muss eine Grenze dann gezogen werden, wenn sich der Verkäufer mit der Minderung einverstanden erklärt und im Vertrauen auf die Erklärung des Käufers Vermögensdispositionen getroffen hat, die er nicht mehr ohne Nachteil ändern kann.[80]

600 Die **Berechnung des Betrages, um den der Kaufpreis vom Käufer herabgesetzt werden darf,** ist nach den in § 441 Abs. 3 genannten Regeln vorzunehmen. Danach verhält sich der neu zu bildende Preis (Pn) zu dem vereinbarten Preis (Pv) wie der Wert der Sache in mangelhaftem Zustand (Wm) zu dem Wert der mangelfreien Sache (Wf). Dies ergibt dann folgende Formel:

$$Pn = \frac{Pv \times Wm}{Wf}$$

Beispiel: Beträgt der vereinbarte Kaufpreis 80,- €, der Wert der Sache im mangelhaften Zustand 50,- € und der Wert im mangelfreien Zustand 100,- €, dann berechnet sich der geminderte Kaufpreis wie folgt:

$$Pn = \frac{80 \times 50}{100}$$

Der neue (geminderte) Preis beträgt also 40,- €.

Hat der Käufer den vereinbarten Kaufpreis bereits gezahlt, dann steht ihm nach der Minderung ein Anspruch auf **Rückzahlung des geleisteten**

---

[76] MünchKomm/*Ernst*, § 325 Rn. 27.
[77] *OLG Stuttgart* ZGS 2008, 479, 480; *Derleder*, NJW 2003, 998, 1002; *Berscheid*, ZGS 2009, 17, 18 f.; MünchKomm/*Westermann*, § 437 Rn. 51. Der *BGH* NJW 2011, 1217, 1219 Tz. 34 f., hat die Frage, ob ein Übergang von der Minderung zu einem Schadensersatzanspruch zulässig ist, für den Fall bejaht, dass die Minderung fehlschlägt, weil der Betrag der Minderung in Anwendung der in § 441 Abs. 3 S. 1 bestimmten Berechnungsmethode nicht ermittelt werden kann.
[78] *Reinicke/Tiedtke*, Rn. 591; *Derleder*, NJW 2003, 998, 1002; MünchKomm/*Westermann*, § 437 Rn. 51.
[79] Bedenken äußern auch *Reinicke/Tiedtke*, Rn. 596.
[80] *Derleder*, NJW 2003, 998, 1003; *Reinicke/Tiedtke*, Rn. 597.

Mehrbetrages zu. Die **Anspruchsgrundlage bildet § 441 Abs. 4 S. 1.** Ergänzend wird auf die Rücktrittsvorschriften des § 346 Abs. 1 und des § 347 Abs. 1 verwiesen, die entsprechend anzuwenden sind.

Diese Verweisung hat Bedeutung vor allem für die **Pflicht des Verkäufers, gezogene Nutzungen herauszugeben oder den Wert schuldhaft nicht gezogener Nutzungen zu ersetzen.** Die Nutzung von Geld besteht in den erlangten Zinsen oder in der Ersparnis von Schuldzinsen.[81] Hat der Verkäufer den empfangenen und zurückzugewährenden Teil des Kaufpreises nicht zinsbringend angelegt, dann kann er dennoch zur Verzinsung verpflichtet sein, wenn ihm dies möglich gewesen wäre und dieses Unterlassen den Vorwurf eines Sorgfaltsverstoßes begründet.

4. Schadensersatz

Liefert der Verkäufer eine mangelhafte Sache, dann verletzt er die sich aus dem Kaufvertrag ergebende Pflicht, dem Käufer die Sache mangelfrei zu verschaffen (§ 433 Abs. 1 S. 2). Führt diese Pflichtverletzung zu einem Schaden des Käufers, dann ist der Verkäufer verpflichtet, diesen Schaden zu ersetzen, wenn ihn insoweit ein Schuldvorwurf trifft. Denn **stets hängt der Anspruch des Käufers auf Schadensersatz davon ab, dass der Verkäufer den Mangel zu vertreten hat (§ 280 Abs. 1 S. 2)**; er muss also im Regelfall zumindest fahrlässig gehandelt haben, als er die mangelhafte Sache lieferte (§ 276 Abs. 1). Nach der gesetzlichen Reglung ist danach zu differenzieren, ob es sich um einen Schaden handelt, dessen Ersatz statt der Leistung auf der Grundlage der §§ 437 Nr. 3, 280 Abs. 1, 3, 281 Abs. 1 verlangt wird, oder ob es um einem Schaden geht, der auf Grund des §§ 437 Nr. 3, 280 Abs. 1 neben dem Anspruch auf Nacherfüllung zu ersetzen ist. Der neben dem Anspruch auf Nacherfüllung geltend gemachte Schadensersatzanspruch erfasst alle die Schäden, die auf der Lieferung einer mangelhaften Sache beruhen und auch dann nicht vermieden worden wären, wenn der Verkäufer im spätest möglichen Zeitpunkt nacherfüllt hätte.[82] Schäden, die durch Nacherfüllung noch behoben oder abgewendet werden können, sind grundsätzlich erst nach Ablauf einer Nachfrist (§ 281 Abs. 1 S. 1) ersatzfähig.[83]

Beispiel: Der Verkäufer beliefert verunreinigtes Benzin. Dadurch entsteht ein Schaden am Motor des betankten Fahrzeugs. Ein solcher Schaden kann durch Nacherfüllung nicht vermieden werden.

Soll ein **Anspruch auf Schadensersatz statt der Leistung** erhoben werden, dann kommt es darauf an, ob es sich um einen behebbaren oder nicht behebbaren Mangel handelt und im zweiten Fall, ob das Leistungshindernis bereits bei Vertragsschluss bestanden hat oder erst danach entstanden ist. Danach können sich folgende Varianten ergeben:
(1) Der Käufer verlangt Schadensersatz statt der Leistung, weil der Verkäufer eine mangelhafte Kaufsache lieferte und den (behebbaren)

---

[81] BGHZ 138, 160, 164 ff. = NJW 1998, 2354.
[82] OLG Saarbrücken ZGS 2008, 77, 79; *Reinicke/Tiedtke*, Rn. 516.
[83] *Faust*, JuS 2010, 724: *Bredemeyer*, ZGS 2010, 71 f.

Mangel durch Nacherfüllung nicht behoben hat (§ 437 Nr. 3, § 280 Abs. 1, 3 i. V. m. § 281 Abs. 1 S. 1).

(2) Der Käufer verlangt Schadensersatz statt der Leistung, weil der Verkäufer eine Kaufsache lieferte, die einen nicht behebbaren Mangel aufweist, der bereits im Zeitpunkt des Vertragsschlusses vorhanden war (§ 437 Nr. 3, § 311a Abs. 2).

(3) Der Käufer verlangt Schadensersatz statt der Leistung, weil der Verkäufer eine Kaufsache lieferte, die einen Mangel aufweist, der nach Vertragsschluss unbehebbar geworden ist (§ 437 Nr. 3, § 280 Abs. 1, 3 i. V. m. § 283).

Zu diesen verschiedenen Varianten ist auf Folgendes hinzuweisen:

- Der Schadensersatzanspruch setzt stets voraus, dass dem Verkäufer eine von ihm zu vertretende Pflichtverletzung vorzuwerfen ist (vgl. § 280 Abs. 1). Worin in Fällen der **Variante (1)** die Pflichtverletzung des Verkäufers besteht, ist umstritten. Während die einen meinen, es sei auf die Pflicht des Verkäufers abzustellen, dem Käufer eine Sache frei von Sach- und Rechtsmängeln zu liefern,[84] sehen andere den Pflichtverstoß darin, dass der Verkäufer nicht ordnungsgemäß nacherfüllt hat.[85] Indes kann nicht nur eine dieser Pflichten allein für maßgebend gehalten werden, weil beide eng zusammenhängen. Hat der Verkäufer eine mangelhafte Sache geliefert, verletzt er damit die sich aus dem Vertrag ergebende Pflicht, eine vertragsgemäße Leistung zu erbringen; gleichzeitig entsteht dadurch die Pflicht, den Mangel durch Nacherfüllung zu beheben. Folglich kann er auch nicht von einer Haftung frei werden, wenn er die Verletzung der einen oder anderen Pflicht nicht zu vertreten hat, also wenn er z. B. die Nacherfüllung nach § 439 Abs. 3 verweigern kann[86] oder wenn sie aus einem von ihm nicht zu vertretenden Umstand unmöglich wird.[87] Hinsichtlich des Erfordernisses einer Fristsetzung kann auf die Ausführungen in Rn. 409 ff. verwiesen werden.

Zum Merkmal des Vertretenmüssens ist bereits Stellung genommen worden (vgl. Rn. 413 f.). Ergänzend ist noch auf Folgendes hinzuweisen: Im Kaufrecht kann sich die Frage stellen, ob dem Verkäufer ein Schuldvorwurf deshalb zu machen ist, weil er die **Kaufsache** nicht **vor der Lieferung untersucht** hat, um einen Mangel festzustellen und zu beseitigen.[88] Bei der Antwort auf diese Frage ist zu differenzieren: Einen Händler trifft grundsätzlich nicht die Pflicht, von ihm erworbene und weiterveräußerte Waren auf Mängel zu untersuchen. Eine Einschränkung ist allerdings bei fehleranfälligen und gefährlichen Sachen zu machen, wenn der Verkäufer eine besondere Sachkunde besitzt, auf die sich der Käufer verlassen kann. So wird der Gebrauchtwagenhändler, der über eine eigene Werkstatt verfügt, für verpflichtet gehalten, vor dem Verkauf das Kfz auf Fehler eingehend zu untersuchen. Unterhält

---

[84] *Huber/Faust*, § 13 Rn. 11; *Brox/Walker*, BS, § 4 Rn. 80.
[85] *S. Lorenz*, NJW 2002, 2497, 2502 f.; *Schur*, ZGS 2002, 243.
[86] *Ehmann/Sutschet*, JZ 2004, 62, 65; im Ergebnis ebenso *Ludes/Lube*, ZGS 2009, 259.
[87] *Reinicke/Tiedtke*, Rn. 537 ff. (mit ausführlicher Darstellung des Meinungsstreites); Bamberger/Roth/*Faust*, § 437 Rn. 67; *U. Huber*, FS Schlechtriem, 2003, S. 521, 530; *Looschelders* JA 2007, 673, 676; *Tetenberg*, JA 2009, 1, 4.
[88] Vgl. dazu *Stoppel*, ZGS 2006, 49.

der Händler keine eigene Werkstatt, kann er sich auf die Feststellung leicht erkennbarer Mängel beschränken. Der Hersteller von Waren hat vor ihrem Verkauf regelmäßig stichprobenhafte Kontrollen vorzunehmen, die desto intensiver ausfallen müssen, je hochwertiger, fehleranfälliger und gefährlicher die Produkte sind.[89]

- Die **Variante (2)** betrifft regelmäßig den Stückkauf. Bei einem Gattungskauf müssen alle Gattungssachen bereits bei Vertragsschluss einen nicht zu behebenden Mangel aufweisen, was wohl nur bei einer beschränkten Gattungsschuld (Rn. 415) vorstellbar ist. Stets müssen beide Varianten einer Nacherfüllung von Anfang an ausgeschlossen sein. Die Frage, ob sich die Kenntnis oder die zu vertretende Unkenntnis des Verkäufers (vgl. dazu Rn. 435) nur auf das Vorhandensein des Mangels oder auch auf seine Unbehebbarkeit beziehen muss, hat nur theoretische Bedeutung, weil derjenige, der eine Sache in Kenntnis ihrer Mangelhaftigkeit verkauft, für die Beseitigung des Mangels in jedem Fall einzustehen hat.[90]
- Für die **Variante (3)** ist es unerheblich, ob der (zunächst behebbare) Mangel bereits vor oder erst nach Vertragsschluss eingetreten ist. Ebenso ist es unerheblich, ob sich die (im Unterschied zur Variante (2) nach Vertragsschluss eingetretene) Unbehebbarkeit des Mangels vor oder nach der Lieferung ergibt. Anders als bei § 281 Abs. 1 wird überwiegend verlangt, dass sich das Vertretenmüssen des Verkäufers auf die Umstände zu beziehen hat, die ihn von der Pflicht zur Nacherfüllung befreien, und es soll nicht ausreichen, dass sich sein Vertretenmüssen auf die Lieferung einer mangelhaften Sache bezieht.[91] Begründet wird dieser Unterschied zu § 281 damit, dass bei dieser Vorschrift die qualitative Abweichung der Leistung („nicht wie geschuldet erbringt") vom Schuldner zu vertreten sei, während sich § 283 nicht auf die mangelhafte Leistung, sondern auf die Umstände beziehe, die zur Unmöglichkeit der Nacherfüllung geführt hätten.

Verursacht der Mangel der Kaufsache Schäden an anderen Rechtsgütern des Käufers, wie dies im Beispiel der Lieferung verunreinigten Benzins geschieht, das zu einem Motorschaden führt, dann handelte es sich um einen sog. **Mangelfolgeschaden oder Begleitschaden** (Rn. 480). Solche Schäden können, wie bereits ausgeführt, nicht durch eine Nachbesserung oder Ersatzlieferung beseitigt werden. Die Rechtsgrundlage für den Schadensersatzanspruch bildet deshalb allein § 280 Abs. 1 (vgl. Rn. 601). 603

Dem Käufer kann jedoch auch ein **Schaden** dadurch entstehen, dass er **wegen des Mangels die Kaufsache nicht nutzen kann.**

Beispiele: Im Betrieb des Käufers kommt es zu einem Produktionsausfall, weil die vom Verkäufer gelieferte Maschine wegen des Mangels nicht einsetzbar ist. Bei dem verkauften Pkw funktionieren die Bremsen nicht einwandfrei. Der Käufer kann deshalb das Fahrzeug zunächst nicht benutzen und muss ein anderes Kfz mieten.

---

[89] Amtl. Begr., S. 210 (l. Sp.); Bamberger/Roth/*Faust,* § 437 Rn. 85 m.w.N.; vgl. dazu *BGH* NJW 2004, 1032.
[90] *Reinicke/Tiedtke,* Rn. 527.
[91] *Hirsch,* Jura 2003, 289, 296; *Reinicke/Tiedtke,* Rn. 532 ff.; *S. Lorenz,* NJW 2002, 2497, 2501; a. A. Bamberger/Roth/*Faust,* § 437 Rn. 115.

Dass es sich bei der Einbuße in Folge des Produktionsausfalls und bei den Kosten für die Miete des Kfz um einen ersatzfähigen Schaden handelt, ist unstreitig. Heftig umstritten ist dagegen, wie solche Schäden in das gesetzliche System der Schadensersatzansprüche einzuordnen sind. Für alle in Betracht kommenden Möglichkeiten finden sich Befürworter.[92] Insbesondere wird die Auffassung vertreten, es handele sich dabei um einen Verzögerungsschaden, weil der Schuldner die mangelfreie Leistung nicht rechtzeitig erbringe; deshalb komme es für den Ersatz dieses Schadens auf die Erfüllung der Voraussetzungen des § 286 (§ 280 Abs. 2) an.[93] Gegen diese Meinung spricht jedoch, dass für diesen Fall der Gesetzgeber die Anwendung des Verzugsrechts ausschließen wollte[94] und dass dieser Wille auch im Wortlaut des Gesetzes zum Ausdruck kommt, denn in § 437 Nr. 3 wird § 286 nicht genannt. Zudem macht es durchaus einen Unterschied, ob der Schuldner untätig bleibt oder ob er zwar leistet, die Leistung aber fehlerhaft erbringt. Im ersten Fall kann sich der Gläubiger vor den Folgen einer Säumnis dadurch schützen, dass er den Schuldner bei Fälligkeit mahnt. Diese Möglichkeit besteht bei einer mangelhaften Lieferung regelmäßig nicht, so dass sich ein mangelbedingter Nutzungsausfall häufig nicht mehr abwenden lässt.[95] Außerdem würde auf der Grundlage des Verzugsrechts die Ersatzfähigkeit von Nutzungsausfallschäden erheblich eingeschränkt werden, weil sie erst mit dem Eintritt des Verzuges, regelmäßig also erst nach einer Mahnung, ersatzfähig würden. Deshalb lehnt es die h.M. zu Recht ab, auf solche Schäden das Verzugsrechts anzuwenden.[96] Entsprechend der vorzunehmenden Abgrenzung zwischen Schadensersatzansprüchen statt der Leistung und neben der Leistung (Rn. 601) kommt es darauf an, ob der Schaden entstanden ist, obwohl die geschuldete Nacherfüllung rechtzeitig erbracht worden ist oder ein Anspruch auf Nacherfüllung weiterhin besteht. Ist dies der Fall, wie in den Beispielen der nicht einsetzbaren Maschine und des nicht betriebssicheren Pkw, bei denen es sich nur um einen vorübergehenden Nutzungsausfall handelt, dann bilden §§ 280 Abs. 1, 437 Nr. 3 die Anspruchsgrundlage.[97] Anders ist dagegen zu entscheiden, wenn der Käufer wegen des Mangels vom Kaufvertrag zurücktritt.

---

[92] Vgl. die Darstellung des Meinungsstreits durch *Reinicke/Tiedtke*, Rn. 518 ff.
[93] *Schur*, ZGS 2002, 243, 244; *Bredemeyer*, ZGS 2010, 71, 76; AnwKom-BGB/*Dauner-Lieb*, § 280 Rn. 60 ff.; PWW/*Schmidt*, § 437 Rn. 32; AnwKom-BGB/*Büdenbender*, § 437 Rn. 71 ff.; Jauernig/*Berger*, § 437 Rn. 17.
[94] Amtl. Begr., S. 225 (l. Sp.).
[95] Auf diesen Unterschied in der Interessenlage verweist *BGH NJW* 2009, 2674, 2675 f. Tz. 17 = JuS 2009, 863 *(Faust)* m. w. N. zu beiden Auffassungen.
[96] BGH (Fn. 95) S. 2675 f. Tz. 10 ff.; *U. Huber*, FS Schlechtriem, 2003, S. 521, 525; *Schulze/Ebers*, JuS 2004, 462, 465 f.; *Reinicke/Tiedtke*, Rn. 520; MünchKomm/*Ernst*, § 280 Rn. 55 ff.; Palandt/*Grüneberg*, § 280 Rn. 18, 20; *Lorenz/Riehm*, Rn. 546; Hk-BGB/*Saenger*, § 437 Rn. 13; Erman/*Grunewald*, vor § 437 Rn. 9, § 437 Rn. 19.
[97] *Reinicke/Tiedtke*, Rn. 520, 522.

Beispiel: K kauft von V einen gebrauchten Pkw. Nach Lieferung des Fahrzeuges stellt sich heraus, dass der Pkw einen Unfallschaden aufweist, der dazu geführt hat, dass das Fahrzeug nicht betriebs- und verkehrssicher ist. K tritt deshalb vom Vertrag zurück und verlangt neben Rückzahlung des Kaufpreises Ersatz seines Schadens, der dadurch entstanden ist, dass er das Fahrzeug nicht nutzen konnte.

Der Rücktritt vom Vertrag lässt den Anspruch des Käufers, auf Ersatz eines mangelbedingten Nutzungsausfallschadens nicht entfallen.[98] Vielmehr ergibt sich aus § 325, dass sich Rücktritt und Schadensersatz einander nicht ausschließen. Der Käufer soll auch nach Erlöschen der Erfüllungsansprüche aufgrund des Rücktritts vermögensmäßig so gestellt werden, wie er bei ordnungsgemäßer Erfüllung durch den Verkäufer stünde. Soweit die Vorschriften über den Rücktritt einem solchen Ergebnis entgegenstehen, wie dies durch die in § 346 getroffene Anordnung der Fall ist, die vom Käufer gezogenen Nutzungen herauszugeben, werden sie durch die vorrangige Schadensersatzpflicht des Verkäufers verdrängt. Deshalb kann der Käufer Ersatz des Schadens fordern, der ihm entstanden ist, weil er die mangelhafte Kaufsache nicht nutzen konnte. Dieser Anspruch ist auf §§ 280 Abs. 1, 3, 281 Abs. 1 i. V. m. § 437 Nr. 3 zu stützen. Der in diesem Fall geltend gemachte Schaden entsteht anders als in den zuvor gebrachten Beispielsfällen nicht trotz des Festhaltens am Vertrag, sondern beruht auf dem endgültigen Ausbleiben der Leistung, die infolge des Rücktritts und des damit verbundene Erlöschens der ursprünglichen Leistungspflicht entfällt.[99] Es handelt sich dann nicht um einen Schaden, der trotz der Leistung, also neben ihr, entstanden ist, sondern der infolge des endgültigen Ausbleibens der Leistung eintritt.[100]

Von den **Nutzungsausfallschäden** sind Schäden zu unterscheiden, die sich für den Käufer aus der Verzögerung der Nacherfüllung ergeben. Als Beispiel können die Kosten dienen, die der Käufer aufwenden muss, um gerichtlich seine Ansprüche wegen des Mangels durchzusetzen. Hierbei handelt es sich um einen Verzugsschaden, der gem. § 280 Abs. 1, 2 i. V. m. § 286 zu ersetzen ist.

Bei der Abgrenzung der verschiedenen Schadensarten voneinander ist davon auszugehen, dass **Mangelschäden** (Schäden, die dem Käufer dadurch entstehen, dass die Sache wegen ihres Mangels einen minderen Wert besitzt, vgl. Rn. 480) stets mit einem Anspruch auf Schadensersatz statt der Leistung geltend gemacht werden müssen.[101] Der Minderwert als solcher der mangelhaften Sache wird allerdings regelmäßig durch Minderung des Kaufpreises auszugleichen sein. Jedoch kann dem Käufer allein durch den Mangel noch ein weiterer Schaden entstehen, der sich durch

604

---

[98] *BGH* NJW 2008, 911 m. zust. Anm. v. *Gsell* = JZ 2008, 469 m. Anm. v. *Faust* = JA 2008, 476 *(Looschelders)*; *BGH* NJW 2010, 2426, 2427 Tz. 13 ff. = JuS 2010, 724 *(Faust)*.
[99] *BGH* NJW 2010, 2427 Tz. 13 = JuS 2010, 724 *(Faust)*; *KG* NJW-RR 2011, 556, 557.
[100] *Reinicke/Tiedtke*, Rn. 523.
[101] Amtl. Begr. S. 225 (l. Sp).

die Herabsetzung des Kaufpreises nicht beseitigen lässt. Hat der Käufer z. B. die mangelhafte Sache an einen Dritten weiterveräußert, der wegen des Mangels vom Kaufvertrag zurücktritt, und entgeht deshalb dem Käufer ein Gewinn, dann kann er diesen vom Verkäufer ersetzt verlangen. Bevor jedoch der Käufer einen Anspruch auf Schadensersatz statt der Leistung geltend machen darf, muss er dem Verkäufer die Möglichkeit zur Nacherfüllung einräumen (§ 281 Abs. 1 S. 1 i. V. m. § 437 Nr. 3), sofern es sich nicht um einen Fall handelt, in dem eine Fristsetzung nicht erforderlich ist (vgl. § 281 Abs. 2, § 311 a, § 440). Daraus folgt, dass der **Käufer, der den Mangel selbst beseitigen** und die dafür erforderlichen Kosten vom Verkäufer fordern will, regelmäßig (von den genannten Ausnahmen abgesehen) dem Verkäufer zuvor eine angemessene Frist zur Nacherfüllung setzen muss, weil er dann, wie ausgeführt, einen Anspruch auf Schadensersatz statt der vertraglich geschuldeten Leistung geltend macht, und zwar den sog. kleinen Schadensersatz, bei dem er die Kaufsache behält und sich die ihm durch den Mangel entstandenen vermögensmäßige Einbuße als Mangelbeseitigungskosten ersetzen lässt (vgl. zur Schadensberechnung Rn. 605). Beseitigt der Käufer eigenmächtig den Mangel selbst, ohne dem Verkäufer vorher eine Gelegenheit zur Nacherfüllung zu geben, dann verliert er das Recht, vom Kaufvertrag zurückzutreten, den Kaufpreis zu mindern oder Schadensersatz statt der Leistung zu fordern.[102]

605 Bei der **Berechnung des Schadens** im Rahmen eines Anspruchs auf Schadensersatz statt der Leistung hat der Käufer **zwei Möglichkeiten:**
- ➢ Er behält die mangelhafte Sache und macht den Schaden geltend, den er auf Grund des Mangels als vermögensmäßige Einbuße erlitten hat (sog. **kleiner Schadensersatz**).[103] Obwohl in diesem Fall der Käufer die Kaufsache behält und nur den Ausgleich eines durch den Mangel bewirkten Schadens fordert, handelt es sich um einen Schadensersatzanspruch auf der Grundlage des § 280 Abs. 1, 2 i. V. m. § 281. Dass der wenig präzise Begriff „Schadensersatz statt der Leistung" nicht recht passt, darf nicht zu dem Missverständnis führen, § 281 sei nicht anzuwenden.
- ➢ Der Käufer gibt die Kaufsache zurück und verlangt Ersatz des Schadens, der ihm infolge der Nichtdurchführung des Vertrages entstanden ist (**großer Schadensersatz**). Das Gesetz bezeichnet diesen Fall in § 281 als „Schadensersatz statt der ganzen Leistung" und macht den darauf gerichteten Anspruch davon abhängig, dass es sich um einen **erheblichen Mangel** der Kaufsache handelt (§ 281 Abs. 1 S. 3; vgl. auch Rn. 521). Bei unerheblichen Mängeln kommt deshalb nur ein Schadensausgleich auf der Grundlage des kleinen Schadensersatzes in Betracht.

---

[102] Die Frage, ob dem Käufer Ersatzansprüche aus einem anderen Rechtsgrund zustehen, wenn er eigenmächtig den Mangel beseitigt, gehört zu den umstrittensten Problemen des Kaufrechts; vgl. dazu EK BGB Rn. 72 ff.
[103] MünchKomm/*Ernst*, § 325 Rn. 25.

In beiden Fällen ist der Verkäufer darüber hinaus verpflichtet, alle die Schäden auszugleichen, die als Folge der schuldhaften Verletzung der Pflicht entstehen, dem Käufer die Kaufsache frei von Mängeln zu übergeben. Insoweit kann sich jedoch die Notwendigkeit einer Abgrenzung zu Leistungen ergeben, die der Verkäufer im Rahmen der geschuldeten Nacherfüllung zu erbringen hat.

Beispiel: Der Verkäufer liefert mangelhafte Fliesen. Erst nach dem Einbau der Fliesen entdeckt der Käufer den Mangel. Müssen wegen des Mangels die Fliesen wieder entfernt werden, dann kommt es darauf an, wer die Kosten zu tragen hat, die durch die Entfernung der mangelhaften Fliesen und durch den Einbau der im Wege der Nacherfüllung vom Verkäufer gelieferten neuen Fliesen entstehen. Streitig ist, ob der Verkäufer verpflichtet ist, im Rahmen des Nacherfüllungsanspruchs den Käufer so zu stellen, als habe er mangelfrei geliefert. Bejaht man diese Frage, dann muss der Verkäufer verschuldensunabhängig sowohl die Kosten des Ausbaus als auch die des Einbaus der Fliesen tragen. Überwiegend wird bisher die Pflicht des Verkäufers verneint, auf der Grundlage des Nacherfüllungsanspruchs verschuldensunabhängig die Kosten des Ausbaus der mangelhaften Sache[104] und des Einbaus der Ersatzsache[105] zu übernehmen. Der BGH[106] hat diese Frage wegen ihres europarechtlichen Bezuges dem EuGH zur Entscheidung vorgelegt. Der EuGH hat nunmehr entschieden,[107] dass der Verkäufer nach der Verbrauchsgüterrichtlinie (vgl. Rn. 640) verpflichtet sei, entweder selbst den Ausbau des von ihm gelieferten Gegenstandes aus der Sache, in die er eingebaut wurde, vorzunehmen und die als Ersatz gelieferte Sache einzubauen, oder die Kosten zu tragen, die für diesen Ausbau und Einbau notwendig sind, falls der vertragsgemäße Zustand einer vertragswidrigen Kaufsache, die vor Auftreten des Mangels vom Verbraucher gutgläubig gemäß ihrer Art und ihrem Verwendungszweck eingebaut wurde, durch Ersatzlieferung hergestellt wird. Zwar hat diese Entscheidung Verbindlichkeit nur für den Verbrauchsgüterkauf (vgl. dazu Rn. 640 ff.). Jedoch ergeben sich aus ihr gewichtige Argumente auch für das gesamte Kaufrecht. Eine vertiefte Behandlung dieses Problems ist dem Fortgeschrittenen vorzubehalten (vgl. dazu EK BGB Rn. 69).

Besteht ein Rechtsmangel der Kaufsache in dem Recht eines Dritten, vom Käufer die **Herausgabe der Sache zu fordern,** dann ist der Schadensersatzanspruch des Käufers nicht davon abhängig, dass der Dritte sein Recht geltend macht und der Käufer den Besitz an der Kaufsache verliert. Jedoch ergibt sich in einem solchen Fall der Anspruch des Verkäufers nach § 281 Abs. 5 i. V. m. § 346 Abs. 1 auf Herausgabe der Sache, wenn er den Käufer wegen des Rechtsmangels entschädigt, und zwar Zug um Zug (§ 348 i. V. m. § 281 Abs. 5). Kann der Käufer die Kaufsache dem Verkäu- 606

---

[104] *Thürmann,* NJW 2006, 3457, 3460 f.; *Skamel* NJW 2008, 2820, 2821; *Lorenz,* NJW 2009, 1633; *Teichmann,* Vertragliches Schuldrecht, 4. Auflage 2008, Rn. 378 ff.; a. A. OLG *Frankfurt a. M.* ZGS 2008, 315, 318; OLG *Köln* NJW-RR 2006, 6; *Schneider/Katerndahl,* NJW 2007, 2215, 2215 f.; Münchkomm/*Westermann,* § 439 Rn. 13.
[105] *BGH* NJW 2008, 2837 = JuS 2008, 933 *(Faust)* = JA 2008, 892 *(Looschelders);* OLG *Düsseldorf* NJW-RR 2008, 1282; OLG *Frankfurt a. M.* ZGS 2008, 315, 319; *Schneider/Katerndahl,* NJW 2007, 2215, 2216; *Greiner,* ZGS 2010, 353; a. A. OLG *Karlsruhe* MDR 2005, 135; *Witt,* ZGS 2008, 369; Bamberger/Roth/*Faust,* § 439 Rn. 18 m. w. N.
[106] JZ 2009, 310 m. Anm. v. *Unberath/Cziupka* = Jus 2009, 470 *(Faust).*
[107] BeckRS 2011, 80988.

§ 7. Einzelne Vertragsschuldverhältnisse

fer nicht oder nur in einem verschlechterten Zustand herausgeben, dann hat er nach Maßgabe des § 346 Abs. 2 und 3 Wertersatz zu leisten (vgl. dazu Rn. 242).

5. Ersatz vergeblicher Aufwendungen

607 Anstelle des Schadensersatzes – also bei Erfüllung der dafür erforderlichen Voraussetzungen – kann der Käufer auch den Ersatz vergeblicher Aufwendungen vom Verkäufer verlangen (§ 284, § 311a Abs. 2, § 437 Nr. 3). Es geht hierbei um **Aufwendungen**, d. h. um freiwillig erbrachte Vermögensopfer, die der Käufer im Vertrauen auf den Erhalt der Leistung gemacht hat und auch billigerweise machen durfte (vgl. auch Rn. 426 f.), z. B. wenn der Käufer einen Stall anmietet, um das gekaufte Pferd dort unterzustellen, er aber dann wegen eines Mangels des Pferdes vom Kaufvertrag zurücktritt. Ebenso sind als vergebliche Aufwendungen die **Kosten eines Vertrages** (z. B. Notargebühren) anzusetzen. Ein Ersatz vergeblicher Aufwendungen ist jedoch nach § 284 ausgeschlossen, wenn der damit verfolgte Zweck auch ohne die Pflichtverletzung des Schuldners nicht erreicht worden wäre (in dem Beispielsfall des Pferdekaufs erwirbt der Käufer einen Sulky, obwohl das Pferd auch bei Mangelfreiheit für den Trabrennsport völlig ungeeignet wäre). Der Anspruch aus § 284 i. V. m. § 437 Nr. 3 steht selbstständig neben der Reglung des § 347 Abs. 2 und wird durch sie nicht beschränkt. Dies bedeutet, dass der Käufer, der wegen des Mangels der Kaufsache vom Kaufvertrag zurückgetreten ist, auch Ersatz solcher vergeblichen Aufwendungen verlangen kann, die sich nicht als notwendig erweisen oder durch die der Verkäufer nicht bereichert wird.[108]

6. Zusammenfassung

608 Zusammenfassend ist zu den Rechten des Käufers bei Lieferung einer mangelhaften Sache durch den Verkäufer festzuhalten:
- Erkennt der Käufer den Mangel bereits bei der Lieferung, dann kann er die Abnahme verweigern und weiterhin auf Erfüllung des Anspruchs aus § 433 Abs. 1 bestehen.
- Nimmt der Käufer die mangelhafte Sache ab, dann steht ihm das Recht zu, entweder die Lieferung einer mangelfreien Sache (soweit dies wie bei Gattungssachen möglich ist) oder Beseitigung des Mangels zu fordern (§ 439 Abs. 1).
- Erfüllt der Verkäufer diesen Anspruch nicht, dann hat ihm der Käufer eine angemessene Frist zur Nacherfüllung zu setzen, sofern nicht eine solche Fristsetzung nach § 281 Abs. 2, § 323 Abs. 2 oder § 440 entbehrlich ist. Nach Fristablauf kann der Käufer entweder den Kaufpreis mindern (§ 441) oder vom Vertrag zurücktreten (§ 437 Nr. 2) und ggf.

---

[108] *BGH* NJW 2005, 2848, 2849.

Schadensersatz oder Ersatz vergeblicher Aufwendungen verlangen (§ 437 Nr. 3).
- Haftet der verkauften Sache bereits im Zeitpunkt des Vertragsschlusses ein nicht behebbaren Mangel an, dann kann der Käufer gem. § 311 a Abs. 2 S. 1 nach seiner Wahl Schadensersatz statt der Leistung oder Ersatz seiner Aufwendungen in dem in § 284 bestimmten Umfang verlangen.

7. Ausschluss der Rechte des Käufers und Verjährung

Das Preis-Leistungs-Verhältnis ist regelmäßig gestört, wenn bei Vereinbarung des Kaufpreises der Käufer davon ausgeht, dass er eine mangelfreie Sache erwirbt und er bei Lieferung feststellen muss, dass diese Erwartung nicht zutrifft. Die dem Käufer wegen eines Mangels der Sache zustehenden Rechte bezwecken, das Missverhältnis in den Leistungen der Vertragsparteien zu korrigieren. Kennt aber der Käufer bei Vertragsschluss bereits den Mangel der Kaufsache, dann kann er sich insbesondere bei der Preisvereinbarung darauf einstellen. Es erscheint deshalb folgerichtig, die sonst dem Käufer wegen eines Mangels zustehenden Rechte in diesem Fall auszuschließen (§ 442 Abs. 1 S. 1). **Kenntnis von einem Mangel bedeutet positives Wissen** um den Mangel in seiner Erheblichkeit; ein dringender Verdacht reicht insoweit nicht aus.[109] Es kommt nach dem Sinn der Regelung darauf an, dass die Kenntnis vom Mangel im Zeitpunkt des Vertragsschlusses besteht. Erfährt der Käufer danach von dem Mangel, dann ist dies selbst dann für seine Rechte unerheblich, wenn er trotz des Mangels ohne Vorbehalt die Kaufsache annimmt.[110]

609

Ebenfalls sind die Rechte des Käufers wegen eines Mangels der Kaufsache ausgeschlossen, wenn seine **Unkenntnis vom Mangel auf grober Fahrlässigkeit (zum Begriff vgl. Rn. 422) beruht.** Es geht hier in erster Linie um die Fälle, in denen der Mangel so offensichtlich ist, dass ihn der Käufer hätte entdecken müssen, wenn er nur das beachtet hätte, was jedem unter den gegebenen Umständen hätte einleuchten müssen. Dies ist beispielsweise anzunehmen, wenn es eindeutige Anhaltspunkte für den Mangel gibt, so dass es unverständlich erscheint, warum sich der Käufer keine Gewissheit verschaffte. In solchen Fällen kann sich der Käufer nicht darauf berufen, dass er in seiner berechtigten Erwartung hinsichtlich des Zustandes der Kaufsache enttäuscht worden sei. Nur wenn der **Verkäufer den Mangel arglistig verschwiegen** oder eine **Garantie** für das Vorhandensein einer Eigenschaft **übernommen** hat, muss er **trotz der groben Fahrlässigkeit des Käufers für den Mangel einstehen** (§ 442 Abs. 1 S. 2).

610

Der Verkäufer, der weiß, dass die Kaufsache einen Mangel aufweist, ist regelmäßig verpflichtet, ihn ungefragt zu offenbaren.[111] Allenfalls bei offensichtlichen Mängeln,

---

[109] Palandt/*Weidenkaff,* § 442 Rn. 7.
[110] *Wendtlandt,* ZGS 2004, 88; a. A. *OLG Celle* ZGS 2004, 476.
[111] Einschränkend *Gröschler,* NJW 2005, 1601, 1602 ff., der eine Offenbarungspflicht nur dann bejaht, wenn der jeweilige Umstand für die Entscheidung des Käufers erkennbar von Bedeutung ist.

§ 7. Einzelne Vertragsschuldverhältnisse

die der Käufer ohne weiteres erkennen kann, lässt sich bezweifeln, ob den Verkäufer dann eine Offenbarungspflicht trifft. Deshalb kommt der Frage, ob der **Vorwurf, der Verkäufer habe einen Mangel verschwiegen,** von einer solchen Offenbarungspflicht abhängt, keine erhebliche Bedeutung zu.[112] Arglistig handelt der Verkäufer bei Vorsatz (vgl. Rn. 377). Der Verkäufer verschweigt auch dann arglistig einen Mangel, wenn er ihn zwar nicht kennt, ihn aber zumindest für möglich hält und zugleich weiß oder doch damit rechnet und billigend in Kauf nimmt, dass der Käufer den Mangel nicht kennt und bei Offenbarung den Vertrag nicht oder zumindest nicht mit dem vereinbarten Inhalt geschlossen hätte.[113] Hat der Verkäufer das Vorhandensein einer **Eigenschaft der Kaufsache im Zeitpunkt des Gefahrübergangs garantiert,** d. h. versprochen, für die Folgen des Fehlens dieser Eigenschaft verschuldensunabhängig einzustehen (vgl. Rn. 626), dann schadet dem Käufer ebenfalls eine auf grober Fahrlässigkeit beruhende Unkenntnis nicht.

611 **Einen Rechtsmangel stellt es dar, wenn im Grundbuch für das verkaufte Grundstück Rechte eingetragen sind,** die der Käufer nach dem Kaufvertrag nicht übernommen hat oder die in Wirklichkeit nicht bestehen (Rn. 588). Für solche Rechte bestimmt § 442 Abs. 2, dass der Verkäufer auch dann zur Beseitigung dieses Rechtsmangels verpflichtet bleibt, wenn der Käufer die Eintragung kennt. Diese Kenntnis wird bei Grundstückskaufverträgen dem Käufer durch den Notar vermittelt (§ 21 Abs. 1 BeurkG).

612 **Die dem Käufer wegen eines Mangels der Kaufsache zustehenden Rechte können durch Vertrag ausgeschlossen oder beschränkt werden.** Soweit jedoch der Verkäufer den Mangel arglistig verschwiegen oder eine Garantie für das Vorhandensein einer Eigenschaft übernommen hat, kann er sich auf den vertraglichen Ausschluss nicht berufen (§ 444).[114] **Für den Verbrauchsgüterkauf (§ 474)** schränkt § 475 Abs. 1 die Möglichkeit einer zum Nachteil des Käufers getroffenen Vereinbarung über einen Ausschluss der Haftung wegen eines Mangels weitgehend ein (vgl. dazu Rn. 643). Wird der Haftungsausschluss durch eine AGB des Verkäufers vorgenommen, dann ist § 309 Nr. 8 b zu beachten.

613 Für die **Verjährung von Ansprüchen des Käufers wegen eines Mangels** der Kaufsache enthält § 438 eine Sonderregelung, durch die abweichend von den §§ 194 ff. sowohl die Dauer der Verjährungsfrist als auch ihr Beginn bestimmt werden. Im Einzelnen gilt Folgendes:
- Für Ansprüche nach § 437 Nr. 1 und 3, also für Ansprüche auf Nacherfüllung,[115] Schadensersatz und Ersatz vergeblicher Aufwendungen, beträgt **im Regelfall** die **Verjährungsfrist zwei Jahre** (§ 438 Abs. 1 Nr. 3).
- Bei einem **Bauwerk** (§ 438 Abs. 1 Nr. 2 a) und einer Sache, die entsprechend ihrer üblichen Verwendungsweise für ein Bauwerk verwendet worden ist und dessen Mangelhaftigkeit verursacht hat (§ 438 Abs. 1 Nr. 2 b), gilt eine **fünfjährige Verjährungsfrist.**

---

[112] Vgl. MünchKomm/*Westermann,* § 438 Rn. 29 m. N.
[113] *BGH* JZ 2004, 40, 41 m. Anm. v. *Martinek.*
[114] Eingehend zu dieser Vorschrift *Faust,* ZGS 2002, 271.
[115] Str. ist, ob bei einer Nachlieferung eine neue Verjährungsfrist beginnt, vgl. dazu *Menges,* JuS 2008, 395.

Ein **Bauwerk** ist eine unbewegliche, durch Verwendung von Arbeit und Material in Verbindung mit dem Erdboden hergestellte Sache. Es muss sich nicht um Gebäude handeln, sondern als Bauwerk gelten alle Produkte des Hoch- und Tiefbaus.[116] Erfasst werden nicht nur Neuerrichtungen, sondern auch Erneuerungs- und Umbauarbeiten an einem bereits errichteten Bauwerk, wenn sie für Konstruktion, Bestand, Erhaltung oder Benutzbarkeit des Gebäudes von wesentlicher Bedeutung sind und wenn die eingebauten Teile mit dem Gebäude fest verbunden werden.[117] Hieraus folgt, dass beispielsweise der bloße Austausch einer Badezimmerarmatur keine Verwendung „für ein Bauwerk" bedeutet und es insoweit bei der allgemeinen Verjährungsfrist für Mängelansprüche von zwei Jahren gem. § 438 Abs. 1 Nr. 3 bleibt.[118] **Baumaterialien** müssen nach § 438 Abs. 1 Nr. 2 b üblicherweise für ein Bauwerk verwendet werden. Sachen, deren bauliche Verwendung außerhalb des Üblichen liegt, etwa wenn ein Künstler extravagante Sachen verwendet, um einem Gebäude eine künstlerische Note zu verleihen,[119] fallen nicht unter diese Regelung.

- Bei einem Rechtsmangel, der darin besteht, dass ein Dritter auf Grund eines dinglichen Rechts die Herausgabe der Kaufsache vom Käufer verlangen kann (§ 438 Abs. 1 Nr. 1 a), läuft eine **30-jährige Verjährungsfrist**. Das Gleiche gilt, wenn der Mangel in einem sonstigen Recht besteht, das im Grundbuch eingetragen ist (§ 438 Abs. 1 Nr. 1 b).

Nach § 197 Abs. 1 Nr. 1 verjähren Herausgabeansprüche aus Eigentum und anderen **dinglichen Rechten** erst in 30 Jahren. Solange Dritte auf Grund solcher Rechte die Herausgabe der Kaufsache vom Käufer verlangen können, muss dieser berechtigt sein, den Verkäufer deswegen haftbar zu machen. Die darauf bezogenen Ansprüche des Käufers gegen den Verkäufer dürfen deshalb nicht in einer kürzeren Zeit verjähren als der Herausgabeanspruch des Dritten. Dies erklärt die Vorschrift des § 438 Abs. 1 Nr. 1.

Nach § 438 Abs. 2 beginnt die Verjährung bei Grundstücken mit der **614** Übergabe, im Übrigen mit der Ablieferung der Sache. **Übergabe** bedeutet die einverständliche Besitzübertragung. Unter **Ablieferung** versteht man die einseitige Handlung des Verkäufers, durch die dieser die Kaufsache in Erfüllung des Kaufvertrages aus seiner Verfügungsmacht entlässt, also seinen Besitz an ihr aufgibt, und dadurch die Verfügungsmöglichkeit des Käufers derart begründet, dass dieser sich ebenfalls durch einseitige Handlung jederzeit den Besitz an der Kaufsache verschaffen kann und damit die Möglichkeit der Untersuchung der Sache erhält.[120]

Es genügt also nicht die Verschaffung mittelbaren Besitzes (vgl. Rn. 554).[121] Bei einem Versendungskauf (vgl. Rn. 512) wird die Kaufsache in dem Zeitpunkt abgeliefert, in dem nach ihrem Eintreffen am Bestimmungsort die Sache dem Käufer in vertragsmäßiger Weise zur Verfügung steht, so dass er sie in Besitz nehmen kann.[122] Hat

---

[116] Bamberger/Roth/*Faust*, § 438 Rn. 21.
[117] MünchKomm/*Westermann*, § 438 Rn. 17.
[118] Amtl. Begr., S. 227 f.
[119] Amtl. Begr., S. 227.
[120] Bamberger/Roth/*Faust*, § 438 Rn. 30; *Reinicke/Tiedtke*, Rn. 675, jeweils m. N.
[121] *BGH* NJW 1996, 586, 587.
[122] *BGH* NJW 1988, 2608; 1995, 3381, 3382.

der Käufer (bei einer Holschuld) die Kaufsache bei einem Dritten (z.B. bei einem Lagerhalter) abzuholen, dann gilt das Gleiche wie bei einem Versendungskauf.[123]

615 **Verschweigt der Verkäufer den Mangel arglistig** (vgl. Rn. 610), dann gilt nach § 438 Abs. 3 S. 1 abweichend von Absatz 1 Nr. 2 und 3 und Absatz 2 dieser Vorschrift sowohl für die Dauer als auch für den Beginn der Verjährung die regelmäßige Verjährungsfrist, die drei Jahre beträgt (§ 195) und die nach § 199 Abs. 1 Nr. 2 erst beginnt, wenn der Gläubiger von den den Anspruch begründenden Umständen und der Person des Schuldners Kenntnis erlangt oder ohne grobe Fahrlässigkeit erlangen müsste. Selbstverständlich darf der Käufer bei Arglist des Verkäufers nicht schlechter stehen als nach den Verjährungsfristen des § 438; in Bezug auf § 438 Abs. 1 Nr. 2 wird dies durch § 438 Abs. 3 S. 2 entsprechend sichergestellt.

616 Bei dem **Rücktrittsrecht** und bei dem **Recht auf Minderung des Kaufpreises** handelt es sich um Gestaltungsrechte, die nicht der Verjährung unterliegen, weil nach § 194 Abs. 1 nur Ansprüche verjähren. Deshalb muss sich die entsprechende Verjährungsregelung nach dem Leistungsanspruch des Käufers richten. Ist dieser Anspruch oder der Nacherfüllungsanspruch verjährt, dann kann weder der Rücktritt noch die Minderung wirksam erklärt werden, wenn sich der Verkäufer auf die Verjährung beruft. Dies ergibt sich aus § 218, auf den für das Rücktrittsrecht in § 438 Abs. 4 S. 1 und für das Minderungsrecht in § 438 Abs. 5 verwiesen wird (zum Recht des Käufers in diesem Fall, die noch nicht geleistete Zahlung des Kaufpreises zu verweigern vgl. Rn. 618).

617 In manchen Fällen schafft die in § 438 getroffene Regelung der Verjährung für den Verkäufer, der auch für verborgene Mängel haftet, einen nur schwer zu ertragender Zustand länger andauernder Unsicherheit. Er kann jedoch regelmäßig dann mit dem Käufer eine kürzere **Gewährleistungsfrist** vereinbaren, weil **außerhalb des Verbrauchsgüterkaufs** grundsätzlich eine **Verkürzung** durch Rechtsgeschäft **gestattet** ist. Dies ergibt sich aus einem Rückschluss aus § 202 Abs. 1, der eine vertragliche Vereinbarung über die Verjährung nur für den Fall einer Haftung wegen Vorsatzes ausschließt.

Bei einem Verbrauchsgüterkauf (vgl. dazu die Begriffsbeschreibung in § 474 und Rn. 640 ff.) kann nach § 475 Abs. 2 durch Rechtsgeschäft die Verjährungsfrist bei gebrauchten Sachen auf ein Jahr verkürzt werden. Für Verjährungsregelungen in AGB ist § 309 Nr. 8 b ff. zu berücksichtigen (Untergrenze für neue Sachen außerhalb des Verbrauchsgüterkaufs eine Frist von einem Jahr).

618 Solange der Verkäufer nicht einen behebbaren Mangel beseitigt, hat er nicht die ihm nach dem Kaufvertrag obliegende Leistung (§ 433 Abs. 1

---

[123] *BGH* NJW 1995, 3381, 3382; *Grunewald*, JZ 1996, 258, 259; einschr. *Saenger*, NJW 1997, 1945, 1949 (nur wenn der Dritte vom Verkäufer angewiesen wurde, die Kaufsache ohne jede Vorleistung dem Käufer auf dessen Anfordern herauszugeben).

S. 2, § 439) erbracht; folglich steht dann dem Käufer die **Einrede des nicht erfüllten Vertrages** nach § 320 zu.[124] Diese Einrede kann der Käufer gem. **§ 215 auch nach Verjährung** seiner mangelbezogenen Ansprüche aus § 437 geltend machen. Unabhängig von diesem Recht ist der Käufer nach § 438 Abs. 4 S. 2, Abs. 5 auch nach Ablauf der Verjährungsfrist berechtigt, die Kaufpreiszahlungen insoweit zu verweigern, als er auf Grund des Rücktritts oder der Minderung dazu befugt sein würde.

Verweigert der Käufer die Zahlung des ausstehenden Kaufpreises, dann erhebt er die **Rücktrittseinrede** nach § 438 Abs. 4 S. 2. Dadurch erhält der Verkäufer das Recht, vom Vertrag zurückzutreten (§ 438 Abs. 4 S. 3). Erklärt der Verkäufer den Rücktritt vom Vertrag, dann sind die Vertragsparteien verpflichtet, die empfangenen Leistungen zurückzugewähren und die gezogenen Nutzungen zu erstatten (§ 346 Abs. 1). Folglich hat der Käufer die Kaufsache zurückzugeben und gegebenenfalls gezogene Nutzungen zu ersetzen, während der Verkäufer den Teil des Kaufpreises zurückzahlen muss, den er bereits erhalten hat. Verweigert der Käufer den Kaufpreis nur in Höhe des Minderungsbetrages, dann macht er die **Minderungseinrede** geltend (§ 438 Abs. 5 i. V. m. Abs. 4 S. 2). In diesem Fall hat der Käufer den (von ihm noch nicht gezahlten) Kaufpreis abzüglich des Minderungsbetrages zu zahlen, darf dann allerdings auch die Kaufsache behalten.[125]

8. Verhältnis der Ansprüche wegen eines Mangels zu anderen Rechten des Käufers

Wegen eines Mangels der Kaufsache können sich nicht nur Ansprüche 619 des Käufers aus den §§ 437 ff. ergeben, sondern zugleich auch Ansprüche und Rechte auf Grund anderer Vorschriften. Deshalb soll im Folgenden erörtert werden, ob insoweit die §§ 437 ff. andere Vorschriften verdrängen oder ob sie miteinander konkurrieren.

aa) Anfechtung

Ein Konkurrenzproblem zur Irrtumsanfechtung ergibt sich immer nur 620 dann, wenn sich der Irrtum des Käufers auf eine Eigenschaft der Sache bezieht, wegen der dem Käufer Rechte nach § 437 zustehen können. Die Anfechtung wegen eines Inhalts- oder Erklärungsirrtums nach § 119 Abs. 1 ist deshalb ebenso wenig ausgeschlossen wie eine **Anfechtung nach § 119 Abs. 2**, wenn es sich bei der verkehrswesentlichen Eigenschaft nicht um einen Mangel i. S. v. §§ 434, 435 handelt.[126] Die ganz überwiegend vertretene Auffassung[127] verneint dagegen die Zulässigkeit einer Irrtums-

---

[124] *Palandt/Grüneberg,* § 320 Rn. 2; PWW/*Medicus,* § 320 Rn. 18; Jauernig/*Berger,* § 320 Rn. 29; a. A. Hk-BGB/*Saenger,* § 437 Rn. 23 (nicht mehr nach Gefahrübergang).
[125] Vgl. *Reinicke/Tiedtke,* Rn. 705 ff.
[126] BGHZ 78, 216, 218 = NJW 1981, 224 = JuS 1981, 459; BGH NJW 1988, 2597, 2598; ZIP 2005, 531, 532 (st. Rspr.).
[127] *Wertenbruch,* NJW 2004, 1977, 1979; *Reinicke/Tiedtke,* Rn. 792 f.; *Lorenz/ Riehm,* Rn. 573; *Brox/Walker,* BS, § 4 Rn. 135 f.; Palandt/*Weidenkaff,* § 437 Rn. 53; AnwKom-BGB/*Büdenbender,* § 437 Rn. 104 f.; MünchKomm/*Westermann,* § 437 Rn. 53; *Kropholler,* § 119 Rn. 18; Jauernig/*Berger,* § 437 Rn. 32; PWW/*Schmidt,* § 437

anfechtung nach § 119 Abs. 2 in Fällen, in denen die Eigenschaft, hinsichtlich derer der Käufer irrte, Ansprüche wegen des Sachmangels nach §§ 437 ff. auslösen kann. Der Vorrang der §§ 437 ff. wird damit begründet, dass es einem Käufer regelmäßig verwehrt sei, Rechte wegen eines Mangels geltend zu machen, wenn er bei Vertragsschluss den Mangel infolge grober Fahrlässigkeit nicht erkannte (§ 442 Abs. 1 S. 2), er wohl aber durch Anfechtung nach § 119 Abs. 2 ein weitgehend gleiches Ergebnis wie bei einem Rücktritt erreichen könnte, weil die Irrtumsanfechtung bei grob fahrlässigem Verhalten nicht ausgeschlossen ist. Außerdem müsse berücksichtigt werden, dass der Käufer regelmäßig vor einem Rückgängigmachen des Vertrages wegen eines Mangels der Kaufsache dem Verkäufer eine Frist zur Nacherfüllung zu setzen habe und somit dem Verkäufer die Gelegenheit eingeräumt werde, einen vertragsmäßigen Zustand herbeizuführen, während die Anfechtung die sofortige Beendigung des Vertragsverhältnisses bewirke. Auch wird auf die unterschiedlichen Verjährungsfristen hingewiesen. Auf der Grundlage der herrschenden Auffassung ist es dann konsequent, auch dem Verkäufer, der sich über das Vorhandensein eines Mangels geirrt hat, das Recht zur Anfechtung nach § 119 Abs. 2 zu versagen, damit er sich nicht auf diese Weise der Mängelhaftung entziehen kann.[128] Dagegen kann der Verkäufer nach § 119 Abs. 2 seine Willenserklärung anfechten, wenn er sich über wertbildende Faktoren irrt, die sich zu Gunsten des Käufers auswirken und keine Sachmängelhaftung begründen.

Beispiel: Der Verkäufer verkauft ein Bild, das er irrtümlich für eine Kopie hält, obwohl es sich um das wesentlich wertvollere Original handelt. In einem solchen Fall ist der Verkäufer zur Anfechtung berechtigt.[129]

621 Eine **Anfechtung wegen arglistiger Täuschung nach § 123 Abs. 1 Alt. 1** ist ohne jede Einschränkung durch die Gewährleistungsvorschriften beim Kauf zuzulassen.[130] Denn ein Ausschluss dieses Anfechtungsrechts würde dazu führen, dem betrügerischen Verkäufer zu ermöglichen, aus einer ihm günstigen Regelung des Kaufrechts Vorteile zu ziehen.

bb) Ansprüche wegen Verletzung von Verhaltenspflichten des Verkäufers

622 Den Verkäufer treffen neben der in § 433 Abs. 1 beschriebenen Leistungspflicht Verhaltenspflichten, deren Verletzung ihn schadensersatzpflichtig machen können (vgl. Rn. 488 ff.). Stehen diese Verhaltenspflichten im Zusammenhang mit einem Mangel der Kaufsache, dann ist zu

---

Rn. 68; a. A. mit beachtlichen Gründen Bamberger/Roth/*Faust*, § 437 Rn. 182; abl. auch *Krampe*, JuS 2005, 773, 778.
[128] Vgl. *Reinicke/Tiedtke*, Rn. 809; Staudinger/*Matusche-Beckmann*, § 437 Rn. 31 ff.; *Brox/Walker*, BS, § 4 Rn. 137.
[129] *BGH* NJW 1988, 2597.
[130] Ganz h. M., vgl. nur PWW/*Schmidt*, § 437 Rn. 70.

klären, inwieweit die §§ 437ff. eine abschließende Regelung treffen. Macht beispielsweise der Verkäufer bei den Vertragsverhandlungen falsche Angaben über Eigenschaften der Kaufsache, die nicht in einer Beschaffenheitsvereinbarung i.S.d. § 434 Abs. 1 S. 1 aufgehen, oder unterlässt er gebotene Hinweise auf eine bestimmte Eigenschaft der Kaufsache, dann stellt sich die Frage nach dem Ersatz des Schadens, den der Käufer durch solche Informationsfehler erleidet. Die h.M.[131] sieht in den §§ 437ff. eine abschließende Regelung, die eine Haftung aus **culpa in contrahendo** ausschließt, wenn der Verkäufer fahrlässig falsche Angaben über die Beschaffenheit der Kaufsache macht. Nur wenn der Verkäufer arglistig handelt, soll etwas anderes gelten.[132] Vor allem will man durch die Anwendung des Kaufrechts in diesen Fällen dem Verkäufer das Recht zur Nachbesserung erhalten. Auch wird auf den Ausschluss der Rechte des Käufers nach § 442 Abs. 1 verwiesen, den es bei einer Haftung nach § 280 Abs. 1 i.V.m. §§ 241 Abs. 2, 311 Abs. 2 wegen culpa in contrahendo nicht gibt. Schließlich werden auch die unterschiedlichen Verjährungsfristen als Grund genannt. Beschränkt sich die Erklärung des Verkäufers jedoch nicht auf die Unterrichtung des Käufers über die Eigenschaften der Kaufsache, sondern lässt sich der Käufer, der nicht ausreichend sachkundig ist, von dem Verkäufer als Fachmann beraten, dann nimmt der Verkäufer die Stellung einer Vertrauensperson ein. Dies hat zur Folge, dass ihn die Verpflichtung zur sachgemäßen und umfassenden Aufklärung über die besonderen Eigenschaften des von ihm verkauften Produkts trifft. Hierbei kann es sich um eine unselbstständige kaufvertragliche Nebenverpflichtung handeln.[133] Die Beratung kann jedoch auch zu einer selbstständigen Hauptpflicht des Verkäufers aus einem eigenständigen Beratungsvertrag werden.[134] Ein solcher selbstständiger Beratungsvertrag ist jedoch nur dann anzunehmen, wenn die Beratung des Verkäufers deutlich über das hinausgeht, was im Allgemeinen seitens des Verkäufers für die sachgemäße Anwendung oder den Einsatz des Kaufgegenstandes in beratender oder empfehlender Weise geleistet wird.[135] Soweit falsche Informationen oder unterlassene Hinweise nicht geeignet sind, Ansprüche nach § 437 auszulösen, können Einschränkungen durch das Kaufrecht nicht

---

[131] *BGH* NJW 2004, 2301, 2302; 2009, 2120, 2121f. Tz. 11ff. = JuS 2009, 757 (*Faust*); *Schulze/Ebers*, JuS 2004, 462, 463; *Weiler*, ZGS 2002, 249, 255f.; *Reinicke/Tiedtke*, Rn. 860f.; Jauernig/*Berger*, § 437 Rn. 34; MünchKomm/*Westermann*, § 437 Rn. 58, allerdings zweifelnd, ob im Fall eines arglistigen Verhaltens eine Ausnahme zuzulassen ist; für den Vorrang der §§ 434ff. auch bei arglistigem Handeln des Verkäufers Staudinger/*Matusche-Beckmann*, § 437 Rn. 67. Für eine Konkurrenz der §§ 437ff. mit der c.i.c. *Häublein*, NJW 2003, 388, 391ff.; *Reischl*, JuS 2003, 1076, 1079f.; Bamberger/Roth/*Faust*, § 437 Rn. 190.
[132] *BGH* NJW 2009, 2122 Tz. 19 = JuS 2009, 757 (*Faust*); zu weiteren Ausnahmen *Fischinger/Lettmaier*, NJW 2009, 2496, 2497f.
[133] *BGH* NJW 2004, 2301, 2302; PWW/*Schmidt*, § 437 Rn. 73.
[134] *BGH* MDR 2007, 823.
[135] *BGH* NJW 1997, 3227, 3229; vgl. auch PWW/*Schmidt*, § 437 Rn. 74.

§ 7. Einzelne Vertragsschuldverhältnisse

gelten. So kann der Verkäufer verpflichtet sein, auf bestimmte Eigenschaften der Kaufsache hinzuweisen, die zwar keine Mängel der Kaufsache begründen, deren Kenntnis jedoch für den Kaufentschluss des Käufers von Bedeutung ist. Verletzt der Verkäufer diese Informationspflicht, dann kommt seine Haftung wegen culpa in contrahendo in Betracht.

Beispiel: V, Inhaber eines Möbelhauses, verkauft K eine helle Polstergarnitur mit einer Fleckschutzimprägnierung. Er unterlässt es, bei den Kaufverhandlungen darauf hinzuweisen, dass sich trotz der Imprägnierung ein Abfärben durch nicht farbechte Textilien, die im Bekleidungshandel häufig angeboten werden, nicht vermeiden lasse. Bei der Benutzung der Garnitur werden dunkle Flecken verursacht, die auf den Farbabrieb durch derartige Textilien zurückzuführen sind. K verlangt Rückabwicklung des Vertrages.

Ein entsprechender Anspruch ist begründet, da V es schuldhaft unterlassen hat, auf den ihm als Fachmann bekannten Umstand hinzuweisen, dass bei bestimmungsgemäßen Gebrauch Verunreinigungen der Garnitur unvermeidbar sind. Der deshalb begründete Schadenssatzanspruch ist darauf gerichtet, den Käufer so zu stellen, wie er stände, wenn er entsprechend informiert worden wäre. In diesem Fall hätte K von dem Kauf Abstand genommen. Die von ihm verlangte Rückabwicklung des Vertrages stellt diesen Rechtszustand her (Grundsatz der Naturalrestitution).[136]

623 Nach gleichen Erwägungen wie in Bezug auf eine Haftung wegen culpa in contrahendo wird auch die Abgrenzung zwischen dem kaufrechtlichen Sachmängelrecht und einer Haftung aus § 280 Abs. 1 i.V.m. § 241 Abs. 2 wegen **Verletzung vertraglicher Nebenpflichten** vorgenommen.[137]

Beispiel: Händler H verkauft K einen elektrischen Rasenmäher. Eine Woche nach dem Verkauf erhält er von dem Hersteller des Rasenmähers die Mitteilung, dass auf Grund eines Produktionsfehlers die Rasenmäher aus der Serie, aus der auch der K verkaufte Rasenmäher stammt, einen Mangel aufweisen, der bei ihrer Benutzung zu Stromschlägen führen kann. H unterlässt es, K über diese Gefahr zu informieren. Bei dem Gebrauch des Rasenmähers erhält K einen Stromschlag und muss deshalb ärztliche Hilfe in Anspruch nehmen. H war auf Grund des Kaufvertrages verpflichtet, K über den Mangel des Rasenmähers zu informieren. Diese Nebenpflicht hat er schuldhaft verletzt, so dass er nach § 280 Abs. 1 den hierdurch K entstandenen Schaden, insbesondere die Arztkosten, zu ersetzen hat. Da hier die Haftung mittelbar an einen Sachmangel anknüpft, wird sie über § 437 Nr. 3 hergeleitet und unterliegt damit den Beschränkungen des Gewährleistungsrechts insbesondere den kürzeren Verjährungsfristen des § 438.

Bezieht sich dagegen die Nebenpflichtverletzung nicht, auch nicht mittelbar, auf einen Mangel, dann greift das kaufrechtliche Gewährleistungsrecht nicht ein, so beispielsweise in dem Fall, dass H bei Lieferung des mangelfreien Rasenmähers diesen vorführt und dabei aus Unachtsamkeit K körperlich verletzt.

cc) Ansprüche wegen unerlaubter Handlung

624 Ansprüche des Käufers aus unerlaubter Handlung (§§ 823 ff.), die sich ergeben, weil er durch die mangelhafte Kaufsache an Gesundheit, Eigen-

---

[136] So *OLG Köln* NJW 2005, 1666, dessen Entscheidung der Beispielsfall nachgebildet ist.
[137] *Reinicke/Tiedtke*, Rn. 829 ff.; Bamberger/Roth/*Faust*, § 437 Rn. 191 ff.; Staudinger/*Matusche-Beckmann*, § 437 Rn. 49.

tum oder einem sonstigen (geschützten) Rechtsgut verletzt worden ist, bestehen unabhängig von den Gewährleistungsansprüchen.[138] Insbesondere ist nicht die Verjährungsregelung des § 438 auf derartige deliktische Ansprüche anzuwenden.[139] Nach Auffassung des BGH erfasst ein deliktischer Anspruch auch den Schaden an der gelieferten Sache, der dadurch entsteht, dass ein Mangel der Kaufsache, der zunächst nur ein Teilstück betrifft, nach der Eigentumsübertragung auf die gesamte Sache übergreift und sie beschädigt oder zerstört (sog. **„weiterfressender Mangel"**). Als Beispiel können die folgenden vom BGH entschiedenen Fälle dienen:

Schwimmerschalterfall.[140] Eine Reinigungs- und Entfettungsanlage gerät in Brand, weil ein Schwimmerschalter, der eine automatische Stromabschaltung in Fällen der Überhitzung bewirken soll, von Anfang an defekt ist.

Reifenfall.[141] Der Käufer eines gebrauchten Sportwagens verunglückt mit dem Fahrzeug, weil es mit nicht zugelassenen Reifen ausgestattet ist. Der Verkäufer, ein Gebrauchtwagenhändler, hatte einwandfreien technischen Zustand zugesichert.

Gaszugfall.[142] Der Käufer eines Pkw verursacht mit dem Fahrzeug wiederholt Unfälle. Als Grund wird ein defekter Gaszug ermittelt, der dazu führt, dass der Pkw auch dann beschleunigt, wenn das Gaspedal nicht betätigt wird. Der Käufer verlangt vom Hersteller Ersatz der Unfallschäden.

Kompressorfall.[143] Der Dieselmotor eines Kompressors wird erheblich beschädigt, weil der Motor einige Zeit ohne Schmierung läuft. Die Ursache dafür liegt in einem Bruch des Ölablaufrohres, zu dem es nach einiger Zeit der Benutzung des Kompressors kommt, weil das Rohr mangelhaft befestigt worden ist.

Dass der Verkäufer für den konkreten Mangel der Sache nach dem Kaufrecht einzustehen hat, ist nicht zweifelhaft. Die entscheidende Frage richtet sich darauf, auf welcher Rechtsgrundlage der Verkäufer für den weiteren Schaden haftet, der durch das „Weiterfressen" des Mangels entsteht. Bei Beantwortung dieser Frage unterscheidet der *BGH*[144] zwischen dem „Nutzungs- und Äquivalenzinteresse", also dem Interesse des Käufers, eine mangelfreie Sache zu bekommen und zu nutzen, und dem „Integritätsinteresse", dem Interesse des Eigentümers an der Erhaltung der Sache. Das Integritätsinteresse werde durch das Deliktsrecht geschützt, während das Nutzungs- und Äquivalenzinteresse durch die Vorschriften über die Sachmängelhaftung ausgeglichen würden. Die Abgrenzung zwischen beiden will der BGH danach vornehmen, ob der später eintretende Schaden sich mit dem Unwert

---

[138] MünchKomm/*Westermann*, § 437 Rn. 61; Bamberger/Roth/*Faust*, § 437 Rn. 197; Palandt/*Weidenkaff*, § 437 Rn. 56; a. A. *Singer*, Jura 2003, 196, 199; *Grigoleit*, ZGS 2002, 78, 80.
[139] *Brox/Walker*, BS, § 4 Rn. 141; *Huber*, in: Huber/Faust, Kap. 14 Rn. 31; *Reinicke/Tiedtke*, Rn. 863 f.; a. A. *Mansel*, NJW 2002, 89, 95.
[140] BGHZ 67, 359 = NJW 1977, 379 = JuS 1977, 471.
[141] *BGH* NJW 1978, 2241, 2242 f. = JuS 1979, 214; ähnlich *BGH* NJW 2004, 1032 (überalterte Reifen).
[142] BGHZ 86, 256 = NJW 1983, 810 = JuS 1983, 466.
[143] *BGH* NJW 1985, 2420.
[144] BGHZ 86, 256 = NJW 1983, 810 = JuS 1983, 466; *BGH* NJW 1985, 2420; BGHZ 117, 183, 187 f. = NJW 1992, 1225; *BGH* NJW 1992, 1678; 1998, 1942.

der Sache aufgrund des im Zeitpunkt des Eigentumsübergangs vorhandenen Mangels deckt, mit ihm „stoffgleich" ist. Der Mangelunwert und damit der Schaden, der durch die Verletzung des Äquivalenzinteresses entsteht, sollen noch nach den Grundsätzen bewertet werden, die für die Berechnung des Kaufpreises bei der Minderung maßgebend sind. Ein darüber hinausgehender Schaden, der zwar durch den Mangel verursacht wird, sich aber davon unterscheidet, weil sich der Mangel zunächst auf Teile der Sache beschränkt, später dann weiterfrisst und zur Zerstörung oder Beschädigung anderer zunächst unversehrter Teile führt, ist nach Ansicht des *BGH* nicht „stoffgleich" mit dem Mangelunwert und betreffe deshalb das Integritätsinteresse des Eigentümers. Der *BGH* meint, das Interesse des Eigentümers an der Bewahrung der Sache vor einer Zerstörung durch Konstruktions- und Herstellungsmängel sei nicht weniger schutzwürdig als sein Interesse, dass derartige Mängel nicht andere ihm gehörende Gegenstände schädigten. Auf der Grundlage der dargestellten Auffassung hat der *BGH* in den oben genannten Fällen dem Käufer einen Anspruch nach § 823 Abs. 1 auf Ersatz seines Schadens zuerkannt. Diese Rechtsprechung des *BGH* ist im Schrifttum umstritten.[145]

626   Im Schrifttum wollen dagegen viele die Schäden, die durch weiterfressende Mängel verursacht werden, auf einer vertragsrechtlichen Grundlage abwickeln. Dabei muss zunächst entschieden werden, ob es sich bei einem solchen Schaden um einen Mangelschaden oder um einen Mangelfolgeschaden (vgl. Rn. 480) handelt.[146] Orientiert man sich bei der Abgrenzung beider Schadensarten an den durch die Rechtsprechung des BGH vorgegebenen Kriterien des Äquivalenzinteresses und des Integritätsinteresses, dann kann man durchaus die durch weiterfressende Mängel verursachten Schäden als Mangelfolgeschäden begreifen. Denn das Integritätsinteresse, das nach Auffassung des BGH durch den weiterfressenden Mangel betroffen ist, lässt sich nicht mit dem Minderwert gleichsetzen, den die Kaufsache in Folge des Mangels aufweist. Lehnt man es also ab, dass der „Weiterfresserschaden" unmittelbar durch die mangelhafte Leistung verursacht wird, sondern wertet man ihn als weitere Folge des Mangels, dann darf man folgerichtig in ihm keinen Mangelschaden sehen, sondern muss ihn zu den Mangelfolgeschäden zählen. Diese Unterscheidung hat keinesfalls nur theoretische Bedeutung. Denn der Ersatz des Mangelschadens fällt unter dem Begriff des Schadensersatzes statt der Leistung und ist deshalb nur unter den Voraussetzungen auszugleichen, die sich aus § 280 Abs. 1, 3 i. V. m. § 281 oder § 283 ergeben, während ein Mangelfolgeschaden allein auf der Grundlage des § 280 Abs. 1 zu ersetzen ist.[147] Andererseits kann

---

[145] Vgl. *Larenz,* SchuldR II 1, § 41 II e (S. 71 ff.); *Reinicke/Tiedtke,* Rn. 950 ff.; *Katzenmeier,* NJW 1997, 486; *Foerste,* FS v. Westphalen, 2010, S. 161, jeweils m. w. N. Die h. M. stimmt ihr jedoch zu; eingehend dazu Bamberger/Roth/*Spindler,* § 823 Rn. 60 ff.; PWW/*Schaub,* § 823 Rn. 41 ff.
[146] Vgl. dazu *Heßeler/Kleinhenz,* JuS 2007, 706. 708 f.
[147] *Kropholler,* § 437 Rn. 7, 9.

man durchaus in Zweifel ziehen, ob die vom BGH vollzogene Abgrenzung zutrifft. Denn auf Grund der Erwägung, der weiterfressende Mangel führe nur zu einem Schaden an der Kaufsache selbst und nicht an anderen Rechtsgütern des Käufers, gelangt man zu einem entgegengesetzten Ergebnis, nämlich dass es um die Verletzung des Äquivalenzinteresses und damit um einen Mangelschaden geht. Mit dieser Abgrenzungsfrage wird ein Meinungsstreit angesprochen, der bereits seit der ersten Entscheidung des BGH zum Ersatz weiterfressender Mängel geführt wird und der nach wie vor unentschieden ist.[148] Wer „Weiterfresserschäden" im Wege eines Schadensersatzes statt der Leistung ausgleichen will, muss dann allerdings das Erfordernis der Fristsetzung gem. § 281 Abs. 1 beachten, und zwar im Rahmen eines Nacherfüllungsverlangens nach § 439.[149]

e) Garantie

Übernimmt eine Vertragspartei die Garantie für einen bestimmten Erfolg, dann verspricht sie damit, verschuldensunabhängig (vgl. § 276 Abs. 1 S. 1) für den Eintritt dieses Erfolges einzustehen. Im Rahmen der Vertragsfreiheit (vgl. Rn. 98) kann der Inhalt einer entsprechenden Garantieerklärung beliebig ausgestaltet werden. Die Garantie kann im Rahmen eines Vertrages für einzelne Punkte, z. B. für das Nichtauftreten von Mängeln während einer bestimmten Zeit, übernommen werden; man spricht dann von einer **unselbstständigen Garantie**. Eine **selbstständige Garantie** wird dagegen als eigenständige Verpflichtung durch Vertrag begründet und steht selbst dann eigenständig neben dem Kaufvertrag, wenn sich die Garantie auf Gegenstände des Mängelrechts bezieht.[150] Im Gesetz findet sich lediglich für die kaufrechtlichen Beschaffenheits- und Haltbarkeitsgarantien eine Regelung in den §§ 443, 477. Die **Beschaffenheitsgarantie** hat die Zusage des Verkäufers zum Inhalt, dass die Kaufsache bestimmte Eigenschaften z. B. die Mangelfreiheit aufweist.[151] Bei Übernahme einer solchen Garantie kann sich der Verkäufer nicht auf einen von ihm mit dem Käufer vereinbarten Haftungsausschluss berufen (§ 444). Die Haftung des Verkäufers für Mängel der Kaufsache bezieht sich regelmäßig auf einen bestimmten Zeitpunkt, in dem er für die Mängelfreiheit der Kaufsache einzustehen hat. Bei Sachmängeln ist dies der Zeitpunkt des Gefahrübergangs (§ 434 Abs. 1 S. 1), der nach § 446 S. 1 mit der Übergabe der verkauften Sache an den Käufer und beim Versendungskauf nach § 447 mit der Übergabe der Sache an die Transportperson eintritt. Durch erst später auftretende Sachmängel wird nicht die dem Verkäufer nach dem Kaufvertrag obliegende Pflicht verletzt, die Kaufsache dem

627

---

[148] Vgl. nur die in Fn. 145 Zitierten.
[149] *Tettinger*, JZ 2006, 641, 649; *Looschelders*, BS, Rn. 185.
[150] PWW/*Schmidt*, § 443 Rn. 8; gegen diese Unterscheidung Bamberger/Roth/*Faust*, § 443 Rn. 12.
[151] Vgl. *Braunschmidt/Vesper*, JuS 2011, 393, 394.

Käufer frei von Sachmängeln zu verschaffen. Der Käufer hat jedoch häufig ein Interesse daran, dass die Sache auch nach der Übergabe frei von Sachmängeln bleibt. Diesem Interesse kann der Verkäufer dadurch entsprechen, dass er vertraglich seine Haftung für Sachmängel zeitlich ausdehnt und dem Käufer verspricht, auch noch für einen bestimmten Zeitraum nach der Übergabe dafür zu haften, dass keine Sachmängel auftreten (sog. **Haltbarkeitsgarantie**, Beispiel: Funktionsfähigkeit eines Elektrogerätes während eines bestimmten Zeitraums). Beschaffenheits- und Haltbarkeitsgarantie können auch miteinander verbunden werden, indem der Verkäufer verspricht, dafür einzustehen, dass die Kaufsache sowohl im Zeitpunkt des Gefahrübergangs als auch danach über bestimmte Eigenschaften verfügt.[152]

628 Eine besondere Bedeutung kommt im heutigen Wirtschaftsleben der **Herstellergarantie** zu, bei der der Hersteller eines Produktes die einwandfreie Funktion seines Erzeugnisses garantiert.

Beispiel: V verkauft K ein Fernsehgerät des Herstellers H. H garantiert dafür, dass der Fernseher während eines Zeitraums von sechs Monaten einwandfrei funktioniert. Als nach vier Monaten Bildstörungen auftreten, fragt K, an wen er sich wegen dieses Mangels halten könne.

Nach § 443 Abs. 1 wird ausdrücklich auch der Fall geregelt, dass die Garantie nicht vom Verkäufer, sondern von einem Dritten übernommen wird. In diesem Fall soll der Käufer unbeschadet der gesetzlichen Ansprüche (also z. B. der Ansprüche wegen des Mangels, die ihm möglicherweise gegen den Verkäufer zustehen)[153] Rechte aus der Garantie gegen den Garanten geltend machen können. Allerdings ergibt sich insoweit ein konstruktives Problem, da das **Garantieversprechen eine vertragliche Vereinbarung** zwischen dem Garantienehmer und dem Garanten voraussetzt.[154] Liegt der Ware eine schriftliche Garantieerklärung (Garantiekarte) des Herstellers bei, dann ist darin eine auf den Abschluss eines Garantievertrages gerichtete Willenserklärung zu erblicken, die der Käufer annimmt, ohne dass die Annahmeerklärung dem Hersteller zugehen muss (§ 151 S. 1).[155] Ein solcher Vertrag kann auch dadurch zustande kommen, dass der **Händler** (im Beispielsfall V) **als Vertreter oder Bote** (dazu Einzelheiten später) **die Offerte des Herstellers** (im Beispielsfall H) **zum Abschluss eines Garantievertrages dem Käufer** (im Beispielsfall K) **übermittelt und der Käufer dann diese Offerte stillschweigend annimmt**.[156] Auch kann je nach Fallgestaltung ein Vertrag zugunsten Dritter angenommen werden,

---

[152] Erman/*Grunewald*, § 443 Rn. 4.
[153] Vgl. *Hammen*, NJW 2003, 2588.
[154] Nach Auffassung des *OLG Frankfurt a. M.* NJOZ 2009, 2153, kann eine Garantieverpflichtung auch allein durch eine Werbeaussage für ein Produkt entstehen.
[155] Bamberger/Roth/*Faust*, § 443 Rn. 14; Staudinger/*Matusche-Beckmann*, § 443 Rn. 7.
[156] BGHZ 104, 82, 85 f. = NJW 1988, 1726 m. w. N.; *Bader*, NJW 1976, 209, 211; *Fahl/Giedinghagen*, ZGS 2004, 344, 345.

der zwischen Hersteller und Händler zugunsten des Käufers geschlossen wird (zum Vertrag zugunsten Dritter Einzelheiten ebenfalls später).[157]
    Einen weiteren Grundtyp der Garantie bildet das Versprechen des Garanten, für die **Erfüllung einer fremden Schuld einzustehen**. Bei ihr ergibt sich die Nähe zur Bürgschaft (vgl. dazu Rn. 931 ff.). Da man das Einstehen für die Verbindlichkeit eines anderen Interzession nennt, kann man dieser Erscheinungsform auch die Bezeichnung „Interzessionsgarantie" geben.[158]

Die Übernahme einer Garantie muss nicht ausdrücklich erklärt werden. Vielmehr kann sich eine entsprechende Verpflichtung des Verkäufers aus seinen Erklärungen im Rahmen der Vertragsverhandlungen ergeben. Hierfür spricht insbesondere, wenn der Käufer auf eine bestimmte Einstandspflicht des Verkäufers besonderen Wert legt und das Zustandekommen des Vertrages davon abhängt. Jedoch darf nicht vorschnell in jeder Erklärung des Verkäufers über die Beschaffenheit der Kaufsache ein garantiemäßiges Versprechen gefunden werde. Vielmehr ist mit Rücksicht auf die weit reichenden Folgen eines Garantieversprechens Zurückhaltung geboten und es sind eindeutige Hinweise zu verlangen, dass der Erklärende das Risiko übernehmen will, für den Eintritt oder Nichteintritt des garantierten Erfolges zu haften und dafür gegebenenfalls schadensersatzpflichtig zu werden, ohne dass es auf ein Verschulden ankommt.[159] Die Umstände des Einzelfalles spielen insoweit eine besondere Rolle. So unterscheidet die Rechtsprechung beim Gebrauchtwagenkauf zwischen Angaben von Händlern und privaten Verkäufern. Regelmäßig verlässt sich der Käufer auf die Richtigkeit der Angaben eines Händlers über technische Details wegen dessen Sachkunde, während beim Kauf von einem privaten Verkäufer ein solches Vertrauen als nicht gerechtfertigt erscheint. Dies spricht dafür, in den Erklärungen des Händlers eine Beschaffenheitsgarantie zu erblicken. Folglich ist von ihm zu erwarten, dass er es hinreichend deutlich macht, wenn er eine solche Garantie nicht abgeben will.[160] 629

Welche **Rechte der Käufer durch die Garantie** erwirbt, ergibt sich in erster Linie aus dem Wortlaut der Garantieerklärung selbst; dazu können ergänzend auch noch Angaben treten, die in der einschlägigen Werbung genannt werden, wie in § 443 Abs. 1 klargestellt wird. Bei einem Verbrauchsgüterkauf werden durch § 477 Abs. 1 bestimmte Anforderungen an den Inhalt einer Garantieerklärung aufgestellt (vgl. dazu Rn. 647). Streiten Käufer und Garant darüber, ob ein Garantiefall gegeben ist, dann muss der Käufer zunächst einmal beweisen, dass überhaupt eine Garantievereinbarung getroffen worden ist und dass der aufgetretene Mangel 630

---

[157] BGHZ 75, 75, 77 f. = NJW 1979, 2036; a. A. KompaktKom/*Tonner*, § 443 Rn. 3.
[158] *Larenz/Canaris*, § 64 I 1 (S. 66).
[159] *BGH* NJW 2007, 1346, 1348 Tz. 20 m. N. = JuS 2007, 586 *(Faust)* = JA 2007, 544 *(Looschelders)*.
[160] *OLG Rostock* NJW 2007, 3290; zurückhaltender *BGH* NJW 2007, 1346, 1348 Tz. 24.

von ihr erfasst wird. Hierzu gehört auch, dass der Mangel während der Garantiefrist aufgetreten ist. Wenn dies allerdings feststeht, dann greift bei einer Haltbarkeitsgarantie (vgl. Rn. 627) die in § 443 Abs. 2 aufgestellte Vermutung ein, dass der Garant für diesen Mangel einstehen muss. Sinn dieser Vermutung ist es, dem Käufer den Beweis dafür abzunehmen, dass der aufgetretene Mangel nicht etwa auf ein Verhalten des Käufers zurückzuführen ist (zur Funktion der Vermutung im Zivilprozess vgl. GK ZPO, Rn. 479 ff.).

f) Kauf unter Eigentumsvorbehalt

1. Rechtliche Ausgestaltung

631 Jeder Vertragspartner ist im Regelfall verpflichtet, die von ihm nach dem Kaufvertrag geschuldete Leistung nur Zug um Zug gegen Erbringung der Gegenleistung zu bewirken. Dementsprechend kann der Verkäufer die Übergabe und Übereignung der Kaufsache solange verweigern, bis der Käufer den Kaufpreis zahlt (§ 320). Auf diese Weise wird der Verkäufer hinsichtlich seiner Forderung auf Zahlung des Kaufpreises ausreichend gesichert. Nur erhält bekanntlich der Käufer in vielen Fällen die Kaufsache bereits vor Zahlung des Kaufpreises. Hierfür gibt es unterschiedliche Gründe. Nicht selten macht der Käufer den Abschluss des Kaufvertrages davon abhängig, dass er die Kaufsache sofort nutzen kann, ist aber nicht in der Lage, den Kaufpreis auch sofort zu zahlen. Wenn der Verkäufer in einem solchen Fall die Kaufsache mit der Übergabe dem Käufer übereignet, kann es passieren, dass er den geschuldeten Kaufpreis nicht erhält. Zwar kann dann der Verkäufer wegen des Zahlungsverzuges Rechte nach §§ 280, 286 geltend machen, aber es ist fraglich, ob sich diese (schuldrechtlichen) Ansprüche realisieren lassen. Ein Recht an der Kaufsache selbst steht dem Verkäufer nach Übereignung nicht mehr zu; insbesondere kann er nicht verhindern, dass Gläubiger des Käufers die Kaufsache pfänden und versteigern lassen.

632 Um sich bei Übergabe der Kaufsache vor Zahlung des Kaufpreises zu sichern, wird der Verkäufer in vielen Fällen Wert darauf legen, bis zur Erfüllung der Kaufpreisforderung Eigentümer der Kaufsache zu bleiben, weil er dann bei Nichtzahlung sein Eigentum zurückfordern kann und Zugriffe von Gläubigern des Käufers auf die Kaufsache abzuwehren vermag (vgl. GK ZPO Rn. 747). Diesem Zweck dient bei beweglichen Sachen die Vereinbarung eines Eigentumsvorbehalts. Beim Kauf unter Eigentumsvorbehalt muss zwischen den schuldrechtlichen und den dinglichen Wirkungen unterschieden werden.

- Die **schuldrechtlichen Vereinbarungen** sind dadurch gekennzeichnet, dass dem Käufer die Zahlung des Kaufpreises im Regelfall ganz oder teilweise gestundet (vgl. Rn. 447) und die Verpflichtung des Verkäufers, dem Käufer das Eigentum an der Kaufsache zu verschaffen, modifiziert wird. Der Verkäufer hat das seinerseits Erforderliche zu tun, damit der Käufer mit Zahlung des Kaufpreises automatisch Eigentümer der Kaufsache wird, und hat alles zu unterlassen, was diesen Erfolg verhindern könnte. Zahlt der Käufer den Kaufpreis bei Fälligkeit nicht, dann kann ihm der Verkäufer eine angemessene Frist zur Zahlung setzen (es sei denn, eine Fristsetzung ist nach § 323 Abs. 2 entbehrlich) und nach erfolglosem Ablauf der Frist vom Kaufvertrag zurücktreten (§ 323 Abs. 1) sowie ggf. Ersatz des ihm entstandenen Schadens fordern (§ 280 Abs. 1, 2 i.V.m. § 286, § 325). Der Rücktritt kann auch noch nach Verjährung des Kaufpreisanspruchs erfolgen (§ 216 Abs. 2 S. 2). Mit Ausübung des Rücktrittsrechts endet das dem Käufer zustehende Recht zum Besitz der Kaufsache; er muss sie deshalb an den Verkäufer zurückgeben (vgl. § 449 Abs. 2).

- **Sachenrechtlich** wird der Eigentumsvorbehalt dadurch bewirkt, dass der Verkäufer dem Käufer die Kaufsache übergibt, jedoch die Einigung nach § 929 S. 1 (vgl. Rn. 551) unter die aufschiebende Bedingung der vollständigen Zahlung des Kaufpreises gestellt wird (vgl. die Auslegungsregel des § 449 Abs. 1).

Einschub: Bedingung

Die **aufschiebende Bedingung** (auch Suspensivbedingung genannt) macht den Eintritt von Rechtswirkungen (beim Eigentumsvorbehalt den Eigentumsübergang) von einem künftigen, ungewissen Ereignis (beim Eigentumsvorbehalt von der Zahlung des Kaufpreises) abhängig (vgl. § 158 Abs. 1). Bis zum Eintritt der aufschiebenden Bedingung befindet sich das (bedingte) Rechtsgeschäft in einem Schwebezustand. Im Gegensatz dazu steht die **auflösende Bedingung** (auch Resolutivbedingung genannt), bei deren Eintritt die Wirkungen des Rechtsgeschäfts enden (vgl. § 158 Abs. 2). Übereignet der Verkäufer dem Käufer die Kaufsache mit der Absprache, dass das Eigentum automatisch auf ihn, den Verkäufer, wieder zurückfallen soll, wenn der Käufer nicht zu dem vereinbarten Termin den Kaufpreis zahlt, dann ist die Übereignung unter eine auflösende Bedingung gestellt. Erhält der Verkäufer zu dem vereinbarten Termin nicht den Kaufpreis, tritt also die Bedingung ein, dann endet damit die Wirkung des bedingten Rechtsgeschäfts, also die Übereignung auf den Käufer, und der Verkäufer ist wieder Eigentümer der Kaufsache.

633

Ob eine aufschiebende oder auflösende Bedingung gewollt ist, muss im Zweifelsfall durch Auslegung ermittelt werden. Hierbei ist zu berücksichtigen, dass nach der **Auslegungsregel in § 449 Abs. 1** beim Kauf unter Eigentumsvorbehalt von einer Übertragung des Eigentums unter der aufschiebenden Bedingung vollständiger Zahlung des Kaufpreises auszugehen ist, wenn sich nicht aus den Absprachen der Parteien etwas anderes ergibt.

In diesem Zusammenhang ist darauf hinzuweisen, dass als **Bedingung nur ein zukünftiges ungewisses Ereignis** gewählt werden kann. Wird der

§ 7. Einzelne Vertragsschuldverhältnisse

Eintritt der Rechtswirkungen von einem künftigen mit Sicherheit eintretenden Ereignis abhängig gemacht, dann handelt es sich um eine **Befristung**.

Beispiel: Beim Tode des Ehemannes sollen die Ehefrau oder ihre Erben eine bestimmte Geldsumme erhalten. Da der Tod des Ehemannes gewiss, nur der Zeitpunkt, in dem er stattfindet, ungewiss ist, handelt es sich nicht um eine Bedingung, sondern um eine Zeitbestimmung.

634 Das zukünftige Ereignis muss auch **objektiv ungewiss** sein; die Unkenntnis der Parteien, ob ein bestimmtes Ereignis, das bereits geschehen ist, tatsächlich eingetreten ist, reicht nicht aus (Beispiel: Das Versprechen, eine bestimmte Geldsumme an die Ehefrau zu zahlen, wird davon abhängig gemacht, dass ihr verschollener Ehemann nicht mehr lebt; sog. uneigentliche Bedingung). Wegen der Ähnlichkeit der Interessenlage (zumindest bei Sachverhalten nach Art dieses Beispielsfalls) ist eine analoge Anwendung der §§ 158 ff. zu erwägen.[161] Keine Bedingung i.S.v. §§ 158 ff. ist die **Rechtsbedingung**; bei ihr wird der Eintritt der Rechtswirkung von Umständen abhängig gemacht, die bereits nach dem Gesetz eine Voraussetzung für die betreffende Rechtswirkung bilden.

Beispiel: A soll Erbe des B sein, wenn er B überlebt; vgl. § 1923 Abs. 1.

635 Grundsätzlich können alle Rechtsgeschäfte mit einer Bedingung versehen werden, sofern es sich nicht um sog. bedingungsfeindliche handelt. Im Interesse des Erklärungsempfängers, der wissen soll, woran er ist, sind **einseitige Rechtsgeschäfte**, die in den Rechtskreis anderer einwirken, **bedingungsfeindlich**. Deshalb kann die Erklärung des Rücktritts, die Kündigung oder die Anfechtung nicht unter eine Bedingung gestellt werden. Dies gilt nur dann nicht, wenn der Eintritt der Bedingung allein von einem auf dem freien Willen des Erklärungsempfängers beruhenden Verhalten abhängt (sog. **Potestativbedingung**); in diesem Fall wird für den Erklärungsempfänger keine für ihn unzumutbare Ungewissheit geschaffen.

Beispiel: Kündigung eines Arbeitnehmers unter der Bedingung, dass er eine erforderliche ärztliche Untersuchung ablehnt.

In einer Reihe von Fällen ist die **Bedingtheit** eines Rechtsgeschäfts **gesetzlich ausgeschlossen**, so z.B. bei der Aufrechnung (§ 388 S. 2), bei der Anerkennung der Vaterschaft (§ 1594 Abs. 3), bei der Annahme und Ausschlagung einer Erbschaft oder eines Vermächtnisses (§§ 1947, 2180 Abs. 2) und bei der Eheschließung (§ 1311 S. 2). Auch die Auflassung (vgl. Rn. 571) ist bedingungsfeindlich (vgl. § 925 Abs. 2). Deshalb kann beim Verkauf eines Grundstücks kein Eigentumsvorbehalt vereinbart werden.[162]

---

[161] So *Brox/Walker*, AT, Rn. 481; *Köhler*, AT, § 14 Rn. 16.
[162] Vgl. *Martens*, JuS 2010, 578.

2. Die Rechtsstellung des Vorbehaltskäufers

Obwohl der Verkäufer bei der aufschiebend bedingten Übereignung bis zum Eintritt der Bedingung Eigentümer der Kaufsache bleibt, erhält der Käufer bereits eine **geschützte Rechtsposition**. Übereignet der Verkäufer die Kaufsache einem anderen, dann wird diese weitere Verfügung des Verkäufers mit Eintritt der Bedingung, also mit Zahlung des Kaufpreises, nach § 161 Abs. 1 S. 1 unwirksam. Dies gilt nur dann nicht, wenn der (zweite) Erwerber die bedingte Übereignung weder kannte noch seine Unkenntnis auf grober Fahrlässigkeit beruhte (§ 932 Abs. 2 i. V. m. § 161 Abs. 3) und die übrigen Voraussetzungen der §§ 932 ff. erfüllt sind (vgl. Rn. 565 ff.).

636

Beispiel: Volz verkauft Kunz einen gebrauchten Baukran unter Eigentumsvorbehalt. Kunz leistet eine Anzahlung auf den Kaufpreis und lässt den Kran auf seinen Bauhof bringen. Der Rest des Kaufpreises soll in sechs Monaten gezahlt werden. Als Volz kurze Zeit nach dem Verkauf in Geldschwierigkeiten gerät, bietet er den Baukran Dritt an, der ihn häufig bei Volz gesehen hat und deshalb auch der Versicherung des Volz glaubt, der Kran sei nur vorübergehend bei Kunz abgestellt und könne dort von Dritt abgeholt werden. Da der Kaufpreis Dritt sehr günstig erscheint, nimmt er das Angebot an und zahlt den geforderten Betrag. Als danach Dritt den Baukran bei Kunz abholen will, erfährt er von diesem die wahre Sachlage. Dritt möchte wissen, ob er Eigentum an dem Kran erworben hat.

Das Eigentum könnte nach § 929 S. 1, § 931 auf Dritt übergegangen sein. Aufgrund der schuldrechtlichen Absprachen im Rahmen des Kaufvertrages, die dem Eigentumsvorbehalt zugrunde liegen, besteht zwischen Volz und Kunz ein Besitzmittlungsverhältnis (vgl. Rn. 554);[163] danach ist Kunz unmittelbarer Fremdbesitzer und Volz mittelbarer Eigenbesitzer des Krans, außerdem hat Volz gegen Kunz einen Herausgabeanspruch, den er nach § 931 an Dritt abtreten kann. Da dies (zumindest konkludent) geschehen ist und Volz auch das Eigentum an dem Kran zusteht, sind die Voraussetzungen für den Eigentumsübergang auf Dritt nach §§ 929 S. 1, 931 erfüllt. Da Volz jedoch die Kaufsache unter einer aufschiebenden Bedingung Kunz übereignet hat, ist die Übereignung auf Dritt nach § 161 Abs. 1 nur bedingt wirksam und wird mit Zahlung des Restkaufpreises durch Kunz unwirksam, es sei denn, dass zugunsten des Dritt die Gutglaubensvorschriften der §§ 932 ff. eingreifen (§ 161 Abs. 3).

Dritt wusste von der bedingten Übereignung nichts; seine Unkenntnis beruhte auch nicht auf grober Fahrlässigkeit. Er war folglich gutgläubig. Da Volz auch mittelbarer Besitzer des Baukranes im Zeitpunkt der Veräußerung gewesen ist, trifft § 934 Alt. 1 zu, wonach der gutgläubige Erwerber mit der Abtretung des Herausgabeanspruchs Eigentum erwirbt. Diese Vorschrift gilt aufgrund der in § 161 Abs. 3 ausgesprochenen Verweisung hier entsprechend; zwar ist im Zeitpunkt der Übereignung an Dritt Volz noch Eigentümer, jedoch ist er zu einer weiteren Verfügung, nämlich zu dieser Übereignung, nicht berechtigt (§ 161 Abs. 1), wie sonst ein Nichteigentümer. Nach § 934 Alt. 1 in entsprechender Anwendung scheint also Dritt endgültiges, nicht nur auflösend bedingtes Eigentum an dem Kran erworben zu haben.

Hier muss aber die **Regelung des § 936 Abs. 3** beachtet werden. Nach dieser Vorschrift bleiben Rechte des unmittelbaren Besitzers an der Sache auch gegenüber dem gutgläubigen Erwerber bestehen, der nach §§ 929 S. 1, 934 Eigentum erworben hat. Diese Vorschrift ist (zumindest entsprechend) auf das Recht des Vorbehaltskäufers an der Kaufsache anzuwenden, bei dem es sich um ein sog. Anwartschaftsrecht handelt (Ein-

---

[163] MünchKomm/*Joost*, § 868 Rn. 59.

zelheiten dazu sogleich). Die Anwartschaft des Kunz auf Erwerb des Eigentums bleibt also trotz der Gutgläubigkeit des Dritt erhalten und wandelt sich mit dem Bedingungseintritt zum Vollrecht, d. h., zahlt Kunz den Kaufpreisrest, dann wird er Eigentümer des Baukrans, weil Dritt nur mit dem Anwartschaftsrecht des Kunz belastetes Eigentum erwerben konnte.[164]

Die Vorschrift des § 936 steht dagegen einem gutgläubigen Erwerb unbelasteten Eigentums nicht entgegen, wenn sich der Vorbehaltsverkäufer in unmittelbarem Besitz der Kaufsache befindet und diese nach § 929 S. 1 i. V. m. § 932, § 161 Abs. 3 an einen Gutgläubigen veräußert (vgl. § 936 Abs. 1, 2). Hätte also Kunz dem Volz in dem Beispielsfall den Kran zur Durchführung einer Reparatur zurückgegeben, dann hätte Dritt unbelastetes Eigentum daran erworben, wenn ihn Volz nach § 929 S. 1 übereignet hätte. In diesem Fall stünde Kunz nur ein Schadensersatzanspruch nach § 160 Abs. 1 gegen Volz zu.

637 Die dem Käufer bei einem Kauf unter Eigentumsvorbehalt vor Bedingungseintritt zustehende Rechtsposition ist dadurch gekennzeichnet, dass er automatisch bei Bedingungseintritt Eigentum erwirbt, dass dieser Eigentumserwerb nicht durch Verfügungen des Vorbehaltseigentümers verhindert werden kann (vgl. § 161), dass sich der Vorbehaltseigentümer nach § 160 schadensersatzpflichtig macht, wenn er den Eigentumserwerb des Käufers vereitelt oder beeinträchtigt, und dass nach § 162 Abs. 1 die Suspensivbedingung als eingetreten gilt, wenn ihr Eintritt vom Vorbehaltseigentümer wider Treu und Glauben verhindert wird.

Beispiel: Der Verkäufer weigert sich grundlos, den Kaufpreis entgegenzunehmen, und verhindert auf diese Weise, dass die Bedingung für den Eigentumsübergang eintritt.

Diese Regelungen gewähren dem Vorbehaltskäufer einen so umfassenden Schutz, dass sein Rechtserwerb ausreichend gesichert ist. Eine derartig gesicherte Rechtsposition wird als **Anwartschaftsrecht** bezeichnet.[165]

638 Nach einer häufig verwendeten Definition besteht ein Anwartschaftsrecht, wenn von einem mehraktigen Entstehungstatbestand eines Rechts schon so viele Erfordernisse erfüllt sind, dass der Veräußerer die Rechtsposition des Erwerbers nicht mehr durch einseitige Erklärung zerstören kann. Ist dieser Grad der Sicherung noch nicht erreicht, wird von einer „Anwartschaft" gesprochen, bei der es nur tatsächliche Aussichten auf einen künftigen Rechtserwerb gibt.[166] Das Anwartschaftsrecht wird in vielerlei Hinsicht wie das Vollrecht behandelt. So kann der Vorbehaltskäufer über sein Anwartschaftsrecht verfügen und es beispielsweise nach §§ 929 ff. übertragen. Verkauft der Vorbehaltskäufer die Kaufsache weiter und überträgt er in Erfüllung des Kaufvertrages sein Anwartschaftsrecht auf den zweiten Käufer, dann wird dieser automatisch und unmittelbar

---

[164] *Wilhelm*, Rn. 1015; *Petersen*, Jura 2011, 275, 277. Bei Anwendung des § 934 ergeben sich schwierige, dem Fortgeschrittenen vorzubehaltende Fragen; dazu weiterführend EK BGB Rn. 395 ff.

[165] Zum Anwartschaftsrecht des Vorbehaltskäufer vgl. *Leible/Sosnitza*, JuS 2001, 341; *Armgardt*, JuS 2010, 486; *Wilhelm*, Rn. 2337 ff.

[166] Vgl. dazu *Medicus/Petersen*, Rn. 456 ff.; *Schwerdtner*, Jura 1980, 609 ff., 661 ff.; *Haas/Beiner*, JA 1998, 115 ff.

mit Bedingungseintritt (der Zahlung des Kaufpreises an den Verkäufer des ersten Kaufvertrages) Eigentümer der Kaufsache.

Der Eigentumsvorbehalt sichert den Verkäufer nur unzureichend, wenn die Kaufsache zur Weiterveräußerung durch den Käufer bestimmt ist oder wenn der Käufer sie verarbeitet und umbildet. Deshalb sind Sonderformen des Eigentumsvorbehalts entwickelt worden, auf die jedoch hier nicht näher eingegangen werden soll (vgl. dazu EK BGB Rn. 398 ff.).

g) Sonderformen des Kaufes

1. Arten

Das BGB enthält eine Reihe von Sonderregeln für bestimmte Kaufverträge. So gelten für den Verbrauchsgüterkauf (vgl. § 474) ergänzende Regeln (vgl. dazu Rn. 640 ff.). Hat sich der Verkäufer in dem Kaufvertrag das Recht vorbehalten, den verkauften Gegenstand wieder zurückkaufen zu dürfen (sog. Wiederkauf), dann sind die §§ 456 bis 462 zu beachten. Ist jemandem ein Vorkaufsrecht eingeräumt worden, dann kann er dieses Vorkaufsrecht ausüben, sobald der Verpflichtete mit einem Dritten einen Kaufvertrag über den Gegenstand geschlossen hat (§ 463), wobei mit der Ausübung des Vorkaufsrechts der Kauf zwischen dem Berechtigten und dem Verpflichteten unter den Bestimmungen zustande kommt, die der Verpflichtete mit dem Dritten vereinbart hat (§ 464 Abs. 2). Bei einem Kauf auf Probe steht die Billigung des gekauften Gegenstandes im Belieben des Käufers. Der Kauf ist im Zweifel unter der aufschiebenden Bedingung der Billigung geschlossen (§ 454 Abs. 1). Zu beachten ist noch, dass die §§ 373 bis 381 HGB Sonderregeln über den Handelskauf enthalten.

639

2. Verbrauchsgüterkauf

Von den besonderen Arten des Kaufs soll lediglich wegen seiner Bedeutung der Verbrauchsgüterkauf eingehender behandelt werden. **Als Verbrauchsgüterkauf wird in § 474 Abs. 1 ein Kaufvertrag bezeichnet, bei dem ein Unternehmer** (zur Definition vgl. § 14) **eine bewegliche Sache einem Verbraucher** (vgl. die Definition in § 13) **verkauft.** Diese Begriffsbeschreibung orientiert sich an der Verbrauchsgüterkaufrichtlinie,[167] deren Umsetzung in deutsches Recht die ergänzenden Regelungen der §§ 474 bis 479 erforderlich sein ließ, sofern Vorschriften der Richtlinie nicht bereits durch die Änderungen der §§ 433 ff. übernommen worden sind. Zu beachten ist, dass beim Verbrauchsgüterkauf die gewerbliche Tätigkeit i.S.d. § 14 und damit die Unternehmerstellung des Verkäufers nicht da-

640

---

[167] Richtlinie 1999/44/EG des Europäischen Parlaments und des Rates vom 25. Mai 1999 zu bestimmten Aspekten des Verbrauchsgüterkaufs und der Garantien für Verbrauchsgüter (ABl. EG Nr. L 171 S. 12).

von abhängt, dass dieser mit seiner Geschäftstätigkeit die Absicht verfolgt, Gewinn zu erzielen.[168]

641 Die im Gesetz gegebene Beschreibung des Verbrauchsgüterkaufs ergibt, dass die §§ 474 ff. **keine Anwendung auf Kaufverträge von Unternehmern oder Verbrauchern untereinander** finden; ebenso sind die Vorschriften nicht anwendbar, wenn ein Verbraucher eine bewegliche Sache einem Unternehmer verkauft. Der Unternehmer muss den Verkauf im Rahmen seiner beruflichen Tätigkeit vornehmen. Es handelt sich also nicht um einen Verbrauchsgüterkauf, wenn ein Gewerbetreibender privat genutzte Sachen veräußert. Wird eine Sache verkauft, die der Verkäufer sowohl privat als auch in seinem gewerblichen Unternehmen genutzt hat, dann ist für die Einordnung als Verbrauchsgüterkauf entscheidend, welche Benutzung überwiegt.[169] Täuscht der Käufer, bei dem es sich in Wirklichkeit um einen Verbraucher i. S. d. § 13 handelt, einen gewerblichen Verwendungszweck der Kaufsache vor, dann ist ihm die Berufung auf die Vorschriften über den Verbrauchsgüterkauf verwehrt.[170] Schließlich sind die Vorschriften über den Verbrauchsgüterkauf nicht anzuwenden, wenn ein Verbraucher in einer öffentlichen Versteigerung (zum Begriff vgl. § 383 Abs. 3 S. 1), an der er persönlich teilnehmen kann, eine gebrauchte Sache erwirbt (§ 474 Abs. 1 S. 2). Aus der **Beschränkung des Verbrauchsgüterkaufs auf bewegliche Sachen** folgt, dass aus dem Anwendungsbereich der dafür getroffenen Sonderregelung der Grundstückskauf ebenso ausgenommen ist wie nicht körperliche Gegenstände (vgl. § 90).

Zu den nicht körperlichen Gegenständen gehört z. B. elektrische Energie. Dagegen ist nicht erforderlich, dass es sich um eine Materie in fester Form handelt. Körperliche Gegenstände sind vielmehr auch flüssige und gasförmige, sofern sie nur technisch beherrschbar sind.[171] Beispielsweise handelt es sich bei leitungsgebundenem Wasser und Gas um Sachen, die Gegenstand eines Verbrauchsgüterkaufs werden können.[172] Computerdaten und Computerprogramme sind nur dann körperliche Gegenstände, wenn sie in Datenträger verkörpert sind.[173] Da nach § 90a auf Tiere die für Sachen geltenden Vorschriften entsprechend anzuwenden sind, ist der **Verkauf eines Tieres** durch einen Unternehmer an einen Verbraucher als Verbrauchsgüterkauf zu werten.

642 **Auf den Verbrauchsgüterkauf sind die §§ 475 bis 479 nur „ergänzend" anzuwenden** (§ 474 Abs. 1). Das bedeutet, dass in erster Linie die §§ 433 bis 473 zu beachten sind. Davon macht jedoch § 474 Abs. 2 Ausnahmen: Während außerhalb des Verbrauchsgüterkauf der Käufer gem. § 439

---

[168] *BGH* NJW 2006, 2250, 2251.
[169] *OLG Celle* NJW-RR 2004, 1645, 1646; str., vgl. *Schroeter,* JuS 2006, 682, 684.
[170] *BGH* NJW 2005, 1045; *Schroeter,* JuS 2006, 682, 683. Vgl. auch *BGH* NJW 2007, 759 m. Anm. v. *Bruns* zu dem Fall, dass ein Unternehmer zur Vermeidung der Anwendung der Vorschriften über den Verbrauchsgüterkauf einen Verbraucher als Verkäufer vorschiebt.
[171] MünchKomm/*Holch,* § 90 Rn. 7.
[172] Gegenäußerung der Bundesregierung zur Stellungnahme des Bundesrates (BT-Drs. 14/6857) S. 62 (zu Nr. 103); a. A. AnwKom-BGB/*Büdenbender,* § 474 Rn. 13.
[173] BGHZ 109, 97, 100 f. = NJW 1990, 320; Palandt/*Ellenberger,* § 90 Rn. 2, jeweils m. w. N.; zu Einzelheiten vgl. Bamberger/Roth/*Faust,* § 474 Rn. 9.

Abs. 4 i. V. m. § 346 Abs. 1 Nutzungen der mangelhaften Sache herauszugeben oder nach § 346 Abs. 2 S. 1 Nr. 1 ihren Wert zu ersetzen hat (vgl. Rn. 595), wird dies für den Verbrauchsgüterkauf ausdrücklich ausgeschlossen. Auch geht beim Verbrauchsgüterkauf abweichend von § 447 (vgl. dazu Rn. 512) die Gefahr bei Versendung der Sache durch den Verkäufer erst in dem Zeitpunkt auf den Käufer über, in dem er den Besitz an der Sache erlangt.[174]

Beispiel: Studienrat S kauft im Fachgeschäft des Händlers H einen Videorecorder. Da H das Gerät nicht im Geschäft verfügbar hat, wird vereinbart, dass S am nächsten Tag den inzwischen von H besorgten Recorder abholen soll. Da jedoch S infolge eines unvorhergesehenen Termins verhindert ist, bittet er telefonisch H, ihm den Videorecorder zu seiner Wohnung zu bringen. H beauftragt seinen Angestellten A mit der Ausführung des Transportes. Unterwegs kommt es zu einem von A nicht verschuldeten Unfall, bei dem das Gerät zerstört wird.

Es handelt sich um einen Gattungskauf. Auf Grund der Umstände des Falles ist davon auszugehen, dass es sich nicht um eine Bringschuld, sondern um eine Schickschuld handelt (vgl. Rn. 512 aE). Deshalb hat H das seinerseits Erforderliche mit der Übergabe des Videorecorders an A getan, so dass die Konkretisierung eingetreten ist (§ 243 Abs. 2; vgl. Rn. 171 f., 176 f.). Da das geschuldete Gerät zerstört wurde, ist H die Erfüllung seiner Schuld, die Übereignung und Übergabe der Kaufsache, unmöglich geworden, und der Anspruch des S nach § 433 Abs. 1 S. 1 ist somit ausgeschlossen (§ 275 Abs. 1). In diesem Fall entfällt nach § 326 Abs. 1 S. 1 auch der Anspruch auf die Gegenleistung. Die Gegenleistungsgefahr trägt hier H, denn § 447, der dem Käufer bei einem Versendungskauf die Gegenleistungsgefahr auferlegt, findet keine Anwendung, weil zwischen dem Händler H als Unternehmer (§ 14) und dem Verbraucher S (§ 13) ein Verbrauchsgüterkauf geschlossen worden ist (§ 474 Abs. 2 S. 2 i. V. m. Abs. 1).

Das Beispiel zeigt also, dass im Rahmen eines Verbrauchsgüterkaufs die Leistungsgefahr wie sonst auch bei einer Schickschuld mit der Übergabe der Gattungssache an die Transportperson auf den Käufer übergeht, dieser jedoch die Gegenleistungsgefahr anders als sonst nicht zu tragen hat.[175]

Auch die Transportgefahr hat bei einer Versendung der Kaufsache im Rahmen eines Verbrauchsgüterkaufs der Verkäufer zu tragen. Beschädigungen oder der Verlust der Kaufsache, die auf dem Transport eintreten, gehen also zu Lasten des Verkäufers.[176]

Da die Regeln über den Kauf, wie sie in §§ 433 ff. enthalten sind, dispositives Recht darstellen und somit abbedungen werden können (vgl. Rn. 541), ist es grundsätzlich möglich, **vertragliche Absprachen zu treffen, die zum Nachteil des Käufers von den gesetzlichen Vorschriften abweichen. Dies wird für den Verbrauchsgüterkauf durch § 475 Abs. 1 S. 1 für die darin genannten Vorschriften ausgeschlossen.** Vereinbarungen, die zu einer „Erleichterung" der Verjährung führen, werden durch § 475 Abs. 2 nur in einem eingeschränkten Umfang zugelassen. Als solche von dieser Regelung erfasste „Erleichterungen" gelten einmal die Verkürzung der Verjährungsfrist, zum anderen die Vorverlegung des Verjährungsbeginns auf einen Zeitpunkt, der vor Ablieferung der Sache liegt (§ 438 Abs. 2).

643

---

[174] *AG Miesbach* ZGS 2005, 159, 160.
[175] *S. Lorenz*, JuS 2004, 105; *Wertenbruch*, JuS 2003, 625, 632.
[176] *AG Fürstenwalde* NJW 2005, 2717.

Der durch diese Bestimmungen bewirkte zwingende Charakter der gesetzlichen Regelung gilt jedoch nicht, soweit sich aus den aufgeführten Vorschriften ein **Anspruch des Käufers auf Schadensersatz** ergibt; ein solcher Anspruch kann vertraglich ausgeschlossen oder beschränkt werden (§ 475 Abs. 3). Wird eine den Schadensersatzanspruch des Käufers betreffende Regelung in allgemeinen Geschäftsbedingungen getroffen, sind die §§ 307 bis 309 zu beachten. Die durch § 475 getroffenen Einschränkungen für abweichende Vereinbarungen gelten jedoch stets nur für die Zeit vor Mitteilung eines Mangels durch den Käufer an den Verkäufer.

644 Macht der Käufer wegen eines Sachmangels Rechte gegen den Verkäufer gerichtlich geltend, dann kommt es darauf an, ob im Zeitpunkt des Gefahrübergangs der Sachmangel vorhanden war (§ 434 Abs. 1 S. 1). Misslingt eine entsprechende Feststellung, dann geht dies regelmäßig zu Lasten des Käufers, da er sich auf diesen Sachmangel beruft und daraus Rechte ableitet, so dass er folglich die Voraussetzungen für das von ihm geltend gemachte Recht zu beweisen hat (zu den Regeln über die Verteilung der Beweislast vgl. GK ZPO Rn. 472 ff.). **Beim Verbrauchsgüterkauf wird durch § 476 zugunsten des Käufers** von dieser Beweislastregel abgewichen und bei nicht klärbaren Zweifeln **angenommen, dass die Kaufsache im Zeitpunkt des Gefahrübergangs mangelhaft war,** wenn sich der Sachmangel innerhalb von sechs Monaten seit Gefahrübergang (vgl. §§ 446, 447) zeigt. Der BGH hat sich in einer Reihe von Entscheidungen mit dieser Vorschrift auseinandergesetzt[177] und dabei seinen Standpunkt wie folgt präzisiert: Der Käufer müsse stets darlegen und ggf. beweisen, dass ein innerhalb der Sechsmonatsfrist auftretender Defekt auf einen Sachmangel zurückzuführen sei. Insoweit helfe ihm § 476 nicht. Denn diese Vorschrift begründe nur in zeitlicher Hinsicht die Vermutung, dass dieser Sachmangel bereits im Zeitpunkt des Gefahrübergangs bestanden habe. Mit dieser Argumentation lehnt das Gericht eine im Schrifttum vertretene Auffassung ab, nach der die Vermutung des § 476 auch darauf erstreckt werden soll, dass ein innerhalb der Sechsmonatsfrist auftretender Defekt an der Kaufsache durch einen Sachmangel verursacht worden ist.[178]

Beispiel: A kauft im Fachgeschäft des Handel einen Toaster. Sechs Wochen nach dem Kauf funktioniert der Toaster nicht mehr. Den Grund dafür kann A nicht feststellen. Nach Auffassung des BGH muss jedoch der Käufer nachweisen, aus welchem Grund es zum Ausfall des anfänglich funktionierenden Gerätes gekommen ist. Nur wenn sich die festgestellte Ursache als ein Sachmangel darstellt, wird zu Gunsten des A vermutet, dass dieser Mangel bereits im Zeitpunkt des Gefahrübergangs vorhanden war. Die Gegenauffassung ist dagegen wesentlich verbraucherfreundlicher und begnügt sich damit, dass innerhalb der Sechsmonatsfrist das Gerät nicht mehr funktionsfähig ist.

---

[177] *BGH* NJW 2004, 2299; 2004, 3020; 2005, 3490; 2006, 434; 2006, 1195; 2007, 2619; 2007, 2621; 2009, 580, 581 Tz. 13; vgl. zu dieser Rechtsprechung *Gsell*, JZ 2008, 29; *Martis*, MDR 2010, 841.
[178] S. *Lorenz*, NJW 2004, 3020; *Saenger/Veltmann*, ZGS 2005, 450, 451; *Reinicke/Tiedtke*, Rn. 737; Bamberger/Roth/*Faust*, § 476 Rn. 9 ff.; MünchKomm/*Lorenz*, § 476 Rn. 4.

Ob allerdings der BGH tatsächlich dem Verbraucher den oft von ihm nicht zu führenden Beweis für den Grund des Fehlers auferlegt, muss wegen der im Folgenden wiedergegebenen Entscheidung bezweifelt werden:[179] Vier Wochen nach dem Kauf eines Gebrauchtwagens wird in einer Werkstatt festgestellt, dass sich im Kühlsystem des Fahrzeugs zu wenig Wasser befindet. Bei der daraufhin vorgenommenen Untersuchung wird weiter festgestellt, dass die Zylinderkopfdichtung defekt und die Ventilstege gerissen sind. Ein Sachverständiger erklärt, ob der Schaden an der Zylinderkopfdichtung bereits im Zeitpunkt der Übergabe vorhanden gewesen sei, könne nicht mit Sicherheit gesagt werden. Es sei nicht auszuschließen, dass die thermische Überlastung des Motors und die dadurch verursachte Schädigung der Zylinderkopfdichtung auf ein Fahren mit zu wenig Kühlwasser und damit auf einen Fahrfehler zurückzuführen sei. Der BGH sieht in diesem Fall die Voraussetzungen für die Anwendung der Vermutung des § 476 als erfüllt an. Denn es stehe mit dem Schaden am Zylinderkopf ein Sachmangel fest.[180] Ungeklärt sei lediglich, ob dieser Sachmangel bereits im Zeitpunkt der Übergabe vorhanden gewesen oder erst durch einen Fahr- oder Bedienungsfehlers nach Gefahrenübergang entstanden sei. Für diesen Fall begründe § 476 die in zeitlicher Hinsicht wirkende Vermutung, dass der aufgetretene Mangel im Zeitpunkt des Gefahrübergangs bestanden habe.[181] Wenn aber der BGH auf die Feststellung der genauen Ursache für den Defekt verzichtet, unterscheidet er sich im Wesentlichen nicht mehr in seiner Auffassung von der Gegenmeinung.[182]

Die Vermutung des § 476 ist nicht nur anzuwenden, wenn der Käufer kaufrechtliche Gewährleistungsansprüche gegen den Verkäufer geltend macht, sondern immer dann, wenn es für eine Entscheidung darauf ankommt, ob eine verkaufte Sache im Zeitpunkt des Gefahrübergangs mangelhaft gewesen ist. So ist diese Regelung heranzuziehen, wenn über einen Rückzahlungsanspruch des Käufers zu befinden ist, der darauf gestützt wird, dass der Verkäufer die Kosten einer durchgeführten Reparatur als kostenfreie Nachbesserung zu tragen habe.[183] Die durch § 478 aufgestellte Vermutung gilt nicht, wenn sie „mit der Art der Sache oder des Mangels unvereinbar" ist. Mit der „Art" der Sache lässt sich die Vermutung eines Mangels im Zeitpunkt des Gefahrübergangs nicht vereinbaren, wenn es sich um leicht verderbliche Sachen handelt. Bei solchen Sachen kann nicht auf einen Mangel geschlossen werden, wenn sie in dem Zeitraum von sechs Monaten verderben. Zu Recht lehnt die h.M.[184] die Auffassung ab, die eine Anwendung des § 476 auf **gebrauchte Sachen** als

645

---

[179] BGH NJW 2007, 2621.
[180] Der Begriff des Sachmangels bedarf allerdings in Bezug auf § 476 einer zusätzlichen Präzisierung. Denn als Sachmangel gilt im Kaufrecht auf der Grundlage des § 434 eine im Zeitpunkt des Gefahrübergangs vorhandene negative Abweichung der Ist-Beschaffenheit von der Soll-Beschaffenheit. Im Rahmen des § 476 braucht dagegen nicht festzustehen, dass diese negative Abweichung bereits im Zeitpunkt des Gefahrübergangs bestanden hat, denn darauf bezieht sich gerade die Vermutung, die durch diese Vorschrift aufgestellt wird. Auf diese notwendige Differenzierung weist zu Recht *Gsell*, JZ 2008, 29, 30, hin.
[181] BGH NJW 2007, 2621, 2622 Tz. 16.
[182] So auch PWW/Schmidt, § 476 Rn. 3.
[183] BGH NJW 2009, 580, 51 f. Tz. 15; vgl. dazu *Fischinger*, NJW 2009, 563.
[184] BGH NJW 2005, 3490, 3492; OLG Köln ZGS 2004, 40; OLG Celle NJW 2004, 3566; KG ZGS 2005, 76; *S. Lorenz*, NJW 2004, 3020, 3021; Grohmann/Gruschinske, ZGS 2005, 452, 453.

mit der „Art der Sache" unvereinbar ausschließen will.[185] Bei gebrauchten Sachen kann sich jedoch der Ausschluss der Vermutung vor allem deshalb ergeben, weil sie mit der „Art des Mangels" unvereinbar ist. Dies trifft insbesondere für solche Mängel zu, die als Verschleißerscheinungen in Folge des Gebrauchs der Sache auftreten.[186] Ebenso sind äußerliche Beschädigungen der Sache, die auch dem fachlich nicht versierten Käufer auffallen müssen, zu den Mängeln zu zählen, die ihrer Art nach mit der Vermutung nicht vereinbar sind.[187] Auch auf Tierkrankheiten lässt sich die Vermutung des § 476 anwenden.[188] Allerdings müssen hierbei die Besonderheiten berücksichtigt werden, die sich aus der Natur des Tieres als Lebewesen ergeben und die sich dadurch erklären, dass ein Tier während seiner gesamten Lebenszeit einer ständigen Entwicklung und Veränderung seiner körperlichen und gesundheitlichen Verfassung unterliegt, die nicht nur von den natürlichen Gegebenheiten des Tieres wie Anlagen und Alter, sondern auch von seiner Ernährung, Pflege und Belastung beeinflusst werden.[189] Deshalb muss stets ein besonderes Augenmerk auf die Art und den Zeitpunkt des Ausbruchs der Erkrankung gerichtet werden.[190]

646 Die zugunsten des Verbrauchers wirkenden Regelungen bezwecken, seine Rechtsstellung gegenüber dem Unternehmer beim Verbrauchsgüterkauf zu verbessern. Deshalb muss sichergestellt werden, dass sich nicht ein Unternehmer durch eine für ihn günstige Gestaltung des Vertrages oder auf andere Weise den Regelungen des Verbrauchsgüterkaufs entziehen kann. Zu diesem Zweck stellt § 475 Abs. 1 S. 2 ein **Umgehungsverbot** auf. Von einer Umgehung ist auszugehen, wenn eine vom Gesetz verbotene Regelung bei gleicher Interessenlage durch eine andere rechtliche Gestaltung erreicht werden soll, die objektiv nur den Sinn haben kann, das gesetzliche Verbot zu unterlaufen. In Bezug auf § 475 gilt dies insbesondere dann, wenn die Haftung des Verkäufers ohne wirtschaftlichen Grund verringert oder ausgeschlossen wird. Eine Umgehungsabsicht ist dabei nicht erforderlich.[191] Ein Umgehungsgeschäft stellt es z.B. dar, wenn der Unternehmer zum Verkauf einer Sache bewusst einen Verbraucher als Strohmann einschaltet, um damit den Regelungen der §§ 474 ff. zu entgehen.

Beispiel: Der Gebrauchtwagenhändler H will einen Pkw nur unter Ausschluss einer Mängelhaftung veräußern. Er bittet deshalb seinen Schwager S, als Privatmann das Fahrzeug im eigenen Namen für ihn zum Kauf anzubieten. S verkauft daraufhin den

---

[185] So Amtl. Begr., S. 245 (r. Sp.).
[186] *KG* ZGS 2005, 76; *OLG Stuttgart* ZGS 2005, 156, 157; *Grohmann/Gruschinske*, ZGS 2005, 452, 454; Hk-BGB/*Saenger*, § 476 Rn. 4.
[187] *BGH* NJW 2005, 3490, 3492; zust. *Witt*, NJW 2005, 3468, 3469; *Grohmann/ Gruschinske*, ZGS 2005, 452, 454.
[188] *BGH* NJW 2006, 2250, 2252 f.; 2007, 2619; *Reinicke/Tiedtke*, Rn. 739; grundsätzlich abl. dagegen Amtl. Begr., S. 245 (r. Sp).
[189] *BGH* NJW 2006, 2250, 2252 f. Tz. 27.
[190] Palandt/*Weidenkaff*, § 476 Rn. 11; Hk-BGB/*Saenger*, § 476 Rn. 4.
[191] *OLG Celle* ZGS 2007, 79 m. N.

Pkw dem Facharbeiter K und schließt dabei entsprechend dem Wunsch des H die Haftung für Sachmängel aus. Wie ist die Rechtslage, wenn das verkaufte Fahrzeug bei Übergabe an den Käufer einen Sachmangel aufweist?

Die Vereinbarung über den Ausschluss einer Haftung für Sachmängel wäre unwirksam, wenn es sich bei dem Verkauf des Pkw durch S um einen Verbrauchsgüterkauf handelt. Die Unwirksamkeit ergibt sich dann aus § 475 Abs. 1 S. 1, weil der Haftungsausschluss dazu führt, dass die Rechte des K als Käufer verkürzt werden. Obwohl S kein Unternehmer ist, könnte man daran denken ihn als solchen zu behandeln, weil S ganz offensichtlich nur deshalb als Verkäufer auftritt, um eine Haftung des H zu vermeiden. Eine solche Lösung hätte zur Folge, dass der Haftungsausschluss unwirksam wäre und K Ansprüche wegen des Mangels gegen S geltend machen könnte.[192] Diese Lösung wird jedoch vom BGH verworfen, der es ausschließt, dass ein Umgehungsgeschäft dazu führt, einen Verbraucher als Unternehmer zu behandeln. Vielmehr will das Gericht in einem solchen Fall den Hintermann, hier also H, als eigentlichen Verkäufer ansehen, so dass K Rechte wegen des Mangels gegen H geltend machen kann.[193]

Weitere in der Praxis vorkommende Arten einer Umgehung sind der Missbrauch von Agenturverträgen und sachwidrige Beschaffenheitsvereinbarungen. Im ersten Fall gibt ein Händler vor, das Geschäft nicht selbst zu schließen, sondern lediglich als Vermittler für einen Verbraucher zu handeln. Vor allem im Kraftfahrzeughandel kommen Agenturverträge häufig vor und werden keinesfalls stets zur Umgehung kaufrechtlicher Regelungen geschlossen. Ein Agenturgeschäft wird nur dann zur Umgehung missbraucht, wenn dadurch ein Eigengeschäft des Unternehmers verschleiert werden soll. Als Abgrenzungskriterium ist das geschäftliche Risiko zu wählen.[194]

Beispiel: Der Händler H verkauft E einen neuen Pkw und nimmt den bisher von E gefahrenen Pkw in Zahlung. Für das gebrauchte Fahrzeug setzt er einen genauen Betrag fest, den er auf den Kaufpreis des neuen Fahrzeugs anrechnet. In diesem Fall trägt H das Risiko, dass er den für den Gebrauchtwagen des E angesetzten Betrag bei der Weiterveräußerung erlöst. Würde in diesem Fall H „im Kundenauftrag" das in Zahlung genommene Fahrzeug veräußern, dann könnte die von ihm gewählte Form des Agenturgeschäfts keine Anerkennung finden, denn bei wirtschaftlicher Betrachtung hat H das gebrauchte Fahrzeug des E angekauft und verkauft es nunmehr weiter. H ist deshalb als Verkäufer anzusehen und seine Eigenschaft als Unternehmer führt folglich dazu, dass die Vorschriften über den Verbrauchsgüterkauf anzuwenden sind.[195]

Auch bei Beschaffenheitsvereinbarungen kann nur dann von einer Umgehung ausgegangen werden, wenn sie dazu dienen sollen, die Haftung

---

[192] So MünchKomm/*Lorenz*, § 475 Rn. 36.
[193] *BGH* NJW 2007, 759, 760 Tz. 15 = JuS 2007, 588 *(Faust)*; ebenso *OLG Celle* ZGS 2007, 79.
[194] *BGH* NJW 2005, 1039, 1040 = JuS 2005, 561 *(Emmerich)*; *OLG Stuttgart* NJW 2004, 2169, 2170; *Faust*, JuS 2007, 588, 587; *Brox/Walker*, BS, § 7 Rn. 7
[195] So die der Auffassung des *BGH* NJW 2007, 759, 760, entsprechende Lösung; zu anderen Lösungsvorschlägen vgl. *Katzenmeier*, NJW 2004, 2632, 2633.

des Verkäufers in unzulässiger Weise einzuschränken oder auszuschließen. Wird ein Gebrauchtwagen als „Bastlerfahrzeug" verkauft, obwohl es nach den Vorstellungen der Vertragsparteien nicht zum Ausschlachten bestimmt ist, sondern normalen Zwecken dienen soll,[196] dann kann sich der Verkäufer auf diese Weise nicht einer Haftung für Sachmängel entziehen. Es kommt in diesen Fällen darauf an, ob die Beschaffenheitsvereinbarung von dem wirklichen Zustand der Kaufsache im erheblichen Umfang negativ abweicht, um auf diese Weise das Risiko von Sachmängeln auf den Käufer abzuwälzen.[197] Ist dies der Fall, dann wird eine Beschaffenheit geschuldet, wie sie für einen entsprechenden Kaufgegenstand üblich ist.

647 Für **Garantien** (vgl. Rn. 627 ff.), die **im Rahmen eines Verbrauchsgüterkaufs** vom Unternehmer abgegeben werden, **stellt § 477 Sonderbestimmungen auf**, die dem Schutz des Verbrauchers dienen. So muss die Garantieerklärung einfach und verständlich abgefasst werden. Dazu gehört vor allem, dass sie sich einer dem Verbraucher verständlichen Sprache bedient, in Deutschland also regelmäßig der deutschen Sprache. Durch das Erfordernis eines Hinweises auf die gesetzlichen Rechte des Verbrauchers und einer Erklärung, dass diese Rechte nicht durch die Garantie eingeschränkt werden, soll dem Verbraucher die Erkenntnis vermittelt werden, dass die Garantie ein zusätzliches Leistungsversprechen erfüllt und dass daneben die gesetzlichen Rechte dem Verbraucher ungeschmälert zustehen. Außerdem muss dem Verbraucher durch die Garantieerklärung dargelegt werden, welche Rechte er durch die Garantie erwirbt. Auf Verlangen des Verbrauchers ist die Garantieerklärung nach § 477 Abs. 2 in Textform (vgl. § 126 b; dazu Rn. 53) mitzuteilen. Die Verletzung der in § 477 Abs. 1 und 2 aufgestellten Bestimmungen führt nicht zur Unwirksamkeit der Garantieverpflichtung; weil eine solche Rechtsfolge für den Verbraucher ungünstig wäre, wird sie durch § 477 Abs. 3 ausgeschlossen. Da jedoch durch Nichtbeachtung der Regelung des § 477 der Unternehmer eine Pflichtverletzung begeht, kann er sich nach § 280 Abs. 1 schadensersatzpflichtig machen.

648 Häufig wird der Unternehmer, der wegen eines Mangels der Kaufsache von einem Verbraucher in Anspruch genommen wird, seinerseits die Sache von einem anderen Händler oder Hersteller erworben haben. **§ 478 regelt** für diesen Fall **bei neu hergestellten Sachen das Rückgriffsrecht des Unternehmers gegen seinen Lieferanten**.[198] Abs. 1 dieser Vorschrift bezieht sich auf den Fall, dass der Unternehmer nach Rücktritt des Verbrauchers oder nach Erfüllung dessen Anspruchs auf einen „großen Schadensersatz" (vgl. Rn. 605) die mangelhafte Sache zurücknimmt. In diesem Fall kann der Unternehmer unmittelbar nach Rücknahme der mangelhaften

---

[196] So in dem vom *OLG Oldenburg* ZGS 2004, 75, entschiedenen Fall; vgl. dazu *Looschelders*, BS, Rn. 266.
[197] *Reinicke/Tiedtke*, Rn. 753.
[198] Vgl. dazu *Matthes*, NJW 2002, 2505; *Jacobs*, JZ 2004, 225.

Sache seinerseits vom Kaufvertrag mit seinem Lieferanten zurücktreten, ohne dass er die sonst nach § 323 Abs. 1 i.V.m. § 437 Nr. 2 vorgesehene Frist setzen muss. Zu beachten ist allerdings, dass § 478 Abs. 1 **keine eigene Anspruchsgrundlage** darstellt, sondern nur die sich aus anderen Vorschriften ableitenden Rechte des Unternehmers modifiziert. Es ist also jeweils im Einzelfall zu prüfen, ob die Voraussetzungen erfüllt werden, die das Gesetz für Ansprüche wegen Mängeln der Kaufsache aufstellt.[199] Danach kommt es vor allem darauf an, dass im Zeitpunkt des Gefahrübergangs auf den Unternehmer bereits der Mangel der Sache vorhanden war, der die Rechte des Verbrauchers ausgelöst hat. Insoweit kommt dem Unternehmer die **Vermutung des § 476 nach Maßgabe des § 478 Abs. 3** zugute. Verlangt der Käufer wegen des Mangels Nacherfüllung (§ 439 Abs. 1), dann hat der Verkäufer die zum Zweck der Nacherfüllung erforderlichen Aufwendungen zu tragen (§ 439 Abs. 2). Handelt es sich um eine neu hergestellte Sache, bei der der Mangel, den der Verbraucher geltend gemacht hat, bereits beim Übergang der Gefahr auf den Unternehmer vorhanden war, dann kann der Unternehmer diese Kosten nach **§ 478 Abs. 2 (bei dieser Vorschrift handelt es sich um eine selbstständige Anspruchsgrundlage)** auf den Lieferanten abwälzen. Wird über den Zeitpunkt der Entstehung des Mangels gestritten, dann hilft auch hier dem Unternehmer die Vermutung des § 476 (§ 478 Abs. 3).

Die beschriebene Regelung der Rückgriffsansprüche nach § 478 Abs. 2 und 3 findet auch Anwendung auf Kaufverträge, die innerhalb einer Lieferkette vom Lieferanten des Unternehmers oder von weiteren „Vor-Verkäufern" geschlossen worden sind, soweit der in Anspruch genommene Verkäufer Unternehmer ist (§ 478 Abs. 5). Die Kaufverträge zwischen dem Unternehmer und seinem Lieferanten stellen in gleicher Weise wie die zwischen anderen Gliedern der Lieferkette geschlossenen Verträge Handelskäufe dar und unterliegen daher den dafür geltenden Vorschriften des HGB. In § 478 Abs. 6 wird dies ausdrücklich durch Verweisung auf § 377 HGB deutlich gemacht. Dies bedeutet, dass die beim Handelskauf nach dieser Vorschrift bestehende Untersuchungs- und Rügepflicht beachtet werden muss.

649

III. Darlehensvertrag

a) Zur gesetzlichen Regelung

Nach der gesetzlichen Regelung ist zwischen dem **Darlehensvertrag** – geregelt in den §§ 488 bis 498 und dem **Sachdarlehensvertrag** – geregelt in den §§ 607 bis 609 – **zu unterscheiden**. Während der Darlehensvertrag die Verpflichtung des Darlehensgebers begründet, dem Darlehensnehmer

650

---

[199] Vgl. Erman/*Grunewald*, § 478 Rn. 2 ff.

einen Geldbetrag in der vereinbarten Höhe zur Verfügung zu stellen (§ 488 Abs. 1 S. 1), ist der Sachdarlehensvertrag darauf gerichtet, dem Darlehensnehmer eine vereinbarte vertretbare Sache zu überlassen (§ 607 Abs. 1 S. 1). Innerhalb des Darlehensrechts gelten für den **Verbraucherdarlehensvertrag** (zum Begriff vgl. § 491 Abs. 1) Sonderregeln (dazu EK BGB Rn. 93 f.). Einzelne Vorschriften des Verbraucherdarlehensrechts sind auch auf den **Zahlungsaufschub und sonstige Finanzierungshilfen** (§ 506 Abs. 1), auf **Finanzierungsleasingverträge** (§ 506 Abs. 2) und auf **Teilzahlungsgeschäfte** (§ 507) anzuwenden (dazu EK BGB Rn. 95 f.). Schließlich ist darauf hinzuweisen, dass für **Darlehensvermittlungsverträge** zwischen einem Unternehmer und einem Verbraucher die Vorschriften der §§ 655 a bis 655 e zu beachten sind (vgl. Rn. 656).

b) Pflichten beim Darlehensvertrag

651 Die sich aus dem Darlehensvertrag ergebenden Hauptleistungspflichten sind in § 488 Abs. 1 beschrieben. Danach besteht die **Pflicht des Darlehensgebers** darin, dem Darlehensnehmer einen Geldbetrag in der vereinbarten Höhe zur Verfügung zu stellen. Durch den Begriff „Geldbetrag" soll zum Ausdruck gebracht werden, dass der Darlehensgeber nicht zur Überlassung bestimmter Geldscheine oder Geldmünzen, sondern lediglich zur wertmäßigen Verschaffung des Geldbetrages verpflichtet ist.[200] Wie diese Pflicht erfüllt wird, richtet sich nach den vertraglichen Vereinbarungen und den Besonderheiten des Einzelfalles. Ein Darlehen wird nicht nur durch Überweisung des entsprechenden Geldbetrages auf das Konto des Darlehensnehmers oder durch Übergabe von Bargeld zur Verfügung gestellt, sondern auch z. B. durch Einräumung eines Überziehungskredits durch eine Bank. Die **Pflichten des Darlehensnehmers** bestehen darin, einen vereinbarten Zins zu zahlen und bei Fälligkeit das Darlehen, d. h. einen Geldbetrag in der gewährten Höhe, zurückzuerstatten.

652 Regelmäßig ist der Darlehensnehmer nach dem Darlehensvertrag verpflichtet, **Zinsen** für das Darlehen zu **zahlen**. Es handelt sich dann bei dem Darlehensvertrag um einen **synallagmatischen Vertrag**. Wird jedoch das **Darlehen unentgeltlich gewährt** und entfällt deshalb die Zinspflicht des Darlehensnehmers, dann stellt der Darlehensvertrag einen **unvollkommen zweiseitig verpflichtenden Vertrag** dar (vgl. Rn. 92 ff.).

653 Bei einer **klausurmäßigen Bearbeitung** ist darauf zu achten, dass die Fälligkeit eines zu verzinsenden Darlehens, für deren Rückerstattung kein Termin bestimmt ist, von der **Kündigung** abhängt (§ 488 Abs. 3 S. 1). Die **Kündigungsfrist** beträgt nach § 488 Abs. 3 S. 2 drei Monate; diese Frist kann allerdings vertraglich geändert werden. In Fällen, in denen die Kündigung nicht ausdrücklich erklärt worden ist, kann sie dem Rückzah-

---
[200] Amtl. Begr., S. 253 (l. Sp.).

lungsbegehren durch Auslegung zu entnehmen sein. Zinslose Darlehen können vom Schuldner auch ohne Kündigung rückerstattet werden (§ 488 Abs. 3 S. 3). Dagegen kann der Darlehensgeber das zinslose Darlehen erst bei Fälligkeit zurückfordern; insoweit besteht kein Unterschied für ihn zwischen verzinstem und zinslosem Darlehen.

Ist für ein Darlehen ein fester Zinssatz für einen bestimmten Zeitraum vereinbart worden (sog. **festverzinsliches Darlehen**), dann kann der Darlehensnehmer bei Erfüllung der in § 489 Abs. 1 genannten Voraussetzungen ganz oder teilweise kündigen. In diesem Fall muss jedoch der Darlehensnehmer den geschuldeten Betrag binnen zwei Wochen nach Wirksamwerden der Kündigung zurückzahlen, weil andernfalls die Kündigung als nicht erfolgt gilt (§ 489 Abs. 3). **Das Kündigungsrecht des Darlehensnehmers ist nach § 489 Abs. 4 S. 1 unabdingbar.** In § 490 Abs. 1 ist ein **außerordentliches Kündigungsrecht** des Darlehensgebers für den Fall der **Vermögensverschlechterung** oder Wertminderung einer für das Darlehen gestellten Sicherheit und in § 490 Abs. 2 ein außerordentliches Kündigungsrecht des Darlehensnehmers bei Darlehen geregelt, die durch ein Grundpfandrecht (Hypothek, Grundschuld oder Rentenschuld) oder durch ein Schiffspfandrecht gesichert sind, wenn seine berechtigten Interessen dies gebieten. Ordentliche Kündigungsrechte bleiben daneben bestehen. 654

c) Sachdarlehensvertrag

Gegenstand eines in den §§ 607 bis 609 geregelten Sachdarlehensvertrages sind vertretbare Sachen (zum Begriff vgl. § 91). Durch den Sachdarlehensvertrag wird der Darlehensgeber verpflichtet, die vertretbaren Sachen, auf die sich der Vertrag bezieht, dem Darlehensnehmer zu überlassen, während der Darlehensnehmer verpflichtet ist, bei Fälligkeit Sachen gleicher Art, Güte und Menge an den Darlehensgeber zurückzuerstatten und bei einem entgeltlichen Sachdarlehen das Darlehensentgelt zu zahlen (§ 607 Abs. 1). In gleicher Weise wie der auf Geld gerichtete Darlehensvertrag stellt auch der Sachdarlehensvertrag **bei Zahlung eines Entgelts** durch den Darlehensnehmer einen **synallagmatischen Vertrag** dar, während es sich bei einer **unentgeltlichen Überlassung** von Sachen durch den Darlehensgeber um einen **unvollkommen zweiseitig verpflichtenden Vertrag** handelt. 655

Von der Miete unterscheidet sich der entgeltliche Sachdarlehensvertrag dadurch, dass bei ihm endgültig der Vertragsgegenstand durch Übereignung in das Vermögen des Darlehensnehmers übergeht und die Rückerstattungspflicht sich nicht auf den übergebenen Gegenstand, sondern auf Sachen gleicher Art, Güte und Menge bezieht, während bei der Miete der Vermieter Eigentümer der Mietsache bleibt, sie lediglich zum Gebrauch dem Mieter überlässt und dieser nach Ablauf der Mietzeit zur Rückgabe derselben Sache verpflichtet ist. Gleiches gilt für die **Abgrenzung des unentgeltlichen Sachdarlehensvertrages von der Leihe**, die sich von der Miete insoweit nur dadurch unterscheidet, dass bei ihr die Gebrauchsüberlassung unentgeltlich geschieht. „Leiht" sich beispielsweise Frau Grün von ihrer Nachbarin Frau Rot zum Kuchenbacken drei Eier, dann wird zwischen ihnen ein (unentgeltlicher) Sachdarlehensvertrag geschlossen, der Frau Grün verpflichtet, drei gleichwertige Eier ihrer Nachbarin zurückzugeben. Entgegen dem üblichen Sprachgebrauch handelt es sich nicht um eine Leihe, weil bei ihr die geliehenen Sachen wieder zurückgegeben werden müssen (vgl. § 604 Abs. 1), während Frau Grün die von ihr „geliehenen" Eier verbrauchen möchte.

d) Darlehensvermittlungsvertrag

656   Der Begriff des Darlehensvermittlungsvertrages wird durch § 655a S. 1 definiert. Danach handelt es sich dabei um einen Vertrag, nach dem ein Unternehmer es unternimmt, einem Verbraucher gegen Entgelt einen Verbraucherdarlehensvertrag zu vermitteln oder ihm die Gelegenheit zum Abschluss eines Verbraucherdarlehensvertrages nachzuweisen. Für einen solchen Vertrag gelten vorbehaltlich der sich aus § 655a S. 2 i.V.m. § 491 Abs. 2 genannten Ausnahmen die Vorschriften der §§ 655b bis 655e. Auf Folgendes ist hinzuweisen:

> Darlehensvermittlungsverträge müssen schriftlich abgefasst sein und müssen insbesondere die Vergütung des Vermittlers ausweisen; das gilt auch für Vergütungen, die der Vermittler vom Darlehensgeber für seine Vermittlung erhält (§ 655b Abs. 1). Die Vergütung wird nur geschuldet, wenn der Darlehensvertrag nicht widerrufen wird; bei Umschuldungsdarlehen, also Darlehen, die der Ablösung anderer Darlehen dienen, wird eine Vergütung nur geschuldet, wenn der effektive Jahreszins des neuen Darlehens nicht höher ist als der des alten Darlehens (§ 655c). Zum Nachteil des Verbrauchers darf nicht von den §§ 655b ff. abgewichen werden (§ 655e).

IV. Miete[201]

a) Mietvertrag

657   Durch den Mietvertrag verpflichtet sich der Vermieter, dem Mieter den Gebrauch einer Sache auf Zeit zu gewähren (§ 535 Abs. 1), während sich der Mieter verpflichtet, dem Vermieter die vereinbarte Miete zu zahlen (§ 535 Abs. 2). Die Leistungen beider Parteien stehen in einem Abhängigkeitsverhältnis zueinander; es handelt sich also bei der **Miete** um einen **synallagmatischen Vertrag. Gegenstand eines Mietvertrages** kann sowohl eine **bewegliche Sache** (Beispiel: Miete eines Kraftfahrzeuges) wie auch eine **unbewegliche Sache** sein (Beispiel: Miete eines Grundstücks oder einer Wohnung). **Dagegen können Rechte nicht vermietet, wohl aber verpachtet werden** (vgl. § 581). Gegenstand des Mietvertrages ist also die entgeltliche Überlassung einer Sache zum Gebrauch; die unentgeltliche Gebrauchsüberlassung ist die Leihe (vgl. § 598). Das Entgelt für die Gebrauchsüberlassung wird regelmäßig bei der Miete in einer Geldleistung

---

[201] Vgl. dazu *Löhnig/Gietl*, JuS 2011, 107, 202.

bestehen. Es kann aber als Miete auch eine bestimmte Menge vertretbarer Sachen (vgl. § 91) vereinbart werden.

Der Mietvertrag kann grundsätzlich formfrei geschlossen werden. Nur Mietverträge über Wohnraum (§ 550), über Räume, die keine Wohnräume sind (§ 578 Abs. 2) und über Grundstücke (§ 578 Abs. 1), die für längere Zeit als ein Jahr geschlossen werden, bedürfen der schriftlichen Form. Die Schriftform ist nur gewahrt, wenn sich die Einigung über alle wesentlichen vertraglichen Punkte insbesondere über den Mietgegenstand, den Mietzins und die Dauer des Mietverhältnisses aus einer von beiden Parteien unterzeichneten Urkunde ergibt.[202] Wird die Form nicht beachtet, so gilt der Vertrag als für unbestimmte Zeit geschlossen (vgl. § 550 S. 1). Das Schriftformgebot dient insbesondere der Beweisbarkeit langfristiger Abreden.[203]

658

Schließen die Parteien einen Vorvertrag (Rn. 49), der auf ein langfristiges Mietverhältnis gerichtet ist, dann ist er formfrei gültig. Ein solcher Vertrag begründet jedoch die Verpflichtung, am Zustandekommen des schriftlichen und damit der Form des § 550 genügenden Hauptvertrages mitzuwirken.[204]

b) Pflichten der Vertragsparteien

Die **Hauptleistungspflicht des Vermieters** besteht darin, dem Mieter den Gebrauch der vermieteten Sache während der Mietzeit zu gewähren (§ 535 Abs. 1 S. 1). In dieser Hauptleistungspflicht ist eingeschlossen, dass der Vermieter die vermietete Sache dem Mieter in einem zu dem vertragsmäßigen Gebrauch geeigneten Zustand zu überlassen und sie während der Mietzeit in diesem Zustand zu erhalten hat (§ 535 Abs. 1 S. 2). Neben dieser Gebrauchsüberlassungs- und Gebrauchserhaltungspflicht als Hauptleistungspflicht treffen den Vermieter noch eine Reihe von Nebenpflichten, die teils ausdrücklich im Gesetz aufgeführt werden (vgl. z. B. § 539), teils dem Vertrag zu entnehmen sind, wie leistungssichernde Nebenpflichten und Schutzpflichten (vgl. Rn. 201 f., 488).

659

Als **Hauptleistungspflicht des Mieters** bezeichnet das Gesetz, dem Vermieter die vereinbarte Miete zu entrichten (§ 535 Abs. 2). Die Miete kann als einmalige Leistung oder nach Ablauf einzelner Zeitabschnitte zu erbringen sein. Bei Mietverhältnissen über Wohnraum ist die Miete zu Beginn, spätestens bis zum dritten Werktag der einzelnen Zeitabschnitte zu entrichten, nach denen sie bemessen ist (§ 556b Abs. 1 i.V.m. § 549 Abs. 1). Für Mietverhältnisse über andere Räume gilt § 556b Abs. 1 entsprechend (§ 579 Abs. 2). Die Miete für ein Grundstück und für bewegliche Sachen ist nach § 579 Abs. 1 am Ende der Mietzeit oder nach Ablauf der einzelnen Zeitabschnitte zu zahlen; in der Praxis ist es aber üblich,

660

---
[202] BGH NJW 2008, 2181, 2182 Tz. 24.
[203] Vgl. BGH NJW 2008, 2178 auch zu weiteren Zwecken des Schriftformgebots.
[204] BGH MDR 2007, 1010.

diese Vorschrift abzudingen und eine Vorleistungspflicht des Mieters vorzusehen. Auch dem Mieter obliegen eine Reihe von Nebenpflichten. So hat er sich in den Grenzen des vertragsgemäßen Gebrauchs der Mietsache zu halten und muss bei ihrem Gebrauch sorgsam und schonend mit ihr verfahren und darf ohne Erlaubnis des Vermieters die Mietsache nicht Dritten zum Gebrauch überlassen; diese Pflichten ergeben sich teils ausdrücklich, teils durch Rückschluss aus der gesetzlichen Regelung (vgl. §§ 538, 540, 543 Abs. 2 Nr. 2). Entsteht im Rahmen eines Mietverhältnisses über Wohnraum für den Mieter nach Abschluss des Mietvertrages ein berechtigtes Interesse, einen Teil des Wohnraums einem Dritten zum Gebrauch zu überlassen, so kann er von dem Vermieter die Erlaubnis hierzu verlangen, es sei denn, in der Person des Dritten findet sich ein wichtiger Grund gegen die Gebrauchsüberlassung, der Wohnraum ist übermäßig belegt oder dem Vermieter ist die Überlassung aus sonstigen Gründen nicht zuzumuten (§ 553 Abs. 1). Durch eine Untervermietung ohne Erlaubnis des Vermieters begeht der Mieter auch dann eine Vertragsverletzung, wenn er einen Anspruch auf Erteilung der Erlaubnis hat.[205]

661 Erfüllt der Vermieter seine Pflicht zur Überlassung und zur Erhaltung der Mietsache nicht oder nur schlecht, dann ist hinsichtlich der sich ergebenden Rechtsfolgen zu unterscheiden: Ergibt sich die Pflichtverletzung aus einem **Sach- oder Rechtsmangel** der Mietsache, dann stehen dem Mieter ausschließlich die Rechte nach §§ 536 ff. zu. Soweit diese Vorschriften eingreifen, gehen sie den allgemeinen Vorschriften über Leistungsstörungen vor.

662 Dem Mangel i. S. d. § 536 Abs. 1 S. 1 wird durch § 536 Abs. 2 das Fehlen oder der Wegfall einer zugesicherten Eigenschaft gleichgestellt. Eine Eigenschaft ist als zugesichert anzusehen, wenn der Vermieter vertraglich die Gewähr für das Vorhandensein der Eigenschaft übernimmt und damit verspricht, verschuldensunabhängig für alle Folgen einzustehen, die bei Fehlen der Eigenschaft eintreten. Wegen der haftungsrechtlichen Folgen für den Vermieter sind bei der Entscheidung darüber, ob in einer Erklärung eine Zusicherung zu sehen ist, strenge Anforderungen zu stellen.[206] Der Begriff der Eigenschaft ist im gleichen Sinn zu verstehen wie im Rahmen der Beschaffenheitsvereinbarung im Kaufrecht (vgl. Rn. 579 ff.). Dem Mieter steht unter den in § 536a Abs. 2 genannten Voraussetzungen das Recht zu, den Mangel selbst zu beseitigen und Ersatz der dafür erforderlichen Aufwendungen zu verlangen. Beseitigt der Mieter jedoch den Mangel eigenmächtig, ohne dass die Voraussetzungen des § 536a Abs. 2 erfüllt sind, dann kann er die Aufwendungen zur Mangelbeseitigung weder nach § 539 Abs. 1 noch als Schadensersatz nach § 536a Abs. 1 vom Vermieter ersetzt verlangen.[207]

---

[205] *BGH* NJW 2011, 1065, 1066 Tz. 20 m. N.
[206] Bamberger/Roth/*Ehlert*, § 536 Rn. 31.
[207] *BGH* NJW 2008, 1216 = JuS 2008, 462 *(Faust)*.

IV. Miete

War bereits ein Mangel im Zeitpunkt des Vertragsschlusses vorhanden, 663
dann haftet der Vermieter dafür verschuldensunabhängig (§ 536a Abs. 1
Alt. 1). Der Vermieter muss also die **Garantie für den mangelfreien Zustand der Mietsache im Zeitpunkt des Vertragsschlusses** übernehmen. Der
Mieter soll durch diese Regelung in seinem Vertrauen geschützt werden,
dass er bei vertragsmäßigem Gebrauch der Mietsache keinen Schaden erleidet. Allerdings ist § 536a Abs. 1 (auch formularmäßig) abdingbar (vgl.
aber § 536d).[208] Der **Schadensersatzanspruch nach § 536a umfasst auch
Mangelfolgeschäden**, also die durch den Mangel an den Rechtsgütern des
Mieters verursachten Schäden.

Beispiel: Verz vermietet Miez eine Neubauwohnung. Als der in der Familie lebende
Großvater des Miez, Alt, ein großes Fenster öffnen will, fällt es ihm entgegen. Dabei
wird Alt erheblich verletzt und eine wertvolle Vase des Miez zerstört. Es stellt sich heraus, dass der Unfall auf einen Materialfehler des Dreh-Kipp-Verschlusses des Fensters
zurückzuführen ist, den weder Verz noch der das Fenster am Neubau montierende
Handwerker erkennen konnte. Alt und Miez verlangen Ersatz ihrer Schäden. Als
Grundlage für den Schadensersatzanspruch des Miez kommt § 536a Abs. 1 Alt. 1 in
Betracht. Der schadhafte Dreh-Kipp-Verschluss am Fenster stellt einen Mangel dar, der
die Tauglichkeit der Mietwohnung zu dem vertragsgemäßen Gebrauch nicht unerheblich mindert (vgl. § 536 Abs. 1). Der Mangel war auch schon bei Abschluss des Mietvertrages vorhanden. Bei dem von Miez geltend gemachten Schaden handelt es sich um
einen solchen, der infolge des Mangels an einem Rechtsgut des Mieters, nämlich am
Eigentum an der Vase eingetreten ist. Wie ausgeführt, umfasst der Schadensersatzanspruch nach § 536a Abs. 1 auch derartige Mangelfolgeschäden, so dass es nicht darauf
ankommt, ob Miez den Mangel hat erkennen können.[209]
Alt ist nicht Vertragspartner des Verz. Dennoch kann er seinen Schadensersatz auf
§ 536a Abs. 1 stützen. Denn der Schutz, der durch diese Vorschrift gewährt wird, gilt
auch zugunsten solcher Personen, die die Leistung des Vermieters (für ihn erkennbar)
in gleicher Weise in Anspruch nehmen wie der Gläubiger.[210] Dies sind insbesondere bei
einem Mietvertrag über eine Wohnung die in der Familie des Mieters lebenden Angehörigen und die bei ihm Beschäftigten. Grundlage für die Ausdehnung dieses sich aus
§ 536a Abs. 1 ergebenden Schutzes ist die Lehre von den vertraglichen Schutzwirkungen zugunsten Dritter (dazu Einzelheiten später).

Ansprüche aus c.i.c. wegen falscher Angaben oder unterlassener In- 664
formationen über Eigenschaften der Mietsache (vgl. Rn. 500), die von den
§§ 536, 536a Abs. 1 erfasst werden, sind durch diese Vorschriften ausgeschlossen.[211] Der Ausschluss von Schadensersatzansprüchen wegen c.i.c.
durch die Mängelhaftungsregelung des Mietrechts gilt jedoch nicht, wenn
es nicht zur Überlassung der Mietsache gekommen ist. Denn die §§ 536,
536a sind erst anwendbar, wenn die Mietsache übergeben worden ist.
Außerdem wird der Ausschluss von Ansprüchen wegen c.i.c. auf Fälle be-

---

[208] *BGH* NJW-RR 1991, 74; NJW 2002, 3232.
[209] *BGH* NJW-RR 1991, 74; NJW 2002, 3232.
[210] *OLG Rostock* NJW-RR 2007, 1092.
[211] *BGH* NJW 1980, 777, 780 = JuS 1980, 607; *BGH* NJW 1997, 2813 (zum früheren Recht, das durch das SchuldRModG nicht verändert wurde); *OLG Rostock* NJW-RR 2007, 1092, 1093; Bamberger/Roth/*Ehlert*, § 536a Rn. 7; Hk-BGB/*Eckert*, § 536a Rn. 3; a. A. MünchKomm/*Häublein*, vor § 536 Rn. 22 (für Anspruchskonkurrenz).

schränkt, in denen der Vermieter bei den Vertragsverhandlungen aus Fahrlässigkeit unrichtige Angaben über die Beschaffenheit der Mietsache gemacht hat. Handelt dagegen der Vermieter arglistig, weiß er, dass seine Informationen falsch sind (vgl. Rn. 377), dann kann der Mieter neben den Ansprüchen aus dem Mietrecht auch Schadensersatzansprüche aus c.i.c. geltend machen.[212]

665 Der Vermieter von Wohnraum (§ 549 Abs. 1), anderen Räumen (§ 578 Abs. 2 i.V.m. Abs. 1) und Grundstücken (§ 578 Abs. 1) hat nach § 562 Abs. 1 für seine Forderungen aus dem Mietverhältnis ein **Pfandrecht an den eingebrachten Sachen des Mieters**, soweit sie der Pfändung unterliegen (vgl. §§ 811ff. ZPO, dazu GK ZPO Rn. 636f.). Eingebracht sind alle dem Mieter gehörende Sachen, die mit seinem Willen nicht nur vorübergehend in die gemieteten Räume gebracht worden sind. Das Einbringen ist eine rein tatsächliche Handlung, die keine Geschäftsfähigkeit voraussetzt.[213] Stehen die Sachen nur im Miteigentum des Mieters, dann erfasst das Vermieterpfandrecht den Miteigentumsanteil.[214] Hat der Mieter eine Sache unter Eigentumsvorbehalt erworben und den Kaufpreis noch nicht vollständig gezahlt, so dass das Eigentum noch dem Verkäufer zusteht (vgl. Rn. 631f.), dann unterliegt das dem Mieter zustehende Anwartschaftsrecht (vgl. Rn. 636f.) dem Vermieterpfandrecht; das Pfandrecht setzt sich dann nach vollständiger Zahlung des Kaufpreises an der gekauften Sache fort.[215] Das Vermieterpfandrecht erlischt gem. § 562a mit der Entfernung der Sachen vom Grundstück des Vermieters (also nicht, wenn sie lediglich in andere Miträume desselben Grundstücks transportiert werden), wenn dies mit Wissen und ohne Widerspruch des Vermieters geschieht. Der Vermieter kann nicht widersprechen, wenn die Entfernung den gewöhnlichen Lebensverhältnissen entspricht und die zurückbleibenden Sachen zur Sicherung des Vermieters offenbar ausreichen. Ist der Vermieter berechtigt, der Entfernung der Sachen zu widersprechen, steht ihm unter den Voraussetzungen des § 562b ein Selbsthilferecht und ein Herausgabeanspruch zu. Dem Mieter ist es gestattet, durch Sicherheitsleistung die Geltendmachung des Pfandrechts des Vermieters abzuwenden (§ 562c). Das Vermieterpfandrecht erlischt ferner, wenn die eingebrachte Sache einem Dritten übereignet wird und er das Vermieterpfandrecht weder kennt noch seine Unkenntnis auf grober Fahrlässigkeit beruht (§ 936).[216] Nach h.M. handelt jedoch der Erwerber von Gegenständen, die sich in Miträumen befinden, grob fahrlässig, wenn er sich in Kenntnis des Mietverhältnisses nicht nach dem Vermieterpfandrecht erkundigt.[217]

---

[212] *BGH* NJW 1997, 2813, 2814.
[213] *Brox/Walker*, BS, § 2 Rn. 44.
[214] MünchKomm/*Artz*, § 562 Rn. 15.
[215] *Looschelders*, BS, Rn. 473.
[216] Zu weiteren Erlöschenstatbeständen vgl. MünchKomm/*Artz*, § 562a Rn. 1.
[217] OLG Frankfurt a.M. NJW-RR 2007, 230, 231 m.N.

c) Beendigung des Mietverhältnisses

Kommt der Mieter mit der Zahlung des von ihm zu entrichtenden Mietzinses in **Verzug**, dann kann der Vermieter unter den in § 543 Abs. 1 i.V.m. Abs. 2 S. 1 Nr. 3 aufgeführten Voraussetzungen den Vertrag ohne Einhaltung einer Kündigungsfrist kündigen (vgl. aber auch § 569 Abs. 3 i.V.m. § 549 Abs. 2). Diese Regelung schließt ein Rücktrittsrecht nach § 323 aus. Gefährdet der Mieter durch Vernachlässigung der ihm obliegenden Sorgfalt die Mietsache erheblich oder überlässt er sie unbefugt einem Dritten, dann kann der Vermieter das Mietverhältnis fristlos kündigen, wenn die in § 543 Abs. 3 genannten Voraussetzungen erfüllt sind. Daneben kommt ein Anspruch nach § 280 in Betracht. Außerdem steht dem Vermieter ein Unterlassungsanspruch nach § 541 zu. Erstattet der Mieter nicht die nach § 536c Abs. 1 gebotene Anzeige eines Mangels, so macht er sich schadensersatzpflichtig (§ 536c Abs. 2 S. 1). Gibt der Mieter die gemietete Sache nach Beendigung des Mietverhältnisses nicht zurück, dann kann der Vermieter nach § 546a für die Dauer der Vorenthaltung eine Entschädigung in Höhe des vereinbarten Mietzinses verlangen.

666

Ist im Mietvertrag eine bestimmte Mietzeit vereinbart worden, dann endet das Mietverhältnis regelmäßig mit Ablauf dieser Zeit (vgl. § 542 Abs. 2). Ist dagegen die Mietzeit nicht festgelegt worden, dann kann jeder Vertragspartner das **Mietverhältnis nach den gesetzlichen Vorschriften kündigen** (§ 542 Abs. 1). Es gibt drei verschiedene Arten von Kündigungen (vgl. auch Rn. 250 ff.):
- die ordentliche,
- die außerordentliche befristete und
- die außerordentliche fristlose Kündigung.

667

Für die ordentliche Kündigung bei Mietverhältnissen über Grundstücke, über Räume, die keine Wohnräume sind, und über bewegliche Sachen sind die Kündigungsfristen des § 580a zu berücksichtigen. Die außerordentliche befristete Kündigung gibt einem Vertragspartner das Recht, ein Mietverhältnis, das für eine längere Zeit eingegangen wurde oder bei dem längere Kündigungsfristen vereinbart worden sind, unter Einhaltung der gesetzlichen Kündigungsfristen zu beenden (vgl. §§ 544, 561, 563 Abs. 4, 564, 575a, 580). Durch die außerordentliche fristlose Kündigung wird das Mietverhältnis sofort beendet (vgl. §§ 543, 569).

Für die Wohnraummiete ist das Recht des Vermieters zur Kündigung stark eingeschränkt (vgl. §§ 568 ff. i.V.m. § 549). Bei einem Mietverhältnis, das auf unbestimmte Zeit eingegangen ist, steht dem Vermieter gem. § 573 ein ordentliches Kündigungsrecht nur zu, wenn er ein berechtigtes Interesse an der Beendigung des Mietverhältnisses hat. In § 573 Abs. 2 werden beispielhaft Gründe genannt, aus denen ein berechtigtes Interesse anzuerkennen ist. Insbesondere die nicht unerhebliche schuldhafte Verletzung vertraglicher Pflichten durch den Mieter begründet ein solches Interesse. Das Verschulden eines Erfüllungsgehilfen ist dem Mieter nach § 278 zuzurechnen.[218]

Einschub: Leasing

668 Im Zusammenhang mit der Miete soll noch kurz auf das **Leasing** eingegangen werden. Der Leasing-Vertrag ist ein nach amerikanischen Vorbildern entwickelter Vertragstyp (to lease = (ver)pachten, mieten).[219] Hierbei können trotz der Mannigfaltigkeit vertraglicher Ausgestaltungen in der Praxis zwei Arten unterschieden werden: **Das Operating Leasing.** Bei ihm wird vom Leasinggeber dem Leasingnehmer eine Sache zum Gebrauch überlassen und der Leasingnehmer zahlt dafür ein Entgelt. Der Leasingnehmer ist berechtigt, den Vertrag kurzfristig zu kündigen, wenn nicht vertraglich eine Mindestlaufzeit festgelegt worden ist, die jedoch regelmäßig kürzer ist als die gewöhnliche Nutzungsdauer des Leasinggegenstandes. Tritt der Produzent als Leasinggeber auf, so spricht man vom **Produzentenleasing.** Das Operating Leasing ist weitgehend der Miete angenähert, so dass die Vorschriften über den Mietvertrag anzuwenden sind, sofern nicht die Parteien abweichende Regelungen vereinbaren.

Dem Leasingnehmer kann vertraglich das Recht eingeräumt werden, den Leasinggegenstand nach einer bestimmten Zeit unter Anrechnung des bisher gezahlten Entgelts käuflich zu erwerben; man spricht dann von einem **Mietkauf.** Kauft der Leasingnehmer den Leasinggegenstand, dann finden die Vorschriften für den Kauf Anwendung.

Das Financial Leasing (Finanzierungsleasing). Bei ihm sind wie beim finanzierten Kauf regelmäßig drei Personen beteiligt, und zwar erwirbt der Leasinggeber einen (meist recht teuren) Gegenstand vom Produzenten oder Händler und überlässt ihn zur Benutzung dem Leasingnehmer gegen Entgelt.[220] Der Vertrag wird für eine bestimmte Zeit abgeschlossen, die sich an der gewöhnlichen Nutzungsdauer des Leasinggegenstandes orientiert. In dieser Zeit ist der Vertrag für den Leasingnehmer unkündbar. Der Leasinggeber ist regelmäßig von der Mängelhaftung freigestellt. Der Leasingnehmer hat die Kosten der Wartung und Instandhaltung der Sache zu tragen; ihn trifft auch die Gefahr des Untergangs oder der Beschädigung des Leasinggegenstandes. Der Leasinggeber trägt lediglich das Risiko der Zahlungsunfähigkeit des Leasingnehmers; er finanziert die Nutzungsmöglichkeit des Leasinggegenstandes durch den Leasingnehmer, der selbst die dafür erforderlichen Finanzierungsmittel nicht aufbringen kann oder will. Wird der Finanzierungsleasingvertrag zwischen einem Unternehmer und einem Verbraucher geschlossen, sind die in § 500 genannten Vorschriften

---

[218] *BGH* NJW 2007, 428 = JuS 2007, 487 *(Faust)* zur fehlerhaften Beratung durch einen Mieterschutzverein, der als Erfüllungsgehilfe des Mieters anzusehen ist.
[219] Zu Einzelheiten vgl. *Martinek,* Moderne Vertragstypen, Band I, 1991, S. 37 ff.; *Löhnig/Gietl,* JuS 2009, 491; MünchKomm/*Koch,* nach § 507 (S. 1030 ff.); Staudinger/*Stoffels,* (2004), nach § 487 Rn. 5 ff.
[220] Zu der Rechtsfolgen eines Rücktritts des Leasingnehmers vom Kaufvertrag für den Leasingvertrag vgl. *OLG Düsseldorf* NJOZ 2008, 3407.

zu beachten. Über die Zuordnung des Finanzierungsleasing zu einem gesetzlichen Vertragstyp wird gestritten. Manche sehen darin nur eine besonders ausgestaltete Miete, andere einen typengemischten Vertrag oder einen Vertrag eigener Art.[221]

V. Dienstvertrag

Durch den Dienstvertrag verpflichtet sich ein Vertragspartner, der Dienstverpflichtete, zu einer Dienstleistung, der andere Vertragspartner, der Dienstberechtigte, zur Zahlung der vereinbarten Vergütung (§ 611 Abs. 1). **Der Dienstvertrag ist also auf einen Austausch von Dienstleistungen gegen Entgelt gerichtet; bei ihm handelt es sich um einen gegenseitigen (synallagmatischen) Vertrag** (vgl. Rn. 94). Gegenstand des Dienstvertrages können Dienste jeder Art sein (§ 611 Abs. 2), die einmalig zu erbringen sind (Beispiel: Untersuchung eines Patienten durch den Arzt) oder auf Dauer gerichtet sein können. **Innerhalb des Dienstvertragsrechts muss zwischen dem sog. freien Dienstvertrag und dem Arbeitsvertrag unterschieden werden.** Der freie Dienstvertrag ist dadurch gekennzeichnet, dass der Dienstverpflichtete seine Tätigkeit eigenverantwortlich ausführt und nicht in einer persönlichen Abhängigkeit vom Dienstberechtigten steht (Beispiele: Tätigkeit sog. Freiberufler wie Rechtsanwälte, Steuerberater und frei praktizierende Ärzte). Hat dagegen der Dienstverpflichtete eine weisungsgebundene Tätigkeit auszuführen, steht er in einem persönlichen und wirtschaftlichen Abhängigkeitsverhältnis zum Dienstberechtigten, dann handelt es sich um einen Arbeitsvertrag. Typisch für einen derartigen Vertrag ist, dass der Dienstverpflichtete, hierbei Arbeitnehmer genannt, organisationsmäßig in das Unternehmen des Dienstberechtigten, hierbei als Arbeitgeber bezeichnet, eingegliedert wird und ihm Ort und Zeit seiner Arbeitsleistung zugewiesen werden. 669

Grundsätzlich gelten für Arbeitsverträge auch die §§ 611ff. Hinzu kommt jedoch eine Vielzahl arbeitsrechtlicher Sonderregelungen außerhalb des BGB. Das Arbeitsrecht hat sich zu einem eigenständigen Bereich des Zivilrechts entwickelt.

Der Dienstverpflichtete hat regelmäßig die von ihm geschuldete Tätigkeit persönlich auszuführen (vgl. § 613 S. 1). Hierbei hat er die im Verkehr erforderliche Sorgfalt zu beachten, wobei den Maßstab die Fähigkeiten und Kenntnisse eines gewissenhaften Vertreters der Berufsgruppe bilden, zu der der Dienstverpflichtete gehört (vgl. Rn. 419); es kommt also auf die berufsübliche Sorgfalt eines Buchhalters, Berufskraftfahrers, Arztes oder Rechtsanwalts an. Ein Verstoß gegen diese Pflicht kann nach § 280 schadensersatzpflichtig machen. 670

---

[221] Zu diesen und anderen Auffassungen vgl. *Martinek*, Moderne Vertragstypen, Band I, 1991, S. 67 ff.; Staudinger/*Stoffels*, (2004), nach § 487, Rn. 64 ff., jeweils m. N.

§ 7. Einzelne Vertragsschuldverhältnisse

671   Bei der Haftung des Arbeitnehmers im Arbeitsverhältnis sind Besonderheiten zu beachten. Körperschäden des Arbeitgebers, die durch den Arbeitnehmer im Rahmen des Arbeitsverhältnisses verursacht werden, fallen unter die Unfallversicherung (vgl. § 105 SGB VII) und müssen vom Arbeitnehmer nicht ersetzt werden. Für andere Schäden gibt es eine Haftungsmilderung für Tätigkeiten, die durch den Betrieb veranlasst sind und aufgrund des Arbeitsverhältnisses geleistet werden.[222] Gestützt auf den Rechtsgedanken des § 254 Abs. 1 wird zugunsten des Arbeitnehmers berücksichtigt, dass der Arbeitgeber durch die von ihm veranlasste betriebliche Tätigkeit zum Entstehen des Schadens beigetragen hat.[223] Aus dem Inhalt des Schuldverhältnisses ergibt sich somit eine mildere Haftung als im Regelfall (§ 276 Abs. 1 S. 1). Dieser Gesichtspunkt kann allerdings nur im Verhältnis zum Arbeitgeber Bedeutung erlangen.[224] Gegenüber Dritten muss der Arbeitnehmer für Schäden nach allgemeinen Grundsätzen ohne eine Haftungsbeschränkung einstehen.[225] Auch Dienstverpflichtete im Rahmen freier Dienstverträge (vgl. Rn. 664) können sich nicht auf eine Haftungsbeschränkung berufen. Die dem Arbeitnehmer gegenüber seinem Arbeitgeber zuzubilligende Haftungsbeschränkung hat zum Inhalt, dass der Arbeitnehmer im Regelfall nur bei Vorsatz und grober Fahrlässigkeit im vollen Umfang für den von ihm verursachten Schaden Ersatz zu leisten hat,[226] während er bei leichtester Fahrlässigkeit überhaupt nicht haftet; bei mittlerer Fahrlässigkeit (auch normale oder einfache Fahrlässigkeit genannt) soll der Schaden zwischen Arbeitnehmer und Arbeitgeber quotal verteilt werden.[227] Wie hoch die dem Arbeitnehmer und dem Arbeitgeber jeweils zufallende Schadensquote zu bemessen ist, richtet sich nach den Umständen des Einzelfalles insbesondere nach dem Verschulden des Arbeitnehmers und der Größe des Betriebsrisikos.[228] Ein Mitverschulden des Arbeitgebers kann auch in einem sog. Organisationsverschulden, d.h. in organisatorischen Mängeln, bestehen. Zu berücksichtigen ist, dass abweichend von § 280 Abs. 1 S. 2 nicht der Arbeitnehmer den Beweis führen muss, dass er die Pflichtverletzung nicht zu vertreten hat, sondern dass ein entsprechender Beweis durch § 619a dem Arbeitgeber auferlegt wird.[229]

---

[222] Vgl. Bamberger/Roth/*Fuchs*, § 611 Rn. 35 ff.
[223] *BAG* NJW 1995, 210; 1995, 3204.
[224] *BGH* NJW 1994, 852, 854 f. m.w.N. auch zur Gegenauffassung.
[225] Allerdings kann der Arbeitnehmer gegenüber seinem Arbeitgeber Erstattungs- oder Freistellungsansprüche haben; vgl. dazu *Walker*, JuS 2002, 736, 742.
[226] Auch bei grober Fahrlässigkeit sind Haftungserleichterungen nicht ausgeschlossen, wenn der Verdienst des Arbeitnehmers in einem deutlichen Missverhältnis zum wirklichen Schadensrisiko der Tätigkeit steht; vgl. *BAG* NJW 2002, 2900, 2902 m.N.
[227] *BAG* NJW 1995, 210, 211; 1995, 3204; 2003, 377, 379; vgl. aber auch *BGH* NJW 1996, 1532 (das Gericht betont die Bedeutung der im Einzelfall vorzunehmenden Abwägung des Verschuldens gegen das Betriebsrisiko).
[228] Vgl. *BGH* NJW 1994, 856; 1996, 1532.
[229] Vgl. MünchKomm/*Henssler*, § 619a Rn. 52 f.

Aufgrund des meist recht starken persönlichen Einschlags der Vertrags- 672
beziehungen vornehmlich bei Arbeitsverträgen sind beide Partner zu einer
besonderen gegenseitigen Rücksichtnahme und Treue verpflichtet. Der
Dienstverpflichtete hat das Mögliche und Zumutbare zu tun, um die Interessen des Dienstberechtigten zu wahren, und hat alles zu unterlassen,
was diesen Interessen zuwiderläuft. Dem Dienstberechtigten obliegt eine
Fürsorgepflicht gegenüber dem Dienstverpflichteten; insbesondere hat er
entsprechend der inhaltlichen Gestaltung des jeweiligen Vertrages für das
Wohl des Dienstverpflichteten zu sorgen (vgl. §§ 617, 618). Die Hauptleistungspflicht des Dienstberechtigten ist – wie ausgeführt – auf Zahlung
der vereinbarten Vergütung gerichtet. Wird im Vertrag nicht geregelt, ob
und in welcher Höhe eine Vergütung zu gewähren ist, dann gilt nach
§ 612 Abs. 2 die taxmäßige, in Ermangelung einer Taxe (= durch staatliche Verwaltung festgesetzter Vergütungssatz) die übliche Vergütung als
vereinbart.

Erfüllen die Vertragspartner die ihnen nach dem Vertrag obliegenden 673
Pflichten nicht, dann sind grundsätzlich die sich ergebenden Rechtsfolgen
den allgemeinen Vorschriften zu entnehmen. Allerdings ergeben sich im
Dienstvertragsrecht Modifizierungen (vgl. §§ 615, 616; zu § 615 vgl.
Rn. 473). Das Recht zum Rücktritt nach §§ 323, 324 wird durch § 626
Abs. 1 ausgeschlossen und durch ein Recht zur fristlosen Kündigung ersetzt. Ein auf Zeit eingegangenes Dienstverhältnis endet mit Zeitablauf
(§ 620 Abs. 1); ist die Dauer des Dienstverhältnisses nicht bestimmt, dann
kann jeder Vertragspartner das Dienstverhältnis nach Maßgabe der
§§ 621 bis 624 kündigen (§ 620 Abs. 2). Daneben gibt es ein außerordentliches Kündigungsrecht, das in den §§ 626 und 627 geregelt ist.

Für Arbeitsverhältnisse ist das Recht zur Kündigung durch spezialgesetzliche Regelungen (z. B. Kündigungsschutzgesetz, Mutterschutzgesetz, Schwerbehindertengesetz) eingeschränkt.

VI. Werkvertrag

a) Zum Inhalt

Durch den Werkvertrag, einen **gegenseitigen (synallagmatischen) Ver-** 674
trag, wird der eine Vertragspartner (Unternehmer) zur Herstellung des
versprochenen Werkes, der andere Vertragspartner (Besteller) zur Entrichtung der vereinbarten Vergütung verpflichtet (§ 631 Abs. 1). **Gegenstand**
des Werkvertrages (im Gesetz als das „Werk", bezeichnet) kann sowohl
die Herstellung oder Veränderung einer Sache als auch ein anderer durch
Arbeit oder Dienstleistung herbeizuführender Erfolg sein (§ 631 Abs. 2).
Die zwischen **Dienst- und Werkvertrag vorzunehmende Abgrenzung** kann
Schwierigkeiten bereiten Diese Schwierigkeiten ergeben sich nicht bei der
theoretischen Unterscheidung. Sie ist danach vorzunehmen, ob nach dem

Vertrag ein bestimmtes Arbeitsergebnis oder ein bestimmter Arbeitserfolg zu erbringen ist – dann Werkvertrag – oder ob (nur) Dienstleistungen geschuldet werden – dann Dienstvertrag.[230] Da jedoch auch bei Tätigkeiten, die im Rahmen von Dienstverträgen ausgeführt werden, bestimmte Erfolge angestrebt werden, ist die Entscheidung zwischen beiden Vertragstypen im Einzelfall häufig nicht leicht.[231]

Als Beispiel für Abgrenzungsschwierigkeiten kann der Architektenvertrag genannt werden, der sämtliche Architektenleistungen im Rahmen eines Bauwerks von der Planung über die Vergabe der Aufträge an die Bauhandwerker und die örtliche Bauaufsicht bis hin zur Überwachung der Beseitigung von Mängeln umfasst. Während das *RG* in ständiger Rechtsprechung einen solchen Vertrag als Dienstvertrag angesehen hat, wertet ihn der *BGH* als Werkvertrag.[232] Für diese Entscheidung kommt es darauf an, ob die Leistung des Architekten als erfolgsbezogen aufgefasst wird. Dies tut der *BGH* im Gegensatz zum RG.

In Zweifelsfällen muss aufgrund aller Umstände des konkreten Sachverhalts eine Zuordnung vorgenommen werden; dabei kommt es insbesondere darauf an, ob nach dem Willen der Parteien das vereinbarte Entgelt von einem bestimmten Erfolg abhängig sein soll oder ob ein Entgelt auch zu zahlen ist, wenn der gewollte Erfolg nicht eintritt.[233] Beim Werkvertrag hat der Unternehmer das Risiko für die Erreichung des Arbeitsergebnisses zu tragen, beim Dienstvertrag dagegen nicht.

Beispiel: Der Mechaniker Kundig arbeitet 10 Stunden an einer Maschine, um einen Defekt zu beheben. Dies gelingt nicht. Wird er aufgrund eines Werkvertrages tätig, hat er keinen Anspruch auf ein Entgelt, denn er hat die geschuldete Leistung nicht erbracht. Arbeitet er dagegen im Rahmen eines Dienstvertrages, so kommt es für seinen Anspruch auf Entlohnung nicht auf die Erfolglosigkeit seiner Bemühungen an.

Bei der **Abgrenzung zwischen dem Werkvertrag und dem Kaufvertrag** ist vor allem die Vorschrift des § 651 zu beachten. Vgl. zu Einzelheiten EK BGB Rn. 99 ff.

b) Pflichten der Vertragsparteien

675   Die **Hauptpflicht des Unternehmers** besteht darin, das versprochene Werk herzustellen, und zwar frei von Sach- und Rechtsmängeln (§ 633 Abs. 1). Der Besteller ist zur Entrichtung der vereinbarten **Vergütung** verpflichtet. Die Höhe der Vergütung richtet sich nach den vertraglichen Vereinbarungen. Fehlen solche, dann greift § 632 ein, eine Vorschrift, die § 612 beim Dienstvertrag entspricht (vgl. Rn. 672). Da die Vergütung des Unternehmers erst bei Abnahme des Werks fällig wird (§ 641 Abs. 1 S. 1), ergibt sich für ihn die Notwendigkeit einer Vorfinanzierung. Der daraus

---

[230] *BGH* NJW 2002, 1571 = JuS 2002, 923; NJW 2002, 3323.
[231] Vgl. *Peters,* JuS 1992, 1022, 1023; Bamberger/Roth/*Voit,* § 631 Rn. 4.
[232] Vgl. RGZ 86, 75, 76 f.; 137, 83, 84 einerseits, BGHZ 31, 224, 226 f. = NJW 1960, 431; BGHZ 32, 206 f. = NJW 1960, 1198, u. öfter (st. Rspr.) andererseits.
[233] *BGH* NJW 2002, 3323, 3324.

entstehende finanzielle Nachteil soll dadurch ausgeglichen werden, dass dem Unternehmer gem. § 632a Abs. 1 gestattet wird, für eine vertragsgemäß erbrachte Leistung eine **Abschlagszahlung** in der Höhe zu fordern, in der der Besteller durch die Leistung einen Wertzuwachs erlangt hat.[234]

Da – wie ausgeführt – die Fälligkeit der Vergütung von der Abnahme abhängt, ist der Besteller zur Abnahme des vertragsmäßig hergestellten Werkes verpflichtet (§ 640 Abs. 1). Deshalb kann der Besteller mit der Abnahme in Schuldnerverzug geraten und der Unternehmer Rechte gegen ihn nach §§ 280 Abs. 2, 286 oder nach §§ 323, 325 geltend machen (vgl. Rn. 456, 458). Die Abnahme beim Werkvertrag besteht nicht lediglich in der körperlichen Entgegennahme des Werkes, sondern schließt auch eine zumindest stillschweigend abgegebene Erklärung des Bestellers ein, dass er das Werk als in der Hauptsache vertragsgemäß anerkennt.[235] Die Einschränkung „in der Hauptsache" bedeutet, dass der Besteller mit der Abnahme nicht auch zugleich die Mangelfreiheit des Werkes feststellt oder auf Mängelansprüche verzichtet. Der Rechtsnatur nach stellt die Abnahme nicht lediglich einen rein tatsächlichen Vorgang (Realakt) dar, sondern wegen ihrer rechtlichen Bedeutung eine rechtsgeschäftsähnliche Handlung (Rn. 192).[236] Bei nicht abnahmefähigen Werken (z.B. Beförderungsleistungen) tritt an die Stelle der Abnahme die Vollendung des Werkes (§ 646). Ist der Besteller zur Abnahme verpflichtet und erfüllt er diese Pflicht nicht innerhalb einer ihm vom Unternehmer bestimmten angemessenen Frist, dann wird die Abnahme fingiert[237] (§ 640 Abs. 1 S. 3).

676

Ist bei der Herstellung des Werkes eine **Handlung des Bestellers erforderlich,** so gerät er in Annahmeverzug, wenn er die erforderliche Mitwirkung unterlässt. Ein Verschulden des Bestellers ist hierfür nicht erforderlich. Der Unternehmer ist jedoch nicht nur auf einen Anspruch nach § 304 (vgl. dazu Rn. 477) angewiesen, sondern er kann eine angemessene Entschädigung nach § 642 Abs. 1 verlangen, deren Höhe sich nach Absatz 2 dieser Vorschrift beurteilt. Außerdem kann der Unternehmer unter den Voraussetzungen des § 643 den Vertrag kündigen und einen der geleisteten Arbeit entsprechenden Teil der Vergütung sowie Ersatz der darin nicht enthaltenen Auslagen fordern (§ 645 Abs. 1 S. 2 i.V.m. S. 1). Ansprüche wegen Schuldnerverzuges können dagegen vom Unternehmer regelmäßig nicht geltend gemacht werden, weil es sich bei der Mitwirkung zur Herstellung des Werkes nicht um eine Verpflichtung, sondern um eine Gläubigerobliegenheit handelt (vgl. dazu Rn. 515). Etwas anderes gilt nur dann, wenn sich der Besteller im Werkvertrag zur Mitwirkung verpflichtet hat. In diesem Fall gerät der Besteller bei ordnungsgemäßer Mahnung und schuldhaf-

677

---

[234] Die Pflicht zu Abschlagzahlungen ist durch das Forderungssicherungsgesetz neu geregelt worden und gilt für Werkverträge, die nach dem 1.1.2009 geschlossen werden; vgl. dazu *Huber,* JuS 2009, 23.
[235] *Brox/Walker,* BS, § 25 Rn. 11.
[236] Bamberger/Roth/*Voit,* § 640 Rn. 5.
[237] Zum Begriff der Fiktion vgl. Rn. 283.

tem Verhalten in Schuldnerverzug, so dass der Unternehmer aus §§ 280, Abs. 1, 2, 286 Ansprüche erheben kann; unter den Voraussetzungen des § 323 kann der Unternehmer dann auch vom Vertrag zurücktreten.

Die vom Besteller unterlassene Mitwirkung kann jedoch auch zu einer Unmöglichkeit der Leistung des Unternehmers führen, wenn wegen des Verhaltens des Bestellers der Unternehmer gehindert ist, das Werk herzustellen. Steht nicht fest, ob der Besteller später bereit sein wird, seine Mitwirkungshandlung vorzunehmen, dann kann die Unmöglichkeit zwar nur vorübergehend sein, aber sie ist der dauernden Unmöglichkeit gleichzustellen, wenn dem Unternehmer ein weiteres Warten nicht zugemutet werden kann (vgl. Rn. 463 f.). Der Unternehmer ist dann berechtigt, den vollen Werklohn abzüglich seiner Ersparnis zu fordern (§ 326 Abs. 2 S. 1 Alt. 2).

678 Erfüllt der Unternehmer seine Vertragspflicht **nicht**, das Werk **mangelfrei** herzustellen, dann kann der Besteller die Abnahme ablehnen, ohne dadurch in Annahmeverzug zu geraten (vgl. § 640 und Rn. 462, 465), und auf Erfüllung des Vertrages, d.h. auf Herstellung eines vertragsgerechten Werkes, bestehen.[238] Handelt es sich allerdings um einen unwesentlichen Mangel, dann darf der Besteller die Abnahme nicht verweigern (§ 640 Abs. 1 S. 2).

Nach der Rechtsprechung des *BGH*[239] kann jedoch der Werklohn trotz berechtigter Abnahmeverweigerung fällig sein, wenn der Besteller nicht mehr Erfüllung, sondern wegen der mangelhaften Leistung nur noch Schadensersatz oder Minderung verlangt. Es findet dann eine Abrechnung der beiden Ansprüche statt, bei der dann der Anspruch des Unternehmers wegen der von ihm erbrachten Leistung dem Gewährleistungsanspruch des Bestellers gegenübergestellt wird. Ein zu Gunsten des Unternehmers verbleibender Rest ist fällig.

679 Nach § 649 S. 1 ist der **Besteller bis zur Vollendung des Werkes berechtigt, den Vertrag jederzeit zu kündigen;**[240] er bleibt aber dann zur Entrichtung der vereinbarten Vergütung verpflichtet, abzüglich des Betrages, der sich für den Unternehmer aufgrund der Ersparnis von Aufwendungen oder anderweitiger Verwendung seiner Arbeitskraft ergibt, wobei eine böswillig unterlassene Verwendung der Arbeitskraft so behandelt wird, als habe sie der Werkunternehmer eingesetzt (§ 649 S. 2 HS 2).

680 Der Unternehmer hat für seine Forderung aus dem Werkvertrag ein **Pfandrecht** an den von ihm hergestellten oder ausgebesserten beweglichen Sachen des Bestellers, wenn sie bei der Herstellung oder zum Zweck der Ausbesserung in seinen Besitz gelangt sind (§ 647). Beim Werkvertrag, der ein Bauwerk betrifft, hat der Unternehmer einen Anspruch auf Einräumung einer **Sicherungshypothek** (§ 648) oder einer anderen Sicherheit (vgl. § 648 a).[241]

681 Die **Leistungs- und Gegenleistungsgefahr** (vgl. dazu Rn. 508) sind im Werkvertragsrecht wie folgt geregelt: Bis zur Abnahme des Werkes trägt

---

[238] *Coester-Waltjen*, Jura 1993, 200, 201.
[239] *BGH* NJW 2003, 288.
[240] Vgl. dazu *Bitter/Rauhut*, JZ 2007, 964.
[241] Vgl. dazu *Slapnicar/Wiegelmann*, NJW 1993, 2903.

nach § 644 Abs. 1 der Unternehmer die Gegenleistungsgefahr. Dieses Risiko wird durch § 645 Absatz 1 dahingehend eingeschränkt, dass der Unternehmer einen der geleisteten Arbeit entsprechenden Teil der Vergütung und Ersatz der in der Vergütung nicht inbegriffenen Auslagen verlangen kann, wenn das Werk vor der Abnahme infolge eines Mangels des von dem Besteller gelieferten Stoffes oder in Folge einer von dem Besteller für die Ausführung erteilten Anweisung untergegangen, verschlechtert oder unausführbar geworden ist, ohne dass ein Umstand mitgewirkt hat, den der Unternehmer zu vertreten hat. Bei Versendung des Werkes gilt auf Grund der Verweisung des § 644 Abs. 2 die Vorschrift des § 447 (dazu Rn. 512). Wird das begonnene oder fertig gestellte Werk vor Abnahme durch Zufall zerstört, dann bleibt der Unternehmer weiterhin zur Herstellung verpflichtet. Ihm obliegt also die Leistungsgefahr (Sachgefahr).[242] Nur wenn die Herstellung aus einem von dem Unternehmer nicht zu vertretenden Umstand unmöglich wird, ist der Anspruch des Bestellers auf Leistung nach § 275 Abs. 1 ausgeschlossen. In diesem Zusammenhang sei auch darauf hingewiesen, dass für Werkverträge im Baubereich regelmäßig die Geltung der Regeln der Verdingungsordnung für Bauleistungen (**VOB**) vereinbart wird, die vom Werkvertragsrecht des BGB abweichende Bestimmungen enthalten.[243]

c) Sach- und Rechtsmängel

Die Haftung des Unternehmers für Sach- und Rechtsmängel (dazu **682** Rn. 672) **entspricht im Wesentlichen der entsprechenden Regelung im Kaufrecht**, wie ein Vergleich des § 634 mit § 437 zeigt. Der Begriff des Sachmangels, wie er in § 633 Abs. 2 beschrieben wird, stimmt inhaltlich weitgehend mit dem des Kaufrechts überein. Danach ist in erster Linie maßgebend, ob das Werk die vereinbarte Beschaffenheit aufweist. Nach Meinung des *BGH* setzt die Mangelfreiheit des Werkes voraus, dass es die vereinbarte oder nach dem Vertrag vorausgesetzte Funktionsfähigkeit erreicht.[244]

In dem vom *BGH* entschiedenen Fall hatte der Unternehmer eine Heizungsanlage fachgerecht eingebaut, die jedoch das zu heizende Haus nicht ausreichend erwärmte. Diese fehlende Funktionstauglichkeit wertet der *BGH* als einen Mangel der Anlage, obwohl die Ursache dafür in einem Blockheizwerk zu finden war, das ein anderer Unternehmer errichtet hatte. Das Gericht weist darauf hin, dass der vertraglich geschuldete Erfolg sich nicht allein nach der zu seiner Erreichung vereinbarten Leistung oder Ausführungsart bestimmt, sondern auch danach, welche Funktion das Werk nach den Willen der Parteien erfüllen soll. Die Haftung für den in der fehlenden Funktionstauglichkeit liegenden Mangel soll nach Meinung des *BGH* nur dann entfallen, wenn der Unternehmer die ihm obliegende Prüfungs- und Erkundigungspflicht erfüllt hat, die

---

[242] *U. Huber*, FS Schlechtriem, 2003, S. 521, 554.
[243] Vgl. *Huber*, JuS 2009, 23, 27.
[244] BGH NJW 2008, 511, 512 f. = JuS 2008, 464 *(Faust)* = JA 2008, 385 *(Looschelders)*; vgl dazu *Lucenti*, NJW 2008, 962.

darauf gerichtet ist zu klären, ob durch die Vorarbeiten des anderen Unternehmers der Erfolg seiner Arbeit in Frage gestellt werden kann.

Ist eine bestimmte Beschaffenheit vertraglich nicht festgelegt worden, dann kommt es auf die Eignung für den nach dem Vertrag vorausgesetzten Gebrauch oder – wenn eine solche Voraussetzung fehlt – auf die Eignung für die gewöhnliche Verwendung des Werkes an, wobei das Werk dann noch eine Beschaffenheit aufweisen muss, die bei Werken der gleichen Art üblich ist und die der Besteller nach der Art des Werkes erwarten kann. Abweichend vom Kaufrecht (vgl. § 434 Abs. 1 S. 3) werden zur üblichen Beschaffenheit des Werkes nicht die Werbeaussagen des Verkäufers oder Herstellers gezählt, weil sich Werbeaussagen des Werkunternehmers beim Werkvertrag an den Besteller richten müssen und deshalb Teil einer vertraglichen Beschaffenheitsvereinbarung werden. Von diesem Unterschied abgesehen sind die Ausführungen zum Begriff des Sachmangels im Kaufrecht (vgl. Rn. 576 ff.) auf das Werkvertragsrecht zu übertragen. Dies gilt auch für die durch § 633 Abs. 2 S. 3 vorgenommene Gleichstellung der Falschherstellung und der Herstellung in einer zu geringen Menge mit einem Sachmangel.

Auch der in § 633 Abs. 3 beschriebene Rechtsmangel beim Werkvertrag entspricht dem Kaufrecht (vgl. § 435 S. 1). Da ein Rechtsmangel anders als beim Kauf nur selten vorkommt, ist im früheren Recht auf eine eigenständige Regelung verzichtet und sind die einschlägigen Regeln im Kaufrecht entsprechend angewendet worden. Aufgrund der gleichen Definition des Rechtsmangels im Kauf- und Werkvertragsrecht bleibt es bei dieser Übereinstimmung.

683 Ebenso wie im Kaufrecht kann der Besteller Nacherfüllung verlangen, wenn der Werkunternehmer seiner vertraglichen Pflicht nicht nachkommt, das vereinbarte Werk mangelfrei herzustellen. In der Frage, wem das Wahlrecht zwischen den verschiedenen Arten der Nacherfüllung zustehen soll, wird jedoch in § 635 Abs. 1 von der kaufrechtlichen Lösung des § 439 Abs. 1 abgewichen **und nicht dem Besteller, sondern dem Unternehmer die Wahl zwischen der Mangelbeseitigung und der Herstellung eines neuen Werkes eingeräumt.** Der Besteller hat folglich einen Anspruch auf Nacherfüllung und der Unternehmer kann entscheiden, wie er diesem Nacherfüllungsbegehren des Bestellers entsprechen will. Ist jedoch die Nacherfüllung nur auf einer bestimmten Weise möglich, so ist der Unternehmer dazu verpflichtet, diese vorzunehmen, und der Besteller kann ein dieser Verpflichtung nicht entsprechendes und somit untaugliches Angebot von vornherein zurückweisen.[245] Der Unternehmer kann – ähnlich wie im Kaufrecht (vgl. § 439 Abs. 3) – die Nacherfüllung verweigern, wenn sie nur mit unverhältnismäßigen Kosten durchführbar ist. Daneben ist ebenso wie im Kaufrecht § 275 anwendbar, so dass der Werkunternehmer die Nacherfüllung verweigern kann, soweit sie faktisch unmöglich ist (Abs. 2) oder bei persönlich zu erbringender Leistung für ihn nicht zumutbar erscheint (Abs. 3).

---

[245] *BGH* NJW 2011, 1872, 1873 Tz. 17 m. w. N.

Kommt der Werkunternehmer dem Nacherfüllungsbegehren des Bestel- 684
lers **nicht** innerhalb einer ihm vom Besteller gesetzten angemessenen Frist
nach, obwohl er zur Nacherfüllung verpflichtet ist, also diese Pflicht nicht
nach § 275 oder § 635 Abs. 3 entfällt, **dann hat der Besteller verschiedene
rechtliche Möglichkeiten:**
- Er kann nach § 637 Abs. 1 den Mangel selbst beseitigen und Ersatz der
dafür erforderlichen Aufwendungen vom Unternehmer verlangen, wobei
ihm auch nach § 637 Abs. 3 das Recht zusteht, einen Vorschuss für die
zur Beseitigung des Mangels erforderlichen Aufwendungen zu fordern.
- Er kann nach § 323 Abs. 1 i.V.m. § 634 Nr. 3 vom Vertrag zurücktreten
und Schadensersatz statt der Leistung beanspruchen (§ 281 Abs. 1
i.V.m. §§ 280 Abs. 1 und 3, 634 Nr. 4, 325).[246]
- Er kann nach § 638 Abs. 1 i.V.m. § 634 Nr. 3 die Vergütung mindern.
- Unter den Voraussetzungen des § 284 kann er Ersatz der Aufwendungen verlangen, die er im Vertrauen auf den Erhalt der Leistung gemacht
hat (§ 634 Nr. 4).

Im Regelfall sind alle diese Rechte davon abhängig, dass eine vom Besteller dem Werkunternehmer gesetzte angemessene Frist zur Nacherfüllung erfolglos abgelaufen ist. Die Notwendigkeit einer Fristsetzung ergibt
sich für die Selbstvornahme aus § 637 Abs. 1, für das Recht zum Rücktritt
aus § 323 Abs. 1 und für die Minderung aus § 638 Abs. 1 S. 1 i.V.m. § 323
Abs. 1, weil durch die Bezugnahme auf das Rücktrittsrecht („statt zurückzutreten") die für dieses Recht geltenden Voraussetzungen zu erfüllen sind.
Für den Anspruch auf Schadensersatz folgt das Erfordernis einer Fristsetzung aus § 281 Abs. 1 S. 1 und für den Anspruch auf Ersatz vergeblicher
Aufwendungen aus § 284 i.V.m. § 281 Abs. 1 S. 1, wobei auch hier durch
die Bezugnahme auf das Recht zum Schadensersatz („anstelle des Schadensersatzes") dessen Voraussetzungen für anwendbar erklärt werden.

In einer Reihe von Fällen ist jedoch eine Fristsetzung entbehrlich, und
zwar kann der Besteller jedes der genannten Rechte sofort, also ohne Setzung einer Frist, geltend machen, wenn die Nacherfüllung fehlgeschlagen
oder ihm unzumutbar ist (vgl. §§ 636, 637 Abs. 2 S. 2). Bei Rücktritt und
Schadensersatz bedarf es nach § 636 keiner Fristsetzung, wenn der Unternehmer die Nacherfüllung gem. § 635 Abs. 3 verweigert. Darüber
hinaus ist die Fristsetzung in den in § 323 Abs. 2 aufgeführten Fällen
für die Selbstvornahme, für das Recht zum Rücktritt und zur Minderung
entbehrlich. Ohne Fristsetzung kann der Besteller Schadensersatz statt der
Leistung oder Ersatz vergeblicher Aufwendungen verlangen, wenn der
Schuldner die Leistung ernsthaft und endgültig verweigert oder wenn besondere Umstände bestehen, die unter Abwägung der beiderseitigen Inte-

---

[246] Grundsätzlich kann der Besteller den ihm aus der Nichterfüllung entstandenen
Schaden geltend machen. Der *BGH* NJW 2006, 2912, 2913, weist jedoch darauf hin,
dass in entsprechender Anwendung des § 251 Abs. 2 zu prüfen ist, ob die zu ersetzenden Aufwendungen unverhältnismäßig sind, wenn als Schadensersatz ein Ausgleich der
Kosten gefordert wird, die durch die Herstellung eines neuen Werkes entstehen.

ressen die sofortige Geltendmachung dieser Ansprüche rechtfertigen (§ 281 Abs. 2). Schließlich kommt eine Fristsetzung bei Unmöglichkeit der Leistung nicht in Betracht (vgl. §§ 283, 311 a Abs. 2, 326 Abs. 5).

685 **Hat der Werkunternehmer eine bewegliche Sache aus einem Stoff herzustellen, den ihm der Besteller geliefert hat,** dann werden Rechte des Bestellers wegen eines Mangels des Werkes ausgeschlossen, wenn der Mangel auf den von dem Besteller gelieferten Stoff zurückzuführen ist. Diese Rechtsfolge ergibt sich aus § 651 S. 2, der die Anwendung des § 442 Abs. 1 S. 1 auf die Fälle einer Verursachung von Mängeln der herzustellenden Sache durch vom Besteller gelieferte Stoffe ausdehnt. Dies gilt nach dem Wortlaut der Vorschriften selbst dann, wenn der Unternehmer vor der Verarbeitung den Mangel bemerkt hat oder ihn hätte bemerken müssen. Weil hierin ein Wertungswiderspruch zu § 645 zu sehen ist, bei dem auf die Mitverantwortung des Unternehmers abgestellt wird („ohne dass ein Umstand mitgewirkt hat, den der Unternehmer zu vertreten hat"), wird im Schrifttum vorschlagen, im Wege einer teleologischen Reduktion (Rn. 818) eine entsprechende Einschränkung der Regelung vorzunehmen.[247] Es dürfte jedoch vorzuziehen sein, den Unternehmer auf Grund einer sich aus dem Vertrag ergebenden leistungssichernden Nebenpflicht für verpflichtet zu halten, den ihm gelieferten Stoff auf seine Eignung zur Verarbeitung zu untersuchen, soweit dies keinen unangemessenen und unzumutbaren Aufwand verlangt. Dies führt in gleicher Weise wie im Rahmen des § 645 zur Berücksichtigung einer Mitverantwortung des Unternehmers.

686 Die **Verjährung der Ansprüche des Bestellers bei Mängeln des Werkes** ist in § 634a geregelt. Danach verjähren Ansprüche nach § 634 Nr. 1, 2 und 4
- bei einem Werk, dessen Erfolg in der Herstellung, Wartung oder Veränderung einer Sache oder der Erbringung von Planungs- oder Überwachungsleistungen hierfür besteht (§ 634a Abs. 1 Nr. 1), in zwei Jahren,
- bei einem Bauwerk (zum Begriff des Bauwerks vgl. Rn. 613) und einem Werk, dessen Erfolg in der Erbringung von Planungs- und Überwachungsleistungen hierfür besteht (§ 634a Abs. 1 Nr. 2), nach § 634a Abs. 2 in fünf Jahren.

In beiden Fällen beginnt nach § 634a Abs. 2 die Verjährungsfrist mit der „Abnahme" des Werkes (zum Begriff der Abnahme vgl. Rn. 676).

- Sonstige Werkleistungen, also alle, die nicht unter Nr. 1 und 2 des § 634a Abs. 1 fallen, verjähren nach § 634a Abs. 1 Nr. 3 in der Regelfrist (vgl. §§ 195, 199).[248]

Hat der Werkunternehmer den Mangel arglistig verschwiegen, dann verjähren die Ansprüche wie im Kaufrecht (vgl. Rn. 615) in der „regelmäßigen Verjährungsfrist" (§ 634a Abs. 3). Dies bedeutet, dass die Verjährungsfrist drei Jahre beträgt (§ 195) und nach § 199 Abs. 1 Nr. 2 erst in dem Zeitpunkt beginnt, in dem der Besteller von dem Mangel Kenntnis

---

[247] Bamberger/Roth/*Voit*, § 651 Rn. 16.
[248] *Mansel*, NJW 2002, 89, 96.

VI. Werkvertrag

erlangt oder ohne grobe Fahrlässigkeit erlangen müsste, wobei im Fall des Abs. 1 Nr. 2 die Verjährung nicht vor Ablauf der Fünfjahresfrist eintritt.
In gleicher Weise wie im Kaufrecht (vgl. Rn. 616) kann der Besteller trotz einer sich aus § 218 Abs. 1 ergebenden Unwirksamkeit eines Rücktritts oder einer Minderung die Zahlung der Vergütung insoweit verweigern, als er aufgrund des Rücktritts oder einer Minderung dazu berechtigt sein würde (§ 634a Abs. 4 S. 2, Abs. 5).

Die sich aufgrund der §§ 631 ff. ergebenden Rechte und Pflichten der Vertragsparteien lassen sich in folgender **Übersicht** darstellen. 687

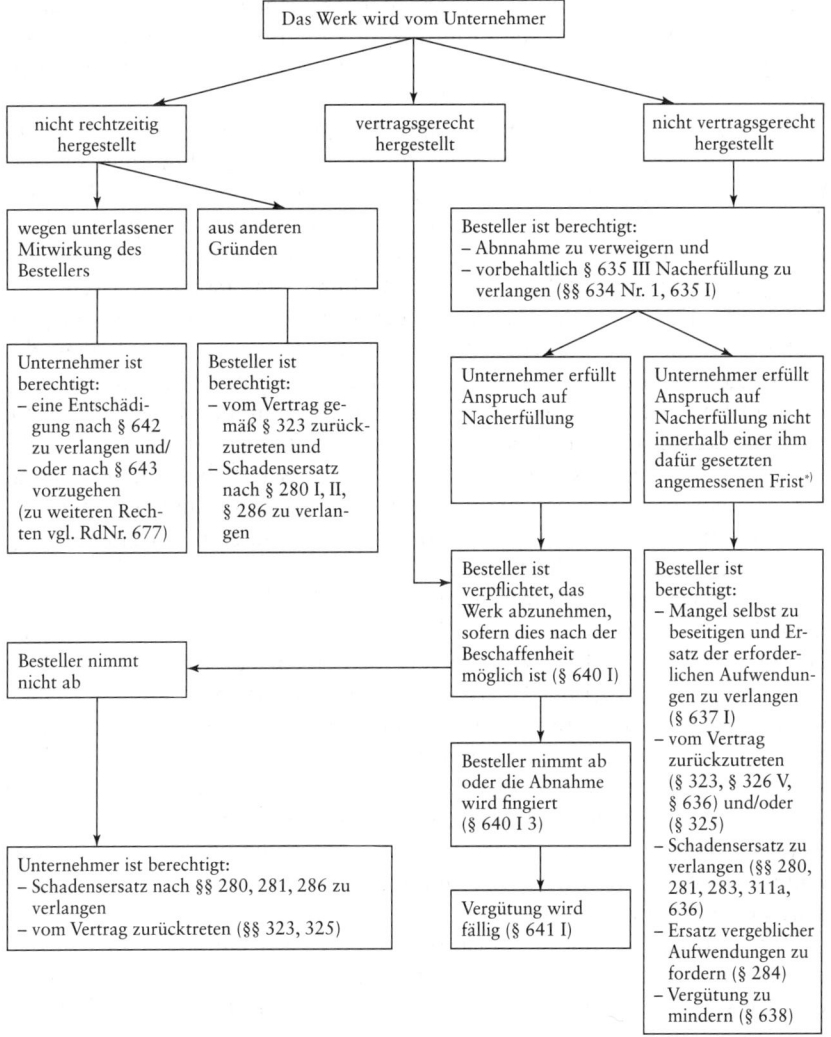

*⁾ Sofern nicht eine Fristsetzung entbehrlich ist (vgl. Rn. 684).

VII. Auftrag

688 Ein Vertrag, durch den sich jemand (Beauftragter) verpflichtet, für den anderen Vertragspartner (Auftraggeber) **unentgeltlich** Geschäfte zu besorgen, wird im BGB als Auftrag bezeichnet (vgl. § 662). Bei dem **Auftrag** handelt es sich um einen **unvollkommen zweiseitigen, also nicht um einen gegenseitigen (synallagmatischen) Vertrag** (vgl. Rn. 93 ff.). Im Sprachgebrauch des täglichen Lebens wird der Begriff des Auftrags häufig in einem anderen Sinn verwendet. Häusler erteilt dem Handwerksmeister Fleißig den „Auftrag", Reparaturarbeiten an seinem Hause durchzuführen. Dieser „Auftrag" ist die Offerte zum Abschluss eines Werkvertrages oder gegebenenfalls die Annahme einer entsprechenden Offerte des Fleißig.

689 Die **Hauptleistungspflicht des Beauftragten** besteht darin, das ihm übertragene Geschäft auszuführen. In der rechtlichen Bindung, die der Beauftragte eingeht, besteht der Unterschied zur bloßen Gefälligkeit, bei der es keinen Anspruch auf Einhaltung der gegebenen Zusage gibt (vgl. Rn. 43 ff.). Der Beauftragte hat grundsätzlich den Auftrag persönlich zu erledigen, kann sich dabei aber von Gehilfen unterstützen lassen (vgl. § 664 Abs. 1). Er hat die Weisungen des Auftraggebers zu beachten (vgl. § 665), hat die erforderlichen Nachrichten zu geben, auf Verlangen des Auftraggebers über den Stand der Geschäftsbesorgung Auskunft zu erteilen und nach der Ausführung des Auftrags Rechnung zu legen (§ 666). Was der Beauftragte zur Ausführung des Auftrages erhält und nicht dafür verbraucht sowie alles das, was er aus der Geschäftsbesorgung erlangt, hat er dem Auftraggeber herauszugeben (§ 667). Erlangt aus der Geschäftsbesorgung ist jeder Vorteil, der in einem inneren Zusammenhang mit dem geführten Geschäft steht.[249]

690 **Erfüllt der Beauftragte die ihm obliegenden Pflichten nicht** oder schlecht, dann haftet er nach allgemeinen Vorschriften und kann nach Maßgabe der §§ 280 ff. zum Schadensersatz verpflichtet sein. Besonderheiten gelten nach § 664 Abs. 1 bei der Übertragung der Geschäftsbesorgung auf einen Dritten. Ist dem Beauftragten diese Übertragung vom Auftraggeber gestattet, dann hat er nur ein ihm bei der Übertragung zur Last fallendes Verschulden zu vertreten. Bei einer unerlaubten Übertragung begeht dagegen der Beauftragte einen Pflichtverstoß, für dessen Folgen er einzustehen hat; er muss folglich jeden Schaden ersetzen, der auf die unzulässige Übertragung auf den Dritten zurückzuführen ist, ohne dass es auf dessen Verschulden ankommt.

691 Der Auftraggeber hat dem Beauftragten die **Aufwendungen** zu ersetzen, die dieser zum Zwecke der Ausführung des Auftrages macht und die er den Umständen nach für erforderlich halten darf (§ 670). Als Aufwen-

---

[249] *BGH* NJW 1994, 3346, 3347.

dungen gelten freiwillige Vermögensopfer. Hierzu gehören beispielsweise Fahrtkosten, Telefongebühren und Auslagen für die Tilgung von Verbindlichkeiten des Auftraggebers. Für den Ersatz solcher Aufwendungen kommt es nicht darauf an, ob sie objektiv erforderlich sind, sondern nur, ob sie der Beauftragte für erforderlich halten durfte. Entscheidend ist die Situation des Beauftragten in dem Zeitpunkt, in dem er die Aufwendungen machte. Ist danach bei vernünftiger Beurteilung die Erforderlichkeit der Aufwendungen zu bejahen, dann ist der Auftraggeber zum Ersatz verpflichtet.

Ist dem **Beauftragten ein Schaden** deshalb **entstanden,** weil der Auftraggeber schuldhaft eine ihn treffende Pflicht (z.B. zur Information über bestimmte Umstände, die dem Beauftragten zur eigenen Sicherheit bekannt sein müssen) verletzt hat, dann haftet dieser nach § 280 Abs. 1. Anders stellt sich die Rechtslage dar, wenn es sich um einen **Zufallsschaden** handelt, den also weder der Auftraggeber noch der Beauftragte verschuldet hat. Aufgrund der gesetzlichen Regelung kann es zweifelhaft sein, ob der Beauftragte den Ersatz von solchen Schäden, die er bei Durchführung des Auftrages erleidet, verlangen kann. Die Zweifel, die sich hierbei ergeben, entstehen deshalb, weil Aufwendungen freiwillige Opfer des Beauftragten sind, während Schäden regelmäßig unfreiwillige Nachteile darstellen. Ganz überwiegend wird **dem Beauftragten ein Anspruch auf Ersatz von Zufallsschäden zugebilligt, die auf einer für den Auftrag eigentümlichen erhöhten Gefahr und nicht auf dem allgemeinen Lebensrisiko beruhen.**[250] Dagegen soll der Beauftragte Schäden selbst tragen, bei denen sich nur das allgemeine Lebensrisiko realisiert hat. 692

Beispiel: Max erkrankt und kann deshalb eine Akte, die er aus dem Büro mit nach Hause genommen hatte, um sie dort zu bearbeiten, nicht termingerecht zurückbringen. Die Akte wird im Büro dringend benötigt, um einen wichtigen Geschäftsabschluss vorzubereiten. Max bittet deshalb seinen Freund Moritz, die Akte ins Büro zu bringen. Moritz sagt dies zu. Er benutzt für die Fahrt sein eigenes Auto, obwohl er auch mit einem öffentlichen Verkehrsmittel fahren könnte. Auf dieser Fahrt kommt es zu einem von Moritz nicht verschuldeten Unfall.

In diesem Fall handelt es sich um einen Schaden, der nicht auf ein auftragsspezifisches Risiko zurückzuführen ist, sondern auf das allgemeine Risiko, das jeder Verkehrsteilnehmer zu tragen hat. Deshalb ist Max nicht für den Schaden aus dem Autounfall ersatzpflichtig. Anders wäre zu entscheiden, wenn Max seinen Freund gebeten hätte, eine schwere, sperrige Kiste zu transportieren. In diesem Fall wäre der Einsatz eines Kraftfahrzeuges für die Durchführung des Auftrags erforderlich, und es würde dementsprechend dadurch auch ein auftragsspezifisches Risiko geschaffen werden.

Die Begründungen für den Ersatz von auftragsspezifischen Zufallsschäden fallen allerdings unterschiedlich aus: 693
- Nach wohl überwiegender Ansicht soll die Vorschrift des § 670 die Grundlage für einen entsprechenden Ersatzanspruch bilden, wobei man

---

[250] Vgl. *BGH* NJW 1993, 2234, 2235; *OLG Stuttgart* NJW-RR 2011, 606, 608; Bamberger/Roth/*Czub*, § 670 Rn. 11 ff.

entweder die Vorschrift analog anwendet (zur Analogie vgl. Rn. 826) oder aber den Begriff der Aufwendungen extensiv auslegt.

- Nach anderer Auffassung soll entweder der in § 110 HGB enthaltene Rechtsgedanke herangezogen werden oder man will das für die Haftung des Arbeitgebers bei „schadensgeneigter Arbeit" geltende Prinzip entsprechend anwenden.

> Nach § 110 Abs. 1 HGB kann der Gesellschafter einer offenen Handelsgesellschaft (vgl. §§ 105 ff. HGB) den Ersatz solcher Schäden von der Gesellschaft verlangen, die er bei seiner Geschäftsführung oder aus einer Gefahr erleidet, die mit ihr untrennbar verbunden ist. Das bei der „schadensgeneigten Arbeit" geltende Haftungsprinzip besagt (vereinfacht ausgedrückt), dass demjenigen die mit einer Tätigkeit verbundenen spezifischen Schadensrisiken zuzurechnen sind, der die risikobehaftete Tätigkeit veranlasst hat oder in dessen Interesse sie ausgeführt wird.

694 Der Auftrag kann von dem Auftraggeber jederzeit widerrufen, von dem Beauftragten jederzeit **gekündigt** werden (§ 671 Abs. 1). Kündigt der Beauftragte jedoch ohne wichtigen Grund den Auftrag zur Unzeit, dann hat er dem Auftraggeber den daraus entstehenden Schaden zu ersetzen (§ 671 Abs. 2). Die Frage, ob der Tod und die Geschäftsunfähigkeit eines Vertragspartners den Auftrag beenden, ist aufgrund der vertraglichen Vereinbarungen zu ermitteln. Das Gesetz enthält Auslegungsregeln in §§ 672, 673.

3. Übungsklausur

Viktor (V) hat antike Möbel geerbt, darunter einen Biedermeier-Sekretär, den er für echt hält. Er gibt folgende Anzeige in einer Tageszeitung auf: „Original Biedermeier-Sekretär (ca. 170 Jahre alt) für 4.000,- € zu verkaufen". Es meldet sich daraufhin als Interessent Konrad (K), dem das Möbel auf den ersten Blick so gut gefällt, dass er, ohne lange zu verhandeln, den geforderten Preis zahlt und den Sekretär sofort mitnimmt. Kurze Zeit danach kommen jedoch Konrad wegen der Echtheit Bedenken, und er lässt den Sekretär von einem Sachverständigen untersuchen. Dieser stellt fest, dass es sich um ein Stilmöbel handelt, das ca. 1910 hergestellt wurde. Daraufhin verlangt Konrad von Viktor Rückzahlung des Kaufpreises gegen Herausgabe des Sekretärs. Außerdem fordert er 1.000,- € Schadensersatz, weil inzwischen die Preise für echte Biedermeier-Möbel um ca. 25 Prozent gestiegen sind und für ein gleiches echtes Möbel mindestens 5.000,- € gezahlt werden müssen. Schließlich will Konrad auch die Kosten für das Sachverständigengutachten in Höhe von 300,- € ersetzt haben.
1. Stehen Konrad diese Ansprüche zu?
2. Wie wäre zu entscheiden, wenn die Unechtheit des Sekretärs erst drei Jahre nach Abschluss des Kaufvertrages entdeckt worden wäre? Käme es hierfür darauf an, ob Viktor die Unechtheit des Sekretärs kannte?
Bearbeitungszeit: Nicht mehr als 150 Minuten.
Hinweis: Ansprüche aus dem Deliktsrecht sind nicht zu prüfen.

VII. Auftrag

Fälle und Fragen

134. Was ist ein Stückkauf (Spezieskauf), was ein Gattungskauf (Genuskauf)?
135. Nennen Sie bitte die vertragstypischen Pflichten der Vertragsparteien bei einem Sachkauf!
136. Was kann Gegenstand eines Kaufvertrages sein?
137. Wie wird das Eigentum an beweglichen Sachen rechtsgeschäftlich übertragen?
138. Was bedeutet Übergabe i. S. d. § 929 S. 1 und welchem Zweck dient sie?
139. Handwerksmeister Emsig beauftragt seinen Gesellen Fleißig, beim Baumarkt Groß 5 kg Farbe zu holen und gibt ihm das dafür erforderliche Geld mit. Fleißig erledigt alles weisungsgemäß und bringt den Farbeimer zur Werkstatt des Emsig. Dort übergibt er ihn seinem Chef. In welchem Zeitpunkt wird Emsig Eigentümer der Farbe?
140. Max leiht sein Fahrrad dem Moritz. Wie sind die Besitzverhältnisse an dem Rad?
141. Was ist Eigenbesitz, was Fremdbesitz?
142. Was ist ein Besitzmittlungsverhältnis?
143. Erich, der einzige Erbe des Arnold, findet in dessen Nachlass ein wertvolles Buch. Da er annimmt, dass das Buch dem Arnold gehört hat, er es aber nicht behalten will, veräußert er es an Bertold, der Erich für den Eigentümer des Buches hält. In Wirklichkeit hatte sich Arnold das Buch von Christoph geliehen. Wer ist der Eigentümer des Buches?
144. Wie wird das Eigentum an einem Grundstück übertragen?
145. Muss der Käufer einer mangelhaften Sache stets Nacherfüllung vom Verkäufer verlangen, bevor er weitere Rechte wegen des Mangels geltend machen darf?
146. Ist bei einem Stückkauf der Anspruch des Käufers auf Nacherfüllung stets auf die Beseitigung des Mangels beschränkt?
147. Muss der Verkäufer einer Forderung für die Existenz der Forderung und für ihre Einbringlichkeit haften?
148. K kauft in dem Elektromarkt des V einen Fernsehapparat. Als ihm das Gerät geliefert wird, muss er feststellen, dass immer wieder Bildstörungen auftreten. Daraufhin verlangt er von V die Lieferung eines neuen Apparates gegen Rückgabe des alten. V will jedoch nur einen Teil austauschen, um auf diese Weise die Bildstörung zu beheben. Kann K auf Lieferung eines neuen Gerätes bestehen?
149. Wann geht beim Kauf die Leistungsgefahr über und welche rechtliche Bedeutung hat der Gefahrübergang?
150. K kauft bei V 100 Flaschen Chablis, Originalabfüllung des Winzers X. V liefert nur 70 Flaschen. Trotz mehrfacher Mahnungen und einer angemessenen Fristsetzung für die Restlieferung erhält K die ausstehenden 30 Flaschen Wein nicht. Welche Rechte hat K?
151. Welche Rechte hat der Käufer, wenn die gekaufte Sache einen Sach- oder Rechtsmangel aufweist?
152. In einer Werbschrift des Herstellers, der Firma Panscher, heißt es: „Glatzex ist ein Haartonikum von höchster Qualität und Wirksamkeit. Schon nach wenigen Tagen der Benutzung werden Ihnen die Haare zu Berge stehen – selbstverständlich neue, die durch Glatzex zum Wachsen gebracht wurden." Simpel kauft sich daraufhin im Einzelhandelsgeschäft des Handel unter Hinweis auf seine durch die Werbung angeregten Erwartungen eine große Flasche Glatzex zum Preise von 35,– €. Trotz intensiver und genau die Gebrauchsanweisung beachtender Verwen-

§ 7. Einzelne Vertragsschuldverhältnisse

dung des Mittels zeigt sich nicht der geringste Erfolg. Kann Simpel von Handel Rückzahlung des Kaufpreises fordern?

153. Listig verkauft Schussel die Gaststätte „Zum Feuchten Eck". Wesentlich für den Kaufentschluss des Schussel ist die Erklärung des Listig, Schussel könne mit Sicherheit davon ausgehen, dass sich der Umsatz im Monat mindestens auf 10.000,- € steigern ließe. Schussel muss jedoch feststellen, dass nicht mehr als 6.000,- € umgesetzt werden. Welche Rechte hat er?

154. Volz verkauft Kunz seinen gebrauchten Pkw. Nach kurzer Zeit muss Kunz feststellen, dass der Motor defekt ist. Dieser Mangel war bereits bei Übergabe des Kfz vorhanden. Als Kunz Volz auffordert, den Defekt am Motor zu beheben, erklärt dieser, dies werde er nicht tun, weil er nicht dazu verpflichtet sei. Darauf schreibt Kunz Volz, dieser solle ihm einen (genau beziffert en angemessenen) Teil des Kaufpreises als Ausgleich für den defekten Motor zurückzahlen. Volz antwortet nicht. Danach überlegt sich Kunz die Sache anders und teilt Volz mit, dass er ihm den Wagen zur Verfügung stelle und den gesamten Kaufpreis zurückhaben möchte. Als Volz wiederum nicht antwortet, erhebt Kunz Klage auf Rückzahlung des Kaufpreises Zug um Zug gegen Rückgabe des Pkw. Wie wird das Gericht entscheiden?

155. Schwarz verkauft Weiß einen gebrauchten Pkw und übergibt ihm das Fahrzeug. Beide gehen davon aus, dass das Kfz unfallfrei ist. Nach einigen Wochen kommt es ohne Verschulden des Weiß zu einem Unfall, bei dem das Auto erheblich beschädigt wird. Nunmehr wird festgestellt, dass das Fahrzeug bereits zuvor einen Unfall gehabt hat und dabei bleibende Schäden davontrug. Weiß verlangt daraufhin gegen Rückgabe des Autos Erstattung des Kaufpreises. Mit Recht?

156. Emsig sucht einen Schlagbohrer, mit dem er auch Löcher in Beton bohren kann, und wendet sich deshalb an den Eisenwarenhändler Handel. Handel empfiehlt den Bohrer XY, der für diesen Zweck der Geeignetste sei. Als Emsig den Bohrer benutzt, muss er feststellen, dass das Gerät für Bohrungen in Beton völlig ungeeignet ist. Darüber regt sich Emsig so sehr auf, dass er einen Herzanfall bekommt. Die Kosten der deshalb notwendig werdenden ärztlichen Hilfe will er von Handel ersetzt verlangen. Handel weist darauf hin, dass er auf entsprechende Mitteilungen der Herstellerfirma vertraut habe. Wie ist die Rechtslage?

157. Viktor ist Alleinerbe des Reich. Im Nachlass findet er eine antike Uhr, die er Konrad verkauft und übergibt. Danach erfährt Viktor, dass die Uhr Eich gehört und diesem gestohlen worden ist. Wie sie in den Besitz des Reich gelangte, lässt sich nicht mehr klären. Eich ist nicht bereit, die Uhr Viktor zu verkaufen und fordert von diesem die Uhr zurück. Wie ist die Rechtslage?

158. Hobbygärtner Grün bestellt bei Handel Anfang Oktober Tulpenzwiebeln. Die ihm einige Tage danach von Handel übersandten Zwiebeln pflanzt Grün in seinem Garten. Im Frühjahr muss Grün feststellen, dass nicht Tulpen, sondern Narzissen wachsen. Er schreibt daraufhin Handel einen Brief, in dem er sein Geld zurückverlangt. Dies lehnt Handel ab. Wie ist die Rechtslage?

159. Volz liefert Kunz aufgrund eines entsprechenden Kaufvertrages Orangen. Da die Orangen z.T. verfault sind, weist Kunz die Lieferung zurück und verlangt einwandfreie Ware, die jedoch von Volz erst 14 Tage später geliefert werden kann. Inzwischen sind die Marktpreise für Orangen gefallen, und Kunz kann deshalb beim Weiterverkauf nur einen geringeren Preis erzielen als ihm dies 14 Tage früher möglich gewesen wäre. Kann Kunz von Volz Ersatz dieses Schadens verlangen?

160. In welchem Verhältnis stehen die Vorschriften über die Haftung wegen eines Sachmangels der Kaufsache zu den Regelungen über die Anfechtung von Willenserklärungen wegen Irrtums und arglistiger Täuschung?

VII. Auftrag

161. Welche Rechte haben die Vertragsparteien beim Kauf unter (einfachem) Eigentumsvorbehalt?
162. Erklären Sie bitte den Unterschied zwischen einer aufschiebenden und einer auflösenden Bedingung!
163. Blau erklärt, er rechne mit einer Gegenforderung gegen die Hauptforderung des Rot für den Fall auf, dass ihm Rot keine Stundung gewährt. Zulässig?
164. Was versteht man unter einem Anwartschaftsrecht?
165. V verkauft seinen Pkw dem K. Der Kaufpreis in Höhe von 20.000,- € soll in 10 Monatsraten gezahlt werden. Nachdem K sieben Monatsraten entrichtet hat, verkauft er das Fahrzeug dem D. D zahlt den mit K vereinbarten Kaufpreis bis auf einen Betrag von 6.000,- €, den er als Ausgleich für die noch offenen drei Raten aus dem Kaufvertrag zwischen K und V an diesen zahlen soll. Den noch bei V befindlichen Kraftfahrzeugbrief soll sich D von V aushändigen lassen. Als D dem V die 6.000,- € anbietet und Herausgabe des Kraftfahrzeugbriefs verlangt, erklärt V, sein Vertragspartner sei K und der habe mit D nichts zu schaffen. Dabei bleibt er auch nach Bitten des K, das Geld anzunehmen und den Kraftfahrzeugbrief D auszuhändigen. Wie ist die Rechtslage?
166. Der kaufmännische Angestellte Anton ist Stammkunde des Weinhändlers Handel, der sein Geschäft in einer Nachbarstadt unterhält. Bei Bedarf fährt Anton mit dem Auto zu Handel und holt den benötigten Wein. Da er jedoch an einer Fahrt verhindert ist, bittet er Handel um Lieferung per Bahn von 20 Flaschen Kremser Blauburgunder, Jahrgang 2005, zum Preis von 6,75 € die Flasche. Handel führt die Bestellung sorgfältig aus. Der Wein trifft jedoch nicht bei Anton ein. Der Verbleib des Weines lässt sich nicht aufklären. Anton verlangt weiterhin Lieferung des Weines, während Handel 135,- € als Kaufpreis fordert. Wie ist die Rechtslage?
167. Frau Nett leiht sich von ihrer Nachbarin Frau Freundlich ein Kilo Mehl zum Backen eines Kuchens. Welchen Vertrag schließen die beiden?
168. Handelt es sich bei einem Darlehensvertrag um einen gegenseitigen (synallagmatischen) Vertrag, auf den die §§ 320 ff. anwendbar sind?
169. Ist ein Mietvertrag formbedürftig?
170. Welche Rechte hat der Mieter bei Mängeln der vermieteten Sache?
171. Miez mietet von Verz eine Neubauwohnung. Infolge eines für Verz nicht erkennbaren Fehlers an der Stromleitung kommt es kurz nach dem Einzug zu einem Brand, bei dem einige Möbel des Miez und ein Mantel seiner Ehefrau zerstört werden. Herr und Frau Miez verlangen von Verz Ersatz ihrer Schäden. Mit Recht?
172. Haftet der Vermieter aus c.i.c. wegen falscher Angaben oder unterlassener Informationen über Eigenschaften der Mietsache?
173. Wann endet ein Mietverhältnis?
174. Was ist Leasing?
175. Kommt der Unterscheidung zwischen freiem Dienstvertrag und Arbeitsvertrag praktische Bedeutung zu?
176. Wodurch unterscheiden sich der Dienstvertrag und der Werkvertrag voneinander?
177. Was bedeutet „Abnahme" beim Werkvertrag?
178. Welche Rechte hat der Besteller bei mangelhafter Herstellung des Werks durch den Unternehmer?
179. Kann der Beauftragte für Schäden, die er bei der Durchführung des Auftrages erleidet, vom Auftraggeber Ersatz verlangen?

§ 8. Einzelne gesetzliche Schuldverhältnisse

I. Vorbemerkung

Im Anschluss an die Erörterung einzelner vertraglicher Schuldverhältnisse soll auf die wichtigsten gesetzlichen Schuldverhältnisse eingegangen werden, und zwar auf die, die bei einer Geschäftsführung ohne Auftrag, bei einer ungerechtfertigten Bereicherung und bei einer unerlaubten Handlung entstehen. Die Darstellung ist vornehmlich auf die Vermittlung von Grundwissen gerichtet. Deshalb bleiben einzelne Problembereiche ausgeklammert. Sie sind dem Fortgeschrittenen vorzubehalten.

II. Geschäftsführung ohne Auftrag

a) Einführender Überblick

Wenn jemand für einen anderen dessen Geschäfte besorgt, dann sind Regeln erforderlich, um die Interessen der Beteiligten gegeneinander abzugrenzen und um entscheiden zu können, wem die Vor- und Nachteile zufallen sollen, die sich aus der Geschäftsführung ergeben. Wird die Besorgung des fremden Geschäfts vom Geschäftsführer vorher mit dem Geschäftsherrn verabredet – dies bildet den Normalfall –, dann werden beide entsprechende Vereinbarungen treffen. Soweit dies nicht geschieht, greifen ergänzend gesetzliche Vorschriften ein, wie z.B. bei der unentgeltlichen Geschäftsbesorgung die Bestimmungen über den Auftrag (vgl. §§ 662 ff.), bei der entgeltlichen Geschäftsbesorgung neben einzelnen Auftragsregeln und dem Dienst- oder Werkvertragsrecht (vgl. § 675 Abs. 1) häufig noch Sondervorschriften, beispielsweise die Bestimmungen über den Zahlungsdienstevertrag (§§ 675 f ff.), sowie die im HGB getroffenen Regelungen für Kommissionäre (vgl. §§ 383 ff. HGB), Spediteure (vgl. §§ 453 ff. HGB) und Handelsmakler (vgl. §§ 93 ff. HGB). Das Gesetz muss aber auch Bestimmungen für Fälle enthalten, in denen jemand fremde Angelegenheiten besorgt, ohne dazu von dem Geschäftsherrn beauftragt zu sein oder die Befugnis dazu aus einem anderen Rechtsgrund ableiten zu können. Die entsprechende Regelung findet sich in den §§ 677 ff. Aus diesen Vorschriften ergibt sich, dass zwischen verschiedenen Fällen eines Tätigwerdens in fremden Angelegenheiten ohne Auftrag oder sonstige Berechtigung unterschieden werden muss:

- **Geschäftsführung ohne Auftrag** (GoA), bei der das Bewusstsein, ein fremdes Geschäft zu führen, und der Wille, dies zu tun, beim Geschäftsführer vorhanden sind.

    Die GoA ist in den §§ 677 bis 686 geregelt.

- **Irrtümliche Eigengeschäftsführung**, bei der das Bewusstsein und demzufolge auch der Wille, ein fremdes Geschäft zu führen, nicht vorhanden sind.

    § 687 Abs. 1 nimmt ausdrücklich den Fall, dass jemand ein fremdes Geschäft in der Meinung besorgt, dass es sein eigenes sei, von den Vorschriften über die GoA aus. Ein Ausgleich unter den Beteiligten ist aufgrund der allgemeinen Regeln zu finden, insbesondere nach den §§ 812 ff. und nach den §§ 823 ff.

- **Angemaßte Eigengeschäftsführung** (kurz: Geschäftsanmaßung), bei der zwar das Bewusstsein vorhanden ist, ein fremdes Geschäft zu führen, aber der Wille dazu fehlt.

    Bei der Geschäftsanmaßung werden häufig Ansprüche des Geschäftsherrn wegen unerlaubter Handlung bestehen. Außerdem gibt § 687 Abs. 2 S. 1 dem Geschäftsherrn das Recht, Ansprüche gegen den Geschäftsführer aufgrund einzelner Vorschriften über die GoA geltend zu machen; hierdurch wird er allerdings verpflichtet, dem Geschäftsführer alles, was er durch die Geschäftsführung erlangt, nach den Vorschriften über die ungerechtfertigte Bereicherung herauszugeben (§ 687 Abs. 2 S. 2 i. V. m. § 684 S. 1).

Die beiden zuletzt genannten Fälle werden **unechte Geschäftsführung** genannt (vgl. die Überschrift in § 687).

697 Die § 677 zu entnehmende Beschreibung der „Geschäftsführung ohne Auftrag" (als Besorgung des Geschäfts eines anderen ohne Auftrag oder sonstige Berechtigung) ist also noch um subjektive Merkmale zu ergänzen, die sich aus § 687 ergeben (Bewusstsein der Fremdheit und Wille, das Geschäft als fremdes zu führen). Aber hierbei kann bei einer Begriffsbestimmung der GoA nicht stehen geblieben werden. Es muss auch berücksichtigt werden, ob der Geschäftsführer ohne begründeten Anlass in einen fremden Rechtskreis eindringt

Beispiel: Grantig ärgert sich schon lange über die Auffassung seines Nachbarn Leicht, die dieser über einen schönen Hausgarten vertritt. Als Leicht in den Urlaub fährt, nutzt dies Grantig, um in dem Garten des Leicht „richtig Ordnung zu schaffen".

oder ob die Geschäftsbesorgung dem Interesse und dem wirklichen oder mutmaßlichen Willen des anderen entspricht.

Beispiel: Hilfreich entdeckt während einer längeren Abwesenheit seines Nachbarn Freundlich, dass der Sturm in dessen Haus ein Fenster zerbrochen hat. Um zu verhindern, dass es hineinregnet, dichtet er das Fenster ab.

698 Nach der gesetzlichen Systematik scheint der Gesichtspunkt der Nützlichkeit der GoA in gleicher Weise wie die Frage nach dem Willen des Geschäftsherrn nur für die Rechtsfolgen, die sich aus ihr ergeben, bedeutsam zu sein, denn § 683 lässt davon den Anspruch auf Ersatz von Aufwen-

dungen abhängig sein. Aber dies ist zu wenig, weil dann auch Fälle einer interessenwidrigen Zwangsbeglückung des Geschäftsherrn unter die Regelung der §§ 677 ff. zu fassen wären. Mit Recht macht deshalb die h. M.[1] einen entscheidenden Unterschied zwischen der **berechtigten GoA**, bei der die Geschäftsführung dem Interesse und dem wirklichen oder mutmaßlichen Willen des Geschäftsherrn entspricht, und der **unberechtigten GoA**, bei der diese Voraussetzungen nicht erfüllt werden. Nur bei einer berechtigten (i.S. v. rechtmäßigen) GoA greift der Geschäftsführer gegenüber dem Geschäftsherrn mit Rechtsgrund in dessen Geschäftskreis ein, verhält sich dabei also rechtmäßig. Dagegen handelt der Geschäftsführer bei der unberechtigten (i.S. v. unrechtmäßigen) GoA objektiv rechtswidrig, wenn er sich einer Angelegenheit aus der Rechtssphäre des Geschäftsherrn annimmt. Auftragsähnliche Rechtsbeziehungen wie bei der berechtigten GoA entstehen dann folglich nicht zwischen ihm und dem Geschäftsherrn.

b) Voraussetzungen der berechtigten Geschäftsführung ohne Auftrag

Als Voraussetzungen der berechtigten GoA sind hiernach zu nennen:
(1) Geschäftsbesorgung,
(2) Fremdheit des besorgten Geschäfts für den Geschäftsführer (wobei durch die Frage, um wessen Geschäft es sich handelt, die Person des Geschäftsherrn ermittelt wird, vgl. § 686),
(3) Fremdgeschäftsführungswille,
(4) Fehlen eines besonderen Geschäftsbesorgungsverhältnisses auf Grund eines Auftrags oder einer sonstigen Berechtigung (vgl. § 677),
(5) Berechtigung zur GoA.

699

Zu diesen Voraussetzungen ist Folgendes zu bemerken: **700**
Der Begriff der „**Geschäftsbesorgung**" ist im weitesten Sinn zu verstehen. Hierunter sind Tätigkeiten aller Art zu fassen, also Rechtsgeschäfte in gleicher Weise wie tatsächliche Handlungen.
Die Frage, ob es sich um ein „**fremdes Geschäft**" handelt, bereitet keine **701** Schwierigkeiten, wenn die Rechtsordnung oder die tatsächlichen Verhältnisse das Geschäft eindeutig einem anderen zuweisen.
Beispiele: Freundlich nimmt ein Paket für seinen abwesenden Nachbarn entgegen und zahlt die Zustellgebühr. Max vertreibt einen Einbrecher, der gerade in das Haus des Moritz einsteigen will.

---

[1] Vgl. *Larenz*, SchuldR II 1, § 57 (S. 436 f.); *Schwarz/Wandt*, § 2 Rn. 10 f.; *Fikentscher/Heinemann*, Rn. 1267; Soergel/*Beuthien*, vor § 677 Rn. 18.

In diesen Fällen steht es unzweifelhaft fest, dass das Geschäft, das der Geschäftsführer besorgt, einem fremden Rechtskreis zuzuordnen ist. Es gibt jedoch Fälle, in denen dies nicht ohne weiteres klar ist.

Beispiel: Bobby entdeckt auf einer Versteigerung eine Briefmarke, die sein Freund Rudi schon seit langem sucht. Um Rudi eine Freude zu machen, ersteigert Bobby die Marke und bringt sie ihm.

Äußerlich ist nicht erkennbar, dass in diesem Beispielsfall ein fremdes Geschäft besorgt wird. Erst die subjektive Einstellung des Geschäftsführers lässt es zu einem fremden werden; man spricht deshalb von einem subjektiv fremden (objektiv neutralen) Geschäft im Gegensatz zum objektiv fremden, bei dem die Fremdheit äußerlich ohne weiteres erkennbar ist. Die Schwierigkeiten, die sich hierbei ergeben, beziehen sich auf den Beweis des Fremdgeschäftsführungswillens, den im Streitfall (z.B. wenn er Ersatz seiner Aufwendungen fordert) der Geschäftsführer zu führen hat (vgl. dazu Rn. 704).

702 Die Fremdheit des Geschäfts wird nicht dadurch ausgeschlossen, dass der **Geschäftsführer** mit der Geschäftsbesorgung **eigene Interessen** verbindet (sog. „Auch-fremdes-Geschäft").

Beispiel: Udo, der Untermieter des Miez, löscht in dessen Räumen einen Brand, der auch sein Zimmer bedroht. In diesem Fall führt Udo sowohl ein fremdes als auch ein eigenes Geschäft. Um eine GoA handelt es sich allerdings nur, wenn Udo den Willen hatte, auch für Miez tätig zu werden (Fremdgeschäftsführungswille).

703 Dagegen ist die Frage nicht einfach zu beantworten, ob auch dann ein fremdes Geschäft angenommen werden kann, wenn der **Geschäftsführer zu der** von ihm ausgeführten **Tätigkeit verpflichtet** ist, wie dies beispielsweise für einen Polizisten oder Feuerwehrmann zutrifft, der im Rahmen seiner Dienstpflichten für einen anderen tätig wird (sog. **pflichtgebundener Geschäftsführer**). Die damit angesprochenen nicht einfachen Fragen sind dem Fortgeschrittenen vorzubehalten (vgl. dazu EK BGB Rn. 108 f.). Hier sei nur darauf hingewiesen, dass die Entscheidung im Wesentlichen davon abhängt, ob die gesetzliche Regelung, aus der sich die Pflicht zum Tätigwerden ergibt, eine abschließende Regelung darstellt, die insbesondere auch die Frage nach dem Ersatz für getätigte Aufwendungen beantwortet.

704 Der Wille, das Geschäft für einen anderen und nicht für sich selbst zu besorgen, der **Fremdgeschäftsführungswille,** ist als ein innerer Vorgang im Streitfall nur schwer festzustellen. Derjenige, der von einem anderen Ersatz seiner Aufwendungen mit der Begründung verlangt, er habe für ihn ein Geschäft besorgt, wird regelmäßig eine entsprechende Behauptung aufstellen. Um in dieser Frage zu einer Lösung zu gelangen, wird man zu unterscheiden haben:
- Bei objektiv fremden Geschäften, also bei Geschäften, bei denen die Fremdheit äußerlich ohne weiteres erkennbar ist, wird man von einem Fremdgeschäftsführungswillen auszugehen haben, wenn sich keine trif-

II. Geschäftsführung ohne Auftrag

tigen Anhaltspunkte dafür ergeben, dass diese subjektive Einstellung fehlt.
- Der *BGH*[2] nimmt an, dass dies auch bei dem sog. „Auch-fremden-Geschäft" (vgl. Rn. 702) gilt, wobei genügt, dass das Geschäft seiner äußeren Erscheinung nach nicht nur dem Besorger, sondern auch einem Dritten zugute kommt.
- Bei objektiv eigenen und neutralen Geschäften muss der Wille, ein solches Geschäft für einen anderen zu führen, äußerlich erkennbar in Erscheinung treten.[3]

Daraus folgt, dass bei einem objektiv eigenen oder neutralen Geschäft eine GoA auszuscheiden hat, wenn der Fremdgeschäftsführungswille fehlt oder nicht feststellbar ist. Fehlt bei einem objektiv fremden Geschäft der Geschäftsführungswille, dann kommt es darauf an, ob der Geschäftsführer das Bewusstsein der Fremdheit des Geschäfts hat; ist dies zu bejahen, dann gilt § 687 Abs. 2, fehlt dieses Bewusstsein, dann greift § 687 Abs. 1 ein (vgl. Rn. 696).

Die weitere Voraussetzung der GoA ist eine negative; der Geschäftsführer darf nicht vom Geschäftsherrn **beauftragt oder ihm gegenüber** sonst **zur Geschäftsführung** (aufgrund eines Vertrages oder aufgrund einer gesetzlichen Bestimmung, z. B. nach § 1626 oder § 1793) **berechtigt** sein. Fraglich ist, ob die Vorschriften über die GoA Anwendung finden, wenn der Vertrag, der den Geschäftsführer gegenüber dem Geschäftsherrn zum Tätigwerden berechtigt und verpflichtet, nichtig ist. 705

Beispiel: Ein Kaufmann gerät in wirtschaftliche Schwierigkeiten. Ein Wirtschaftsberater übernimmt es, eine Schuldensanierung durchzuführen. Der Wirtschaftsberater verhandelt mit Gläubigern des Kaufmanns und erreicht einen bedeutenden Nachlass der Schulden. Der Kaufmann und der Wirtschaftsberater wissen nicht, dass ihr Vertrag wegen Verstoßes gegen das Rechtsdienstleistungsgesetz nichtig ist.

Der *BGH*[4] hat sich bei Entscheidung dieses Falles auf den Standpunkt gestellt und diesen Standpunkt in ständiger Rechtsprechung vertreten, dass bei Nichtigkeit eines Auftrages oder eines sonst in Betracht kommenden Vertrages unbeschränkt auf die Regeln der §§ 677 ff. zurückgegriffen werden könnte. Das Gericht meint, der Umstand, dass sich der Geschäftsführer zur Leistung verpflichtet hat oder für verpflichtet hält, hindere nicht einen Rückgriff auf die Vorschriften der GoA.[5] Im Schrifttum werden Bedenken geäußert. Für die Rückabwicklung rechtsgrundloser Leistungen seien die Vorschriften über die ungerechtfertigte Bereiche-

---
[2] NJW 2000, 72 f.; 2000, 422, 423; NJW-RR 2004, 81, 82; 2005, 639, 641; krit. *Falk,* JuS 2003, 833, 835 f.; vgl. dazu auch *Thole,* NJW 2010, 1243, 1244.
[3] BGHZ 82, 323, 330 f. = NJW 1982, 875; BGHZ 114, 248, 250 = NJW 1991, 2638; *BGH* NJW 2000, 72 f.; 2009, 1879, 1881 Tz. 22; NJW-RR 2004, 81, 82.
[4] BGHZ 37, 258, 262 ff. = NJW 1962, 2010; ebenso BGHZ 101, 393, 399 = NJW 1988, 132; *BGH* NJW 1997, 47, 48; *OLG Hamm* NJW-RR 1991, 1303; *OLG Stuttgart* MDR 1993, 515 (alle zu der Vorgängerregelung, dem Rechtsberatungsgesetz).
[5] *BGH* NJW-RR 2005, 639, 641.

rung heranzuziehen. Die in ihnen vorgenommenen Einschränkungen würden umgangen werden, wenn man der Ansicht des *BGH* folgte. Diese Bedenken sind berechtigt. Die §§ 812 ff. haben bei Rückabwicklung fehlgeschlagener Leistungen aufgrund nichtiger Rechtsgeschäfte Vorrang vor den §§ 677 ff.[6]

706 Eine Geschäftsführung ist nur berechtigt, wenn sie
- dem Interesse und dem wirklichen oder mutmaßlichen Willen des Geschäftsherrn entspricht (§ 683 S. 1) oder
- ein entgegenstehender Wille nach § 679 unbeachtlich ist (§ 683 S. 2)
- oder der Geschäftsherr die unberechtigte Geschäftsführung genehmigt und dadurch zu einer berechtigten macht (§ 684 S. 2).

707 Eine Geschäftsführung entspricht dem **Interesse des Geschäftsherrn**, wenn sie ihm objektiv nützlich ist. Bei dieser nach objektiven Gesichtspunkten vorzunehmenden Bewertung muss aber die persönliche Situation des Geschäftsherrn beachtet werden. Hat der Geschäftsherr nicht die notwendigen finanziellen Mittel zur Verfügung, dann kann z. B. der Kauf einer Sache auch weit unter Preis seinem Interesse zuwiderlaufen, wie umgekehrt der Verkauf einer Sache unter Preis durchaus seinen Interessen entsprechen kann, wenn er dringend Geld benötigt und der Verkauf zu den ungünstigen Konditionen aufgrund der konkreten Sachlage geboten erscheint.

708 Nach der gesetzlichen Regelung (vgl. § 683 S. 1) scheinen Interesse und **Wille des Geschäftsherrn** gleichrangige Voraussetzungen für eine berechtigte GoA zu sein. Ob diese Annahme zutrifft, ist jedoch zweifelhaft und streitig. Folgendes muss bei dieser Frage berücksichtigt werden:
- Hat der Geschäftsherr seinen „**wirklichen Willen**" ausdrücklich oder konkludent **erklärt**, dann kommt es allein auf diesen Willen an. Eine seinem Willen widersprechende Geschäftsbesorgung ist stets unberechtigt, es sei denn, dass die Ausnahmeregelung des § 679 eingreift. Dies gilt auch dann, wenn der wirkliche Wille des Geschäftsherrn aus objektiver Sicht nicht als vernünftig anzusehen ist.[7] Die GoA darf nicht zu einem Instrument der Zwangsbeglückung gemacht werden, bei der unkluge Entscheidungen des Geschäftsherrn korrigiert werden können.

Beispiel: Leicht, der in bescheidenen Vermögensverhältnissen lebt, ist ein leidenschaftlicher Fußballfan. Als die deutsche Nationalmannschaft in München spielt, versucht er vergeblich, eine Eintrittskarte zum Spiel zu erwerben. Daraufhin erklärt er in einer Gastwirtschaft, wenn er eine Karte bekommen würde, zahlte er auch 300,- € dafür. Als Freundlich eine Eintrittskarte, die regulär 25,- € kostet, für 250,- € angeboten wird, erinnert er sich an die Bemerkung des Leicht, die er zufällig gehört hatte, und kauft für diesen die Karte. In diesem Fall entspricht der Kartenkauf nicht dem Interesse, wohl aber dem Willen des Leicht. Es handelt sich folglich um eine berechtigte GoA.

---

[6] *S. Lorenz,* NJW 1996, 883; *Einsele,* JuS 1998, 401, 403; *Pfeifer,* JA 2008, 17; MünchKomm/*Seiler,* § 677 Rn. 48, m. w. N.
[7] So auch *Martinek/Theobald,* JuS 1997, 612, 614; *Schwarz/Wandt,* § 5 Rn. 17; a. A. *Larenz,* SchuldR II 1, § 57 I a (S. 444).

- Der wirkliche Wille muss erkennbar geworden sein, sonst entscheidet der **mutmaßliche Wille**. Allerdings ist nicht wesentlich, ob der Geschäftsführer den wirklichen Willen des Geschäftsherrn erkannte oder auch nur erkennen konnte. Die Rechtmäßigkeit einer GoA ist auch dann zu verneinen, wenn der Geschäftsführer überhaupt nicht die Möglichkeit hatte, von dem (irgendwie erklärten) entgegengesetzten Willen des Geschäftsherrn Kenntnis zu erlangen.

Ist der wirkliche Wille des Geschäftsherrn nicht erkennbar, d. h. für niemand festzustellen, dann ist der mutmaßliche Wille maßgeblich. Es muss dann eine Hypothese darüber aufgestellt werden, welchen Willen der Geschäftsherr haben würde, wenn ihm die Übernahme der Geschäftsführung bekannt wäre. Der Begriff des mutmaßlichen Willens ist im objektiven Sinn zu verstehen, und es ist danach zu fragen, ob ein vernünftiger Geschäftsherr bei Berücksichtigung aller Umstände und seiner besonderen Lage die Geschäftsführung gewollt hätte. Objektives Interesse und mutmaßlicher Wille werden in der Regel übereinstimmen.

Ist der Geschäftsherr **geschäftsunfähig** oder **beschränkt geschäftsfähig**, dann entscheidet nicht sein Wille, sondern der seines gesetzlichen Vertreters. Streitig ist die Frage, welche Rechtsfolgen es hat, wenn der Geschäftsführer nicht geschäftsfähig ist. Manche sehen in der GoA eine geschäftsähnliche Handlung, auf die die Vorschriften über Rechtsgeschäfte analog anzuwenden sind (vgl. Rn. 192). Nach dieser Auffassung wird ein beschränkt Geschäftsfähiger aus der Geschäftsführung nach den Regeln der §§ 677ff. nur dann berechtigt und verpflichtet, wenn sein gesetzlicher Vertreter in die Übernahme der Geschäftsführung einwilligt oder sie genehmigt. Die h. M. will dagegen auch dem nicht geschäftsfähigen Geschäftsführer die Rechte aus der GoA geben, wenn ihre Voraussetzungen erfüllt sind. Sie weist darauf hin, dass die GoA nur in einem tatsächlichen Tun bestehen könne (vgl. Rn. 700), bei dem jede Bezugnahme auf Rechtliches fehle. Die Vorschrift des § 682 schütze die Interessen des nicht geschäftsfähigen Geschäftsführers ausreichend.[8]

c) Rechtsfolgen einer berechtigten Geschäftsführung ohne Auftrag

Durch eine berechtigte GoA entsteht zwischen Geschäftsherrn und Geschäftsführer ein gesetzliches Schuldverhältnis, das inhaltlich weitgehend dem Auftrag entspricht. Dieses Rechtsverhältnis schafft einen Rechtfertigungsgrund für Eingriffe, die der Geschäftsführer im Rahmen seiner Geschäftsbesorgung in Rechtsgüter des Geschäftsherrn vornimmt, so dass Ansprüche gegen den Geschäftsführer aus dem Deliktsrecht insoweit ausgeschlossen sind. Gleichzeitig ergibt sich aus der berechtigten GoA ein Rechtsgrund i. S. d. Bereicherungsrechts (dazu Rn. 725, 728) für Vermö-

---

[8] Zu diesem Meinungsstreit vgl. *Larenz*, SchuldR II 1, § 57 Ia (S. 446); Münch-Komm/*Seiler*, § 682 Rn. 2 ff.

gensverschiebungen, die zwischen Geschäftsherrn und Geschäftsführer bei der GoA vollzogen werden, so dass Ansprüche aus dem Bereicherungsrecht insoweit ausscheiden. Der Geschäftsführer hat auch ein Recht zum Besitz, soweit dies zum Zweck der berechtigten Geschäftsführung erforderlich ist.

Hieraus folgt für den Aufbau eines Rechtsgutachtens, dass vor einer Erörterung des Delikts- oder Bereicherungsrechts die Frage nach einer berechtigten GoA zu behandeln ist (soweit der Fall dazu Anlass gibt), weil bei einer positiven Antwort auf diese Frage deliktische und bereicherungsrechtliche Ansprüche gegen den Geschäftsführer entfallen.

712 Das gesetzliche Schuldverhältnis der berechtigten GoA erzeugt für Geschäftsführer und Geschäftsherrn **Rechte und Pflichten.** Nach § 677 hat der Geschäftsführer das Geschäft so zu führen, „wie das Interesse des Geschäftsherrn mit Rücksicht auf dessen wirklichen oder mutmaßlichen Willen es erfordert"; verletzt er diese Pflicht schuldhaft, dann hat er den dadurch verursachten Schaden zu ersetzen (§ 280 Abs. 1; vgl. dazu Rn. 478 ff.). **Interesse und Wille des Geschäftsherrn sind also in zweifacher Hinsicht bedeutsam:**

- Sie bestimmen bei der Übernahme der Geschäftsführung, ob es sich um eine berechtigte GoA handelt.
- Sie stecken für den Geschäftsführer den Rahmen ab, innerhalb dessen er das Geschäft zu besorgen hat.

713 In § 681 werden zum Teil durch Verweisung auf das Auftragsrecht Nebenpflichten des Geschäftsführers genannt. Von besonderer Wichtigkeit ist die Pflicht, das aus der Geschäftsbesorgung Erlangte dem Geschäftsherrn herauszugeben (§ 681 S. 2 i. V. m. § 667). Diese Herausgabepflicht erstreckt sich auch auf einen Gewinn, der bei der Geschäftsführung erzielt wird.

714 Eine wichtige Einschränkung ergibt sich aus § 682 für den **geschäftsunfähigen oder beschränkt geschäftsfähigen Geschäftsführer.** Dieser ist nur nach den Vorschriften über die ungerechtfertigte Bereicherung herausgabepflichtig. Da es sich bei § 682 nach h. M. um eine Rechtsgrundverweisung (vgl. Rn. 244) handelt, müssen die Voraussetzungen eines bereicherungsrechtlichen Anspruchs erfüllt sein, damit eine Herausgabepflicht eintritt.

715 Bei der berechtigten GoA besteht die wichtigste Pflicht des Geschäftsherrn darin, die **Aufwendungen des Geschäftsführers** zu ersetzen, und zwar im gleichen Umfang wie sie ein Beauftragter zu beanspruchen hat (§ 683 S. 1 i. V. m. § 670; vgl. dazu Rn. 691). In gleicher Weise wie ein Beauftragter kann der Geschäftsführer bei der GoA Ersatz solcher **Zufallsschäden** fordern, die auf einer für das besorgte Geschäft eigentümlichen erhöhten Gefahr und nicht auf dem allgemeinen Lebensrisiko beruhen (vgl. dazu Rn. 692 f.). Verliert der Geschäftsführer bei der Geschäftsbesorgung sein Leben, dann wendet die h. M. § 844 Abs. 2 entsprechend an; nach dieser Vorschrift hat der Ersatzpflichtige im Falle der Tötung eines

Menschen denjenigen Schadensersatz zu leisten, die einen Unterhaltsanspruch gegen den Getöteten hatten.

Die entsprechende Anwendung des § 844 Abs. 2 wird damit begründet, dass dies eine notwendige und folgerichtige Weiterentwicklung der Grundsätze darstelle, die für den Ersatzanspruch des Geschäftsführers aufgestellt worden seien. Denn anderenfalls trete das sinnwidrige Ergebnis ein, dass der Geschäftsführer zwar in leichteren Fällen, in denen er nur seine Gesundheit aufopfere, Ersatz verlangen könne, dass aber seine Angehörigen leer ausgingen, wenn er dabei sein Leben ließe.

Nach h. M.[9] kann der Geschäftsführer eine **Vergütung** für die von ihm aufgewendete Arbeitskraft verlangen, wenn die ausgeführte Tätigkeit zu seinem Gewerbe oder Beruf gehört. Der Unterschied zum Auftrag wird damit begründet, dass bei der GoA eine Vereinbarung über die Unentgeltlichkeit der ausgeübten Tätigkeit fehlt. 716

Beispiel: Der Arzt Hilfreich wird zufällig Zeuge eines Verkehrsunfalls. Er hilft bei der Bergung der Verletzten und leistet ihnen Erste Hilfe. In diesem Fall kann Hilfreich ein Entgelt für seine ärztliche Tätigkeit nach der ärztlichen Gebührenordnung fordern. Überwiegend wird dieses Ergebnis auf den Rechtsgedanken des § 1835 Abs. 3 gestützt. In dieser Vorschrift wird ausdrücklich festgestellt, dass die Aufwendungen des Vormundes oder des Gegenvormundes auch Dienste umfassen, die zu seinem Gewerbe oder zu seinem Beruf gehören. Der Anspruch auf Aufwendungsersatz des Geschäftsführers ohne Auftrag geht also weiter als der des Beauftragten, der keine Vergütung für geleistete Arbeit fordern kann, weil dies die Unentgeltlichkeit des Auftrages ausschließt.

Manche wollen dem Geschäftsführer stets (also nicht nur, wenn die verrichtete Tätigkeit zum Gewerbe oder Beruf des Geschäftsführers zu rechnen ist) eine angemessene Vergütung zubilligen und stützen diese Auffassung z. T. auf die Entstehungsgeschichte des § 683,[10] z. T. auf die Erwägung, die Arbeitskraft des Einzelnen sei als wichtigste Erwerbsgrundlage ein Vermögensbestandteil und ihr Ersatz sei als „freiwilliges" Vermögensopfer, also als Aufwendung, anzusehen.[11] Schließlich wird vorgeschlagen, eine Lösung auf der Grundlage des hypothetischen Parteiwillens (vgl. dazu Rn. 274) zu suchen; es soll danach gefragt werden, ob die Parteien durch Vertrag ein Entgelt vereinbart hätten, wenn ein Vertragsschluss möglich gewesen wäre.[12]

Nach § 685 Abs. 1 steht dem Geschäftsführer **kein Anspruch auf Aufwendungsersatz** zu, wenn er im Zeitpunkt der Übernahme der Geschäftsführung nicht die Absicht hatte, von dem Geschäftsherrn Ersatz zu verlangen. Bei dieser Regelung handelt es sich um eine Ausnahmebestimmung, bei der es darauf ankommt, dass ein Verzichtswille des **Geschäftsführers** in irgendeiner Weise nach außen erkennbar geworden ist. Hatte 717

---
[9] *BGH* NJW 1971, 609, 612 (insoweit in BGHZ 55, 128 ff., nicht abgedruckt); BGHZ 65, 384, 390 = NJW 1976, 748 = JuS 1976, 602; *BGH* NJW-RR 2005, 639, 641; *Larenz*, SchuldR II, § 57 I b (S. 355); Palandt/*Sprau*, § 683 Rn. 8.
[10] MünchKomm/*Seiler*, § 683 Rn. 25.
[11] *Esser/Weyers*, SchuldR II 2, § 46 II 4 c (S. 22).
[12] *Köhler*, JZ 1985, 359, 361 ff.

der Geschäftsführer im Zeitpunkt der Übernahme der Geschäftsführung überhaupt keine Vorstellung über die Geltendmachung späterer Ersatzansprüche, dann findet § 685 Abs. 1 keine Anwendung.

d) Unberechtigte Geschäftsführung ohne Auftrag

718 Die **unberechtigte GoA** unterscheidet sich von der berechtigten allein darin, dass die Geschäftsbesorgung nicht dem Interesse und dem wirklichen oder mutmaßlichen Willen des Geschäftsherrn entspricht, während alle anderen Voraussetzungen der berechtigten GoA erfüllt werden (Rn. 699). Der in diesem Fall fehlende Berechtigungsgrund für die Geschäftsbesorgung kann jedoch durch die Regelung des § 679, die einen entgegenstehenden Willen des Geschäftsherrn für unbeachtlich erklärt, und durch eine Genehmigung der Geschäftsführung durch den Geschäftsherrn (§ 684 S. 2) ersetzt werden.

719 Der streitigen Frage, ob auch durch eine unberechtigte GoA zwischen dem Geschäftsherrn und dem Geschäftsführer ein gesetzliches Schuldverhältnis entsteht,[13] kommt nur praktische Bedeutung zu, wenn man davon die **Anwendung der §§ 677 und 681 auf den unberechtigten Geschäftsführer** abhängig machen will.[14] Überwiegend wird die Anwendung dieser Vorschriften mit der Erwägung gerechtfertigt, der unberechtigte Geschäftsführer dürfe nicht besser stehen als der berechtigte.[15] Für die Anwendung spricht zudem, dass selbst bei der Geschäftsanmaßung für den Geschäftsführer die §§ 677 und 681 gelten (§ 687 Abs. 2 S. 1).

720 Ist die Geschäftsführung unberechtigt, dann muss sie unterbleiben. Greift der Geschäftsführer dennoch in den fremden Rechtskreis ein, dann handelt er rechtswidrig und hat einen dadurch verursachten **Schaden nach § 678 zu ersetzen**, wenn er wusste oder fahrlässig nicht erkannte, dass er sich durch sein Verhalten in Widerspruch zum (wirklichen oder mutmaßlichen) Willen des Geschäftsherrn setzte. Der Geschäftsherr ist so zu stellen, wie er ohne die Übernahme des Geschäfts durch den Geschäftsführer stünde. Auf ein Verschulden des Geschäftsführers bei der Ausführung kommt es nicht an. Die Haftung beruht vielmehr auf einem Übernahmeverschulden und umfasst auch Zufallsschäden bei der Ausführung.[16] Daneben kann sich der (unberechtigte) Geschäftsführer nach §§ 823 ff. schadensersatzpflichtig machen. Da durch eine unberechtigte GoA ein Rechtsgrund für Vermögensverschiebungen zwischen Geschäftsherrn und Geschäftsführer nicht geschaffen

---

[13] Abl. Jauernig/*Mansel*, vor § 677 Rn. 5.
[14] So *Brox/Walker*, BS, § 35 Rn. 51.
[15] Bamberger/Roth/*Gehrlein*, § 677 Rn. 7; Hk-BGB/*Schulze*, vor § 677 Rn. 6; Palandt/*Sprau*, vor § 677 Rn. 5; jurisPK-BGB/*Lange*, § 677 Rn. 5, § 681 Rn. 3; für Anwendung des § 681 auch BayObLG NJW-RR 2000, a.A. *Larenz*, SchuldR II, § 57 II a (S. 451); Fikentscher/*Heinemann*, Rn. 1281.
[16] Hk-BGB/*Schulze*, § 678 Rn. 4.

II. Geschäftsführung ohne Auftrag

wird, sind beide verpflichtet, einander das nach den Vorschriften über die Herausgabe einer ungerechtfertigten Bereicherung herauszugeben, was sie aus der Geschäftsführung erlangt haben. Der Anspruch des Geschäftsführers gegen den Geschäftsherrn ergibt sich aus § 684 S. 1, der eine Rechtsfolgenverweisung (vgl. Rn. 246) enthält. Der umgekehrte Anspruch des Geschäftsherrn gegen den Geschäftsführer richtet sich unmittelbar nach §§ 812 ff.

Bezweckt die Geschäftsführung die **Abwendung** einer dem Geschäftsherrn – seiner Person oder seinem Vermögen, nach h. M. auch seinen nächsten Angehörigen – **drohenden dringenden Gefahr**, dann wird zugunsten des Geschäftsführers der Haftungsmaßstab auf Vorsatz und grobe Fahrlässigkeit beschränkt (§ 680). Dadurch soll der Nothelfer privilegiert und zur Hilfeleistung in Notsituationen ermutigt werden. Dieser Gesetzeszweck trifft auch zu, wenn die Gefahr vom Geschäftsführer nur irrtümlich angenommen worden ist, in Wirklichkeit also überhaupt nicht bestand. Die Privilegierung des Nothelfers führt dazu, dass bei irrtümlich angenommener Notlage der Geschäftsführer für die zur vermeintlichen Gefahrenabwehr unternommene (unberechtigte) Geschäftsführung sowohl nach § 678 als auch nach §§ 823 ff. nur haftet, wenn ihn der Vorwurf grober Fahrlässigkeit trifft (str.).[17]

721

Beispiel: Hilfreich hört in der Nachbarwohnung jämmerliche Schreie. Als ihm trotz Klingelns und Klopfens nicht geöffnet wird, tritt er die Wohnungstür ein und findet seinen Nachbarn vor dem Fernseher, der zu laut eingestellt ist, und aus dem die Schreie kamen. Eine Haftung des Hilfreich für den von ihm angerichteten Schaden ist zu verneinen, weil er nicht grob fahrlässig handelte.

Streitig ist die Frage, ob die Haftungsprivilegierung des § 680 auch zu Gunsten **professioneller Nothelfer** wie Notärzten, Rettungssanitätern und Feuerwehrleuten anzuwenden ist. Mit der Begründung, solche Personen stellten sich bewusst und gewollt für Hilfeleistungen in Notfällen zur Verfügung und würden dafür bezahlt, wird diese Frage verneint.[18] Überzeugender erscheint dagegen die Auffassung, zwar die Vorschrift des § 680 auch auf professionelle Nothelfer anzuwenden, jedoch bei dem dann anzulegenden Fahrlässigkeitsmaßstab die höheren Fähigkeiten und besseren Kenntnisse des beruflichen Nothelfers zu berücksichtigen.[19] Allerdings kommt die Anwendung des § 680 nicht in Betracht, wenn der Nothelfer in der Erfüllung einer Pflicht tätig wird, die sich aus einer Regelung ableitet, die eine Anwendung der Vorschriften der GoA ausschließt (vgl. dazu EK BGB Rn. 108 f.).

---

[17] H.M.: Palandt/*Sprau*, § 680 Rn. 1; Erman/*Ehmann* § 680 Rn. 5; Jauernig/*Mansel*, § 680 Rn. 2; Bamberger/Roth/*Gehrlein*, § 680 Rn. 1; a. A. MünchKomm/*Seiler*, § 680 Rn. 5.
[18] OLG *München* NJW 2006, 1883, 1885; gleicher Auffassung Palandt/*Sprau*, § 680 Rn. 1; Jauernig/*Mansel*, § 680 Rn. 1; jurisPK-BGB/*Lange*, 680 Rn. 7.
[19] So MünchKomm/*Seiler*, § 680 Rn. 6; Bamberger/Roth/*Gehrlein*, § 680 Rn. 2; PWW/*Fehrenbacher*, § 680 Rn. 3.

e) Unechte Geschäftsführung

722 Der Unterschied zwischen den beiden in § 687 geregelten Fällen besteht darin, dass einmal der Geschäftsführer irrtümlich meint, er besorge ein eigenes Geschäft (Abs. 1), während bei der in Abs. 2 geregelten Geschäftsanmaßung der Geschäftsführer das Geschäft in Kenntnis der Fremdheit als eigenes behandelt. Da in beiden Fällen der Fremdgeschäftsführungswille fehlt, handelt es sich nicht um eine (echte) GoA. Die **Rechtsbeziehungen zwischen Geschäftsherrn und Geschäftsführer** richten sich bei der irrtümlichen Geschäftsführung nach den allgemeinen Vorschriften. Dagegen wird durch die Vorschrift des § 687 Abs. 2, die eine Rechtsfolgenverweisung (Rn. 244) darstellt, als Reaktion auf einen vorsätzlich vorgenommenen Eingriff in eine fremde Rechtsposition die Rechtsstellung des Geschäftsherrn gegenüber den allgemeinen Regeln verbessert.

723 Die **Ansprüche des Geschäftsherrn bei der Geschäftsanmaßung** sind auf Grund der Verweisung in § 687 Abs. 2 auf Schadensersatz gem. § 678 (vgl. dazu Rn. 720) und gem. § 681 i.V.m. § 667 auf Herausgabe dessen gerichtet, was aus der Geschäftsführung erlangt wurde, einschließlich eines erzielten Gewinns. Es kommt dabei nicht darauf an, ob der Geschäftsherr einen entsprechenden Erwerb selbst getätigt hätte, wie dies z.B. bei Schmiergeldern zu verneinen wäre. Der Anspruch reicht somit weiter als entsprechende Ansprüche aus dem Delikts- oder Bereicherungsrecht.[20] Hinzu kommen Ansprüche des Geschäftsherrn auf Auskunft und Rechenschaftslegung (§ 681 i.V.m. § 666).

Macht der Geschäftsherr die Ansprüche aus § 687 Abs. 2 S. 1 geltend, dann verweist § 687 Abs. 2 S. 2 auf § 684 S. 1. Nimmt man diese Verweisung wörtlich, dann ergibt sich ein widersinniges Ergebnis. Der Geschäftsführer ist bei angemaßter Eigengeschäftsführung einerseits dem Geschäftsherrn nach § 687 Abs. 2 S. 1 i.V.m. §§ 681 S. 2, 667 zur Herausgabe des durch die Geschäftsführung Erlangten verpflichtet (vgl. Rn. 713), andererseits scheint § 687 Abs. 2 S. 2 durch seine Verweisung auf § 684 S. 1 dem Geschäftsherrn aufzugeben, alles, was er durch die Geschäftsführung erlangt, nach den Vorschriften über die Herausgabe einer ungerechtfertigten Bereicherung an den Geschäftsführer abzuführen. Will man diesen Widerspruch auflösen, dann muss man die in § 687 Abs. 2 S. 2 ausgesprochene Verweisung auf die Aufwendungen des Geschäftsführers beziehen. Dies bedeutet, dass der Geschäftsherr Aufwendungsersatz nach Bereicherungsgrundsätzen zu leisten hat. Folglich braucht er Aufwendungen des Geschäftsführers, die erfolglos waren oder den Gewinn übersteigen, die der Geschäftsherr aus der Geschäftsführung gezogen hat, nicht zu erstatten.[21]

---

[20] MünchKomm/*Seiler*, § 687 Rn. 25.
[21] MünchKomm/*Seiler*, § 687 Rn. 15.

Überblick über die Rechtsfolgen bei einem Tätigwerden in fremden Angelegenheiten

724

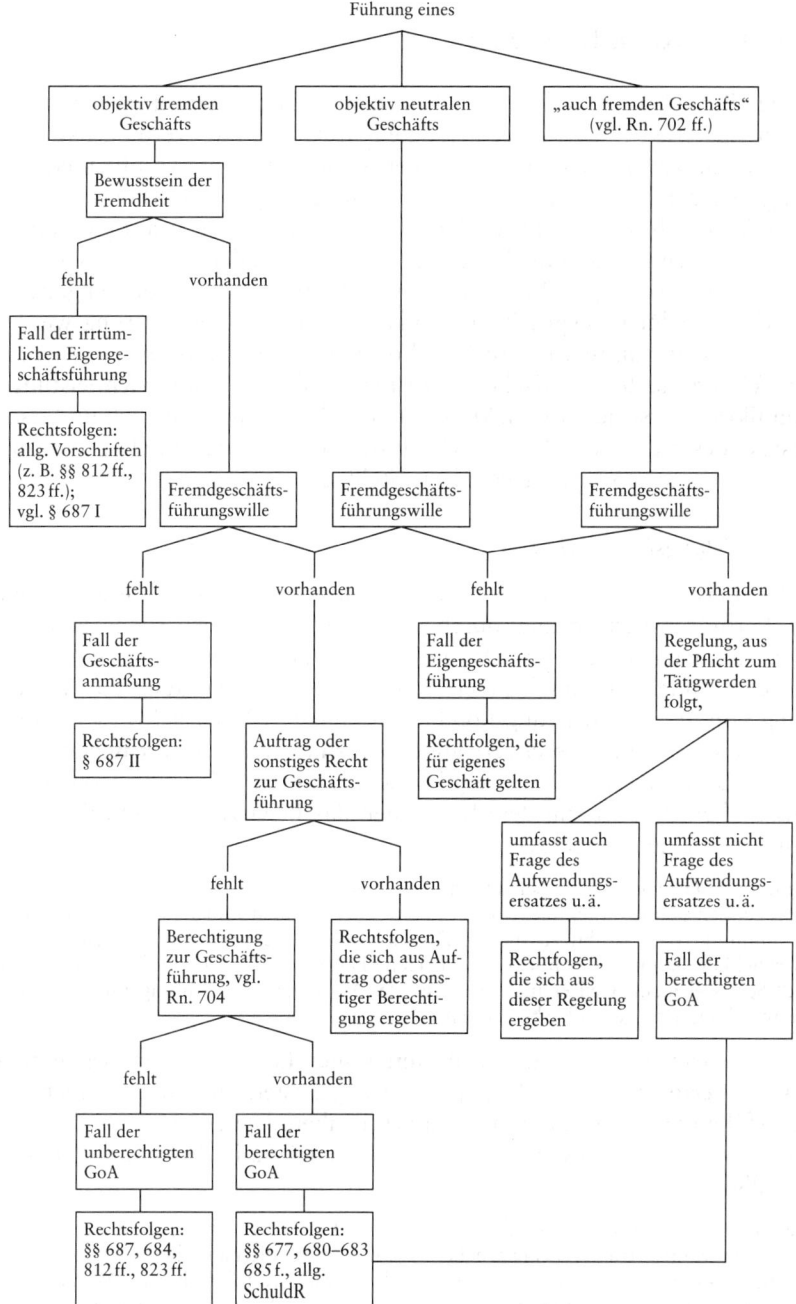

§ 8. Einzelne gesetzliche Schuldverhältnisse

III. Ungerechtfertigte Bereicherung

a) Die einzelnen Tatbestände

725 Das Bereicherungsrecht, geregelt in den §§ 812 ff., erfüllt die Funktion, einen materiell nicht gerechtfertigten Zuwachs an Vermögenswerten rückgängig zu machen. Der Schuldner ist im Grundsatz verpflichtet, dasjenige wieder herauszugeben, was er ohne Rechtsgrund erlangt hat. Für diese Verpflichtung kommt es darauf an, ob die ungerechtfertigte Vermögensvermehrung durch die Leistung eines anderen, dann Leistungskondiktion, oder in sonstiger Weise, dann Nichtleistungskondiktion, eingetreten ist. Die einzelnen Ansprüche aus ungerechtfertigter Bereicherung werden entsprechend römisch-rechtlichen Vorbildern „Kondiktionen" genannt. Die **Unterscheidung zwischen Leistungskondiktion und Nichtleistungskondiktion** entspricht der h. M. und findet ihre Grundlage auch im Gesetzestext des § 812 Abs. 1 S. 1, in dem die Bereicherung durch „Leistung" der „in sonstiger Weise" gegenübergestellt ist.

1. Leistungskondiktion

726 Die Leistungskondiktion setzt voraus, dass die durch sie auszugleichende Vermögensvermehrung durch Leistung des Bereicherungsgläubigers vorgenommen worden ist. Damit wird der Begriff der Leistung zu dem entscheidenden Merkmal dieser Kondiktion, von dem auch die Abgrenzung von der Nichtleistungskondiktion abhängt. Nach h. M. ist **Leistung jede bewusste und zweckgerichtete Mehrung fremden Vermögens.** Aus dieser Begriffsbeschreibung ergibt sich, dass eine Leistungskondiktion auszuscheiden ist, wenn dem Leistenden das Bewusstsein fehlt, das Empfängervermögen zu mehren.

Beispiel: Hausmeister Schussel streicht einen Holzzaun, der den Hof des von ihm zu betreuenden Hauses umschließt. Dabei verwendet er einen Eimer mit Farbe, von dem er annimmt, dass er ihn zu diesem Zweck vom Hauseigentümer erhalten habe; in Wirklichkeit handelt es sich jedoch um eigene Farbe des Schussel. In diesem Fall „leistet" Schussel nicht, weil er nicht bewusst das Vermögen des Hauseigentümers durch Verwendung der eigenen Farbe vermehrt.

Außerdem muss der **Leistende mit seiner Leistung einen bestimmten Zweck verfolgen.** Es wird beispielsweise geleistet, um eine Verpflichtung zu erfüllen oder den Empfänger zu beschenken. Dieses Merkmal des Leistungszwecks ist insbesondere in Fällen bedeutsam, in denen drei Personen beteiligt sind.

Beispiel: Schuld weist seine Bank an, Glaub 2.000,- € auszuzahlen, die dieser von ihm aus einem Kaufvertrag zu beanspruchen hat. Entspricht die Bank dieser Weisung, dann vermehrt sie zwar bewusst das Vermögen des Glaub, verfolgt aber im Verhältnis zu diesem keinen Leistungszweck. Deshalb ist in dem Zahlungsvorgang Bank – Glaub keine Leistung i. S. d. Bereicherungsrechts zu sehen. Vielmehr leistet die Bank an Schuld, da sie mit der Auszahlung des Geldes an Glaub eine vertragliche Verpflichtung gegenüber ihrem Kunden Schuld erfüllt und dies auch bewusst und zweckgerichtet tut, wie andererseits auch im Verhältnis zwischen Glaub und Schuld geleistet wird, weil Schuld seine Verpflichtung aus dem Kaufvertrag erfüllen will. Dass er dies mit Hilfe seiner Bank tut, lässt kein Leistungsverhältnis zwischen Bank und Glaub entstehen; hier handelt es sich lediglich um einen technischen Zahlungsvorgang, der im Verhältnis zu Glaub dem Schuld zuzurechnen ist. Für das Bereicherungsrecht wird diese Unterscheidung bedeutsam, wenn ein Vertragsverhältnis oder beide nichtig sind und sich deshalb die Frage nach der Rückabwicklung stellt.

Wenn beim Leistungsbegriff auf die **Mehrung fremden Vermögens** Bezug genommen wird, dann liegt darin eine selbstverständliche Voraussetzung. Der Anspruch wegen „ungerechtfertigter Bereicherung" wird geltend gemacht – und insoweit besteht kein Unterschied zwischen Leistungskondiktion und Nichtleistungskondiktion –, weil der Bereicherungsschuldner einen Vermögensvorteil erlangt hat, um dessen Ausgleich es geht. Ein Vermögensvorteil ist stets anzunehmen, wenn die Vermögenslage des Schuldners sich verbessert hat. Dies kann auf unterschiedliche Weise geschehen. Dem Vermögen des Schuldners können Aktivposten zugeführt werden, indem er Rechte erwirbt, z. B. Eigentum oder Forderungen; die Vermögenslage des Schuldners kann aber auch dadurch verbessert werden, dass Passivposten wegfallen, z. B. eine Schuld wird erlassen, eine gegen den Schuldner gerichtete Forderung wird vom Bereicherungsgläubiger erfüllt. Schließlich kann der Schuldner auch dadurch bereichert werden, dass ihm eigene Ausgaben erspart bleiben, z. B. dem Schuldner werden Gegenstände zugewendet, die er sonst mit eigenem Geld erwerben müsste. 727

Weiteres Merkmal der Leistungskondiktion (wie im Übrigen auch der Nichtleistungskondiktion) ist das **Fehlen eines rechtlichen Grundes für das Behaltendürfen des Empfangenen**. In diesem Tatbestandsmerkmal gibt es Unterschiede zwischen den **verschiedenen Fällen der Leistungskondiktion**. Im Einzelnen handelt es sich dabei um folgende Fälle: 728
- **Condictio indebiti** (§ 812 Abs. 1 S. 1 Alt. 1).
Diese wichtigste Leistungskondiktion betrifft den Fall, dass der Rechtsgrund für die Leistung von Anfang an gefehlt hat. Der Bereicherungsgläubiger hat geleistet, obwohl keine Verbindlichkeit bestand.

Beispiel: Volz übereignet in Erfüllung eines mit Kunz geschlossenen Kaufvertrages seinen Pkw. Der Kaufvertrag ist jedoch, was Volz nicht weiß, nicht zustande gekommen, weil sich die Parteien über einen wesentlichen Punkt nicht geeinigt haben (vgl. Rn. 131). Volz leistet also, obwohl er nichts schuldet. Er kann mit der condictio indebiti Rückübereignung des Pkw von Kunz fordern.

§ 813 erweitert den Tatbestand der condictio indebiti auch auf Fälle, in denen die Schuld zwar besteht, aber mit einer dauernden **Einrede** (vgl. Rn. 213f.) behaftet ist. Eine Ausnahme gilt nach § 214 Abs. 2 für die Einrede der Verjährung, auf die § 813 Abs. 1 S. 2 verweist.

- **Condictio ob causam finitam** (§ 812 Abs. 1 S. 2 Alt. 1).
Diese Leistungskondiktion unterscheidet sich von der condictio indebiti dadurch, dass der Rechtsgrund für die Leistung zwar im Augenblick, in dem geleistet wird, besteht, dass er aber später weggefallen ist.

Beispiel: Eich hat seinen Pkw bei der Versicherung Securitas gegen Diebstahl versichert. Als das Auto gestohlen wird, zahlt die Versicherung. Kurze Zeit danach wird das Fahrzeug von der Polizei gefunden. Den Rückzahlungsanspruch kann die Securitas auf § 812 Abs. 1 S. 2 Alt. 1 stützen, wenn sie nicht vertraglich eine Rückzahlung für einen solchen Fall mit Eich vereinbart hat.

Die h.M. wendet diese Leistungskondiktion auch in Fällen einer Anfechtung z.B. wegen Irrtums oder arglistiger Täuschung an. Da durch die Anfechtung das Rechtsgeschäft rückwirkend vernichtet wird (§ 142 Abs. 1), könnte man erwägen, in diesen Fällen die condictio indebiti als die richtige Kondiktionsart anzusehen; dagegen spricht jedoch, dass im Zeitpunkt der Leistung der Rechtsgrund bestand.

- **Condictio ob rem** – auch **condictio causa data causa non secuta** genannt – (§ 812 Abs. 1 S. 2 Alt. 2).
Hier bildet den Kondiktionsgrund der Umstand, dass der „mit einer Leistung nach dem Inhalt des Rechtsgeschäfts bezweckte Erfolg nicht eintritt". Allerdings genügt nicht, wie vielleicht dieser Gesetzestext nahe legen könnte, die einseitige Erwartung des Leistenden, die dieser mit seiner Leistung verbindet. Vielmehr ist erforderlich, dass der Empfänger die Erwartung des Leistenden kennt und zumindest durch die Annahme der Leistung stillschweigend zu verstehen gibt, dass er die Zweckbestimmung billigt.[22]

Beispiel: Arnold will unbedingt eine bestimmte Sportveranstaltung besuchen. Dazu ist es aber erforderlich, dass sein Arbeitskollege Bertold bereit ist, mit ihm die Schicht zu tauschen. Arnold versucht Bertold dadurch in gute Stimmung zu bringen, dass er ihm eine Flasche Wein schenkt. Er sagt aber zunächst nichts von seiner Absicht, den Bertold zu einem Tausch der Arbeitszeiten zu bewegen. Als dann Arnold später seine Bitte äußert, lehnt Bertold ab. In diesem Fall kann Arnold nicht mittels einer Leistungskondiktion wegen Zweckverfehlung Herausgabe der Flasche Wein fordern.

Um die recht schwierige condictio ob rem richtig zu verstehen, müssen die **Zwecke** betrachtet werden, **die** typischerweise **mit einer Leistung verfolgt werden**; sie lassen sich in vier Kategorien einordnen:
  ➢ Der Leistende bezweckt mit der Vermögensverschiebung die Erfüllung einer bestehenden oder vermeintlich bestehenden gesetzlich oder rechtsgeschäftlich begründeten Verpflichtung. Die Leistung erfolgt **solvendi causa** (= um zu erfüllen). Beispielsweise übergibt und übereignet der Verkäufer den Kaufgegenstand dem Käufer, um seine vertragliche Verpflichtung aus dem Kaufvertrag zu erfüllen.
  ➢ Die Leistung wird **donandi causa** (= um zu schenken) erbracht. Bei der Handschenkung (vgl. § 516 Abs. 1) wird nicht zunächst eine

---
[22] *BGH* FamRZ 2009, 849, 850 Tz. 15.

III. Ungerechtfertigte Bereicherung

formbedürftige Verpflichtung (vgl. § 518 Abs. 1) zur Schenkung begründet, sondern zugleich mit der dinglichen Zuwendung die schuldrechtliche Vereinbarung des Rechtsgrundes verbunden. Beispielsweise schenkt der Gast der Gastgeberin einen Blumenstrauß. Mit der Übereignung der Blumen als dem dinglichen Vollzugsgeschäft wird gleichzeitig stillschweigend das schuldrechtliche Verpflichtungsgeschäft geschlossen.

➢ Es wird **obligandi causa** (= um zu verpflichten, d.h. um ein Schuldverhältnis zu begründen) geleistet. Allerdings muss die Begründung eines Schuldverhältnisses nicht das Motiv des Leistenden bilden. So kommt bei der (berechtigten) Geschäftsführung ohne Auftrag durch die Geschäftsführung als solche, die die Leistung des Geschäftsführers darstellt, das gesetzliche Schuldverhältnis der GoA zustande und wird dadurch der Rechtsgrund für die Leistung geschaffen (vgl. Rn. 711).

➢ Die Leistung wird erbracht, um den Empfänger zu einem bestimmten Verhalten zu bewegen, auf das der Leistende keinen Anspruch hat. Die Leistung erfolgt **ob rem**. Die condictio ob rem bezieht sich ausschließlich auf die Fälle dieser Kategorie. Denn bei der solvendi causa erbrachten Leistung besteht der bezweckte Erfolg in der Erfüllung. Tritt dieser Erfolg nicht ein, weil z.B. ein Anspruch, der erfüllt werden kann, überhaupt nicht besteht, dann kann das Geleistete aufgrund der condictio indebiti zurückgefordert werden. Das Gleiche gilt, wenn zum Zweck des Schenkens oder zum Zweck der Begründung einer Verpflichtung geleistet werden soll und dieser Zweck nicht erreicht wird. Es geht also bei der condictio ob rem um Fälle, in denen die Leistung dazu dienen soll, den Empfänger zu einem nicht geschuldeten Tun oder Unterlassen zu bestimmen; z.B. wird eine „Anzahlung" in der dem Empfänger bekannten Absicht geleistet, diesen zum Abschluss eines bestimmten Vertrages zu veranlassen. Kommt der Vertrag später nicht zustande, kann die Anzahlung mit der condictio ob rem zurückgefordert werden.

- **Condictio ob turpem vel iniustam causam** (§ 817 S. 1).

Diese Kondiktion betrifft den Fall, dass der Empfänger mit der Leistungsannahme gegen ein gesetzliches Verbot oder die guten Sitten verstößt. Ihre praktische Bedeutung ist allerdings gering, weil im Fall eines Gesetzes- oder Sittenverstoßes meist das Verpflichtungsgeschäft nach § 134 oder § 138 nichtig sein wird, so dass dann schon die condictio indebiti eingreift.

Die Leistungskondiktion wird ausgeschlossen, wenn einer der **in §§ 814, 815 oder 817 S. 2 aufgeführten Ausschlusstatbestände** verwirklicht ist. 729

§ 814 betrifft die condictio indebiti. Danach kann das zum Zwecke der Erfüllung einer Verbindlichkeit Geleistete nicht zurückgefordert werden, „wenn der Leistende gewusst hat, dass er zur Leistung nicht verpflichtet war". Die Kenntnis des Leistenden von seiner Nichtschuld beseitigt also seine Schutzwürdigkeit.[23] Aus dieser Zweckrichtung der Vorschrift ergibt sich, dass nur positive Kenntnis der Nichtschuld im Zeitpunkt der Leistung der Rückforderung entgegensteht. Die Kenntnis der Tatumstände, aus denen sich die Rechtsgrundlosigkeit der Leistung ergibt, schließt die Kondiktion nicht aus, wenn sich der Leistende trotzdem aus einem Rechtsirrtum für verpflichtet hielt. Hierfür ist es unerheblich, ob dieser Irrtum auf (grober) Fahrlässigkeit beruht.

Nach § 142 Abs. 2 wird die Kenntnis von der Anfechtbarkeit eines Rechtsgeschäfts der Kenntnis seiner Nichtigkeit gleichgestellt. Dies bedeutet, dass einer Rückforderung der Leistung § 814 entgegensteht, wenn trotz der erkennbaren oder erkannten Möglichkeit einer Anfechtung eine Leistung erbracht wird. Dies gilt allerdings nicht in dem Fall, dass nur dem Empfänger der Leistung und nicht auch dem Leistenden ein Anfechtungsrecht zusteht, weil dann für den Leistenden vor der von ihm nicht zu beeinflussenden Anfechtung eine Leistungspflicht besteht.[24]

Nach § 814 ist die condictio indebiti auch dann nicht gegeben, wenn der Leistende irrtümlich von einer rechtlichen Verpflichtung zur Leistung ausging, in Wirklichkeit aber nur „die Leistung einer sittlichen Pflicht oder einer auf den Anstand zu nehmenden Rücksicht entsprach".

Beispielsfälle sind die Unterstützung von Verwandten oder Verschwägerten, denen gegenüber keine gesetzliche Unterhaltspflicht besteht. Die h. M. wendet § 814 auch auf die Fälle des § 813 entsprechend an. Dies bedeutet, dass die Kondiktion ausgeschlossen ist, wenn der Leistende trotz Kenntnis des Bestehens einer dauernden Einrede (vgl. Rn. 230 f.) leistete. Zu beachten ist, dass § 814 auf eine Nichtleistungskondiktion nicht anwendbar ist.[25]

730 Den **Ausschlusstatbestand für die condictio ob rem** bildet § 815. Diese Vorschrift enthält zwei Alternativen:
- Nach der ersten ist die Rückforderung des Geleisteten ausgeschlossen, wenn der Eintritt des nach dem Inhalt des Rechtsgeschäfts bezweckten Erfolgs von vornherein unmöglich war und der Leistende dies gewusst hat. Dieser Fall ähnelt dem in § 814 geregelten, in dem der Leistende Kenntnis davon gehabt hat, dass er zur Leistung nicht verpflichtet war.
- Die zweite Alternative des § 815 beruht auf dem gleichen Rechtsgedanken wie die Vorschrift des § 162 Abs. 1. Wird vom Leistenden der Eintritt des Erfolgs wider Treu und Glauben verhindert, so soll ihm dies nicht zum Vorteil gereichen.

731 Der **Ausschlusstatbestand des § 817 S. 2** gilt für alle Fälle der Leistungskondiktion. Hierfür **genügt** entgegen dem Wortlaut der Vorschrift („gleichfalls"), **dass nur dem Leistenden ein Gesetzes- oder Sittenverstoß zur Last fällt**. Diese von der ganz h. M. befürwortete Ausdehnung des

---

[23] Die Rechtsprechung macht jedoch eine Einschränkung in Fällen, in denen der Empfänger der Leistung nicht darauf vertrauen darf, das Empfangene behalten zu dürfen, vgl. *BGH* NJW 1979, 760, 762; *OLG München* NJW 2011, 80, 82.
[24] *BGH* NJW 2008, 1878.
[25] *BGH* NJW 2005, 3213, 3215.

III. Ungerechtfertigte Bereicherung

§ 817 S. 2 ist durch folgende Erwägung zu begründen: Wollte man die Vorschrift nur auf Fälle des § 817 S. 1 beschränken, dann würde sich das widersinnige Ergebnis zeigen, dass der selbst sittenwidrig handelnde Empfänger einer Leistung besser gestellt wäre als derjenige, der durch die Annahme nicht gegen ein gesetzliches Verbot oder gegen die guten Sitten verstößt. Denn der sittenwidrig handelnde Empfänger, gegen den ein Anspruch nach § 817 S. 1 besteht, könnte die Leistung aufgrund des Ausschlusstatbestandes des § 817 S. 2 behalten, während der „anständige" Empfänger aufgrund einer condictio indebiti oder condictio ob rem das Geleistete herausgeben müsste, wenn für diese Fälle § 817 S. 2 nicht gelten sollte.

Eine **Einschränkung des sich aus § 817 S. 2 ableitenden Kondiktionsausschlusses** kann sich aus dem Schutzzweck der durch § 138 Abs. 1 bestimmten Nichtigkeitssanktion ergeben. Der *BGH*[26] hatte folgenden Fall zu entscheiden: 732

A beteiligt sich an einem sog. Schenkkreis, der nach einem Schneeballsystem organisiert ist. Danach erhalten die an der Spitze stehenden Mitglieder des Empfängerkreises von ihnen nachgeordneten Geberkreisen bestimmte Geldbeträge schenkweise zugewendet. Die Beschenkten scheiden aus und an ihre Stelle treten dann die Teilnehmer der nachgeordneten Ebene, die ihrerseits die Empfängerposition einnehmen. Es kommt dann darauf an, die Teilnehmer für den neu zu bildenden Geberkreis zu finden, die bereit sind, den festgelegten Betrag an den Empfängerkreis zu zahlen. Die Anwerbung ist Aufgabe der auf der untersten Ebene stehenden Mitglieder, die bei Erfolg auf die nächsthöhere Ebene aufrücken. A zahlt in Kenntnis des Systems an die B, die dem Empfängerkreis angehört, 1.250,- €. Als A feststellen muss, dass sich seine Erwartung, selbst in den Empfängerkreis aufzurücken, nicht erfüllt, weil die erforderliche Zahl von Gebern nicht gewonnen werden können, verlangt er von B Rückzahlung des geleisteten Betrages.

Zu Recht hat der *BGH* wie auch andere Gerichte ein solches System für sittenwidrig angesehen.[27] Da auf jeden der Beschenkten mehrere Geber kommen müssen, damit der festgelegte Geldbetrag erreicht wird, muss zwangsläufig dieses System zusammenbrechen, weil es unmöglich ist, die immer größer werdende Zahl von Gebern zu finden. Dies hat zur Folge, dass nur wenige von dem System profitieren und die meisten leer ausgehen.

Die Nichtigkeit der von den Mitgliedern des Schenkkreises getroffenen Vereinbarung führt dazu, dass der Mitspieler den von ihm geleisteten Geldbetrag dem Empfänger ohne Rechtsgrund zugewendet hat und ihm deshalb ein Anspruch gem. § 812 Abs. 1 S. 1 Alt. 1 (condictio indebiti) zusteht. Dieser Anspruch kann jedoch nach § 817 S. 2 ausgeschlossen sein, weil dem Leistenden ebenfalls der Vorwurf einer sittenwidrigen Handlung zu machen ist. Der *BGH* hält ein solches Ergebnis für nicht akzeptabel. Er weist zur Begründung darauf hin, dass der Schenkkreis allein darauf abziele, zu Gunsten einiger weniger Mitspieler leichtgläubige und

---

[26] NJW 2006, 45; vgl. dazu *Möller*, NJW 2006, 268; *Armgardt*, NJW 2006, 2070.
[27] *OLG Köln* NJW 2006, 3288, 3289 = JuS 2007, 184 (*K. Schmidt*); *OLG München* NJW-RR 2009, 1648; *LG Freiburg* NJW-RR 2005, 491, 492; vgl. *Möller*, ZGS 2010, 348.

unerfahrene Personen auszunutzen und sie zur Zahlung des Einsatzes zu bewegen. Einem solchen sittenwidrigen Verhalten steuere § 138 Abs. 1 entgegen, indem er für entsprechende Vereinbarungen Nichtigkeit anordne. Diese gesetzliche Entscheidung würde jedoch im Ergebnis konterkariert und die Initiatoren solcher Systeme zum Weitermachen geradezu eingeladen werden, wenn sie die mit sittenwidrigen Methoden erlangten Gelder ungeachtet der Nichtigkeit der das Spiel tragenden Abreden behalten dürften.[28] Bereits in einer früheren Entscheidung hat der *BGH*[29] entschieden, dass Grundsätze von Treu und Glauben der Kondiktionssperre des § 817 S. 2 entgegenstehen können. Für den Rückforderungsanspruch kommt es entscheidend darauf an, ob der Empfänger das Geld behalten soll oder ob er es an einen Dritten weiterzugeben hat; im zweiten Fall ist er nicht der Bereicherungsschuldner.[30]

733 Streitig ist die Frage, ob § 817 S. 2 auch auf andere Ansprüche außerhalb des Bereicherungsrechts (entsprechend) angewendet werden kann, beispielsweise auf Herausgabeansprüche nach § 985.

Hierzu ein **Beispiel** aus der Rechtsprechung des *RG*:[31] Der Kläger übereignet seiner Ehefrau, der Beklagten, ein Grundstück, um sie zur Erhebung der Scheidungsklage zu veranlassen. Die Ehe wird auf Klage der Ehefrau geschieden. Das *RG* nimmt Sittenwidrigkeit sowohl des Verpflichtungsgeschäftes als auch der Übereignung des Grundstücks an. Deshalb bejaht es einen Anspruch des Klägers gegen die Beklagte auf Rückgabe des Grundstücks nach § 985. Hätte das Gericht lediglich die Sittenwidrigkeit des Verpflichtungsgeschäftes angenommen, dann wäre der Anspruch des Klägers auf Rückgabe (Rückübereignung), der dann auf Bereicherungsrecht zu stützen gewesen wäre, an § 817 S. 2 gescheitert. Warum einmal – wenn der Sittenverstoß die Übereignung nicht erfasst – die Beklagte das Grundstück behalten darf, dagegen sie zur Herausgabe verpflichtet ist, wenn auch die Übereignung von der Nichtigkeit erfasst wird, lässt sich nicht rechtfertigen. Um solche Widersprüche zu vermeiden und § 817 S. 2 anwenden zu können, wird nicht selten die Wirksamkeit des Erfüllungsgeschäfts mit der Begründung bejaht, diese sei sittlich indifferent. Diese Begründung versagt allerdings bei Gesetzesverstößen, wenn das Erfüllungsgeschäft nach § 134 wegen Verstoßes gegen ein Verbotsgesetz nichtig ist.

Wegen der ungereimten Ergebnisse, die aufgrund einer Differenzierung hinsichtlich der Gültigkeit des Erfüllungsgeschäfts eintreten können, findet im Schrifttum die Auffassung nicht wenige Anhänger, dass § 817 S. 2 als allgemeine Rechtsschutzversagung aufzufassen sei, die alle Ansprüche ausschlösse, zu deren Begründung sich der Gläubiger auf eigenes gesetzes- oder sittenwidriges Verhalten berufen müsse. Nach dieser Auffassung gilt § 817 S. 2 für jede Rückforderung von Leistungen, gleichgültig ob es sich um eine

---

[28] Ebenso *BGH* NJW 2008, 1942 = JZ 2008, 1942 m. Anm. v. *Martinek*; NJW 2009, 984 m.w.N.; vgl. auch *Adrian-Recla* JZ 2008, 60; *Möller* MDR 2010, 297; MünchKomm/*Schwab* § 817 Rn. 23.
[29] BGHZ 111, 308, 312 f. = NJW 1990, 2542.
[30] OLG *Nürnberg* MDR 2009, 856.
[31] RGZ 145, 152 ff. Um das Motiv des Ehemannes zu verstehen, muss berücksichtigt werden, dass zur Zeit der Entscheidung das Verschuldensprinzip im Scheidungsrecht galt und deshalb die Ehefrau, die sich nichts zuschulden kommen ließ, die Ehescheidung verhindern konnte.

III. Ungerechtfertigte Bereicherung

Vindikation (= Herausgabeanspruch des Eigentümers gegen den nichtberechtigten Besitzer nach § 985), um einen Anspruch aus Delikt oder um eine Kondiktion handelt.[32] Hinzuweisen ist jedoch darauf, dass der *BGH* bisher eine Ausdehnung des § 817 S. 2 über das Kondiktionsrecht hinaus verneint hat, weil nach seiner Auffassung diese Vorschrift einen Strafcharakter aufweise und deshalb einen Fremdkörper im Zivilrecht bilde, so dass eine Übertragung auf andere Ansprüche ausgeschlossen sei.[33]

Die Frage, ob für § 817 eine objektive Gesetzes- oder Sittenwidrigkeit genügt oder ob auch **subjektive Anforderungen** zu stellen sind, wird unterschiedlich beantwortet, wobei überwiegend zwischen Satz 1 und Satz 2 unterschieden wird: 734

- Die wohl herrschende Meinung hält für § 817 S. 1 einen Gesetzes- oder Sittenverstoß für ausreichend und lehnt es ab, zusätzliche subjektive Voraussetzungen aufzustellen.
- Bei § 817 S. 2 wird demgegenüber ganz überwiegend verlangt, dass die Rechts- oder Sittenordnung vorsätzlich verletzt worden ist, dass sich also der Leistende bewusst außerhalb der Rechtsordnung gestellt hat.[34] Einem vorsätzlichen Handeln gleichgestellt wird eine subjektive Einstellung, bei der sich der Gläubiger des Bereicherungsanspruchs leichtfertig der Einsicht seines sittenwidrigen Verhaltens entzieht.[35]

Diese Differenzierung wird damit begründet, dass die Kondiktion nach § 817 S. 1 darauf gerichtet sei, die materiell-rechtliche Güterordnung wiederherzustellen; dies stelle ein objektives Anliegen dar. Dagegen ziele § 817 S. 2 als Sanktion auf die Versagung an sich gerechtfertigter Ausgleichsansprüche. Dies ließe sich nur rechtfertigen, wenn der Leistende bewusst einen Verstoß gegen Gesetze oder gute Sitten begeht.[36]

Will man aus dieser Darstellung der verschiedenen Tatbestände der Leistungskondiktion das **Fazit** ziehen, dann lässt sich folgendes zusammenfassend feststellen: 735

Die verschiedenen Fälle der Leistungskondiktion unterscheiden sich untereinander durch das Tatbestandsmerkmal, das den Mangel eines rechtlichen Grundes zum Behaltendürfen der Leistung bezeichnet.

Je nachdem, ob
- der rechtliche Grund niemals bestanden hat (wie bei der condictio indebiti),
- der rechtliche Grund später weggefallen ist (wie bei der condictio ob causam finitam),

---

[32] Vgl. *Michalski*, Jura 1994, 113, 232; *Esser/Weyers*, § 49 IV 2; *Larenz/Canaris*, § 68 III e (S. 165 f.); PWW/*Leupertz*, § 817 Rn. 8, jeweils m. w. N.; a. A. *Falk*, JuS 2003, 833, 834; zu diesem Meinungsstreit vgl. MünchKomm/*Schwab*, § 817 Rn. 14 ff.
[33] Vgl. BGHZ 63, 365, 369 = NJW 1975, 638 = JuS 1975, 396; *BGH* NJW 1980, 452, 453, jeweils m. w. N.; vgl. auch *BGH* NJW 1997, 2381, 2383.
[34] OLG *Köln* NJW 2005, 3290, 3291.
[35] *BGH* NJW 1992, 310, 312; 1997, 2314, 2315; OLG *Köln* NJW 2005, 3290, 3291.
[36] Vgl. MünchKomm/*Schwab*, § 817 Rn. 67 ff.

§ 8. Einzelne gesetzliche Schuldverhältnisse

– der mit der Leistung bezweckte Erfolg nicht eintritt (wie bei der condictio ob rem) oder
– die Leistung vom Empfänger deshalb nicht behalten werden darf, weil er mit der Annahme der Leistung gegen ein gesetzliches Verbot oder die guten Sitten verstoßen hat (wie bei der condictio ob turpem vel iniustam causam),

ist der Anspruch des Bereicherungsgläubigers auf einen der genannten Tatbestände zu stützen.

Alle Tatbestände der Leistungskondiktion stimmen darin überein, dass der Bereicherungsschuldner „etwas erlangt" haben muss, und zwar durch die Leistung des Bereicherungsgläubigers, und dass für diese Vermögensvermehrung kein rechtlicher Grund besteht.

Nach der heute h. M. wird dem Merkmal „auf dessen Kosten" in § 812 Abs. 1 S. 1 für die Leistungskondiktion keine Bedeutung zugemessen. Die früher h. M., die auch in Fällen der Leistungskondiktion dieses Merkmal für bedeutsam erklärte und es im Sinne einer Unmittelbarkeit der Vermögensverschiebung zwischen Bereicherungsgläubiger und Bereicherungsschuldner verstand, ist heute weitgehend aufgegeben worden. Man ist jetzt überwiegend der Meinung, dass das mit dem Unmittelbarkeitsmerkmal verfolgte Ziel, Gläubiger und Schuldner des gesetzlichen Schuldverhältnisses der ungerechtfertigten Bereicherung zu bestimmen, besser und sicherer durch den Leistungsbegriff der h. M. erreicht werden könne. Die sich in diesem Zusammenhang ergebenden Probleme stellen sich in erster Linie in Fällen, in denen mehrere Personen beteiligt sind (vgl. dazu das Beispiel der Banküberweisung Rn. 726). Die Beschäftigung mit den bereicherungsrechtlichen Fragen, die sich in Mehrpersonenverhältnissen stellen, ist dem Fortgeschrittenen vorzubehalten (vgl. dazu EK BGB Rn. 113 ff.).

III. Ungerechtfertigte Bereicherung

Überblick über die verschiedenen Tatbestände der Leistungskondiktion und über die für sie geltenden Ausschlusstatbestände 736

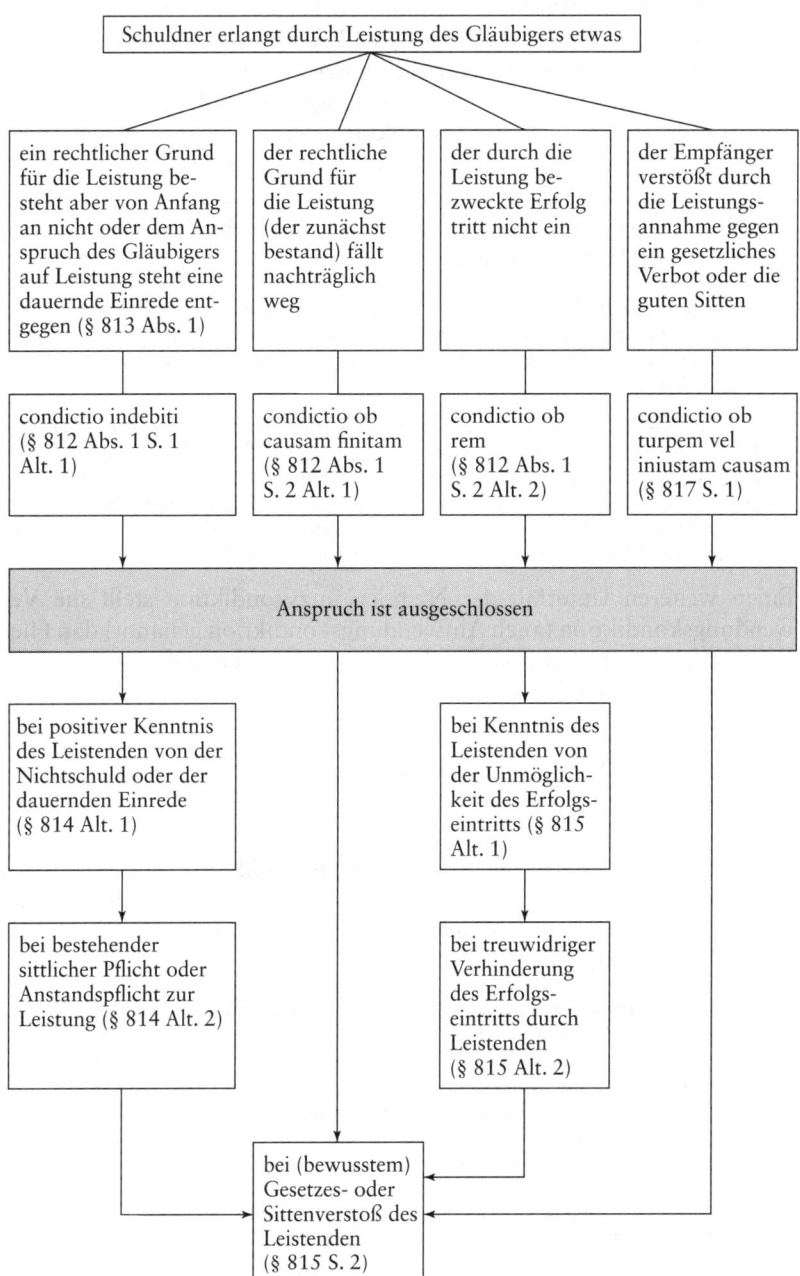

2. Nichtleistungskondiktion

737 Innerhalb der Nichtleistungskondiktion, bei der die Bereicherung „in sonstiger Weise" herbeigeführt wird (§ 812 Abs. 1 S. 1 Alt. 2), ist eine **Unterscheidung nach verschiedenen Fallgruppen** vorzunehmen:
- Den wichtigsten Unterfall bildet die **Eingriffskondiktion**. Bei ihr verschafft sich der Bereicherungsschuldner den Vermögensvorteil durch eine eigene Handlung. Er greift in eine fremde Rechtsposition ein und löst damit den Bereicherungsanspruch aus, weil der dadurch erlangte Vorteil nach dem Recht der Güterzuordnung nicht ihm, sondern dem Bereicherungsgläubiger gebührt.

   Beispiele: Bim erhält eine Kiste Sekt. Er glaubt, sie sei ein Geschenk eines Freundes, und verbraucht den Sekt nach und nach. Der Sekt war jedoch von dem Nachbarn Bam bestellt und nur aufgrund eines Versehens eines Angestellten des Lieferanten bei Bim abgegeben worden.

   Der Augenoptiker Brill veröffentlicht in einer Zeitungswerbung ein Foto des bekannten Fernsehmoderators Talk, das zeigt, wie dieser eine Brille probiert. Das Foto hatte Brill von seiner Einkaufsgenossenschaft mit dem Hinweis erhalten, dass der Abdruck honorarfrei sei. Talk hatte jedoch die Veröffentlichung zu Werbezwecken nicht genehmigt. Da Brill in das Recht des Talk, das eigene Bild werbemäßig zu verwerten, eingreift, kommt hier ein Bereicherungsanspruch in Betracht.[37]

- Einen weiteren Unterfall der Nichtleistungskondiktion stellt die **Verwendungskondiktion** (auch Aufwendungskondiktion genannt) dar. Hierbei handelt es sich um Sachverhalte, in denen jemand eigene Vermögenswerte auf fremdes Gut verwendet, ohne jedoch dem Eigentümer dadurch eine Leistung zu erbringen.

   Als **Beispiel** lässt sich der bereits oben (Rn. 726) gebrachte Fall des Hausmeisters anführen, der irrtümlich eigene Farbe verwendet, um den Zaun des von ihm betreuten Hauses zu streichen.

- Eine dritte Fallgruppe der Nichtleistungskondiktion wird als **Rückgriffskondiktion** bezeichnet. Sie bezieht sich auf Fälle, in denen der Bereicherungsgläubiger auf fremde Schuld zahlt, ohne dadurch eine Leistung zu erbringen.

   Beispiel: Glaub lässt einen Videorecorder bei Schuld pfänden. Den Recorder hat Schuld bei Dritt gekauft, aber nicht voll bezahlt. Deshalb hat sich Dritt das Eigentum an dem Apparat vorbehalten (vgl. Rn. 631 ff.). Dritt kann aufgrund seines Eigentums der Pfändung widersprechen (vgl. § 771 Abs. 1 ZPO). Um dieser Möglichkeit zu begegnen, zahlt Glaub an Dritt den Kaufpreisrest (vgl. Rn. 196; GK ZPO Rn. 693), so dass das Eigentum am Recorder auf Schuld übergeht.[38] Glaub verlangt Erstattung des gezahlten Kaufpreisrestes von Schuld. Mit Recht?

---

[37] Der Beispielsfall ist der Entscheidung BGH NJW 1992, 2084, nachgebildet (vgl. dazu auch Rn. 739 aE).

[38] Beispiel von *Koppensteiner/Kramer*, Ungerechtfertigte Bereicherung (Jura-Studienbuch), 2. Aufl. 1988, S. 103; vgl. auch *Loewenheim*, Bereicherungsrecht, 3. Aufl. 2007, S. 122 f.

III. Ungerechtfertigte Bereicherung 417

Zu erwägen ist, den Anspruch des Glaub gegen Schuld auf § 670 i. V. m. § 683 S. 1 zu stützen. Aber dies scheitert daran, dass die Zahlung nicht dem Interesse und dem (wirklichen oder mutmaßlichen) Willen des Schuld entspricht, weil dadurch erst die Voraussetzungen für eine Zwangsvollstreckung in den Apparat geschaffen werden. Die deshalb in Betracht zu ziehende unberechtigte GoA und der dann bestehende Anspruch nach §§ 812 ff. i. V. m. § 684 S. 1 müssen aber ausscheiden, wenn Glaub mit der Zahlung nicht ein Geschäft des Schuld, sondern ein eigenes führen wollte. In diesem Fall kommt es darauf an, ob Glaub durch seine Zahlung eine Leistung an Schuld erbrachte (Mehrung dessen Vermögens durch Erfüllung der Forderung gegen ihn; vgl. Rn. 727). Wird dies deshalb abgelehnt, weil Glaub nicht das Vermögen des Schuld, sondern das des Dritt mehren wollte,[39] dann bleibt nur eine Nichtleistungskondiktion in der Form der Rückgriffskondiktion.

Die recht schwierige Darstellung eines Sachverhalts, auf den diese Kondiktionsart zutrifft, und der dafür erforderlichen Voraussetzungen zeigt bereits, dass der Rückgriffskondiktion nur ein recht schmaler Anwendungsbereich zukommt.

- Schließlich kann noch eine weitere Fallgruppe der Nichtleistungskondiktion unter der Bezeichnung „**Bereicherung infolge von Naturvorgängen**" gebildet werden. Von manchen werden diese Fälle auch unter die Eingriffskondiktion gefasst.

Beispiel: Die landwirtschaftlich genutzten Grundstücke des Arnold und des Bertold liegen nebeneinander. Infolge starker Regenfälle werden Düngemittel, die auf dem Grundstück des Arnold lagern, auf das Grundstück des Bertold geschwemmt, dem das hochwillkommen ist, weil er sich deshalb das Düngen seines Landes sparen kann.

Zu der wichtigsten Fallgruppe der Nichtleistungskondiktion, der 738 **Eingriffskondiktion**, ist noch Folgendes zu bemerken: Allein die Tatsache, dass sich der Bereicherte selbst einen Vermögensvorteil verschafft, kann noch nicht eine Kondiktion begründen. Vielmehr muss vorausgesetzt werden, dass die Bereicherung auf Kosten eines anderen erlangt wurde und dass ein Rechtsgrund dafür nicht besteht. **Der vom Bereicherungsschuldner vorgenommene „Eingriff" muss unberechtigt sein.** Nach welchen Kriterien das Unberechtigte des Eingriffs zu beurteilen ist, darüber gehen die Auffassungen im Schrifttum auseinander:[40]
- Nach der sog. **Widerrechtlichkeitstheorie** ist jede Bereicherung ungerechtfertigt, die durch eine widerrechtliche Handlung des Bereicherten erlangt ist. Rechtsgrundlosigkeit im Sinne der Nichtleistungskondiktion bedeutet nach dieser Meinung also Rechtswidrigkeit des Eingriffs.
- Nach der heute herrschenden **Zuweisungstheorie** ist der kondiktionsauslösende Eingriff durch seinen Widerspruch zur rechtlichen Güterzuordnung charakterisiert. Eine Bereicherung ist ungerechtfertigt und herauszugeben, wenn sie gegen den Zuweisungsgehalt des verletzten

---

[39] *Loewenheim*, Bereicherungsrecht, 3. Aufl. 2007, S. 29 ff.; MünchKomm/*Schwab*, § 812 Rn. 319.
[40] Vgl. dazu *Medicus/Petersen*, Rn. 704 ff.; *Loewenheim*, Bereicherungsrecht, 3. Aufl., 2007, S. 79 ff. (auch zu weiteren Auffassungen).

Rechts verstößt.[41] Nicht die Frage, ob ein Eingriff rechtswidrig ist, sondern ob und in welchem Umfang das beeinträchtigte Recht einen Zuweisungsgehalt besitzt, nach dem ein erlangter Vermögensvorteil nicht dem Bereicherungsschuldner, sondern einem anderen, dem Bereicherungsgläubiger, gebührt, ist nach dieser Theorie entscheidend.

739 Keine Schwierigkeiten bereitet die Frage nach dem **Zuweisungsgehalt einer Rechtsposition bei absoluten** (d. h. gegenüber jedem wirkenden und von jedem zu beachtenden) **Rechten** mit einem eindeutig definierten Inhalt wie das Eigentum. Der Gebrauch und Verbrauch einer Sache steht dem Eigentümer oder einem dinglich oder obligatorisch Nutzungsberechtigten zu. Doch ist die Bestimmung des Zuweisungsgehalts eines Rechts nicht immer so einfach. Dies zeigt folgendes

Beispiel: Die langjährige Sekretärin Raff der berühmten Schauspielerin Schön berichtet in einer Zeitschrift über Familienleben, Gewohnheiten und Krankheiten der Schön, wobei sie auch die intimsten Dinge detailliert schildert, die ihr aufgrund ihrer besonderen Vertrauensstellung bekannt geworden sind. Unzweifelhaft hat hier Raff rechtswidrig in die Intimsphäre der Schön und damit in deren Persönlichkeitsrecht eingegriffen, und sie hat sich durch diesen Eingriff vermögensrechtlich bereichert, da sie ein Honorar für ihren Bericht erhielt, der möglicherweise nur wegen seiner Indiskretion von der Redaktion angenommen wurde. Dies würde für die Widerrechtlichkeitstheorie genügen, während die Zuweisungstheorie danach fragen muss, ob die hier verletzte Intimsphäre (als Teil des allgemeinen Persönlichkeitsrechts) einen vermögensrechtlichen Zuweisungsgehalt hat. Nur wenn diese Frage bejaht werden kann, ist nach ihr ein Ausgleich mit Hilfe der Eingriffskondiktion vorzunehmen. Die Zweifel, die insoweit entstehen können, haben ihren Grund jedoch nicht im Bereicherungsrecht, sondern in den Unsicherheiten hinsichtlich der Beurteilung des Persönlichkeitsrechts und seines Inhalts. Allerdings ergeben sich nicht in jedem Fall einer Verletzung des Persönlichkeitsrechts derartige Zweifel. So ist allgemein anerkannt, dass die Befugnis zur werbemäßigen Verwertung des eigenen Bildes ein vermögenswertes Ausschließlichkeitsrecht darstellt, dessen Verletzung Ansprüche aus ungerechtfertigter Bereicherung auslösen kann. Wer durch Eingriff in dieses Persönlichkeitsrecht einen rechtsgrundlosen Vermögenszuwachs erhält, hat ihn im Rahmen einer Nichtleistungskondiktion (Eingriffskondiktion) auszugleichen.[42]

740 Will man die von der Zuweisungstheorie gegebene Erklärung eines nicht gerechtfertigten Eingriffs in die Vermögensposition eines anderen auf den gesetzlichen Tatbestand des § 812 Abs. 1 S. 1 Alt. 2 zurückführen, dann lässt sich Folgendes feststellen: Erwirbt der Bereicherungsschuldner „etwas", das nach seinem vermögensrechtlichen Zuweisungsgehalt einem anderen, dem Bereicherungsgläubiger, gebührt, dann geschieht dieser Erwerb **„auf dessen Kosten"**. Ein solcher im Widerspruch zur rechtlichen Güterzuordnung stehender Erwerb ist regelmäßig auch **„ohne rechtlichen Grund"** geschehen, wenn nicht (ausnahmsweise) ein Recht besteht, das den Eingriff gestattet, z. B. auf Grund der Pressefreiheit oder eines Vertrages, der den Berechtigten zur Duldung verpflichtet. Als weiteres Merkmal der Eingriffskondiktion kommt dann noch hinzu, dass der Erwerb nicht

---

[41] Vgl. *Giesen*, Jura 1995, 234, 237 f.; *Fikentscher/Heinemann*, Rn. 1467.
[42] *BGH* NJW 1992, 2084, 2085.

III. Ungerechtfertigte Bereicherung

durch Leistung des Bereicherungsgläubigers, sondern „in sonstiger Weise" herbeigeführt wird; dieses Merkmal ist allen Fällen der Nichtleistungskondiktion gemeinsam. Somit ist bei einer **klausurmäßigen Bearbeitung** die Prüfung der Merkmale einer Eingriffskondiktion in folgenden Schritten durchzuführen:
- Der Bereicherungsschuldner hat etwas erlangt
- nicht durch Leistung des Bereicherungsgläubigers, sondern durch unberechtigten (= im Widerspruch zur rechtlichen Güterzuordnung stehenden) Eingriff in eine Rechtsposition des Bereicherungsgläubigers, und zwar
- ohne rechtlichen Grund.

Sind an einem Bereicherungsvorgang nur zwei Personen beteiligt, Bereicherungsschuldner und Bereicherungsgläubiger, dann ist die Entscheidung, ob die Bereicherung durch Leistung oder in sonstiger Weise vollzogen worden ist, nicht schwierig zu treffen; anders kann dies jedoch sein, wenn mehrere Personen in den Vorgang verwickelt sind. Hierbei ist es möglich, dass durch die Leistung einer Person in die Rechtssphäre einer anderen eingegriffen wird, so dass Leistungskondiktion und Nichtleistungskondiktion miteinander konkurrieren können.

Beispiel: Eich vereinbart mit dem Bauunternehmer Emsig, dass dieser auf dem Grundstück des Eich ein Einfamilienhaus schlüsselfertig erstellt. Emsig bezieht verschiedene für den Bau erforderliche Baumaterialien vom Baustoffhändler Handel. Dieser liefert die Materialien unter Eigentumsvorbehalt. Emsig errichtet mit den Materialien das Haus. Nunmehr stellt sich heraus, dass die Verträge sowohl mit Eich als auch mit Handel nichtig sind (beispielsweise wegen Geisteskrankheit des Emsig). Kommen in diesem Fall nur Leistungskondiktionen im Verhältnis Handel zu Emsig einerseits und Emsig zu Eich andererseits in Betracht, oder ist eine Nichtleistungskondiktion des Handel unmittelbar gegenüber Eich möglich, weil Handel durch den Einbau seiner Baumaterialien in das Haus des Eich sein Eigentum verloren hat (vgl. § 946 i. V. m. §§ 93, 94 und § 951 Abs. 1)? Hier sollen die sich ergebenden Fragen nur angedeutet werden, ihre Lösung muss dem Fortgeschrittenen vorbehalten bleiben (dazu Einzelheiten in EK BGB Rn. 148 ff.).

Im Gegensatz zur Leistungskondiktion sind die oben dargestellten einzelnen Unterfälle der Nichtleistungskondiktion im Gesetz nicht ausdrücklich ausgewiesen. Eine Ausnahme bildet nur der **§ 816**. Bei dieser Vorschrift handelt es sich um einen **Sondertatbestand der Eingriffskondiktion**. Denn das Charakteristikum der Eingriffskondiktion, das darin besteht, dass der Bereicherungsschuldner durch eigenes Verhalten die Bereicherung herbeiführt, trifft auf die Fälle des § 816 zu. Diese Vorschrift, die als spezielle Regelung § 812 Abs. 1 S. 1 Alt. 2 vorgeht, enthält **drei zu unterscheidende Tatbestände:**
- Ein Nichtberechtigter verfügt wirksam über einen Gegenstand, und zwar entgeltlich (§ 816 Abs. 1 S. 1).
- Ein Nichtberechtigter verfügt wirksam unentgeltlich (§ 816 Abs. 1 S. 2).
- Ein Nichtberechtigter nimmt eine Leistung wirksam an (§ 816 Abs. 2).

Zu diesen Tatbeständen ist Folgendes zu bemerken:

741

742 Nach § 816 Abs. 1 S. 1 ist Voraussetzung, dass ein Nichtberechtigter über einen Gegenstand entgeltlich eine Verfügung trifft. Der Begriff „Gegenstand" umfasst nach der üblichen Terminologie sowohl Sachen (körperliche Gegenstände) als auch Rechte sowie Forderungen (unkörperliche Gegenstände). Die Frage, wer hinsichtlich des Gegenstandes Berechtigter ist, ergibt sich insbesondere aus dem Sachenrecht. Unter Verfügung ist ein Rechtsgeschäft zu verstehen, durch das ein Recht unmittelbar aufgehoben, übertragen, belastet oder seinem Inhalt nach verändert wird, wie z. B. die Übereignung (vgl. Rn. 223 f.). Hieraus folgt, dass Rechtsgeschäfte, die lediglich die schuldrechtliche Verpflichtung zu einer Rechtsübertragung zum Inhalt haben (wie z. B. ein Kaufvertrag), nicht unter die Vorschrift des § 816 Abs. 1 S. 1 fallen. Die Verfügung muss gegenüber dem Berechtigten wirksam sein.

> Eine Wirksamkeit der Verfügung kann sich insbesondere aufgrund der Gutglaubensvorschriften ergeben, wenn ein Nichtberechtigter Eigentum auf einen Gutgläubigen überträgt. Der Gutglaubenserwerb ist konditionsfest; der Nichtberechtigte muss jedoch das durch die Verfügung Erlangte nach § 816 Abs. 1 S. 1 an den verlierenden Eigentümer herausgeben. Hierdurch wird der Verlust des Eigentums zumindest gemildert. Die Wirksamkeit der Verfügung kann nach h. M. auch dadurch bewirkt werden, dass der Berechtigte die Verfügung des Nichtberechtigten genehmigt und sich auf diese Weise die Möglichkeit eines Anspruchs nach § 816 Abs. 1 S. 1 verschafft (zu Einzelheiten vgl. EK BGB Rn. 135).

743 § 816 Abs. 1 S. 2 unterscheidet sich in den Anspruchsvoraussetzungen von § 816 Abs. 1 S. 1 dadurch, dass der **Nichtberechtigte unentgeltlich** verfügt, dass er also keine sein Vermögen vermehrende Gegenleistung erhalten oder einen Anspruch darauf erworben hat. In der Rechtsfolge besteht der Unterschied darin, dass nicht – wie bei § 816 Abs. 1 S. 1 – der Nichtberechtigte, sondern der Erwerber die Herausgabe schuldet. Diese Regelung wird einmal dadurch gerechtfertigt, dass der Nichtberechtigte wegen der Unentgeltlichkeit seiner Verfügung nichts erlangt hat, was er an den Berechtigten herausgeben könnte, zum anderen dadurch, dass der Erwerber nicht schutzwürdig erscheint, da er für den Erwerb des Gegenstandes nichts aufgewendet hat. Der Begriff der Unentgeltlichkeit ist nach allgemeinen Grundsätzen danach zu bestimmen, ob der Erwerber eine Gegenleistung erbracht hat oder erbringen soll.

744 Die Vorschrift des **§ 816 Abs. 2** gibt dem Berechtigten einen Bereicherungsanspruch, wenn sein Schuldner wirksam an einen Nichtberechtigten geleistet hat. Voraussetzung ist also, dass die Leistung des Schuldners an den Nichtberechtigten schuldbefreiend wirkt. Im Gesetz gibt es eine Reihe von Fällen, in denen der Schuldner, der gutgläubig den Nichtberechtigten für seinen Gläubiger hält, frei wird.

> So muss z.B. nach § 407 Abs. 1 im Falle der Abtretung einer Forderung der neue Gläubiger eine Leistung an den bisherigen Gläubiger gegen sich gelten lassen, wenn der Schuldner die Abtretung der Forderung nicht kannte. Hat also beispielsweise Erst aus einem Kaufvertrag mit Schuld gegen diesen einen Anspruch auf Zahlung von 500,- € und tritt er diesen Anspruch an Zweit ab, dann wirkt die Zahlung des Schuld

an Erst gegenüber dem neuen Gläubiger Zweit schuldbefreiend, wenn Schuld die Abtretung nicht bekannt gewesen ist. Nach § 816 Abs. 2 kann dann Zweit von Erst Zahlung von 500,- € fordern. Auf die in § 407 getroffene Regelung wird in einer Reihe von anderen Vorschriften verwiesen (z. B. in §§ 412, 720).

Überblick über die verschiedenen Tatbestände der Nichtleistungskondiktion 745

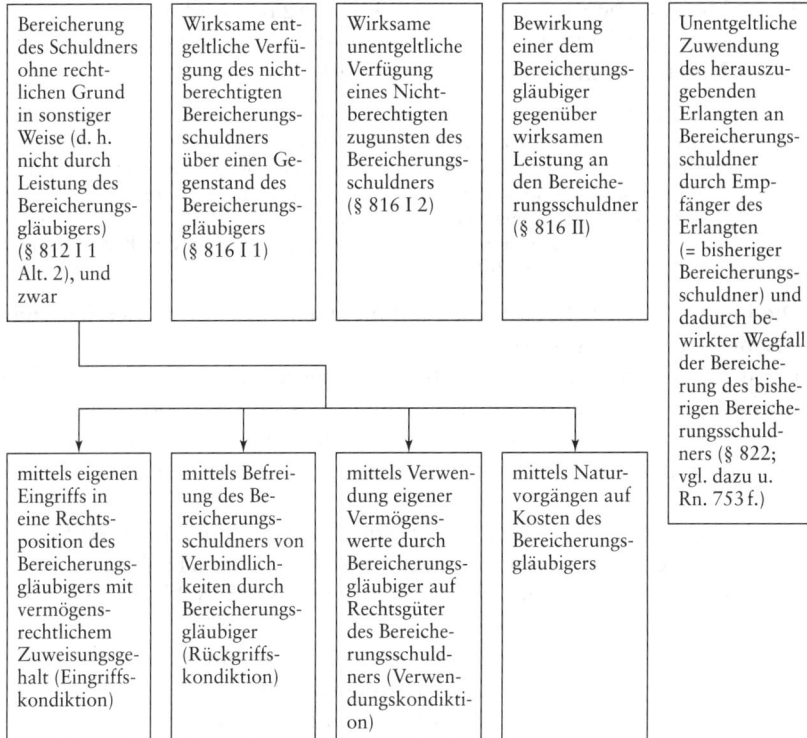

b) Umfang des Bereicherungsanspruchs

Die Pflicht des Konditionsschuldners zur Herausgabe wird in erster Linie durch die einzelnen Tatbestände des Bereicherungsrechts bestimmt, die in den §§ 812, 816, 817 und 822 enthalten sind. Danach richtet sich der Bereicherungsanspruch auf das „Erlangte". Geschuldet wird also die Herausgabe des Gegenstandes in Natur, den der Schuldner durch den Bereicherungsvorgang erworben hat, also z. B. die Rückgabe des Eigentums, das er erhielt, des Besitzes, der auf ihn überging, der Forderung, die er erwarb. 746

Hat der Schuldner eine Forderung eingezogen oder auf andere Weise (unberechtigt) Geld erhalten, dann hat er den entsprechenden Geldwert erlangt und muss diesen herausgeben; dies gilt unabhängig davon, ob der Schuldner Buchgeld (vgl. Rn. 200) oder Bargeld bekommen hat. Bei einer streng formalen Betrachtungsweise könnte man allerdings meinen, der Schuldner habe bei Barzahlung das Eigentum und den unmittelbaren Besitz an den Geldzeichen (Scheinen und Münzen) erlangt und schulde primär deren Übereignung und Besitzübertragung und nur nach § 818 Abs. 2 Wertersatz, wenn ihm dies nicht möglich ist. Aber bei einer wirtschaftlichen Sicht, die nach dem Gesetzeszweck bei den §§ 812 ff. geboten ist, stellt der Geldwert, nicht das Geldzeichen, das Erlangte und Herauszugebende dar.

747 Diese Herausgabepflicht wird durch § 818 ergänzt und modifiziert:
- Neben dem Bereicherungsgegenstand selbst sind auch die aus ihm gezogenen **Nutzungen herauszugeben** (§ 818 Abs. 1).

    Nutzungen sind die Früchte einer Sache oder eines Rechts sowie die Vorteile, die der Gebrauch der Sache oder des Rechts gewährt (§ 100). Früchte (vgl. § 99) einer Sache sind beispielsweise Tier- und Bodenprodukte. Hat der Bereicherungsschuldner rechtsgrundlos Hühner erlangt, dann sind von ihm neben den Tieren auch die von ihnen gelegten Eier herauszugeben. Neben der geschuldeten Herausgabe eines Grundstücks sind die daraus erzielten Miet- und Pachtzinsen an den Bereicherungsgläubiger abzuführen (vgl. Rn. 248).

- Die Herausgabepflicht ist jedoch auf die noch **vorhandene Bereicherung** beschränkt (§ 818 Abs. 3).
- Kann das Erlangte nicht in Natur herausgegeben werden, wie es beispielsweise bei der unbefugten Nutzung fremder Rechtspositionen oder der Erbringung von Dienst- oder Arbeitsleistungen des Bereicherungsgläubigers der Fall ist, dann wird **Ersatz des Werts** geschuldet (§ 818 Abs. 2).

    Auch diese Wertersatzpflicht steht grundsätzlich unter dem Vorbehalt, dass der Bereicherungsschuldner noch bereichert ist (§ 818 Abs. 3). Dementsprechend kann auch die Wertersatzpflicht des § 818 Abs. 2 gemindert werden oder gänzlich wegfallen.

748 Wird die Pflicht zur **Herausgabe des Erlangten** durch ein späteres Ereignis dem Bereicherungsschuldner **unmöglich** gemacht (Beispiel: der herauszugebende Pkw wird bei einem Unfall völlig zerstört), dann muss unterschieden werden:
- Sind dem Bereicherungsschuldner Ersatzansprüche für die Zerstörung, Beschädigung oder Entziehung des Gegenstandes entstanden, dann hat er diese Ansprüche oder das, was er zu ihrer Erfüllung erhalten hat (sog. Surrogate des Bereicherungsgegenstandes), nach § 818 Abs. 1 an den Bereicherungsgläubiger herauszugeben.

    Beispiel: Versicherungsleistung für den zerstörten Pkw, dessen Herausgabe geschuldet wurde.

- Hat der Schuldner kein Surrogat erlangt, dann ist die Frage zu entscheiden, ob der Schuldner nach § 818 Abs. 2, der selbst keine einschränkenden Voraussetzungen enthält, Wertersatz zu leisten hat oder ob sich der Wegfall der Bereicherung nach § 818 Abs. 3 auch auf die Pflicht nach § 818 Abs. 2 auswirkt.

Wie bereits bemerkt, ist auch im Rahmen des § 818 Abs. 2 die in § 818 Abs. 3 getroffene Regelung zu beachten. Dies bedeutet, dass grundsätzlich in Fällen, in denen der Wegfall des Erlangten auch zum Wegfall der Bereicherung geführt hat, eine Wertersatzpflicht des Schuldners entfällt. Bei § 818 Abs. 3 ist jedoch eine wirtschaftliche Betrachtungsweise angezeigt. Es kommt darauf an, ob aufgrund des bereicherungsrechtlich auszugleichenden Vorgangs das Vermögen des Bereicherungsschuldners noch irgendeinen Überschuss aufweist. Ist dies zu bejahen, dann steht dem Bereicherungsgläubiger in Höhe des Überschusses ein entsprechender Wertersatzanspruch gegen den Schuldner zu. Hat beispielsweise der Bereicherungsschuldner durch den Verbrauch des rechtsgrundlos Erlangten eigene Ausgaben gespart, dann ist er insoweit noch bereichert und ausgleichspflichtig.

Beispiel: Die herauszugebenden Lebensmittel werden im Haushalt des Schuldners verbraucht; deshalb ist es überflüssig, entsprechende Waren zu kaufen, die sonst benötigt worden wären.

Der in § 818 Abs. 3 normierte Grundsatz verlangt auch, dass zugunsten des Bereicherungsschuldners bestimmte **vermögensmäßige Einbußen** berücksichtigt werden, die im Zusammenhang mit dem Erwerb des Bereicherungsgegenstandes stehen. Streitig ist hier jedoch die Frage, ob eine Ursächlichkeit zwischen Erwerb und Vermögenseinbuße genügt. Nach zutreffender Auffassung ist neben der Ursächlichkeit noch zu verlangen, dass es sich um Nachteile handelt, die der Bereicherungsschuldner gerade im Zusammenhang damit erlitten hat, dass er auf die Beständigkeit seines Rechtserwerbs vertraute.[43] Nicht abzugsfähig sind dementsprechend Schäden, die der Bereicherungsschuldner nicht verhindern konnte.

Beispiel: Der herauszugebende elektrische Heizofen verursacht infolge eines Defekts einen Zimmerbrand.

Dagegen kann der Bereicherungsschuldner Aufwendungen abziehen, die er zur Erhaltung und ordnungsgemäßen Nutzung des Bereicherungsgegenstandes tätigte.

Beispiel: Kosten einer Reparatur des herauszugebenden Pkw, dessen Wert zu ersetzen ist.

Die streitige Frage, welcher bereicherungsrechtliche Ausgleich in Fällen vorzunehmen ist, in denen der Bereicherungsschuldner für das von ihm Erlangte eine Gegenleistung an den Bereicherungsgläubiger erbracht hat, die bei dem Bereicherungsgläubiger nicht mehr vorhanden ist, wirft eine Reihe nicht einfacher rechtlicher Probleme auf, deren Erörterung dem Fortgeschrittenen vorbehalten bleiben soll (dazu EK BGB Rn. 169 ff.).

---

[43] *Loewenheim*. Bereicherungsrecht, 3. Aufl. 2007, S. 143 ff.; *Kropholler*, § 818 Rn. 8; str.; zum Meinungsstreit: MünchKomm/*Schwab*, § 818 Rn. 122 ff.

750　Das durch § 818 Abs. 3 gewährte Privileg, sich auf den Wegfall der Bereicherung berufen zu dürfen, ist nur einem Bereicherungsschuldner zuzubilligen, der auf die Rechtmäßigkeit seines Erwerbs vertrauen kann. Wer jedoch die Rechtsgrundlosigkeit seines Erwerbs kennt oder wer aufgrund einer wegen dieses Erwerbs gegen ihn erhobenen Klage, also vom Eintritt der Rechtshängigkeit an (vgl. § 261 Abs. 1 ZPO; dazu GK ZPO Rn. 125), damit rechnen muss, dass er das von ihm Erlangte oder einen Wertersatz herauszugeben hat, kann einen solchen Vertrauensschutz nicht beanspruchen. **Er haftet deshalb gem. § 818 Abs. 4, § 819 verschärft.**

Der Bereicherungsschuldner muss nach § 819 Abs. 1 den Mangel des rechtlichen Grundes beim Erwerb kennen oder ihn später erfahren. Im zweiten Fall tritt die verschärfte Haftung entsprechend der sie begründenden Wertung erst ab Kenntniserlangung ein. Nach ganz h. M. ist die **Kenntnis vom Fehlen des rechtlichen Grundes** selbst erforderlich. Die Kenntnis der Tatsachen, auf denen dieses Fehlen beruht, reicht für sich allein nicht aus. Die Kenntnis der Anfechtbarkeit eines Rechtsgeschäfts steht nach § 142 Abs. 2 der Kenntnis des durch die Anfechtung bewirkten Wegfalls des Rechtsgrundes gleich. Man wird hier allerdings verlangen müssen, dass der Bereicherungsschuldner aus dieser Kenntnis den zutreffenden Schluss auf die Rechtslage, d. h. auf die rechtliche Möglichkeit der Anfechtung, gezogen hat.

Ist der Bereicherungsschuldner **geschäftsunfähig**, kommt es auf die Kenntnis seines gesetzlichen Vertreters an (Rechtsgedanke des § 166 Abs. 1). Bei einem **minderjährigen Bereicherungsschuldner** wird darüber gestritten, ob seine Kenntnis oder die Kenntnis seines gesetzlichen Vertreters für die verschärfte Haftung nach § 819 Abs. 1 maßgebend sein soll. Manche wollen in diesem Fall §§ 828, 829 analog heranziehen; manche wollen dies nur tun, wenn es sich um eine Eingriffskondiktion handelt oder wenn der Minderjährige zugleich mit der den Bereicherungsanspruch auslösenden Handlung ein Delikt begangen hat; in den anderen Fällen soll die Kenntnis des gesetzlichen Vertreters entscheiden. Wieder andere wollen stets auf die Kenntnis des gesetzlichen Vertreters abstellen. Der letzten Auffassung dürfte der Vorzug zu geben sein, weil es bei § 819 Abs. 1 anders als bei den §§ 828, 829 nicht um den Ausgleich von Schäden geht. Vgl. zu diesem Meinungsstreit EK BGB Rn. 167 f.

Der Rechtsgedanke des § 166 ist auch in Fällen anzuwenden, in denen der Bereicherungsgegenstand mit Wissen und Wollen des Bereicherungsschuldners von einer anderen Person in Empfang genommen wird. Dies bedeutet, dass die Kenntnis eines Vertreters grundsätzlich dem Vertretenen nicht zugerechnet wird (§ 166 Abs. 1). Dies gilt auch für einen Besitzdiener des Bereicherungsschuldners, wobei jedoch im Hinblick auf die Regelung des § 166 einschränkend zu verlangen ist, dass der **Besitzdiener** eine der Stellvertretung ähnliche Stellung inne haben muss (zur Stellvertretung und den damit zusammenhängenden Fragen Einzelheiten später). Hat jedoch der Bereicherungsschuldner Kenntnis vom Fehlen des Rechtsgrundes, so begründet dies gem. § 166 Abs. 2 eine eigene verschärfte Haftung.[44]

751　Noch in **weiteren Fällen** wird der Bereicherungsschuldner einer **verschärften Haftung** ausgesetzt:
- Auf § 818 Abs. 3 soll sich auch derjenige nicht berufen dürfen, der durch die Annahme der Leistung gegen ein gesetzliches Verbot oder die guten Sitten verstoßen hat. Die diese Anordnung treffende Vorschrift des **§ 819 Abs. 2** steht in einem Zusammenhang mit § 817 S. 1 und

---

[44] MünchKomm/*Schwab*, § 819 Rn. 7.

III. Ungerechtfertigte Bereicherung

„verlängert" die sich daraus ergebende Kondiktion über den Wegfall der Bereicherung hinaus.
- War der mit der Leistung bezweckte Erfolg nach dem Inhalt des Rechtsgeschäfts als ungewiss anzusehen und wird eine Herausgabe geschuldet, weil der Erfolg ausblieb, dann kann sich der Bereicherungsschuldner nicht darauf berufen, dass er auf den Bestand seines Erwerbs vertraut hat, denn er musste mit einer Erfolgslosigkeit rechnen. § 820 Abs. 1 S. 1 zieht deshalb zu Recht eine entsprechende Konsequenz für die condictio ob rem.
- Ebenfalls kommt eine verschärfte Haftung in Betracht, wenn die Leistung zwar mit Rechtsgrund vorgenommen worden ist, der Wegfall des Rechtsgrunds aber nach dem Inhalt des Rechtsgeschäfts als möglich angesehen wurde (§ 820 Abs. 1 S. 2). Dieser Tatbestand gilt für die condictio ob causam finitam und für ihn sprechen gleiche Gründe wie für die Regelung des § 820 Abs. 1 S. 1.

Hinsichtlich der **Rechtsfolgen** verweisen die §§ 819, 820 auf die Vorschrift des § 818 Abs. 4. Danach soll der Empfänger nach den „allgemeinen Vorschriften" haften. Dazu zählen die §§ 291, 292. Dies bedeutet:
- Betrifft der Herausgabeanspruch eine Sache, dann haftet der Bereicherungsschuldner auf Schadensersatz, wenn er die Sache infolge seines Verschuldens nicht oder nicht unbeschädigt herausgeben kann (§§ 292 Abs. 1, 989). Er wird also nicht mehr durch einen Wegfall seiner Bereicherung – anders als dies sonst § 818 Abs. 3 vorschreibt – entlastet.
- Der Bereicherungsschuldner hat nicht nur für die tatsächlich gezogenen, sondern auch für die schuldhaft von ihm nicht gezogenen Nutzungen zu haften (§§ 292 Abs. 2, 987 Abs. 2).
- Die Möglichkeit, sich auf bereicherungsmindernde Aufwendungen zu berufen, ist für den Bereicherungsschuldner in bedeutsamem Umfang eingeschränkt. Er kann nur noch Ersatz notwendiger Verwendungen nach den Vorschriften über die GoA vom Bereicherungsgläubiger fordern (§§ 292 Abs. 2, 994 Abs. 2, 995).
- Schließlich hat der verschärft haftende Bereicherungsschuldner stets für seine finanzielle Leistungsfähigkeit einzustehen (vgl. Rn. 415).

Ob darüber hinaus alle Vorschriften des allgemeinen Leistungsstörungsrechts (§§ 275 ff.) anzuwenden sind, ist streitig; Die h. M. bejaht dies.[45] Danach haftet der Bereicherungsschuldner, der sich in Verzug befindet, auch für einen zufälligen Untergang des Erlangten (§ 287 S. 2). Bei Verzug hat der Bereicherungsschuldner für die Vorenthaltung der Sache Schadensersatz zu leisten (§ 280 Abs. 2 i. V. m. § 286). Der verschärft haftende Berei-

---

[45] Vgl. BGHZ 83, 293, 298 ff. = NJW 1982, 1585 = JuS 1982, 775, m. w. N.; vgl. auch BGHZ 75, 203, 205 ff. = NJW 1980, 178 = JuS 1980, 376. Zu diesem Meinungsstreit eingehend *Medicus*, JuS 1993, 705.

cherungsschuldner ist auch gem. § 285 zur Herausgabe des stellvertretenden commodum verpflichtet. Dies ist insbesondere deshalb bedeutsam, weil es die h. M.[46] ablehnt, als ein nach § 818 Abs. 1 herauszugebendes Surrogat den rechtsgeschäftlichen Gegenwert anzusehen, den der Bereicherungsschuldner durch Veräußerung einer rechtsgrundlos erlangten Sache erzielt. Das auf diesem Wege zu erzielende Ergebnis, dass die Herausgabepflicht hinsichtlich des Veräußerungserlöses nur den verschärft haftenden Bereicherungsschuldner trifft, entspricht der gesetzgeberischen Entscheidung, einem solchen Schuldner die Privilegierung durch § 818 Abs. 1 vorzuenthalten.[47]

753   Die Bereicherung des Bereicherungsschuldners kann dadurch wegfallen, dass er das Erlangte unentgeltlich einem Dritten zuwendet. In diesem Fall greift die Vorschrift des § 822 ein, die dem Bereicherungsgläubiger gegen den Dritten einen unmittelbaren Anspruch gibt; auch in diesem Fall wird also wie bei § 816 Abs. 1 S. 2 wegen der Unentgeltlichkeit des Erwerbs der (zweite) Empfänger zur Herausgabe verpflichtet.

Beispiel: Bertold schenkt und übereignet Albert einen Ring. Albert schenkt den Ring seiner Freundin Hübsch. Später stellt sich heraus, dass der Schenkungsvertrag zwischen Albert und Bertold nichtig ist. Hätte Albert den Ring noch, dann könnte Bertold Herausgabe und Rückübereignung mit der condictio indebiti (§ 812 Abs. 1 S. 1 Alt. 1) verlangen. Da jedoch der (gutgläubige) Albert den Ring verschenkt hat, ist er nicht mehr bereichert und dementsprechend seine Verpflichtung zum Wertersatz weggefallen (§ 818 Abs. 3). Hier greift aber § 822 ein und gibt Bertold einen unmittelbaren Anspruch gegen Hübsch.

Die in § 822 getroffene Regelung stimmt mit der Vorschrift des § 816 Abs. 1 S. 2 darin überein, dass sich der Bereicherungsanspruch gegen einen Dritten richtet, der durch eine Leistung etwas unentgeltlich erhalten hat, wobei der Rechtsgrund für die Leistung an den Dritten auf einem gültigen Kausalgeschäft beruht. Dass der Dritte trotz seines auf einen Rechtsgrund gestützten Erwerbs den Gegenstand an den Bereicherungsgläubiger herausgeben muss, findet seinen Grund in der Unentgeltlichkeit des Erwerbs durch den Dritten. Der entscheidende Unterschied zwischen beiden Regelungen besteht darin, dass sich § 822 auf die (unentgeltliche) Verfügung eines Berechtigten bezieht, während im Fall des § 816 Abs. 1 S. 2 die (unentgeltliche) Verfügung von einem Nichtberechtigten vorgenommen worden ist.

754   Voraussetzung für § 822 ist in jedem Fall, dass der Empfänger bis zur Weitergabe des Bereicherungsgegenstandes an den Dritten einem Bereicherungsanspruch des Bereicherungsgläubigers ausgesetzt gewesen war. Um welche Art von Bereicherungsanspruch es sich dabei handelt, ist

---

[46] BGHZ 24, 106, 110f. = NJW 1957, 1026; BGHZ 75, 203, 206 = NJW 1980, 178; *BGH* NJW 1983, 868, 870; 2004, 1314, 1315; *Larenz/Canaris*, § 72 I 1 c (S. 266f.); Bamberger/Roth/*Wendehorst*, § 818 Rn. 9; PWW/*Leupertz*, § 818 Rn. 8.

[47] *Larenz/Canaris*, § 73 II 3 b (S. 315).

gleichgültig. Der Rechtserwerb des Dritten muss auf einer rechtsgeschäftlichen, unentgeltlichen Zuwendung beruhen. In erster Linie kommen Schenkungen in Betracht. Nach ganz h.M. ist § 822 auch anzuwenden, wenn Surrogate des Bereicherungsgegenstandes oder Nutzungen unentgeltlich an einen Dritten weitergegeben werden. Hat der Empfänger mit dem Bereicherungsgegenstand eine andere Sache erworben und diese einem Dritten geschenkt (Erst wendet rechtsgrundlos Zweit 20.000,- € zu. Von diesem Geld erwirbt Zweit einen Pkw und schenkt diesen Dritt), dann ist der Dritte zum Wertersatz verpflichtet, weil eine solche Verpflichtung auch für den Empfänger des Bereicherungsgegenstandes (Zweit) bestände, wenn er die erworbene Sache nicht verschenkt hätte. Denn die Gegenleistung aus einem Austauschgeschäft ist kein Surrogat. Der *BGH*[48] gestattet jedoch dem Dritten an Stelle des Wertersatzes die ihm zugewendete Sache herausgegeben.

§ 822 gewährt auch dann einen Anspruch, wenn der Schuldner eines Anspruchs aus dieser Vorschrift das Erlangte unentgeltlich einer weiteren Person zuwendet.

Beispiel: Hübsch schenkt den von Albert erhaltenen Ring ihrer Schwester Schön.

Abschließend ist noch darauf hinzuweisen, dass sich aus dem Bereicherungsrecht auch eine **Bereicherungseinrede** ergibt, die derjenige, der ohne rechtlichen Grund eine Verbindlichkeit eingegangen ist, erheben kann, wenn Erfüllung der Verbindlichkeit von ihm verlangt wird (§ 821). Diese Einrede bleibt auch bestehen, wenn der Bereicherungsanspruch auf Befreiung von der Verbindlichkeit bereits verjährt ist.

---

[48] NJW 2004, 1314.

756 Überblick über Inhalt und Umfang des Bereicherungsanspruchs

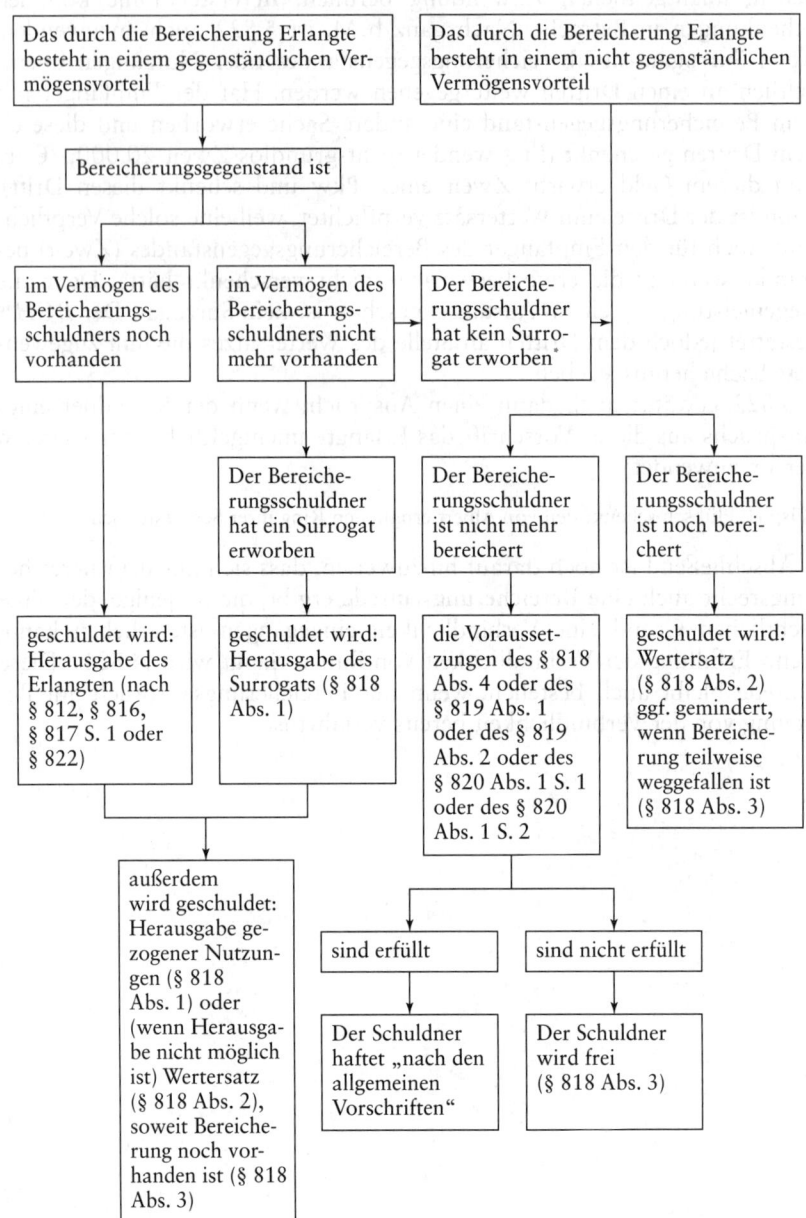

* Hat der Bereicherungsschuldner Nutzungen aus dem (nicht mehr vorhandenen) Bereicherungsgegenstand gezogen, muss er sie herausgeben (§ 818 Abs. 1) oder (bei Unmöglichkeit der Herausgabe und bestehender Bereicherung – sonst § 818 Abs. 3) ihren Wert ersetzen (§ 818 Abs. 2).

IV. Unerlaubte Handlungen

a) Zur gesetzlichen Regelung

Das Recht der unerlaubten Handlungen – auch Deliktsrecht genannt (unerlaubte Handlung = Delikt) – ist im BGB in den §§ 823 bis 853 geregelt. In dieser Regelung sind einzelne Tatbestände enthalten, in denen beschrieben wird, welche Handlungen unerlaubt sind und zu einer Schadensersatzverpflichtung führen können. Der Gesetzgeber ist dabei von dem Grundsatz ausgegangen, dass nur eine rechtswidrige und schuldhafte Verletzung der im Gesetz näher bezeichneten Rechte und Rechtsgüter eine Haftung begründen kann. Nur ausnahmsweise hat der Gesetzgeber im BGB das Verschuldensprinzip aufgegeben und unter den in § 833 genannten Voraussetzungen eine **Gefährdungshaftung** des Tierhalters geschaffen. Außerhalb des BGB finden sich in Spezialgesetzen weitere Fälle der Gefährdungshaftung, so beispielsweise im Produkthaftungsgesetz (Schönfelder Nr. 27), das eine Haftung des Herstellers für Schäden regelt, die durch den Fehler eines Produkts verursacht worden sind, und im Straßenverkehrsgesetz (Schönfelder Nr. 35), das Ansprüche wegen Schäden gewährt, die beim Betrieb eines Kraftfahrzeuges verursacht worden sind.

757

Als Gefährdungshaftung bezeichnet man eine verschuldensunabhängige Einstandspflicht für Schäden, die durch eine abstrakt gefährliche Betätigung oder Anlage verursacht werden. Die Gründe, die den Gesetzgeber bestimmten, eine (verschuldensunabhängige) Gefährdungshaftung einzuführen, sind unterschiedlich und lassen sich nicht auf ein einheitliches Prinzip zurückführen. Eine wesentliche Rolle spielt dabei die Erwägung, dass zwar nicht jedes gefährliche Tun verboten werden kann, dass jedoch derjenige, dem ein gefährliches Verhalten gestattet wird, zum Ausgleich dafür verpflichtet sein muss, unabhängig von einem Verschulden alle die Schäden zu ersetzen, die durch die von ihm herbeigeführte Gefahrenlage verursacht werden. Dementsprechend muss derjenige, der zu seinem Vergnügen ein Tier hält, der mit einem Kraftfahrzeug am öffentlichen Straßenverkehr teilnimmt, der Gefahrenquellen durch den Betrieb eines Luftfahrzeuges oder einer Eisenbahn schafft oder der Kernenergie erzeugt, die auf diese Tätigkeiten zurückzuführenden Schäden ausgleichen, auch wenn er sie trotz aller Sorgfalt nicht zu vermeiden vermag.[49]

Das **Produkthaftungsgesetz** trägt der Tatsache Rechnung, dass der Nachweis eines Verschuldens in Fällen einer Schädigung von Personen und Sachen durch fehlerhafte Produkte (zu den Begriffen Produkt und Fehler im Sinne dieses Gesetzes vgl. §§ 2, 3 ProdHaftG) die Klärung von Vorgängen erforderlich sein ließe, die dem Geschädigten weitgehend verborgen sind, und deshalb dieser Beweis häufig misslingen müsste. Will man dies vermeiden, so bleibt nur, entweder dem Hersteller den Beweis seiner Schuldlosigkeit an dem Produktfehler aufzuerlegen (so die Lösung vor Inkrafttreten des Produkthaftungsgesetzes, die nach h. M. auch noch weiterhin für Bereiche gilt, die nicht von dem Gesetz erfasst werden) oder die Haftung allein davon abhängig zu machen, dass der Hersteller (zum Begriff vgl. § 4 ProdHaftG) ein fehlerhaftes Produkt in den Verkehr gebracht hat, das den zu ersetzenden Schaden verursachte; von der zweiten Al-

---

[49] Zu den einzelnen Fällen der Gefährdungshaftung vgl. *Esser/Weyers*, SchuldR II 2, § 64 (S. 281 ff.); *Deutsch*, NJW 1993, 73; *Deutsch/Ahrens*, Rn. 7, 511 ff.

ternative geht das Produkthaftungsgesetz aus, wobei allerdings Einschränkungen einer Ersatzpflicht durch das Gesetz angeordnet werden. Zu nennen sind z. B. die Selbstbeteiligung des Geschädigten bei Sachbeschädigung in Höhe von 500,– € (§ 11 ProdHaftG) und der in § 10 ProdHaftG bestimmte Haftungshöchstbetrag.[50]

758 Im Deliktsrecht des BGB stehen neben den Grundtatbeständen des § 823 Abs. 1 und 2 sowie des § 826 eine Reihe von Sondertatbeständen in §§ 824, 825, 831 bis 834, 836 bis 839. Die folgenden Ausführungen werden sich auf die Grundtatbestände beschränken. Auf Fragen der Haftung für Gehilfen nach § 831 wird noch später in einem anderen Zusammenhang eingegangen werden (Rn. 870 ff.).

b) Die Grundtatbestände

1. § 823 Abs. 1

759 Entsprechend dem Aufbau des § 823 Abs. 1 (wie auch dem anderer Deliktstatbestände) ist bei der Prüfung der **Haftungsvoraussetzungen** zwischen dem objektiven Tatbestand, der Rechtswidrigkeit und dem Verschulden zu unterscheiden. Der objektive Tatbestand ist verwirklicht, wenn eine menschliche Handlung (Tun oder Unterlassen) für die Verletzung eines durch diese Vorschrift geschützten Rechts oder Rechtsguts ursächlich ist (haftungsbegründende Kausalität; vgl. Rn. 483) und wenn durch eine derartige Verletzung ein Schaden[51] verursacht wird (haftungsausfüllende Kausalität; vgl. ebenfalls Rn. 483), der vom Schutzbereich des § 823 Abs. 1 umfasst wird (vgl. Rn. 485 f.). Formalisiert sieht also der **objektive Tatbestand des § 823 Abs. 1** wie folgt aus:

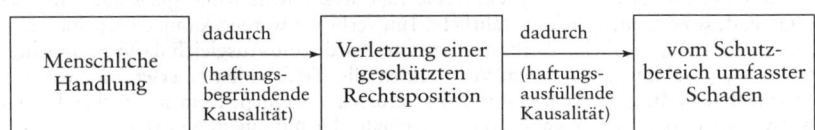

aa) Handlung

760 Voraussetzung für eine Haftung nach § 823 Abs. 1 ist also zunächst, dass der in Anspruch Genommene „gehandelt" hat. Als Handlung ist ein menschliches Verhalten anzusehen, das der Bewusstseinskontrolle und Willenslenkung unterliegt und somit beherrschbar ist.[52] Danach sind nur solche Verhaltensweisen von dem Handlungsbegriff auszunehmen, bei

---

[50] Zu weiteren Einzelheiten der Produkthaftung sei auf die Kommentierung dieses Gesetzes verwiesen, die sich in vielen Kommentaren zum BGB findet, z. B. in MünchKomm, Palandt u. a.
[51] Ob das Merkmal „Schaden" zum objektiven Tatbestand des § 823 Abs. 1 zu rechnen ist, kann aufgrund des Wortlauts der Vorschrift allerdings zweifelhaft sein; vgl. dazu Fn. 118.
[52] Vgl. BGHZ 39, 103, 106 = NJW 1963, 952; *OLG Köln* NJW-RR 1994, 1052; *Fikentscher/Heinemann*, Rn. 1541.

denen es sich um nicht kontrollierbare Vorgänge handelt, wie z. B. Bewegungen eines Schlafenden, eines Bewusstlosen oder eines durch unwiderstehliche Gewalt Gezwungenen.

Beispiel: Frau Alt wird in einem Kaufhaus ohnmächtig und reißt im Fallen einen Verkaufstisch mit Porzellan um. Ein Anspruch aus § 823 Abs. 1 gegen sie scheidet schon deshalb aus, weil sie nicht im Sinne dieser Vorschrift „gehandelt" hat. Eine Ersatzpflicht kann nur aus Billigkeitserwägungen in Betracht gezogen werden (§ 829 i. V. m. § 827).

Der juristische Handlungsbegriff umfasst auch das Unterlassen. Für die Tatbestandsmäßigkeit eines Verhaltens ist es gleichgültig, ob die Verletzung einer geschützten Rechtsposition durch ein positives Tun i. S. e. nach außen erkennbaren Tätigwerdens oder durch das Unterlassen einer Handlung herbeigeführt wird. 761

Beispiel: Der im Krankenhaus befindliche Wund erhält vom Krankenpfleger Schussel versehentlich ein falsches Medikament; dadurch wird ein Kreislaufkollaps verursacht. Das Gleiche passiert bei dem Patienten Alt, weil Schussel vergisst, ihm die vorgeschriebene Medizin zu geben. In beiden Fällen ist das Verhalten des Schussel (einmal in der Form des Tuns, einmal in der Form des Unterlassens) für die eingetretenen Verletzungen ursächlich.

Allerdings kann ein Unterlassen nur dann eine Haftung begründen, wenn eine Pflicht zum Tätigwerden besteht (vgl. Rn. 791 ff.; EK BGB Rn. 177 ff).

bb) Geschützte Rechtsgüter und Rechte

Nur die Verletzung eines durch § 823 Abs. 1 geschützten Rechtsgutes oder Rechts lässt eine Schadensersatzpflicht nach dieser Vorschrift eintreten. Im Gesetz werden die **Rechtsgüter Leben, Körper, Gesundheit und Freiheit** genannt. 762

- Mit der **Verletzung des Lebens** ist die Tötung eines Menschen gemeint. Schadensersatzberechtigt sind in diesem Fall bestimmte Dritte (vgl. §§ 844, 845).
- Als **Verletzung des Körpers** ist jede Beeinträchtigung der körperlichen Unversehrtheit anzusehen. Die **Verletzung der Gesundheit** bedeutet die Störung innerer (physischer oder psychischer) Lebensvorgänge. Eine Abgrenzung der Verletzung beider Rechtsgüter wird häufig kaum möglich sein und ist auch ohne praktische Bedeutung.

Beispiel: Der Kraftfahrer Max überfährt ein Stoppschild und stößt mit dem vorfahrtsberechtigten Motorradfahrer Moritz zusammen. Dabei wird Moritz am Bein verletzt und erleidet einen Schock. In diesem Fall handelt es sich sowohl um eine Körper- als auch um eine Gesundheitsverletzung (Schock).

- Die **Verletzung der Freiheit** ist bei einer Verletzung der körperlichen Bewegungsfreiheit zu bejahen. Erfasst werden also Fälle, in denen der objektive Tatbestand einer Freiheitsberaubung i. S. v. § 239 StGB erfüllt ist. Die Hinderung eines anderen, seinen Aufenthaltsort zu verlassen, kann auch mittelbar dadurch verursacht werden, dass durch eine (falsche) Strafanzeige seine Verhaftung bewirkt wird.

763 Neben den genannten Rechtsgütern ist ferner das **Eigentum** durch § 823 Abs. 1 geschützt. Eine Eigentumsverletzung kann einmal durch **Entziehung oder Beeinträchtigung** des Eigentumsrechts begangen werden. Dies kann dadurch geschehen, dass der Schädiger die dem Eigentümer gehörende Sache wirksam an einen Gutgläubigen veräußert (vgl. Rn. 565 ff., 573) oder sie zugunsten eines Gutgläubigen mit einem Pfandrecht belastet (vgl. §§ 892, 1138, 1207). Wird eine Sache ihrem Eigentümer vorenthalten, so liegt darin ebenfalls eine Eigentumsverletzung, weil der Eigentümer dadurch gehindert wird, das ihm zustehende Recht auszuüben, mit der Sache nach seinem Belieben zu verfahren (vgl. § 903). Das Eigentum an einer Sache wird ferner dadurch verletzt, dass in ihre **Substanz eingegriffen** wird, d. h., dass man sie zerstört oder beschädigt. In das Eigentum kann aber bereits dadurch eingegriffen werden, dass der Eigentümer (lediglich) gehindert wird, seine Sache bestimmungsgemäß zu gebrauchen.[53]

Beispiel: Der Schiffseigner Eich fährt mit seinem Motorschiff zu einer an einem Fleet (= Seitenkanal) liegenden Mühle, um dort Waren zu entladen. Danach stürzt die Uferböschung ein und das Fleet wird unpassierbar. Mehrere Monate kann deshalb das Motorschiff nicht mehr aus dem Fleet fahren und muss bei der Mühle liegen bleiben. Der *BGH*[54] hat zu Recht eine Eigentumsverletzung bejaht, die er darin gesehen hat, dass das Schiff als Transportmittel praktisch ausgeschaltet und dementsprechend seinem bestimmungsgemäßen Gebrauch entzogen wurde. Durch eine derartige „Einsperrung" sind die Eigentümerbefugnisse des Eich beeinträchtigt worden. Dagegen hat es der *BGH* abgelehnt, auch in der Hinderung anderer außerhalb des Fleets befindlicher Schiffe, die Mühle auf dem Wasserweg zu erreichen und zu beliefern, eine Eigentumsverletzung zu erblicken, weil diese Schiffe nicht in ihrer Eigenschaft als Transportmittel betroffen seien. Nach Auffassung des *BGH* kommt es also darauf an, dass die Gebrauchsfähigkeit völlig aufgehoben wird und nicht nur in bestimmter Hinsicht eingeschränkt ist. Gegenüber dieser Unterscheidung sind im Schrifttum allerdings Bedenken erhoben worden.[55] Streitig ist auch, ob kurzfristige Beeinträchtigungen ausreichen (z. B. zweistündiges Zuparken einer Garagenausfahrt) oder ob sie von gewisser Dauer (welcher?) sein müssen.[56]

764 In den Schutzbereich des § 823 Abs. 1 fällt auch ein **„sonstiges Recht"**. Bei der Interpretation dieses Begriffs muss man sich an den ausdrücklich in dieser Vorschrift genannten Rechtsgütern und dem Eigentum orientieren. Wie diese muss auch das „sonstige Recht" einen absoluten, d. h. gegenüber jedem wirkenden und von jedem zu beachtenden Inhalt haben.

Sonstige Rechte sind danach alle **beschränkten dinglichen Rechte** (Hypotheken, Grundschulden, Rentenschulden, Erbbaurechte, Pfandrechte an beweglichen Sachen und Rechten), Anwartschaftsrechte, insbesondere das Anwartschaftsrecht des Vorbe-

---

[53] *BGH* NJW 1994, 517, 518; 1998, 1942, 1943.
[54] BGHZ 55, 153, 159 f. = NJW 1971, 886.
[55] *Medicus/Lorenz*, SchuldR II, Rn. 1290; vgl. auch BGHZ 86, 152 = NJW 1983, 2313.
[56] Vgl. *Kötz/Wagner*, Rn. 146.

haltskäufers (vgl. Rn. 637f.), und alle **ausschließlichen Aneignungsrechte** (Jagdrechte, Fischereirechte, Bergrechte). Zu den sonstigen Rechten zählen auch **Patent-, Urheber-, und Markenrechte**. Dagegen sind Forderungen nicht als sonstiges Recht i. S. d. § 823 Abs. 1 aufzufassen.[57]

Das **Vermögen als solches**, d. h. die Summe aller geldwerten Güter und Rechte einer Person, wird durch § 823 Abs. 1 **nicht geschützt**. Eine schuldhafte Schädigung des Vermögens verpflichtet deshalb nach § 823 Abs. 1 nur dann zum Ersatz, wenn ein durch diese Vorschrift geschütztes Rechtsgut oder Recht verletzt wird. Dann ist aber der Ersatzanspruch auf den Ausgleich der gesamten Schäden einschließlich vermögensmäßiger Einbußen gerichtet, soweit sie vom Schutzbereich der Vorschrift umfasst werden. Verletzt jemand einen anderen (geschütztes Rechtsgut: Körper), dann ist er bei einem rechtswidrigen und schuldhaften Verhalten auch verpflichtet, den Verlust zu ersetzen, den der Verletzte deshalb erleidet, weil er nicht arbeiten oder einen Geschäftsabschluss tätigen kann. Es handelt sich dabei um Schadensfolgen, die mit der Verletzung verbunden sind und die der Schädiger auch aufgrund des § 823 Abs. 1 ersetzen muss. Der zuweilen zu hörende Satz: „Vermögensschäden werden nach § 823 Abs. 1 nicht ersetzt" ist also falsch.

Von der h. M. wird der **Besitz**, und zwar der unmittelbare wie der mittelbare (vgl. Rn. 552, 554), als sonstiges Recht gewertet, wenn der Besitzer die Sache ähnlich einem Eigentümer nutzen darf und ihm Abwehrrechte wie einem Eigentümer zustehen (vgl. §§ 861, 862). Eine solche eigentümerähnliche Position kommt vornehmlich dem Besitzer zu, der ein Recht zum Besitz hat, wie der Mieter, Pächter, Verwahrer oder Nießbraucher.[58] Streitig ist die Frage, ob auch ein unrechtmäßiger Besitzer, der den Besitz gegen Entgelt erlangt und hinsichtlich seines Besitzrechts gutgläubig ist, beim Entzug seines Besitzes Ansprüche nach § 823 Abs. 1 geltend machen kann. Mit der Begründung, dass dieser Besitzer die Sache nutzen dürfte und sogar gegenüber dem Eigentümer berechtigt sei, die Nutzungen zu behalten (§ 993 Abs. 1), wird diese Frage bejaht.[59] Die Ausdehnung des durch § 823 Abs. 1 gewährten Schutzes auf den mittelbaren Besitzer ist dadurch gerechtfertigt, dass diesem ebenfalls Abwehrrechte zustehen (vgl. § 869); allerdings gilt dies nicht im Verhältnis zwischen mittelbarem und unmittelbarem Besitzer, weil der mittelbare Besitzer gegen den unmittelbaren keine Besitzschutzansprüche geltend machen kann. 765

Als sonstiges, vom Schutzbereich des § 823 Abs. 1 umfasstes Recht wird auch das sog. **Recht am eingerichteten und ausgeübten Gewerbebetrieb** anerkannt. Dieses Recht umfasst nicht nur den Bestand des gewerblichen Unternehmens, sondern die gesamte unternehmerische Tätigkeit in allen Erscheinungsformen. 766

Als Eingriffe in den eingerichteten und ausgeübten Gewerbebetrieb sind von der Rechtsprechung beispielsweise angesehen worden: Die Aufforderung zur Einstellung einer bestimmten Gewerbetätigkeit mit der unwahren Behauptung, der Unternehmer verletze ein gewerbliches Schutzrecht (unberechtigte Schutzrechtsverwarnung; dazu EK BGB Rn. 196); Boykottaufrufe an Verbraucher, bestimmte Waren eines Gewerbebetrie-

---
[57] Eingehend zu den sonstigen Rechten i. S. d. § 823 Abs. 1 EK BGB Rn. 183 ff.
[58] Vgl. *Larenz/Canaris*, § 76 II 4 f.; *Fikentscher/Heinemann*, Rn. 1568; *Deutsch/Ahrens*, Rn. 251; *Mincke*, JZ 1984, 862 f. (zu verschiedenen Begründungen).
[59] *Medicus/Petersen*, Rn. 607.

bes nicht zu kaufen oder bestimmte gewerbliche Leistungen nicht in Anspruch zu nehmen; rechtswidrige Streiks; geschäftsschädigende herabsetzende Werturteile.[60]

767 Da es kaum möglich ist, das Recht am eingerichteten und ausgeübten Gewerbebetrieb genau abzugrenzen, hat die Rechtsprechung durch die Aufstellung verschiedener (einschränkender) Voraussetzungen versucht, einer zu weiten Ausdehnung des deliktischen Schutzes unternehmerischer Tätigkeiten entgegenzuwirken. Folgende Voraussetzungen müssen danach erfüllt sein:

- Die Verletzungshandlung muss **betriebsbezogen** sein und einen unmittelbaren Eingriff in den betrieblichen Tätigkeitskreis darstellen. Um einen betriebsbezogenen, unmittelbaren Eingriff handelt es sich nur dann, wenn er gegen den Betrieb als solchen gerichtet ist und nicht irgendwelche vom Betrieb ohne weiteres ablösbare Rechte oder Rechtsgüter betrifft.

    Der *BGH*[61] spricht davon, dass sich der Eingriff „nach seiner objektiven Stoßrichtung gegen den betrieblichen Organismus oder die unternehmerische Entscheidungsfreiheit" richten müsse. Wird ein Arbeitnehmer des Gewerbebetriebes verletzt oder ein betriebseigenes Kraftfahrzeug bei einem Verkehrsunfall beschädigt, dann ist die Betriebsbezogenheit der Verletzungshandlungen zu verneinen. Das gleiche gilt, wenn durch Unachtsamkeit eines Bauarbeiters ein Stromkabel beschädigt wird, das den Betrieb mit Strom versorgt, und deshalb die Produktion zum Stillstand kommt. Allerdings kann in diesem Fall unter dem Gesichtspunkt der Eigentumsverletzung eine Schadensersatzpflicht begründet sein, wenn infolge des Stromausfalls einzelne Sachen im Betrieb beschädigt oder zerstört werden.

    Beispiel: Die Kühlanlage einer Fleischwarenfabrik funktioniert nicht mehr und deshalb verderben die eingelagerten Bestände.

- Schutzobjekt kann nur eine auf Dauer angelegte und auf Gewinnerzielung gerichtete Tätigkeit sein.

    Der übliche Begriff „eingerichteter und ausgeübter Gewerbebetrieb" darf nicht zu dem Fehlschluss führen, dass eine **freiberufliche Tätigkeit** ungeschützt bleibt. Auch die Tätigkeit eines Freiberuflers, eines Arztes, Rechtsanwalts oder Steuerberaters, ist als eingerichteter und ausgeübter Gewerbebetrieb i. S. d. Deliktsrechts anzusehen, obwohl diese Personen i. S. d. Gewerberechts keinen Gewerbebetrieb unterhalten.[62]

- Es darf **keine Haftung nach anderen gesetzlichen Vorschriften** in Betracht kommen. Dies bedeutet, dass ein Schadensersatzanspruch wegen Eingriffs in den eingerichteten und ausgeübten Gewerbebetrieb einen subsidiären Charakter hat.

    Wird durch einen solchen Eingriff die Haftung nach anderen gesetzlichen Vorschriften, z. B. nach § 823 Abs. 1 unter dem Gesichtspunkt der Eigentumsverletzung, begründet, dann ist eine Haftung wegen Verletzung des Rechts am eingerichteten

---

[60] Ein Überblick über die umfangreiche Rechtsprechung findet sich bei MünchKomm/*Wagner,* § 823 Rn. 199 ff.; vgl. auch *Schildt,* WM 1996, 2261; *Deutsch/Ahrens,* Rn. 258 ff.
[61] NJW 2001, 3115, 3117 m. w. N.
[62] Vgl. MünchKomm/*Wagner,* § 823 Rn. 192 m. N.; a. A. *Larenz/Canaris,* § 81 I 1 c (S. 540).

IV. Unerlaubte Handlungen

und ausgeübten Gewerbebetrieb ausgeschlossen. Insbesondere gehen die wettbewerbsrechtlichen Sondervorschriften vor; bei Schädigungen im Wettbewerb können Schadensersatzansprüche nur nach diesen Vorschriften gerechtfertigt werden.[63] Dies muss auch beim Aufbau eines Rechtsgutachtens, z. B. in einer Klausur, beachtet und es müssen zunächst andere in Betracht kommende Ansprüche erörtert werden.

Als sonstiges Recht i. S. v. § 823 Abs. 1 wird schließlich auch das **allgemeine Persönlichkeitsrecht** angesehen. Die Aufnahme dieses Rechts in den Schutzbereich des § 823 Abs. 1 ist aufgrund der im Grundgesetz getroffenen Entscheidung (vgl. Art. 1 und 2 GG) geboten, weil die sonstigen Rechtsvorschriften des BGB und anderer Gesetze, die die Persönlichkeit des Einzelnen schützen, hierfür nicht ausreichen. Den Gegenstand dieses Rechts bildet der Anspruch des einzelnen auf Achtung seiner individuellen Persönlichkeit. Das allgemeine Persönlichkeitsrecht hat keinen klar abgrenzbaren Inhalt, sondern umfasst eine Summe schutzwürdiger Rechtspositionen, die von Fall zu Fall aufgrund einer Interessen- und Güterabwägung zu konkretisieren sind (zu den sich daraus für die Entscheidung über die Rechtswidrigkeit ergebenden Folgerungen vgl. Rn. 790). Eine Interessen- und Güterabwägung ist geboten, weil der Mensch in der Gemeinschaft lebt und deshalb seinem Persönlichkeitsrecht durch die Rechte anderer notwendigerweise Schranken gesetzt sein müssen (vgl. Art. 2 Abs. 1 GG). 768

Die Rechtsprechung hat durch ihre Entscheidungen dazu beigetragen, den generalklauselartigen Tatbestand der Verletzung des Persönlichkeitsrechts zu strukturieren und inhaltlich zu bestimmen. Diese Entscheidungen lassen sich in Fallgruppen zusammenfassen, um auf diese Weise die Übersichtlichkeit zu erhöhen. Beispielsweise kann man zwischen Sachverhalten unterscheiden, in denen die Ehre einer Person durch beleidigende Äußerungen oder Verbreitung ehrenrühriger Tatsachen herabgesetzt wird oder in denen die Privat- und Intimsphäre z. B. durch heimliches Fotografieren oder durch eine heimliche Aufnahme von Gesprächen auf Tonträger verletzt wird. Als Verletzung des allgemeinen Persönlichkeitsrechts ist auch die unbefugte Nutzung von Bildern und Namen zu wirtschaftlichen Zwecken zu werten (zu Einzelheiten und zu weiteren Fallgruppen vgl. EK BGB Rn. 187 ff.). 769

cc) Vom Schutzbereich umfasster Schaden

Nach § 823 Abs. 1 hat der Schädiger den Schaden zu ersetzen, den er dem Geschädigten zugefügt hat, wobei noch die (ungeschriebene) Einschränkung zu machen ist, dass der entstandene Schaden in den Schutzbereich des § 823 Abs. 1 fallen muss (vgl. Rn. 485 f.). 770

Beispiel: Schädig gerät mit seinem Pkw infolge überhöhter Geschwindigkeit in einer Kurve auf den Bürgersteig und verletzt den Fußgänger Wund schwer. Bei der deshalb

---
[63] BGHZ 36, 252, 256 f. = NJW 1962, 1103 = JuS 1962, 238; MünchKomm/*Wagner,* § 823 Rn. 197, m. w. N.

erforderlichen ärztlichen Untersuchung wird festgestellt, dass Wund an einer Arterienverkalkung leidet. Deshalb wird er als Beamter frühzeitig pensioniert. Wund verlangt von Schädig auch den Differenzbetrag zwischen Pension und Gehalt bei einer Weiterbeschäftigung für die Zeit bis zur regulären Pensionsgrenze. Ob man in diesem Fall eine (haftungsausfüllende) Kausalität der Körperverletzung für den eingetretenen Vermögensschaden bejaht, hängt davon ab, mit welchem Inhalt man die Adäquanztheorie anwendet (vgl. dazu Rn. 482). Unabhängig davon muss es aber abgelehnt werden, den wegen der frühzeitigen Pensionierung Wund entstandenen Schaden unter den Schutzbereich des § 823 Abs. 1 zu fassen. Das Verbot, den Körper eines anderen zu verletzen, soll nicht davor schützen, dass verborgene Krankheiten des Verletzten entdeckt werden.[64]

Der Begriff des Schadens ist bisher nicht näher erläutert worden; er wurde vielmehr als von der Umgangssprache ausreichend bestimmt behandelt. Dass jedoch für den rechtlichen Begriff des Schadens zusätzliche Erläuterungen und Präzisierungen erforderlich sind, werden die folgenden Ausführungen zeigen.

Einschub: Der Begriff des Schadens

771 Wenn der Jurist den Begriff des Schadens als eine unfreiwillige Einbuße an rechtlich geschützten Gütern definiert, dann stimmt diese Beschreibung durchaus noch mit der Umgangssprache überein. Dieser Schadensbegriff umfasst auch den Nichtvermögensschaden (immateriellen Schaden).

Von einem **Vermögensschaden** (materiellen Schaden) spricht man, wenn der Geschädigte eine in Geld messbare Einbuße erlitten hat. Die Verletzung von Leben, Körper, Gesundheit und Freiheit, die damit verbundenen Schmerzen und Aufregungen, bewirken einen immateriellen Schaden; zugleich können dadurch auch materielle Schäden als weitere Folgen verursacht werden (z. B. Arztkosten, Verdienstausfall).

772 Die Unterscheidung zwischen materiellem und immateriellem Schaden ist deshalb von besonderer Bedeutung, weil wegen eines Schadens, der nicht Vermögensschaden ist, Entschädigung in Geld nur in den durch das Gesetz bestimmten Fällen gefordert werden kann (§ 253 Abs. 1). Zu nennen ist hier insbesondere die Vorschrift des § 253 Abs. 2, nach der in den dort genannten Fällen dem Verletzten für Nichtvermögensschäden eine Entschädigung (Schmerzensgeldanspruch) zusteht. Obwohl die Verletzung des allgemeinen Persönlichkeitsrechts (vgl. Rn. 768f.) in § 253 Abs. 2 nicht erwähnt wird, ist auf Grund der durch das *BVerfG* bestätigten Rechtsprechung des *BGH* auch in diesem Fall dem Verletzten ein Anspruch auf Ersatz des immateriellen Schadens zuzubilligen. Die Rechtsprechung hat diesen Anspruch zunächst auf eine analoge Anwendung des (inzwischen aufgehobenen) § 847[65] gestützt, später jedoch das Recht, bei

---

[64] *BGH* NJW 1968, 2287.
[65] Eine § 847 aF entsprechende Regelung findet sich jetzt in § 253 Abs. 2. Allerdings ist die Vorschrift des § 253 Abs. 2 gegenüber dem früheren Recht nicht mehr auf de-

IV. Unerlaubte Handlungen

Verletzung des allgemeinen Persönlichkeitsrechts, Geldentschädigung zu fordern, aus § 823 Abs. 1 i. V. m. Art. 1 und 2 Abs. 1 GG abgeleitet.[66] Allerdings wird ein solcher Anspruch davon abhängig gemacht, dass eine rechtswidrige und schuldhafte Verletzung des Persönlichkeitsrechts zu einer schwerwiegenden Beeinträchtigung führt.[67] Als schwerwiegend gilt eine Verletzung, bei der entweder den Schädiger ein schwerer Schuldvorwurf trifft oder durch die das Persönlichkeitsrecht in einem besonderen Maße verletzt wird. Hinzu muss noch kommen, dass der Geschädigte auf andere Weise keine ausreichende Genugtuung erlangen kann.[68] Auf diese Weise ist ein angemessenes Mittel geschaffen worden, um einer hemmungslosen Vermarktung der Persönlichkeitsrechte anderer entgegenzuwirken.

Soweit für einen Nichtvermögensschaden eine Geldentschädigung nicht verlangt werden kann, bleibt nur die sog. Naturalrestitution, d. h. die Herstellung des Zustandes, der bestehen würde, wenn der zum Ersatz verpflichtende Umstand nicht eingetreten wäre (§ 249 Abs. 1). Die Naturalrestitution wird dabei in vielen Fällen des immateriellen Schadens unmöglich sein; beispielsweise kann eine Freiheitsberaubung nachträglich nicht ungeschehen gemacht werden.

Eine weitere Differenzierung innerhalb des Schadensbegriffs lässt sich danach vornehmen, ob der Schaden unmittelbar durch die Verletzungshandlung herbeigeführt wird (sog. Verletzungsschaden, z. B. der beim Verkehrsunfall erlittene Beinbruch) oder ob es sich dabei um einen Schaden handelt, der erst als weitere Folge eintritt (sog. Folgeschaden, z. B. die Kosten der Heilung des Bruches).[69] Da sich das Verschulden des Schädigers nur auf die Verletzungshandlung, nicht auch auf den dadurch verursachten Schaden beziehen muss, kommt es nicht darauf an, ob die eingetretenen Folgeschäden voraussehbar sind (zur Ersatzpflicht für Folgeschäden im Rahmen des § 823 Abs. 1 vgl. Rn. 764). 773

Den Ausgangspunkt für die Ermittlung eines Vermögensschadens bildet eine **Differenzhypothese**. Es wird das Vermögen in seinem Zustand nach dem schädigenden Ereignis mit der (hypothetischen) Vermögenslage verglichen, wie sie bestanden hätte, wenn das die Schadensersatzpflicht begründende Ereignis nicht eingetreten wäre. Die Differenz zwischen diesen beiden Vermögenslagen ergibt den zu ersetzenden Schaden. 774

Allerdings stellt die Differenzhypothese nur einen theoretischen Ansatz für die Schadensberechnung dar. Niemand wird auf den Gedanken kommen, das Vermögen des Geschädigten insgesamt zu ermitteln und zu vergleichen, wenn es darum geht, einen konkret feststehenden Schaden, z. B. den Verlust eines Buches, zu ersetzen. Vielmehr

---

liktische Ansprüche beschränkt, sondern erfasst auch vertragliche Pflichtverletzungen und Ansprüche aus Gefährdungshaftung; vgl. *Jaeger/Luckey*, MDR 2002, 1168 ff.; MünchKomm/*Oetker*, § 253 Rn. 17 ff.
[66] *BVerfG* NJW 2000, 2187; *BGH* NJW 2000, 2195, 2197, jeweils m. w. N.; vgl. auch *Coester-Waltjen*, Jura 2001, 133, 134.
[67] Vgl. *BGH* NJW 2005, 215, 217.
[68] Vgl. *Brox/Walker*, BS, § 44 Rn. 19; *Larenz/Canaris*, § 80 I 4 b.
[69] Bamberger/Roth/*Grüneberg*, § 249 Rn. 42.

§ 8. Einzelne gesetzliche Schuldverhältnisse

wird die Differenzhypothese regelmäßig auf den einzelnen Schadensposten (z. B. auf den Wert des verlorenen Buches) bezogen.[70]

775 Bei der Differenzhypothese kann jedoch nicht in jedem Fall stehen geblieben werden; dies zeigen die folgenden

Beispielsfälle: Bei einer Schlägerei verletzt Arnold den Bertold, so dass dieser einen Arzt aufsuchen muss. Die Arztkosten werden von der gesetzlichen Krankenversicherung getragen, deren Mitglied Bertold ist.

Schussel, der als Zuschauer ein Radrennen besucht, beschädigt durch Unvorsichtigkeit das Rennrad des Sportlich. Als dies bekannt wird, sammeln die Freunde des Sportlich unter sich und übergeben den gesammelten Geldbetrag Sportlich; der Erlös der Sammlung übersteigt um 20,- € die Reparaturkosten.

Durch Unachtsamkeit des Schädig wird der Fahrschulwagen des Kundig beschädigt. Während der Reparaturzeit fallen 20 Fahrstunden aus. Kundig holt diese Fahrstunden außerhalb der üblichen Unterrichtszeit am späten Abend nach.[71]

In allen drei Fällen führt die Differenzhypothese zu dem Ergebnis, dass ein Vermögensschaden zu verneinen ist und dass der Schädiger deshalb keinen Ersatz zu leisten braucht. Dieses Ergebnis ist nicht gerecht. Im ersten Fall wird es dadurch vermieden, dass nach §§ 116, 117 Sozialgesetzbuch X (= 10. Buch) die Ansprüche des Bertold auf den Versicherungsträger übergehen und dieser von Arnold Ersatz der von ihm erbrachten Leistungen verlangen kann. Im zweiten Fall fehlt eine entsprechende gesetzliche Regelung. Es besteht aber Einvernehmen darüber, dass der Schädiger nicht durch freiwillige Leistungen Dritter entlastet wird, die aus Anlass des Schadensereignisses dem Geschädigten erbracht werden.[72] Nur wenn der Dritte für den Schädiger die Leistung bewirkt (§ 267 Abs. 1), gilt etwas anderes. Die Freunde des Sportlich wollen aber nicht Schussel entlasten, sondern Sportlich etwas schenken. Auch im dritten Fall ist der Verdienst, der aufgrund der Überstunden von Kundig erzielt worden ist, bei der Schadensberechnung nicht zu berücksichtigen. Anzurechnen sind solche Vorteile, die sich aus Maßnahmen ergeben, zu denen der Geschädigte nach § 254 Abs. 2 S. 1 zur Abwendung oder Minderung des Schadens verpflichtet ist. Bei den von Kundig geleisteten Überstunden handelt es sich aber um sog. „überpflichtmäßige" Anstrengungen. Sie kommen dem Schädiger nicht zugute.

776 Trotz dieser Einschränkungen gilt bei der Berechnung eines Vermögensschadens der Grundsatz, dass sich der Geschädigte wirtschaftliche Vorteile, die sich für ihn aus dem schädigenden Ereignis ergeben, anrechnen lassen muss (sog. **Vorteilsausgleichung**). Allerdings bereitet die Frage Schwierigkeiten, von welchen Voraussetzungen eine solche Vorteilsausgleichung abhängig ist. Mit dem Hinweis, dass eine Vorteilsausgleichung nur in Betracht kommen kann, wenn der Vorteil in einem adäquatkausalen Zurechnungszusammenhang zum schädigenden Ereignis steht, ist nicht viel gewonnen, weil stets noch verlangt wird, dass eine Anrechnung der Billigkeit entsprechen muss.[73] Eine allgemeine, stets zutreffende Antwort lässt sich deshalb kaum finden. Eine Orientierung an typischen Einzelfällen ist folglich geboten.

---

[70] *Honsell/Harrer,* JuS 1991, 441, 442.
[71] Fall von BGHZ 55, 329 ff. = NJW 1971, 836 = JuS 1971, 484.
[72] *BGH* NJW 2002, 292, 293 m. w. N.
[73] *BGH* NJW 2008, 3359, 3360 Tz. 20 m. N.; *Metzger,* JZ 2008. 498, 499.

IV. Unerlaubte Handlungen

Geht man von dem Grundsatz aus, dass der Geschädigte nicht besser gestellt sein darf, als er es ohne das schädigende Ereignis wäre, dann kann nicht zweifelhaft sein, dass die vom Geschädigten ersparten Aufwendungen zugunsten des Schädigers in die Schadensberechnung aufzunehmen sind. Dies gilt beispielsweise für die ersparten häuslichen Verpflegungskosten, wenn sich der Geschädigte zur Ausheilung einer Verletzung im Krankenhaus befindet oder wenn er Fahrtkosten spart, die er ohne die Schädigung hätte aufwenden müssen.[74]

Ein ähnliches Problem wie bei der Vorteilsausgleichung ergibt sich, wenn entschieden werden soll, ob sich der Geschädigte Abzüge gefallen lassen muss, wenn er an Stelle der zerstörten gebrauchten Sache eine neue erhält oder wenn die im Rahmen des Schadensersatzes geleistete Reparatur die beschädigte Sache wertvoller macht. 777

Beispiel: Durch einen von A verschuldeten Brand wird das Haus des B zerstört. Der Neubau des Hauses kostet 250.000,- €, die B von A als Schadensersatz fordert. B will nur 180.000,- € zahlen, weil das zerstörte Haus 20 Jahre alt gewesen sei und der Neubau 70.000,- € wertvoller sei.

Bei diesem unter dem **Stichwort „neu für alt"** erörterten Problem ist von dem Grundsatz auszugehen, dass sich der Geschädigte Vorteile anrechnen lassen muss, die ihm zufallen, wenn die Schadensersatzleistung die beschädigte Sache verbessert oder er für die gebrauchte eine neue Sache erhält.[75] Allerdings sind Einschränkungen geboten, weil die Wertverbesserung für den Geschädigten keinesfalls immer willkommen sein muss und sie ihm gleichsam aufgedrängt wird. Deshalb ist ein auszugleichender Vorteil nur zu bejahen, wenn die Verbesserung für den Geschädigten nach seiner individuellen Situation einen messbaren Wertzuwachs bedeutet und ihm eine Ausgleichungspflicht zugemutet werden kann.[76] Die Frage der Zumutbarkeit stellt sich insbesondere dann, wenn der Geschädigte nicht über ausreichende Eigenmitteln verfügt, um sich eine verbesserte oder neue Sache zu beschaffen.[77]

Die vorstehenden Ausführungen zeigen, dass ein Schadensbegriff, der allein auf der Differenzhypothese beruht (man kann ihn als „natürlichen Schadensbegriff" bezeichnen), Korrekturen bedarf, um nicht zu unbilligen Ergebnissen zu führen. Man stellt deshalb dem natürlichen Schadensbegriff einen normativen gegenüber, um zum Ausdruck zu bringen, dass auch dann ein Vermögensschaden aufgrund wertender Betrachtung bejaht werden kann, wenn rein rechnerisch ein vermögensmäßiger Nachteil nicht feststellbar ist.[78] Die Lehre vom **normativen Schaden** ist jedoch recht umstritten; auf die Streitfragen kann allerdings hier nicht näher eingegangen werden.[79] 778

---

[74] Vgl. Bamberger/Roth/*Grüneberg*, § 249 Rn. 105 f. m. weiteren Beispielen.
[75] *BGH* NJW 1996, 584, 585; 1997, 2879, 2880; 2004, 2526, 2528; MünchKomm/ *Oetker* § 249 Rn. 333 ff.
[76] *Armbrüster,* JuS 2007, 411, 418; *Fikentscher/Heinemann,* Rn. 677; *Medicus/ Lorenz,* Rn. 647; Erman/*Ebert*, vor §§ 249–251 Rn. 104.
[77] MünchKomm/*Oetker,* § 249 Rn. 333.
[78] Vgl. *Brox/Walker,* AS, § 29 Rn. 7; *Honsell/Harrer,* JuS 1991, 441.
[79] Vgl. hierzu *Medicus,* JuS 1979, 233.

779 Schwierigkeiten kann auch die Frage bereiten, ob bestimmte Verletzungsfolgen überhaupt einen Vermögenswert besitzen. Diese Frage spielt insbesondere eine Rolle, wenn es um die **Entschädigung für entgangene Gebrauchsvorteile** geht.

Beispiel: Arnold beschädigt schuldhaft das Kfz des Bertold. Die erforderliche Reparatur dauert eine Woche. Während dieser Zeit benutzt Bertold öffentliche Verkehrsmittel und das Fahrrad. Kann er eine Entschädigung von Arnold dafür verlangen, dass er während der Reparaturzeit kein Auto zur Verfügung hat?

Man ist zunächst geneigt, diese Frage mit der Begründung zu verneinen, dass es sich um einen Nichtvermögensschaden handelt, der hier geltend gemacht wird und dessen Ersatzfähigkeit gesetzlich nicht vorgesehen ist (§ 253 Abs. 1; vgl. Rn. 772). Denn es geht doch um einen Ausgleich für die Unbequemlichkeit, die Bertold auf sich nahm. Andererseits ist aber auch zu berücksichtigen, dass die bloße Nutzungsmöglichkeit eines Pkw einen Vermögenswert aufweist, wie insbesondere die Autovermietung zeigt. Hinzu kommt, dass es wenig gerecht erscheint, den Verzicht des Geschädigten auf Anmietung eines Ersatzfahrzeuges (deren Kosten grundsätzlich einen ersatzfähigen Schaden darstellen) allein dem Schädiger zugute kommen zu lassen.

780 Der *BGH* hat in ständiger Rechtsprechung die Nutzungsmöglichkeit eines Kfz als ein vermögenswertes Gut angesehen, dessen Beeinträchtigung zu einem Vermögensschaden führt.[80] Dementsprechend kann in dem Beispielsfall Bertold eine angemessene Entschädigung für den Nutzungsausfall fordern. Die dogmatische Begründung für diese Auffassung ist im Schrifttum sehr umstritten,[81] zumal in anderen Fällen die Kommerzialisierung von Nutzungsmöglichkeiten und eine Entschädigungspflicht überwiegend auch vom *BGH* verneint werden.

So ist beispielsweise die Frage, ob auch die Nutzungsmöglichkeit eines Hauses einen Vermögenswert besitzt, vom *BGH* zunächst unterschiedlich beurteilt worden; sie wurde vom Großen Senat (vgl. § 132 GVG; GK ZPO Rn. 556) schließlich bejaht.[82] Für unbegründet wurde ein Geldersatzanspruch wegen des Ausfalls der Nutzung eines Motorsportbootes[83] sowie eines privaten Schwimmbades angesehen.[84] Der zeitweise Verlust der Gebrauchsmöglichkeit eines reinen Freizeitzwecken dienenden Wohnmobils begründet nach Auffassung des *BGH* keinen ersetzbaren Vermögensschaden.[85] Ebenfalls hat es der *BGH* abgelehnt, dem Käufer eines Pelzmantels im Rahmen eines Schadensersatzanspruchs auch Ersatz für die entgangenen Gebrauchsvorteile zuzusprechen.[86] Seine ablehnende Auffassung hat das Gericht damit begründet, dass nach der Verkehrsauffassung die Benutzbarkeit eines Pelzmantels (anders als die eines Kfz) kei-

---

[80] Vgl. z. B. BGHZ 40, 345 = NJW 1964, 542 = JuS 1964, 206; BGHZ 56, 214 = NJW 1971, 1692 = JuS 1972, 155; BGHZ 85, 11 = NJW 1982, 2304; *BGH* NJW 2008, 915 Tz. 6.

[81] Vgl. *Schiemann*, JuS 1988, 20, 22 ff.; *Kötz/Wagner*, Rn. 678 ff.; *Benecke/Pils*, JA 2007, 241; *Armbrüster*, JuS 2007, 411, 414 f.

[82] BGHZ 98, 212 = NJW 1987, 50 = JuS 1987, 574. Vgl. aber auch *BGH* NJW 1992, 1500: Der vorübergehende Entzug der Nutzungsmöglichkeit einer Wohnung stellt nur dann einen Vermögensschaden dar, wenn die Räume für die Lebensführung des Berechtigten eine zentrale Bedeutung aufweisen.

[83] BGHZ 89, 60 ff. = NJW 1984, 724.

[84] BGHZ 76, 179 = NJW 1980, 1386 = JuS 1980, 679.

[85] *BGH* NJW-RR 2008, 1198.

[86] BGHZ 63, 393 = NJW 1975, 733 = JuS 1975, 464.

nen selbstständigen vom Substanzwert zu trennenden Vermögenswert bilde. Dass für nutzlos aufgewendete Urlaubszeit bei einem Reisevertrag (vgl. § 651a) eine angemessene Entschädigung in Geld gefordert werden kann, ist gesetzlich bestimmt (§ 651f Abs. 2).

Will man versuchen, diese Kasuistik zu ordnen, dann lassen sich in der einschlägigen Rechtsprechung folgende Orientierungspunkte finden: Dem betroffenen Eigentümer wird eine Entschädigung nur zuerkannt, wenn er während der Ausfallzeit die Sache nutzen will und dazu auch in der Lage wäre. Ist dies wegen einer Erkrankung oder Abwesenheit nicht der Fall, dann muss ein Nutzungsschaden verneint werden.[87] Der Nutzungsentzug muss für den Betroffenen „fühlbar" sein, weil der Geschädigte die Sache mangels Nutzungsalternativen wirklich braucht. Steht dagegen z.B. dem Eigentümer eines beschädigten Kfz ein gleichwertiges Fahrzeug zur Verfügung, das er ohne Einschränkung gebrauchen kann, dann fehlt es an einem fühlbaren wirtschaftlichen Nachteil.[88] Denn der Ersatz für den Verlust der Möglichkeit zum Gebrauch der Sache muss grundsätzlich Fällen vorbehalten bleiben, in denen die Funktionsstörung sich typischerweise als solche auf die materielle Grundlage der Lebenshaltung signifikant auswirkt, weil andernfalls die Gefahr besteht, die Ersatzpflicht auf Nichtvermögensschäden auszudehnen.[89]

Die **Frage, in welcher Form der Schaden** vom Schädiger **zu ersetzen** ist, muss aufgrund der §§ 249 bis 251 entschieden werden. In Betracht kommt entweder die Herstellung des Zustandes, der bestehen würde, wenn der zum Ersatz verpflichtende Umstand nicht eingetreten wäre (**Naturalrestitution**), oder Entschädigung in Geld. In erster Linie wird Naturalrestitution geschuldet (§ 249 Abs. 1), während für einen Anspruch auf Geldersatz bestimmte im Gesetz genannte Voraussetzungen erfüllt sein müssen. 781

Beispiele für eine Naturalrestitution sind bei der Beschädigung einer Sache ihre Reparatur durch den Schädiger oder durch einen von ihm Beauftragten oder bei Beschädigung oder Verlust einer vertretbaren Sache (§ 91) die Lieferung einer gleichwertigen Sache durch den Verpflichteten, bei ehrverletzenden Behauptungen der Widerruf, sofern nicht ein weiterer auszugleichender Schaden besteht.

Soweit Naturalrestitution möglich ist, kann der Gläubiger sie stets fordern. Eine Ausnahme gilt lediglich, wenn die Herstellung nur mit unverhältnismäßigen Aufwendungen möglich ist (§ 251 Abs. 2). In diesem Fall kann der Schädiger den Gläubiger in Geld entschädigen.

Die Frage, ob die zur Herstellung erforderlichen Aufwendungen unverhältnismäßig sind, beantwortet sich nach dem Wert des beeinträchtigten Rechtsguts, wobei die Kosten diesen Wert durchaus in einem angemessenen Rahmen übersteigen können. Sind die Voraussetzungen des § 251 Abs. 2 erfüllt, dann steht dem Schädiger eine Ersetzungsbefugnis zu (vgl. Rn. 198).

Geldersatz kann der Geschädigte vom Schädiger verlangen, wenn 782
- Schadensersatz wegen Verletzung einer Person oder wegen Beschädigung einer Sache zu leisten ist (§ 249 Abs. 2; vgl. Rn. 181),
- die vom Gläubiger dem Ersatzpflichtigen zur Naturalrestitution gesetzte angemessene Frist, die mit der Erklärung verbunden war, dass die Natu-

---
[87] BGH NJW-RR 2008, 1198 Tz. 7.
[88] BGH NJW 2008, 913, 915 Tz. 10.
[89] BGH NJW-RR 2008, 1198 Tz. 7.

ralrestitution nach Ablauf dieser Frist abgelehnt werde, ergebnislos verstrichen ist (§ 250),

- die Naturalrestitution nicht möglich ist oder zur Entschädigung des Gläubigers nicht genügt (§ 251 Abs. 1). Aus dem Wort „soweit" in § 251 Abs. 1 ergibt sich, dass in Fällen, in denen die Naturalrestitution teilweise möglich ist, diese geschuldet wird und nur im Übrigen Ersatz in Geld zu leisten ist.

    Beispiel: Eich gibt seinen Pkw in die Reparaturwerkstatt des Emsig. Ein Gehilfe, der den Wagen in die Werkstatthalle fahren will, stößt infolge Unachtsamkeit mit einem anderen Fahrzeug zusammen. Die Naturalrestitution (Reparatur des Fahrzeuges) kann in diesem Fall von Emsig geleistet werden (vgl. aber § 249 Abs. 2). Hinsichtlich des sog. **merkantilen Minderwertes**, der Werteinbuße, die sich dadurch ergibt, dass das Fahrzeug trotz ordnungsgemäßer Reparatur als Unfallwagen weniger wert ist als ein entsprechendes unfallfreies Fahrzeug und deshalb beim Verkauf ein geringerer Erlös erzielt wird, muss eine Naturalrestitution ausscheiden und kommt nur eine Entschädigung in Geld in Betracht.

- der Geschädigte, der bei Verlust einer vertretbaren Sache Naturalrestitution beanspruchen kann, selbst eine Ersatzbeschaffung vornimmt.[90]

    Beispiel: A verkauft unberechtigt Aktien des B. Wenn B daraufhin gleiche Aktien zum Marktpreis erwirbt, kann er den dafür von ihm gezahlten Preis als Schadensersatz von A fordern.

783 Wird Geld als Schadensersatz geschuldet, dann muss der zu zahlende Betrag so bemessen sein, dass dadurch der entstandene Schaden in vollem Umfang ausgeglichen wird. Stets kann der Geschädigte Ersatz des sog. gemeinen Wertes, d.h. des Wertes verlangen, den der Gegenstand objektiv, also für jedermann, hat. Aber auch der subjektive Wert, der Wert also, den der Gegenstand nur für den Geschädigten besitzt, ist zu berücksichtigen, wenn er den gemeinen Wert übersteigt. In diesem Fall kann der Geschädigte verlangen, dass der Schadensberechnung der subjektive Wert (nicht zu verwechseln mit dem Gefühls- oder Liebhaberwert, dem Affektionswert oder Affektionsinteresse) zugrunde gelegt wird, weil nach §§ 249 ff. der Geschädigte stets so zu stellen ist, wie er stehen würde, wenn das Schadensereignis nicht eingetreten wäre.

Beispiel: Durch Unachtsamkeit des Schussel entsteht ein Brand in dem Haus des Eich, bei dem ein seit vielen Jahren unbeachtet auf dem Dachboden stehendes Bild des Malers Farbenreich, eine seit mehreren Generationen in der Familie befindliche, hochgeschätzte Bibel und ein Teil einer kompletten Sammlung von Inflationsgeld vernichtet werden. Bei dem für das verbrannte Gemälde zu leistenden Schadensersatz ist der gemeine Wert des Bildes maßgebend; es kommt nicht darauf an, dass Eich das Gemälde gering achtete und es für ihn persönlich ohne Wert war. Andererseits bleibt der Gefühlswert, den die Familienbibel für Eich hatte, bei der Schadensberechnung außer Ansatz. Diesem „Affektionsinteresse" kommt kein Vermögenswert zu, so dass eine Entschädigung insoweit nicht gefordert werden kann (§ 253 Abs. 1). Schussel ist also nur verpflichtet, den gemeinen Wert der Bibel zu ersetzen. Bei der Berechnung des Schadens, der durch die Vernichtung des Inflationsgeldes entstanden ist, muss dage-

---

[90] *BGH NJW 2008, 2430 = JuS 2008, 1028 (Faust).*

IV. Unerlaubte Handlungen

gen beachtet werden, dass es sich hierbei um Teile einer Sammlung gehandelt hat. Es ist also nicht allein der gemeine Wert der vernichteten Banknoten, sondern auch der Minderwert, der sich für die gesamte Sammlung dadurch ergibt, dass sie in einem erheblichen Umfang unvollständig geworden ist, auszugleichen. Denn nur dann wird der entstandene Schaden, d. h. der Schaden des Ersatzberechtigten, voll ausgeglichen. Insoweit wirken sich also individuelle Besonderheiten bei der Schadensberechnung aus.

Der zu ersetzende Schaden umfasst auch den entgangenen Gewinn 784 (§ 252 S. 1). Als entgangener Gewinn sind alle Vermögensvorteile anzusehen, die der Geschädigte gehabt hätte, wenn das Schadensereignis nicht eingetreten wäre.

Beispiele für einen entgangenen Gewinn: der höhere Preis, der bei Verkauf von Waren zu erzielen ist; die Einkünfte, die der Geschädigte gehabt hätte, wenn er seinem Gewerbe hätte nachgehen können.

Da der Richter bei der Feststellung, ob und welcher Gewinn dem Geschädigten entgangen ist, eine noch in der Zukunft liegende und deshalb unsichere Entwicklung bewerten muss, können sich insoweit für den Geschädigten Beweisschwierigkeiten ergeben. § 252 S. 2 mindert deshalb die Beweisanforderungen und lässt es genügen, dass ein Gewinn „mit Wahrscheinlichkeit erwartet werden konnte".

Es entspricht dem Grundsatz von Treu und Glauben, eine Mitwirkung 785 des Geschädigten an der Verursachung des Schadens zu berücksichtigen. § 254 Abs. 1 schreibt dementsprechend vor, eine Schadensersatzpflicht vom Verschulden des Geschädigten abhängig zu machen. Je nach dem Maß der Mitverursachung und dem Grad des mitwirkenden Verschuldens kann die Verpflichtung zum Schadensersatz völlig entfallen oder der zu ersetzende Schaden in seinem Umfang gemindert werden.

§ 254 meint ein Verschulden gegen sich selbst im Sinne einer Obliegenheitsverletzung (vgl. Rn. 515). Hat der Geschädigte die im Verkehr erforderliche Sorgfalt außer Acht gelassen und dadurch den entstandenen Schaden vergrößert oder dessen Entstehung überhaupt erst möglich gemacht, dann verletzt er dadurch keine Rechtspflicht, die ihm gegenüber anderen obliegt, sondern handelt eigenen Interessen zuwider, weil dies nach § 254 zu seinem Nachteil bei der Schadensersatzpflicht des Schädigers berücksichtigt wird. Der Geschädigte muss sich nach § 254 Abs. 2 S. 2 auch ein Verschulden gesetzlicher Vertreter oder von Erfüllungsgehilfen zurechnen lassen, wobei die in dieser Vorschrift ausgesprochene Verweisung auf § 278 nicht nur – worauf die systematische Stellung hindeuten könnte – auf die in Abs. 2 getroffene Regelung, sondern auch auf die in Abs. 1 enthaltene Bestimmung zu beziehen ist. Abs. 2 S. 2 ist also so zu verstehen, als stünde diese Regelung in einem selbstständigen Abs. 3.

Streitig ist die Frage, ob **§ 254 Abs. 2 S. 2** als **Rechtsgrund- oder als Rechtsfolgenverweisung** (zu diesen Begriffen vgl. Rn. 244) aufzufassen ist. Handelte es sich bei dieser Bestimmung um eine Rechtsgrundverweisung, dann müssten die Voraussetzungen erfüllt sein, von denen § 278 die Zurechnung des Verhaltens von Dritten abhängig macht. Da § 278 nur im Rahmen einer schuldrechtlichen oder schuldrechtsähnlichen Beziehung Anwendung findet, müsste sich der Geschädigte das Mitverschulden eines Dritten nur innerhalb eines zwischen ihm und dem Schädiger schon bestehenden Schuldverhältnisses zurechnen lassen. Anders dagegen wäre zu entscheiden, wenn Abs. 2 S. 2 eine Rechtsfolgenverweisung darstellte, so dass sich der Geschädigte auch dann das Verschulden eines Dritten zurechnen lassen müsste, wenn im Zeitpunkt der Schadensentstehung ein solches Schuldverhältnis nicht existiert hat.

Beispiel: Frau Quassel begibt sich mit ihrem dreijährigen Sohn Fritz zum Einkaufen. Vor einem Geschäft trifft sie eine Bekannte und beginnt ein ausgiebiges Gespräch, über das sie ihren Sohn völlig vergisst. Fritz, der sich zunächst in der Nähe seiner Mutter aufgehalten hat, sieht plötzlich auf der anderen Straßenseite einen Hund und rennt, ohne auf den starken Autoverkehr zu achten, auf die Fahrbahn. Dort wird er von dem Kfz des Schädig erfasst. Fritz müsste sich nach § 254 Abs. 2 S. 2 i. V. m. § 278 die Sorglosigkeit seiner Mutter nur dann anrechnen lassen, wenn es hierfür nicht auf das Bestehen eines Schuldverhältnisses ankäme. Insbesondere die Rechtsprechung verlangt aber eine entsprechende Sonderbindung, sieht also in § 254 Abs. 2 S. 2 eine Rechtsgrundverweisung.[91]

In Fällen der Gefährdungshaftung (vgl. o. Rn. 757) ist die Vorschrift des § 254 auch ohne Verschulden des Geschädigten anzuwenden.

Beispiel: Schussel überholt mit seinem Fahrrad eine sich im Stau im Schritttempo vorwärts bewegende Pkw-Kolonne und beschädigt dabei durch Unachtsamkeit das Kfz des Eich. Eich muss sich hier nach § 254 auf seinen Schadensersatzanspruch nach § 823 Abs. 1 gegen Schussel die sog. Betriebsgefahr seines Pkw anrechnen lassen, denn nach § 7 Abs. 1 StVG hat er für diese Betriebsgefahr einzustehen. Nur soweit der Unfall auf höhere Gewalt (vgl. Rn. 459 aE) zurückzuführen ist, hat die Anrechnung der Betriebsgefahr nach § 7 Abs. 2 StVG zu unterbleiben.[92]

786   Bei Anwendung des § 254 ist folgendes **Prüfungsschema** anzuwenden:
• Hat der Geschädigte die im Verkehr erforderliche Sorgfalt beachtet (Sorgfaltsverstoß) oder muss er sich (verschuldensunabhängig) eine Betriebsgefahr zurechnen lassen?
• Ist der Geschädigte zurechnungsfähig (§§ 827, 828 in entsprechender Anwendung)?
Sofern nicht für eine Betriebsgefahr einzustehen ist und es also auf ein Verschulden ankommt, muss auch eine Verschuldensfähigkeit des Geschädigten bejaht werden können.
• Hat der Sorgfaltsverstoß oder die Betriebsgefahr adäquat kausal den Schaden (mit)verursacht?
• Welcher Anteil an der Schadensverursachung ist dem Geschädigten zuzurechnen?
• Wie groß ist das Verschulden des Geschädigten insbesondere im Vergleich zur Schuld des Schädigers?
Die Antworten auf die beiden letzten Fragen bestimmen den Umfang des dem Geschädigten zustehenden Ersatzanspruchs, wobei in erster Linie das Maß seiner Mitverursachung entscheidet.

dd) Rechtswidrigkeit

787   Ein Verhalten, das den objektiven Tatbestand des § 823 Abs. 1 verwirklicht, löst nur dann eine Verpflichtung zum Schadensersatz aus, wenn es rechtswidrig ist. Dies wird in § 823 Abs. 1 ausdrücklich durch das Wort „widerrechtlich" hervorgehoben. **„Rechtswidrig"** (oder „widerrechtlich")

---

[91] Vgl. BGHZ 103, 338, 342f. = NJW 1988, 2667; MünchKomm/*Oetker*, § 254 Rn. 127ff.; *Kropholler*, § 254 Rn. 5f., jeweils m.w.N.
[92] Vgl. *Vogel*, ZGS 2002, 400; *Brox/Walker*, AS, § 31 Rn. 42; BS, § 46 Rn. 10.

IV. Unerlaubte Handlungen 445

ist das, was dem Recht zuwiderläuft, was also verboten ist. Das Verbot kann sich aus dem Gesetz, aber auch aus einem Rechtsgeschäft ergeben. Wer einer vertraglich übernommenen Pflicht zuwiderhandelt, verhält sich rechtswidrig.[93] Die Rechtswidrigkeit (hier als Vertragswidrigkeit oder Pflichtwidrigkeit zu bezeichnen) ist bei Leistungsstörungen so offensichtlich, dass davon ohne nähere Prüfung ausgegangen wird. Deshalb spielt die Rechtswidrigkeit – anders als im Deliktsrecht – im Vertragsrecht keine besondere Rolle.

Im Rahmen des Deliktsrechts kann man sich bei der Frage, wann jemand rechtswidrig handelt, auf den Standpunkt stellen, dass der Gesetzgeber bereits durch Beschreibung der unerlaubten Handlung in den einzelnen Tatbeständen der §§ 823 ff. geklärt hat, welche Handlungen verboten sind, so dass die Rechtswidrigkeit eines Verhaltens (zumindest bei einer positiven Handlung) ohne weiteres feststeht, wenn der Tatbestand einer Deliktsnorm verwirklicht wird. Bei dieser Betrachtungsweise ist also allein aufgrund der bloßen Verletzung einer geschützten Rechtsposition das Urteil über die Rechtswidrigkeit eines Verhaltens zu fällen. Weil es danach nur auf den „Erfolg" des Verhaltens (im Sinne der Herbeiführung der Verletzung) ankommt, wird die Meinung, die auf diese Weise die Rechtswidrigkeit bestimmen will, die **Lehre vom Erfolgsunrecht** genannt;[94] sie lässt sich in der Kurzformel zusammenfassen: **Die Tatbestandsmäßigkeit (im Sinne einer Deliktsnorm) indiziert die Rechtswidrigkeit.** 788

Das Indiz wird widerlegt, wenn sich der Schädiger auf einen **Rechtfertigungsgrund** berufen kann, der die Verletzung fremder Rechte oder Rechtsgüter ausnahmsweise erlaubt. Einen Rechtfertigungsgrund bilden u. a. die Notwehr (§ 227), der Verteidigungsnotstand (§ 228), das Selbsthilferecht (§ 229), der Angriffsnotstand (§ 904), der früher sog. übergesetzliche Notstand, der jetzt in § 34 StGB (rechtfertigender Notstand) geregelt ist, die berechtigte GoA (vgl. Rn. 711) und die Einwilligung des Verletzten.

Auf diese Rechtfertigungsgründe ist hier nicht näher einzugehen.[95] Es soll lediglich darauf hingewiesen werden, dass die Einwilligung kein Rechtsgeschäft darstellt und dass deshalb auch ein Minderjähriger wirksam einwilligen kann, wenn er nach seiner geistigen und sittlichen Reife die Bedeutung des Eingriffs und seiner Gestattung zu ermessen vermag.[96]

---

[93] *Hübner*, Rn. 458; Jauernig/*Stadler*, § 276 Rn. 13; Hk-BGB/*Schulze*, § 276 Rn. 4; a. A. PWW/*Schmidt-Kessel*, § 276 Rn. 4.
[94] BGHZ 24, 21, 27 f. = NJW 1957, 785; BGHZ 39, 103, 108 = NJW 1963, 953; BGHZ 74, 9, 14 = NJW 1979, 1351; BGHZ 118, 201, 206 f. = NJW 1992, 2014; *BGH* NJW 1996, 3205, 3207; Palandt/*Sprau*, § 823 Rn. 25; Jauernig/*Teichmann*, § 823 Rn. 50.
[95] Vgl. dazu *Schreiber*, Jura 1997, 29; *Schwarz/Wandt*, § 16 Rn. 161 ff.; *Larenz/Wolf*, § 19; MünchKomm/*Wagner*, § 823 Rn. 314 ff.
[96] BGHZ 29, 33, 36 ff. = NJW 1959, 811; *Medicus/Lorenz*, SchuldR II, Rn. 1258; PWW/*Schaub*, § 823 Rn. 17.

§ 8. Einzelne gesetzliche Schuldverhältnisse

789 Der Lehre vom Erfolgsunrecht steht die **Lehre vom Handlungsunrecht**[97] gegenüber. Beide Auffassungen stimmen zunächst in der Bewertung eines vorsätzlichen Verhaltens überein. Wer mit Wissen und Wollen (vgl. Rn. 418) in eine Rechtsposition eines anderen eingreift, die in den §§ 823 ff. ausdrücklich genannt wird, handelt rechtswidrig, wenn er sich nicht ausnahmsweise auf einen Rechtfertigungsgrund berufen kann. Dagegen lehnt es die Lehre vom Handlungsunrecht ab, bei nichtvorsätzlichem Verhalten allein aufgrund des Verletzungserfolges über die Rechtswidrigkeit eines Verhaltens zu entscheiden. Diese Lehre meint, wer sich so verhalte, wie es die im Verkehr zu beobachtende Sorgfalt gebiete, der handle auch dann nicht rechtswidrig, wenn er Rechtspositionen anderer verletze. **Nach dieser Meinung kommt es für das Rechtswidrigkeitsurteil darauf an, ob gegen die dem Handelnden obliegende Sorgfaltspflicht verstoßen wird**, d. h., ob spezielle Verhaltensregeln (soweit einschlägige bestehen) oder die im Verkehr gebotene Sorgfalt (§ 276 Abs. 2) missachtet werden. **Die Rechtswidrigkeit wird danach nicht erfolgs-, sondern handlungsbezogen gedacht.**

Nach der Lehre vom Handlungsunrecht deckt sich also der in § 276 Abs. 2 genannte (objektive) Fahrlässigkeitsmaßstab mit dem Rechtswidrigkeitsbegriff. Für die Frage nach der Schuld bleibt dann nur, die individuelle Vorwerfbarkeit eines Verhaltens zu prüfen (vgl. Rn. 419); denn über die objektive Fahrlässigkeit ist bereits im Rahmen der zuvor anzustellenden Untersuchung der Rechtswidrigkeit zu befinden. Es liegt auf der Hand, dass auf diese Weise die Unterscheidung zwischen Rechtswidrigkeit und Schuld zumindest teilweise aufgehoben wird. Diese Konsequenz bildet den Hauptangriffspunkt gegen die Lehre vom Handlungsunrecht.

790 Die von der (herrschenden) Lehre vom Erfolgsunrecht vorgenommene Bestimmung der Rechtswidrigkeit lässt sich allerdings nur uneingeschränkt durchführen, wenn der objektive Tatbestand, dessen Verwirklichung die Rechtswidrigkeit indizieren soll, genau genug konkretisiert ist. Soweit dies nicht der Fall ist, wie dies für **offene Verletzungstatbestände** zutrifft, wie z. B. bei einem Eingriff in den eingerichteten und ausgeübten Gewerbebetrieb und bei Verletzung des allgemeinen Persönlichkeitsrechts, bei denen eine Abwägung einander gegenüberstehender Interessen geboten ist (vgl. Rn. 766 ff.), lässt sich ein Rechtswidrigkeitsurteil erst nach Abwägung dieser Interessen und nach Entscheidung der Frage fällen, ob der Inanspruchgenommene hätte anders handeln müssen.[98] Dies läuft darauf hinaus, eine entsprechende Verhaltenspflicht festzustellen. Insoweit besteht also kein Unterschied zur Lehre vom Handlungsunrecht.

791 Die Lehre vom Erfolgsunrecht muss sich mit der Frage auseinandersetzen, wie sich ein Rechtswidrigkeitsurteil bilden lässt, wenn ein Verletzungserfolg durch Unterlassen herbeigeführt wird. Hierbei ist zu berück-

---

[97] *Esser/Weyers*, SchuldR II, § 55 II 3 (S. 170 f.); Soergel/*Zeuner*, 12. Aufl. 1999, § 823 Rn. 4; *Brüggemeier*, Deliktsrecht, 1986, Rn. 95 f.
[98] BGH NJW-RR 2006, 832, 833; *Medicus/Lorenz*, SchuldR II, Rn. 1308; *Brox/Walker*, BS, § 41 Rn. 52 f.

IV. Unerlaubte Handlungen

sichtigen, dass auf der Grundlage des Deliktsrechts der Vorwurf, der Inanspruchgenommene habe die Abwendung des eingetretenen Verletzungserfolges unterlassen, berechtigt nur erhoben werden kann, wenn er verpflichtet gewesen ist, tätig zu werden, also den Verletzungserfolg abzuwenden. Er muss also einer Gefahrabwendungspflicht zuwiderhandeln.[99] Die Gefahrabwendungspflichten bezeichnet man üblicherweise als **Verkehrspflichten**, deren Inhalt verallgemeinernd als Gebot beschrieben werden kann, sich so zu verhalten, dass nicht Rechte anderer vermeidbar gefährdet werden.[100]

Beispiele: Luftikus, der sein Geld mit einer Schiffschaukel verdient, verwendet beim Aufbau der Schaukel nicht die vorgeschriebene Sicherheitsschraube, sondern eine andere. Diese Schraube hält der Belastung nicht stand und bricht nach mehrstündiger Benutzung der Schaukel. Deshalb kommt es zu einem Unfall, bei dem Wund verletzt wird.

Scharf lädt scharfkantige Blechabfälle auf seinem eingezäunten Lagerplatz ab und vergisst, die Tür des Platzes zu schließen. Deshalb können Kinder den Platz betreten und dort spielen. Eines der Kinder wird durch die Blechabfälle erheblich verletzt.[101]

Prüft man in beiden Fällen, ob der Verantwortliche den Tatbestand des § 823 Abs. 1 durch ein Unterlassen verwirklicht hat, dann kommt es darauf an, eine entsprechende Verkehrspflicht festzustellen, der zuwider gehandelt worden ist, denn nur dann lässt sich ein deliktisch relevantes Verhalten bejahen. Dass Luftikus und Scharf zur Gefahrenabwendung verpflichtet sind, ist schon deshalb nicht zweifelhaft, da sie durch ihre Unternehmen eine von ihnen beherrschbare Gefahrenquelle eröffneten. Sie waren deshalb gehalten, das ihnen Zumutbare zu tun, um Schäden anderer durch die von ihnen verursachte Gefahr zu vermeiden. Dass nicht das bloße Unterlassen als solches für ein deliktisches Verhalten spricht, lässt sich an der einfachen Überlegung zeigen, dass ein Passant, der im Lagerplatzfall durchaus in der Lage gewesen ist, die Tür zu schließen (vorausgesetzt, dass die Tür zum Lagerplatz mit einem Schnappschloss versehen wäre, das beim bloßen Zuziehen einrastete), sich nicht dem Vorwurf einer unerlaubten Handlung aussetzt, wenn er dies unterlässt, obwohl er die Gefahr für die spielenden Kinder erkannt hat. Rechtlich relevantes Unterlassen kann also nur in einem pflichtwidrigen Nichtstun bestehen.[102]

Streitig ist die Frage, wie sich die Verkehrspflichten im Aufbau des § 823 Abs. 1 einordnen lassen. Es besteht die Alternative, die Verkehrspflichten bereits in den objektiven Tatbestand aufzunehmen oder sie im Rahmen der Entscheidung über die Rechtswidrigkeit eines Verhaltens zu prüfen (vgl. dazu EK BGB Rn. 178). Entscheidet man sich mit der h. M. dafür, die Verwirklichung des objektiven Tatbestandes von der Verletzung einer Verkehrspflicht abhängig zu machen, dann steht in gleicher Weise wie bei Verletzungshandlungen durch ein positives Tun mit der Feststellung der Tatbestandsmäßigkeit eines Unterlassens das Rechtswidrigkeitsurteil fest.

Allerdings ist der in beiden Beispielsfällen gewählte Ausgangspunkt, dass die Verwirklichung des Tatbestandes in Form des Unterlassens ge-

792

---

[99] Raab, JuS 2002, 1041, 1046; Palandt/Sprau, § 823 Rn. 26.
[100] Raab, JuS 2002, 1041, 1043 f.
[101] Beispiel von Medicus/Petersen, Rn. 644.
[102] Schwarz/Wandt, § 16 Rn. 105 f.

schehen ist, keinesfalls so zweifelsfrei, wie dies zunächst den Anschein haben könnte. Bezieht man den Vorwurf im Schiffsschaukelfall auf die Verwendung einer nicht geeigneten Schraube und im Lagerplatzfall auf das Abladen gefährlicher Bleche, dann handelt es sich nicht um ein Unterlassen, sondern um ein aktives Handeln. Beide Fälle zeigen also, dass es letztlich von der Betrachtungsweise abhängt, ob ein Unterlassen oder ein Tun angenommen wird. Es erscheint aber nicht akzeptabel, an eine solche austauschbare Alternative rechtliche Konsequenzen knüpfen zu wollen. Die Besonderheit beider Fälle besteht darin, dass es sich bei ihnen um mittelbare Verletzungen handelt, bei denen der Verletzungserfolg nicht unmittelbar durch eine Handlung des Verantwortlichen herbeigeführt wird, sondern weitere Umstände hinzutreten müssen, durch die eine zunächst nur latente Gefahr verwirklicht wird und die Verletzung bewirkt.

> Von einer unmittelbaren Verletzung spricht man, wenn die Verletzung eines in § 823 Abs. 1 genannten Rechtsguts oder Rechts durch einen „unmittelbaren" (direkten) Eingriff geschieht, d.h., der Verletzungserfolg derart im Rahmen eines Handlungsablaufs eintritt, dass die Zurechnung zu der handelnden Person eindeutig ist (Beispiel: A fährt mit seinem Kfz auf den Pkw des B auf und beschädigt ihn). Dagegen wird bei mittelbaren Verletzungen der Verletzungserfolg erst durch das Dazwischentreten weiterer Ursachen herbeigeführt (Beispiel: A parkt sein Kfz unbeleuchtet am Straßenrand; auf das Fahrzeug fährt B mit seinem Pkw in der Dunkelheit auf und wird erheblich verletzt).

Auch bei **mittelbaren Verletzungen** lässt sich nicht einfach aus dem Verletzungserfolg auf die Tatbestandsmäßigkeit eines Verhaltens schließen, sondern es muss auch bei ihnen – in gleicher Weise wie bei Unterlassungen – darauf abgestellt werden, ob der Verantwortliche verpflichtet gewesen ist, sich anders zu verhalten.[103] Die Gleichstellung von mittelbaren Verletzungshandlungen und Unterlassungen führt zu angemessenen Ergebnissen, weil dadurch vermieden wird, allein auf Grund austauschbarer Betrachtungsweisen zu unterschiedlichen Bewertungen zu gelangen. In beiden Beispielsfällen lässt sich die Tatbestandsmäßigkeit nur bejahen, wenn festgestellt wird, dass eine Verkehrspflicht verletzt worden ist. Denn allein im Aufstellen einer Schiffschaukel oder im Abladen von Blechen kann kein deliktisches Verhalten gefunden werden, auch wenn aufgrund weiterer hinzutretender Umstände ein Mensch verletzt wird.

793 **Zusammenfassend ist festzuhalten**, dass Einvernehmen insoweit besteht, als es sich um einen vorsätzlichen Eingriff in eine durch die §§ 823 ff. geschützte Rechtsposition handelt. Alle Auffassungen stimmen darin überein, dass ein solcher Eingriff als rechtswidrig zu qualifizieren ist. Meinungsverschiedenheiten bestehen nur hinsichtlich der Rechtswidrigkeit nichtvorsätzlichen Verhaltens. Insoweit ist im Grundsatz an der Lehre vom Erfolgsunrecht festzuhalten, jedoch müssen Modifizierungen vorgenommen werden, um angemessene Ergebnisse zu erzielen. Im Einzelnen bedeutet dies:

---

[103] *Raab*, JuS 2002, 1041, 1046; *Larenz/Canaris*, § 75 II 3 b (S. 365); *Brox/Walker*, BS, § 41 Rn. 51; Hk-BGB/*Staudinger*, § 823 Rn. 50; Bamberger/Roth/*Spindler*, § 823 Rn. 10.

IV. Unerlaubte Handlungen

- Bei der unmittelbaren Verletzung der „klassischen", d.h. der ausdrücklich in § 823 Abs. 1 genannten Rechtsgüter und des Eigentums durch ein positives Tun ist ohne weitere Prüfung von der Rechtswidrigkeit auszugehen, sofern nicht ein Rechtfertigungsgrund eingreift.
- Das Gleiche gilt bei Unterlassungen und mittelbaren Verletzungshandlungen, wenn man bei ihnen die Tatbestandsmäßigkeit eines Verhaltens von der Verletzung einer Verkehrspflicht abhängig sein lässt.
- Bei offenen Verletzungstatbeständen, wie z.B. bei Eingriffen in den eingerichteten und ausgeübten Gewerbebetrieb und bei Verletzung des allgemeinen Persönlichkeitsrechts hängt das Rechtswidrigkeitsurteil davon ab, dass der Inanspruchgenommene einer ihm obliegenden Verhaltenspflicht zuwider gehandelt hat.

Trotz der dargestellten Unterschiede bei der Beurteilung der Rechtswidrigkeit, darf nicht übersehen werden, dass in der Beurteilung der Rechtsfolgen weitgehend Einvernehmen besteht. Verneint oder bejaht die Lehre vom Handlungsunrecht den Verstoß gegen das allgemeine Sorgfaltsgebot bereits im Rahmen der Rechtswidrigkeitsuntersuchung, dann gelangt die Lehre vom Erfolgsunrecht, wenn sie die Rechtswidrigkeit annimmt, zum gleichen Ergebnis bei Erörterung des Verschuldens. Es stellt sich deshalb die Frage, ob der theoretische Aufwand für diesen Meinungsstreit überhaupt lohnt.

ee) Verschulden und Billigkeitshaftung

Die Verpflichtung zum Schadensersatz ist im Deliktsrecht wie auch bei Leistungsstörungen grundsätzlich davon abhängig, dass ein Verschuldensfähiger schuldhaft gehandelt hat (vgl. Rn. 757) und dass Entschuldigungsgründe nicht eingreifen. Verschuldensfähig (deliktsfähig) ist jeder, dessen Verantwortlichkeit nicht nach §§ 827, 828 ausgeschlossen ist. Verschulden bedeutet regelmäßig Vorsatz und Fahrlässigkeit (zu diesen Begriffen vgl. Rn. 417ff.). Bei § 826 reicht allerdings ein fahrlässiges Verhalten nicht aus (dazu Rn. 802). Ein Entschuldigungsgrund ist z.B. ein nicht auf Fahrlässigkeit beruhender Irrtum über ein Verbot. Weitere Entschuldigungsgründe lassen sich dem Strafrecht entnehmen.[104]

794

Während ein Kind, das das 7. Lebensjahr noch nicht vollendet hat, verschuldensunfähig ist (§ 828 Abs. 1), hängt die Verschuldensfähigkeit von Kindern und Jugendlichen zwischen dem 7. und dem 18. Lebensjahr nach § 828 Abs. 3 grundsätzlich davon ab, ob sie bei Begehung der schädigenden Handlung die zur Erkenntnis der Verantwortlichkeit erforderliche Einsicht besitzen. Es kommt auf die intellektuelle Fähigkeit an, das Gefährliche eines Verhaltens zu erkennen und sich der Verantwortung für die Folgen dieses Verhaltens bewusst zu sein, dagegen nicht auf die individuelle Fähigkeit, dieser Einsicht gemäß zu handeln.[105] Die Schwelle der individuell für den Handelnden festzustellenden Einsichtsfähigkeit wird recht niedrig angesetzt. Es genügt, das allgemeine Verständnis dafür, dass

795

---

[104] Vgl. dazu MünchKomm/*Grundmann*, § 276 Rn. 166 ff.
[105] *BGH* NJW 1984, 1958.

das Verhalten in irgendeiner Weise Verantwortung begründen kann.[106] Eine Einschränkung dieser Haftungsregelung wird durch § 828 Abs. 2 für Kinder vorgenommen, die das 7., aber noch nicht das 10. Lebensjahr vollendet haben. Sie sind für fahrlässig verursachte Schäden nicht verantwortlich, die bei einem Unfall mit einem Kfz, einer Schienen- oder Schwebebahn einem anderen zugefügt werden.[107]

> Die einen Minderjährigen nach § 828 Abs. 3 auferlegte Haftung kann dazu führen, dass seine wirtschaftliche Existenz in der Zukunft erheblich bedroht, wenn nicht sogar vernichtet wird. Es stellt sich deshalb die Frage, ob nicht auch von Verfassungs wegen eine Begrenzung dieser Haftung geboten erscheint. § 828 Abs. 3 unterliegt zwar als vorkonstitutionelles Recht nicht einer Normenkontrolle durch das *BVerfG;* das Gericht hat jedoch wichtige Hinweise für eine verfassungskonforme Auslegung dieser Norm gegeben.[108] Danach erscheint es geboten, eine Beschränkung der Haftung nach § 828 Abs. 3 aus Billigkeitsgründen gem. § 242 zu erwägen, um unbillige Härten zu vermeiden.[109] Allerdings kommt eine solche Einschränkung erst in Betracht, wenn nicht auf anderem Wege eine für den Minderjährigen zumutbare Lösung gefunden werden kann. Zu denken ist an eine Übernahme der Haftung durch einen öffentlich-rechtlichen Träger und an die Möglichkeiten, die nach der Insolvenzordnung das Verbraucherinsolvenzverfahren bietet.

796 Auch wer nach §§ 827, 828 für einen von ihm verursachten Schaden nicht verantwortlich ist, kann gleichwohl **nach § 829 schadensersatzpflichtig** sein. Diese Schadensersatzpflicht ist von folgenden **Voraussetzungen** abhängig:

- Der Ersatzpflichtige muss den objektiven Tatbestand einer unerlaubten Handlung verwirklicht und dabei rechtswidrig gehandelt haben. Soweit nicht der Schaden gerade durch den die Unzurechnungsfähigkeit herbeiführenden Zustand des Schädigers verursacht wird (Beispiel: plötzlicher Ohnmachtsanfall eines Autofahrers und dadurch Verursachung eines Unfalls; vgl. auch Rn. 760), ist zu verlangen, dass der Ersatzpflichtige in subjektiver Hinsicht so gehandelt hat, dass beim Zurechnungsfähigen Vorsatz oder Fahrlässigkeit (je nach der im konkreten Tatbestand geforderten Verschuldensform) zu bejahen wäre.

> Da der objektive Tatbestand der deliktischen Haftungsnormen stets eine Handlung des Ersatzpflichtigen voraussetzt, aber derjenige, der im Zustand fehlender Bewusstseinskontrolle und Willenslenkung einen Schaden verursacht, nicht handelt (vgl. Rn. 760), scheint § 829 in solchen Fällen nicht anwendbar zu sein. Der *BGH* will dennoch diese Vorschrift auch dann heranziehen, wenn jede willensmäßige Steuerung des körperlichen Verhaltens ausgeschlossen ist, und hat dementsprechend einen Autofahrer, der am Steuer seines Wagens einen Gehirnschlag erlitt und im Zustand tiefer Bewusstlosigkeit einen Unfall verursachte, aufgrund des § 829 für ersatzpflichtig erklärt.[110]

---

[106] *OLG Köln* NJW-RR 1993, 1499; Jauernig/*Teichmann,* § 828 Rn. 2.
[107] Zur Reichweite dieser Haftungsprivilegierung vgl. *BGH* NJW 2005, 354; 2005, 356; *Emmerich,* JuS 2005, 374.
[108] *BVerfG* NJW 1998, 3557; vgl. dazu auch *Moritz,* JA 1999, 355.
[109] Abl. MünchKomm/*Wagner,* § 828 Rn. 15 f.
[110] BGHZ 23, 90 = NJW 1957, 674; vgl. auch BGHZ 98, 135, 137 ff. = NJW 1987, 121; kritisch *Esser/Weyers,* SchuldR II 1, § 55 III 2 Fn. 162 (S. 176).

IV. Unerlaubte Handlungen

Dieser Entscheidung ist im Ergebnis zuzustimmen, jedoch ist bei derartigen Sachverhalten zu unterscheiden: Ist die Verletzungs-„Handlung" auf eine bewusste und gewollte Aktivität zurückzuführen, wie in dem vom *BGH* entschiedenen Fall die Inbetriebnahme eines Kfz oder in dem Beispielsfall der ohnmächtig werdenden Frau Alt (Rn. 760) das Betreten des Kaufhauses, dann ist nach Sinn und Zweck des § 829 eine Haftung zu bejahen; denn hierbei wird der Verletzungserfolg gleichsam in Fortführung dieser Aktivität verursacht. Anders ist dagegen zu entscheiden, wenn der Verletzungserfolg unabhängig von einer willentlich begonnenen Aktivität eintritt (Beispiel: Der in Narkose befindliche Patient schlägt um sich und verletzt den behandelnden Arzt). Bei Sachverhalten der zweiten Fallgruppe ist die Anwendung des § 829 abzulehnen.[111]

- Ein Schadensersatz darf nicht von einem aufsichtspflichtigen Dritten (vgl. § 832) zu erlangen sein. Dabei ist es unerheblich, ob die Realisierung eines Schadensersatzanspruchs gegen den Aufsichtspflichtigen aus rechtlichen oder tatsächlichen Gründen (z. B. wegen Vermögenslosigkeit) scheitert.
- Die Billigkeit muss nach den Umständen, insbesondere nach den Vermögens- und sonstigen Lebensverhältnissen der Beteiligten, aber auch nach Art und Weise der Verletzung, eine Schadloshaltung fordern, und dem Ersatzpflichtigen dürfen durch die von ihm zu leistende Entschädigung nicht die Mittel entzogen werden, die er zum angemessenen Unterhalt und zur Erfüllung seiner gesetzlichen Unterhaltspflichten benötigt.

2. § 823 Abs. 2

§ 823 Abs. 2 verpflichtet denjenigen zum Schadensersatz, der einen anderen rechtswidrig und schuldhaft durch Verstoß „gegen ein den Schutz eines anderen bezweckendes Gesetz" schädigt. Bei der Frage, ob eine Regelung den Charakter eines Schutzgesetzes i. S. v. § 823 Abs. 2 besitzt – wobei der Begriff „Gesetz" nicht im formellen Sinn zu verstehen ist, sondern darunter jede Rechtsnorm fällt (Art. 2 EGBGB), also auch Rechtsverordnungen und Satzungen –, muss einmal geprüft werden, ob die in Betracht zu ziehende Vorschrift überhaupt den Schutz von Individualinteressen bezweckt oder nur allgemeinen (öffentlichen) Interessen dient. Nur wenn sich feststellen lässt, dass zumindest neben allgemeinen Belangen das Interesse einzelner ebenfalls geschützt werden soll, handelt es sich um ein Schutzgesetz. Es muss sich dann jedoch die weitere Frage anschließen, ob das Schutzgesetz den Betroffenen gerade vor solchen Nachteilen schützen soll, wie sie im konkreten Fall eingetreten sind.[112]

797

Diese Haftungsbegrenzung nach dem Schutzzweck der verletzten Norm ist – wie ausgeführt (Rn. 485 f.) – bei jeder haftungsbegründenden Norm vorzunehmen; § 823 Abs. 2 und die im Rahmen dieser Vorschrift durchzuführende Ermittlung des Zwecks eines verletzten Schutzgesetzes waren hierfür Vorbild.

---

[111] Bamberger/Roth/*Spindler*, § 829 Rn. 2 f.
[112] *BGH* NJW 2004, 356, 357; *OLG Düsseldorf* NJW 2004, 3640 (zum Schutzgesetzcharakter des § 323c StGB); vgl. auch EK BGB Rn. 210 ff.

798 Bei der Anwendung des § 823 Abs. 2 bereitet nicht selten die Frage, welchen Interessen ein Gesetz dient, die größten Schwierigkeiten. Dazu gibt es eine Reihe umfangreicher Untersuchungen und eine Fülle von Rechtsprechung, auf die hier nicht näher eingegangen werden kann.[113]
Soweit ein verletztes Schutzgesetz Rechtspositionen schützt, die auch von der Vorschrift des § 823 Abs. 1 umfasst werden, können die Ansprüche nach Abs. 1 und Abs. 2 miteinander konkurrieren. Zu beachten ist aber, dass bei Verletzung von Gesetzen zum Schutz des eingerichteten und ausgeübten Gewerbebetriebs die sich dann ergebenden Ansprüche aus § 823 Abs. 2 solchen aus Abs. 1 vorgehen (vgl. Rn. 767). Besondere Bedeutung erlangt die Vorschrift des § 823 Abs. 2 in Fällen, in denen das verletzte Schutzgesetz Rechtspositionen betrifft, die nicht von § 823 Abs. 1 geschützt werden. Hier ist insbesondere das Vermögen zu nennen. Zum Schutz des Vermögens dienen beispielsweise die Strafbestimmungen gegen Betrug und Untreue (§§ 263 ff. StGB), die Schutzgesetze i.S.d. § 823 Abs. 2 darstellen.

799 Ein Schadensersatzanspruch nach § 823 Abs. 2 ist nur dann begründet, wenn das in Betracht kommende Schutzgesetz in objektiver und subjektiver Hinsicht verwirklicht ist. Soweit ein vorsätzliches Handeln hierfür erforderlich ist, muss auch dies bejaht werden können.

Beispiel: Schussel, der im Restaurant „Zum krummen Löffel" zu Mittag isst, stößt versehentlich eine Vase vom Tisch. Die Vase geht dabei zu Bruch. Ein Anspruch des Wirts gegen Schussel ist nach § 823 Abs. 1 begründet, weil Schussel rechtswidrig und schuldhaft (fahrlässig) das Eigentum des Wirts an der Vase verletzt hat. Dagegen scheidet ein Anspruch nach § 823 Abs. 2 i. V.m. § 303 StGB aus. Zwar schützt die Strafnorm das Eigentum des Wirts gegen Beschädigungen und Zerstörung, aber die Sachbeschädigung muss vorsätzlich begangen sein; Fahrlässigkeit reicht für § 303 StGB nicht aus.

Nach § 823 Abs. 2 S. 2 ist jedoch auch dann mindestens Fahrlässigkeit des Schädigers erforderlich, wenn das Schutzgesetz ohne Verschulden verwirklicht werden kann.

3. § 826

800 § 826 verpflichtet denjenigen, der einen anderen „in einer gegen die guten Sitten verstoßenden Weise" vorsätzlich schädigt, zum Ersatz des Schadens. Auf die Art des verletzten Rechts kommt es nicht an. Deshalb gewinnt § 826 bei Schäden besondere Bedeutung, die verursacht werden, ohne dass der objektive Tatbestand des § 823 Abs. 1 oder der eines Schutzgesetzes i.S.v. § 823 Abs. 2 verwirklicht wird. Die Frage, was den „guten Sitten" widerspricht, ist im gleichen Sinn zu beantworten wie bei § 138 Abs. 1 (Rn. 166). Wie bereits im Rahmen der Erörterung dieser Vorschrift ausgeführt worden ist, helfen die Vorschläge, die zur Auslegung und Präzisierung des Tatbestandes der Sittenwidrigkeit von Rechtsprechung und Schrifttum gemacht werden, oft gerade in Zweifelsfällen nicht viel weiter.

---

[113] Vgl. dazu Bamberger/Roth/*Spindler*, § 823 Rn. 169 ff. m. w. N.

IV. Unerlaubte Handlungen

Einer Orientierung an Fallgruppen kommt dann besondere Bedeutung zu, wobei allerdings darauf zu achten ist, inwieweit die Entscheidung durch die Umstände des Einzelfalles beeinflusst wird. Lediglich **beispielhaft** sind hier folgende **Fallgruppen** zu nennen:[114]

- Arglistige Täuschung

    Wird durch eine arglistige Täuschung ein anderer zum Abschluss eines Vertrages veranlasst, dann kann der Getäuschte nach § 826 i.V.m. § 249 Abs. 1 einen Anspruch auf Befreiung von der sich aus dem Vertrag ergebenden Verbindlichkeit geltend machen. Dieser Anspruch besteht unabhängig von einem Anfechtungsrecht nach § 123, was insbesondere bei Versäumung der Anfechtungsfrist (vgl. § 124) bedeutsam ist. Darüber hinaus kann der Getäuschte nach § 826 auch den Ersatz eines Schadens verlangen, der ihm z.B. dadurch entstanden ist, dass er ein günstiges Angebot ausgeschlagen hat. Konkurrieren kann ein derartiger Anspruch mit einem solchen aus § 823 Abs. 2 i.V.m. § 263 StGB.

- Erteilung einer wissentlich unrichtigen Auskunft oder eines wissentlich falschen Rates

    Wer einen anderen bewusst dadurch schädigt, dass er ihn falsch informiert, handelt sittenwidrig.

- Missbrauch einer Vertrauensstellung

    Wird eine Vertrauensstellung zu eigenen Gunsten missbraucht, kann sich daraus eine Schadensersatzpflicht nach § 826 ergeben. Ein gleicher Anspruch kann gegen denjenigen bestehen, der in Kenntnis des Vertrauensbruchs mit dem Schädiger zum eigenen Vorteil zusammenwirkt (sog. Kollusion). Wird beispielsweise beim Vertragsschluss ein Vertragspartner dadurch geschädigt, dass dessen Vertreter und der andere Geschäftspartner ihn gemeinsam bewusst benachteiligen, dann kann der Geschädigte einen Anspruch nach § 826 gegen beide geltend machen.

- Zahlung von Schmiergeldern

    Zuwendungen an Vertreter oder Organe des Vertragspartners, um eine Bevorzugung beim Abschluss eines Vertrages zu erreichen, stellen einen Sittenverstoß dar.

- Missbrauch wirtschaftlicher Machtstellungen

    Sittenwidrig kann derjenige handeln, der unter Missbrauch eines Monopols oder einer monopolartigen Stellung andere schädigt. Verlangt beispielsweise ein Energieversorgungsunternehmen von Kunden, die von einer Belieferung abhängig sind, überhöhte Preise oder versucht es, umstrittene Forderungen durch eine Belieferungssperre durchzusetzen, dann macht es sich nach § 826 schadensersatzpflichtig. Aber auch die Ausnutzung von Machtstellungen außerhalb der Wirtschaft etwa durch Sportverbände, die eine monopolartige Stellung haben, kann Ansprüche nach § 826 auslösen.

- Haftung für Schäden des Prozessgegners

    Wer im Rahmen eines staatlichen, gesetzlich eingerichteten und geregelten Verfahrens z.B. in einem Zivilprozess durch die Wahrnehmung der ihm durch die Verfahrensordnung gewährten Rechte einen anderen schädigt, handelt nicht schon dann sittenwidrig, wenn er die Unrichtigkeit seines Prozessbegehrens kennt, sondern nur dann, wenn er das staatliche Verfahren zur Schädigung der Gegenpartei oder Dritter

---

[114] Zu weiteren Fallgruppen vgl. EK BGB Rn. 213.

§ 8. *Einzelne gesetzliche Schuldverhältnisse*

in besonders verwerflicher Weise etwa durch Prozessbetrug oder Erschleichen gerichtlicher Handlungen missbraucht.[115]

801 Eine sittenwidrige Schadenszufügung ist stets rechtswidrig. Deshalb erübrigt es sich, im Rahmen des § 826 die **Rechtswidrigkeit** gesondert neben der Sittenwidrigkeit eines Verhaltens zu prüfen.

802 Ein Anspruch nach § 826 ist nur gegeben, wenn der Schädiger vorsätzlich gehandelt hat, wobei allerdings bedingter **Vorsatz** (dolus eventualis; vgl. Rn. 422) genügt. Der Vorsatz muss sich auf die Schadenszufügung richten. Zwar ist nicht erforderlich, dass der Schädiger genau weiß, wen er schädigt, er muss aber die Richtung kennen, in der sich sein Verhalten zum Schaden auswirkt, sowie die Art des möglicherweise eintretenden Schadens voraussehen und in seinen Willen aufnehmen oder doch zumindest billigen. Die h. M. verlangt auch, dass der Täter die Tatumstände kennt, aus denen sich die Sittenwidrigkeit ergibt oder dass er sich der Erlangung einer solchen Kenntnis bewusst verschließt.[116] Dagegen ist nicht erforderlich, dass er den richtigen Schluss aus den ihm bekannten Tatumständen zieht und erkennt, dass sich sein Verhalten als sittenwidrig darstellt. Wollte man diese Schlussfolgerung verlangen, würde man gerade den mit einem „weiten" Gewissen ausgestatteten Täter begünstigen; hinzu kämen noch Beweisschwierigkeiten. Da es sich beim Vorsatz um eine innere Tatsache handelt, deren Feststellung häufig Schwierigkeiten bereitet, neigt die Rechtsprechung dazu, von einem Schädigungsvorsatz auszugehen, wenn der Kläger in gewissensloser und grob leichtfertiger Weise handelt.[117]

4. Hinweise für die klausurmäßige Bearbeitung

803 Obwohl § 823 Abs. 1 und 2 sowie § 826 in ihren Tatbeständen gut gegliedert sind und deshalb ihre klausurmäßige Bearbeitung im Aufbau keine Schwierigkeiten bereiten sollte, werden insoweit immer wieder selbst in Examensklausuren erhebliche Fehler gemacht. Deshalb sollen einige Hinweise gegeben werden, in welcher Reihenfolge sich die Prüfung der einzelnen Merkmale empfiehlt:

Zunächst ist der objektive Tatbestand des **§ 823 Abs. 1** (vgl. Rn. 759) in Bezug auf folgende Merkmale zu erörtern:
- Handlung des Schädigers (Tun oder Unterlassen) (vgl. Rn. 760 f.)
- Verletzung eines durch § 823 Abs. 1 geschützten Rechtsguts oder Rechts (vgl. Rn. 762 ff.)
- haftungsbegründende Kausalität (vgl. Rn. 483)
- Schaden[118] (vgl. Rn. 771 ff.)

---

[115] *BGH* NJW 2003, 1934, 1935; 2004, 446, 447. Zur sittenwidrigen Urteilserschleichung und Urteilsausnutzung s. GK ZPO Rn. 601 ff.
[116] *BGH* NJW 1994, 2289; 2005, 2992; vgl. dazu *Sack,* NJW 2006, 945, 948 f.
[117] Vgl. dazu die Darstellung von *Sack,* NJW 2006, 945, 948, und Bamberger/Roth/ *Spindler,* § 826 Rn. 12; jeweils m. N.
[118] Aufgrund des Wortlauts des § 823 Abs. 1 lässt sich allerdings daran zweifeln, ob das Merkmal „Schaden" überhaupt zum objektiven Tatbestand der Vorschrift zu rech-

IV. Unerlaubte Handlungen

- haftungsausfüllende Kausalität (vgl. Rn. 483)
- Schutzzwecklehre: Frage, ob der eingetretene Schaden nach dem Zweck des § 823 Abs. 1 durch diese Vorschrift abgewendet werden soll (vgl. Rn. 485 ff.).

Es schließt sich dann die Prüfung der Rechtswidrigkeit (vgl. Rn. 787 ff.) und des Verschuldens (vgl. Rn. 794) an.

Der objektive Tatbestand des **§ 823 Abs. 2** umfasst folgende zu prüfende Merkmale:
- Verletzung eines Gesetzes durch den Schädiger (vgl. Rn. 797) in objektiver und subjektiver Hinsicht (Rn. 799)
- Schutzzweck des verletzten Gesetzes umfasst (auch) die verletzte Rechtsposition (vgl. Rn. 797)
- Schaden
- haftungsausfüllende Kausalität.

Die Frage der Rechtswidrigkeit ist unproblematisch, weil sich bereits aus dem Verstoß gegen das Schutzgesetz ohne weiteres die Rechtswidrigkeit des Verhaltens ergibt, so dass ein Eingehen darauf nur erforderlich wird, wenn Rechtfertigungsgründe eingreifen können. Das Schutzgesetz muss auch in subjektiver Hinsicht verwirklicht werden. Verlangt das Schutzgesetz kein Verschulden, dann muss nach § 823 Abs. 2 S. 2 mindestens Fahrlässigkeit des Schädigers bejaht werden können (vgl. Rn. 799).

Zum objektiven Tatbestand des § 826 gehören folgende Merkmale:
- Sittenverstoß des Schädigers, also ein Verhalten, das die guten Sitten verletzt (vgl. Rn. 800)
- Schaden
- haftungsausfüllende Kausalität
- Normzweck (auch bei § 826 muss darauf gesehen werden, ob die vom Schädiger verletzte Pflicht den eingetretenen Schaden abwenden sollte).[119]

Eine Prüfung der Rechtswidrigkeit erübrigt sich (vgl. Rn. 801), und es ist neben dem objektiven Tatbestand lediglich das Verschulden (vgl. Rn. 802) zu erörtern.

Selbstverständlich ist bei einer klausurmäßigen Bearbeitung nur dann auf die einzelnen aufgeführten Merkmale genauer einzugehen, wenn sich insoweit klärungsbedürftige Zweifel ergeben. Sonst genügt ein kurzer (auch mehrere Merkmale zusammenfassender) Hinweis.

4. Übungsklausur

Der Kirchenrechtler Professor Dr. iur. Sapiens (S) bringt von einem Korea-Aufenthalt seinem Freund, dem Pharmakologen Professor Dr. Prudens, eine Ginseng-Wurzel mit. Prudens erwähnt diese Tatsache in einem wissenschaftlichen Aufsatz und dankt auch dort dem Sapiens. Dies führt dazu, dass

---

nen ist. Denn die Verpflichtung zum Ersatz des Schadens wird in § 823 Abs. 1 als Rechtsfolge ausgewiesen, und Rechtsfolgeanordnungen sind vom objektiven Tatbestand zu trennen. Dementsprechend wird auch in einzelnen Anleitungsbüchern empfohlen, die Frage nach dem Eintritt und Umfang des Schadens erst nach der Rechtswidrigkeit und Schuld zu prüfen. Da es jedoch im Deliktsrecht um das Einstehen für verursachte Schäden geht, erscheint es wenig überzeugend, aus dem objektiven Tatbestand einer deliktischen Vorschrift das Schadensmerkmal herauszunehmen. Deshalb ist dem Eintritt eines Schadens auch Bedeutung für die Verwirklichung des objektiven Tatbestands des § 823 Abs. 1 (ebenso wie bei § 823 Abs. 2, § 826) zuzumessen. Allerdings genügt für den objektiven Tatbestand die Feststellung, dass überhaupt ein Schaden entstanden ist (so auch *BGH* NJW 2002, 1806); der genaue Umfang des Schadens interessiert nur bei Ermittlung der Rechtsfolgen.

[119] Vgl. MünchKomm/*Wagner*, § 826 Rn. 32 ff.

in einem populärwissenschaftlichen Aufsatz Sapiens neben Prudens als einer der bekanntesten Ginseng-Forscher Europas bezeichnet wird. Faktor (F), der ein Kräftigungsmittel herstellt und vertreibt, das Ginseng enthält, wirbt durch Inserate für sein Produkt, in denen es u. a. heißt:

„Auch die westliche Wissenschaft erkennt den hohen Wert von Ginseng an. Nach Ansicht bedeutender Wissenschaftler wie Professor Sapiens und Professor Prudens wirkt Ginseng als reines Naturprodukt auf den gesunden Organismus erneuernd, kreislauffördernd, aufbauend bei Drüsen- und Potenzschwäche und körperlicher Zerschlagenheit. Als Heilpflanze ist Ginseng in ganz Asien bekannt. Besonders schätzt man sie als Kräftigungsmittel. Sie ist Hauptbestandteil asiatischer Liebestränke und soll von den Frauen allabendlich eingenommen werden."

Sapiens verlangt von Faktor 10.000,- € als Genugtuung für die erlittene Kränkung. Er weist darauf hin, dass er durch die Inserate in Kollegenkreisen und bei den Studenten lächerlich gemacht worden sei.
Wie ist die Rechtslage?
Bearbeitungszeit: höchstens 120 Minuten

Fälle und Fragen

180. Welche Fälle eines Tätigwerdens in fremden Angelegenheiten ohne Auftrag oder sonstige Berechtigung sind nach dem Gesetz zu unterscheiden und welches sind die wesentlichsten Unterscheidungsmerkmale?
181. Bei einem Unfall stellt Gut Decken und Verbandszeug zur Verfügung, damit dem verletzten Wund Erste Hilfe geleistet werden kann. Ist Wund verpflichtet, Gut die Kosten für die Reinigung der Decken und für das verbrauchte Verbandszeug zu ersetzen?
182. Anton verunglückt unverschuldet mit seinem Lkw, der mit Schrott beladen ist. Große Teile der Ladung fallen in den Vorgarten des Eich. Eich beseitigt die Schrottteile und verlangt von Anton Ersatz der entstandenen Kosten. Mit Recht?
183. Anton und Bertold schließen einen Vertrag, der Bertold zu bestimmten Dienstleistungen verpflichtet. Der Vertrag ist nichtig, was beide nicht wissen. Als die Nichtigkeit festgestellt wird, verlangt Bertold aufgrund des § 683 Ersatz seiner Aufwendungen, die er im Vertrauen auf die Gültigkeit des Vertrages getätigt hat. Mit Recht?
184. Von welchen Voraussetzungen hängt es ab, ob eine GoA als berechtigt anzusehen ist, und welche Rechtsfolgen ergeben sich hieraus?
185. Der 14-jährige Schüler Max leistet seinem 13-jährigen Freund Moritz Erste Hilfe, als dieser mit seinem Fahrrad stürzt und sich erheblich verletzt. Kann Max von Moritz oder von dessen Eltern Ersatz der Kosten verlangen, die er für die Reinigung seiner bei der Hilfeleistung verschmutzten Kleider aufwenden musste?
186. Der Arzt Hilfreich und der Schreinermeister Emsig, die zufällig Zeugen eines Verkehrsunfalls werden, leisten dem verunglückten Arnold Hilfe. Hilfreich versorgt ihn ärztlich, bis ein Rettungswagen eintrifft. Emsig kümmert sich um das beschädigte Kraftfahrzeug. Hilfreich verlangt von Arnold die übliche Vergütung für seine ärztliche Tätigkeit; Emsig fordert für zwei Stunden Hilfeleistung 100,- € mit dem Hinweis, dies entspreche seinem üblichen Stundensatz. Muss Arnold diese Forderungen erfüllen?

IV. Unerlaubte Handlungen

187. Bei einem Verkehrsunfall wird Wund erheblich verletzt. Der zufällig vorbeikommende Hilfreich legt Wund in sein Kfz, um ihn schnell ins Krankenhaus zu bringen. Unterwegs streift Hilfreich infolge leichter Fahrlässigkeit einen Baum. Kann er von Wund Ersatz der Kosten verlangen, die durch die Reparatur des Fahrzeugs entstehen?
188. A geht auf eine Weltreise. Er gibt seinen Nachbarn B den Schlüssel für sein Haus und bittet ihn, nach dem Rechten zu sehen. Als A abgereist ist, annonciert B in mehreren Tageszeitungen, dass er ein möbliertes Haus zu vermieten habe. Es meldet sich das Ehepaar C, das das Haus für 10 Monate zu einem Mietpreis von 1.000,- € monatlich mietet. Als A zurückkehrt, erfährt er zufällig durch einen anderen Nachbarn von der Vermietung seines Hauses und verlangt von B den von diesem kassierten Mietzins in Höhe von 10.000,- €. B entgegnet, er sei allenfalls bereit, 5.000,- € zu zahlen, weil der marktübliche Mietpreis allenfalls 500,- € pro Monat betrage. Außerdem wolle er 100,- € abziehen, die er für die Inserate ausgegeben habe. Welche Ansprüche haben A und B gegeneinander?
189. Glaub übereignet in Erfüllung eines mit Schuld geschlossenen Kaufvertrages einen Pkw. Außerdem gibt er ihm als „Anzahlung" 500,- €, um Schuld auf diese Weise zu veranlassen, ihm ein Bild zu verkaufen, das er schon lange haben möchte, dessen Verkauf aber Schuld bisher stets abgelehnt hat. Welche Ansprüche hat Glaub gegen Schuld, wenn a) der Kaufvertrag nichtig ist, b) der Kaufvertrag wirksam von Schuld angefochten wird, c) Schuld bei seiner Weigerung bleibt und das Bild nicht verkauft?
190. Wie ist der Begriff der Leistung im Rahmen einer Leistungskondiktion zu verstehen und welcher Zweck wird mit der genauen Erfassung dieses Begriffs verfolgt?
191. Ist die Vorschrift des § 817 S. 2 als allgemeine Rechtsschutzversagung aufzufassen, die alle Ansprüche ausschließt, zu deren Begründung sich der Gläubiger auf ein eigenes gesetz- oder sittenwidriges Verhalten berufen muss, oder ist diese Vorschrift nur auf das Bereicherungsrecht beschränkt?
192. Welche tatbestandsmäßigen Voraussetzungen müssen erfüllt werden, damit ein Anspruch wegen Eingriffskondiktion bejaht werden kann?
193. Wonach beurteilt sich bei der Eingriffskondiktion, ob ein Eingriff unberechtigt ist?
194. Eich leiht seinen Fotoapparat Klemm. Dieser veräußert den Apparat an Dritt. Als Eich von Klemm Herausgabe des Kaufpreises verlangt, weigert sich dieser und erklärt, Eich solle sich den Fotoapparat von Dritt geben lassen, denn Dritt habe genau gewusst, dass der Apparat Eich gehöre. Dies wird nachdrücklich von Dritt bestritten. Eich möchte lieber das Geld als den Apparat haben. Was ist ihm zu raten?
195. Volz verkauft und übereignet Kunz ein mit einem Mietshaus bebautes Grundstück. Als sich herausstellt, dass der Kaufvertrag nichtig ist, verlangt Volz neben Herausgabe des Grundstücks auch Zahlung der eingezogenen Mieten. Kunz erwidert, dass er das Geld längst ausgegeben habe. Wie ist die Rechtslage?
196. Ein Unbekannter stiehlt einen wertvollen Zuchthengst des Grün und veräußert ihn an den gutgläubigen Gelb. Gelb verkauft den Hengst weiter und erhält als Kaufpreis 15.000,- €. Durch einen Zufall erfährt Grün von diesem Verkauf und fordert Gelb auf, an ihn 15.000,- € zu zahlen. Gelb erwidert, von diesem Betrag sei einmal der von ihm aufgewendete Kaufpreis in Höhe von 8.000,- € abzuziehen. Außerdem sei auch zu berücksichtigen, dass das Tier bei ihm schwer erkrankt sei und er deshalb für Tierarzt und Arzneimittel 2.000,- € habe zahlen müssen. Hinzu kämen die Futterkosten von 500,- €. Schließlich habe der Hengst die Box, in der er gestanden habe, stark beschädigt. Für die Reparatur habe er, Gelb, nochmals 500,- € ausgeben müssen. Er sei deshalb nur bereit, Grün 4.000,- € zu zahlen. Halten Sie das Vorbringen des Gelb rechtlich für zutreffend?
197. Was bedeutet im Rahmen von Schadensersatzansprüchen das Verschuldensprinzip, was Gefährdungshaftung?

198. Beschreiben Sie bitte den objektiven Tatbestand einer unerlaubten Handlung!
199. Beschreiben Sie bitte den zivilrechtlichen Begriff der „Handlung"!
200. Durch Verschulden des Bauunternehmers Schussel bricht die Stützmauer eines Kanals. Dies hat zur Folge, dass der Kanal längere Zeit nicht befahrbar ist und deshalb der nur über den Kanal erreichbare Hafen der Gemeinde Kleindorf nicht benutzt werden kann. Der Gemeinde entgeht deshalb ein Gewinn von 100.000,- €. Sie verlangt Ersatz dieses Schadens von Schussel. Mit Recht?
201. Ist der Besitz durch § 823 Abs. 1 geschützt?
202. Der Bauunternehmer Fleißig beschädigt mit seinem Bagger bei Bauarbeiten ein Stromkabel, das u. a. die Hühnerfarm des Gallus mit Strom versorgt. Infolge der Beschädigung fällt zwei Tage bei Gallus der Strom aus. Er muss deshalb in dieser Zeit seinen Betrieb einstellen. Außerdem verderben alle in den Brutapparaten befindlichen Eier. Gallus verlangt von Fleißig als Schadensersatz 500,- € Gewinneinbuße für die Zeit der Betriebseinstellung und weitere 300,- € für die in den Brutapparaten verdorbenen Eier. Mit Recht?
203. Was bedeutet im juristischen Sinn „Schaden", welche Unterscheidungen und Präzisierungen sind dabei erforderlich?
204. Bei Abbrucharbeiten wird die Standfestigkeit des angrenzenden Hauses, das Häusler gehört, gefährdet. Das Haus muss daraufhin für 14 Tage geräumt werden. Häusler zieht mit seiner Familie zu seinen Schwiegereltern, die ihm kostenlos ein Zimmer zur Verfügung stellen. Er verlangt von dem für die Abbrucharbeiten verantwortlichen Schädig einen Schadensersatz in Höhe von 300,- €, weil er 14 Tage lang sein Haus (monatlicher Mietwert 600,- €) nicht bewohnen konnte. Mit Recht?
205. Kann der Geschädigte vom Schädiger stets den Ausgleich seines Schadens durch Geld fordern?
206. Forsch gerät mit seinem Sportwagen infolge überhöhter Geschwindigkeit ins Schleudern und kommt erst im Vorgarten eines Hauses zum Stehen. Dabei verletzt er tödlich den Kater der Dame Dora, der sich im Vordergarten gesonnt hatte. Forsch besorgt sich sofort einen gleichwertigen Kater und bringt ihn der Dame Dora. Diese lehnt entrüstet die Annahme des Tieres ab und fordert 20.000,- € Schadensersatz, weil der getötete Kater ihr Ein und Alles gewesen sei und sie ihn höher als ihr gesamtes (nicht unbeträchtliches) Vermögen geschätzt habe. Wie ist die Rechtslage?
207. Von welchen Voraussetzungen hängt es ab, ob ein Verhalten als rechtswidrig zu bewerten ist?
208. Die 6-jährige Erna fährt wie mehrere andere Kinder auch mit ihrem Schlitten einen Berg hinunter. Als sie sich gerade in voller Fahrt befindet, kreuzt für sie unerwartet der gleichaltrige Kurt ihre Bahn und wird von ihrem Schlitten erfasst. Kurt erleidet dabei Verletzungen, die eine ärztliche Behandlung erforderlich werden lassen. Ist Erna verpflichtet, die Arztkosten zu ersetzen?
209. Wird durch § 823 das Vermögen geschützt?
210. Lug ist Eigentümer eines alten unsignierten Ölgemäldes. Er möchte das Bild verkaufen. Er wendet sich deshalb an den Kunstsachverständigen Trug und bittet ihn um eine Expertise. Trug erklärt Lug, dass das Bild Anfang des 19. Jahrhunderts gemalt sei und sein Wert allenfalls 3.000,- € betrage. Er sei aber bereit, Lug ein Gutachten zu erstatten, in dem er das Bild als Arbeit eines holländischen Meisters des 17. Jahrhunderts bezeichne und die Vermutung äußere, es könne von Aert van der Neer stammen. Lug müsste ihm dafür aber 5.000,- € zahlen. So geschieht es. Lug verkauft das Bild an Kunz, der sich auf die Richtigkeit der Expertise des Trug verlässt und deshalb den geforderten Preis von 25.000,- € zahlt. Als nach zwei Jahren von einem anderen Sachverständigen die Unrichtigkeit der Expertise festgestellt wird, verlangt Kunz von Trug Ersatz seines Schadens. Mit Recht?

§ 9. Dritte in Schuldverhältnissen

I. Vorbemerkung

Dritte, d.h. hier Personen, die weder Gläubiger noch Schuldner sind, können an Schuldverhältnissen in mannigfaltiger Weise beteiligt sein. Sie können beispielsweise als Vertreter eines anderen Willenserklärungen abgeben oder empfangen und den Vertretenen dadurch rechtsgeschäftlich binden (vgl. § 164 Abs. 1 und 3); sie können als Bote Erklärungen für einen anderen überbringen oder entgegennehmen (vgl. Rn. 78); sie können bei Erfüllung einer Verbindlichkeit tätig werden (vgl. § 278); im Rahmen des Deliktsrechts muss für die widerrechtliche Schadenszufügung durch Verrichtungsgehilfen unter den Voraussetzungen des § 831 Abs. 1 gehaftet werden. Dritte können eigene vertragliche Ansprüche durch Vertrag zugunsten Dritter erwerben oder von den vertraglichen Schutzwirkungen mit umfasst sein; sie können an die Stelle von Gläubiger und Schuldner treten und sogar die Position eines Vertragspartners insgesamt mit allen damit verbundenen Rechten und Pflichten übernehmen. Die sich durch eine derartige Einbeziehung Dritter in Schuldverhältnisse ergebenden Rechtsfragen, von denen einzelne Aspekte hin und wieder bereits angesprochen worden sind, sollen nunmehr im Einzelnen erörtert werden.

804

II. Stellvertretung

a) Begriff und Voraussetzungen

In manchen Fällen ist es unumgänglich, dass Dritte auftreten und rechtsgeschäftliche Erklärungen für andere abgeben, weil diese selbst nicht handeln können. So müssen sich juristische Personen (vgl. Rn. 284) vertreten lassen, z.B. der eingetragene Verein (§ 26 Abs. 2 S. 1) und die Aktiengesellschaft (§ 78 Abs. 1 AktG) durch den Vorstand, die Gesellschaft mit beschränkter Haftung durch einen Geschäftsführer (§ 35 Abs. 1 GmbHG). Willenserklärungen für einen Geschäftsunfähigen müssen durch dessen gesetzlichen Vertreter abgegeben werden (vgl. Rn. 287f.).

805

Aber nicht nur aus solchen in der Natur der Sache liegenden Gründen, sondern auch zur Erleichterung des Rechtsverkehrs ist es geboten, die rechtliche Möglichkeit zu eröffnen, dass jemand einen anderen für sich rechtsgeschäftlich handeln lassen kann. In vielen Fällen besteht aus praktischen Gründen ein unabweisbares Bedürfnis, den Handlungsspielraum des Einzelnen durch eine rechtsgeschäftlich begründete – sog. gewillkürte

806

– Stellvertretung zu vergrößern. Man denke nur an den Inhaber eines größeren Handelsunternehmens, dem es unmöglich ist, alle Rechtsgeschäfte selbst zu tätigen. Das besondere Interesse an einer Stellvertretung (= Vertretung) im geschäftlichen Bereich kommt auch dadurch zum Ausdruck, dass im HGB besondere Regelungen über die rechtsgeschäftliche Vertretungsmacht getroffen sind (vgl. §§ 48 ff. HGB zur Prokura, §§ 54 ff. HGB zur Handlungsvollmacht).

807 Das **Wesen** der **Stellvertretung** besteht darin, dass eine andere Person, der Vertreter, für den Vertretenen ein Rechtsgeschäft vornimmt und dadurch den Vertretenen unmittelbar berechtigt und verpflichtet. Es ist offensichtlich, dass ein solches „fremdwirkendes rechtsgeschäftliches Verhalten"[1] von der Erfüllung bestimmter Voraussetzungen abhängig sein muss; diese Voraussetzungen finden sich in § 164.

Voraussetzungen der Stellvertretung:
(1) Es muss eine Willenserklärung abgegeben (sog. aktive Stellvertretung; § 164 Abs. 1 S. 1) oder empfangen werden (sog. passive Stellvertretung; § 164 Abs. 3).
(2) Der Vertreter muss im Namen des Vertretenen, also in fremdem Namen handeln (sog. Offenheits- oder Offenkundigkeitsprinzip).
(2) Der Vertreter muss „innerhalb der ihm zustehenden Vertretungsmacht" (§ 164 Abs. 1 S. 1) tätig werden.
(4) Die Stellvertretung muss zulässig sein.

Zu diesen Voraussetzungen ist im Einzelnen Folgendes zu bemerken:

1. Abgabe oder Empfang einer Willenserklärung

808 Nach der in § 164 Abs. 1 getroffenen Regelung ist die Stellvertretung auf Willenserklärungen bezogen; jedoch ist grundsätzlich auch eine Vertretung bei geschäftsähnlichen Handlungen (vgl. Rn. 192) möglich, wie beispielsweise bei der Mahnung, bei der Aufforderung zur Genehmigung nach § 108 Abs. 2 und der Fristsetzung nach § 281 Abs. 1 S. 1 oder § 323 Abs. 1 S. 1. Dagegen ist eine Vertretung bei Realakten ausgeschlossen.

Als **Realakt** wird ein Vorgang bezeichnet, der auf einen rein tatsächlichen Erfolg gerichtet ist und mit dem das Gesetz bestimmte Rechtsfolgen verbunden hat. So sind z.B. die Begründung des unmittelbaren Besitzes durch Erlangung der tatsächlichen Gewalt (§ 854 Abs. 1), die Verarbeitung einer Sache und der dadurch eingetretene Eigentumserwerb (vgl. § 950 Abs. 1) und das Finden einer verlorenen Sache (vgl. §§ 965 ff.) derartige Vorgänge rein tatsächlicher Art. Da die hieran geknüpften Rechtsfolgen kraft Gesetzes eintreten, sind die Vorschriften über Rechtsgeschäfte nicht anwendbar. Weder

---

[1] *Gernhuber*, Bürgerliches Recht, 3. Aufl. 1991, S. 37.

kann es – wie bemerkt – eine Vertretung bei Vornahme des Realakts geben, noch kommt es darauf an, ob der Handelnde geschäftsfähig ist.²

Der Stellvertreter gibt eine eigene Willenserklärung ab, nicht eine fremde. Dies unterscheidet ihn vom (Erklärungs-)boten, der lediglich die Willenserklärung eines anderen weiterträgt. 809

Beispiel: Der 11-jährige Fritz betritt den Tabakwarenladen des Rauch und erklärt: „Mein Vater schickt mich, ich soll für ihn ein Päckchen Zigaretten von seiner Marke holen, Sie wüssten schon Bescheid." Rauch erwidert: „Hier sind die Zigaretten, Fritz. Hat Dir Dein Vater Geld mitgegeben?" Dies bejaht Fritz, bezahlt den geforderten Preis und verlässt den Laden.

Dass Fritz beschränkt geschäftsfähig ist (§ 106 i.V.m. § 2), steht einer wirksamen Vertretung nicht entgegen (vgl. § 165). Ob hier Fritz als Vertreter oder als Bote anzusehen ist, richtet sich allein nach seinem äußeren Auftreten gegenüber dem Vertragspartner.³ Das Innenverhältnis, die Absprache mit dem Auftraggeber, ist hierfür nicht maßgebend. Auch derjenige, der als Bote eine Willenserklärung überbringen soll, aber entgegen dieser Vereinbarung als Vertreter auftritt, ist als Vertreter zu behandeln. Im Beispielsfall spricht der Hinweis des Fritz, dass ihn sein Vater schicke, um Zigaretten zu kaufen, für seine Botenstellung. Jedoch kann auch ein Vertreter nach heute herrschender Meinung gemäß ihm genau vorgegebener Direktiven handeln. Zwar wird im Allgemeinen dem Vertreter zumindest ein gewisses Maß von Entscheidungsfreiheit eingeräumt werden, begriffsnotwendig ist dies jedoch nicht.⁴

Die Verkäuferin im Warenhaus hat kaum eigene Entscheidungsbefugnis, sondern ist hinsichtlich der Preise und der Konditionen an die Anweisungen der Geschäftsleitung gebunden und darf regelmäßig auch nicht den von einem Kunden gewünschten Vertrag ablehnen. Maßgebend für ihre Stellung als Vertreterin ist es jedoch, dass die Geschäftsleitung für den einzelnen Vertragsabschluss keinen Willen bilden kann, sondern dies der Verkäuferin überlassen muss.
Im Beispielsfall ist deshalb nicht die fehlende Entscheidungsfreiheit des Fritz maßgebend. Vielmehr ist für die Wertung, dass er eine fremde Erklärung überbringt, also als Bote anzusehen ist, letztlich entscheidend, dass er selbst überhaupt nicht weiß, was Gegenstand des Kaufvertrages sein soll, denn er spricht von der „Marke des Vaters", die zwar Rauch, aber nicht er kennt.

Die **Unterscheidung** zwischen einem **passiven Stellvertreter** (§ 164 Abs. 3) und einem **Empfangsboten** (vgl. Rn. 78) kann schwierig sein, weil in beiden Fällen eine an den Geschäftsherrn gerichtete Willenserklärung passiv entgegengenommen wird. Der Abgrenzung zwischen beiden kommt jedoch keine allzu große praktische Bedeutung zu. In beiden Fällen geht es um den Zugang von Willenserklärungen, also um ihr Wirksamwerden (vgl. Rn. 73 ff.). Wird im Machtbereich des Adressaten einer (dazu bestellten oder geeigneten) Hilfsperson eine schriftliche Willenser- 810

---
² Vgl. *Rüthers/Stadler*, § 16 Rn. 30 ff.
³ Vgl. *Larenz/Wolf*, § 46 Rn. 77.
⁴ *Larenz/Wolf*, § 46 Rn. 77; MünchKomm/*Schramm*, vor § 164 Rn. 50.

klärung übergeben oder eine mündliche zugesprochen, dann ist sie zugegangen, einerlei ob es sich bei der Hilfsperson um einen Vertreter oder um einen Empfangsboten handelt. Dieser Unterscheidung kommt dagegen Relevanz zu, wenn die Hilfsperson außerhalb der Wohnung oder der Geschäftsräume des Empfängers die Willenserklärung entgegennimmt; während beim passiven Vertreter die Erklärung sofort wirksam wird, geschieht dies beim Einschalten eines Empfangsboten erst in dem Zeitpunkt, in dem nach dem regelmäßigen Lauf der Dinge die Kenntnisnahme durch den Geschäftsherrn erwartet werden kann (vgl. Rn. 79).[5] Ein Unterschied ergibt sich auch für die Auslegung: Wird die Erklärung einem (passiven) Stellvertreter zugesprochen, dann kommt es darauf an, wie sie der Vertreter verstehen konnte. Wird die Erklärung durch einen Boten empfangen, dann ist entscheidend, was der Geschäftsherr aus der Erklärung, die ihm der Bote (richtig) übermittelt[6] (zur falschen Übermittlung vgl. Rn. 82 f.), entnehmen kann und muss.

2. Handeln im fremden Namen

811 Der Vertreter hat die Willenserklärung „im Namen des Vertretenen" abzugeben (§ 164 Abs. 1 S. 1).[7] Dabei ist es allerdings nicht erforderlich, dass er ausdrücklich erklärt, im Namen des Vertretenen handeln zu wollen; es genügt, wenn sich dies aus den Umständen des Einzelfalles ergibt (§ 164 Abs. 1 S. 2). Ist jedoch nicht zu erkennen, dass der Vertreter nicht für sich selbst, sondern für einen anderen auftritt, dann wird er selbst verpflichtet. Er kann sich dann nicht darauf berufen, er habe nicht im eigenen Namen handeln wollen; dieser Einwand ist ihm abgeschnitten und ihm insoweit auch das Recht zur Anfechtung genommen. Dies wird durch § 164 Abs. 2 mit der etwas schwer verständlichen Formulierung ausgedrückt: „Tritt der Wille, in fremdem Namen zu handeln, nicht erkennbar hervor, so kommt der Mangel des Willens, im eigenen Namen zu handeln, nicht in Betracht."

812 Diese Regelung ist Ausdruck des **Offenheitsprinzips** (Offenkundigkeitsprinzips). Hierdurch soll gewährleistet sein, dass dem Vertragspartner darüber Aufschluss gegeben wird, mit wem er in rechtliche Beziehung tritt, denn auf diese Kenntnis wird er in aller Regel Wert legen. Soll also das Offenheitsprinzip den Geschäftspartner des Vertretenen schützen, dann kann es auch durchbrochen werden, wenn es dem Geschäftspartner ausnahmsweise gleichgültig ist, mit wem er abschließt. Er wird dann regelmäßig damit einverstanden sein, das Geschäft mit demjenigen zustande kommen zu lassen, den es angeht.

---

[5] *BGH* JZ 1989, 502; NJW 1994, 2613, 2614; 2002, 1565, 1567; MünchKomm/ *Schramm*, vor § 164 Rn. 53 f.
[6] *Hübner*, Rn. 1210.
[7] Der Vertreter kann jedoch eine Erklärung zugleich auch im eigenen Namen abgeben, so dass dann die Erklärung sowohl als eigene als auch als die des Vertretenen gilt; *BGH* NJW 2009, 3506 Tz. 12.

Beispiel: Die Haushälterin Hanna des Reich kauft im Kaufhaus Hülle & Fülle eine Tischdecke für den von ihr geführten Haushalt ein. Nach h. M. handelt sie hier als Vertreter des Reich, weil es dem Vertragspartner, dem Inhaber des Kaufhauses Hülle & Fülle, nicht darauf ankommen kann zu wissen, mit wem er kontrahiert hat. Er ist bereit, das Geschäft als „Geschäft für den, den es angeht" zu schließen.

Je nachdem, ob der Vertreter dem Geschäftspartner zu erkennen gibt, dass er nicht für sich handelt, ohne jedoch zu offenbaren, wer der Vertretene ist, oder ob er seine Stellung als Vertreter vollkommen verschweigt, kann man von einem offenen oder verdeckten „Geschäft für den, den es angeht" sprechen. 813

- Die Zulässigkeit eines **offenen „Geschäfts für den, den es angeht"** kann nicht zweifelhaft sein. In diesen Fällen ist das Offenheitsprinzip allenfalls eingeschränkt, nicht verletzt, weil klargestellt ist, dass der Vertreter nicht für sich selbst handeln will. Möchte der Geschäftspartner die Ungewissheit über die Person des Vertretenen nicht hinnehmen, dann muss er von dem Geschäft Abstand nehmen.
- Anders verhält es sich dagegen bei dem **verdeckten „Geschäft für denjenigen, den es angeht"**, wie dies auch in dem obigen Beispiel des Einkaufs der Haushälterin der Fall ist. Hier wird das Offenheitsprinzip durchbrochen; deshalb ist die Zulässigkeit einer solchen Vertretung auch umstritten. Die h. M. lässt solche Geschäfte zu, wenn dies mit der Schutzfunktion des Offenheitsprinzips vereinbar ist, wenn also – wie bereits bemerkt – der Geschäftspartner auf diesen Schutz keinen Wert legt. Dies wird überwiegend bei beiderseits sofort erfüllten Barkäufen des täglichen Lebens bejaht, wobei die Zulässigkeit des verdeckten Geschäfts sowohl für den schuldrechtlichen Vertrag (Kauf) als auch für den dinglichen (Übereignung) bejaht wird.[8]

Im Beispielsfall geht das Eigentum an der Tischdecke auf Reich auf der Grundlage der Lehre von dem „Geschäft für den, den es angeht" wie folgt über: Die Einigung i. S. v. § 929 S. 1 wird von Hanna als Vertreterin des Reich vorgenommen, und zwar unter (von der h. M. zugelassener) Durchbrechung des Offenheitsgrundsatzes. Reich erwirbt unmittelbaren Besitz an der Tischdecke, weil Hanna seine Besitzdienerin ist (vgl. § 855; Rn. 553).

Soweit nicht die Voraussetzungen des (verdeckten) „Geschäfts für den, den es angeht" erfüllt sind, muss das Offenheitsprinzip bei der Stellvertretung streng beachtet werden. Deshalb handelt es sich nicht um einen Fall der Stellvertretung, wenn jemand im eigenen Namen, aber in fremdem Interesse und für fremde Rechnung tätig wird (sog. **mittelbare oder indirekte Stellvertretung**), wie dies beispielsweise bei einem Kommissionär (vgl. § 383 Abs. 1 HGB) oder beim Spediteur (vgl. § 454 Abs. 3 i. V. m. § 457) der Fall ist (vgl. EK BGB Rn. 26 ff.). 814

---

[8] Vgl. *BGH* NJW 1991, 2283, 2284 f. Hinsichtlich des (verdeckten) Geschäfts, für den, den es angeht, bestehen nicht unerhebliche Meinungsverschiedenheiten, auf die hier im Einzelnen nicht eingegangen werden kann; vgl. dazu *K. Müller*, JZ 1982, 777; *Larenz/Wolf*, § 46 Rn. 42 ff.; *K. Schmidt*, JuS 1987, 425, 428 ff.

815 Das Handeln in fremdem Namen ist von dem **Handeln unter fremdem Namen** zu unterscheiden. Beim Handeln unter fremdem Namen gibt der Handelnde vor, eine andere Person zu sein, als er in Wirklichkeit ist. Hierbei muss differenziert werden:
- Will der Handelnde für sich selbst das Geschäft abschließen und verwendet er beispielsweise den fremden Namen nur, um inkognito zu bleiben, und will auch der Geschäftspartner das Geschäft mit dem Handelnden eingehen, ohne dass es ihm darauf ankommt, welchen Namen der andere in Wirklichkeit trägt, dann treffen die Rechtsfolgen ausschließlich den unter falschem Namen Handelnden. Ein typisches Beispiel für diese Fallgruppe, die zur besseren Unterscheidung als „**Handeln unter falscher Namensangabe**"[9] bezeichnet werden sollte, ist der Fall, dass ein Gast in einem Hotel ein Zimmer bestellt, dabei aber, weil er unbekannt bleiben will, einen erfundenen Namen nennt.
- Verbindet der Geschäftspartner erkennbar mit der Person des wahren Namensträgers bestimmte Vorstellungen und will er mit dem wahren Namensträger in Rechtsbeziehungen treten, weil es auf dessen Person für das Geschäft ankommt, dann sind die Vorschriften über die Stellvertretung analog anzuwenden. Dies bedeutet, dass der wahre Namensträger berechtigt und verpflichtet wird, wenn der unter fremdem Namen Handelnde zu dessen Vertretung berechtigt ist (vgl. Rn. 816), und dass bei fehlender Vertretungsmacht die §§ 177 ff. gelten (dazu später).[10]

Beispiel: Arnold will unbedingt eine seit Wochen ausverkaufte Theatervorstellung besuchen. Er ruft bei der Theaterdirektion an und gibt sich als der Großindustrielle Reich aus, der zufällig in der Stadt sei und gerne das Theaterstück sehen wolle. Die Theaterdirektion, die stets einige Karten für besondere Fälle reserviert, erklärt Arnold, eine Karte werde für Reich an der Theaterkasse hinterlegt werden. Hier will offensichtlich die Theaterdirektion nicht einen Vertrag mit einer beliebigen, ihr nicht bekannten Person schließen, sondern nur mit Reich, weil es sich bei ihm um einen Prominenten handelt, der nicht zuletzt auch aus Reklamegründen eine bevorzugte Behandlung erhalten soll. Wird der Schwindel des Arnold noch rechtzeitig entdeckt, dann wird sich die Theaterdirektion zu Recht weigern, ihm die Karte auszuhändigen, weil vertragliche Beziehungen zu Arnold nicht zustande gekommen sind. Die Theaterdirektion ist jedoch auch in analoger Anwendung des § 179 (vgl. Rn. 850) berechtigt, die Abnahme und Bezahlung der Karte zu fordern, wenn ihr daran liegt.

3. Vertretungsmacht

aa) Rechtsgrundlagen

816 Die Vertretungsmacht, d.h. die Befugnis, einen anderen wirksam zu vertreten und für ihn mit verbindlicher Wirkung Willenserklärungen abzugeben oder entgegenzunehmen, **beruht** entweder – **bei der gesetzlichen Stell-**

---
[9] So *Medicus/Petersen,* Rn. 83; MünchKomm/*Schramm,* § 164 Rn. 42.
[10] Vgl. BGHZ 45, 193 = NJW 1966, 1069 = JuS 1966, 414; *Medicus,* AT, Rn. 908; vgl. auch *OLG München* NJW 2004, 1328, zum Handeln unter fremdem Namen bei einer Internet-Auktion.

vertretung (vgl. Rn. 805)¹¹ – **auf einer Rechtsvorschrift** oder – **bei der gewillkürten Stellvertretung** (vgl. Rn. 806) – **auf einem Rechtsgeschäft**. Die durch Rechtsgeschäft erteilte Vertretungsmacht wird im Gesetz „Vollmacht" genannt (vgl. § 166 Abs. 2 S. 1).

bb) Erteilung und Umfang einer Vollmacht

Die Vollmacht wird durch eine empfangsbedürftige Willenserklärung (vgl. Rn. 39) erteilt, die regelmäßig keiner **Form** bedarf, insbesondere nicht der Form des Rechtsgeschäfts, auf das sich die Vollmacht bezieht (§ 167 Abs. 2). Allerdings ist Folgendes zu beachten: 817

- In manchen Fällen ist im Gesetz in **Ausnahme von dem Prinzip der Formfreiheit** der Vollmacht vorgeschrieben, dass die Vollmachtserteilung in einer bestimmten Form vorzunehmen ist. So müssen z. B. nach § 492 Abs. 4 bei einer Vollmacht, die zum Abschluss eines Verbraucherdarlehensvertrages (vgl. § 491 Abs. 1) erteilt wird, die Anforderungen beachtet werden, die sich aus § 492 Abs. 1 und 2 ergeben. Dagegen ist die Prozessvollmacht nach der ZPO, also die Befugnis, für einen anderen in dessen Namen einen Zivilrechtsstreit zu führen, formlos gültig (vgl. GK ZPO Rn. 158); nur der Nachweis gegenüber dem Gericht ist formgebunden (vgl. §§ 80, 89 Abs. 2 ZPO).
- Der in § 167 Abs. 2 ausgesprochene **Grundsatz, dass die auf ein formbedürftiges Rechtsgeschäft bezogene Vollmacht formlos gültig ist**, muss in Fällen **eingeschränkt werden**, in denen die formlose Bevollmächtigung mit dem Zweck der Formvorschrift unvereinbar ist. Dies ist anzunehmen, wenn durch eine formlose Bevollmächtigung gerade der Rechtszustand eintritt, der durch die Formvorschrift verhindert werden soll. Ist der Formzwang geschaffen worden, um den Erklärenden auf die rechtliche Bedeutung seines Verhaltens hinzuweisen und vor Übereilung zu warnen (vgl. Rn. 48), dann darf nicht zugelassen werden, dass über den Weg einer Bevollmächtigung eine Bindung des Erklärenden durch formfreies Rechtsgeschäft eintritt.

Im Schrifttum wird dementsprechend vorgeschlagen, stets die für das Vertretungsgeschäft geltende Formvorschrift auf die Vollmachtserteilung auszudehnen, wenn der Formvorschrift Warnfunktion zukommt.¹²

Die h. M., insbesondere die Rechtsprechung, will demgegenüber die Entscheidung aufgrund einer differenzierenden Beurteilung der Einzelfälle suchen. So wird z. B. aus § 311 b Abs. 1 S. 1 die Formbedürftigkeit der Vollmacht abgeleitet, die unwiderruflich zum Verkauf eines Grundstücks erteilt wird, auch wenn die Unwiderruflichkeit zeitlich befristet ist; das gleiche soll gelten, wenn der Vollmachtgeber beim Widerruf Nachteilen ausgesetzt ist (z. B. wenn er dann zur Zahlung einer Vertragsstrafe verpflichtet ist).¹³

---

[11] Die Vertretung juristischer Personen durch ihre Organe (vgl. Rn. 812) wird als eine dritte eigenständige Vertretung anerkannt, die der gesetzlichen Vertretung nahe steht; vgl. MünchKomm/*Schramm*, vor § 164 Rn. 7 ff.

[12] So *Flume*, S. 864 f.; *Schwerdtner*, Jura 1979, 163.

[13] Vgl. BGH NJW 1979, 2306; *Rösler*, NJW 1999, 1150; MünchKomm/*Schramm*, § 167 Rn. 17 ff., jeweils m. w. N., auch zu weiteren Fällen einer Formbedürftigkeit der Vollmacht.

§ 9. Dritte in Schuldverhältnissen

818 Die Zulässigkeit dieser den eindeutigen Wortlaut des § 167 Abs. 2 missachtenden Auffassung ergibt sich aus folgenden Erwägungen: Die in § 167 Abs. 2 aufgestellte Regel ist – wie dargelegt – mit Sinn und Zweck anderer Regelungen, nämlich der hier anzuwendenden Formvorschriften, unvereinbar. Deshalb muss die (nach ihrem Wortlaut zu weit geratene) Vorschrift des § 167 Abs. 2 so eingeschränkt werden, dass ihr Anwendungsbereich mit dem Regelungszweck der Formvorschriften übereinstimmt. **Eine derartige Einschränkung einer nach dem Wortsinn entgegen der Regelungsabsicht des Gesetzgebers zu weit gefassten Vorschrift wird „teleologische Reduktion"**[14] genannt.

819 Wird die Vollmacht gegenüber dem Bevollmächtigten erteilt (X sagt zu Y: „Ich bevollmächtige Sie, für mich ein Auto zu kaufen"; § 167 Abs. 1 Alt. 1), dann spricht man von einer **„Innenvollmacht"**; wird die Bevollmächtigung gegenüber dem Dritten, mit dem das Vertretungsgeschäft geschlossen werden soll, vorgenommen (X sagt zu Z: „Ich bevollmächtige Y, für mich mit Ihnen einen Kaufvertrag über ein Auto zu schließen"; § 167 Abs. 1 Alt. 2), dann handelt es sich um eine sog. **„Außenvollmacht"**.

Keine besondere Art der Vollmachtserteilung behandeln die §§ 171, 172. Diese Vorschriften enthalten Regelungen, die im Interesse des Verkehrsschutzes getroffen worden sind und die sich auf eine Innenvollmacht beziehen, die durch besondere Mitteilung an einen Dritten oder durch öffentliche Bekanntmachung (§ 171 Abs. 1) oder durch Vorlage einer Vollmachtsurkunde, die der Vertreter vom Vollmachtgeber erhalten hat (§ 172 Abs. 1), bekannt gemacht wird (z. B.: „Herr X ist von mir bevollmächtigt worden").

820 Der Begriff „Innenvollmacht" darf nicht etwa dahingehend missverstanden werden, als werde dadurch (auch) das Innenverhältnis zwischen Vollmachtgeber und Bevollmächtigtem geregelt. Die Vollmacht hat stets (nur) Außenwirkung, denn durch sie wird dem Bevollmächtigten Rechtsmacht zur Vertretung des Bevollmächtigenden gegenüber Dritten verliehen. Diese Rechtsmacht ist unabhängig von den zwischen Vollmachtgeber und Bevollmächtigtem bestehenden Rechtsbeziehungen (z. B. Auftrag oder Dienstvertrag), die den Grund für die Bevollmächtigung bilden und die Rechte und Pflichten beider in ihrem Verhältnis zueinander regeln. **Die Vollmacht ist in ihrer Gültigkeit von dem Innenverhältnis gelöst; sie ist davon abstrahiert (Abstraktionsprinzip).** Eine Vollmacht kann auch erteilt werden, ohne dass ihr ein Rechtsverhältnis zu Grunde liegt. Dies ist z. B. der Fall, wenn zur Ausführung eines reinen Gefälligkeitsverhältnisses außerhalb rechtlicher Bindungen (Rn. 44 ff.) jemand bevollmächtigt wird. Man spricht dann von einer **isolierten Vollmacht**.

Die Abstraktheit der Vollmacht bewirkt also, dass es ohne Einfluss auf die Wirksamkeit des Vertretungsgeschäfts bleibt, wenn der das Innenverhältnis regelnde Vertrag nichtig ist oder wenn der Bevollmächtigte inter-

---

[14] Teleologisch leitet sich von telos (griech.) = Ziel, Zweck ab, Reduktion von reductio (lat.) = Zurückführung; vgl. dazu *Larenz*, Methodenlehre der Rechtswissenschaft, 6. Aufl. 1991, S. 391.

nen Weisungen zuwiderhandelt (z. B. kein Geschäft über 10.000,- € ohne Rücksprache mit dem Vollmachtgeber zu schließen). Kennt der Geschäftspartner die internen Bindungen des Vertreters und wirkt er zum Nachteil des Vollmachtgebers mit dem Stellvertreter zusammen, dann ist allerdings das geschlossene Geschäft als sittenwidrig anzusehen und deshalb nach § 138 Abs. 1 nichtig (vgl. auch Rn. 800). Von solchen (im Grundsatz für Dritte nicht wirksamen) internen Bindungen ist aber die Beschränkung der Vollmacht als solche zu unterscheiden; durch solche Beschränkungen wird die Vertretungsmacht begrenzt. Man muss also danach differenzieren, ob der Stellvertreter die Vertretungsmacht besitzt und sie (lediglich) missbraucht, weil er von ihr z. B. weisungswidrig Gebrauch macht (dies wirkt sich grundsätzlich nur im Innenverhältnis aus; dazu Einzelheiten später), oder ob er die Grenzen seiner Vertretungsmacht überschreitet, dann handelt er als vollmachtloser Vertreter.

Allerdings kann abweichend von dem Grundsatz, dass die Unwirksamkeit des Innenverhältnisses zwischen Vollmachtgeber und Bevollmächtigten die Gültigkeit der Vollmacht unberührt lässt, aufgrund des § 139 ausnahmsweise etwas anderes gelten, wenn Innenverhältnis und Vollmacht als ein einheitliches Rechtsgeschäft im Sinne dieser Vorschrift (vgl. Rn. 275) anzusehen sind. Bei einer solchen Wertung ist jedoch größte Zurückhaltung zu üben, weil sonst über § 139 das Prinzip der Trennung von Vollmacht und zugrundeliegendem Rechtsverhältnis aufgehoben und die Abstraktheit der Vollmacht ignoriert wird.[15]

Nach dem Umfang der Vollmacht unterscheidet man zwischen einer **Spezialvollmacht**, die nur für ein bestimmtes Geschäft gilt, einer **Gattungsvollmacht**, die eine Gattung von Geschäften betrifft, und einer **Generalvollmacht**, die zu Vertretungen aller Art befugt. In einigen Fällen ist durch das Gesetz der Umfang der Vollmacht im Interesse des Rechtsverkehrs zwingend festgelegt worden (z. B. für die Prokura, die eine besondere handelsrechtliche Vollmacht darstellt, durch die §§ 49, 50 HGB). Die Vollmacht kann auch in der Weise beschränkt werden, dass der Bevollmächtigte nicht allein zur Vertretung befugt sein soll, sondern nur mit einem oder mehreren anderen (sog. **Gesamtvollmacht** im Unterschied zur **Einzelvollmacht**). Bei der Gesamtvollmacht müssen die Bevollmächtigten nicht notwendigerweise gemeinsam handeln; vielmehr genügt es, dass einer das Rechtsgeschäft im Namen des Vertretenen vornimmt und der andere oder die anderen intern diesem Geschäft zustimmen. Eine Gesamtvertretung, zu der eine Gesamtvollmacht berechtigt, kommt nicht nur im Rahmen der gewillkürten Stellvertretung vor, sondern auch bei der gesetzlichen. So vertreten Eltern das Kind gemeinschaftlich (§ 1629 Abs. 1 S. 2). Erteilt der Bevollmächtigte einem Dritten Vollmacht, den Vollmachtgeber (also die Person, die ihn bevollmächtigt hat) zu vertreten, dann spricht man von einer **Untervollmacht** (dazu EK BGB Rn. 32 ff.). 821

---

[15] Zu diesem Problem vgl. *Knoche*, JA 1991, 281, 283 f.; *Hartmann*, ZGS 2005, 62, jeweils m. N. Der Nichtigkeitsgrund kann sich jedoch auch auf die Vollmacht erstrecken; vgl. *BGH* NJW 2002, 2325, 2326.

822 Nimmt ein Bevollmächtigter ein einseitiges Rechtsgeschäft (vgl. Rn. 39 f.) gegenüber einem anderen vor (Beispiel: Kündigung eines Vertrages), dann ist dieses Rechtsgeschäft unwirksam, wenn der Bevollmächtigte eine Vollmachtsurkunde nicht vorlegt und der andere das Rechtsgeschäft aus diesem Grunde unverzüglich zurückweist, es sei denn, dass der Vollmachtgeber den anderen von der Bevollmächtigung in Kenntnis gesetzt hatte (§ 174). Diese Regelung korrespondiert mit der Vorschrift des § 180 S. 1, nach der ein ohne Vertretungsmacht vorgenommenes einseitiges Rechtsgeschäft nichtig ist (vgl. Rn. 849). Derjenige, dem gegenüber ein einseitiges Rechtsgeschäft durch einen Vertreter vorgenommen wird, hat ein berechtigtes Interesse daran zu wissen, ob der Vertreter die für das Rechtsgeschäft erforderliche Vertretungsmacht besitzt oder ob dies verneint werden muss und deshalb das Rechtsgeschäft für ihn keine Wirkung hat. § 174 schützt dieses Interesse.

Nach allgemeiner Meinung muss der Bevollmächtigte das Original der Vollmachtsurkunde vorlegen. Eine Kopie oder ein Telefax der Vollmachtsurkunde genügt nicht.[16]

cc) Konkludent erteilte Vollmacht und Duldungsvollmacht

823 Die **Erteilung der Vollmacht** muss nicht ausdrücklich, sondern kann auch **konkludent** vorgenommen werden, soweit nicht gesetzliche Vorschriften etwas anderes bestimmen (vgl. § 48 Abs. 1 HGB, der vorschreibt, dass die Prokura nur mittels ausdrücklicher Erklärung erteilt werden darf). In dem Gewährenlassen von Vertretungsgeschäften kann eine stillschweigende Bevollmächtigung liegen. Hierfür ist jedoch Voraussetzung, dass der Stellvertreter dem Verhalten des Vertretenen den objektiven Erklärungswert einer Vollmacht beilegen kann. Weiß der als Stellvertreter Auftretende, dass ihm der Vertretene keine Vollmacht erteilen will und nur aus Schwäche oder Gleichgültigkeit nicht eingreift, dann verbietet sich die Annahme einer konkludent erteilten Vollmacht.

Beispiel: Klein und Groß sammeln Briefmarken, und zwar Klein nur deutsche, Groß nur solche aus Übersee. Groß, der über mehr Zeit als Klein verfügt, sieht die ihm von Händlern geschickten Angebote stets sehr sorgfältig durch und ordert dann die Marken, die nach Preis und Art interessant sind. Im Laufe der Zeit hat es sich eingespielt, dass Groß auch Marken im Namen des Klein bestellt. Klein und Groß haben zwar niemals darüber gesprochen, dass Groß dies tun soll, aber Klein hat stets anstandslos die ihm zugesandten Marken bezahlt. Eines Tages bekommen beide Streit, in dessen Verlauf Klein erklärt, er verbitte sich nachdrücklich die weitere Bevormundung durch Groß; er wolle selbst entscheiden, welche Marken er erwerbe. Groß solle sich unterstehen, noch einmal eine Bestellung für ihn aufzugeben. Groß erwidert, Klein habe doch überhaupt keine Ahnung von Briefmarken; wenn er – Groß – ihn im Stich ließe, würde er doch großen Schaden erleiden. Deshalb werde er auch weiterhin Klein den Freundschaftsdienst leisten, auch wenn dieser sich undankbar zeige. Dabei bleibt Groß trotz weiterer Proteste des Klein und bestellt erneut einige Marken im Namen von Klein. Als die Marken dem Klein zugesandt werden, zahlt er auch diese „um des lieben Friedens willen". Damit hatte Groß, der die nachgiebige Art des Klein kannte, von vornherein gerechnet.

---

[16] *OLG Hamm* NJW 1991, 1185.

Bei der ersten Bestellung für Klein handelte Groß ohne Vertretungsmacht. Als Klein den geforderten Preis dem Händler zahlte, genehmigte er damit konkludent den Kaufvertrag (§ 177 Abs. 1). Bei der folgenden Bestellung kann man noch zweifeln, ob bereits in dem Verhalten des Klein eine schlüssig erklärte Bevollmächtigung des Groß zu sehen ist. Als jedoch in der folgenden Zeit Klein stets die Verträge akzeptierte, die Groß für ihn schloss, konnte Groß mit Recht davon ausgehen, dass er auch in Zukunft für Klein in dem bisherigen Rahmen handeln durfte. Demgemäß war das Verhalten des Klein nach dem objektiven Erklärungswert als konkludentes Erteilen einer Innenvollmacht zu werten. Als Klein aber ausdrücklich die Bevollmächtigung des Groß widerrief (vgl. § 168), handelte dieser von diesem Zeitpunkt an als vollmachtloser Vertreter des Klein. Auch wenn Klein die erneute Bestellung abnahm und bezahlte (Genehmigung nach § 177 Abs. 1), kann Groß in Zukunft nicht das Verhalten des Klein als stillschweigende Bevollmächtigung auffassen.

Allerdings stellt sich in solchen Fällen die Frage, ob Dritte – im Beispielsfall die Händler – darauf vertrauen können, dass der (in Wirklichkeit ohne Vollmacht) Handelnde die erforderliche Vertretungsmacht besitzt, um den Vertretenen zu verpflichten. Anders gefragt: Hat sich derjenige, der ein vollmachtloses Handeln kennt und nichts dagegen unternimmt, so behandeln zu lassen, als habe er die (in Wirklichkeit nicht erteilte) Bevollmächtigung vorgenommen? Die h.M. bejaht diese Frage, wenn die Voraussetzungen einer sog. **Duldungsvollmacht** erfüllt sind:[17] 824

Eine Duldungsvollmacht wird bejaht,[18] wenn
- ein zum Handeln nicht Berechtigter während einer gewissen Dauer und wiederholt für den Geschäftsherrn als Vertreter auftritt,

    Diese Fälle unterscheiden sich also von denen einer schlüssig erteilten Vollmacht dadurch, dass gerade keine Bevollmächtigung besteht, der Vertreter also ohne Vollmacht tätig wird.

- der Geschäftsherr Kenntnis von diesem vollmachtlosen Handeln hat und dagegen nicht einschreitet, obwohl ihm dies möglich ist,
- der Geschäftspartner des Geschäftsherrn das Verhalten des Vertreters und dessen Duldung durch den Geschäftsherrn kennt und daraus nach Treu und Glauben mit Rücksicht auf die Verkehrssitte den Schluss ziehen kann, dass der Vertreter Vollmacht besitzt.

    Beruht die Unkenntnis des Geschäftspartners von der fehlenden Vollmacht auf Fahrlässigkeit, dann wird er in seinem Vertrauen nicht geschützt.

Die Fälle der „Duldungsvollmacht" werden also dadurch gekennzeichnet, dass der Geschäftsherr **durch Duldung** des vollmachtlosen Auftretens eines Nichtberechtigten den **Rechtsschein einer Vertretungsmacht** entste- 825

---

[17] MünchKomm/*Schramm*, § 167 Rn. 46ff., m.N.; vgl. auch *BGH* NJW 1997, 312, 314; 2002, 2325, 2327; 2003, 2091, 2092; 2004, 2745, 2746f.; 2007, 987, 988 Tz. 19 = JuS 2007, 779 (*K. Schmidt*).
[18] *BGH* NJW 2002, 2325, 2327. Verständnis und Abgrenzung der Duldungsvollmacht sind jedoch nicht einheitlich; abweichend z.B. *Medicus/Petersen*, Rn. 100f.

hen lässt, auf den Dritte vertrauen. Insoweit ergibt sich eine Parallele zu Sachverhalten, in denen der Geschäftsherr öffentlich eine (in Wirklichkeit nicht bestehende) Bevollmächtigung bekannt gibt. Nach § 171 Abs. 1 muss er sich dann so behandeln lassen, als habe er eine Vollmacht dem Vertreter wirksam erteilt. Deshalb wird die von der h.M. befürwortete Anerkennung der Duldungsvollmacht auf eine analoge Anwendung des § 171 Abs. 1 gestützt.[19]

826 Von einer **Analogie** wird gesprochen, wenn die für einen Tatbestand im Gesetz getroffene Regelung (hier: § 171 Abs. 1) auf einen gesetzlich nicht geregelten ähnlichen Tatbestand (hier: Duldungsvollmacht) angewendet wird. Kann die auf den ungeregelten Tatbestand zu übertragende Rechtsfolge – wie hier – aus einem einzigen Rechtssatz gewonnen werden, dann bezeichnet man dies als Gesetzesanalogie; wird hingegen die anzuwendende Regelung aus mehreren Rechtssätzen oder aus dem Gesamtsystem des Gesetzes abgeleitet, dann handelt es sich um eine sog. Rechtsanalogie. Erste Voraussetzung für eine Analogie ist also ein „ungeregelter" Tatbestand. Das Gesetz muss insoweit eine „Lücke" aufweisen, die es zu schließen gilt. Das Schweigen des Gesetzes darf nicht etwa darauf zurückzuführen sein, dass der Gesetzgeber bewusst von einer Regelung absah. Denn ein solches bewusstes Schweigen darf nicht nachträglich vom Rechtsanwender korrigiert werden. Vielmehr muss das Schweigen des Gesetzes unbeabsichtigt sein, gleichsam im Widerspruch zu dem gesetzgeberischen Vorhaben stehen. Eine „Lücke" ist folglich eine vom Standpunkt des Gesetzgebers aus betrachtete, von der dem Gesetz zugrundeliegenden Regelungsabsicht her gesehene „Planwidrigkeit". Diese Planwidrigkeit ist durch Analogie zu beseitigen, wenn der ungeregelte Tatbestand dem geregelten so ähnlich ist, dass es die Gerechtigkeit gebietet, beide gleich zu behandeln.[20]

Die analoge Anwendung eines Rechtssatzes vollzieht sich folglich in folgenden stets sorgfältig zu vollziehenden Schritten:
- Feststellung einer Lücke (= Planwidrigkeit)
- Feststellung der Ähnlichkeit zwischen geregeltem und ungeregeltem Tatbestand
- Übertragung der Rechtsfolge aus dem geregelten auf den ungeregelten Tatbestand.

Werden diese Voraussetzungen erfüllt, dann ist ein Analogieschluss gerechtfertigt. Zumindest schief ist die Behauptung, sog. Ausnahmevorschriften seien nicht analogiefähig.[21] Diese Behauptung setzt nämlich voraus, was es zu klären gilt. Denn die entscheidende Frage betrifft nicht den Charakter einer Regelung als Ausnahmevorschrift, sondern richtet sich auf die Voraussetzungen der Analogie. Regelt eine Vorschrift einen derar-

---

[19] *Larenz/Wolf,* § 48 Rn. 24.; a. A. MünchKomm/*Schramm,* § 167 Rn. 50.
[20] Vgl. *BGH* NJW 2010, 1065, 1066 Tz. 21; *Larenz,* Methodenlehre der Rechtswissenschaft, 6. Aufl. 1991, S. 381 ff.
[21] Vgl. dazu *Würdinger,* JuS 2008, 949; *D. Schneider,* JA 2008, 174.

tig einzigartigen Fall, dass eine Ähnlichkeit zu anderen Fällen ausgeschlossen werden muss, dann fehlt ihr allerdings die Analogiefähigkeit. Eine solche Regelung kann man als Ausnahmevorschrift bezeichnen. Dies zeigt jedoch, dass diese Qualifikation am Schluss und nicht am Anfang der Prüfung einer analogen Anwendung steht.[22]

dd) Anscheinsvollmacht

Bleiben noch die Fälle zu erörtern, in denen der Geschäftsherr von dem vollmachtlosen Auftreten des Vertreters keine Kenntnis hat, jedoch bei Beachtung der pflichtgemäßen Sorgfalt hätte erkennen und verhindern können, dass der Vertreter in seinem Namen Rechtsgeschäfte schließt.

Beispiel:[23] Frech ist als Angestellter beim Transportunternehmer Stark tätig. Nachdem er wiederholt weisungsgemäß Haftpflichtschäden der Versicherungsgesellschaft Sicher meldete, bei der Stark seine Lastwagen haftpflichtversichert hat, kündigt er auf Geschäftsbriefbogen des Stark mit eigener Unterschrift den Versicherungsvertrag. Auf eine schriftliche Anfrage von Sicher nach dem Grund der Kündigung antwortet Frech wiederum auf einem Geschäftsbriefbogen des Stark und mit eigener Unterschrift. Bis zum Kündigungstermin werden die fälligen Versicherungsprämien pünktlich gezahlt, danach nicht mehr. Als ein Lastzug des Stark in einen Unfall verwickelt wird, weigert sich Sicher, unter Hinweis auf die Kündigung, Versicherungsschutz zu gewähren. Erst jetzt erfährt Stark von der durch Frech vorgenommenen Kündigung. Er meint, er brauche diese Kündigung nicht gelten zu lassen, weil Frech keine Vollmacht gehabt und er von der Kündigung nichts gewusst hatte. Ist diese Auffassung von Stark zutreffend?

Nach h. M., insbesondere der Rechtsprechung, kann sich der Vertretene auf den Mangel der Vollmacht seines angeblichen Vertreters dann nicht berufen, wenn er dessen Verhalten zwar nicht kannte, es aber bei pflichtgemäßer Sorgfalt hätte kennen und verhindern können und wenn der Geschäftspartner das Verhalten des Vertreters nach Treu und Glauben und mit Rücksicht auf die Verkehrssitte dahin auffassen durfte, dass es dem Vertretenen bei verkehrsmäßiger Sorgfalt nicht habe verborgen bleiben können, dieser es also duldete.[24] Im Allgemeinen wird noch hinzukommen, dass das Verhalten des angeblichen Vertreters von einer gewissen Häufigkeit oder Dauer ist, um einen Vertrauenstatbestand zu rechtfertigen.[25] Sind diese Voraussetzungen erfüllt, dann besteht nach h. M. eine sog. Anscheinsvollmacht, die den Vertretenen in gleicher Weise

---

[22] *Schneider*, Logik für Juristen, 5. Aufl. 1999, S. 151.
[23] Fall von *BGH* NJW 1956, 1673.
[24] *BGH* NJW 1956, 1673, 1674; 2005, 2985, 2987; 2007, 987, 989 Tz. 25 = JuS 2007, 779 (*K. Schmidt*), jeweils m. w. N.
[25] *BGH* NJW 1981, 1727, 1728; 1998, 3342, 3343; MünchKomm/*Schramm*, § 167 Rn. 68; Soergel/*Leptien*, § 167 Rn. 21 mit dem Hinweis, dass sich unter besonderen Umständen ein hinreichender Rechtsschein auch aus anderen Anhaltspunkten ohne Zeitmoment ergeben könne, wie z. B. bei einem Btx-Anschluss mit sog. Freizügigkeitsschaltung (so *LG Ravensburg* NJW-RR 1992, 111); für einen Verzicht auf das Zeitmoment in Ausnahmefällen auch *OLG Koblenz* MDR 2010, 16.

verpflichtet, als habe er wirksam eine rechtsgeschäftliche Vollmacht erteilt.[26]

> **Voraussetzungen einer Anscheinsvollmacht:**
> (1) Ein zur Vertretung nicht Berechtigter tritt während einer gewissen Dauer und wiederholt als Vertreter auf.
> Allerdings kann sich unter besonderen Umständen ein hinreichender Rechtsschein bereits aufgrund kurzfristiger Verhaltensweisen ergeben.
> (2) Der Geschäftsherr hat keine Kenntnis von dem vollmachtlosen Handeln, hätte aber diese Kenntnis bei pflichtmäßiger Sorgfalt haben müssen.
> (3) Der Geschäftspartner kann das Verhalten des angeblichen Vertreters nach Treu und Glauben mit Rücksicht auf die Verkehrssitte dahin auffassen, dass dieses Verhalten dem Vertretenen bei Beachtung der verkehrsmäßigen Sorgfalt nicht verborgen bleiben kann und es folglich von ihm zugelassen wird.

829 Der Lehre von der Anscheinsvollmacht wird im Schrifttum entgegengehalten, nach dem BGB könne die Nichtbeachtung pflichtmäßiger Sorgfalt nicht das Zustandekommen eines Rechtsgeschäfts bewirken, sondern nur schadensersatzpflichtig machen.[27] Auch wenn man diesen Bedenken die dogmatische Berechtigung nicht absprechen kann, wird man doch davon auszugehen haben, dass die ständige Rechtsprechung den Grundsätzen von der Anscheinsvollmacht die verbindliche Kraft des Richterrechts gegeben hat.[28]

Die Gerichte sind nicht nur zur Rechtsanwendung berufen, sondern auch zur Fortentwicklung des Rechts; dies ist heute allgemein – auch vom Gesetzgeber (vgl. § 132 Abs. 4 GVG) – anerkannt.[29] Die **richterliche Rechtsfortbildung** vollzieht sich gleichsam in konzentrischen Kreisen, in deren gemeinsamem Mittelpunkt das Gesetz steht.[30] Bereits bei der (einfachen) Auslegung und Anwendung des Gesetzes kann dieses Recht fortgebildet werden, z.B. wenn das Gericht eine gesetzliche Vorschrift in einem neuen, von dem bisherigen Verständnis abweichenden Sinn interpretiert. Die Grenze für diese den innersten Kreis bildende Rechtsfortbildung wird durch den möglichen Wortsinn der einzelnen Vorschrift gezogen. Jenseits dieser Grenze – innerhalb des mittleren Kreises – beginnt die Ausfüllung von Gesetzeslücken (zum Begriff Rn. 826), vornehmlich

---

[26] Zu Besonderheiten, die sich für die Haftung des Anschlussinhabers ergeben, wenn jemand unbefugt dessen Telefonanschluss benutzt, vgl. *BGH* NJW 2006, 1971; *Kless* MDR 2007, 185.
[27] So insbesondere *Flume*, S. 832 ff.; *Medicus*, AT, Rn. 970 f.
[28] So MünchKomm/*Schramm*, § 167 Rn. 56.
[29] *BVerfG* JZ 2009, 675, 678 Tz. 57, vgl. aber auch S. 681 f. Tz. 96 ff.; *Möllers*, JZ 2009, 668.
[30] Vgl. dazu *Larenz*, Methodenlehre der Rechtswissenschaft, 6. Aufl. 1991, S. 366 ff., dem die folgende Darstellung weitgehend folgt.

durch Analogie (vgl. Rn. 826) sowie durch teleologische Reduktion (vgl. Rn. 818, 837). Am weitesten vom Mittelpunkt des Gesetzes entfernt verläuft der äußerste Kreis, der die gesetzeserweiternde und gesetzesübersteigende Rechtsfortbildung umschließt. Hierbei dient die Rechtsfortbildung nicht zur Ausfüllung planwidriger Unvollständigkeiten innerhalb des Gesetzes selbst, die entsprechend der im Gesetz niedergelegten Normvorstellungen und Prinzipien, also in gesetzesimmanenter Weise, zu beseitigen sind, sondern sie bewegt sich über den Plan des Gesetzes hinaus und entwickelt ihn fort, insbesondere um dadurch dringenden Bedürfnissen des Rechtsverkehrs zu entsprechen. Als Beispiel hierfür kann das Sicherungseigentum (vgl. EK BGB Rn. 404 f.) genannt werden, das im praktischen Ergebnis die Funktion eines (von Gesetzes wegen unzulässigen) besitzlosen Pfandrechts einnimmt. Mag auch heute dieses Rechtsinstitut gewohnheitsrechtlich verfestigt sein, die Grundlagen dazu sind durch die Rechtsprechung gelegt worden.

Zwischen Richterrecht und Gewohnheitsrecht muss unterschieden werden. Übereinstimmung besteht zwischen beiden darin, dass sie als ungeschriebenes Recht dem Gesetzesrecht gegenüberstehen. **Gewohnheitsrecht** verlangt aber für seine Geltung, dass es längere Zeit hindurch als Recht anerkannt und befolgt wird, also von einer allgemeinen Rechtsüberzeugung getragen wird.[31] Im Gegensatz zum Gewohnheitsrecht ist es für die Geltung des Richterrechts nicht Voraussetzung, dass sich der einzelne Rechtssatz auf eine allgemeine Rechtsüberzeugung stützen kann. In dem hier behandelten Fall der Anscheinsvollmacht verbietet sich deshalb die Annahme des Gewohnheitsrechts, weil stets die Rechtsprechung zu diesem Fragenkomplex der Kritik ausgesetzt gewesen ist.

Es ist offensichtlich, dass besonders die gesetzesübersteigende Rechtsfortbildung des Richters die Frage aufwirft, welche Grenzen hierfür zu beachten sind und welche Kompetenzen dem Richter, welche nur dem Gesetzgeber zustehen. Dass der Richter bei der Fortbildung des Rechts nicht so frei entscheiden darf wie der Gesetzgeber, ist selbstverständliche Folge des Prinzips der Gewaltenteilung sowie des Grundsatzes der Rechts- und **Gesetzesbindung** der Rechtsprechung (vgl. Art. 20 Abs. 2 und 3 GG). Welche Grenzen für die richterliche Rechtsfortbildung bestehen, wird im Schrifttum eingehend und zum Teil kontrovers diskutiert.[32] Auf diese Diskussion kann hier nicht im Einzelnen eingegangen werden. Es muss der allgemeine Hinweis genügen, dass der Richter an das bestehende System der Rechtsordnung gebunden ist und sich an den Grundwerten zu orientieren hat, die ihm vom Gesetzgeber vorgegeben sind.[33]

Der Unterschied zwischen der herrschenden Lehre von der Anscheinsvollmacht und der Gegenmeinung zeigt sich darin, dass Erfüllungsansprüche des Geschäftspartners gegen den Vertretenen nur in Betracht kommen, wenn ein Vertragsschluss bejaht werden kann (wie das die h. M. vertritt), sonst können nur Schadensersatzansprüche gegen den Vertretenen auf der Grundlage der c. i. c. bestehen, die in aller Regel das Erfüllungsinteresse nicht ausgleichen werden (vgl. Rn. 504); daneben können Ansprüche gegen den vollmachtlos handelnden Vertreter nach § 179 gegeben sein, die im Falle einer Anscheinsvollmacht nach h. M. nicht bestehen, da sich dann die Rechtslage im Verhältnis zum Geschäftspartner so darstellt, als sei eine wirksame Vollmacht erteilt worden.[34]

830

---

[31] *BVerfG* JZ 2009, 675, 678 Tz. 62.
[32] Vgl. nur *Wenzel*, NJW 2008, 345; *Hillgruber*, JZ 2008, 745; *Rüthers*, NJW 2011, 1856, jeweils m. w. N.
[33] Vgl. *BVerfG* NJW 2006, 3409; 2011, 836, 838 Tz. 53 f.; MünchKomm/*Säcker*, Einl. (vor § 1) Rn. 66 ff. (S. 31 ff.).
[34] BGHZ 86, 273 = NJW 1983, 1308, m. w. N.

ee) Erlöschen der Vollmacht

831 Unter welchen Voraussetzungen die Vollmacht (außer bei Widerruf und Anfechtung) erlischt, bestimmt sich gem. § 168 S. 1 nach dem ihrer Erteilung zugrundeliegenden Rechtsverhältnis. Diese (abdingbare) Vorschrift schafft trotz der Abstraktheit der Vollmacht (vgl. Rn. 820) eine eigenartige Verbindung zwischen ihr und dem ihr zugrundeliegenden Rechtsverhältnis. Hat der Bevollmächtigte das ihm übertragene Geschäft erledigt, zu dessen Durchführung er die Vollmacht erhalten hat, dann ist sie verbraucht und erlischt folglich. Das gleiche gilt, wenn die dem Bevollmächtigten übertragene Aufgabe undurchführbar wird (z. B. ein bestimmter Gegenstand, den der Bevollmächtigte für den Geschäftsherrn erwerben soll, zerstört wird). Wird die Vollmacht, was zulässig ist, befristet oder (auflösend) bedingt erteilt (vgl. Rn. 633 f.), dann endet sie durch Zeitablauf oder durch Eintritt der auflösenden Bedingung.

832 Stirbt der **Vollmachtgeber oder wird er geschäftsunfähig**, dann hat dies nicht notwendigerweise das Erlöschen der Vollmacht zur Folge. Bleibt das der Vollmacht zugrundeliegende Rechtsverhältnis trotz Tod oder Geschäftsunfähigkeit des Vollmachtgebers bestehen (zum Auftrag vgl. Rn. 694), dann gilt dies nach § 168 S. 1 auch für die Vollmacht. Erlischt beim Tod des Vollmachtgebers das Rechtsgeschäft, das den Grund für die Bevollmächtigung geschaffen hat, dann gilt es in einer Reihe von Fällen zugunsten des Bevollmächtigten fort, bis er vom Erlöschen Kenntnis erlangt hat oder erlangen konnte, z. B. bei einem Auftrag (vgl. § 674) und bei einem auf eine Geschäftsbesorgung gerichteten Dienst- oder Werkvertrag (§ 675 Abs. 1 i. V. m. § 674); eine ähnliche Regelung enthält § 729 zugunsten eines zur Geschäftsführung befugten Gesellschafters. In diesen Fällen bleibt also auch die Vollmacht bestehen (§ 168 S. 1). Ob beim **Tod des Bevollmächtigten** die Vollmacht erlischt oder auf den Erben übergeht, richtet sich ebenfalls nach dem der Vollmacht zugrundeliegenden Rechtsverhältnis.

833 Mit dem Erlöschen der Vollmacht verliert der **Bevollmächtigte seine Vertretungsmacht** und kann nicht mehr den Vollmachtgeber verpflichten und berechtigen. Von diesem Grundsatz werden im Interesse eines gutgläubigen Dritten (vgl. § 173) durch die §§ 170 bis 172 **Ausnahmen** gemacht:

- Eine Vollmacht, die gegenüber einem Dritten erteilt worden ist (Außenvollmacht, vgl. Rn. 819), bleibt diesem gegenüber in Kraft, bis ihm das Erlöschen der Vollmacht angezeigt wird (§ 170) oder bis er vom Erlöschen auf andere Weise erfahren hat oder erfahren konnte (§ 173).
- Wird eine Innenvollmacht (vgl. Rn. 819) durch besondere Mitteilung an einen Dritten oder durch öffentliche Bekanntmachung zur Kenntnis gebracht, dann bleibt sie zugunsten eines Gutgläubigen bestehen, bis die Kundgabe in derselben Weise widerrufen wird (§§ 171 Abs. 2, 173).
- Hat der Vollmachtgeber dem Vertreter eine Vollmachtsurkunde ausgehändigt, dann gilt die Vertretungsmacht zugunsten eines gutgläubigen

II. Stellvertretung

Dritten, dem die Urkunde vorgelegt wird, als fortbestehend. Erst wenn der Vollmachtgeber die Urkunde zurückerhält, worauf er nach § 175 gegen den Bevollmächtigten einen Anspruch hat, oder wenn die Urkunde für kraftlos erklärt wird (vgl. § 176), entfällt die Grundlage für einen Vertrauensschutz (§§ 172 Abs. 2, 173).

Ist das der Erteilung einer Vollmacht zu Grunde liegende Rechtsgeschäft wegen Verstoßes gegen das **Rechtsdienstleistungsgesetz** nichtig, dann erfasst die Nichtigkeit auch die Vollmacht, weil es der Zweck des Rechtsdienstleistungsgesetz, den Rechtsuchenden vor unsachgemäßer Beratung und Vertretung sowie deren häufig nachteiligen rechtlichen und wirtschaftlichen Folgen zu schützen, verlangt, die Nichtigkeit auf die Vollmacht zu erstrecken, da erst sie die Vertretung ermöglicht.[35] Die Anwendung der §§ 172, 173 zu Gunsten eines Dritten in diesen Fällen hängt davon ab, ob sich aus der Vollmachtsurkunde für den Dritten sichere Hinweise auf den Verstoß gegen das Rechtsdienstleistungsgesetz ergeben. Nur wenn sich dies verneinen lässt, darf der Dritte auf die Gültigkeit der Vollmacht vertrauen.[36]

ff) Einschränkung der Vertretungsmacht durch § 181

Eine gesetzliche Einschränkung der Vertretungsmacht ergibt sich aus § 181 für Insichgeschäfte; bei einem **Insichgeschäft** steht dieselbe Person auf jeder Seite der am Rechtsgeschäft Beteiligten. § 181 unterscheidet zwischen zwei Arten:

- Ein Vertreter schließt im Namen des Vertretenen mit sich selbst im eigenen Namen ein Rechtsgeschäft (Beispiel: V bevollmächtigt X, für ihn Getreide zu verkaufen. X kauft selbst dieses Getreide).
- Jemand fungiert als Vertreter beider ein Rechtsgeschäft Vornehmender (Beispiel: V bevollmächtigt X, für ihn Getreide zu verkaufen, K bevollmächtigt X, für ihn Getreide zu kaufen. X schließt sowohl als Vertreter des V als auch als Vertreter des K einen Kaufvertrag über das Getreide).

834

1. Alternative: X als Vertreter   ←— *Kaufvertrag* —→   X als Käufer
                   des V (Verkäufers)   § 433

2. Alternative: X als Vertreter   ←— *Kaufvertrag* —→   X als Vertreter
                   des V (Verkäufers)   § 433   des K (Käufers)

Die Gefahr einer Interessenkollision ist bei einem Insichgeschäft offensichtlich. Deshalb wird es grundsätzlich für unzulässig erklärt. Allerdings bewirkt diese Unzulässigkeit nur den Wegfall der Vertretungsmacht, so dass ein Insichgeschäft die gleichen Rechtswirkungen entfaltet wie sonst Rechtsgeschäfte, die von einem vollmachtlosen Vertreter vorgenommen worden sind (vgl. dazu Rn. 847 ff.). Handelt es sich um einen **Vertrag,** dann ist er entsprechend § 177 **schwebend unwirksam** und sein weiteres

835

---

[35] St. Rspr. zur Vorgängerregelung, dem Rechtsberatungsgesetz, vgl. *BGH* NJW 2002, 66, 67; 2005, 668, 669; 2005, 2986, jeweils m. w. N.
[36] *OLG Karlsruhe* NJW 2003, 2690, 2691; *Stöhr,* JuS 2009, 106, 107.

Schicksal hängt davon ab, ob der Vertretene ihn genehmigt.[37] Bezieht sich das Insichgeschäft auf ein einseitiges Rechtsgeschäft, dann ist § 180 anzuwenden (vgl. Rn. 849).[38]

836 **§ 181 nennt zwei Ausnahmen**, in denen das Insichgeschäft zulässig ist:
- die Gestattung und
- die Erfüllung einer Verbindlichkeit.

Die Gestattung kann auf Gesetz (vgl. z.B. § 1009 Abs. 2) oder auf Rechtsgeschäft beruhen. Die rechtsgeschäftliche Gestattung bedarf keiner Form und kann auch konkludent erteilt werden. Der zweite Fall einer gesetzlichen Ausnahme, die Erfüllung einer Verbindlichkeit, ist gegeben, wenn das Rechtsgeschäft darin besteht, die geschuldete Leistung an den Gläubiger zu bewirken (Beispiel: Der Vertreter übereignet sich selbst eine dem Vertretenen gehörende Sache, um eine entsprechende Verpflichtung des Vertretenen ihm gegenüber zu erfüllen). Der Erfüllung steht die Aufrechnung gleich.

837 Von der h.M. wird noch eine **weitere Ausnahme** zugelassen, und zwar **für Insichgeschäfte, die dem Vertretenen lediglich einen rechtlichen Vorteil** (zu diesen Begriff vgl. Rn. 295 ff.) **bringen**. In diesem Fall kann es einen Interessenkonflikt zwischen Vertreter und Vertretenem, dem in erster Linie die Vorschrift des § 181 entgegenwirken will, nicht geben.

Die h.M. kann sich hier auf Richterrecht (vgl. Rn. 829) stützen, durch das eine in § 181 enthaltene „Lücke" geschlossen worden ist. Denn eine „Lücke" (vgl. Rn. 826) besteht nicht nur dann, wenn das Gesetz für eine bestimmte Fallgruppe keine Regelung enthält, obwohl nach dem Zweck und dem Plan des Gesetzes eine solche Regelung erwartet werden müsste (sog. offene Lücke), sondern auch in Fällen, in denen das Gesetz zwar nach seinem Wortlaut auf bestimmte Sachverhalte anwendbar ist, aber darauf nicht passt, weil Besonderheiten, die diese Sachverhalte aufweisen, entgegenstehen. Man spricht dann von einer „verdeckten Lücke".

Um eine solche verdeckte Lücke handelt es sich bei § 181. Dies zeigt sich, wenn man den Gesetzeszweck betrachtet, der – wie ausgeführt – die Gefahr eines Widerspruchs der Interessen zwischen dem Vertreter und dem Vertretenen verhindern soll. Allerdings darf nicht verkannt werden, dass der Gesetzgeber auch dem Gesichtspunkt der Rechtssicherheit und der Rechtsklarheit besondere Bedeutung beigemessen hat, denn er hat deshalb davon abgesehen, die Zulässigkeit eines Insichgeschäfts davon abhängig zu machen, dass die Vornahme des Rechtsgeschäfts der dem Vertreter obliegenden Fürsorge für den Vollmachtgeber entspricht.[39] Aus diesem Grunde ist auch zunächst von der h.M., insbesondere auch von der älteren Rechtsprechung des *BGH*, die formale Ordnungsfunktion des § 181 betont und lediglich auf die Art des Zustandekommens eines Rechtsgeschäfts gesehen worden, ohne dabei die Interessen der Beteiligten zu berücksichtigen. Dies führte zu lebensfremden Ergebnissen, z.B. dazu,

---
[37] Vgl. *Kern*, JA 1990, 281, 282.
[38] MünchKomm/*Schramm*, § 181 Rn. 41.
[39] Vgl. *Säcker/Klinghammer*, JuS 1975, 626, 627.

II. Stellvertretung

dass Eltern ihren geschäftsunfähigen Kindern außerhalb der Unterhaltspflicht keine Geschenke machen konnten, sondern dass dafür ein Pfleger (§ 1909 Abs. 1) bestellt werden musste. Der *BGH* hat deshalb zu Recht diese Auffassung korrigiert[40] und im Wege der teleologischen Reduktion (vgl. Rn. 818) das Verbot des § 181 eingeschränkt.

Die Vorschrift des § 181 trifft (zumindest nach ihrem Wortlaut) nicht auf Fälle zu, in denen ein Vertreter eine Untervollmacht (Rn. 821 aE) erteilt, um mit dem Unterbevollmächtigten ein Rechtsgeschäft zu schließen. 838

Beispiel: Clever, der Generalbevollmächtigter des Groß ist, erteilt Willig eine Untervollmacht und schließt daraufhin in eigenem Namen mit Willig als Vertreter des Groß einen Kaufvertrag über ein dem Groß gehörendes Grundstück.

In diesem Fall besteht die gleiche Gefahr einer Interessenkollision, wie sie § 181 gerade verhindern will. Deshalb ist § 181 auf diese Fälle nach dem Normzweck analog anzuwenden.[41] Das Gleiche gilt, wenn der Vertreter mit einem vollmachtlos im Namen des Vertretenen Handelnden einen Vertrag schließt und anschließend das Rechtsgeschäft gem. § 177 Abs. 1 genehmigt.[42]

4. Zulässigkeit der Vertretung

Im Grundsatz ist eine Vertretung bei allen Rechtsgeschäften zugelassen. Es gibt jedoch eine Reihe von Fällen, in denen das Gesetz eine Abgabe von Willenserklärungen durch einen Vertreter ausschließt. 839

Beispielsweise sind die Errichtung eines Testaments (§ 2064), die Schließung eines Erbvertrages (§ 2274) sowie die Eheschließung (§ 1311 S. 1) **höchstpersönliche Rechtsgeschäfte,** bei denen es eine Vertretung nicht geben kann.[43]

b) Wirkungen einer Vertretung

Nimmt der Vertreter im Namen des Vertretenen innerhalb der ihm zustehenden Vertretungsmacht ein Rechtsgeschäft oder eine geschäftsähnliche Handlung (vgl. Rn. 808) vor, dann entsteht die gleiche Rechtslage, als habe der Vertretene selbst gehandelt. Dies bedeutet, dass nur der Vertretene berechtigt und verpflichtet wird und dass sich Rechtsfolgen für den Vertreter nicht ergeben. 840

---

[40] BGHZ 59, 236, 240f. = NJW 1972, 2262 = JuS 1973, 184; *BGH* WM 1975, 595 = JuS 1975, 662; BGHZ 94, 232, 235f. = NJW 1985, 2407: ebenso *KG* NJOZ 2011, 539, 540 m. w. N.
[41] Staudinger/*Schilken,* § 181 Rn. 35 f.; MünchKomm/*Schramm,* § 181 Rn. 10, 24; BGHZ 64, 72 = NJW 1975, 1117, äußert Bedenken gegen die Zulässigkeit, lässt jedoch die Frage unentschieden; *BGH* NJW 1991, 691, 692, betont aber die Bedeutung der Gefahr eines Interessenkonflikts für die Anwendung des § 181. Vgl. auch *Kern,* JA 1990, 281, 284 f.
[42] Bamberger/Roth/*Habermeier,* § 181 Rn. 22 m. N.
[43] Zu weiteren Fällen, in denen eine Vertretung ausgeschlossen ist, vgl. MünchKomm/*Schramm,* vor § 164 Rn. 71.

Dem entspricht es, dass regelmäßig der Vertretene und nicht der Vertreter haftet, wenn der Vertreter eine Verhaltenspflicht verletzt, die zur Haftung für culpa in contrahendo (vgl. Rn. 494 ff.) führt; § 278 ist anwendbar (Einzelheiten dazu später). Ausnahmsweise kann jedoch auch eine Eigenhaftung des Vertreters in Betracht kommen (vgl. Rn. 504).

841 Nach § 166 Abs. 1 ist für die Frage, ob die Wirksamkeit einer vom Vertreter im Rahmen der Vertretung abgegebenen Willenserklärung durch **Willensmängel** beeinflusst wird (§§ 116 ff.), seine Person, nicht die des Vertretenen maßgebend, denn der Vertreter gibt eine eigene Willenserklärung ab (vgl. Rn. 809). Folglich ist der Vertretene (oder der Vertreter selbst, wenn er entsprechende Vertretungsmacht besitzt) zur Anfechtung einer vom Vertreter abgegebenen Willenserklärung nach § 119 Abs. 1 nur berechtigt, wenn sich der Vertreter geirrt hat.

842 Kommt es für die rechtlichen Folgen einer Willenserklärung auf die **Kenntnis oder das Kennenmüssen** gewisser Umstände an, dann entscheidet ebenfalls die Person des Vertreters (§ 166 Abs. 1). So ist beispielsweise die Kenntnis des Vertreters von dem geheimen Vorbehalt (§ 116 S. 2) oder sein Einverständnis mit dem Scheingeschäft (§ 117 Abs. 1) maßgebend für die Nichtigkeit der Willenserklärung.

Eine Besonderheit ist in Fällen zu beachten, in denen ein Vertreter zur Täuschung des Vertretenen in Kollusion mit dem anderen Geschäftspartner ein **Scheingeschäft** abschließt. Wollte man unter Hinweis darauf, dass es auf die subjektive Einstellung des Vertreters und nicht auf die des Vertretenen ankommt, von der Nichtigkeit des Rechtsgeschäfts gem. § 117 ausgehen, dann würde dies zu einem interessenwidrigen Ergebnis führen. Dabei würde unberücksichtigt bleiben, dass der andere Vertragspartner dem Vertretenen das Vorhandensein eines rechtsgeschäftlichen Willens in gleicher Weise vorspiegelt wie in dem Fall, in dem er unmittelbar, also nicht über einen Vertreter, mit ihm verhandelt hätte. Es ist deshalb sachgerecht, bei der Kollusion zwischen Vertreter und Geschäftspartner die Abrede des Scheingeschäfts als einen unbeachtlichen geheimen Vorbehalt i. S. v. § 116 S. 1 zu werten und deshalb von der Wirksamkeit des Vertretungsgeschäfts auszugehen.[44]

843 Die **Tatbestände des gutgläubigen Erwerbs des Eigentums** (z. B. §§ 892, 932 ff.) gehören zu den wichtigsten Anwendungsfällen des § 166 Abs. 1.

Beispiel: Arnold, der alte Jagdwaffen sammelt, beauftragt Benno, einen Jagd-Doppelstutzen eines bestimmten Systems zu erwerben, und erteilt ihm dazu Vollmacht. Daraufhin kauft Benno von Trug eine entsprechende Waffe im Namen des Arnold, bezahlt sie und nimmt sie sofort mit. Als er die Waffe Arnold bringt, erkennt dieser die Waffe sofort als Eigentum des Carl, der die Flinte Trug lediglich zur Reparatur gegeben hatte.

Für die Frage, ob Arnold gutgläubig Eigentum vom nichtberechtigten Trug erworben hat, ist nach § 166 Abs. 1 der gute Glaube von Benno entscheidend. Denn dieser hat als Vertreter des Arnold die Einigung nach § 929 S. 1 erklärt. Da Benno nicht wusste, dass die Waffe Carl gehörte und diese Unkenntnis auch nicht auf grober Fahrlässigkeit beruhte (vgl. § 932 Abs. 2), ist sein guter Glaube i. S. v. § 932 Abs. 1 S. 1 zu bejahen.

---

[44] *BGH* NJW 1999, 2882 f. m. w. N.

§ 166 Abs. 1 führt also dazu, dass Arnold Eigentümer der Flinte geworden ist, da er durch die Übergabe an Benno unmittelbaren (wenn Benno sein Besitzdiener ist) oder mittelbaren Besitz (wenn Benno ihm den Besitz mittelt) erlangt hat (vgl. Rn. 553 f.).

Es ist offensichtlich, dass die Regelung des § 166 Abs. 1 leicht dadurch missbraucht werden könnte, dass ein Bösgläubiger einen Gutgläubigen als seinen Vertreter vorschickt, um sich dessen guten Glauben nutzbar zu machen. Deshalb wird folgerichtig die Regelung des § 166 Abs. 1 durch Abs. 2 ergänzt. **Handelt der Vertreter „nach bestimmten Weisungen des Vollmachtgebers"**, dann kann sich der Vollmachtgeber nicht zu seinem Vorteil auf den guten Glauben des Vertreters berufen. Der Begriff der „Weisung" ist im Rahmen des § 166 Abs. 2 im weiten Sinn zu verstehen. Es muss sich dabei nicht um eine konkrete Anordnung handeln, die auf einen Einzelfall bezogen ist, vielmehr genügt es, wenn der Vertreter von dem Vertretenen bewusst in eine bestimmte Richtung gelenkt wird, die zum Abschluss des betreffenden Geschäfts führt. Auch wenn der Vollmachtgeber im Zeitpunkt der Weisung arglos ist und erst danach die Kenntnis erlangt, die eine Mangelhaftigkeit des vom Vertreter vorzunehmenden Rechtsakts begründet, ist § 166 Abs. 2 anzuwenden, wenn der Vollmachtgeber nach Kenntniserlangung noch eingreifen könnte, um das Geschäft zu verhindern, dies jedoch nicht tut.[45]

844

In dem obigen Beispielsfall (Rn. 843) wird Arnold nicht Eigentümer der Waffe, wenn er vor Übereignung erfährt, dass es sich bei der zu erwerbenden Flinte um die des Carls handelt, und er dennoch Benno gewähren lässt.

Die h. M. wendet **§ 166 Abs. 2 analog auf Willensmängel des Vertretenen** an.[46] Dies bedeutet, dass in Fällen, in denen der Vertreter nach bestimmten Weisungen des Vertretenen handelte und diese Weisungen durch die Willensmängel des Vertretenen beeinflusst worden sind, der Vertretene z. B. wegen Irrtums oder Täuschung anfechten kann, obwohl sich der Vertreter nicht irrte.

845

Beispiel:[47] Arnold wird von Bertold verdächtigt, 300.000,- € unterschlagen zu haben. Arnold bestreitet den Vorwurf. Später schließen beide einen Vergleich, nach dem Arnold 125.000,- € an Bertold zur Abgeltung aller Ansprüche zahlen soll. Der Vergleich wird vom Rechtsanwalt des Arnold nach eingehender Rücksprache mit diesem und aufgrund einer entsprechenden Weisung, die Arnold erteilt, geschlossen. Später ficht Arnold seine zum Abschluss des Vergleichs abgegebene Willenserklärung nach § 123 Abs. 1 Alt. 1 an, weil Bertold vorgetäuscht hätte, dass der Vergleich unwirksam werde, wenn der Verdacht der Unterschlagung ausgeräumt werden könnte. Bertold weist demgegenüber darauf hin, dass sich der den Vergleich schließende Rechtsanwalt des Arnold nicht getäuscht habe.

---

[45] BGHZ 50, 364, 368 = NJW 1969, 37; *Köhler*, AT, § 11 Rn. 50.
[46] BGHZ 51, 141 = NJW 1969, 925; *Petersen*, Jura 2008, 914, 915; MünchKomm/*Schramm*, § 166 Rn. 54; Palandt/*Ellenberger*, § 166 Rn. 12; a. A. Staudinger/*Schilken*, § 166 Rn. 17 (nur wenn Vertretener durch arglistige Täuschung oder widerrechtliche Drohung zur Weisung bestimmt wurde).
[47] Fall von BGHZ 51, 141.

Der *BGH* hat die Anfechtung für zulässig erklärt. Allen in § 166 Abs. 1 und 2 geregelten Fällen sei der Grundgedanke gemeinsam, es komme jeweils auf die Person und die Bewusstseinslage bei der Willensbildung desjenigen an, auf dessen Interessenbewertung und Entschließung ein Geschäftsabschluss beruhe. Das ist, handelt er selbstständig, der Vertreter. Dagegen ist es der Vollmachtgeber, wenn er dem Vertreter besondere Weisungen erteilt und damit sein Wille Abgabe und Inhalt der Vertretererklärung entscheidend bestimmt. Aus diesem Grunde kann der Vollmachtgeber dem Geschäftspartner entgegenhalten, dieser habe den selbstständig handelnden Vertreter getäuscht (§ 166 Abs. 1 Alt. 1). Umgekehrt muss er daher die Kenntnis des selbstständig handelnden Vertreters von rechtserheblichen Umständen gegen sich gelten lassen (§ 166 Abs. 1 Alt. 2), und soll er sich auch nicht hinter der Gutgläubigkeit seines nach Weisung tätig werdenden Vertreters verstecken dürfen, wenn er die wahre Sachlage kennt (§ 166 Abs. 2). Folgerichtig sei es dann aber auch, dass der Vollmachtgeber eine ihm gegenüber begangene arglistige Täuschung nicht wehrlos hinzunehmen brauche, wenn der Geschäftspartner hierdurch die dem Vertreter erteilte Weisung beeinflusst. Der Gedanke, es komme auf die Person dessen an, auf dessen Willen die vom Vertreter abgegebene Erklärung tatsächlich beruht, müsse sich auch hier, und zwar zugunsten eines Anfechtungsrechts des Vollmachtgebers durchsetzen. Ein anderes Ergebnis sei unerträglich.

846 **Der § 166 Abs. 1 zugrundeliegende Rechtsgedanke**, dass es grundsätzlich bei der Vertretung für das Kennen oder Kennenmüssen bestimmter Tatsachen auf die Person des Vertreters ankommt und sich der Vertretene dessen Wissen zurechnen lassen muss, **wird von der h. M. über die Fälle der Vertretung hinaus immer dann angewendet, wenn jemand einen anderen mit der Erledigung bestimmter Angelegenheiten in eigener Verantwortung betraut; man spricht hier von einem „Wissensvertreter".** Der *BGH*[48] charakterisiert den „Wissensvertreter" als eine Person, die nach der Arbeitsorganisation des Geschäftsherrn dazu berufen ist, im Rechtsverkehr als dessen Repräsentant bestimmte Aufgaben in eigener Verantwortung zu erledigen und die dabei angefallenen Informationen zur Kenntnis zu nehmen sowie gegebenenfalls weiterzuleiten. Der Geschäftsherr muss sich des „Wissensvertreters" im rechtsgeschäftlichen Verkehr wie eines Vertreters bedienen, jedoch ist nicht erforderlich, dass dieser zum rechtsgeschäftlichen Vertreter oder zum „Wissensvertreter" ausdrücklich bestellt wurde. Bei einer nur intern gebliebenen Beratung des Geschäftsherrn durch den „Wissensvertreter" kommt dagegen eine entsprechende Anwendung des § 166 Abs. 1 nicht in Betracht.

So hat beispielsweise der *BGH*[49] in einem Fall, in dem es um die Rückzahlung rechtsgrundlos vorgenommener Überweisungen auf ein Bankkonto ging, die haftungs-

---

[48] BGHZ 117, 104, 106 f. = NJW 1992, 1099; vgl. dazu *Waltermann*, NJW 1993, 889, 891 ff.
[49] BGHZ 83, 293 = NJW 1982, 1585 = JuS 1982, 775.

verschärfende Kenntnis i. S. v. § 819 Abs. 1 (vgl. Rn. 750) der Ehefrau des Bereicherungsschuldners diesem in entsprechender Anwendung des § 166 Abs. 1 zugerechnet, weil der Bereicherungsschuldner seiner Ehefrau nicht nur Kontovollmacht eingeräumt hatte, sondern ihr sämtliche Geldgeschäfte überließ, ohne sich darum zu kümmern. Auch im Rahmen des § 990 bei einem Besitzerwerb durch Besitzdiener wird der Rechtsgedanke des § 166 Abs. 1 herangezogen, wenn der Besitzdiener im Rechtsverkehr vollkommen selbstständig für den Geschäftsherrn zu handeln berechtigt ist.[50]

Schließt der Geschäftsherr den Vertrag, dann kommt in Fällen des § 117 eine Wissenszurechnung des Verhandlungsgehilfen nicht in Betracht. Denn § 117 verlangt eine Willensübereinstimmung der am Rechtsgeschäft Beteiligten, dass Rechtswirkungen nicht eintreten sollen (vgl. Rn. 323). Diese notwendige Willensübereinstimmung kann nicht durch eine Wissenszurechnung ersetzt werden.[51]

c) Vertretung ohne Vertretungsmacht

Handelt jemand als Vertreter eines anderen, ohne dazu befugt zu sein – sei es, dass er niemals Vertretungsmacht gehabt hat oder dass diese im Zeitpunkt der Vertretung erloschen ist, sei es, dass er die Grenzen seiner Vertretungsmacht überschreitet (vgl. Rn. 820) –, dann können sich dadurch – abgesehen von den Fällen der Duldungs- und Anscheinsvollmacht – keine unmittelbaren Wirkungen für den Vertretenen ergeben. Welche **Rechtsfolgen** das Handeln eines Vertreters ohne Vertretungsmacht (sog. falsus procurator) hat, ist in den §§ 177 ff. geregelt. Hierbei wird zwischen Verträgen (§§ 177 f.) und einseitigen Rechtsgeschäften (§ 180) unterschieden: 847

Bei einem **Vertrag** tritt zunächst schwebende Unwirksamkeit ein; der Vertretene kann jedoch durch seine Genehmigung den Vertrag rückwirkend (§ 184 Abs. 1) wirksam werden lassen (§ 177 Abs. 1). Diese Genehmigung bedarf nicht der Form, die für den Vertrag vorgeschrieben ist (§ 182 Abs. 2).[52] Bei der Regelung des § 177 Abs. 1 ist berücksichtigt worden, dass der Geschäftspartner des Vertretenen mit diesem abschließen wollte und der Vertreter ebenfalls erklärte, es solle ein Vertrag mit dem Vertretenen zustande kommen; bei dieser Sachlage ist es nur folgerichtig, es dem Vertretenen zu überlassen, ob der Vertrag wirksam werden soll. Verweigert der Vertretene die Genehmigung, dann haftet der falsus procurator nach § 179 (dazu Rn. 850 f.). Die für die Erklärung der Genehmigung geltenden Regeln in § 177 Abs. 2 entsprechen den Vorschriften, die in § 108 Abs. 2 für das Minderjährigenrecht enthalten sind (vgl. Rn. 307 ff.) Nach § 178 hat der Vertragspartner des Vertretenen ein Widerrufsrecht, wenn er den Mangel der Vertretungsmacht beim Abschluss 848

---

[50] So die h. M.; vgl. BGHZ 32, 53 = NJW 1960, 860; MünchKomm/*Schramm*, § 166 Rn. 46; Bamberger/Roth/*Fritzsche*, § 990 Rn. 29; a. A. *Schwerdtner*, Jura 1979, 164 (entsprechende Anwendung des § 831) m. w. N.; vgl. auch *Kiefner*, JA 1984, 189, 192 f.
[51] *BGH* NJW 2000, 3127, 3128; Staudinger/*Schilken*, § 166 Rn. 12.
[52] *BGH* NJW 1994, 1344, 1345 f., auch zur Gegenauffassung.

des Vertrages nicht gekannt hat; diese Vorschrift entspricht § 109 (vgl. dazu Rn. 307f.).

849 **Einseitige Rechtsgeschäfte** (vgl. Rn. 39f.), die von einem Vertreter ohne Vertretungsmacht vorgenommen werden, sind grundsätzlich nichtig. § 180 S. 1, der eine Vertretung ohne Vertretungsmacht bei einseitigen Rechtsgeschäften für unzulässig erklärt, berücksichtigt das Interesse des Geschäftspartners an klaren Rechtsverhältnissen (vgl. auch Rn. 822). Von diesem Grundsatz sind jedoch in § 180 S. 2 und 3 Ausnahmen gemacht, in denen die Vorschriften über Verträge entsprechend anzuwenden sind, also die schwebende Unwirksamkeit und damit die Genehmigungsfähigkeit vorgesehen wird. Hierbei handelt es sich um folgende Fälle:

- Derjenige, dem gegenüber das einseitige Rechtsgeschäft vorzunehmen ist, beanstandet die von dem Vertreter behauptete Vertretungsmacht nicht, d.h. er nimmt das vom Vertreter vorgenommene Rechtsgeschäft hin und weist es nicht wegen der fehlenden Vertretungsmacht zurück.
- Er ist damit einverstanden, dass der Vertreter ohne Vertretungsmacht handelt.
- Das einseitige Rechtsgeschäft wird gegenüber dem Vertreter ohne Vertretungsmacht mit dessen Einverständnis vorgenommen (Fall der Passivvertretung ohne Vertretungsmacht).

850 Wird ein **Vertrag wegen Verweigerung der Genehmigung** (nicht etwa aus anderen Gründen) **endgültig unwirksam,** dann kann sich der Geschäftspartner an den falsus procurator halten und nach seiner Wahl (vgl. §§ 263ff.) Erfüllung des Vertrages oder Schadensersatz fordern (§ 179 Abs. 1). Im Einzelnen gilt Folgendes:

- **Wählt der Geschäftspartner die Erfüllung,** dann kommt dadurch nicht etwa ein Vertrag zwischen ihm und dem Vertreter ohne Vertretungsmacht zustande, sondern er erwirbt (nur) einen Anspruch kraft Gesetzes mit dem Inhalt des Erfüllungsanspruches, den er bei einer gültigen Vertretung gegen den Vertretenen erworben hätte. Dem falsus procurator stehen dann weitgehend die gleichen Rechte wie einer Vertragspartei zu, so die Rechte aus §§ 320ff. oder beim Kauf die Ansprüche nach §§ 437ff., wenn die Kaufsache mangelhaft ist.[53] Er kann auch zur Abwehr von Schadensersatzansprüchen insbesondere aus § 179 (z.B. wegen arglistiger Täuschung seitens des Vertragspartners) seine Willenserklärung anfechten.[54]
- **Fordert** dagegen **der Vertragspartner Schadensersatz** nach § 179 Abs. 1, dann ist er vermögensmäßig so zu stellen, als hätte der Vertretene ordnungsgemäß den Vertrag erfüllt (Ersatz des sog. positiven Interesses – Erfüllungsinteresses; vgl. Rn. 354).
- Bei einseitigen Rechtsgeschäften, die nach § 180 S. 2 und 3 schwebend unwirksam sind, gelten aufgrund der in diesen Vorschriften ausgespro-

---

[53] Vgl. MünchKomm/*Schramm,* § 179 Rn. 28; *Prölss,* JuS 1986, 169, 171.
[54] *BGH* NJW 2002, 1867, 1868.

chenen Verweisung die Regelungen der §§ 177 bis 179 entsprechend. Ist das einseitige Rechtsgeschäft gemäß dem in § 180 S. 1 genannten Grundsatz nichtig, dann kommt eine Haftung des vollmachtlosen Vertreters nur nach allgemeinen Grundsätzen, insbesondere nach dem Deliktsrecht, gegebenenfalls auch aus c.i.c., nicht jedoch nach § 179 in Betracht.

Die in § 179 getroffene Regelung über die Haftung des Vertreters ohne Vertretungsmacht ist entsprechend anzuwenden, wenn jemand im Namen eines nicht vorhandenen Rechtsträgers vertragliche Vereinbarung trifft, der angeblich Vertretene also nicht existiert und folglich auch keine Vertretungsmacht bestehen kann.[55]

Ansprüche aus § 179 Abs. 1 sind ausgeschlossen, wenn der Vertreter den Mangel der Vertretungsmacht nicht gekannt hat; in diesem Fall hat der Vertreter **nach § 179 Abs. 2 nur das negative Interesse** (Vertrauensinteresse; vgl. Rn. 353) zu ersetzen, wobei das Erfüllungsinteresse in jedem Fall die Obergrenze bildet. Der **Vertreter haftet** überhaupt **nicht**, wenn der Geschäftspartner den Mangel der Vertretungsmacht kannte oder kennen musste oder wenn der Vertreter in der Geschäftsfähigkeit beschränkt war und er nicht mit Zustimmung seines gesetzlichen Vertreters gehandelt hat (§ 179 Abs. 3). Nach h. M. soll die Haftung des Vertreters auch ausgeschlossen sein, wenn der Geschäftspartner wegen **Vermögenslosigkeit des Vertretenen** von diesem weder Erfüllung noch Schadensersatz hätte erlangen können. Zur Begründung wird darauf verwiesen, dass der Anspruch gegen den Vertreter auf das begrenzt sein muss, was der Geschäftspartner bei Wirksamkeit des vom falsus procurator geschlossenen Geschäfts von dem Vertretenen hätte bekommen können.[56]

III. Erfüllungs- und Verrichtungsgehilfe

a) Vergleich der in § 278 und in § 831 getroffenen Regelungen

Regelmäßig ist es dem Schuldner gestattet, bei Erfüllung der ihm obliegenden Verbindlichkeiten Hilfspersonen einzusetzen. Bei gewerblichen Leistungen ist es heute eine häufige Erscheinung, dass sie nicht vom Schuldner selbst, sondern von dessen Mitarbeitern erbracht werden. Diese übliche und oft auch notwendige Arbeitsteilung darf jedoch nicht dazu führen, dass die Rechtsstellung des Gläubigers verschlechtert wird. Dies wäre jedoch der Fall, wenn der Schuldner nur dafür dem Gläubiger haften würde, dass er die von ihm eingesetzten Helfer sorgfältig auswählt und überwacht.

---

[55] *BGH* NJW 2009, 215 Tz. 10 m. w. N.
[56] *OLG Hamm* MDR 1993, 515; *Flume*, S. 806 f.; MünchKomm/*Schramm*, § 179 Rn. 34; Bamberger/Roth/*Habermeier*, § 179 Rn. 15; a. A. *Hilger*, NJW 1986, 2237, 2238 f.

Beispiel: Amsel, der ein Taxiunternehmen betreibt, lässt seine Taxis durch angestellte Chauffeure fahren. Einer von ihnen ist Drossel, der fahrlässig einen Unfall verursacht, bei dem der Fahrgast Fink verletzt wird. Amsel kann darauf verweisen, dass Drossel seit über 20 Jahren unfallfrei ein Taxi lenkt und dass wiederholte Stichproben dessen Zuverlässigkeit ergeben haben. Wäre dies ein ausreichender Grund, um die Haftung des Amsel zu verneinen, dann müsste sich Fink an Drossel halten und könnte nicht Ansprüche gegen den im Regelfall vermögensmäßig besser gestellten Unternehmer geltend machen.

853   Durch § 278 ist eine derartige Schlechterstellung des Gläubigers ausgeschlossen. Nach dieser Vorschrift hat der Schuldner ein Verschulden seines Erfüllungsgehilfen in gleicher Weise zu vertreten wie eigenes. Es kommt also nicht darauf an, ob der Schuldner in der Lage ist, für ein korrektes Verhalten seines Erfüllungsgehilfen zu sorgen. Wenn er Gehilfen einsetzt, muss er dafür einstehen, wenn sie schuldhaft Pflichten verletzen, die ihm, dem Schuldner, aufgrund des zwischen ihm und dem Gläubiger bestehenden Schuldverhältnisses obliegen; dem Schuldner fällt also insoweit eine Garantiepflicht (vgl. Rn. 414) zu, die ihn für fremdes Verschulden ohne eigenes haften lässt.

854   Diese weit reichende Pflicht des Schuldners wird nicht zuletzt durch die Sonderverbindung gerechtfertigt, in der Schuldner und Gläubiger zueinander stehen. In anderen Fällen, in denen eine solche Sonderverbindung nicht existiert und die Beteiligten (nur) verpflichtet sind, die (insbesondere durch das Deliktsrecht) geschützten Rechtspositionen des anderen nicht zu verletzen, kann die Einstandspflicht des Geschäftsherrn für ein Fehlverhalten seiner Helfer eingeschränkt und ihm lediglich aufgegeben werden, seine Helfer sorgfältig auszuwählen und zu überwachen. Nur wenn er dieser Pflicht zuwiderhandelt, muss er den Schaden ersetzen, den sein Helfer einem Dritten widerrechtlich zugefügt hat. Dies bestimmt § 831, der auf dem Verschuldensprinzip beruht (schuldhafte Verletzung der Pflicht zur sorgfältigen Auswahl, Ausrüstung und Leitung des Helfers).

Wird bei dem von Drossel schuldhaft verursachten Verkehrsunfall (vgl. Rn. 852) auch noch ein anderer Verkehrsteilnehmer verletzt, dann haftet Amsel – zumindest nach den Vorschriften des BGB[57] – nicht, weil ihm hinsichtlich der Auswahl und Überwachung seines Fahrers kein Schuldvorwurf zu machen ist (vgl. § 831 Abs. 1 S. 2).

855   Das Beispiel zeigt, dass ein und dasselbe Fehlverhalten eines Helfers dem Schuldner bald ohne jede Entlastungsmöglichkeit zugerechnet wird (§ 278) und ihn haften lässt, bald eine Haftung nicht begründet, weil den Geschäftsherrn kein Schuldvorwurf trifft (§ 831). Es kommt jeweils darauf an, ob die verletzte Pflicht aus einer Sonderverbindung (Schuldverhältnis) erwächst oder ob es sich um eine allgemeine, nur deliktsrechtlich relevante Pflicht handelt. Pflichten aus Schuldverhältnissen können mit allgemeinen Pflichten konkurrieren, so dass der Schuldner dem Geschä-

---

[57] Die Frage nach der Haftung als Halter eines Kfz nach dem StVG soll hier nicht erörtert werden.

III. Erfüllungs- und Verrichtungsgehilfe

digten sowohl nach Vertragsgrundsätzen als auch nach dem Deliktsrecht haften kann.

Beispiel: Amsel hat seinen Fahrer nicht sorgfältig ausgewählt und haftet deshalb dem verletzten Fahrgast Fink nicht nur aus Vertrag (§ 280 Abs. 1, vgl. Rn. 480, 488 f.) sondern auch (zusätzlich) aus Delikt (§ 831 Abs. 1 S. 1).

Hinzuweisen ist noch darauf, dass **§ 831 Abs. 1 S. 1 eine selbstständige Anspruchsgrundlage** darstellt, während **§ 278 die Zurechnung fremden Verschuldens** anordnet und deshalb **im Zusammenhang mit anderen Regelungen** zu sehen ist, aus denen sich eine Haftung des Schuldners für schuldhaftes Verhalten ableitet.

856

Beispiel: Der Schuldner hat nicht rechtzeitig geleistet, und dem Gläubiger ist dadurch ein Schaden entstanden. Die Verzögerung beruht auf dem schuldhaften Verhalten eines Erfüllungsgehilfen. Für einen Anspruch nach § 280 Abs. 1, 2 i. V. m. § 286 kommt es darauf an, ob sich der Schuldner in Verzug befindet. Hierfür ist es erheblich, ob die Leistung infolge eines Umstandes unterblieben ist, den der Schuldner zu vertreten hat (vgl. § 286 Abs. 4). Der Schuldner hat nach § 278 das Verschulden seines Erfüllungsgehilfen zu vertreten, so dass – die anderen Voraussetzungen für den Eintritt des Verzuges unterstellt – ein Anspruch gem. § 280 Abs. 1, 2 auf Schadensersatz wegen Verzögerung der Leistung bejaht werden muss.

Auch für Ansprüche auf Schadensersatz bei Pflichtverletzung nach § 280 Abs. 1 kommt es auf ein Vertretenmüssen der Pflichtverletzung durch den Schuldner an (§ 280 Abs. 1 S. 2), so dass auch insoweit das Verschulden von Erfüllungsgehilfen nach § 278 dem Schuldner zuzurechnen ist (vgl. Rn. 859).

b) Die Voraussetzungen des § 278 im Einzelnen

1. Erfüllungsgehilfen

Erfüllungsgehilfen des Schuldners sind die „Personen, deren er sich zur Erfüllung seiner Verbindlichkeit bedient" (§ 278 S. 1). Aus dieser Beschreibung folgt einmal, dass nur derjenige **Erfüllungsgehilfe ist, den der Schuldner bei Erfüllung seiner Verbindlichkeit einsetzt, der also mit seinem Willen dabei tätig wird**, weil sich nur dann der Schuldner der Hilfsperson „bedient". Der Schuldner kann jedoch auch nachträglich dem Handeln eines ohne seinen Willen tätigen Helfers zustimmen und ihn damit zu seinem Erfüllungsgehilfen werden lassen.

857

Setzt der Erfüllungsgehilfe seinerseits Helfer ein, dann sind diese „**Untergehilfen**" ebenfalls Erfüllungsgehilfen des Schuldners, wenn ihre Zuziehung mit dessen Einverständnis geschieht. Von einem stillschweigenden Einverständnis ist auszugehen, wenn das Tätigwerden weiterer Helfer im Allgemeinen üblich ist und der Schuldner wissen muss, dass „Untergehilfen" regelmäßig eingesetzt werden (Beispiel: Bei Beauftragung eines Handwerkers der Einsatz von Gesellen).
Setzt der Erfüllungsgehilfe unbefugt weitere Helfer ein, dann kann deren Verschulden nicht nach § 278 dem Schuldner zugerechnet werden. Wohl kann jedoch in dem unberechtigten Hinzuziehen der weiteren Helfer ein Verschulden des Erfüllungsgehilfen liegen, das der Schuldner nach § 278 zu vertreten hat.

858 Auf die Rechtsbeziehungen zwischen Schuldner und Erfüllungsgehilfen kommt es für § 278 nicht an. Insbesondere braucht der Helfer nicht sozial abhängig vom Schuldner zu sein; auch ein selbstständiger Unternehmer ist Erfüllungsgehilfe, wenn er vom Schuldner entsprechend eingesetzt wird. Allein ausschlaggebend ist, dass der Helfer faktisch in Erfüllung einer Verbindlichkeit des Schuldners handelt und dies dem Willen des Schuldners entspricht.

Beispielsfall:[58] V verkauft eine in seiner Wohnung befindliche Maschine an K, der sich vertraglich zum Abtransport verpflichtet. Beim Abtransport beschädigt K infolge von Unachtsamkeit das Treppenhaus. Der Vermieter verlangt Schadensersatz von V. Dieser Anspruch ist begründet. K ist als Erfüllungsgehilfen des Mieters V anzusehen (Erfüllung der Vertragspflicht zur sorgsamen und schonenden Behandlung der Miträume und ihrer Zugänge).

859 Entsprechend der Zweckrichtung der Vorschrift des § 278 (vgl. Rn. 853 f.) ist der Begriff der „Verbindlichkeit", bei deren Erfüllung der Helfer eingesetzt wird, im weitesten Sinn zu verstehen. Hierunter sind alle Pflichten zu fassen, die sich aus einem Schuldverhältnis ergeben, also nicht nur Leistungspflichten, sondern alle Verhaltenspflichten, die leistungssichernden Nebenpflichten genauso wie die Schutzpflichten[59] (vgl. Rn. 183 ff.).

860 Gestattet derjenige, dem der Besitz und Gebrauch einer Sache überlassen worden ist (z. B. Entleiher), einem anderen befugterweise den Mitgebrauch, so muss er dessen Verschulden nach h. M. gem. § 278 vertreten.[60] Für die Miete wird diese Rechtsfolge ausdrücklich noch einmal durch § 540 Abs. 2 klargestellt. Auch wenn dem Dritten lediglich ein Mitgebrauch eingeräumt wird, muss der Gestattende für ein Verschulden des Dritten einstehen.

Beispiel: Der in der Familie des Wohnungsmieters lebende Onkel beschädigt schuldhaft die Mietwohnung. Hierfür hat der Mieter zu haften und muss sich das Verschulden seines Verwandten wie eigenes zurechnen lassen, weil dieser (im weitesten Sinn gesehen) zur Erfüllung der Pflicht eingesetzt worden ist, die Mietsache schonend und sorgsam zu behandeln. Man spricht in diesen Fällen auch vom **„Bewahrungsgehilfen".**

2. Handeln bei Erfüllung

861 Über die Frage, ob sich der Schuldner nur ein Fehlverhalten des Erfüllungsgehilfen zurechnen lassen muss, das „bei Erfüllung" auftritt, d. h. in einem unmittelbaren inneren Zusammenhang damit steht,[61] oder ob er auch für ein schuldhaftes Verhalten des Helfers **„bei Gelegenheit"** der Er-

---

[58] RGZ 106, 133 f.; vgl. dazu *Kupisch,* JuS 1983, 820 f.
[59] Als Beispiel diene der vom *LAG Frankfurt a. M.* DB 1991, 552, entschiedene Fall: Überträgt der Arbeitgeber einem Arbeitnehmer Vorgesetztenfunktionen und schädigt dieser durch Betrug einen ihm unterstellten Arbeitskollegen, dann haftet der Arbeitgeber, weil der Betrug im Rahmen der Erfüllung der einem Arbeitgeber obliegenden Fürsorgepflicht begangen wird.
[60] *Larenz,* SchuldR I, § 20 VIII (S. 300 f.).
[61] *BGH* NJW 1991, 3208, 3210, m. w. N.

III. Erfüllungs- und Verrichtungsgehilfe

füllung einzustehen hat, wird heftig gestritten. Den Streitpunkt verdeutlicht der folgende

Beispielsfall: Eich beauftragt den Elektroinstallateur Watt mit der Verlegung verschiedener Elektroanschlüsse in seinem Einfamilienhaus. Watt schickt seinen Gesellen Volt, der die Arbeiten ausführt. Obwohl Watt den Volt ausdrücklich angewiesen hat, vor jeder Arbeit am Stromnetz die Hauptsicherung auszuschalten, setzt sich Volt darüber hinweg, weil es ihm zu lästig ist, bei Stromprüfungen die Hauptsicherung wieder einzuschalten. Infolge des weisungswidrigen Verhaltens des Volt kommt es zu einem Kurzschluss und zu einem Zimmerbrand, bei dem ein wertvoller Teppich des Eich beschädigt wird. Außerdem raucht Volt bei der Arbeit und legt die Zigarette unachtsam auf einer antiken Kommode ab, die dadurch Brandflecke erhält. Schließlich stiehlt Volt eine silberne Dose, die auf der Kommode steht. Muss Watt für die durch Volt dem Eich zugefügten Schäden haften?

Die Verursachung des Zimmerbrandes geschah ohne Zweifel „bei Erfüllung"; ob das gleiche vom Rauchen zu sagen ist, ist zweifelhaft. Wiederum zweifelsfrei ist dagegen, dass der Diebstahl nicht „bei Erfüllung", sondern nur „bei Gelegenheit" dieser Erfüllung vorgenommen worden ist. Sind diese Unterschiede maßgebend für die Ersatzpflicht des Schuldners?

Die Meinungsverschiedenheiten, die sich in diesen Fragen ergeben, betreffen letztlich den Umfang der dem Schuldner obliegenden Verhaltenspflichten. Soweit solche Verhaltenspflichten bestehen, die bei eigener Verletzung durch den Schuldner ihn schadensersatzpflichtig machen, muss dies auch gelten, wenn die Pflichtverletzung von einem Erfüllungsgehilfen begangen wird, denn er muss sich dessen schuldhaftes Verhalten so zurechnen lassen, als habe er selbst gehandelt (vgl. Rn. 853, 859).

862

Auf der Grundlage der hier vertretenen Auffassung wird man in dem obigen Beispielsfall den Handwerksmeister für verpflichtet ansehen, den Schaden am Teppich und an der Kommode zu ersetzen.[62] Denn ihn trifft die Pflicht, mit Sachen des Bestellers, mit denen er bei Durchführung des Werkvertrages in Berührung kommt, schonend und sorgsam umzugehen.

Fraglich ist dagegen, ob auch eine (vertragliche) Verhaltenspflicht zu bejahen ist, Diebstähle zu unterlassen. Dies wird mit der Begründung verneint, bei der Pflicht, nicht zu stehlen, handle es sich nicht um eine vertragsspezifische, sondern um eine allgemeine jeden treffende Rechtspflicht.[63] Diesem Argument wird zu Recht entgegengehalten, dass eine allgemeine Rechtspflicht eine vertragliche Schutzpflicht gleichen Inhalts nicht ausschließe[64] und dass es auch zu den vertraglichen Nebenpflichten gehöre, nicht durch Diebstahl die Rechtsgüter des Gläubigers zu schädigen.[65] Es ist deshalb die Haftung des Schuldners für Diebstähle seines Er-

---

[62] Hinsichtlich von Schäden, die durch Rauchen des Erfüllungsgehilfen verursacht werden, wird dieses Ergebnis für zweifelhaft gehalten, so *Köhler/Lorenz,* PdW-SchuldR I, Nr. 97 (S. 192 f.), die allerdings zur Bejahung neigen, ablehnend dagegen RGZ 87, 276; zu einer Bejahung aufgrund einer nach der Verkehrsanschauung vorzunehmenden Risikoverteilung gelangt *Kupisch,* JuS 1983, 824.
[63] *Larenz,* SchuldR I, § 20 VIII (S. 302); ablehnend auch *Kupisch,* JuS 1983, 824.
[64] *Medicus,* SchuldR I, 17. Aufl. 2006, Rn. 333.
[65] *Brox/Walker,* AS, § 20 Rn. 32.

füllungsgehilfen zu bejahen, wenn es die nach dem Vertrag geschuldete Leistung mit sich bringt, dass das Eigentum des Gläubigers dem Zugriff des Schuldners oder seiner Gehilfen in besonderer Weise ausgesetzt ist und deshalb die erhöhte Gefährdung durch entsprechende Verhaltenspflichten des Schuldners kompensiert wird.[66] Dagegen haftet der Schuldner nicht, wenn der Erfüllungsgehilfe durch die ihm übertragene Aufgabe lediglich zu einer späteren Straftat angeregt wird.

Beispiel: Der Geselle Volt erkennt bei Arbeiten im Hause des Eich, dass sich ein Einbruch lohnt und leicht auszuführen ist. Er bricht drei Tage danach in das Haus des Eich ein und stiehlt wertvollen Schmuck. Eine Verhaltenspflicht des Volt, die verhindern soll, dass die Rechtsgüter des Eich auf diese Weise nicht geschädigt werden, besteht nicht. Watt hat deshalb nicht nach § 278 für dieses Fehlverhalten des Volt einzustehen.

Im Ergebnis stimmt die hier vertretene Auffassung mit dem Vorschlag überein, darauf abzustellen, ob der Gläubiger dem Gehilfen im Hinblick auf die rechtsgeschäftliche Beziehung mit dem Schuldner eine gesteigerte Möglichkeit zur Einwirkung auf seine Rechtsgüter und Interessen gewährt.[67] Jedoch erscheint es vorzugswürdig, die vertraglichen Beziehungen und die sich daraus ergebenden Rechte und Pflichten zum maßgebenden Kriterium zu wählen und nicht die sich daraus lediglich ableitende tatsächliche Gelegenheit als entscheidend anzusehen.

863 **Zusammenfassend** ist als Ergebnis dieser Erörterung festzuhalten, dass der Auffassung zu folgen ist, die eine Unterscheidung danach verwirft, ob ein Fehlverhalten der Hilfsperson „bei Erfüllung" oder „bei Gelegenheit" der Erfüllung geschieht, sondern die darauf sieht, ob der Schuldner eine vertragliche Pflicht verletzte, wenn er sich so verhielte wie der Erfüllungsgehilfe. Es kommt deshalb immer darauf an, auf Grund des jeweiligen Schuldverhältnisses die den Schuldner treffenden Vertragspflichten (Leistungs- und Verhaltenspflichten) zu ermitteln. Wird eine solche Pflicht von einer mit Willen des Schuldners zur Erfüllung seiner Verbindlichkeit tätig werdenden Person schuldhaft verletzt, haftet der Schuldner und hat den entstandenen Schaden zu ersetzen.

3. Verschulden

864 Nach § 278 hat der Schuldner – wie bereits ausgeführt – ein Verschulden seines Erfüllungsgehilfen „in gleichem Umfang zu vertreten wie eigenes Verschulden". Entsprechend der Zweckrichtung der Vorschrift, nach der verhindert werden soll, dass sich durch den Einsatz von Erfüllungsgehilfen auf Seiten des Schuldners Nachteile für den Gläubiger ergeben, ist das Verhalten des Erfüllungsgehilfen auf die Person des Schuldners zu beziehen; folglich ist **für den Fahrlässigkeitsmaßstab auch die Person des**

---

[66] MünchKomm/*Grundmann*, § 278 Rn. 47; Bamberger/Roth/*Unberath*, § 278 Rn. 44; *Brox/Walker*, AS, § 20 Rn. 32.
[67] *Looschelders*, AS, Rn. 546; ähnlich auch *Medicus/Lorenz*, Rn. 391.

III. Erfüllungs- und Verrichtungsgehilfe

Schuldners maßgebend, nicht die des Erfüllungsgehilfen. Es kommt mithin auf die Fähigkeiten an, die ein gewissenhafter Vertreter der Gruppe besitzen muss, zu der der Schuldner gehört (vgl. Rn. 419). Zu Recht hat deshalb der *BGH*[68] den Einwand eines Handwerksmeisters zurückgewiesen, der von ihm eingesetzte Lehrling, der durch einen Fehler einen Brand verursachte, sei unerfahren gewesen und hätte sich nach seinem Ausbildungsstand nicht richtig verhalten können.

Streitig ist die Frage, ob der Erfüllungsgehilfe schuldfähig (vgl. Rn. 794 f.) sein muss. Dies wird von einer im Schrifttum vertretenen Auffassung unter Hinweis darauf bejaht, dass nicht einzusehen ist, warum der Schuldner dafür einstehen sollte, wenn sein Gehilfe z. B. bei der Erfüllungshandlung einen Herzinfarkt erleide und bewusstlos dem Gläubiger einen Schaden zufüge; die Anwendung des § 829 erscheine in diesem Fall angemessener.[69] Dem ist nicht zuzustimmen. **Auch hinsichtlich der Verschuldensfähigkeit muss auf die Person des Schuldners, nicht auf die des Erfüllungsgehilfen abgestellt werden.**[70] 865

Da also der Schuldner das Verschulden seines Erfüllungsgehilfen wie eigenes zu vertreten hat, kommt es darauf an, für was der Schuldner haftet, ob – außer für Vorsatz – für die im Verkehr erforderliche Sorgfalt schlechthin (vgl. § 276 Abs. 1 S. 2), für die Sorgfalt, die er in eigenen Angelegenheiten anzuwenden pflegt (vgl. z. B. §§ 346 Abs. 3 S. 1 Nr. 3, 690 i. V. m. § 277) oder für grobe Fahrlässigkeit (vgl. z. B. § 300 Abs. 1, § 521, § 599). Der Schuldner kann auch durch Vereinbarung mit dem Gläubiger seine Haftung ausschließen und dies – anders als für eigenes Verschulden (vgl. § 276 Abs. 3) – sogar für Vorsatz seines Erfüllungsgehilfen (vgl. § 278 S. 2). 866

c) Haftung für den gesetzlichen Vertreter

In § 278 ist dem Erfüllungsgehilfen der gesetzliche Vertreter des Schuldners gleichgestellt. Gesetzliche Vertreter natürlicher Personen sind insbesondere die Eltern (§§ 1626 ff.), der Vormund (§§ 1793 ff.), der Betreuer (§§ 1896 ff.) und der Pfleger (§§ 1909 ff.). Diesen Personen werden Testamentsvollstrecker, Insolvenzverwalter, Nachlasspfleger und Nachlassverwalter gleich gestellt, weil sie wie diese Rechte und Pflichten für andere Personen unmittelbar begründen können, auch wenn sie keine gesetzlichen Vertreter sind. 867

Der **Verein** ist nach § 31 „**für den Schaden verantwortlich**, den der Vorstand, ein Mitglied des Vorstandes oder ein anderer **verfassungsmäßig be-** 868

---

[68] BGHZ 31, 358, 366 f. = NJW 1960, 669.
[69] OLG *Düsseldorf* NJW-RR 1995, 1165, 1166; Jauernig/*Stadler*, § 278 Rn. 13; Bamberger/Roth/*Unberath*, § 278 Rn. 48.
[70] So auch *Kupisch*, JuS 1983, 821; *Larenz*, SchuldR I, § 20 VIII (S. 303 f.); MünchKomm/*Grundmann*, § 278 Rn. 49.

rufener Vertreter durch eine in Ausführung der ihm zustehenden Verrichtungen begangene, zum Schadensersatz verpflichtende Handlung **einem Dritten zufügt**". Diese Vorschrift **gilt** nach allgemeiner Meinung **für sämtliche juristischen Personen des Privatrechts und des öffentlichen Rechts** (§ 89), ferner in entsprechender Anwendung für Offene Handelsgesellschaften und Kommanditgesellschaften sowie für die Gesellschaft bürgerlichen Rechts.[71] Als verfassungsmäßig berufene Vertreter sind nicht nur die Personen anzusehen, die aufgrund einer Satzungsbestimmung zur Vertretung befugt sind, sondern auch diejenigen, die aufgrund einer Betriebsregelung wichtige Aufgabenbereiche selbstständig und eigenverantwortlich erfüllen und auf diese Weise die juristische Person repräsentieren.[72] Wegen dieser Regelung hat die (streitige) Frage keine wichtige Bedeutung, ob unter § 278 (als gesetzlicher Vertreter) auch der Vorstand und die satzungsmäßig bestimmten Vertreter juristischer Personen zu rechnen sind.

869 Ist der Schuldner verschuldensunfähig, dann muss ihm die Verschuldensfähigkeit seines gesetzlichen Vertreters zugerechnet werden, weil sonst bei der (gesetzlichen) Vertretung Schuldunfähiger die Vorschrift ins Leere gehen würde.

Beispiel: Das fünfjährige Kind K schuldet G Übereignung eines Grundstücks. V, der gesetzliche Vertreter des K, leistet trotz Mahnung erst verspätet. G verlangt von K Ersatz seines Verzugsschadens (§ 280 Abs. 1, 2 i. V. m. § 286). Nur wenn dem K auch die Verschuldensfähigkeit seines gesetzlichen Vertreters zugerechnet werden kann, ist hier Schuldnerverzug zu bejahen (vgl. § 286 Abs. 4). Einen Sinn gibt es nur, K so haften zu lassen, wie sein gesetzlicher Vertreter als Schuldner haften müsste.[73]

d) Haftung nach § 831

1. Grund und Voraussetzungen der Haftung

870 Wenn jemand „**einen anderen zu einer Verrichtung bestellt**"(er wird im Gesetz als **Geschäftsherr** bezeichnet), dann muss er nach § 831 Abs. 1 S. 1 für Schäden haften, die der andere „**in Ausführung der Verrichtung einem Dritten widerrechtlich zufügt**". Grund für diese Haftung des Geschäftsherrn ist die Verletzung der Pflicht, die im Verkehr erforderliche Sorgfalt bei der Auswahl des Verrichtungsgehilfen, bei der Beschaffung von Vorrichtungen oder Gerätschaften und bei der Leitung des Gehilfen zu beobachten. Deshalb entfällt nach § 831 Abs. 1 S. 2 auch die Haftung, wenn festgestellt wird, dass der Geschäftsherr diese Sorgfaltspflicht beachtet hat, oder wenn die Pflichtverletzung nicht ursächlich für die Schädigung des Dritten gewesen ist, also wenn der Schaden auch bei einem sorgfaltsgemäßen Verhalten des Geschäftsherrn eingetreten wäre.

---

[71] *BGH* NJW 2003, 1445, 1446; 2003, 2984, 2985; *Piper,* JuS 2011, 490, 491; Palandt/*Ellenberger,* § 31 Rn. 3 m.w.N.
[72] *Piper,* JuS 2011, 490, 491; Jauernig/*Jauernig,* § 31 Rn. 3.
[73] So *Medicus/Petersen,* Rn. 807, die auch das oben angeführte Beispiel bringen.

2. Verrichtungsgehilfe

Verrichtungsgehilfe ist derjenige, dem vom Geschäftsherrn eine nach 871
dessen Weisungen auszuführende Tätigkeit übertragen worden ist. Auf die
Art der Tätigkeit kommt es nicht an; sie kann tatsächlicher (z. B. handwerkliche Verrichtungen) oder rechtlicher Natur (Führung eines Rechtsstreits), entgeltlich oder unentgeltlich, auf Dauer gerichtet oder nur vorübergehend (einmalige Erledigung eines Auftrages) sein.[74] Jedoch muss die Tätigkeit dem Einfluss des Geschäftsherrn unterliegen, und zwar in der Weise, dass dieser die Tätigkeit des Gehilfen jederzeit beschränken, untersagen oder nach Zeit und Umfang bestimmen kann.[75] Deshalb ist der gesetzliche Vertreter kein Verrichtungsgehilfe des Vertretenen. Ebenso ist ein selbstständiger Unternehmer, z. B. ein Handwerksmeister, der für einen anderen tätig wird, nicht dessen Verrichtungsgehilfe, weil der Unternehmer auch dann eigenbestimmt und in eigener Verantwortung seine Arbeiten ausführt, wenn ihm dafür genaue Direktiven von seinem Auftraggeber erteilt werden.[76]

3. Widerrechtliche Schädigung eines Dritten

Nach § 831 Abs. 1 S. 1 ist ein Schaden zu ersetzen, den der Verrich- 872
tungsgehilfe einem Dritten widerrechtlich zugefügt hat. **Aus dem systematischen Standort dieser Vorschrift im Deliktsrecht folgt, dass der Verrichtungsgehilfe den Schaden dadurch herbeigeführt haben muss, dass er den objektiven Tatbestand einer unerlaubten Handlung i. S. v. §§ 823 ff. verwirklicht hat.** Wie in § 831 Abs. 1 S. 1 ausdrücklich festgelegt ist, muss der Gehilfe dabei widerrechtlich handeln. Nach der Lehre vom Erfolgsunrecht, nach der bei einem positiven Tun die **Rechtswidrigkeit** durch die Tatbestandsmäßigkeit eines Verhaltens im Sinne einer Deliktsnorm indiziert wird und dieses Indiz nur widerlegt ist, wenn sich der Schädiger auf einen Rechtfertigungsgrund zu berufen vermag (vgl. Rn. 788), ergibt sich hierdurch regelmäßig keine zusätzliche Voraussetzung, die gesondert geprüft werden müsste. Dagegen ist es nach der Lehre vom Handlungsunrecht erforderlich festzustellen, ob der Verrichtungsgehilfe durch sein Verhalten gegen die ihm obliegende Sorgfaltspflicht verstoßen hat[77] (vgl. Rn. 789). Das gleiche gilt in Fällen, in denen der Verletzungserfolg nicht durch einen unmittelbaren Eingriff herbeigeführt worden ist (vgl. Rn. 792) oder in denen es sich um offene Verletzungstatbestände (Rn. 790) oder Unterlassungen (Rn. 791) handelt. Nach dem Wortlaut des Gesetzes gehört dagegen ein **Verschulden** des Verrichtungsgehilfen nicht zu den Haftungsvoraussetzungen. Jedoch ist anerkannt, dass der Geschäftsherr nicht nach § 831 haftet, wenn der Gehilfe die gebotene Sorgfalt beachtet hat. Bei der

---

[74] Vgl. Bamberger/Roth/*Spindler*, § 831 Rn. 10 ff.
[75] BGHZ 45, 311, 313 = NJW 1966, 1807; MünchKomm/*Wagner*, § 831 Rn. 14.
[76] *BGH* NJW 1994, 2756, 2757; MünchKomm/*Wagner*, § 831 Rn. 16.
[77] Vgl. *Kötz/Wagner*, Rn. 287.

Begründung dieses Ergebnisses wirken sich die unterschiedlichen Auffassungen zwischen den Lehren vom Erfolgsunrecht und vom Handlungsunrecht aus. Handelt der Gehilfe sorgfaltsgerecht, dann verneint die Lehre vom Handlungsunrecht die Rechtswidrigkeit der Schädigung, so dass schon aus diesem Grunde die Haftung des Geschäftsherrn entfällt. Die Lehre vom Erfolgsunrecht will nach dem Schutzzweck der Norm solche Schadensfälle ausscheiden, bei denen feststeht, dass sich der Gehilfe so verhalten hat wie jede mit Sorgfalt ausgewählte und überwachte Personen.[78] Das *RG*[79] hat insoweit die Faustregel aufgestellt, dass der Geschäftsherr dann nicht haften müsste, wenn ihn in dem Fall, dass er selbst an der Stelle des Verrichtungsgehilfen gestanden und sich wie dieser verhalten hätte, keine Ersatzpflicht treffen würde. Im Übrigen dürfte bei einem sorgfaltsgemäßen Verhalten des Gehilfen regelmäßig die Haftung des Geschäftsherrn schon deshalb nicht in Frage kommen, weil dann sein Sorgfaltsverstoß bei Auswahl, Beschaffung von Gerätschaften oder bei der Leitung für den Eintritt des Schadens nicht ursächlich gewesen war (vgl. Rn. 870).

4. Handeln in Ausführung der Verrichtung

873 Der Geschäftsherr hat nur für solche widerrechtlichen Schädigungen des Verrichtungsgehilfen zu haften, die dieser „in Ausführung der Verrichtung" begeht. Hierfür ist nicht erforderlich, dass die den Schaden verursachende Handlung dem Verrichtungsgehilfen übertragen worden ist; vielmehr genügt ein **innerer Zusammenhang zwischen dem schädigenden Verhalten und dem Aufgabenbereich**, der dem Verrichtungsgehilfen zugewiesen worden ist. Ein lediglich „bei Gelegenheit" der Verrichtung verursachter Schaden fällt nicht unter die Vorschrift des § 831.

Straftaten und vorsätzliche unerlaubte Handlungen des Verrichtungsgehilfen werden nach h.M. nur dann „in Ausführung der Verrichtung" verübt, wenn der Gehilfe dadurch speziellen Pflichten zuwiderhandelt, die ihm gerade zur Erfüllung übertragen worden sind (Beispiel: Diebstahl oder Unterschlagung der dem Verrichtungsgehilfen zur Bewachung übertragenen Gegenstände). Bietet dagegen die dem Gehilfen übertragene Verrichtung lediglich Anreiz und Gelegenheit zu einer Straftat (Beispiel: Der Handwerksgeselle, der auftragsgemäß in der Wohnung eines Kunden Reparaturen durchführt, stiehlt einen dort befindlichen Gegenstand), dann geschieht dieses Verhalten nicht in Ausführung der Verrichtung, sondern nur bei ihrer Gelegenheit.[80]

5. Ausschluss einer Ersatzpflicht (§ 831 Abs. 1 S. 2)

874 Sind die Voraussetzungen erfüllt, die § 831 Abs. 1 S. 1 nennt, dann kommt es für die Haftung des Geschäftsherrn darauf an, ob ihn ein Sorgfaltsverstoß bei Auswahl, Ausrüstung oder Leitung des Verrichtungsgehilfen trifft. Wird vom Geschädigten Klage auf Schadensersatz gegen den

---

[78] *BGH* NJW 1996, 3205, 3207.
[79] JW 1936, 2394, 2396.
[80] Bamberger/Roth/*Spindler*, § 831 Rn. 22; Jauernig/*Teichmann*, § 831 Rn. 8.

Geschäftsherrn erhoben, dann hat der Geschäftsherr Tatsachen vorzutragen und – sofern Zweifel bestehen – zu beweisen, dass er die gebotene Sorgfalt beachtet hat. Streiten also in einem Zivilprozess die Parteien darüber, ob die Voraussetzungen für eine Haftung nach § 831 erfüllt sind, dann muss der geschädigte Dritte die Verwirklichung der in Satz 1 des § 831 Abs. 1 genannten Voraussetzungen beweisen, also dass derjenige, der ihn in Ausführung einer Verrichtung „widerrechtlich" (dazu Rn. 872) geschädigt hat, von dem Geschäftsherrn zu dieser Verrichtung bestellt worden ist. Dagegen obliegt dem Geschäftsherrn der Beweis, dass er die erforderliche Sorgfalt bei Auswahl, Überwachung, Gerätebeschaffung und Leitung beobachtet hat oder dass ein Sorgfaltsverstoß für die Schädigung nicht ursächlich gewesen ist (vgl. Rn. 870). Kann dieser Beweis nicht geführt werden, wird die Verletzung einer entsprechenden Sorgfaltspflicht, die den Schaden verursacht hat, vermutet. Dass von dem Geschäftsherrn also ein „Entlastungsbeweis" erwartet wird, erklärt sich dadurch, dass im Allgemeinen der Geschädigte nicht in der Lage sein wird, die Vorgänge aufzuklären, aus denen sich ein Sorgfaltsverstoß ergibt, und dass es sich dabei um ein eigenes Verhalten des Geschäftsherrn handelt, das dieser genau kennt und über das er billigerweise auch Rechenschaft ablegen muss.

Was von einem sorgfältig handelnden Geschäftsherrn bei Auswahl, Überwachung, Ausrüstung und Leitung von Verrichtungsgehilfen zu verlangen ist, richtet sich weitgehend nach den konkreten Umständen des Einzelfalles. Allgemein lässt sich sagen, dass ein Geschäftsherr **bei der Auswahl eines Verrichtungsgehilfen festzustellen** hat, ob dieser die **erforderliche Qualifikation und Zuverlässigkeit** besitzt, um die übertragene Aufgabe gefahrlos für andere durchzuführen, wobei es von der Art und Gefährlichkeit der zu erledigenden Tätigkeit abhängt, welche Anforderungen im Einzelnen an den Gehilfen zu stellen sind.[81] Der Geschäftsherr ist verpflichtet, **laufend die ordnungsgemäße Durchführung der Verrichtungen zu überwachen**. Auch wenn sich die Zuverlässigkeit des Gehilfen aufgrund längerer Tätigkeit ergeben hat, wird diese Überwachungspflicht zwar eingeschränkt, aber nicht gänzlich beseitigt.

Der Vorwurf eines Sorgfaltsverstoßes bei **Beschaffung von Vorrichtungen oder Gerätschaften** kann dem Geschäftsherrn nur dann gemacht werden, wenn die dem Gehilfen übertragene Verrichtung eine solche Beschaffung erforderlich sein lässt. Das gleiche gilt für die **Anleitung des Gehilfen**. Auch hier muss die Notwendigkeit der Leitung zunächst festgestellt werden, ehe der Frage nachgegangen werden kann, ob der Geschäftsherr hierbei die gebotene Sorgfalt beachtet hat.

In gleicher Weise wie der Geschäftsherr sind nach § 831 Abs. 2 diejenigen verantwortlich, die aufgrund entsprechender vertraglicher Vereinbarung die den Geschäftsherrn nach Absatz 1 S. 2 treffenden Pflichten zur Erfüllung übernommen haben. Die **mit Leitungsfunktionen betrauten Mitarbeiter** des Geschäftsherrn (die Abteilungsleiter, Meister) haften so-

---

[81] *BGH* NJW 2003, 288, 290.

mit selbst, wenn ihnen ein Sorgfaltsverstoß bei Auswahl, Leitung und Überwachung der ihnen unterstellten Personen vorzuwerfen ist. Ergibt sich eine Haftung sowohl nach Abs. 1 als auch nach Abs. 2 des § 831, dann sind die Verantwortlichen Gesamtschuldner (§ 840 Abs. 1; vgl. §§ 421, 426).

IV. Vertrag zugunsten Dritter

a) Arten

876 Die Parteien eines Vertrages können vereinbaren, dass die vertraglich geschuldete Leistung nicht an den Gläubiger, sondern an einen bestimmten Dritten erbracht werden soll (Beispiel: Jemand lässt Blumen auf seine Kosten durch ein Blumengeschäft an Bekannte schicken). Bei einer solchen vertraglichen Vereinbarung ist danach zu unterscheiden, ob der Dritte unmittelbar das Recht erwirbt, die nach dem Vertrag geschuldete Leistung zu fordern (sog. **echter oder berechtigender Vertrag zugunsten Dritter**; vgl. § 328 Abs. 1), oder ob nur der Gläubiger, nicht aber der Dritte die Leistung vom Schuldner verlangen kann (sog. **unechter oder ermächtigender Vertrag zugunsten Dritter**).

Von dem (echten und unechten) Vertrag zugunsten Dritter, bei dem der Schuldner verpflichtet ist, die Leistung an den Dritten zu erbringen, ist der Fall zu unterscheiden, in dem der **Schuldner** zwar **nicht die Pflicht**, wohl **aber das Recht hat, mit befreiender Wirkung gegenüber dem Gläubiger an einen Dritten zu leisten**. Dies ist der Fall, wenn der Gläubiger den Dritten ermächtigt hat, die Leistung im eigenen Namen in Empfang zu nehmen (vgl. § 362 Abs. 2 i. V. m. § 185 Abs. 1; dazu Rn. 194); der Schuldner kann dann nach seiner Wahl entweder an den Gläubiger oder an den Dritten leisten.

877 Ob dem Dritten ein eigenes Forderungsrecht zustehen soll, muss – soweit ausdrückliche Absprachen nicht getroffen worden sind – den Umständen des Einzelfalles insbesondere dem Zweck des Vertrages entnommen werden (§ 328 Abs. 2). So ist in dem obigen Beispiel des Blumengeschenks nicht davon auszugehen, dass der Beschenkte vom Blumenhändler die Blumen verlangen kann. Anders ist dagegen zu entscheiden, wenn jemand zugunsten seines Ehegatten einen Lebensversicherungsvertrag schließt, nach dem der Ehegatte im Falle des Todes des Vertragschließenden einen bestimmten Geldbetrag erhalten soll; hier wird regelmäßig dem Begünstigten ein eigenes Forderungsrecht eingeräumt werden (vgl. die Auslegungsregeln der §§ 330, 331).

Eine weitere Auslegungsregel enthält § 329 für die **Erfüllungsübernahme**. Durch eine Erfüllungsübernahme verpflichtet sich der Übernehmende gegenüber dem Schuldner, dessen Gläubiger zu befriedigen. Da im Allgemeinen eine solche Erfüllungsübernahme nur im Interesse des Schuldners vorgenommen wird, erwirbt nur dieser, nicht auch der Gläubiger daraus Rechte. Die Erfüllungsübernahme, die nur zulässig ist, wenn der Schuld-

IV. Vertrag zugunsten Dritter 495

ner nicht in eigener Person zu leisten hat (vgl. Rn. 213), stellt somit einen unechten Vertrag zugunsten Dritter dar.[82]

b) Die Beteiligten und ihre Rechtsbeziehungen

Das Besondere eines Vertrages zugunsten Dritter besteht also darin, dass zu der für ein Schuldverhältnis typischen Zweierbeziehung „Gläubiger-Schuldner" eine weitere Person hinzutritt, an die nach Absprache mit dem Gläubiger der Schuldner die vertraglich geschuldete Leistung zu erbringen hat. Da diese Besonderheit bei fast allen Vertragstypen, z. B. bei der Miete, dem Dienstvertrag und dem Werkvertrag genauso wie beim Kauf, vorkommen kann, ist der **Vertrag zugunsten Dritter nicht als eigener Vertragstypus, sondern als Modifikation innerhalb des jeweiligen Vertragstypus** anzusehen. In der Überschrift des 3. Titels „Versprechen der Leistung an einen Dritten" kommt dies besser als in dem Begriff „Vertrag zugunsten Dritter" zum Ausdruck.[83] Deshalb ist es selbstverständlich, dass neben den besonderen Regeln, die für den Vertrag zugunsten Dritter gelten, die für den jeweiligen Vertragstypus anzuwendenden Vorschriften zu beachten sind. 878

Bei einem Vertrag zugunsten Dritter wird der Schuldner „Versprechender" und der Gläubiger „Versprechensempfänger" genannt; der eine verspricht, die Leistung an den Dritten zu bewirken, der andere lässt sich dieses Versprechen geben, empfängt es also. **Das Rechtsverhältnis zwischen Versprechendem und Versprechensempfänger wird als „Deckungsverhältnis" bezeichnet,** und zwar deshalb, weil der Versprechende aus diesem Verhältnis für seine Leistung an den Dritten die „Deckung" erhält, also darin der Grund zu finden ist, warum der Versprechende die Leistung zusagt. Handelt es sich bei dem Deckungsverhältnis um einen synallagmatischen Vertrag, dann wird die Leistung im Hinblick auf die Gegenleistung versprochen (der Blumenhändler liefert die Blumen an den Dritten, weil er von dem Versprechensempfänger dafür den Kaufpreis erhält). Das Deckungsverhältnis kann jedoch auch in einem unentgeltlichen Vertrag bestehen (der Vater verspricht seinem Sohn, dessen Sportverein aus Anlass eines Jubiläums einen Geldbetrag zuzuwenden; vgl. hierzu § 518). 879

Das Rechtsverhältnis zwischen dem Versprechensempfänger und dem Dritten trägt die Bezeichnung Valutaverhältnis oder Zuwendungsverhältnis. Aus ihm ist zu entnehmen, aus welchem Grund der Versprechensempfänger dem Dritten etwas zuwendet. Dies kann eine Schenkung sein (wie in dem Beispiel der Übersendung von Blumen an Bekannte durch ein 880

---

[82] Vgl. MünchKomm/*Gottwald*, § 329 Rn. 1.
[83] Aus der systematische Stellung der §§ 328 ff. und aus ihrem Wortlaut ergibt sich, dass diese Vorschriften nur auf schuldrechtliche Verträge anzuwenden sind, aus denen sich eine Verpflichtung ergibt. Die Möglichkeit einer analogen Anwendung auf Verfügungen wird überwiegend verneint; vgl. *Rahbari*, ZGS 2010, 172, 174 ff.; *Looschelders*, AS, Rn. 1972; Palandt/*Grüneberg*, vor §§ 528 ff. Rn. 5 f.

Blumengeschäft), aber auch ein entgeltlicher Vertrag (der Versprechensempfänger hat dem Dritten aufgrund eines mit ihm abgeschlossenen Kaufvertrages eine bestimmte Ware zu liefern, die er seinerseits beim Versprechenden kauft und an den Dritten liefern lässt). Das Deckungsverhältnis und das Valutaverhältnis sind voneinander unabhängig. Aus welchem Grund der Versprechensempfänger dem Dritten eine Leistung zuwendet, ist für den Versprechenden und für seine Beziehung zum Versprechensempfänger ohne Bedeutung. Der Versprechende bleibt auch dann verpflichtet, die Leistung an den Dritten zu erbringen, wenn kein Valutaverhältnis wirksam zustande gekommen ist. Einwendungen aus dem Valutaverhältnis kann der Versprechende dem Dritten nicht entgegenhalten. Hat der Dritte eine Leistung aufgrund des Vertrages zu seinen Gunsten vom Versprechenden erhalten, ohne dass sich dafür aus dem Verhältnis zwischen Drittem und Versprechensempfänger ein Rechtsgrund ergibt, dann hat der (bereicherungsrechtliche) Ausgleich zwischen dem Versprechensempfänger und dem Dritten stattzufinden (zur bereicherungsrechtlichen Rückabwicklung von Verträgen zu Gunsten Dritter vgl. EK BGB Rn. 127 ff.).

881 Die Beziehung zwischen dem Versprechenden und dem Dritten kann man als „Drittverhältnis" oder als „Vollzugsverhältnis" bezeichnen; häufig wird diese Beziehung nicht besonders benannt, weil sie vom Deckungsverhältnis mitbestimmt wird. Beim unechten Vertrag zugunsten Dritter fehlt eine Rechtsbeziehung zwischen Versprechendem und Drittem. Beim echten Vertrag zugunsten Dritter begründet der Leistungsanspruch des Dritten gegen den Versprechenden ein vertragsähnliches Verhältnis zwischen ihm und dem Schuldner, das dem Dritten u.a. die Pflicht auferlegt, den Schuldner bei dessen Erfüllung nicht zu schädigen. Handelt der Dritte dieser Pflicht zuwider, haftet er nach § 280 Abs. 1.[84]

882 Die Beziehungen der Beteiligten lassen sich danach in folgender Skizze wiedergeben:

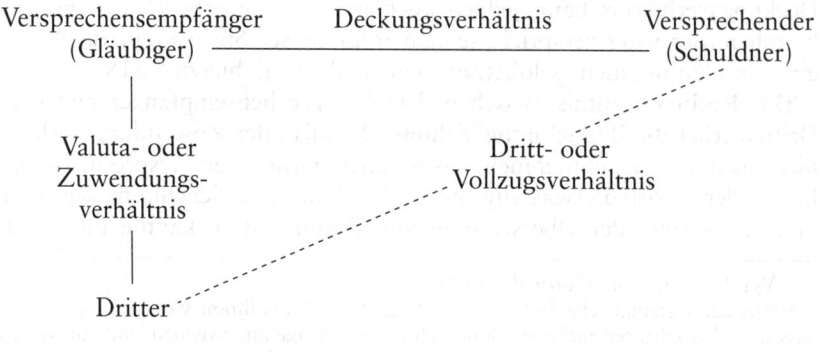

---

[84] MünchKomm/*Gottwald*, § 328 Rn. 31.

IV. Vertrag zugunsten Dritter

Die Bezeichnungen „Gläubiger" und „Schuldner" werden vom Deckungsverhältnis her bestimmt. Im Valutaverhältnis ist wiederum der „Dritte" Gläubiger und der „Versprechensempfänger" Schuldner der danach zu erbringenden Leistung.

c) Rechtsstellung des Dritten

Nur bei einem echten Vertrag zugunsten Dritter erwirbt der Dritte das Recht, vom Versprechenden die Leistung an sich zu fordern (§ 328 Abs. 1). Dem Dritten steht dann ohne sein Zutun und auch unabhängig von seiner Geschäftsfähigkeit der Anspruch zu. Jedoch ist er nicht verpflichtet, das Recht entgegenzunehmen; er kann es vielmehr zurückweisen. Dies hat zur Folge, dass das Recht des Dritten rückwirkend als nicht erworben gilt (vgl. § 333). Die Frage, welche **Folgen** sich **aus einer solchen Zurückweisung** für die Rechtsbeziehungen zwischen Versprechendem und Versprechensempfänger, also für das Deckungsverhältnis, ergeben, ist im Gesetz nicht ausdrücklich geregelt. Zur Erläuterung des sich dabei stellenden Problems dient der folgende

Beispielsfall: Die reiche Tante Berta will, dass ihr Lieblingsneffe Arnold nach bestandenem Abitur in ihrer Heimatstadt studiert, und mietet für ihn für die Dauer von drei Jahren ein Appartement. Arnold will aber in einer anderen Stadt studieren und lehnt es ab, das Appartement zu beziehen. Daraufhin erklärt Berta dem Vermieter, dass sie das Appartement nicht gebrauchen könne. Dieser verlangt aber Zahlung des Mietzinses. Mit Recht?

Soweit sich nicht aus dem Vertrag (auch nicht mit Hilfe der Auslegung) ergibt, dass die vertragliche Leistung im Falle der Ablehnung durch den Dritten an einen anderen (den Versprechensempfänger oder an einen von ihm neu zu bestimmenden Dritten) erbracht werden soll, wird die Leistung infolge der Ablehnung durch den Dritten unmöglich (§ 275 Abs. 1). Die Frage, ob der Versprechensempfänger die von ihm geschuldete Gegenleistung erbringen muss, richtet sich nach § 326. Dementsprechend wird man darauf abstellen, ob der Versprechensempfänger damit rechnen musste, dass der Dritte das Recht zurückweisen werde. Kannte Tante Berta die Absicht von Arnold, woanders zu studieren, dann ist sie zur Zahlung des Mietzinses verpflichtet (§ 326 Abs. 2 S. 1 Alt. 1).[85]

Auch für die Frage, ob beim echten Vertrag zugunsten Dritter das Recht des Dritten auf Leistung sofort, bedingt oder befristet entstehen soll und ob den Vertragschließenden, dem Versprechensempfänger und dem Versprechenden, die Befugnis vorbehalten bleibt, gemeinsam das Recht des Dritten ohne dessen Zustimmung aufzuheben oder zu ändern, ist in erster Linie die Absprache der Vertragschließenden maßgebend. Fehlt eine ausdrückliche Abrede, dann entscheiden darüber nach § 328 Abs. 2 die Umstände des Einzelfalles, insbesondere der Zweck des Vertrages; in diesem Zusammenhang ist die Auslegungsregel des § 331 zu beachten.

883

884

---
[85] Vgl. MünchKomm/*Gottwald*, § 333 Rn. 8. Auf die Frage, ob nach dem Mietrecht eine Kündigung zulässig ist, soll hier nicht eingegangen werden.

§ 9. Dritte in Schuldverhältnissen

Schließlich ist noch darauf hinzuweisen, dass der Versprechensempfänger berechtigt ist, die Leistung an den Dritten zu fordern, selbst wenn der Dritte ein eigenes Forderungsrecht besitzt; allerdings kann das Forderungsrecht des Versprechensempfängers im Vertrag mit dem Versprechenden abbedungen werden (vgl. § 335).

885 Da sich die Rechtsstellung des Versprechenden nicht dadurch verschlechtern darf, dass er die vertragliche Leistung nicht an den Gläubiger, sondern an einen Dritten zu erbringen hat, kann er **dem Dritten alle die Einwendungen aus dem Deckungsverhältnis entgegenhalten,** die ihm gegenüber dem Versprechensempfänger zustehen (§ 334).

Beispiel: Frau Alt will ihrem Neffen Jung zum Einzug in eine neue Wohnung einen Teppich schenken. Sie begibt sich zum Teppichhändler Bunt, sucht dort einen Teppich aus, zahlt die Hälfte des Kaufpreises und vereinbart mit Bunt, dass Jung das Recht haben solle, zu einem ihm genehmen Termin die Lieferung des Teppichs zu verlangen. Als Jung drei Tage später Lieferung fordert, weist Bunt darauf hin, dass der Teppich noch nicht von Alt bezahlt sei und dass er erst liefere, wenn er den gesamten Kaufpreis erhalten habe. Jung meint, das ginge ihn nichts an, Bunt solle sich an Alt halten, er jedenfalls wolle jetzt den Teppich haben.

Zwar ist aus dem Kaufvertrag allein Alt zur Zahlung des Kaufpreises verpflichtet, jedoch kann Bunt dem Jung die Einrede des nichterfüllten Vertrages aus § 320 entgegenhalten (§ 334).

886 Bei der **Frage nach den Auswirkungen von Leistungsstörungen auf die Rechtsstellung des Dritten** muss danach unterschieden werden, welche Leistung gestört ist und wer die Störung zu vertreten hat. Ergeben sich danach Ansprüche des Versprechenden gegen den Versprechensempfänger, dann kann er sie auch dem Dritten entgegenhalten (§ 334). Bei einer Störung der Leistung des Versprechenden können sich jedoch nicht nur Rechte des Versprechensempfängers, sondern auch solche des Dritten ergeben. Dazu folgender

Beispielsfall: Die Tochter Thea schenkt ihrer Mutter zum Geburtstag einen Heizofen, den sie vorher im Laden des Handel ausgesucht und bezahlt hat. Das Gerät soll nach entsprechender Aufforderung durch die Mutter geliefert werden (echter Vertrag zugunsten Dritter). So geschieht es auch. Infolge eines von Handel als Fachmann erkennbaren Defekts am Gerät kommt es bei Gebrauch des Heizofens zu einem Zimmerbrand, bei dem ein wertvoller Teppich der Mutter beschädigt wird. Wie ist die Rechtslage?

Wegen Verletzung einer Pflicht aus dem Schuldverhältnis (vgl. Rn. 480, 488 f.) ist Handel nach § 280 Abs. 1 zum Ersatz des Schadens verpflichtet, denn dem Versprechenden obliegen auch Schutzpflichten gegenüber dem Leistungsempfänger (Dritten). Den Schadensersatzanspruch kann sowohl die Mutter als auch die Tochter als Versprechensempfängerin geltend machen, wobei dann Thea jedoch Leistung an ihre Mutter fordern muss.[86]

887 Recht zweifelhaft ist dagegen, ob der Dritte auch solche Rechte wegen Leistungsstörungen ausüben kann, die den Bestand des Deckungsverhält-

---
[86] *Brox/Walker,* AS, § 32 Rn. 16.

nisses betreffen. Die h. M.[87] verneint dies und gibt dem Dritten nicht das Recht, wegen einer Leistungsstörung oder eines Mangels vom Vertrag zurückzutreten. Dieser Auffassung ist zuzustimmen, weil dem Versprechensempfänger als Vertragspartner die Entscheidung über den Bestand des Vertrages vorbehalten bleiben muss. Dementsprechend kann der Dritte bei einer Pflichtverletzung Schadensersatz nach § 280 fordern. Folgerichtig muss ihm jedoch versagt sein, die Leistung zurückweisen und Schadensersatz statt der Leistung nach § 281 geltend zu machen, weil dies im Ergebnis der Ausübung eines Rücktrittsrechts gleichkommt.[88] Die Vertragsparteien können allerdings dem Dritten vertraglich entsprechende Rechte einräumen.

V. Vertrag mit Schutzwirkungen für Dritte

a) Begriff und Voraussetzungen

Verletzt der Schuldner eine sich aus dem Schuldverhältnis ergebende Verhaltenspflicht, dann kann er sich nach § 280 Abs. 1 schadensersatzpflichtig machen (vgl. Rn. 488). Eine solche Pflicht kann dem Schuldner auch aufgeben, die Interessen bestimmter anderer Personen neben dem Vertragsgläubiger zu beachten. Diese Personen sind dann in den **Schutzbereich des Vertrages** mit einbezogen. 888

Beispiele: Der Fabrikant Fleißig vereinbart mit dem Busunternehmer Flink, dass dieser bei Fleißig beschäftigte Arbeitnehmer mit Kleinbussen nach Weisung des Fleißig zu verschiedenen Arbeitsstellen transportiert. Unterwegs verursacht der bei Flink angestellte Busfahrer schuldhaft einen Unfall, bei dem ein Arbeitnehmer des Fleißig, Wund, verletzt wird.

Häusler lässt vom Handwerksmeister Emsig in seinem Eigenheim Reparaturarbeiten durchführen. Dabei kommt es infolge des Verschuldens eines Mitarbeiters des Emsig zur Explosion einer Gasflasche, durch die der 12-jährige Sohn des Häusler Verbrennungen erleidet.

Wollte man in solchen Fällen die Geschädigten auf das Deliktsrecht verweisen, könnte eine Schadensersatzpflicht von Flink und Emsig als Geschäftsherren nach § 831 Abs. 1 S. 2 zu verneinen sein (vgl. Rn. 874). Hinzu kommt, dass bei einer schuldhaften Schädigung des Vermögens eine Ersatzpflicht aufgrund des Deliktsrechts nur unter bestimmten (eingeschränkten) Voraussetzungen besteht (vgl. Rn. 762 ff., 797, 800). Diese „Nachteile" des Deliktsrechts haben dazu geführt, dass insbesondere die Rechtsprechung den Bereich der vertraglichen Schutzwirkungen für Dritte 889

---
[87] Bamberger/Roth/*Janoschek*, § 328 Rn. 20 m. N.
[88] Str., wie hier Palandt/*Grüneberg*, § 328 Rn. 5; a. A. MünchKomm/*Gottwald*, § 335 Rn. 18.

immer mehr ausgedehnt und dem geschützten Dritten einen eigenen Schadensersatzanspruch eingeräumt hat. Die herrschende Auffassung im Schrifttum führt zu Recht die vertraglichen Schutzwirkungen zugunsten Dritter auf eine lückenausfüllende **Rechtsfortbildung** (vgl. Rn. 829) zurück, die dieses Rechtsinstitut zu einem festen Bestandteil unserer Zivilrechtsordnung gemacht hat, das unabhängig vom Willen der Beteiligten seine Wirkungen entfaltet.[89]

An dieser Rechtslage hat auch das SchuldRModG nichts Wesentliches geändert. Zwar wird überwiegend die Auffassung vertreten, § 311 Abs. 3 S. 1 schaffe eine gesetzliche Grundlage für das Rechtsinstitut vertraglicher Schutzwirkungen zu Gunsten Dritter.[90] Dem widerspricht aber die in der Gesetzesbegründung ausgesprochene Absicht des Gesetzgebers, durch diese Vorschrift die Eigenhaftung des Vertreters oder Verhandlungsgehilfen im Bereich der c. i. c. zu regeln (vgl. dazu Rn. 504).[91] Nur wer die besondere Nähe des vertraglichen Drittschutzes zur c. i. c. annimmt,[92] kann deshalb § 311 Abs. 3 eine solche Bedeutung zusprechen. Jedoch wird man auch dann aus der gesetzlichen Regelung kaum praktische Folgerungen ableiten können, weil sich die gesetzliche Anerkennung allenfalls auf das Prinzip des vertraglichen Drittschutzes beschränkt, dessen Ausgestaltung weiterhin Rechtsprechung und Rechtslehre überlassen bleibt.[93]

890 Es ist offensichtlich, dass eine sorgfältige **Abgrenzung** der Tatbestände, in denen sich aus Verträgen Schutzwirkungen für Dritte ergeben, dringend geboten ist, weil sonst befürchtet werden müsste, dass die Trennung zwischen vertraglichem und deliktischem Schadensersatzrecht beseitigt werden könnte. Hier stellt sich eine schwierige Aufgabe, die bisher nicht befriedigend gelöst werden konnte. Über die genauen Voraussetzungen und Grenzen des Vertrages mit Schutzwirkungen für Dritte gibt es keine einheitliche Auffassung. Während ursprünglich die h. M. vertragliche Schutzwirkungen auf solche Personen beschränken wollte, für deren „Wohl und Wehe" der Vertragsgläubiger verantwortlich ist, weil er ihnen Schutz und Fürsorge schuldet,[94] sieht sie jetzt hierin nicht mehr ein unverzichtbares Merkmal, sondern orientiert sich an dem Verhältnis, das der Dritte zur vertraglich geschuldeten Leistung einnimmt, und fragt danach, ob er nach dem Inhalt des Vertrages bestimmungsgemäß mit dieser Leistung in Berührung kommt.[95]

---

[89] *BGH* NJW 1996, 2927, 2928; *Saar,* JuS 2000, 220, 223; *Zenner,* NJW 2009, 1030, 1033 f.; MünchKomm/*Gottwald,* § 328 Rn. 111 m. w. N.
[90] *Schwab,* JuS 2002, 872, 873; *Eckebrecht,* MDR 2002, 425, 427; KompaktKom/ *Hirse,* § 311 Rn. 26; *Brox/Walker,* AS, § 33 Rn. 6; *Ehmann/Sutschet,* S. 157 ff.; a. A. Palandt/*Grüneberg,* § 328 Rn. 14; AnwKom-BGB/*Krebs,* § 311 Rn. 110 ff.
[91] Amtl. Begr. S. 163. Vgl. dazu MünchKomm/*Emmerich,* § 311 Rn. 231 ff.
[92] Vgl. dazu MünchKomm/*Gottwald,* § 328 Rn. 113 f. m. N.
[93] So auch MünchKomm/*Gottwald,* § 328 Rn. 11; ähnlich auch *Zenner* NJW 2009, 1030, 1033.
[94] Diesem Gesichtspunkt wird vom *BGH* auch noch in neuen Entscheidungen durchaus Bedeutung beigemessen; vgl. *BGH* NJW 2002, 3625, 3626; 2010, 3152, 3153 Tz. 19 = JuS 2011, 550 *(Faust),* jeweils m. w. N. aus der Rechtsprechung.
[95] *BGH* NJW 1976, 1843, 1844; 1984, 355, 356; 1985, 489; 1987, 1758, 1759; 1995, 392, 393 f.; 1996, 2927, 2928 f.; 2004, 3630, 3632; *Bayer,* JuS 1996,

V. Vertrag mit Schutzwirkungen für Dritte

Die Ansicht, den **Umfang vertraglicher Schutzwirkungen** nach dem Verhältnis des Dritten zum Leistungsgegenstand zu bestimmen und danach zu fragen, ob aufgrund der geschuldeten Leistung (auch) von einer Drittbezogenheit der vertraglichen Leistung zu sprechen ist, verdient Zustimmung,[96] wobei als „Leistung" in dem hier gemeinten Sinn nicht nur die Hauptleistung zu verstehen ist, sondern damit der gesamte Pflichtenkatalog des Schuldners bezeichnet wird, also auch alle Nebenpflichten (vgl. Rn. 200 ff.) erfasst werden.[97] Allerdings kann nicht allein für ausreichend gehalten werden, dass der zu schützende Dritte nach dem Vertrag mit der vom Schuldner zu erbringenden Leistung in Berührung kommt. Vielmehr ist zu verlangen, dass er nach dem Inhalt des Vertrages bestimmungsgemäß in einem Verhältnis zur geschuldeten Leistung steht wie sonst bei vergleichbaren Schuldverhältnissen regelmäßig nur der Gläubiger und er deshalb den Leistungsgefahren ausgesetzt ist, wie sonst dieser.[98]

891

Dabei ist nicht entscheidend, ob im konkreten Fall nach der Anlage des Schuldverhältnisses der Gläubiger überhaupt gefährdet ist oder ob bei der Vertragsabwicklung lediglich der Dritte geschädigt werden kann. Es kommt nur auf den typischen Inhalt entsprechender Schuldverhältnisse an. So ist in dem Beispielsfall der Beförderung von Arbeitnehmern des Vertragsgläubigers (Rn. 888) allein maßgebend, dass bei Beförderungsverträgen typischerweise der Gläubiger selbst befördert wird und den damit verbundenen Gefahren ausgesetzt ist, nicht aber, dass nur die beim Gläubiger Beschäftigten transportiert werden.

Auch im Beispielsfall der explodierenden Gasflasche (Rn. 888) ist davon auszugehen, dass der Sohn des Häusler zu der von Emsig zu erbringenden Leistung in einem gläubigerähnlichen Verhältnis steht. Die dafür erforderliche Drittbezogenheit der vertraglichen Leistung ergibt sich für die im Hause wohnenden Personen daraus, dass jeder von ihnen aus der von Emsig durchzuführenden Reparatur einen unmittelbaren Nutzen zieht, von ihr also direkt betroffen ist. Deshalb hat sich der Schuldner ihnen gegenüber in gleicher Weise wie gegenüber dem Gläubiger vertragsgerecht zu verhalten, insbesondere seine Leistung so zu erbringen, dass diese Personen nicht geschädigt werden. Diese unmittelbare Beziehung zu der nach dem Vertrag geschuldeten Leistung bildet das Unterscheidungsmerkmal zwischen den im Hause wohnenden Personen und zufällig dort anwesenden Besuchern.

Als zweite Voraussetzung muss hinzukommen, dass dem Schuldner die **Drittbezogenheit erkennbar** ist und dass er damit rechnen muss, durch die Abwicklung des Vertragsverhältnisses nicht nur Rechtsgüter des Gläubigers, sondern auch Dritter zu schädigen. Denn der Schuldner muss das Haftungsrisiko, das er mit dem Abschluss des Vertrages eingeht, überschauen und kalkulieren können.[99] Schließlich muss der in den vertrag-

892

473, 477 f.; Palandt/*Grüneberg,* § 328 Rn. 16; *Köhler/Lorenz,* PdW-SchuldR I, Nr. 89 (S. 173).
[96] MünchKomm/*Gottwald,* § 328 Rn. 120, 122, m. w. N.
[97] *Schwab,* JuS 2002, 872, 873 ff.; KompaktKom/*Hirse,* § 311 Rn. 26.
[98] Bamberger/Roth/*Janoschek,* § 328 Rn. 51.
[99] H. M.; vgl. nur *BGH* NJW 1985, 2411; 1996, 2927, 2928 f.; MünchKomm/ *Gottwald,* § 328 Rn. 126; Bamberger/Roth/*Janoschek,* § 328 Rn. 53, jeweils m. w. N.

§ 9. *Dritte in Schuldverhältnissen*

lichen Schutzbereich einzubeziehende **Dritte auch schutzbedürftig** sein, insbesondere darf ihm nicht aus einem anderen Rechtsgrund ein eigener vertraglicher Anspruch gegen den Schuldner zustehen.[100] Dagegen ist nicht zu verlangen, dass der Gläubiger ein schutzwürdiges Interesse an der Einbeziehung des Dritten in den Schutzbereich des Vertrages haben müsse.[101]

Eine solche Voraussetzung steht im Widerspruch zu der zutreffenden Auffassung, dass gegenläufige Interessen des Gläubigers und des Dritten kein Hinderungsgrund für dessen Einbeziehung in den Schutzbereich des Vertrages bilden.[102] Solche gegenläufigen Interessen sind häufig in Fällen festzustellen, in denen sich der Gläubiger von einem Sachverständigen ein Gutachten über den Wert von Sachen erstatten lässt, um dieses Gutachten bei Kreditverhandlungen oder bei der Vereinbarung eines Kaufpreises zu verwenden. Bei einem Gläubiger, der regelmäßig daran interessiert sein wird, ein möglichst für ihn günstiges Gutachten zu erhalten, lässt sich schwerlich ein Interesse feststellen, die Schutzwirkungen des mit dem Gutachter geschlossenen Vertrages auf Dritte auszudehnen, die er möglicherweise im Zeitpunkt des Vertragsschlusses überhaupt nicht kennt. Dennoch wird in solchen Fällen die Erstreckung der vertraglichen Schutzwirkungen auf Dritte bejaht.[103] Die Forderung, der Gläubiger müsse ein schutzwürdiges Interesse an der Einbeziehung des Dritten in den vertraglichen Schutzbereich besitzen, erscheint lediglich als eine Nachwirkung der inzwischen überholten Meinung, die Rechtsgrundlage für die Einbeziehung des Dritten bilde eine ergänzende Vertragsauslegung, die sich an den Interessen der Vertragspartner zu orientieren habe. Aus dem gleichen Grund ist es abzulehnen, bei Ermittlung vertraglicher Schutzwirkungen auf den Willen der Parteien abzustellen und danach zu fragen, ob sie (stillschweigend) bestimmte Dritte in den vertraglichen Schutzbereich einbeziehen wollen.[104] Allerdings ist es den Vertragsparteien unbenommen, Absprachen über die Einbeziehung Dritter in den vertraglichen Schutzbereich zu treffen; geschieht dies, dann stellen sich insoweit die behandelten Abgrenzungsfragen selbstverständlich nicht.

---

[100] BGHZ 70, 327, 329 f. = NJW 1978, 883; *BGH* NJW-RR 2011, 462, 463 Tz. 11 = JuS 2011, 457 (*Faust*); MünchKomm/*Gottwald*, § 328 Rn. 127 m. w. N.

[101] So aber *BGH* NJW 1996, 2927, 2928 f.; 2004, 3035, 3036 f.; *OLG Nürnberg* NJW-RR 2004, 1254; *Köhler/Lorenz*, PdW-SchuldR I, Nr. 89 (S. 173), allerdings beschränkt auf den „Regelfall". *BGH* NJW 2002, 3625, 3626 sieht offenbar in diesem Kriterium nur ein mögliches, jedoch nicht unverzichtbares Merkmal.

[102] BGHZ 127, 378, 380 = NJW 1995, 392; *BGH* NJW 1998, 1059, 1060; 1998, 1948, 1949; 2001, 3115, 3116.

[103] Vgl. die in Fn. 102 zitierten Entscheidungen. Die Rechtsprechung befürwortet diese Erstreckung von Schutzpflichten auf Dritte in erster Linie in Fällen, in denen es um die Haftung von Sachverständigen geht, die über eine besondere vom Staat anerkannte Sachkunde verfügen (z. B. öffentlich bestellte Sachverständige, Steuerberater, Wirtschaftsprüfer). Vgl. *Zugehör* NJW 2008, 1105, 1107; *OLG Dresden* NJW-RR 1997, 1001 (abl. gegenüber nicht öffentlich bestellten Sachverständigen) anders dagegen *BGH* NJW 2001, 514, 516; 2004, 3035, 3036. Im Schrifttum werden allerdings unterschiedliche Auffassungen zu den Rechtsgrundlagen einer solchen „Expertenhaftung" vertreten; abl. gegenüber vertraglichen Schutzwirkungen *Schinkels*, JZ 2008, 272, 275 ff.; *Köhler/Lorenz*, PdW-SchuldR I, Nr. 93.

[104] So aber *BGH* NJW 2001, 3115, 3116; 2004, 3035, 3036 (allerdings mit der Einschränkung, dass ein entgegenstehender Wille der Vertragsparteien treuwidrig und deshalb unbeachtlich sei, wenn dieser Wille das Ziel einer Täuschung des Dritten verfolge).

Als **Voraussetzungen für die Einbeziehung Dritter in den vertraglichen Schutzbereich** sind somit zusammenfassend zu nennen:
(1) Eine sich aus dem Inhalt des Vertrages ergebende gläubigerähnliche Beziehung des Dritten zu der vom Schuldner zu erbringenden Leistung, die dazu führt, dass der Dritte den Leistungsgefahren ausgesetzt ist wie üblicherweise sonst der Gläubiger. Als „Leistung" in diesem Sinn gilt das „Geschuldete" in seiner Gesamtheit (sowohl Haupt- als auch Nebenpflichten des Schuldners).
(2) Eine für den Schuldner gegebene Erkennbarkeit dieser Beziehung und der daraus folgenden Gefährdung des Dritten bei Durchführung des Vertrages.
(3) Eine Schutzbedürftigkeit des Dritten wegen Fehlens eigener direkter gleichwertiger Ansprüche gegen den Schuldner.

893

Hinzuweisen ist noch darauf, dass auch das gesetzliche **Schuldverhältnis der c. i. c. drittbezogene Verhaltenspflichten** aufweisen kann, bei deren Verletzung der Schädiger dem Dritten nach den Grundsätzen der culpa in contrahendo (vgl. dazu Rn. 496) schadensersatzpflichtig ist. Der *BGH*[105] hatte folgenden Fall zu entscheiden:

894

Ein Kind begleitet seine Mutter zum Einkaufen in einen Selbstbedienungsladen. Nachdem die Mutter die zu kaufenden Waren ausgewählt hat, stellt sie sich an der Kasse an. Das Kind geht um die Kasse herum zur Packablage, um seiner Mutter beim Einpacken behilflich zu sein. Dabei rutscht es auf einem am Boden liegenden Salatblatt aus und verletzt sich erheblich. Das Gericht bejaht eine Haftung des Inhabers des Selbstbedienungsladens mit der Begründung, dass das Kind in den Schutzbereich eines zustande gekommenen Kaufvertrages mit einbezogen worden wäre. Das Gleiche müsse für das gesetzliche Schuldverhältnis der c. i. c. gelten, denn es fehle jeder Rechtfertigungsgrund, die vertragliche Haftung vom reinen Zufall abhängig zu machen, ob die Vertragsverhandlungen im Zeitpunkt der Schädigung schon zum endgültigen Vertragsabschluss geführt hätten. Durch § 311 Abs. 3 S. 1 wird die Richtigkeit dieser Auffassung nunmehr gesetzlich bestätigt.

b) Abgrenzung von der Drittschadensliquidation

Es gibt Fälle, in denen bei der Störung vertraglicher Leistungen der Schaden aufgrund besonderer Konstellationen nicht wie im Regelfall beim Anspruchsberechtigten eintritt, sondern bei einem Dritten (zufällige Schadensverlagerung). Zur Erläuterung dieser Feststellung folgender

895

Beispielsfall: Arnold kauft für den Unternehmer Udo bestimmte Rohstoffe auf, die im Unternehmen des Udo verarbeitet werden. Die Käufe tätigt er auf Rechnung des Udo, jedoch im eigenen Namen (mittelbare Stellvertretung; vgl. Rn. 814). Da Bertold, mit dem Arnold einen Kaufvertrag über solche Rohstoffe geschlossen hat, nicht terminge-

---

[105] BGHZ 66, 51 = NJW 1976, 712 = JuS 1976, 465.

recht liefert, können von Udo verschiedene Aufträge nicht ausgeführt werden. Ihm entsteht deshalb ein Schaden.

Vertragliche Beziehungen bestehen nur zwischen Arnold und Bertold. Infolge der nicht termingerechten Lieferung ist Bertold in Verzug geraten (die Voraussetzungen werden hier unterstellt). Dementsprechend könnte Arnold einen Verzugsschaden nach § 280 Abs. 1, Abs. 2 i. V. m. § 286 von Bertold ersetzt verlangen. Der Schaden ist jedoch nicht bei ihm, sondern bei Udo eingetreten, der jedoch keinen Ersatzanspruch besitzt. Wollte man bei diesem Ergebnis stehen bleiben, dann müsste Udo seinen Schaden selbst tragen und Bertold wäre von jeder Schadensersatzpflicht freigestellt.

896 Nach allgemeiner Meinung[106] ist dieses Ergebnis dadurch zu korrigieren, dass bei mittelbarer Stellvertretung der Anspruchsberechtigte den Drittschaden geltend machen kann, diesen Schaden also „liquidiert". Der mittelbare Stellvertreter kann entweder Leistung des Schadensersatzes an den Geschädigten (im Beispielsfall Udo) verlangen oder er tritt den Anspruch an ihn ab, wozu er unter den Voraussetzungen des § 285 (vgl. Rn. 430) verpflichtet ist, oder er ermächtigt ihn, den Schadensersatzanspruch im eigenen Namen geltend zu machen[107] (sog. Einziehungsermächtigung; vgl. dazu Rn. 921). Nach h. M. ist der Schaden in dem Umfang zu ersetzen, in dem er beim Dritten entstanden ist.

897 Eine Schadensliquidation im Drittinteresse wird auch in sog. **Obhutsfällen** in Betracht gezogen. Es handelt sich um folgende Sachverhalte: Jemand mietet oder leiht sich eine fremde Sache und gibt sie einem anderen zur Reparatur oder Verwahrung. Dort wird sie infolge Verschuldens des Vertragspartners oder dessen Erfüllungsgehilfen beschädigt. Der Mieter oder Entleiher ist nur insoweit geschädigt, als er die Sache nicht mehr für sich nutzen kann; den Schaden an der Substanz der Sache hat der Eigentümer. Eine Drittschadensliquidation ist in diesen Fällen insbesondere dann für den Geschädigten von Bedeutung, wenn ein deliktischer Schadensersatzanspruch gegen den Vertragspartner des Mieters oder Entleihers durch § 831 Abs. 1 S. 2 ausgeschlossen ist.

898 Die Drittschadensliquidation wird fast durchweg auf die genannten Fallgruppen beschränkt,[108] wenn auch bei vergleichbaren Interessenlagen die Liquidation eines Drittschadens für zulässig gehalten wird.[109] Jedoch sollte stets sehr sorgfältig geprüft werden, ob im Einzelfall die Interessenlage die Durchbrechung des unser Zivilrecht beherrschenden Grundsatzes zwingend gebietet, dass nur die Schäden vom Schädiger er-

---

[106] Vgl. *BGH* NJW 1998, 1864, 1865 m. w. N.
[107] *Köhler/Lorenz*, PdW-SchuldR I, Nr. 168.
[108] Manche Autoren zählen allerdings die Treuhandverhältnisse nicht zu den Fällen mittelbarer Stellvertretung, sondern sehen sie als eigenständige Fallgruppe an (so MünchKomm/*Oetker*, § 249 Rn. 294 m. w. N.). Auf diese Fälle kann hier nicht näher eingegangen werden (vgl. dazu *Köhler*, AT, § 5 Rn. 18 f.). Zu den Treuhandfällen ist auch die Sicherungszession (vgl. dazu Rn. 919) zu rechnen, bei der vom *BGH* (NJW 1995, 1282, 1283; NJW-RR 1997, 663, 664) der Ersatz eines dem Sicherungsgeber entstandenen Verzugsschadens nach den Grundsätzen der Drittschadensliquidation zuerkannt worden ist.
[109] MünchKomm/*Oetker*, § 249 Rn. 278.

setzt werden müssen, die dem Inhaber des verletzten Rechts entstanden sind.

Die früher ebenfalls mit Hilfe einer Schadensliquidation im Drittinteresse gelösten Fälle der sog. obligatorischen Gefahrentlastung fallen nach Änderung des § 421 HGB im Jahr 1998 nicht mehr in den Anwendungsbereich dieses Rechtsinstituts. Diese Fälle betreffen den Versendungskauf, bei dem aufgrund des § 447 die Gegenleistungsgefahr mit der Übergabe der Kaufsache an den Transporteur auf den Käufer übergeht (vgl. Rn. 512). Da nunmehr dem Käufer nach § 421 Abs. 1 S. 2 HGB wegen der Schäden, die beim Transport der Kaufsache vom Transporteur und seinen Erfüllungsgehilfen zugefügt werden, ein eigener Anspruch zusteht, ist der Weg über die Drittschadensliquidation überflüssig geworden.[110]

In Fällen, in denen eine Drittschadensliquidation in Betracht kommt, werden regelmäßig die Voraussetzungen für vertragliche Schutzwirkungen zugunsten Dritter nicht gegeben sein; deshalb wird sich die Frage nach dem Verhältnis beider Rechtsinstitute zueinander nur selten stellen. Sind aber einmal sowohl die Voraussetzungen vertraglicher Schutzwirkungen zugunsten Dritter als auch der Drittschadensliquidation gegeben, dann gebührt den vertraglichen Schutzwirkungen der Vorrang, weil sie dem geschädigten Dritten einen eigenen, vom Gläubiger unabhängigen Ersatzanspruch eröffnen.[111]

899

VI. Übergang von Rechten und Pflichten auf Dritte

a) Überblick

Gläubiger und Schuldner können grundsätzlich (durch Rechtsgeschäft) ausgewechselt werden. Bei einem solchen Wechsel muss jedoch danach unterschieden werden, ob lediglich eine „Rechtsnachfolge in Forderungen oder Schulden"[112] stattfindet oder ob die Position des Vertragspartners insgesamt mit allen damit verbundenen Rechten und Pflichten übertragen wird. Eine Rechtsnachfolge in Forderungen kann durch rechtsgeschäftliche Übertragung (Abtretung) der Forderung vollzogen werden (dazu Rn. 901 ff.). Außerdem kann die Auswechslung des Gläubigers auch in nicht rechtsgeschäftlicher Form geschehen, und zwar durch einen gesetzlich angeordneten Forderungsübergang (dazu Rn. 922) und durch Forderungsübertragung kraft staatlichen Hoheitsaktes. Als wichtigstes Beispiel für die zuletzt genannte Art sei die Überweisung einer gepfändeten Geldforderung an den pfändenden Gläubiger an Zahlungs statt durch das Vollstreckungsgericht genannt (vgl. § 835 ZPO; GK ZPO Rn. 680). Die rechtsgeschäftliche Rechtsnachfolge in eine Schuld geschieht durch einen Übernahmevertrag, der entweder zwischen Übernehmer und Gläubiger

900

---

[110] Zu Einzelheiten *Homann*, JA 1999, 978; *Oetker*, JuS 2001, 833.
[111] MünchKomm/*Gottwald*, § 328 Rn. 129 m.w.N.
[112] *Larenz*, SchuldR I, §§ 34, 35.

(vgl. § 414) oder durch Vertrag zwischen Übernehmer und bisherigem Schuldner mit Genehmigung des Gläubigers (vgl. § 415) geschlossen wird (dazu Rn. 923). Daneben ist auch ein Schuldbeitritt möglich, bei dem ein Dritter als weiterer Schuldner neben den bisherigen tritt, ihn also nicht ersetzt (dazu Rn. 928). Die Übertragung der umfassenden Position eines Vertragspartners mit allen Rechten und Pflichten ist Gegenstand einer Vertragsübernahme (dazu Rn. 930).

b) Forderungsabtretung

1. Begriff und Voraussetzungen

901 Was unter einer **Abtretung** (= Zession) zu verstehen ist, erläutert § 398: **die durch Vertrag vorgenommene Übertragung einer Forderung von dem Gläubiger (Zedenten) auf einen anderen (Zessionar)**. Durch diesen Vertrag, an dem der Schuldner nicht beteiligt ist und weshalb seine Rechte durch bestimmte gesetzliche Regeln geschützt werden (dazu Rn. 911 ff.), wird der Gläubigerwechsel unmittelbar vollzogen. Die Abtretung ist also kein Verpflichtungsgeschäft, sondern eine (abstrakte) Verfügung (vgl. zum Begriff Rn. 223). Die Gültigkeit der Abtretung ist unabhängig von einem ihr zugrundeliegenden Kausalgeschäft (z. B. einem Forderungskauf; vgl. Rn. 547). Gibt es jedoch kein gültiges Kausalgeschäft, dann kann der Zedent die Rückabtretung vom Zessionar nach Bereicherungsrecht verlangen. Denn der Zessionar ist dann rechtsgrundlos um die Forderung bereichert.

902
> Der wirksame Übergang einer Forderung vom Zedenten auf den Zessionar ist von folgenden **Voraussetzungen** abhängig:
> (1) Abtretungsvertrag
> (2) Bestehen der Forderung
> (3) Bestimmtheit der Forderung
> (4) Übertragbarkeit der Forderung.

903 Zu diesen Voraussetzungen ist im Einzelnen Folgendes zu bemerken:
Der **Abtretungsvertrag** kann regelmäßig formfrei geschlossen werden. Dies gilt auch dann, wenn die Begründung der Forderung von einem formbedürftigen Rechtsgeschäft abhängig ist (Beispiel: Kaufpreisforderung aus einem Grundstückskaufvertrag; vgl. § 311 b Abs. 1). Nur ausnahmsweise ist für die Abtretung der Forderung eine Form vorgeschrieben (vgl. z. B. § 1154 für die Abtretung einer hypothekarisch gesicherten Forderung).

904 Ein **Abtretungsvertrag** ist **wegen Verstoßes gegen ein gesetzliches Verbot (§ 134) nichtig**, wenn der Zedent durch Erfüllung der ihm nach § 402

VI. Übergang von Rechten und Pflichten auf Dritte

aufgegebenen Pflicht, den Zessionar über die Forderung und über das ihr zugrunde liegende Rechtsgeschäft umfassend zu informieren, gegen eine ihm obliegende **Verschwiegenheitspflicht verstoßen muss.** Dies gilt beispielsweise für die Abtretung der Honorarforderung eines Arztes ohne Zustimmung des Patienten und für die Abtretung der Honorarforderung eines Rechtsanwalts ohne Zustimmung des Mandanten, weil die Angehörigen dieser Berufsgruppen zur Verschwiegenheit über die im Rahmen ihrer Berufstätigkeit erworbenen Kenntnisse verpflichtet sind und durch die Information über das Zustandekommen der Honorarforderung gegen § 203 StGB verstoßen wird.[113] Die insoweit zu beachtenden Grenzen werden durch das Recht des Schuldners auf informationelle Selbstbestimmung bestimmt. Ist der Zessionar in gleicher Weise wie der Zedent zur Verschwiegenheit verpflichtet, wie dies für die Abtretung einer Honorarforderung eines Rechtsanwalts an einen anderen gilt,[114] dann bedarf es für die Wirksamkeit der Zession nicht der Zustimmung der Schuldners. Das Gleiche gilt, wenn der Zessionar beispielsweise als Mitarbeiter des Arztes oder des Rechtsanwaltes bereits die der Verschwiegenheitspflicht unterliegenden Tatsachen kennen gelernt hat.[115] Auf Grund einer Interessen- und Güterabwägung hat sich der *BGH* dafür ausgesprochen, dass die hinsichtlich von Honorarforderungen der Rechtsanwälte, Steuerberater und Ärzte bestehende Verschwiegenheitspflicht zurückzutreten hat, wenn es darum geht, die Pfändung und die dabei mögliche Übertragung dieser Forderung (vgl. § 835 ZPO; GK ZPO Rn. 680) zu ermöglichen.[116] Interessen der Verkehrsfähigkeit von Forderungen und Belange der Rechtssicherheit und des Verkehrsschutzes rechtfertigen es, dass die Darlehensforderung einer Bank trotz der sie treffenden Pflicht zur vertraulichen Behandlung der Daten aus Bankgeschäften ohne Zustimmung des betroffenen Kunden wirksam abgetreten werden kann.[117]

Die Forderung, die abgetreten werden soll, muss als **Forderung des Zedenten** bestehen. Einen Erwerb vom Nichtberechtigten kraft guten Glaubens, wie er beim Eigentumserwerb an beweglichen Sachen (§§ 932 ff.) und Grundstücken (§ 892) möglich ist, gibt es bei der Forderungsabtretung nicht (von Besonderheiten aufgrund des öffentlichen Glaubens eines Erbscheins, § 2366, und im Wertpapierrecht abgesehen, auf die hier nicht einzugehen ist).

905

Beispiel: Trug, der in argen Geldverlegenheiten ist, erzählt dem Reich unter Vorlage eines gefälschten schriftlichen Darlehensvertrages, dass er Albert 10.000,– € als Darlehen gewährt habe; da das Darlehen erst in einem Jahr rückzahlbar sei, er aber Geld

---

[113] *BGH* NJW 1995, 2915; 1996, 775; 2005, 1505, 1506; *OLG Hamm* NJW 2007, 849, 850; *Ahcin/Armbrüster,* JuS 2000, 450, 452 f.
[114] Vgl. *BGH* NJW 2007, 1196.
[115] *BGH* NJW 1995, 2915; 1996, 775; 2005, 507, 508.
[116] *BGH* NJW 2005, 1505.
[117] *BVerfG* NJW 2007, 3707, 3708; *BGH* NJW 2007, 2106 = JA 2007, 896 *(Stadler).*

brauche, sei er bereit, die Forderung Reich für 7.000,– € zu verkaufen. Reich ist damit einverstanden und zahlt den gewünschten Preis. In Wirklichkeit hat Trug niemals eine Forderung gegen Albert gehabt.

In diesem Fall erwirbt Reich die ihm verkaufte Forderung nicht. Sein guter Glaube kann ihm nicht helfen. Der Grund für den Ausschluss eines gutgläubigen Forderungserwerbs besteht darin, dass es an einem Kennzeichen fehlt, das – wie bei Sachen der Besitz oder die Eintragung im Grundbuch (vgl. Rn. 573) – auf die Berechtigung des Verfügenden hinweist und damit einen Rechtsschein schafft, auf den der Gutgläubige vertrauen darf.[118] Die vorgelegte Vertragsurkunde erzeugt zwar einen solchen Rechtsschein; sie ist aber gefälscht und kann deshalb nicht dazu führen, dass auf Kosten eines Unbeteiligten ein Recht erworben wird. In diesem Zusammenhang ist zu berücksichtigen, dass beim gutgläubigen Erwerb beweglicher Sachen die durch den Besitz geschaffene Rechtsscheinslage durch den Eigentümer infolge der freiwilligen Weggabe des Besitzes veranlasst ist und dass ein unfreiwilliger Besitzverlust dem gutgläubigen Erwerb nach § 935 entgegensteht (vgl. Rn. 569).

In Fällen aber, in denen der **Schuldner** eine **Urkunde** über die Schuld **ausstellt**, also ein Schriftstück weggibt, das die Existenz der Forderung verlautbart und damit eine Legitimation des Zedenten schafft, berücksichtigt das Gesetz in einem eingeschränkten Umfang, dass hier der Schuldner einen (unrichtigen) Rechtsschein durch sein Verhalten gesetzt hat. Nach § 405 kann sich dann der Schuldner nicht darauf berufen, dass die Eingehung oder Anerkennung des Schuldverhältnisses nur zum Schein erfolgt und deshalb nach § 117 Abs. 1 nichtig sei oder dass die Abtretung durch Vereinbarung mit dem ursprünglichen Gläubiger ausgeschlossen wäre (vgl. dazu Rn. 907). Der Zessionar erwirbt dann die Forderung, wenn er den wahren Sachverhalt nicht kannte und auch nicht kennen musste, d. h. seine Unkenntnis nicht auf Fahrlässigkeit beruhte.

906 Die abzutretende **Forderung** muss so **genau bestimmt** sein, dass Klarheit darüber besteht, welche Forderung vom Zedenten auf den Zessionar übergeht. Aus dem Inhalt der getroffenen Vereinbarung müssen sich also Schuldner, Inhalt und Höhe der zedierten Forderungen ergeben. Jedoch muss diesen Erfordernissen erst in dem Zeitpunkt genügt sein, in dem die Forderung auf den Zessionar übergehen soll. Deshalb ist es zulässig, erst künftig entstehende Forderungen bereits im Voraus abzutreten.

907 Schließlich ist die Wirksamkeit einer Abtretung davon abhängig, dass die **Forderung,** auf die sie sich bezieht, **übertragbar** ist. Der Grundsatz, dass jede Forderung übertragen werden kann, wird durch eine Reihe von Abtretungsverboten eingeschränkt:

- Ausdrücklich sind im BGB eine Reihe von Forderungen nicht oder nur unter eingeschränkten Voraussetzungen für übertragbar erklärt, so z. B. Forderungen aus Vorkaufsrechten (§ 473) und aus Gesellschaftsverhältnissen (vgl. § 717). Hierbei handelt es sich um Forderungen, die besonders eng an die Person des Gläubigers gebunden sind.
- Nach § 399 kann eine Forderung nicht abgetreten werden, „wenn die Leistung an einen anderen als den ursprünglichen Gläubiger nicht ohne

---

[118] Vgl. *Thomale*, JuS 2010, 857.

VI. Übergang von Rechten und Pflichten auf Dritte

Veränderung ihres Inhalts erfolgen kann oder wenn die Abtretung durch Vereinbarung mit dem Schuldner ausgeschlossen ist."

Unter § 399 Alt. 1 fallen beispielsweise Forderungen aus **höchstpersönlichen Berechtigungen**, wie sie im Zweifel bei Dienstleistungen (vgl. § 613 S. 2) und bei der Ausführung von Aufträgen (§ 664 Abs. 2) anzunehmen sind. Auch bei Ansprüchen aus Vorverträgen und aus Gebrauchsüberlassungsverträgen (z. B. Miete) wird es regelmäßig auf die Person des Gläubigers ankommen und eine Abtretung auszuschließen sein.

Hat sich der Gläubiger dem Schuldner gegenüber dazu **verpflichtet, die Forderung nicht abzutreten** (sog. pactum de non cedendo), dann nimmt diese Vereinbarung der Forderung die Abtretbarkeit, so dass eine abredewidrig vorgenommene Zession unwirksam ist.[119] Ein Gutglaubensschutz findet nur in den engen Grenzen des § 405 statt. Genehmigt der Schuldner die entgegen eines vereinbarten Abtretungsausschlusses vorgenommene Zession, dann sieht die h. M. hierin das Angebot zum Abschluss eines Änderungsvertrages, so dass die Abtretung erst wirksam wird, wenn der Gläubiger der vertraglichen Aufhebung des Abtretungsausschlusses zustimmt, und zwar ohne Rückwirkung auf den Zeitpunkt der Abtretung.[120]

- **Unpfändbare Forderungen** können nicht abgetreten werden (§ 400). Pfändungsverbote ergeben sich aus den §§ 850 ff. ZPO. Durch diese Vorschriften, die einen Pfändungsschutz für Teile des Arbeitseinkommens schaffen, wird bezweckt, dem Schuldner das zum Leben Notwendige zu erhalten (vgl. GK ZPO Rn. 673). Er kann auf diesen Schutz nicht wirksam verzichten und deshalb auch nicht die unpfändbare Forderung abtreten.

Nach allgemeiner Auffassung können aber unpfändbare Forderungen abgetreten werden, wenn dieser Schutzzweck nicht vereitelt wird. Dies ist beispielsweise der Fall, wenn dem Abtretenden wirtschaftlich gleichwertige Leistungen für die Zession gewährt werden.

2. Wirkungen

Mit dem Abschluss des Abtretungsvertrages tritt der neue Gläubiger an die Stelle des bisherigen (§ 398 S. 2). Dementsprechend kann der Altgläubiger über die Forderung nicht mehr verfügen; eine von ihm vorgenommene zweite Zession ist folglich unwirksam. Für die Zession gilt also der **Grundsatz der Priorität**.

908

Beispiel: Glaub tritt seine Forderung gegen Schuld am 01. 02. an Erst und am 02. 02. an Zweit ab. Nur Erst erwirbt die Forderung und Zweit ist auf Schadensersatzansprüche gegen Glaub aus dem Kausalverhältnis angewiesen, das der Abtretung zugrunde liegt (vgl. Rn. 901).

Die Forderung geht auf den neuen Gläubiger in dem Rechtszustand über, den sie beim Zedenten gehabt hat. Deshalb bleiben alle **Einwendungen und Einreden** bestehen, „die zur Zeit der Abtretung der Forderung gegen den bisherigen Gläubiger begründet waren" (§ 404). Wenn in § 404

909

---

[119] BGHZ 108, 172, 176 = NJW 1990, 109; vgl. auch *W. Lüke*, JuS 1992, 114.
[120] *BGH* NJW 1990, 109, 110; 2006, 1800, 1802 Tz. 31; MünchKomm/*Roth*, § 399 Rn. 37; Palandt/*Grüneberg*, § 399 Rn. 12.

darauf abgestellt wird, dass Gegenrechte bereits zur Zeit der Abtretung begründet waren, dann bedeutet dies nicht, dass sie zu diesem Zeitpunkt schon voll wirksam sein müssen. Entscheidend ist vielmehr, dass bei der Zession der Grund dafür bereits bestanden hat. Deshalb muss sich der Zessionar auch eine nach der Abtretung vom Schuldner vorgenommene Anfechtung oder Wandlung ebenso entgegenhalten lassen wie den Rücktritt vom Vertrag. Da durch die Zession nur die Gläubigerrechte, nicht auch seine Pflichten übertragen werden, bleibt Adressat einer entsprechenden Erklärung des Schuldners der Zedent.

910 Nach § 401 gehen auch die **für die Forderung bestellten Sicherheiten** mit über. Ausdrücklich nennt diese Vorschrift Hypotheken, Pfandrechte sowie Rechte aus einer Bürgschaft. Die in § 401 Abs. 1 genannten Rechte sind akzessorisch.

Akzessorietät (von lat. accessio = Nebensache, Nebenverpflichtung) bedeutet, dass Rechte in der Weise miteinander verbunden sind, dass das eine das leitende, das andere das begleitende ist. Das begleitende Recht kann ohne das leitende nicht bestehen, ist also davon abhängig. Beispielsweise ist bei der Bürgschaft die Forderung des Gläubigers gegen den Schuldner die Leitforderung; nach ihr richtet sich das sichernde Recht in seinem Bestand und Inhalt (vgl. § 767 Abs. 1 S. 1). Erlischt die Leitforderung, dann geschieht dasselbe auch mit der Bürgschaft (Einzelheiten dazu später).

§ 401 Abs. 1 ist entsprechend auf andere in dieser Vorschrift nicht ausdrücklich genannte akzessorische Rechte anzuwenden wie beispielsweise Rechte aus einer Vormerkung (§§ 883 ff.). Der Zessionar erwirbt auch Rechte aus einem sichernden Schuldbeitritt (vgl. dazu Rn. 928 f.).[121] Dagegen gehen andere (nichtakzessorische) Sicherungsrechte wie das Sicherungseigentum (vgl. EK BGB Rn. 404 ff.) und der Eigentumsvorbehalt (vgl. Rn. 631 f.) nicht automatisch auf den Zessionar über. Allerdings kann sich der Zedent vertraglich verpflichten, solche Rechte auf den Zessionar zu übertragen.

3. Schuldnerschutz

911 Da der Schuldner an der Abtretung nicht beteiligt ist und häufig auch nicht über sie unterrichtet wird (sog. stille Zession), darf seine rechtliche Stellung durch die Zession nicht verschlechtert werden. Dies wird einmal dadurch vermieden, dass gem. § 404 alle Einwendungen und Einreden gegen die Forderung erhalten bleiben und der Schuldner diese Rechte gegenüber dem neuen Gläubiger geltend machen kann (vgl. Rn. 909). Zum anderen muss der Gefahr begegnet werden, dass der Schuldner in Unkenntnis der Abtretung an den bisherigen Gläubiger leistet und dadurch Nachteile erleidet. Dies wird insbesondere durch die Vorschrift des § 407 verhindert. Danach muss der Zessionar eine Leistung, die der Schuldner nach Abtretung an den Zedenten erbringt, gegen sich gelten lassen, wenn der Schuldner die Abtretung im Zeitpunkt der Leistung nicht gekannt hat

---

[121] *BGH* NJW 2000, 575.

VI. Übergang von Rechten und Pflichten auf Dritte 511

(nur positive Kenntnis schadet, fahrlässige Unkenntnis dagegen nicht). Die abgetretene Forderung erlischt dann, und der Zessionar muss einen Ausgleich beim Zedenten suchen. Er hat dann gegen ihn einen Schadensersatzanspruch wegen Verletzung einer leistungssichernden Nebenpflicht (vgl. Rn. 487), die sich aus dem Kausalverhältnis ergibt, das der Zession zugrunde liegt, und die darauf gerichtet ist, alles zu unterlassen, was den Vertragszweck und den Leistungserfolg gefährden könnte (sog. Leistungstreuepflicht). Der Zessionar kann auch Ansprüche aus § 816 Abs. 2 und aus § 687 Abs. 2 geltend machen; vom Einzelfall hängt es ab, ob auch ein Anspruch aus § 826 gegeben ist.

§ 407 Abs. 1 gilt auch für ein ohne Kenntnis der Abtretung getätigtes „Rechtsgeschäft", das nach der Abtretung zwischen dem Schuldner und dem bisherigen Gläubiger in Ansehung der Forderung vorgenommen wird". Solche Rechtsgeschäfte wie z.B. eine Stundung, ein Erlass, eine vom Schuldner ausgesprochene Kündigung oder die Vereinbarung einer Leistung an Erfüllungs Statt (vgl. Rn. 220) sind also wirksam. Dagegen kann der Zedent nach der Abtretung Maßnahmen zum Nachteil des Schuldners nicht mehr vornehmen; eine Kündigung oder Mahnungen des bisherigen Gläubigers bleiben ohne Wirkung, denn § 407 greift insoweit nicht ein. 912

Ob sich der Schuldner auf die zu seinem Schutz getroffene Regelung des § 407 berufen will, ist ihm überlassen. Er kann auch auf diesen Schutz verzichten, wenn ihm dies günstig ist.[122] Dazu folgender 913

Beispielsfall: Glaub hat gegen Schuld eine Kaufpreisforderung in Höhe von 2.000,- €. Er tritt diese Forderung an Alf ab, gegen den Schuld eine fällige Darlehensforderung in Höhe von 3.000,- € hat. In Unkenntnis der Abtretung zahlt Schuld die Kaufpreisforderung an Glaub. Danach erfährt er von der Zession. Da sich Alf in wirtschaftlichen Schwierigkeiten befindet und deshalb Schuld befürchtet, dass dieser nicht in der Lage ist, das Darlehen zurückzuzahlen, möchte er mit seiner Forderung gegen die Kaufpreisforderung aufrechnen. Diese Möglichkeit scheint ihm durch § 407 Abs. 1 verschlossen zu sein, weil aufgrund dieser Vorschrift mit der Zahlung an Glaub die Kaufpreisforderung erlischt. Jedoch kann Schuld davon absehen, sich auf § 407 Abs. 1 zu berufen; er kann also mit seiner Darlehensforderung gegen die Kaufpreisforderung aufrechnen und Rückzahlung der an Glaub erbrachten Leistung nach § 812 Abs. 1 S. 1 Alt. 1 (condictio indebiti) verlangen.

§ 408 Abs. 1 erweitert die Vorschrift des § 407 auf den Fall einer mehrfachen Abtretung. Zur Erläuterung folgender 914

Beispielsfall: Glaub tritt seine Forderung gegen Schuld an Erst, dann an Zweit ab. Zweit verlangt von Schuld unter Vorlage einer schriftlichen Abtretungserklärung des Glaub Zahlung. Nachdem Schuld diesem Verlangen nachgekommen ist, macht auch Erst seine Forderung geltend. Mit Recht?

Nur die erste Abtretung ist wirksam; Zweit konnte nach der Zession von Glaub keine Forderung mehr erwerben (vgl. Rn. 908). Nach § 408

---

[122] BGHZ 52, 150, 154 = NJW 1969, 1479; BGHZ 102, 68, 71 = NJW 1988, 700; *Ahcin/Armbrüster*, JuS 2000, 658, 661; a.A. *OLG Dresden* MDR 1995, 559 m. zust. Anm. v. *Karst*.

wird aber der Schuldner bei Unkenntnis von der wirksamen (ersten) Abtretung geschützt. Er kann sich auf den entsprechend anzuwendenden § 407 berufen, so dass Erst die Zahlung an Zweit gegen sich gelten lassen muss. Gleiches gilt für Rechtsgeschäfte, die der Schuldner mit dem „Zweitzessionar" in Unkenntnis der wirksamen (ersten) Abtretung vornimmt. Hat im Beispielsfall Schuld mit Zweit eine Stundung vereinbart, dann kann er sich darauf auch gegenüber Erst berufen.

915 § 406 betrifft die Frage, ob der Schuldner mit einer **Gegenforderung**, die ihm gegen den bisherigen Gläubiger zusteht, auch **nach Abtretung der Hauptforderung** durch den bisherigen Gläubiger und damit nach Wegfall der Gegenseitigkeit (vgl. Rn. 226 f.) **gegenüber dem Zessionar aufrechnen** kann. Hierbei sind **verschiedene Fallvariationen** zu unterscheiden:[123]

(1) Im Zeitpunkt der Abtretung hat der Schuldner eine **fällige Gegenforderung** gegen den Zedenten, mit der er aufrechnen kann, und er erfährt nichts von der Abtretung. In diesem Fall kann er gegenüber dem Zedenten aufrechnen, da die Aufrechnung ein gegenüber dem Zessionar nach § 407 Abs. 1 wirksames Rechtsgeschäft darstellt. Erlangt der Schuldner dagegen Kenntnis von der Abtretung, dann erhält § 406 ihm die Aufrechnungsmöglichkeit, und zwar hat er die Erklärung der Aufrechnung (§ 388 S. 1) gegenüber dem neuen Gläubiger abzugeben. Insoweit entspricht die Regelung des § 406 dem Rechtsgedanken des § 404; durch die Abtretung soll die Rechtsstellung des Schuldners nicht verschlechtert werden.

(2) Im Zeitpunkt der Abtretung steht dem Schuldner eine noch **nicht fällige Gegenforderung** gegen den Zedenten zu. In diesem Fall muss weiter unterschieden werden:
- Auch die abgetretene Forderung ist noch nicht fällig und wird nicht vor der Gegenforderung des Schuldners gegen den Zedenten fällig. In diesem Fall kann der Schuldner ab dem Zeitpunkt der Fälligkeit seiner Gegenforderung nach § 406 gegenüber dem Zessionar aufrechnen, auch wenn er vor der Fälligkeit von der Abtretung erfährt. Da der Schuldner damit rechnen konnte, dass er ab Fälligkeit (ohne die Abtretung) mit seiner Forderung gegen die (abgetretene) Hauptforderung hätte aufrechnen können, soll er in dieser Aussicht geschützt werden.
- Die Hauptforderung ist (oder wird vor der Gegenforderung) fällig. Im Zeitpunkt der Fälligkeit der Gegenforderung hat jedoch der Schuldner keine Kenntnis von der Abtretung. Auch in diesem Fall kann er aufrechnen, und zwar gegenüber dem Zessionar, wenn er nach der Fälligkeit der Gegenforderung von der Abtretung erfährt, oder gegenüber dem Zedenten, wenn er keine Kenntnis von der Abtretung erlangt (§ 407 Abs. 1).

---

[123] Eingehend dazu *Bacher*, JA 1992, 200, 234.

- Die Hauptforderung ist (oder wird vor der Gegenforderung) fällig und der Schuldner erlangt Kenntnis von der Abtretung vor Fälligkeit der Gegenforderung. In diesem Fall ist eine Aufrechnung ausgeschlossen. Im Unterschied zu den beiden vorher genannten Fallvarianten konnte der Schuldner nicht damit rechnen, dass er aufrechnen konnte, weil die Hauptforderung vor der Gegenforderung fällig wurde (anders als in der zuerst genannten Fallvariante), und weil er bei Fälligkeit der Gegenforderung die fehlende Gegenseitigkeit kannte (anders als in der zweiten Fallvariante).

(3) Der **Schuldner** erwirbt die **Gegenforderung** erst **nach** der **Abtretung** der Hauptforderung. Im Zeitpunkt des Forderungserwerbs hat er jedoch keine Kenntnis von der Zession. Ist die Gegenforderung im Zeitpunkt des Erwerbs durch den Schuldner fällig, dann kann er gegenüber dem Zessionar aufrechnen, wenn er später von der Abtretung erfährt (sonst § 407 Abs. 1); sein guter Glaube an die Aufrechnungslage wird also durch § 406 geschützt. Ist dagegen die Gegenforderung in diesem Zeitpunkt noch nicht fällig, dann gilt hinsichtlich der Aufrechnungsmöglichkeit das gleiche wie bei den verschiedenen unter (2) dargestellten Fallvarianten.

Die vorstehende Darstellung der verschiedenen von der Vorschrift des § 406 erfassten Fallkonstellationen zeigt, dass durch diese Regelung zum einen bezweckt ist, eine Verschlechterung der Rechtsposition des Schuldners durch die Abtretung zu vermeiden, zum anderen aber auch das Vertrauen des Schuldners darauf geschützt werden soll, dass Gläubiger der gegen ihn bestehenden Forderung der Zedent ist. In § 406 sind also Rechtsgedanken des § 404 und § 407 miteinander verbunden.

917 Überblick über die Möglichkeiten des Schuldners einer zedierten Forderung, mit einer ihm gegen den Zedenten zustehenden Forderung aufzurechnen:

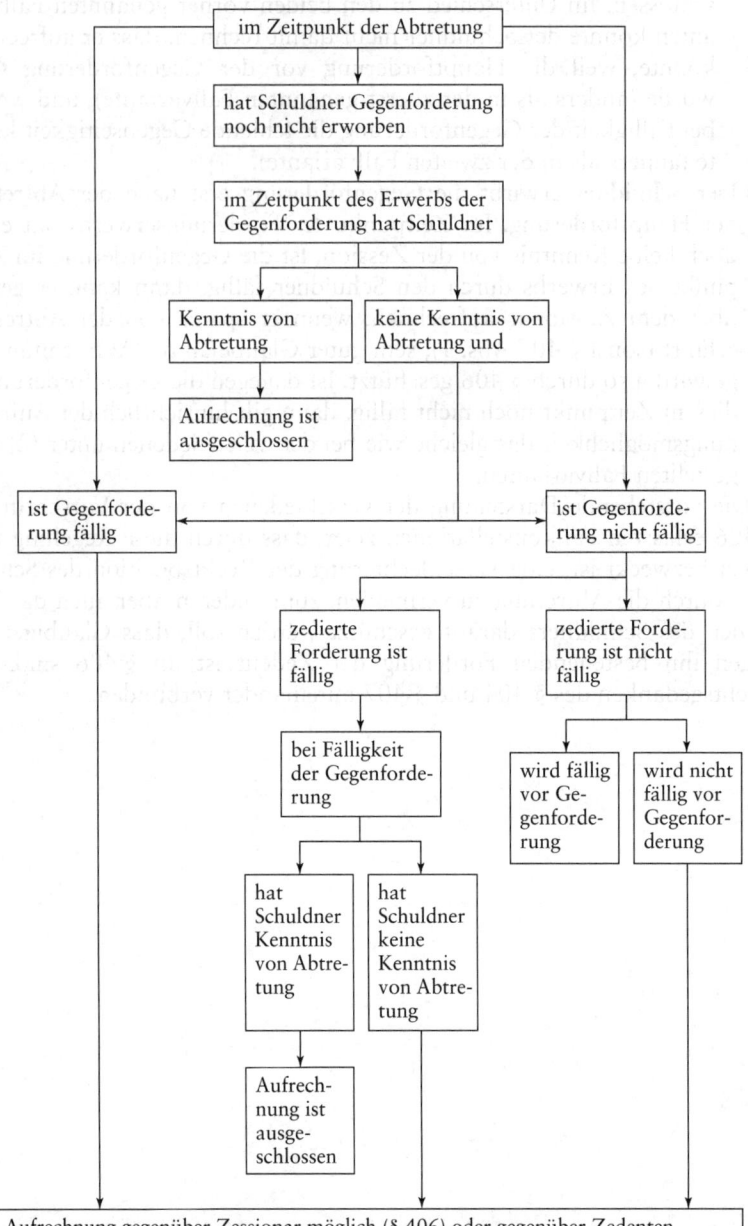

VI. Übergang von Rechten und Pflichten auf Dritte

Zeigt der **Zedent** dem Schuldner **an, dass er seine Forderung** gegen ihn **abgetreten hat,** dann kann sich der Schuldner auf die Richtigkeit dieser Anzeige verlassen. Auch wenn die Abtretung in Wirklichkeit nicht wirksam vorgenommen worden ist, kann der Schuldner sie als wirksam behandeln und z. B. an den angeblichen (neuen) Gläubiger leisten (§ 409 Abs. 1 S. 1). Nach h. M. soll dies selbst dann gelten, wenn der Schuldner die Unrichtigkeit der Anzeige kennt.[124] Begründet wird dieser weitgehende Schuldnerschutz mit der Erwägung, dass vermieden werden müsste, den Schuldner in die Lage zu bringen, in einem Rechtsstreit mit dem angeblichen neuen Gläubiger die Unrichtigkeit der Anzeige beweisen zu müssen. Die Abtretungsanzeige kann nur mit Zustimmung desjenigen zurückgenommen werden, der als der neue Gläubiger in ihr bezeichnet worden ist (§ 409 Abs. 2). Der Abtretungsanzeige steht es nach § 409 Abs. 1 S. 2 gleich, wenn der Gläubiger eine Urkunde über die Abtretung demjenigen ausgestellt hat, der in der Urkunde als Zessionar bezeichnet ist, und dieser dann die Urkunde dem Schuldner vorlegt. Zu berücksichtigen ist aber, dass sowohl die Abtretungsanzeige als auch die Abtretungsurkunde von dem Gläubiger der Forderung ausgestellt sein muss. Hat der bisherige Gläubiger die Forderung wirksam an einen Dritten abgetreten und zeigt er eine (unwirksame) Zweitabtretung dem Schuldner an, dann wird der Schuldner nach Maßgabe des § 408 Abs. 1, nicht nach § 409 geschützt; in diesem Fall entfällt also der Schutz, wenn er die Unrichtigkeit der Anzeige kennt. Schließlich gibt § 410 Abs. 1 dem Schuldner das **Recht, die Leistung zu verweigern** und eine Kündigung oder Mahnung des neuen Gläubigers zurückzuweisen, wenn dieser ihm nicht eine vom bisherigen Gläubiger ausgestellte Abtretungsurkunde vorlegt und sie Zug um Zug gegen die Leistung des Schuldners aushändigt. Diese Vorschrift gilt nur dann nicht, wenn der bisherige Gläubiger dem Schuldner die Abtretung schriftlich angezeigt hat (§ 410 Abs. 2).

918

Mahnt der neue Gläubiger den Schuldner ohne gleichzeitige Vorlage der Abtretungsurkunde, dann muss der Schuldner die Vorlage der Abtretungsurkunde fordern und, falls dies nicht erfolgt, die Mahnung unverzüglich unter Hinweis auf die fehlende Vorlage zurückweisen; tut er dies nicht, dann wird er durch die Mahnung in Verzug gesetzt, wenn die übrigen Voraussetzungen des Verzuges erfüllt werden.[125]

4. Sonderformen

Eine große wirtschaftliche Bedeutung hat die sog. **Sicherungsabtretung** (vgl. dazu EK BGB Rn. 409 f.). Ihr Zweck besteht darin, den Zessionar durch die Abtretung der Forderung wegen einer anderen, ihm gegen den

919

---

[124] So BGHZ 29, 76, 82; *BGH* BB 1956, 639; RGZ 126, 183, 185; *Larenz,* SchuldR I, § 34 IV (S. 593) m. w. N.; *Medicus/Lorenz,* Rn. 782 (mit der Einschränkung, dass dies nicht gelten solle, wenn der Schuldner Beweisschwierigkeiten nicht zu fürchten habe); MünchKomm/*Roth,* § 409 Rn. 12 (mit der Einschränkung, dass hierfür eine mündliche Anzeige des Gläubigers nicht ausreiche); a. A. Brox/Walker, AS, § 34 Rn. 31; *Karollus,* JZ 1992, 557.
[125] *BGH* NJW 2007, 1269, 1271 [26].

Zedenten zustehenden Forderung zu sichern, nicht ihn zum (endgültigen) Gläubiger der abgetretenen Forderung zu machen. Da sehr häufig der Sicherungsgeber (= Zedent) kein Interesse hat, die Sicherungszession zu offenbaren, wird dem Schuldner regelmäßig die Abtretung nicht mitgeteilt; man spricht dann – wie bereits erwähnt – von einer **„stillen Zession"**.

920 Bei der **Inkassozession** wird die Forderung dem Zessionar abgetreten, damit dieser im Interesse und für Rechnung des Zedenten die Forderung einzieht und das Erlangte an den Zedenten abführt. Die Inkassozession dient also dem Zweck, den Zedenten der Mühe des Forderungseinzugs zu entheben; ihr liegt häufig ein entgeltlicher Geschäftsbesorgungsvertrag (§ 675 Abs. 1) zu Grunde.

Beispiel: Der Arzt Dr. Albert vereinbart mit der ärztlichen Verrechnungsstelle Summa, dass diese sämtliche Forderungen aus den von ihm abgeschlossenen Behandlungsverträgen einzieht, und überträgt zu diesem Zweck alle künftigen Forderungen (vgl. Rn. 906) aus Behandlungsverträgen auf Summa.[126]

921 Ein ähnlicher Zweck wie durch die Inkassozession kann durch die sog. **Einziehungsermächtigung** verfolgt werden. Bei ihr wird die Forderung nicht von dem Gläubiger an den Dritten abgetreten, sondern dieser nur ermächtigt, im eigenen Namen (nicht als Vertreter des Gläubigers) die Forderung einzuziehen. Die Zulässigkeit der Einziehungsermächtigung wird heute überwiegend bejaht. Die Frage nach ihrer Rechtsgrundlage ist umstritten.[127]

922 Für die Übertragung anderer Rechte als Forderungen gelten nach § 413 die §§ 398 ff. entsprechend, „soweit nicht das Gesetz ein anderes vorschreibt". Da dies jedoch häufig der Fall ist (vgl. z.B. die Regeln für die Übertragung von Sachenrechten im Dritten Buch des BGB), ist der Anwendungsbereich des § 413 stark eingeschränkt. Einzelne Vorschriften über die Übertragung von Forderungen gelten nach § 412 auch für die Übertragung einer Forderung kraft Gesetzes. Insoweit kommt insbesondere den Schuldnerschutzvorschriften erhebliche Bedeutung zu.

Der Übergang einer Forderung kraft Gesetzes, die sog. Legalzession (cessio legis), ist in zahlreichen Einzelfällen angeordnet, so z.B. bei der Gesamtschuld in § 426 Abs. 2 und bei der Bürgschaft in § 774.

c) Schuldübernahme

1. Begriff und Zustandekommen

923 Durch die **befreiende (privative) Schuldübernahme**, die in den §§ 414 ff. geregelt ist, wird ein Schuldnerwechsel vollzogen. An die Stelle des bishe-

---

[126] Die Zustimmung der betroffenen Patienten ist erforderlich; vgl. Rn. 904.
[127] Vgl. *BGH* NJW 1999, 2110, 2111; *Ahcin/Armbrüster*, JuS 2000, 965, 970f.; *Fikentscher/Heinemann*, Rn. 745; MünchKomm/*Roth*, § 398 Rn. 46.

VI. Übergang von Rechten und Pflichten auf Dritte

rigen Schuldners (Altschuldners) tritt der Neuschuldner (Übernehmer). Die befreiende Schuldübernahme ist das Gegenstück zur Abtretung, bei der ein Gläubigerwechsel vorgenommen wird. Während es bei der Abtretung dem Schuldner regelmäßig (zu den Ausnahmen vgl. Rn. 907) gleichgültig sein kann, wer sein Gläubiger ist, hat der Gläubiger ein besonderes Interesse an der Person des Schuldners, weil von seiner Bonität der Wert der Forderung abhängt. Deshalb ist für die **befreiende Schuldübernahme** die Mitwirkung des Gläubigers vorgesehen. Sie kann in **zwei Formen** geschehen.

(1) Der **Gläubiger schließt mit dem Neuschuldner einen Schuldübernahmevertrag** (§ 414). Dieser Vertrag weist einen doppelten Charakter auf: Der Übernehmer verpflichtet sich dadurch gegenüber dem Gläubiger, die Forderung des Gläubigers zu erfüllen; hierin liegt ein Verpflichtungsgeschäft. Zugleich entlässt der Gläubiger den Altschuldner aus der bisherigen Bindung und willigt darin ein, dass an dessen Stelle der Übernehmer tritt. Dies bewirkt einen Wechsel in der „Richtung" der Forderung und folglich eine Rechtsänderung, wenn auch die Forderung ihrem Inhalt nach nicht verändert wird, sondern dieselbe wie bisher bleibt (vgl. Rn. 924). Da also der Gläubiger durch den „Richtungswechsel" eine Rechtsänderung vornimmt, verfügt er über eine Forderung (vgl. Rn. 223), und zwar zugleich zugunsten eines unmittelbar nicht beteiligten Dritten, des Altschuldners; es handelt sich deshalb insoweit um eine Verfügung zugunsten Dritter,[128] deren Zulässigkeit sonst sehr umstritten ist.[129] Der Schuldübernahmevertrag ist grundsätzlich formfrei; nur wenn der Inhalt der übernommenen Verpflichtung die Einhaltung einer Form verlangt (z. B. Verpflichtung zur Übereignung eines Grundstücks, vgl. § 311b Abs. 1), gilt etwas anderes. Die Zustimmung des bisherigen Schuldners zum wirksamen Zustandekommen des Vertrages ist nicht erforderlich. Ob der Altschuldner jedoch berechtigt ist, in entsprechender Anwendung des § 333 die Schuldbefreiung zurückzuweisen, ist streitig.[130]

(2) Der **Schuldübernahmevertrag wird zwischen Schuldner und Übernehmer** geschlossen; zu seiner Wirksamkeit muss jedoch noch die **Genehmigung des Gläubigers** hinzutreten (§ 415 Abs. 1 S. 1), denn zu der im Schuldübernahmevertrag liegenden Verfügung sind Altschuldner und Übernehmer nicht berechtigt, so dass diese Verfügung erst nach § 185 Abs. 2 S. 1 rückwirkend (§ 184 Abs. 1) wirksam wird, wenn der Gläubiger genehmigt.[131] Der Gläubiger kann erst genehmigen, wenn der Schuldner oder der Übernehmer dem Gläubiger die Schuldüber-

---

[128] MünchKomm/*Möschel*, § 414 Rn. 2.
[129] Vgl. MünchKomm/*Gottwald*, § 328 Rn. 198 ff.
[130] Vgl. *Fikentscher/Heinemann*, Rn. 755 (für entsprechende Anwendung des § 333); a. A. MünchKomm/*Möschel*, § 414 Rn. 6.
[131] So die herrschende Verfügungstheorie gegen die sog. Angebots- oder Vertragstheorie; vgl. MünchKomm/*Möschel* § 415 Rn. 1 f.

nahme mitgeteilt hat (§ 415 Abs. 1 S. 2). Verweigert der Gläubiger die Genehmigung, dann gilt die Schuldübernahme als nicht erfolgt (§ 415 Abs. 2 S. 1); der Schuldnerwechsel ist damit endgültig gescheitert. Im Verhältnis zwischen Schuldner und Übernehmer ist aber dann nach § 415 Abs. 3 im Zweifel eine Erfüllungsübernahme gem. § 329 anzunehmen (vgl. Rn. 877). Das gleiche gilt, solange der Gläubiger die Genehmigung nach § 415 Abs. 1 noch nicht erteilt hat. Sonderregeln für die Genehmigung gelten nach § 416 für die Übernahme einer Hypothekenschuld.

2. Rechtsstellung der Beteiligten

924 **Die befreiende Schuldübernahme lässt** – wie bereits ausgeführt – **den Inhalt der Forderung des Gläubigers unverändert.** Deshalb kann der Übernehmer dem Gläubiger die Einwendungen entgegensetzen, die „sich aus dem Rechtsverhältnisse zwischen dem Gläubiger und dem bisherigen Schuldner ergeben" (§ 417 Abs. 1 S. 1). Da jedoch bei der befreienden Schuldübernahme – anders als bei der Vertragsübernahme (dazu Rn. 930) – **der bisherige Schuldner Vertragspartei bleibt, stehen ihm weiterhin die Gestaltungsrechte zu,** die mit dieser Rechtsstellung verbunden sind, z.B. das Recht auf Rücktritt oder auf Anfechtung. Erst wenn der Altschuldner ein solches Gestaltungsrecht ausübt, wirkt die dann eintretende Rechtslage auch zugunsten des Übernehmers. Aus dem der Schuldübernahme zugrundeliegenden Rechtsverhältnis zwischen Altschuldner und Übernehmer kann sich jedoch ein Anspruch des Übernehmers gegen den Altschuldner auf Ausübung des Gestaltungsrechts ergeben.

925 Der Übernehmer kann sich gegenüber dem Gläubiger darauf berufen, dass der **Übernahmevertrag** z.B. wegen Sittenwidrigkeit (§ 138) **nichtig** ist. Streitig ist die Frage, ob bei einer Übernahme nach § 415 der Übernehmer wegen arglistiger Täuschung des Altschuldners anfechten kann, wenn der Gläubiger die Täuschung nicht kannte. Während der *BGH* dies bejaht,[132] lehnt die h.M. im Schrifttum diese Möglichkeit insbesondere deshalb ab, weil der Gläubiger durch die Schuldübernahme eine Rechtsposition erlangt hatte, die ihm nicht mehr wegen eines Grundes aus den Rechtsbeziehungen zwischen Altschuldner und Übernehmer entzogen werden dürfte (Rechtsgedanke des § 417 Abs. 2).[133]

926 Der **Übernahmevertrag** ist als Verfügungsgeschäft **abstrakt** (vgl. Rn. 227); dementsprechend wird durch § 417 Abs. 2 klargestellt, dass aus dem der Schuldübernahme zugrundeliegenden Verpflichtungsgeschäft zwischen dem Übernehmer und dem Altgläubiger keine Einwendungen hergeleitet werden können. Nur wenn sich derselbe Fehler, der zur Nichtigkeit des Verpflichtungsgeschäfts führt, auch bei dem Übernahmevertrag

---

[132] BGHZ 31, 321 = NJW 1960, 621.
[133] *Flume*, S. 547; zu anderen Begründungen vgl. MünchKomm/*Möschel*, § 417 Rn. 15 ff.

VI. Übergang von Rechten und Pflichten auf Dritte

auswirkt (sog. Fehleridentität; vgl. Rn. 390), kann sich die Unwirksamkeit des Verfügungsgeschäfts ergeben. Ist die Schuldübernahme wirksam, dagegen das Grundverhältnis zwischen Altschuldner und Übernehmer nichtig, dann steht dem Übernehmer gegen den Altschuldner ein Anspruch wegen ungerechtfertigter Bereicherung zu.

Der Identität des Schuldinhalts bei der befreienden Schuldübernahme würde es entsprechen, dass **akzessorische Sicherungsrechte** (vgl. Rn. 910) weiter bestehen blieben. Dagegen spricht jedoch, dass für den Sicherungsgeber der Person des Schuldners entscheidende Bedeutung zukommt. Der Fortbestand von Sicherungsrechten beim Schuldnerwechsel würde deshalb gegen schutzwürdige Interessen des Sicherungsgebers verstoßen. Diese Erwägungen erklären, weshalb in § 418 Abs. 1 der Fortfall der Sicherungsrechte bei der befreienden Schuldübernahme bestimmt ist. Nur wenn der Sicherungsgeber in die Schuldübernahme einwilligt, gilt etwas anderes (§ 418 Abs. 1 S. 3). 927

3. Abgrenzung zu anderen Rechtsinstituten

aa) Schuldbeitritt

Beim Schuldbeitritt, der auch Schuldmitübernahme, kumulative oder bestärkende Schuldübernahme genannt wird, **tritt der Übernehmer als neuer Schuldner hinzu, ohne dass dadurch die Verpflichtung des bisherigen Schuldners aufgehoben wird.** Auf diese Weise erhält der Gläubiger einen weiteren Schuldner, und es steht in seinem Belieben, an wen von beiden er sich halten will. Beide Schuldner, der bisherige und der neue, sind Gesamtschuldner (§ 421). Der Schuldbeitritt kann gesetzlich angeordnet sein, er kann aber auch durch Vertrag begründet werden. Fälle des gesetzlichen Schuldbeitritts gibt es im Mietrecht (vgl. § 546 Abs. 2) und im Erbrecht (§ 2382).[134] 928

Der rechtsgeschäftlich begründete Schuldbeitritt ist im Gesetz nicht ausdrücklich geregelt; seine Zulässigkeit folgt aus dem Grundsatz der Vertragsfreiheit. Der Schuldbeitritt wird entweder durch Vertrag zwischen bisherigem Schuldner und Beitretendem oder durch Vertrag zwischen Gläubiger und Beitretendem herbeigeführt. Im ersten Fall bedarf der Vertrag – anders als bei der befreienden Schuldübernahme – nicht der Zustimmung des Gläubigers, denn es handelt sich dann um einen Vertrag zugunsten Dritter, durch den die Rechtsstellung des Gläubigers lediglich verbessert wird. Für die Frage, ob ein vertraglich vereinbarter Schuldbeitritt sittenwidrig und deshalb nach § 138 Abs. 1 nichtig ist, sind gleiche Erwägungen beachtlich, wie sie hinsichtlich der Sittenwidrigkeit einer Bürgschaftsverpflichtung angestellt werden (vgl. dazu EK BGB, Rn. 392 ff.).[135] 929

---

[134] Zu weiteren Fällen vgl. *Fikentscher/Heinemann*, Rn. 753.
[135] *BGH* NJW 1999, 135; 2001, 815; *OLG Oldenburg* FamRZ 1999, 89.

Die h. M. wendet das **Verbraucherdarlehensrecht** auf den Schuldbeitritt entsprechend an.[136] Daraus folgt, dass insbesondere der von einem Verbraucher (vgl. § 13) vereinbarte Schuldbeitritt zu einem Verbraucherdarlehensvertrag i. S. d. § 491 Abs. 1 der Schriftform des § 492 Abs. 1 bedarf, dass der Verbraucher vor Begründung der Mithaftung aufgrund des Schuldbeitritts über alle wesentlichen Kreditkonditionen i. S. v. § 492 Abs. 2 informiert werden muss[137] und dass der Beitretende nach Maßgabe des § 495 i. V. m. §§ 355, 357 (vgl. Rn. 254 ff.) seine Verpflichtungserklärung widerrufen kann.[138] Dass das Darlehen, auf das sich der Schuldbeitritt bezieht, einer Person gewährt wird, der die Verbrauchereigenschaft fehlt, steht der entsprechenden Anwendung des Verbraucherdarlehensrechts nicht entgegen.[139] Die Auszahlung des Darlehens an den Darlehensnehmer kann nicht zur Heilung des Formmangels gem. § 494 Abs. 2 führen; eine entsprechende Anwendung dieser Vorschrift kommt nach ihrem Sinn und Zweck nicht in Betracht.[140]

bb) Vertragsübernahme

930 Bei der Vertragsübernahme wird eine Vertragspartei ausgewechselt; sie scheidet aus der Rechtsposition aus, die ihr nach dem Vertrag zukommt, und an ihre Stelle tritt ein Dritter. Der Dritte wird Vertragspartei und setzt das Vertragsverhältnis mit allen Rechten und Pflichten, die bisher der ausscheidenden Partei zugekommen sind, unverändert fort. Es ist zwischen der im Gesetz bestimmten (vgl. z. B. §§ 566 Abs. 1, 613a Abs. 1) und der rechtsgeschäftlich vereinbarten Vertragsübernahme zu unterscheiden. Die Zulässigkeit einer rechtsgeschäftlichen Vereinbarung, die die Auswechslung eines Vertragspartners zum Inhalt hat,

Beispiel: Aus einem Mietvertrag über eine Wohnung scheidet der bisherige Mieter aus; an seine Stelle tritt ein neuer Mieter,

folgt aus dem Grundsatz der Vertragsfreiheit (vgl. Rn. 98). An der Vertragsübernahme müssen alle Beteiligten mitwirken; dies kann dadurch geschehen, dass die beiden bisherigen Vertragsparteien und der Übernehmer einen Übernahmevertrag schließen oder dass der Ausscheidende und der Übernehmende eine entsprechende Vereinbarung treffen und der andere (verbleibende) Vertragspartner dies genehmigt.[141] Die Vertragsübernahme enthält eine Verfügung über das Schuldverhältnis als Ganzes und muss von dem ihr zugrunde liegenden Kausalgeschäft unterschieden werden.[142]

---

[136] *BGH* NJW 2006, 431, 432 Tz. 12; NJW-RR 2007, 1673, 1274 Tz. 12 m. w. N. (beide Entscheidungen noch zum VerbrKrG, dessen Regelungen nunmehr weitgehend unverändert in das BGB übernommen worden sind); NZA 2009, 273, 274 Tz. 9, 11 f.; Palandt/*Weidenkaff*, § 491 Rn. 11; KompaktKom/*Kohte*, § 491 Rn. 19 f.; MünchKomm/*Schürnbrand*, § 491 Rn. 73.
[137] *BGH* NJW 2000, 3496, 3497.
[138] *BGH* 133, 220, 222 ff. = NJW 1996, 2865.
[139] *BGH* NJW 1997, 1442, 1443.
[140] BGHZ 134, 94, 98 = NJW 1997, 654.
[141] Vgl. *BGH* JZ 1985, 1093, 1094, m. zust. Anm. v. *Nörr.*
[142] Zur Anwendung des Verbraucherdarlehensrechts auf die Vertragsübernahme vgl. *BGH* NJW 1999, 2664; dazu *Emmerich*, JuS 2000, 89.

VI. Übergang von Rechten und Pflichten auf Dritte

Anhang: Bürgschaft

Die Bürgschaft, die in den §§ 765 ff. geregelt ist, soll im Folgenden eingehender dargestellt werden. Dies geschieht wegen ihrer rechtlichen Bedeutung, dagegen nicht im Hinblick auf Abgrenzungsschwierigkeiten zur befreienden Schuldübernahme, die kaum auftreten dürften; anders kann es allerdings in der Unterscheidung zum Schuldbeitritt sein (vgl. Rn. 949). 931

a) Bürgschaftsvertrag

Die Bürgschaft ist ein Vertrag, durch den sich der Bürge gegenüber dem Gläubiger eines Dritten verpflichtet, für die Erfüllung der Verbindlichkeit des Dritten einzustehen (§ 765 Abs. 1). Sie dient dazu, die Forderung des Gläubigers gegen den Dritten zu sichern, und wird regelmäßig übernommen, um den Gläubiger zu bewegen, dem Dritten Kredit zu gewähren. 932

Beispiel: Fleißig will einen Handwerksbetrieb eröffnen und benötigt dafür Geld. Die B-Bank ist bereit, ihm ein Darlehen zu gewähren, verlangt dafür aber Sicherheiten. Da Fleißig keine Wertgegenstände hat, um sie zu verpfänden oder zur Sicherheit zu übereignen, erklärt sich die B-Bank damit einverstanden, dass das Darlehen durch eine Bürgschaft gesichert wird. Fleißig bittet seinen Schwiegervater Reich, für ihn zu bürgen. Reich willigt ein und schließt mit der B-Bank einen entsprechenden Bürgschaftsvertrag.

Bei der Bürgschaft muss zwischen folgenden **Rechtsbeziehungen,** die zwischen den **Beteiligten**[143] bestehen, unterschieden werden: 933
- Das **Rechtsverhältnis zwischen Gläubiger und Bürgen** wird durch den Bürgschaftsvertrag bestimmt; in ihm verpflichtet sich der Bürge, für die Erfüllung der Schuld des Dritten (Hauptschuldner genannt) einzustehen.
- Regelmäßig ist der Empfänger des Bürgschaftsversprechens auch der Gläubiger der zu sichernden Forderung. Jedoch kann eine Bürgschaft auch zu Gunsten eines Dritten vereinbart werden, so dass es nicht zwingend ist, dass der Gläubiger der Hauptforderung auch den Bürgschaftsvertrag schließen muss.[144]
- Aus dem **Rechtsverhältnis zwischen Gläubiger und Hauptschuldner** ergibt sich die Verbindlichkeit, für deren Erfüllung der Bürge einzustehen verspricht (sog. Hauptverbindlichkeit oder Hauptforderung).
  Im Beispielsfall ist dies der Darlehensvertrag zwischen der B-Bank und Fleißig.
- Das **Rechtsverhältnis zwischen Bürgen und Hauptschuldner,** das meist in einem (unentgeltlichen) Auftrag (wie im Beispielsfall) oder in einer (entgeltlichen) Geschäftsbesorgung besteht. Die Gültigkeit der Bürgschaft ist

---
[143] Vgl. dazu *S. Lorenz,* JuS 1999, 1145, 1147 ff.
[144] *BGH* NJW 2001, 3327 m. N.

nicht von einer wirksamen Vereinbarung zwischen Bürgen und Hauptschuldner abhängig; vielmehr kann die Bürgschaft auch ohne Wissen und Wollen des Hauptschuldners vom Bürgen übernommen werden.
Diese Rechtsbeziehungen sind im folgenden Schaubild dargestellt:

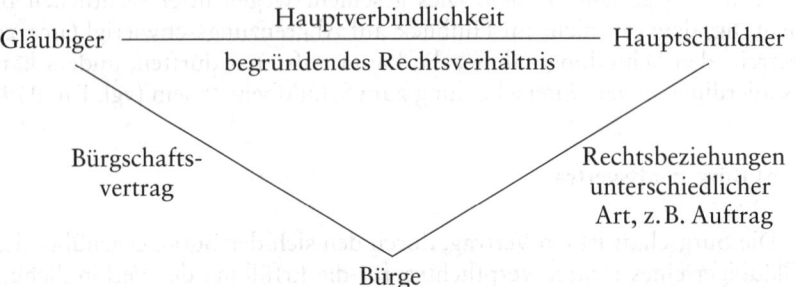

934 Eine Bürgschaft kann für jede vermögensrechtliche Verbindlichkeit vereinbart werden, also auch für solche, die unvertretbare und höchstpersönliche Leistungen zum Inhalt haben. In diesem Fall haftet der Bürge auf das Erfüllungsinteresse des Gläubigers (vgl. Rn. 355). In der Praxis kommen jedoch ganz überwiegend Bürgschaften für Geldforderungen vor.

935 Die **Bürgschaftserklärung** – die Erklärung des Bürgen, den Bürgschaftsvertrag mit einem bestimmten Inhalt schließen zu wollen, nicht auch die Annahme dieser Erklärung durch den Gläubiger – bedarf nach § 766 S. 1 der Schriftform. Die Erteilung der Bürgschaftserklärung in elektronischer Form (§ 126a) wird ausdrücklich durch § 766 S. 2 ausgeschlossen. Das Gesetz schreibt „die schriftliche Erteilung der Bürgschaftserklärung" vor, d. h., die diese Erklärung enthaltende Urkunde muss dem Gläubiger zugehen.[145] Zweck der Formvorschrift ist es, dem Bürgen die Bedeutung und Gefährlichkeit seiner Erklärung bewusst zu machen (Warnfunktion; vgl. Rn. 48).[146] Dementsprechend müssen **alle für die Bürgschaft wesentlichen Punkte von der Bürgschaftserklärung umfasst** sein; dies sind:
- der Wille, sich verbürgen zu wollen;
- die Bezeichnung der Person des Gläubigers und des Hauptschuldners;
- die Bezeichnung der Schuld, für die gebürgt werden soll, in einer individuell zumindest bestimmbaren Weise.[147]

Wird die durch § 766 S. 1 vorgeschriebene Form nicht beachtet, dann ist die Bürgschaftserklärung nichtig (§ 125 S. 1). Jedoch wird der Form-

---

[145] Der *BGH* (NJW 1991, 2154; 1993, 1126) lässt eine Telefax-Übermittlung der Bürgschaftserklärung nicht genügen; vgl. auch *Vollkommer/Gleißner,* JZ 1993, 1007; *S. Lorenz,* JuS 1999, 1145, 1146; *Riehm,* JuS 2000, 241, 245 f.

[146] Kritisch gegenüber der Eignung dieses Formerfordernisses, die Warnfunktion zu erfüllen, *Zöllner,* WM 2000, 1, 3; *Medicus,* JuS 1999, 833 f.

[147] *BGH* NJW 1995, 959, 1886, 1887; *Schmolke* JuS 2009, 585. Vgl. auch *BGH* NJW 1998, 3708, 3709: Eine formularmäßige Ausdehnung der Bürgschaft auf alle bestehenden und künftigen Verbindlichkeiten des Hauptschuldners widerspricht § 9 AGBG (jetzt § 307) und ist deshalb nichtig.

mangel geheilt, wenn der Bürge erfüllt (§ 766 S. 3). Ist der Bürge Kaufmann (vgl. §§ 1ff. HGB), und gehört die Bürgschaft zum Betriebe seines Handelsgewerbes (vgl. § 343 HGB), dann ist die im Formerfordernis liegende Warnung überflüssig; dementsprechend bestimmt § 350 HGB, dass eine solche Bürgschaftserklärung nicht der Form des § 766 S. 1 bedarf.

Mit der Warnfunktion der Schriftform ist es unvereinbar, dass der Bürge eine **Blankounterschrift** leistet und einen anderen mündlich ermächtigt, die Urkunde zu ergänzen. Vielmehr ist es erforderlich, wenn ein Dritter in Vertretung des Bürgen die Bürgschaftserklärung abgeben soll, die Bevollmächtigung schriftlich zu erklären. Der in § 167 Abs. 2 ausgesprochene Grundsatz der Formfreiheit der Vollmacht ist entsprechend dem Formzweck des § 766 S. 1 einzuschränken (vgl. auch Rn. 817f.).[148] Leistet allerdings der Bürge eine Blankounterschrift und lässt er es zu, dass ein nicht wirksam bevollmächtigter Dritter das Blankett durch Ausfüllen zu einer Bürgschaftserklärung werden lässt, dann muss er einem Gutgläubigen gegenüber für den von ihm gesetzten Rechtsschein einstehen. Der *BGH* stützt diese Auffassung auf eine entsprechende Anwendung des § 172 Abs. 2.[149]

936

b) Bürgenverpflichtung und Hauptverbindlichkeit

Die Verpflichtung des Bürgen ist von der Hauptverbindlichkeit abhängig; die **Bürgschaft ist akzessorisch** (vgl. Rn. 910). Maßgebend ist der jeweilige Bestand der Hauptverbindlichkeit (vgl. § 767 Abs. 1 S. 1). Erlischt die Hauptschuld, erlischt auch die Bürgenverpflichtung, mindert sich die Hauptverbindlichkeit, z. B. infolge teilweiser Erfüllung, dann mindert sich auch die Bürgenschuld entsprechend. Umgekehrt kann sich die Bürgenverpflichtung auch erweitern, da sie sich auch auf sekundäre Leistungspflichten (vgl. Rn. 161) erstreckt (vgl. § 767 Abs. 1 S. 2).

937

Beispiel: Kunz ist aus einem Kaufvertrag mit Volz zur Zahlung eines Kaufpreises verpflichtet; Bürger hat dafür die Bürgschaft übernommen. Da Kunz nicht rechtzeitig zahlt, entsteht Volz ein Schaden, dessen Ersatz Volz von Kunz nach § 280 Abs. 1, 2 i. V. m. § 286 fordert. Bürger muss auch für die Erfüllung dieses Schadensersatzanspruchs einstehen.

Will sich der Bürge von derartigen für ihn im Voraus nicht abschätzbaren Erweiterungen seiner Verpflichtungen schützen, muss er die dispositive Regelung des § 767 Abs. 1 S. 2 abbedingen und seine Bürgenschuld der Höhe nach begrenzen (sog. **Höchstbetragsbürgschaft**).[150]

Erlischt die **Hauptverbindlichkeit** infolge einer Anfechtung, die zur Nichtigkeit des der Hauptverbindlichkeit zugrundeliegenden Rechtsver-

938

---

[148] *BGH* NJW 1996, 1467, 1468f.; vgl. dazu auch *Keim*, NJW 1996, 2774; *Medicus*, JuS 1999, 833, 834; *Riehm*, JuS 2000, 343, 347f.
[149] *BGH* NJW 1996, 1467, 1469.
[150] Vgl *BGH* NJW 2002, 3167, 3169; *Schmolke* JuS 2009, 679.

hältnisses führt, dann fällt auch die Bürgenverpflichtung fort, wenn der Bürge nicht die Haftung für die dann dem Gläubiger zustehenden Herausgabe-, Bereicherungs- oder Schadensersatzansprüche übernommen hat; dies ist durch Auslegung des Bürgschaftsvertrages zu ermitteln.[151] Bezieht sich die Bürgschaft auf eine künftige oder bedingte Verbindlichkeit (§ 765 Abs. 2), dann ist sie solange schwebend unwirksam, bis die Hauptverbindlichkeit entstanden ist. Kann die Hauptverbindlichkeit nicht mehr entstehen, dann wird die Bürgschaft endgültig unwirksam. Anders als bei einer Erweiterung der Hauptschuld, die auf gesetzlichen Regelungen beruht (vgl. Rn. 937), können Gläubiger und Hauptschuldner nicht über den Kopf des Bürgen hinweg eine Erweiterung der Hauptverbindlichkeit vereinbaren (§ 767 Abs. 1 S. 3). Erklärt der Bürge zu einer **rechtsgeschäftlichen Erweiterung** der Hauptschuld sein Einverständnis, so muss dies in der Form des § 766 S. 1 geschehen. Ein **Gläubigerwechsel** berührt den Bestand der Bürgschaft nicht. Wird die gesicherte Forderung abgetreten, dann geht auch die Forderung gegen den Bürgen auf den neuen Gläubiger über (§ 401 Abs. 1; vgl. Rn. 910). Tritt infolge einer befreienden Schuldübernahme an die Stelle des bisherigen Hauptschuldners ein anderer, dann erlischt die Bürgschaft (§ 418 Abs. 1; vgl. Rn. 927). Dagegen bleibt die Bürgschaft bestehen, wenn lediglich eine Vertragsänderung vorgenommen wird, die das ursprüngliche Schuldverhältnis (anders als bei einer Novation; vgl. Rn. 233) unverändert lässt.[152]

c) Rechte des Bürgen

1. Einreden

939 Da sich die Verpflichtung des Bürgen nach der Hauptverbindlichkeit richtet, müssen ihm Einreden, die dem Hauptschuldner gegenüber dem Gläubiger zustehen, zugute kommen. Der **Bürge** ist jedoch nicht darauf angewiesen, dass der Hauptschuldner diese Einreden erhebt, er **kann** vielmehr nach § 768 Abs. 1 S. 1 **selbst Einreden des Hauptschuldners geltend machen.** Ist also z.B. die Hauptverbindlichkeit verjährt, kann der in Anspruch genommene Bürge die Leistung verweigern (§ 214 Abs. 1). § 216 Abs. 1, der dem Gläubiger trotz Verjährung des Anspruchs den Zugriff auf eine Hypothek oder ein Pfandrecht, das zur Sicherung der Forderung bestellt worden ist, offen hält, ist nach ganz h.M. auf die Bürgschaft nicht (entsprechend) anzuwenden. Weitere Einreden aus dem Rechtsverhältnis zwischen Hauptschuldner und Gläubiger, die vom Bürgen erhoben werden können, sind z.B. die des Zurückbehaltungsrechts nach § 273, des nichterfüllten Vertrages nach § 320 oder der ungerechtfertigten Bereicherung nach § 821. Selbst wenn der Hauptschuldner auf

---

[151] Vgl. dazu *OLG Frankfurt a. M.* NJW 1980, 2201 = JuS 1981, 224.
[152] *BGH* NJW 1999, 3709.

die Einrede verzichtet hat, nimmt dies dem Bürgen nicht das Recht, sich auf die Einrede zu berufen (§ 768 Abs. 2).

Aus dem Sinn der Bürgschaft, den Gläubiger im Falle der Leistungsunfähigkeit des Schuldners vor einem Ausfall zu sichern, folgt, dass sich der Bürge im Falle des Todes des Hauptschuldners nicht darauf berufen kann, dass der Erbe für die Verbindlichkeit nur beschränkt haftet (§ 768 Abs. 1 S. 2); auf Einzelheiten der Haftungsbeschränkung des Erben ist hier nicht einzugehen; es genügt der Hinweis, dass sich aus dieser Haftungsbeschränkung Nachteile für den Gläubiger nur ergeben können, wenn der Nachlass zur Befriedigung aller Gläubiger nicht ausreicht, und dass dann der Bürge einstehen muss. Zu Einzelheiten der Erbenhaftung und zu den Möglichkeiten einer Haftungsbeschränkung vgl. EK BGB Rn. 658 ff.

Die **Ausübung von Gestaltungsrechten**, die – wie die Anfechtung – zur Aufhebung der Hauptverbindlichkeit führen, muss dem Hauptschuldner vorbehalten bleiben. § 770 gibt jedoch dem Bürgen das Recht, die Befriedigung des Gläubigers so lange zu verweigern, wie dem Hauptschuldner das Recht zur Anfechtung zusteht oder sich der Gläubiger durch Aufrechnung gegen eine fällige Forderung des Hauptschuldners befriedigen kann. Nach h. M. ist § 770 Abs. 1 auf andere Gestaltungsrechte des Hauptschuldners, wie z. B. auf das Widerrufsrecht nach § 355 (vgl. Rn. 143 ff.), entsprechend anzuwenden.[153] Streit besteht darüber, ob entgegen dem Wortlaut des § 770 Abs. 2 diese Vorschrift auch (entsprechend) anwendbar ist, wenn nur der Schuldner zur Aufrechnung befugt ist.[154] Wird dies verneint, gelangt man zu einem gleichen Ergebnis, wenn in analoger Anwendung des § 770 Abs. 1 dem Bürgen ein Leistungsverweigerungsrecht zugebilligt wird.[155] 940

Die Bürgschaft soll – wie bereits wiederholt dargelegt – den Gläubiger vor einem Ausfall mit seiner Forderung wegen Zahlungsunfähigkeit des Hauptschuldners schützen. Dieser Zweckrichtung entspricht es, den Gläubiger, dem ein Pfandrecht oder ein Zurückbehaltungsrecht an einer beweglichen Sache des Hauptschuldners zusteht, zu verpflichten, zunächst aus dieser Sache Befriedigung zu suchen (§ 772 Abs. 2). Aus gleicher Erwägung ist nach § 771 dem Bürgen das Recht eingeräumt, die Befriedigung des Gläubigers zu verweigern, solange nicht der Gläubiger eine Zwangsvollstreckung gegen den Hauptschuldner (vgl. § 772 Abs. 1) ohne Erfolg versucht hat (**Einrede der Vorausklage**; diese Bezeichnung erklärt sich dadurch, dass regelmäßig erst durch Klage gegen den Schuldner die Voraussetzung für eine Zwangsvollstreckung geschaffen werden muss; vgl. GK ZPO Rn. 11, 621). Die Einrede der Vorausklage ist in den in § 773 Abs. 1 genannten Fällen ausgeschlossen. In der Praxis spielt insbesondere der Verzicht auf diese Einrede (§ 773 Abs. 1 Nr. 1) eine große Rolle (sog. **selbstschuldnerische Bürgschaft**). Die Einrede der Vorausklage steht dem Bürgen nach § 349 HGB nicht zu, wenn er Kaufmann ist und für ihn die Bürgschaft ein Handelsgeschäft darstellt. 941

---

[153] Bamberger/Roth/*Rohe,* § 770 Rn. 5 m. w. N.
[154] Vgl. Jauernig/*Stadler,* § 770 Rn. 7.
[155] Vgl. *Schmolke,* JuS 2009, 679, 682 m. N.

942 Es ist selbstverständlich, dass der Bürge alle **Einwendungen** und Einreden dem Gläubiger entgegenhalten kann, die sich **aus dem Bürgschaftsvertrag** ergeben. Ist der Bürge vom Hauptschuldner über dessen Vermögensverhältnisse getäuscht worden, dann gibt ihm dies jedoch nur dann das Recht, seine Bürgschaftserklärung anzufechten, wenn der Gläubiger die Täuschung kannte oder kennen musste (§ 123 Abs. 2; vgl. Rn. 380 f.). Ein Irrtum über die Kreditwürdigkeit des Hauptschuldners berechtigt den Bürgen nicht zur Anfechtung nach § 119 Abs. 2, denn die Zahlungsunfähigkeit des Schuldners stellt das typische Risiko dar, das durch die Bürgschaft übernommen wird.[156]

2. Rückgriff und Befreiungsanspruch

943 Leistet der Bürge entsprechend seiner Bürgenverpflichtung an den Gläubiger, dann geht nach § 774 Abs. 1 die Forderung des Gläubigers gegen den Hauptschuldner auf den Bürgen über. Es handelt sich um eine Legalzession, auf die nach § 412 die Vorschriften über die rechtsgeschäftliche Forderungsabtretung weitgehend Anwendung finden (vgl. Rn. 922). Bedeutsam ist diese Regelung insbesondere für den Übergang von Sicherungsrechten (§ 401) und für den Schuldnerschutz (§ 404). Ist die kraft Gesetzes auf den Bürgen übergegangene Forderung inzwischen verjährt, kann dies der Hauptschuldner dem Bürgen entgegenhalten. Jedoch kann dem Bürgen in einem solchen Fall ein weiterer Rückgriffsanspruch helfen, der sich aus dem Rechtsverhältnis zum Hauptschuldner ergibt. Handelt es sich bei diesem Rechtsverhältnis um einen Auftrag oder um einen Geschäftsbesorgungsvertrag (vgl. Rn. 933), dann kann der Bürge vom Hauptschuldner nach § 670 Ersatz seiner Aufwendungen fordern, die er den Umständen nach für erforderlich halten durfte. Konnte der Bürge die gegen die Hauptverbindlichkeit bestehende Einrede nicht kennen, dann ist diese Voraussetzung erfüllt (vgl. Rn. 691) und der Schuldner ist verpflichtet, den vom Bürgen gezahlten Betrag zu erstatten.[157]

944 Haben sich für dieselbe Hauptverbindlichkeit mehrere Bürgen verbürgt (sog. **Mitbürgschaft**) – dies kann gemeinschaftlich z.B. in einem Vertrag, aber auch unabhängig und ohne Wissen voneinander geschehen –, dann haften sie als Gesamtschuldner (§ 769). Dies bedeutet im Verhältnis zum Gläubiger, dass es ihm überlassen bleibt, welchen Bürgen er für den gesamten Betrag in Anspruch nehmen will (§ 421). Zahlt ein Mitbürge, dann geht nach § 774 Abs. 1 S. 1 die Hauptforderung einschließlich der Rechte aus der (Mit-)Bürgschaft (§§ 412, 401) auf ihn über. Jedoch sind die Mitbürgen im Innenverhältnis nur zu gleichen Anteilen ausgleichspflichtig, soweit nicht zwischen ihnen etwas anderes vereinbart worden ist (§ 426 Abs. 1, auf den § 774 Abs. 2 ausdrücklich verweist). Das Ausgleichsverhältnis zwischen den Mitbürgen entsteht im Zeitpunkt der Be-

---

[156] MünchKomm/*Habersack*, § 765 Rn. 37, m. N.
[157] Vgl. *Schlinker*, Jura 2009, 404, 405.

VI. Übergang von Rechten und Pflichten auf Dritte

gründung der Mitbürgschaft und tritt als selbstständiges Schuldverhältnis neben die Bürgschaftsverpflichtung. Eine Vereinbarung, die der Gläubiger mit einem Mitbürgen schließt, hat keinen Einfluss auf das Ausgleichsverhältnis. Deshalb bleibt die Ausgleichspflicht eines Mitbürgen bestehen, der nachträglich vom Gläubiger von seiner Bürgenverpflichtung befreit wird.[158]

Recht streitig ist die Frage, welcher **Ausgleichsanspruch** besteht, wenn die auf den (zahlenden) Bürgen übergehende Forderung **durch Pfandrechte oder Hypotheken** gesichert ist.

Beispiel: Bürger hat sich für eine Kaufpreisforderung des Volz gegen Kunz in Höhe von 10.000,- € verbürgt und Pfänder hat dafür ein wertvolles Ölgemälde verpfändet. Als Kunz nicht fristgerecht die Kaufpreisforderung begleicht, verlangt Volz von Bürger Zahlung. Dieser erfüllt die Forderung und lässt sich das Ölgemälde übergeben. Er fordert nunmehr Pfänder auf 10.000,- € an ihn zu zahlen, und erklärt, dass er andernfalls auf das Pfand zurückgreifen werde. Pfänder meint, er sei nur zur Zahlung von 5.000,- € verpflichtet.

Eine eindeutige Regelung im Gesetz fehlt. Die gesetzlichen Vorschriften – jeweils für das entsprechende Sicherungsrecht isoliert betrachtet – führen dazu, dass derjenige Sicherungsgeber, der als erster zahlt, Rückgriff – und zwar in vollem Umfang – bei den anderen Sicherungsgebern nehmen kann; denn eine mit § 774 Abs. 1 übereinstimmende Regelung findet sich auch für Hypotheken (§ 1143 Abs. 1) und für Pfandrechte (§ 1225). Bei einer solchen zu einem „Wettlauf der Sicherungsgeber" führenden Lösung kann aber nicht stehen geblieben werden.[159] In der Diskussion dieses Problems werden überwiegend **zwei Auffassungen** vertreten:
- **Der Bürge könne einen vollen Ausgleich von anderen Sicherungsgebern fordern.** Denn dass der Bürge eine bevorzugte Stellung beanspruchen könne, zeige die Vorschrift des § 776. Danach erlösche die Bürgschaft, wenn der Gläubiger ein anderes Sicherungsrecht aufgebe; umgekehrt gelte dies jedoch nicht, denn eine entsprechende Bestimmung fehle im Hypotheken- und Pfandrecht.
- **Die verschiedenen Sicherungsrechte seien gleichwertig,** wie sich daraus ergebe, dass in den §§ 1143, 1225 gleichermaßen auf § 774 verwiesen und damit auch ein Regressanspruch mit einbezogen werde. Deshalb sei die für Mitbürgen geltende Regelung entsprechend anzuwenden und nach §§ 774 Abs. 2, 426 Abs. 1 analog (vorbehaltlich einer abweichenden Absprache) ein Ausgleich zwischen den verschiedenen Sicherungsgebern vorzunehmen, der zu einer gleichmäßigen Belastung führe.

In diesem Meinungsstreit[160] kann keine Auffassung für sich in Anspruch nehmen, eine völlig überzeugende Lösung anzubieten. Vom Ergebnis her verdient die zweite Auffassung, die zu einer anteiligen Belastung

---
[158] *BGH* NJW 2000, 1034.
[159] Für eine solche auf das Prioritätsprinzip gestützte Lösung *Mertens/Schröder*, Jura 1992, 305, 308 ff.
[160] Vgl. *Larenz/Canaris*, § 60 IV 3, m. w. N. zu den verschiedenen Auffassungen.

§ 9. Dritte in Schuldverhältnissen

der Sicherungsgeber führt, den Vorzug.[161] Zu berücksichtigen ist, dass sich die Streitfrage nicht stellt, wenn der Schuldner selbst die zusätzliche Sicherung neben der Bürgschaft gewährt hat. Verpfändet also der Schuldner zur Sicherung der Forderung, für die sich ein Dritter verbürgt hat, eine ihm gehörige Sache, dann ist es nicht zweifelhaft, dass der Bürge, wenn er den Gläubiger befriedigt (vgl. aber § 772 Abs. 2), die Forderung nebst der Sicherung erwirbt und hieraus Befriedigung suchen kann.

947 Nach § 775 hat der Bürge unter den in dieser Vorschrift genannten Voraussetzungen einen **Anspruch** gegen den Hauptschuldner **auf Befreiung** von der Bürgschaft. Ist die Hauptverbindlichkeit noch nicht fällig, dann kann der Hauptschuldner dem Bürgen statt der Befreiung Sicherheit leisten (§ 775 Abs. 2). In der Praxis werden sich diese Ansprüche wegen der Vermögensverhältnisse des Hauptschuldners häufig nicht durchsetzen lassen.

d) Abgrenzung zu anderen Rechtsinstituten

948 Der Frage, ob es sich im Einzelfall um eine Bürgschaft oder um ein anderes Rechtsinstitut handelt, z. B. um einen Schuldbeitritt (vgl. Rn. 928) oder um einen Garantievertrag (vgl. Rn. 627 ff.), kommt deshalb besondere praktische Bedeutung zu, weil nach h. M.[162] nur die Bürgschaftserklärung formbedürftig ist (zur Anwendung des § 492 und dem darin ausgesprochenen Gebot der Schriftform auf den Schuldbeitritt, der zwischen einem Verbraucher und einem Unternehmer vereinbart wird, vgl. Rn. 929).

Dies ist allerdings nicht unstreitig. Nach anderer Auffassung[163] soll aus §§ 766 S. 1, 780, 781 (i. V. m. § 518 Abs. 1) der Rechtssatz abgeleitet werden, dass bei einseitig verpflichtenden Verträgen die Willenserklärung des Schuldners der Schriftform bedürfe. Da der Garantievertrag wie auch andere eine Mithaftung begründende Verträge regelmäßig einseitig verpflichtende Verträge darstellen, gilt nach dieser Auffassung für sie das Erfordernis der Schriftform.[164] Nur wenn zugleich durch den Vertrag eine Verpflichtung des Vertragspartners begründet wird, sollen die Erklärungen formfrei wirksam sein.

949 In der theoretischen Betrachtung bereitet die **Unterscheidung zwischen der Bürgschaft und** anderen in Betracht zu ziehenden Verträgen meist keine Schwierigkeit. Der Bürge verpflichtet sich, für eine fremde Schuld einzustehen, und seine Verpflichtung richtet sich nach dem jeweiligen Bestand der Hauptverbindlichkeit. Dagegen übernimmt beim **Schuldbeitritt**

---

[161] So auch BGHZ 108, 179, 183 ff. = NJW 1989, 2530; *BGH* NJW 1992, 3228, 3229; 2001, 2327, 2330; 2009, 437 Tz. 13.

[162] *BGH* NJW 1993, 584 m. w. N.; *Medicus/Lorenz*, SchuldR II, Rn. 1010; *Köhler/Lorenz*, PdW-SchuldR II, Nr. 177.

[163] *Rimmelspacher*, Kreditsicherungsrecht (Juristischer Studienkurs), 2. Aufl. 1987, Rn. 95 ff. Für analoge Anwendung des § 766 MünchKomm/*Habersack*, vor § 765 Rn. 15 m. w. N. in Rn. 11 Fn. 30.

[164] So auch *Larenz/Canaris*, § 64 III 3 b m. w. N.

VI. Übergang von Rechten und Pflichten auf Dritte

der Beitretende eine eigene Verpflichtung, die selbstständig neben die des Schuldners tritt. Auch die Erfolgshaftung, die durch den **Garantievertrag** übernommen wird und die sich darauf beziehen kann, dass eine geschuldete Leistung vom Schuldner erbracht wird, stellt eine selbstständige Verpflichtung des Garanten dar, die anders als die Bürgschaft nicht akzessorisch ist; insbesondere ist nach h. M. § 774 Abs. 1 nicht auf die Garantie anwendbar.[165] Ob nun im Einzelfall eine Bürgschaft, ein Schuldbeitritt oder ein Garantievertrag gewollt ist, muss im Zweifel durch Auslegung der entsprechenden Erklärung ermittelt werden. Dabei können die von den Parteien gewählten Begriffe nicht allein maßgebend sein. Häufig wird im allgemeinen Sprachgebrauch von „garantieren" oder „verbürgen" gesprochen, wenn rechtlich etwas anderes gewollt ist. Für die Annahme eines (formfrei gültigen) Schuldbeitritts oder Garantievertrags müssen sich überzeugende Gründe anführen lassen; es geht nicht an, ohne weiteres eine formnichtige Bürgschaftserklärung in ein Garantieversprechen oder einen Schuldbeitritt umzudeuten. Die h.M. verlangt für den Schuldbeitritt und für den Garantievertrag **ein eigenes unmittelbares wirtschaftliches Interesse an der Erfüllung der Schuld;**[166] ein bloß persönliches Interesse (z.B. aus Freundschaft) wird nicht für ausreichend angesehen. Allerdings ist nicht zu verkennen, dass ein solches wirtschaftliches Interesse auch bei einem Bürgen vorhanden sein kann. Lassen sich bestehende Zweifel nicht klären, dann ist zum Schutz des Betroffenen von einer formungültigen Bürgschaftserklärung und nicht von einem Schuldbeitritt oder einem Garantieversprechen auszugehen.[167]

5. Übungsklausur

Baustoffhändler Dringlich (D) hat eine Forderung von 5.000,- € gegen den Maurermeister Nötig (N). Als Nötig einige Tage verreist ist, wendet sich Dringlich an dessen Ehefrau und verlangt nachdrücklich unter Androhung gerichtlicher Schritte sofortige Zahlung. Da sich Frau Nötig nicht anders zu helfen weiß, bietet sie eine Werklohnforderung in Höhe von 7.000,- €, die Nötig gegen Häusler (H) hat, Reich (R) für 6.000,- € an; dabei erklärt sie wahrheitswidrig, ihr Ehemann habe sie geschickt. Reich ist einverstanden und zahlt die verlangte Summe. Frau Nötig gibt davon 5.000,- € dem Dringlich, den Rest verbraucht sie für sich. Als Nötig nach seiner Rückkehr von den Vorgängen unterrichtet wird, billigt er das Verhalten seiner Ehefrau. Kurze Zeit danach erscheint Häusler bei Nötig, den er nach wie vor für seinen Gläubiger hält, um den Werklohn

---

[165] Jauernig/*Stadler*, § 774 Rn. 3; MünchKomm/*Habersack*, vor § 765 Rn. 18; a.A. *Castellvi*, WM 1995, 868.
[166] BGH NJW 1981, 47; 1986, 580; *Köhler/Lorenz*, PdW-SchuldR II, vgl. auch OLG *Hamm* NJW 1988, 3022 = JuS 1989, 230.
[167] *BGH* NJW 1986, 580; *OLG Hamm* NJW 1993, 2625. Zur Umdeutung eines nichtigen Schuldbeitritts in einem Bürgschaftsvertrag vgl. *BGH* NJW 2008, 1070, 1071 Tz. 24f.

zu zahlen. Nötig, der sich in erheblichen finanziellen Schwierigkeiten befindet, nimmt das Geld. Er zahlt davon die dringendsten Schulden; mit dem Rest in Höhe von 300,- € macht er sich einen „fröhlichen Abend" in verschiedenen Lokalen, um wenigstens für einige Stunden seine finanziellen Sorgen zu vergessen. Als Reich von Häusler Zahlung der 7.000,- € unter Vorlage einer schriftlichen Abtretungserklärung fordert, die Frau Nötig im Namen ihres Mannes ausgestellt hatte, weigert sich Häusler, nochmals zu zahlen, und erklärt, Reich solle sich gefälligst mit Nötig auseinander setzen, für ihn – Häusler – sei die Angelegenheit erledigt.

Wie ist die Rechtslage?

Bearbeitungszeit: höchstens 120 Minuten

Fälle und Fragen

211. Was versteht man unter gesetzlicher, was unter gewillkürter Stellvertretung?
212. Von welchen Voraussetzungen ist eine wirksame Stellvertretung abhängig?
213. Was bedeutet aktive, was passive Stellvertretung?
214. Was unterscheidet den Stellvertreter vom Boten?
215. Frau Nett fragt ihre Nachbarin, Frau Hübsch, ob sie ihr beim Einkaufen etwas besorgen solle. Frau Hübsch bittet daraufhin Frau Nett, ihr aus dem Kaufhaus Hülle & Fülle einen bestimmten Fön mitzubringen, den sie dort gesehen habe, und gibt ihr einen Geldbetrag in Höhe des Kaufpreises. Frau Nett kauft den Fön und gibt ihn dann ihrer Nachbarin. Wer ist Käufer des Föns und wie erwirbt Frau Hübsch Eigentum daran?
216. Grimm und Gram verehren beide das Fräulein Hübsch. Grimm weiß, dass die Hübsch eine besondere Abneigung gegen Lilien hat. Um seinem Rivalen Gram zu schaden, bestellt er telefonisch unter dessen Namen beim Blumenladen Flora 50 Lilien und lässt sie der Hübsch bringen. Durch Zufall wird festgestellt, dass Grimm die Bestellung aufgegeben hat. Flora verlangt Bezahlung der Blumen von Grimm. Mit Recht?
217. Karin möchte an Internet-Auktionen teilnehmen. Da sie über keinen Internet-Anschluss verfügt, lässt sie sich von ihrer Freundin Frieda bei eBay mit dem Benutzernamen A anmelden. In der Folgezeit nimmt sie wiederholt über den Internet-Anschluss der Frieda unter diesem Benutzernamen an den Auktionen teil und wickelt kleinere Geschäfte ab. Ohne Wissen der Karin ersteigert Frieda unter dem Benutzernamen A einen Pkw Porsche Carrera 4 S Coupé zum Preis von 75.000,- €, den Volz angeboten hat. Als Volz von Karin den Kaufpreis fordert, weigert sie sich zu zahlen und weist darauf hin, dass sie kein Angebot zum Kauf abgegeben habe. Obwohl Volz erfährt, dass Frieda unter dem Benutzernamen der Karin aufgetreten war, verlangt er den Kaufpreis von Karin, weil Frieda vermögenslos ist. Mit Recht?
218. Arnold, der erhebliche Geldsorgen hat, will möglichst rasch ein ihm gehörendes Baugrundstück verkaufen. Er ruft deshalb den Makler Max an und bittet ihn, den Kauf zu vermitteln. Damit es schneller geht, bevollmächtigt er Max bei dem Telefongespräch, den Kaufvertrag für ihn zu schließen. Nachdem Max im Namen des Arnold einen notariellen Kaufvertrag mit Bertold über das Grundstück geschlossen hat, bereut Arnold den Verkauf. Er fragt, ob er durch den Vertrag gebunden sei. Geben Sie bitte Auskunft!
219. Erläutern Sie bitte die Begriffe „Innenvollmacht", „Außenvollmacht", „Spezialvollmacht", „Gattungsvollmacht", „Gesamtvollmacht" und „Generalvollmacht"!

VI. Übergang von Rechten und Pflichten auf Dritte 531

220. Was versteht man unter einer Duldungsvollmacht und wodurch unterscheidet sie sich von der konkludent erteilten Vollmacht und der Anscheinsvollmacht?
221. Was verstehen Sie unter „Richterrecht"?
222. Was ist eine „Analogie" und von welchen Voraussetzungen ist sie abhängig?
223. Was ist unter einer „teleologischen Reduktion" zu verstehen?
224. Herr und Frau Gütig schenken ihrer dreijährigen Tochter zu Weihnachten eine Puppe. Wie wird das Kind Eigentümer des Geschenks?
225. Wendig ist an dem Sportwagen des Sportlich sehr interessiert, obwohl ihm bekannt ist, dass das Fahrzeug bei einem Unfall beschädigt worden ist. Da er dringend verreisen muss, bittet er den Willig, der von dem Unfall nichts weiß, in seinem Namen mit Sportlich zu verhandeln und nach Möglichkeit das Kfz zu erwerben. Dies gelingt Willig auch. Später reut Wendig der Kauf und er verlangt Rückgängigmachung unter Hinweis darauf, dass Sportlich bei den Kaufverhandlungen den Unfall des Fahrzeuges verschwiegen hätte. Wie ist die Rechtslage?
226. Flott, der ein möbliertes Zimmer von Alt gemietet hat, feiert mit Freunden bis spät in die Nacht seinen Geburtstag. Alt, der schwerhörig ist, bemerkt den nicht unerheblichen Lärm der Feier nicht, wohl aber seine Haushälterin Hanna. Diese erscheint erbost bei Flott und erklärt ihm, sie kündige im Namen des Alt zum nächst zulässigen Termin das Mietverhältnis. Flott fragt, ob Hanna dazu berechtigt sei. Dies bejaht Hanna, um sich keine Blöße zu geben, obwohl sie in Wirklichkeit zur Kündigung nicht befugt ist. Als Alt am nächsten Morgen von der Kündigung der Hanna erfährt, erklärt er dieser, er sei damit einverstanden. Ist die Kündigung wirksam?
227. Albert begibt sich in das Kaufhaus des Warenreich, um ein Oberhemd zu kaufen. Auf dem Weg zur Hemdenabteilung rutscht er über Abfälle aus, die Bertold, ein Angestellter des Warenreich, zusammengefegt, aber vergessen hat zu entfernen. Albert verlangt von Warenreich Ersatz der Arztkosten, die ihm entstanden sind, weil er sich beim Sturz verletzte und ärztliche Hilfe in Anspruch nehmen musste. Warenreich beruft sich darauf, dass es sich um ein einmaliges Fehlverhalten des Bertold gehandelt habe, der sonst stets zuverlässig gewesen sei. Muss Warenreich haften?
228. Kann jemand gleichzeitig Erfüllungsgehilfe und Verrichtungsgehilfe sein?
229. Groß stellt Klein als Lkw-Fahrer ein, ohne sich dessen Führerschein vorlegen zu lassen. Bei einer auf Weisung des Groß ausgeführten Fahrt kommt es zu einem Unfall, an dem Klein völlig schuldlos ist. Nun stellt sich heraus, dass Klein überhaupt keinen Führerschein für Lkw besitzt. Muss Groß für die Folgen des Unfalls nach dem BGB haften?
230. Vater will seinem Sohn zum bestandenen Referendarexamen ein Auto schenken und begibt sich zu dem Gebrauchtwagenhändler Handel. Dieser bietet ihm einen Golf, Baujahr 2006 garantiert unfallfrei, zum Preis von 7.000,– € an. Vater nimmt das Angebot an, bezahlt den Kaufpreis und vereinbart mit Handel, dass sein Sohn das Fahrzeug in den nächsten Tagen abholt und dann auch die auf dessen Namen überschriebenen Fahrzeugpapiere erhält. Als der Sohn zu Handel kommt, erkennt er an Farbnuancen im Lack, dass das Fahrzeug offenbar teilweise nachlackiert worden ist. Auf Befragen gibt Handel zu, dass der Pkw in einen Unfall verwickelt worden war und deshalb Blechschäden ausgebessert werden mussten. Daraufhin erklärt der Sohn, er wolle einen Unfallwagen nicht haben und verlange die Rückzahlung des Kaufpreises. Mit dem Geld werde er sich ein anderes Fahrzeug suchen. Handel weigert sich, an den Sohn zu zahlen. Mit Recht?
231. Häusler beauftragt den Handwerksmeister Emsig, in seinem Eigenheim die Kellerschächte mit einbruchsicheren Rosten aus Flachstahl zu sichern. Emsig überträgt die Arbeit dem bei ihm sei langer Zeit beschäftigten, stets zuverlässigen Gesellen Eifrig. Zwei Tage nach Durchführung der Arbeiten stürzt Hermann, der 8-jährige Sohn des Häusler, mit einem Rost in den Kellerschacht und verletzt sich dabei schwer. Es stellt

sich heraus, dass Eifrig versehentlich den Rost nicht befestigt hatte. Ist Emsig zum Ersatz des Schadens, den Hermann Häusler erlitten hat, verpflichtet?

232. In welchen Fällen kann es eine Schadensliquidation im Drittinteresse geben?
233. Volz liefert aufgrund eines Kaufvertrages mit Kunz diesem Waren und tritt seinen Kaufpreisanspruch an Glaub ab. Als Glaub von Kunz Zahlung fordert, weigert sich dieser und beruft sich
   a) auf eine Vereinbarung mit Volz, nach der eine Abtretung der Forderung ausgeschlossen sein sollte
   b) auf den nach Abtretung der Forderung dem Volz gegenüber erklärten Rücktritt wegen Mängel der Waren.
   Wie ist die Rechtslage?
234. Glaub hat eine fällige Forderung gegen Schuld, die er am 1.7. an Albert abtritt. Schuld hat seinerseits eine Forderung gegen Glaub. Kann Schuld am 15.7. aufrechnen, wenn
   a) seine Forderung erst am 5.7. fällig wird und er am 6.7. von der Abtretung an Albert erfährt?
   b) er – bei sonst unverändertem Sachverhalt – die Forderung erst am 5.7. erworben hat?
   c) Ist eine Aufrechnung mit der am 5.7. erworbenen und fällig gewordenen Gegenforderung möglich, wenn die an Albert abgetretene Forderung erst am 10.7. fällig wird, Schuld aber bereits am 6.7. von der Abtretung erfahren hat?
235. Was ist eine Sicherungszession, was eine Inkassozession?
236. Die A-GmbH benötigt für den Betrieb eine bestimmte Maschine. Sie vereinbart mit der B-GmbH, dass diese die Maschine anschafft und ihr gegen Entgelt, das in monatlichen Raten gezahlt werden soll, für die Dauer von fünf Jahren zum Gebrauch überlässt. Nach Ablauf dieser Zeit soll die Maschine von der A-GmbH zu einem vertraglich festgesetzten Betrag erworben werden. F, die Ehefrau des geschäftsführenden Gesellschafters der A-GmbH, erklärt mündlich, dass sie die gesamtschuldnerische Mithaftung für die Verbindlichkeiten aus dem Vertrag übernehme. Als nach zehn Monaten fällige Raten von der A-GmbH nicht gezahlt werden, verlangt die B-GmbH von F Zahlung. F fragt, ob sie zur Zahlung verpflichtet ist. Geben sie bitte Auskunft!
237. Kunz will von Volz eine Maschine kaufen; der Kaufpreis in Höhe von 10.000,– € soll in drei Monaten gezahlt werden. Volz verlangt von Kunz Sicherheiten. Deshalb bittet Kunz seinen Freund Bürger, sich für die Kaufpreisforderung zu verbürgen. Dies tut Bürger und schließt schriftlich einen Bürgschaftsvertrag mit Volz, in dem er auf die Einrede der Vorausklage verzichtet. Vier Monate nach Abschluss des Kaufvertrages fordert Volz von Bürger Zahlung des Kaufpreises. Dieser erfüllt die Forderung und verlangt von Kunz Erstattung der gezahlten Summe. Kunz erklärt daraufhin, die ihm von Volz gelieferte Maschine sei defekt, er werde jetzt den Rücktritt erklären und sei dementsprechend nicht zur Zahlung des Kaufpreises verpflichtet. Bürger meint, das ginge ihn nichts an, Kunz müsste ihm den Betrag ersetzen, den er an Volz überwiesen habe und könnte dann einen Ausgleich bei Volz suchen. Ist diese Ansicht zutreffend?
238. Leicht hat erhebliche Schulden; u.a. hat er die Miete für sein möbliertes Zimmer schon seit drei Monaten nicht bezahlt. Als der Vermieter Verz mit der Kündigung droht, wendet sich Leicht an seinen Onkel Gütig und bittet ihn um Hilfe. Gütig besucht Verz, bezahlt den rückständigen Mietzins und ersucht ihn, Leicht doch weiter wohnen zu lassen. Als Verz Bedenken äußert, ob Leicht in Zukunft seine Miete pünktlich zahlen werde, erklärt Gütig: „Dafür mache ich mich stark. Seien Sie unbesorgt." Nach einem halben Jahr wendet sich Verz an Gütig und fordert unter Hinweis auf die damalige Erklärung des Gütig von diesem Zahlung von 1.000,– € an rückständigen Mieten. Mit Recht?

Lösungshinweise für die Fälle und Fragen

(1) Ein Rechtsgeschäft ist ein Rechtsakt, der eine gewollte Rechtsfolge hervorbringt (Rn. 37). Man unterscheidet zwischen einseitigen und mehrseitigen Rechtsgeschäften (Rn. 39) und innerhalb der einseitigen Rechtsgeschäfte zwischen empfangsbedürftigen und nicht empfangsbedürftigen (Rn. 39 f.).

(2) „Rechtsgeschäft" ist ein Oberbegriff, der sich mit dem der Willenserklärung inhaltlich deckt, wenn es sich um ein einseitiges Rechtsgeschäft handelt, bei mehrseitigen Rechtsgeschäften aber darüber hinausreicht (Rn. 38 f.).

(3) Eine Willenserklärung besteht aus dem objektiven Tatbestand, dem äußeren Akt der Kundgabe des Willens (Erklärungstatbestand), und dem subjektiven Tatbestand, dem Willen des Erklärenden (Rn. 42). Der äußere Tatbestand besteht in einem Verhalten, das sich in objektiver Sicht als Äußerung eines rechtlich relevanten Willens darstellt (Rn. 42). Der subjektive Tatbestand setzt sich (regelmäßig) aus einem Handlungswillen, aus einem Erklärungswillen und aus einem Geschäftswillen zusammen (Rn. 55). Der objektive und der subjektive Tatbestand stimmen bei einer fehlerfreien Willenserklärung in der Weise überein, dass der Erklärende das will, was er (objektiv gewertet) erklärt.

(4) Da die Willenserklärung eine rechtlich erhebliche Willensäußerung darstellt, muss sie auf die Herbeiführung einer Rechtsfolge gerichtet sein. Erklärungen, die im unverbindlichen Bereich gesellschaftlicher Gefälligkeiten bleiben, sind dementsprechend keine Willenserklärungen, da sie keine rechtlichen Bindungen schaffen. Für die Abgrenzung sind objektive Merkmale maßgebend, insbesondere die Interessenlagen der Beteiligten (Rn. 43 ff.).

(5) Es gilt im BGB der Grundsatz der Formfreiheit. Deshalb kann eine Willenserklärung in beliebiger Form abgegeben werden, soweit nicht das Gesetz (ausnahmsweise) eine bestimmte Form vorschreibt (Rn. 47) oder die Beteiligten eine Form vereinbart haben (Rn. 51).

(6) Kommt es bei einer Willenserklärung darauf an, dass ein anderer von ihrem Inhalt Kenntnis erhält, und muss sie deshalb einer anderen Person gegenüber abgegeben werden, dann handelt es sich um eine sog. empfangsbedürftige Willenserklärung (Rn. 39, 66). Als Beispiele sind die Kündigung und das Vertragsangebot zu nennen. Im Gegensatz dazu ist der rechtliche Erfolg einer nicht empfangsbedürftigen Willenserklärung nicht von ihrer Mitteilung an andere Personen abhängig; Beispiel: Testament (Rn. 67).

(7) Eine nicht empfangsbedürftige Willenserklärung ist mit ihrer Vollendung abgegeben und wird damit wirksam (Rn. 68). Eine empfangsbedürftige Willenserklärung wird in dem Zeitpunkt wirksam, in dem sie demjenigen zugeht, dem gegenüber sie abgegeben wird (§ 130 Abs. 1 S. 1; Rn. 73).

(8) Dieser Fall ist dem häufig gebrachten Beispiel der „Trierer Weinversteigerung" nachgebildet. Ein Kaufvertrag über ein Fuder Wein ist zustande gekommen, wenn A ein Vertragsangebot abgab, das der Auktionator annahm (§ 156 S. 1). Das Winken mit der Hand ist der äußere Tatbestand einer Willenserklärung, die auf den Abschluss eines entsprechenden Kaufvertrages gerichtet ist (Rn. 42). Ebenso ist ein Handlungswille zu bejahen; es fehlt jedoch der Erklärungswille (Rn. 61). Nur nach der objektiven Theorie ist eine gültige Willenserklärung gegeben (mit der Möglichkeit der Anfechtung nach § 119 Abs. 1), nach der vermittelnden Meinung nicht, da eine Erklärungsfahrlässigkeit nicht anzunehmen ist (Rn. 63).

(9) A weiß, dass er rechtlich relevante Erklärungen abgibt und will dies auch (Erklärungswille). Er will jedoch eine Vertragsofferte ablehnen, nicht annehmen. Es handelt sich also um einen Fall fehlenden Geschäftswillens. Folglich ist eine wirksame, aber anfechtbare Willenserklärung abgegeben worden (Rn. 60).

(10) Nach h. M. hat A keine wirksame Willenserklärung abgegeben (Fall einer sog. abhanden gekommenen Willenserklärung; Rn. 69). Die Bestellung ist also nicht wirksam.

(11) Die Bestellung, eine empfangsbedürftige Willenserklärung, wird in dem Zeitpunkt des Zugangs wirksam (§ 130 Abs. 1 S. 1). Wird eine mündliche Erklärung einem Empfangsboten des Erklärungsempfängers zugesprochen, dann ist sie zugegangen, denn sie ist so in seinen Machtbereich gelangt, dass er Kenntnis nehmen kann. Da jedoch der Pförtner nicht als Empfangsbote des V (er ist zwar – wie sein umsichtiges Verhalten zeigt – zur Entgegennahme von Bestellungen nach Geschäftsschluss geeignet, aber er kann nach der Verkehrsanschauung nicht als ermächtigt gelten), sondern als Erklärungsbote des K anzusehen ist (Rn. 78, 81), geht die Bestellung erst mit Entgegennahme durch die Sekretärin als eine dafür geeignete und ermächtigte Person (Empfangsbote des V) zu; also ist der Zeitpunkt des Zugangs 8.00 Uhr am nächsten Morgen.

(12) Eine wirksame Bestellung ist zustande gekommen, wenn das Vertragsangebot des A von B angenommen worden ist. Dazu ist es erforderlich, dass das Vertragsangebot als empfangsbedürftige Willenserklärung B zuging. Eine mündliche (nicht verkörperte) Willenserklärung unter Anwesenden, wozu auch telefonisch übermittelte zählen (§ 147 Abs. 1, Rn. 80), geht zu, wenn der Adressat sie vernimmt, d.h. wenn er sie richtig akustisch auffasst (Vernehmungstheorie). Nach h. M. ist jedoch eine Einschränkung dann zu machen, wenn für den Erklärenden nicht erkennbare Wahrnehmungshindernisse bestehen (Rn. 80). Diese Einschränkung führt dazu, dass das Vertragsangebot B zugegangen ist, wenn A von dessen Schwerhörigkeit nichts wusste. Durch die daraufhin abgegebene Erklärung, die bestellte Ware zu liefern, hat B das Angebot angenommen und sich dadurch vertraglich gebunden. Anders ist zu entscheiden, wenn A die Schwerhörigkeit des B bekannt gewesen ist; in diesem Fall ist der Zugang des Vertragsangebots zu verneinen.

(13) A hat sein Angebot, eine empfangsbedürftige Willenserklärung unter Abwesenden, vor Zugang mündlich widerrufen; damit ist es nach § 130 Abs. 1 S. 2 nicht wirksam geworden (Rn. 85).

(14) Nach h. M. ist der Widerruf verspätet und damit wirkungslos, während eine Gegenauffassung die Widerruflichkeit bis zur Kenntnisnahme durch den Erklärungsempfänger bejaht (Rn. 85).

(15) Der Vertrag ist die von den Vertragspartnern einverständlich getroffene Regelung eines Rechtsverhältnisses. Die Vertragschließenden stimmen in ihrem Willen zur Herbeiführung eines von ihnen gemeinsam gewollten rechtlichen Erfolges überein (Rn. 87).

(16) Nein, denn B hat den Antrag des A nicht angenommen, sondern abgelehnt und seinerseits einen (neuen) Antrag zum Abschluss eines Vertrages (Kaufpreis 200,– €) an A gerichtet (§ 150 Abs. 2). Da A diesen Antrag nicht angenommen hat, ist ein Vertrag nicht zustande gekommen (Rn. 89).

(17) Durch einen einseitig verpflichtenden Vertrag wird nur einer Vertragspartei die Verpflichtung zu einer Leistung auferlegt (Beispiel: Schenkung). Dagegen begründen zweiseitig verpflichtende Verträge für beide Vertragspartner Pflichten. Sind diese Pflichten einander gleichwertig und stehen sie in einem Abhängigkeitsverhältnis zueinander, dann spricht man von vollkommen zweiseitigen oder gegenseitigen oder synallagmatischen Verträgen (Beispiel: Kauf). Sind dagegen die vertraglichen Pflichten ungleichmäßig verteilt und treffen die den eigentlichen Inhalt des Vertrags bestimmenden Pflichten nur eine Partei, dann handelt es sich um einen unvollkommen zweiseitigen Vertrag

(Beispiel: Leihe). Die Unterscheidung zwischen diesen verschiedenen Vertragsarten ist insbesondere deshalb wichtig, weil die §§ 320 bis 326 nur für gegenseitige (synallagmatische) Verträge gelten (Rn. 92 ff.).

(18) Der Grundsatz der Vertragsfreiheit bedeutet, dass jeder frei bestimmen kann, ob und mit wem er einen Vertrag schließen will (Abschlussfreiheit), ferner, dass den Vertragschließenden das Recht eingeräumt ist, frei darüber zu befinden, welchen Inhalt sie ihrer vertraglichen Vereinbarung geben wollen (Gestaltungsfreiheit). Nur soweit Missbräuche verhindert und höherrangige Interessen geschützt werden müssen, wird der Grundsatz der Vertragsfreiheit durch das BGB eingeschränkt (Rn. 98 ff.).

(19) Auf der Grundlage der §§ 133, 157 ist bei empfangsbedürftigen Willenserklärungen aufgrund der konkreten Umstände des Einzelfalles, die der Adressat der Erklärung kennt oder kennen muss (Empfängerhorizont), nach Treu und Glauben und unter Berücksichtigung der Verkehrssitte der objektive Erklärungswert zu erforschen. Entscheidend ist, wie der Empfänger die Erklärung zu verstehen hat, wenn er alle diese Kriterien sorgfältig berücksichtigt (Rn. 103 f.).

(20) Im Grundsatz hat Schweigen überhaupt keinen Erklärungswert. Von diesem Grundsatz gibt es jedoch Ausnahmen. In manchen Fällen bestimmt das Gesetz ausdrücklich, dass dem Schweigen ein bestimmter Erklärungswert zukommt (sog. normiertes Schweigen). Die Beteiligten können auch vereinbaren, dass das Schweigen einer Person in einem bestimmten Sinn aufzufassen ist. Gibt es eine solche ausdrückliche Vereinbarung nicht, dann kann sich aufgrund der Besonderheiten des Einzelfalles ergeben, dass das Schweigen einen bestimmten Erklärungswert hat. Außerdem kann ein Schweigen als Zustimmung gewertet werden, wenn nach dem Grundsatz von Treu und Glauben ein Widerspruch des Erklärungsempfängers erforderlich ist (Rn. 106 ff.).

(21) Eine Zeitungsanzeige ist lediglich als Einladung zur Abgabe von Offerten (invitatio ad offerendum) aufzufassen (Rn. 112). Bei dem Schreiben des B handelt es sich also nicht um die Annahme einer Offerte (wie B meint), sondern um ein Vertragsangebot, das A noch annehmen muss. Solange dies nicht geschehen ist, kommt ein Vertrag zwischen beiden nicht zustande.

(22) Es kann auch ein Angebot zum Abschluss eines Vertrages an einen unbestimmten Personenkreis gerichtet sein; Beispiel: Aufstellen eines Warenautomaten (Rn. 113).

(23) Eine Vertragsofferte erlischt und damit auch die Bindung des Antragenden, wenn sie abgelehnt oder wenn sie nicht rechtzeitig angenommen wird (§ 146). Innerhalb welcher Frist der Antrag anzunehmen ist, bestimmen die §§ 147–149. Hiernach ist zwischen Anträgen zu unterscheiden, die an Anwesende und die an Abwesende gerichtet werden (zu den Einzelheiten vgl. Rn. 115 ff.).

(24) Dieser Inhalt besteht in einem uneingeschränkten Ja zum Vertragsangebot; der Annehmende erklärt damit, dass er den Vertrag so zu schließen bereit ist, wie er ihm angeboten worden ist (Rn. 123).

(25) B hat einen Anspruch auf Zahlung des Kaufpreises nach § 433 Abs. 2, wenn zwischen ihm und A ein Kaufvertrag über das Buch geschlossen worden ist. In der Überlassung des Buches durch B ist das Angebot zu einem entsprechenden Vertrag zu sehen. Durch die Eintragung von Randbemerkungen erklärt A konkludent, dass er diese Offerte annehmen will. Dies braucht nicht gegenüber B zu geschehen, da dieser (stillschweigend) auf eine solche Erklärung verzichtet hat (§ 151 S. 1). Denn ein stillschweigender Verzicht des Antragenden auf die Übermittlung einer Annahmeerklärung kann regelmäßig angenommen werden, wenn in der Überlassung des Kaufgegenstandes eine Offerte zum Abschluss eines Kaufvertrages liegt (Rn. 125). Der Vertrag ist daher zustande gekommen, und A muss den Kaufpreis zahlen.

(26) Dass der Antrag zum Abschluss eines Vertrages auch noch angenommen werden kann, wenn der Antragende nach Absendung und vor Zugang der Offerte stirbt, ergibt sich aus § 153 (Rn. 129). Dagegen ist die Frage im BGB nicht geregelt, wie zu

entscheiden ist, wenn der Antragsempfänger vor Zugang der Offerte stirbt. Für die Beantwortung dieser Frage ist es von Bedeutung, ob es dem Antragenden erkennbar darauf ankommt, gerade mit dem (eigentlichen) Adressaten der Erklärung einen Vertrag zu schließen. Nur wenn dies zu verneinen ist, erlischt nicht mit dem Tod des Adressaten die Offerte und kann noch von dem Erben angenommen werden (Rn. 130).

(27) Ein Vertrag kommt regelmäßig erst zustande, wenn sich die Beteiligten über alle wesentlichen Punkte des Vertrages geeinigt haben oder zumindest eine Regelung treffen, wie die offen gelassenen (wesentlichen) Punkte geschlossen werden sollen (Ausfüllung durch einen Vertragspartner oder durch einen Dritten). Da die Frage des Preises bei einem Kaufvertrag einen wesentlichen Punkt betrifft und eine Einigung hierüber nicht erzielt werden konnte, ist ein Kaufvertrag zwischen Volz und Kunz (noch) nicht zustande gekommen (Rn. 131).

(28) In den §§ 154 und 155 wird nicht ausdrücklich zwischen essentialia und accidentalia negotii unterschieden. Die Auslegungsregel des § 154 Abs. 1 betrifft Haupt- und Nebenpunkte; auch wenn der noch offene Punkt für das Gesamtgeschäft unbedeutend ist, kommt der Vertrag nicht zustande, wenn eine Partei erkennbar eine Einigung wünscht, die noch nicht getroffen worden ist. Bezieht sich der offene Dissens auf einen Hauptpunkt, dann kann der Vertrag auch dann nicht wirksam werden, wenn dies die Parteien wünschen, es sei denn, dass nachträglich der offen gebliebene Punkt ausgefüllt werden kann z. B. dadurch, dass die Parteien die Schließung der Lücke einer von ihnen oder einem Dritten übertragen haben (§§ 315 ff.). Das Gleiche gilt für den versteckten Einigungsmangel. Die nach § 155 vorgesehene Aufrechterhaltung des Vertrages kommt im Allgemeinen nur in Betracht, wenn sich der versteckte Dissens auf einen Nebenpunkt bezieht; bei einem Hauptpunkt werden die Parteien in aller Regel eine vertragliche Bindung ohne eine Einigung darüber nicht wollen (Rn. 136 f., 140).

(29) Es ist ein Kaufvertrag über zwei Flaschen deutschen Kornbranntwein zustande gekommen, weil beide Vertragspartner einen entsprechenden Vertrag schließen wollten. Die objektiv falsche Bezeichnung des Kaufgegenstandes ändert hieran nichts (Rn. 141).

(30) Ein Zahlungsanspruch besteht, wenn ein „Bewachungsvertrag" zustande gekommen ist. Die Schilder „bewachter Parkplatz" weisen darauf hin, dass der Betreiber des Parkplatzes mit demjenigen, der dort sein Kfz abstellt, einen Vertrag über das Zurverfügungstellen von Parkraum und das Bewachen des Fahrzeuges schließen will, der zur Zahlung eines Entgelts verpflichtet. Wenn A dort seinen Pkw parkt, dann kommt diesem Verhalten nach Treu und Glauben mit Rücksicht auf die Verkehrssitte objektiv der Erklärungswert zu, dass er von diesem Angebot Gebrauch machen und einen entsprechenden Vertrag schließen will. A fehlt jedoch das Erklärungsbewusstsein, weil er nicht weiß, dass seinem Verhalten (Parken des Fahrzeuges auf dem betreffenden Platz) rechtliche Bedeutung zukommt (Rn. 55). Nach der subjektiven Theorie ist folglich die Annahme der Offerte des Parkplatzbetreibers durch A zu verneinen, nach der objektiven Theorie ist sie zu bejahen, während nach der vermittelnden Auffassung zu der Frage Stellung genommen werden muss, ob A bei seinem Verhalten die im Verkehr gebotene Sorgfalt außer Acht gelassen und nur deshalb nicht die rechtliche Erheblichkeit dieses Verhaltens erkannt hat (Rn. 63). Die Lehre vom sozialtypischen Verhalten verwirft eine solche (rechtsgeschäftliche) Lösung und ist der Auffassung, dass allein durch das Zurverfügungstellen und das tatsächliche Inanspruchnahme der Leistung im modernen Massenverkehr ein Vertrag zustande kommt. Das soll auch gelten, wenn der die Leistung in Anspruch Nehmende ausdrücklich erklärt, er wolle sich nicht vertraglich binden. Nach dieser Lehre ist also A in beiden Fallalternativen zur Zahlung verpflichtet. Wer sich nicht der Lehre vom sozialtypischen Verhalten anschließt, muss bei der Fallalternative zu der Frage Stellung nehmen, ob die Verwahrung gegen einen Vertragsschluss in diesem Fall erheblich ist. Diese Frage ist streitig. Ein Zahlungsanspruch auch in dieser Fallalternative ist zu bejahen, wenn man das Gesamtverhalten des A trotz seines verbalen Protestes als Annahme des Angebotes wertet (Rn. 143 ff.).

Lösungshinweise für die Fälle und Fragen 537

(31) Der Begriff „Schuldverhältnis" wird einmal im engeren Sinn verwendet und damit die Forderungsbeziehung zwischen Gläubiger und Schuldner bezeichnet; im weiteren Sinn umfasst dieser Begriff das gesamte Rechtsverhältnis, aufgrund dessen die einzelnen Forderungsbeziehungen zwischen den Beteiligten entstehen (Rn. 148).

(32) Schuldverhältnisse entstehen entweder durch Rechtsgeschäfte oder kraft Gesetzes (Rn. 151).

(33) Ein Dauerlieferungsvertrag, auch Bezugsvertrag genannt, ist ein auf unbestimmte oder zumindest auf längere Zeit eingegangenes Dauerschuldverhältnis, bei dem die Leistungsmenge im Zeitpunkt des Vertragsschlusses nicht feststeht, sondern sich nach dem Bedarf des Abnehmers richtet (Rn. 156).

(34) Als primäre Leistungspflicht wird die Pflicht des Schuldners bezeichnet, die den Gegenstand seiner Forderungsbeziehung zum Gläubiger bildet und die mit dieser Forderungsbeziehung entsteht. Die sekundäre Leistungspflicht tritt als Folge der Verletzung der primären Leistungspflicht ein (Rn. 161).

(35) Der Begriff der „guten Sitten" ist ein unbestimmter Rechtsbegriff, der konkretisiert werden muss. Zur Konkretisierung eignen sich jedoch Definitionen deshalb nicht, weil sie entweder zu eng oder zu unbestimmt ausfallen. Die beste Orientierungshilfe für eine Konkretisierung bieten Fallgruppen von sittenwidrigen Geschäften, aus denen sich verallgemeinerungsfähige Merkmale ableiten und bei Entscheidung des konkreten Falles verwenden lassen (Rn. 166).

(36) Bei einer Stückschuld (Speziesschuld) ist der Gegenstand der Leistung durch individuelle Merkmale bestimmt; es wird ein konkreter Gegenstand (z.B. das Gemälde „Abendfrieden" des Malers Farbenreich) geschuldet. Die Gattungsschuld (Genusschuld) bezieht sich dagegen nur auf einen nach gattungsmäßigen Merkmalen bestimmten Gegenstand (z.B. soll eine bestimmte Menge Kartoffeln geliefert werden) (Rn. 167f.).

(37) Als Konzentration (Konkretisierung) wird im Schuldrecht der Vorgang bezeichnet, der die Umwandlung einer Gattungsschuld in eine Stückschuld bewirkt (Rn. 171). Hierfür ist notwendig, dass der Schuldner das zur Leistung der geschuldeten Sache seinerseits Erforderliche tut (§ 243 Abs. 2). Was dies im Einzelnen ist, richtet sich nach der Art der Schuld (Rn. 172ff.). Nach der Konzentration werden nur noch die dadurch individuell bestimmten Gegenstände geschuldet (Rn. 178).

(38) Bei der Holschuld (Rn. 173) hat der Schuldner den zu leistenden Gegenstand auszusondern und für den Gläubiger bereitzustellen sowie – soweit erforderlich – ihn von der Bereitstellung zu informieren. Bei der Bringschuld muss der Schuldner die Ware nicht nur aussondern, sondern sie dem Gläubiger an dessen Wohnort oder dessen gewerblicher Niederlassung vertragsgerecht (d.h. zur rechten Zeit und in der richtigen Menge und Beschaffenheit) anbieten. Bei der Schickschuld muss der Schuldner die ausgesonderten Stücke ordnungsgemäß versenden (Rn. 177).

(39) Bei der Wahlschuld besteht eine Forderung mit alternativem Inhalt. Die Ungewissheit, welchen Inhalt die Forderung des Gläubigers aufweist, wird durch die Wahl der wahlberechtigten Partei beendet (Rn. 180). Dagegen ist der Inhalt der Forderung bei der Ersetzungsbefugnis von vornherein festgelegt. Der Ersetzungsbefugte hat jedoch das Recht, anstelle der geschuldeten Leistung eine andere zu erbringen (bei Ersetzungsbefugnis des Schuldners) oder eine andere zu verlangen (bei Ersetzungsbefugnis des Gläubigers) (Rn. 181).

(40) Es handelt sich um „Verhaltenspflichten", bei denen zwischen leistungssichernden (Neben-)Pflichten und Schutzpflichten zu unterscheiden ist. Die leistungssichernden Pflichten geben den Vertragspartnern auf, sich so zu verhalten, dass der Vertragszweck erreicht und nicht nachträglich gefährdet oder beeinträchtigt wird. Die Schutzpflichten haben zum Ziel zu verhindern, dass der Vertragspartner bei der Durchführung des

Schuldverhältnisses an seinen Rechtsgütern verletzt wird (vgl. § 241 Abs. 2) (Rn. 182 bis 188).

(41) Die Frage ist zu bejahen, wenn Miet nicht durch die Zahlung an Leicht wirksam erfüllt und damit die Forderung nach § 535 Abs. 2 gegen ihn zum Erlöschen gebracht hat (§ 362 Abs. 1). Wenn für das „Bewirken" der Leistung ein Vertrag zwischen Gläubiger und Schuldner geschlossen werden muss, scheitert die wirksame Erfüllung an der Minderjährigkeit des Leicht, denn die dafür erforderliche Willenserklärung bringt Leicht nicht lediglich einen rechtlichen Vorteil, weil er durch die Erfüllung seine Forderung verliert. Folglich wäre nach § 107 die Einwilligung des gesetzlichen Vertreters erforderlich. Ob für die Erfüllung lediglich das tatsächliche Bewirkung der Leistung genügt oder ob noch ein Rechtsgeschäft hinzutreten muss, ist streitig (Rn. 192). Während die Vertragstheorie neben dem tatsächlichen Bewirken der Leistung eine vertragliche Einigung fordert und die modifizierte Vertragstheorie dies in Fällen verlangt, in denen für die Herbeiführung des Leistungserfolgs (z.B. die Übereignung) ein Rechtsgeschäft geschlossen werden muss, will die h.M. (Theorie der realen Leistungsbewirkung) das tatsächliche Erbringen der Leistung genügen lassen. Allerdings verneint auch die h.M. die Wirksamkeit einer Erfüllung an Minderjährige, weil ihnen die „Empfangszuständigkeit" fehle und diese dem gesetzlichen Vertreter zustehe (Rn. 193). Einen gleichen Standpunkt vertritt auch die Theorie der finalen Leistungsbewirkung, nach der neben dem tatsächlichen Akt der Leistungserbringung noch eine (rechtsgeschäftsähnliche) Leistungszweckbestimmung durch den Leistenden hinzukommen muss. Somit ist die gestellte Frage nach allen Theorien zu bejahen (Gegenansprüche, mit denen Miet möglicherweise aufrechnen könnte, sollen hier nicht erörtert werden).

(42) Nach § 362 Abs. 2 i.V.m. § 185 hat die Leistung an einen Dritten befreiende Wirkung, wenn der Gläubiger vorher oder nachher der Leistung an den Dritten zustimmt. Emsig hat Klau zur Entgegennahme der Zahlung nicht ermächtigt; es kann auch ausgeschlossen werden, dass er dies nachträglich tun wird. Die weiteren in § 185 Abs. 2 S. 1 genannten Fälle kommen hier offensichtlich nicht in Betracht. Hier hilft aber Reich die Vorschrift des § 370, nach der zum Empfang der Leistung als ermächtigt gilt, wer eine (echte) Quittung des Gläubigers überbringt. Nur wenn der Leistende Umstände kennt, die der Annahme einer Ermächtigung entgegenstehen, wird er nicht geschützt. Da Reich nicht bösgläubig gewesen ist, hat er mit befreiender Wirkung an Klau geleistet und muss deshalb nicht an Emsig nochmals zahlen (Rn. 195).

(43) In der ersten Fallalternative nimmt Reich die Uhr an Erfüllungs statt an; die Darlehensforderung erlischt damit (§ 364 Abs. 1) (Rn. 203). In der zweiten Fallalternative, in der sich Reich bereit erklärt, die Uhr für Ärmlich zu verkaufen und auf diesem Weg Befriedigung wegen seiner Darlehensforderung zu suchen, handelt es sich um eine Leistung des Ärmlich erfüllungshalber. Die Darlehensforderung erlischt erst, wenn und soweit Reich die geschuldete Leistung, d.h. 1.000,– €, aus dem erfüllungshalber hingegebenen Gegenstand erhält (Rn. 204).

(44) Bei der Hingabe eines Wechsels handelt es sich entsprechend der Auslegungsregel des § 364 Abs. 2 im Zweifel nicht um eine Leistung an Erfüllungs statt, sondern erfüllungshalber (Rn. 204).

(45) Der leistungswillige Schuldner kann an der Erfüllung durch Gründe gehindert werden, die mit der Person des Gläubigers zusammenhängen. Schuldet er eine hinterlegungsfähige Sache (§ 372), dann kann er sie hinterlegen und die Rücknahme ausschließen; dadurch wird der Schuldner in gleicher Weise befreit, wie wenn er zur Zeit der Hinterlegung an den Gläubiger geleistet hätte (§ 378). Bei nicht hinterlegungsfähigen Sachen kann er sie unter den Voraussetzungen des § 383 oder § 385 öffentlich versteigern lassen oder freihändig verkaufen. Die Forderung des Gläubigers richtet sich dann auf den Erlös; diesen kann der Schuldner hinterlegen (Rn. 205 bis 207).

(46) Gegenforderung, mit der aufgerechnet wird, und Hauptforderung, gegen die aufgerechnet wird, müssen gegenseitig und gleichartig sein. Die Gegenforderung muss fällig und durchsetzbar, die Hauptforderung erfüllbar sein. Ein Aufrechnungsverbot darf nicht bestehen (Rn. 209).

(47) Durch Spiel wird eine Verbindlichkeit nicht begründet (§ 762 Abs. 1 S. 1). Zahlt jedoch der Verlierer freiwillig seine Spielschuld, dann kann er das Geleistete nicht deshalb zurückfordern, weil eine Verbindlichkeit nicht bestanden hat (§ 762 Abs. 1 S. 2). In gleicher Weise wie Arnold freiwillig den verlorenen Betrag an Bertold zahlen kann, kann er auch aufrechnen. Umgekehrt ist dies jedoch nicht möglich, da die Spielschuld – wie ausgeführt – nicht durchsetzbar ist und deshalb mit ihr auch nicht aufgerechnet werden kann (Rn. 212).

(48) Eine dilatorische (oder aufschiebende) Einrede ist ein Gegenrecht, das die Durchsetzung eines Anspruchs zeitweilig ausschließt, während eine peremptorische (oder dauernde) Einrede der Durchsetzung des Anspruchs dauernd entgegensteht (Rn. 213 f.).

(49) Soweit die Pfändungsgrenzen des § 850c ZPO überschritten sind, ist die Gehaltsforderung des Adler gegen Bär unpfändbar. Die von Bär erklärte Aufrechnung scheint deshalb am Aufrechnungsverbot des § 394 S. 1 zu scheitern. Nach dem Grundsatz von Treu und Glauben ist jedoch eine Einschränkung dahingehend vorzunehmen, dass bei einer Gegenforderung, die aus einer vorsätzlich vorgenommenen unerlaubten Handlung herrührt, die Aufrechnung zuzulassen ist, wenn die Gegenforderung und die unpfändbare Hauptforderung im Rahmen desselben Lebensverhältnisses entstanden sind. Allerdings wird man dem Schuldner und seiner Familie ein Existenzminimum lassen müssen; hierbei kann man sich an der Regelung des § 850d ZPO orientieren. Bei Anwendung dieser Grundsätze ist also die Aufrechnung des Bär bis zur Grenze des Existenzminimums, das Adler beanspruchen kann, wirksam (Rn. 219).

(50) Statt durch eine einseitige Erklärung kann die Aufrechnung auch im Wege eines Vertrages vorgenommen werden. Einen derartigen Vertrag bezeichnet man als „Aufrechnungsvertrag". Sein Vorteil besteht darin, dass bei ihm nicht die verzichtbaren Voraussetzungen der (einseitigen) Aufrechnung erfüllt sein müssen und dass zwischen beliebig vielen Personen eine Verrechnung von Forderungen vorgenommen werden kann, die noch nicht fällig sind und bei denen die Gleichartigkeit fehlt (Rn. 221).

(51) Durch Verpflichtungsgeschäfte werden Forderungsbeziehungen begründet, nach denen ein Vertragspartner, der Gläubiger, von dem anderen, dem Schuldner, eine bestimmte Leistung fordern kann und der Schuldner zur Erbringung dieser Leistung verpflichtet ist. Dagegen bewirkt eine Verfügung eine unmittelbare Rechtsänderung; durch Verfügungsgeschäfte wird ein Recht unmittelbar übertragen, verändert, belastet oder aufgehoben (Rn. 223).

(52) Unter welchen Voraussetzungen die Verfügung eines Nichtberechtigten wirksam wird, regelt § 185: Einwilligung des Berechtigten (Abs. 1), Genehmigung des Berechtigten (Abs. 2 S. 1 Alt. 1), Erwerb des Gegenstandes, über den verfügt worden ist, durch den Nichtberechtigten (Abs. 2 S. 1 Alt. 2) oder Beerbung des Nichtberechtigten durch den Berechtigten und Bestehen einer unbeschränkten Haftung für Nachlassverbindlichkeiten (Abs. 2 S. 1 Alt. 3) (Rn. 226). Ob in den beiden letzten Fällen noch hinzu kommen muss, dass der (bisherige) Nichtberechtigte weiterhin zur Verfügung nach dem zugrundeliegenden Kausalverhältnis verpflichtet ist, wird unterschiedlich beurteilt. Fragen des gutgläubigen Erwerbs vom Nichtberechtigten sollen hier (noch) nicht behandelt werden.

(53) Nein, denn die Übereignung als Verfügungsgeschäft ist in ihrer Wirksamkeit nicht von dem zugrundeliegenden Verpflichtungsgeschäft abhängig (Abstraktionsprinzip). Verpflichtungs- und Verfügungsgeschäft sind rechtlich voneinander getrennt (Trennungsprinzip) (Rn. 227).

(54) Das negative Schuldanerkenntnis kann man als Erlass in negativer Form kennzeichnen. Der Gläubiger erkennt durch Vertrag mit dem Schuldner an, dass das Schuldverhältnis nicht besteht (§ 397 Abs. 2). Es handelt sich dabei um eine Verfügung über die (bestehende und erlassene) Schuld (Rn. 231).

(55) Als Novation wird die vertragliche Aufhebung eines Schuldverhältnisses und Ersetzung durch ein neues bezeichnet (Rn. 233). Vereinigen sich Forderung und Schuld in einer Person, so spricht man von Konfusion (Rn. 235).

(56) a) Der Verlust des Fernsehgeräts lässt das Recht des A zum Rücktritt unberührt. Da er jedoch nicht in der Lage ist, den Fernsehapparat wieder zurückzugeben, ergibt sich für ihn die Pflicht zur Leistung von Wertersatz (§ 346 Abs. 2 S. 1 Nr. 3; der Begriff „untergegangen" i. S. d. Vorschrift ist in einem weiten Sinn auszulegen, der jeden Fall der Unmöglichkeit zur Rückgabe umfasst (Rn. 240; vgl. auch Amtl. Begr. S. 194, r. Sp.). Bei der Berechnung des Wertersatzes ist der Kaufpreis zu Grunde zu legen (§ 346 Abs. 2 S. 2).

b) In diesem Fall handelt es sich um ein gesetzliches Rücktrittsrecht (§ 437 Nr. 2 i. V. m § 326 Abs. 5, bei dem eine Wertersatzpflicht nach § 346 Abs. 3 Nr. 3 entfällt, weil A den Diebstahl nicht sorgfaltswidrig ermöglicht hat (verschlossene Wohnung) (Rn 242).

(57) Nutzungen sind Früchte und Gebrauchsvorteile einer Sache oder eines Rechts (§ 100). Aufwendungen sind freiwillige Vermögensopfer. Als Verwendung wird eine Aufwendung angesehen, die zur Wiederherstellung, Erhaltung oder Verbesserung einer Sache getätigt wird. Als notwendige Verwendungen werden solche Aufwendungen bezeichnet, die erforderlich sind, um den Untergang oder die Verschlechterung der Sache zu verhindern oder ihre Gebrauchsfähigkeit zu erhalten (Rn. 246 f.).

(58) Bei einer Rechtsgrundverweisung muss nicht nur der Tatbestand der verweisenden Norm, sondern auch noch der Tatbestand der Bezugsnorm erfüllt sein, während bei einer Rechtsfolgenverweisung die in Bezug genommene Rechtsfolge eintritt, wenn nur der Tatbestand der verweisenden Vorschrift verwirklicht ist (Rn. 244).

(59) Der Bierlieferungsvertrag, der zwischen Hopfen und Malz geschlossen worden ist, stellt einen Dauerlieferungsvertrag dar (Rn. 156). Ein solcher Vertrag kann nach § 314 fristlos gekündigt werden, wenn ein wichtiger Grund dafür besteht. Als ein solcher Grund wird in § 314 Abs. 1 S. 2 genannt, dass dem kündigenden Teil unter Berücksichtigung aller Umstände des Einzelfalles und unter Abwägung beiderseitiger Interessen die Fortsetzung des Vertragsverhältnisses bis zur vereinbarten Beendigung nicht zugemutet werden kann. Wird durch das Verhalten eines Vertragspartners das Erreichen des Vertragszwecks ernsthaft gefährdet, dann wird man regelmäßig davon auszugehen haben, dass deshalb dem anderen die Fortsetzung des Vertrages nicht zugemutet werden kann. Der Vertragszweck besteht hier darin, den in der Gastwirtschaft des Hopfen auftretenden Bedarf an Bier vom Fass ausreichend zu decken. Dieser Vertragszweck wird durch das Verhalten der Brauerei Malz ernsthaft gefährdet. Grundsätzlich ist jedoch in Fällen, in denen der wichtige Grund durch eine Vertragspflichtverletzung begründet wird, zunächst eine Abmahnung an den Schuldner zu richten (§ 314 Abs. 2 S. 1). Dies gilt nur dann nicht, wenn durch das Verhalten der Brauerei die Vertrauensgrundlage des Vertrages so nachhaltig erschüttert worden ist, dass ein Festhalten an dem Vertrag Hopfen nicht zugemutet werden kann oder wenn die Voraussetzungen erfüllt werden, die § 323 Abs. 2 nennt, auf den in § 314 Abs. 2 S. 2 verwiesen wird. Ob hier eine sofortige Kündigung dementsprechend gerechtfertigt ist, erscheint fraglich und ist nur auf Grund aller Einzelheiten des konkreten Falles zu entscheiden. Hopfen ist deshalb zu raten, zunächst die vertragsgerechte Lieferung anzumahnen und eine Kündigung anzudrohen, wenn wiederum die Lieferungen ausbleiben (Rn. 253).

(60) Der Anspruch der Berta auf Rückzahlung des Kaufpreises ergibt sich aus § 346 Abs. 1 i. V. m. § 357 Abs. 1 S. 1, wenn Berta als Verbraucherin (§ 13) ihre zum Ab-

schluss des Kaufvertrages mit Anna als Unternehmerin (§ 14) abgegebene Willenserklärung wirksam widerrufen hat (Rn. 259). Das Recht zum Widerruf kann sich aus § 355 Abs. 1 S. 1 i. V. m. § 312 Abs. 1 S. 1 Nr. 1 ergeben, denn die Vertragsverhandlungen sind in der Privatwohnung der Berta geführt worden. Das Widerrufsrecht ist auch nicht dadurch ausgeschlossen, dass Berta um die Verhandlungen in ihrer Wohnung gebeten hat (vgl. § 312 Abs. 3 Nr. 1). Denn Anna hat durch ihren Telefonanruf bei Berta erst diese Bitte herbeigeführt; es handelt sich folglich um eine sog. provozierte Bestellung, die das Recht des Kunden zum Widerruf unberührt lässt (Rn. 263). In der Fallalternative a) steht jedoch dem Widerrufsrecht der Berta entgegen, dass die von beiden Vertragspartnern zu erbringenden Leistungen sofort bei Abschluss des Vertrages ausgetauscht worden sind und das Entgelt (40,- €) nicht übersteigt (§ 312 Abs. 3 Nr. 2). In der Fallalternative b), bei der die Wertgrenze des § 312 Abs. 3 Nr. 2 von 40,- € überschritten wird, besteht das Recht zum Widerruf noch, weil Anna es unterlassen hat, Berta über ihr Widerrufsrecht zu belehren (vgl. § 355 Abs. 2) und deshalb das Widerrufsrecht nicht erlischt (§ 355 Abs. 3 S. 1, Abs. 4 S. 3) (Rn. 256). Wenn also Berta den Widerruf in Textform (vgl. § 126 b; Rn. 53) oder durch Rücksendung des gekauften Bräunungsgerätes vornimmt (§ 355 Abs. 1 S. 2) (Rn. 255), ist Anna zur Rückzahlung des Kaufpreises verpflichtet.

(61) Die Definition des Fernabsatzvertrages findet sich in § 312 b Abs. 1, ergänzt durch die Vorschrift des Abs. 2. Dem Verbraucher steht bei einem solchen Vertrag ein Widerrufs- oder Rückgaberecht nach Maßgabe des § 312 d zu. Durch § 312 c i. V. m. Art. 246 §§ 1 und 2 EGBGB werden dem Unternehmer Informationspflichten auferlegt (Rn. 264 ff.).

(62) Die Nichtigkeit ist der stärkste Grad der Unwirksamkeit eines Rechtsgeschäfts. Sie tritt unabhängig vom Willen der Beteiligten ein. Die Gründe, die zur Nichtigkeit führen, sind im Gesetz geregelt (Rn. 272).

(63) Grundsätzlich nicht, auch die Bestätigung eines nichtigen Rechtsgeschäfts ist nach § 141 Abs. 1 als erneute Vornahme zu beurteilen. Handelt es sich bei dem nichtigen Rechtsgeschäft um einen Vertrag, dann sind die Parteien bei einer Bestätigung nach § 141 Abs. 2 im Zweifel verpflichtet, einander das zu gewähren, was sie haben würden, wenn der Vertrag von Anfang an gültig gewesen wäre (Rn. 273). Es gibt allerdings (im Gesetz ausdrücklich geregelte) Fälle einer nachträglichen „Heilung" nichtiger Rechtsgeschäfte (vgl. z. B. § 311 b Abs. 1 S. 2).

(64) Der Pachtvertrag ist nach § 581 Abs. 2 i. V. m. § 550 oder – sofern es sich um einen Landpachtvertrag handelt – nach § 585 a, in der gebotenen Form geschlossen worden. Dagegen wurde bei der vertraglichen Regelung über den Verkauf des Grundstücks die in § 311 b Abs. 1 S. 1 bestimmte Form der notariellen Beurkundung nicht beachtet. Deshalb ist die entsprechende Vereinbarung wegen Formmangels nichtig (§ 125 S. 1). Es stellt sich hier die Frage, ob diese Nichtigkeit auch die vertragliche Vereinbarung über die Pacht erfasst. Diese Frage beurteilt sich nach § 139. Die Verpachtung und der Verkauf des Grundstücks sind als einheitliches Rechtsgeschäft i. S. v. § 139 anzusehen. Dafür spricht nicht nur ihre Zusammenfassung in einer Vertragsurkunde (was für sich allein betrachtet noch nicht ausschlaggebend sein kann), sondern auch, dass beide gemeinsam eine sinnvolle Gesamtregelung bilden. Pacht und anschließender Verkauf des Grundstücks sind aufeinander bezogen, und der wirtschaftliche Zusammenhang spricht für den Einheitlichkeitswillen der Parteien (Rn. 275). Da im Vertrag für den Fall der Teilnichtigkeit keine Regelung über die Gültigkeit anderer Teile getroffen wurde, ist nach dem mutmaßlichen Parteiwillen zu entscheiden, ob die Nichtigkeit auch die Pachtvereinbarung umfassen soll. Es ist danach zu fragen, was die Vertragspartner in diesem Fall vereinbart hätten, wenn sie die Möglichkeit einer Teilnichtigkeit bedacht hätten. Da eindeutige Anhaltspunkte fehlen, muss davon ausgegangen werden, dass die Parteien diese Entscheidung in vernünftiger Abwägung der in Betracht zu ziehenden Umstände getroffen hätten (Rn. 274). Nun ist es durchaus

sinnvoll, das Grundstück auch ohne Vereinbarung über den Kauf zu verpachten, und es gibt hier keinen Hinweis darauf, dass ein Vertragspartner die Pacht nur gewollt hätte, wenn auch eine Vereinbarung über den Kauf des Grundstücks getroffen wird. Deshalb ist von der Gültigkeit der Pachtregelung auszugehen.

(65) Die Umdeutung (Konversion) ist die Ersetzung eines gewollten, aber nichtigen Rechtsgeschäfts durch ein anderes, dessen Erfordernisse dem nichtigen Rechtsgeschäft entsprechen (§ 140). Eine derartige Umdeutung kommt nur in Betracht, wenn angenommen werden kann, dass die Parteien sie wollten, wobei das Ersatzgeschäft in seinen rechtlichen Wirkungen nicht weiter reichen darf als das nichtige. Fehlen konkrete Anhaltspunkte, dann muss die Frage nach dem (mutmaßlichen) Parteiwillen auf Grund der Umstände des Einzelfalles entschieden werden; hierbei ist davon auszugehen, dass sich die Parteien von vernünftigen Erwägungen hätten leiten lassen (Rn. 277).

(66) Von einer schwebenden Unwirksamkeit spricht man, wenn es sich zunächst um eine vorläufige handelt und die Frage noch nicht entschieden ist, ob ein Berechtigter durch seine Zustimmung die Unwirksamkeit in eine Wirksamkeit verwandelt oder durch Verweigerung seiner Zustimmung die endgültige Unwirksamkeit herbeiführt (Rn. 278). Bei einer relativen Unwirksamkeit eines Rechtsgeschäfts ergibt sich die Unwirksamkeit nur in Bezug auf bestimmte Personen, während im Verhältnis zu allen anderen das Rechtsgeschäft wirksam ist (Rn. 279).

(67) Rechtsfähigkeit ist die Fähigkeit, Träger von Rechten und Pflichten zu sein (Rn. 283).

(68) Die Fiktion ist eine rechtliche Gleichstellung verschiedener Tatbestände, die der Gesetzgeber in Kenntnis ihrer Ungleichheit vornimmt. Dadurch wird erreicht, dass eine gesetzliche Regelung, die für einen bestimmten Tatbestand gilt, auch auf den durch die Fiktion gleich gestellten übertragen wird. Beispiel: Schweigen des gesetzlichen Vertreters auf die Aufforderung, einen ohne seine Einwilligung vom Minderjährigen geschlossenen Vertrag zu genehmigen, wird nach Ablauf von zwei Wochen nach dem Empfang der Aufforderung durch § 108 Abs. 2 S. 2 der ausdrücklichen Verweigerung gleich gestellt (Rn. 283).

(69) Juristische Personen sind Personenvereinigungen und Zweckvermögen, denen die Rechtsordnung die Fähigkeit zuerkennt, Träger von Rechten und Pflichten zu sein (Rn. 284).

(70) a) Da A in einem lichten Augenblick den Mietvertrag mit C geschlossen hat, ist er gültig. Dies wäre nur anders, wenn bereits im Zeitpunkt des Vertragsschlusses die Betreuung und der Einwilligungsvorbehalt angeordnet worden wären (§ 105 Abs. 1 i.V.m. § 104 Nr. 2; Rn. 291).

b) Obwohl die von A zum Abschluss des Mietvertrages abgegebene Willenserklärung nach § 105 Abs. 2 nichtig ist, könnte der Vertrag partiell (Rn. 294) wirksam sein, wenn er auf ein „Geschäft des täglichen Lebens" i.S.d. § 105a gerichtet ist, das mit geringwertigen Mitteln bewirkt werden kann. Diese letzte Voraussetzung ist auf Grund des regelmäßig recht hohen Preisniveaus für Wohnungsmieten und insbesondere auch wegen der dauernden Verpflichtung zur Mietzahlung offensichtlich nicht erfüllt. Der Mietvertrages ist folglich (vollständig) unwirksam (Rn. 293 f.).

(71) Ein Anspruch des Blümlein auf Bezahlung der Blumengestecke kann sich aus § 433 Abs. 2 ergeben, wenn zwischen ihm und Fix ein Kaufvertrag entsprechenden Inhalts geschlossen worden ist. Die telefonische Bestellung des Fix wäre als Offerte zum Abschluss eines solchen Vertrages zu werten, wenn es sich bei ihr um eine gültige Willenserklärung handelte. Dies ist jedoch zu verneinen. Fix befand sich infolge des Verzehrs von Rauschgift im Zustand einer vorübergehenden Störung der Geistestätigkeit, der eine freie Willensbestimmung ausschloss. Deshalb ist seine Willenserklärung nach § 105 Abs. 2 nichtig (Rn. 291).

(72) Die Fähigkeit, Rechtsgeschäfte wirksam vornehmen zu können, ist bei der beschränkten Geschäftsfähigkeit nach Maßgabe der §§ 107 bis 113 eingeschränkt, bei der Geschäftsunfähigkeit (abgesehen von § 105 a) völlig aufgehoben. Ein Geschäftsunfähiger kann keine wirksamen Willenserklärungen abgeben; für ihn muss sein gesetzlicher Vertreter handeln (Rn. 287). Der beschränkt Geschäftsfähige kann selbstständig nur rechtlich vorteilhafte (und neutrale) Rechtsgeschäfte schließen (§ 107); sonst ist er auf die Zustimmung seines gesetzlichen Vertreters angewiesen (Rn. 295).

(73) Wenn Jung die Offerte zum Abschluss eines Kaufvertrages annimmt, die Reich wirksam – da als solche für Jung nur rechtlich vorteilhaft (vgl. § 131 Abs. 2 S. 2) – an ihn gerichtet hat, ergibt sich für diesen die Verpflichtung zur Zahlung des Kaufpreises (§ 433 Abs. 2). Deshalb sind der Kaufvertrag und die dafür erforderliche Willenserklärung für Jung nicht lediglich rechtlich vorteilhaft. Der wirtschaftliche Vorteil, den Jung aus einem solchen Vertrag ziehen würde, ist unbeachtlich. Diesen Vorteil wird der gesetzliche Vertreter berücksichtigen, wenn er die Frage zu entscheiden hat, ob er den Vertragsschluss des Jung nach § 108 Abs. 1 genehmigen soll. Bis zur Genehmigung ist der Kaufvertrag schwebend unwirksam (Rn. 296, 305). Dagegen ist die Übereignung der Goldmünze wirksam, da es sich dabei lediglich um ein rechtlich vorteilhaftes Geschäft für Jung handelt. Die schwebende Unwirksamkeit des Verpflichtungsgeschäfts ist entsprechend dem Abstraktionsprinzip (Rn. 260) ohne Einfluss auf die Wirksamkeit der Übereignung. Die zur Übertragung des Eigentums an dem von Jung als Kaufpreis gezahlten Geld erforderliche Einigung (§ 929 S. 1) ist dagegen wiederum als ein für Jung rechtlich nachteiliges Geschäft (Verlust des Eigentums) schwebend unwirksam.

(74) Durch die Schenkung als das schuldrechtliche Verpflichtungsgeschäft erwirbt Frieda einen Anspruch auf die unentgeltliche Übertragung des Eigentums an dem Grundstück, ohne selbst Verpflichtungen einzugehen; dieses Rechtsgeschäft ist also lediglich rechtlich vorteilhaft für sie, so dass sie es ohne Einwilligung ihres gesetzlichen Vertreters schließen kann (§ 107) (Rn. 296). Auch die Übereignung des Grundstücks wird von der h. M. als ein rechtlich vorteilhaftes Geschäft angesehen. Dass mit dem Grundstückseigentum öffentlich-rechtliche Pflichten verbunden sind, wertet die h. M. nicht als ein rechtlich nachteiliges Geschäft, weil diese Pflichten jeden Grundstückseigentümer treffen und deshalb als eine inhaltliche Begrenzung des Eigentums angesehen werden, durch die das sonstige Vermögen des Minderjährigen nicht beeinträchtigt wird. Das gleiche soll für eine Belastung des Grundstücks mit einer Hypothek gelten, durch die lediglich der Wert des unentgeltlich Zugewendeten gemindert und nicht eine selbstständige Verpflichtung des Eigentümers geschaffen werde, soweit er nicht persönlich haften müsse. Anders würde die h. M. nur entscheiden, wenn sich für Frieda rechtliche Verpflichtungen und damit rechtliche Nachteile aus einem Miet- oder Pachtverhältnis ergeben, die durch die Übereignung auf Frieda übergehen (§§ 566, 581). Dass solche Verpflichtungen mit dem Grundstückserwerb verbunden sind, lässt sich dem Sachverhalt nicht entnehmen. Von einer im Schrifttum vertretenen Gegenauffassung wird jedoch die h. M. abgelehnt und darauf verwiesen, dass nach dem Normzweck des Minderjährigenrechts so bedeutsame Rechtsgeschäfte wie der Erwerb eines Grundstücks nicht ohne Beteiligung des gesetzlichen Vertreters abgewickelt werden sollten (Rn. 298 f.).

(75) Nach dem Wortlaut des § 107, der auf einen „rechtlichen Vorteil" abstellt, müsste die Frage verneint werden. § 107 ist aber entsprechend dem von ihm verfolgten Zweck, den Minderjährigen vor nachteiligen Folgen eines rechtsgeschäftlichen Handelns zu schützen, dahingehend auszulegen, dass rechtlich neutrale Geschäfte zustimmungsfrei bleiben (Rn. 303).

(76) Der Kaufvertrag zwischen Jung und Handel ist wirksam zustande gekommen; die Minderjährigkeit des Jung steht dem nicht entgegen, da es sich um einen Fall des § 110 handelt. Dass die Eltern des Jung auf die schriftliche Frage nach ihrem Einverständnis mit dem Vertrag nicht antworten, ändert an diesem Ergebnis nichts. Die Vor-

schrift des § 108 Abs. 2 findet auf einen mit Einwilligung des gesetzlichen Vertreters geschlossenen Vertrag keine Anwendung (Rn. 313). Die in § 110 getroffene Regelung stellt eine besondere Form der konkludent erteilten Einwilligung des gesetzlichen Vertreters dar (Rn. 315).

(77) Der Kaufvertrag über das Los ist nach § 110 wirksam. Bei Gegenständen, die ein Minderjähriger mit den ihm zur freien Verfügung überlassenen Mitteln erworben hat, muss jeweils geprüft werden, ob der gesetzliche Vertreter damit einverstanden ist, dass der Minderjährige über sie ebenfalls frei verfügt. Bei dem Wert, den das gewonnene Auto darstellt, muss ausgeschlossen werden, dass die Eltern des Jung damit einverstanden sind, dass er es veräußert und den Kaufpreis nach freiem Belieben verwendet. Deshalb sind die von Jung geschlossenen Kaufverträge über das Auto und die Briefmarkensammlung nach §§ 107, 108 Abs. 1 schwebend unwirksam (Rn. 318).

(78) Die Frage ist aufgrund des § 433 Abs. 1 S. 1 zu bejahen, wenn zwischen Lustig und Dümmlich ein Kaufvertrag über eine Buttercremetorte zum Preis von 1,- € zustande gekommen ist. Lustig hat seine auf den Abschluss dieses Vertrages gerichtete Erklärung zwar nicht ernstlich gemeint, jedoch erkannt, dass sie von Dümmlich ernst genommen wird. Es handelt sich somit nicht um einen Fall des § 118. Bei dem sog. „bösen Scherz" wird die nicht ernst gemeinte Willenserklärung mit der Absicht abgegeben, den Erklärungsempfänger über die Ernstlichkeit zu täuschen und sich später auf die Nichternstlichkeit zu berufen. Auf diesen Fall ist § 116 S. 1 anzuwenden (Rn. 326). Dies hat zur Folge, dass Lustig wirksam die Offerte des Dümmlich zum Abschluss eines entsprechenden Kaufvertrages angenommen hat und zur Lieferung der Torte verpflichtet ist.

(79) Es handelt sich um einen Fall des Erklärungsirrtums, weil die Erklärung des Volz aufgrund einer „technischen Panne" verfälscht wurde und er deshalb etwas erklärte (Kaufpreis 7.000,- €), was er nicht erklären wollte (er wollte als Kaufpreis 8.000,- € angeben). Ein solcher Irrtum berechtigt grundsätzlich nach § 119 Abs. 1 Alt. 2 zur Anfechtung. Diese Anfechtung soll dem Erklärenden die Möglichkeit eröffnen, sich von der Erklärung, die nicht seinem Willen entspricht, zu lösen. Ein schutzwürdiges Interesse an einer Anfechtung ist jedoch nicht anzuerkennen, wenn sich der Anfechtungsgegner bereit erklärt, die Willenserklärung so gelten zu lassen, wie der Irrende sie tatsächlich gewollt hat. Wenn also hier Kunz damit einverstanden ist, den gewünschten Kaufpreis zu zahlen, entfällt das Anfechtungsrecht des Volz (Rn. 331).

(80) Bei der Frage nach der Anfechtbarkeit automatisierter Willenserklärungen kommt es darauf an, ob insoweit gleiche Regeln gelten wie für „normale", also nicht im Wege der elektronischen Datenverarbeitung abgegebene Willenserklärungen. Dazu findet sich die Auffassung, dass sich Programmfehler und Fehler, die bei der Eingabe von Daten entstehen, innerhalb der Willensbildung und nicht bei Abgabe der Willenserklärung ereignen und deshalb als unbeachtlich Motivirrtümer angesehen werden müssten. Die h.M. behandelt dagegen solche Fehler als Fälle eines Erklärungsirrtums (vgl. *LG Berlin* NJW-RR 2009, 132; *Emmerich,* JuS 2005, 560 m.N. zu beiden Auffassungen). Folgt man der h.M., dann ergibt sich folgende Lösung des Falles: Die Einstellung des Notebooks in das Internet mit Preisangabe ist in gleicher Weise wie eine entsprechende Anzeige in einer Zeitschrift als Aufforderung zur Abgabe von Angeboten aufzufassen (anderes allerdings – wirksame Offerte – nach den AGB des Internetportals eBay, vgl. *LG Berlin* a.a.O.). Die Bestellung durch Kunz ist folglich eine Offerte zum Abschluss eines Kaufvertrages zu den Bedingungen der Angaben im Internet. Diese Offerte ist von Handel durch die Bestätigung der Bestellung angenommen worden ist. Die Verfälschung des gewollten und auch zunächst erklärten Kaufpreises in Höhe von 1.200,- € geschah beim Datentransfer und beruht somit in gleicher Weise auf einer technischen Panne wie bei einem Versprechen oder Verschreiben (Rn. 332). Erwägenswert erscheint auch, Fehler beim Datentransfer als Übermittlungsfehler i.S.d. § 120 zu werten, weil die Erklärung durch die zur Übermittlung verwendeten Einrichtung ver-

fälscht worden ist. Das Ergebnis ist in beiden Fällen gleich. Handel kann seine Willenserklärung wegen Irrtums gem. § 119 Abs. 1 Alt. 2 ggf. i. V. m. § 120 anfechten, wobei davon auszugehen ist, dass der Fehler, der bei Abgabe der invitatio ad offerendum Handel unterlaufen ist, im Zeitpunkt seiner auf den Vertragsschluss gerichteten Annahmeerklärung fortwirkte (so auch *BGH* NJW 2005, 976, dessen Entscheidung der Fall nachgebildet worden ist).

(81) Ein Identitätsirrtum ist ein Inhaltsirrtum, bei dem die Erklärung Angaben enthält, die sich auf eine bestimmte Person oder einen bestimmten Gegenstand beziehen, dieser Bezug aber nach dem objektiven Erklärungswert anders zu verstehen ist, als ihn der Erklärende meint. Ein solcher Irrtum berechtigt zur Anfechtung nach § 119 Abs. 1 Alt. 1 (Rn. 333).

(82) Eine Anfechtung wegen Irrtums kommt nur in Betracht, wenn das Versehen beim Aufsetzen der Urkunde dazu geführt hat, dass die Haftung für Sachmängel nicht ausgeschlossen worden ist. Dies ist jedoch nicht der Fall. Schussel und Pfiffig hatten vereinbart, dass Schussel für Mängel des Fahrzeugs nicht haften sollte. Eine solche vertragliche Absprache, die Rechte aus § 437 ausschließt, ist zulässig (arg. e § 444). Sie ist auch Gegenstand ihres Vertrages geworden, weil sie den Haftungsausschluss mündlich vereinbart hatten. Daran ändert nichts, dass beim Aufsetzen der Urkunde diese Vereinbarung versehentlich nicht aufgenommen wurde. Der übereinstimmende Wille der Parteien hat insoweit Vorrang. Dem steht auch nicht die Schriftformklausel entgegen, denn dadurch soll nur bewirkt werden, dass die von den Vertragsparteien ausgehandelten Vereinbarungen, von denen sie annehmen, dass sie in der Urkunde richtig wiedergegeben worden sind, Bestand und Geltung haben. Dass Pfiffig das Versehen bemerkt hatte, ist unbeachtlich; sein Vorbehalt, sich auf eine Gewährleistung zu berufen, ist nach § 116 S. 1 ohne rechtliche Bedeutung (Rn. 336).

(83) Ein Anspruch des Volz auf Nachzahlung ist nach § 433 Abs. 2 nur begründet, wenn ein Kaufvertrag zum tatsächlichen Aktienkurs zustande gekommen ist. Die Vertragsparteien wollten ihrer Preisberechnung den tatsächlichen Aktienkurs zugrunde legen. Eine entsprechende Vereinbarung ist somit getroffen worden. Jedoch kann dies nicht dazu führen, dass deshalb Kunz verpflichtet ist, den höheren Preis zu zahlen. Anders als im Rubelfall (Rn. 337) kann nämlich hier nicht davon ausgegangen werden, dass Kunz auch zum höheren Preis die Aktien gekauft hätte (vielleicht hätte er überhaupt nicht die entsprechenden Mittel gehabt). Aus diesem Grunde muss Kunz das Recht zugestanden werden, sich von der vertraglichen Bindung (Zahlung des höheren Preises) durch Rücktritt vom Vertrag zu lösen. Dieses Recht steht ihm nach § 313 Abs. 2, 3 zu, da der beiderseitige Motivirrtum, in dem sich die Vertragspartner befunden haben, die Geschäftsgrundlage betrifft (Rn. 362) und durch Vertragsanpassung nicht korrigierbar ist (Rn. 367). Tritt Kunz jedoch nicht zurück, muss er den höheren Preis zahlen.

(84) Da Arnold nicht einen halven Hahn (= Brötchen mit Käse), sondern einen halben Hahn (= die Hälfte eines Hahnes) bestellt hat, der Kellner aber "halven Hahn" verstanden hat und eine solche Bestellung bestätigte, ist weder ein Vertrag über ein Käsebrötchen noch über einen halben Hahn zustande gekommen. Denn die Offerte zum Abschluss eines Vertrages über einen halben Hahn ist vom Kellner (als Vertreter des Gastwirts) nicht angenommen worden. Arnold ist also weder zur Annahme der ihm angebotenen Speise noch zu deren Bezahlung verpflichtet. Anders wäre zu entscheiden, wenn Arnold nach der Karte ausdrücklich einen „halven Hahn" in der Meinung bestellt hätte, es handle sich dabei um Geflügel. Dann käme seiner Bestellung in einem Kölner Lokal der objektive Erklärungswert zu, er wolle ein Käsebrötchen haben. Arnold hätte dann das Recht der Anfechtung wegen Inhaltsirrtums, wäre aber zum Ersatz des Vertrauensschadens (§ 122 Abs. 1) verpflichtet.

(85) Zu erwägen ist eine Anfechtung nach § 119 Abs. 1 i. V. m. Abs. 2 wegen Irrtums über eine verkehrswesentliche Eigenschaft des Anton. Ob Vorstrafen einer Person

überhaupt als Eigenschaft angesehen werden können, ist zweifelhaft; jedenfalls lassen sie einen Rückschluss auf Eigenschaften i. S. v. § 119 Abs. 2 zu (Unehrlichkeit, Unzuverlässigkeit) (vgl. Rn. 340). Es kommt somit darauf an, ob diese Eigenschaften als verkehrswesentlich angesehen werden können. Auch wenn man den Begriff der Verkehrswesentlichkeit im engen Sinn auffasst und ihn mit der Vertragswesentlichkeit gleichsetzt (Rn. 345), sind hier die Voraussetzungen für ein Anfechtungsrecht des Handel zu bejahen. Bei dem Vertrag geht es um die Besetzung einer Stelle, bei der es auf die Ehrlichkeit und Zuverlässigkeit des Stelleninhabers besonders ankommt. Ein wiederholt wegen Eigentumsdelikten Vorbestrafter kann für eine solche Stellung nicht für geeignet gehalten werden.

(86) Der Anspruch auf Rückgabe kann auf § 812 Abs. 1 S. 2 Alt. 1 gestützt werden, wenn der rechtliche Grund für die Übertragung des Eigentums und des Besitzes an dem Becher durch Anfechtung der auf den Abschluss des Kaufvertrages gerichteten Willenserklärung des Erb weggefallen ist. Bei dem Alter des Bechers handelt es sich um eine Eigenschaft i. S. v. § 119 Abs. 2, die bei einem Vertrag der geschlossenen Art auch als „verkehrswesentlich" aufgefasst werden muss. Denn Erb verkaufte eine Antiquität, deren Preis ganz wesentlich von dem Alter des Kaufgegenstandes bestimmt wird. Deshalb kann Erb nach § 119 Abs. 1 i. V. m. Abs. 2 seine Willenserklärung zum Abschluss des Kaufvertrages anfechten und Rückgabe und Rückübereignung des Bechers von Alt fordern.

(87) Arnold muss den verlangten Preis nach § 433 Abs. 2 bezahlen, wenn er sich nicht durch Anfechtung von dem Vertrag lösen kann. Die von ihm abgegebene Offerte zum Abschluss eines Kaufvertrages war für die Firma in X-Stadt bestimmt. Durch einen Übermittlungsfehler gelangte sie zu dem falschen Adressaten, der die Offerte als an ihn gerichtet ansehen musste und sie annahm. § 120 kommt auch dann in Frage, wenn der Erklärungsbote (hier die Post) die Willenserklärung einem falschen Empfänger übermittelt. Da die Voraussetzungen dieser Vorschrift hier erfüllt sind, kann Arnold seine Erklärung nach § 120 i. V. m. § 119 Abs. 1 mit der Folge anfechten, dass rückwirkend (§ 142 Abs. 1) seine Willenserklärung und damit auch der Kaufvertrag unwirksam werden (Rn. 348); er ist aber zum Ersatz des Vertrauensschadens (z. B. der Versandkosten) nach § 122 Abs. 1 verpflichtet.

(88) Vertrauensschaden (negatives Interesse) ist der Schaden, der jemandem deshalb entstanden ist, weil er fälschlicherweise auf die Gültigkeit eines Rechtsgeschäfts vertraut hat. Muss er ersetzt werden, dann ist der Geschädigte wirtschaftlich so zu stellen, als habe er nicht auf die Gültigkeit des Rechtsgeschäfts vertraut, mit anderen Worten: er ist so zu stellen, als hätte er niemals etwas von dem angefochtenen Rechtsgeschäft gehört. Soweit ein entgangener Gewinn eine Position im Rahmen des Vertrauensschadens bildet, ist auch dieser zu ersetzen. Als Erfüllungsinteresse (positives Interesse) wird das Interesse an der Erfüllung eines Rechtsgeschäfts bezeichnet. Beim Ersatz des Erfüllungsinteresses ist der Ersatzberechtigte so zu stellen, als wäre das betreffende Rechtsgeschäft ordnungsgemäß erfüllt worden (Rn. 353 ff.).

(89) Die ergänzende Vertragsauslegung dient dem Ziel, eine lückenhafte Vertragsregelung durchführbar zu machen. Bei ihr sind auf der Grundlage von Treu und Glauben und der Verkehrssitte die von den Parteien im Vertrag zugrunde gelegten Wertungen fortzuführen und zu Ende zu denken, um die von den Parteien offen gelassene Frage zu beantworten (Rn. 358 ff.).

(90) Dispositives Recht ist nachgiebig und kann von den Parteien durch abweichende Regelungen ausgeschlossen und ersetzt werden (Rn. 358).

(91) In erster Linie ist nach § 313 Abs. 1 zu versuchen, die vertraglichen Vereinbarungen der veränderten Geschäftsgrundlage anzupassen. Nur wenn eine Anpassung aus rechtlichen oder tatsächlichen Gründen nicht möglich ist oder nicht zu einer interessengerechten Lösung führt, ist dem Benachteiligten das Recht zum Rücktritt, bei Dauerschuldverhältnissen das Recht zur Kündigung zuzugestehen (§ 313 Abs. 3) (Rn. 367).

(92) Groß ist weiterhin zur Lieferung der Fernwärme und des Warmwassers zu den Preisen der Stadtwerke verpflichtet, wenn er nicht wegen einer nachträglichen Äquivalenzstörung eine Änderung seiner vertraglichen Verpflichtung zu erreichen vermag. Die Parteien haben im Vertrag keine ausdrückliche Regelung der Frage getroffen, was geschehen soll, wenn sich Gas- und Heizölpreise auseinanderbewegen. Ob deshalb von einer Lücke im Vertrag zu sprechen ist, die im Wege einer ergänzenden Vertragsauslegung geschlossen werden könnte (Rn. 359), ist sehr zweifelhaft. Es mag sein, dass sie an diese Frage nicht gedacht haben, aber es lässt sich auch nicht ausschließen, dass Kunz auf jeden Fall die Bindung an die Preise der Stadtwerke wünschte, um vor überhöhten Preisforderungen des Groß gesichert zu sein, also eine anders lautende Regelung nicht akzeptiert hätte. Aber selbst wenn von einer Lücke im Vertrag ausgegangen werden müsste, gibt der im Vertrag zum Ausdruck kommende Wille der Parteien nicht genug her, um eine Regelung des offenen Punktes finden zu können (Rn. 360). Denn es geht hier nicht um ein Kündigungsrecht aus wichtigem Grund nach § 314 Abs. 1, sondern um eine Neufestsetzung von Energiepreisen, die Groß wünscht. Es fragt sich deshalb, ob das von Groß gewollte Ziel einer Vertragsänderung wegen Störung der Geschäftsgrundlage gem. § 313 Abs. 1 zu erreichen ist. Auch insoweit bestehen Zweifel, ob sich Kunz redlicherweise auf die Berücksichtigung einer unterschiedlichen Entwicklung der Öl- und Gaspreise im Vertrag hätte einlassen müssen, wenn dies von Groß gewünscht worden wäre (Rn. 362). Entscheidend ist aber, dass selbst dann, wenn dieser Umstand als Geschäftsgrundlage anzusehen wäre, das unveränderte Festhalten an der bisherigen vertraglichen Verpflichtung des Groß bei Berücksichtigung aller Umstände des Falles, insbesondere der vertraglichen Risikoverteilung, nicht unzumutbar erscheint. Allein der Umstand, dass eine Vertragspartei eine künftige Entwicklung falsch einschätzt und deshalb Preisvereinbarungen ihr Verluste zufügen, ist nicht ausreichend, den Grundsatz der Vertragstreue zu durchbrechen. Eine solche Fehlkalkulation fällt grundsätzlich in ihren Risikobereich. Nur wenn für sie schlechthin unerträgliche Ergebnisse eintreten, die ein Festhalten am Vertrag unzumutbar erscheinen lassen, gilt etwas anderes. Diese Voraussetzungen sind hier insbesondere bei Berücksichtigung der Interessen des Kunz, dessen Vertrauen auf den Bestand der vertraglichen Vereinbarungen Schutz verdient, nicht erfüllt. Groß muss also seinen vertraglichen Verpflichtungen unverändert nachkommen (Fall *BGH* NJW 1977, 2262).

(93) Ein Recht des Schussel zur Anfechtung des Kaufvertrages (genauer: seiner auf den Abschluss gerichteten Willenserklärung) nach § 123 Abs. 1 Alt. 1 ist zu bejahen, wenn Klever ihn durch arglistige Täuschung zur Abgabe dieser Erklärung veranlasst hat. Eine Täuschung kann auch durch Unterlassen, durch Verschweigen von Tatsachen, vorgenommen werden, wenn den Täuschenden eine Aufklärungspflicht trifft. Der Verkäufer eines gebrauchten Pkw ist verpflichtet, dem Käufer ungefragt auch Blechschäden mitzuteilen, die ohne bleibende Folgen repariert worden sind. Denn die Kenntnis solcher Schäden ist für den Kaufentschluss bedeutsam (Rn. 374). Da Klever den Unfall kannte und als Gebrauchtwagenhändler auch wusste, dass die Kenntnis eines Unfalls für den Kaufentschluss bedeutsam ist, hat er arglistig, d.h. vorsätzlich, getäuscht (Rn. 377). Schussel hätte, wie sein späteres Verhalten deutlich macht, ohne die Täuschung des Klever den Kaufvertrag nicht geschlossen. Damit sind die Voraussetzungen für eine Anfechtung wegen arglistiger Täuschung erfüllt.

In der Fallalternative könnte es fraglich sein, ob Klever arglistig gehandelt hat. Behauptet ein Kfz-Händler ohne entsprechende Untersuchung und Erkundigung gleichsam ins Blaue hinein, ein Fahrzeug sei unfallfrei, obwohl er damit rechnen muss, dass diese Angaben nicht richtig sind, dann handelt er zumindest mit bedingtem Vorsatz; dies genügt, um eine Arglist zu bejahen (Rn. 377).

(94) Die von seinem Angestellten verübte arglistige Täuschung muss sich Klever zurechnen lassen, ohne dass es auf seine Kenntnis von der Täuschungshandlung ankommt, weil der Angestellte nicht „Dritter" i. S. v. § 123 Abs. 2 ist (Rn. 380 f.).

(95) Die Auskunft, die A über die Unfallfreiheit des Pkw gegeben hat, war falsch. Eine Anfechtung wegen arglistiger Täuschung seitens des K hängt davon ab, ob die Fehlinformation vorsätzlich abgegeben worden ist. Da sich A offenbar auf die ihm zur Verfügung stehenden Unterlagen verlassen hat und wohl auch verlassen konnte, handelte er nicht vorsätzlich. Dies wäre anders, wenn er damit rechnen musste, dass die verfügbaren Unterlagen lückenhaft sind und er deshalb seine Erklärung unfundiert und damit ins Blaue hinein abgegeben hätte; dann hätte er zumindest mit bedingtem Vorsatz gehandelt. Da auf Grund der Sachverhaltsangaben von dieser Möglichkeit nicht ausgegangen werden kann, ist entscheidend, ob die Kenntnis von der fehlenden Unfallfreiheit, die in der anderen Filiale des Verkäufers vorhanden war, dem die Verkaufsgespräche führenden A zuzurechnen sind. Dies ist zu bejahen, weil sich sonst Mängel in der Organisation arbeitsteilig arbeitender Unternehmen zum Nachteil des Vertragspartners auswirken würden. Es ist deshalb von der Pflicht auszugehen, speicherwürdige Tatsachen zumindest eine gewisse Zeit verfügbar zu halten, oder als Folge dieser Pflicht, die Berufung auf ein Nichtwissen hinsichtlich solcher Tatsachen für einzelne Repräsentanten des Unternehmens auszuschließen. Folglich ist die Kenntnis, dass der verkaufte Pkw ein Unfallwagen ist, dem A zuzurechnen, so dass K seine zum Abschluss des Kaufvertrages abgegebene Willenserklärung wegen arglistiger Täuschung anfechten kann (Rn. 378).

(96) Es stellt sich hier die Frage, ob überhaupt von Klein eine wirksame Willenserklärung abgegeben worden ist; denn ist diese Frage zu verneinen, kommt eine Anfechtung nicht in Betracht. Hier befindet sich Klein in einer sein Leben unmittelbar bedrohenden Situation, der er sich nicht entziehen kann und bei der kein Raum für einen eigenen Willensentschluss bleibt. Deshalb ist hier ein Handlungswille und damit eine wirksame Willenserklärung zu verneinen (Rn. 383).

(97) Die Widerrechtlichkeit einer Drohung, die nach § 123 Abs. 1 zur Anfechtung berechtigt, ist zu bejahen, wenn das eingesetzte Mittel als solches rechtswidrig ist oder wenn der angestrebte Erfolg verboten oder sittenwidrig ist oder wenn die Verknüpfung zwischen dem angedrohten (an sich erlaubten) Mittel und dem verfolgten (rechtmäßigen) Zweck als rechts- oder sittenwidrig anzusehen ist (Rn. 385).

(98) Die durch Anfechtung bewirkte Nichtigkeit des Verpflichtungsgeschäfts (§ 142 Abs. 1) bewirkt nicht ohne weiteres, dass auch das entsprechende Erfüllungsgeschäft unwirksam wird (Abstraktionsprinzip). Wenn aber der Anfechtungsgrund auch für das Erfüllungsgeschäft gilt (Fehleridentität), kann das Erfüllungsgeschäft ebenfalls angefochten werden. Bei einer arglistigen Täuschung wird sich der Irrtum häufiger auf das Erfüllungsgeschäft auswirken als in anderen Irrtumsfällen (Rn. 389 ff.).

(99) Der nach dem Kaufvertrag dem Kunz zustehende Anspruch auf Übergabe und Übereignung des Pkw (§ 433 Abs. 1 S. 1) erlischt nach § 275 Abs. 1 (Rn. 395, 398). Kunz hat jedoch einen Anspruch nach § 285 Abs. 1 auf Abtretung der dem Volz zustehenden Ansprüche gegen den Versicherer (Rn. 430). Kunz wird seinerseits von seiner Vertragspflicht zur Zahlung des vereinbarten Kaufpreises (§ 433 Abs. 2) nach § 326 Abs. 1 S. 1 HS 1 frei; dies gilt jedoch nach § 326 Abs. 3 nicht, wenn Kunz den Anspruch nach § 285 Abs. 1 geltend macht; allerdings kann sich der Kaufpreisanspruch mindern, wenn die Höhe des Versicherungsanspruchs niedriger ist als der Wert des Pkw (Rn. 508). Ist der Diebstahl von Volz verschuldet worden, hat er also die in der Nichterfüllung liegende Pflichtverletzung (Rn. 406) zu vertreten (§ 276), dann wird er zwar nach § 275 Abs. 1 von seiner (primären) Leistungspflicht frei, Kunz kann dann aber nach § 280 Abs. 1, 3 i. V. m. § 283 Schadensersatz statt der Leistung fordern, wobei allerdings bei der Schadensberechnung der ersparte Kaufpreis zu berücksichtigen ist (Rn. 533).

(100) Eine Fristsetzung ist in den Fällen des § 281 Abs. 2 entbehrlich (Rn. 412). Auf Besonderheiten des Kaufrechts soll ich hier (noch) nicht eingegangen werden.

(101) Aufgrund des mit Grün geschlossenen Kaufvertrages hat Handel einen Anspruch auf Lieferung von 100 Ztr. Kartoffeln erworben (§ 433 Abs. 1 S. 1). Der Gegen-

stand der Leistung ist nur der Gattung nach (Kartoffeln) bestimmt, folglich handelt es sich um eine Gattungsschuld (Rn. 167). Da sich Grün am Markt Kartoffeln besorgen kann, um seine Vertragspflicht zu erfüllen, scheint die Forderung des Handel berechtigt zu sein. Allerdings ist hier die Besonderheit zu beachten, dass ein Landwirt Kartoffeln regelmäßig nur aus der eigenen Ernte veräußern will (produktbezogener Gattungskauf). Es ist deshalb davon auszugehen, dass von den Vertragsparteien stillschweigend eine Beschränkung auf eigene Erzeugnisse des Grün vorgenommen worden ist (Rn. 415). Sind bei einer beschränkten Gattungsschuld sämtliche Gegenstände aus der beschränkten Gattung untergegangen, dann ist eine Leistung aus dieser „Gattung" nicht mehr möglich. Der Anspruch auf Leistung des Handel ist folglich nach § 275 Abs. 1 ausgeschlossen. Grün ist somit nicht verpflichtet, sich anderweitig Kartoffeln zu besorgen, um sie Handel zu liefern.

(102) Fleißig schuldete nach dem Kaufvertrag, den er mit Groß geschlossen hat, 10 Ballen Baumwollstoff (§ 433 Abs. 1 S. 1). Da die Leistung nur nach Gattungsmerkmalen bestimmt ist, handelt es sich um eine Gattungsschuld und – da hier von einer stillschweigenden Beschränkung auf die eigene Produktion auszugehen ist – um eine beschränkte Gattungsschuld (produktbezogener Gattungskauf). Mit Auswahl der 10 Ballen aus den Lagerbeständen, ihrer Verpackung und Bereitstellung durch den Lagerverwalter des Fleißig ist bei einer Holschuld, um die es sich hier handelt, vom Schuldner alles getan worden, was von seiner Seite zur Erfüllung notwendig ist (vgl. Rn. 172, 177). Deshalb beschränkt sich nach § 243 Abs. 2 das Schuldverhältnis auf die ausgewählten Stoffballen (Rn. 171 f.). Da also die Gattungsschuld zu einer Stückschuld geworden ist (durch Konkretisierung), gilt § 275 Abs. 1, so dass Fleißig von seiner primären Leistungspflicht frei wird. Die in der Nichterfüllung seiner Vertragspflicht liegende Pflichtverletzung (Rn. 406) hat Fleißig nicht zu vertreten, da ihm oder seinen Mitarbeitern kein Sorgfaltsverstoß vorzuwerfen ist (§§ 276, 278), der den Einbruch ermöglichte. Groß kann deshalb auch keinen Schadensersatz nach §§ 280 Abs. 1, Abs. 3, 283 S. 1 beanspruchen.

(103) Schuldhaft ist das Verhalten eines Verschuldensfähigen (Rn. 424), der vorsätzlich oder fahrlässig einer ihm obliegenden Pflicht zuwiderhandelt (Rn. 417), wenn ein Entschuldigungsgrund nicht eingreift (Rn. 424).

(104) Vorsatz ist das Wissen und Wollen der nach dem gesetzlichen Tatbestand maßgeblichen Umstände; der Täter muss wissen, dass er entgegen einer ihn treffenden gesetzlichen oder vertraglichen Pflicht handelt, und dies dennoch bewusst tun (Rn. 418). Fahrlässigkeit ist das Außerachtlassen der im Verkehr erforderlichen Sorgfalt (§ 276 Abs. 2) (Rn. 419). Mit bedingtem Vorsatz handelt der Täter, wenn er den Eintritt des pflichtwidrigen Erfolgs zwar nicht erstrebt, ihn aber sieht und billigend in Kauf nimmt. Die Möglichkeit des Erfolgseintritts vor Augen sagt sich der Täter: „Na wenn schon!". Bei der bewussten Fahrlässigkeit rechnet der Täter zwar auch mit der Möglichkeit einer Pflichtverletzung, vertraut aber in sorgfaltswidriger Weise darauf, dass sie sich vermeiden lässt. Der Täter handelt, weil er glaubt, dass alles schon gut gehen werde; wüsste er genau, dass der pflichtwidrige Erfolg eintritt, würde er – anders als bei einem bedingten Vorsatz – nicht handeln (Rn. 422).

(105) Grundsätzlich ist diese Frage zu verneinen. Denn der Fahrlässigkeitsmaßstab des Zivilrechts ist objektiviert und typisiert. Es wird auf die Fähigkeiten abgestellt, die ein gewissenhafter Vertreter der Gruppe besitzt, zu der derjenige gehört, dessen Verhalten beurteilt werden soll (Rn. 419). Wer jedoch über höhere Fähigkeiten als der „normale" Gruppenvertreter verfügt, z. B. über Spezialkenntnisse, muss sie auch einsetzen, um dem Vorwurf eines Sorgfaltsverstoßes zu entgehen. Insoweit kann es zu einer Korrektur der typischen Anforderungen auf Grund individueller Fähigkeiten kommen (Rn. 421).

(106) Infolge der Unmöglichkeit der von Volz nach dem Kaufvertrag geschuldeten Leistung steht Kunz ein Schadensersatzanspruch statt der Leistung gem. § 283 S. 1 i. V. m. § 280 Abs. 1, 3 zu, weil Volz die Zerstörung des Kfz verschuldet hat und des-

halb die in der Nichtleistung liegende Pflichtverletzung vertreten muss (§ 276 Abs. 1). Da es nicht möglich ist, den Zustand herzustellen, der bestehen würde, wenn der zum Ersatz verpflichtende Umstand nicht eingetreten wäre (§ 249 S. 1), kommt nur eine Entschädigung in Geld in Betracht (§ 251 Abs. 1). Die Entschädigung muss so bemessen werden, dass davon Kunz ein gleichwertiges Fahrzeug erwerben kann. Wenn der Marktpreis gleichwertiger Pkw um 500,- € höher als der mit Volz vereinbarte Kaufpreis liegt, kann Kunz diesen Betrag als Schadensersatz beanspruchen. Bei der ebenfalls geltend gemachten Garagenmiete scheint es sich um „vergebliche Aufwendungen" zu handeln, deren Ersatz nach § 284 in Frage kommt (Rn. 426). Dabei muss jedoch beachtet werden, dass Kunz die gemietete Garage benutzt hätte und die dafür vereinbarte Miete hätte aufwenden müssen, wenn sich Volz vertragsgemäß verhalten hätte. Verlangt Kunz einerseits vermögensmäßig so gestellt zu werden, wie er bei Erfüllung des Vertrages stände, kann er nicht andererseits den Ausgleich von Vermögenseinbußen fordern, die er bei Erfüllung des Vertrags hätte selbst tragen müssen. Beide Ansprüche schließen einander aus. Dies kommt im Gesetz dadurch zum Ausdruck, dass Ersatz vergeblicher Aufwendungen nur „anstelle des Schadensersatzes statt der Leistung verlangt werden kann. Ob Kunz auch eine Entschädigung vermögensmäßiger Nachteile (z. B. Taxikosten, Kosten für ein Mietfahrzeug) fordern könnte, die ihm entstanden, weil er das gekaufte Fahrzeug nicht erhielt, ist nicht zu entscheiden, weil eine entsprechende Forderung von Kunz nicht geltend gemacht wird.

(107) Da der zweite Käufer unbekannt ist und deshalb Alt keine Möglichkeit hat, sich das Gemälde wieder zu beschaffen, handelt es sich um eine (subjektive) Unmöglichkeit, die nach § 275 Abs. 1 einen Anspruch des Konrad auf Leistung ausschließt. Für diese Rechtsfolge ist es unerheblich, dass sich Alt vorsätzlich die Erfüllung seiner Vertragspflicht unmöglich machte (Rn. 416). Dieser Umstand ist nur von Bedeutung für einen Schadensersatzanspruch nach § 280 Abs. 1, Abs. 3 i. V. m. § 283 S. 1 (§ 275 Abs. 4). Jedoch ist Konrad kein ersatzfähiger Schaden entstanden, wenn das Bild den Kaufpreis wert war, denn er hat nunmehr diesen Preis nicht mehr zu zahlen. Dennoch kann Konrad den von Alt erzielten Mehrbetrag beanspruchen, weil es sich dabei um den Ersatz handelt, den Alt infolge des Verkaufs an den Unbekannten, also infolge des Umstandes erhielt, auf Grund dessen er die Leistung nach § 275 Abs. 1 nicht zu erbringen braucht und den K nach § 285 Abs. 1 verlangen kann. Als Ersatz i. S. d. § 285 Abs. 1 gilt nämlich auch das sog. commodum ex negotiatione, also der Veräußerungserlös (Rn. 432).

(108) Im Zeitpunkt des Vertragsschlusses war das Segelboot bereits zerstört. Es handelt sich somit um einen Fall anfänglicher objektiver Unmöglichkeit, dessen Rechtsfolgen in § 311a geregelt sind. Der Gläubiger kann danach nur Schadensersatz vom Schuldner fordern, wenn dieser das Leistungshindernis bei Vertragsschluss entweder kannte oder zumindest hätte kennen können. In dem zu entscheidenden Fall kann es nur darauf ankommen, ob Anton seine Unkenntnis vom Leistungshindernis zu vertreten hat. Abzulehnen ist die Auffassung, dass der Schuldner stets für seine Leistungsfähigkeit einzustehen habe und sich deshalb vor Vertragsschluss vergewissern müsse, ob die geschuldete Leistung auch erbringen könne. Eine solche für eine Garantiehaftung hinaus laufende Einstandspflicht des Schuldners lässt sich § 311a Abs. 2 nicht entnehmen. Auch eine entsprechende Anwendung des § 122, wonach dem Schuldner die Pflicht zum Ersatz des Vertrauensschadens des Gläubigers aufzuerlegen ist, erscheint mit der gesetzlichen Regelung unvereinbar. Es ist somit Anton nicht als sorgfaltswidriges Verhalten vorzuwerfen, dass er nicht noch einmal vor Vertragsschluss die Existenz des Bootes festgestellt hat, nachdem er einen Tag zuvor gemeinsam mit Berthold das Segelboot besichtigt hatte. Da Anton seine Unkenntnis vom Leistungshindernis nicht zu vertreten hat, ist die Schadensersatzforderung des Bertold nicht begründet (Rn. 437 f.).

(109) Alf kann nach § 326 Abs. 5 i. V. m. § 323 Abs. 1 vom Vertrag zurücktreten und sich bei einem anderen Händler eine Stereoanlage kaufen, wenn die von Handel nach

dem mit Alf abgeschlossenen Kaufvertrag zu erbringende Leistung unmöglich geworden ist. Gegenstand des Vertrages war eine Stereoanlage bestimmten Typs. Hierbei handelt es sich um eine Gattungsschuld, bei der die Konkretisierung noch nicht eingetreten ist, weil Handel das zur Leistung seinerseits Erforderliche noch nicht getan hat (§ 243 Abs. 2). Nach dem Vertrag war Handel verpflichtet, die Anlage Alf in dessen Diskothek anzubieten (wenn man einmal von der zusätzlichen Verpflichtung der Installation der Anlage absieht). Handel ist jedoch vorübergehend nicht in der Lage zu liefern. Die geschuldete Leistung ist also vorübergehend unmöglich. Die vorübergehende Unmöglichkeit ist der dauernden dann gleichzustellen, wenn durch eine Leistung nach Behebung des vorübergehenden Hindernisses der Vertragszweck nicht mehr erreicht werden kann und deshalb dem Gläubiger ein weiteres Abwarten nicht zuzumuten ist. Vertragszweck war hier nicht nur, Alf eine Stereoanlage irgendwann zu verschaffen, sondern rechtzeitig zur Eröffnung der Diskothek. Dieser Vertragszweck kann 14 Tage später nicht mehr erreicht werden. Angesichts der Nachteile, die sich hier für Alf bei einer verspäteten Eröffnung seiner Diskothek ergeben (insbesondere Einnahmeausfall), kann ihm nicht zugemutet werden, so lange zu warten, bis Handel liefern kann (Rn. 440). Erwogen kann auch werden, ob es sich hier um ein (relatives) Fixgeschäft handelt (Rn. 443). Da jedoch dann das Ergebnis aufgrund des § 323 Abs. 1 i. V. m. Abs. 2 Nr. 2 gleich wäre, kann eine Entscheidung offen bleiben.

(110) Bei einem absoluten Fixgeschäft kann nach dem Inhalt und dem Zweck des Vertrages die Leistung nur zu einem bestimmten Zeitpunkt erbracht werden; sie ist später nicht nachholbar. Deshalb tritt Unmöglichkeit ein, wenn die Leistung zum vereinbarten Zeitpunkt vom Schuldner nicht bewirkt wird (Rn. 442). Beim relativen Fixgeschäft ist der Zeitpunkt der Leistung für den Gläubiger so wesentlich, dass mit seiner Einhaltung das Geschäft stehen und fallen soll, wenn auch – anders als beim absoluten Fixgeschäft – die Leistung später noch nachholbar ist. In diesem Fall ist der Gläubiger nach § 323 Abs. 1, 2 Nr. 2 zum Rücktritt vom Vertrage berechtigt, wenn die Leistung nicht fristgerecht erbracht wird (Rn. 443).

(111) Die Mahnung ist die einseitige, an den Schuldner gerichtete (empfangsbedürftige) Aufforderung des Gläubigers, die geschuldete Leistung zu erbringen. Aus ihr muss sich klar und eindeutig ergeben, dass der Gläubiger die geschuldete Leistung verlangt und dass die Nichtbeachtung dieser Aufforderung für den Schuldner rechtliche Folgen haben kann (Rn. 448).

(112) Bei der Mahnung handelt es sich um eine geschäftsähnliche Handlung, auf die die Vorschriften über Willenserklärungen entsprechende Anwendung finden. Daraus folgt, dass ein beschränkt Geschäftsfähiger zwar mahnen kann, da ihm die Mahnung nur rechtliche Vorteile bringt (§ 107 analog), aber nicht gemahnt werden kann; die Mahnung muss vielmehr seinem gesetzlichen Vertreter zugehen (§ 131 Abs. 2 analog) (Rn. 449).

(113) Gerät der Schuldner mit seiner Leistung in Verzug, dann kann der Gläubiger neben seinem Anspruch auf Erbringung der vertraglichen Leistung seinen Verzögerungsschaden nach § 280 Abs. 1, 2 i. V. m. § 286 geltend machen (Rn. 456). Wird Geld geschuldet, dann kann der Gläubiger nach § 288 Abs. 1 und 2 i. V. m. § 247 in jedem Fall ohne Nachweis eines Schadens (die Verzinsung der Geldschuld in Höhe von 5 bzw. 8% über dem Basiszinssatz für das Jahr verlangen (Rn. 457). Außerdem kann der Gläubiger vom (synallagmatischen) Vertrag zurücktreten, wenn er erfolglos dem Schuldner eine angemessene Frist zur Leistung bestimmt hat (§ 323 Abs. 1) oder wenn die Fristsetzung nach § 323 Abs. 2 entbehrlich ist (Rn. 505, 520 ff.). Bei einem Rücktritt kann der Gläubiger auch Ersatz des ihm durch die Nichterfüllung entstandenen Schadens fordern (§ 280 I, III, § 281 I 1, § 325) (Rn. 521).

(114) Der Gläubiger kommt in Verzug, wenn er die mögliche Leistung, die ihm der leistungsberechtigte Schuldner zur rechten Zeit, am rechten Ort sowie in der richtigen Menge und Beschaffenheit anbietet, nicht annimmt (Rn. 462, 465).

(115) Ländler kann seinen Anspruch auf Zahlung des vereinbarten Kaufpreises auf § 433 Abs. 2 stützen. Ein gültiger Kaufvertrag ist zwischen ihm und Handel geschlossen worden. Es fragt sich aber, welche Rechtsfolgen es hat, dass Ländler die ihm nach dem Vertrag obliegende Leistung nicht erbracht hat. Grundsätzlich ist der Käufer nur verpflichtet, den Kaufpreis Zug um Zug gegen den ihm anzubietenden Kaufgegenstand zu zahlen (§ 320 Abs. 1), Gegenstand des Kaufvertrages ist eine (beschränkte) Gattungsschuld. In dem Zeitpunkt, in dem die bereitgestellten Gurken gestohlen wurden, ist die Konkretisierung der Gattungsschuld noch nicht eingetreten, weil bei einer Bringschuld, um die es sich hier handelt, Ländler das seinerseits Erforderliche erst getan hat, wenn er sie im Geschäft des Handel diesem angeboten hat (§ 243 Abs. 2) (Rn. 172, 177). Im Zeitpunkt des Diebstahls hat sich jedoch Handel im Annahmeverzug befunden, da das wörtliche Angebot am Telefon aufgrund der Erklärung des Handel, er werde die Leistung nicht annehmen, genügte (§ 295). Nach § 300 Abs. 2 geht die Gefahr des zufälligen Untergangs der geschuldeten Leistung bei einer Gattungsschuld auf den Gläubiger über, wenn er in Annahmeverzug gerät und der Leistungsgegenstand ausgesondert wird und damit genügend bestimmt ist (Rn. 475). Folglich wird Ländler von seiner Pflicht zur Lieferung der Gurken nach § 275 Abs. 1 frei. Er behält aber nach § 326 Abs. 2 S. 1 Alt. 2 seinen Anspruch auf Zahlung des Kaufpreises (Rn. 512). Folglich hat Handel die Gurken zu bezahlen.

(116) Da Glaub die ihm vertragsgerecht angebotene Leistung nicht angenommen hat, gerät er in Gläubigerverzug (Rn. 465). Deshalb kann Schuld nach § 304 Ersatz seiner Mehraufwendungen verlangen, die ihm durch die Aufbewahrung der Waren entstanden sind (Rn. 477). Glaub ist folglich zum Ersatz der Mietkosten verpflichtet. Gleichzeitig ist jedoch Glaub auch Schuldner der Abnahme, denn der Käufer ist nach § 433 Abs. 2 verpflichtet, die gekaufte Sache abzunehmen. Soweit die Voraussetzungen der Schuldnerverzuges erfüllt werden (Rn. 439), kann Schuld die Mietkosten auch als Verzögerungsschaden nach § 280 Abs. 1, 2 i. V. m. § 286 ersetzt verlangen.

(117) Nach der Äquivalenztheorie ist jeder Umstand für den Eintritt eines bestimmten Ereignisses ursächlich, der nicht hinweg gedacht werden kann, ohne dass dann das Ereignis entfällt (Rn. 481). Die Adäquanztheorie bejaht einen Ursachenzusammenhang zwischen einem Verhalten und einem Ereignis nur dann, wenn die Herbeiführung dieses Ereignisses durch das Verhalten nicht außerhalb jeder Wahrscheinlichkeit liegt (Rn. 482).

(118) Mit der Adäquanztheorie wird das Ziel verfolgt, eine Einschränkung und Präzisierung der dem Ersatzpflichtigen zuzurechnenden Schadensfolgen vorzunehmen (Rn. 482). Da jedoch eine angemessene Begrenzung dieser Schadensfolgen auf der Grundlage der Adäquanztheorie nicht gelingt, wird eine Orientierung am Normzweck empfohlen. Es sollen dem Ersatzpflichtigen nur solche Schäden zugerechnet werden, die vom Schutzbereich der anspruchsbegründenden Norm umfasst werden (Rn. 485 ff.).

(119) Ein Schadensersatzanspruch kann Häusler gegen Emsig aus § 280 Abs. 1 zustehen. Dann müsste Emsig eine von ihm zu vertretende Pflichtverletzung begangen haben. Aus dem zwischen Emsig und Häusler geschlossenen Werkvertrag hat sich für Emsig die Pflicht ergeben, bei Durchführung des Vertrages Rücksicht auf die Rechtsgüter des Vertragspartners zu nehmen und ihre Schädigung zu vermeiden. Diese Schutzpflicht (vgl. § 241 Abs. 2) ist durch die Gehilfen des Emsig verletzt worden. Dadurch ist (adäquat kausal) dem Häusler ein Schaden entstanden, zu dessen Vermeidung Emsig durch die genannte Schutzpflicht gerade verpflichtet gewesen ist (Schutzzweck der Norm). Nach § 278 hat Emsig das Verschulden seiner Gehilfen zu vertreten (Rn. 488 f.). Ob daneben Häusler noch gegen Emsig und dessen Gehilfen deliktische Ansprüche zustehen, soll hier offen bleiben.

(120) Die Rechtsgrundlage für die Schadensersatzforderung des Grimm kann § 280 Abs. 1, 3 i. V. m. § 282 bilden. Leicht müsste dann eine ihm nach § 241 Abs. 2 oblie-

gende Pflicht schuldhaft verletzt haben. Nach dieser Vorschrift ist jeder an einem Schuldverhältnis Beteiligte zu Rücksicht auf Rechte, Rechtsgüter und Interessen eines anderen Beteiligten verpflichtet. Ob durch das Rauchen des Leicht die Gesundheit des Grimm gefährdet wird, ist angesichts der Gefährlichkeit des Passivrauchens zwar nicht auszuschließen, erscheint aber wegen der nicht sehr langen Zeit der Anwesenheit des Leicht im Hause des Grimm zumindest fraglich. Jedoch wird man Grimm die Entscheidungsfreiheit darüber zugestehen müssen, ob in seinem Haus geraucht wird. Diese Entscheidungsfreiheit ist als ein durch § 241 Abs. 2 geschütztes Interesse aufzufassen, auf das Leicht Rücksicht zu nehmen hat. Dies tat er trotz wiederholter Abmahnung nicht. Könnten noch Zweifel bestehen, ob durch dieses Verhalten bereits die Grenze der Unzumutbarkeit weiterer Beschäftigung des Leicht überschritten wurde, ist dies auf Grund der Feststellung zu bejahen, dass infolge des Rauchens Möbel beschädigt worden sind. Grimm ist also berechtigt, nach § 324 vom Vertrag mit Leicht zurückzutreten und nach §§ 280 Abs. 1, Abs. 3, 282 Schadensersatz statt der Leistung zu fordern (§ 325). Dies bedeutet, dass er die Erbringung der Leistung durch Leicht ablehnen und verlangen kann, vermögensmäßig so gestellt zu werden, wie er stände, wenn sich Leicht vertragsgemäß verhalten hätte. Da Grimm einen höheren Werklohn für die gleiche Leistung zahlen muss, kann er die Differenz zu dem mit Leicht vereinbarten Werklohn als Schadensersatz auf der Grundlage des § 280 Abs. 1, 3 i. V.m. § 282 fordern (Rn. 491).

(121) Frau Kunz kann aus § 280 Abs. 1 ein Anspruch auf Schadensersatz gegen Reichlich wegen c.i.c. (§ 241 Abs. 2 i.V.m. § 311 Abs. 2) zustehen. Durch das Betreten des Kaufhauses in der Absicht, ein Geschenk für ihre Freundin käuflich zu erwerben, entsteht zwischen ihr und Reichlich ein gesetzliches Schuldverhältnis, aus dem sich Schutz- und Fürsorgepflichten des Reichlich für die Unversehrtheit von Körper und Gesundheit der Frau Kunz ergeben (§ 311 Abs. 2 Nr. 2). Diese Pflicht hat Reichlich dadurch verletzt, dass er den am Boden liegenden Obstrest nicht beseitigte und es deshalb zu dem Unfall und der Verletzung der Frau Kunz gekommen ist. Bei der gegebenen Sachlage ist auch davon auszugehen, dass Reichlich oder seine Mitarbeiter, die für den verkehrssicheren Zustand der Verkaufsräume Sorge zu tragen haben, fahrlässig handelten. Reichlich ist deshalb verpflichtet, Frau Kunz Ersatz der Arztkosten zu leisten (Rn. 495f., 499). Dagegen besteht kein Anspruch aus c.i.c., wenn feststeht, dass sich Frau Kunz ohne jede Kaufabsicht nur deshalb im Kaufhaus aufgehalten hat, um die Zeit bis zur Abfahrt ihres Zuges dort zu verbringen. Denn dann hat sich zwischen Reichlich und ihr kein unmittelbarer geschäftlicher Kontakt ergeben, der nach h. M. zur Entstehung des gesetzlichen Schuldverhältnisses der c.i.c. erforderlich ist (Rn. 496).

(122) Auch in diesem Fall stellt sich die Frage, ob eine Haftung des Kundig aus c.i.c. zu bejahen ist. Kundig und Fleißig haben Vertragsverhandlungen aufgenommen, die ein gesetzliches Schuldverhältnis entstehen ließen, aus dem sich die Pflicht des Kundig ergibt, als Rechtskundiger Fleißig darauf hinzuweisen, dass der „Kaufanwärtervertrag" nach § 311b Abs. 1 S. 1 der notariellen Beurkundung bedarf (Rn. 500). Der deshalb Fleißig zustehende Anspruch auf Schadensersatz kann jedoch nicht dazu führen, dass Kundig Fleißig so stellt, als sei ein formgültiger Vertrag zustande gekommen. Dies würde dem Zweck des § 311b Abs. 1 S. 1 widersprechen. Fleißig kann deshalb von Kundig nur fordern, z. B. durch Ausgleich inzwischen eingetretener Preissteigerungen, finanziell so gestellt zu werden, dass er ein gleichwertiges Objekt erwerben kann (Rn. 505).

(123) In Betracht kommt ein Schadensersatzanspruch wegen c.i.c. Wer Vertragsverhandlungen führt, ist grundsätzlich nach § 311 Abs. 2 Nr. 1 i.V.m. § 241 Abs. 2 verpflichtet, Schäden des Verhandlungspartners zu vermeiden, die diesem infolge des Abbruchs der Vertragsverhandlungen entstehen können. Hier ist aber zu beachten, dass der Kaufvertrag über ein Grundstück nach § 311b Abs. 1 S. 1 der notariellen Beurkundung bedarf und dass diese Formvorschrift bewirkt, die Vertragschließenden vor übereiltem Handeln zu schützen und ihnen eine sachkundige Beratung durch einen

Notar zu sichern. Deshalb darf nicht entgegen diesem Warn- und Schutzzweck ein indirekter Zwang durch die Verpflichtung zum Schadensersatz ausgeübt werden. Nur wenn es nach den gesamten Umständen mit dem Grundsatz von Treu und Glauben schlechthin nicht zu vereinbaren ist, eine Schadensersatzpflicht wegen des Abbruchs der Vertragsverhandlungen zu verneinen, muss der Normzweck der Formvorschrift zurücktreten (so *BGH* NJW 1996, 1884, 1885). Das wäre der Fall, wenn der Ausschluss einer Schadensersatzpflicht zu einer existentiellen Gefährdung des Verhandlungspartners führt. Diese Voraussetzung ist in dem zu entscheidenden Fall offensichtlich nicht erfüllt. Deshalb ist ein Schadensersatzanspruch gegen Häusler allein wegen des Abbruchs der Vertragsverhandlungen nicht begründet (Rn. 502). Allerdings könnte Häusler gegen die Pflicht verstoßen haben, dadurch vermeidbare Schäden des Kunz zu verhindern, dass er es versäumte, ihn vor Antritt der Fahrt nach München über seinen Sinneswandel zu unterrichten. Es kommt also für die Entscheidung darauf an, warum sich Häusler anders entschied und ob er dann noch rechtzeitig Kunz hätte informieren können.

(124) Beim Kaufvertrag trägt die Leistungsgefahr nach § 275 beim Spezieskauf der Käufer, beim Gattungskauf wegen Übernahme des Beschaffungsrisikos (Rn. 414) bis zur Konkretisierung der Verkäufer; die Preisgefahr fällt nach § 326 Abs. 1 grundsätzlich dem Verkäufer zu (Rn. 508). Jedoch gibt es wichtige Ausnahmen, in denen die Gegenleistungsgefahr entgegen der in § 326 getroffenen Regelung nicht dem Schuldner (Verkäufer), sondern dem Gläubiger (Käufer) zufällt.

(125) Beim Annahmeverzug (§ 326 Abs. 2 S. 1 Alt. 2) und beim Versendungskauf (§ 447 Abs. 1) mit Ausnahme des Verbrauchsgüterkaufs (§ 474 Abs. 2) (Rn. 512).

(126) Die Pflicht des Volz, den Lkw Kunz zu übergeben und zu übereignen (§ 433 Abs. 1 S. 1), ist hinsichtlich des zerstörten Kfz nach § 275 Abs. 1 erloschen (Rn. 509). Sein Anspruch auf Zahlung des vereinbarten Kaufpreises mindert sich im Verhältnis des Wertes beider Lkw zum Wert des noch lieferbaren (§ 326 Abs. 1 S. 1 HS 2 i. V. m. § 441 Abs. 3). Dies bedeutet, dass also Kunz gegen Lieferung des noch vorhandenen Lkw 25.000,- € zu zahlen hat. Wenn Kunz bereits den Kaufpreis in voller Höhe entrichtet hatte, kann er Rückzahlung von 25.000,- € gem. § 346 Abs. 1 i. V. m. § 326 Abs. 4 (Rn. 511) fordern.

(127) Nach § 446 S. 1 geht die Gefahr des zufälligen Untergangs mit der Übergabe der Kaufsache auf den Käufer über. Folglich behält Volz auch nach Zerstörung des Kfz seinen Anspruch nach § 433 Abs. 2 (Rn. 512).

(128) Auch beim Platzkauf und beim Transport mit eigenen Leuten und Fahrzeugen findet nach h. M. § 447 Abs. 1 Anwendung (Rn. 512).

(129) Eine Obliegenheit ist ein Gebot, dessen Befolgung zwar nicht erzwungen werden kann, dessen Beachtung aber im Interesse des dadurch Belasteten liegt, weil ihm sonst Rechtsnachteile drohen (Rn. 515).

(130) Der Gläubiger hat es zu verantworten, wenn die Leistung infolge einer schuldhaften Verletzung der ihm nach dem Vertrag zufallenden Pflichten und Obliegenheiten unmöglich wird (Rn. 513 f.).

(131) Das Recht zum Rücktritt vom Kaufvertrag mit Handel kann sich für Arnold aus § 323 Abs. 1 ergeben. Die von Handel noch zu erbringende Leistung war fällig, da umgehende Lieferung von ihm zugesagt war und inzwischen zwei Wochen verstrichen sind. Arnold hat ihm für die Restlieferung eine Frist gesetzt. Bei Berücksichtigung der bisherigen Verzögerung war eine Frist von 10 Tagen angemessen. Nach ergebnislosem Ablauf der Frist konnte Arnold vom ganzen Vertrag zurückgetreten, weil er an der Teilleistungen kein Interesse hatte (§ 323 Abs. 5 S. 1) (Rn. 525). Nach § 346 Abs. 1 hat Arnold die ihm erbrachte Teilleistung an Handel herauszugeben. Dies ist infolge des Diebstahls nicht möglich. Da es sich hier um ein gesetzliches Rücktrittsrecht handelt, ist

Arnold zum Wertersatz nach § 346 Abs. 2 S. 1 Nr. 3 nur verpflichtet, wenn er den Diebstahl dadurch ermöglicht hätte, dass er nicht die in eigenen Angelegenheiten angewendete Sorgfalt beachtet hätte (§ 346 Abs. 3 S. 1 Nr. 3). Dass ihm ein solcher Vorwurf zu machen ist, kann nach der Sachverhaltsschilderung nicht angenommen werden.

(132) Der Schuldner kommt nach h. M. nicht in Verzug, wenn ihm die Einrede nach § 320 zusteht. In diesem Fall tritt der Schuldnerverzug erst ein, wenn der Gläubiger seine Gegenleistung anbietet und der Schuldner daraufhin selbst nicht leistet (Rn. 529). Dagegen muss das Zurückbehaltungsrecht des § 273 vom Schuldner geltend gemacht werden, wenn der Eintritt des Verzuges verhindert werden soll. Befindet sich der Schuldner bereits in Verzug, dann genügt nicht allein die Berufung auf das Zurückbehaltungsrecht, sondern der Schuldner muss dann auch noch seine Leistung dem Gläubiger anbieten, damit die Wirkungen des Verzugs entfallen (Rn. 532).

(133) Der Anspruch des Hetzer kann sich aus § 280 Abs. 1, 3 i. V. m. § 283 ergeben. Da Raser die ihm nach dem Tauschvertrag geschuldete Leistung, die Übergabe und Übereignung seiner Maschine (§ 433 Abs. 1 i. V. m. § 480), nicht zu erbringen vermag und er den Umstand, der zur Unmöglichkeit seiner Leistung führte, verschuldete, es sich also um eine von ihm zu vertretende Pflichtverletzung handelt, ist er zum Schadensersatz statt der Leistung verpflichtet. Hetzer berechnet seinen Schaden nach der Differenztheorie, indem er den Wert seines Motorrades vom Wert der zerstörten Maschine abzieht. Das ergibt den von ihm geforderten Betrag, den er folglich beanspruchen kann (Rn. 533).

(134) Bei einem Stückkauf wird der Kaufgegenstand durch individuelle Merkmale konkret bestimmt, beim Gattungskauf ist der Gegenstand nur der Gattung nach bezeichnet (Rn. 544).

(135) Bei einem Sachkauf trifft den Verkäufer die Pflicht, die Kaufsache dem Käufer zu übergeben und das Eigentum an ihr zu verschaffen (§ 433 Abs. 1 S. 1), und zwar hat der Verkäufer dem Käufer die Sache frei von Sach- und Rechtsmängeln zu verschaffen (§ 433 Abs. 1 S. 2). Der Käufer ist seinerseits verpflichtet, den vereinbarten Kaufpreis zu zahlen und die gekaufte Sache abzunehmen (§ 433 Abs. 2) (Rn. 546).

(136) Gegenstand eines Kaufvertrages können neben Sachen und Rechten (§§ 433, 453) alle verkehrsfähigen Güter sein (Rn. 543).

(137) Das Eigentum an beweglichen Sachen wird durch Einigung zwischen dem Eigentümer und dem Erwerber über den Eigentumsübergang und Übergabe der Sache übertragen (§ 929 S. 1). Ist der Erwerber bereits im Besitz der zu übereignenden Sache, dann genügt nach § 929 S. 2 die bloße Einigung über den Eigentumsübergang. An die Stelle der Übergabe nach § 929 S. 1 können Übergabesurrogate treten, und zwar die Vereinbarung eines Besitzmittlungsverhältnisses (§ 930) oder die Abtretung des Herausgabeanspruchs an den Erwerber, der dem Eigentümer gegen den Besitzer zusteht (§ 931) (Rn. 551 ff.).

(138) Übergabe i. S. v. § 929 S. 1 bedeutet die völlige Aufgabe des Besitzes durch den Eigentümer und die Erlangung des Besitzes durch den Erwerber auf Veranlassung des Eigentümers (Rn. 555). Die Übergabe dient dem Zweck, den Übereignungsvorgang auch Dritten gegenüber erkennbar werden zu lassen (Publizitätsprinzip) (Rn. 552).

(139) Emsig wird in dem Zeitpunkt Eigentümer der Farbe, in dem sein Geselle Fleißig den Farbeimer von Groß erhält. Bei der Einigung über den Eigentumsübergang vertritt Fleißig Emsig (§ 164 Abs. 1). Die Übergabe an Emsig vollzieht sich dadurch, dass der Farbeimer von Groß oder einem seiner Angestellten Fleißig ausgehändigt wird, da dieser als Besitzdiener (§ 855) die tatsächliche Gewalt für seinen Arbeitgeber ausübt (Rn. 553).

(140) Max und Moritz sind aufgrund der Leihe durch ein Besitzmittlungsverhältnis verbunden, nach dem Max mittelbarer Besitzer, Moritz Besitzmittler (unmittelbarer Besitzer) ist (Rn. 554).

(141) Beim Eigenbesitz besitzt eine Person eine Sache als ihr gehörend (§ 872), während beim Fremdbesitz dies gerade mit der subjektiven Einstellung geschieht, dass die Sache nicht im Eigentum des Besitzers selbst, sondern eines anderen steht (Rn. 554).

(142) Ein Besitzmittlungsverhältnis wird durch folgende Merkmale charakterisiert: unmittelbarer Fremdbesitz einer Person, Ableitung des Besitzrechts vom mittelbaren Besitzer, zeitliche Begrenzung der Stellung des unmittelbaren Besitzers und Rückgabeanspruch des mittelbaren Besitzers gegen den unmittelbaren (Rn. 554).

(143) Erich ist durch den Erbfall nicht Eigentümer des Buches geworden; sein guter Glaube an das Eigentum des Erblassers hilft ihm dabei nicht. Nur bei einem rechtsgeschäftlichen Eigentumserwerb kann es einen gutgläubigen Erwerb nach §§ 932 ff. geben. Erich hat also als Nichtberechtigter über das Eigentum des Christoph verfügt, als er es an Bertold veräußerte. Bertold hat jedoch Erich für den Eigentümer des Buches gehalten, ohne dass ihm deshalb der Vorwurf grober Fahrlässigkeit gemacht werden kann (vgl. § 932 Abs. 2). Er hat folglich nach §§ 929 S. 1, 932 Abs. 1 S. 1 Eigentum erworben, wenn das Buch Christoph nicht abhanden gekommen ist (§ 935 Abs 1 S. 1). Da Christoph das Buch Arnold geliehen hatte, hat er freiwillig den unmittelbaren Besitz daran verloren. In die Besitzposition des Arnold ist sein Erbe Erich eingetreten (§ 857). Als Erich das Buch Bertold übergab, verlor Christoph nicht den unmittelbaren Besitz, weil er diesen bereits vorher (freiwillig) aufgegeben hatte. § 935 Abs. 1 steht folglich dem Eigentumserwerb des Bertold nicht entgegen (Rn. 565 ff.).

(144) Das Eigentum an Grundstücken wird durch Einigung des Eigentümers mit dem Erwerber über den Eigentumsübergang (Auflassung) und Eintragung des Erwerbers als neuer Eigentümer im Grundbuch erworben (§§ 873, 925) (Rn. 571).

(145) Grundsätzlich muss der Käufer durch sein Verlangen nach Nacherfüllung (vgl. § 439 Abs. 1) dem Verkäufer Gelegenheit geben, einen vertragsgemäßen Zustand seiner Leistung herbeizuführen (Rn. 590). Jedoch braucht der Käufer in einer Reihe von Fällen dem Verkäufer nicht die vorherige Möglichkeit zur Nacherfüllung einzuräumen, bevor er wegen des Mangels der Sache Rechte geltend macht. So kann er sofort zurücktreten, wenn eine vorherige Fristsetzung nach §§ 323 Abs. 2, 326 Abs. 5 oder 440 entbehrlich ist (Rn. 597). In diesen Fällen ist ihm auch eine Minderung des Kaufpreises nach § 441 ohne vorherige Fristsetzung gestattet (Rn. 599). Schadensersatz kann der Käufer ohne vorherige Fristsetzung fordern, wenn die Voraussetzungen der §§ 280 Abs. 1, 281 Abs. 2 oder § 283 S. 1 oder § 311a Abs. 2 erfüllt sind (Rn. 601). Ebenso ist er dann berechtigt, anstelle des Schadensersatzes statt der Leistung Ersatz vergeblicher Aufwendungen nach § 284 zu beanspruchen (Rn. 607).

(146) Diese Frage ist sehr streitig. Mit der Begründung, der Gesetzgeber habe bei einem Sachmangel dem Käufer grundsätzlich das Recht eingeräumt, nach seiner Wahl Mangelbeseitigung oder Lieferung einer anderen mangelfreien Sache zu fordern und dieses Recht sei nicht auf den Gattungskauf beschränkt, wird die Auffassung vertreten, auch beim Stückkauf könne der Käufer die Lieferung einer anderen Sache verlangen, wenn an die Stelle der gekauften eine andere treten könne, die ihr wirtschaftlich entspreche und deshalb dem Leistungsinteresse des Käufers genüge. Dies sei vor allem bei vertretbaren Sachen (§ 91) der Fall. Dem wird entgegengehalten, es dürfe nicht der von den Parteien bestimmte Gegenstand ausgewechselt werden, weil dadurch in unzulässiger Weise in die Vertragsfreiheit der Parteien eingegriffen werde. Die richtige Lösung in diesem Meinungsstreit dürfte darin bestehen, sorgfältig darauf zu achten, ob überhaupt eine individuell bestimmte Sache verkauft worden ist oder ob nicht die ausgesuchte lediglich eine Art „Muster" darstellt und sie deshalb auch durch eine gleichwertige andere ersetzt werden kann. Ist dies zu bejahen, dann handelt es sich nicht um

Lösungshinweise für die Fälle und Fragen 557

einen Stückkauf, sondern um einen Gattungskauf und die Forderung des Käufers auf Lieferung einer anderen mangelfreien Sache ist berechtigt. Bei einem Stückkauf ist dagegen daran festzuhalten, dass die Austauschbarkeit der durch individuelle Merkmale konkretisierten Kaufsache nicht in Betracht kommen kann (Rn. 591 f.).

(147) Nach § 453 Abs. 1 S. 1 i. V. m. § 433 Abs. 1 S. 1 ist der Verkäufer verpflichtet, dem Käufer das verkaufte Recht zu verschaffen. Der Verkäufer muss also dafür einstehen, dass die verkaufte Forderung besteht. Dagegen haftet der Verkäufer für die Einbringlichkeit (Bonität des Schuldners) nur, wenn er vertraglich eine solche Haftung übernimmt.

(148) Ein Fernsehapparat mit Bildstörungen ist mangelhaft, da er sich nicht für die gewöhnliche Verwendung eignet (§ 434 Abs. 1 S. 2 Nr. 2). K kann folglich nach § 439 Nacherfüllung verlangen (§ 437 Nr. 1). Der Anspruch auf Lieferung eines anderen mangelfreien Gerätes scheint folglich K zuzustehen. Indes hat der Verkäufer das Recht, die vom Käufer gewählte Art der Nacherfüllung zu verweigern, wenn sie nur mit unverhältnismäßigen Kosten möglich ist (§ 439 Abs. 3 S. 1). Welche Kriterien bei Entscheidung der Frage nach der Unverhältnismäßigkeit der Kosten maßgebend sind, wird durch § 439 Abs. 3 S. 2 bestimmt. Es kommt danach unter anderem darauf an, ob auf die andere Art der Nacherfüllung, also hier auf die Mängelbeseitigung, ohne erhebliche Nachteile für den Käufer zurückgegriffen werden kann. Kann durch Austausch eines Einzelteiles der Mangel des Fernsehapparates behoben werden, dann kann K auf die für V wesentlich teurere Alternative, auf die Lieferung eines neuen Gerätes, nicht bestehen. V weigert sich dann mit Recht, dem Wunsch des K nachzukommen, und kann als Nacherfüllung die Beseitigung des Mangels durch Austausch des defekten Teils wählen (§ 439 Abs. 3 S. 3) (Rn. 593).

(149) Die Leistungsgefahr geht beim Kauf nach § 446 S. 1 mit der Übergabe, beim Versendungskauf nach § 447 Abs. 1 mit der Übergabe an die Transportperson auf den Käufer über, es sei denn, es handelt sich bei dem Versendungskauf um einen Verbrauchsgüterkauf, bei dem es bei der Regelung des § 446 S. 1 bleibt (§ 474 Abs. 2 S. 2). Wer die Leistungsgefahr trägt, dem fällt das Risiko zu, dass die Kaufsache aus Gründen verschlechtert wird oder untergeht, die keine der Vertragsparteien zu vertreten hat. Insbesondere folgt daraus, dass der Käufer dann verpflichtet bleibt, den Kaufpreis zu zahlen (Rn. 512). Für die Haftung wegen Sachmängeln kommt es darauf an, ob die Kaufsache die vertraglich geschuldete Beschaffenheit im Zeitpunkt des Gefahrübergangs aufweist (Rn. 582).

(150) In Betracht kommt eine Minderung des Kaufpreises, Rücktritt vom Vertrag und ein Anspruch auf Schadensersatz. Die Lieferung einer zu geringen Menge wird nach § 434 Abs. 3 als ein Sachmangel gewertet, so dass an dem Recht zur Minderung (§ 441) keine Zweifel bestehen können. Die dafür zu erfüllenden Voraussetzungen, insbesondere der erfolglose Ablauf einer angemessenen Frist (Rn. 599), sind gegeben. Hinsichtlich des Rechtes zum Rücktritt – und die gleiche Frage stellt sich auch hinsichtlich des Anspruchs auf Schadensersatz – bedarf es jedoch der Klärung, ob sich diese Rechte auf den gesamten Vertrag, also auch auf die bereits gelieferten 70 Flaschen, oder nur auf die Restlieferung beziehen. V hat seine Leistungen nicht vertragsgemäß erbracht, da sie mangelhaft ist. Dies spricht dafür, K die Berechtigung einzuräumen, nach § 323 Abs. 1 vom gesamten Vertrag zurückzutreten und nach § 280 Abs. 1, 3 i. V. m. § 281 Abs. 1 S. 1 Schadensersatz statt der ganzen Leistung zu verlangen. Andererseits steht dem Gläubiger bei einer Teilleistung das Recht zum Rücktritt vom Vertrag und ein Anspruch auf Schadensersatz statt der Leistung nur zu, wenn er an der Teilleistung, die er erhielt, kein Interesse hat (§ 281 Abs. 1 S. 2, § 323 Abs. 5 S. 1). Ein solcher Interessenwegfall ist wohl kaum hinsichtlich des gelieferten Weines zu bejahen. Es kommt folglich darauf an, ob man wegen der Gleichstellung der „Zuweniglieferung" mit einem Sachmangel die Leistung des Verkäufers als nicht vertragsgerecht i. S. d. § 323 Abs. 1 S. 1 oder als eine „nicht wie geschuldet" bewirkte Leistung i. S. d.

§ 281 Abs. 1 S. 1 ansieht oder als eine Teilleistung wertet. Nach der gesetzlichen Regelung scheinen beide Auffassungen vertretbar (vgl. *Wilmowsky*, Beilage zur JuS 2002, Heft 1, S. 25). Eine Beschränkung der Mängelhaftung auf die Teilleistung entspricht jedoch der Absicht des Gesetzgebers, diese Haftung gleichen Regeln zu unterstellen, wie sie für das allgemeine Leistungsstörungsrecht gelten (vgl. Amtl. Begr. S. 94). Eine solche Lösung erscheint auch interessengerecht. Deshalb kann K nicht vom ganzen Vertrag zurücktreten und Schadensersatz nur hinsichtlich der ausgebliebenen Teilleistung fordern, wenn er sich nicht auf die Minderung des Kaufpreises beschränkt.

(151) Der Käufer ist berechtigt, Nacherfüllung zu verlangen (§ 437 Nr. 1), und zwar kann er grundsätzlich nach seiner Wahl die Beseitigung des Mangels oder die Lieferung einer mangelfreien Sache fordern (§ 439 Abs. 1), sofern nicht die eine oder andere Art der Nacherfüllung unmöglich ist oder der Verkäufer nach § 275 Abs. 2 oder 3 oder § 439 Abs. 3 berechtigt ist, die vom Käufer gewählte Art der Nacherfüllung zu verweigern. Der Käufer kann unter den Voraussetzungen der §§ 323, 326 Abs. 5, 440 vom Vertrag zurücktreten oder nach § 441 den Kaufpreis mindern (§ 437 Nr. 2). Schließlich kann der Käufer gegebenenfalls neben dem Rücktritt auch Schadensersatz beanspruchen (§ 325), wenn die Voraussetzungen der §§ 280, 281, 283, 311 a oder 440 erfüllt werden, oder er kann auch nach § 284 Ersatz vergeblicher Aufwendungen verlangen (§ 437 Nr. 3).

(152) Ein Anspruch auf Rückzahlung des Kaufpreises kann sich nach § 346 Abs. 1 i. V. m. §§ 323 Abs. 1, 437 Nr. 2 ergeben, wenn das Haartonikum mangelhaft ist. Als Sachmangel gilt auch das Fehlen einer Beschaffenheit der gekauften Sache, die nach öffentlichen Äußerungen des Herstellers insbesondere in der Werbung der Käufer erwarten kann (§ 434 Abs. 1 S. 3 i. V. m. S. 2 Nr. 2). Die in dieser Vorschrift gemachte Ausnahme trifft nicht zu, da Simpel die Aussage des Herstellers kannte und sie auch seine Kaufentscheidung beeinflusste. Eine vorherige Fristsetzung ist nicht erforderlich, weil keine Aussicht besteht, dass die Firma Panscher in der Lage ist, eine Ware zu liefern, die den in der Werbung in Aussicht gestellten Erfolg erzielen kann. Deshalb ist eine Fristsetzung unter Abwägung der beiderseitigen Interessen entbehrlich (§ 323 Abs. 2 Nr. 3). Es erscheint durchaus erwägenswert, von einer objektiv unmöglichen Leistung auszugehen und deshalb ein Rücktrittsrecht des K auf § 326 Abs. 5 zu stützen. K kann also den Rücktritt vom Kaufvertrag erklären und Rückzahlung des von ihm bezahlten Kaufpreises verlangen.

(153) Mängel der Kaufsache können sich nur aus Eigenschaften ergeben, die im Zeitpunkt der Übergabe vorhanden sind. Deshalb können Erklärungen über künftige Entwicklungen und Verhältnisse nicht den Gegenstand einer Beschaffenheitsvereinbarung sein. Folglich kann Schussel keine Ansprüche wegen eines Mangels der Kaufsache gegen Listig geltend machen. Zu prüfen ist jedoch, ob Listig im Rahmen einer Garantie die Verpflichtung übernommen hat, dafür einzustehen, dass die genannten Umsatzzahlen erreicht werden (Rn. 627). Das besondere Interesse, dass der Käufer einer Gaststätte an einem bestimmten Umsatz hat und die nachdrückliche Versicherung des Listig, Schussel könne „mit Sicherheit" davon ausgehen, dass der Umsatz im Monat mindestens 10.000,- € erreiche, sprechen dafür, dass es sich nicht lediglich um eine unverbindliche Anpreisung des Kaufobjektes, sondern um die Vereinbarung einer entsprechenden Garantie des Listig gehandelt hat. Ob dies auch Listig wollte, ist angesichts des objektiven Erklärungswerts seines Verhaltens unerheblich (§ 116 S. 1). Schussel kann deshalb nach § 323 Abs. 1 vom Vertrag zurücktreten und (§ 325) Schadensersatz nach § 280 Abs. 1, 3 i. V. m. § 281 S. 1 statt der Leistung fordern, wobei die „besonderen Umstände" eine vorherige Fristsetzung entbehrlich sein lassen (§ 281 Abs. 2 Alt. 2, § 323 Abs. 2 Nr. 3).

(154) Das Gericht wird Volz entsprechend dem Antrag des Kunz verurteilen, wenn dieser wirksam vom Kaufvertrag zurückgetreten ist. Da der defekte Motor einen

Sachmangel darstellt, kann Kunz die in § 437 genannten Rechte geltend machen. Volz verweigerte die im konkreten Fall allein in Betracht kommende Art der Nacherfüllung, die Beseitigung des Mangels (Rn. 591). Deshalb braucht Kunz ihm keine Frist zu setzen, bevor er Rechte wegen des Sachmangels geltend macht (§ 440 S. 1). Kunz hat zunächst den Kaufpreis gemindert, bevor er den Rücktritt vom Vertrag erklärte. Es fragt sich deshalb, ob Kunz an die zunächst gewählte Minderung gebunden ist. Dies ist zu bejahen, denn die Minderung ist ein Gestaltungsrecht (Rn. 598). Zwar lässt die h.M. den Übergang von der Minderung zum Schadensersatz zu, nicht jedoch zum Rücktritt. Deshalb kann Kunz nicht mehr vom Vertrag zurücktreten, sondern hat (nur) einen Anspruch auf Rückzahlung des geleisteten Mehrbetrags nach § 346 Abs. 1 i.V.m. § 441 Abs. 4. Kunz wird also mit seiner Klage keinen Erfolg haben. Welche prozessualen Möglichkeiten ihm zu Verfügung stehen, um wenigstens den von ihm zu beanspruchenden Teil des Kaufpreises zu erhalten, muss hier offen bleiben.

(155) Der gekaufte Pkw wies als unfallgeschädigtes Fahrzeug mit bleibenden Schäden nicht die vertraglich vereinbarte Beschaffenheit (unfallfreies Kfz) auf und ist deshalb nicht frei von einem Sachmangel (§ 434 Abs. 1 S. 1). Weiß kann deshalb vom Vertrag zurücktreten (§ 437 Nr. 2 i.V.m. § 326 Abs. 5), weil die dem Schwarz nach dem Vertrag obliegende Pflicht, das verkaufte Fahrzeug dem Weiß frei von Sachmängeln zu verschaffen, objektiv unmöglich ist und folglich der darauf gerichtete Anspruch des Weiß nach § 275 Abs. 1 ausgeschlossen ist. Es muss allerdings geklärt werden, welche Rechtsfolgen sich daraus ergeben, dass Weiß den Pkw bei einem Unfall erheblich beschädigte. Grundsätzlich hat derjenige, der im Falle des Rücktritts die von ihm zurückzugewährende Sache zurückgeben kann, Wertersatz zu leisten (§ 346 Abs. 2 S. 1 Nr. 3). Jedoch gilt dies im Fall eines gesetzlichen Rücktrittsrechts nicht, wenn die Verschlechterung eingetreten ist, obwohl der Rückgewährschuldner die Sorgfalt beobachtet hat, die er in eigenen Angelegenheiten anzuwenden pflegt (§ 346 Abs. 3 S. 1 Nr. 3). Da Weiß den Unfall nicht verschuldete, ist ihm auch kein Sorgfaltsverstoß vorzuwerfen. Er hat deshalb nur den Pkw in dem Zustand an Schwarz herauszugeben, in dem sich das Fahrzeug nach dem Unfall befindet (§ 346 Abs. 3 S. 2), und zwar Zug um Zug gegen Rückzahlung des Kaufpreises (§§ 346 Abs. 1, 348). Außerdem ist er zum Ersatz der Nutzungen verpflichtet, die er durch den Gebrauch des Pkw gezogen hat (§ 346 Abs. 1).

(156) Es ist zu prüfen, ob Emsig die Arztkosten nach § 280 Abs. 1 i.V.m. § 437 Nr. 3 von Handel verlangen kann. Da der Bohrer nicht die vertraglich vereinbarte Beschaffenheit, seine Eignung zum Bohren in Beton, aufweist, ist er mangelhaft (§ 434 Abs. 1 S. 1), so dass Handel seine Pflicht, dem Käufer eine mangelfreie Sache zu verschaffen (§ 433 Abs. 1 S. 2) nicht erfüllte. Ob Handel die Pflichtverletzung zu vertreten hat – dies wäre zumindest dann zu bejahen, wenn er die gewünschte Beschaffenheit des Bohrers garantierte –, kann jedoch dahin stehen, wenn ein Schadensersatzanspruch des Emsig aus anderen Gründen zu verneinen wäre. Nach § 280 Abs. 1 hat der Schuldner nur solche Schäden zu ersetzen, die durch die Pflichtverletzung entstehen, das heißt, ihm auf Grund der Pflichtverletzung zuzurechnen sind. Zurechenbare Schäden müssen nicht nur durch die Pflichtverletzung adäquat kausal verursacht werden, sondern auch in den Schutzbereich der verletzten Pflicht fallen (Rn. 482, 485 f.). Nicht zweifelhaft kann es sein, dass vom Schutzbereich der Pflicht, eine mangelfreie Sache zu liefern, das heißt hier konkret, ein zum Bohren in Beton geeignetes Werkzeug Emsig zu übergeben, solche Schäden umfasst werden, die deshalb eingetreten sind, weil diese Eignung dem Bohrer fehlte. Hierzu zählen nicht nur Schäden, die am Bohrer selbst entstehen, sondern auch solche, die an anderen Rechtsgütern verursacht werden. Wäre beispielsweise Emsig beim Bohren ausgerutscht und hätte sich verletzt, dann müsste Handel für diesen Schaden einstehen, wenn dafür der Mangel des Bohrers ursächlich gewesen wäre. Dagegen sollen durch die Pflicht, eine mangelfreie Sache dem Käufer zu verschaffen, nicht auch solche Schäden abgewendet werden, die dadurch hervorgerufen werden, dass sich der Käufer über den Mangel ärgert. Derartige Risiken liegen nicht mehr im

Schutzbereich der vertraglichen Pflicht des Verkäufers. Folglich kann Emsig den Ersatz der Arztkosten nicht von Handel verlangen.

(157) Da Eich durch den Diebstahl sein Eigentum nicht verloren hat und er nicht bereit ist, sein Eigentum aufzugeben, ist Viktor außer Stande, entsprechend seiner Verpflichtung als Verkäufer das Eigentum an der Uhr auf Konrad zu übertragen. Es ist streitig, ob die Nichterfüllung der Pflicht des Verkäufers, dem Käufer das Eigentum an der Kaufsache zu verschaffen, zu einem Rechtsmangel führt. Die h. M. verneint dies mit der Begründung, die Eigentumsverschaffungspflicht werde ausdrücklich in § 433 Abs. 1 S. 1 genannt und werde deshalb nicht von § 433 Abs. 1 S. 2 und § 435 erfasst (Rn. 188). Von diesem Standpunkt aus müssen die Rechtsfolgen der Nichterfüllung unmittelbar dem allgemeinen Leistungsstörungsrecht entnommen werden. Dies bedeutet, dass Konrad vom Vertrag zurücktreten (§§ 323, 326 Abs. 5) und ggf. Schadensersatz nach §§ 311a Abs. 2, 325 fordern kann. Macht Konrad diese Rechte geltend, ist er zur Rückgabe der Uhr an Viktor verpflichtet (§ 346 Abs. 1), der seinerseits die Uhr Eich herauszugeben hat. Allerdings kann Eich auch unmittelbar an Konrad herantreten und Herausgabe der Uhr von diesem verlangen (§ 985). Die Ansprüche des Konrad gegen Viktor ändern sich dadurch nicht; nur entfällt selbstverständlich dessen Rückgabepflicht bezüglich der Uhr.

(158) Auf der Grundlage des § 346 Abs. 1 kann Grün Rückzahlung des Kaufpreises verlangen, wenn er wirksam vom Kaufvertrag zurückgetreten ist. In der Rückforderung des Geldes liegt die konkludente Erklärung des Rücktritts (§ 349). Ein Rücktrittsrecht kann sich hier aus § 323 Abs. 1 i. V. m. Abs. 2 Nr. 3, § 437 Nr. 2 ergeben. Die Lieferung eines aliud wird durch § 434 Abs. 3 als Sachmangel gewertet. Eine vorherige Fristsetzung zur Nacherfüllung kommt hier nicht in Betracht, weil durch Lieferung von Tulpenzwiebeln im Frühjahr nicht mehr der Vertragszweck erreicht werden kann und deshalb unter Abwägung der beiderseitigen Interessen der sofortige Rücktritt gerechtfertigt ist. Dass Grün nicht in der Lage ist, die ihm gelieferten Narzissenzwiebeln zurückzugeben, führt nicht dazu, dass er insoweit nach § 346 Abs. 2 S. 1 Nr. 3 Wertersatz leisten muss, weil ihm kein Sorgfaltsverstoß vorgeworfen werden kann (§ 346 Abs. 3 S. 1 Nr. 3).

(159) Als Anspruchsgrundlage ist § 280 Abs. 1, 2 i. V. m. § 286 Abs. 1 in Betracht zu ziehen. Hierfür kommt es darauf an, ob sich Volz mit der von ihm geschuldeten Leistung in Verzug befunden hat. Von den Voraussetzungen des Verzuges (Möglichkeit und Fälligkeit der Leistung, Durchsetzbarkeit der Forderung, Mahnung und Vertretenmüssen der Verspätung, Rn. 439) kann allenfalls fraglich sein, ob Volz gemahnt wurde. Dies ist zu bejahen, denn in dem Nachlieferungsverlangen (§ 439 Abs. 1 i. V. m. §§ 434 Abs. 1, 437 Nr. 1) liegt die unmissverständliche Aufforderung an den Schuldner, die geschuldete Leistung zu erbringen, also eine Mahnung. Die Gewinneinbuße des Kunz stellt auch einen Vermögensnachteil dar, der durch die verspätete Lieferung verursacht wurde und der nach § 286 Abs. 1 vom Schuldner ersetzt werden muss.

(160) Die Anfechtung wegen eines Inhalts- oder Erklärungsirrtums nach § 119 Abs. 1, wegen eines Übermittlungsirrtums nach § 120 und wegen arglistiger Täuschung nach § 123 Abs. 1 Alt. 1 ist ohne jede Einschränkung neben der kaufrechtlichen Regelung über die Haftung für Sachmängel zulässig. Ein Konkurrenzproblem kann sich nur insoweit ergeben, als sich ein Eigenschaftsirrtum i. S. d. § 119 Abs. 2 auf die Beschaffenheit der Kaufsache bezieht, für die der Verkäufer nach dem Kaufvertrag einzustehen hat. Die h. M. schließt eine Irrtumsanfechtung nach § 119 Abs. 2 aus, wenn der Irrtum einen Mangel der Kaufsache betrifft. Sie begründet diese Auffassung damit, dass die Zulassung einer Irrtumsanfechtung in diesen Fällen dazu führe, dem Verkäufer das ihm zustehende Recht zur Mangelbeseitigung zu nehmen und den Käufer gegenüber der Sachmängelhaftung besser zu stellen. Denn ein Käufer könne nach § 442 Abs. 1 S. 2 keine Rechte geltend machen, wohl aber wegen Irrtums anfechten. Solche Unterschiede zur Sachmängelhaftung dürften nicht zugelassen werden (Rn. 620).

(161) Beim Kauf unter Eigentumsvorbehalt erwirbt der Käufer mit der bedingten Übereignung der Kaufsache ein Anwartschaftsrecht auf das Eigentum, das automatisch mit Zahlung des Kaufpreises auf ihn übergeht. Außerdem ist er zum Besitz an der Kaufsache berechtigt. Der Verkäufer hat einen Anspruch auf Zahlung des Kaufpreises, der jedoch entsprechend der regelmäßig getroffenen Stundungsabrede zumindest im Ganzen noch nicht fällig ist. Zahlt der Käufer bei Fälligkeit den Kaufpreis nicht, dann ist der Verkäufer zum Rücktritt vom Kaufvertrag berechtigt, wenn eine von ihm dem Käufer gesetzte angemessene Frist für die Zahlung erfolglos abgelaufen ist (§ 323 Abs. 1). Nach Ausübung des Rücktrittsrechts kann er die Rückgabe der Kaufsache vom Käufer fordern (§ 346 Abs. 1, § 449 Abs. 2). Der Verkäufer kann auch auf die sonst im Falle des Zahlungsverzugs des Käufers bestehenden Rechte zurückgreifen und nach § 280 Abs. 1, 2 i. V. m. § 286 unter den in dieser Vorschrift genannten Voraussetzungen Schadensersatz fordern (§ 325) (Rn. 631 f., 638 ff.).

(162) Bei einer aufschiebenden Bedingung ist der Eintritt der Rechtswirkungen von einem künftigen ungewissen Ereignis abhängig (§ 158 Abs. 1). Bis zum Eintritt der Bedingung befindet sich das Rechtsgeschäft in einem Schwebezustand. Dagegen enden die Wirkungen des Rechtsgeschäfts bei einer auflösenden Bedingung mit ihrem Eintritt (§ 158 Abs. 2) (Rn. 633).

(163) Nach § 388 S. 2 ist es unzulässig, die Aufrechnung unter einer Bedingung zu erklären. Diese Regelung bezweckt, den Erklärungsempfänger vor einer unzumutbaren Ungewissheit zu schützen, die sonst eintreten würde. Dieser Gesichtspunkt trifft jedoch nicht zu, wenn der Eintritt der Bedingung allein vom Erklärungsempfänger abhängt (sog. Potestativbedingung). Eine solche Bedingung ist nach dem Normzweck mit § 388 S. 2 vereinbar und deshalb zulässig (Rn. 635). Die gestellte Frage ist folglich zu bejahen.

(164) Nach einer häufig verwendeten Definition steht dem Erwerber ein Anwartschaftsrecht zu, wenn von einem mehraktigen Entstehungstatbestand eines Rechts schon so viele Erfordernisse erfüllt sind, dass der Veräußerer die Rechtsposition des Erwerbers nicht mehr durch einseitige Erklärung zerstören kann. Allerdings ist zu berücksichtigen, dass diese Beschreibung den Inhalt des Anwartschaftsrechts nur sehr global angibt und nur sehr allgemeine Anhaltspunkte mitteilt (Rn. 638).

(165) In Erfüllung des zwischen K und D geschlossenen Kaufvertrag hat K sein Anwartschaftsrecht, das er auf Grund des Rechtsgeschäfts mit V erworben hat, dem D übertragen. Für die Übertragung des Anwartschaftsrechts gelten die gleichen Regeln wie für das Vollrecht (hier § 929 S. 1). Damit ist D in die Rechtsposition des Anwartschaftsberechtigten eingetreten, wie sie zuvor K inne hatte. Dies bedeutet, dass er mit Bedingungseintritt, d. h. mit völliger Tilgung der Schuld aus dem Kaufvertrag zwischen V und K, Eigentümer des Pkw wird (Rn. 638). Die Vereinbarung zwischen K und D, dass dieser die 6.000,– € zahlen soll, die K dem V schuldet, ändert allerdings nichts daran, dass weiterhin Schuldner des V der K bleibt, weil für einen Schuldneraustausch (Schuldübernahme) gem. § 415 Abs. 1 die Genehmigung des Gläubigers erforderlich ist, die hier von V verweigert wird. Jedoch ist V verpflichtet, die von D angebotene Zahlung des Restkaufpreises anzunehmen, weil er nur dann die Leistung ablehnen darf, wenn der Schuldner, also K, dieser Zahlung widerspricht (§ 267 Abs. 2). Dies tat K nicht, sondern hat im Gegenteil den V darum gebeten, die Zahlung von G anzunehmen. Da durch seine Weigerung V den Eintritt der Bedingung für den Eigentumsübergang auf D grundlos verhinderte, gilt diese Bedingung gem. § 162 Abs. 1 (Rn. 637) als eingetreten. D ist somit Eigentümer des Pkw geworden. Das Eigentum an dem Kfz-Brief steht in entsprechender Anwendung des § 952 dem D ebenfalls zu (vgl. MünchKomm/*Füller*, § 952 Rn. 11). V ist deshalb zur Herausgabe des Briefes verpflichtet.

(166) Der geschlossene Kaufvertrag verpflichtet Handel zur Lieferung des bestellten Weines und Anton zur Zahlung des Kaufpreises (§ 433). Der Anspruch des Anton kann

jedoch nach § 275 Abs 1 ausgeschlossen sein, wenn die von Handel geschuldete Leistung unmöglich geworden ist. Bei dem gekauften Wein handelt es sich um eine Gattungsschuld. Durch die Übergabe der Weinflaschen an die Transportperson hat Handel das seinerseits Erforderliche zur Erfüllung seiner Schuld getan und damit die Konkretisierung bewirkt (§ 243 Abs. 2). Da die geschuldeten Weinflaschen nicht mehr auffindbar sind, wurde Handel die Leistung unmöglich und er ist deshalb von seiner Verpflichtung zur Lieferung des Weines frei geworden. Nach § 447 Abs. 1 geht die Gegenleistungsgefahr beim Versendungskauf mit der Übergabe der Kaufsache an die Transportperson auf den Käufer über (Rn. 512). Diese Vorschrift findet jedoch bei einem Verbrauchsgüterkauf keine Anwendung (§ 474 Abs. 2 S. 2). Handel als Unternehmer (§ 14) und Anton als Verbraucher (§ 13) schlossen einen solchen Kauf (§ 474 Abs. 1). Deshalb trägt die Gegenleistungsgefahr Handel, weil nach § 326 Abs. 1 sein Anspruch auf den Kaufpreis entfällt (Rn. 642). Es sei noch darauf hingewiesen, dass die Vorschriften über Fernabsatzverträge hier keine Anwendung finden, weil dies nach § 312b Abs. 1 voraussetzt, dass der Vertragsschluss im Rahmen eines für den Fernabsatz organisierten Vertriebs- oder Dienstleistungssystems erfolgt und gelegentliche telefonische Vertragsschlüsse nicht darunter fallen.

(167) Es handelt sich um einen Sachdarlehensvertrag nach § 607, nicht um eine Leihe, weil Frau Nett das „geliehene" Mehl verbraucht, es also nicht mehr zurückgeben kann (vgl. § 604 Abs. 1 und § 607 Abs. 1 S. 2; Rn. 655).

(168) Die Frage ist für ein Darlehen zu bejahen, für das Zinsen geschuldet werden, zu verneinen bei einem zinslosen Darlehen (Rn. 652).

(169) Grundsätzlich können Mietverträge formfrei geschlossen werden. Nur für Mietverträge über Wohnraum (§ 550), über Räume, die keine Wohnräume sind (§ 578 Abs. 2) und über Grundstücke (§ 578 Abs. 1) ist die Schriftform einzuhalten, wenn der Vertrag für eine längere Zeit als ein Jahr geschlossen wird. Wird diese Form nicht beachtet, dann gilt der Vertrag als für unbestimmte Zeit geschlossen, wobei die Kündigung nicht für einen früheren Zeitpunkt als zum Schluss des ersten Jahres zulässig ist (Rn. 658).

(170) Der Mieter kann Beseitigung des Mangels fordern (§ 535 Abs. 1 S. 2) und unter den Voraussetzungen des § 536a II den Mangel selbst beseitigen und Ersatz der erforderlichen Aufwendungen vom Vermieter beanspruchen. Ist durch den Mangel die Tauglichkeit der Mietsache zum vertragsmäßigen Gebrauch aufgehoben, dann ist der Mieter, solange dieser Zustand dauert, von der Pflicht zur Entrichtung des Mietzinses befreit, für die Zeit, während deren die Tauglichkeit gemindert ist, nur zur Entrichtung eines geminderten Mietzinses verpflichtet (§ 536 Abs. 1). Der Mieter kann auch unter den Voraussetzungen des § 536a Abs. 1 Schadensersatz verlangen. Schließlich steht dem Mieter wegen des Mangels auch das Recht zu, den Mietvertrag fristlos zu kündigen, wenn die Voraussetzungen des § 543 oder des § 569 erfüllt werden. Diese Rechte kann der Mieter nebeneinander geltend machen; er kann z.B. gleichzeitig nach § 536 den Mietzins mindern und nach § 536a Schadensersatz fordern sowie nach §§ 543, 569 kündigen.

(171) Als Rechtsgrundlage für die geltend gemachten Schadensersatzansprüche kommt die Vorschrift des § 536a Abs. 1 Alt. 1 in Betracht. Der Fehler in der Stromleitung mindert die Tauglichkeit der gemieteten Wohnung erheblich. Es handelt sich folglich dabei um einen Mangel i. S. d. § 536 Abs. 1. Nach der Sachverhaltsschilderung ist auch davon auszugehen, dass dieser Mangel bereits im Zeitpunkt des Abschlusses des Vertrages vorhanden war. Bei den entstandenen Schäden handelt es sich um sog. Mangelfolgeschäden. Die Vorschrift des § 536a Abs. 1 Alt. 1 ist nach ihrem Normzweck auch auf derartige Mangelfolgeschäden auszudehnen. Miez kann folglich Schadensersatz für die beim Brand zerstörten Möbel fordern. Frau Miez ist nicht Vertragspartner des Verz. Dennoch kann auch sie nach § 536a Abs. 1 Alt. 1 Ersatz ihres Schadens verlangen. Denn der Schutz, der durch diese Vorschrift gewährt wird, gilt auch zugunsten

Lösungshinweise für die Fälle und Fragen

solcher Personen, die die Leistungen des Vermieters erkennbar in gleicher Weise in Anspruch nehmen wie der Gläubiger (Rn. 662 f.).

(172) Soweit sich wegen fehlerhafter Informationen über Eigenschaften der Kaufsache Ansprüche aus § 536 oder § 536 a ergeben, kommt eine Haftung aus c. i. c. grundsätzlich nicht in Betracht. Eine Ausnahme gilt nur, wenn der Vermieter vorsätzlich falsche Angaben macht. Da die §§ 536, 536 a erst anwendbar sind, wenn die Mietsache übergeben worden ist, haftet der Vermieter vor der Übergabe für falsche Informationen nach den Regeln der c. i. c. (Rn. 664).

(173) Ist ein Mietverhältnis für einen bestimmten Zeitraum geschlossen worden, dann endet es regelmäßig mit Ablauf dieser Zeit (§ 542 Abs. 2). Ist eine Mietzeit nicht bestimmt, so kann jede Vertragspartei das Mietverhältnis nach den gesetzlichen Vorschriften kündigen (§ 542 Abs. 1) und damit beenden. Nach der gesetzlichen Regelung ist zwischen einer ordentlichen, einer außerordentlichen befristeten und einer außerordentlichen fristlosen Kündigung zu unterscheiden. Außerordentliche Kündigungen verlangen regelmäßig einen Kündigungsgrund (vgl. § 543). Zu beachten ist, dass für die Wohnraummiete das Recht des Vermieters zur Kündigung erheblich eingeschränkt ist (vgl. §§ 568 ff. i. V. m. § 549) (Rn. 667).

(174) Beim Leasing sind zwei Grundtypen zu unterscheiden: Das Operating Leasing, bei dem der Leasinggeber dem Leasingnehmer eine Sache zum Gebrauch überlässt und der Leasingnehmer dafür ein Entgelt zahlt (weitgehend dem Mietvertrag angenähert), und das Financial Leasing, bei dem regelmäßig drei Personen beteiligt sind; der Leasinggeber erwirbt den Leasinggegenstand vom Produzenten oder Händler und überlässt ihn zur Nutzung dem Leasingnehmer gegen Entgelt. Der Vertrag wird beim Financial Leasing meist für eine bestimmte Zeit geschlossen, die sich an der gewöhnlichen Nutzungsdauer des Leasinggegenstandes orientiert (Rn. 668).

(175) Diese Unterscheidung hat erhebliche praktische Bedeutung. Zwar gelten auch für Arbeitsverträge die §§ 611 ff., jedoch werden sie durch eine Vielzahl arbeitsrechtlicher Sonderregelungen modifiziert und ergänzt, die dazu geführt haben, dass sich das Arbeitsrecht zu einem eigenständigen Bereich des Zivilrechts entwickelt hat. Beispielsweise gelten für Dienstverpflichtete in Arbeitsverhältnissen (hier Arbeitnehmer genannt) Haftungsmilderungen, die im Rahmen freier Dienstverträge keine Anwendung finden können (Rn. 671).

(176) Dienstvertrag und Werkvertrag unterscheiden sich in der theoretischen Betrachtung darin, dass beim Werkvertrag ein bestimmter Erfolg geschuldet wird und der Unternehmer das vereinbarte Entgelt zu fordern nur berechtigt ist, wenn er diesen Erfolg erbringt, während beim Dienstvertrag Dienste geschuldet werden und das Entgelt dafür unabhängig davon gewährt werden muss, ob die Tätigkeit erfolgreich ist (Rn. 674).

(177) Beim Werkvertrag bedeutet Abnahme eines Werkes sowohl die körperliche Entgegennahme als auch eine damit verbundene (auch konkludent abzugebende) Erklärung des Bestellers, dass er das Werk als eine in der Hauptsache vertragsgerecht erbrachte Leistung anerkenne (Rn. 678).

(178) Der Besteller ist berechtigt, die Nacherfüllung zu fordern (§ 634 Nr. 1 i. V. m. § 635). Der Besteller kann den Mangel selbst beseitigen und Ersatz der dafür erforderlichen Aufwendungen verlangen, wenn er erfolglos eine angemessene Frist zur Nacherfüllung dem Unternehmer gesetzt hat und dieser nicht berechtigt ist, die Nacherfüllung zu verweigern (§ 637). Unter den Voraussetzungen der §§ 323, 326 Abs. 5 oder 636 kann der Besteller wegen des Mangels vom Vertrag zurücktreten oder nach § 638 die Vergütung mindern. Nach §§ 280, 281, 283, 311 a, 636 steht ihm auch ein Schadensersatzanspruch zu. Der Besteller kann die Zahlung der vereinbarten Vergütung verweigern, bis der Unternehmer ein mangelfreies Werk hergestellt hat (vgl. § 320, § 641 Abs. 1) (Rn. 683 ff.).

(179) Erleidet der Beauftragte bei der Durchführung des Auftrages einen Schaden, dann haftet der Auftraggeber nach § 280 Abs. 1, wenn der Schaden von ihm durch eine schuldhafte Vertragsverletzung herbeigeführt worden ist. Handelt es sich um einen Zufallsschaden, dann ist eine Ersatzpflicht zu bejahen, wenn der Schaden auf einer für den Auftrag eigentümlichen erhöhten Gefahr und nicht auf dem allgemeinen Lebensrisiko beruht (Rn. 692 f.).

(180) Die GoA ist zu unterscheiden von der irrtümlichen Eigengeschäftsführung, bei der das Bewusstsein und demzufolge auch der Wille, ein fremdes Geschäft zu führen, fehlen (§ 687 Abs. 1), und der Geschäftsanmaßung, bei der zwar das Bewusstsein vorhanden ist, ein fremdes Geschäft zu führen, jedoch nicht der Wille (Rn. 696). Innerhalb der GoA kommt es darauf an, ob die Geschäftsbesorgung dem Interesse und dem wirklichen oder mutmaßlichen Willen des Geschäftsherrn entspricht (dann berechtigte GoA) oder nicht (dann unberechtigte GoA) (Rn. 697).

(181) Ein Anspruch des Gut auf Ersatz der ihm entstandenen Kosten kann auf § 683 S. 1 i. V. m. § 670 gestützt werden, wenn die Voraussetzungen einer berechtigten GoA erfüllt sind. Der Begriff der Geschäftsbesorgung ist im weitesten Sinn zu verstehen. Auch das Zurverfügungstellen von Decken und Verbandszeug genügt hierfür (Rn. 700). Da es sich um ein Geschäft des Wund handelt, also um ein für Gut fremdes Geschäft, er auch ohne ein besonderes Geschäftsbesorgungsverhältnis oder aufgrund einer sonstigen Berechtigung tätig wird, ein Fremdgeschäftsführungswille anzunehmen ist und die Geschäftsführung auch dem Interesse und zumindest dem mutmaßlichen Willen des Wund entspricht, steht Gut ein entsprechender Ersatzanspruch zu.

(182) Ein Anspruch auf Schadensersatz aus § 823 Abs. 1 scheitert am fehlenden Verschulden des Anton. Eine verschuldensunabhängige Haftung kann sich aus § 7 Abs. 1 StVG ergeben, wenn der Unfall nicht durch höhere Gewalt verursacht worden ist (§ 7 Abs. 2 StVG). Auf diesen Haftungsgrund soll jedoch nicht näher eingegangen werden, weil die damit zusammenhängenden Fragen im Grundkurs nicht behandelt werden. In Betracht kommt ein Anspruch aus § 670 i. V. m. § 683 S. 1. Dann müsste es sich bei der Entfernung der Schrottteile um die Besorgung eines Geschäftes des Anton gehandelt haben, das Eich mit Fremdgeschäftsführungswillen geführt hat, wobei diese Geschäftsführung dem Interesse und Willen des Anton entsprochen haben muss (Rn. 699, 706). Die Entfernung von Schrottteilen aus dem eigenen Garten ist sicherlich eine Aufgabe des Eigentümers. Jedoch wird die Fremdheit des Geschäfts nicht dadurch ausgeschlossen, dass der Geschäftsführer mit der Geschäftsbesorgung eigene Interessen verbindet (Rn. 702). Die Schrottteile im Vorgarten des Eich führten zu einer Beeinträchtigung seines Eigentums, zu deren Beseitigung Anton verpflichtet gewesen ist (vgl. § 1004 Abs. 1). Deshalb erledigt Eich zugleich auch ein Geschäft des Anton, wobei nach den Umständen des Falles davon auszugehen ist, dass er dies auch wollte. Da Anton durch das Tätigwerden des Eich von einer eigenen Verpflichtung befreit worden ist, entspricht die Geschäftsführung auch seinem Interesse, weil sie für ihn objektiv nützlich ist (Rn. 707). Da Anton seinen Willen nicht geäußert hat, kommt es auf seinen mutmaßlichen Willen an, der im objektiven Sinn zu verstehen ist und der regelmäßig mit dem Interesse des Geschäftsherrn übereinstimmt (Rn. 708). Somit sind alle Voraussetzungen für eine berechtigte GoA erfüllt, so dass Eich wie ein Beauftragter Ersatz seiner Aufwendungen verlangen kann, die ihm durch die Beseitigung der Schrottteile entstanden sind.

(183) Hier kommt es auf die Frage an, ob auf die Regeln der GoA auch dann zurückgegriffen werden kann, wenn der Geschäftsführer aufgrund eines mit dem Geschäftsherrn geschlossenen Vertrages tätig werden will, dessen Nichtigkeit den Vertragspartnern nicht bekannt ist. Diese Frage wird unterschiedlich beantwortet. Der *BGH* bejaht die Anwendbarkeit der §§ 677 ff. in diesen Fällen, während im Schrifttum darauf hingewiesen wird, dass bei der Rückabwicklung fehlgeschlagener Leistungen aufgrund nichtiger Rechtsgeschäfte den §§ 812 ff. der Vorrang vor den Vorschriften über die GoA einzuräumen ist (Rn. 705).

(184) Eine Geschäftsführung ist berechtigt, wenn sie dem wirklichen Willen des Geschäftsherrn entspricht. Nur in den Fällen des § 679 ist ein entgegenstehender Wille des Geschäftsherrn unbeachtlich. Ist der wirkliche Wille des Geschäftsherrn nicht geäußert worden, dann kommt es auf den mutmaßlichen Willen an. Es ist danach zu fragen, ob ein vernünftiger Geschäftsherr bei Berücksichtigung aller Umstände und seiner besonderen Lage die Geschäftsführung gewollt hätte. Im Regelfall stimmt der mutmaßliche Wille mit dem objektiven Interesse des Geschäftsherrn überein (Rn. 706 ff.). Bei einer berechtigten GoA entsteht zwischen Geschäftsherrn und Geschäftsführer ein gesetzliches Schuldverhältnis im Sinne einer auftragsähnlichen Rechtsbeziehung, die einen Rechtfertigungsgrund für Eingriffe in Rechtsgüter des Geschäftsherrn und einen Rechtsgrund für Vermögensverschiebungen schafft, die ferner dem Geschäftsführer Pflichten nach § 677 und § 681 auferlegt und ihm einen Anspruch nach § 683 auf Ersatz seiner Aufwendungen in gleicher Weise wie einem Beauftragten gibt (Rn. 711 ff.).

(185) Bei einer berechtigten GoA besteht ein entsprechender Anspruch aufgrund § 670, § 683 S. 1 (Rn. 715). Hier stellt sich die Frage, welche Rechtsfolgen es hat, dass sowohl Geschäftsführer als auch Geschäftsherr minderjährig sind. Ist der Geschäftsherr beschränkt geschäftsfähig, dann entscheidet über die Berechtigung der GoA nicht sein Wille, sondern der seines gesetzlichen Vertreters. Insoweit ergeben sich keine Zweifel, dass die von Max geleistete Hilfe auch mit dem mutmaßlichen Willen der Eltern des Moritz übereinstimmt. Ob der minderjährige Geschäftsführer nach den Regeln der §§ 677 ff. nur dann berechtigt und verpflichtet ist, wenn sein gesetzlicher Vertreter zustimmt, ist streitig. Sieht man in der GoA eine geschäftsähnliche Handlung, dann muss diese Frage bejaht werden. Die Gegenauffassung weist darauf hin, dass die GoA auch nur in einem tatsächlichen Tun bestehen könne, bei dem jede Bezugnahme auf Rechtliches fehle; dementsprechend hält sie für das Zustandekommen des auftragsähnlichen Rechtsverhältnisses der GoA eine Zustimmung des gesetzlichen Vertreters nicht für erforderlich (Rn. 710). Schließt man sich dieser Ansicht an, dann steht Max auch ohne Zustimmung seiner Eltern zur GoA ein Anspruch auf Kostenersatz zu.

(186) Nach § 683 S. 1 kann ein Geschäftsführer im Rahmen einer berechtigten GoA, deren Voraussetzungen hier erfüllt sind, Ersatz seiner Aufwendungen „wie ein Beauftragter" verlangen. Ein Beauftragter kann jedoch eine Vergütung für seine Tätigkeit nicht fordern. Dies spricht dafür, dass das Gleiche auch im Rahmen der GoA gilt. Die h. M. macht jedoch aufgrund des Rechtsgedankens des § 1835 Abs. 3 in dem Fall eine Ausnahme, in dem die ausgeführte Tätigkeit zum Gewerbe oder Beruf des Geschäftsführers gehört. Dementsprechend könnte Hilfreich als Arzt, jedoch nicht Emsig, der eine berufsfremde Tätigkeit mit der Hilfeleistung erbracht hat, eine Vergütung beanspruchen. Zu einem gleichen Ergebnis gelangt man, wenn man auf der Grundlage des hypothetischen Parteiwillens eine Lösung sucht und fragt, ob die Parteien ein Entgelt vereinbart hätten, wenn ihnen eine vertragliche Verabredung möglich gewesen wäre. Da üblicherweise ärztliche Leistungen der erbrachten Art vergütet werden, dagegen andere Hilfeleistungen bei Verkehrsunfällen nicht, ist auch davon auszugehen, dass bei vernünftiger Überlegung die Beteiligten eine entsprechende Vereinbarung getroffen hätten. Die Entscheidung fiele dagegen anders aus, wenn man im Rahmen der GoA dem Geschäftsführer stets eine angemessene Vergütung für die Geschäftsbesorgung zubilligen wollte. Diese Auffassung wird im Schrifttum vertreten und teilweise mit der Entstehungsgeschichte des § 683, teilweise mit der Erwägung begründet, die Arbeitskraft des einzelnen sei seine wichtigste Erwerbsgrundlage und deshalb sei ihr Einsatz ein freiwilliges Vermögensopfer, das als Aufwendung zu werten sei (Rn. 716).

(187) Nach h. M. hat der Geschäftsherr Zufallsschäden des Geschäftsführers nach § 683 S. 1 i. V. m. § 670 zu ersetzen, die auf einer für das besorgte Geschäft eigentümlichen erhöhten Gefahr und nicht auf dem allgemeinen Lebensrisiko beruhen (Rn. 715). Zufallsschäden sind solche Vermögenseinbußen, die weder vom Geschäftsherrn noch vom Geschäftsführer zu vertreten sind. Hilfreich hat den Unfall infolge leichter Fahr-

lässigkeit verursacht. Da jedoch die Geschäftsführung die Abwendung einer Wund drohenden dringenden Gefahr bezweckte, hat Hilfreich nach § 680 nur Vorsatz und grobe Fahrlässigkeit zu vertreten (Rn. 721). Da die Geschäftsführung auch die Benutzung eines Pkw erforderlich sein ließ, handelt es sich bei dem Unfall nicht um die Realisierung des allgemeinen Lebensrisikos, sondern um die einer spezifischen Gefahr der Geschäftsbesorgung. Wund ist deshalb verpflichtet, die Reparaturkosten Hilfreich zu ersetzen.

(188) Der Anspruch des A auf Zahlung der als Miete eingenommenen 10.000,- € kann sich auf § 667 i. V. m. § 687 Abs. 2 stützen. B hat mit der Vermietung des Hauses des A ein fremdes Geschäft als eigenes behandelt, obwohl er wusste, dass er dazu nicht berechtigt gewesen ist. Folglich ist B verpflichtet, alles herauszugeben was er aus der Geschäftsbesorgung erlangt hat. Dies sind 10.000,- €. Ob dieser Betrag der marktüblichen Miete entspricht, ist unerheblich. Da A Herausgabe des aus der Geschäftsbesorgung Erlangten fordert, ist er seinerseits verpflichtet, dem Geschäftsführer die Aufwendungen nach den Regeln des Bereicherungsrechts zu ersetzen, die dieser im Rahmen der Geschäftsbesorgung getätigt hat. Diese Pflicht ergibt sich aus der Verweisung in § 687 Abs. 2 S. 2 auf § 684 S. 1. Aufwendungen sind freiwillige Vermögensopfer (Rn. 691), also auch die Kosten, die B durch die Inserate entstanden sind. Sie kann er von A ersetzt verlangen, so dass er nur zur Zahlung von 9.900,- € verpflichtet ist (Rn. 723).

(189) a) Glaub kann die Rückgabe und Rückübereignung des Pkw mit der condictio indebiti (§ 812 Abs. 1 S. 1 Alt. 1) von Schuld fordern.

b) In diesem Fall steht Glaub ein Anspruch nach § 812 Abs. 1 S. 2 Alt. 1 (condictio ob causam finitam) zu.

c) Der mit der Leistung bezweckte Erfolg, Schuld zum Abschluss eines Kaufvertrages über das Bild zu veranlassen, ist nicht erreicht worden. Die geleistete „Anzahlung" geschah in der Schuld bekannten Absicht, den Vertrag zustande zu bringen. Er hat diesen Zweck durch die Annahme des Geldes gebilligt. Deshalb sind die Voraussetzungen der condictio ob rem (§ 812 Abs. 1 S. 2 Alt. 2) erfüllt (Rn. 728).

(190) Nach h. M. ist als Leistung die bewusste und zweckgerichtete Mehrung fremden Vermögens anzusehen (Rn. 726). Durch eine genaue begriffliche Abgrenzung soll erreicht werden, Gläubiger und Schuldner im gesetzlichen Schuldverhältnis der ungerechtfertigten Bereicherung zu bestimmen. Denn der dabei durchzuführende Ausgleich ist nach h. M. nur innerhalb der jeweiligen Leistungsbeziehungen vorzunehmen.

(191) Diese Frage ist streitig. Einvernehmen besteht im Wesentlichen nur darin, dass § 817 S. 2 auf alle Fälle der Leistungskondiktion angewendet werden muss. Außerhalb des Bereicherungsrechts wird die entsprechende Anwendbarkeit der Vorschrift insbesondere von der Rechtsprechung mit der Erwägung verneint, es handle sich bei ihr um eine Bestimmung mit Strafcharakter, die einen Fremdkörper im Zivilrecht darstelle und deshalb nicht auf Ansprüche außerhalb des Bereicherungsrechts übertragen werden dürfe. Wegen der ungereimten Ergebnisse, die auf der Grundlage dieser einschränkenden Ansicht auftreten können, befürwortet die überwiegende Ansicht im Schrifttum, § 817 S. 2 auch außerhalb des Bereicherungsrechts Anwendung finden zu lassen (Rn. 733).

(192) Der Bereicherungsschuldner muss sich durch eine eigene Handlung (und nicht durch Leistung des Bereicherungsgläubigers) einen Vermögensvorteil verschafft haben, der nach dem Recht der Güterzuordnung nicht ihm, sondern dem Bereicherungsgläubiger gebührt (Rn. 737 ff.).

(193) Nach der herrschenden Zuweisungstheorie ist der Eingriff unberechtigt, wenn die dadurch bewirkte Vermögensvermehrung im Widerspruch zum Zuweisungsgehalt des Rechts steht, in das eingegriffen wird (Rn. 738).

(194) War Dritt gutgläubig, dann hat er Eigentum erworben (§§ 929 S. 1, 932). Der gutgläubige Erwerb ist kondiktionsfest, so dass Eich die Herausgabe des Apparates von Dritt nicht fordern kann. Klagt er auf Herausgabe des Fotoapparates gegen Dritt, dann muss er dessen Bösgläubigkeit beweisen; misslingt ihm das, verliert er den Prozess. Abgesehen von diesem Prozessrisiko will sich Eich auch lieber an Klemm halten. Auch bei einem Prozess gegen Klemm scheint es auf den Beweis der Bösgläubigkeit des Dritt anzukommen, weil die in Betracht kommende Anspruchsgrundlage des § 816 Abs. 1 S. 1 voraussetzt, dass die Verfügung des Nichtberechtigten wirksam ist. Jedoch kann sich Eich auch die Darstellung des Klemm zu eigen machen (also von der Bösgläubigkeit des Dritt ausgehen) und dann die Verfügung des Klemm über sein Eigentum nach § 185 Abs. 2 S. 1 Alt. 1 genehmigen. Durch diese Genehmigung wird die Verfügung des Klemm wirksam, ohne dass deshalb (trotz der rückwirkenden Kraft der Genehmigung, § 184 Abs. 1) Klemm zum Berechtigten wird. Damit werden die Voraussetzungen des § 816 Abs. 1 S. 1 auch für den Fall verwirklicht, dass die Sachdarstellung des Klemm wahr ist (Rn. 742).

(195) Neben der Rückübereignung des Hausgrundstückes, die Kunz nach § 812 Abs. 1 S. 1 Alt. 1 schuldet, hat er nach § 818 Abs. 1 auch die gezogenen Nutzungen herauszugeben. Hierzu gehören die Mieten (§ 100 i.V.m. § 99). Auf den Wegfall der Bereicherung kann sich Kunz nach § 818 Abs. 3 nur berufen, wenn er das Geld in einer Weise ausgegeben hat, dass dadurch kein Vorteil mehr in seinem Vermögen geblieben ist, der ihn bereicherte. Hierbei kommt es auf eine wirtschaftliche Betrachtungsweise an. Hat er durch die Ausgabe der Mieten eigenes Geld erspart, dann ist er um diese Ersparnis bereichert und muss sie bereicherungsrechtlich ausgleichen (Rn. 746 ff.).

(196) Nach § 816 Abs. 1 S. 1 kann Grün von Gelb den Verkaufserlös verlangen, wenn er die zunächst unwirksame Verfügung über sein Eigentum (§ 935) nach § 185 Abs. 2 S. 1 Alt. 1 genehmigt und damit rückwirkend (§ 184 Abs. 1) wirksam werden lässt. Es fragt sich allerdings, inwieweit sich Gelb auf den Wegfall seiner Bereicherung (§ 818 Abs. 3) berufen kann. Grundsätzlich sind alle vermögensmäßigen Einbußen bei der Feststellung der Bereicherung zu berücksichtigen, die im Zusammenhang mit dem Erwerb des Bereicherungsgegenstandes stehen. Streitig ist die Frage, ob der Bereicherungsschuldner von dem Erlös den Betrag abziehen kann, den er aufgewendet hat, um den Gegenstand zu erhalten. Die h. M. verneint diese Frage mit der Begründung, dass der gutgläubige Besitzer, der die Sache nicht veräußert, sondern behalten hat, auch nicht berechtigt sei, die Zahlung des von ihm aufgewendeten Kaufpreises zu fordern, wenn der Eigentümer Herausgabe der Sache nach § 985 verlange. Der Besitzer (und gleicher Weise auch der Bereicherungsschuldner) müsste sich eben an denjenigen halten, von dem er den Gegenstand erworben hat. Bei anderen Vermögenseinbußen wird darüber gestritten, ob die Ursächlichkeit zwischen Erwerb und Vermögenseinbuße ausreicht. Nach zutreffender Auffassung ist jedoch neben der Ursächlichkeit noch zu verlangen, dass es sich um Nachteile handelt, die der Bereicherungsschuldner gerade im Zusammenhang damit erlitten hat, dass er auf die Beständigkeit seines Rechtserwerbs vertraute (Rn. 749). Auf der Grundlage dieser Auffassung kann Gelb die Kosten für Tierarzt, Arzneimittel und für Futter, nicht aber für die Instandsetzung der Box von dem Verkaufserlös abziehen. Demgemäß kann Grün die Zahlung von 12.500,- € von Gelb verlangen.

(197) Das Verschuldensprinzip besagt, dass die Verpflichtung zum Schadensersatz Verschulden voraussetzt. Es handelt sich dabei um eine Grundregel, die das deutsche Zivilrecht beherrscht. Eine Haftung ohne Verschulden, also ein Einstehenmüssen für einen Erfolg (Erfolgshaftung), bildet die Ausnahme. Der wichtigste Fall einer Erfolgshaftung ist die Gefährdungshaftung. Als Ausgleich für die Zulassung eines gefährlichen Verhaltens besteht die Pflicht, Schäden, die durch das gefährliche Verhalten auch ohne Verschulden verursacht werden, zu ersetzen (Rn. 757).

(198) Der objektive Tatbestand einer unerlaubten Handlung setzt sich aus folgenden Elementen zusammen: Eine menschliche Handlung verursacht (haftungsbegründende Kausalität) die Verletzung einer geschützten Rechtsposition, durch die (haftungsausfüllende Kausalität) ein vom Schutzbereich der Haftungsnorm umfasster Schaden herbeigeführt wird (Rn. 759).

(199) Als Handlung im zivilrechtlichen Sinn ist ein menschliches Verhalten anzusehen, das der Bewusstseinskontrolle und der Willenslenkung unterliegt, also beherrschbar ist (Rn. 760). Der juristische Handlungsbegriff umfasst nicht nur ein (aktives) Tun, sondern auch ein Unterlassen (Rn. 761).

(200) Der geltend gemachte Schadensersatzanspruch kann auf die Vorschrift des § 823 Abs. 1 gestützt werden. Hierfür kommt es darauf an, ob Schussel das Eigentum der Gemeinde Kleindorf verletzt hat. Eine Eigentumsverletzung kann auch dadurch herbeigeführt werden, dass der Eigentümer gehindert wird, seine Sache bestimmungsgemäß zu gebrauchen. Allerdings muss nach h.M. die Gebrauchsfähigkeit der Sache völlig aufgehoben sein. Dies ist hier zu bejahen. Denn der Hafen mit seinen Anlagen ist nur über den unbrauchbar gewordenen Kanal zu erreichen. Da die Unbrauchbarkeit der Hafenanlage längere Zeit andauert, ist eine Eigentumsverletzung auch dann zu bejahen, wenn man sich der Ansicht anschließt, dass kurzfristige Beeinträchtigungen hierfür nicht ausreichen (Rn. 763). Da Schussel rechtswidrig und schuldhaft gehandelt hat, hat er den aus der Eigentumsverletzung der Gemeinde entstandenen Schaden zu ersetzen. Dazu gehört auch der entgangene Gewinn (§ 252 S. 1).

(201) Nach h.M. ist der Besitz als „sonstiges Recht" i.S.v. § 823 Abs. 1 anzusehen, wenn der Besitzer die Sache ähnlich einem Eigentümer nutzen darf und ihm Abwehrrechte zustehen, die denen eines Eigentümers entsprechen (Rn. 765).

(202) Ein Schadensersatzanspruch wegen der in den Brutapparaten verdorbenen Eier kann sich auf § 823 Abs. 1 stützen, wenn Fleißig das Eigentum des Gallus an diesen Eiern verletzt hat. Fleißig hat nicht unmittelbar in die Sachsubstanz eingegriffen. Vielmehr ist die Verletzungshandlung nur mittelbar dadurch herbeigeführt worden, dass Fleißig das Stromkabel, dass den Elektrizitätswerken gehört, beschädigte und dadurch die Stromzufuhr zu den Brutapparaten unterbrochen hat. Jedoch hat auch derjenige, der eine solche Ursachenkette in Gang setzt, die zu einer Schädigung einer geschützten Rechtsposition führt, dafür einzustehen. Es kommt für § 823 Abs. 1 nicht darauf an, ob der Verletzungserfolg durch einen unmittelbaren Eingriff des Schädigers oder erst durch eine vom Schädiger verursachte „Kettenreaktion" herbeigeführt wird. Da die in den Brutapparaten befindlichen Eier verderben mussten, wenn der Strom ausfällt, ist die Eigentumsverletzung auf das Verhalten des Fleißig zurückzuführen; er hat folglich nach § 823 Abs. 1 dafür zu haften. Der weitere von Gallus geltend gemachte Schaden, die Gewinneinbuße, könnte sich als Folge einer Verletzung des Eigentums an den Brutapparaten darstellen. Zwar sind die Brutapparate ohne Strom nicht benutzbar und können folglich auch nicht bestimmungsgemäß gebraucht werden, jedoch ist ihre Gebrauchsfähigkeit nicht völlig aufgehoben; sie könnten – ihre Transportfähigkeit vorausgesetzt – an einem anderen Ort, der mit Strom versorgt ist, ohne weiteres verwendet werden. Deshalb ist eine Eigentumsverletzung hinsichtlich der Brutapparate zu verneinen (Rn. 763). In Betracht zu ziehen ist lediglich eine Verletzung des Rechts am eingerichteten und ausgeübten Gewerbebetrieb. Die Verletzungshandlung muss aber betriebsbezogen sein und einen unmittelbaren Eingriff in den gewerblichen Tätigkeitsbereich darstellen. Diese Voraussetzung ist nach h.M. zu verneinen. Insbesondere der *BGH* hat bei Entscheidung verschiedener sog. Stromkabelfälle den Standpunkt eingenommen, dass es sich dabei nicht um einen Eingriff handle, der gegen den Gewerbebetrieb als solchen gerichtet sei (Rn. 767).

(203) Als Schaden ist die unfreiwillige Einbuße an rechtlich geschützten Gütern zu bezeichnen. Innerhalb des juristischen Schadensbegriffs ist zwischen dem Vermögens-

schaden (materiellem Schaden) und dem Nichtvermögensschaden (immateriellem Schaden) zu unterscheiden. Diese Unterscheidung ist von Bedeutung, weil wegen eines Schadens, der nicht Vermögensschaden ist, Entschädigung in Geld nur in den durch das Gesetz bestimmten Fällen gefordert werden kann (§ 253 Abs. 1). Eine weitere Differenzierung lässt sich danach vornehmen, ob der Schaden unmittelbar durch die Verletzungshandlung (Verletzungsschaden) oder erst als weitere Folge (Folgeschaden) herbeigeführt worden ist (Rn. 771 ff.).

(204) In Betracht kommt ein Schadensersatzanspruch auf der Grundlage des § 823 Abs. 1 wegen einer Eigentumsverletzung. Dadurch, dass Schädig die Standfestigkeit des Hauses von Häusler gefährdete, hat er in dessen Eigentum eingegriffen. Es fragt sich allerdings, ob Schädig für den von Häusler geltend gemachten Schaden ersatzpflichtig ist. Häusler begehrt für die entgangene Nutzungsmöglichkeit seines Hauses Schadensersatz. Hierfür kommt es darauf an, ob es sich um einen materiellen Schaden (Vermögensschaden) handelt, weil nur dann eine Ersatzpflicht des Schädig bejaht werden kann (vgl. § 253 Abs. 1). Ob die Nutzungsmöglichkeit eines Hauses einen Vermögenswert besitzt, ist streitig. Überträgt man die Grundsätze, die die h.M. hinsichtlich des Entzugs der Nutzungsmöglichkeit eines Kfz entwickelt hat, auch auf ein Haus, dann kann es nicht zweifelhaft sein, dass auch in diesem Fall ein Vermögensschaden zu bejahen ist. Sieht man allein auf die Kommerzialisierung von Nutzungsmöglichkeiten, dann besteht kein Unterschied zwischen einem Kfz und einem Haus; die Nutzungsmöglichkeit beider muss am Markt „erkauft" werden (Rn. 779 f.).

(205) Im Grundsatz kann der Geschädigte nur Naturalrestitution fordern (§ 249 S. 1). In Ausnahme von diesem Grundsatz kann der Geschädigte vom Schädiger Geldersatz verlangen, wenn die Voraussetzungen des § 249 S. 2, des § 250 oder des § 251 Abs. 1 erfüllt sind (Rn. 781 ff.).

(206) Forsch kann den von ihm verursachten Schaden nicht dadurch wieder gutmachen, dass er anstelle des getöteten Katers einen gleichwertigen der Dora gibt. Denn dadurch wird nicht der Zustand hergestellt, der bestehen würde, wenn der zum Ersatz verpflichtende Umstand nicht eingetreten wäre (§ 249 S. 1). Denn dieser Zustand könnte wegen der emotionalen Bindung der Dora an den Kater nur erreicht werden, wenn der Kater wieder lebendig gemacht werden könnte. Es handelt sich deshalb um einen Fall des § 251 Abs. 1. Dora kann danach von Forsch Entschädigung in Geld fordern. Bei der Frage, wie hoch der zu zahlende Betrag zu bemessen ist, müssen grundsätzlich auch die individuellen Besonderheiten auf Seiten des Geschädigten berücksichtigt werden. Dies bedeutet jedoch nicht, dass der bloße Gefühlswert ebenfalls entschädigt werden muss. Denn das Affektionsinteresse des Geschädigten weist keinen Vermögenswert auf. Die Forderung der Dora ist also in der Höhe nicht gerechtfertigt. Vielmehr kann sie nur den Geldbetrag verlangen, der zur Anschaffung eines gleichwertigen Tieres erforderlich ist (Rn. 783).

(207) Diese Frage ist streitig. Nach der Lehre vom Erfolgsunrecht wird durch die Verletzung der ausdrücklich in § 823 Abs. 1 genannten Rechtsgüter und Rechte die Rechtswidrigkeit indiziert, während dies nach der Lehre vom Verhaltensunrecht nur für vorsätzliche Eingriffe gilt; in anderen Fällen soll es nach dieser Lehre darauf ankommen, ob der Handelnde gegen ihn treffende Verhaltenspflichten oder gegen die ihm obliegende Sorgfaltspflicht verstoßen hat. Bei mittelbaren Verletzungen und bei offenen Verletzungstatbeständen muss auch die Lehre vom Verhaltensunrecht Einschränkungen vornehmen und das Rechtswidrigkeitsurteil von der Verletzung einer Verhaltenspflicht abhängig machen (Rn. 787 ff., 793).

(208) Da eine 6-jährige nach § 828 Abs. 1 für den Schaden nicht verantwortlich ist, den sie einem anderen zufügt, kommt nur eine Billigkeitshaftung nach § 829 in Betracht. Hierfür ist Voraussetzung, dass der objektive Tatbestand einer unerlaubten Handlung verwirklicht und dabei rechtswidrig gehandelt wird. Erna hat den Kurt körperlich verletzt. Dadurch wird der objektive Tatbestand des § 823 Abs. 1 erfüllt. Nach

der Lehre vom Erfolgsunrecht steht damit auch die Rechtswidrigkeit des Verhaltens fest, da ein Rechtfertigungsgrund nicht eingreift. Nach der Lehre vom Handlungsunrecht ist dagegen die Rechtswidrigkeit zu verneinen, weil nach dem Sachverhalt nichts dafür spricht, dass Erna dem allgemeinen Sorgfaltsgebot zuwidergehandelt hat. Aber auch auf der Grundlage der Lehre vom Erfolgsunrecht scheidet eine Ersatzpflicht der Erna aus, weil nach § 829 zu verlangen ist, dass der Ersatzpflichtige in subjektiver Hinsicht so gehandelt hat, dass beim Zurechnungsfähigen ein Verschulden zu bejahen ist. Bei Bejahung der Rechtswidrigkeit führt also das Fehlen eines Sorgfaltsverstoßes dazu, dass eine Haftung von Erna aus subjektiven Gründen auszuscheiden hat (Rn. 796).

(209) Diese Frage muss noch weiter präzisiert werden. Das Vermögen gehört nicht zu den durch § 823 Abs. 1 geschützten Rechtspositionen. Ein mittelbarer Schutz des Vermögens durch diese Vorschrift wird aber dadurch erreicht, dass bei Verletzung eines der durch diese Vorschrift geschützten Rechtsgüter und Rechte der Schädiger verpflichtet ist, sämtliche sich daraus ergebenden vermögensmäßigen Einbußen des Geschädigten zu ersetzen, sofern sie noch vom Schutzbereich der Norm umfasst werden (Rn. 764). Ein Vermögensschutz wird durch § 823 Abs. 2 dadurch vorgenommen, dass die Verletzung von Schutzgesetzen, die reinen Vermögensinteressen des einzelnen dienen, nach dieser Vorschrift schadensersatzpflichtig macht (Rn. 798).

(210) Der Schadensersatzanspruch des Kunz kann auf § 826 gestützt werden. Wer wissentlich ein falsches Gutachten erstattet, um einen anderen zu täuschen, handelt sittenwidrig (Rn. 800). Die sittenwidrige Schädigung des Trug hat einen Schaden des Kunz verursacht, denn dieser hätte das Bild ohne die falsche Expertise nicht zu dem geforderten Preis gekauft. Trug hat vorsätzlich gehandelt. Er wusste, dass das Gutachten dazu dienen sollte, einen Käufer des Bildes zu täuschen. Er hat zu diesem Zweck das Gutachten erstattet. Er hat deshalb gewusst und gewollt, dass einem Käufer des Bildes ein Vermögensschaden zugefügt wird. Da Trug auch alle Umstände kannte, aus denen sich die Sittenwidrigkeit ergibt, sind die subjektiven Anforderungen des § 826 erfüllt (Rn. 802). Folglich ist Trug verpflichtet, den Schaden des Kunz zu ersetzen.

(211) Bei der gesetzlichen Stellvertretung ergibt sich die Vertretungsmacht für den Vertreter aus einer gesetzlichen Vorschrift, während bei einer gewillkürten Stellvertretung die Vertretungsmacht durch Rechtsgeschäft erteilt wird (Rn. 805 f., 816).

(212) Der Vertreter muss innerhalb der ihm zustehenden Vertretungsmacht im Namen des Vertretenen eine Willenserklärung abgeben oder für diesen empfangen, und die Stellvertretung muss zulässig sein (Rn. 807).

(213) Bei einer aktiven Stellvertretung gibt der Vertreter eine Willenserklärung ab, bei einer passiven Stellvertretung wird eine an den Vertretenen gerichtete Willenserklärung gegenüber dem Vertreter abgegeben (Rn. 807).

(214) Der Stellvertreter gibt eine eigene Willenserklärung ab, nicht eine fremde; dies unterscheidet ihn vom Erklärungsboten, der lediglich die Willenserklärung eines anderen weiterträgt. Die Unterscheidung zwischen einem passiven Stellvertreter und einem Empfangsboten ist deshalb recht schwierig, weil in beiden Fällen eine an den Geschäftsherrn gerichtete Willenserklärung passiv entgegengenommen wird. Man wird die Unterscheidung danach vorzunehmen haben, ob der Empfänger der Erklärung Vertretungsmacht besitzt und die Erklärung in den Kreis der Geschäfte fällt, die von seiner Vertretungsmacht gedeckt sind (Rn. 809 f.).

(215) Nach dem Sachverhalt ist anzunehmen, dass Frau Nett für Frau Hübsch den Kauf tätigen will. Es fragt sich jedoch, ob sie dies auch als Vertreter der Frau Hübsch tut. Dass sie innerhalb einer ihr erteilten Vertretungsmacht eine Willenserklärung abgibt, kann nicht fraglich sein. Nach den Angaben im Sachverhalt ist jedoch davon aus-

zugehen, dass Frau Nett nicht ausdrücklich beim Kauf erklärt hat, dass sie für Frau Hübsch den Fön erwerben wolle; sie tritt also nicht im Namen der Vertretenen auf. Da es sich jedoch um einen Barkauf des täglichen Lebens handelt, kann es dem Inhaber des Kaufhauses und seinen Vertretern gleichgültig sein, ob Frau Nett selbst oder ein anderer Käufer des Föns ist. Deshalb ist nach den Grundsätzen, die für das (verdeckte) Geschäft für den, den es angeht, von der h. M. entwickelt worden sind, hier eine Durchbrechung des Offenheitsprinzips zuzulassen (Rn. 813). Dementsprechend ist also ein Kaufvertrag mit Frau Hübsch zustande gekommen. Auch die Einigung i. S. v. § 929 S. 1 wird nach diesen Grundsätzen von Frau Nett für Frau Hübsch vollzogen. Für den Eigentumsübergang auf Frau Hübsch ist jedoch erforderlich, dass diese auch den Besitz an dem Fön erwirbt. Hier kann daran gedacht werden, dass bereits im Zeitpunkt des Kaufs ein Besitzmittlungsverhältnis zwischen Hübsch und Nett zustande gekommen ist. Als Nebenpflicht aus dem Auftrag obliegt Frau Nett auch die sorgfältige Verwahrung des Föns. In Erfüllung dieser Pflicht kann Nett im Wege des Selbstkontrahierens (§ 181 letzter HS) ein Besitzmittlungsverhältnis i. S. v. § 868 geschlossen haben; als andere Möglichkeit kommt in Betracht, dass Hübsch und Nett bereits vorher (antizipiert) ein entsprechendes Besitzkonstitut stillschweigend vereinbart haben, das voll wirksam wird, sobald Frau Nett den Fön erwirbt (§ 158 Abs. 1). Bei beiden Lösungen wird Frau Hübsch in dem Zeitpunkt Eigentümerin nach § 929 S. 1 (Rn. 555, 561), in dem Frau Nett den Fön im Kaufhaus Hülle & Fülle entgegennimmt.

(216) Grimm hat sich hier als Gram ausgegeben, weil er wollte, dass dieser als Vertragspartner auch von Flora angesehen wird (denn nach seinem Plan wollte er unerkannt bleiben). Es handelt sich deshalb nicht um eine Bestellung für sich selbst nur unter falscher Namensangabe, sondern um ein Handeln unter fremdem Namen. Ob Flora Gram kannte und mit dessen Person bestimmte Vorstellungen verbunden hat, ergibt sich aus dem Sachverhalt nicht ausdrücklich. Flora lieferte die Blumen bereits, bevor sie den Kaufpreis erhalten hat; sie wollte sich offenbar an den wahren Namensträger wegen des Kaufpreises halten. Dies spricht dafür, dass sie mit Gram den Kaufvertrag schließen wollte. In diesem Fall ist § 179 Abs. 1 analog anzuwenden, so dass Flora berechtigt ist, Erfüllung des Kaufvertrages von Grimm, also Bezahlung des Kaufpreises (§ 433 Abs. 2), zu verlangen (Rn. 815).

(217) Einen Anspruch auf Zahlung des Kaufpreises hat Volz gegen Karin nur, wenn zwischen beiden ein wirksamer Kaufvertrag über den Porsche zu Stande gekommen ist. Da in dem Einstellen des Porsche in die Verkaufsplattform von eBay eine Aufforderung zur Abgabe von Offerten zu erblicken ist (vgl. Fall 80), liegt in dem Gebot der Frieda die Offerte zum Abschluss des Vertrages, die von Volz angenommen worden ist. Jedoch kann auf diese Weise ein Vertrag zwischen Karin und Volz nur dann zu Stande gekommen sein, wenn Frieda ihre Freundin durch ihre Erklärung verpflichten konnte. Dies ist jedoch nicht der Fall, da sie dazu keine Vertretungsmacht besaß. Vielmehr handelte Frieda durch die Verwendung des Benutzernamens der Karin unter fremdem Namen. Ein Kaufpreisanspruch gegen Karin besteht somit nicht (vgl. *OLG Köln* NJW 2006, 1676).

(218) Eine Bindung des Arnold ist eingetreten, wenn ein gültiger Kaufvertrag über das Grundstück zustande gekommen ist. Hierfür kommt es darauf an, ob Max wirksam zur Vertretung des Arnold bevollmächtigt worden ist. Die Wirksamkeit der Bevollmächtigung wäre zu verneinen, wenn dafür eine Form beachtet werden muss. Nach § 167 Abs. 2 bedarf die Bevollmächtigung nicht der Form, die für das Rechtsgeschäft vorgeschrieben ist, auf das sich die Vollmacht bezieht. Aufgrund einer teleologischen Reduktion dieser Vorschrift verlangt aber die h. M. in bestimmten Fällen die Beachtung der für das Vertretungsgeschäft geltenden Formvorschrift auch für die Vollmachterteilung, wenn durch eine formlose Bevollmächtigung dem Sinn und Zweck der Formvorschrift widersprochen würde. In Fällen der Bevollmächtigung zum Verkauf eines Grundstücks fordert die h. M. die Beachtung der in § 311b Abs. 1 S. 1 für das Vertre-

tungsgeschäft vorgeschriebenen Form, wenn die Vollmacht unwiderruflich erteilt wird oder wenn der Vollmachtgeber beim Widerruf Nachteilen ausgesetzt ist. Dagegen soll eine widerruflich erteilte Vollmacht zum Verkauf eines Grundstücks im Regelfall formlos gültig sein. Eine Mindermeinung im Schrifttum verlangt dagegen stets eine notarielle Beurkundung der Vollmachtserteilung, um eine Umgehung des § 311b Abs. 1 S. 1 zu verhindern. Folgt man hier der h. M., dann ist Arnold durch den von Max abgeschlossenen Kaufvertrag gebunden (Rn. 817f.).

(219) Bei einer Innenvollmacht wird die Bevollmächtigung gegenüber dem Bevollmächtigten vorgenommen (§ 167 Abs. 1 Alt. 1), die Außenvollmacht wird gegenüber dem Dritten, mit dem das Vertretungsgeschäft geschlossen werden soll, erteilt (§ 167 Abs. 1 Alt. 2) (Rn. 819). Die Spezialvollmacht gilt nur für ein bestimmtes Geschäft, die Gattungsvollmacht für eine bestimmte Gattung von Geschäften, während die Generalvollmacht zur Vertretung aller Art befugt. Bei der Gesamtvollmacht (Gegensatz Einzelvollmacht) ist der Bevollmächtigte nicht allein, sondern nur gemeinsam mit anderen zur Vertretung befugt (Rn. 821).

(220) Von einer „Duldungsvollmacht" spricht man, wenn der Vertretene sich so behandeln lassen muss, als habe er eine in Wirklichkeit nicht erteilte Bevollmächtigung vorgenommen. Die h. M. nimmt eine Duldungsvollmacht an, wenn ein zur Vertretung nicht Berechtigter während eines gewissen Zeitraums wiederholt für den Geschäftsherrn als Vertreter auftritt, der Geschäftsherr davon Kenntnis hat und eine ihm mögliche Intervention unterlässt, so dass der Geschäftspartner des Geschäftsherrn nach Treu und Glauben mit Rücksicht auf die Verkehrssitte aus dem Verhalten des Geschäftsherrn und des Vertreters den Schluss ziehen kann, dass der Vertreter zur Vertretung berechtigt ist (Rn. 824f.). Von der konkludent erteilten Vollmacht unterscheidet sich die Duldungsvollmacht dadurch, dass bei ihr gerade nicht durch schlüssiges Verhalten eine Vollmacht erteilt worden ist (Rn. 823). Bei der Anscheinsvollmacht kennt der Geschäftsherr – anders als bei der Duldungsvollmacht – das vollmachtlose Handeln des Vertreters nicht, er hätte jedoch bei pflichtgemäßer Sorgfalt davon Kenntnis erhalten müssen und dieses Handeln verhindern können (Rn. 827 ff.).

(221) Richterrecht ist das vom Richter durch Rechtsfortbildung geschaffene Recht. Bereits durch die Auslegung kann der Richter das Recht fortbilden, z. B. wenn er durch Neuinterpretation einem Rechtssatz eine andere Deutung als bisher gibt. Wesentlich weiter als die Auslegung des Rechts geht die Ausfüllung von Gesetzeslücken durch den Richter. Aber auch hierbei bleibt der Richter innerhalb des gesetzgeberischen Planes, da er die Lücke, die planwidrige Unvollständigkeit innerhalb des Gesetzes, nach den im Gesetz niedergelegten Normvorstellungen und Prinzipien, also in gesetzesimmanenter Weise, auszufüllen hat. Über den Plan des Gesetzes hinaus führt die gesetzeserweiternde und gesetzesübersteigende Rechtsfortbildung. Hierbei führt der Richter den gesetzgeberischen Plan weiter, insbesondere um dadurch dringenden Bedürfnissen des Rechtsverkehrs zu entsprechen (Rn. 829).

(222) Bei einer Analogie überträgt man eine im Gesetz getroffene Regelung auf einen gesetzlich nicht geregelten Tatbestand. Kann die auf den ungeregelten Tatbestand anzuwendende Rechtsfolge aus einem einzigen Rechtssatz gewonnen werden, dann bezeichnet man dies als Gesetzesanalogie. Wird hingegen die anzuwendende Regelung aus mehreren Rechtssätzen oder aus dem Gesamtsystem des Gesetzes abgeleitet, dann handelt es sich um die sog. Rechtsanalogie. Die Analogie ist von folgenden Voraussetzungen abhängig: Das Gesetz muss eine Lücke, d. h. eine planwidrige Unvollständigkeit, aufweisen. Diese Planwidrigkeit ist durch Analogie zu beseitigen, wenn der ungeregelte Tatbestand dem geregelten so ähnlich ist, dass es die Gerechtigkeit gebietet, beide gleich zu behandeln (Rn. 826).

(223) Bei einer „teleologischen Reduktion" wird eine nach ihrem Wortlaut zu weit geratene Vorschrift so eingeschränkt, dass ihr Anwendungsbereich mit dem Regelungs-

Lösungshinweise für die Fälle und Fragen 573

zweck der Vorschrift selbst oder anderer Regelungen im Gesetz übereinstimmt. Auch für die teleologische Reduktion ist Voraussetzung eine Lücke im Gesetz, wobei es sich dabei um eine „verdeckte Lücke" handelt, weil aufgrund des bloßen Wortlautes des Gesetzes eine planwidrige Unvollständigkeit nicht festzustellen ist, sondern sich erst aufgrund einer am Regelungszweck und Sinnzusammenhang des Gesetzes orientierten Auslegung ergibt (Rn. 818, 837).

(224) Da die Tochter geschäftsunfähig ist (§ 104 Nr. 1), kann sie auch ein ihr rechtlich vorteilhaftes Geschäft nicht selbst schließen. Ihre Eltern müssen deshalb die Schenkung und die Übereignung nach § 929 S. 1 sowohl im eigenen Namen als auch als gesetzliche Vertreter ihrer Tochter (§ 1629 Abs. 1) vornehmen. § 181 steht nicht entgegen. Auf Insichgeschäfte, die dem Vertretenen lediglich einen rechtlichen Vorteil bringen, ist § 181 nach ganz h. M. nicht anzuwenden (Rn. 837).

(225) In Betracht kommt eine Anfechtung wegen arglistiger Täuschung nach § 123 Abs. 1, Alt. 1. Der Verkäufer eines gebrauchten Pkw ist verpflichtet, dem Käufer grundsätzlich ungefragt mitzuteilen, dass ein gebrauchter Pkw einen Unfall gehabt hat (Rn. 374). Jedoch ist eine Täuschung zu verneinen, wenn der Erklärungsempfänger den wahren Sachverhalt kennt (Rn. 376). Wendig wusste, dass das Fahrzeug einen Unfall gehabt hat; dagegen war dies Willig unbekannt. Es kommt folglich darauf an, auf wessen Bewusstseinslage abzustellen ist. Grundsätzlich kommt es auf die Person des Vertreters an (§ 166 Abs. 1). Hier hat aber Willig nach konkreten Weisungen des Wendig gehandelt, so dass die Vorschrift des § 166 Abs. 2 eingreift. Folglich kann Wendig die Willenserklärung, die Willig zum Abschluss des Kaufvertrages abgegeben hat, nicht anfechten, da er sich nicht auf die Unkenntnis des Willig berufen kann (Rn. 844).

(226) Die Wirksamkeit der von Hanna ohne Vertretungsmacht für Alt vorgenommenen Kündigung hängt davon ab, ob Alt diese Kündigung genehmigen kann. Bei der Kündigung handelt es sich um ein einseitiges Rechtsgeschäft. Einseitige Rechtsgeschäfte, die von einem Vertreter ohne Vertretungsmacht vorgenommen werden, sind grundsätzlich unzulässig (§ 180 S. 1). Dies gilt jedoch dann nicht, wenn der Erklärungsempfänger die vom Vertreter behauptete Vertretungsmacht bei der Vornahme des Rechtsgeschäfts nicht beanstandete (§ 180 S. 2). In diesem Fall gilt § 177 Abs. 1 mit der Folge, dass Alt die Kündigung durch Genehmigung wirksam werden lassen kann. Flott hat sich zwar nach dem Vorhandensein einer Vertretungsmacht der Hanna erkundigt, sich jedoch mit der Erklärung der Hanna zufrieden gegeben, dass sie zur Kündigung befugt sei. Er hat folglich nicht das Fehlen der Vertretungsmacht der Hanna beanstandet. Alt konnte deshalb durch Erklärung gegenüber der Hanna (§ 182 Abs. 1) die zunächst schwebend unwirksame Kündigung wirksam machen (Rn. 849).

(227) In Betracht kommt ein Schadensersatzanspruch des Albert gegen Warenreich aus § 280 Abs. 1 wegen c. i. c. (§ 241 Abs. 2 i. V. m. § 311 Abs. 2) Von den Haftungsvoraussetzungen (Entstehung eines Schuldverhältnisses durch unmittelbaren geschäftlichen Kontakt (§ 311 Abs. 2 Nr. 2 oder 3), Verletzung einer sich daraus ergebenden Schutzpflicht durch den Haftpflichtigen (Rn. 495), Verursachung eines Schadens und Verschulden des Haftpflichtigen) kann nur zweifelhaft sein, ob sich Warenreich das Verschulden seines Angestellten Bertold zurechnen lassen muss. Dies ist nach § 278 zu bejahen, wenn sich Warenreich des Bertold „zur Erfüllung seiner Verbindlichkeit" gegenüber Albert bedient hat. Warenreich obliegen Schutz- und Fürsorgepflichten für das Leben und die Gesundheit seiner Kunden (Rn. 498 f.), die hier dahingehend konkretisiert sind, dass die Räume des Warenhauses in einem ordnungsmäßigen, gefahrlosen Zustand gehalten werden müssen. Zur Erfüllung dieser Pflichten hat Warenreich Bertold eingesetzt. Dementsprechend hat er nach § 278 dessen Fehlverhalten wie eigenes zu vertreten. Warenreich muss folglich den Unfallschaden des Albert ersetzen (Rn. 859).

(228) Dies ist immer dann der Fall, wenn der Geschäftsherr einem Erfüllungsgehilfen eine nach Weisungen auszuführende Tätigkeit überträgt (Rn. 855, 871).

(229) Eine Haftung des Groß nach dem BGB kann sich aus § 831 Abs. 1 S. 1 ergeben. Groß hat Klein eine nach Weisung auszuführende Tätigkeit übertragen; somit ist Klein der Verrichtungsgehilfe des Groß (Rn. 871). Weitere Voraussetzung ist, dass der Verrichtungsgehilfe einen Dritten widerrechtlich geschädigt hat. Dies ist der Fall, wenn der Verrichtungsgehilfe eine unerlaubte Handlung i. S. v. §§ 823 ff. rechtswidrig verwirklicht hat. Die Rechtswidrigkeit ist nach der Lehre vom Verhaltensunrecht hier zu verneinen, weil Klein nicht gegen die allgemeine Sorgfaltspflicht verstoßen hat. Nach der Lehre vom Erfolgsunrecht ist bei einer unmittelbaren Verletzung der § 823 Abs. 1 genannten Rechtsgüter und des Eigentums die Rechtswidrigkeit nur dann nicht anzunehmen, wenn ein Rechtfertigungsgrund eingreift. Nur wenn man den Rechtfertigungsgrund des verkehrsgemäßen Verhaltens anerkennt, der vom *BGH* in einer älteren Entscheidung (BGHZ 24, 21, 26) demjenigen zugebilligt worden ist, der die Regeln des Straßen- und Eisenbahnverkehrs voll Rechnung trägt, kann die Rechtswidrigkeit hier ausgeschlossen werden. Aber auch dann, wenn man das Verhalten des Klein für rechtswidrig hält, ist eine Haftung des Groß abzulehnen, weil eine Haftung nach § 831 Abs. 1 zu verneinen ist, wenn feststeht, dass sich der Gehilfe so verhalten hat, wie jede mit Sorgfalt ausgewählte und überwachte Personen, weil dann sein Sorgfaltsverstoß bei der Auswahl des Klein nicht für den Eintritt des Schadens ursächlich gewesen ist (Rn. 870, 872).

(230) Der vom Sohn geltend gemachte Anspruch könnte sich auf § 346 S. 1 i. V. m. § 434 Abs. 1 S. 1, § 437 Nr. 2, § 326 Abs. 5 (§ 275 Abs. 1), § 323 Abs. 1 stützen. Hierfür kommt es darauf an, ob man bereits im Zeitpunkt vor Gefahrübergang für die in diesem Zeitpunkt erkannten und nicht behebbaren Mängel dem Käufer einen Anspruch auf Rücktritt zubilligt. Unabhängig von dieser nach § 323 Abs. 4 zu bejahenden Frage ist es entscheidend, ob der Sohn überhaupt einen solchen Anspruch, der den Bestand des Deckungsverhältnisses betrifft, geltend machen kann. Die h. M. verweigert bei einem echten Vertrag zugunsten Dritter dem Dritten das Recht, ohne Zustimmung des Versprechensempfängers vom Vertrag zurückzutreten, weil die Entscheidung über den Bestand des Vertrages dem Versprechensempfänger vorbehalten bleiben muss (Rn. 887). Denn sonst könnte der Dritte entgegen der Absicht des Versprechensempfängers den Leistungsgegenstand austauschen und anstelle der zugewendeten Sache ihren Geldwert fordern. Handel kann es also nach dieser Auffassung ablehnen, an den Sohn zu zahlen, wenn der Vater dieser Forderung nicht zustimmt.

(231) In Betracht kommt ein Schadensersatzanspruch nach § 280 Abs. 1 wegen Verletzung einer Verhaltenspflicht, wenn Hermann in den Schutzbereich des zwischen seinem Vater und Emsig geschlossenen Werkvertrages einbezogen worden ist. Die Frage, wann im Einzelfall ein Dritter von den Schutzwirkungen eines Vertrages erfasst ist, wird nicht einheitlich beantwortet. Nach einer auch heute noch häufig vertretenen Auffassung soll es darauf ankommen, ob der Vertragsgläubiger ein schutzwürdiges Interesse an der Einbeziehung des Dritten hat, und soll ein solches Interesse bejaht werden, wenn er für das Wohl und Wehe des Dritten zu sorgen verpflichtet ist. Vorzuziehen ist, auf die Beziehung des Dritten zur vertraglichen Leistung zu sehen und eine Einbeziehung in den vertraglichen Schutzbereich zu bejahen, wenn der Dritte insoweit eine gläubigerähnliche Stellung einnimmt. Hermann und die anderen Familienmitglieder, die im Haus des Häusler wohnen, werden von der vertraglichen Leistung in gleicher Weise betroffen wie Häusler selbst. Es hängt lediglich vom Zufall ab, dass Hermann und nicht sein Vater auf den Rost getreten und in den Keller gestürzt ist. Hermann nimmt folglich aufgrund seines Verhältnisses zu dem Werk, das Emsig nach dem Vertrag herzustellen hatte, eine gläubigerähnliche Position ein. Zum gleichen Ergebnis gelangt man, wenn das schutzwürdige Interesse des Gläubigers an der Einbeziehung des Dritten für maßgebend gehalten wird; an einem solchen Interesse des Häusler bestehen nicht die geringsten Zweifel. Hinzu kommen muss dann noch, dass der Schuldner die Umstände zu erkennen vermag, aus denen sich seine Pflicht ergibt, für Schäden eines Dritten einzustehen, sowie eine Schutzbedürftigkeit des Dritten, die zu

bejahen ist, wenn ihm keine eigenen Ansprüche gegen den Schuldner zustehen (Rn. 893). Diese Voraussetzungen sind hier erfüllt. Deshalb war Emsig in gleicher Weise wie gegenüber seinem Gläubiger auch gegenüber Hermann verpflichtet, die vertragliche Leistung so zu erbringen, dass dessen Rechtsgüter nicht verletzt werden (§ 241 Abs. 2). Zur Erfüllung dieser Pflicht hat er seinen Gesellen Eifrig eingesetzt, dessen Verschulden er nach § 278 S. 1 wie eigenes zu vertreten hat. Das Versehen des Eifrig bedeutet eine grobe Sorgfaltsverletzung. Emsig ist folglich verpflichtet, den durch den Sorgfaltsverstoß verursachten Schaden des Hermann zu ersetzen (Rn. 888 ff.).

(232) Eine Schadensliquidation im Drittinteresse wird in Fällen mittelbarer Stellvertretung und in den sog. Obhutsfällen vorgenommen. Allerdings ist es nicht ausgeschlossen, dieses Rechtsinstitut auch in anderen Fällen anzuwenden, wenn eine vergleichbare Interessenlage besteht (Rn. 898).

(233) a) Hat sich der Gläubiger dem Schuldner gegenüber verpflichtet, die Forderung nicht abzutreten, dann ist eine abredewidrig vorgenommene Zession unwirksam (Rn. 907).

b) Kunz kann sich auf den gegenüber Volz erklärten Rücktritt berufen, da nach § 404 zugunsten des Schuldners alle Einwendungen und Einreden bestehen bleiben, die zur Zeit der Abtretung der Forderung gegen den bisherigen Gläubiger begründet waren. Hierbei ist nicht erforderlich, dass bereits vor Abtretung Kunz den Rücktritt gegenüber Volz erklärt hat; es kommt nur darauf an, dass der Grund für die geltend gemachte Einwendung oder Einrede im Zeitpunkt der Abtretung vorhanden war (Rn. 909).

(234) a) Die Aufrechnung ist zulässig, da Schuld im Zeitpunkt der Fälligkeit seiner Forderung gegen den Zedenten von der Abtretung keine Kenntnis hatte; er kann folglich nach § 406 gegenüber Albert aufrechnen (Rn. 915, 917).

b) Das Ergebnis bleibt unverändert, da Schuld im Zeitpunkt des Erwerbs der Gegenforderung keine Kenntnis von der Abtretung besaß und die Gegenforderung in diesem Zeitpunkt fällig wurde (§ 406) (Rn. 915, 917).

c) Auch in diesem Fall kann Schuld gegenüber Albert nach § 406 aufrechnen, da die zedierte Forderung später als die Gegenforderung fällig geworden ist und Schuld beim Erwerb der Gegenforderung keine Kenntnis von der Abtretung hatte (Rn. 915, 917).

(235) Bei der Sicherungsabtretung soll die zedierte Forderung dem Zessionar zur Sicherung einer anderen ihm gegen den Zedenten zustehenden Forderung dienen (Rn. 919). Bei der Inkassozession wird die Forderung dem Zessionar abgetreten, damit dieser im Interesse und für Rechnung des Zedenten die Forderung einzieht und das Erlangte an den Zedenten abführt (Rn. 920).

(236) F wäre zur Zahlung der fälligen Raten verpflichtet, wenn sie wirksam die gesamtschuldnerische Mithaftung für die Verbindlichkeiten aus dem Vertrag zwischen den beiden GmbH übernommen hätte. Die Erklärung der F ist auf den Abschluss eines Vertrages über einen Schuldbeitritt gerichtet. Es kommt darauf an, ob der vertragliche Schuldbeitritt in schriftlicher Form vorgenommen werden muss. Dies wäre nach § 492 Abs. 1 S. 1 zu bejahen, wenn auf den Schuldbeitritt diese Vorschrift anzuwenden ist. Bei dem Schuldbeitritt handelt es sich nicht um eine entgeltliche Finanzierungshilfe i. S. v. § 506, weil dem Beitretenden selbst kein Kredit gewährt wird, er vielmehr nur eine Kreditsicherheit schafft. Allerdings ist der Beitretende zumindest ebenso schutzwürdig wie der Hauptschuldner, so dass nach dem Zweck der Regelung über Verbraucherdarlehen und entgeltliche Finanzierungshilfen die dafür einschlägigen Vorschriften in analoger Anwendung auf den Schuldbeitritt anzuwenden sind, wenn der Beitritt zu einem Vertrag erklärt wird, der in ihren Anwendungsbereich fällt (Rn. 929). Bei dem zwischen den beiden GmbH geschlossenen Vertrag handelt es sich um einen Finanzierungsleasingvertrag (Rn. 668), auf den nach § 506 Abs. 2 Nr. 1 i. V. m. Abs. 1 § 492

Abs. 1 S. 1 anzuwenden ist. Dass der A-GmbH die Verbrauchereigenschaft fehlt (vgl. § 13), steht der entsprechenden Anwendung dieses Gesetzes auf den Schuldbeitritt der F nicht entgegen. Entscheidend ist vielmehr, dass F als Verbraucherin anzusehen ist. Da der Schuldbeitritt lediglich mündlich erklärt wurde, ist er nach § 125 S. 1 nichtig. F ist folglich nicht zur Zahlung von Leasingraten verpflichtet (so auch *BGH* NJW 1997, 3169, dessen Entscheidung der Fall nachgebildet worden ist).

(237) Bürger kann einmal seinen Anspruch auf § 433 Abs. 2 stützen, da bei Befriedigung des Volz dessen Anspruch nach § 774 Abs. 1 S. 1 auf Bürger übergegangen ist. Diesem Anspruch kann jedoch Kunz alle Einwendungen entgegensetzen, die ihm zur Zeit des Forderungsübergangs gegen Volz zugestanden haben (§ 404 i. V. m. § 412), also auch das ihm wegen der Mangelhaftigkeit der Maschine zustehende Recht auf Rücktritt. Aus dem Rechtsverhältnis zu Kunz, einem Auftrag zur Übernahme der Bürgschaft, hat jedoch Bürger auch einen Anspruch nach § 670 auf Ersatz der Aufwendungen, die er zur Ausführung des Auftrages machte und die er den Umständen nach für erforderlich halten durfte. Es kommt darauf an, ob Bürger ohne Rücksprache mit Kunz die Forderung des Volz befriedigen durfte, denn hätte er von dem Rücktrittsrecht des Kunz gewusst, dann hätte er in analoger Anwendung des § 770 Abs. 1 die Befriedigung des Volz verweigern können (Rn. 940). Für die Frage, welche Aufwendungen der Auftraggeber dem Beauftragten zu ersetzen hat, ist nicht die objektive Erforderlichkeit entscheidend, sondern nur, ob bei vernünftiger Beurteilung aller Umstände, die dem Beauftragten bekannt sind, die Erforderlichkeit bejaht werden kann (Rn. 691, 943). Bürger konnte erwarten, dass ihn Kunz benachrichtigte, wenn er einen Grund hatte, die Zahlung des Kaufpreises zu verweigern. Es ist deshalb Bürger nicht anzulasten, wenn er davon ausging, dass ein solcher Grund nicht bestanden hat. Dementsprechend kann er von Kunz Zahlung der 10.000,- € fordern und es Kunz überlassen, sich mit Volz wegen des Mangels an der Maschine auseinander zu setzen (vgl. dazu *Schlinker*, Jura 2009, 404).

(238) Ein Anspruch auf Zahlung der rückständigen Miete steht Verz gegen Gütig nur zu, wenn dessen Erklärung als Offerte zum Abschluss eines Vertrages über einen Schuldbeitritt oder eines Garantievertrages angesehen werden kann, die Verz konkludent angenommen hat. Hierfür kommt es darauf an, ob Gütig lediglich erklärte, für die Erfüllung der Schuld durch Leicht Sorge zu tragen oder ob er eine eigene Verpflichtung gegenüber Verz eingehen wollte. Nach h. M. ist sowohl für den Schuldbeitritt als auch für den Garantievertrag ein eigenes unmittelbares wirtschaftliches Interesse an der Erfüllung der Schuld erforderlich. Ein solches Interesse des Gütig besteht hier nicht. Die Erklärung des Gütig kann deshalb nur dahingehend gewertet werden, dass er für die Schuld des Leicht einzustehen versprach. Dann handelt es sich hier um ein formungültiges Bürgschaftsversprechen (§ 125 S. 1 i. V. m. § 766 S. 1), das Gütig nicht verpflichtet (Rn. 946 f.).

Lösung der 1. Übungsklausur*

A. Zur 1. Fallalternative

H könnte gegen R aus § 433 Abs. 2 einen Anspruch auf Zahlung des Kaufpreises für einen Dia-Projektor der Marke Leitz Typ 1080 haben, wenn ein Kaufvertrag über den Kauf eines Dia-Projektors dieses Typs zwischen H und R wirksam geschlossen wurde und wirksam blieb.

---

* Die Klausur wurde als Aufgabe im Grundkurs Bürgerliches Recht an der Universität Passau gestellt. Sie wurde von Herrn Assessor Volker Heinze entworfen. Die folgende Bearbeitung verfasste Herr Olaf Eul als Teilnehmer an diesem Grundkurs. Herr Eul hatte zur Zeit dieser Bearbeitung das 2. Semester gerade begonnen. Die Anmerkungen sind Hinweise des Korrigierenden.

1. Ein Vertrag kommt durch zwei übereinstimmende und aufeinander bezogene Willenserklärungen zustande. Aus den §§ 145 ff. ist zu schließen, dass hierbei zwischen einem Angebot und einer Annahme zum Vertrag zu unterscheiden ist.

a) Das Angebot zum Vertrag müsste alle grundlegenden Bestandteile des Vertragsinhaltes enthalten, wie die Höhe des Kaufpreises und die Bezeichnung des Kaufgegenstandes, so dass der Annehmende nur noch mit „ja" zu antworten braucht, um das Angebot anzunehmen. Zudem müsste ein Rechtsbindungswille in dem Angebot erkennbar sein.[1] Das Angebot in diesem Fall könnte in dem von R diktierten Brief liegen. In diesem legte er Stückzahl und Kaufgegenstand fest. Der Kaufpreis hingegen wurde nicht von ihm erwähnt. R bestellt jedoch üblicherweise seinen Bürobedarf bei dem von ihm gewünschten Adressaten des Briefes, so dass davon auszugehen ist, dass R zu den in dem Geschäft des A üblichen Preisen des von ihm gewünschten Gegenstandes kaufen möchte.
Der Brief wurde zu dem Fotohändler H geschickt. Dieser konnte nach der Auslegung aufgrund des objektiven Empfängerhorizonts, die von einem Empfänger ausgeht, der nach Treu und Glauben und unter Berücksichtigung der Verkehrssitte die Willenserklärung des Erklärenden versteht, davon ausgehen, dass R einen Dia-Projektor mit der gleichen Bezeichnung, wie der im Brief angegebenen, von ihm kaufen möchte. R gab keinen Kaufpreis an, so dass er von dem in seinem Geschäft üblichen Kaufpreis ausgehen musste. Aus dem Brief war weiterhin für H klar erkennbar, dass R sich zu dem von ihm angebotenen Vertrag rechtlich binden wollte. Somit konnte H auf ein Angebot zu einem „Kaufvertrag" über den Dia-Projektor schließen.

aa) Fraglich ist, wie es sich auswirkt, dass die Sekretärin den Brief schrieb. Es könnte sich um ihre Willenserklärung handeln anstelle der des R. R diktierte ihr den Brief und unterschrieb diesen auch, so dass es seine Willenserklärung als Angebot zum Vertrag ist und die Sekretärin lediglich seinen Willen ausführt, indem sie den von ihm diktierten Brief schreibt und abschickt. Sie ist mithin ein Erklärungsbote[2] des R.

bb) Das Angebot wurde von R abgegeben.

b) Die Annahme des Angebotes könnte in dem Verhalten des H liegen. Auch hier ist nach dem objektiven Empfängerhorizont auszulegen. Die Annahme könnte konkludent erfolgt sein durch das Handeln des H und ohne zuvorige Erklärung von ihm, wenn eine solche Annahmeerklärung nach der Verkehrssitte nicht zu erwarten war oder der Antragende auf sie verzichtet hat gem. § 151 S. 1. R als Antragender hat in seinem Brief um eine rasche Lieferung gebeten. Dies konnte von H als Empfänger nur so aufgefasst werden, dass R möglichst schnell in den Besitz des von ihm bezeichneten Kaufgegenstandes gelangen wollte und dass er, wenn der Gegenstand rasch geliefert würde, auf die Verzögerung der Lieferung durch eine vorher zu erklärende Annahme gerne verzichten würde. H handelte sofort und brachte den Dia-Projektor zu R. Durch dieses entschlossene, rasche Handeln des H, welches für R zum Zeitpunkt des Erscheinens bei ihm erkennbar wurde, nahm er das Angebot des R uneingeschränkt an.[3] R konnte so nur auf die Annahme seines Angebotes schließen, namentlich durch die schnelle Lieferung des Gegenstandes, welche gem. § 151 S. 1, Alt. 2 die Erklärung zur Annahme ersetzt,

---

[1] Weshalb stellen Sie dies fest? Gibt es denn insoweit (klärungsbedürftige) Zweifel?

[2] Die Sekretärin leistet lediglich technische Hilfe bei der schriftlichen Erfassung der Willenserklärung des R. Sie überbringt keine Willenserklärung, ist also kein Erklärungsbote.

[3] Ungenau. Die (konkludent erklärte) Annahme ist aufgrund der Bestellung des Projektors beim Großhändler nach außen erkennbar geworden. Unerheblich ist, ob auch R dies erkennen konnte.

statt dessen konkludent durch Handeln ausdrückt. Somit liegt eine Annahme des von R erklärten Angebotes durch H vor.

2. Ein Vertrag zwischen H und R kam durch Angebot und Annahme über einen Dia-Projektor Leitz Typ 1080 wirksam zustande.

3. Es ist jedoch fraglich, ob der Kaufvertrag auch wirksam geblieben ist. Er könnte nichtig geworden sein, wenn R seine Willenserklärung als notwendigen Bestandteil des Vertrages angefochten hat mit der Rechtsfolge einer Nichtigkeit ex tunc gem. § 142 Abs. 1. Dann wäre der Vertrag als von Anfang an nichtig anzusehen. Dieser Wortlaut lässt darauf schließen, dass es sich bei der Rechtsfolge um eine Fiktion handelt, um eine gedachte Nichtigkeit von Anfang an, welche jedoch den wirksamen Vertragsschluss als solchen nicht nichtig machen kann – er ist ja tatsächlich geschehen. Die Nichtigkeit träte aber faktisch erst nach Wirksamwerden des Vertrages ein.

a) Zunächst müsste ein Anfechtungsgrund vorliegen. Nach § 119 Abs. 1 Alt. 2 irrt derjenige und kann anfechten, der eine Erklärung dieses Inhaltes überhaupt nicht abgeben wollte. R wollte aber einen Gegenstand mit der von ihm verwendeten Bezeichnung bestellen, so dass er genau das erklärte, was er auch erklären wollte. Dieser Anfechtungsgrund ist also auszuschließen.

b) Nach § 119 Abs. 1 Alt. 1 kann derjenige seine Willenserklärung anfechten, der über den Inhalt derselben im Irrtum war.[4] R wollte einen Aktenordner bestellen bei A, gab jedoch die Bestellung über seinen Erklärungsboten[5] ab gegenüber H. Somit irrte er sich über die Person, der sein Angebot wirksam zuging, so dass ein „Error in persona" vorliegt, der einen Inhaltsirrtum gem. § 119 Abs. 1 Alt. 1 darstellt. Dies ist offensichtlich in diesem Fall, in dem ja von dem Zugang zum gewünschten Empfänger der zu verstehende Inhalt des Angebotes abhängt. Somit liegt ein Anfechtungsgrund gem. § 119 Abs. 1 Alt. 1 vor.[6]

c) R weigert sich, den Projektor dem H abzunehmen und zu bezahlen. Darin konkludent enthalten ist die Anfechtungserklärung des R, die nicht den Begriff Anfechtungserklärung enthalten muss, sondern nur ein offensichtliches Ablehnen des Rechtsgeschäftes erkennbar werden lassen muss. Sie liegt somit vor gem. § 143 Abs. 1.

d) Sie wurde von R gegenüber dem H erklärt, also gegenüber dem anderen Vertragsteil und Anfechtungsgegner gem. § 143 Abs. 2.

e) R erklärte sie sofort durch die Weigerung der Abnahme, so dass ein schuldhaftes Zögern auszuschließen ist und er sie unverzüglich gem. § 121 Abs. 1 erklärte.

f) Die Ausschlussgründe des Gesetzes in Gestalt der §§ 121 Abs. 2 und 144 Abs. 1 liegen nicht vor.[7]

4. Durch die erfolgte Anfechtung ist die Willenserklärung des R zum Vertrag und somit der Kaufvertrag unwirksam in Form der Nichtigkeit geworden.

5. H hat keinen Anspruch auf Zahlung des Kaufpreises für den Dia-Projektor gegen R gem. § 433 Abs. 2.

---

[4] Die Beschreibung des Inhaltsirrtums ist zumindest missverständlich. Der Inhaltsirrtum wird dadurch gekennzeichnet, dass der Erklärende subjektiv seiner Erklärung einen anderen Sinn beimisst, als ihr objektiv zukommt.

[5] Vgl. oben (Anm. 2).

[6] Allein der Irrtum reicht für eine Anfechtung nicht aus. Weitere Voraussetzung: Ursächlichkeit des Irrtums für die anzufechtende Willenserklärung (vgl. § 119 Abs. 1).

[7] Überflüssige Feststellung, da nach dem Sachverhalt selbstverständlich.

B. Zur 2. Fallalternative

H könnte gegen R einen Anspruch auf Zahlung des Kaufpreises für den Dia-Projektor gem. § 433 Abs. 2 haben.
1. Ein entsprechender Kaufvertrag müsste zunächst wirksam geschlossen worden sein (s. oben A I 1).
    a) Das Angebot könnte auch in diesem Fall in dem Brief des R liegen. In diesem Fall ist für den Empfänger jedoch klar darauf zu schließen, dass sich das Angebot an jemanden richtet, der in regelmäßigem Geschäftskontakt mit dem Antragenden stehen muss. Er muss also verstehen, dass er selbst damit nicht gemeint sein kann und muss folglich darauf schließen, dass dem Antragenden der nötige rechtliche Bindungswille zu einem Rechtsgeschäft mit ihm fehlt.[8] Somit kann er nicht von einem Angebot zu einem Vertrag des R an ihn ausgehen.
    b) Ein wirksames Angebot ist somit auszuschließen.
2. Ein entsprechender Vertrag zwischen H und R kam nicht zustande.
3. H hat keinen Anspruch gegen R auf Zahlung des Kaufpreises für den Dia-Projektor gem. § 433 Abs. 2.

Bewertung der Arbeit:

Die wesentlichen Fragen des Falles sind richtig erkannt worden. Insbesondere die Ausführungen zu dem eigentlichen Problem der Arbeit, die richtige Auslegung der von R abgegebenen Willenserklärung, sind gut gelungen.

gut (15 Punkte)[9]

Musterlösung der 2. Übungsklausur

A. Ausgangsfall

I. Anspruch des G gegen H auf Zahlung des Kaufpreises für die Fernsehgeräte
    a) Der Anspruch des G auf Zahlung des Kaufpreises für die drei zerstörten Fernsehgeräte kann sich aus § 433 Abs. 2 ergeben. Ein Kaufvertrag zwischen ihm und H ist auf Grund dessen Bestellung und der Annahme dieser Bestellung durch G zu Stande gekommen. Grundsätzlich braucht jedoch der Käufer nur zu zahlen, wenn ihm der Kaufgegenstand übergeben und übereignet wird (§ 320 Abs. 1 i. V. m. § 433 Abs. 1 S. 1). Es stellt sich deshalb die Frage, ob G durch den Kaufvertrag weiter zur Lieferung verpflichtet ist und deshalb H nur zahlen muss, wenn er die von ihm bestellten Fernsehgeräte erhält, oder ob G von seiner Pflicht zur Lieferung frei wurde, als die Geräte zerstört wurden.[10]
    b) Der Kaufvertrag ist auf eine Gattungssache gerichtet, weil nicht bestimmte Geräte, sondern nur solche der Marke Lux den Gegenstand des Vertrages bilden. Der Verkäufer einer Gattungssache bleibt regelmäßig so lange zur Lieferung verpflichtet, wie eine Leistung aus der Gattung noch (objektiv) möglich ist, weil er,

---

[8] Warum so umständlich formuliert? Für H ist dadurch erkennbar, dass er nicht der Adressat der Erklärung sein kann.

[9] Es handelte sich um die beste Arbeit von insgesamt 502 Klausuren. Der Notendurchschnitt betrug 5,6 Punkte.

[10] Es ist auch möglich, hier sofort auf § 326 Abs. 1 einzugehen und die Frage, ob H von seiner Leistungspflicht frei werde, auf diese Vorschrift zu beziehen (vgl. dazu u. A I e).

vorbehaltlich abweichender Vereinbarungen, die nicht getroffen worden sind, das Beschaffungsrisiko übernimmt (§ 276 Abs. 1 S. 1). Es kommt deshalb darauf an, ob sich im Zeitpunkt des Unfalls bereits die Verpflichtung des G auf die zerstörten Fernsehgeräte beschränkt hat. Die Konkretisierung nach § 243 Abs. 2 tritt in dem Zeitpunkt ein, in dem der Schuldner das seinerseits Erforderliche getan hat. Als B die Fernsehgeräte durch A auf den Lkw laden ließ, hatte er seiner Verpflichtung zur Auswahl aus der Gattung entsprochen; mangels gegenteiliger Angaben des Sachverhalts ist davon auszugehen, dass G Geräte mittlerer Art und Güte auswählte (§ 243 Abs. 1). Was der Schuldner noch zu tun hat, richtet sich nach der Art der Schuld. Hierfür ist entscheidend, ob es sich um eine Schickschuld oder um eine Bringschuld handelt. Bei einer Bringschuld hätte G erst dann das seinerseits Erforderliche getan, wenn er die Ware H in dessen Geschäft angeboten hätte. Bei einer Schickschuld ist dagegen der Schuldner verpflichtet, die bestellten Waren ordnungsgemäß zu versenden.

c) Welche Verpflichtung besteht, muss dem Vertrag entnommen werden. Durch die Vereinbarung, G solle die Geräte zum Geschäft des H bringen lassen, könnte G eine entsprechende vertragliche Pflicht übernommen haben. Es ist jedoch auch nicht auszuschließen, dass es sich insoweit lediglich um eine zusätzliche Gefälligkeit des G handelt, die nichts daran ändert, dass der Leistungsort das Lager des G bleibt, von wo H ursprünglich die Geräte abholen sollte. Da die vertraglichen Absprachen als solche keine eindeutige Auskunft geben, muss ihr Sinn durch Auslegung ermittelt werden. Hierbei sind die Grundsätze von Treu und Glauben und die Verkehrssitte zu berücksichtigen (§ 157) und die Interessen der Vertragspartner angemessen zu beachten. Die vertragliche Vereinbarung sah zunächst eine Holschuld vor. Wegen der Erkrankung eines Angestellten des H, also auf Grund eines Hindernisses in dessen Bereich, wurde diese Vereinbarung geändert. G übernahm den Transport nur, weil die von H gewünschte kurzfristige Anlieferung durch ein fremdes Transportunternehmen nicht möglich war. Es handelt sich dabei offensichtlich um ein Entgegenkommen im Rahmen des Kundendienstes. Dass G bei dieser Sachlage auch noch das Transportrisiko übernehmen will – mag dies auch im Regelfall für gering zu halten sein –, dafür gibt es keine Anhaltspunkte. Es entspricht den Interessen beider Vertragsparteien am besten, hier einen Versendungskauf anzunehmen, bei dem der Ort der Leistung die gewerbliche Niederlassung des G bleibt (§ 269 Abs. 2, 3) und G nur noch die zusätzliche Verpflichtung übernimmt, den Transport in die Wege zu leiten. Der Annahme, dass es sich hier um einen Versendungskauf handelt, steht auch nicht entgegen, dass der Transport der Geräte möglicherweise innerhalb derselben Ortschaften durchgeführt wird (der Sachverhalt enthält insoweit keine Angaben). Auch der sog. Platzkauf, bei dem Erfüllungsort und der Ort, zu dem die Ware transportiert werden soll, in der selben geografischen Ortschaft liegen, fällt unter die für den Versendungskauf geltenden Regeln. Der Versendungskauf kann auch mit eigenen Leuten des Verkäufers durchgeführt werden. Dieses ist zwar streitig, aber der h. M., die das zulässt, ist zuzustimmen, weil die Gefahr eines zufälligen Untergangs auf dem Transport dem Verkäufer in diesem Fall ebenso wenig anzulasten ist, als wenn er eine fremde Transportperson auswählt.

d) Bei einem Versendungskauf, also bei der Schickschuld, hat der Schuldner das seinerseits Erforderliche getan, wenn er die geschuldete Sache der Transportperson übergibt. Die Konkretisierung der Gattungsschuld ist also mit der Übergabe der Geräte an A eingetreten. Als die Geräte durch den Unfall unbrauchbar wurden, erlosch die (primäre) Leistungspflicht des G (§ 275 Abs. 1). Folglich kann sich H auch nicht auf die Einrede des nicht erfüllten Vertrages (§ 320 Abs. 1 S. 1) berufen.

e) Es ist weiter zu prüfen, welche Rechtswirkungen dies auf die Zahlungspflicht des H hat. Da H ebenfalls den Unfall des A nicht verschuldet hat (§ 326 Abs. 2 S. 1), ist zu erwägen, ob nicht G nach § 326 Abs. 1 S. 1 HS 1 seinen Anspruch auf Zahlung des Kaufpreises verliert. Aber in Ausnahme von der in § 326 Abs. 1 getroffenen Regelung lässt § 447 Abs. 1 beim Versendungskauf die Gegenleistungsgefahr im Zeitpunkt der Ablieferung der Kaufsache an die Transportperson auf den Käufer übergehen. Dementsprechend bleibt H weiterhin zur Zahlung des Kaufpreises verpflichtet.

II. Als Ergebnis ist also festzuhalten, dass H zur Zahlung der zerstörten Fernsehgeräte nach § 433 Abs. 2 verpflichtet ist.

B. Fallabwandlung

I. Anspruch auf Zahlung des Kaufpreises

a) An diesem Ergebnis würde sich dann etwas ändern, wenn G die Unmöglichkeit seiner Leistung zu vertreten hätte und der sich aus § 433 Abs. 2 ergebende Anspruch auf Zahlung des Kaufpreises nach § 326 Abs. 1 S. 1 HS 1 entfiele. Da der Unfall durch ein fahrlässiges Verhalten des A, als das die Überschreitung der erlaubten Geschwindigkeit (vgl. § 3 StVO) zu werten ist, verursacht wurde und sich G das Verschulden des A (§ 276 Abs. 1 S. 1) nach § 278 zurechnen lassen muss, handelt es sich nicht um einen Zufall, also nicht um einen von keiner der Vertragsparteien zu vertretenden Umstand, für den H das Risiko bei einem Versendungskauf trägt. Die Pflicht des H, dennoch den Kaufpreis zu zahlen, kann sich aber aus § 326 Abs. 2 S. 1 Alt. 2 ergeben. Danach kommt es darauf an, ob die Unmöglichkeit der Leistung durch einen von G nicht zu vertretenden Umstand zu einer Zeit eingetreten ist, in der sich H im Annahmeverzug befand. Die Geräte wurden H zu der vereinbarten Zeit am richtigen Ort in der richtige Beschaffenheit und Menge angeboten (§§ 293, 294). Infolge seiner Abwesenheit nahm H die vertragsgerecht angebotene Leistung nicht an und kam dadurch in Gläubigerverzug. Auch bei einer Schickschuld kann der Gläubiger in Verzug geraten, wenn er eine zur Erfüllung erforderliche Mitwirkungshandlung, hier die Entgegennahme der Geräte, unterlässt. Dem Annahmeverzug stellt auch nicht § 299 entgegen, da eine Leistungszeit genau bestimmt war und sie von G eingehalten wurde. Während des Verzuges hat der Schuldner nur Vorsatz und grobe Fahrlässigkeit zu vertreten (§ 300 Abs. 1). Der Sorgfaltsverstoß des A kann nicht als grob fahrlässig gewertet werden, denn in einer geringfügigen Geschwindigkeitsüberschreitung kann kein objektiv schwerer und subjektiv unentschuldbarer Verstoß gegen die im Verkehr erforderliche Sorgfalt gefunden werden. Deshalb hat G den Umstand, auf Grund dessen er nicht zu leisten braucht, nicht nach §§ 276, 278 zu vertreten. Er behält also seinen Kaufpreisanspruch.

II. Ergebnis

An dem Ergebnis ändert sich bei der Fallabwandlung folglich nichts.

Lösungsskizze zur 3. Übungsklausur*

A. Ausgangsfall (Frage 1)

I. Ansprüche auf Rückzahlung des Kaufpreises

a) Anspruchsgrundlage: § 346 Abs. 1 i. V. m. §§ 437 Nr. 2, 326 Abs. 5

1. Gültiger Kaufvertrag V-K zustande gekommen.

2. Mangel der Kaufsache? Zu bejahen, wenn die Sache nicht die vereinbarte Beschaffenheit aufweist (§ 434 Abs. 1 S. 1) (Rn. 576). Gegenstand des Vertrages:

---

* Es handelt sich hier um eine (recht ausführlich gehaltene) Lösungsskizze, wie sie vor der Ausformulierung der Falllösung anzufertigen ist (vgl. o. Rn. 10, 23).

echter Biedermeier-Sekretär (nach Umständen des Falles – Inserat mit entsprechender Beschaffenheitsangabe, darauf meldet sich K – stillschweigend vereinbart), übergebener Schrank: Stilmöbel.

3. Mangel im Zeitpunkt des Gefahrübergangs (vgl. § 446 S. 1) vorhanden, bei Abschluss des Vertrages K nicht bekannt, Unkenntnis beruhte nicht auf grober Fahrlässigkeit (§ 442 Abs. 1).

4. Geschuldete Leistung, die Lieferung des verkauften Sekretärs mit der vereinbarten Beschaffenheit, also als echtes Biedermeier-Möbel, ist objektiv unmöglich. Deshalb ist Anspruch auf Leistung ausgeschlossen (§ 275 Abs. 1) und K kann nach § 326 Abs. 5 vom Kaufvertrag zurückgetreten. Rücktritt ist von K (konkludent) erklärt (§ 349), indem er Kaufpreis-Rückzahlung gegen Rückgabe des Sekretärs verlangt.

5. Rechtsfolge: Anspruch auf Rückzahlung des Kaufpreises Zug um Zug gegen Rückgabe des Sekretärs (§§ 346 Abs. 1, 348).

b) Anspruchsgrundlage: § 812 Abs. 1 S. 2 Alt. 1**

1. Wegfall des rechtlichen Grundes (Kaufvertrag) für Zahlung des Kaufpreises durch Anfechtung herbeizuführen?

2. Anfechtung wegen Inhaltsirrtums (§ 119 Abs. 1 Alt. 1)?

2.1. Irrte K? Ja, er wollte echten Sekretär kaufen.

2.2. Inhaltsirrtum? Nein, er erklärte, er wolle den angebotenen Schrank kaufen. Es handelt sich um einen Eigenschaftsirrtum (er hielt subjektiv den Sekretär für echt) (Rn. 338 ff.).

3. Anfechtung nach § 119 Abs. 2?

3.1. Frage nach Zulässigkeit einer solchen Anfechtung neben dem Kaufrecht ist streitig. Wird von der h. M. verneint. Weil jedoch eine gegenteilige Auffassung vertretbar erscheint, soll hier ein Anfechtungsrecht geprüft werden.***

3.2. K irrte (s. 2.1).

3.3. Eigenschaftsirrtum? Eigenschaft ist Merkmal, aus dem sich die natürliche Beschaffenheit ergibt (Rn. 340). Biedermeier-Echtheit als wertbildender Faktor, der nach allen vertretenen Auffassungen als „verkehrswesentlich" angesehen wird (Rn. 341 ff.).

3.4. Irrtum war auch ursächlich für anzufechtende Erklärung des K (Rn. 331).

4. Ergebnis: Anfechtungsrecht. Wird es ausgeübt, dann Anspruch nach § 812 Abs. 1 S. 2 Alt. 1. Jedoch entfällt dann rückwirkend (§ 142 Abs. 1) infolge Nichtigkeit der von K zum Abschluss des Kaufvertrages abgegebenen Willenserklärung Wirksamkeit des Kaufvertrages, so dass ein Rücktrittsrecht nach § 326 Abs. 5 (§ 437 Nr. 2) nicht in Betracht kommen kann. Das Gleiche würde für vertragliche Schadensersatzansprüche gelten.

II. Anspruch auf Schadensersatz

a) Anspruchsgrundlage: § 311a Abs. 2 i. V. m. § 437 Nr. 3.

1. V braucht nach § 275 Abs. 1 nicht zu leisten (s. I a 4). Deshalb Schadensersatz statt der Leistung, wenn V entweder die (anfängliche) Unmöglichkeit kannte oder seine Unkenntnis zu vertreten hat (§ 311a Abs. 2 S. 2).

2. V ging von Echtheit aus, kannte also Leistungshindernis nicht. Unkenntnis beruhte auch nicht auf Fahrlässigkeit, da er Möbel geerbt hatte und Un-

---

** Da bisher das Bereicherungsrecht nicht behandelt worden ist, kann es nicht als ein Mangel angesehen werden, wenn entsprechende Ausführungen fehlen.
*** Bei einer klausurmäßigen Fallbearbeitung muss die Frage nach der Zulässigkeit einer Anfechtung eingehend erörtert und entschieden werden.

Lösungshinweise für die Übungsklausuren 583

echtheit auch nicht erkennen konnte. Vertretenmüssen jedoch bei Übernahme einer Garantie (§ 276 Abs. 1 S. 1). Vertragsschluss unter erkennbaren Bezug auf Inserat. Hier eindeutige Angaben (170 Jahre alt, Original Biedermeier). Preis ebenfalls wie für echtes Möbel. K wollte offensichtlich nur einen echten Biedermeier Sekretär kaufen. V war auch von der Echtheit überzeugt. Dies alles spricht dafür, dass V Einstandspflicht für Echtheit übernommen hat, also die Echtheit garantierte (Rn. 627).

3. Rechtsfolge: Anspruch auf Schadensersatz statt der Leistung.
3.1. Großer oder kleiner Schatzersatzanspruch? K will Sekretär nicht behalten, also großer Schadensersatzanspruch. Käufer hat Wahlrecht (Rn. 605).
3.2. Da H so zu stellen ist, wie er stünde, wenn ordnungsgemäß erfüllt worden wäre, kann er 5.000,- € Zug um Zug gegen Rückgabe des Sekretärs sowie Kosten des Gutachtens fordern.

b) Anspruchsgrundlage: § 280 Abs. 1 wegen c.i.c. (§ 241 Abs. 2 i.V.m. § 311 Abs. 2).
Die falschen Angaben, die V bei den Vertragsverhandlungen machte, bezogen sich auf die Beschaffenheit der Kaufsache und werden durch die Vereinbarung i.S.d. § 434 Abs. 1 S. 1 erfasst. Hierfür haftet der Verkäufer nur auf der Grundlage des § 437. Ansprüche wegen c.i.c. kommen daneben nicht in Betracht (Rn. 622).

B. Fallabwandlung (Frage 2)

I. V kennt Unechtheit des Sekretärs nicht.

a) Der Rücktritt kann nicht wirksam erklärt werden, wenn der Anspruch auf Nacherfüllung verjährt wäre und der Schuldner, also V, sich darauf beruft (§ 218 Abs. 1 i.V.m. § 438 Abs. 4 S. 1). Zwar besteht bei einer objektiv unmöglichen Leistung kein Nacherfüllungsanspruch, jedoch wird durch § 218 Abs. 1 S. 2 verjährungsrechtlich der Fall des § 275 Abs. 1 so behandelt, als gebe es bei einer möglichen Leistung nach § 439 Abs. 1 geltend zu machenden Nacherfüllungsanspruch (Rn. 616). Dieser Anspruch wäre nach § 438 Abs. 1 Nr. 3 verjährt und folglich kann K nicht mehr vom Vertrag zurücktreten, wenn sich V – wovon auszugehen ist – auf die Verjährung beruft.

b) Ein Anspruch auf Schadensersatz statt der Leistung gem. § 311a Abs. 2 (s. A II a) wäre ebenfalls nach § 438 Abs. 1 Nr. 3 verjährt.

II. V kennt Unechtheit des Sekretärs

a) Anspruch nach § 346 Abs. 1 bei wirksamem Rücktritt. Der Anspruch auf Nacherfüllung (s. B I a) verjährt in der regelmäßigen Verjährungsfrist, da V den Mangel arglistig (= vorsätzlich) verschwiegen hat (§ 438 Abs. 3 S. 1). Die regelmäßige Verjährungsfrist beträgt drei Jahre (§ 195) und beginnt nach § 199 Abs. 1 mit dem Schluss des Jahres, in dem der Anspruch entstanden ist und der Gläubiger von den den Anspruch begründenden Umständen und der Person der Schuldners Kenntnis erlangte oder ohne grobe Fahrlässigkeit erlangen musste. Da die Unechtheit erst drei Jahren nach Abschluss des Kaufvertrages von K entdeckt wurde, ist der (fiktive) Anspruch auf Nacherfüllung noch nicht verjährt, so dass K den Rücktritt wirksam erklären kann (§ 218 Abs. 1 i.V.m. § 438 Abs. 4 S. 1). Somit ergibt sich dann als Rechtsfolge die Verpflichtung des V zur Rückzahlung des Kaufpreises nach § 346 Abs. 1 Zug um Zug gegen Rückgabe des Sekretärs (§ 348) (s. A I a).

b) Ebenso steht K ein Schadensersatzanspruch gem. § 311a Abs. 2 i.V.m. § 437 Nr. 3 zu (s. A II a).

c) Anspruchsgrundlage: § 812 Abs. 1 S. 2 Alt. 1
  1. wie A I b1.

2. Anfechtung wegen arglistiger Täuschung durch V (§ 123 Abs. 1 Alt. 1). Voraussetzungen erfüllt (Täuschung durch Veranlassung einer Willenserklärung des getäuschten K, Arglist des V; Rn. 373).
3. Rechtsfolge: Herausgabe des Erlangten, d. h. des Kaufpreises. V hat dann auf gleicher Rechtsgrundlage Anspruch auf Rückgabe des Sekretärs. Nach Anfechtung fällt dann die auf Abschluss des Kaufvertrages gerichtete Willenserklärung des K und damit der gesamte Vertrag rückwirkend (§ 142 Abs. 1) weg. Rechte nach § 346 Abs. 1 (B II a) oder nach § 311 a Abs. 2 i. V. m. § 437 Nr. 3 (B II b) stehen K dann nicht zu.

Lösungsskizze zur 4. Übungsklausur[1]

I. Anspruchsgrundlage:[2] § 678 i. V. m. § 687 Abs. 2

a) Führung eines fremden Geschäfts (nämlich des S) durch F? Zu bejahen. Das Recht auf Führung und Benutzung des Namens steht ausschließlich dem Träger zu (vgl. auch § 12).

b) Bewusstsein der Fremdheit? F benutzte bewusst den Namen des S zu Werbezwecken. Dass er hierfür die Einwilligung des Namensträgers benötigt, muss F als einer im Geschäftsleben stehenden Person bekannt sein. Es ist deshalb davon auszugehen, dass er sich nicht irrtümlich für befugt hielt, den Namen des S zu gebrauchen, und deshalb meinte, ein eigenes Geschäft zu führen. Somit war F die Fremdheit bewusst, und er kannte auch seine fehlende Berechtigung zur Geschäftsführung.

c) Folglich ist F zum Ersatz des aus der Geschäftsführung entstehenden Schadens verpflichtet. S ist jedoch kein materieller Schaden entstanden; er verlangt vielmehr Entschädigung in Geld für einen immateriellen Schaden. Dies ist nur in den vom Gesetz bestimmten Fällen zulässig (§ 253 Abs. 1). § 678 bestimmt dies jedoch nicht.

II. Anspruchsgrundlage: § 812 Abs. 1 S. 1 Alt. 2 (Eingriffskondiktion)
Eine nähere Prüfung erübrigt sich. S verlangt nicht Herausgabe eines Vermögensvorteils, den F ohne Rechtsgrund erlangt hat (vgl. o. Rn. 738 ff.).

III. Anspruchsgrundlage: § 823 Abs. 1 i. V. m. Art. 1, 2 GG

a) Verletzung des allgemeinen Persönlichkeitsrechts des S (als „sonstiges Recht" i. S. v. § 823 Abs. 1) durch F? Die namentliche Erwähnung des S und der Hinweis auf seine wissenschaftliche Autorität in einer Werbung für ein Stärkungsmittel sind geeignet, ihn lächerlich zu machen und in seinem Ansehen als Wissenschaftler zu beeinträchtigen. Bei der zur Ermittlung des Inhalts und der Grenzen des allgemeinen Persönlichkeitsrechts gebotenen Interessen- und Güterabwägung (vgl. o. Rn. 768) gebührt dem grundgesetzlich fundierten Anspruch des S auf Achtung seiner individuellen Persönlichkeit (vgl. Art. 1 Abs. 1, Art. 2 Abs. 1 GG) der Vorrang vor den gewerblichen Interessen des F. Folglich hat F den Anspruch des S auf Achtung seiner individuellen Persönlichkeit missachtet und dessen allgemeines Persönlichkeitsrecht verletzt.

b) Ersatzfähiger Schaden des S? S verlangt Geldersatz für immateriellen Schaden (I c). In § 253 Abs. 2 ist Verletzung des allgemeinen Persönlichkeitsrechts nicht erwähnt. Durch Richterrecht ist jedoch in verfassungsrechtlich zulässiger Weise[3]

---

[1] Es handelt sich um den Ginsengwurzelfall des *BGH* (BGHZ 35, 363). Diese Lösungsskizze (vgl. o. Rn. 10, 23) ist wesentlich ausführlicher gehalten, als dies bei einer Klausurarbeit (aus Zeitgründen) regelmäßig möglich sein wird.

[2] Die allgemein gehaltene Fallfrage nach der Rechtslage wird durch das Begehren des Sapiens nach Zahlung von 10.000,- Euro als Genugtuung hinreichend konkretisiert (vgl. o. Rn. 13).

[3] Dies ist vom Bundesverfassungsgericht ausdrücklich anerkannt worden (BVerfGE 34, 269).

bei schweren Verletzungen des allgemeinen Persönlichkeitsrechts ein Anspruch auf Geldersatz für immaterielle Schäden geschaffen worden. Folgende Voraussetzungen müssen erfüllt sein:
1. Rechtswidrige und schuldhafte Verletzung des allgemeinen Persönlichkeitsrechts.
2. Schwerwiegende Beeinträchtigung dieses Rechts.
3. Keine Möglichkeit für Geschädigten, auf andere Weise ausreichende Genugtuung zu erlangen (o. Rn. 772).

zu 1: Die Verletzung des allgemeinen Persönlichkeitsrechts des S (III a) ist rechtswidrig, da F verpflichtet ist, dieses Recht zu achten, und er sich insbesondere nicht auf ein eigenes Recht berufen kann, das es rechtfertigt, unbefugt den Namen des S zu gewerblichen Zwecken zu nutzen (Rn. 768 f., 790). F handelte leichtfertig, wenn er sich auf die Angaben in dem populärwissenschaftlichen Aufsatz verlassen haben sollte. Er konnte insbesondere nicht annehmen, dass ihn dies berechtigte, die im Aufsatz gemachten Angaben in einer Werbeanzeige, noch dazu in entstellender Weise, zu verwenden, ohne sich dem Vorwurf eines grob fahrlässigen Verhaltens auszusetzen.

zu 2: Als schwerwiegend gilt insbesondere eine gravierende Verletzung des Persönlichkeitsrechts (Rn. 772). Diese Voraussetzung ist hier erfüllt. Für diese Wertung ist die Art der Werbung und der Beruf des S (Kirchenrechtler) von besonderer Bedeutung.

zu 3: Eine Richtigstellung des F ist keine ausreichende Genugtuung für die erlittenen Unannehmlichkeiten, die dadurch nicht ungeschehen gemacht werden können.

c) Angemessenheit der Entschädigung? Bei Bemessung der Geldentschädigung sind Ausmaß und Schwere der Rechtsverletzung, aber auch der wirtschaftliche Vorteil, den F aus dieser Rechtsverletzung zog, zu beachten. Der geforderte Betrag erscheint danach in seiner Höhe als angemessen.

IV. Anspruchsgrundlage: § 823 Abs. 2 i.V.m. § 186 StGB
Eine nähere Prüfung erübrigt sich, denn es kann nicht angenommen werden, dass F vorsätzlich – wie dies bei § 186 StGB erforderlich ist – (unwahre) Tatsachen über S verbreitet hat, die S „verächtlich zu machen oder in der öffentlichen Meinung herabzuwürdigen geeignet" sind. Wenn auch die in der Werbeanzeige gemachten Angaben objektiv durchaus diese Eignung besitzen, glaubt doch F offenbar, dass sich S wissenschaftlich mit Ginsengwurzeln befasst hätte; deshalb wusste und wollte er nicht, dass F durch die Anzeigen lächerlich gemacht wurde.

V. Anspruchsgrundlage: § 824
Voraussetzung für einen Schadensersatzanspruch aufgrund dieser Vorschrift ist, dass eine unwahre Tatsache verbreitet wird, die geeignet ist, wirtschaftliche Interessen, insbesondere das Fortkommen des Betroffenen, seine wirtschaftlichen Zukunftsaussichten, zu beeinträchtigen. Dass derartige Interessen des S durch F verletzt worden sind, ergibt sich nicht aus dem Sachverhalt.

Lösungsskizze zur 5. Übungsklausur

A. Ansprüche des R gegen H

I. Anspruchsgrundlage: § 631 Abs. 1 i.V.m. § 398
a) Wirksame Abtretung der Werklohnforderung des N an R? Frau N handelte als Vertreterin ihres Mannes in dessen Namen. Ihr fehlte aber die Vertretungsmacht. Deshalb ist zunächst Abtretung schwebend unwirksam, wird aber mit Genehmigung des N voll wirksam (§ 177 Abs. 1 i.V.m. § 182 Abs. 1). R wurde folglich Inhaber der Forderung.

b) Forderung durch Erfüllung erloschen (§ 362 Abs. 1)? H zahlte an N, der nicht mehr Gläubiger der Forderung gewesen ist. Jedoch hilft hier H § 407 Abs. 1. Der neue Gläubiger muss die Leistung des gutgläubigen Schuldners an den bisherigen Gläubiger gegen sich gelten lassen. Da H die Abtretung nicht kannte und sich auf diese Schuldnerschutzregelung beruft, ist er so zu stellen, als habe er an den wirklichen Gläubiger gezahlt.

II. Ergebnis: Keine Ansprüche des R gegen H

B. Ansprüche des R gegen N

I. Anspruchsgrundlage: § 280 Abs. 1

a) Aus dem der Abtretung zugrundeliegenden Kaufvertrag, den Frau N für ihren Mann mit R schloss und der mit Genehmigung durch N wirksam wurde (§ 177 Abs. 1; vgl. o. A I a), ergab sich für N die leistungssichernde Nebenpflicht, alles zu unterlassen, was den Zweck des Vertrages (R die Forderung zu verschaffen [§ 453 Abs. 1 i. V. m. § 433 Abs. 1 S. 1], damit dieser sie einziehen kann), nachträglich gefährdet oder sogar vereitelt (Rn. 487, 911). Dieser Pflicht hat N schuldhaft (§ 280 Abs. 1 S. 2) zuwidergehandelt, als er die Zahlung von H annahm.

b) Den durch diese Pflichtverletzung dem R entstandenen Schaden muss N gem. § 280 Abs. 1 S. 1 ersetzen, also 7.000,- € an ihn zahlen.

II. Anspruchsgrundlage: § 285

a) Leistung aus Kaufvertrag unmöglich? N hatte bereits geleistet, nämlich die Forderung abgetreten, aber durch sein späteres Verhalten den Leistungserfolg unmöglich gemacht (§ 275 Abs. 1). Nach dem Rechtsgedanken des § 285, Ausgleich eines dem Schuldner nicht zustehenden Vorteils vorzunehmen, ist aber diese Vorschrift entsprechend anzuwenden.

b) N erhielt 7.000,- € von H. Diesen Betrag, der wirtschaftlich an die Stelle der Forderung des R gegen H trat, hat N dem R herauszugeben.

III. Anspruchsgrundlage: § 667 i. V. m. § 681 S. 2, § 687 Abs. 2 S. 1

a) Durch Annahme des Forderungsbetrages führte N ein Geschäft des R. Er kannte die Fremdheit des Geschäfts und behandelte es als eigenes, ohne dazu berechtigt zu sein.

b) Er ist deshalb zur Herausgabe des aus der Geschäftsführung Erlangten, also der eingezogenen 7.000,- € nebst 4% Zinsen (§ 687 Abs. 2 S. 1, § 681 S. 2, § 668, § 246) verpflichtet.

IV. Anspruchsgrundlage: § 816 Abs. 2

a) Leistung des H an nichtberechtigten N ist gegenüber Berechtigtem (R) aufgrund des § 407 Abs. 1 wirksam.

b) Verpflichtung zur Herausgabe des Geleisteten. Verpflichtung bezieht sich nicht auf die erlangten Geldscheine, sondern auf ihren Wert, also 7.000,- €. Hinsichtlich der 6.700,- €, die N zur Schuldentilgung verwandte, ist er bereichert; aber Wegfall der Bereicherung in Höhe von 300,- € wegen der Ausgaben für den „fröhlichen Abend"? Insoweit ist N nicht mehr bereichert, weil er diese Ausgaben nicht getätigt hätte, wenn er die 7.000,- € nicht erhalten hätte (§ 818 Abs. 3). N kannte seine Nichtberechtigung; er kann sich deshalb nicht auf Wegfall seiner Bereicherung berufen, sondern haftet nach §§ 819 Abs. 1, 818 Abs. 4 in gleicher Weise, wie wenn der Anspruch rechtshängig wäre. Dementsprechend hat er 7.000,- € nebst 8,37% Zinsen (8 + 0,37 Basiszins seit 1. 7. 2011) (§§ 291, 288 Abs. 2, 247 Abs. 1) an R zu zahlen (Rn. 457). Da es hier um den Ausgleich einer Bereicherung im Verhältnis R gegen N geht und

beide insoweit nicht als Verbraucher (vgl. § 13) anzusehen sind, ist die entsprechende Anwendung des § 288 Abs. 2 geboten.
V. Anspruchsgrundlage: § 823 Abs. 1
Die Forderung ist kein „sonstiges Recht" i. S. v. § 823 Abs. 1, denn dabei handelt es sich nicht um ein Recht mit einem jedem gegenüber wirkenden (absoluten) Inhalt (Rn. 764). Abzulehnen ist die Auffassung, dass die Zuständigkeit des Gläubigers für die Forderung (sog. Empfangszuständigkeit) eine absolute Rechtsposition darstelle, die durch § 823 Abs. 1 geschützt sei.
VI. Anspruchsgrundlage: § 823 Abs. 2 i. V. m. § 263 StGB
a) § 263 StGB ist eine gesetzliche Regelung, durch die das Vermögen des einzelnen geschützt werden soll, die also individuellen Interessen dient (Rn. 797 f.).
b) Ein Schadensersatzanspruch des R ergibt sich auf dieser Grundlage nur, wenn § 263 StGB in objektiver und subjektiver Hinsicht verwirklicht ist (Rn. 799), wenn also N durch Täuschung einen Irrtum erregte, der zu einer Vermögensverfügung und dadurch zu einem Vermögensschaden führte, und dies auch vorsätzlich und in der Absicht, sich einen rechtswidrigen Vermögensvorteil zu verschaffen, tat. Diese Voraussetzungen sind hier erfüllt.[1]
c) R kann deshalb auf dieser Rechtsgrundlage Ersatz seines Schadens, also Zahlung von 7.000,- € verlangen.
VII. Anspruchsgrundlage: § 826
a) Handelte N sittenwidrig, als er die R zustehende Forderung einzog? Nicht jede Verletzung einer Vertragspflicht ist als sittenwidrig anzusehen. Es müssen noch erschwerende Umstände hinzutreten, die das Anstandsgefühl grob verletzen (Rn. 166). Eine solche Erschwerung ist darin zu erblicken, dass die Vertragspflichtverletzung den Betrugstatbestand verwirklicht (B VI).
b) Durch dieses sittenwidrige Verhalten ist R ein Schaden zugefügt worden.
c) N handelte auch vorsätzlich, da er wusste, dass er R durch die Annahme der 7.000,- € schädigte, und dies auch zumindest billigend in Kauf nahm. N kannte zudem alle Umstände, aus denen sich die Sittenwidrigkeit seines Verhaltens ergibt (Rn. 802).
d) Folglich kann R auch auf § 826 seinen Schadensersatzanspruch stützen und Zahlung von 7.000,- € fordern.
VIII. Ergebnis: R kann von H Zahlung von 7.000,- € nebst 8,37% Zinsen fordern.

---

[1] Es ist darauf hinzuweisen, dass diese globale Feststellung verschiedene, nicht einfache strafrechtliche Fragen offen lässt, die sich wegen der Schuldnerschutzvorschrift des § 407 Abs. 1 stellen und die insbesondere die Unmittelbarkeit der Vermögensminderung betreffen. Hierauf ist jedoch im Rahmen eines Grundkurses im BGB nicht einzugehen. Ein Fortgeschrittener muss jedoch bei einer Klausurarbeit diesen Fragen Aufmerksamkeit widmen.

Paragraphenregister

Die angegebenen Fundstellen beziehen sich auf die Randnummern.
Hauptfundstellen sind **fett** gesetzt.

AGG
§ 1: 98
§ 7: 98
§ 11: 98

AktG
§ 10: 569
§§ 36 ff.: 284
§ 78: 805

BeurkG
§ 17: 263
§ 21: 611
§ 45: 77 Fn. 41
§ 47: 77 Fn. 41
§ 49: 77 Fn. 41

BGB
§ 1: 283
§ 2: 17 Fn. 12, 31, 285, 809
§ 13: 85 Rn. 52, 127, 157, 254, 264, 270, 450 f., 496, 640 ff., 929
§ 14: 127, 157, 264, 270, 496, 640, 642
§§ 21 ff.: 284
§ 21: 284
§ 22: 284
§ 26: 805
§ 27: 87
§ 31: 868
§ 32: 87
§ 33: 38
§ 40: 87
§§ 80 ff.: 284
§ 80: 284
§ 89: 868
§ 90: **5 Fn. 4**, 19 Fn. 13, 347, 641
§ 90 a: 641
§ 91: 545, 655, 671, 781
§ 93: 550, 740
§ 94: 550, 740
§ 97: 335
§ 99: 239, 246, 747
§ 100: 239, **246**, 747
§§ 104 ff.: 494

§ 104: 285 ff., 288, 291 f.
§ 105: 59, 272, 287, 291, 294, 449
§ 105 a: 287, **293 f.**, 449
§§ 106 ff.: 293
§ 106: 12, 17, 31, **285 f.**, 809
§§ 107 ff.: 285
§ 107: 12, 17, 31 f., 191 f., 278, **295**, 298 f., 303, 306, 316 f., 388, 449
§§ 108 ff.: 289
§ 108: 12, 31, 33, 108, 278, 283, 301, **305 ff.**, 311 ff., 321, 388, 808, 848
§ 109: 308, **310 ff.**, 321, 848
§ 110: 12, 32, **315 ff.**, 320, 321
§ 111: 305 f., 321
§ 112: 314, **320 f.**
§ 113: 320 f.
§§ 116 ff.: 327, 841
§ 116: 271, **322 f.**, 325 ff., 336, 842
§ 117: 271, **323 ff.**, 327, 842, 846, 905
§ 118: 271, **325**, 327
§ 119: 60, 63, 65, 142, 271, 280, 328, 330 f., **337 ff.**, 350, 357, 360, 370 f., 387, 391, 435, 581, **620**, 841, 942
§ 120: 271, 280, 328, 330, **348 ff.**
§ 121: 118, 351 f., 446
§ 122: 60, 62 f., 65, 272, 325, 328, **353 ff.**, 357, 370, 387 ff., 435, 439, 502, 905
§ 123: 271, 280, 328, **373 f.**, 377, **379 ff.**, 387, 390, 501, 521, 621, 800, 845, 942
§ 124: 387, 501, 800
§ 125: **49 ff.**, 324, 935
§ 126: 47, 49, 52 f.
§ 126 a: 47, 52, 935
§ 126 b: 47, 53, 255, 647
§ 127: 51
§ 127 a: 47, 572
§ 128: 47
§ 129: 47
§ 130: **71 ff.**, 85, 88, 123, **129**, 310, 349, 449, 470, 564
§ 131: 287, 449
§ 133: 104, 135

§ 134: 98, **165**, 272, 371, 385, 396, 728, 733, 904
§ 135: 279
§ 136: 279
§ 138: 98, **166**, 272, 371, 385, 388, 728, 732, 800, 820, 925, 928
§ 139: 49, 274 f., 277, 820
§ 140: 276 f.
§ 141: 273
§ 142: 236, 271, 277, 281, **351**, 388, 728 f., 750, 829
§ 143: 281, 351 f.
§ 144: 281
§§ 145 ff.: 88, 95
§ 145: 85, **114**
§ 146: **115** f., 128, 222
§§ 147 ff.: 116
§ 147: 80, **119 ff.**, 128
§ 148: 116, 119, 122
§ 149: 118, 122
§ 150: 89, 105, **118**, **123**
§ 151: **124 ff.**, 143, 628
§ 153: 129, 564
§ 154: 134 ff., 140
§ 155: 138 ff.
§ 157: 42 Fn. 5, **104**, 134 Fn. 78, **135**, 360
§§ 158 ff.: 634
§ 158: 357, **633**
§ 160: 636 f.
§ 161: 636 f.
§ 162: 637, 730
§ 164: 348, 380, 804, 807 f., 810 f.
§ 165: 809
§ 166: 750, 816, **841 ff.**
§ 167: 817 ff., 936
§ 168: 823, 831 f.
§§ 170 ff.: 833
§ 170: 833
§ 171: 819, 825 f., 833
§ 172: 336, 819, 833, 936
§ 173: 336, 833
§ 174: 822
§ 175: 833
§ 176: 833
§§ 177 ff.: 815, 847, 850
§ 177: 108, 278, 283, 823, 835, 838, 848
§ 178: 848
§ 179: 150, 815, 830, 848, 850 f.
§ 180: 822, 835, 847, 849 f.
§ 181: 834 ff.
§ 182: 33, 305, 307, 321, 848
§ 183: 31 Fn. 17, 226, 305
§ 184: 31 Fn. 17, 226, 305, 848, 923
§ 185: 194, 226, 565, 568, 876, 923

§§ 194 ff.: 163, 613
§ 194: 17 Fn. 11, 92, 616
§ 195: 214, 501, 615, 686
§ 197: 613
§ 198: 531
§ 199: 615, 686
§ 202: 617
§ 212: 197
§ 214: 163, 213 f., 728, 939
§ 215: 214, 618
§ 216: 632, 939
§ 218: 616, 686
§ 227: 375, 788
§ 228: 788
§ 229: 162, 788
§§ 232 ff.: 530
§§ 241 ff.: 149
§ 241: 92, 148, 185 f., 425, 491, 495, 498, 500, 527, 622 f.
§ 241 a: 126 f., 496
§ 242: 50, 75, 183, 219, 312, 361, 795
§ 243: **168**, **172**, **177 f.**, 468, 475, 642
§ 247: 457
§§ 249 ff.: 781, 783
§ 249: 181, 219, 353, 456, 501, 505, 772, **781 f.**, 800
§ 250: 782
§ 251: 181, 456, 781 f.
§ 252: 354, 456, 477, 784
§ 253: 772, 779, 783
§ 254: 356, 515, 671, 775, **785 f.**
§§ 262 ff.: 180
§§ 263 ff.: 850
§ 263: 283
§ 266: 468, 509
§ 267: 196, 775
§ 268: 210
§ 269: 174, 467
§ 270: 174, 467, **476**
§ 271: 212, **446**, 462, 466
§ 273: 445, 530 ff., 939
§§ 275 ff.: 752
§ 275: 238, 240, 368, 393, **395 ff.**, 412, 415, 430 ff., 440, 459, 464, 473 ff., 506 ff., 513, 519, 540, 593, 597, 642, 681, 683 f., 883
§§ 276 ff.: 6, **413**, 436, 514
§ 276: 6, 36, 242, 397, **413 f.**, **417**, **419**, 423 f., 454 f., 601, 627, 671, 789, 866
§ 277: 242, 413, 866
§ 278: 437, 440, 454, 476, 503, 512, 514, 576, 667, 785, 804, 840, **853**, 855 f., **857 ff.**, 866 f.
§§ 280 ff.: 535, 537 f., 690

§ 280: 6, 160 f., 243, 245, 393, 406 ff., 413, 425, 429, 432 f., 440, 456 ff., 473 f., 477, 480, 487, 489 ff., 495, 501, 505, 508, 520, 533, 535 f., 540, 549, 563, 582, 596, 601 ff., 622 f., 626, 631 f., 647, 666, 670 f., 676 f., 684, 687, 692, 712, 752, 855 f., 869, 881, 886 ff., 895, 937
§ 281: 161, 245, 394, 406, **408 ff.**, 429, 432, 436, 448, 458, 479, 489, 492 f., 519 ff., 549, 563, 575, 587, **601 ff.**, 626, 684, 687, 808, 887
§ 282: 406, 490 ff., 527
§§ 283 ff.: 440
§ 283: 393, **406 f.**, 409, 412, 429, 433, 440 f., 459, 491, 519, 533, 536, 540, 602, 626, 687
§§ 284 ff.: 393
§ 284: 393 f., **426 f.**, 436, 540, 575, 607 f., 684, 687
§ 285: 393, **430 ff.**, 508, 540, 752, 896
§ 286: 6, 160, 245, **439 f.**, 449 ff., 457 ff., 477, 603, 631 f., 676 f., 687, 752, 856, 869, 895, 937
§ 287: 459, 474, 752
§ 288: 6, 457
§ 291: 752
§ 292: 752
§§ 293 ff.: 540
§ 293: 462, 476
§ 294: 465, 469
§ 295: 467, 469, 470, 475
§ 296: 470
§ 297: 463
§ 298: 472
§ 299: 466
§ 300: 422, 473 ff., 866
§§ 301 ff.: 477
§ 304: **477**, 677
§§ 307 ff.: 643
§ 309: 217, 423, 612, 617
§ 310: 217
§ 311: 151, 154, 494 ff., 622, 889, 894
§ 311 a: 393, 406, **434 ff.**, 441, 537, 540, 575, 602, 604, 607 f., 684, 687
§ 311 b: 47 ff., 305, 324, 543, 817, 903, 923
§ 312: 254, 257, 260 ff.
§ 312 a: 260
§§ 312 b ff.: 264
§ 312 b: 85 Rn. 52, 264 f., 268
§ 312 c: 266, 374
§ 312 d: 85 Rn. 52, 254, 257, 266 ff.
§ 312 e: 76, 268 f., 374

§ 312 g: 262
§ 313: 231, 238, 253, **361 f.**, 364 ff., 371 f., 379, 400 f., 404, 414, 540
§ 314: **253**, 360, 367, 536 f.
§§ 315 ff.: 132, 545
§ 316: 137
§ 317: 304
§§ 320 ff.: 95, 506, 850
§ 320: 20, 214, 248, 472, 506, **528 ff.**, 532, 618, 631, 885, 939
§ 321: 506, 528 f.
§ 323: 238 ff., 253, 394, 408, 440, 443, 460, 479, 506, 509 f., **519 ff.**, 526 f., 534, 539, 549, 563, 575, 587, **597**, 599, 608, 632, 648, 666, 673, 676 f., 684, 687, 808
§ 324: 238, 506, 513, **527**, 673
§ 325: 440, 506, 520, 524, 535, 540, 563, 599, 603, 632, 676, 684, 687
§ 326: 238, 393, 430, 440, 473, **506 ff.**, **512 ff.**, 523, 525, 534, 540, 599, 642, 673, 677, 684, 687, 883
§ 328: 381, 876 f., 883 f.
§ 329: 877, 923
§ 330: 381, 877
§ 331: 877, 884
§ 333: 883, 923
§ 334: 885 f.
§ 335: 884
§§ 346 ff.: **238 f.**, 511, 595
§ 346: **237 ff.** 259 f., 367, 413, 432, 459, 511, 535, 595, 600, 603, 606, 618, 642, 866
§ 347: 239 f., **246 f.**, 600, 607
§ 348: 248, 606
§ 349: 237
§ 350: 249
§ 355: 157, **254 ff.**, 267 f., 929, 940
§ 356: 257
§ 357: 238, 240, 258 ff., 929
§ 360: 256, 259
§ 362: 20, 107, 182, **189**, 191, 194, 224, 540, 876
§ 364: 199, 203 f.
§ 365: 203
§ 366: 198, 201
§ 367: 196, 198
§ 368: 195
§ 370: 195
§ 372: 205, 207
§ 376: 206
§ 378: 206
§ 379: 206, 512
§ 383: 207, 570, 641
§ 384: 207

§ 385: 207
§§ 387 ff.: 208
§ 387: 209
§ 388: 220, 635, 915
§ 389: 214, 220
§ 390: **212 ff.**, 445
§ 393: 217 f.
§ 394: 219
§ 397: 222, 231, 252
§§ 398 ff.: 224, 922
§ 398: 210, 547, **901**, 908
§ 399: 907
§ 400: 907
§ 401: 910, 938, 943 f.
§ 402: 904
§ 404: 909, 911, 915 f., 943
§ 405: 905, 907
§ 406: 210, **915 ff.**
§ 407: 744, 911 ff.
§ 408: 914, 918
§ 409: 918
§ 410: 918
§ 412: 744, 922, 943 f.
§ 413: 922
§§ 414 ff.: 923
§ 414: 900, 923
§ 415: 108, 900, 923, 925
§ 416: 923
§ 417: 924 ff.
§ 418: 927, 938
§ 421: 928, 875, 944
§ 426: 875, 922, 944 f.
§§ 433 ff.: 100, 149, 640, 642 f.
§ 433: 12, 17 f., 20, 29, 36, 92, 155, 159, 190, 209, 229, 291, 334, 342, 395, 398, 403, 430, 459, 473, 512, **542 f.**, **546**, **548 ff.**, 558, 575, 588, 590, 601, 608, 618, 622, 642, 834
§ 434: 203, 501, 521, 546, **576 ff.**, 582 ff., 620, 622, 627, 644, 682, 683
§ 435: 203, 342, 546, 548, 576, 588, 620, 682
§ 436: 588
§§ 437 ff.: 342, 619 f., 622, 850
§ 437: 238 ff., 294, 479, 501, 521, **575**, 587, 590, 599, 601 ff., 607 f., 613, 618, 620, 622 f., 648, 683
§ 438: **613 ff.**, 618, 623 f., 643
§ 439: 575, **590 ff.**, 597, 602, 608, 618, 626, 642, 648, 683
§ 440: 575, **597**, 599, 604, 608
§ 441: 241, 508 f., 575, 578, **599 ff.**, 600, 608
§ 442: **609 ff.**, 620, 622, 685

§ 443: 627 f., 630
§ 444: 133, 612, 627
§ 446: **512**, 582, 627, 644
§ 447: **512**, 582, 627, 642, 644, 681, 898
§ 449: 632 f.
§ 453: 543, 547
§ 454: 639
§§ 456 ff.: 639
§ 456: 237
§ 463: 639
§ 464: 639
§ 473: 907
§§ 474 ff.: 595, 640 f., 646
§ 474: 512, 595, 612, 617, 639, **640 ff.**
§§ 475 ff.: 642
§ 475: 612, 617, 643, 646
§ 476: 644 f., 648
§ 477: 627, 630, **647**
§ 478: 645, 648 f.
§ 480: 301, 545
§ 481: 254
§ 485: 254
§§ 488 ff.: 100, 182 Fn. 13, 650
§ 488: 182, 209, 216, 446, 462, 476, 650 f., 653
§§ 489 f.: 250 f.
§ 489: 654
§ 490: 251 f., 654
§ 491: 650, 656, 817, 929
§ 492: 817, 929, 948
§ 494: 929
§ 495: 254, 929
§ 500: 668
§ 503: 238
§ 506: 650
§ 507: 560
§ 508: 257
§ 510: 157
§ 516: 92, 108, 297, 558, 728
§ 518: 47, 50, 92, 728, 879, 948
§ 519: 214
§ 521: 422, 459, 866
§ 528: 297
§ 530: 297
§§ 535 ff.: 100
§ 535: 38, 94, 657, **659 f.**
§§ 536 ff.: 479, 661 ff.
§ 536: 360, 662 ff.
§ 536 a: 662 ff.
§ 536 c: 666
§ 536 d: 663
§ 538: 660
§ 539: 659, 662
§ 540: 660, 860
§ 541: 666

§§ 542 ff.: 250
§ 542: 38, 667
§ 543: 252, 660, 666 f.
§ 544: 667
§ 546: 250, 561, 928
§ 546a: 666
§ 549: 38, 49, 660, 665, 666 f.
§ 550: 49, 658
§ 553: 660
§ 556b: 446, 528, 660
§ 561: 250, 667
§ 562: 665
§ 562a: 665
§ 562b: 665
§ 562c: 665
§ 563: 667
§ 563a: 250
§ 564: 667
§ 566: 299, 548, 930
§§ 568 ff.: 667
§ 568: 38, 250
§ 569: 250, 252, 666 f.
§§ 573 ff.: 250
§ 573: 667
§ 573c: 38
§§ 575a ff.: 250
§ 575a: 667
§ 577a: 250
§ 578: 299, 548, 588, 658, 665
§ 578a: 548
§ 579: 446, 528, 660
§ 580: 250, 667
§ 580a: 250, 667
§§ 581 ff.: 100
§ 581: 250, 299, 548, 657
§ 584: 250 f.
§ 584a: 250
§ 587: 446
§ 593: 371
§§ 594a ff.: 250
§§ 598 ff.: 100, 560
§ 598: 93, 233, 657
§ 599: 93, 422, 459, 866
§ 600: 93
§ 601: 93
§ 603: 93
§ 604: 93, 182 Fn. 14, 446, 655
§ 605: 250, 252
§§ 607 ff.: 650, 655
§ 607: 650, 655
§ 608: 250
§ 609: 446
§§ 611 ff.: 100, 669
§ 611: 669
§ 612: 137, 672, 675

§ 613: 196, 405, 670, 907
§ 613a: 930
§ 614: 446, 528
§ 615: 473, 512, 673
§ 616: 673
§ 617: 672
§ 618: 672
§ 619a: 671
§ 620: 250, 673
§§ 621 ff.: 250, 673
§§ 626 ff.: 250
§ 626: 276, 673
§ 627: 673
§§ 631 ff.: 100, 687
§ 631: 189, 674
§ 632: 675
§ 632a: 675
§ 633: 675, 682
§ 634: 238, 479, 682, 684, 686 f.
§ 634a: 686
§ 635: 432, 683 f., 687
§ 636: 684, 687
§ 637: 684, 687
§ 638: 684, 687
§ 640: 676 f., 678, 687
§ 641: 446, 528, 675, 676, 687
§ 642: 677, 687
§ 643: 250, 677, 687
§ 644: 512, 681
§ 645: 677, 681, 685
§ 646: 676
§ 647: 680
§ 648: 680
§ 648a: 680
§ 649: 250, 516, 679
§ 650: 250
§ 651: 157, 674, 685
§ 651a: 780
§ 651e: 250
§ 651f: 780
§§ 655a ff.: 650, 656
§ 655a: 656
§ 655b: 656
§ 655c: 656
§ 655e: 656
§ 657: 151, 154
§ 661a: 270
§§ 662 ff.: 696
§ 662: 688
§ 664: 689 f., 907
§ 665: 689
§ 666: 689, 723
§ 667: 689, 713, 723
§ 670: 247, **691**, 693, 715, 737, 943
§ 671: 250, 694

§ 672: 694
§ 673: 694
§ 674: 832
§ 675: 696, 832, 920
§ 675 a: 374
§§ 675 f ff.: 696
§§ 677 ff.: 153 f., 696, 698, 705, 710
§ 677: 697, 699, 712, 719, 724
§ 678: 720 f., 723
§ 679: 706, 708, 718
§ 680: 422, 459, 721
§ 681: 713, 719, 723
§ 682: 710, 714
§ 683: 698, 706, 708, 715 f., 737
§ 684: 696, 704, 706, 718, 720, 723, 737
§ 685: 717
§ 686: 699
§ 687: 696 f., 704, 719, 722 f., 911
§ 690: 413, 459, 866
§ 697: 467
§ 701: 413
§ 708: 413, 459
§ 717: 907
§ 720: 744
§§ 723 ff.: 250
§ 723: 252
§ 729: 832
§ 762: 163
§§ 765 ff.: 931
§ 765: 198, 932, 938
§ 766: 50, 935 f., 938, 948
§ 767: 910, 937 f.
§ 768: 939
§ 769: 944
§ 770: 214, 940
§ 771: 214, 941
§ 772: 941, 946
§ 773: 941
§ 774: 922, 943 ff., 947, 949
§ 775: 947
§ 776: 945
§ 779: 371
§ 780: 948
§ 781: 948
§§ 793 ff.: 569
§ 811: 467
§§ 812 ff.: 153, 244, 696, 705, 720, 725, 737, 746
§ 812: 197, 228 f., 231, 353, **725**, 728, 732, 735 ff., 740 f., 745 f., 753, 756, 913
§ 813: 728 f.
§ 814: 197, 729 f., 736
§ 815: 729 f., 736
§ 816: **741 ff.**, 753, 756, 911

§ 817: **728 f.**, **731 ff.**, 736, 746, 751, 756
§ 818: 244, 353, 746, **747 ff.**, 756
§ 819: **750 ff.**, 756, 846
§ 820: 751 f., 756
§ 821: 214, 755, 939
§ 822: 745 f., **753** f., 756
§§ 823 ff.: 153 f., 290, 624 f., 696, 720 f., 757, 788 f., 793, 872
§ 823: 19 Fn. 13, 36, 152, 217, 219, 480, 625, **758 ff.**, 785, 787, 791 ff., 797 ff.
§ 824: 758
§ 825: 758
§ 826: 758, 794, **800 ff.**, 911
§ 827: 424, 760, 786, **794 ff.**
§ 828: 424, 750, 786, **794 ff.**
§ 829: 750, 760, 796, 865
§§ 831 ff.: 758
§ 831: 804, 854 ff., **870**, **872 ff.**, 889, 897
§ 832: 162, 796
§ 833: 162, 757
§§ 836 ff.: 758
§ 840: 875
§ 844: 283, 715, 762
§ 845: 762
§ 847: 772
§ 853: 214
§ 854: 546, 552, 808
§ 855: **553**, 813
§ 861: 765
§ 862: 765
§ 868: **554**, 560
§ 869: 765
§ 872: 554
§ 873: 97, 224, 562, 571 f.
§§ 883 ff.: 910
§ 892: **573**, 763, 843, 905
§ 894: 573
§ 899: 573
§ 903: 763
§ 904: 788
§ 925: 224, 324, **571 f.**, 635
§§ 929 ff.: 224, 566, 638
§ 929: 97, 229, 302, 388, **551**, 553, 555, 557 ff., 566 f., 632, 636, 813, 843
§ 930: 555, **560 ff.**, 566
§ 931: 555, 561 ff., 566, 636
§§ 932 ff.: 19 Fn. 13, 565 ff., 636, 843, 905
§ 932: 226, 302, 388, 566 f., 573, 636, 843
§ 933: 566
§ 934: 636
§ 935: 19 Fn. 13, 569 f., 905
§ 936: 636, 665

§§ 937 ff.: 550
§ 946: 550, 740
§ 947: 550
§ 948: 550
§ 950: 550, 808
§ 951: 740
§§ 953 ff.: 550
§§ 958 ff.: 550
§ 959: 223
§§ 965 ff.: 150, 808
§ 968: 459
§ 973: 550
§ 974: 550
§ 985: 226, 303, 733
§ 987: 752
§ 989: 752
§ 990: 846
§ 993: 765
§ 994: 752
§ 995: 752
§ 1009: 836
§§ 1030 ff.: 571, 588
§§ 1113 ff.: 224, 571, 588
§ 1113: 300
§ 1138: 763
§ 1143: 945
§ 1147: 300
§ 1154: 903
§§ 1191 ff.: 224, 571
§ 1194: 467
§§ 1199 ff.: 224
§§ 1204 ff.: 224, 588
§ 1207: 763
§ 1225: 945
§ 1297: 97
§ 1311: 635, 839
§ 1382: 447
§ 1594: 635
§§ 1626 ff.: 867
§ 1626: 12, 31, 705
§ 1629: 12, 31, 287, 821
§ 1629 a: 314
§ 1643: 314
§§ 1773 f.: 289
§§ 1793 ff.: 867
§ 1793: 287, 705
§ 1821: 314
§ 1822: 314
§ 1835: 716
§§ 1896 ff.: 867
§ 1896: 130, 288
§ 1902: 130, 289
§ 1903: 130, 288 f.
§§ 1909 ff.: 867
§ 1909: 837

§ 1922: 235, 550
§ 1923: 283, 634
§ 1942: 550
§ 1947: 635
§ 2064: 839
§ 2180: 635
§ 2231: 47
§ 2247: 39
§ 2274: 839
§ 2331 a: 447
§ 2346: 97
§ 2366: 905
§ 2382: 928

BNotO
§ 1: 263

EGBGB
Art. 2: 797
Art. 246: 266

Fernunterrichtsschutzgesetz
§ 4: 254

GG
Art. 1: 768, 772
Art. 2: 768, 772
Art. 20: 829

GmbHG
§§ 7 ff.: 284
§ 35: 805

GVG
§ 132: 829

GWB
§ 15: 48 Fn. 9

HGB
§§ 1 ff.: 935
§§ 48 ff.: 806
§ 48: 823
§ 49: 821
§ 50: 821
§§ 54 ff.: 806
§§ 93 ff.: 696
§§ 105 ff.: 693
§ 110: 693
§ 343: 935
§ 349: 941
§ 350: 935
§ 366: 568
§§ 373 ff.: 639
§ 377: 649

§§ 383 ff.: 696
§ 383: 814
§ 421: 898
§§ 453 ff.: 696
§ 454: 814
§ 457: 814

JArbSchG
§§ 22 ff.: 98

ProdHaftG
§§ 2 ff.: 757
§ 4: 576
§ 10: 757
§ 11: 757

SGB VII
§ 105: 671

SGB X
§§ 116 f.: 775

SigG
§ 2: 52

StGB
§ 34: 788
§ 203: 904
§ 239: 762
§§ 263 ff.: 798
§ 263: 800
§ 303: 799

StVG
§ 7: 785

StVO
§ 21: 485

Verordnung über Informationspflichten nach Bürgerlichem Recht
§ 3: 269

ZPO
§ 80: 817
§ 89: 817
§ 261: 750
§§ 688 ff.: 449
§ 771: 737
§§ 811 ff.: 665
§ 835: 900, 904
§§ 850 ff.: 219, 907
§ 850: 219
§ 850 c: 219
§ 850 d: 219

Zahlungsverzugs-Richtlinie (EU)
Art. 1: 476
Art. 2: 476

ZVG
§ 57 a: 210

Stichwortverzeichnis

Die Zahlen verweisen auf die Randnummern.
Hauptfundstellen sind **fett** gesetzt.

Abhandenkommen 69, 469, 569 f.
Abschlussfreiheit, -verbot, -zwang 98 f.
Abstraktionsprinzip **227 f.**, 230, 389, 551, 820, 901
Abtretung, Zession 900 ff.
– Anzeige 918
– Aufrechnung 915 ff.
– Ausschluss 907
– Forderung 905 ff.
– Form 903
– Leistung an bisherigen Gläubiger 744, 911
– Rechtsnatur **901**
– Schuldnerschutz 901, 909, **911 ff.**
– Urkunde **905**, 914, 918
– Wirkung 908 ff.
Accidentalia negotii 136
Adäquanztheorie **482 ff.**, 486 f., 502 f., 770, 786
Affektionsinteresse, -wert 783
Aktiengesellschaft (AG) 284, 805
Akzessorietät **910**, 927, 937
Aliud-Lieferung (Falschlieferung) 591
Allgemeine Geschäftsbedingungen (AGB) 612
Analogie 59, **826**, 829
Änderungsvertrag 232, 234, 907
Aneignungsrecht 764
Anfechtung (der Willenserklärung) 328 ff.
– Berechtigung, 271, 280, **328 ff.**, 332 ff., 348, 390 f., 455
– Kenntnis der Anfechtbarkeit 750
– nach § 119: **328 ff.**, 350, 391
– nach § 119 I: 61, 62 f., 65, 142, 328, **330 ff.**, 350, 620, 841
– nach § 119 II: 328, **340 ff.**, 350, 360, 370, 391, **620 f.**, 942
– nach § 120: 328, 330, **348 ff.**, 350
– nach § 123: 328, **373 ff.**, 390, 621, 845, 925, 942
– nichtiger Willenserklärungen 388
– Rechtsfolge 236, 280 f., **351 ff.**, 387 ff., 728, 840 f.
– Vertretung 348, 381, 811, **841 ff.**
– Vorrang der Auslegung 331, 336 f.
Anfechtungserklärung 280 f., 351
Anfechtungsfrist 351, 387, 501, 800
Anfechtungsgegner 281, 351 f., 356
Annahme
– Erfüllungshalber 204
– Erfüllungs Statt 199, **202 ff.**, 912
– Leistung 189 ff., 726 ff.
Annahme des Vertragsantrags, -angebots 88 f., 91, 101 ff., 116 ff., **123 ff.**
Annahmeverzug s. Gläubigerverzug
Anscheinsvollmacht 827 ff., 847
Anspruch 17 Fn. 11, 162
Anspruchsgrundlage **17**, **21 f.**, 29
Anspruchsverhältnis 14 f.
Antrag zum Abschluss eines Vertrages **111 ff.**
– Erlöschen 105 f., 115 ff.
– Frist für Annahme 116 ff.
– Gebundenheit an 114 f.
– per E-Mail 120
– per Telefon 120
– rechtzeitige Annahme 121
Anwartschaft (-srecht) **636 ff.**, 764
Äquivalenztheorie 481, 484
Arbeitsvertrag 183 f., 281, **669 ff.**
Architektenvertrag 674
Arglistige Täuschung (Anfechtung) 373 ff., 501, 621, 800, 845
– Angaben „ins Blaue hinein" 377
– Arglist 377
– Dritter 380 f.
– Gebrauchtwagenkauf 374, 629
– in guter Absicht 379
– Rechtsfolge 387 ff.
– Täuschung 373 f., 621, 800, 845
– unzulässige Fragen des Getäuschten 375
– Ursächlichkeit 376
– Vorsatz 377
– Widerrechtlichkeit 375
Aufgabe (juristische) **1 ff.**, **8 ff.**, 21, 36
Aufhebungsvertrag 232

Aufklärungs-(Offenbarungs-)pflicht 186, 337, **374 ff.**, **500 f.**, 622
Auflassung 324, **571 ff.**, 635
Aufrechnung **208 ff.**, 915
– Abtretung 915 ff.
– Aufrechnungslage 209 ff., 915
– Ausschluss 209 ff., **212 ff.**, **217 ff.**, 445
– Erklärung 220, 915 ff.
– Gegenforderung 209, 212, 215, 220 f., 445, 915
– Gegenseitigkeit der Forderungen **209 f.**, 217, 221, 915 ff.
– Gleichartigkeit der Forderungen 209, 211, 217, 221
– Hauptforderung 209 f., 215 ff., 220, 915 ff.
– Wirkung 220
Aufrechnungsvertrag 221
Auftrag 688 ff.
– Kündigung 250, 694
– Pflichten 688 ff.
– Rechtsnatur 688
– Unentgeltlichkeit 688, 716
– Widerruf 694
Aufwendung
– Begriff 247, **691**, 715
– Erforderlichkeit 691
– Ersatz 426, 607, 691, 697 f., 700 f., **716 ff.**
– Schaden 715
– vergebliche 394, 426 f., 575, 607 f., 692
Ausfertigung (einer Urkunde) 77
Auskunftserteilung (bewusst falsche) 800
Auslegung 102 ff.
– Empfängerhorizont 103, 333
– Mittel 42 ff.
– Verkehrssitte 42, 45, 62, 64, **103**, 108, 111, 124, 360, 824, 828
Auslegungsregel **134 ff.**, 138 f., 204, 274 f., 443, 632 f., 694, 877, 884
Auslobung 151, 154, 380
Außenvollmacht 819, 833

Basiszinssatz 457
Bauunternehmervertrag 681
Bedingung 633 ff.
– auflösende (Resolutiv-) **633**, 831
– aufschiebende (Suspensiv-) 633
– Potestativbedingung 635
– Rechtsbedingung 634
Bedingungsfeindlichkeit 635
Beförderungsvertrag 44
Befristung **633**, 831
Beglaubigung (öffentliche) 47
Begleitschaden 480, 599, 603

Bereicherungsanspruch
– Ausschluss 729 ff.
– Beschränkung **747 ff.**, 756
– ersparte Aufwendung, Ausgabe 727, 748
– fehlende Geschäftsfähigkeit des Bereicherungsschuldners 750
– Herausgabe des Erlangten in Natur 746, 748, 756
– Herausgabepflicht Dritter 753 f.
– Umfang 746 f.
– unentgeltliche Weitergabe des Erlangten 753 f.
– Unmöglichkeit der Herausgabe **748 ff.**
– verschärfte Haftung **750 ff.**, 756, 846
– Wegfall der Bereicherung 353, **748 ff.**, 756
– Wertersatz 747 ff., 756
Bereicherungsrecht
– Erlangtes 727, 735, 746 ff.
– Funktion: 351, 696, 688, 725
– Mehrpersonenverhältnis 726, 735, 737, 740, 880
– Wirtschaftliche Betrachtungsweise 746
Bereitstellungsschuld 177
Beschaffungsschuld 414, 454, 475 f.
Beschränkt(e) Geschäftsfähiger, -keit 17, 31 ff., 192, 271, 285, **295 ff.**
– Begriff 295
– einseitig verpflichtendes Geschäft 297
– einseitiges Rechtsgeschäft 305 ff.
– Einwilligung des gesetzlichen Vertreters 305 f., 313, **315 ff.**
– Einwilligung in Verletzung 788
– Genehmigung 305 ff.
– Geschäft über Surrogat 318
– Grundstücksgeschäfte 295, 297 ff.
– Mahnung 449
– Prüfung im Gutachten 288
– Ratengeschäft 319
– rechtlich nachteiliges Geschäft **295 ff.**, 305
– rechtlich neutrales Geschäft 302 ff.
– rechtlich vorteilhaftes Geschäft **295 ff.**, 300, 304
– selbständiger Betrieb eines Erwerbsgeschäfts 320
– Übereignung 298, 302, 304
– Unerlaubte Handlung 795 f.
– unvollkommen zweiseitiger Vertrag 296
– Verfügungen zugunsten 302
– Widerrufsrecht des Vertragspartners 308 ff.

Stichwortverzeichnis 599

- wirtschaftlich vorteilhaftes Geschäft 296
- zustimmungsbedürftiges Geschäft 278, 295 ff., 301 ff.
- zustimmungsfreies Geschäft 295 f., 300, 303 f.

Besitz
- Begriff 5, 552
- Bewegliche Sache 552 ff.
- Eigenbesitz 554
- Fremdbesitz 554
- mittelbarer 554, 560, 765, 843
- sonstiges Recht i. S. d. § 823 I: 765
- Übertragung 546, 552 f., 555
- unmittelbarer 546, 552, 554, 561, 570, 765, 808, 813, 843
- Verlust 570

Besitzdiener(schaft) 553 f., 750, 813, 843, 846
Besitzmittler, Besitzmittlungsverhältnis, -konstitut 554, 560, 765
Besitzrecht 554, 632, 711, 765
Bestätigung
- eines nichtigen Rechtsgeschäfts 273
- eines anfechtbaren Rechtsgeschäfts 281

Betreuung (Betreuer) 130, 288 f., 564, 867
Betreuungsgericht 288 f.
Bestellung nach Katalog/Preisliste 125
Betriebsgefahr 785 f.
Beurkundung (notarielle) 47 ff., 92, 574, 923
Bewahrungsgehilfe 860
Bewusstlosigkeit 59, 291, 424, 760 f., 796
Bezugsvertrag 156 ff., 536
Bierlieferungsvertrag 156
Bildbenutzung (unbefugte) 769
Billigkeit 85, 281, 776, 796
Billigkeitshaftung 290, 794 ff.
Blankettformular (abredewidrig ausgefülltes) 336
Blankounterschrift (bei Bürgschaft) 936
Bonität (Einbringlichkeit) 112, 923
Böser Scherz 326
Bote 78 f., 81 f., 120, 330, 348, 350, 628, 804, 809 f.
Boykottaufruf 766
Bringschuld 175, **177**, 185, **467**, 512
Bürgerliches Recht 8 Fn. 8
Bürgschaft 910, **931 ff.**
- Akzessorietät 937 ff.
- Ausgleichs-, Befreiungs-, Rückgriffsanspruch 943 ff., 947
- Blankounterschrift 936
- Bürgschaftserklärung 935

- Bürgschaftsvertrag 931 f.
- Form 935 f., 948
- Hauptverbindlichkeit 933 f., 937 ff.
- Kaufmann 935, 941

Casum sentit dominus 512
Causa 229, 725, 728, 740
Cessio legis (Legalzession) 900, 922, 943
Commodum (stellvertretendes) **430 f.**, 508
Condicio sine qua non 376, 481
Condictio causa data causa non secuta s. condictio ob rem
Condictio indebiti 711, **728 f.**, 731 f., 735, 738, 913, 919
Condictio ob causam finitam 728, 735 f., 751
Condictio ob rem 728, 730, 735 f., 751
Condictio ob turpem vel iniustam causam 728, 731 f., 735 f.
Culpa in contrahendo (c. i. c.) 494 ff.
- Abbruch von Vertragsverhandlungen 502
- Anbahnung von Vertragsbeziehungen 495 ff.
- Eigenhaftung des Vertreters, (Verhandlungsgehilfen, Sachwalters) 504, 840
- Fallgruppen 499 ff.
- Geschäftlicher Kontakt 495 f.
- Geschäftsfähigkeit (fehlende) 494
- Haftung des Vertretenen 840
- Kausalität 503
- Rechtsfolge **505**
- Sozialer Kontakt 496
- Verhaltenspflicht (Verletzung) 495, 498 ff., 840, 894
- Voraussetzungen **495 ff.**, 498 ff., 504
Culpa lata 422

Darlehen 650 ff.
- Darlehensvermittlungsvertrag 656
- Darlehensvertrag 100, 182 Fn. 14, 250, 252, **650 ff.**
- Sachdarlehensvertrag 655
Dauerlieferungsvertrag 156, 536 f., 539
Dauerschuldverhältnis **155 f.**, 240, 250, 253, 536 f., 539
Deckungsverhältnis 879 ff.
Dienstvertrag 100, 189, **669 ff.**, 696
- Gegenleistungsgefahr 473
- Gegenstand 189, 669
- Gläubigerverzug 473, 512
- Haftungsmilderung 671
- Kündigung 250, 276, 673
- Pflichten der Parteien 669 f., 672, 907

– Rechtsnatur 189, 223, **669**
– Vergütung 669 f.
– Werkvertrag 189, 674
Differenzhypothese 774 ff.
Differenztheorie 533
Dissens (Einigungslücke, -mangel) **133 f.**, 136, **138 ff.**, 227
Do ut des 94
Dolus eventualis 377, 422, 802
Doppelwirkung im Recht 388
Dritt-, Vollzugsverhältnis 881 f.
Drittschadensliquidation 895 ff.
Duldungsvollmacht 824 ff., 847

Ehrenschuld 163
Ehrverletzung 769, 696, 723
Eigengeschäftsführung 693
Eigenschaft (verkehrswesentliche) 343 ff., 620
Eigenschaft (zugesicherte)
– Kauf (Garantie) 610, 612, 627 ff.
– Mietvertrag 662
Eigenschaftsirrtum (Anfechtung) 330, **338 ff.**, 350, 620 ff.
– Eigenschaftsbegriff 340 ff.
– Lehre vom geschäftlichen Eigenschaftsirrtum 345
– Verkehrswesentlichkeit (der Eigenschaft) 343 ff.
– Vertragswesentlichkeit (der Eigenschaft) 345 f.
Eigentum 342, 763
Eigentümer 5, 550 ff.
Eigentumserwerb
– bewegliche Sache 302, **551 ff.**
– Grundstück **571 ff.**
– gutgläubiger 302, 388, **565 ff.**, 573, 742, 763, 843 f., 905
– lastenfreier 548
– nicht rechtsgeschäftlicher 550, 808
– rechtsgeschäftlicher s. Übereignung
– Vertretung **552 ff.**, 813, 842 f.
Eigentumsvorbehalt s. Kauf unter Eigentumsvorbehalt
Eingriffskondiktion 737 ff., 745
Einheitlichkeitswille 275
Einigung bei Besitzübertragung 552
Einigung bei Übereignung **551, 562 ff.**, **571 ff.**, 813, 844 f.
Einrede
– Begriff 213 f., 445, 505
– Bereicherungseinrede 214, 755, 939
– Bürgeneinrede 214, 940 ff.
– Culpa in contrahendo 504
– Dilatorische (aufschiebende) 214

– nichterfüllter Vertrag 214, **528 f.**, 885
– Notbedarfseinrede des Schenkers 214
– peremptorische (dauernde) 2, 214, 728 f.
– Schuldnerverzug 445, 447, 457, **532**
– Stundungseinrede 214, 447
– Übergang auf Dritte 909, 911
– Unerlaubte Handlung 214
– Verjährungseinrede 214
– Vertrag zugunsten Dritter 885
– Unsicherheitseinrede 528
– Vorausklage 941
– Wirkung 213 f., **445**, 447, 504, 728
– Zurückbehaltungsrecht 445, **530 ff.**, 941
Einsichtsfähigkeit 272, 424, 795
Einwilligung 31 Fn. 17, 226, **305 f.**, 313, **315 ff.**, 788
Einwilligungsvorbehalt 289, 291
Einzelvollmacht 821
Einziehungsermächtigung 896, 921
Elektrizität 5 Fn. 4, 143, 543
Elektronischer Geschäftsverkehr 268
Elektronische Form s. Form
Elektronische Willenserklärung.
    s. Willenserklärung (elektronische)
Eltern 9, 13, 31 ff., 287, 289, 301, 837, 867
E-Mail s. Willenserklärung (elektronische)
Empfangsbote s. Bote
Empfangszuständigkeit 193 f., 876
Entlastungs- (Exkulpations-)beweis 874
Entschuldigungsgrund 424, 494, 794
Erbfähigkeit 283
Erfolgsort 173, 176
Erfolgsunrecht (Lehre vom) 788 ff., 793, 872
Erfüllbarkeit s. Forderung, Leistung
Erfüllung 189 ff.
– Erlöschen des Anspruchs 182, 188, **189 ff.**, **192 ff.**, **222 ff.**
– mehrere Forderungen 198
– Minderjähriger 191 ff.
– Rechtsnatur 191 ff., 198
– unter Vorbehalt 197
Erfüllungsgehilfe 437, 454, 785, **852 ff.**, 897
– Begriff 857 ff.
– Haftungsausschluss 866
– Handeln bei Erfüllung 861 ff.
– Verbindlichkeit 857
– Verschulden 864 ff.

Stichwortverzeichnis 601

Erfüllungsgeschäft s. Verfügungsgeschäft
Erfüllungsinteresse (-schaden, positives Interesse)
– Begrenzung 354, 851
– Begriff 355
Erfüllungsort 512, 594
Erfüllungssurrogat 206, 208
Erfüllungsübernahme 877, 923
Erfüllungsvertrag 191 f., 198
Erfüllungsverweigerung (Vertragsaufsage) 412, 452, 524
Ergänzende Vertragsauslegung 137, **358 ff.**, 368, 369 ff., 892
Erklärungsbewusstsein, -wille 55 f., **61 ff.**, 269, **328**, 336
Erklärungsbote s. Bote
Erklärungsfahrlässigkeit 64
Erklärungsirrtum (Irrung) 330, **332 ff.**, 620
Erlassvertrag 222 ff., 230 f., 912
Error in obiecto 333
Error in persona 333
Ersetzungsbefugnis 181, **202**
Essentialia negotii **131**, 136 f., 140
Ex-ante-Betrachtung 2
Ex-nunc-Wirkung 281
Ex-post-Betrachtung 2
Ex-tunc-Wirkung 281, 351

Factoring(vertrag) 547
Fahrlässigkeit 6, 36, 93, 302, 325, 353, 413, 417, **419 ff.**, 454, 459, 473, 476, 794, **864 ff.**, 905
Fall 3 f., 9 ff.
Fälligkeit s. Forderung, Leistung
Falllösung 8 ff.
Falsa demonstratio (Falschbezeichnung) **141**, **331**, 336
Falschlieferung 576, 585
Falschübermittlung (der Willenserklärung) 348 ff.
Falsus procurator (Vertreter ohne Vertretungsmacht) 278, 847 ff.
Familiengericht 314
Fax s. Willenserklärung (elektronische)
Fehler
– Kauf 576 ff., 618
– Miete 662 f.
– Werkvertrag 678
Fehleridentität (Verpflichtungs-, Verfügungsgeschäft) 390, 926
Fernabsatzvertrag 259, **264 ff.**
Fernkommunikationsmittel 264 f., 268
Fiktion 283, 294

Fixgeschäft
– absolutes 442 f., **464**
– relatives, 443, 523
Fleetfall 763
Folgeschaden 773
Forderung
– als sonstiges Recht i. S. d. § 823 Abs. 1: 764
– Bestimmtheit 902, 906
– Durchsetzbarkeit 163, 209, 212 ff., 444 f.
– Erfüllbarkeit 163, 209, 216 f., 446
– Erlöschen **182 ff.**, **189 ff.**, 220, 222, 223, 235 f., 237
– Fälligkeit 212, 221, 442, 444, 446 f., 450 f., 524, 603, 915
– gutgläubiger Erwerb 905
– künftige 906, 920
– mit alternativem Inhalt 180
– Übergang 775, 900, **901 ff.**
– Übertragbarkeit 907
– unpfändbare 219, 907
Forderungskauf 547, 901
Forderungsrecht 94 Fn. 55, 159 ff., 876 f.
Form
– Rechtsgeschäft **47 ff.**, 305, 324, 500, 817, 903, 923, 948
– Willenserklärung **47 ff.**, 817, 935
– Zweck **48 ff.**, 817
Formfreiheit **47**, 572, 658, 817, 903, 923 f., 935 f., 948 f.
Formmangel **50**, 324, 505, 658, 929, 935
Formzwang **50 ff.**, 572, 577, 658, 817, 903, 923, 935, 948
Fotografieren (heimliches) 769
Freibleibend 114
Freiheitsverletzung 762, 771
Früchte **246**, 747
Fürsorgepflicht **499**, 672, 859 Fn. 427, 890

Garagenausfahrt (Zuparken) 763
Garantie **414 f**, 437 f., 610 ff., **627 ff.**, 853, 948 f.
Gattungskauf (Genuskauf) 397, 414 f., 544, 590 ff., 602, 642
Gattungsschuld (Genusschuld) 167 ff., **178**, 209, 397, 414 f., 468, 474 f.
– beschränkte 170, 415
– Konkretisierung (Konzentration) 171 f., 177 f., 432, 475
– Leistungsgefahr 474
– unbeschränkte 414
– Vertretenmüssen 414, 454

Gattungsvollmacht 821
Gebrauchsüberlassungsvertrag 332, 335, 655, 657, 907
Gebrauchsvorteil 239, 246, 258, 779 f.
Gefahr 259, 474 ff., 508, 512, 582, 627, 681
Gefährdungshaftung 757, 785
Gefahrentlastung (obligatorische) 898
Gefahrübergang 474, 512, 576, 582, 610, 627, 644 f., 648, 898
Gefälligkeitsverhältnis 44 ff., 689, 820
Gegenleistung(-spflicht) 506 ff., 511, 518, 528 ff., 533, 538, 631, , 879
Gegenleistungsgefahr (Preis-, Vergütungsgefahr) 474, 508, 512, 681, 898
Gegenrechte 20 ff., 909
Gegenseitiger (synallagmatischer, vollkommen zweiseitiger) Vertrag
– Begriff 94, 506 ff.
– Beispiele 94, 301, 542, 657, 669, 674
– Bereicherungsanspruch 746 ff., 756
– Gegenleistungsgefahr 474, 506, 508, 512, 681, 898
Gegenstand 742
Geheimer Vorbehalt 271, 322 f., 322 ff., 336, 842
Geheißerwerb 557
Gehilfe s. Erfüllungsgehilfe, Verrichtungsgehilfe
Geisteskranker, Geisteskrankheit 285, 287 ff.
Geld, Geldschuld
– Bargeld 199 f., 416, 746
– Buch-, Giralgeld 200, 726, 746
– elektronisches 200
– Erfüllung 199 f., 726
– Gläubigerverzug 476 f.
– gutgläubiger Erwerb 569
Geldkarte 200
Genehmigung 31 Fn. 17, 33, 226, 305 ff., 706, 742, 848 ff.
Generaleinwilligung 315 ff.
Generalklausel 166, 496, 769
Generalvollmacht 821
Gesamtschuld 875, 922, 928, 944
Gesamtvertretung, -vollmacht 821
Geschäft für den, den es angeht 813 f.
Geschäftsähnliche Handlung 192, 310, 449, 451, 470, 710, 676, 808, 840
Geschäftsanmaßung 696, 719, 722 f.
Geschäftsbesorgung 696 ff., 700, 920, 933, 943
Geschäftsbewusstsein, -wille 55 f., 60, 328, 336

Geschäftsfähigkeit 191 ff., 271, 285 ff., 320 f., 710, 809 f.
Geschäftsführung ohne Auftrag (GoA) 696 ff.
– auch fremdes Geschäft 702, 704
– berechtigte 699 ff., 711 ff., 788
– Eigengeschäftsführung 696, 722 f., 911
– fehlende Geschäftsfähigkeit des Geschäftsführers, -herrn 710, 714
– fehlendes besonderes Geschäftsbesorgungsverhältnis 696, 699, 705
– fremdes Geschäft 699, 701 ff., 704
– Fremdgeschäftsführungswille 696, 699, 704
– Gefahrenabwehr 721 f.
– Genehmigung der Geschäftsführung 706
– Haupt(leistungs)pflicht des Geschäftsführers 712, 724
– Herausgabepflicht des Geschäftsherrn 696, 720, 723
– Interesse des Geschäftsführers 702
– Interesse des Geschäftsherrn 697 f., 707 ff., 712
– Neben(leistungs)pflicht des Geschäftsführers 713, 724,
– Nützlichkeit 698, 707 ff.
– objektiv neutrales Geschäft 701, 704, 724
– Pflichten des Geschäftsherrn 715
– pflichtgebundener Geschäftsführer 703
– Rechtswidrigkeit 698, 711, 718, 720
– Schadensersatzpflicht des Geschäftsführers 720, 724
– unberechtigte 698, 718 ff.
– unechte 722 f.
– Vergütung des Geschäftsführers 716
– Wille des Geschäftsherrn 694, 697, 708 ff., 710, 712
– Zufallsschaden des Geschäftsführers 715
Geschäftsgrundlage (Anpassung, Fehlen, Störungen, Wegfall der; Lehre von der) 253, 271, 337, 357 ff., 361 ff., 371 f., 396 f., 400
– Rechtsfolgen (bei Fehlen oder Wegfall) 366 ff.
Geschäftsunfähigkeit, Geschäftsunfähiger 129 f., 193, 272, 285, 287 ff., 449, 494, 564, 568, 694, 710, 714, 751, 805, 832, 837
– Geschäfte des täglichen Lebens 293 f.
– Kenntnis 290
– krankhafte Störung der Geistestätigkeit ohne Entmündigung 291

– partielle 292
– relative 292
– Unerlaubte Handlung 290
– Willenserklärung 129 f., 272, 287 ff.
Gesellschaft mit beschränkter Haftung (GmbH) 284, 805
Gesellschaft(svertrag) 87, 183, 252, 459, 832, 868, 907
Gesetz 797
Gesetzessammlung 5 Fn. 3
Gesetzeswortlaut (Kenntnis des) 4 ff.
Gestaltungs- (Inhalts-)freiheit 49, **98 ff.**, 541
Gestaltungsrecht 237, 250, 598 f., 616, 924, 940
Gestattung (zur Vornahme eines Insichgeschäfts) 836
Gesundheitsverletzung 762, 771
Gewährleistung s. Kauf, Gewährleistung bei Kauf, Miete, Werkvertrag
Gewährleistungsausschluss (in AGB) 612, 617, 643
Gewalt 59, 383, 760
Gewerbebetrieb s. Recht am eingerichteten und ausgeübten Gewerbebetrieb
Gewinn (entgangener) 355, 456, 477, **784**
Gewinnzusage 270
Gewohnheitsrecht 829
Girovertrag 696
Gläubigerverzug (Annahmeverzug) 392, 409, 461 ff.
– Angebot der Gegenleistung 472
– Angebot der Leistung 462, 465 ff.
– Annahmebereitschaft des Gläubigers 466
– Gegenleistungsgefahr 474, 512
– Haftungsminderung 473
– Leistungsberechtigung des Schuldners 462, 465 ff.
– Leistungsbereitschaft des Schuldners 465
– Mehraufwendungen des Schuldners 477
– Möglichkeit der Leistung 463 ff.
– Nichtannahme der Leistung 462, 471 f.
– Rechtsfolge 473, 477
– Voraussetzungen 462
– vorübergehende Annahmeverhinderung 466
Gläubigerwechsel 901, 923, 938
Grundbuch 324, 548, 571, **573 f.**, 611, 905
Grundpfandrecht 224, 548, 571, 588, 654, 764

Grundsatzentscheidung 45 Fn. 7
Grundschuld 224, 300, 548, 571, 764
Grundstück 324, 550, **571 ff.**
Gute Sitten s. Sittenwidrigkeit
Gutgläubiger Erwerb s. Eigentumserwerb

Haakjöringsködfall 138, 142
Haftung 162 f.
Halterhaftung 757
Hamburger Parkplatzfall 143 ff.
Handeln im fremden Namen 811 ff.
Handeln unter falscher Namensangabe 815
Handeln unter fremdem Namen 815
Handelsgeschäft 941
Handelskauf 639, 649
Handelsmakler 696
Handlung 760 f.
Handlungsbewusstsein, -wille 55 f., 59, 291
Handlungspflicht 761
Handlungsunrecht (Lehre vom) 789 ff., 872
Handlungsvollmacht 806
Hauptpflicht, -leistungspflicht 93 f., **182 ff.**, 479 f., 546 ff., 549, 659 f., 670, 672, 675, 689
Haustürgeschäft 254, 257, **260 ff.**
Hinterlegung 205 ff.
Hinweispflicht 500 f.
Höchstbetragsbürgschaft 937
Höhere Gewalt 459, 785
Holschuld 173 f., **177**, 467, 469, 614, 616
Hotelzimmerbestellung 124
Hypothek 205, 224, 293, 295, 297, 300, 548, 571, 654, 680, 764, 903, 910, 923, 939, 945
Hypothetischer (mutmaßlicher) Parteiwille 139, 274, 277, 361, 716

Identitätsirrtum 333, 339, 350
Informationen
– Pflicht zu 266, 269, 487, **500 f.**, 692
– Weiterleitung an Mitarbeiter 378
Inhaberaktie, -papier, -schuldverschreibung 569
Inhalts- (Gestaltungs-)freiheit 49, **98**, 541
Inhaltsirrtum (Anfechtung) **330 ff.**, 350, 352
Inkassozession 920 f.
Innenvollmacht 819 f., 823, 833
Insichgeschäft (Selbstkontrahieren) 834 ff.

Internet 73, 112, 120, 258, 264 268 s. a. Willenserklärung (elektronische)
Interzessionsgarantie 628
Intimsphärenverletzung 739, 769
Invitatio ad offerendum 111 f.
Irrtum 328 ff.
- Auslegung (der Willenserklärung) 142, 331
- Begriff 331
- Beweggrund 329, 335
- Erheblichkeit (Ursächlichkeit) 331
- Kenntnis des Erklärungsempfängers vom Irrtum 331, 336
- Unterschreiben einer Urkunde 336
- Veranlassung durch Anfechtungsgegner 356
- Willensbildung 329, 335
- Wirksamkeit der Willenserklärung 328
Irrung s. Erklärungsirrtum

Jurist 1 ff.

Kalkulationsirrtum 337
Kauf
- Eigentumsverschaffung **546, 550,** 588
- Gegenleistungsgefahr 590, 642, 898
- Gegenstand 90, 590 f., 622, 646
- Gewährleistung s. Sachmängelhaftung beim Kauf
- Haupt(leistungs)pflicht des Käufers 549
- Haupt(leistungs)pflicht des Verkäufers 546 ff.
- Neben(leistungs)pflicht des Käufers 549
- Nichterfüllung der Verkäuferpflichten **575 ff.**
- Rechtsmangel 203, 547 f., 576, 588 f., 606, 611, 613
- Rechtsnatur 542
- Sachmängelhaftung s. dort
- Übergabe **546,** 550 ff.
- Verbrauchsgüterkauf 512, 595, 612, 617, 630, 639, **640 ff.**
- Verhaltenspflicht 184
Kauf auf Probe 639
Kauf unter Eigentumsvorbehalt 512, **631 ff.,** 665, 740
- Anwartschaftsrecht des Käufers 637, 764
- Rechtsposition des Käufers 636 f.
- sachenrechtliche Wirkung 632
- schuldrechtliche Vereinbarung 632
- Sicherungsrecht (nichtakzessorisches) 910

Kausalgeschäft **230,** 753, 901, 930
Kausalität 373, 376, 383, 432, 480, **481 ff.,** 759, 770, 803
- Adäquanztheorie **482 ff.,** 503, 770
- Äquivalenztheorie 481, 484
- haftungsausfüllende **483 f.,** 759, 770, 803
- haftungsbegründende **483 f.,** 759
- naturgesetzliche 481
Klausurtechnik 8 ff., 28 ff.
Kollusion 800, 842
Kommanditgesellschaft (KG) 868
Kommissionsgeschäft, Kommissionär 696, 814
Kondiktion 725 ff.
Konfusion 235
Konkludentes Verhalten 42, 47, 146
Konkretisierung (Konzentration) 171 ff., 432, 475, 642
Konkurrenzverbot 182, 487
Konnexität i. S. d. § 273: 530
Konsens (Willensübereinstimmung) 85, 133
Kontrahierungszwang 98
Kontrollfunktion 48
Konversion (Umdeutung) 276 f.
Körperverletzung 385, 483, 762, 770
Kraftfahrzeughalterhaftung 854
Kündigung 39, 58, **250 ff.,** 276 f., 366 f., 537, 539, 635, 653 f., 666 f., 673

Landpacht 250, **371,** 446
Leasing 650, **668**
Lebenssachverhalt 1 ff., 19, 36
Lebensverletzung 762, 771
Lebensversicherungsvertrag 877
Legaldefinition 5 Fn. 4, 118
Legalzession (cessio legis) 922, 943
Leibesfrucht 283
Leihe 94 f., 100, 182 Fn. 14, 234, 250, 296, 301, 332, 446, 459, 655, 657, 860, 897
Leistung
- an Erfüllung statt 199, 202 ff., 914
- Bereicherungsrecht 725 ff.
- Bewirken 32, 182, **189 ff.,** 199 f., 203, 209, 317, 446, 462, **465 f.,** 631, 836, 879
- Erfüllbarkeit 209, **216 f.,** 446
- erfüllungshalber 204
- Fälligkeit 6, 209, 212, 217, 221, 439, 442, 444, 446 ff., 450 f., 453, 520, 524, 603, 632, 651 f., 655, 676, 915, 917
- Gegenstand 164, 167, 179 ff.
- geschuldete 164 ff.

- höchstpersönliche 405, 907, 934
- Inanspruchnahme im Massenverkehr 143 ff.
- Nichtberechtigter 741 f., 744 f.
- persönliche 196, 877
- Zweck 192, 726, **728 ff.**

Leistungsbestimmung 131 f., 198, 447, 544

Leistungserfolg 173, **190 ff.**, 199, 404, 470, 492 f., 911

Leistungsfähigkeit (finanzielle) 416, 454

Leistungsgefahr **474 f.**, 508, 642, 681, 891, 893

Leistungshandlung 173, 177, **190**, 192, 512

Leistungskondiktion 725 ff., 736 ff.

Leistungsort **173 ff**, 467, 512

Leistungspflicht 155, **159 ff.**, **182 f.**, 185 f., 206, 238, 250, 294, 368, **393 f.**, 402, 404 ff., 415, 430 f., 432, 434, 443, 448, 456, 459, 464, 472 ff., **479 f.**, 487, 490, 493, 498, **506 ff.**, 527 f., 537, 549, 603, 622, 651, 659 f., 672, 689, 729, 859, 937

- höchstpersönliche 393, 405, 907
- primäre **161**, 240, 393, 405, 429, 434, 456, 498, 507
- sekundäre **161**, 294, 393, 410, 434, 448, 456, 937
- weitere 183 ff.
- s. a. Haupt(leistungs)pflicht, Verhaltenspflicht

Leistungsstörung
- Arten **392 ff.**, 438, 478, 506 ff., 536 ff., 575 ff., 661 ff., 671, 678 ff.
- Überblick 540
- Verschulden 417 ff.

Leistungstreuepflicht 911

Leistungsverweigerung(srecht) 162, 240, 393, 397 ff., 405, 434, 440, 452, 506 f., 528 f., 575, 590, 918, 940

Leistungszeit s. Erfüllbarkeit, Fälligkeit

Lichter Augenblick (lucidum intervallum) 291

Liegenschaftsrecht 571

Lücke (planwidrige Unvollständigkeit) 131, 136 f., 139 ff., **358 ff.**, 369, 372, **826**, 829, 837, 889

Mahnbescheid 449

Mahnung 6, 217, 432, 439, 445, **448 ff.**, 456, 458, 603, 677, 808, 869, 912, 918

Mangel s. Rechts-, Sachmangel

Mangel der Ernstlichkeit 271, **325 ff.**

Mangelfolgeschaden 480

- Kauf 599, 603, 605, 626
- Miete 663

Mangelschaden 480
- Kauf 601 f., 626

Markenrechte 764

Mentalreservation 271, **322 f.**

Merkantiler Minderwert 782

Miete 657 ff.
- Besitzrecht des Mieters 765
- Besitzverhältnisse 554, 897
- Form 658
- Gegenstand 657
- Gewährleistung 661 ff.
- Haupt(leistungs)pflichten 94, 155, **657 ff.**
- Kündigung 250 ff., **666 ff.**
- Mietzins 94, 155, 232, 246, 360, 473, 517, 658, **660**, 666, 883
- Pfandrecht des Vermieters 665
- Rechtsnatur 94, 155, 250
- Rückgabe der Mietsache 250, 655, 666 f.
- Verhaltenspflichten 184, 659 f., 664 f.
- Wohnraummietverhältnisse 49, 251, 550, 660, 665, 667

Mietvorvertrag 49, 658

Minderjähriger s. Beschränkt(e) Geschäftsfähiger, -keit

Minderung
- Kauf 509, 575, 589 f., 597 f., **599 ff.**, 616, 618, 625
- Werkvertrag 684, 686

Mitbürgschaft 944 f.

Mitverschulden
- Begriff 356, 671, **785 f.**
- Erfüllungsgehilfe 514 f., 785
- Gesetzlicher Vertreter 785
- Mitverursachung 785
- Prüfungsschema 786
- Schadensminderung(spflicht) 515, 775

Mitwirkungspflicht 186, 461, 463 f., 470 f., 677

Monopolmissbrauch 166, 800

Motive zum BGB 37

Motivirrtum (Irrtum im Beweggrund)
- beiderseitiger 364 f.
- einseitiger 329, **335**, **339**, 345, 357, 374, 391

Nachbesserung
- beim Kauf 590, 593, 596, 597, 645
- beim Werkvertrag 683 f.
- Ort 594

Nacherfüllung
- beim Kauf 575, **590 ff.**, 604

– beim Werkvertrag 683 f.
– Ort 594
Nachfrist
– vor Anspruch auf Schadensersatz 409 ff.
– vor Rücktritt 520 ff.
Namensverletzung 769
Nasciturus 283
Naturalrestitution, -herstellung 501, 772, 781 ff.
Natürliche Verbindlichkeit (Naturalobligation) 163, 212, 444
Neben(leistungs)pflicht (leistungssichernde) 183 ff., 243, 487 ff., 492 f., 549, 859, 911
Negatives Interesse s. Vertrauensschaden
Negatives Schuldanerkenntnis 231
Neu für alt 777
Nichterfüllung 392 ff., 463, 519 ff., 532
– Rechtsfolgen 406 ff.
– stellvertretendes commodum 430 ff.
– vergebliche Aufwendungen 426 f.
– Wahlrecht des Gläubigers 410
– wegen anfänglicher Unmöglichkeit 434 ff.
– wegen Teilunmöglichkeit 428
Nichtigkeit 50, 59, **271 ff.**, 287, 290, 322 f., 337, 351 ff., 387, 389, 732, 842, 849, 904, 925 f., 929, 935, 938
Nichtleistungskondiktion 725 ff., **737 ff.**, 745
Nießbrauch 548, 571, 588, 765
Normzweck (Lehre vom) s. Schutzzweck (Lehre vom)
Notstand 788
Notwehr 375, 788
Novation (Schuldersetzung, -umwandlung) 233 f., 938
Nutzungen 239, **246**, 600, 603, 747, 752, 754, 765
Nutzungsausfallschaden 535, 603, 779 f.

Obhutspflicht 186, 497, 897
Objektiver Betrachter 42 Fn. 4
Objektiver Erklärungswert **102 ff.**, 140 ff., 222, 333, 338 f., 823
Obliegenheit **514 ff.**, 590, 677, 785
Offenbarungs- (Aufklärungs-)pflicht 186, 337, 374 ff., **500 f.**, 610
Offene Handelsgesellschaft (OHG) 693, 868
Offenheits-, Offenkundigkeitsprinzip (bei Vertretung) 807, **812 ff.**
Öffentliches Recht 2, 8 Fn. 8

Ohne obligo 114
Organismus, betrieblicher 767

Pacht 100, 183, 250, 371, 446, 548, 588, 657, 747, 765
Pacta sunt servanda 254, 357
Pactum de non cedendo 907
Pactum de non petendo 447
Parteiwille (mutmaßlicher, hypothetischer) **134 ff.**, 274, 277, 361, 716
Passiv- (Haupt-)forderung s. Aufrechnung
Perplexität 337
Person 805, 867
Persönlichkeitsrecht 739, **768 f.**, 772, 790, 793
Pfandrecht 224, 548, 588, 665, 680, 763 f., 829, 910, 939, 941, 945
Pflichtverletzung 161, 392, 406, 425, 479 f., 492, 502 f., 527, 661, 670, 712, 856, 862, 887
Pflichtwidrigkeit 418, 521, 787
Platzgeschäft (Platzkauf) 512
Positives Interesse s. Erfüllungsinteresse
Preisgefahr 474, 508, 512, 590, 681
Primärpflicht s. Leistungspflicht
Priorität (Grundsatz der) 225, 908, 914, 945 Fn. 527
Privatrecht 2, 8 Fn. 8
Privatsphärenverletzung 769
Produkthaftung 576, 757
Prokura 806, 821, 823
Protestatio facto contraria 145
Protokolle zum BGB 37 Fn. 1
Prozessvollmacht 817
Publizitätsprinzip 552

Querulantenwahn 292
Quittung 195

Rat (bewusst falscher) 800
Ratenlieferungsvertrag 157, 254, **536 ff.**
Rauschgiftsucht 291
Realakt 678, **808**
Rechnung 450 ff.
Recht
– absolutes 739, 764
– beschränkt dingliches 764
– dingliches 97, 548, 572, 764
– dispositives (nachgiebiges) **100**, 358, 473, 541, 643, 937
– obligatorisches 548, 588
– sonstiges Recht i. S. d. § 823 I: 764 ff.
– subjektives 237
– zwingendes 100, 358, 541

Recht am eingerichteten und ausgeübten Gewerbebetrieb **766f.**, 790, 793, 798
Rechtfertigungsgrund 788f., 793, 872
Rechtsbindungswille 42 ff., **55**
Rechtsfähigkeit 271, **283 ff.**
Rechtsfolge 17, 19f., 36f.
Rechtsfolgeirrtum 334f.
Rechtsfolgenverweisung 244, 785
Rechtsfolgewille 55
Rechtsfortbildung (richterliche) 829, 889
Rechtsgeschäft
– abstraktes 229, 901, 926
– Begriff 37f.
– dingliches 224
– einheitliches 275
– einseitiges **39 ff.**, 151, 154, 223, 305, 635, 822, **849f.**
– Einteilung 40, 229
– empfangsbedürftiges 39f.
– kausales 229, 901, 908, 911, 930
– mehrseitiges 39 ff., 85
– nicht empfangsbedürftiges 39, 151
– relativ unwirksames 279
– schuldrechtliches **92**, 223, 542
– schwebend unwirksames 278, **305 ff.**, 835, 849
– unwirksames 272, 281, 305
– zweiseitiges 39
Rechtsgeschäftsähnliche Handlung **192**, 449, 470, 676, 710, 808, 840
Rechtsgrundlosigkeit 705, **728f.**, 735, 738
Rechtsgrundverweisung 244, 714, 785
Rechtshängigkeit 750, 752
Rechtsirrtum 455, 729
Rechtskauf 547
– Gegenstand 547
– Gewährleistung 576, 575, **588f.**
– Haupt(leistungs)pflicht des Verkäufers 547f.
Rechtsmangel, Rechtsmängelhaftung
– Kauf 548, **588 ff.**, 606
– Miete 661 f.
– Werkvertrag 682 ff.
Rechtsnachfolge 900
Rechtsnorm 18 ff., 797
Rechtssatz 18, 19 Fn. 13, 20
Rechtsscheinhaftung 336
Rechtsverordnung 797
Rechtswidrig(keit) 36, 484, 759, **787 ff.**, 872
Rechtswidrigkeitszusammenhang 486; s. a. Schutzzweck (Lehre vom)

Reisevertrag 250, 780
Richterrecht **829**, 837
Rubelfall 337, 358
Rückforderung des Geleisteten 163, **725 ff.**, 736
Rückgaberecht (bei Verbraucherverträgen) 258
Rückgewährschuldverhältnis s. Rücktritt
Rückgriffskondiktion 737, 745
Rücksichtspflicht 494
Rücktritt **237 ff.**
– Ausschluss 609 ff.
– Erklärung 237, 534f., 598, 632
– Fixgeschäft 442
– Haftung des anderen Teils 240 ff.
– Haftung des Rücktrittsberechtigten 240 ff.
– Kauf 238, 519 ff., 575, 597f., 618
– Leistungsverzögerung 519 f.
– Rechtsfolgen **239 ff.**
– Rückgewährschuldverhältnis 148, **237 ff.**
– Schlechterfüllung 519
– Unmöglichkeit der Rückgewähr **240 ff.**, 606,
Rücktrittsrecht
– gesetzliches **238 ff.**, 519 ff.
– vertragliches **238 ff.**

Sachdarlehensvertrag 250, 445, 650, **655**
Sache
– Begriff 5 Fn. 4, 347
– vertretbare 545, 650, 655, 657, 781, 783
Sachmangel, Sachmängelhaftung
– Kauf s. Sachmängelhaftung beim Kauf
– Miete 661 f.
– Werkvertrag 683 ff.
Sachmängelhaftung beim Kauf
– Ablieferung der Kaufsache 614
– Anfechtung 620 f.
– Ausschluss 137 f., **609 f.**, 612
– Culpa in contrahendo 622
– fehlende zugesicherte Eigenschaft 577 ff., 583
– Fehler 576 ff.
– Gefahrübergang 474, **512**, 582, 644
– Lieferung eines aliud 585
– Ist-Beschaffenheit, 577 f.
– Mängeleinrede 214, **728**
– Mangelbeseitigungskosten 604
– Minderung 575, **599 ff.**
– Nichterfüllung 575, **601 ff.**
– Positive Forderungsverletzung 623
– Rücktritt 238 ff.

- Sachmangel 576 ff.
- Schadensersatz 392 ff., 601 ff.
- Soll- (Normal-)Beschaffenheit 576 f., 580, 583 f.
- Tauglichkeitsminderung 587, 599
- Unerlaubte Handlung 624 f.
- Untergang, Verschlechterung der Kaufsache 240, 606
- Vertragskosten 607
- weiterfressender Mangel 624 ff.
- Wertminderung 240
- Zusicherung s. fehlende zugesicherte Eigenschaft

Sachverhalt 4 ff.; s. a. Lebenssachverhalt
Sachwalter 504
Satzung 38, 797, 868
Schaden
- Begriff 771 ff.
- Berechnung 605, 774 ff.
- freiwillige Leistung Dritter 775
- immaterieller (Nichtvermögensschaden) 771 f., 783
- Kosten der Rechtsverfolgung 456
- materieller (Vermögensschaden) 771 f., 774 ff.
- natürlicher 778
- normativer 778

Schadensersatz
- neu für alt 777
- Form 781 ff.
- Fristsetzung 782
- Geldzahlung 181, 456, 779 ff.
- großer 605
- kleiner 605
- statt der Leistung 406 ff.

Schadensgeneigte Tätigkeit (Arbeit) 693
Schadensminderung(spflicht) s. Mitverschulden
Schadenszurechnung 481 ff.
Schaufenster 111
Scheingeschäft 271, 323 ff., 842, 905
Schenkkreis 732
Schenkung 92, 108, 214, 230, 295 ff., 726 ff., 754, 880
Schickschuld 175 f., 467, 476, 512, 642
Schlechterfüllung 478 ff., 519 ff.
Schlechtleistung 478, 479 f.
Schlüssiges Verhalten 42, 47, 134, 143
Schmerzensgeld 772
Schmiergeldzahlung 166, 723, 786, 800
Schneeballsystem 732
Schriftform 47 ff., 658, 903, 929, 935 f., 948
Schuld und Haftung 162 f.
Schuldbeitritt 900, 910, 928 f., 931, 948 f.

Schuldersetzung (-umwandlung, Novation) 233 f.
Schuldmitübernahme 900, 928 f., 931, 938, 948 f.
Schuldnerverzug 392, 439 ff., 549, 675, 869
- Durchsetzbarkeit der Forderung 444 f.
- einredebehaftete Forderung 445, 447, 532
- Fälligkeit der Leistung 446
- gegenseitiger Vertrag 531
- Haftungsverschärfung 459, 752
- Haupt(leistungs)pflicht 549
- Mahnung 448 ff., 456
- Nachfristsetzung 458
- Nachholbarkeit der Leistung 440 ff., 456
- Neben(leistungs)pflicht 549
- Rechtsfolge 456 ff.
- Rücktritt vom Vertrag 238 ff., 520 ff.
Schadensersatz statt der Leistung 458, 406
- Teilleistung 525
- Unmöglichkeit 440, 458, 459
- Vertretenmüssen 6, 453 ff.
- Voraussetzungen 406 ff., 408 ff, 429, 436, 458, 491
- Zuvielforderung 448
Schuldnerwechsel 900, 923
Schuldrecht 147 ff., 541
Schuldübernahme, -vertrag 900, 923 ff.
Schuldumwandlung (-ersetzung, Novation) 233 f.
Schuldverhältnis
- Arten 92 Fn. 55, 155
- Begriff 148
- Beispiele 149 ff., 250
- Beseitigung 232
- einfaches 155
- Entstehungsgründe 36, 92 Fn. 55, 151 ff., 155 f., 541, 728
- Erlöschen 182 ff., 188 f., 203, 250, 222, 232 ff.
- gesetzliches 151 ff., 496, 695 ff., 711 f., 725
- im engeren Sinn 148, 182, 188, 222
- im weiteren Sinn 148, 182, 188,
- Inhalt 159, 392
- rechtsgeschäftliches 151, 168, 179 f., 236, 392, 424, 541
- vertragliches 92, 151, 164, 541
Schutzgesetzverletzung 797 ff.
Schutzpflicht 184 ff., 487 ff., 498 ff., 659, 859, 862, 886

Schutzrechtsverwarnung (unberechtigte) 766
Schutzzweck (Lehre vom) **485 ff.**, 503, 797
Schwarzfahrt 873
Schwarzkauf 324
Schweigen 42, **106 ff.**, 126, 283
Schwimmerschalterfall 624
Sekundärpflicht s. Leistungspflicht
Selbsthilfe 162
Selbsthilferecht 665, 788
Selbsthilfeverkauf 207
Selbstkontrahieren 834 ff.
Sicherungsabtretung 898 Fn. 476, **919**
Sicherungseigentum 829, 910
Sicherungshypothek (des Bauunternehmers) 680
Sittenwidrige Schädigung 800 ff.
Sittenwidrigkeit
– Begriff 166, 800
– Beispiele 385, 728, 731 ff., 820, 925,
– Bereicherungsrecht 728, 731 ff.
– Rechtsgeschäft 166, **272**, 385, 728, 731 ff., 820, 925
Sofort (Begriff) 446
Sorgfalt
– äußere 419
– innere 419
– in eigenen Angelegenheiten 459, 866
Sorgfaltspflicht 183 f., 240, 504
Sozialtypisches Verhalten 42, 143 ff.
Speditionsgeschäft, Spediteur 696, 814
Spezialvollmacht 821
Spielschuld 163
Stellvertretendes commodum **430 ff.**, 508, 752
Stiftung 284
Stille Zession 911
Störung der Geistestätigkeit 291 ff.
Strafrecht 2, 8 Fn. 8
Stromkabelfall 767
Stückkauf (Specieskauf) 397, 544
Stückschuld (Speziesschuld) 167 f.
Stundung 214, **447**, 632, 912, 914
Subsumtion 19, 21
Sukzessivlieferungsvertrag 156 Fn. 3
Surrogat 206, 318, **748**, 752, 754
Surrogationstheorie 533 f.
Synallagma s. Gegenseitiger Vertrag

Taschengeld(-paragraph) 32, **316 ff.**
Tatbestand 17, 19, 36
Tauschvertrag 301
Taxe 672
Teilleistung **428**, 508 f., 525

Teilnichtigkeit 274 f.
Teilzeit-Wohnrechtvertrag 254
Teleologische Reduktion **818**, 829, 837
Testament 39, 47, 67, 839
Textform 47, 157, 255, 266, 647
Theorie der einseitigen Leistungsbewirkung 193
Theorie der finalen Leistungsbewirkung 192 f.
Theorie der realen Leistungsbewirkung 192 f.
Tierhalterhaftung 162, 757
Tilgungsbestimmung 198 f.
Tod 129 f., 550, 564, 694, 832
Tonbandaufzeichnung (heimliche) 769
Transportgefahr 476
Trennungsprinzip 227 f., 229, **229**, 389, 391, 551
Treu und Glauben 46, 50, 64, 109, 183, 312, 326, 360, 374, 393, 399, 402
Treuepflicht 182, 183 f., 911
Typus (Denkform) 42 Fn. 4, 100, 331 Fn. 47

Übereignung beweglicher Sachen 97, 224, **551 ff.**
– Abtretung des Herausgabeanspruchs 555, 561, 636
– Ausschluss des gutgläubigen Erwerbs 569
– Begriff 550
– Eigentümer 551 ff.
– Nichteigentümer 565 ff.
– Vertretung **553**, 813, 843 f.
Übereignung von Grundstücken 97, 224, **571 ff.**, 635, 813
Übergabe 546, 551 ff.
Übermittlungsirrtum (Anfechtung) 330, 348 ff.
Übernahmeverschulden 420
Überpflichtmäßige Anstrengung 775
Überweisungsvertrag 696
Umdeutung (Konversion) 276 f., 282
Unabwendbares Ereignis 785
Unentgeltlichkeit 743, 753
Unerlaubte Handlung 757 ff.
– geschütztes Recht(sgut) 762 ff.
– Haftungsmilderung 671
– Handlung **760 f.**, 788
– mittelbare Verletzung 792 f.
– objektiver Tatbestand **759 ff.**, 797 ff. 800 ff.
– offener Verletzungstatbestand 790, 793
– unmittelbare Verletzung 792 f.

- Unterlassen 761, 791, 793
- Verschulden 757, 794 ff., 799, 802 f.
Ungerechtfertigte Bereicherung
s. Bereicherungsanspruch
Unmöglichkeit 395 ff.
- anfängliche (ursprüngliche) 395, 434 ff.
- Arten 395 ff.
- dauernde 440, 463 f.
- endgültige 396; s. a. dauernde
- faktische 396, 399 ff.
- Freiwerden von Leistungspflicht 393 ff., 506 ff.
- Gegenleistungsgefahr 474, 508, 512
- Gegenseitiger Vertrag 473, 506 ff.
- juristische 396
- nachträgliche 395
- naturgesetzliche 396
- objektive 395 ff., 434 f., 463
- physische 396
- praktische 396
- psychische (sittliche) 396
- subjektive 395 ff.
- teilweise 396, 428 f., 509
- vollständige 396
- vom Gläubiger zu verantwortende 513 ff.
- von keinem Teil zu vertretende 507
- vorübergehende 396, 440, 463 f.
- wirtschaftliche 368, 396, 399 ff.
Untergang
- verschuldeter 242 ff.
- zufälliger 242, 258, 474, 512, 752
Untergehilfe 857
Unterhaltspflicht (elterliche) 837
Unterlassen 92, 374, 411, 500 f., 622, 761, 791
Unterlassungsanspruch (des Vermieters) 666
Unternehmer 127, 157, 254 ff., 265 f., 268 ff.
Unternehmerpfandrecht 680
Untersuchung
- Pflicht des Verkäufers 377
- Pflicht des Käufers 649
Untervollmacht 821, 838
Unverbindlich 114
Unvermögen (subjektive Unmöglichkeit) 395 ff.
- anfängliches 434 ff.
- bei Gattungsschuld 414, 476
- dauerndes 440, 463 f.
- nachträgliches 395 ff.
Unverzüglich 118, 351, 446
Unwirksamkeit 272, 278 f., 305 ff., 835, 848 f.

Urheberrecht 764
Urkunde (notarielle) 77
Urlaubsbeeinträchtigung 778
Ursachenzusammenhang s. Kausalität

Valuta-, Zuwendungsverhältnis 880 f.
Venire contra factum proprium, 311 f.
Verbindlichkeit 44 ff., 136, 163, 728, 755, 804, 859, 932 ff.
Verbot (gesetzliches)
- Beispiele 98 f., 165, 274, 385, 396, 435, 728, 731, 735, 751, 904
- Bereicherungsrecht 728, 731 ff., 750
- Verstoß 165, 272, 385, 787
Verbraucher 127, 157, 238 f., 254 ff., 278, 450 f., 496, 640 ff., 646 ff., 650, 668, 817, 929, 948
Verbraucherdarlehensvertrag 650
Verbrauchervertrag 254 ff., 268, 278
- Widerrufsrecht 157, 254 ff.
Verbrauchsgüterkauf 512, 595, 612, 617, 630, 640 ff.
Verdingungsordnung für Bauleistungen (VOB) 681
Verein 87, 257, 805, 868
Verfügung(sgeschäft)
- Befugnis 225 f., 568
- Begriff 223, 742
- Beispiele 223 f., 547, 551, 901, 923, 926, 930
- Beschränkt Geschäftsfähiger 298, 302, 317
- einseitige 223
- Nichtberechtigter 226, 565 ff., 573, 741 ff., 745
- Prioritätsgrundsatz 225
- unentgeltliche 743, 745, 753
- Verpflichtungsgeschäft 223 ff., 389 ff., 547, 551, 728, 901, 926
- Wirksamkeit 225 ff., 230, 294, 389, 636 f., 733, 742, 926
- zugunsten Dritter 923
Verfügungsverbot 279
Vergleich 371, 572, 845
Vergütungsgefahr 206, 473 ff., 508
Verhaltenspflicht 186 ff., 250, 392, 425, 549, 478, 487 ff., 498 ff., 503, 622 ff., 790 ff., 840, 859, 862 f.
Verität (Bestand des Rechts) 547
Verjährung
- Gewährleistung beim Kauf 613 ff., 629, 643
- Gewährleistung beim Werkvertrag 686 ff.

Stichwortverzeichnis

- Leistungsverweigerungsrecht 163, 939
- Rückforderung des Geleisteten 163, 728

Verkäufer(in) (im Warenhaus) 809
Verkehrs(sicherungs)pflicht 419, 499, 792
Verkehrsanschauung 44, 78, 82, 343, 446, 577, 580
Verkehrssitte 42 ff., 62, 64, 103, 108, 111, 124, 360, 824, 828
Verkehrswege i. S. d. Haustürgeschäfte 262
Verkehrswesentlichkeit 343 ff., 350
Verlautbarungsirrtum 330 ff., 332 f., 350
Verletzungsschaden 773
Verlöbnis 97 Fn 46
Vermieterpfandrecht 665
Vermögen 162, 725 ff., 735 ff., 764, 771 ff., 798
Vermögensopfer s. Aufwendung
Vermögensvorteil 239, 247, 727, 737 ff., 784
Vernehmungstheorie 80
Verpflichtungsgeschäft **223 ff.**, 317, 389 ff., 546 f., 551, 901, 923, 926
Verrichtungsgehilfe 804, 813, **852 ff.**, 870 ff.
Verschulden
- Begriff 417 ff., 670, 794
- i. S. d. § 346: 240, **459**
- i. S. d. § 347: **246**, 600

Verschulden bei Vertragsverhandlungen s. Culpa in contrahendo
Verschuldensfähigkeit 424, 786, **794 f.**, 865, 869
Verschuldensprinzip 757, 794, 854
Verschwiegenheitspflicht 184, 250, 487, 493, 904
Versendungskauf 512, 582, 614, 642, 898
Versteigerung 42, 207, 293, 569, 641
Vertrag
- Abstrakter 230 f.
- Arten 92 ff., 97
- Begriff 39 f., 86 f.
- dinglicher **96 f.**, 551
- einseitig verpflichtender **93**, 97, 297, 304, 948
- erbrechtlicher 96 f.
- faktischer 144
- familienrechtlicher 96 f.
- gegenseitiger (synallagmatischer) s. dort
- Inhalt 100, 101 ff., 131
- Nichtigkeit 98, 272 ff., 351 ff., 434
- schuldrechtlicher **92**, 96 f., 148
- schwebend unwirksamer 259, **278**, 305 ff., 318 f., 835, 848 f., 938
- Typen 100
- typengemischter 545, 668
- unvollkommen zweiseitiger **94 f.**, 97, 296, 652, 655, 688
- vollkommen zweiseitiger **94 f.**, 97
- zweiseitig verpflichtender **93 f.**, 97

Vertrag mit Schutzwirkungen für Dritte 663, 804, **888 ff.**, 893, 899
Vertrag zugunsten Dritter 381, 628, 804, **876 ff.**, 929
Vertragsantrag, -angebot 88, 101
- Ablehnung 89, 105 f., **115**
- an Abwesende 121
- an Anwesende 119
- an unbestimmte Personen (ad incertas personas) 113
- Annahme 88 f., 91, 101 ff., 116 ff., **123 ff.**
- empfangsbedürftige Willenserklärung 66, 88, 116
- Erlöschen **115 f.**, 121, 128, **130**
- fernmündlicher 120
- Gebundenheit 114, 128, 254 ff.

Vertragsauslegung 358, 369 f.
Vertragsaufsage 394, 452, 524
Vertragsfreiheit 49, **98 ff.**, 145, 232, 358, 541, 627, 929
Vertragsschluss 85 ff., **101 ff.**, 111 ff., 124 f., 131 ff., 268 ff., 542
Vertragstypus 100, 541, 878
Vertragsübernahme 900, 923 f., **930**
Vertragsverhandlungen 49, **91**, **494 ff.**, 500, 502, 622, 664
Vertragswidrigkeit 158, 523, 787
Vertragszweck 182, 186, **440 f.**, 464, 492, 538, 911
Vertrauen 290, **494 ff.**
Vertrauensbruch 800
Vertrauenshaftung (verschuldensunabhängige) 502
Vertrauensschaden (negatives Interesse)
- Anfechtung der Willenserklärung 62, 61 ff., 328, **353 ff.**, 387
- Ausschluss 325, 356
- Begrenzung durch Erfüllungsinteresse 354 f., 851
- Begriff 353, 355
- Ersatz des Gewinns 355

Vertretenmüssen (s. a. Verschulden) 408, **413 ff.**, 439, 453, 856

Vertreter
- gesetzlicher 17, 31 f., 129, 287 f., 295, 299, 304 ff., 454, 710, 750, 785, 805, 851, 867 ff.
- gewillkürter 806 ff., 816 ff.
- Haftung für gesetzlichen Vertreter 867 ff.
- Haftung des Vertreters aus c. i. c. 504
Vertretung 805 ff.
- aktive 807, 809
- Anfechtung 348, 380, 811
- Begriff 807
- bei Bürgschaftserklärung 936
- Eigenhaftung des Sachwalters, Verhandlungsgehilfen, Vertreters aus c. i. c. 504, 840
- Geschäftsfähigkeit des Vertreters 809, 851
- gesetzliche 805, 816, 821
- gewillkürte 806, 816, 821
- Haftung des Vertretenen aus c. i. c. 840
- Innenverhältnis 820
- mittelbare (indirekte) 814, 895 f.
- passive 807, 810, 849
- Voraussetzungen 807 ff.
- weisungsgebundenes Handeln des Vertreters 820, 844 f.
- Wesen 807
- Willensmängel 348, 811, **841 ff.**
- Wirkungen 804, 840 ff.
- Zulässigkeit 839
Vertretung ohne Vertretungsmacht 150, 820, 822, 830, 835, **847 ff.**
Vertretungsmacht 806 f., 816 ff., **834 ff.**, 847
Verwahrung gegen entgegengesetzes Verhalten 145
Verwendung 240, 247, 737, 752
Verwendungskondiktion 737
Verwirkung 312
Verzicht **124 ff.**, 136, 143, 206, **222**, 281, 394, 452, 492, 676, 717, 779, 907, 913, 939, 941
Verzögerungsgefahr 476
Verzögerungsschaden 456 ff., 477, 535, 603
Verzug s. Gläubiger-, Schuldnerverzug
Vindikation 733
Volljährigkeit **285**, 309, 314, 388
Vollmacht
- Abstraktheit 820
- Anfechtung 831
- Außenwirkung 820
- bedingte (befristete) 831
- Begriff 816

- Bekanntmachung (öffentliche) 819, 833
- Beschränkung 820
- Erlöschen 831 ff.
- Erteilung 817, 823, 821
- Form 817
- Geschäftsfähigkeit des Vollmachtgebers 832
- konkludent erteilte 823 f.
- Mitteilung (besondere) an Dritten 819, 833
- Umfang 821
- unwiderrufliche 817
- Urkunde 819, 822, 833
- Vertrauen auf Bestehen der Vollmacht 336, 833
- Verstoß gegen Rechtsberatungsgesetz 833
- Widerruf 831
Vollzugs-, Drittverhältnis 881
Vorausabtretung 906
Vorkaufsrecht 639, 907
Vormund 287, 314, 716, 867
Vorratskauf 415
Vorratsschuld 415, 591
Vorsatz 6, 93, 377, 413, **417 ff.**, 459, 502, 610, 617, 671, 721, 794, 796, 802, 866
Vorteil
- rechtlicher 17, **32 f.**, 125, 192, **295 ff.**, 449, 837
- Gebrauchs- 239, 246, 258, 747, 779 f.
- Vermögens- 239, 247, 727, 737 f., 784
Vorteilsausgleichung 776
Vorvertrag **49**, 502, 658

Wahlschuld **179 f.**, 283
Ware (unbestellt zugesandte) 126 f.
Warenautomat 113
Warnfunktion **48 f.**, 53, 502, 817, 935 f.
Weiterfressender Mangel 624 ff.
Werbeaussage 521, 576, 579, 583, 682, 737, 779
Werkvertrag 100, 189, 242, 250, 392, 446, 479, 512, 541, **674 ff.**, 680, 696, 832, 862, 878
- Abgrenzung vom Dienstvertrag 189, 674
- Abnahme des Werks 676, 678, 681, 686
- Abschlagszahlung 675
- Annahmeverzug des Bestellers 466, 512, **677 f.**
- Erfolgsbezogenheit 189, 674
- Gegenleistungsgefahr 512, 681
- Gegenstand 674
- Gewährleistung **678 ff.**
- Haupt(leistungs)pflicht des Bestellers 676

Stichwortverzeichnis

– Haupt(leistungs)pflicht des Unternehmers 675
– Kündigung 250, 516, 679
– Leistungsgefahr 681
– Mangel des Werkes 682 f.
– Mitwirkung des Bestellers 677
– Nacherfüllung 683 f.
– Rechtsnatur 674
– Rücktrittsrecht 684
– Schuldnerverzug 677
– Vergütung 516, 679, 684
– Vollendung des Werkes 679
Wert (Preis)
– gemeiner 783
– Irrtum(sanfechtung) 341, 581
– objektiver 783
– subjektiver 783
Wertbeschaffungsschuld 476
Wettschuld 163
Widerrechtlich(keit) 385, **787**, 804, 854, 870, **872 ff**
Widerrechtliche Drohung (Anfechtung) 271, 280, **382 ff.**
Widerrechtlichkeitstheorie 738 f.
Widerruf s. Willenserklärung
Widerrufsrecht 157, **254 ff.**, 278, 308, 311, 848, 940
Widersprüchliches Verhalten 311, **312**
Wiederkauf 239, 639
Willensäußerung 43, 192, 332, 335, 337
Willensbekundung 44
Willenserklärung
– Abgabe 66 ff.
– abhanden gekommene 69
– an Abwesende 73
– an Anwesende 73, 79
– äußerer Tatbestand 42 ff.
– Auslegung **42**, 49, **101 ff.**, 331, 810
– Begriff 38, 41
– elektronische 52, 68, 73, 76, 83
– empfangsbedürftige **39 f.**, 62, **66 ff.**, 72 f., 77, 83 f., 88, 103, 116, 123, 126, 198, 220, 250, 281, 323, 351, 380, 448, 817
– Erklärungstatbestand **42**, 63
– innerer Tatbestand 54 ff.
– mangelhafte 271
– mündliche 47, 73, 80 f.
– nicht empfangsbedürftige **39 f.**, **66 ff.**, 126, 151, 281, 380
– (nicht) verkörperte 73
– nichtige 271, 280, 287, 290 f., **322 ff.**, 842, 905
– perplexe (widersprüchliche) 337
– schriftliche 47, 68, **73 ff.**

– Telefax 76, 124
– telefonische 72, 80
– Unwiderruflichkeit 85
– unwirksame 271 f., 313 ff., 328
– Vernichtung (rückwirkende) 271
– Vertretung 805 ff., 841 ff.
– Vorbehalt, das Erklärte nicht zu wollen 271, **322 f.**, **325 ff.**, 336, 842
– Widerruf 72, 85 f., 349
– Willensänderung nach Abgabe, vor Zugang 71, 349
– Wirksamkeitsvoraussetzungen 56, 271
– Wirksamwerden **73 ff.**, 116, 122 f., 126, 810
– Zugang **73 ff.**, 122, 126, 348 f., 810
– Zurechnung 63
Willensübereinstimmung (Konsens) 85, 133
Wirksamkeit („schwebende") **278 ff.**, 835, 848 ff., 938
Wissen (und Wollen) 377
Wissensvertreter 846

Zahlungsaufstellung 451
Zahlungsvertrag 696
Zedent 901 ff.
Zeitbestimmung 443, 633
Zeitungsinserat 112, 151
Zession s. Abtretung
Zessionar 901 ff.
Zinsen 216, 246, 457, 476, 652, 747
Zitiermethode
– Entscheidungen 45 Fn. 6, 482 Fn. 115
– Gesetzliche Vorschriften 12 Fn. 9
Zivilrecht 8 Fn. 8
Zufall 206, **459**, 474, 476, 512
Zufallshaftung 458
Zugang s. Willenserklärung
Zurückbehaltungsrecht 445, **530 ff.**, 939, 941
Zustimmung 31 Fn. 17, 194, 226, 278, 282, **295 ff.**, 304 f., 321, 851, 884, 904, 918; s. a. Einwilligung, Genehmigung
Zusicherung
– Kauf s. Sachmängelhaftung beim Kauf
– Miete 662
Zuweisungsgehalt (des Rechts) 738 f.
Zuweisungstheorie 738 ff.
Zuwendungs-, Valutaverhältnis 880 f., 882
Zwangsversteigerung 211
Zwangsvollstreckung 162, 210, 300, 737, 941
Zweckvereinbarung 192
Zweckvereitelung 365
Zweckverfehlung 728